北京顺义年鉴

BEIJING SHUNYI NIANJIAN

2011

北京市顺义区党史区志办公室 编

中 华 书 局

图书在版编目（CIP）数据

北京顺义年鉴．2011/北京市顺义区党史区志办公室编．
—北京：中华书局，2012.3
ISBN 978—7—101—08598—3

Ⅰ.北…　Ⅱ.北…　Ⅲ.顺义区—2011—年鉴
Ⅳ.Z521.3

中国版本图书馆 CIP 数据核字（2012）第 058357 号

责任编辑：朱　慧

北京顺义年鉴 2011
北京市顺义区党史区志办公室编
*
中 华 书 局 出 版
（北京市丰台区太平桥西里 38 号　100073）
http://www.zhbc.com.cn
E-mail:zhbc@zhbc.com.cn
廊坊市金虹宇印务有限公司
*
787×1092　1/16　38.375 印张　42 插页　958 千字
2012 年 4 月第 1 版　　2012 年 4 月第 1 次印刷
印数：2500 册　　定价：140.00 元

ISBN 978—7—101—08598—3

北京市顺义区地方志编纂委员会

顾　问

张延昆

主　任

刘　剑

副主任

胡尚云　雷显武　王海臣　杨宝华
贾春林　燕　瑛　赵荣山

委　员

（按姓氏笔画排列）

丁文强　王守明　王金广　王　颖
王福印　冯义国　刘庆顺　闫志广
刘振河　刘福海　沈凤田　李国新
吴建国　单德智　赵殿江　贾文禹
盛德利　解长春

《顺义年鉴》编纂委员会

主　任

刘　剑

副主任

燕　瑛

委　员

王守明　贾崇民

《顺义年鉴》编纂委员会编辑部

主　　编　王守明

副 主 编　贾崇民

编　　辑　刘秀娟　高树林　张　然

编　辑　说　明

一、《顺义年鉴》(以下简称“年鉴”)是一部综合性、资料性工具书和文史资料。在中共顺义区委和区人民政府领导下，由区地方志编纂委员会主持编纂，区党史区志办公室负责实施编纂。

二、本年鉴以马列主义、毛泽东思想、邓小平理论、“三个代表”重要思想为指导，以“与时俱进、内容客观、资料翔实、服务大众”为宗旨，坚持科学发展观及实事求是的原则，提供最新的数字、情况和信息。

三、本年鉴全面记述上一年顺义经济和社会发展各方面的基本情况和重大事件，对区域内中央、市属等其它单位亦进行记述，以反映顺义的全貌。2011 年年鉴记述时限为 2010 年 1 月 1 日至 2010 年 12 月 31 日。凡在本书中直书月、日的，均指 2010 年的日期，文中“本年”、“年内”一律指 2010 年。

四、本年鉴采用分类编纂体例，用文章和条目两种形式，以条目为主，用规范的语体文、记述体直陈其事，文字力求言简意赅。全书设类目、分目、子目、条目四个层次。条目的标题统一用黑体外加【】标明。类目、分目、子目的标题分别用不同字号的字体加以区别。

五、本年鉴的文字内容，设有特载、专记、大事记、中国共产党北京市顺义区委员会、顺义区人民代表大会及其常务委员会、顺义区人民政府、顺义区政协、纪检·监察、民主党派、群众团体、政法·军事、综合经济管理、经济开发区、大型国有企业和上市公司、商业·物流·旅游、农业、地方企业·乡镇企业·非公经济、金融·保险、城乡建设及管理、科技·教育、文化·卫生·体育、社会生活、街道·镇、人物、统计表、附录共 26 个类目，25 个分目，212 个子目，2249 个条目。全书除文字外，还配以地图、照片、表格，力求具体、形象、生动地反映顺义区的面貌。

六、本年鉴设有彩页，彩页设置分领导关怀、政治、经济、文化、社会发展状况等方面内容。

七、本年鉴收录顺义区党、政、军、团体、街道、镇和部分企业负责人及顺义区域内有关单位负责人名录，以 2010 年任职为限，其中有任免情况的分别予以注明。收录 2010 年市级以上(含市级)各类先进人物、先进集体名单，以各单位提供的材料为准。

八、选入本年鉴的文章和条目，除部分资料由年鉴编辑人员直接收集外，其它均由各部门、各单位确定的专人撰写或提供，并经部门、单位主管领导审核。区属组织机构等部门、区域内有关单位负责人名单由区委组织部提供。统计资料由区统计局提供,照片由各有关单位提供。

九、本年鉴的编辑工作得到各撰稿单位及各方面的热情关怀和大力支持,在此深表谢意。由于水平有限,对本书的疏漏之处及不足,恳请各界批评指正。

北京市顺义区行政区划图

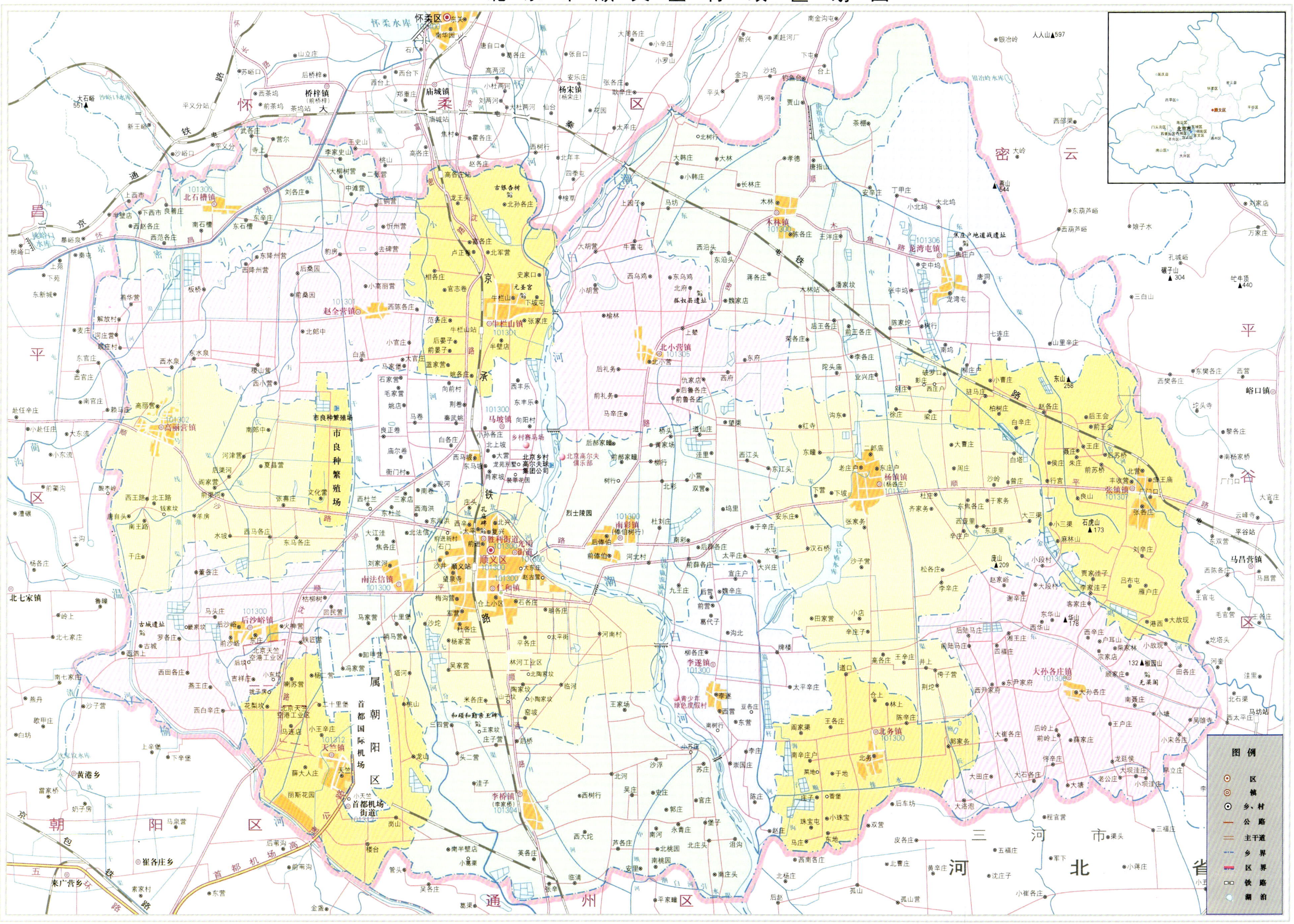

11 月 28 日，中共中央政治局常委、全国政协主席贾庆林（左三）、市委书记刘淇（左二）、市长郭金龙（左五）等领导为北京现代三工厂奠基

3月26日，市委书记刘淇（右三）、市长郭金龙（右二）等领导出席国家汽车质量监督检验中心顺义基地开工仪式

12月30日，市委书记刘淇（左一）、市长郭金龙（左二）等领导到仁和镇平各庄村调研流动人口服务管理工作

11 月 18 日，市委书记刘淇（左八）、国土资源部部长徐绍史（左七）、市长郭金龙（左九）等领导，出席国家地理信息科技产业园奠基仪式

5 月 13 日，市人大常委会主任杜德印（左三）在北京东大食品有限公司调研，市人大常委会副主任赵凤山（左五）等领导一同调研

10 月 27 日，市委常委、统战部长牛有成（右三）视察引温入潮二期工程

11 月 19 日，市委常委、市总工会主席梁伟（右二）到石园街道北三社区调研社会服务管理创新工作

12 月 11 日，中央文明办专职副主任王世明（左二）调研精神文明建设工作时，在北京江河幕墙有限公司参观

全国妇联党组书记、副主席、书记处第一书记宋秀岩（前排右一）到马坡镇马卷村调研党建带妇建创先争优工作

中共北京市顺义区第三届委员会第十一次全体会议

北京市顺义区第三届人民代表大会五次会议

政协北京市顺义区第三届委员会第四次会议

4 月 28 日，区领导与获全国劳模和北京市劳模及北京市先进单位代表合影

1 月 28 日，举行第二届“顺义的骄傲”颁奖典礼，区领导与获奖单位代表合影

3 月 4 日，区召开纪念三八国际劳动妇女节 100 周年大会，部分“三八红旗集体”和“三八红旗奖章”获得者领奖

4 月 23 日至 5 月 2 日，第十一届北京国际汽车展在顺义区中国国际展览中心举行

4 月 30 日，北京郁金香文化节在北京国际鲜花港举行，室内展区观者如潮

11 月 4 日至 7 日，顺义区参加北京市第六届国际金融博览会，以独特的展位设计和良好的运行服务，吸引众多参观者

9月28日至10月2日，顺义区第七届农业博览会在花博会主展馆举行。本届农博会参展品种5000余种，观光采摘垂钓人数23.6万人，第五届旅游文化节、第二届菊花文化节同期举行。

第二届菊花文化节，以“花港菊韵”为主题背景的国际鲜花港南门全景

第五届旅游文化节期间，游客在顺义湿地公园骑车观光游览

5月1日，中美滑水明星对抗赛和中国摩托艇超级联赛在顺义奥林匹克水上公园开赛，参加中国摩托艇超级联赛选手在比赛中

6月14日，第二届北京端午文化节暨“临空经济杯”龙舟赛在顺义奥林匹克水上公园举行隆重的开幕式

10月10日，超级联盟方程式汽车大奖赛中国北京站街道赛在顺义奥林匹克水上公园举行开幕式，此次大奖赛依托水上公园的体育地标进行赛道设计，将公园水系与赛道完美结合

6月6日至8日，第十九届燕京啤酒节举行，啤酒节开幕式盛况空前

本届啤酒节除保留传统项目外，在全市设立了多个啤酒广场，大批市民来到顺义花博会主广场啤酒花园，纵情欢乐

啤酒节期间举办了品牌经济论坛暨项目签约仪式，协议投资总额157亿元

12 月 21 日，举行北京天竺综合保税区港区联动启动仪式

顺义区全程办事代理大厅现场工作人员热情周到地为办事者提供服务

10 月 30 日，区召开冬季征兵工作动员会，2010 年，区征集新兵 210 人

减河公园二期建设工程 5 月底完工，该工程东起双兴桥，西至卧龙公园草桥，包括减河东部郁金香园，占地总面积 11.4 公顷，绿地面积 8.6 公顷

9 月 2 日，乘客在后沙峪地铁车站乘坐地铁，地铁 15 号线顺义后沙峪段试运行，试运行 3 个月，包括国展站、花梨坎站和后沙峪站 3 座高架车站

12 月 8 日，机场东路南环立交竣工通车，机场东路全线贯通，机场东路南环立交横跨六环路，是连接机场东路和西环路、南环路的全互通式立交桥

2010年顺义区建设回迁安置房57.1万平方米，回迁9900人，建设中的胡各庄回迁安置房

顺义区碧水蓝天，环境优美，潮白河岸边座座居民楼矗立，景色怡人

7月28日，顺平路高架桥大修完工，修葺一新的高架桥东端的燕京桥车辆川流不息

北京新特果业葡萄采摘基地

11月22日，国家测绘局与顺义区人民政府签署战略合作协议，将在顺义国门商务区建设国家地理信息产业园

8月18日，北京市大型连锁美廉美超市第50号店在顺义区仁和镇正式营业

顺义区高新技术企业金融服务推介会

10 月 16 日，顺义牛栏山一中举行建校 60 周年庆典

2 月 28 日，第八届“赵全营杯”民间花会举行，民间表演队的演员在表演

顺义区第七届全民健身体育节“赵全营杯”拔河比赛

目　　录

顺义区人民代表大会常务委员会

顺义区人民政府

档案工作

地方志工作

政协北京市顺义区委员会

纪检·监察

民主党派

群众团体

顺义区总工会

共青团顺义区委员会

检察工作

审判工作

经济开发区

大型国有企业和上市公司

动物卫生监督

水　产

林　业

水　务

中小学教育

职业教育

成人教育

人 物

统 计 表

附 录

顺 义 概 况

顺义区是北京市区县之一，位于北京东北郊，城区距市区30公里。北邻北京市怀柔区、密云县；东界北京市平谷区，南与河北省三河市、北京市通州区接壤，西南、西与北京市朝阳区、昌平区隔温榆河为界。地理位置北纬40°00′40°18′，东经116°28′116°58′，镇域东西长45公里，南北宽30公里，总面积1020平方公里。地势北高南低，东北边界屏障燕山，境内平原为河流洪水携带沉积物质造成，表面堆积物主要是砂、亚砂土，面积占95.7%。北部山地最高点海拔为637米，境内最低点海拔为24米，平均海拔35米。潮白河等河流分流其间，均呈南北走向，地下水源丰富，年均可开采量4亿立方米，部分地区蕴藏有地热资源。全境属温带大陆性半湿润季风气候，四季分明。年平均气温11.5℃，年日照时数2746小时，年相对湿度58%，无霜期195天左右，年均降雨量610毫米。境内建有首都机场，大秦电气化铁路穿越北境，京承铁路、京承高速公路穿越西境，国道、市道、区道公路纵横交错，形成便捷交通网络。

顺义历史悠久，新石器时代，潮白河沿岸已有人类活动，秦以前属冀、属幽、属燕。汉高祖十二年(公元前195年)在今顺义区后沙峪镇古城村北置安乐县，顺义区北小营镇北府村南狐奴山下置狐奴县。唐乾元元年(758年)在今顺义境设顺州。明洪武元年(1368年)改顺州为顺义县。新中国建立后，成立顺义县，归河北省通州专区所辖。1958年4月顺义县划归北京市设为顺义区，1960年1月设为北京市顺义县，1998年3月改为北京市顺义区。2010年，顺义区辖19个镇、6个街道办事处、426个行政村。2010年度户籍人口58.1万人，其中男性28.8万人，女性29.3万人。农业人口28.6万人，居民人口29.5万人，外来人口25.4万人。

特　　载

加快转变发展方式 推动顺义区“十二五”期间经济社会科学发展

——2010年12月27日在中共顺义区第三届委员会第十二次全体会议上

区委书记　张延昆

同志们：

我受区委常委会委托，向全会报告工作。

2010年工作回顾

2010年对顺义区来说是不平凡的一年。顺义区上下面对复杂的发展环境和繁重的工作任务，在市委市政府的正确领导下，按照科学发展观的要求，紧抓发展机遇，积极应对挑战，区域经济社会保持了持续健康快速发展的良好态势，实现了“十一五”收官，为“十二五”科学发展奠定了坚实的基础。

一是经济综合实力实现新提升。主要经济指标保持平稳较快增长。全年预计实现地区生产总值780亿元，同比增长13%。完成属地财税收入279.8亿元，一般预算收入58.4亿元，同比分别增长28%、21%。重大产业项目加速聚集。现代三工厂、国家地理信息科技产业园正式奠基，北京自主品牌乘用车基地、中国民航三大中心等相继落户，航天科工产业园即将入区，中航产业园、北京汽车产业研发基地、民生银行总部等重点项目建设进展顺利。重大工业项目数量、投资以及签约、开工、竣工，均占全市较高比重。天竺综保区战略平台作用日益显现。完成机场口岸平移，天竺综保区和首都机场货运口岸真正成为一体，大通关理念得以实现。加工、物流、贸易、金融、服务等高端产业加速发展，主要经济指标成倍增长，产业聚集、辐射拉动效应愈发明显。区域发展活力不断提升。嘉寓幕墙成功上市，区内上市公司发展到10家。品牌战略深入实施，荣膺“全国商标战略实施示范区”。

二是城乡发展一体化实现新突破。市政基础设施建设步伐加快。55项重点工程开工建设，M15号线顺义段一期投入试运行，天北路等一批新改建道路如期完成。城市综合功能进一步提升。文化中心、劳动力实训基地即将开工，体育中心、职教中心正在抓紧手续办理，殡仪馆迁建主体工程竣工，牛栏山一中改扩建工程基本完成。村庄拆迁工作稳步实施。今年完成了洼子村、西马坡村、天竺村、燕王庄村整建制拆迁，特别是确保了市级重点挂账整治村天竺村的顺利平稳拆迁。顺义区累计整建制拆迁村庄达到62个,7.8万农民融入城市。城乡生活水平不断提高。预计实现城镇居民人均可支配收入25000元,农村居民人均纯收入12800元,分别同比增长8%和10%;城乡劳动力二三产业就业率达到92%,农村劳动力二三产业就业率达到90%;全年预计农转非1.8万人,户籍人口城市化率达到51%;农村低保标准提高到每人每年3360元,大病救助标准由5万元提高到8万元,城乡居民月均基础性养老金由280元提高到340元,福利养老金月均领取额由200元提高到260元。

三是社会服务管理创新实现新进展。社会服务管理创新试点区工作全面启动。制定出台了“1+X”系列文件,包括《顺义区社会服务管理创新意见》和19个试行方案,还有11个工作方案正在酝酿,并高标准完成了54个村庄社区化建设任务。环境综合整治初见成效。严厉打击“违法建设、违法经营、违法广告”,累计拆除违法建设77万平方米,有力维护了“五大”秩序。探索建立社会服务管理的长效机制取得了初步成果,人口调控管理的经验和安全生产分级分类、自查自报管理的模式在全市推广。各项社会事业蓬勃发展。完成23所学校校舍改造工程,高考本科录取率排名全市第四,成功争创“全国教育综合改革实验区”、“全国社区教育示范区”;顺利通过国家卫生区复审,成功争创“全国中医药特色社区卫生服务示范区”;第六次人口普查工作进展顺利,成功争创“全国人口计生综合改革示范区”;区档案馆晋升国家一级档案馆。

四是民主法治建设得到新推进。人大、政协充分发挥职能,人大代表共提出建议、批评和意见113件,政协委员提案151件,办复率均为100%。统战部门组织各民主党派、工商联、民宗侨界代表、无党派人士积极投身区域发展,并建立了社会领域统战人士基本台账。工会、共青团、妇联等群众组织创新履行职能,充分发挥了桥梁纽带作用。政法综治信访部门扎实推进“平安顺义”建设,坚持“抓早、抓小、抓了、抓好”化解矛盾,信访总量持续下降;建立健全社会治安综合治理长效机制,刑事案件发案率、破案率取得了近年来最好成绩,群众安全感、满意度稳定在较高水平。

五是党的建设取得新成果。创先争优活动开展。将创先争优活动与党员作风建设年活动相结合、与推动顺义区中心工作相结合,取得了阶段性成果。宣传思想工作不断深化。以学习型党组织建设为主线,思想理论建设成效明显,区委理论中心组组织集体学习36次,举办领导干部大讲堂12次,区处两级中心组成员共撰写理论调研文章200余篇;以临空经济宣传为统领,在市级以上媒体头版和重要时段重点报道20余篇,为区域经济社会发展营造了良好舆论氛围。干部队伍建设创新推进。树立德才兼备、以德为先和按事业需要选人用人的导向,全年提拔干部156人,公选处级领导干部19人,组织22名处科级年轻干部赴澳集中培训,青干班67名后备干部参与天竺村拆迁得到实践锻炼,干部队伍的整体结构更加优化,综合素质进一步提升。出台了《中共北京市顺义区委关于进一步从严管理干部的意见》,干部队伍的凝聚力、战斗力不断增强。基层党建工作有力开展。确立了农村、社区、“两新”组织、机关和国企等各领域党建工作框架,出台了《社区党建考核评价分类办法》等文件,基层党组织分级分类精细化管理的制度体系初步形成;顺利完成村“两委”换届选举工作,409个村书记主任“一肩挑”和“两委”交叉任职比例分别达到88%和76.6%。党风廉政建设全面加强。严格落实《“一把手”廉政风险防范七项制度》,研发了廉政风险信息管理系统,全面开展“十廉”活动,强化了对“三重一大”事项的动态化、常态化管理;开展了以党纪、政纪、法纪为重点内容的廉政教育活动,取得了提升思想、完善制度、改进工作的初步效果。

在总结工作的同时,常委会也清醒地认

识到面临的挑战和存在的不足，主要有：首都机场资源优势和天竺综保区政策平台优势还有更大释放空间，区域经济总量、产业结构、创新驱动能力与首都临空经济区和现代制造业基地的地位还不相称，集约节约利用土地、水等各种资源仍需加大力度；城乡之间、区域之间发展还不平衡，城市综合功能、承载能力、城市品位有待提升，统筹城乡一体化发展任务依然繁重；社会治理结构有待完善，社会服务管理创新还需深入，公共服务均等化、高端化发展仍需努力；做好新形势下群众工作的能力和效果仍需提升，各级班子的执政能力需要进一步加强，基层党建创新还要推进，党风廉政建设和反腐败工作形势严峻，对干部的教育、管理和监督还需加强。对于这些问题，必须高度重视，深入研究，切实采取有力措施加以解决。

2011 年工作意见

2011 年是“十二五”开局之年，我们肩负的任务艰巨繁重，面临的机遇和挑战前所未有，机遇大于挑战。国家转变经济发展方式和调整经济结构步伐加快，有利于顺义区推动产业转型升级、提升核心竞争力；首都大力推动创新驱动发展，建设国家创新中心，为顺义区加速高端发展、创新发展创造了有利条件；北京加快城乡一体化进程，为顺义新城发展提供了广阔空间；顺义区业已形成的产业结构、基础设施、生态环境，为打造北京东北部中心城市奠定了坚实基础。

当前，顺义正处于经济发展上规模、社会事业上水平、城市功能更完善、城乡一体化新突破的发展关键时期，站在新的历史起点，必须坚持牢牢把握科学发展这个主题，牢牢把握加快转变经济发展方式这条主线，牢牢把握可以大有作为的重要战略机遇期，推动经济持续健康快速发展，维护和谐稳定的社会环境；必须坚持以科学发展观为指导，传承深化经过实践检验、证明正确的理念、思路、做法，结合实际贯彻落实上级的路线方针政策；必须坚持依托机场、服务机场、发展顺义，充分借助首都机场向大型国际枢纽机场迈进带来的更为强大的要素吸附能力，充分释放天竺综保区政策平台的辐射带动效应，着力打造首都对外交往的门户和外向型经济发展的窗口，将临空经济区建设成为首都经济的重要增长极；必须坚持高端、高效、高辐射的发展方向，大力发展高端服务业、先进制造业和都市型现代农业，强化科技创新驱动，推动三次产业融合发展，加快构建现代产业体系；必须坚持以城市化和城市现代化为引领，加快基础设施建设、完善城市功能、提升城市品位，统筹城乡发展，高标准建设北京东北部中心城市，着力打造城乡一体化的先行示范区；必须坚持“见物见人”的工作取向，加快推进以改善民生为重点的社会建设，实现人的全面发展，构建和谐社会。

2011 年顺义区总体工作思路是：以邓小平理论和“三个代表”重要思想为指导，深入贯彻党的十七届五中全会、中央经济工作会议和市委十届八次全会、北京市经济工作会议精神，坚持以科学发展为主题，以加快转变经济发展方式为主线，按照“人文北京、科技北京、绿色北京”战略部署，深化“空港国际化、顺义区空港化、发展融合化”理念，立足“打造临空经济区、建设世界空港城”的目标和“国际枢纽空港、高端产业新城、和谐宜居家园”的定位，坚持以城市化和城市现代化为引领，坚持以保障和改善民生为重点，坚持高端发展、创新发展、统筹发展、绿色发展的原则，推进城乡发展一体化、经济发展多元化、社会管理精细化、党建工作科学化，切实为“十二五”发展开好局、起好步奠定坚实基础。

一、加快转变经济发展方式，全面推进临空经济区建设

“十二五”是推进经济发展方式加快转变的攻坚时期。2011 年，要着力巩固和提升临空经济发展优势,加快构建"一核、两轴、两带"的产业空间格局。预期实现地区生产总值875亿元,同比增长12%;属地财税收入313亿元,同比增长12%;一般预算收入67亿元,同比增长15%。

提升临空优势,聚集高端发展要素。深化对临空经济内涵、外延的理解、把握和运用,不断增强临空经济区聚集高端要素的能力,引领区域经济全面协调可持续发展。进一步挖掘、利用首都国际机场的独特资源。坚持服务机场、强化功能,利用机场、发展顺义。着力为机场日常运营和持续发展提供优质、高效的服务,提高机场整体运行保障能力,提高机场服务北京乃至全国现代化、国际化发展的水平和效果,提升航空枢纽空港的延伸辐射力,发展壮大以首都国际机场为核心、以航空及相关企业总部为主体、以现代制造业和高端服务业为支撑的临空指向型产业集群。充分发挥天竺综保区政策平台优势。紧抓招商和拓区两条主线,加快天竺综保区二期建设,实现与首都国际机场口岸资源的高效整合、深度融合,加速汇集资本、管理、科技、人才、项目等高端发展要素,大力发展现代物流、国际贸易、保税加工、保税研发、检测维修、保税展览、特色金融等产业,加快建设"五大中心",努力打造以保税功能为特色的国际空港综合服务示范区。

深化结构调整,促进产业优化升级。按照"优化一产、做强二产、做大三产"的思路,建立三次产业融合发展的现代产业体系。着力发展都市型现代农业。以农产品深加工、农产品物流业为重点,大力发展籽种农业、循环农业、休闲农业、会展农业,打造"绿色农产品大区、农产品加工大区、籽种产业大区和花卉产业大区",全面提升顺义区农产品在首都市场占有率和控制力。着力打造汽车、航空两个千亿级产业集群。坚持重大项目带动,大力发展高端现代制造业。扎实推进北京现代第三工厂、北京自主品牌乘用车基地项目建设,重点引进和发展研发设计、汽车电子、展示贸易等高端环节,丰富区域汽车产业链条,打造具有国际影响力的汽车产业基地;加快建设中航工业北京航空产业园、航天科工北京航天产业园,逐步构建起以航空制造业为核心,航空物流、航空研发、航空服务多点支撑的航空产业体系。着力发展生产性服务业,积极推动高端服务业与现代制造业的关联互动、融合发展,依托首都国际机场、北京天竺综保区等重要平台,依托国家地理信息科技产业园、国展产业园、中国出版集团等重大项目,加快发展以金融服务、流通服务、信息服务、科技服务、商务会展、工业设计为重点的生产性服务业。着力培育和发展战略性新兴产业。加大航空航天、高端装备制造、新一代信息技术、新能源、新材料、新能源汽车等战略性新兴产业的培育力度,抢占未来发展制高点。

强化科技支撑,提升创新驱动能力。按照北京市提出的率先形成创新驱动发展格局的要求,加快从要素驱动向创新驱动转变。加大创新成果入区转化力度。积极承接中关村国家自主创新示范区的辐射带动,吸引重大科技创新成果入区转化,推动"研发创新在中关村、转化和产业化在顺义"跨区域产业链的形成;深化与知名高校、科研院所的合作,做好重大产业项目落地协调服务工作,加快科技成果转化步伐。培育提升自主创新能力。建立健全企业创新激励机制,鼓励和促进企业自主研发、技术创新、申请专利、上市融资,积极探索"专利+金融"的合作发展模式,通过市场化手段打造高新技术产业化发展平台;加大政府政策、资金支持力度,加强高新技术企业孵化器和企业技术中心建设,引导优势企业加快技术改造和产品升级。加快构建以企业为主体、以市场为导向、产学研相结合的技术创新体系,形成激励创新、服务创新的良好机制和环境。

发展循环经济、绿色经济,节约集约利用

资源。推动优势资源利用集约化、高效化，紧缺资源利用减量化、涵养化，增强可持续发展能力。坚持项目用地集约化。加大政府主导的土地一级开发力度，推动区域可开发用地的统筹、集约、高效利用，拓展承接高端产业转移和重大项目入驻的发展空间。进一步完善招商质量评价体系，严格项目准入，严控土地供应，切实提高项目亩均投入和产出。坚持资源消耗减量化。加大对地区水资源的勘察、保护、开发、利用力度，合理配置水资源，提高供给保障能力；推进节能减排，大力推广节能环保新技术、新机制，加快传统产业的绿色改造和升级，争创"国家环保模范城市"。

二、加快城市化和城市现代化，率先形成城乡一体化发展格局

着力在加强基础设施建设、完善城市功能、提升城市品位上加大力度，全面提升顺义新城国际化、现代化水平。

高标准建设基础设施。坚持基础设施先行，着力打造现代化的城市基础设施。机场周边要着眼国际枢纽空港的需求，完善市政基础设施，提升综合服务功能，为首都机场发挥更大潜力创造条件。特别要积极争取上级在政策、规划、资金等方面的支持，加快推进机场周边村庄拆迁。城市组团、重点镇和功能区要加快水、电、气、热等市政设施建设，强化资源能源供给保障能力，为长远发展创造条件。特别要突出抓好电力设施建设，保障重大项目、重点园区、重点企业的用电需求。杨镇和赵全营镇要依托现代三工厂和北京自主品牌乘用车基地项目，高标准配套市政基础设施，全面加快城镇化进程。一般镇、保留村要按照城市标准建设市政基础设施，提升承载能力和公共服务水平。着力推进重点基础设施项目建设，续建项目要切实加快进度，确保如期竣工；新建项目要在明年一季度前完成手续办理，力争尽早开工；前期推进项目抓紧完成立项审批，具备开工条件；储备项目重点进行前期论证，积极对接，超前谋划。

多层次完善城市功能。立足建设带动区域发展的中心城市，打造与高端产业、高端人口相配套的公共服务体系。确保医疗中心、潮白河森林公园、殡仪馆迁建、老干部活动中心扩建等工程尽快完工，确保文化中心、体育中心、职教中心、劳动力实训基地顺利开工建设，整体提升顺义新城综合功能和辐射带动能力。加快民生银行、北京银行、中信银行项目建设，加快商业中心区建设，提高高端商务服务和中高端生活服务水平，整体提升顺义新城服务功能和吸附聚集能力。

全方位提升城市品位。将提升城市品位作为城市建设与发展的重要目标，彰显顺义新城"滨水、生态、国际、活力、宜居"特征，加快打造"世界空港城"的城市品牌。加快推进"九大规划"编制实施工作，开展新城功能规划设计研究；全面推进旧城区改造，整体改观城市中心区景观形象；推进市政市容环境整治，打造新城环境精品和环境亮点。着力提高生活服务和政务服务水平，为广大人民群众营造高品质的工作、生活环境，为驻区企业、高端人才营造能够大有作为的投资、发展环境。建立健全制度化、信息化、现代化的城市管理体系，有效缓解交通拥堵，合理调控人口规模，切实提高应急处置能力，打造"智慧城市"。紧紧围绕潮白河景观带和温榆河生态走廊建设，扎实推进引温济潮二期工程和潮白河顺义段综合整治，大力推进汉石桥湿地保护、开发、利用，积极创建"国家级生态文明示范区"。挖掘传承区域本土文化，吸纳融合国内外先进文化，不断丰富城市文化内涵，彰显顺义新城的人文魅力和文化软实力。

三、完善社会治理结构，推进社会服务管理创新

以社会服务管理创新为抓手，大力实施"五大民生工程"，创新"六大社会建设体系"，重点推进"社会管理网格化、公共服务优质化、社区工作规范化、社区政务自治化"。

推进社会管理网格化。网格化管理是推

进社会服务管理创新的重要举措。必须坚持“完善机制、健全平台、信息共享、部门联动”,对社会领域各个部分和环节进行有效的规范、协调、服务、监督和控制,完善社会服务管理的长效机制。科学划分管理网格。城市社区要因地制宜,结合实际,按照辖区来划分网格单元;农村社区要以村为单位进行划分,实现网格化管理顺义区覆盖。充分整合信息资源。建立全模式社会服务管理系统,搭建数字化信息平台,对社会服务与管理进行全面整合优化,实现从部件、事件管理精细化向社会综合服务管理精细化转变。切实明晰责任主体。强化政府职能部门行业管理责任和镇、街道、功能区属地责任,完善内部联动机制,实现部门间信息共享、资讯互通、协同配合,实现便捷高效的服务管理,避免工作缺位和推诿扯皮。

推进公共服务优质化。加强社会建设的根本任务是服务好人民群众,关键是提供优质的公共服务,保障和改善民生,让群众真正得到实惠。积极促进群众就业。完善就业对接机制,加强岗位用工和劳动力需求的预测及跟踪调查,全面掌握就业资源,主动做好对接企业、对接群众的服务工作;完善就业服务体系,着力抓好政策服务、信息服务、培训服务和生活服务,进一步完善支持就业的政策和提高支持标准,下大力气解决好交通、住宿等实际问题,为本地劳动力充分就业创造有利条件。加快推进农民转非。确保征地转非、整建制拆迁转非按期完成,完善二三产业就业农民工转非进职保政策,使更多农民成为有资产、有住房、有社保、有工作的新市民。全面提高社会保障水平。完善“五险合一”征缴机制,统筹城乡社会救助制度,推进社会福利向适度普惠型转变,进一步加大“大民政”建设的力度,建立和完善城乡居民一体化、均等化的社会保障体系。重点加快回迁安置房和保障性住房建设,探索与拆迁同期或提前启动回迁安置房建设,明年力争全部解决已拆迁村庄的人口回迁问题。大力推动社会事业发展。教育要优化城乡资源配置,深入实施名校、名师、名校长工程,巩固提升基础教育,培育发展职业教育,打造顺义教育品牌。医疗卫生要合理布局和调整现有医疗机构,积极研究引进三甲医院,着力提高社区卫生服务水平,引导社会资本投入医疗卫生事业,加快建设城乡一体、优质高效的医疗卫生服务体系。文化体育要坚持公益性、长效性原则,加大各级政府投入力度,强化文体设施公共服务功能,重点依托文化中心、体育中心建设,整体提升城乡文化体育事业发展水平。

推进社区工作规范化。社区是社会服务管理的基础和主阵地。要创新社区工作的体制机制,建设管理有序、服务完善、文明祥和的城乡社区。规范社区服务管理内容。坚持“因地制宜、细化类别、突出重点”,对城乡社区所有涉及群众生活的事务,依法依规逐条进行规范,确保社区工作有的放矢,管理不留盲点。完善社区服务管理标准。从市政市容环境、商业服务业准入、流动人口管理、房屋出租管理等方面,细化城乡社区管理的具体标准,重点要深入研究社区生活性服务业和从业人员的准入门槛问题。明确社区服务管理责任。明确社区党支部(村党支部)、社区居委会(村民委员会)、业主委员会以及物业管理公司等管理主体的职责范围,理顺工作关系,在社区规范化管理上形成合力。扎实推进村庄社区化管理。认真总结今年8月以来推行村庄社区化管理的经验,进一步丰富内涵、拓展功能,明年继续在城乡结合部和各镇中心区4050个村推进村庄社区化管理。

推进社区政务自治化。社区文明建设是增强社区建设凝聚力、维护社区和谐稳定的重要保障;社区自治是扩大基层民主、完善社会治理结构、提高社会服务管理水平的最有效方式。要将社区文明建设与社区服务管理相结合,不断丰富文明教育形式,创新文明实践载体,规范文明约束机制,使社区文明充分发挥引导群众思想、规范群众行为的积极作用。要结合《中共中央办公厅国务院办公厅关于加强和改进城市社区居民委员会建设工作的意见》和新的《中华人民共和国村民委员会组织法》,通过召开居(村)民代表大会等形式,切实发挥群众主体作用,完善修订“社规民约”和“村规民约”,提高基层组织自我管理、自我监督和自我服务的能力,由政府制定规则让群众执行,转变为政府和群众共同参与标准制定、共同监督标准执行,使群众真正成为社会服务管理的参与者、受益者和监督者,形成政府管理与基层自治良性互动的新格局。依托社区文明约束和社区政务自治,塑造导向正确、各具特色的社区文化。

四、扎实推进民主法治建设,维护和谐稳定的社会环境

民主法治是构建和谐社会的根本保障和本质要求,维护稳定是各级党委政府第一位的政治责任。要全面推进区域政治文明建设,营造安定团结的政治环境、公正高效的法治环境和安全有序的治安环境。

注重凝聚和激励,提高科学执政、民主执政、依法执政水平。支持和保障人大代表、政协委员依法行使知情权、参与权、表达权、监督权,建立健全重大事项征求意见制度和决策咨询制度。推进和强化工会、共青团、妇联等群众组织参与社会管理和公共服务,创新履行职能,增强服务发展能力。引导和鼓励民主党派、工商联和无党派人士为区域发展出谋划策、贡献力量,推动社会各界特别是“两新”组织积极投身顺义区改革发展事业。坚持和完善党务公开、政务公开、厂务公开、村(居)务公开和公共事业单位办事公开,进一步巩固和扩大基层民主,依法保障全体社会成员平等参与、平等发展的权利。

强化控制和疏导,维护地区社会和谐稳定。筑牢政法综治维稳信访工作基础。强化镇(街)“综治维稳工作中心”核心作用,完善“五联”工作机制;加强基层基础工作,提高属地吸附能力;加大科技创安力度,公共区域覆盖率达到100%,村(居)技防覆盖率达到90%;全面推进社会稳定风险评估工作,切实在解决影响社会和谐稳定的基础性、源头性、根本性问题上下功夫。多元化解社会矛盾。坚持积极的稳定观,大力推进人民调解进入司法、行政领域,健全四级纵向调解网络和四级信访工作机制,实现由保稳向创稳的转变。坚持群众工作统揽信访工作,深化矛盾纠纷排查调处机制,推进“信访代理制”,实现由被动接访向主动约访转变。深化“平安顺义”建设。完善推广“集中居住、集中管理、集中服务、集中教育”模式和“农村出租房屋集中管理”模式,提高流动人口服务与管理水平。坚持严打方针,重点打击各种严重暴力犯罪、多发性侵财犯罪、恶势力犯罪、有组织犯罪以及严重经济犯罪,进一步降低发案率、提高破案率,确保社会治安总体平稳。全面加强安全生产、交通安全、食品安全、消防等各项安全管理工作,确保不出现重特大安全事故。

五、加强党的领导,提升党建工作科学化水平

推动科学发展,关键在于加强和改进党的领导。要紧紧围绕纪念建党90周年,开展创先争优活动,全面加强党的先进性建设和执政能力建设,进一步增强各级党组织的凝聚力、战斗力、创造力,以优良的党风带政风促民风。

着眼服务发展大局,全面推进宣传思想工作。紧密联系临空经济发展、重点新城建设、社会服务管理创新等中心工作,不断强化统一顺义区思想、引导社会舆论、丰富人文内涵的功能,为推动科学发展、促进社会和谐提供强大的思想保证。深化思想理论建设。坚持以社会主义核心价值体系为统领,深化理想信念教育,进一步增强广大干部党的意识、责任意识和使命意识,用共同的理想、坚定的信念凝聚人心、保障发展;抓好各级理论中心组学习,丰富学习形式,精选学习内容,全面提升服务决策、指导实践的实际效果;强化学习型党组织建设,推动学习型科室、学习型党支部创建工作开展;发挥党建研究会的作用,积极研究探索党建工作的新思路、新措施、新方法。强化宣传引导功能。加强形势政策教育,做好党的十七届五中全会精神宣讲工作,做好纪念建党90周年宣传工作,进一步巩固顺义区团结奋斗的共同思想基础;整合区内外媒体资源,统筹抓好临空经济区建设、转变经济发展方式、保障和改善民生等重大主题的宣传工作。特别要下大力气抓好网络宣传工作,增强网络舆论的引导能力。增强精神文明建设的针对性、实效性。强化精神文明阵地建设,继续开展"做文明有礼的北京人"主题活动,不断提升群众文明素质和区域文明程度。总结推广石家营村等基层组织抓精神文明建设的一系列有效做法和机制,整体研究精神文明建设的实现途径问题,将各项一般性要求具体化、生活化。

着眼提高执政能力,扎实推进干部队伍建设。实现"十二五"目标,必须拥有一支班子有力、纪律严明、素质全面、能力过硬的干部队伍。确保明年区级、乡镇领导班子换届工作顺利完成。准确把握中央、市委关于做好换届工作的有关要求,不折不扣地贯彻落实,严谨细致地组织实施;抓住换届的有利时机,进一步优化各级班子的年龄结构、知识结构和专业结构,提高班子整体功能。严格干部管理。严格干部考察程序和内容,重点考察执行"三重一大"制度的情况,重点考察制定相关制度、执行上级政策的情况;深入贯彻《党政主要领导干部和国有企业领导人员经济责任审计规定》,提高依法履行经济责任意识,严格执行领导干部任中、离任审计。通过各种有效途径和制度保障,全面了解掌握干部思想动态、工作状态和勤政廉政情况。深化干部人事制度改革。完善公开选拔和竞争上岗机制并形成常态,实现从"考知识"向"考能力、考素质"转变;拓展下基层、上一线等干部交流途径,提高干部队伍整体素质和复合能力;强化干部选拔任用工作监督,始终保持风清气正的选人用人环境,为推动科学发展提供坚强的干部保障。

着眼深化强基固本,创新推进基层党组织建设。分级分类推进基层党组织建设,扩大党的组织和工作的有效覆盖。明确各级组织的职责任务,完善对基层党组织的管理制度和考核体系,增强管理的针对性,促进管理的精细化;以农村、社区、机关、国有企业、"两新"组织为重点,分类明确履行职能要求、组织设置方式、发挥作用载体、教育管理模式,构建分级分类管理的基层党建工作格局,全面提升基层党建工作水平。

着眼打造人才高地,大力推进人才工作。紧紧围绕加快推进区域工业化、城市化、现代化的现实需求,努力造就一支专业素质高、创新能力强的高端人才队伍。注重引进人才。立足高端产业发展的人才需求,加大对国内外高层次人才、领军型人才和重点领域、重点项目紧缺急需人才的引进力度,着力发挥企业引才的主体作用,着力吸引高端人才带资金、带项目、带技术、带团队来顺义区创业。注重培养人才。完善"分层分类、突出重点、统筹推进"的人才培养机制,重点加大党政人才和青年后备人才培养力度,继续选拔优秀干部到国外、到大专院校培训,培育和储备一批发展急需、梯次配备合理的优秀人才。注重服务人才。建立科学的人才服务激励机制,把为各类人才提供全方位优质服务作为一项基础工作抓紧抓好。重点加强对驻区企业高管人员、科技人才的人性化、个性化服务,强调物质奖励和精神激励相结合,给予人才适当的政治待遇,优化有利于人才聚集和施展才干的软环境。

着眼完善惩防体系,推进反腐倡廉建设。近期顺义区连续发生涉嫌腐败案件,教训深刻、影响重大,充分说明反腐败斗争形势严峻、任务艰巨。各级党委必须高度重视,认真反思，以案为鉴，警钟长鸣。推进反腐倡廉教育工程。以党性党风党纪教育为重点，切实将廉政教育贯穿于干部培养、选拔、管理、使用的全过程，提高党员干部预防腐败和抵御风险的能力，筑牢思想道德防线。加强廉政风险防范。深入落实《关于实行党风廉政建设责任制的规定》，强化“一岗双责”，顺义区各级班子都要修订完善“三重一大”制度，并在工作中认真、严格执行。深入落实《关于领导干部报告个人有关事项的规定》，确保2011年1月31日前，完成副处级以上干部集中报告家庭财产、本人婚姻变化和配偶子女移居国外等事项，要按照中央要求认真对待、如实申报，今后发生的变动情况也要及时报告，瞒报、谎报将作为重大廉政问题给予严肃处理。大力推广廉政风险信息管理系统，打造覆盖顺义区风险点的预防腐败信息平台，实现调查监督、事后监督、跟踪监督向实时监督的转变，强化对权力运行的制约和监督，推进权力运行程序化和公开透明。加大违法违纪案件查处力度。对涉嫌违法违纪案件的线索，都要认真、深入地逐条进行核实，发现一起调查一起，对于事实清楚、证据确凿的腐败案件，查实一起处理一起，始终保持惩治腐败的高压态势。

着眼密切党群干群关系，提高做好新形势下群众工作的能力。群众工作历来是我们党的政治优势，群众路线是我们党的根本工作路线。做好新形势下群众工作，是提高党和政府公信力、维护社会稳定、促进社会和谐、推动科学发展的重要保障。牢固树立群众观点。带着感情工作有办法，带着热情工作有效率，用心工作方能见成效。要始终做到在思想上尊重群众、感情上贴近群众、工作上依靠群众，深入落实《区委关于进一步密切干群关系的若干措施》，牢固树立“立党为公、执政为民”的意识，不断增强贯彻执行群众路线的自觉性和坚定性。坚持一切从群众利益出发。切实把工作的着眼点放在为群众多办好事实事上，想问题、作决策、推动工作都要从群众利益出发。紧紧围绕村庄拆迁、转移就业、转非进职保等涉及群众切身利益的重点工作，统筹协调好各方面的利益关系，充分考虑不同群众的承受能力，绝不能干劳民伤财、违反群众意愿的事，让广大群众真正坐上顺义区改革发展的快车。丰富完善群众工作方式方法。在坚持和完善“一助一”帮扶活动、领导联系基层等工作机制的基础上，进一步深入研究新形势下群众工作的特点、规律，探索做好群众工作的新形式、新方法、新途径。特别要宣传推广平各庄村党支部书记蔡玉民等优秀基层干部做群众工作的成功经验，增强联系群众、宣传群众、组织群众、服务群众、团结群众的能力和水平，切实把基层创造的好经验、好做法上升为制度，建立起做好群众工作的长效机制。

同志们，“十一五”取得的发展成果，令人欣慰、催人奋进，“十二五”面临的发展任务，依然艰巨，充满挑战。我们要倍加珍惜来之不易的发展基础，倍加珍惜大有作为的战略机遇，倍加珍惜团结一心共促发展的良好局面。让我们以高度的政治责任感，深入践行科学发展观，振奋精神、抢抓机遇、开拓创新、扎实工作，为加快“打造临空经济区、建设世界空港城”而努力奋斗！

名词解释：

“十廉”活动：为进一步加强顺义区党风廉政建设，传承“廉洁办奥运、廉洁办花博”的成功经验，倡导“廉荣腐耻”的良好社会风尚，顺义区制定了《关于开展“十廉”活动全面深化廉政文化建设的实施意见》（顺纪发〔2010〕3号），开展了一系列的廉政文化教育活动。活动内容包括读书咏廉、教育倡廉、谈话促廉、活动兴廉、领导讲廉、媒体传廉、传统继廉、扶贫思廉、家庭助廉、制度固廉。

五大中心：天竺综保区提出“十二五”期间，要着力打造以生物医药和医疗器械为引领的国际采购分拨中心、以航空器材及IT产品为主体的保税维修中心、以国家级检测重点实验室为依托的公共检测实验中心、以高精端国际商品和文化创意产业为特征的保税展览展示交易中心、以飞机租赁为突破口的离岸金融中心。

九大规划:顺义区城乡一体化规划、轨道交通M15号沿线城市设计、潮白河两岸城市设计、新城内村庄搬迁实施规划、新城绿道系统规划、四个重点镇中心区城市设计、新城地下空间利用规划、首都临空经济区规划、顺义沿山小城镇旅游空间发展及近期基础设施建设规划。

"智慧城市":区"十二五"规划纲要提出,要"加快推进智慧城市建设"。"智慧城市"是个"大信息化"概念,最早由美国IBM公司提出,是指充分运用物联网、传感网等智能技术,形成基于海量信息和智能过滤处理的新的生活、产业发展、社会管理、城市管理等模式,面向未来构建的全新城市形态。目前,全球有50多个国家开展了"智慧城市"相关业务,国内已有上海、深圳、昆山等城市相继启动了"智慧城市"建设试点。

五大民生工程:区"十二五"规划纲要提出,"实施五大民生工程,提高人民生活品质"。包括:充分就业工程、"三名"教育工程(名师、名校、名校长)、健康顺义工程、城乡社保一体化工程、安居保障工程。

六大社会建设体系:区"十二五"规划纲要提出,"创新六大社会建设体系,全面构建和谐顺义"。包括:区域科技创新体系、公共文体服务体系、社会精细管理体系、人口服务管理体系、环境综合治理体系、安全稳定保障体系。

全模式社会服务管理系统:指运用现代信息技术,通过流程再造、业务集成与合作治理方式建立的数字化、精细化、高效化和系统化的社会服务管理体系。

"五联"工作机制:矛盾联调、治安联防、工作联勤、问题联治和平安联创的工作机制。

四级纵向调解网络:区、镇(街)、村(居)、小组(楼门院)四级纵向调解网络。

四级信访工作机制:以区人民调解委员会为平台,以镇(街)矛盾调处中心为前沿,以村(社区)"连心恳谈室"和社区工作站为基础,以信访信息员为前哨的工作机制。

顺义区第三届人大常委会2010年工作报告

——2011年1月7日在顺义区第三届人民代表大会第六次会议上

顺义区人大常委会主任　马庚良

各位代表、同志们:

我受顺义区第三届人民代表大会常务委员会的委托,向大会报告工作,请予审议。

2010年的主要工作回顾

2010年,是实施"十一五"规划的最后一年。一年来,区人大常委会在区委的正确领导下,坚持以邓小平理论和"三个代表"重要思想为指导,深入贯彻落实科学发展观,落实市委第三次人大工作会议精神,依法履行宪法和法律赋予的职权,着力提升人大工作质量和水平,为顺义区经济、政治、文化、社会事业的发展提供了有力的民主法制保障。全年共召开常委会会议8次、主任会议18次，听取和审议“一府两院”工作报告12项，开展工作视察和执法检查9次，提出审议意见40余条，较好地完成了区三届人大五次会议所确定的各项任务。

一、强化法律监督，积极推进顺义区民主法制进程

为创造良好法制环境，维护公平正义，推进民主法制进程，常委会重点围绕三个方面加强了法律监督工作。

（一）认真组织执法检查，促进依法行政

为确保法律法规在本行政区域内的贯彻实施，常委会先后组织代表对《中小企业促进法》、《全民健身条例》、《农产品质量安全法》、《水污染防治法》及北京市实施办法等法律法规的贯彻执行情况进行了执法检查，并专题审议了区政府关于2010年推进依法行政工作情况的报告，提出了有针对性和可操作性的意见和建议，尤其是对《水污染防治法》及北京市实施办法审议意见的落实情况进行了跟踪检查。区政府根据代表建议，积极完善执法方式，制定整改措施，对推动依法行政，深化依法治区工作起到了促进作用。

（二）有效监督司法工作，促进司法公正

常委会采取多种形式，加大了监督司法工作的力度。常委会专题听取审议了区检察院关于加强刑事审判法律监督工作情况的报告，推动了刑事审判长效监督机制的完善，进一步促进了刑事审判法律监督的关口前移及案件审理和审判监督的有机衔接；听取审议了区法院关于劳动争议案件审理情况的报告，就调解劳动争议纠纷，预防和减少劳动争议案件发生，构建和谐稳定的劳动关系提出了建议。区法院认真办理，进一步健全完善了区法院、区总工会、区人力资源和社会保障局、区司法局、区信访办五方劳动争议调解联动工作机制，实现了劳动争议纠纷调解工作在各个环节上的有序衔接，提高了调解率。此外，常委会还组织代表视察了社区矫正工作，旁听了有关劳动争议案件的审理，参加了有关案件的座谈，现场监督了区法院一起强制执行案件。代表提出的建设性意见、建议被“一府两院”采纳，促进了司法水平和司法效率的提高。

（三）规范任免程序，完善人事任免工作

一是依法、按程序任免“一府两院”工作人员；二是继续坚持对被任命人员进行任前法律知识考试；三是加强对新任命的国家机关工作人员的任后监督，在被任命的国家机关工作人员中形成了认真学法、准确用法、自觉守法、依法行政的良好氛围。

二、强化工作监督，促进顺义区科学发展

一年来，常委会不断完善监督的方式方法，依法有效行使各项职权，切实增强监督实效，推动“一府两院”的各项工作，促进顺义科学发展、健康发展、可持续发展。

（一）依法审议决定财政经济工作方面的重大事项

常委会依法听取审议了区政府2009年财政审计工作、决算草案等专项报告，审查批准了2009年区级财政决算。2010年，顺义区财政收入继续保持高速增长，财政支出结构进一步优化。常委会在监督年初人代会通过的财政预算及国民经济和社会发展计划执行过程中，专题审议了区政府2010年上半年财政预算执行情况报告、上半年国民经济和社会发展计划执行情况报告。就预算工作，常委会建议，要杜绝浪费，增收节支，实现“科学理财”；要提高部门预算编制的准确度，促使预算单位把预算编细；要加强预算外资金管理，实现财政资金使用的公开化，研究和落实主动接受外部监督的制度。

随着顺义区“十一五”各项指标的逐步完成，常委会专题审议了“十一五”规划执行情况的报告，并听取了“十二五”部分规划编制情况的汇报。目前规划纲要已编制完成，将提交本次大会审议批准。

（二）围绕顺义区发展重点，促进临空经

济区建设

顺义区的临空产业快速增长，常委会予以高度关注，重点听取审议了区政府关于临空经济区建设及招商引资情况的报告，视察了顺义新城马坡组团建设情况，专题听取了“十一五”新城规划、建设落实评估情况的报告；主任会议还专题调研了北京汽车生产基地、临空国际高新技术产业基地基础设施建设情况。常委会在视察、调研的基础上，建议政府要确立“临空经济区品牌战略”，增加区域经济总量，形成具有顺义特色的“临空经济区建设发展模式”；主动对接市级发展战略，争取优惠政策，加大重点功能区的扶持力度，促进总部经济的发展，形成区域经济发展的产业链，打造临空经济统一品牌。建议的落实对促进临空经济的发展起到了积极作用。

(三)深入调研，监督投融资平台的运营管理

随着顺义的快速发展，金融机构纷至沓来，今年就有杭州银行、光大银行、民生证券等7家金融分支机构相继入驻。为完善投融资平台的运营管理，鼓励金融业做大做强，主任会议专题听取了政府部门及相关单位关于整合金融服务平台，建设、拓宽融资服务领域的情况汇报。会议充分肯定了金融业在促进顺义经济社会事业快速发展中的作用，建议区政府要继续加强融资监管，完善融资平台借、用、管、还和信贷资金管理的制度建设，增强融资平台的造血功能和偿还能力；建立政府融资监督管理中心，建立健全投融资平台的风险监控体系，确保政府“举债有度、用债有效、偿债守信”。

(四)推进新农村和重点镇建设，加快城乡一体化进程

为进一步加快新农村建设进程，促进4个重点镇建设尽快“出形象、见效益”，常委会组织代表就重点镇建设情况进行了视察。视察中，代表们提出了进一步修编小城镇规划，增强规划的科学性、严肃性、前瞻性和可操作性，并把都市型现代农业的发展纳入总体规划之中；加强基础设施建设，做强工业园区，实现产业结构的优化升级，尽快形成众多有地方特色的支柱产业，并做好教育、医疗、养老机构建设等社会服务项目的配套工作，实现富裕农民，推进城乡一体化的目标等建议。结合新农村建设，主任会议还就《北京市绿化条例》的实施进行了调研。

(五)关注民生改善，促进政府解决群众关心的实际问题？

常委会把推进民生工程作为建设和谐顺义的重要抓手，力促经济发展的物质成果惠及顺义区人民特别是广大农民。一是关注义务教育均衡发展。常委会针对城乡教育发展不够均衡的问题，在2009年开展《义务教育法》执法检查基础上，2010年又结合代表建议办理和市人大代表视察，进一步了解了进展情况及顺义区中小学的校舍加固工程和“十二五”教育发展规划编制情况。二是促进卫生事业发展。常委会组织代表视察了顺义区农村医疗卫生工作情况，提出了优化卫生资源配置，打破城乡分割的局面，促进城乡卫生资源流动，逐步满足百姓不断增长的公共医疗卫生服务需求的建议。建议得到政府高度重视。三是关注保障性住房建设。在2009年听取汇报的基础上，常委会主任会议2010年又听取了顺义区经济适用房、廉租房、限价商品房三项工作的进展和政策落实情况汇报。四是推动社会服务项目的完善。常委会组织代表跟踪检查了养老设施规划、建设情况，推动了顺义区养老服务设施建设和管理服务工作的进一步发展。主任会议还听取了顺义区生活垃圾处理、人口与计划生育、社区市场建设以及提高社会保障水平的情况汇报，就进一步完善社区便民市场建设，加强征地转非、转非进职保的政策落实工作，及时解决农转非人员存在的问题，化解可能发生的社会矛盾等工作提出了具体意见。五是做好信访工作。为积极化解社会矛盾，维护社会的和谐稳定，常

委会安排专人负责群众来信来访工作，全年共接待群众信访85件，260人次，并将有关信访件转交“一府两院”核实办理。

三、强化代表工作，发挥代表主体作用

常委会完善工作机制，努力提高服务水平，进一步支持、规范和保证人大代表依法履行职责，代表工作取得新进展。

（一）认真落实保障措施，提高代表工作质量

一是加强代表培训。结合形势特点和代表履职需求，通过考察、工作研讨交流、视察、执法检查等方式，增强培训的针对性与实效性，提高代表履职能力。二是坚持“自选式”服务。将常委会年度执法检查和工作视察项目安排提前寄发代表，代表自愿选择参加，常委会协调安排，并邀请市、区两级人大代表参与常委会重点工作。三是畅通信息渠道。向代表提供区情、政情、社情，通报顺义区重点工作情况，坚持政府半年工作和“两院”工作通报制度，积极开展多种形式的视察和调研活动，改进代表接待选民工作，保障代表知情知政。四是积极探索闭会期间市、区、镇三级代表联动开展活动的形式，促使代表关注全局，形成合力，发挥作用。五是通过人大网站、《工作通讯》、《北京人大》等各种媒体宣传代表事迹，推动代表履职水平提升。

（二）认真组织代表活动，发挥代表主体作用

一是坚持在选区公示代表信息、确定代表接待选民日、会前代表走访选民，了解社情民意，定期向选民述职等制度，加强了人大代表与选民的密切联系，为代表履职创造了条件，全年共有40位代表向选民述职。二是坚持常委会主任、副主任接待人大代表和常委会组成人员联系代表、走访代表制度，为代表依法履职排忧解难。三是通过座谈、学习、调研、视察、执法检查、为“十二五”规划建言等20多次活动，充分发挥代表的主体作用。四是加强市、区人大代表之间的联系。在组织区人大代表开展活动时，主动邀请相关市人大代表参加，听取他们的意见；在代表接待日安排市、区人大代表共同接待选民，为市人大代表深入基层了解社情民意提供平台，逐步形成市、区人大代表之间的联系沟通机制。五是加强市人大代表联络服务工作。完成了市十三届人大三次会议顺义团的联络服务和市人大代表的年中活动、会前视察、培训等工作，组织市人大代表集体活动7次。代表们就推动顺义发展，提出了建设性的意见和建议。

（三）认真督办代表建议，增强办理实效

在建议督办过程中，常委会建立了主任重点督办、各工作委员会分类督办、代表联络室协调督办的工作机制，始终坚持全程监督，加强综合分析、统筹协调，做好办中督查，坚持办后审查，并主动征询代表对办理工作的意见，根据情况复查补办，努力落实代表的意见和建议。

督办工作始终抓住四个环节开展：一是突出重点。确定了14项重点建议，落实责任，逐项监督。二是委室联动。常委会各工作机构牵头督办，各尽其责，定期沟通，协调配合，保证了督办工作的进度和质量。三是创新方式。把建议督办与专项工作监督、执法检查和工作视察结合起来，提高工作效率，增强工作实效。四是过程监督。围绕建议办理的重要节点，先后组织多次座谈会和专项视察，努力做到底数清、情况明，同时对重点建议办理情况进行跟踪检查，保证了督办工作的连续性和实效性。

区三届人大五次会议期间和闭会以来，代表共提出建议113件，已在规定的时间办复完毕，办复率为100%；建议采纳率达到70.8%，较上一年提高了4.1个百分点。常委会听取和审议了代表建议办理情况报告。区政府对建议办理工作高度重视，措施得力，各部门协调配合，推动了有关问题的解决。

（四）认真指导基层工作，提高镇人大、区人大街工委工作水平

常委会进一步加强对人大街工委工作的领导,对镇人大工作的指导,定期召开工作会议,协调解决工作中的问题;做好区镇两级人大上下联动的视察、执法检查和代表补选、代表小组活动、代表向选民述职等工作;积极倡导代表进社区,定期接待选民,听取社情民意,有效推动了基层人大工作的开展,促进了基层民主政治建设。

(五)完成区人大代表补选工作

为保障代表依法履职、维护选民利益,常委会在2010年9月至10月周密部署、精心组织,充分发扬民主,严格依法办事,完成了补选4名代表的任务。

四、强化自身建设,提高常委会依法履职能力

常委会适应形势要求,规范各项制度,努力改进工作方式方法,不断强化思想作风建设,进一步提高了履职能力和水平。

(一)加强组织建设

为落实市委第三次人大工作会议精神,常委会加强了组织建设,规范了工作程序,调整充实了人大机关的机构设置,促进了工作效率的提高。

(二)开展创先争优活动

按照市委、区委的统一部署,常委会根据顺义区"学习实践科学发展观,推进城乡发展一体化、经济发展多元化、社会管理精细化、党建工作科学化"的主题,在机关开展了创先争优活动。引导党员干部深化对科学发展观的理解和认识,认清人大及其常委会在坚持和完善人民代表大会制度中肩负的责任,进一步探索和把握新形势下基层人大工作规律,进一步理清常委会工作在体制机制、工作水平、党性党风党纪等方面存在的问题,努力实现"组织创先进、党员争优秀、群众得实惠"的目标。

(三)自觉加强学习,提高工作水平

常委会始终把学习作为提高履职能力的重要措施,组织常委会组成人员和机关工作人员学习政治理论、法律法规和人大业务知识,学习党的十七届三中、四中、五中全会精神,学习市委第三次人大工作会议精神,努力把科学发展观的要求转化为具体工作措施,增强常委会组成人员和机关工作人员的大局意识、责任意识和法律意识,提高履职能力。

(四)加强调查研究,转变工作作风

常委会积极倡导务实、扎实的工作作风,把调查研究作为开展各项工作的基础环节和必经程序,围绕工作搞调研,通过调研促工作。常委会在开展日常监督工作以及讨论决定重大事项前,都进行深入调研,注重听取各方面意见,掌握第一手材料,为进行审议和决定重大事项提供依据。对于重点工作,常委会领导坚持带头开展调查研究,常委会还就推进保障性住房建设、养老机构建设、镇人大作用的发挥等进行了专项调研,有力地推动了工作。常委会还配合市人大完成了多项调研工作。

各位代表!过去的一年,在区委的领导下,在常委会组成人员和全体代表的共同努力下,在"一府两院"和各镇、街道的支持配合下,常委会认真贯彻落实科学发展观,依法履职,积极开拓,取得了一定成效。在此,我谨代表顺义区第三届人大常委会,向顺义区各族人民,向各位代表和所有关心支持人大工作的同志们、朋友们表示衷心的感谢!

在总结成绩的同时,我们也清醒地认识到,常委会工作与顺义经济社会发展的要求和人民群众的期望还存在差距,主要是:监督工作的针对性和实效性还不够强;代表参政议政水平有待提高;代表意见建议的督办机制有待完善;常委会工作的制度化和规范化水平需进一步提高。对于这些问题,我们将继续努力,不断改进。

2011年的主要任务

2011年,是"十二五"规划的启动之年,也是本届人大常委会任期的最后一年。区人大常委会要在区委的领导下，以科学发展观为统领，认真贯彻落实党的十七大和十七届五中全会精神，始终坚持“议大事、抓重点、求实效”的原则，认真履行宪法和法律赋予的职责，不断提高常委会监督工作水平，积极探索加强工作监督和法律监督的有效方法，进一步行使好重大事项决定权和人事任免权，充分发挥地方国家权力机关作用，进一步开创人大工作新局面。

一、围绕中心，服务大局，切实增强监督工作实效

在新的一年里，常委会将围绕区委中心工作，找准工作切入点，把握工作着力点，突出工作关注点，着重监督关系全局的重大项目、重点工程建设以及民生问题，不断增强监督实效。

一是认真听取和审议专项工作报告。常委会将依法听取审议区政府2010年财政审计工作、决算草案等专项报告，审查批准2010年区级财政决算；围绕本次大会作出的决议，常委会将听取审议区政府2011年上半年财政预算执行情况、上半年国民经济和社会发展计划执行情况报告。今年是“十二五”规划开局之年，常委会将重点审议区政府“十二五”规划第一年的执行情况报告。“五五”普法规划已经结束，常委会将听取“五五”普法规划完成情况报告，审查批准“六五”普法规划；定期听取“两院”及公安局关于群众关注的有关案件的情况汇报，同时听取审议区法院关于未成年人案件审理；区检察院关于发挥检察职能，服务城乡一体化情况的专题报告，还将就保障性住房、定向安置房落实情况和代表建议办理等项工作，听取“一府两院”的专项工作报告。

二是开展执法检查。常委会将组织代表检查《节能法》及北京市实施办法、《防震减灾法》、《药品管理法》等法律法规的贯彻执行情况，并积极配合市人大开展的各项执法检查工作，确保法律法规在顺义区的贯彻落实。

三是认真进行工作视察。将围绕文化创意产业、重点功能区与镇级开发区合作建设、顺义区社会治安综合治理、新农村及小城镇建设等项工作组织代表进行视察。

四是深入做好主任会议调研。将围绕《邮政法》和《政府采购法》的落实、学前教育工作、居民小区设施改造、水务建设、信访工作等情况进行调研。

二、突出实效，服务代表，切实提高代表工作质量和水平

一是加强联系和指导，提高镇人大、区人大街工委工作水平；二是继续坚持代表自愿选择视察、执法检查项目的方式，组织好各项视察和执法检查，扩大代表对常委会工作的有序参与，充分发挥代表在监督工作中的作用；三是把代表履职与顺义区大局和中心工作紧密结合起来，结合人民群众普遍关心的热点、难点问题，不断拓宽代表履职渠道，丰富代表活动内容，切实增强代表履职的责任感和使命感，广纳民智，凝聚民心，推动顺义区经济社会发展再上新台阶；四是深化、完善、创新代表议案建议督办工作，不断提高办理质量；五是做好市人大代表的服务工作。

三、提高素质，转变作风，切实加强常委会自身建设

面对新的形势、难得的发展机遇和严峻的挑战，常委会组成人员和机关全体人员要结合创先争优活动的开展，切实加强自身建设，不断提高业务素质和履职能力，努力建设一支政治坚定、业务精通、务实高效、团结协作、勤政廉洁的干部队伍，为履行各项法定职责提供有力保障。

四、依法做好区镇两级人大代表换届选举工作

2011年将进行区镇两级人大代表的换届选举工作，这是顺义区人民政治生活中的一件大事。常委会要始终坚持党的领导，充分发扬民主，严格依法办事，认真做好选举的各项工作,完成换届选举任务。

各位代表,实现“打造临空经济区,建设世界空港城”的目标,是顺义区的重大任务。我们要在区委的正确领导下,以顽强拼搏的精神、求真务实的作风、科学严谨的态度,同心协力、开拓创新,为推进顺义区社会主义民主法制建设,实现经济社会更好更快发展而努力奋斗!

政府工作报告

——2011年1月6日在顺义区第三届人民代表大会第六次会议上

顺义区人民政府代理区长 王 刚

各位代表:

现在,我代表顺义区人民政府,向大会报告政府工作,请予审议,并请各位政协委员提出意见。

一、2010年工作回顾

2010年,是“十一五”规划的最后一年。一年来,在市委、市政府和区委的坚强领导下,在区人大和区政协的监督支持下,在顺义区人民的共同努力下,顺义区上下深入学习实践科学发展观,围绕“城乡发展一体化、经济发展多元化、社会管理精细化、党建工作科学化”的工作目标,认真执行区人大及其常委会的各项决议,顺利完成了年初确定的各项任务,为“十一五”划上了的句号。2010年预计完成地区生产总值780亿元,同比增长13%。完成属地财税收入279.8亿元,同比增长28%;完成一般预算收入58.4亿元,同比增长21%。预计城镇居民人均可支配收入达到25000元,农村居民人均纯收入达到12800元,同比分别增长8%和10%。

(一)经济快速健康发展,综合实力持续增强

重点产业加快发展。汽车产业不断壮大,预计实现产值956亿元,同比增长24%,占到全市汽车产业的51%,北京现代三工厂、北京自主品牌乘用车基地开工建设,北京汽车产业研发基地、国家汽车质量监督检验中心等项目建设进展顺利。航空产业加快发展,康捷空总部、中航工业北京航空产业园发动机项目一期启动建设,中航工业复合材料项目完成奠基,海航集团综合配套基地、中国民航三大中心相继落户。电子通讯产业稳步增长,北广科技、宝德阳投入生产,中航信产业园开工建设。战略性新兴产业加快发展,国家地理信息科技产业园顺利奠基,首批25家地理信息企业签订入区协议,中国航天科工北京航天产业园项目即将签约。金融产业快速集聚,杭州银行、光大银行、民生证券等20家金融机构入区发展,工银金融租赁公司落户北京天竺综合保税区。文化创意产业发展态势良好,广告会展、设计创意等行业集聚效应逐步显现。商业业态不断丰富,新世界、美廉美等一批商业知名品牌入区经营。

园区建设推进。全国首家空港型综合保税区——北京天竺综合保税区建设成效明显,管理办法正式实施,海关、检验检疫监管设施投入使用,口岸操作区全面运营,实现“港区联动”发展,新引进企业46家,投资总额75亿元。空港开发区、汽车生产基地等重点功能区辐射带动能力不断增强，与镇级二三产业基地之间呈现出关联并进、优势互补、协同发展的良好格局。顺义区新引进亿元以上实体项目41个，协议投资额527亿元。实际利用外资4亿美元。京港洽谈会顺义专场推介成效显著，签约项目24个，协议投资额78.9亿美元，顺义优越的投资环境得到充分展示。

发展活力有效提升。投资出口消费对经济发展的拉动作用不断增强，预计完成全社会固定资产投资410亿元，同比增长19.2%；完成出口供货额310亿元，同比增长2.3%；实现社会消费品零售额180亿元，同比增长16%。自主创新扎实推进，新发展国家级高新技术企业10家、市级以上企业技术中心3家、市级研发机构2家。品牌培育成效喜人，成功争创2件中国驰名商标、1件北京市著名商标，荣获全国商标战略实施示范区称号。企业上市力度切实加大，金融创新不断深化，嘉寓门窗创业板成功上市，北京临空创业投资公司正式运营，中小企业集合信托成功发行。燕京啤酒节、国际汽车展、第二届北京端午文化节、超级联盟汽车大奖赛顺义街道赛等重大活动成功举办，区域影响力不断提升。

（二）城乡建设统筹推进，城市功能不断完善

新城建设全面提速。城市规划不断深化，编制完成M15号线顺义段一期站点周边城市设计和顺义区土地利用总体规划、各镇土地利用规划。重点工程建设力度加大，55项重点工程开工建设。新城交通体系日臻完善，M15号线顺义段一期投入运行，二期工程建设加快推进，机场东路跨六环路互通式立交桥顺利通车，天北路等一批新改建道路工程如期完成。新城综合服务设施建设步伐加快，殡仪馆迁建主体工程竣工，牛栏山一中改扩建工程基本完成，劳动力实训基地、文化中心即将开工。村庄拆迁稳步推进，洼子村、西马坡村、燕王庄村和市级挂账整治村——天竺村拆迁顺利完成。公交服务环境不断改善，花博会主场馆等3处公交港湾改扩建完成，北石槽良善庄等3个首末车站和130座农村候车亭投入使用。重点镇建设整体推进，镇中心区基础设施和公共服务设施建设加快实施。

城乡管理更加精细。开展街面秩序专项整治，规范交通秩序和门店经营，黑车运营和乱停乱放得到有效控制。大力开展户外广告集中清理，整治规范广告牌匾6.6万平方米，市容形象有效提升。加强城市保洁和垃圾规范管理，完成19个镇和城区12个居民小区垃圾分类设施配置，顺义区垃圾无害化处理率达到91%。启动节水分类分级管理，水资源科学利用水平不断提高。公交监控调度中心投入使用，货运管理信息系统在全市率先建立。42个居民小区29类公共服务设施改造完成，42类11万件城市家具得到维修更新。市场建设管理不断加强，城区步行街市场和滨河市场顺利拆除，高丽营等6个市场升级改造如期完成，东兴小区等4个新建市场投入使用。

城乡环境显著改善。国家卫生区复审顺利通过，国家环保模范城区创建工作进展顺利，新增2个市级环境优美镇和38个市级生态村，全年空气质量二级和好于二级天数比例达到74%，超额完成主要污染物减排任务。突出抓好顺平路等主要道路以及M15号线顺义段沿线等重点区域整治，高标准完成286项环境台账任务。以临空经济区核心区12个重点村为突破口，实行区级领导包村制，全面推进城乡环境综合整治，拆除违法建设71.7万平方米，取缔无证无照经营1067户，规范出租房屋24652户，消除脏乱死角28万处，村容村貌明显改观。滨河森林公园水务主体工程和龙道河生态治理主体工程按期完工，“引温济潮”二期工程即将完成。城乡绿化美化推进，新增绿化面积4392亩。

新农村建设成效明显。“五项基础设施”和“三起来”工程推进,“百村万户”绿化美化三年任务全面完成。完成100个农村社区服务站建设,农村居民生产生活更加方便。成功创建全国首批现代农业示范区,举办第七届农博会,加大农产品加工等重点产业政策扶持,农业发展后劲不断增强。花卉产业蓬勃发展,新增花卉生产面积2300亩,郁金香文化节和菊花文化节品牌效应日益显现。农业基础设施条件不断改善,新增设施农业5570亩,完成农业基础设施建设及综合开发工程5.3万亩。农村改革推进,89个村集体经济产权制度改革顺利完成,集体林权制度改革完成主体任务,流转土地16614亩。

(三)社会建设切实加强,和谐程度日益提升

就业社保水平不断提高。全面启动充分就业区创建工作,全年新安置城乡劳动力就业22659人,农村劳动力二三产业就业率达到90%。切实加大农转非工作力度,完成征地转非17931人、转非进职保2500人、新生儿入非1100人。社会保障和社会救助体系日趋完善,社会福利体系建设全面推进,大病救助、教育救助、精神病人救助力度不断加大。农村低保标准由年人均2530元提高到3360元。新型农村合作医疗参合率达到99.7%。投入1253万元,为335户贫困和优抚对象翻建维修房屋。退役士兵安置实现城乡一体化,共接收安置退役士兵、随军家属500人。深入落实“九养”政策,为老服务实现城乡全覆盖。新建8家农村公益性公墓,荣获全国殡葬改革先进单位称号。住房保障力度切实加大,57.1万平方米回迁安置房和2.97万平方米保障性住房顺利竣工,回迁9900人,配售限价商品房1230套。慈善救助项目广泛开展,受益群众累计达到2万余人。

社会服务管理创新推进。投入8400万元完成54个村庄社区化管理。人口调控机制不断健全,流动人口规模得到有效控制。新认定9家“枢纽型”社会组织,社会组织管理更加有序。“两法衔接”机制建设成效显著,成为全市工作试点。创建全市首家农村义工工作站,社区志愿服务水平有效提升。第八届村委会换届选举完成,主要指标位居全市之首。11个社区服务中心和12个社区居委会办公及居民活动用房达标建设工程加快推进,社区工作者结构不断优化,工资待遇大幅提高,物业公司化管理创新积极推进。

社会事业蓬勃发展。成功创建全国教育综合改革实验区、全国社区教育示范区、全国中医药特色社区卫生服务示范区和全国人口计生综合改革示范区。23所学校校舍安全改造顺利完成,“三名”教育工程深入实施。医药卫生体制改革顺利推进,公共卫生服务能力显著增强,中医服务水平不断提高,基本药物零差率采购销售得到严格落实。文体事业快速发展,竞技体育再创佳绩,第13届市运会获得59枚金牌。第六次全国人口普查工作进展顺利。成功创建国家一级综合档案馆。人事人才和审计、外事等工作有了新的发展,妇女、儿童、残疾人等事业取得了新的成绩。

社会环境和谐稳定。校园安全管理措施不断强化,安全监控设备实现市区镇三级联网。食品安全专项整治成效明显,药品安全监管力度切实加大,安全生产分类分级管理和企业事故隐患自查自报模式在全市推广。治安重点地区排查整治扎实推进,基层平安创建成效显著,社会治安综合治理切实加强。坚持领导包案制度,推进信访代理制,狠抓基层排查和就地化解,顺义区信访形势持续稳定。

(四)民主法治建设不断加强,社会文明程度明显提高

开展法制宣传教育,“五五”普法规划全面落实,全民法律素质进一步提高。加强规范性文件的审核清理和重大合同的审核备案,政府依法行政水平不断提升。依法推进

政府信息公开，深入实施政风行风评议，积极开展“创先争优”活动，政府自身建设取得明显成效。

坚决执行区人大及其常委会决议，依法向区人大常委会报告工作。定期向区政协通报工作，自觉接受政协民主监督。113 件人大代表建议和 151 件政协委员提案如期办复完毕，办理质量不断提高。

开展“做文明有礼的北京人”主题教育和各类群众性精神文明创建活动，市民文明素质和区域文明程度不断提高。城市志愿服务开展，关爱互助的社会氛围日益浓厚。

这些成绩的取得，得益于市委、市政府和区委的正确领导，得益于区人大的法律监督和区政协的民主监督，离不开社会各界的大力支持，更凝聚着顺义区人民的智慧和汗水。在此，我代表区政府，向顺义区人民，向积极支持政府工作的人大代表、政协委员，向各民主党派、工商联和无党派人士、各人民团体以及社会各界，向中央和市属单位、驻顺部队以及入区企业，表示衷心的感谢！

与此同时，我们也清醒地看到，当前经济社会发展还面临一些问题：三次产业融合发展程度需要不断提升，第三产业比重有待加快提高，多点支撑的格局有待进一步强化，区域产业结构尚需进一步优化；城市综合功能需要不断完善、承载能力有待持续提高，顺义新城的形象和品位需要加快提升，城乡之间、区域之间发展还不够平衡，统筹城乡一体化发展的步伐还需不断加快；保障和改善民生的力度需要进一步加大，公共服务均衡化、优质化有待加速，社会服务管理精细化水平需要不断提高。上述问题，我们将以求真务实的态度，采取更加扎实有效的措施，在今后工作中认真加以解决。

二、2011 年工作安排

今年是“十二五”规划开局之年。顺义区作为北京重点建设的新城、临空经济高端产业功能区和现代制造业基地，也是首都对外交往的门户和外向型经济发展的窗口，应该而且能够在首都加快转变经济发展方式、完善城市功能、促进城乡一体化等方面发挥重要作用，走在全市前列。2011 年，顺义区有 22 个项目列入全市重大建设项目，总投资 1150 亿元，占到全市重大建设项目总投资的 1/7，为“十二五”开好局、起好步奠定了坚实基础。同时，我们也要看到，国际金融危机影响深远，国家宏观调控不断深入，围绕市场、资源、人才、技术、标准等方面的竞争更加激烈，我们要切实增强机遇意识、责任意识和忧患意识，科学把握发展规律，深入落实功能定位，主动适应环境变化，有效化解各种矛盾，努力在新的起点上实现新的跨越。

今年政府工作的总体要求是：深入贯彻中央和北京市各项战略部署，认真落实区委三届十二次全会精神，紧紧围绕“打造临空经济区、建设世界空港城”的奋斗目标，以科学发展为主题，以转变发展方式为主线，以城市化和城市现代化为引领，以保障和改善民生为重点，加快项目建设，促进产业结构调整，完善城市功能，推进社会服务管理创新，推动区域经济社会又好又快发展，努力实现“十二五”发展的良好开局！

综合考虑各方面因素，2011 年顺义区经济社会发展的主要预期目标为：实现地区生产总值 875 亿元，同比增长 12%。属地财税收入 313 亿元，同比增长 12%；一般预算收入 67 亿元，同比增长 15%。全社会固定资产投资 336 亿元，按可比口径同比增长 12%。社会消费品零售额 209 亿元，同比增长 16%。实际利用外资 4 亿美元。城镇居民人均可支配收入 27500 元，同比增长 10%。农村居民人均纯收入 14200 元，同比增长 11%。

实现上述目标，必须集中精力抓好四个重点领域工作。

（一）以调整产业结构为核心，加快转变经济发展方式

按照“优化一产、做强二产、做大三产”的

发展思路,将结构调整作为加快转变经济发展方式的主攻方向,加快建立三次产业融合发展的现代产业体系,全力提升区域经济发展的质量和效益。

加快产业结构调整。围绕首都枢纽空港和天竺综保区功能优势,做大第三产业。发挥首都机场辐射带动效应,着力吸引航空公司总部入驻,积极发展航空货运、航材销售等航空服务业,延伸航空服务产业链条,完善航空服务体系。发挥天竺综保区政策优势,大力发展贸易服务、展览展示、金融租赁等产业。加快发展离岸金融、产业金融和功能性总部金融等特色金融产业,加快民生银行总部基地建设,全力促进北京银行、中信银行等金融机构落户。积极争办中国国际服务交易大会,大力发展会展产业,打造具有区域特色会展品牌。发挥文化创意产业扶持资金导向作用,培育和引进文化创意产业高端项目。大力发展连锁经营、电子商务,积极引进商业综合体等大型商业业态,提升新型高端商业业态比重。围绕打造汽车和航空两大千亿产业集群,做强第二产业。全力推进北京现代三工厂、北京自主品牌乘用车基地建设,确保年底试生产。积极推动上下游配套企业集中合理布局,不断丰富和延伸汽车产业链条。加速中航工业北京航空产业园发动机项目一期建设,积极引进更多优质项目入园,提高航空产业对区域经济的支撑作用。大力培育战略性新兴产业,加快推进国家地理信息科技产业园等项目建设,将战略性新兴产业打造成为支柱产业。围绕提高对北京高端农产品市场占有率和控制力,优化第一产业。紧抓国家现代农业科技城建设契机,启动国际鲜花港“花卉服务产业科技促进工程”,完善农业科技支撑体系和农产品安全体系建设,着力提升科技研发、籽种培育和成果转化能力。大力发展农产品加工产业,促进产销衔接、农超对接,提升产品附加值和物流配送水平。加快发展花卉产业,积极抢占北京市场,打造顺义花卉品牌。结合新一轮“菜篮子”工程,完成农业基础设施建设及综合开发5.3万亩。

优化产业空间布局。按照“一核、两轴、两带”的产业空间格局,坚持集约、集中、集聚发展,优化整合各功能区发展资源,统筹招商引资、产业布局和资源利用,实现各功能区协调发展。临空经济区核心区要强化辐射带动力。深入研究临空经济发展规律,抓紧编制临空经济区空间布局规划、产业发展规划、土地利用规划,统筹临空经济区建设和发展。天竺综保区要加快建设“国际采购分拨中心、航空器材及IT产品保税维修中心、公共检测实验中心、保税展览展示交易中心、离岸金融中心”,促进罗尔斯－罗伊斯飞机发动机维修基地、默克研发中心、中航材保税监管库等重大项目落地开工;要抓紧启动天竺综保区二期建设,加快推进规划范围内村庄拆迁和土地一级开发,进一步拓展发展空间。空港开发区、林河开发区、汽车生产基地、空港物流基地等重点经济功能区要深入挖掘内部潜力,提升产业层次,充分发挥人才、品牌、管理优势,采取多种方式与镇级二三产业基地进行联动发展。京承高新技术产业轴、京平高端制造产业轴要加快形成支撑力。京承高新技术产业轴要主动对接北京北部研发服务和高新技术产业发展带,将沿线区域建设成为中关村高新技术的承载区和研发成果转化基地,加快推进中国航天科工北京航天产业园、数码视讯等重点项目建设。京平高端制造产业轴要主动承接临空经济区高端制造功能拓展及相关产业链延伸,加快发展汽车零部件、航空航天及相关配套产业。推进首钢冷轧产业园建设,提升印刷基地产业吸纳能力。潮白河绿色生态发展带、东部浅山区发展带要尽快提升影响力。要依托潮白河贯穿新城的区位优势,完善配套服务设施,构建城市跨河交通体系、滨水公共活动体系和沿河绿地景观体系,加快奥林匹克水上公园周边区域开发建设,吸引高端产业和项目沿河集聚。依托浅山区的生态和林果资源，加快完善市政基础设施，不断提高承载能力，促进农业观光、休闲旅游等产业融合发展。

增强产业发展后劲。项目建设是实现科学发展的支撑，是转变发展方式的关键。坚持“能早则早、能快则快”的原则，倒排工期，加强调度，集中力量抓好45个亿元以上重大产业项目的开工建设。加大招商选资力度，完善招商项目评价机制，严格项目准入标准，确保引进项目高端化、项目用地集约化、经济效益最大化。发挥科技创新的带动作用，积极争取在顺义设立产业化示范基地，借助中关村政策、品牌和科技优势，加快形成“研发创新在中关村、转化和产业化在顺义”的跨区域产业链。不断完善科技创新和服务体系，新发展国家级高新技术企业10家、市级以上企业技术中心4家、专利示范企业2家，专利申请500件、授权专利300件。推进国有经济战略性调整，引导燕京啤酒、顺鑫农业等国有企业加大并购重组力度，不断提升企业核心竞争力。加快国有资本、中小企业证券化步伐，推进国有市政、商业、建筑等领域企业重组、改制、上市，积极支持民营企业上市融资。

(二)以保障和改善民生为重点，全面提高人民生活水平

坚持把保障和改善民生作为转变经济发展方式的根本出发点和落脚点，加快完善城乡居民一体化的社会保障体系，不断提高公共服务均衡化、优质化水平，让顺义区人民共享更加幸福美好的生活。

加快回迁房和保障性住房建设。坚持回迁安置房建设与村庄拆迁同步规划、同步实施或提前建设，加强工作调度，实施“绿通”机制，倒排工期，落实责任，全力加快总投资155亿元、建筑面积344万平方米的回迁安置房建设，年内完成21个已拆迁村2.8万余人的回迁，2012年完成其余回迁到期的4个已拆迁村8000余人的回迁；全力加快总投资32.3亿元、建筑面积45.9万平方米的保障性住房项目，年内竣工18万平方米，其余27.9万平方米完成主体工程。要提前启动已列入计划拆迁村的回迁房建设，确保村庄拆迁一个、回迁一个。

着力提高就业质量。坚持市场引导劳动力资源优化配置，建立劳动力自主创业激励机制，在促进劳动力充分就业的同时，着力提升劳动力就业层次和质量。开展充分就业区创建活动，确保15个镇(街道)达到充分就业标准。建立失业预测预警工作平台，突出抓好就业困难人员、新生劳动力和农村转移劳动力就业，完成城乡劳动力培训1.2万人，促进6000名农村劳动力实现转移就业、5500名失业人员实现再就业，城镇登记失业率控制在1.5%以内。

完善社会保障和救助体系。多措并举加快转非步伐，年内完成征地转非6000人、转非进职保2000人，促进更多农村居民纳入城市社会保障体系。推进医疗保险制度改革，扎实做好“一老一小”与无业居民大病医疗保险、公费医疗与基本医疗保险的并轨工作。进一步加大对困难群体的保障和救助力度，稳步提高城乡低保标准，切实保障和改善困难群体的基本生活。启动区老年公寓和2所镇级敬老院改扩建工程，新建50个托老所，为城乡老年人提供优质服务。

提升社会事业均衡化优质化水平。加快实施第三次教育布局调整，完善中小学校教育装备设施，加强新建小区配套教育设施管理，完成校舍安全续建工程。启动城乡联动教育改革实验，加大教师培训培养力度，安排城乡优秀教师相互交流。坚持职业教育市场化、成人教育网络化办学方向，推进终身教育体系建设。加快推进以中医院迁建为重点的区域医疗服务机构布局调整，完成区医院急诊病房综合楼建设工程，启动公共卫生业务综合楼建设。加强与区外优质医疗资源的合作共建，加大名院、名科、名医引进力度。建立和完善双向转诊、二级医院对口支援和专

家定期联系制度,免费开展母婴访视等30类122项公共卫生和基本医疗服务。加强重大疾病预防、医疗救治和卫生监督工作,加快120急救体系建设,提高公共卫生服务保障和突发公共卫生事件应对能力。加强镇级综合文化站、村级文化活动室建设,精心组织"星火工程",不断丰富群众精神文化生活。广泛开展全民健身体育活动,推进百村万户助农健身工程,提升群众身心健康水平。

(三)以城市化和城市现代化为引领,全面提升新城形象

围绕建设世界空港城的目标,加快推进空港国际化、城市现代化、农村城镇化进程,统筹城乡发展,打造城乡一体化的先行区、示范区。

高标准规划设计城市。立足顺义新城功能定位,切实提高城市规划设计水平,彰显顺义新城国际魅力和城市品位。编制完成城区府前街、新顺街、光明街三条主要街道景观规划,完成M15号线顺义段沿线、潮白河两岸城市设计、户外广告设计和新城绿道系统等专项规划,启动重点路段、重点区域城市设计,加快推进顺义新城规划展览馆建设。要切实增强规划的严肃性,加快规划设计目标的实施,努力打造标志性地段、标志性景观、标志性建筑,让新城功能更完善、品质更优良、特色更鲜明。

全面提升城市中心区品位。以世界先进城市和地区为标杆,建设高品质的街道景观和城市环境。加快推进金街区域建设和东风商场以北区域、粮食局片区改造,启动国泰路口等7个地下通道建设,全力提升商业中心区现代化、国际化水平。推进建新南北区等老旧小区改造,塑造城市中心区居住小区崭新面貌。加快推进太平村、前进村拆迁储备土地入市步伐,启动实施站前北街延长线、顺安路、中山东西街改造工程,让城区北部整体形象明显改观。

完善城市功能和基础设施。切实加强首都机场周边基础设施和公共服务设施建设,提升服务保障能力,实现"港区"全面对接和融合发展。启动残疾人康复中心、党校迁建等一批重点工程建设,完成殡仪馆迁建、政务数据中心、老干部活动中心扩建等工程,完成劳动力实训基地、文化中心、体育中心、职教中心主体工程建设。启动通怀路、白马路东延等重点道路建设,完成M15号线顺义段二期工程和顺白路、木北路等道路建设工程。加强邮政设施网络建设,提高顺义区邮政服务水平。完成高丽营220KV变电站扩容工程、天竺综保区保税功能三区110KV输变电工程建设。

着力提升生态环境品质。以创建国家环保模范城区为抓手,深入落实第十七阶段大气污染控制措施,确保全年空气质量二级和好于二级天数比例达到75%。新增1个国家级环境优美镇、1个国家级生态村和1个市级环境优美镇、30个市级生态村。加大"三高"企业淘汰力度,大力推进节能减排,启动生活垃圾综合处理厂扩建工程和有机废弃物处理厂一期工程。全面加强生态水系、循环水系建设,启动汉石桥湿地水资源综合利用工程,完成"引温济潮"二期工程、龙道河以及七分干渠生态治理工程。加快马坡组团等区域再生水厂和城乡雨污分流、雨洪利用设施建设,促进雨洪利用和中水回用。完成滨河森林公园建设,加快城市主干道路沿线景观绿化改造,不断提升重要区域、重要节点的绿化质量。

提高重点镇和新农村建设水平。编制完成4个重点镇中心区城市设计,科学确定各镇中心区建筑风格、建设时序,引导重点镇开发建设有序推进。推进重点镇路网、集中供热、污水处理等配套设施建设,提升基础设施保障能力。加快重点镇中心区村庄拆迁,加强土地整理和入市,拓展发展空间,加快项目集聚,提升产业发展水平。推进新农村建设,充分发挥农民的主体作用,积极培育新型农

民，不断完善农村基础设施和公共服务设施，建立健全新农村基础设施管护长效机制，巩固和提升新农村建设成果。积极吸引国有企业参与土地一级开发，加快实施18个村庄整建制拆迁。

（四）以社会服务管理创新为抓手，全面加强社会建设与管理

建立健全社会服务管理体系，突出抓好社会网格化管理、社区建设、人口调控、环境建设管理和安全稳定工作，营造文明有序、和谐稳定的社会环境。

着力推进社会网格化管理。加快网格化管理体系建设，搭建网格化管理平台，建立健全发现及时、处置快速、解决有效、监督有力的长效机制，实现社会服务管理的全覆盖。要科学划分网格单元，明确网格化管理的责任主体和工作任务，细化各项工作方案，优化整合各种资源，科学配置管理队伍，加强网格单元的日常监管和风险防控，切实做到责任清晰、目标明确、管理到位。积极应用现代信息技术，建立信息互动平台，拓宽网格化管理的领域和范围，提高社会服务管理效能，增强掌控社会动态的能力。

切实提升社区建设管理水平。全面加强社区队伍建设、机制建设，着力夯实社会管理的基层基础。积极推进社区志愿服务，鼓励和引导市民参与社区建设管理，共建共享美好家园。完成57个社区居委会办公和活动用房达标工作，规范业主委员会、业主大会的设立和运行，加强“一站式”、“一网式”便民服务窗口和“一刻钟社区服务圈”建设，不断提升城市社区服务和管理水平。建立健全村规民约，建成205个农村社区服务站，不断完善农村社区服务功能，全面推进村庄社区化管理。

继续加强人口调控管理。发挥产业对人口规模和结构的调控作用，提高产业准入门槛，加快淘汰低端产业，取缔小低散市场。结合第六次全国人口普查，建立健全顺义区人口数据库和流动人口管理信息平台，积极推行“公寓式管理”、“村企联管”等模式，提高流动人口集中管理服务水平。加强出租房屋法制化、规范化管理，依法全面清理出租房屋，实现流动人口服务管理全覆盖。积极应对北京城乡结合部改造和村庄拆迁力度加大的形势，深入研究流动人口转移的趋势和规律，严防流动人口梯度转移和无序流入。加快推进外籍人员集中居住区沟通交流平台、生活服务平台建设，提高涉外服务管理水平。

切实提高环境建设管理水平。固化和传承奥运会、花博会环境整治成果，提高整治标准，加大整治力度，打造清新靓丽、整洁有序、人居和谐的城乡环境。推进镇村环境综合整治，高标准、高质量完成各项整治台账，确保环境质量不滑坡、上水平。突出抓好机场周边、重点经济功能区周边、城市重要节点、M15号线顺义段及城市主干道路沿线环境整治，使其成为展现顺义环境建设的窗口。要始终保持高压态势，对已有违法建设、违法经营、违法广告要限期全部拆除取缔，对新出现的要发现一起、认定一起、拆除取缔一起。

全力维护社会安全稳定。健全定期与访民沟通机制，变上访为下访，积极预防和化解各种矛盾，有效避免集体访、越级访、非正常访。严格落实安全生产责任制，推进生产安全事故隐患自查自报，加大监督检查力度，有效预防安全事故发生。加强镇村综治维稳工作中心建设，扎实推进治安重点地区排查整治，强化社会治安综合治理，对恶性刑事案件做到逢案必破。完善应急管理体制，强化应急队伍建设，加强风险管理，提升突发事件应对处置能力。

各位代表，面对复杂的形势和艰巨的任务，要始终保持区域经济社会又好又快发展，我们要进一步深化改革开放，增强经济社会发展活力。充分发挥市场配置资源的基础性作用，加大重点和关键领域的改革力度。继续深化国有企业改革，完善国有资产管理体制，探索建立国有资本经营预算和收益收缴

制度,健全国有资本有进有退、合理流动机制。推进投融资体制改革,创新融资方式,拓宽融资渠道,满足发展需要。稳步推进农村改革,进一步规范农村土地流转和集体资产管理,新启动剩余的150个村集体经济产权制度改革。完成乡镇机构改革任务,加快推进医药卫生体制改革和事业单位分类改革。充分发挥空港口岸和天竺综保区功能优势,不断扩大对外开放,打造首都外向型经济窗口。要进一步加强民主法制建设,形成强大发展合力。自觉接受区人大、区政协的监督,不断提高人大代表建议和政协委员提案办理水平。充分发挥民主党派、工商联、无党派人士的参政议政作用,认真听取工会、共青团、妇联等人民团体意见。全面启动"六五"普法规划,加强民意反馈和社会评议,自觉接受舆论监督和群众监督,畅通群众利益诉求表达渠道,充分保障人民群众的知情权、参与权、表达权和监督权,凝聚各方面的智慧和力量。要进一步加强政府自身建设,优化区域发展环境。坚持依法行政,严格按照法定权限和程序行使权力、履行职责,加强政府重大合同、重大决策的合法性审查和风险评估,建立健全决策责任和行政执法责任追究制度,推进政府信息公开,不断提高政府工作的规范化、制度化、法制化水平。要坚持从严治政,认真贯彻廉政风险防范制度,做到用制度管权、按制度办事、靠制度管人,强化对权力运行的监督和制约,坚持勤俭办事,反对奢侈浪费。要进一步转变政府职能,简化行政审批程序,优化审批流程,加强关键岗位、窗口岗位工作人员的培训和管理,不断提高服务质量和效率,营造良好的区域发展环境。

三、关于《顺义区国民经济和社会发展第十二个五年规划纲要(草案)》的说明

根据《中共顺义区委关于制定顺义区国民经济和社会发展第十二个五年规划的建议》,区政府组织编制了《顺义区国民经济和社会发展第十二个五年规划纲要(草案)》,已提请大会审议。

(一)"十二五"规划《纲要(草案)》编制过程和主要特点

区委、区政府高度重视"十二五"规划制定工作,成立了规划编制领导小组,多次召开会议听取《纲要(草案)》专项汇报,研究推进规划编制工作。各部门积极主动、齐心协力共同谋划顺义的发展蓝图。《纲要(草案)》广泛征求了各部门、各单位的意见,听取了区人大代表、政协委员、民主党派、老干部、党员代表的意见和建议。《纲要(草案)》的编制过程,是集思广益、科学决策的过程。

《纲要(草案)》在规划内容上,注重解决制约顺义区经济社会发展的突出矛盾和问题,注重与北京市"十二五"规划及各类专项规划的衔接,提出了实现目标的具体路径、措施和拟实施的重大项目,突出了规划的可操作性。在规划指标上,紧扣科学发展主题,注重增加社会发展、绿色发展等专项指标数量,增强了规划的战略性和指导性。

(二)"十一五"时期经济社会发展成就

刚刚过去的五年,是顺义发展史上具有里程碑意义的五年。在市委、市政府和区委的坚强领导下,顺义区上下深入贯彻落实科学发展观,一心一意谋发展,全力以赴建新城,成功举办奥运水上项目和第七届中国花卉博览会,有效应对国际金融危机冲击,实现了经济社会的又好又快发展。

经济总量大幅提升,综合实力迈上新台阶。地区生产总值、属地财税收入、一般预算收入年均分别增长25%、31%和29%,同比2005年分别增长2倍、2.8倍和2.5倍。常住人口人均地区生产总值突破1.5万美元。三次产业比重达到2.8:42.3:54.9。经济发展实现了总量大幅增加、结构逐步优化、质量效益不断提高。

基础设施建设明显加快,区域承载能力实现新跨越。五年来,共实施市政重点工程300余项,新建、改造公路240公里,路网密度达到每平方公里2.56公里，基础设施建设投资累计达到25亿元，综合交通体系、能源供应体系、市政设施体系不断完善，水、电、气、路、热等生产生活要素更加充沛。“十一五”时期，是城市建设投入最大、发展最快、成绩最为显著的五年。

生态环境建设成效显著，可持续发展能力实现新突破。“引温济潮”跨流域调水工程成功实施，滨河森林公园加快建设，潮白河再现昔日的碧波荡漾、水清岸绿。环境绿化、美化水平明显提升，林木绿化率达到26.65%，城市公共绿地新增183.9万平方米，成功争创国家卫生区、全国绿化模范城市，通过国家生态示范区验收。人口规模发展适度，人口调控经验成为全市典范。

社会事业快速发展，人民生活品质得到新改善。城镇居民人均可支配收入年均增长9%，农村居民人均纯收入年均增长11%。城镇登记失业率得到有效控制，城乡社会保障体系更加健全，科教文卫体等各项事业蓬勃发展。五年来整建制拆迁40个村庄，5.9万人融入城市。

改革开放推进，经济社会发展活力得到新提升。政府机构改革、区镇财政管理体制改革、农村集体经济产权制度改革等各项工作稳步推进，国有资产监管体系不断健全。投融资体制改革卓有成效，成功发行25亿元企业债券，新发展上市公司4家。对外开放水平不断提升，实际利用外资、出口供货额实现了大幅增长。

民主法制建设进一步加强，社会文明程度得到新提高。持续开展系列文明创建活动，开展普法教育，特别是经过奥运会、花博会的洗礼，区域文明程度和影响力显著提升。勤劳质朴的顺义人民正在以蓬勃向上的精神风貌，昂首阔步向更高的目标迈进。

各位代表，奋斗的历程难以忘怀，发展的经验弥足珍贵。回首过去的五年，我们深刻体会到：必须坚持科学发展、率先发展的主题，以科学发展观统领全局，牢牢抓住经济建设这个中心，不断壮大区域综合经济实力，为解决各种矛盾、促进社会全面进步提供坚实的物质基础；必须发扬以我为主、攻坚克难的精神，积极应对宏观环境变化、区域竞争加剧、要素制约凸显带来的新挑战，广开创业之路，善谋创新之举，大兴创优之风，实现各项工作的全面提升；必须牢记以人为本、关注民生的宗旨，把满足群众的愿望和要求作为根本出发点，积极推动充分就业，不断完善社会保障，大力发展各类社会事业，有效解决涉及群众切身利益的突出问题；必须秉承求真务实、勤政廉政的作风，不断加强政府自身建设，加快转变政府职能，努力提高政府行政效能和服务水平，切实做到为民、务实、清廉，为各项工作顺利开展提供坚实保障。

（三）“十二五”时期顺义区经济社会的发展思路、发展原则和主要目标

今后五年，是顺义区转变经济发展方式的关键期，是社会建设的转型期，是城乡一体化的加速期。《纲要（草案）》提出了未来五年的发展思路、原则和目标：

发展思路：深入贯彻落实科学发展观，坚持以科学发展为主题，以加快转变经济发展方式为主线，按照人文北京、科技北京、绿色北京的战略部署和北京建设中国特色世界城市的更高要求，坚持“空港国际化、顺义区空港化、发展融合化”的理念，立足“国际枢纽空港、高端产业新城、和谐宜居家园”的定位，围绕“打造临空经济区、建设世界空港城”的目标，以城市化、城市现代化为引领，以保障和改善民生为重点，将顺义建设成为北京东北部中心城市。

发展原则：一是坚持高端发展，聚集高端要素、发展高端产业、建设高端城市。二是坚持创新发展，不断增强自主创新在推动科学发展中的驱动作用。三是坚持统筹发展，统筹工业化与城市化融合发展，统筹经济与社会、人口资源环境协调发展，统筹城乡一体化

发展。四是坚持绿色发展,建设资源节约型、环境友好型社会。

主要目标:针对"十二五"时期顺义区经济社会发展的特征和要求,将规划纲要指标体系分为经济实力显著提升、经济发展方式加快转变、统筹城乡发展取得突破、人民生活品质不断提高和生态环境质量持续改善五个部分,共涉及29项指标。

1. 关于经济增长速度。按照积极稳妥、实事求是的原则,《纲要(草案)》提出"十二五"期间地区生产总值和一般预算收入年均增速为12%,"十二五"末,顺义区地区生产总值预计达到1370亿元,常住人口人均地区生产总值将达到2.5万美元,一般预算收入将突破100亿元。主要考虑:一是全市"十二五"期间地区生产总值年均增速安排为8%,一般预算收入年均增速安排为9%,顺义区作为首都产业大区,经济增速应略高于全市平均水平,为首都发展做出应有贡献。二是"十二五"期间顺义区产业结构将进一步优化,一产将保持平稳发展、二产预计年均增长12%、三产预计年均增长14%。随着产业结构的加快调整,税源结构将不断优化,一般预算收入也将保持较快增长。

2. 关于居民收入。考虑到国家提出的"十二五"期间城乡居民收入普遍较快增加,努力实现居民收入增长和经济发展同步提高以及顺义区经济增速的安排,《纲要(草案)》提出,"十二五"期间,城镇居民人均可支配收入和农村居民人均纯收入年均增速分别安排为10%和11%。

3. 关于全社会固定资产投资。《纲要(草案)》提出,"十二五"期间,全社会固定资产投资累计完成2200亿元,年均增速为12%。主要依据:一是投资拉动依然是经济增长的主要动力,经济增长需要全社会固定资产投资同步增加。目前重点项目储备库已储备项目470多个,"十二五"期间还将引进新的重大项目,这些项目的实施将有力拉动顺义区固定资产投资较快增长;二是从2011年开始,按照北京市统计口径,土地一级开发不再纳入全社会固定资产统计范围。为保障数据的可比性,将顺义区2010年全社会固定资产投资410亿元中110亿元土地一级开发投资剔除,按照年均增长12%计算,"十二五"时期全社会固定资产投资累计将达到2200亿元。

4. 关于人口、资源、环境。人口、资源、环境协调发展是实现可持续发展的必然要求,也是转变经济发展方式的题中之义。《纲要(草案)》提出到"十二五"末,将顺义区人口总量控制在87万人左右,其中常住流动人口控制在24万人以内。关于节能减排指标,鉴于国家尚未对北京市下达节能减排任务,顺义区能耗、减排指标待市政府确定后再予公布。关于水耗指标,顺义区万元地区生产总值水耗比"十一五"末下降20%。"十二五"末,顺义区林木绿化率要达到27.65%,空气质量二级和好于二级天数比例达到78%。

(四)"十二五"时期经济社会发展的主要任务

当前,顺义区已经进入了"工业化、城市化、现代化、国际化"发展并进的关键阶段。《纲要(草案)》对"十二五"时期的经济发展、社会建设、城市建设、改革开放等各方面工作作了全面部署。

1. 关于发展高端产业,打造临空经济区

紧紧围绕加快经济发展方式转变这一主线,《纲要(草案)》将围绕临空经济大力发展高端产业作为着力点,提出要立足首都机场资源平台和天竺综保区政策平台,建设国家新型工业化示范区,将临空经济区打造成为首都经济的重要增长极和世界城市的先行实践区。

一是壮大临空经济,发展现代产业体系。《纲要(草案)》在深度推动产业升级方面提出鲜明要求,即:坚持高端化、国际化,做大第三产业;坚持创新化、集群化,做强第二产业;坚持规模化、产业化,优化第一产业。第三产业要重点发展航空服务、特色金融、现代物流、商务会展等高端服务业,积极发展文化创意和旅游休闲产业,优化发展房地产、商业服务等传统服务业。第二产业要全力打造汽车和航空两大千亿元产业集群,优化发展以电子信息为代表的高新技术产业,培育壮大战略性新兴产业,巩固提升都市工业和基础工业等传统制造业。第一产业要围绕“国家现代农业科技城”建设,打造“绿色农产品大区、农产品加工大区、籽种产业大区和花卉产业大区”。

二是构建“一核、两轴、两带”的产业空间格局。着眼于产业发展空间布局调整和功能区优化配置,《纲要(草案)》提出要构建“一核、两轴、两带”的产业空间格局。“一核”即:临空经济区核心区。以首都机场为中心,不断优化拓展空间格局,提升核心竞争力,形成辐射顺义顺义区的圈层结构。“两轴”即:京承高新技术产业轴和京平高端制造产业轴。依托京承高速公路,建设中关村高新技术的承载区和研发成果转化基地;依托京平高速公路,打造高端制造业的新增长极和推进跨区域合作的重要产业轴。“两带”即:潮白河绿色生态发展带和东部浅山区发展带。发挥潮白河生态环境优势,打造以金融、商务等高端现代服务业为特色的生态发展带。依托浅山区生态资源,大力发展临山生态经济产业及旅游休闲产业。

2. 关于统筹城乡发展,建设世界空港城

《纲要(草案)》强调要立足国际交往中心的需要,全力打造空间结构合理、城市功能完善、城乡发展协调、生态环境优美、城市管理高效、社会安全和谐的世界空港城。

一是优化城市功能布局,完善城镇体系。城镇协调发展的关键在于实现功能的合理配置。《纲要(草案)》提出要立足城市综合服务功能的提升和完善,不断优化“一港、两河、三区、四镇”的空间格局,统筹推进新城、重点镇、新农村三个梯次建设,建设功能完备、管理高效、充满活力的北京东北部中心城市,打造城乡一体化的先行区、示范区。

二是强化基础设施建设,支撑城乡发展。基础设施是实现城市功能的基础保障和城市安全有序运行的重要前提。《纲要(草案)》强调要完善城乡路网格局,加强交通运输基础设施和市政基础设施建设,构建地面交通完善、轨道交通初具规模的城乡路网结构,加强集中供热改造,实现城乡供水一体化。

三是提高城乡管理水平,保障城乡健康运行。《纲要(草案)》提出要完善基础资源运行保障体系,加快推进智慧城市建设,实现城市管理网格化、精细化、智能化。要建立健全应急体系,实现快捷处置,保障城乡各项功能的正常发挥和运转。

3. 关于着力改善民生,共建和谐宜居家园

一是实施五大民生工程,提高人民生活品质。《纲要(草案)》从提高居民收入、提升教育水平、优化医疗资源、强化社会保障和住房保障等方面入手,提出要实施“充分就业、‘三名’教育、健康顺义、城乡社保、安居保障”五大民生工程。

二是创新六大社会建设体系,全面构建和谐顺义。社会建设是一项复杂的系统工程,直接关系到每一名社会成员的切身利益。《纲要(草案)》提出要结合社会服务管理创新工作,着力建设区域科技创新体系等六大体系,打造和谐宜居的重点新城。

4. 关于坚持绿色发展,创建生态文明示范区

坚持走“低碳、环保”的绿色发展之路,是促进城乡协调、可持续发展的根本要求。《纲要(草案)》提出要推进节能减排,深化污染控制和治理,促进资源集约节约利用,提升城乡绿化美化水平,倡导绿色生活方式,增强可持续发展能力。

5. 关于扩大改革开放,增强区域发展活力

《纲要(草案)》提出要大力推进行政体制

改革、国有企业改革等各项改革,不断创新体制机制。要积极扩大对外交流与合作,进一步增强国际交往功能,提升对外开放水平。

各位代表,回首"十一五",我们无比自豪、心潮澎湃;展望"十二五",我们信心百倍、豪情满怀。时代赋予我们重任,人民寄予我们厚望。让我们在市委、市政府和区委的坚强领导下,高举中国特色社会主义伟大旗帜,以邓小平理论和"三个代表"重要思想为指导,深入贯彻落实科学发展观,振奋精神、扎实工作、乘势而上、加快发展,为"打造临空经济区、建设世界空港城"而努力奋斗!

政府工作报告名词解释:

1. 北京现代三工厂

北京现代三工厂位于杨镇二三产业基地,总投资115亿元,总规划面积约2600亩,设计产能40万辆。一期年生产能力将达到30万辆乘用车和20万台发动机,二期最终年生产能力将达到40万辆乘用车和40万台发动机。预计达产后可实现产值400亿元,实现税收35亿元。届时,北京现代将拥有15个制造平台,产能可达90万至100万辆。

2. 北京自主品牌乘用车基地

北京自主品牌乘用车基地位于赵全营镇空港C区,建设包括四大工艺的中高端自主品牌乘用车(含越野车)基地,形成自主品牌乘用车研发和制造体系。总投资42亿元,总占地1600亩。设计产能30万辆,其中以萨博9-5、9-3为基型的自主品牌乘用车22万辆,B40/B61及以萨博9-3为基型的自主品牌SUV8万辆。达产后可实现产值300亿元,实现税收25亿元。

3. 北京汽车产业研发基地

北京汽车产业研发基地是北京汽车集团有限公司为实现北京汽车工业集团化发展战略目标、构筑自主研发平台、提升自主创新能力、打造北京汽车自主品牌而出资建设,被列入北京市重点建设项目。项目位于北京汽车生产基地,总投资18.4亿元,总占地183亩,建设内容包括:产品工程中心、新能源汽车研发中心、试验中心、造型中心等。

4. 国家汽车质量监督检验中心

国家汽车质量监督检验中心是以北京市质量技术监督局下属的北京市产品质量监督检验所为主筹备建设的机构。项目位于北京汽车生产基地,总投资6.6亿元,总占地面积210亩,将建成拥有碰撞实验室、排放实验室、零部件实验室、灯光电器实验室、道路试验场等在内的高水平、专业化汽车质量检测和性能评价机构。

5. 康捷空总部

北京康捷空国际货运代理有限公司是总部在美国西雅图的国际物流公司,是在全球物流企业中排名第九、在美国排名第一,同时也是美国第二大报关公司,2006年成为美国国内500强企业。北京康捷空国际货运代理有限公司(中国区总部)项目位于南法信镇,总投资7亿元,占地55亩,2010年预计实现税收1.9亿元。

6. 中航工业北京航空产业园

由北京市政府与中国航空工业集团公司共同出资建设,位于北京汽车生产基地,计划总投资165亿元,规划面积3000亩,预计达产后可为顺义区贡献千亿元产值。目前,产业园一期整体规划设计已基本完成,一期总用地面积约2000亩,由中航发动机产业基地、中航技术基础研究院(中航复合材料)、中航系统产业园、中航国际工贸园、中航物流板块5个独立项目组成。

7. 北广科技

北京北广科技股份有限公司位于空港开发区,主要从事广播、电视、通讯领域发射设备生产,是我国目前规模最大的广播电视发射设备制造企业,广播电视发射设备的市场占有率居全国第一。

8. 宝德阳

宝德阳触控产品生产研发基地项目由宝德阳(科技)北京有限公司投资,主要生产、研发、加工通讯及光电产品、触控面板模块、通讯智能型手机模块等。项目计划占地300亩,投资20亿元,全部建成后年收入可达40亿元。项目一期占地109亩,投资5亿元,已于2010年11月试投产。

9. 中航信产业园

中航信产业园位于后沙峪镇机场北线高速与天北路交界处,总投资约59亿元。项目定位为集信息服务、集中办公、研发创新、后勤支撑于一体的国际化总部基地,建设内容包括办公区、生产区、配套区和综合区。2010年开始建设,建设总周期为5年,建成后预计实现税收5亿元。

10. 战略性新兴产业

战略性新兴产业是引导未来经济社会发展的重要力量。发展战略性新兴产业已成为世界主要国家抢占新一轮经济和科技发展制高点的重大战略。根据《国务院关于加快培育和发展战略性新兴产业的决定》(国发〔2010〕32号),现阶段我国重点培育和发展节能环保、新一代信息技术、生物、高端装备制造、新能源、新材料、新能源汽车等产业。

11. 国家地理信息科技产业园

国家地理信息科技产业园是由国家测绘局牵头建设,以信息技术产业为导向,以地理空间信息及其相关产业为主体,以金融服务等第三产业为支撑的国家级地理空间信息产业平台。建设内容包括:国家地理空间信息产业基地、信息软件基地、信息创业孵化基地和信息公共服务平台等。项目总占地约1500亩,总投资150亿元。建成后将吸引国内外地理空间信息企业300家以上,年产值200亿元,实现税收近7亿元。

12. 中国航天科工北京航天产业园

中国航天科工北京航天产业园由中国航天科工集团公司投资建设,重点发展航天安保技防工程、信息安全、信息系统工程及服务、电力装备制造、石油石化装备制造等战略性高新技术产业,包括“平安城市及应急装备、物联网应用、机床数控及工业自动化、无人机、电力装备、新材料、安检设备”等七大产业项目。项目总投资111亿元,占地1500亩,预计“十二五”末形成销售收入205亿元,税收10.1亿元,提供就业岗位1.5万个。

13. 北京天竺综合保税区

北京天竺综合保税区是全国首家依托空港口岸设立的综合保税区,总体规划面积5.944平方公里,集口岸通关、出口加工、保税物流等功能于一体,是我国目前开放层次最高、优惠政策最多、功能最齐全、手续最简化的特殊开放区域和北京目前唯一的海关特殊监管区域。2010年12月21日,天竺综保区“港区联动”正式启动运营,标志着天竺综保区真正实现了与首都机场货运口岸的无缝对接,开创了我国空港型综合保税区“港区联动”运营的新模式。目前天竺综保区企业总数达到90家,投资总额约100亿元。

14. 轨道交通M15号线

轨道交通M15号线一期工程西起北沙滩,东至潮白河东。线路全长38.3公里,共设站17座,其中顺义段全长18.1公里,设站7座,分为高架段(新国展站、花梨坎站、后沙峪站)、地下段(南法信站、石门站、顺义站、俸伯站)。目前M15号线顺义段一期已开通运行,地下段四座车站主体结构全部封顶,地下段预计2011年4月初实现洞通、9月中旬试运行。2011年10月底M15号线顺义段全线正式通车。

15. 国家环保模范城区

国家环保模范城市和国家环保模范城区创建活动分别于1997年和1999年在全国启动,均由环保部组织开展。通过创建,旨在树立一批社会文明昌盛、经济持续发展、环境质量良好、资源合理利用、生态良性循环、城市优美洁净、基础设施健全、生活舒适便捷的模范城市和城区。目前,已有71个城市和5个直辖市城区被授予国家环境保护模范城市(城区)的称号。顺义区已于2010年11月19

日通过专家评审,与北京市其他创建区县相比,创建进程居首位,创建指标体系的26项指标中23项已达到考核标准。

16."引温济潮"二期工程

即顺义新城温榆河水资源利用(二期)工程。为更好的涵养潮白河生态水源,进一步改善顺义新城环境,顺义区于2009年7月启动了"引温济潮"二期工程,计划在一期工程的基础上,再投资2.7亿元,利用现有的取水口、调蓄水池、输水管线及泵站,新建河水及污水预处理系统、膜生物反应池、臭氧接触池、清水调蓄池、再生水回用泵站及配套设施,增强温榆河向潮白河跨流域输水能力。工程投入运行后,日调水总能力将达到20万立方米,是一期工程的1倍。

17. 五项基础设施

根据市新农村建设办公室2008年9月下发的《北京市新农村"五项基础设施"建设规划》,五项基础设施是指:村庄的街坊路、安全饮水、污水处理、厕所改造和垃圾处理等五方面建设工程。在具体实施过程中还将村庄进行分类,对不同类别的村庄实施不同的规划建设标准,明确提出要在改善农村环境、农民生活条件的同时,营造农村创业条件,优化经济发展环境。

18."三起来"工程

即"亮起来、暖起来、循环起来"。根据《2006年北京市新农村能源、田间路、循环利用实施方案》,"亮起来、暖起来、循环起来"具体是指"让农村亮起来、让农民暖起来、让农业资源循环起来"新农村建设工程。亮起来工程,主要包括太阳能路灯安装、更换节能白炽灯泡。暖起来工程,主要包括搭建高效节能吊炕、太阳能公共浴室示范工程、农舍改造增温节能工程、新建节能保温住宅示范工程。循环起来工程,主要包括雨洪利用工程、大中型生物质气化站和沼气工程、粪污治理工程、户用沼气工程等。

19."百村万户"绿化美化

2008年,区委、区政府结合顺义区新农村建设及绿化美化工作实际,决定启动"百村万户"绿化美化工程,计划利用3年时间,通过"统一规划、分步实施",全面提升农村地区绿化美化和环境建设水平,加快顺义区城乡绿化美化一体化进程。截至目前,"百村万户"绿化美化已经全面完成,累计植树403万株、绿化9000亩,331个村、8.2万户农民从中受益。

20. 充分就业区

自2010年开始,顺义区利用3年时间,全力打造全市首家高水平充分就业区,主要目标:顺义区所有镇(街道)达到充分就业镇(街道)标准,95%以上的社区(村)达到充分就业社区(村)标准;城乡劳动力二三产业就业率达到95%,城镇登记失业率控制在1.5%以内;顺义区技术工人持证率达到90%;劳动合同签订率达到98%以上,社会保险基金收缴率达到97%;三次产业从业人员比重从现在的6:44:50调整为3:42:55,城乡劳动力实现更加充分就业。

21. 村庄社区化管理

即在农村引入城市社区建设理念,采用城市社区的管理模式,建围墙、安街门、设岗亭、上技防,进出时人凭卡、车凭证等。建设专门的安保队伍和体系等加强管理,同时拓展服务功能,不断满足村民对社区化服务的新期待。村庄社区化管理优势:一是创新管理模式,提高了村庄管理水平;二是采取多种措施,大大降低了发案率,提高了社会治安水平;三是有效改善了村庄环境;四是群众的安全感和满意度大幅提高。

22."枢纽型"社会组织

"枢纽型"社会组织是同类型社会组织的联合型组织,目前主要由政府授权的人民团体及相关组织承担,顺义区首批确定了中国共产主义青年团顺义区委员会等9家枢纽型社会组织。《北京市加强社会建设实施纲要》提出,要加快建立"枢纽型"社会组织工作体系，充分发挥人民团体等“枢纽型”社会组织在社会组织管理、发展、服务中的重要作用。通过发挥其枢纽作用，使之成为党和政府与社会组织和各界群众广泛联系的桥梁和纽带；发挥其龙头作用，将性质相同、业务相近的社会组织联合起来，进一步形成合力、促进共同发展；发挥其助手作用，授权其承担业务主管单位职责，对相关社会组织进行日常管理、提供相关服务。

23. 农村义工工作站

农村义工工作站主要负责本地区、本机构和团队范围内的义工招募、注册、考核评估、服务项目策划、组织开展服务活动等具体工作，并根据调研农村社区服务需求结果，在开展主题服务项目的基础上，围绕医疗卫生、环境整治、助老帮困、农业技术培训、劳动就业支持、文化体育活动等设立义工服务项目，打造和谐农村社区。目前顺义区有义工分会18个，城市义工工作站77个，农村义工工作站1个。

24. 离岸金融

即在高度自由化和国际化的金融管理体制和优惠税收制度下，在一国金融体系之外，以可自由兑换货币为工具，由非居民参与的资金融通。“离岸”指离岸金融不受市场所在国金融法规监管约束，遵循的是国际上金融自由化惯例。“非居民”指境外的自然人、法人、政府机构、国际组织及其他经济组织。“可自由兑换货币”指资金融通货币可能是外币，也可能是本币。发展离岸金融，是北京建设国际影响力金融中心城市的重要载体，是完善首都金融服务功能的重要举措，也是综保区集聚高端经济资源、实现产业结构升级的必然选择。

25. 国家现代农业科技城

2010年8月16日，科技部与北京市政府签订了《科技部—北京市人民政府共建国家现代农业科技城协议》，标志着国家现代农业科技城项目正式启动。该项目在布局上采取“一城多园”，计划利用5—10年时间，把科技城建设成为全国农业科技创新中心和农业产业链创业服务中心。其中，选择顺义区的国际鲜花港和昌平区的小汤山国家农业科技园区作为“多园”试点先行建设。

26. 花卉服务产业科技促进工程

2010年，北京国际鲜花港以“国家现代农业科技城”建设为背景，向市科委申报了“花卉服务产业科技促进工程”项目。该项目紧紧围绕“国家现代农业科技城”建设方案提出的“以现代服务业为引领，促进一二三产业融合发展”的根本要求，联合首都科研机构，计划利用1年时间，从设施建设、资源对接入手，推进“花卉会展科技示范基地、花卉种苗繁育中心、花卉产业链科技服务平台”建设，促进花卉产业发展。

27. 城乡联动教育改革实验

根据顺义区教育发展实际，围绕巩固提高城乡学校教育质量，以牛栏山一中、顺义一中、杨镇一中3所高中示范校为龙头，以城区优质中小学为骨干，组建基础教育联盟和学校组团，探索建立城乡学校物质资源和人力资源的共建、共享、交流机制，以城带乡、以乡促城，共同开展区域义务教育均衡发展实验、办学体制改革实验、课程教材改革实验、拔尖创新人才培养实验以及高中特色发展实验，探索城乡教育一体化优质发展的有效途径。

28. 星火工程

农村“文艺演出星火工程”是2006年以来北京市委、市政府为全面加强农村文化建设，促进首都城乡经济、文化协调发展，保证农民平等享受文化权益，实现城乡文化大发展、大繁荣的重要举措。活动旨在将优秀文艺节目送到广大农村，以政府补贴的办法，让广大农民群众在家门口就能欣赏到高水平的专业文艺演出，对提高农民的文化欣赏水平、活跃农村文化生活、促进农村社会和谐发展等起到重要作用。

29. 百村万户助农健身工程

百村万户助农健身工程是顺义区坚持科学发展、改善民生,贯彻落实《全民健身条例》,大力推进城乡体育一体化建设,倾力打造具有顺义体育特色、利农惠农的全民健身活动品牌。活动按照“强基惠农、统筹共进、注重实效、彰显特点”的基本原则,利用5年时间,开展全民健身乡村行等服务内容,走百村、助万户,使体育设施和体育服务遍及100%的行政村,惠及上万户农民家庭。

30.社会网格化管理

2010年7月,《北京市社会服务管理创新行动方案》提出要进一步完善网格化服务管理模式。网格化管理基本内涵是:以属地管理、职责明确、部门支撑、科学考评为原则,按照地理布局、现状分布将管辖区域划分成若干网格化的单元,利用、整合区内各类资源,组建专门的管理队伍,运用现代的数字化信息技术,通过流程、业务集成与合作,对每一网格实施“一对一”全方位、动态化、高效化和系统化管理,是体现社会服务管理精细化的一种有效手段。

31.一刻钟社区服务圈

即社区居民从居住地出发步行一刻钟之内可办理日常政务服务,享受到快捷的公益服务和基本的商业、生活、文体娱乐等便民服务。主要包括两方面内涵:一是社区居民步行十五分钟,能够享受到购物、餐饮、日常修理、金融服务、文体娱乐、医疗卫生等方面的基本生活服务;二是社区服务站等政府服务平台在十五分钟内就居民的当面或电话服务申请、咨询事项给予办理或答复。

32.农村社区服务站

社区服务站是政府在社区层面设立的公共服务平台。为提升农村地区社区服务水平,根据《关于开展农村社区达标创建活动考评工作的实施细则》(顺新文〔2010〕14号)文件,顺义区各保留村庄将建立社区服务站。通过开展农村社区服务站标准化建设,在顺义区逐步形成统一形象标识、统一项目设置、统一运行流程、统一服务规范、统一资源调配的公共服务网络。目前顺义区共有农村社区服务站115个。

中国人民政治协商会议北京市顺义区第三届委员会常务委员会工作报告

——2011年1月5日在政协北京市顺义区第三届委员会第五次会议上

政协北京市顺义区副主席　王玉奇

各位委员:

我受区政协常务委员会委托,向大会报告工作,请审议。

一、2010年工作回顾

2010年是总结“十一五”工作、谋划“十二五”发展的关键之年。一年来,区政协在中共顺义区委的正确领导和市政协指导下,始终坚持以邓小平理论和“三个代表”重要思想为指导,深入贯彻落实科学发展观,认真学习贯彻区委三届十一次全会和第三次政协工作会议精神,自觉践行“维护核心、围绕中心、凝聚民心”和“深入民众、体察民情、反映民意、关注民生、集中民智”的工作理念，切实履行政治协商、民主监督、参政议政职能，扎实推进各项工作，有效地发挥了协调关系、汇聚力量、建言献策、服务大局的重要作用，为促进全区各项事业发展做出了积极贡献。

（一）坚持不懈抓学习，不断增强委员履职的自觉性

组织和推动委员学习是人民政协的一项重要任务，也是一项基础性和经常性工作。对此，我们高度重视，并采取切实有效措施认真落实。

1. 为委员提供有关报刊资料

向委员赠阅了《人民政协报》、《中国政协》、《北京观察》、《学习》、《顺义时讯》等报刊。为委员印发了《学习资料摘编》12 期，内容涉及党和国家领导人以及市委、市政府主要领导的重要讲话、理论文章；区委、区政府主要领导在有关会议上的重要讲话。在区政协网站学习园地栏目刊发了各类学习资料，为委员上网学习提供了便利。

2. 邀请党政领导通报重要区情

及时召开了“顺义区政协贯彻区委三届十一次全会精神暨上半年经济形势通报会”，邀请有关区领导出席会议、通报情况。在召开区政协常务委员会会议、专门委员会会议和专题座谈会时，根据每次的协商议题，相应地邀请区委、区政府主管领导及有关部门负责人出席会议、通报情况。

3. 组织委员学习贯彻第三次政协工作会议精神

为认真贯彻落实北京市第三次政协工作会议和市委有关文件精神，进一步加强顺义区政协工作，区委召开了顺义区第三次政协工作会议，并颁发了《中共北京市顺义区委关于贯彻落实市委加强人民政协政治协商制度建设意见的实施意见》。区政协在积极配合区委筹备和召开第三次政协工作会议的同时，认真组织全体委员参加会议，会后又将区委、区政协领导的讲话稿印发给全体委员进行深入学习，并会同区委统战部召集各民主党派成员，就贯彻落实第三次政协工作会议精神进行了座谈。

通过开展多种形式的学习活动，既为委员知情议政创造了条件，又使委员进一步增强了履职尽责的自觉性。

（二）围绕中心抓履职，全力促进经济社会科学发展

一年来，我们坚持把促进发展作为人民政协履行职能的第一要务，积极组织委员紧紧围绕区委、区政府的中心工作议政建言、献策出力。

1. 着力抓好政治协商工作

第一，开好政协全会，开展全面协商。区政协三届四次会议期间，委员们列席了区人大三届五次会议，认真讨论了区政府工作报告和其他有关报告，并成功召开了区委、区政府领导及有关部门负责人与部分委员座谈会。委员们就区域经济社会发展提出了大量意见建议，经整理形成 14 项协商意见，内容涉及加大对民营经济发展的扶持力度、强化对入区企业的后期服务、保持和叠加顺义区现有优势、科学规划全区汽车产业发展、大力发展文化创意产业、加强专家和政府顾问队伍建设、推进顺义区中医事业发展等，上报区委、区政府领导后得到高度重视和充分肯定。

第二，关注重要工作，搞好常委会的重点协商。三届十九次常委会，听取了区住建委关于全区重点工程建设的情况通报，视察了 M15 号线轻轨工程，通过座谈讨论形成了 5 项协商意见。三届二十次常委会，听取了区外事旅游局关于全区旅游产业发展的情况通报，视察了七彩蝶园、奥运水上公园，通过座谈讨论形成了 5 项协商意见。三届二十一次常委会，听取了区纪委、区监察局关于全区党风廉政建设和反腐败工作的情况通报，视察了南彩镇综合行政服务大厅和区党风廉政建设模范村——河北村，通过座谈讨论形成了 6 项协商意见。

第三,发挥专委会基础作用,开展对口协商。为配合区委、区政府推进顺义区城乡一体化发展,加快农转非进城镇社保体系工作,我们组织部分委员开展专项视察,听取了区人力社保局关于该项工作的全区整体情况通报,视察了大孙各庄镇金蓝服装厂,就进一步做好该项工作提出了意见建议。为促进全区科技工作,推动科技创新,提高科技对顺义区经济社会发展的贡献率,我们组织部分委员视察科技创新工作,听取了区科委关于全区科技事业发展和科技创新工作的情况通报,视察了北京信得威特科技有限公司和北京燕京中发生物技术有限公司两个科技创新型企业,就加强此项工作提出了意见建议。

第四,针对重大问题,安排专题协商。为配合区委、区政府做好"十二五"规划编制工作,我们召开了"十二五"规划协商议政专题座谈会,区委、区政府有关领导及相关部门负责人出席会议,就科学编制"十二五"规划问题听取委员的意见建议。与会委员踊跃发言,就"十二五"时期加快发展金融业,加速国际空港城建设,科学应对地铁 M15 号线开通带来的机遇和挑战,发展教育、文化、医疗卫生事业等关系全区经济社会发展全局的问题提出了许多建设性的意见建议,得到与会领导的重视和肯定。会后,我们根据委员发言,整理出 10 项协商意见,并将全体与会委员的发言材料汇编成册,还印制了《顺义区政协"十二五"规划编制工作研讨文集》,先后报送区委、区政府领导及有关部门参阅,得到高度重视。

2. 充分发挥民主监督作用

第一,坚持经常性监督。寓监督于视察、提案、反映社情民意等各项履职工作中,组织委员在深入调查研究的基础上,认真负责地提出意见建议,引起区委、区政府领导及有关部门的重视,促成了一些问题的解决。如,针对委员以提案和社情民意信息形式反映的,南孙路李遂镇柳各庄段排水系统不完善、影响沿线居民生活和住房安全的问题,区政府及时安排有关部门,投入大量人力、物力、财力对该段公路进行翻修,解决了问题,消除了隐患,受到当地群众的称赞。

第二,认真开展特约监督。共有 32 位委员应邀担任区司法机关和政府部门的特约监督员、监察员,分别参加了对全区各单位党风廉政建设工作检查和政风、行风评议。

第三,积极参与专项监督。配合区委、区政府及有关部门做好干部考察、限价房摇号分配等工作,严格按要求选派委员参加,较好地发挥了政协民主监督作用。

3. 认真履行参政议政职能

第一,切实抓好提案办理。进一步加强对提案工作的领导,充分发挥提案委员会的职能作用,认真抓好提案的提出、办理、反馈、跟踪服务等各环节工作,着重在规范程序、提高办理质量上狠下功夫。区政协三届四次会议以来,共收到委员提案 151 件,在规定时间内全部办复,其中有 12 件优秀提案在本次全会的预备会上受到表彰。

第二,如实反映社情民意。高度重视反映社情民意这项具有政协特色的工作,采取召开专题工作会、加强信息员培训、表彰优秀信息员等措施推动工作开展。全年共向区委、区政府领导及有关部门报送《社情民意反映》19 期,区委、区政府领导作出 9 条批示,促成了相关意见建议的落实。

第三,开展调查研究。坚持把调查研究作为参政议政、建言献策的重要方式和途径之一,认真完成区委交给的调研课题,先后提交了《关于进一步加强顺义区城市功能建设的调查与思考》、《紧抓新农村建设良好契机,促进民族村经济健康快速发展》和《顺义区经济·城市·人口联动发展的理性思考和实践研究》等调研报告,为党政部门科学决策和进一步做好各项工作提供了参考依据。

4. 全力助推区域经济发展

第一,参与招商引资。举办了以北京临

空国际经济技术开发中心管委会、北京市板桥创意天承产业基地管委会为重点，有部分经济界委员和区内外经济界友人参加的招商引资项目推介会。

第二，表彰优秀委员。在本次全会的预备会上，对12名在招商引资、安排本地劳动力就业、依法纳税等方面贡献突出的优秀委员进行了表彰。

第三，举办展览活动。着眼于创新工作方式、促进文化创意产业发展，在七彩蝶园举办了以“赞美顺义骄傲”为主题的摄影艺术作品展览活动，共展出部分委员创作的优秀摄影作品154幅，展期1个月，取得了良好的社会效果。

5. 积极参与环境综合整治

全区环境综合整治工作动员部署大会召开后，我们及时向全体委员印发了区委、区政府有关领导在这次会议上的讲话，还发出了“致全体政协委员的信”，动员委员积极投身到全区环境综合整治工作中来，并旗帜鲜明地提出四点要求，有效地引导和规范了委员的行为，为全区环境综合整治工作的顺利开展贡献了力量。

通过上述履职活动，有力地配合了区委、区政府的中心工作，有效地促进了全区各项事业的发展。

（三）发挥优势聚民心，积极维护安定祥和的大好局面

一年来，我们充分发挥人民政协作为大团结、大联合组织的重要作用，以及包容各界、联系广泛、人才聚集的独特优势，积极开展多种形式的连民心、办实事、送温暖活动，努力为构建和谐顺义做出新贡献。

1. 广泛开展多种形式的联谊和慰问活动，促进各界人士紧密团结在中共顺义区委的周围

春节期间，会同区委统战部举办了各界人士联谊会；“三八”国际劳动妇女节时，举办了有女政协委员和统战系统女干部参加的妇女健康知识讲座；与区人大联合召开了庆祝第26个教师节座谈会；穆斯林古尔邦节、开斋节时，区政协有关领导到清真寺慰问了穆斯林群众；区政协主席、各位副主席按照区委统一安排，在春节、“七一”、教师节等重要节日期间，看望并慰问了部分老党员、老干部、优抚对象和学校师生。

2. 积极组织为民办实事活动，让广大基层群众感受到党和政府以及社会的关爱与温暖

在“九一”开学之际，组织部分经济界委员开展捐资助学献爱心活动，为木林镇和龙湾屯镇的低保家庭大学新生送去祝贺并捐赠了助学金。组织16位医务界委员和民主党派医疗专家，到北务镇为300多名各界群众义诊，并发放健康宣传材料1000多份，受到当地政府和百姓的欢迎。同时，认真开展“一助一”工作，大力支持新农村建设，积极帮助所联系的镇、村筹措资金，解决了村民出行难、洗澡难等问题。

以上这些工作，对于增进社会各界、各阶层的团结与和谐，维护全区安定祥和的大好局面起到了积极作用。

（四）加大力度抓宣传，努力营造更加有利的履职环境

一年来，我们高度重视并认真抓好政协理论研究和宣传工作，努力为开展履行职能各项工作营造有利的社会舆论环境。

1. 加强宣传报道工作

坚持召开年度宣传工作会议，与区委宣传部、区广电中心及区内各主要媒体共商做好政协宣传报道工作，并加强具体工作中的协调配合，保证了宣传报道工作的顺利开展。一年来，区电视台、区广播电台、《顺义时讯》、“顺义网城”、《顺义区情》及时宣传报道政协工作的最新动态。区电视台、区广播电台还分别制作播出了6期“委员风采”和4期“政协之窗”、“政协之声”专题片，宣传了区政协和政协委员围绕中心、认真履职，为顺义区经

济社会发展建言献策、建功立业的典型事迹。同时,充分利用自办的区政协网站、《政协简讯》开展宣传报道工作,及时刊发各类政协工作信息。此外,在区"两会"期间,举办了委员绘画、书法、摄影作品展览,展示了履职成果和委员风采。

2. 开展政协理论研究

以迎接市检查组来顺义区检查指导政协工作为契机,认真总结了第二次政协工作会议以来,顺义区政协工作的主要做法和经验体会。同时,按照市政协的工作部署,围绕加强人民政协政治协商工作,撰写并上报了理论文章。

3. 做好文史编研工作

按照市、区有关部门的部署,先后完成了《2009年顺义区政协年鉴》、《政协北京市顺义区(县)委员会组织史(1987年至2010年)》的编写任务。同时,认真做好《政协大事记》的编写工作。

通过上述工作,增进了社会各界对政协工作的了解和支持。

(五)多措并举强自身,切实提高政协机关的服务水平

一年来,我们坚持以创建学习型、服务型、创新型、和谐型机关为目标和抓手,以开展"创建先进基层党组织、争做优秀共产党员"活动为契机和动力,扎实推进区政协自身建设,着力提高政协机关的服务水平,全力保障政协履行职能各项工作的顺利开展。

1. 加强思想政治建设

按照区委的统一部署,认真组织开展创先争优活动和党风廉政教育活动,坚持不懈地抓好机关人员集体学习,及时传达贯彻区委有关会议和文件精神,请区委党校老师讲党课,积极支持机关人员参加各种学习培训活动,有效地提高了机关人员的思想政治素质和业务工作能力。

2. 完善内部管理措施

进一步完善机关工作制度,强化各项管理措施,狠抓制度落实,本着厉行节约、注重实效的原则办文、办会、办事,有效地推动了党风廉政建设,提高了机关工作水平。

3. 强化服务委员工作

坚持把为委员服务放在机关工作的突出位置,通过多种形式对委员进行经常性的走访慰问,积极帮助委员解决工作、生活中的实际困难和问题,坚持为全体委员寄送生日贺卡、在政协会议期间为委员庆祝生日。通过人性化的服务举措,增强了政协组织的凝聚力,调动了委员履职的积极性。

4. 做好接待服务工作

围绕顺义区举办啤酒节、农博会等重大活动,陆续接待了来自广东、广西、海南、天津等外省市政协参观考察团,以及来自市政协和兄弟区县政协的参观考察团,扩大了交流,增进了友谊,广交了朋友,展示了顺义的美好形象。

各位委员,区政协2010年的工作取得了一定成绩,这与区委的正确领导和市政协的指导密不可分,与区人大、区政府及各职能部门的大力支持和帮助密不可分,与全体委员和各民主党派、工商联、各人民团体以及各族各界人士的共同努力密不可分。借此机会,我代表区政协常委会,对一贯关心、支持区政协工作的各级领导、全体委员和各族各界人士,致以崇高的敬意和衷心的感谢!

回顾区政协2010年的工作,也存在一定的差距和不足,主要是:政协工作服务全区经济社会发展的总体水平仍需不断提高;一些工作的实效性有待增强;政协工作的制度化、规范化、程序化建设尚需进一步推进;政协自身建设还应继续加强。对此,我们要在今后的工作中认真加以改进。

二、2011年工作思路

各位委员:

2011年是中国共产党成立90周年,是实施"十二五"规划的开局之年,也是三届区政协五年任期的最后一年。做好2011年的区

政协工作,对于我们以优异成绩向建党90周年献礼,对于促进全区"十二五"时期良好开局的形成,对于推动人民政协事业承前启后、不断发展,都具有十分重要的意义。

在新的一年里,区政协常委会将在中共顺义区委的正确领导和市政协指导下,团结和带领全体委员,坚持以邓小平理论和"三个代表"重要思想为指导,深入贯彻落实科学发展观,认真贯彻落实党的十七届五中全会以及区委三届十二次全会和第三次政协工作会议精神,牢牢把握坚持科学发展这个主题和加快转变经济发展方式这条主线,紧紧围绕区委提出的"打造临空经济区、建设世界空港城"的战略目标,以及"城乡发展一体化、经济发展多元化、社会管理精细化、党建工作科学化"的发展要求,发挥优势,积极履职,善始善终,不辱使命,全面做好届末之年的区政协各项工作,全力促进顺义区"十二五"规划的顺利实施,努力为区域经济社会发展做出新贡献,以优异的成绩向建党90周年献礼!

(一)深入贯彻落实顺义区第三次政协工作会议精神,着力推进人民政协政治协商工作

我们要采取切实有效措施,通过多种形式,深入持久地开展学习、宣传、贯彻第三次政协工作会议精神的工作,真正使会议精神深入人心,并转化为自觉行动。要自觉地坚持以第三次政协工作会议精神为指导,切实谋划和落实好2011年区政协各项工作,力求更加充分有效地发挥政协组织协调关系、汇聚力量、建言献策、服务大局的重要作用。要根据第三次政协工作会议精神,着力推进人民政协政治协商工作。立足于区政协的职能定位,认真贯彻落实《中共北京市顺义区委关于贯彻落实市委加强人民政协政治协商制度建设意见的实施意见》,精心谋划和组织好多层次、多形式的协商议政工作,努力提高协商工作的实效性。主动争取区委的领导和各方面的支持、配合,积极推动人民政协政治协商工作的制度化、规范化、程序化,为进一步提升顺义区政协工作科学化水平贡献力量。切实加强各种形式协商议政活动的组织工作,进一步强化与党政部门之间的联系和协作,认真抓好党政部门进行情况通报和政协委员事前开展调查研究等基础性工作,为委员高水平议政建言创造有利条件、提供有效保障。高度重视和切实办好《协商意见》,进一步加强整理、报送、反馈等各环节的具体工作,切实提高工作的规范化水平,更加充分有效地发挥《协商意见》在协商议政、建言献策中的载体作用。要根据统筹兼顾、全面发展的原则,在着力推进人民政协政治协商工作的同时,继续扎实做好履行人民政协民主监督、参政议政职能的各项工作,积极探索完善民主监督机制、提高参政议政实效的新途径、新举措。

(二)认真践行"三心五民"的工作理念,不断提高服务大局的水平

我们要继续坚定不移地维护区委的正确领导核心,紧紧围绕区委的重大决策和工作部署开展履行职能各项工作,努力把全体政协委员、各民主党派、工商联、各人民团体以及各族各界人士紧密团结在区委周围,把区委的重大决策和工作部署转变成全区各族各界人士的自觉行动。要继续坚定不移地围绕经济建设这个中心开展工作,认真组织委员为全区经济发展建言献策,继续举办以经济界委员为主体的招商引资座谈会、项目推介会,坚持对招商引资、促进区域经济发展实绩突出的优秀委员给予表彰。要继续坚定不移地发挥优势凝聚民心,促进社会的和谐稳定,坚持深入民众、体察民情、反映民意、关注民生、集中民智,多做理顺情绪、化解矛盾、凝聚民心、维护稳定、促进发展的工作,继续开展多种形式的连民心、办实事、送温暖活动,重点组织好为边远地区群众义诊和扶弱济困、捐资助学活动,继续开展"一助一"工作,为新农村建设贡献力量。

(三)牢牢把握“促进发展、构建和谐”的工作主线,扎实做好履行职能各项工作

1. 积极开展政治协商

要高度重视政协全体会议这一政治协商的最高形式,精心组织好会议期间的区委、区政府领导及有关部门负责人与部分委员座谈会,积极为“十二五”时期的全区经济社会发展建言献策。同时,要统筹安排好政协常务委员会会议、专门委员会会议、专题协商会等不同层次、不同形式的政治协商工作。要紧紧围绕区委提出的“打造临空经济区、建设世界空港城”的战略目标和“城乡发展一体化、经济发展多元化、城市管理精细化、党建工作科学化”的发展要求,以及区委、区政府2011年的中心任务选好协商议题,重点关注加快经济发展方式转变、推进新兴战略产业发展、促进顺义区人口资源环境协调发展、加快城乡一体化发展、加强党风廉政建设等重大问题。

2. 着力加强民主监督

要坚持寓监督于协商、议政、视察、提案、调研、信息等各项履职工作之中,重点围绕“十二五”规划实施情况、重要法律法规和重大方针政策的执行情况、政府部门及其工作人员的履职情况、党风廉政建设责任制落实情况等内容,认真开展民主监督,促进党政部门科学执政、民主执政、依法执政。要继续做好特约监督工作,切实加强与有关部门的协调配合,不断强化特约人员的责任意识,努力提高监督实效。要认真总结经验,积极探索创新,着力完善民主监督机制,不断提高民主监督工作水平。

3. 切实抓好参政议政

要坚持围绕中心、服务大局的工作原则,认真组织各界委员,针对全区政治、经济、文化和社会生活中的重要问题,以及人民群众普遍关心的问题,例如:航空产业园的建设、文化创意产业的发展、城市公共服务功能的完善等,组织参观视察,进行调查研究,开展协商讨论,并通过会议发言、调研报告、撰写提案、社情民意信息等多种形式,向区委、区政府及有关部门提出意见建议。着眼于进一步提高各项参政议政工作的实效性,要切实加强策划和组织工作,精心设计方案,认真组织实施,充分调动委员参与的积极性,积极引导委员事前搞好调研,会上踊跃发言,力求参政参到点子上、议政议到关键处,真正起到促进党政部门科学决策和改进工作的作用。

4. 认真做好提案工作

要高度重视提案工作在履行职能中的重要地位和作用,采取切实有效措施进一步提高提案工作水平。要围绕做好提案工作,加强对委员的专题培训,组织优秀提案委员开展学习、交流、考察活动。要通过区情通报、专题视察、走访、调研等多种形式,扩大委员知情面,为委员撰写高质量提案创造条件。要坚持在政协全会召开前向委员印发提案征集目录,引导委员围绕事关全区经济社会发展的重大问题,以及广大群众关心、关注的民生问题撰写提案。要严把审查立案关,把提案质量作为评价提案的首要条件,准确把握立案标准,严格执行立案程序。要狠抓提案办理,协助区委、区政府开好提案分办会;坚持政协领导督办重点提案制度;选择重点单位开好提案办理座谈会;进一步完善提案追踪机制,抓好提案办理情况反馈;切实做好提案办理的协调服务工作,集中各方面智慧和力量全力突破办理工作中的重点、难点问题,力求办理结果各方满意。要切实加大提案工作宣传力度,继续开展优秀提案评选表彰工作,积极探讨社会公众网上评价提案。

5. 及时反映社情民意

要高度重视反映社情民意信息工作,十分珍视和切实用好区政协向区委、区政府领导及有关部门报送《社情民意反映》这一信息渠道,充分发挥其在建言献策中的“直通车”作用和方便、快捷的优势。着力加强信息员队伍建设,充分调动信息员的工作积极性,有

效地发挥信息员的骨干作用。坚持召开反映社情民意信息工作座谈会，认真总结和部署工作，加大对优秀信息员的表彰和奖励力度。坚持信息工作情况定期通报制度，增强有关方面的责任意识。加强相关宣传报道工作，通过典型带动促进工作开展。

（四）积极推动人民政协理论研究和宣传工作，努力营造更加有利的履职环境

要在市政协的指导下，围绕纪念中国共产党成立90周年和辛亥革命100周年开展政协理论研究工作。要主动争取区委宣传部、区广电中心以及区内各主要媒体的支持和配合，有计划、有重点地宣传区政协及各界委员的履职活动及其成果，扩大社会影响力，为区政协开展履行职能各项工作营造良好的舆论氛围。要坚持召开年度政协宣传工作会议，强化与有关部门的沟通和协作。要切实做好全年政协宣传工作的统筹安排和整体策划，并认真组织实施。要着力加强专题宣传报道工作，围绕政协重要会议、重大活动和重点工作，精选角度、深挖主题、精心采编，制作和播出有深度、有分量的专题节目，增强宣传效果。要加强对外宣传，通过政协渠道、借助区外媒体，扩大顺义区的知名度、美誉度。要积极探索开展政协宣传工作、搞好宣传报道的新形式、新方法、新途径，不断提高宣传工作水平。

（五）全面加强区政协自身建设，不断夯实做好履职工作的基础

要进一步发挥各民主党派和无党派人士的作用。充分发挥人民政协作为中国共产党领导的多党合作和政治协商重要机构的作用，尊重和保障各民主党派和无党派人士的民主权利，根据他们的界别特点和专业特长适当地出题目、交任务，进一步调动他们参政议政的积极性。要进一步发挥界别作用。强化区政协各专门委员会和各工作室的组织协调作用，根据界别特点和要求开展活动，充分调动各界别参政议政的积极性。通过界别渠道密切联系群众，努力协调关系、化解矛盾、理顺情绪，增进社会各阶层和不同利益群体的和谐。要进一步发挥委员的主体作用。认真组织委员的学习培训，促进委员提高自身素质，遵守政协章程，履行委员职责，密切联系群众，积极参加政协组织的会议和活动。尊重和依法保护政协委员的各项民主权利，为他们发挥作用提供方便。进一步加强多种形式的人文关怀，增强政协组织的凝聚力，调动委员履行职责的积极性。要进一步加强政协机关建设。以建设学习型、服务型、创新型、和谐型机关为目标，以迎接建党90周年为契机和动力，以创先争优活动为重要载体，全面加强机关党的思想建设、组织建设、作风建设、制度建设和反腐倡廉建设，不断提高机关全体人员的思想政治素质和业务工作水平，切实增强政务性服务能力，为做好政协履行职能各项工作提供更有力的保障。

（六）切实做好区政协换届有关工作，全力推进人民政协事业发展

要按照区委的统一部署，认真做好区政协换届有关工作，并以此为契机推进人民政协事业健康发展。要在区委的统一领导下，切实发挥区政协党组的作用，与有关部门密切配合，认真做好新一届委员的遴选工作。要根据区委的统一部署，扎实细致地做好区政协四届一次会议的各项筹备工作，确保会议取得成功。要认真写好常委会工作报告和提案工作报告，科学总结三届区政协的工作经验和体会，积极负责地向四届区政协提出工作建议，为促进人民政协事业承前启后、继往开来、不断发展贡献智慧和力量。

各位委员，区政协2011年的工作任务重大而光荣，让我们更加紧密地团结在中共顺义区委周围，围绕中心、服务大局，发挥优势、认真履职，为促进全区各项事业发展贡献智慧和力量，以优异的成绩向中国共产党成立90周年献礼！

坚持惩防并举　更加注重预防 不断提升反腐倡廉建设科学化水平

——在中共北京市顺义区第三届纪律检查委员会第七次全体会议暨顺义区党风廉政建设工作会议上的报告

区委常委、纪委书记　肖韵竹

(2011年2月17日)

同志们:

现在,我代表区纪委常委会,向第七次全体会议报告工作,请予审议。

这次全会的主要任务是:深入贯彻党的十七届四中、五中全会和中央纪委十七届六次全会、市纪委十届七次全会、区委三届十二次全会精神,回顾总结2010年党风廉政建设和反腐败工作,研究部署2011年主要任务,为顺义区"十二五"规划开好局、起好步提供坚强政治保证。

一、2010年党风廉政建设和反腐败工作回顾

2010年,在市纪委和区委、区政府的正确领导下,顺义区各级党委、政府和纪检监察机关,始终坚持"标本兼治、综合治理、惩防并举、注重预防"方针,以改革创新精神,开拓进取,扎实工作,不断加强惩治和预防腐败体系建设,党风廉政建设和反腐败工作取得了新的成效。

(一)重大决策监督检查坚决有力

按照区委、区政府工作部署,强化对重大项目、重点工程、重大资金的专项督查,加大对政府投资项目的监督检查力度。充分发挥职能作用,加强对整建制拆迁、拆除违法建筑、环境整治等工作的专项监察,化解各种矛盾,维护群众利益。开展工程建设领域突出问题专项治理,会同有关部门清查整顿重大工程285个,查找和纠正问题173个。对党政机关、事业单位"小金库"及假发票专项治理实施"回头看";重点对国有企业、社会团体"小金库"进行检查,向有问题的单位下达监察建议书,督促及时整改。通过监督检查,确保了区委、区政府政令畅通。

(二)反腐倡廉教育和监督工作成效明显

以领导干部为重点,以理想信念和宗旨意识为主要内容,开展反腐倡廉教育。积极推进"十廉"活动,在顺义区范围营造廉洁办一切事业的良好氛围。坚持与新调整岗位和新任处级领导干部廉政谈话制度,增强干部勤政廉政意识。继续开展反腐倡廉大讲堂活动,认真学习落实《廉政准则》,下发《关于加强领导干部廉政管理的规定》,进一步规范领导干部从政行为。严格执行领导干部述职述廉、诫勉谈话等党内监督制度,促进干部廉洁自律。针对区内出现的个别违纪违法案件,集中三个月时间,开展以党纪政纪法纪为主要内容的廉政教育活动,加强警示教育,召开民主生活会,深入查摆问题、整改提高,区委书记张延昆同志亲自听取二级班子"一把手"汇报,顺义区广大党员干部受到广泛而深刻的教育。

(三)廉政风险防范管理科学化水平不断

提升

继续落实《顺义区党政“一把手”廉政风险防范管理七项制度》和《关于加强廉政风险防范科学化、精细化管理的实施意见》。积极推动廉政风险防范管理工作向区级班子、国有企业和农村延伸，确保上下延伸、全面覆盖。根据反腐倡廉的形势要求，研发了顺义区廉政风险防范信息管理系统，对区级领导、处级党政“一把手”和处级单位的廉政风险信息，以及政府投资项目的招投标和资金运行情况等进行动态监控，加大了预防工作力度。

（四）以农村和国企为重点的基层党风廉政建设进一步加强

深化“廉政模范村”创建活动，继续完善村级“三资”管理、村务公开、民主决策等制度，不断推进农村基层党风廉政建设，全年又有41个申报村被评为“廉政模范村”。加强国有企业反腐倡廉建设，以创建“四好”企业为抓手，认真落实《国有企业领导人员廉洁从业若干规定》，强化企业领导人员的廉洁自律意识。督促有关部门制定《顺义区国有企业重大投资管理暂行办法》，完善了企业内控规范体系。

（五）服务人民群众水平继续提高

镇（街道）综合行政服务中心建设更加完善，机关效能建设得到强化，全年共办理各类代理事项51万余件。255个村（社区）建立便民服务室，逐步构建了“便民、利民、为民”服务网络。政务服务品牌创建活动成效明显，服务质量和工作效能不断提高。坚持纠建并举和直查快办，共受理行政投诉124件。对89家单位、327个基层科站队所进行了明察暗访和民主评议，政风行风热线共受理1609件，办结率99%，切实维护了群众合法权益。

（六）惩治腐败力度持续加大

全年共受理群众信访举报396件次，立案21件，其中大要案7件，直查案件7件，处分违纪党员12人，其中开除党籍8人，党内严重警告4人，挽回直接经济损失419万元。坚持依纪依法、安全文明办案，加强办案组织协调和基层办案工作。注重发挥案件审理和申诉复查职能作用，办案质量和水平进一步提高。开展案例剖析和警示教育，查办案件的综合效益更加显现。

（七）纪检监察自身建设取得新进展

把思想政治建设放在纪委领导班子建设首位，坚持理论中心组学习制度、书记会和常委会制度等，强化领导班子建设。认真落实《顺义区关于加强纪检监察组织建设的实施意见》，调整委局机关内设机构，明确职责分工，合理配置工作力量；先行在区发改委等11个部门派驻纪检监察机构，实行统一管理；在各镇、街道和部分委办局设置监察科，基层纪检监察组织建设得到加强。积极开展创先争优活动，加强对顺义区纪检监察干部的教育、管理和监督，造就了一支为民、务实、清廉的纪检监察干部队伍。

一年来，顺义区反腐倡廉建设取得了新的成效，但也要清醒地看到，党风廉政建设仍面临不少新情况、新问题，反腐败斗争形势依然严峻，任务依然艰巨。领导干部作风和廉洁从政方面仍然存在问题，少数领导干部因违纪违法受到严肃查处；对权力配置、运行的监督制度还存在薄弱环节；一些反腐倡廉制度执行还不够有力；纪检监察机关监督能力、执纪能力还有待加强。对于这些问题，我们必须高度重视，采取有力措施，认真加以解决。

二、2011年主要任务

2011年是深入贯彻落实党的十七届五中全会精神、全面实施“十二五”规划的开局之年，是中国共产党成立90周年，也是全面落实《建立健全惩治和预防腐败体系2008－2012年工作规划》的关键一年。区委、区政府各方面工作任务十分繁重，纪检监察工作责任重大。今年工作总的要求是：按照中央纪委十七届六次全会、市纪委十届七次全会和区委三届十二次全会工作部署和要求，牢固树立以人为本、执政为民理念,坚持标本兼治、综合治理、惩防并举、注重预防方针,以完善惩治和预防腐败体系为主线,以落实党风廉政建设责任制为抓手,以解决人民群众反映强烈的突出问题为着力点,围绕中心、服务大局,整体推进、突出重点,改革创新、狠抓落实,不断提高反腐倡廉建设科学化水平,为"十二五"规划顺利实施、促进经济社会更好更快发展提供坚强有力的政治保证。

(一)严明党的纪律,加大监督检查力度,确保区委、区政府各项决策落实到位

加强对重大决策部署执行情况的监督检查。按照顺义区在北京建设"世界城市"中的功能定位,紧紧围绕科学发展和加快转变经济发展方式,加强对区政府重大工程项目、"为民办实事工程"落实情况的检查,保证征地拆迁、住房保障等重点工作落实到位,保证各项改善民生、惠民富民措施执行到位,及时发现和解决存在问题,坚决纠正有令不行、有禁不止的现象。继续总结运用廉洁奥运、廉洁花博经验并将其上升为制度,完善监督检查机制,不断提高监督检查科学化、制度化、规范化水平。

坚决维护党的集中统一。开展政治纪律教育,引导广大党员干部增强党的意识、宗旨意识、执政意识、大局意识和责任意识,坚定政治立场,增强政治敏锐性和政治鉴别力。严禁散布违背党的理论和路线方针政策的意见,严禁公开发表同中央决定相违背的言论,严禁编造、传播政治谣言,严禁以任何形式泄露党和国家秘密,严禁参与各种非法组织和非法活动。各级纪委要切实履行党章赋予的职责,坚决查处违反政治纪律的行为。

严肃换届工作纪律。严格执行党政领导干部选拔任用工作有关规定,加强对《党政领导干部选拔任用工作责任追究办法(试行)》等四项监督制度落实情况和干部选拔任用全过程的监督,严肃查处跑官要官、买官卖官、拉票贿选等严重违反组织人事纪律的行为,坚决防止和纠正选人用人上的不正之风,确保换届工作顺利进行。

以保持党同人民群众的血肉联系为重点,扎实推进党的作风建设

坚持密切联系群众的优良作风。认真学习胡锦涛总书记在中央纪委六次全会上的重要讲话精神,深入落实区委三届十次全会《关于进一步密切干群关系的若干措施》,牢固树立立党为公、执政为民意识,不断增强贯彻执行群众路线的自觉性。纪检监察机关要加强对党的群众路线执行情况的监督检查,督促领导干部模范执行群众工作纪律、认真受理群众信访举报,实行领导干部定期接访、主动约访、下访等规定,及时化解社会矛盾和纠纷,切实解决损害群众利益的突出问题。积极配合有关部门做好群体性事件的防范和处置工作,对引发群体性事件背后的腐败问题、失职渎职问题等要严肃查处。

坚持求真务实和艰苦奋斗的优良作风。建立健全体现以人为本、执政为民要求的决策机制,有效防范决策失误和决策风险。认真督促落实区政府"重大行政决策听取意见"等六项制度,加强对政府重大合同、重大决策的合法性审查和风险评估,涉及群众切身利益的重要改革方案、重大决策措施、重点工程项目,在决策前要广泛征求群众意见。对搞"形象工程"和"政绩工程"引发重大事件或造成重大损失的,要严肃追究责任。各级领导干部要认真落实中央、市委、区委有关厉行节约的规定,严格执行财经纪律和经济工作纪律,坚决克服官僚主义、形式主义、弄虚作假、铺张浪费等问题。不断加强党性修养和实践锻炼,认真开展批评和自我批评,坚决反对上下级和干部之间逢迎讨好、互相吹捧等庸俗作风,自觉克服好人主义,始终保持共产党人的浩然正气。

扎实推进农村、企业、学校党风廉政建设。研究制定《村级干部廉洁从事公务行为准则》和《村级干部问责办法》,规范村级干部

行为。完善村级监督组织,创新工作机制和模式。加强农村资金、资产、资源管理,切实解决在土地承包、流转、占补平衡等环节存在的损害农民利益问题。严格执行《国有企业领导人员廉洁从业若干规定》,强化贯彻落实“三重一大”决策制度执行情况的监督检查,加强对关键岗位管理人员的监督,坚决查处和纠正企业领导人员,通过同业经营或关联交易为本人或特定关系人获取非法利益的行为。严格执行企业领导人员经济责任审计规定。加强学校反腐倡廉建设,加大对基建项目、大宗物资采购、招生等重点部位和关键环节的监督管理力度。开展对城市社区公共资源营业性收入、公共建设投入等资金使用情况的监督检查。积极探索非公有制经济组织和新社会组织开展反腐倡廉建设的途径和方法。

强化教育和监督,促进领导干部廉洁自律

突出对领导干部的教育。坚持以理想信念教育和党性党风党纪教育为重点,开展示范教育、警示教育和岗位廉政教育,增强反腐倡廉教育的针对性和有效性。完善大宣教工作格局,充分发挥组织、宣传等部门在反腐倡廉教育中的重要作用。结合建党90周年,深入宣传中国共产党的辉煌历程和反腐倡廉的成功经验。在基层广泛开展廉政文化活动,突出特色,扩展阵地,推出一批廉政文化示范机关、街道、镇和企业,大力营造“廉荣腐耻”的社会氛围。

着力解决领导干部廉洁自律方面的突出问题。加大《廉政准则》落实力度,严格执行领导干部廉洁从政各项规定。重点解决以下问题:(1)认真落实《关于领导干部报告个人有关事项的规定》和《关于对配偶子女均已移居国(境)外的国家工作人员加强管理的暂行规定》。领导干部要按规定,主动、如实报告有关内容。纪检机关、组织(人事)部门要认真组织做好相关工作。(2)坚决整治领导干部违规收受礼金问题。严格落实区纪委下发的《设立廉政账户和实行收受物品上交制度的规定》(顺纪发〔2011〕4号),严禁领导干部以各种名义,接受管理和服务对象,以及其他与行使职权有关系的单位或者个人的礼金和各种有价证券、支付凭证。严禁党员干部利用婚丧喜庆事宜借机敛财。违反规定构成违纪的,严肃追究党纪政纪责任;涉嫌犯罪的,移送司法机关处理。(3)巩固党政机关厉行节约、制止奢侈浪费工作成果。严格控制公费出国,严格控制党政机关办公楼等楼堂馆所建设,严格禁止豪华装修办公室。认真执行公务接待管理规定。

按照中央和北京市要求,认真治理违反规定多占住房、低价购房、买卖经济适用房或租赁廉租住房等保障性住房,利用职务之便接受可能影响公正执行公务的宴请以及旅游、健身、娱乐等活动,利用职权以委托理财等形式谋取不正当利益,利用内幕消息谋取利益等问题。适时开展对《廉政准则》落实情况的检查。

严格执行领导干部述职述廉、诫勉谈话等党内监督制度。加强对民主集中制执行情况的监督检查,提高民主生活会质量。认真落实党政主要领导干部经济责任审计规定。派驻机构要切实履行职责、发挥作用,加强对驻在部门领导班子及其成员的监督。强化对党政机关及其工作人员履职行为的监督,促使党员干部特别是领导干部按照法律法规和政策开展工作。

严肃查办违纪违法案件,始终保持惩治腐败的高压态势

坚持党要管党、从严治党方针,把查办案件工作摆在突出位置,牢固树立惩处也是预防理念,有案必查,一查到底,决不姑息。完善区反腐败协调小组工作机制,充分发挥纪检监察机关在组织协调反腐败工作中的职能作用。严肃查办发生在领导机关和领导干部中贪污贿赂、失职渎职案件,重点领域和关键

环节中的违纪违法案件，严重违反政治纪律和组织人事纪律的案件，重大责任事故和群体性事件涉及的失职渎职及背后的腐败案件；严肃查办损害群众切身利益的案件；严肃查办商业贿赂案件，加大对行贿行为的处罚力度；严肃查办发生在基层政权组织和重点岗位以权谋私、滥用职权的案件；严肃查办以案谋私、贪赃枉法和为黑恶势力充当“保护伞”等案件。

加强信访举报线索排查筛选、案件办理和信访监督工作，健全违纪违法案件及时揭露、发现、查处机制。强化案件审理和案件管理，严格依纪依法、安全文明办案。认真做好行政投诉受理和调查工作，加大行政案件查处力度。健全重大案件剖析制度，进一步发挥查办案件的治本功能。

(五)推进廉政风险防范管理，加大预防腐败工作力度

继续深化廉政风险防范管理。积极推进廉政风险防范管理在区级领导班子和领导干部中开展，向农村、国企、医院、学校等基层重要岗位延伸。围绕“三重一大”决策事项，实施廉政风险项目化管理。重点围绕行政审批、人事任免、资金使用、经费分配、社会管理等权力运行的各个环节，推动廉政风险防范管理向决策、执行、监督环节延伸。构建动态管理机制，通过准确排查风险，反映暴露问题，构筑有效制度防线，建立健全内控机制，形成以积极防范为核心，以强化管理为手段的科学防控机制。发挥廉政风险防范管理信息系统作用，充分利用现代科技手段，实现对廉政风险的分析、预警、防控，增强防范管理的有效性。

配合和督促有关部门进一步深化改革。按照市纪委部署，进一步推动精简和调整行政审批事项工作，积极推进绩效管理，加大行政问责力度。稳步推行差额选拔干部等制度，积极稳妥地推进干部人事工作中的民主。深化财政体制改革，逐步取消预算外收入。完善企业投资核准制和政府投资项目公示制度，加强金融企业外部监管和内控机制建设，建立健全公司法人治理结构。推进公共资源交易统一集中管理。整治行业协会、市场中介组织违纪违规问题，加强社会领域预防腐败工作。

(六)加强对群众反映强烈的突出问题的治理，切实维护群众切身利益

着力解决损害群众利益的突出问题。会同有关部门重点解决征地拆迁、住房保障、食品药品安全、环境保护、安全生产等方面的问题。建立科学完善的征地补偿机制，坚决制止违法违规强制征地拆迁行为。强化对保障性住房建设、住房资金使用、工程质量和分配使用的监管。完善食品药品安全监管体制机制和责任体系。严肃查处环境违法行为。加强对安全生产法规执行情况的监督检查，加大生产安全责任事故追究力度。加强对社保基金、住房公积金、强农惠农资金和涉及民生的政府专项资金的监督管理。认真治理教育收费、医药购销和医疗服务中的不正之风。严格执行问责制，对不履行或不正确履行职责，严重侵害群众利益的，要追究相关人员责任。

逐步推进基层事务公开透明。以落实群众知情权为重点，组织协调有关部门落实各项公开制度。认真落实《关于党的基层组织实行党务公开的意见》。建立由党委(工委、党组)主要领导任组长的党务公开工作领导小组，科学制定党务公开目录，明确公开内容、范围、方式和时限，确保党务公开有序推进。加大政务、司法、厂务、村(居)务公开和公共事业单位办事公开力度，将各种公开形式有机结合，确保效果。

继续深化专项治理工作。加大工程建设领域突出问题专项治理力度，认真贯彻《关于解决当前政府投资工程建设中带有普遍性问题的意见》，督促有关部门做好排查整改工作，严肃查处违规项目审批、规划调整以及规

避招标、虚假招标、转包、违法分包等问题。

深化“小金库”专项治理。巩固治理成果，加强整改落实，建立健全防治“小金库”长效机制。社会团体、国有及国有(金融)控股企业要加大治理力度。

开展庆典、研讨会、论坛过多过滥问题的专项治理。继续巩固清理规范评比达标表彰工作成果，严格审批程序，加强经费监管，规范领导干部行为。未经批准的，各级党政机关一律不得举办或参与举办庆典、研讨会、论坛等活动；经批准举办的，要纳入财政预算，接受审计监督；各级领导干部未经批准不得出席此类活动。

认真开展公务用车问题专项治理。落实中央《关于党政机关和领导干部公务用车配备使用管理办法》。逐步纠正超编制配备公务用车问题，重点纠正超标准配备公务用车和违规换车、借车、摊派款项购车、豪华装饰及公车私用等问题。顺义区各级党政机关、所属事业单位以及国有企业、金融机构要结合实际，制定相关规定，规范公车管理。

进一步加强行政监察工作，健全完善行政监督体系和问责制度

注重发挥行政监察职能作用。严格执行新修改的《行政监察法》，进一步加强和改进执法监察、廉政监察、效能监察工作，强化对建设服务政府、责任政府、法治政府和廉洁政府的监督。加强对政务公开和纠正损害群众利益不正之风工作的组织协调和检查指导；加强对具有公共事务管理职能的组织及其人员的监察，加强对受委托从事公务的组织及其人员的监察。认真做好行政投诉和政风行风热线工作，督促政府部门坚持依法行政，严格按照法定权限和程序行使权力。严格执行行政问责制度，督促和约束政府机关和工作人员依法履行职责。对决策严重失误、工作失职、管理监督不力造成重大损失或恶劣影响等行为，坚决问责。

推动“服务型”政府建设。督促有关部门，进一步转变职能，简化行政审批程序，优化审批流程，提高办事效率。加强对政府部门履行社会管理和公共服务职能的监督，加强对关键岗位、窗口岗位工作人员的培训和管理，着力解决办事不公、作风粗暴等问题。坚持把治理庸懒散问题作为加强基层干部队伍建设的突破口，以治庸提能力、以治懒增效率、以治散正风气。开展全程办事代理制工作，健全政府部门“一站式”加“一网式”办事机制，逐步实现“一门受理、网上传递、互联审批、全程办理”的高效服务模式。加强镇(街道)综合行政服务中心建设，发挥农村(社区)“便民服务室”作用，逐步实现行政许可和服务事项集中办理，优化区镇村三级联动体系。扎实推进“政务服务品牌”创建活动，推进政府管理体制和服务机制创新，探索科学规范的服务模式，提升服务水平，优化发展环境。

三、坚持以人为本、执政为民，努力取得反腐倡廉建设新成效

认真落实党风廉政建设责任制，进一步形成党风廉政建设和反腐败工作合力

认真贯彻落实中央新修订的《关于实行党风廉政建设责任制的规定》。各级领导班子要对职责范围内的党风廉政建设负全面领导责任。领导班子主要负责人要认真履行第一责任人的职责，做到重要工作亲自部署、重大问题亲自过问、重点环节亲自协调、重要案件亲自督办。领导班子其他成员要根据分工，对职责范围内的党风廉政建设负起主要领导责任。各级纪检监察机关要认真履行组织协调职责，积极协助党委、政府搞好责任分解和检查考核，并把检查考核结果作为对领导班子总体评价和领导干部业绩评定、奖励惩处、选拔任用的重要依据。加大责任追究力度，发现党风廉政建设工作领导不力的，要严肃追究责任。

加强纪检监察自身建设，为落实反腐倡廉各项任务提供组织保证

进一步加强纪委领导班子建设。认真贯

彻落实区委、区政府《关于加强纪检监察组织建设的实施意见》,开展创先争优活动。结合换届,切实把党性好、作风正、能力强、威信高的干部选拔到各级纪检监察机关领导班子中来。加强纪检监察机关派驻机构统一管理工作,建立科学的考核评价机制。规范未派驻部门和单位纪检监察机构建设,切实发挥纪检监察职能作用。加强对纪检监察干部的教育、管理和监督,着力提高纪检监察干部服务和保障科学发展能力、做好群众工作和维护社会和谐稳定能力、有效防治腐败能力、查办案件能力,努力建设一支政治坚强、公正清廉、纪律严明、业务精通、作风优良的纪检监察干部队伍。

同志们,反腐倡廉建设是党的建设和国家政权建设的重要内容,关系党的生死存亡和国家的长治久安。让我们以更高的标准、更严的要求,扎实工作,开拓创新,为"打造临空经济区、建设世界空港城"、推动顺义区经济社会更好更快发展作出更大贡献!

关于顺义区2010年国民经济和社会发展计划执行情况与2011年计划草案的报告(书面)

——2011年1月6日在顺义区第三届人民代表大会第六次会议上

顺义区发展和改革委员会主任　田建国

各位代表:

受顺义区人民政府委托,向大会提交顺义区2010年国民经济和社会发展计划执行情况与2011年计划草案的报告,请予审议,并请政协委员提出意见。

一、2010年国民经济和社会发展计划执行情况

今年以来,在区委的坚强领导下,在区人大和政协的监督支持下,在顺义区人民的共同努力下,顺义区上下继续深入实践科学发展观,坚决贯彻落实各项宏观调控政策,认真执行区三届人大五次会议各项决议,扎实推进经济发展和社会建设,着力稳增长、惠民生,加强经济社会运行监测预警力度,各项年度指标任务执行有力,19项预期指标和16项调控目标完成良好,有力的保障了"十一五"规划目标提前或超额完成。

(一)经济快速健康发展,综合实力不断增强。

坚持高端、高效、高辐射力发展,加大产业结构调整力度,不断提高区域经济运行质量和效益,全年主要经济指标完成良好。预计地区生产总值完成780亿元,同比增长13%;产业结构不断优化,三次产业比重达到2.8 42.3 54.9。属地财税收入预计完成270亿元,同比增长23%;地方财政一般预算收入完成58亿元,同比增长21%。全社会固定资产投资预计完成410亿元,同比增长19.2%。消费需求持续释放,预计实现社会消费品零售额180亿元,同比增长16%。

产业结构调整不断深入。服务业现代化、高端化发展趋向明显。以航空物流、国际会展等为特色的现代服务业发展迅猛,举办国际汽车展等大型展会15次。金融产业快

速集聚，金融业态日益丰富，杭州银行、光大银行、新韩银行、民生证券等20家金融机构入区发展，工银金融租赁公司落户天竺综保区。文化创意产业加快发展，广告会展、设计创意等行业优势不断巩固。旅游业发展良好，奥林匹克水上公园成功通过国家旅游局4A级景区验收。房地产、商业服务业等传统服务业进一步优化。预计全年服务业实现增加值428亿元，同比增长15.3%。制造业快速发展。围绕首都现代制造业基地建设，坚持"园区化、规模化、特色化、集群化、品牌化"发展，工业经济继续保持两位数增长，预计工业实现增加值310亿元，同比增长11.7%；完成总产值1800亿元，同比增长18%。农业产业化、规模化程度提高。成功创建全国首批"现代农业示范区"，举办第七届农博会和郁金香、菊花文化节。出台《关于扶持绿色农产品加工产业发展的指导意见》，推进了农产品深精加工。籽种产业健康发展，农业观光休闲效益、基础设施建设和农产品质量安全水平不断提高。花卉产业规模进一步扩大，新增花卉生产面积2300亩。

经济功能区建设提速。临空经济区辐射带动作用进一步增强，天竺综保区建设成效明显，管理办法正式实施，海关、检验检疫监管设施投入使用，口岸操作区全面运营，实现了"港区联动"发展，新引进默克、瑞威等46家企业，投资总额75亿元。空港开发区启动了与木林镇的合作开发；林河开发区四、五期土地一级开发完成；汽车生产基地与杨镇、赵全营镇合作共建不断深化；物流基地一期剩余土地开发进展顺利；临空国际产业基地规划范围土地性质调整基本完成；板桥创意天承产业基地一期400亩土地成功上市；国门商务区土地一级开发加快推进。各镇二三产业基地发展加快，与重点功能区之间呈现出关联并进、优势互补、协同发展的良好局面。

重大产业项目建设成效显著。北广科技正式运营，宝德阳一期竣工投产，数码视讯建设加快。北京汽车产业研发基地、国家汽车质量监督检验中心建设进展顺利；北京现代三工厂、北京自主品牌乘用车基地开工建设。国家地理信息科技产业园顺利落户，首批25家地理信息企业入园发展。中航工业北京航空产业园建设推进顺利，发动机一期工程启动建设，技术基础院、系统产业园、国际工贸园、物流板块等手续办理加快推进，海航集团综合配套基地、中国民航三大中心相继落户。中航信产业园开工建设，中国航天科工北京航天产业园即将入区。

自主创新能力持续增强。新认定国家级高新技术企业10家，市级以上企业技术中心3家，新发展市级研发机构2家。知识产权服务与管理进一步加强，申请专利476件，授权专利327件。扎实推进"百家创新型科技企业培育计划"，10家企业顺利通过了科技部审批。成功争创中国驰名商标2件、北京著名商标1件，新增注册商标1431件，荣膺全国商标战略实施示范区。

（二）城市功能不断提升，运行能力显著增强。

综合服务设施建设加快推进。文化中心、劳动力实训基地即将开工，职教中心、体育中心前期手续正在抓紧办理。政务数据中心基础施工完成，主体结构施工进展顺利。殡仪馆迁建已完成主体工程。重点镇建设整体推进，中心区基础设施和公共服务设施加快实施。新农村建设扎实有序，"五项基础设施"和"三起来"工程推进。

道路交通体系不断完善。M15号线顺义段一期投入试运行，二期工程建设加快推进。机场东路跨六环路立交桥建成通车，木邵路、天北路等一批新建和改建道路如期竣工，公路总里程为2616.1公里，路网密度达到2.56公里/平方公里。新开公交线路7条，区公交监控调度中心、花博会主场馆等3处公交港湾，良善庄等3个首末车站和130座农村候车亭投入使用。

资源能源供给能力进一步增强。村庄拆迁稳步推进,洼子、西马坡、燕王庄和市级挂账整治村——天竺村拆迁顺利完成。编制完成了天竺综保区商业用地、自主品牌乘用车基地、中航产业园等拟入市项目的地块控规,为项目二级入市提供了规划依据。水资源开发利用水平不断提高,引温济潮二期工程即将投入试运行,节约用水分类分级管理在全市率先推行,城市污水处理率达到97.2%。电网建设推进,西马220kv、天竺综保区保税功能三区110kv输变电站开工在即,梁庄、西府110kv输变电站前期工作加快进行。实行严格的能源消耗总量控制措施,加大淘汰落后产能力度,加强重点用能单位检查和监察,万元GDP能耗下降4%以上。

生态环境质量明显提高。顺利通过国家卫生区复审,推进国家环保模范城区创建,新增市级环境优美镇2个、市级生态村38个。"百村万户"绿化美化工程完成,滨河森林公园水务主体工程如期完工,汉石桥湿地恢复及基础设施工程稳步推进,城区人均公共绿地面积达到30.15平方米,顺义区林木绿化率为26.65%。垃圾规范化管理进一步加强,顺义区生活垃圾无害化处理率达到91%。全面落实十六阶段大气控制措施,进一步削减污染物排放总量,空气质量二级和好于二级天数比例达到74%。

(三)民生保障力度加大,公共服务水平不断提高。

居民收入、就业和保障水平有效提升。预计城镇居民人均可支配收入、农村居民人均纯收入分别达到25000元和12800元,同比增长8%和10%。全面启动充分就业区创建工作,城乡劳动力二三产业就业率达到92%,城镇登记失业率控制在1.5%以内。农转非工作力度加大,完成新生儿入非1100人、征地转非17931人、转非进职保2500人。社会保险覆盖面不断扩大,城镇五项社会保险参保率达到95%。积极推行社会保障卡工程,实现了持卡就医,实时结算。新型农村合作医疗参合率达到99.7%,基本药物零差率采购销售得到严格落实。政策性农业保险不断推广。继续提高各项社会救助标准,农村低保标准由年人均2530元调整到3360元,城市低保标准由年人均4920元调整到5160元,大病救助最高标准由5万元提高到8万元。完成了335户农村贫困和优抚对象危旧房翻修。住房保障力度切实加大,57.1万平方米的回迁安置房和2.97万平方米的保障性住房顺利竣工,回迁9900人,配售限价商品房1230套。

社会事业全面发展。教育事业健康发展,23所学校校安工程顺利完成。高考再创佳绩,46人考入清华、北大,本科录取率全市排名第四。职业教育新增航空服务、物业管理等专业5个,职业学校学生就业率达到100%。大力推进社区中医服务,新建中医特色诊区11个,成功争创"全国中医药特色社区卫生服务示范区"。积极开展疾病防控,公共卫生服务水平进一步提升,完成了8.5万适龄儿童麻疹疫苗强化免疫接种,积极开展流感疫苗接种,甲乙类传染病发病率控制在380以下/10万。公共文化设施及文化阵地建设加快推进,新建"益民书屋"136家,累计建成农村数字电影放映厅419个,实现了农村数字电影放映全覆盖。群众体育全面发展,健身网络体系进一步完善;竞技体育再创佳绩,第13届市运会获得59枚金牌。成功举办了全国柔道锦标赛、超级联盟汽车大奖赛顺义街道赛、第二届北京端午文化节等大型赛事活动。

社会服务管理切实加强。物价监管力度加大,市场秩序良好,有效维护了消费者的切身利益。加强食品安全管理,严格药品认证和准入制度,食品安全监测合格率达到98%,药品抽检合格率为98.7%。人口调控力度加大,户籍人口自然增长率为3.12‰,被评为全国人口计生综合改革示范区,第六次全国人口普查工作全面开展。社区建设全面推进,11 个社区服务中心和 12 个社区居委会办公和居民活动用房达标建设工程加快推进,完成了 100 个农村社区服务站建设。老龄事业全面发展,养老设施建设力度不断加大,新增养老床位 438 张,每百名老人拥有床位达到 3.5 张。

(四)改革开放迈出坚实步伐,发展活力持续增强。

重点领域改革推进。融资渠道进一步拓宽。充分发挥融资担保领导小组的职能,积极向市政府争取投融资平台补助资金,提高了平台的融资能力。搭建了"银保企"合作平台,北京临空创业投资公司正式运营。成功发行了全国首期"北京市顺义区中小企业集合票据",融资 2.65 亿元。国资中心成功发行了"10 顺国资债",募集资金 25 亿元,融资模式逐步向多元化、市场化、国际化、社会化发展。企业上市工作取得新进展。北京嘉寓门窗幕墙股份有限公司成功上市,首发募集资金 7.28 亿元,成为顺义区首家在创业板上市的企业。朗姿服装、康特电子、曲美家具、江河幕墙、升华电梯和绿友机械 6 家企业进入实质运作阶段;顺美服装、美驰门窗、金路易食品、北冶中心、全富木业和亿都川服装 6 家企业正在进行上市前期准备工作。医疗体制改革稳步推进。与市政府签订的《深化医药卫生体制改革 2010 年任务责任书》中确定的 6 大项(26 小项)改革任务完成,为全面完成北京市确定的"推进发展、提高效率、减轻负担、促进健康"改革目标打下了坚实基础。农村改革不断强化,89 个村集体经济产权制度改革工作顺利完成,集体林权制度改革完成主体任务,完成土地流转 16614 亩。

对外开放不断扩大。开放型经济发展水平显著提高,预计完成出口供货额 310 亿元,实际利用外资 4 亿美元。天竺综保区初具规模,完成进出口总值 9.72 亿美元。招商引资成效喜人,对外交流不断深化,新引进亿元以上实体项目 41 个,协议投资额 527 亿元,同比增长 86%;积极参加京港洽谈会、文博会、金博会、科博会等活动,特别是京港洽谈会顺义专场推介成效显著,共签约项目 24 个,协议投资额 78.9 亿美元,顺义区优越的发展环境得到了充分展示。

(五)"十二五"规划编制完成,描绘了未来五年宏伟蓝图。

规划编制扎实有序。对"十一五"规划执行情况进行了评估,完成了规划重大前期课题研究,为规划编制提供了重要的参考依据。组织开展了"公众建言十二五,共话顺义新蓝图"建言活动,全面征求了社会各界意见,凝聚了民智,体现了民意;主动加强了规划衔接,全面筛选了重大建设项目,保证了规划目标思路的统一,提升了规划执行的可操作性。

编制成果丰硕喜人。完成了 1 个总体规划纲要、4 个重点专项规划和 31 个一般专项规划的文本编制。进一步强化了规划纲要的战略性、指导性和政策性,强化了专项规划的空间约束功能和指导专业领域发展、项目建设、投资安排的功能,为政府履行职责,编制实施年度目标任务和制定各项政策措施提供了规划依据。

规划蓝图提振人心。立足北京建设中国特色世界城市,规划纲要提出了"打造临空经济区,建设世界空港城"的目标和"国际枢纽空港、高端产业新城、和谐宜居家园"的发展定位,提出了要以城市化和城市现代化为引领,以保障和改善民生为重点,将顺义打造成为北京东北部中心城市。目标定位符合实际、鼓舞人心,集中体现了区委、区政府的战略意图和鲜明的顺义特色。

总体上讲,2010 年顺义区经济稳开稳走、结构不断优化,社会全面发展,民生不断改善。但我们也清醒地看到,当前经济社会发展还面临一些困难和问题:顺义区产业结构仍需不断优化,第三产业比重有待进一步提高,现代服务业高端化发展步伐需要加快,创新对经济发展的促进作用还需加强。顺义新城整体形象需要加快提升,城市综合功能、承载能力、管理水平有待进一步提高;城乡之间、镇村之间发展还不够平衡,城乡一体化发展需要加强统筹。保障和改善民生的力度需要进一步加大,加快公共服务均衡化、优质化发展仍需努力,社会管理精细化亟需加大力度。这些困难和问题需要我们采取更加扎实有力的措施,在今后工作中认真加以解决。

各位代表,2010年是"十一五"规划收官之年,各项年度计划指标的顺利完成为"十一五"发展划上了的句号。刚刚过去的五年,是顺义区发展史上具有里程碑意义的五年,地区生产总值年均增长25%,常住人口人均GDP突破1.5万美元;属地财税收入、地方财政一般预算收入年均分别增长31%和29%;全社会固定资产投资累计完成1480亿元,是"十五"期间的3.6倍。城镇居民人均可支配收入、农村居民人均纯收入分别比"十五"末期增长54.6%和71.6%,顺义进入了向更高水平迈进的新发展阶段。不仅成功举办了一届无与伦比的奥运会水上项目和高水平有特点的花博会,还成功应对了国际金融危机,创造了巨大的物质财富,留下了宝贵的精神财富,需要我们在今后继承和发扬,努力为"十二五"开好局、起好步。

二、2011年国民经济和社会发展计划安排与主要措施

2011年是"十二五"规划的开局之年,是顺义区加快发展方式转变的关键一年,并将迎来建党90周年的重大历史时刻,安排好全年国民经济和社会发展计划至关重要。

发展计划安排的总体思路是:紧紧围绕"打造临空经济区、建设世界空港城"的奋斗目标,以科学发展为主题,以转变发展方式为主线,以城市化和城市现代化为引领,以保障和改善民生为重点,以加强项目建设为关键,加快产业结构调整,全面提升新城形象,推进社会服务管理创新,推动区域经济社会又好又快发展,努力实现"十二五"发展的良好开局!

发展计划安排的主要原则是:一是处理好当年和五年的关系,注重年度计划与"十二五"规划衔接。二是处理好重点带动和均衡发展的关系,注重以重点区域开发和重大项目为抓手。三是处理好促发展和惠民生的关系,注重通过发展的办法解决民生问题,让发展更加惠民。四是处理好经济增长与节能减排的关系,注重以绿色增长推动可持续发展。

经济社会发展主要目标是:

经济发展主要指标:

——地区生产总值增长12%;常住人口人均GDP达到1.7万美元;临空经济区核心区增加值增长14%。

——属地财税收入增长12%;地方财政一般预算收入增长15%。

——全社会固定资产投资按可比口径增长12%。

——实际利用外资4亿美元;天竺综保区进出口总值19.44亿美元。

——社会消费品零售额增长16%。

——城镇居民人均可支配收入增长10%;农村居民人均纯收入增长11%。

——万元GDP能耗下降2%;万元GDP水耗下降8%;二氧化硫排放总量下降1.6%;氮氧化物排放总量下降1.1%;化学需氧量排放总量下降1.5%;氨氮排放总量下降1.3%。

——限额以上工业总产值增长10%。

社会发展主要目标:

——城镇登记失业率控制在1.5%以内;城乡劳动力二三产业就业率达到93%。

——城乡居民养老保险参保率达到94%;城镇居民医疗保险参保率为90%;城镇职工五项保险参保率为95.5%。

——食品安全监测合格率达到98%;药品抽检合格率达到98.8%。

——户籍人口自然增长率控制在4‰;

常住流动人口控制在18.5万人;户籍人口城镇化率为62%。

——高中阶段教育毛入学率达到98.4%;新增劳动力平均受教育年限为15年。

——甲乙类传染病发病率控制在400以下/10万;新型农村合作医疗参合率99%以上。

——顺义区林木绿化率提高到26.95%;城区人均公共绿地面积达到30.53平方米。

——再生水利用率达到65%;城市污水处理率达到97.5%;顺义区生活垃圾无害化处理率达到95%。

——空气质量二级和好于二级天数比例达到75%。

为顺利完成2011年国民经济和社会发展计划任务,进一步巩固和提升区域发展水平,重点要做好以下工作:

(一)突出产业结构调整,加快经济发展方式转变。

坚持优化一产、做强二产、做大三产,进一步优化产业结构,三次产业比重调整为2.5∶42.3∶55.2。突出抓好现代服务业、高端制造业、战略性新兴产业等产业发展,促进产业融合和集聚,加快构建“一核、两轴、两带”的产业空间格局。

加快产业结构调整,促进产业融合发展。加快服务业转型升级。围绕首都枢纽空港和天竺综保区功能优势,做大第三产业,重点发展航空服务、特色金融、现代物流、商务会展、文化创意等服务业,大力发展工业设计、电子商务、信息服务、科技咨询等服务业。加快推进国家地理信息科技产业园、金蝶软件、民生银行、中国出版集团文化创意产业园等项目建设,积极争办中国国际服务交易大会。大力发展三网融合、云计算、物联网、互联网、电子商务、导航及位置服务等。优化发展房地产、商业服务等传统服务业。依托奥运水上公园4A级景区,加快场馆周边区域土地的开发利用,整合农业园区、工业旅游点、红色旅游点和星级宾馆、民俗村、新国展、花博会场馆等资源,促进产业融合,发展“大旅游”。推动制造业高端化发展。围绕打造汽车和航空两大千亿产业集群,做强第二产业,推进北京现代三工厂和北京自主品牌乘用车基地建设,扶持发展新能源汽车。加快中航工业北京航空产业园建设,着力推进中国航天科工北京航天产业园建设。培育壮大战略性新兴产业,优化发展以电子信息为代表的高新技术产业,巩固和提升装备制造业、都市型工业和基础工业。提升都市型现代农业发展水平。围绕提高对北京高端农产品市场占有率和控制力,优化第一产业,紧抓“国家现代农业科技城”建设契机,启动国际鲜花港“花卉服务产业科技促进工程”建设,着力打造绿色农产品大区、农产品加工大区、籽种产业大区和花卉产业大区。依托浅山区发展带,推动农业与文化、旅游、商贸的融合发展。大力发展设施农业,完成5.3万亩农业基础设施建设及综合开发。

优化产业空间布局,提高园区产业集约化程度。进一步整合优化各功能区资源,统筹项目招商、产业布局和资源利用,实现重点经济功能区协调发展。天竺综保区要充分发挥口岸、保税等服务功能,聚集高端要素,大力发展国际贸易、保税加工、保税研发、检测维修、保税展览等高端产业;加快建设“国际采购分拨中心、航空器材及IT产品保税维修中心、公共检测实验中心、保税展览展示交易中心、离岸金融中心”,促进罗尔斯－罗伊斯飞机发动机维修基地、默克研发中心、中航材保税监管库等重大项目落地;加快启动二期建设,推进规划范围内村庄拆迁和土地一级开发。空港开发区要充分利用商业楼宇,强化税源企业引进;积极推进与木林镇的合作共建,不断拓展产业发展空间。汽车生产基地要围绕北京现代三工厂和北京自主品牌乘用车基地等重大项目建设,切实做好服务保障工作,确保项目如期投产。空港物流基地、林河开发区要加快已拆迁土地一级开发和上市步伐,为园区持续发展奠定基础。加快中外运长航财务公司、利星行、京城控股财务公司等在谈项目进度,确保项目尽快落地。着力推进中煤电气集团公司地下救生舱、天地玛珂液压传动研发生产基地等重点项目入区发展。板桥创意天承产业基地、国门商务区、临空国际产业基地要积极对接中关村国家自主创新示范区,承接中关村高新技术产业辐射和技术外溢,引领区域高端产业发展。各镇二三产业基地要加大市政基础设施投入和低效土地资源盘活力度,主动加强与重点经济功能区的合作共建,优势互补、资源共享,加快功能提升和项目集聚。

加强项目支撑和创新驱动,增强产业发展后劲。坚持"能早则早、能快则快"的原则,倒排工期,加强调度,集中力量抓好45个亿元以上重大产业项目的开工建设,确保项目尽快投产见效。按照"建设一批、推进一批、储备一批"的思路,进一步加强项目引进力度,不断完善招商项目评价机制,严格项目准入标准,确保引进项目高端化、项目用地集约化、经济效益最大化。切实加强与中关村的全面合作,积极争取在顺义设立产业化示范基地,推动"研发创新在中关村、转化和产业化在顺义"跨区域产业链的形成。积极构建科技创新、服务两个体系,争取认定国家级高新技术企业10家、市级以上企业技术中心4家、专利示范企业2家,专利申请500件、授权专利300件。

(二)突出保障和改善民生,全面提高人民生活水平。

以保障和改善民生为重点,着力加强社会建设,不断提高公共服务均衡化、优质化水平,让顺义区人民共享发展改革成果。

加快回迁房和保障性住房建设。将回迁安置房和保障性住房建设列为区政府2011年1号重点工程和重要实事,明确任务和目标,严格落实责任和时间进度,加快总投资155亿元、建筑面积344万平方米的回迁安置房建设,年内完成21个已拆迁村2.8万余人回迁;其余回迁到期的4个已拆迁村8000余人要在2012年完成回迁。加快总投资32.3亿元、建筑面积45.9万平方米的保障性住房建设,年内竣工18万平方米,余下27.9万平方米要完成主体工程。提前启动已列入计划拆迁村的回迁房建设,确保村庄拆迁一个、回迁一个。

推进城乡统筹就业,健全社会保障体系。继续完善和落实积极的就业政策,建立集职业指导、职业介绍、技能培训、技能鉴定、就业后续服务五项功能为一体的人力资源市场和城乡一体化就业失业管理制度,突出抓好农村转移劳动力、新生劳动力和就业困难人员就业。进一步推进劳动合同和集体合同制度,加强劳动关系基础工作管理,健全解决农民工工资拖欠问题的长效机制,确保无工资拖欠。按照"逢征必转、应转尽转、愿转能转"的原则,多措并举加快转非步伐,年内完成征地转非6000人、转非进职保2000人,促进更多农村居民纳入城市社会保障体系。完善城镇职工基本养老保险、失业保险、工伤保险、生育保险、医疗保险五险合一征缴机制。做好"一老一小"、无业居民大病医疗保险的并轨工作,稳定新农合补偿政策和保障水平。进一步加大对困难群体的保障和救助力度,稳步提高保障救助水平,农村低保标准达到城市低保标准的80%,为低保、优抚人员及其他民政对象提供一卡通和一站式即时结算服务,切实保障和改善困难群体的基本生活。启动区级老年公寓和2所镇级敬老院改扩建工程。加大福利企业扶持,启动残疾人康复中心建设,维护残疾人职工合法权益。

加强公共服务,提升人民生活品质。加快校安工程建设,启动城乡联动教育改革实验项目,以高中示范校为龙头,以城区优质中小学为骨干，将城乡中小学组建成教育联盟，实现城乡教育资源共享。推进医药卫生事业健康可持续发展，着力加强公共卫生服务、社区卫生服务和基本医疗服务，强化卫技队伍综合素质。加快推进以中医院迁建为重点的区域医疗服务机构布局调整，启动公共卫生业务综合楼建设，不断优化医疗卫生资源配置。建立适应顺义区经济社会发展水平、适应广大市民健康需求的公共医疗卫生服务体系。大力发展文体事业，进一步加强公共文化服务体系建设，加强镇级综合文化站、村级文化活动室建设，精心组织"星火工程"为农村群众免费送文化下乡。广泛开展全民健身体育活动，推进百村万户助农健身工程，提升群众身心健康。

加强社会服务管理创新。建设网格化管理体系，科学划分现有行政区域，细化网格化管理各项工作方案，明确网格单元的责任主体和工作任务。科学配置管理队伍，加强网格单元中主要问题、重点群体和突出风险的日常监管和防控。积极应用现代信息技术，建立信息互动平台，实现互联互通、整体联动。提升社区建设管理水平，加强"一站式"、"一网式"便民服务窗口和"一刻钟社区服务圈"建设。推进城市社区规范化，完成57个社区居委会办公和活动用房达标工作；推进村庄社区化管理，建成205个农村社区服务站。加强人口服务与管理，继续稳定适度低生育水平，加强出生缺陷干预，提高出生人口素质。完善"以产引人、以业控人、以房管人"的调控机制，坚决遏制流动人口无序盲目流入，提高流动人口集中管理服务水平。结合第六次全国人口普查，建立健全人口数据库和流动人口管理信息平台。大力推进平安顺义建设，扎实做好生产安全事故隐患自查自报，严防重大安全事故发生。进一步深化和完善应急预案体系，切实增强区域突发事件应对能力。强化食品、药品的生产、流动、消费等环节监管，确保人民群众生命安全。强化信访工作责任制，完善矛盾纠纷排查调处制度。

（三）突出新城形象提升，加快城市化和城市现代化步伐。

以世界空港城为目标，进一步提升新城综合服务功能和优化功能布局，全面提升新城形象；不断完善"一港、两河、三区、四镇"的城镇空间格局，统筹城乡发展，打造城乡一体化的先行区、示范区。

高标准设计城市空间布局。编制完成府前街、新顺街、光明街三条主要街道景观规划，完成M15号线沿线、潮白河两岸城市设计、户外广告设计和新城绿道系统等专项规划，启动重点路段和重点区域城市设计，努力打造标志性地段、标志性景观、标志性建筑。

高水平完善城市基础设施。努力实现"港区"对接，以完善首都机场周边基础设施为重点，强化水、电、气、路等要素保障和公共服务平台建设，努力促进机场、天竺综保区、临空经济区及周边镇内外联系便捷、空间结构合理。强化交通能力建设，推进109.7公里新开工道路建设，包括46公里城市道路和63.7公里公路。实施M15号线公共交通接驳工程及沿线公交港湾改造工程，逐步优化新城内部道路网结构和老城区公交线路及站点设置，加快推进大型综合交通枢纽和公共停车场建设。完成城区微循环道路、站前北街延长线、左右堤路延长线、白马路延长线等道路的新建和改建工程，启动通怀路（一期）建设，加快推进东部发展带联络线前期研究。加快水、电、气、热供应能力建设，重点推进新城马坡、牛栏山组团的水、电、气、热等基础设施建设。启动城南水厂建设，在四个重点镇先期实施城乡供水一体化工程。完成高丽营220kV变电站扩容、天竺综保区保税功能三区110kV输变电站工程建设。完成农村液化石油气钢瓶检测、更新及安全用气工作，启动2座天然气调压站建设，完成城北集中供热中心建设。

统筹推进新城、重点镇、新农村建设。着力提升新城中心区品位。加快推进金街区域建设和东风商场以北区域、粮食局片区改造,启动国泰、便民街东口等7个繁华路段地下通道建设,改善发展环境,全力提升商业中心区现代化、国际化水平。完成殡仪馆迁建、政务数据中心、老干部活动中心扩建等工程,确保文化中心、劳动力实训基地、体育中心和职教中心年内全部完成主体工程。加快四个重点镇建设。编制完成镇中心区城市设计,推进路网、集中供热、污水处理等配套设施建设,提升基础设施保障能力。做好土地整理和上市工作,拓展发展空间。高丽营镇要加强与空港核心区和中心城区的功能互动,优化现代制造、临空服务、都市农业功能,着力打造全市重点镇样板。杨镇要以北京现代三工厂建设为契机,加快汽车产业链上下游企业集聚;依托鲜花港等发展平台,全面提升商贸物流、生态旅游和都市农业,辐射带动镇内和周边镇农民就业,着力发展成为潮白河以东区域次中心。赵全营镇要依托京承高速,发挥北京自主品牌乘用车基地引领作用,做大做强空港C区,着力塑造品质型城镇。李遂镇依托潮白河和京平高速,加强滨水景观建设,积极推进中信集团实施镇中心区整体开发,建设中信金融城项目。大力发展旅游休闲、康体度假等现代服务业,着力形成滨水特色突出的城郊休闲型城镇。推进新农村建设。修订完善新农村发展规划,推进农村基础设施和公共服务设施建设,大力推进“三起来”工程,继续实施农村饮水安全、环境治理、住房改造和信息网络建设工程。建立完善管护长效机制,巩固和提升新农村建设成果。

提升城市生态环境质量。按照国家环保模范城区创建标准,完成1个国家级环境优美镇、1个国家级生态村、1个市级环境优美镇、30个市级生态村的创建工作。启动汉石桥湿地水资源综合利用工程,完成滨河森林公园建设、龙道河以及七分干渠生态治理,大力推进城南公园,减河公园三、四期等工程建设。启动京津风沙源治理、关停废弃矿山植被恢复、防护林更新改造、播草盖沙、重要道路绿化景观改造等生态项目。坚持源头减量与末端治理并举,抓好垃圾分类处理工作,启动生活垃圾综合处理厂扩建工程和有机废弃物处理厂一期工程。突出COD削减和水源地保护,加强城乡雨污分流、雨洪利用设施建设,促进雨洪利用和再生水回用,加快推进马坡组团等区域再生水厂建设。落实大气污染第十七阶段控制措施,确保完成优良天数和SO2、NOx削减任务。大力推进节能减排,实施条块结合的节能目标分解机制,强化重点用能单位监管,促进节能改造。加大燃煤锅炉改造与整合力度,开展供热中心脱硝设施建设,加大地源热泵建设和天然气管网铺设力度,推广太阳能、生物质能、地源热泵等可再生能源。鼓励企业提高资源利用效率、推广节能减排技术、高效使用清洁能源。

(四)推进改革与对外开放,进一步增强区域发展活力。

深化各项改革。积极稳妥推进医药卫生体制改革。按照“保基本、强基层、建机制”的总体要求及全市的总体部署,继续推进“基本医疗保障制度建设、建立国家基本药物制度、健全基层医疗卫生服务体系、促进基本公共卫生服务逐步均等化和推进公立医院改革试点”等五项重点改革任务,上下联动、协调推进,确保三年医改目标如期实现,全面提升顺义区医药卫生事业和全民健康水平。继续深化投融资体制改革。明确界定政府投资范围,加强和规范政府投融资平台管理。规范国有企业投资行为,鼓励扩大民间投资,引进大型民营企业和外资企业,推动央企更多参与重点区域建设。重点选择一批创业期、成长期的科技型企业,通过股权转让、清算退出等模式,开展融资工作。继续推广中小企业集合票据发行,充分利用市级融资担保机构解决中小企业融资问题。加大企业上市力度。深入落实市政府关于推动企业上市的有关政策精神，充分发挥顺义区在企业上市方面起步早、基础好、有政策和推进机制健全等优势，着力抓好筛选储备、组织培训、重点服务和落实政策等工作，全力促成已进入实质运作阶段的6家企业在近两年成功上市，进一步丰富和扩大“顺义板块”的内涵和规模。推进财政改革。深化预算管理改革，有效衔接资产管理、绩效评价结果与预算编制，提高资金管理水平。深化国库集中支付制度改革，对所有区本级预算单位实行授权支付改革工作。完善政府采购管理制度，进一步拓宽政府采购范围，合理制定各项采购预算标准。加强国有资产监管。规范国有企业重大投融资行为决策程序，抓好国有资产评估和交易，确保国有资产审计与评估工作依法依规。理顺监管企业产权关系，推进集体企业产权制度改革。进一步加快国有资本、中小企业证券化步伐，推进国有市政、商业、建筑等领域企业重组、改制和上市。扎实推进农村改革。深化农村集体经济产权制度改革，启动150个村产权制度改革工作。充分发挥农地流转信息平台作用，进一步推进农村土地承包经营权流转。推进合作社规范化建设进程，重点树立和扶持20家市、区级合作社示范社。

提升对外开放水平。进一步深化“空港国际化、顺义区空港化、发展融合化”理念，依托首都国际机场，充分发挥天竺综保区政策功能优势，引导企业保税业务逐步回流，扩大进出口业务，利用贸易业辐射带动现代物流业和高端制造业，提升外向型经济发展水平，将天竺综保区打造成为首都外向型经济窗口。把利用外资与推动产业结构优化升级、提升自主创新能力、增强城市综合服务功能相结合，更加注重引进国外先进技术、管理理念和高素质人才。

（五）加强运行监测分析，确保全年计划任务按进度完成。

紧密围绕《顺义区2011年国民经济和社会发展主要指标计划（草案）》提出的23项经济发展主要指标和20项社会发展主要目标，建立健全及时、准确、全面的监测预警体系，实施经济监测预警联席会议，做好季度分析工作。推动部门联动、资源共享，密切关注国内外发展环境变化，了解把握国家、北京市宏观政策走向，对各领域出现的新情况、新问题认真加以研究，加强信息和数据的采集分析工作，及时发现异常情况和潜在风险，对经济走势和重要经济指标变化及时做出预警，提出应对的政策措施建议，为顺义区经济工作和社会建设提供决策参考和信息支撑。

各位代表，“十一五”的辉煌成就坚定了我们发展的信心，“十二五”的发展蓝图激励着我们发展的斗志，在建党90周年来临之际，我们将在区委的坚强领导下，在区人大和区政协的监督支持下，以科学发展观统领全局，围绕“国际枢纽空港、高端产业新城、和谐宜居家园”的定位，为“打造临空经济区、建设世界空港城”而努力奋斗！

顺义区2010年财政预算执行情况和2011年财政预算(草案)报告(书面)

——2011年1月6日在顺义区第三届人民代表大会第六次会议上

顺义区财政局

各位代表:

受顺义区人民政府委托,现将顺义区2010年财政预算执行情况和2011年财政预算(草案)的报告提请区第三届人民代表大会第六次会议审议,并请各位政协委员提出意见。

"十一五"时期财政工作简要回顾

"十一五"期间,在区委的正确领导下,财税部门坚持以科学发展观为指导,充分发挥财政职能作用,加强收入管理,优化支出结构,深化各项改革,在国际金融危机等复杂环境下,全区财政收入依然保持了较快增长,财政保障能力不断增强,全面完成了"十一五"规划确定的各项工作目标。"十一五"期间,全区属地财税收入预计累计将达到912亿元,是"十五"时期的4.6倍,年均递增31%。地方财政收入预计累计将达到357.4亿元,是"十五"时期的6.9倍,年均递增51%。其中:一般预算收入预计累计将达到201.3亿元,是"十五"时期的4倍,年均递增29%。财政收入体现了增长快、支点多的特点。地方财政支出预计累计将达到484.7亿元,是"十五"时期的4.5倍,年均递增37%。财政支出在保证教育、科技、文化、卫生等支出依法增长的同时,加大了民生和公共服务领域投入力度,推进了城乡基础设施和环境建设,促进了经济结构调整和发展方式转变,为奥运、花博等重大活动的成功举办和经济社会各项事业全面发展提供了财力保障。

2010年财政预算执行情况

2010年,财税部门认真执行区人大三届五次会议通过的各项决议,继续深化"聚财、理财、用财"三大理念,着力构建有利于科学发展的公共财政体系,财政资金配置效率和使用效益进一步提高,圆满完成了全年预算收支任务。

一、2010年全区财政收支完成情况

2010年,全区属地财税收入预计完成270亿元,完成年度预算的112%,同比增长23%。其中:一般预算收入预计完成58亿元,完成年度预算的108%,同比增长21%。基金预算收入预计完成74亿元,完成年度预算的185%,同比增长99%。

分级收入情况是:区本级一般预算收入预计完成36亿元,完成年度预算的111%,同比增长19%。镇级一般预算收入预计完成22亿元,完成年度预算的103%,同比增长23%。

2010年,全区一般预算支出预计完成92亿元(其中:市追加专项资金11.1亿元),完成年度预算的122%,同比增长12%。基金预算支出预计完成63亿元(其中:市追加专项资金3.7亿元),完成年度预算的158%,同比增长50%。

分级支出情况是:区本级一般预算支出预计完成72.9亿元,完成年度预算的140%,同比增长19%。镇级一般预算支出预计完成19.1亿元,完成年度预算的81%,同比下降9%。主要是从2010年1月1日起将镇级教育经费4亿元上划区级财政管理,调增区本级财力和支出,镇级财力和支出相应减少,若剔除这一因素,区本级和镇级一般预算支出分别同比增长13%和11%。

根据《预算法》和《北京市预算监督条例》的规定,重点向大会报告区本级预算执行情况。

二、2010年区本级财政收支项目完成情况

(一)一般预算收支项目情况

区本级主要收入项目完成情况:税收收入预计完成31.2亿元,同比增长15%;非税收入预计完成4.8亿元,同比增长54%。其中:重点经济功能区预计完成一般预算收入26亿元,同比增长27%;国资委监管企业预计完成一般预算收入4.3亿元,同比增长13%。

区本级支出主要项目完成情况:一般公共服务及公共安全支出预计完成8.2亿元,同比增长18%;农林水事务支出预计完成9.3亿元,同比增长19%;社会保障和就业支出预计完成10.6亿元,同比增长35%;教科文卫支出预计完成21.9亿元,同比增长26%;城乡社区事务、交通运输和环境保护等支出预计完成10.2亿元,同比增长17%;资源勘探电力信息、粮油物资储备及商业服务业等事务支出预计完成7.3亿元,同比下降5%。

(二)基金预算收支项目情况

区本级基金预算收入预计完成74亿元。主要项目是:国有土地使用权出让金收入预计完成72.8亿元,同比增长103%。增收较多主要是土地上市量增加及地价上涨,带动了国有土地使用权出让金收入的增长。其他基金预算收入预计完成1.2亿元,同比基本持平。主要项目是:城市公用事业附加收入、残疾人就业保障金收入和新型墙体材料专项基金收入等。

区本级基金预算支出预计完成60.6亿元。主要项目是:国有土地使用权出让金支出预计完成57亿元。支出主要用于土地储备,偿还政府债务,重点工程、实事工程建设,计提廉租住房保障金以及农村基础设施建设等方面。其他基金预算支出预计完成3.6亿元。主要项目是:城市基础设施配套费支出、地方水利建设基金支出、城市公用事业附加支出、残疾人就业保障金支出、彩票事务支出、新型墙体材料专项基金支出等。

需要说明的是,以上数字是根据预算执行情况初步汇总的,待财政决算完成后,还将有一些变化。

三、2010年区本级财政主要工作

2010年,区本级预算执行情况总体正常,财政收入“稳增长”目标顺利实现,重点支出得到有力保障,财政改革有序推进,财政基础工作和基层建设进一步加强,财政管理水平稳步提升,确保了财政收支平衡。

(一)发挥财政政策和资金作用,促进经济结构调整和发展方式转变,确保了财政收入持续稳定增长

一是完善财政扶持政策。加强重点财源建设,进一步完善了总部企业金融机构和重点税源企业发展扶持办法,加快形成总部经济的规模效应。二是推进重大项目建设。通过专项补助、贷款贴息、争取市级资金等多种方式筹措资金4亿元,用于天竺综合保税区、中航产业园等重大项目建设。三是促进经济结构调整和发展方式转变。全年投入园区建设和经济发展项目资金7亿元,支持了汽车生产基地、空港经济开发区、空港物流基地等重点经济功能区基础设施建设和重点产业发展,落实全区各项经济发展政策,培育会展等新兴产业,对企业技改、上市培育、名优品牌、

节能减排等重点项目给予支持,扶持中小企业发展,着力增加经济总量。四是继续落实“促消费、扩内需”政策。延长家电下乡、以旧换新、黄标车淘汰补贴等政策期限,及时兑现财政补贴资金。五是进一步完善各部门、各镇和各经济功能区联动配合的组收工作机制,加强收入管理。强化税收征管和税源监控,加大分析预测力度,确保了财政收入持续稳定增长。

(二)强化资金统筹和资源配置,推进城乡一体化建设和区域协调发展,夯实了城乡地区经济发展基础

一是加快推进顺义新城建设和环境建设。全年投入城市建设及运行维护和环境建设资金61亿元,支持了体育中心、文化中心、引温济潮二期工程、龙道河改造、新城滨河森林公园等重点工程建设,完善全区路网等市政基础设施,推进了回迁房建设,加强了环境综合整治,城市功能和环境质量进一步提升。安排了重点镇建设补助资金,支持镇级基础设施建设。二是统筹城乡经济社会协调发展。加大公共财政向农村的倾斜力度,投入专项资金4亿元,用于新农村“五+三”工程、“百村万户”绿化工程等项目建设,保障农村生活垃圾运行经费,支持村级公益事业发展,推进了农村城镇化步伐。拨付资金1亿元,支持生态林养护、水源地保护和水务体系建设,维护全区良好的生态环境。投入2.7亿元用于土地治理和农业综合开发、小型农田水利、设施农业、政策性农业保险、农业结构调整、农业技术推广、农民培训等项目,促进农业增效和农民增收。

(三)调整和优化支出结构,提高民生和公共服务保障水平,确保了各项改革和社会事业发展需要

一是扩大了城乡社会保障覆盖范围。先期投入补贴资金2000万元,推进了农村劳动力转非进职保工作。全年发放城乡低保和无固定收入重残人员生活补助及物价补贴资金3300万元,将城市最低生活保障金标准由每人每月410元提高到430元,农村最低生活保障金标准由每人每年2530元提高到3360元,针对物价上涨因素增加了困难群众一次性生活补助。安排了困难群众大病、医疗、住房等救助项目补助资金。拨付城乡居民养老保险基础养老金和无保障老年人养老保障市区补助资金2.8亿元,在全市统一标准的基础上将两项政策补助标准每人每月均提高了60元,共增加投入6000万元。为全区80周岁及以上老年人和60-79周岁重度残疾人(16-59周岁无工作的重度残疾人)每人每月发放100元养老(助残)服务券共计1360万元。继续对残疾人温馨家园建设、残疾人安装假肢、康复、就业等项工作给予支持。拨付就业补助资金9200万元,落实区政府各项就业再就业政策,在岗位补贴、社会保险补贴和劳动培训补贴上实现城乡标准一体化,积极促进就业。

二是加大对教育事业的投入。教育支出预计13.3亿元,同比增长33%,实现了依法增长。落实了教师绩效工资。拨付校舍安全工程资金6.6亿元,完成23所学校校舍安全改造。研究制定了《顺义区中小学校舍安全工程基本建设项目管理办法》及实施细则,加强专项资金管理。调整镇级教育经费管理方式,提高了全区教育经费保障能力。拨付农村义务教育“普九”化债资金651万元,保证了债务化解工作顺利完成。增拨经费847万元,用于加强全区131所学校、幼儿园安保力量;拨付中小幼安防建设工程启动资金2000万元,在全区公办中小幼学校门口安装监控摄像头、新建和改造升级镇级监控平台、扩容公安二级平台,确保校园安全。安排了校舍修缮、购置教学设备、教师培训、农村地区教师班车运行维护、职教实训基地建设等项目资金,促进教育事业均衡发展。

三是支持开展群众性文体活动。文化体育与传媒支出预计1.3亿元。支持了有线广

播网铺设、镇级文化中心和村级文化大院建设、农村数字电影放映、非物质文化遗产保护等重点工作,保障了焦庄户地道战遗址纪念馆和图书馆向社会免费开放运行经费,补贴更新了部分全民健身器材,支持了各项公益文体活动的开展,丰富了城乡居民文体生活。

四是推进了医药卫生体制改革。医疗卫生支出预计7亿元,同比增长27%。保证了卫生经费依法增长,落实了医改任务,建立健全覆盖城乡居民的基本医疗卫生制度,为群众提供安全有效的医疗卫生服务。投入资金6100万元用于开展社区卫生服务、妇女两癌筛查等公共卫生服务项目。拨付区医院急诊综合楼等工程建设补助资金1亿元。安排专项资金1600万元,为医疗机构购置设备。实施了中医绩效考核等项新政。加大新型农村合作医疗补助力度,人均筹资水平提高到520元,2010年全区共有31.4万人参加新型农村合作医疗,共拨付市区补助资金1.3亿元。继续推进"一老一小"、城镇劳动年龄内无业居民大病医疗保险制度。保障乡村医生待遇,提升农村医疗服务水平。

五是提高了公共设施和公共安全保障水平。大力发展公共交通,全年拨付公交客运票价折扣补贴和石油价格改革补贴资金1.1亿元。加强社区建设,投入专项资金用于全区社区用房规范化试点建设。及时拨付居民供热企业补贴资金5972万元,确保居民温暖过冬。公共安全支出预计3.7亿元,提高公检法司公用经费保障标准,加大政法部门装备配备投入力度,加强安全防控体系建设,提高了公共安全保障水平。安排了应急储备专项资金以及防汛、石油、煤炭、粮食等物资储备资金873万元,增强政府应急管理能力。

(五)加强"两基"建设,推进财政科学化精细化管理,提高了财政资金配置效率和使用效益

一是推进部门预算改革。主动适应预算信息公开对预算编制的客观要求,细化预算编制,硬化预算约束,加强基础性管理工作,提高预算编制水平。制定出台《顺义区区级预算单位预算结转和结余资金管理(暂行)办法》,加强预算结余资金管理。二是推进国库集中收付制度改革。对全区内所有区本级预算单位实行授权支付改革工作,积极稳妥的开展非税收入收缴改革试点工作。三是推进政府采购管理制度改革。规范支出行为,不断扩大采购范围,加强政府采购管理。2010年政府采购预计立项450项次,立项金额2.5亿元,预计实现采购预算2亿元。四是加强财政投资评审工作。建立政府投资项目管理联席会制度,提高项目管理水平和资金使用效益。出台《北京市顺义区镇政府投资项目管理办法》,规范镇级投资项目管理。2010年全区预计审核资金63.6亿元,审定资金47.1亿元,平均综合审减率26%左右。五是加强政府债务管理。制定《顺义区政府债务管理办法》,规范政府融资平台的融资行为。积极探索新的融资方式,支持区域经济建设和社会发展。六是研究国有资本经营预算管理制度,规范国有资本经营预算编制行为。七是加强财政监督。完善内部监督和外部监督相结合的检查机制,确保财政资金安全、有效。加强会计监管,提高会计信息质量。八是加强财政队伍建设。不断创新财政管理方法,财政服务水平明显提高。

各位代表,2010年我区财政工作取得了一定成绩,但也存在着财源结构需要进一步优化,财政收入持续增长内生动力有待增强等问题。针对以上存在的问题和不足,我们将积极采取有效措施,认真研究解决。

2011年财政预算(草案)

根据《北京市财政局关于编制2011年部门预算的通知》,结合"十二五"规划和2011年全区国民经济和社会发展计划,2011年财政预算工作的指导思想是:以科学发展观为

统领,认真贯彻党的十七届五中全会精神,紧密围绕全区“十二五”规划发展目标,充分发挥公共财政职能作用,以加快转变经济发展方式为主线,以城市化、城市现代化为引领,提升经济发展内生动力,确保财政收入稳定增长;以保障和改善民生为重点,调整和优化财政支出结构,提高城乡居民生活水平;以加强管理基础工作和基层建设为保障,推进财政科学化精细化管理,提高财政资金使用效益,促进经济社会更好更快发展。

一、2011 年预算安排考虑的主要因素

综合分析影响 2011 年经济形势和财政收支的各项影响因素,统筹考虑,科学安排。

收入预算安排坚持实事求是、积极稳妥、留有余地,按照财政收入增长与经济增长相适应的原则,既要考虑全球经济回暖使得外部环境改善,我区良好的经济基础、多元化的产业结构以及新增重大项目带来广阔的发展空间和前景;又要考虑经济发展中的复杂因素和不确定因素不断增加,国内通货膨胀压力加大,国家对部分领域的宏观调控有从紧趋势,货币政策由适度宽松向稳健型转变,以及经济规律、其他政策性因素和市场作用对区域经济和地方财政收入的预期影响等。综合考虑以上各项因素,结合“十二五”规划财政收入增长目标,根据财政收入与 GDP 的弹性分析和历史数据测算,2011 年全区一般预算收入增长率安排为 15%。

支出预算安排根据现行财政体制测算财力,按照“量入为出、收支平衡”和“统筹兼顾、突出重点、有保有压”的原则,进一步调整和优化财政支出结构,发挥财政职能作用,确保经济平稳较快发展,加大统筹力度,加快推进城乡一体化进程,提高民生和公共服务保障水平;强化增收节支,严格控制一般性支出,切实提高财政资金使用效益。

二、2011 年全区预算安排总体情况

2011 年全区属地财税收入计划安排 303 亿元,同比增长 12%。其中:一般预算收入计划安排 67 亿元,同比增长 15%。基金预算收入计划安排 35 亿元。

分级收入计划为:区本级一般预算收入计划安排 40.6 亿元,同比增长 13%。镇级一般预算收入计划安排 26.4 亿元,同比增长 20%。

(一)一般预算财力及支出计划

根据市对区县财政体制计算,2011 年市对我区体制补助和转移支付计划安排 13.6 亿元,市级下划和定额补助资金计划安排 10.5 亿元。上解 0.2 亿元。2011 年全区一般预算财力预计为 90.9 亿元。全区一般预算支出计划安排 90.9 亿元,同比增长 20%。

分级支出计划为:区本级一般预算支出计划安排 68.2 亿元。镇级一般预算支出计划安排 22.7 亿元。

(二)基金预算财力及支出计划

2011 年基金预算财力预计为 35 亿元。基金预算支出计划安排 35 亿元。

三、2011 年区本级预算安排情况

(一)2011 年区本级财政收支主要项目安排情况

1. 一般预算收支项目安排情况

区本级主要收入项目安排情况是:税收收入计划安排 36 亿元,同比增长 15%;非税收入计划安排 4.6 亿元,同比下降 4%。非税收入预计同比减少,主要是上年有一次性收入,同期基数较高。

区本级主要支出项目安排情况是:一般公共服务及公共安全支出计划安排 8 亿元,同比增长 20%,预留了行政事业单位增资经费;农林水事务支出计划安排 9.3 亿元,同比增长 23%;社会保障和就业支出计划安排 10.1 亿元,同比增长 36%;教科文卫支出计划安排 21.2 亿元,同比增长 23%;城乡社区事务、交通运输和节能环保等项支出计划安排 8.6 亿元,同比增长 23%;资源勘探电力信息、商业服务业等事务支出计划安排 7.5 亿元,同比增长 13%。

2. 基金预算收支项目安排情况

区本级基金预算收入计划安排35亿元。主要项目是:国有土地使用权出让金收入计划安排33.8亿元。其他基金预算收入计划安排1.2亿元。主要项目是:城市公用事业附加收入、残疾人就业保障金收入、新型墙体材料专项基金收入等。

区本级基金预算支出计划安排35亿元,主要项目是:国有土地使用权出让金支出计划安排33.8亿元。主要安排了偿债资金、土地储备资金、镇级基础设施建设和重点经济功能区基础设施建设补助资金、廉租住房保障金以及重点工程、实事工程建设资金。其他基金预算支出计划安排1.2亿元。主要项目是:城市公用事业附加支出、残疾人就业保障金支出、新型墙体材料专项基金支出等。

(二)积极发挥财政职能,推进财政科学化精细化管理,确保圆满完成2011年预算任务

1. 以财源建设为中心,促进经济发展,提高财政保障能力

一是加强财源建设,优化发展环境。继续支持总部企业金融机构和重点税源企业发展,培植稳固的后续财源。二是支持产业结构调整,促进经济发展方式转变。安排园区建设和经济发展项目资金11.2亿元,支持经济功能区和重大项目建设,扶持重点产业发展,提高以汽车产业为核心的现代制造业水平,做大做强临空产业,培育新的经济增长点。继续落实各项产业优惠政策和促进节能减排的激励政策,加快推动高新技术产业和以金融、文化创意等产业为主的生产性服务业发展。三是继续做好收入管理工作,努力构建财政收入稳定增长长效机制。加强税收和非税收入征缴管理,做到依法征收、应收尽收。四是积极争取市级资金,做好项目申报工作,增强经济发展动力。

2. 以统筹发展为重点,推进城乡一体化建设,提升城市化和城市现代化水平

一是加速推进顺义新城建设,打造现代城市整体形象。安排城市建设、环境建设、城市运行维护及政府偿债资金36亿元,支持职教中心、文化中心、体育中心、医疗中心等公共服务设施、滨河森林公园等生态工程以及道路路网等重点工程建设,完善城市综合功能,加强城市运行维护和环境治理,提高城市化和城市现代化水平。加大扶持力度,推进镇级基础设施建设。二是创新支农资金投入机制,深化新农村建设成果。安排农林水事务支出9.3亿元,同比增长23%。安排支农专项资金5.8亿元,完善农村基础设施,支持设施农业、政策性农业保险、农业结构调整、农产品加工产业及现代花卉产业发展等重点项目,引导发展高端、高效、高辐射力的现代农业,落实各项强农惠农政策。加强重点村环境综合整治,安排社会服务管理创新资金2亿元,推进新农村建设向社区化管理方向发展,提高农村地区公共服务水平。

3. 以共建和谐为目标,着力改善民生,强化公共服务能力

将民生作为经济发展的出发点和落脚点,着力解决好人民群众最关心、最直接、最现实的民生问题。

一是加大社会保障补助力度。支持回迁房和保障性住房建设,着力解决低收入群众住房困难问题。社会保障和就业支出安排10.1亿元,同比增长36%。继续安排5000万元用于农民工转非保险政府补贴。安排城乡居民养老保险基础养老金和无保障老年人养老保障补贴资金2.3亿元,居家养老(助残)服务券补助660万元,以及养老事业专项经费等项资金,继续落实各项老年人(残疾人)优待政策。加大社会救助力度,安排农村低保生活补助资金2534万元,将农村低保标准提高到城市低保标准的80%。为享受定期生活补助的优抚对象发放取暖补贴。安排专项资金,继续为农村贫困群体和优抚对象实施危旧房改造。残疾人就业保障金支出安

排3810万元,继续支持残疾人职业康复劳动项目,解决残疾人康复和就业等方面的实际困难。安排就业补助资金1.2亿元,继续落实就业困难人员社会保险补贴和岗位补贴、公益性就业组织专项经费、自谋和灵活就业人员社会保险补贴、就业安置奖励、劳动职业培训补贴等项政策,促进城乡劳动力充分就业,提高居民收入水平。

二是促进教育、科技、文化、体育事业全面发展。教育支出计划安排12.7亿元,同比增长17%。按计划安排2011年校舍安全工程资金。安排教育专项资金7540万元,用于义务教育阶段免教科书、作业本、校服经费补贴,帮扶家庭经济困难学生,提高教育公用经费综合定额标准,继续安排保安经费、教师班车运行维护经费等资金,增加了幼儿园经费、城乡联动改革实验经费等项目。推动一批教育基础设施建设,改善农村地区办学条件,支持职业教育、成人教育发展,促进教育资源的合理配置和整合。科学技术支出安排2660万元,同比增长16%。继续支持科普工作以及科技发展项目。文化体育与传媒类支出安排7500万元,同比增长29%。加大文化投入向基层和农村倾斜的力度,完善社区和农村文体设施,保障各项公益文体事业发展经费。

三是继续推进医药卫生体制改革。医疗卫生支出安排7.5亿元,同比增长33%。加大基本公共卫生和重大公共卫生项目投入,安排公共卫生服务经费4300万元,用于免费实施妇女两癌筛查,农民体检,儿童、老年人保健,传染病、慢性病防治,疾病预防控制等,促进公共卫生服务均等化。进一步完善医疗保障体系,安排新型农村合作医疗补助资金2亿元,将享受公费医疗的行政事业单位人员纳入基本医疗保险所需经费2亿元,“一老一小”和城镇劳动年龄内无业居民大病医疗保险补贴资金3061万元,促进医疗保障全覆盖。安排公共卫生和基层医疗卫生人员绩效工资改革经费3000万元,提高医疗卫生服务水平。加大中医投入,安排资金1000万元,继续落实中医绩效考核,完善社区卫生中医特色诊区建设。

四是继续加强公共服务和公共安全保障体系建设。交通运输支出安排1.4亿元,同比增长37%。其中,安排公交票价折扣补贴资金1.3亿元,继续实施公交惠民政策。安排专项资金用于轨道M15号线沿线公交港湾改造,公共候车亭、镇级客运站及农村支线公交建设。2011-2012年居民供热区级配套资金安排2590万元,落实供热补贴政策,保障居民正常采暖。公共安全支出安排2.9亿元,同比增长22%。提高公检法司日常办案及社会治安综合治理等项经费保障标准,支持科技强警、科技创安,维护社会安全稳定。安排救灾物资储备库建设资金、应急储备专项资金、应急储备贴息资金以及应急管理工作经费1665万元,提高应急管理保障水平。安排专项资金170万元,用于食品安全监测项目、药品安全放心工程等实事项目,确保全区食品卫生安全。

4.以效益财政为抓手,加快体制创新,提升科学理财水平

一是探索全口径预算管理模式。进一步完善政府预算体系,继续细化一般预算、基金预算,推进国有资本经营预算,加强政府债务管理。加大统筹力度,努力实现集中财力办大事。二是深化部门预算改革。将资产管理、绩效评价结果与预算编制有效衔接起来,完善财政基础信息系统,提高预算管理水平。改进项目支出预算管理手段,完善项目管理制度,建立滚动项目库,规范项目预算编制和执行流程。严格控制政府运行成本,加强结存资金管理。三是深化国库集中收付制度改革。扎实推进非税收入收缴管理制度改革。四是深化政府采购管理制度改革。完善政府采购管理制度,进一步拓宽政府采购范围,合理制定各项采购预算标准,规范采购管理流程。五是深化财政投资评审方式转变。继续

对全部政府投资建设项目实施事前评审、事中拨付与监管、事后决算评审，研究细化评审标准，提高评审的科学性和可操作性。六是强化财政监督。加强对民生专项资金、会计信息质量等重点项目的监督检查。推进预算信息公开工作，主动接受社会外部监督，打造阳光透明财政。

5. 以转变工作作风为保障，强化队伍建设，构建和谐机关

一是加强财政法制建设，认真贯彻执行《预算法》、《会计法》、《政府采购法》等法律法规，继续完善财政业务工作内控制度、财政机关内部管理制度，规范财政管理行为，努力提高依法理财水平。二是加强干部队伍党风廉政建设，积极开展廉政教育，不断增强财政干部廉洁自律意识、法纪观念和拒腐防变能力，坚持“两个务必”，切实做到“为民、务实、清廉”。建立健全风险防范管理制度，确保财政资金安全运行。三是深入落实财政部关于《加强基础工作和基层建设推进财政科学化精细化管理》的精神，加强对区镇两级财政财务干部的业务指导和培训教育，强化镇级财政监管，提高财政财务管理水平。四是以创建文明单位、开展创先争优等活动为契机，着力培养财政干部队伍奋发进取、和谐向上的精神，有效促进各项财政工作。

各位代表，2011 年是“十二五”开局之年，做好全年财政工作，对于“十二五”开好局、起好步，以优异成绩迎接建党 90 周年，具有十分重要的意义。我们将继续以科学发展观统领财政工作全局，在区委的领导下，在区人大、区政协的监督指导和社会各界的大力支持下，紧紧围绕发展这个第一要务，与时俱进，开拓进取，扎实工作，不断提高财政管理绩效，充分发挥财政职能作用，为“打造临空经济区、建设世界空港城”而努力奋斗！

北京市顺义区人民法院工作报告

——2011 年 1 月 7 日在顺义区第三届人民代表大会第六次会议上

顺义区人民法院院长　郭铁相

各位代表：

现在，我代表顺义区人民法院向大会报告工作，请予审议。

2010 年的主要工作

2010 年，我院在区委的正确领导、区人大及其常委会的有效监督和上级法院的悉心指导下，在区政府、区政协和顺义区人民的大力支持下，认真贯彻落实科学发展观，推进社会矛盾化解、社会管理创新和公正廉洁执法三项重点工作，着力创新审判管理，全面提高司法能力，主动接受社会监督，为区域经济平稳较快发展、城乡一体化顺利推进做出了积极贡献。

一、以创新审判管理为主线，努力满足人民群众期待

全年共受理各类案件 19015 件，办结 19142 件(含旧存)，解决争议标的额 14.6 亿元，同比分别上升 1.9%、4.5% 和 21.3%。全年无超审限案件。在审判压力持续加大的形势下，通过创新管理、完善机制，提高办案质量

和效率,方便群众诉讼,确保案结事了人和。

坚持从严治院,提高办案质量。一是加强院庭长办案。院、庭长在加强日常管理工作的同时,亲自办精品案、着力开示范庭,全年院、庭长共审结案件3991件,占结案总数的20.8%,带动了全院审判水平进一步提高。二是规范司法行为。在严格贯彻落实原有规章制度的基础上,新制定立案前调解、财产保全、司法鉴定拍卖等10余个规章制度,规范干警司法行为;在立案、信访窗口设置录音录像系统,实时监督窗口接待工作;升级庭审光盘刻录系统,增强监控效果,规范审判人员庭审行为。三是严把裁判文书质量关。强化审判人员制作、校对责任,聘请专业人员统一校核,庭长严格审查签发,做到裁判文书语言通俗、表述清晰、说理充分,基本消除了因文字差错引发信访投诉的现象。四是加强案件评查。全年评查案件2649件,重点评查了当事人信访投诉、检察机关抗诉、上级法院发回重审改判等案件。对评查发现的问题及时通报点评,认真进行整改,切实提高了审判质量。

坚持科学管理,提高办案效率。一是加强动态管理。实行审判情况月通报和审判绩效季度考核制度,初步实现了均衡结案。二是合理配置审判资源。设立专门合议庭,统一审理劳动争议、交通事故损害赔偿等案件,推行专业化审判;开展"轻微刑事案件快速办理"工作,缩短了办案周期,提高了刑事审判效率;加大简易程序适用力度,全年适用简易程序审结案件数达到结案总数的81.2%。三是集中管理审判事务。由审判事务管理办公室统一办理上诉案件移转、委托鉴定拍卖等事务性工作,确保法官集中精力办案。四是加强审限监控。严格延审报批程序,明确审限扣除起止时间,定期检查审限情况,确保案件及时审结。

坚持为民司法,方便群众诉讼。一是成立天竺村"拆迁临时法庭",解答拆迁相关法律问题,在临时法庭运转的两个月时间内,共接待咨询百余人次,帮助群众解决问题少打官司。二是针对当事人不了解诉讼流程、不明白怎样递交诉讼材料、不清楚案件办理进度的问题,在诉讼服务大厅设专人负责诉讼引导、材料收转和案件查询,全年共接待来院人员约3.2万人次,让当事人明白地打官司。三是制作、发放涉及举证、保全、执行等事项的告知书28种3.6万余份,通过与交通支队、保险公司等部门联合告知,强化当事人诉讼风险意识,让当事人理性地打官司。四是在立案窗口推行一次性告知制度,努力做到让当事人最多往返两次即可立案;继续推行巡回审判、"农时法庭"、"假日法庭"等做法,让当事人便捷地打官司。五是对经济困难的当事人加大司法救助力度,全年批准缓、减、免交诉讼费用50.5万元,让当事人打得起官司。

坚持诉调对接,确保案结事了。积极完善司法调解与人民调解、行政调解的工作衔接,参与构建"大调解"工作格局。一是加强立案前调解。在立案庭和人民法庭成立立案前调解小组,借助人民调解员、基层干部等社会力量,诉前化解纠纷872件,帮助当事人在第一时间化解矛盾,减轻诉累。我院聘请具有一定威望的村民担任平民调解员,开展立案前调解的做法,得到了市委政法委和市高级法院的肯定。在牵手果蔬饮品股份有限公司诉中央电视台中国电视剧制作中心名誉权纠纷案中,经立案前调解,制作中心删除了电视剧中对牵手公司产品的不实描述,及时消除了对顺义区企业的负面影响。二是构建调解联动机制。在"三点一线"劳动纠纷防化机制的基础上,积极与区总工会、人力资源和社会保障局、司法局、信访办公室协作,构建劳动争议调解五方联动机制,努力将劳动争议纠纷化解在基层,解决在企业内部。在北京市劳动争议调解工作现场会上,我院就此项工作做了典型发言,受到与会人员的好评。三是完善诉讼调解。坚持"调解优先、调判结合"原则,把调解贯穿于立案、审判、执行、信访各个环节，实行调解法官专业化、调解方法特定化的类型化调解模式，建立了全程、全员、全面的立体调解格局。全年民商事案件以调解或撤诉方式结案 7172 件，调撤率为 57.7%。四是提高调解效果。针对部分当事人恶意调解、逃避履行的问题，引导当事人在调解书中约定履行保证条款，并通过实地走访、电话联系等方式，督促当事人履行调解协议。全年调解自动履行率达到 77.9%。

二、以化解社会矛盾为重点，全面服务区域科学发展

按照“稳增长、上水平、保和谐”和“平安顺义”的要求，充分发挥并延伸审判职能，积极化解并预防社会矛盾，为顺义经济社会发展营造和谐稳定的法治环境。

有效打击犯罪，增强群众安全感。贯彻落实宽严相济刑事政策，将维护首都和顺义区安全稳定作为刑事审判首要任务。全年新收刑事案件 940 件，审结 946 件（含旧存）。一是该严则严。依法严惩抢劫、绑架、诈骗等严重危害人民群众生命财产安全的犯罪，审结了王新磊诈骗 160 余人 130 余万元等案件，推动了社会治安秩序持续好转；严惩非法经营、强迫交易等经济犯罪，审结了冯国强等人非法销售 200 余万元原始股等案件，维护了正常市场经济秩序。全年判处罪犯 1300 人，其中判处五年以上有期徒刑 97 人。二是当宽则宽。对于主观恶性不深、社会危害不大的罪犯，依法从轻、减轻或免除处罚，减少社会对立面。全年宣告缓刑 555 人，单处罚金 11 人，免予刑事处罚 36 人。对未成年被告人，坚持“教育、感化、挽救”方针，加大非监禁刑适用力度，并从中国人权基金会为家庭困难的未成年被告人申领救助金，帮助其完成学业。三是推进量刑规范化工作。综合犯罪事实、性质、情节和危害程度，依法公开计算刑期，准确裁量刑罚，确保量刑公正。《人民日报》、《人民法院报》、《法制日报》等多家媒体对该项工作进行了深入报道。四是注重权益保障。加大刑事附带民事案件调解力度，强化赃款赃物追缴工作，确保被害人权益得以实现，全年调撤率达到 93.9%，312 名被害人及时获得赔偿款 630 余万元。编发《顺义区青少年犯罪状况白皮书》，联合社会各界开展青少年犯罪预防工作。

妥善审理民商事纠纷，保障民生促进发展。积极化解社会生活和经济运行过程中产生的各类矛盾，全年新收民商事案件 12458 件，审结 12420 件，解决争议标的额 7.3 亿元。一是妥善审理住房、医疗、就业等涉民生案件，维护了群众切身利益。妥善解决婚姻家庭、遗产继承、相邻关系等纠纷，及时化解家庭冲突、邻里矛盾，促进了社会和谐稳定。二是妥善处理金融、物流、房地产等与市场经济发展密切相关的案件，推动了经济结构的调整与优化。奔赴辽宁、四川等地完成财产保全 100 余件，保全总额 6200 余万元，为当事人及时挽回了损失。三是积极参加涉农纠纷联席会议，调研分析顺义区在深化农村改革过程中出现的新情况、新问题，审慎审理农业承包经营权流转、宅基地使用权纠纷等案件，维护了农民的合法权益，保障了农村发展稳定。

发挥行政审判职能，构建和谐行政关系。全年新收行政案件 98 件，同比增长 113%，审查非诉执行案件 8 件。在案件数量大幅上升、审理难度持续加大的情况下，既注重维护行政相对人合法权益，又积极支持行政机关依法行政，全年审结行政案件 96 件，同比增长 108.7%。对重大建设项目引发的征地、拆迁行政案件，加大协调力度，着力化解行政相对人与行政机关之间的矛盾，全年审结涉及征地、拆迁、拆除违章建筑等行政案件 42 件，保障了城乡规划建设的顺利进行。对发现的行政瑕疵，通过参加联席会议、组织旁听案件、发送司法建议等形式予以反馈，有效促进了行政机关依法行政。

创新加强执行工作，实现胜诉当事人合

法权益。以开展"创建无执行积案先进法院"活动为契机,完善执行管理,创新执行思路,强化执行效果。全年新收执行案件5484件,执结5652件(含旧存),执结标的总金额7.1亿元。一是完善执行机构,成立执行局,下设三个执行庭,增强人员配备,为执行工作有效开展提供了坚实的组织和人员保障。二是推行分段集约执行工作机制,改变一名执行法官"一包到底"的传统执行模式,将标的额5万元以上案件的执行过程,划分为执行启动、查找查封与财产变现、结案与恢复执行三个阶段,分别由三个小组执行,一方面加强了内部监督,规范了执行行为,另一方面减少了重复劳动,提高了执行效率。三是对恶意隐匿财产、长期逃避义务的被执行人,依法采取拘留、罚款、限制出境、限制高消费、媒体曝光等措施,建立与公安、房管、银行等部门的联动机制,查车辆、查房产、查股权、查存款、查被执行人下落,最大限度实现胜诉当事人合法权益。四是优先执行农民工讨薪、交通事故损害赔偿等涉民生案件,采取切实有效的措施尽快执结,最大程度保护弱势群体合法权益。五是强化执行效果。加强执行和解,促进和谐执行,全年通过和解方式顺利执结案件341件,同比增长50.2%。针对工作日难以查找被执行人的问题,加强夜间、周末执行,增强执行效果。

全力化解信访案件,维护社会和谐稳定。一是增强信访化解主动性。坚持院、庭长接待制度,全年院、庭长接待1121人次,通过接访及早化解矛盾;认真解决51批121件次"政法民声热线"反映的问题,有效防止了矛盾的扩大和激化;深入信访案件较多或存在信访隐患的村镇进行调研,及时发现可能引发信访的苗头性问题,实现了早发现、早协调、早化解。二是按照法官、庭长、院长的顺序,递进式化解涉诉信访积案。依靠党委领导,争取政府支持,协调相关部门,形成化解合力,全年化解积案56件,完成了"涉法涉诉信访积案化解年"工作任务。因成绩突出,我院信访办公室被评为"北京市信访工作先进集体",是全市法院系统获此殊荣的三个信访办公室之一。三是加强判后答疑。根据案件情况,选择现场或择期、口头或书面、电话或上门等方式进行答疑,使用通俗易懂的语言阐述裁判理由,增进当事人对裁判结果的理解和认同,减少信访案件发生。全年服判息诉率达到86.4%,较好地实现了将矛盾化解在基层的目标。

积极延伸审判职能,推进社会管理创新。一是围绕侵权责任法实施、别墅改扩建、航班晚点等社会热点问题,录制电视、广播节目97期,发表宣传稿件2300余篇,通过多种媒体的多角度持续报道,以案释法析理,增强群众法制意识。二是成立普法宣讲团,组织具有丰富审判经验和扎实理论功底的法官,深入农村、社区、学校、企业,开展针对性普法宣传62次,扩大了普法效果。三是针对未成年人易受侵害的社会问题,与北京市第二儿童福利院、顺义第一中学共同组织"法制夏令营"活动,增强未成年人的自我保护意识和能力。四是针对案件审理中发现的企业管理、行政管理存在的问题,及时向有关单位发出司法建议70件,促使被建议单位完善制度、堵塞漏洞、改进管理。

三、以提高司法能力为基础,切实推进公正廉洁执法

积极适应审判队伍的新变化和审判工作的新要求,全面加强"四个能力"建设,努力建设一支政治坚定、业务过硬、一心为民、公正廉洁的法官队伍。

加强班子建设,在强化队伍管理能力上下功夫。一是坚持党组中心组理论学习制度,认真学习贯彻党的十七大和十七届三中、四中、五中全会精神,强化学用结合,提高了班子成员的理论水平,增强了领导班子科学管理、民主决策和贯彻科学发展观的能力。二是发挥领导干部率先垂范作用,班子成员带队夜间执行，承办典型案件，亲自评查案件，奔赴外地保全财产，有效带动了全院工作。三是优化干部队伍结构。通过竞争上岗，2名同志走上中层正职岗位，4名青年干警走上中层副职岗位，加强了中层领导班子建设。对4名法庭庭长进行轮岗交流，增强了中层领导班子活力。

加强党建工作，在增强创先争优能力上下功夫。按照“以党建带队建、以队建促审判”的工作思路，扎实开展创先争优活动。一是配齐配强支部班子，通过换届选举，为支部注入了新鲜血液。二是开展“创先争优，从我做起”主题实践活动，实行党员公开承诺，开展领导干部点评，组织党员群众评议，激发党员队伍的进取精神。三是通过开展法院开放日、升旗日、先进事迹报告会等活动，增强干警的责任感和使命感。在案件数量上升、审理难度增大的情况下，全院干警振奋精神，加班加点，全年结案率达到95.9%，法官人均结案277件，个人最高结案达705件。

加强内部监督，在提高廉洁自律能力上下功夫。一是确立廉政监察通报制度。及时通报监察事项和处理结果，季度通报信访投诉和排名情况，各部门根据通报结果及时查找问题，严肃审判纪律，改进工作作风。二是认真落实党风廉政建设责任制，逐级签订责任书，明确职责内容，层层狠抓落实，推动党风廉政建设工作有效开展。三是充分发挥廉政监察员作用，加强对重点部门和关键岗位的风险防范，督促干警自警自省、廉洁自律。四是坚持廉政教育经常化。通过领导干部讲党课、编发《监察在线》刊物、举办主题演讲、观看廉政专题片等形式，实现了警示教育的及时性和长期性。这些工作，确保了法官公正审判、廉洁办案，获得了群众认可，全年收到当事人寄送的锦旗、感谢信、表扬信150余面(封)。

密切联系群众，在提升群众工作能力上下功夫。开展“百名干警下基层”活动，每名党组成员联系两个镇(街道)，每名法官联系一个村(社区)，以真诚解开群众心中的疑惑，用行动解决群众关心的问题。全年有700余人次走访了100余个镇(街道)、村(社区)，其中一线青年法官占78%，近两年招录的66名大学生也跟随带教法官走进了联系村。通过这项活动，全院干警特别是青年干警的群众工作能力，得到了切实锻炼和提高。此外，我院还注重加强对干警的业务素质培训，全年组织4857人次参加各类培训118期，组织新录用大学生和预备法官完成了集中培训和技能实习，切实提高了干警的业务能力。

四、以主动接受监督为动力，不断改进法院各项工作

认真接受人大监督。向区人大常委会专题报告劳动争议案件审理情况，根据委员所提意见建议，积极采取五项措施改进劳动争议案件审理工作。完善与人大代表的联络机制，积极“请进来”，邀请代表视察工作、旁听庭审、监督执行，加强与人大代表的经常性沟通；主动“走出去”，对信访案件终结、案件质量评查等工作，及时通报相关情况，征求代表意见建议。

主动接受社会监督。一是发挥人民陪审员参与、监督审判的作用，扩大人民陪审员参审案件的范围，全年人民陪审员参审4800余人次。二是召开“万件案件评查”活动情况通报会，认真听取人大代表、政协委员、特邀监督员、律师等多方意见，提高评查公开性。三是通过网络平台，开展庭审网络直播124次，直播数量位居全市法院前列，每周都能提供2至3场直播，让更多的群众足不出户就可以监督法院工作。

各位代表，一年来，我院能够完成繁重的审判任务、成功化解大量矛盾纠纷，离不开区委、区人大、上级法院、区政府、区政协以及社会各界的领导、监督和支持。各位代表为推进法院建设提出了许多宝贵的意见和建议，有力地促进了法院各项工作的开展。在此，我代表区法院,向一直以来关心、理解和支持法院工作的有关部门、各位代表表示衷心的感谢!

与形势任务的要求相比,我院工作还存在一些不足和困难:一是面对人民群众日益增长的司法需求,审判质量和效率需要不断提高,部分干警司法为民理念需要进一步强化。二是随着高学历青年干警数量增多,审判队伍的法律专业素质有了较大提高,但青年干警的执法办案能力、群众工作能力和廉洁自律能力都有待增强,需要加大培养力度。三是在案多人少矛盾持续突出、工作标准不断提高的情况下,对干警的关心和爱护需要进一步加强。上述问题,我们将切实采取措施加以解决,也诚恳希望代表们一如既往地监督和支持我院工作。

2011 年的工作任务

2011 年,是"十二五"规划的开局之年,我院将认真学习贯彻党的十七届五中全会精神,深入贯彻落实科学发展观,扎实推进三项重点工作,以自身科学发展促进经济社会科学发展,以能动司法保障国计民生,努力确保当事人在顺义法院打一个公正、明白、便捷、受尊重的官司。重点做好以下工作:

一是围绕服务大局,在化解社会矛盾上取得新成绩。依法严厉打击严重破坏市场秩序和金融秩序犯罪,妥善审理国家在加强宏观调控、扩大消费需求、调整优化投资结构过程中引发的案件,保障和促进经济结构战略性调整。妥善审理劳动就业、医疗交通事故等涉民生案件,创新司法便民机制,保障和改善民生。妥善审理农业现代化和社会主义新农村建设中出现的各类纠纷,高度重视拖欠农民工工资、农村土地承包经营权流转等案件的审理,维护农民合法权益,推动城乡一体化进程。

二是着眼社会和谐,在创新社会管理上取得新突破。继续加强诉前、诉中调解,加强人民调解、行政调解和司法调解的衔接,积极探索与行业协会、社会组织在调处纠纷中的协作,努力完善"大调解"工作格局。推进"百名干警下基层"活动,积极参与社会管理创新。进一步加强司法公开,开展多种形式的普法宣传,增强群众诉讼风险意识,从"裁判纠纷"向"预防纠纷"和"化解纠纷"转变。

三是立足科学管理,在维护司法公正上取得新进展。加强制度建设,坚持用制度管权、用制度管事、用制度管人,增强工作规范性。加强和创新审判管理,加强信息化在管理中的应用,增强节点控制,实现动态管理、精细化管理。建立案件质量评查、信访责任倒查、纪检监察一体化的案件质量检查工作格局,提高审判质量。

四是谋求长远发展,在公正廉洁执法上取得新成效。开展创先争优活动,全面加强党的思想建设、组织建设、作风建设、制度建设和反腐倡廉建设,以党建工作创新带动队伍建设发展。深入查找管理中存在的问题和漏洞,通过制定和严格执行相关制度,确保公正廉洁执法。加强教育培训,尤其对青年干警,坚持从严要求,注重在实践中和压力下加以培养,切实提高广大干警的执法办案能力、调研分析能力和群众工作能力。大力弘扬"公正、廉洁、为民"司法核心价值观,用社会主义核心价值体系引领法院文化建设,推动法院文化创新和文化繁荣。

各位代表,在新的一年里,我院将在区委的坚强领导下,在区人大及其常委会的有效监督下,锐意进取,扎实工作,为实现"人文北京、科技北京、绿色北京"的战略构想,为顺义区"十二五"规划的良好开局提供强有力的司法保障!

北京市顺义区人民检察院工作报告

——2011年1月7日在顺义区第三届人民代表大会第六次会议上

顺义区人民检察院检察长 张守良

各位代表：

现在，我代表区人民检察院向大会报告工作，请予审议。

2010年，区人民检察院在区委和市检察院的领导、区人大及其常委会的监督下，以党的十七大、十七届五中全会精神为指导，高举中国特色社会主义伟大旗帜，紧紧围绕推进"社会矛盾化解、社会管理创新、公正廉洁执法"三项重点工作，充分发挥检察职能，强化法律监督，强化自身监督，强化高素质检察队伍建设，积极服务顺义区"城乡一体化发展"，为保障顺义区经济又好又快发展做出了贡献。

一、坚持打击刑事犯罪与化解社会矛盾并重，全力维护社会和谐稳定

把化解社会矛盾作为检察工作的出发点和落脚点，依法打击刑事犯罪，积极化解矛盾纠纷，努力促进社会和谐稳定。

依法打击各类刑事犯罪。正确履行批捕、公诉职能，依法稳、准、狠地打击刑事犯罪活动。共批准逮捕670人，提起公诉1209人。其中批准逮捕抢劫、抢夺、盗窃等严重影响人民群众安全感的犯罪嫌疑人211人，提起公诉331人；批准逮捕寻衅滋事、妨害公务、聚众斗殴等严重妨害社会管理秩序的犯罪嫌疑人115人，提起公诉283人。依法批准逮捕了致18名公交乘客受伤的犯罪嫌疑人吴迪涉嫌交通肇事案，依法提起公诉了诈骗157名求职者135万元的被告人王新磊诈骗案等一批社会影响较大的案件，有力地打击了犯罪分子的嚣张气焰，维护了社会稳定。

依法贯彻宽严相济刑事政策。对主观恶性小、犯罪情节轻微的初犯、偶犯、过失犯及因家庭、邻里纠纷引发的轻微刑事案件依法从宽处理。对未成年人犯罪案件，贯彻"教育、感化、挽救"的方针，采取适合未成年人身心特点的办案方式，依法保障未成年人合法权益。如，在办理某高三学生涉嫌盗窃案时，因其犯罪情节轻微，依法作出了不起诉决定，并与所在学校组成帮教小组做好帮教工作，该生现已考入大学。对轻微刑事案件实行快速办理机制，共办理此类案件234件，平均审限仅为12天，切实提高了诉讼效率。

依法妥善处理各类矛盾纠纷。共办理群众举报、控告和申诉462件，提供法律咨询服务276件次，成功化解了因土地拆迁引发的集体访4批70人次和欲在"两会"期间制造事端的章某某告急访等一批疑难信访。建立和完善化解矛盾的工作机制，在全市检察机关创新建立了检察长接待首办、控告申诉工作首办、办案人员首办的"三首办"责任制，确保化解工作责任到人，在检察环节有效预防和减少矛盾的发生。探索开展刑事和民事检调对接工作，与区司法局签订了《办理刑事案件检调对接机制实施办法》和《办理民事申诉案件检调对接协作机制实施办法》，努力把刑事和解、民事申诉和解、息诉罢访工作纳入社会"大调解"工作格局。如，运用民事申诉和解方式为7家养殖专业户解决了历时5年多的用电纠纷，取得了良好的社会效果。

二、坚持惩治职务犯罪与预防职务犯罪并重,全力促进反腐倡廉建设

坚决贯彻党中央和高检院的工作部署,毫不动摇地把严厉查办和积极预防职务犯罪摆在突出位置,始终保持反腐败、查办大要案的强劲势头,取得了明显成效。

加大查办职务犯罪力度。共立案查办贪污贿赂、渎职侵权案件12件13人,同比分别上升50%和62.5%。通过办案,为国家挽回经济损失380余万元。在实际工作中,突出查办重点,强化协调指挥,优化办案结构,集中优势兵力打歼灭战,依法查办了某央企集团下属公司原董事长王某某涉嫌受贿180万元等大要案7件,占查办案件总数的58.3%;突出查办职务犯罪窝案串案,强化侦查意识,在收集证据上下功夫,找准案件突破口,依法查办了水务部门郭某某等涉嫌贿赂案3件3人。

扎实开展各种专项行动。推进治理商业贿赂、治理工程领域突出问题等专项行动,在财政、电力、工程建设等领域查办贪污贿赂案件10件10人,形成了一定的办案规模。开展调查安全事故背后的渎职犯罪专项行动,先后介入地铁M15号线顺义站施工事故等安全事故调查9起,并积极与有关部门共同遏制和预防安全事故。开展人民防空工程领域专项工作,督促区民防局追缴相关企业欠缴的易地建设费1400余万元。

着力深化职务犯罪预防。积极开展职务犯罪预防工作,努力提高预防效果。先后在牛栏山酒厂等56家单位开展职务犯罪预防教育109次,发放宣传资料5000余份,提供法律咨询215次,扩大了预防覆盖面。积极开展行贿档案查询工作,为金融、建筑、食品等领域的33家企业提供了查询服务,促进了企业健康发展。

三、坚持强化诉讼监督与维护司法权威并重,全力推进公正廉洁执法

把强化诉讼监督作为促进公正廉洁执法的有效途径,完善监督机制,创新监督方式,提高监督水平,诉讼监督工作取得了新发展。

立案监督取得突破性进展。积极推进行政执法与刑事司法"两法衔接"工作机制,在区政府的主导下,制定了《顺义区行政执法与刑事司法衔接工作管理办法》等4份规范性文件;建立了22家司法和行政执法单位参加的"两法衔接"联席会议制度;在全市率先建立了"两法衔接"网络信息共享平台,并取得初步成效:共收到行政处罚案件报备2175件,建议移送公安机关立案侦查12件,批准逮捕该类犯罪案件3件4人,现均已提起公诉并获法院判决。如,通过"两法衔接"网络信息共享平台,发现报备的一起案值最初仅4万余元的销售假烟案存在遗漏线索,及时向区烟草专卖局提出建议并引导取证,最终查明涉案金额为50余万元,后该案作为顺义区首例销售伪劣产品案被提起公诉,被告人高红光、高凡均被判处有期徒刑7年,并处罚金30万元。

侦查活动监督向纵深推进。加强对侦查实体活动的监督,对应当逮捕而未提请逮捕、应当起诉而未移送起诉的,决定追加逮捕22人、追加起诉42人,其中追捕到案的嫌疑人刘晓峰获刑11年6个月;对不符合逮捕、起诉条件的,决定不批准逮捕154人、不起诉31人;对依法不应当追究刑事责任的,建议侦查机关撤回案件18件;对定性不准、遗漏罪名和犯罪事实的,依法改变侦查机关定性44件,追加起诉罪名19件,追加犯罪事实68起,确保了法律统一、正确实施。加强对侦查程序活动的监督,严格审查提请延长侦查羁押期限的案件,共提出同意延长建议17件28人,不同意延长建议2件2人,均获上级院采纳,促进了侦查效率的提高和对犯罪嫌疑人合法权益的保护。

刑事审判监督进一步深化。规范出庭支持公诉、刑事抗诉工作,采取纠正违法通知书和量刑建议等方式,全方位加强对刑事审判活动的监督。对认为确有错误的刑事判决提出抗诉3件7人,均获上级院支持;对刑事判决中刑期计算错误提出纠正意见4件,维护了刑事被告人的合法权益。加强与法院的沟通协调,签署了《检察长列席审委会工作意见》,制定了具体的操作规程,将刑事案件的监督关口提前到判决前,实现了案件审理和审判监督的有机衔接。全面推行量刑建议工作,在尊重法院独立行使审判权的前提下,综合被告人主体情况、认罪态度及案情,就判处的刑种、刑期、是否适用附加刑等方面给予具体的量刑建议,共发出量刑建议448份,目前获判的386件案件中,356件被采纳,采纳率92.2%,切实强化了对法院裁判的监督。

民事行政检察监督稳步推进。坚持把办理民事行政申诉案件作为强化民事行政检察监督的主要途径,逐步扩大办案规模,提高办案质量和效率,形成更加有力的监督态势。共办理当事人不服人民法院生效民事行政裁判的申诉86件,同比上升32.3%;对认为确有错误的二审民事判决建议上级院提请抗诉4件,现已有3件获得市检二分院支持;对认为确有错误的一审民事判决发出再审检察建议1份,提出纠正意见2次,均被区法院采纳,切实强化了对民事行政审判活动的监督。针对民事行政申诉案件增多的情况,坚持便民务实的工作作风,把以案释理作为办案的必经程序,耐心释疑解惑,积极化解当事人之间、当事人与司法机关、行政机关之间的矛盾,促进当事人服判息诉,维护司法权威。

刑罚执行和监管活动监督效果明显。加强对刑罚执行的监督,积极开展监外执行和社区矫正检察,针对执行通知书、交付监外执行罪犯活动和社区矫正中存在的问题,分别发出检察建议及时进行了纠正,确保了监外执行罪犯监管活动的有序进行。加强对监管活动的监督,在区看守所、拘留所开展收押登记、戒具使用、交付执行等各项职能检查,并提出建议24次,确保了检察监督的及时性、全面性和有效性。在监管活动监督中创新开展检察官约见工作,共约见49人次,为在押人员及其家属开辟“诉求绿色通道”,促进了监管场所依法、文明、科学管理。

四、坚持延伸检察职能与服务城乡一体化并重,全力推进社会管理创新

强化服务大局意识,延伸检察职能,以服务顺义区“城乡一体化发展”为切入点,推进社会管理创新工作。

提高服务意识,创新工作制度。把服务顺义区“城乡一体化发展”作为检察工作服务大局的首要任务,制定出台了《服务城乡一体化发展的工作意见》,从强化服务意识、拓展服务领域、提高服务水平等17个方面提出11项具体意见并予以分解落实,切实提高了检察人员服务大局意识。坚持检察长联系镇、村制度,深入顺义区19个镇与120余名镇、村干部进行了座谈,了解镇、村的经济发展、社会治安状况以及对检察机关的司法需求,积极做好司法服务和保障。

搭建服务平台,延伸检察触角。把检察职能向农村基层延伸,在区南彩镇设立首家检察官工作室,共接待来访群众21人次,进行检察职能宣传15次,与地方政府共同化解矛盾纠纷5件,实现了检力下沉,提高了检察工作的透明度和知晓率。发挥检察机关的职能优势,积极参与顺义区政法系统500干警下基层为民实践活动,选派以中层干部和业务骨干为主的40名检察官深入社区和农村,征集社情民意,排查化解矛盾,增强了服务的针对性,使检察工作更加贴近群众。

强化服务效果,开展专项工作。开展服务拆迁专项工作,以北京现代三厂占地、市重点挂帐村天竺村拆迁等为重点,坚持“及时介入、全程跟进”,以走访座谈调研、提出检察建议、开展警示教育、编印法律手册等形式,为保障拆迁工作的顺利进行提供法律服务。开展服务农村两委换届选举专项工作,与区经管站建立村级财务审计工作通报制度,在“两委”换届选举期间每两周通报一次村级财务的审计情况,为换届选举工作人员提供法律知识读本,对新当选的两委班子成员开展法制培训等,保证了选举期间农村的稳定。

五、坚持加强教育管理与强化内外部监督并重,全力提升队伍整体素质

坚持把队伍建设作为检察工作的根本和保证,着力强化对检察人员的教育、管理和监督,努力造就一支政治强、素质高、业务精、作风硬的检察队伍。

加强思想政治建设。积极贯彻落实党的十七大和十七届四中、五中全会精神,开展“保优势、找差距、进言献策、力促发展”专题活动,认真查找和解决观念上、能力上、作风上的不足,进一步明确检察工作发展的思路及措施,坚定正确的政治方向。开展创先争优活动和“恪守检察职业道德、促进公正廉洁执法”主题实践活动,强化“忠诚、公正、清廉、文明”的职业道德教育,进一步增强检察人员大局意识、责任意识和履职意识。

加强干部队伍建设。认真执行领导干部述职述廉、个人有关事项报告等制度,加大对领导班子的监督。加强干部选拔任用工作,有11名同志经空岗竞争走上中层正、副职岗位。作为区直机关单位代表,接受了市委组织部检查组对《干部任用条例》贯彻执行情况的检查,根据反馈,干警对“本院党组干部选拔任用工作”满意度、“新选拔干部工作”满意度和党组“深化干部人事制度改革”满意度均为100%。

加强队伍专业化建设。广泛开展教育培训、岗位练兵、业务竞赛活动,先后组织了60余次岗位技能培训,举办了14项技能比武,进一步提升了检察人员处理疑难案件和化解复杂矛盾的能力。加大人才培养力度,对32名新招录人员实行业务导师培养机制,鼓励支持检察人员参加高学历教育,夯实了检察队伍专业人才基础。开展检学共建活动,选派9名具有丰富业务实践经验的检察官,以全方位解读检察实践案例方式全程参与中国政法大学《刑法案例研习》课程教学活动,该教学活动被评为“2010年度北京市市级精品课程”,进一步提升了检察人才的理论实践综合素质。

加强纪律作风建设。坚持从严治检,严格执行各项办案安全防范制度和纪律作风制度,对干警严教育、严管理、严监督。严格执行廉洁自律各项规定,开展“反特权思想、反霸道作风”专项教育活动,筑牢拒腐防变的思想道德防线。深入推行检务督察制度,以明察暗访等形式对检察人员履行职责、遵章守纪情况进行监督检查,确保公正廉洁执法。

自觉接受外部监督。牢固树立监督者必须接受监督的观念,自觉接受人大及其常委会监督,向区人大常委会专题报告了开展刑事审判监督工作情况,进一步完善了刑事审判监督长效机制,实现了刑事审判监督的关口前移及案件审理和审判监督的有机衔接,并按照区人大常委会的审议意见积极进行了整改。创新建立了检察长联系人大代表制度,以区南彩镇、天竺镇等9个镇人大代表联络组为联系对象,听取人大代表意见和建议30余人次,进一步加强了检察长与人大代表的日常联系和沟通。深化检务公开工作,举办了“共谋发展、深化服务”为主题的检察开放日,认真开展特约监督员工作,不断提高检察机关执法的透明度和公信力。

2010年,我院荣获了“全国模范检察院”的荣誉,这是区委和上级院的正确领导,区人大及其常委会的监督,区政府、区政协的支持和社会各界关心、帮助的结果。在此,我代表区人民检察院表示诚挚的感谢!

检察工作取得了一定的成绩,但还存在一些不足和问题,主要是执法观念还不能很好地适应新形势、新任务的要求,诉讼监督工作仍然存在一些薄弱环节;在检务保障方面,受老办公楼制约,网络信息基础条件较差,办案用房紧张,从优待检措施不到位。对于存在的问题，我们将高度重视，有针对性地采取措施加以解决。

2011年，我院将以党的十七大及十七届五中全会精神为指导，立足检察职能，扎实推进三项重点工作，着力促进顺义区经济平稳快速发展、着力维护社会和谐稳定、着力推进反腐倡廉建设、着力强化诉讼监督、着力加强队伍建设，为顺义经济社会全面发展提供有力的司法保障。

一是着力促进顺义区经济平稳快速发展。切实增强大局意识和服务意识，紧紧围绕区委、区政府重大决策部署，进一步调整、完善和落实为经济发展服务的措施，进一步改进执法方式、提高执法水平，努力为顺义区经济平稳快速发展创造良好的司法环境。

二是着力维护社会和谐稳定。依法打击各类刑事犯罪，重点打击严重暴力犯罪、多发性侵财犯罪，确保社会大局稳定。坚持把化解矛盾贯穿于执法办案始终，建立健全检察环节社会矛盾排查化解、执法办案风险评估、检调对接等工作机制，做好涉检信访工作。

三是着力推进反腐倡廉建设。加大办案力度，严肃查办国家工作人员贪污贿赂、失职渎职案件，严肃查办商业贿赂犯罪案件和严重侵害群众利益、影响和危害民生的案件，突出抓好查办农村基层组织人员职务犯罪。加强预防职务犯罪工作，推进侦防一体化机制建设和预防工作规范化建设。

四是着力强化诉讼监督。进一步加强对刑事诉讼、民事审判和行政诉讼活动的法律监督，探索开展犯罪线索查证与检察监督衔接等工作制度。狠抓监督薄弱环节，积极探索民事执行、调解的监督，推进对行政诉讼的法律监督。

五是着力加强队伍建设。强化领导班子思想建设和作风建设，以班子带队伍，努力实现各项工作的整体突破。加大人才培养力度，培养领军型、专家型人才。实行精细化管理，提高科学管理水平和执法公信力。

各位代表，在新的一年里，我们将在区委和市检察院的坚强领导下，在区人大及其常委会的监督下，在区政府、区政协和社会各界的关心支持下，团结一心，开拓进取，努力做好各项检察工作，为顺义区经济社会持续、健康、快速发展做出新的更大的贡献。

专 记

新年贺词

让全区人民生活更加富裕

区长 刘 剑

同志们、朋友们:

新的一年已经到来。值此元旦佳节,我受区委、区人大、区政府、区政协的委托,向全区人民,向参与顺义现代化建设的各界人士,向关心支持顺义发展的各位朋友,致以节日的问候!

过去的2009年,是很不寻常、极不平凡的一年。我们紧紧围绕“保增长,保民生,保稳定”的工作主线,狠抓重点工程、重点项目、民生工程和重大活动,保持了平稳快速发展的良好态势,主要经济指标均实现两位数的高速增长,年初确定的各项目标任务圆满完成。

特别值得一提的是,花博会美轮美奂,区内各项国庆活动精彩圆满,综保区如期封关运营,中航工业、中国出版集团等一批重大项目相继入驻,区域发展在全市所处的战略地位持续提升,为顺义未来的阔步前进奠定了更加坚实的基础。这些成绩的取得,得益于全区干部群众的共同努力,也离不开社会各界的支持与合作。在此,我向全区人民和社会各界朋友,表示衷心的感谢!

已经到来的2010年,是完成“十一五”规划的收官之年,是谋划“十二五”规划的奠基之年。我们将坚持以科学发展观统领全局,以落实“人文北京、科技北京、绿色北京”发展战略为核心,进一步“稳增长、上水平、保和谐”,全力推进“城乡发展一体化,经济发展多元化,社会管理精细化,党建工作科学化”,努力实现“新城建设出形象,产业发展高效益,环境建设上水平,城乡一体化见实效”,继续推动各项工作走在全市前列。我们将始终坚持以人为本,加强社会建设管理,强化生态环境保护,注重利益关系协调,推进城乡统筹就业,提升社会保障水平,加大社会救助力度,着力解决好群众就业、就医、就学、住房等方面的现实问题,努力让改革发展的成果更加广泛地惠及千家万户,让全区人民的生活更加富裕、更高品质、更多快乐!

同志们、朋友们,顺义是我们共同的美好家园,顺义的发展,需要我们的辛勤劳动和真诚付出;顺义的未来,需要我们的共同参与和全力创造。让我们携起手来,万众一心,建设更加现代、文明、和谐的新顺义。

最后,衷心祝愿我们的事业更加生机蓬勃!祝愿每一个家庭和谐幸福!祝愿每一位朋友健康进步!

第二届“顺义的骄傲”获奖名单

杰出贡献奖

第七届花博会获空前成功　档次规模超过历届

顺义新城温榆河水资源利用二期工程启动

顺义经济增速居全市第一位

顺义区获得“全国平安建设先进区县”荣誉称号

北京天竺综合保税区(一期)通过国家验收

十大骄傲奖

马坡镇石家营、庙卷村被评为“北京最美的乡村”

中航工业北京航空产业园开园　航空发动机产业基地奠基

花博会主展馆成为顺义新地标

天竺镇获得全国群众体育工作先进集体称号

燕京品牌价值达230亿元

顺义区高考成绩连续24年居远郊区县之首

北京银行郊区管理部落户顺义区

顺义区率先推出安全生产分类级管理体系

北京最大水上运动中心顺义奥林匹克水上公园对游人开放

亚洲最大蝴蝶园高丽营开园

优秀奖

曲美“耳朵”沙发喜获“2009中国创新设计金奖”

北京市最大滨河森林公园在顺义开始建设

北京国际鲜花港正式开园并首办菊花节

北京空港经济开发区入选市级生态园区

区人力资源和社会保障局开通“就业快车”

空港物流基地优化发展环境　经济指标逆市飘红

中国出版集团公司文化创意产业基地正式落户北小营镇

第二届“顺义的骄傲”获奖名单

杰出贡献奖

第七届花博会获空前成功档次规模超过历届

9月26日至10月5日，第七届花博会在北京顺义举行。本届花博会(北京展区)取得了空前成功，主展馆精美绝伦，室外展区景观荟萃，和谐广场庄重大气，国际鲜花港赏心悦目，花卉精品争奇斗艳，重大活动精彩纷呈，市场开发卓有成效，服务接待热情周到，展会运行高效顺畅，档次规模超过历届，向全市人民交出了一份振奋人心的精彩答卷。花博会期间，主展馆及室外展区、北京国际鲜花港、和谐广场三大功能组团共接待游客180万人次，平均每天18万。

顺义新城温榆河水资源利用二期工程启动

2009年7月1日，顺义新城温榆河水资源利用二期工程正式启动。自2007年10月引温入潮一期工程竣工后，经过净化的温榆河水源源不断流入潮白河，让潮白河重现了昔日碧波荡漾的靓丽景观。温榆河水资源利用二期工程计划明年5月建成并投入运行。届时，每天将有20万方优质再生水调入顺义区城北减河及潮白河，减河将成为常年有水的城市花园河道，潮白河向阳闸以下至区界约20公里的河段也将实现碧波荡漾。

顺义经济增速居全市第一位

经北京市统计局、国家统计局北京调查总队初步核算,前三季度,顺义区实现地区生产总值(GDP)388.5亿元,现价同比增长11.4%,经济总量居北京市第六位,增速居第一位。据区统计局提供的数据显示,前三季度,从各产业增长贡献看,第二产业对经济增长的贡献最为突出,贡献率为80.4%,拉动GDP增长9.2个百分点。

顺义区获得"全国平安建设先进区县"荣誉称号

2009年5月18日,顺义区被中央组织部、中央综治委、人力资源和社会保障部授予"全国平安建设先进区县"称号。这是三部委首次在全国范围内开展此项创建活动,以表彰创建地区在2005年至2008年4年间在平安建设方面取得的成就。

北京天竺综合保税区(一期)通过国家验收

2009年7月28日,我国首家空港型综合保税区——北京天竺综合保税区一期3.495平方公里范围(包括围网面积3.177平方公里、配套服务设施用地面积0.318平方公里),顺利通过国务院联合验收组验收。由海关总署会同国家发改委、财政部等10个部门组成的联合验收组,对天竺综合保税区一期范围的隔离措施、卡口设施以及相关配套设施建设进行验收后,认为北京天竺综合保税区一期范围基本达到国家规定的验收标准,并与北京市政府签署了验收纪要,为北京市政府颁发了《北京天竺综合保税区验收合格证书》。

十大骄傲奖

马坡镇石家营、庙卷村被评为"北京最美的乡村"

顺义区马坡镇石家营、庙卷2个村在市委农工委、市农委、市旅游局联合主办的2009年度"寻找'北京最美的乡村'宣传评选活动"中,从全市33个候选村中脱颖而出,双双被评为"北京最美的乡村"称号。石家营村、庙卷村位于顺义区马坡镇西部,毗邻奥林匹克水上公园。近年来,两村按照"生产发展,生活宽裕,乡风文明,村容整洁,管理民主"的总体要求,扎实开展新农村建设,实现了"村绿、街亮、院美。"

中航工业北京航空产业园开园航空发动机产业基地奠基

2009年7月29日,中航工业北京航空产业园开园暨发动机产业基地奠基仪式在顺义区举行。据介绍,中航工业北京航空产业园规划建设用地3000亩,规划建筑面积160万平方米。计划分两期完成规划目标。一期项目建设用地1720亩,规划建筑面积96万平方米,投资超过100亿元,建成后将实现销售收入180亿元,新增就业机会5000余个。作为中航工业北京航空产业园的重要组成部分,航空发动机产业基地占地面积约1000亩,分两期建设,一期工程计划2012年建成,全部工程预计2017年完工。

花博会主展馆成为顺义新地标

7月2日,总建筑面积16.8万平方米的第七届花博会主展馆——北京国际花卉物流港竣工,盛装亮相。花博会期间,来自世界30个国家的70余家花卉及相关企业和国内各省、自治区、直辖市、港澳台地区的团体在此参展,精美绝伦的花博会主展馆吸引了180多万游客参观。花博会主展馆位于顺义区后沙峪镇枯柳树环岛西侧,红白相间的巨大建筑群由4座造型相同的长方形建筑构成,建筑顶端的36个巨大伞状钢结构宛如36朵洁白的花朵,面向天际,傲然绽放。

天竺镇获得全国群众体育工作先进集体称号

2009年11月,天竺镇被国家体育总局授予"2005-2008年度全国群众体育先进单位"称号。

近年来,天竺镇十分重视群众业余文化

生活，将引导、支持全民健身活动作为改善民生的一项重要内容，先后投资千万余元，完成了天竺镇文化活动中心建设和天竺镇文化广场升级改造，新建LED电子大屏幕，安装村（居）、广场等健身路径125套，完成中小学操场硬化17500平方米。为镇域百姓提供了良好的休闲健身场所，得到了百姓的认可。

燕京品牌价值达230亿元

日前，2009年"中国最有价值品牌排行榜"揭晓，100个中国消费类品牌入榜。燕京品牌价值总合计229.52亿元，其中"燕京"主品牌的价值为157.49亿元，其他三个子品牌漓泉、惠泉、雪鹿的品牌价值分别为33.24亿元、25.9亿元和12.89亿元。与2008年相比品牌价值增长5.67亿元，同比增长2.53%。

该排行榜由睿富全球排行榜资讯集团与北京名牌资产评估有限公司共同发布，是中国最早也是持续时间最长的一项针对竞争性消费类行业品牌的比较价值研究。

顺义区高考成绩连续24年居远郊区县之首

2009年，顺义区共有7053名学生参加高考，其中64人被清华、北大两所名校录取。其中，文史录取人数全市排名第三，理工录取人数全市排名第四。有6391人被专科以上院校录取，录取率为91%，比2008年增加了1个百分点。其中4262人被本科院校录取，录取率为60.4%，比2008年增加了2.4个百分点。高考成绩连续24年居远郊区县之首，居全市前列。

北京银行郊区管理部落户顺义区

1月10日，北京银行郊区管理部在我区揭牌成立。北京银行郊区管理部紧邻首都机场T3航站楼，是北京银行业中首个设置的郊区管理部。管理部的入驻，显示了我区在打造北京东北部产业中心的同时，同步打造北京东北部金融中心。

目前，北京银行已在北京9个郊区县建立了分支机构，实现了对京郊的全面覆盖。管理部的成立将为企业和个人提供更优质高效的金融服务，在解决远郊区县涉农产业对信贷资金的迫切需求、缓解农村地区贷款难等方面发挥积极作用。

顺义区率先推出安全生产分类分级管理体系

顺义区率先在全市推出了安全生产分类分级管理体系，2009年4月，国家安全监管总局到顺义区调研安全生产监管工作时，高度评价这一管理机制。

目前，顺义区大约有企业16000家。面对安全生产监管任务繁重、安全管理人员不足等问题，2006年初，区安监局在2570家企业进行安全生产分类分级试点。2007年，又将"各司其职、各负其责、按类分级、依级监管"作为这项工作的指导思想，并起草了该项工作的管理办法，2008年在全区正式实行。该办法明确了18个行业、36家属地的安全管理职责、管理任务，量化了各项工作指标，使"齐抓共管"安全管理网络初步形成。

北京最大水上运动中心顺义奥林匹克水上公园对游人开放

2009年5月1日，顺义奥林匹克水上公园对游人开放。

据了解，顺义奥林匹克水上公园将规划建成本市最大水上运动中心，引进国际赛艇、皮划艇赛事，组织龙舟比赛，并带动周边15平方公里区域综合开发时尚体育产业，打造北京东北部最大的体育休闲基地，弥补本市大型水上娱乐项目空白。

亚洲最大蝴蝶园高丽营开园

七彩蝶创意文化产业园于中国第七届花卉博览会开幕之际正式对外开放。七彩蝶园是亚洲最大的一个集蝴蝶观赏、亲子体验与科普教育为一体的活体蝴蝶观赏乐园。园区坐落于顺义区高丽营镇，占地面积900余亩。

园区内的蝴蝶观赏和饲养温室面积突破9000平方米，生态蝴蝶网室2000平方米以上。园区种植蝴蝶寄主植物共200万株；蜜源植物20余种、200万株；年产蝴蝶20余种、500万只以上。园区包含了蝴蝶观赏、亲子乐园、观光休闲等几大项、几十个小项内容，意欲打造一个蝴蝶与人类和谐共存的生态环境。

优秀奖

曲美"耳朵"沙发喜获"2009中国创新设计金奖"

2009年11月27日，"中国创新设计红星奖"颁奖盛典在中央电视台演播大厅隆重举行，曲美耳朵沙发喜获"2009中国创新设计金奖"！"中国创新设计红星奖"是表彰中国企业优秀设计作品，促进设计产业发展，推动中国设计国际化的重要奖项。本届红星奖的角逐共有758家企业的3821件产品，无论是参评作品的数量还是质量，均创历年最高水平。在众多的参赛产品中，曲美耳朵沙发以独具特色的创新设计和在功能、形式、材料、环保等方面的突出表现脱颖而出，获得专家评委的一致好评，通过复审，最终揽获"中国创新设计金奖"。

北京市最大滨河森林公园在顺义开始建设

2009年10月23日，顺义新城滨河森林公园建设启动。森林公园建在潮白河顺义段，北起潮白河倖伯桥上游，南至苏庄橡胶坝，长12.8公里。项目总投资6.1亿元，总占地面积1.8万余亩。工程计划2011年5月底前完成。届时，滨河森林文化、水岸风情、度假、湿地展示、游憩、趣味运动6个功能区，将展现出"青枝绿草、碧水田园"的迷人景致，一个"融汇自然风光与现代气息、彰显生态活力和城市特色"的万亩滨河森林公园将完美呈现在广大市民面前。

北京国际鲜花港正式开园并首办菊花节

2009年9月19日，北京菊花文化节开幕，国际鲜花港正式对市民开放。国际鲜花港规划面积4平方公里，是我国北方最大的综合性花卉产业园区，主要用于高档花卉和功能花卉生产研发、试验示范和文化展示。"2009北京菊花文化节"分为室内展和室外展，并举行菊花文化科普展、插花花艺展等菊花主题活动。室内展将展出200多个品种6000余盆的独本菊精品以及嫁接菊、案头菊、盆景菊等。室外展以"大地花海，绚丽金秋"为主题，在鲜花港全园展出，共种植地被菊200余亩，137.2万株，结合9月开花的凤仙、四季海棠等时令花卉，营造出大地花海的宏伟景观效果。

北京空港经济开发区入选市级生态园区

2009年10月，经北京市经济与信息化委员会批准空港经济开发区成为市级生态园区试点园区。

2006年，空港经济开发区启动了生态园区建设工程。今后空港经济开发区则计划投入8000余万元进行生态化建设，包括固体废物一体化回收处理系统、太阳能高效照明工程、蒸汽锅炉排污水综合利用工程等。开发区还将建设环境监测服务中心，监测园区内各企业的排污情况。

区人力资源和社会保障局开通"就业快车"

2009年11月，顺义区绿港就业快车网站开通暨LED电子信息发布系统启动仪式举行。

"绿港就业快车"，是全市首家面向用人单位和求职者，开展网上求职、网上招聘、网上职业指导、网上视频面试、网上政策咨询和网上用工备案6项服务的公益性网络平台。自9月试运行以来，网站浏览量达5698人次，全区共22家企业注册并发布空缺岗位信息4800个，近1000名劳动力通过网上注册自主求职。

空港物流基地优化发展环境 经济指标逆市飘红

面对金融危机的不利影响，空港物流基

地不断优化企业发展环境，运用“巧实力”招商，经济指标月月飘红。截至10月底，308家入区企业完成税收15.1亿元，同比增长14.83%；形成一般预算收入6亿元，同比增长32%，超额9%，提前2个月完成全年任务。截至10月底，空港物流基地实际利用外资8025万美元，完成全年任务的133.75%，占全区实际利用外资额的21%。

中国出版集团公司文化创意产业基地正式落户北小营镇

2009年11月12日，中国出版集团公司与顺义区签订协议，在顺义区北小营镇兴建文化创意产业基地。项目计划于2010年3月开工建设，一期占地330亩，投资10亿元，预计一期全部投产后可实现年营业额50亿元，年税收2亿—3亿元。中国出版集团作为国家大型企业集团，汇集了人民文学出版社、商务印书馆等著名出版机构，拥有丰富的出版和文化资源，享有颇高的市场声誉和品牌知名度。

顺义区2010年全国劳模和北京市劳模名单

全国劳动模范

李维昌　男　顺鑫农业集团公司董事长
胡国卿　男　马坡镇石家营村党支部书记

北京市先进工作者

闫志广　男　顺义区农委主任
孙桂祥　男　顺义区国土资源局局长
单德智　男　顺义区卫生局局长
秦德生　男　顺义区住建委副主任
秦拥军　男　顺义区发改委副主任
李颖林　男　顺义区财政局预算科科长
贾秋生　男　顺义区法院执行庭庭长
刘学军　男　顺义区公安分局副支队长
马丽嘉　女　顺义区人保局仲裁科科长
崔　杰　男　顺义区检察院侦查处处长
程建兴　男　马坡镇司法所所长
李大村　男　顺义区医院主任医师
孙孟远　男　杨镇一中校长
侯亚军　女　顺义区特教学校校长
于　森　女　顺义区工商分局副所长
石燕斌　女　顺义区水务局工程师
张福林　男　顺义一中教师
刘秀清　女　东风小学教师
杨志华　男　李桥镇财政所科员
关　冰　女　胜利居委会主任
王洪芳　女　石园北三居委会主任
张学松　女　顺义区广电中心户外媒体部副主任
张金英　女　顺义区环卫中心职工
张海彤　男　顺义区地税局科员

北京市劳动模范

杭金亮　男　空港经济开发总公司总经理
张东民　男　空港物流基地开发中心总经理
董建华　男　北京汽车城投资管理有限公司总经理
张树广　男　顺义区燃气公司总经理
赵善陶　男　北京鲜花港投资发展中心党委书记
杨文科　男　顺鑫鹏程食品分公司总工程师
林智平　男　北京燕京啤酒集团公司副总工程师

赵庆亚 女 北京时颖服装厂技术员
张恩涛 男 北京顺意生物农药厂工程师
傅　辉 男 北京曲美家具集团公司设计师
翟乃虎 男 汇源饮料集团动力中心技术员
宋克伟 男 顺鑫牛栏山酒厂高级营销师
高素芳 女 北京迪蒙卡特机床公司工程师
王金良 男 中北华宇建筑公司总经理
张来全 男 区建筑工程公司项目部负责人
赵海龙 男 顺义西单商场部门负责人
周树森 男 北京玉马机动车教练场副场长
杜守贵 男 北京绿奥蔬菜合作社社长
丰振成 男 顺义区自来水公司电焊维修工
马晓辉 男 顺义区政府招待所厨师
刘永清 男 北京市共青林场护林员
段　旺 男 奥运水上公园投资管理中心科员
张亚利 女 北京龙湾巧嫂果品产销合作社社长
高其然 男 天房市政工程管理中心维修班长
胡国卿 男 马坡镇石家营村党支部书记
张建武 男 北石槽镇良善庄村党支部书记
蔡玉民 女 仁和镇平各庄村党支部书记
柳显苍 男 龙湾屯镇柳庄户村党支部书记
池百川 男 高丽营镇夏县营村党支部书记

北京市劳动模范集体

顺鑫农业股份公司创新食品公司农产品加工组
北京龙盛众望早餐公司早餐车间
顺义区医院院外急救科
顺义区人保局就业促进科
顺义区广电中心电视台专题部
顺义区旺泉街道行政服务中心
顺义区马坡镇庙卷村党支部
顺义区李桥镇沿河村党支部代表

大 事 记

1 月

12日 政协北京市顺义区第三届委员会第四次会议在顺义宾馆闭幕。此次政协会议10日开幕,166名委员参加了会议。与会代表听取了《中国人民政治协商会议北京市顺义区第三届委员会常务委员会工作报告》,选举田建国为政协副主席

13日 顺义区第三届人民代表大会第五次会议在顺义宾馆闭幕。此次会议11日开幕,212人大代表出席会议。会议表决通过了关于政府工作报告的决议,批准了政府工作报告,完成了各项议程。选举张守良为顺义人民检察院检察长。

18日 召开区政法信访工作会。2009年,区政法信访工作围绕"保增长、促发展、加快推进城乡一体化"的中心任务,把实现"平安国庆"、"和谐花博"作为首要任务,维护了全区稳定,促进了经济健康发展,被评为全国平安建设先进区,全国村务民主管理示范区。

19日 区住房保障工作表彰动员会召开。2009年,区筹建定向安置房、限价商品房、经济适用房及廉租房工程共14项,总建筑面积约183万平方米;累计受理限价商品房申请家庭1860户,受理经济适用房家庭586户,受理廉租房申请家庭93户。

21日 北京现代"爱的音符——琴情之夜"爱心捐赠活动在第七届花博会主场馆举行。北京现代向北京市100所中小学及幼儿园捐赠了100架钢琴,此次捐赠的100架钢琴,全部是奥运开幕时使用的优质钢琴。

22日 中国光大银行北京顺义支行正式开业。中国光大银行是一家由国家控股的全国股份制商业银行,在全国23个省(自治区)直辖市的39个主要经济中心城市设有分支机构,顺义支行是光大银行在全市远郊区设立的第一家分支机构。

25日 参加市人大十一届三次会议的顺义团对市政府工作报告进行审议,就《政府工作报告》提出的进一步强化惠农政策,有针对性地解决区域发展中的突出矛盾和问题,促进城乡一体化和区域协调发展;继续支持中航工业园、北京现代汽车三工厂等一批制造业项目建设;调整产业结构等问题发表意见。副市长夏占义参加了顺义团的审议。

26日 举行第二届"顺义的骄傲"颁奖典礼。为"杰出贡献奖"、"十大骄傲奖"、"优秀奖"颁奖。本次活动历时1个月,分两阶段进行,第一阶段从候选的45个事件中选出20个进入第二阶段的评选,第二个阶段从入围的20个事件中评选出最终的10大骄傲,通过报纸、手机、网络三种方式参加评选,共收到选票200余万张。

27日 区委组织部、区委宣传部、区委党校联合举办第一期顺义区领导干部系列专题讲座。领导干部听取了如何增强与媒体的沟通专题报告。

28日　5家企业与赵全营镇签订10亿元合作协议,落户兆丰产业基地(空港台C区)。5家企业有中国建筑科学研究院建研科技股份有限公司、威乐(中国)水泵系统有限公司等。

30日　由顺义区史志办主持编纂的《顺义建设史》编纂完成。《顺义建设史》以历史资料为依据,全面记述了顺义解放至2002年五十多年的历史,反映了顺义社会主义革命和建设,特别是改革开放新时期的辉煌。

是月　顺义两会期间,人民日报、经济日报、新华社、中央电视台、北京日报等20多家媒体的记者进行采访报导,新京报、北京晨报等媒体为顺义两会开辟出版面,千龙网对顺义两会进行网络现场直播。

2　月

1日　区举行2010年新春团拜会。区委书记张延昆等区领导出席,驻区企业代表、首都机场周边单位代表、驻军部队代表、专家代表共300多人参加团拜会,区长刘剑在团拜会上致新春贺词。

2日　中央军委追授周波同志"舍己救人模范警卫战士"荣誉称号。周波是北京卫戍区驻顺义警卫师防化连战士,2008年2月14日,在执行警戒任务时,遇见两名儿童不慎落入池塘冰窟,他和战友跳入水中救出落水儿童,自己壮烈牺牲。

3日　区委书记张延昆、区长刘剑、区人大主任马庚良、区政协主席陶宝金等区领导与20多位区离退休老干部举行了2010年新春座谈会。各位老干部听取了2009年区经济社会发展情况及2010年工作思路的情况介绍。

4日　2010年北京科技套餐配送工程北京科技之春暨"三下乡"活动在顺义区启动。

6日　区节日夜间照明全面启动。夜间照明重点单位为府前街、光明街等六条街道和光明广场,东大桥环岛等六处照明节点。

7日　区迎新春城乡环境整治活动从2月2日开始至7日结束,4日为集中清洁日。通过集中整治,城区内交通护栏和红绿灯被洗刷一新;主要大街候车亭、广告灯箱等城市公共服务设施重新维修和保洁;临街单位和商铺也对门脸房进行清洁,清扫周边的环境卫生。

8日　由区新农村办、区文委、团区委和区文联联合组织的"文化三下乡"之"送春联、进农村"活动在马坡镇庙卷村举行,20余位艺术家将千余幅书法、摄影作品送给村民。

20日　卧龙公园水仙花展闭幕。此项花展为顺义区传统公园品牌文化活动,已举办7届。本届花展1日至20日,历时20天,展出了千余盆经过组合和雕刻的水仙花。

24日　在最高人民检察院召开的全国检察机关第七次"双先"表彰会上,顺义区人民检察院被评为全国模范检察院。顺义区检察院负责人受到了中共中央政治局常委、中央政法委书记周永康同志的亲切接见,并参加座谈。

是月　为确保困难群众过节,区财政共拨发"两节"慰问金457万元,为全区4847户低保对象、2550名优抚对象和复退军人及327名其他民政对象发放了慰问金,并向城乡低保对象发放了粮油等慰问品。

3　月

3日　区召开就业再就业工作会议。2010年区将把扩大就业作为社会经济发展的优先目标,积极创建"充分就业区",确保城镇新增就业13500名;促进7000名城镇登记失业人员实现再就业,帮助7000名农村劳动力实现转移就业;培训城乡劳动力12000人。

4日　区召开纪念三八国际劳动妇女节100周年大会,表彰在区经济社会建设中涌现出的100个"三八红旗集体"和105名"三八红旗奖章"获得者。

5日　团区委召开志愿者工作推进大会,将每月5日定为区的志愿服务推动日。目前,区共有基层志愿者服务队90支、专业志愿者服务队 8 支,注册志愿者总数达到 55000 人。

9 日　区召开党风廉政建设工作会议。要求:一是正确把握形势,充分认识反腐倡廉建设的重要性和紧迫性;二是坚持预防为主,切实提高防腐倡廉建设科学化水平;三是加大惩治力度,始终保持反腐败高压态势;四是加强领导,形成反腐倡廉建设齐抓共管的强大合力。

10 日　区召开深入学习实践科学发展观活动总结大会。学习活动期间,全区共形成了有价值的调研文章 798 篇,共查找突出问题 2981 个,明确整改措施 9820 条,在中央电视台等新闻媒体和重点党报党刊先后播发、刊发区相关经验 21 篇。

12 日　副市长陈刚一行对地铁 15 号线顺义段进行调研。实地查看了新国展站和南法信站,听取了地铁 15 号线建设单位关于施工进度的汇报。地铁 15 号线是一条联系顺义新城与中心城区的重要通道,服务于望京、顺义新城等重要城市功能区。

21 日　区劳动力实训基地开工建设。劳动力实训基地建筑面积 7.3 万平方米,是集职业介绍、职业指导和职业技能培训等功能于一体的综合型实训基地,将为顺义、通州、怀柔、平谷、密云五个区县提供职业技能鉴定服务。

22 日　德国默克集团子公司默克雪兰诺公司与天竺综合保税区正式签署项目入区协议。默克雪兰诺有限公司是全球医药和化工集团巨头默克集团旗下的子公司,也是默克集团的中国区总部。新公司将统一管理默克集团海外生产商与中国进口商之间的物流、仓储等环节,并从事研发、市场营销、技术推广等业务。

26 日　中共中央政治局委员,北京市委书记刘淇,北京市委副书记、市长郭金龙等市领导来顺义进行调研。调研中,到居民住户家进行察看,听取了旧村拆迁工作汇报。截止到 2009 年底,顺义已经拆迁 54 个村,7.5 万名农民转居上楼。

同日　刘淇、郭金龙等市领导,交通运输部副部长高宏峰、国家质量监督检验检疫总局副局长支树平等出席国家汽车质量监督中心顺义基地开工仪式。该中心是国内试验室规模最大、设备配置最强、检测试验能力最全、检测研发能力达到国际先进水平的国家汽车质检中心。

27 日　区 2010 年市政重点工程暨重大项目市政配套开工仪式举行。区 2010 年投资 90 亿元建设 53 项重点工程,包括新城建设、新农村建设、城乡一体化建设等,今年新开工的 43 项,去年结转的 10 项。

31 日　区政务数据中心和北京歌华有限顺义公司信息楼开工。该楼位于仁和镇港馨家园北侧,总建筑面积约 15000 平方米。数据中心面积 5000 平方米,包括主机房、委办局应用系统机房、光纤通接入机房等。建成后,可满足区各单位各类应用系统建设需求,集中委托各单位的应用服务器,实现统一管理。

4　月

2 日　2010 年北京市春季农业生产会在顺义举行。参加会议的领导同志和各区县相关负责同志考察了大孙各庄镇小塘村小麦高产创建示范方田间管理和农业基础设施及综合开发建设工程、北务镇康一品蔬菜合作社设施农业生产及运行情况、杨镇高各庄牛场奶牛防疫及鲜奶生产安全保障情况、区农机服务站春耕农机准备及农机合作社运行情况。

3 日　北京市第 26 个全民义务植树日在顺义潮白河滨河森林公园植树现场,市人大常委会副主任赵风山等市区领导,与驻顺部队官兵、团员青年和各委、办、局机关共 2000 余人参加区举行的以“城乡互联、结队共建”为主题的义务植树日活动。

8 日　召开区农村基层党风廉政建设工

作会。授予仁和镇米各庄村等39个村第三批“廉政模范村”称号,表彰了马坡镇石家营村等100家村级便民服务室。

9日　区召开环境整治动员会,决定开展春季环境综合整治月活动,10日,开展春季环境卫生大扫除,当天全区共出动10余万人,机械车辆1561台次,清运垃圾、渣土6800吨,清运枯枝落叶149车。

10日　北京数码视讯科技股份有限公司数字电视产业园项目在区临空国际高新技术产业基地举行开工仪式。该项目主要从事数字电视前端软硬件产品和增值业务等产品的研发及产业化,总占地200亩,其中一期工程占地78亩,将建成公司总部和研发中心,主要从事产品研发工作。二期将建成产品中心和市场中心。

14日　召开区第六次全国人口普查动员会。根据国务院决定,今年开展第六次全国人口普查,普查标准时点是2010年11月1日零时。区于2009年12月29日下发了《顺义区人民政府关于开展第六次人口普查的通知》,成立了顺义区第六次人口普查领导小组,各镇、街道也相继成立了人口普查领导机构。

16日　中国核工业二三建设有限公司核电建造研发项目奠基仪式在北京林河经济开发区举行。此次投资建设的总部项目包括企业办公总部、核电建造研发基地和核电配套生产基地。项目总占地100亩,投资总额9亿元。核电建造研发基地为一期工程,占地52亩,投资3.5亿元人民币,总建筑面积近7万平方米。

20日　区召开2010年公开选拔领导干部工作动员会。本次公开选拔,共提供了包括区委政法委副书记、区委研究室副主任、区农村工作委员会副主任等19个副处级职位,所提供公选职位数量居18个区县之首。此次为区第4次参加公选,19个职位也是4次公选中最多的。

23日　顺义区第三届人大常委会第三十一次会议召开。会议决定了人事任免事项,决定接受王海臣辞去副区长职务,并报北京市顺义区第三届人民代表大会第六次会议备案,根据区人民政府区长刘剑提请,通过投票表决的方式,任命张晓峰为顺义区人民政府副区长。

27日　中国国际航空公司通过工银租赁北京有限公司引进的1架波音737-800飞机在北京天竺综合保税区交付使用,这是我国首架通过综合保税区以金融租赁方式引进的飞机。标志着天竺综合保税区在发展航空租赁业务上迈出了里程碑式的一步。今后综保区将利用五大优势打造航空租赁黄金产业。

28日　区举办庆祝五一国际劳动节劳动模范座谈会。区领导、全国劳动模范、北京市劳动模范、北京市先进工作者、北京市模范集体代表等近60人参加了座谈会。今年是5年一度的劳模评选表彰年,顺义选定全国劳模2名、北京市劳模和先进工作者53名、北京市先进集体8个。座谈会上,劳模代表介绍了立足本职、爱岗敬业、甘于奉献、争创一流的感人事迹。

30日　2010北京郁金香文化节在北京国际鲜花港举行,此次郁金香文化节分室内和室外两个展区,12万平方米的室外展区集中展示巴赛罗那等73个品种的300万株郁金香;室外品种展区引进了中国林木种子公司、香港花仙子园艺等12个国内外知名花卉、苗木企业,集中展示近百个品种花卉苗木。

5月

1日　2010年中美滑水明星对抗赛和中国摩托艇超级联赛在顺义奥林匹克水上公园开赛。中美滑水明星对抗赛的美国队由16名队员组成,中美两队共同为观众表演了水上叠四层罗汉、绕船360度、水上芭蕾等精彩节目;中国摩托艇超级联赛共有北京、山东等

8支队伍31名运动员参加角逐。

2日　4月23日至5月2日，第十一届北京国际车展在顺义区中国国际展览中心(新馆)和朝阳区中国国际展览中心(老馆)同期举行。16个国家和地区的2100余家厂商参展，展出面积近20万平方米，展出车辆990辆，其中全球首发新车89辆。78.56万人次参观车展。

4日　区召开“十二五”规划编制工作会。要求在规划体系和前期研究课题确定上，坚持针对性原则，在规划内容上坚持可操作性原则，在规划编制方式上坚持广泛参与性原则。强化规划纲要的战略性，指导性和政策性，强化专项规划的空间约束功能和指导专业领域发展、项目建设、投资安排功能，使规划成为未来5年的行动纲领。

9日　区举行2010年公开选拔领导干部笔试。此次公开选拔，顺义区19个职位共有1264人报名。经资格初审，1034人合格。其中，40岁以下干部773名，女干部353名。博士、硕士研究生占15%。拥有高级职称的34人。少数民族干部、非中共党员干部均占一定比例，报考人员的结构比例较理想。

10日　国家水利部副部长胡四一率领国家防总海河流域防汛抗旱检查组到顺义检查防汛抗旱工作。

13日　市人大常委会主任杜德印调研城乡一体化建设与流动人口管理情况。市人大常委会副主任赵凤山一同调研。调研组一行先后来到盈创再生资源有限公司、空港经济开发区集体公共租赁住房、北京京日东大食品有限公司等单位了解区城乡一体化建设与流动人口管理情况。

15日　全国社区康复专业委员会培训基地、天竺镇脑血管康复中心揭牌。今年年初，天竺镇开建脑血管康复中心并试运行，设立了中医特色康复专区、康复评估室、训练室，投资20多万元引进多功能电脑三维牵引床、脑循环治疗仪等国内外先进的康复仪器，并聘请全国社区康复专业委员会专家每周来镇卫生院开展培训和指导。

18日　区召开“一助一”工作会。“一助一”工作已连续开展了14年，“一助一”单位累计发展到500多家，范围从区属单位发展到大型央企、市属机关和企事业单位、合资企业、民营企业、驻顺部队等社会各界。“一助一”单位累计投入帮扶款3.66亿元，集中为相对落后镇村解决了一大批重点、难点问题，促进了顺义和谐发展。

21日　“李桥杯”职工太极拳比赛拉开帷幕。此次太极拳大赛是继“后沙峪杯”春季长跑比赛、“和谐杯”乒乓球比赛之后又一项重要赛事。区各乡镇、街道、企业等36支队伍、700余名太极拳爱好者，在二十四式太极拳舒缓的背景音乐下，进行了比赛表演。

28日　28日至31日，区领导分别到中小学校、幼儿园，与孩子们一起参加丰富多彩的活动，共庆六一国际儿童节。

31日　27日至31日，第十三届北京国际科技产业博览会在老国展举办，顺义在8号馆设置了近400平方米的展位，围绕“打造临空经济区，建设世界空港城”主题重点推介了国际枢纽空港、高端产业新城、和谐宜居家园三大板块，累计接待参观群众2万人次，接待企业咨询1300余次。

月内　减河公园二期建设工程完工。该工程东起双兴桥，西至卧龙公园草桥，包括减河东部郁金香园，占地总面积11.4公顷，绿地面积8.6公顷，至此，减河流域南岸公园景观系统全线贯通。

6　月

1日　召开共建绿色家园——顺义区“百村万户”绿化活动新闻发布会。将用3年时间，完成全区19个镇、地区办事处，331个行政村、8万余户庭院绿化美化任务，建成“树在村中、村在林中、村村绿色环绕、镇镇绿树相连”的生态景观型新农村。区政府专门拿出1亿多元专项资金用于奖励和补贴。

3日　区福利企业残疾人职工专场招聘会举行。20家福利企业共提供就业岗位108个,现场达成就业意向57人次,区97家福利企业共安置残疾人职工1320人。自2007年6月首届专场招聘会以来,共组织招聘会6次,94家福利企业参加,累计提供就业岗位426个,参加招聘会的残疾人有445人,其中达成就业意向381人。

6日　6日至8日,第19届燕京啤酒节举行。本届啤酒节除开幕式、品牌经济论坛、签约仪式等传统项目外,还在全市设立市民可广泛参与的啤酒广场。燕京啤酒节自1992年举办以来,已成为北京市一项具有重要影响力的品牌活动,作为顺义本土成长起来的大型国有民族品牌企业,燕京啤酒节已形成独特的"啤酒节效应"。

8日　举行2010年顺义品牌经济论坛暨项目签约仪式。协议投资额396.53亿元,共签订项目25个,其中超亿元项目20个。签约引进现代服务业项目15个,协议投资总额238亿元。签约9个现代制造业,涉及汽车、信息安全等高技术行业及新能源、新材料等战略性新兴产业,协议投资总额157.35亿元。

9日　中航工业北京航空产业园发动机产业基地一期工程开工建设。北京航空发动机产业基地规划投资近70亿元,规划建筑面积约27万平方米,此次开工建设的是发动机产业基地一期建设工程,具有世界一流水平的航空发动机及核心零部件研发和制造能力,将成为我国航空发动机、燃气轮机核心产业基地。

10日　北京首家区县级家政服务行业协会在天竺镇揭牌。全区共有家政服务企业130余家,从业人员1万人。天竺镇作为经济发展较快的地区,组建了顺义区家政服务行业协会,也是北京首家区县级家政服务行业协会。北京奥竺物业管理有限公司、顺义老年公寓等多个家政服务单位加入,后沙峪服务明星张淑萍等上百人加盟成为个人会员。

11日　北京市爱卫会国家卫生区复审检查团来区检查。顺义自2006年获得"国家卫生区"称号至今,已累计投入23.63亿元用于巩固创卫成果。国家卫生区称号每3年进行一次复审。3年来,多次召开专题会议研究爱国卫生和巩固国家卫生区工作,解决重大问题,特别是认真落实国家和北京市爱卫会多次明查、暗访所提出的意见和建议。

14日　第二届北京端午文化节暨"临空经济区杯"龙舟赛在奥林匹克水上公园举行。此次活动将体育、旅游、娱乐、传统融合,京津两地近80支龙舟队一竞高下;静水艇库西侧,10余位国际友人参加包粽子比赛;来自顺义、海淀、朝阳、宣武等8个区县的20项非物质文化遗产技艺进行展示,晚上举行了文艺晚会。

20日　2010中国(曲阜)国际孔子文化节北京推广基地落户后沙峪镇,身高2.561米,象征孔子诞辰2561年的孔子塑像揭幕,国际孔子文化节倒计时100天正式启动。后沙峪镇将借助此次文化节深入解读孔子文化、大力弘扬中华优秀传统文化,将孔子文化与镇内会展策划、设计、广告等文化产业相结合,大力发展以会展关联产业为核心的文化创意产业。

21日　区2010年"共产党员献爱心"捐献活动启动,全区各镇、街道、机关、企事业单位的党员参与。自2005年开展以来,认真贯彻落实上级"将共产党员献爱心活动形成制度,每年集中举办一次"的指示精神,全区党员以捐款、交纳特殊党费等形式,筹集善款2200余万元。

30日　区召开纪念建党89周年暨争先创优活动经验交流大会,表彰56个"先进基层党组织"和196名"群众心中的好党员",南法信镇、物流基地、北石槽镇良善庄村、胜利街道第一社区党支部代表作了典型发言。区领导在七一前夕分别对建国前老党员、优秀党员和优秀党支部书记进行慰问。

是月　启动老旧居民小区升级改造工程。改造范围包括石园、胜利、光明等6个街道所辖的42个居民小区，将与民生关系密切、群众反映强烈的28类设施改造为本次改造的重点。改造内容包括道路、绿化、排水管线、路灯照明、车棚等，改选施工坚持适应节气、不扰民、统筹安排、依次改造的原则。

7　月

7日　区第三届人大常委会第34次会议召开。会议经过投票，决定接受刘剑同志辞去北京市顺义区人民政府区长职务的请求，根据计票结果，任命王刚同志为北京市顺义区人民政府副区长、代理区长。会议听取审议了区人大代表视察和执法检查所提建议办理情况报告、区关于提高社会保障水平情况报告等。

8日　区领导拉练检查区2010年上半年新建和在建的二三产业重点项目建设情况。2010年，区各重点经济功能区和镇级二三产业基地投资亿元以上的项目共91项，总投资778.72亿元。主要分布在汽车产业、电子信息、都市工业等区域支柱产业。上半年全区亿元以上项目共开工59项，总投资340亿元。

9日　天竺海关揭牌仪式在天竺综合保税区举行。天竺海关隶属于北京海关，于2010年3月1日获得国务院正式批复，并由海关总署批准设立。其管辖范围为北京天竺综合保税区，负责对综保区内的货物及区内企业进行监管、征收关税和其他业务。保税区内海关实行24小时通关，出口货物只要一进入，企业即可向海关申请出口退税。

12日　区举行“十二五”规划编制工作研讨会。全体区委常委、副区长围绕“十二五”规划编制，结合自身分管工作作了报告，为谋划区经济社会发展的战略构想提出了具有前瞻性、针对性和可操作性的意见和建议。

13日　市委常委、统战部部长牛有成来区就北京市现代农资服务体系建设进行了专题调研。到区沿河农资连锁店、北京农资配送中心顺义仓库进行实地调研。

16日　天竺综合保税区综合服务平台举行奠基仪式。世界物流巨头康捷空中国总部项目在南法信奠基、中国民航科学技术研究所航空安全实验基地项目签约，落户李桥镇。三大项目集中启动，总投资超过13亿元人民币。

20日　由区委组织部举办的军队转业干部培训班在区委党校开班。培训为4天，全区29家单位的2007年至2009年转业的48名军转干部参加了培训。培训旨在使全区军队转业干部进一步提高综合素质，更好更快地转换角色、适应环境、融入地方、在推动地区科学发展中作出应有贡献。

21日　中共中央政治局委员、国务委员刘延东到区南法信中心幼儿园，调研学前教育情况。实地查看了南法信中心幼儿园办园环境、基础设施和教学情况，听取了相关汇报。南法信中心幼儿园建于1991年，共有6个教学班，200余名幼儿，其中约70%为外来务工人员子女，是北京市一级一类幼儿园、北京市早教基地、北京市体育特色幼儿园。

28日　大修后的顺平路高架桥通车。顺平路高架桥全长960.96米，经多年使用，桥面出现多处破损，大修路面全部采用橡胶沥青铺设，具有噪音小、抗磨损等特点，可延长道路使用寿命。在高架桥大修过程中，为降低对居民的干扰，采用静力拆除方案清除原桥面混凝土，全过程没有使用风镐、炮锤等大型机械。

30日　中共北京市顺义区委三届十一次全会召开，提出区“十二五”期间发展目标：“打造临空经济区，建设世界空港城”。全会审议通过了《中共北京市顺义区委关于制定国民经济和社会发展第十二个五年计划的建议》、《凝心聚力、加快发展，确保圆满完成全年工作任务》两个报告。

31日 北京巡特警顺义大队特警队员与北京武警总队顺义支队的战士开始在顺义街头联合执勤,此项行动是区治安环境治理过程中的一项新的常态化手段,联合巡逻在早晚高峰时段,重点围绕辖区内重点地段、主要商业街区及幼儿园周边开展巡逻,每天上午、下午各巡逻2个小时,巡逻方式采取车辆巡逻和徒步巡逻,分成两组,每组3人。

是月 区领导慰问驻顺部队。八一建军节之际,区领导分别到空军第四训练基地和武警十支队等驻顺部队进行慰问,与驻顺官兵共庆八一建军节。

8 月

1日 2010国际名校赛艇挑战赛在奥林匹克水上公园击鼓开赛。来自清华、哈佛、耶鲁、剑桥、牛津等世界10所名校的110名学子在奥运赛道上进行赛艇比赛。哈佛大学以6分1秒53的成绩摘得轻量级决赛的冠军,清华大学以5分58秒66的成绩获得了公开组第一。

5日 北京市首个公路服务站——京沈路顺义段富各庄公路服务站正式开业,全天24小时开放服务。服务站占地1560平方米,2010年4月10日开工,6月26日完工,向社会过往驾驶员和游客免费提供停车、盥洗、卫生间、休息、查询路况信息、路政宣传、修车工具等服务。

9日 区百家单位同时播放第八套广播体操的乐曲,开始恢复做广播体操。自1951年第一套广播体操公布以来,大约每隔5至10年更新一次,但是从2007年起暂停广播体操乐曲。去年市政府颁布的《健康北京人——全民健康促进十年行动规划》中,要求恢复广播体操乐曲。

11日 区"爱心卡"发放,91家福利企业的1265名残疾职工都将陆续收到"爱心卡"。凭"爱心卡"及残疾证,可到定点的超市领取价值400元的商品。

15日 第六次全国人口普查首轮入户调查开始。当天,区举行"积极支持人口普查、全面配合户口整顿"主题宣传日活动,向居民发放了"致被调查户的一封信"等宣传材料。全区19个镇、6个街道办事处、3个经济开发区同时设立宣传站,开展宣传活动。

18日 空港工业园区内的北京宝洁技术有限公司举行开幕庆典。北京宝洁技术有限公司是宝洁公司在中国的技术研发中心,投资总额超过5亿元人民币。宝洁公司总部设在美国俄亥俄州,拥有170多年历史,拥有帮宝适、佳洁士、汰渍、舒肤佳、飘柔、海飞丝、玉兰油、吉列等众多品牌。

同日 北京市大型连锁超市美廉美超市的第50号店在顺义区仁和镇正式营业。

19日 区领导到牛栏山镇、马坡镇等地调研回迁房建设、土地储备入市情况。区已规划回迁房建设项目16个,总建筑面积约438.5万平方米,其中在施项目10个,施工总建筑面积约89.6万平方米。土地储备2010年底前计划供地项目13宗,按项目规划用途划分,居住项目共7宗,总占地面积约211公顷,商业多功能项目共6宗,总占地面积约98公顷。

21日 北京市第八届民族传统体育运动会开幕。区代表团320余人组成,运动员来自学校、民族村、社区和清真企业等,参加珍珠球、蹴球、板鞋竞速、踢毽等14个竞赛项目和1个集体表演项目的角逐。

24日 区召开医疗卫生系统专题调研会。为了优化全区的医疗资源布局,将采取引进社会资本、医疗机构合作等形式,在后沙峪镇筹建一所三级甲等医疗机构,为辖区居民提供优质高效的医疗服务。还将区中医院迁址顺义新城马坡组团,全面加强中医内涵建设,推进中医医院的发展。

27日 区召开社会服务管理创新推进大会。颁发《顺义区关于推进社会服务管理创新的意见》和11个配套实施方案。《意见》

提出区社会服务管理三大方面20项内容90项折子工程，要求全面推进“社会管理精细化”，稳步提升社会服务水平、探索创新社会管理模式、强化社会秩序管理。

31日　区召开2010年和谐家庭、绿色家庭表彰会。今年是开展“和谐家庭”、“绿色家庭”创建活动的第三年，121户和谐家庭、510户绿色家庭在大会上获得了表彰。

9　月

1日　开学第一天，区近7万名中小学生走进了装扮一新的校园。今年暑期，对全区23所学校的43栋建筑物进行了安全加固，楼房墙壁增厚了10厘米，抗地震能力能达8级以上。改造面积达63.5万平方米，投资总额181.41亿元。

2日　地铁15号线后沙峪段试运行。本次试运行顺义段共有3座高架车站，分别是国展站、花梨坎站和后沙峪站，试运行期间，将分段完成车辆、信号系统及其他设备系统的联合调试工作，投入试运行车辆6辆，最终实现行车间隔10分钟的运行计划。试运行从9月2日开始，为期3个月，将按照正式运行标准进行。

同日　北京嘉寓幕墙股份有限公司在深圳投票交易所正式上市，发行股份数量为2800万股，证券代码300117，每股发行价26元，开盘价35元，涨幅34.62%。1997年以来，区先后有燕京啤酒、顺鑫农业、大龙地产、国航股份、首都机场、空港科技、首安消防、汇源饮料、东方雨虹9家企业上市，共从资本市场融资297.138亿元。

3日　区首个企业家协会在空港经济开发区成立。雅昌企业(集团)有限公司董事长万捷等44个企业的56位企业家成为协会的首批会员，协会下设高尔夫、摄影、雅玩书画、华夏理财4个俱乐部。

9日　区召开第三次政协工作会。2006年至今，累计召开政协全体委员会议5次、政协常委会议25次；立案交办的委员提案745件；向党政部门提交专题调研报告30余篇；向区委、区政府领导及有关部门报送社情民意信息910篇；应邀承担特约监督工作的政协委员达61人次。《协商意见》向区委、区政府及有关部门报送9期，提出意见、建议64项。

10日　9月4日至10日开展多种活动，庆祝第26个教师节。9月4日　区召开庆祝教师节暨表彰先进大会，授予63家单位为教育工作先进集体，授予555人为优秀教育工作者。9月6日至7日　区领导分别到张镇小学，顺义一中、仇家店中心小学、高丽营二中对师生进行慰问。9月8日　区召开教育系统人大代表、政协委员庆祝教师节座谈会

12日　北京现代与北京汽车城投资管理有限公司签署入区协议，确定北京现代第三工厂及发动机厂落户杨镇，产能达40万辆。三工厂项目占地约2300亩，建筑规模23万平方米，项目总投资12.46亿美元，计划在10月开工建设，2012年投产。

16日　位于区马坡组团的中国民生银行总部基地工程主体结构正式封顶。目前项目已经完成了主体结构，正在进行设备安装与调试，全部工程预计将于明年年底完工。中国民生银行总部基地项目规划建筑面积13.3万平方米，总投资8.2亿元，将建成其总部办公中心、结算中心、数据中心、信用卡中心、研发中心和客服中心。

19日　区召开首批“枢纽型”社会组织工作会。“枢纽型”社会组织承担国家规定的业务主管单位职能，并按照对同类别、同性质、同领域社会组织进行服务、引导和管理，团区委、区科协、区文联等9家单位成为区首批“枢纽型”社会组织，

20日　9月11日至9月20日　区27家规范化免疫接种门诊和140余个临时接种点对8月龄至14岁儿童进行麻疹强化免疫接种，接种人群覆盖已接种过的儿童和外埠适龄儿童，外籍儿童可自愿接种，此次疫苗接种

全部免费。全区储备 9.32 万份的麻疹减毒活疫苗,下发 10 万份知情同意书,本次接种人数超过 8 万人。

21 日　区领导视察东兴市场、顺义西单商场、石门批发市场,检查节日期间的食品市场供应情况。东兴市场今年 1 月投入使用,市场共有商户 74 家,销售商品包括水果、鲜肉、副食、蔬菜等居民日常需要的食品。实地察看了顺义西单商场一层的超市,石门批发市场的肉食、蔬菜大厅。

是月　为庆祝国庆节摆放鲜花 70 万盆。今年国庆花卉布置以"世界城市和谐顺义"为主题,精选矮牵牛等 20 余种 70 万盆鲜花,在城区主要道路、光明文化广场等重要展示区、城区各公园及花博会主场馆周边道路等重要节点,以平面摆放、立体花架等摆放形式进行花卉布置。

10　月

2 日　9 月 28 日 - 10 月 2 日区第七届农业博览会在花博会主展馆举行。本届农博会面积为 2.6 万平方米,设立农产品加工和花卉两个专区,展会系列活动 13 项,参展商 420 家,参展品种 5000 种。展会吸引观光采摘垂钓人数 23.6 万人,直接销售收入 3246 万元,签约项目 9 个,协议总投资额 9.98 亿元。第五届旅游文化节、第二届菊花文化节同期举行。

9 日　区召开创先争优活动经验交流会。今年 5 月份部署创先争优活动以来,各级党组织将组织创先进、党员争优秀与推动重点工作相结合,围绕年初确定的目标任务,取得了阶段性成果,要求对不同类型的基层党组织坚持分类指导,结合党员作风建设年活动开展工作,使各个基层党组织通过创先争优活动有提高、有变化。7 个单位做了典型发言。

10 日　超级联盟方程式汽车大奖赛中国北京站街道赛在奥林匹克水上公园举行开幕式。赛道采用半永久式,全长 2.7 公里,依托水上公园的体育地标建筑进行赛道设计,将公园水系与赛道完美结合,为全球唯一在奥林匹克场馆区建立的赛道。作为街道赛,赛道选用园内道路和部分园外白马路道路相结合的方式,2.7 公里的赛道上设 14 个弯道。

11 日　中航工业集团与白俄罗斯合资建设的中航别拉斯组装维修中心在北京航空产业园落成。项目实施主体为中航别拉斯矿山机械有限公司,该企业成立于 2009 年 9 月 18 日　是中航技术国际工贸有限公司和白俄罗斯汽车制造厂(别拉斯)共同出资在中国成立的合资企业,注册资本 5000 万元人民币,双方各占 50%。

13 日　区召开会议对前一阶段"国家卫生区"创建工作进行总结,部署后一阶段各单位重点抓九项工作,即市容环境卫生整治、"五小行业"专项整治、城乡结合部和城中村专项整治、农贸市场专项整治、建筑、拆迁工地专项整治、背街小巷卫生专项整治、环境保护专项整治、食品卫生专项整治、传染病防治专项整治。

15 日　天竺综合保税区举行入区企业集中签约仪式,16 家国内外知名企业与综保区签署入区合作协议,签约项目总投资额 52 亿元。此次集中签约的企业有北京检验检疫技术中心、歌华集团、中国医药对外贸易公司、中国东方航空公司、日本近铁物流公司、以色列玛卡亚米公司等。

16 日　牛栏山一中建校 60 周年校庆庆典举行。牛栏山一中创办于 1950 年,是北京市首批高中示范校,拥有 100 个教学班、5000 余名学生、500 多名教职工。辖 1 个分校(牛栏山一中实验学校)、2 个分部(顺义区津桥培训中心、绿港培训学校)。学校高考升学率、重点大学录取人数连年稳居北京市前列,建校至今已为国家累计培养合格毕业生 3 万多人。

21 日　曲美家具集团东区生产基地在

南彩镇正式破土动工。曲美家具集团东区生产基地占地面积507亩,可建厂房31万平方米,投资规模达10亿元,可实现产能30亿元,于2011年5月投产。

25日　区理论中心组学习了十七届五中全会公报和人民日报社论《为全面建成小康社会打下具有决定性意义的基础》,传达市委书记刘淇在全市贯彻十七届五中全会精神大会上的讲话。区各单位召开会议,传达学习贯彻十七届五中全会精神。

29日　参加非洲农业技术推广人员研修班的非洲13个国家30余名技术推广官员到李遂镇东营村田间学校的课堂上课。田间学校是在田间地头开展培训的一种农业技术推广方式,课堂上,研讨班学员和田间学校的学员听取了大棚二氧化碳吊袋肥技术的应用,并就大棚蔬菜种植的技术问题进行了交流。

30日　刘淇到顺义调研调控人口规模、加强人口管理问题。顺义通过"以产引人、以业控人、以房管人"等措施,有效控制了人口规模过快增长,促进了人口、资源、环境协调发展。

是月　十一黄金周7天区旅游企业共接待游客466041人,实现综合收入6650.7万元,与去年同比分别增长15%和21%,区14家商场实现销售15347.3万元,同比增长24.1%。

11　月

3日　区召开拆除违章建筑部署会,全面部署违章建筑拆除工作,重点拆除12个村约34万平方米的违章建筑。

4日　顺义参加第六届北京国际金融博览会,展位包括200平方米的室内展区和300平方米的室外财富街展区,2009年,全区金融业GDP占比达到5.4%,金融业属地财税11.8亿元。华夏银行、华夏基金总部、民生证券等多家金融机构入驻顺义,区在银行间债券市场发行了全国首只中小企业集合票据,全区10家企业上市,共从资本市场融资近300亿元。

7日　第六届北京国际金融博览会闭幕,4天内有28万余人、300余家企业到顺义展台参观、咨询。顺义作为本次金博会主办单位之一,以独特的展位设计及良好的运行服务,被组委会评为"最具投资价值展示奖"和"最佳组织奖"。

8日　首批工会专职社会工作者上岗。区总工会于9月中旬面向社会公开招聘工会专职社会工作者,由市区两级工会出资录用。经过报名、资格审查、笔试、面试、体检、综合考核、岗前培训、分配定岗8个阶段,从396名应征者中录取82名为首批工会专职社会工作者,分配到镇、街道、开发区的31个工会服务站。

10日　张延昆听取镇党风廉政建设责任制情况汇报。2010年,各镇坚持"标本兼治、综合治理、惩防并举、注重预防"的方针,全面履行党风廉政建设责任制和"一岗双责"。贯彻落实"三重一大"制度,利用学习培训等多种形式开展反腐倡廉教育,建立预防腐败的长效机制,为镇域经济科学发展,维护社会稳定提供了强有力的政治保证。

15日　全区正式供暖,为确保供热期间锅炉运转正常,供热前进行了温炉准备工作,31家供热单位全部试运行,本供热季需供热煤38万吨,用煤合同签订率100%。供热总面积1908万平方米,比去年增加123万平方米,其中居民供热面积约1550万平方米,公建358万平方米。供暖室温不低于18摄氏度,供热期间将有4人24小时轮流值班接受投诉处理。

21日　11月18日至21日　顺义参加第五届文博会,展台位于国展中心3号馆,面积270平方米,由整体情况、工业设计、广告会展、体育休闲旅游、出版印刷、其他创意六大板块组成,以"设计集聚工业新动力,创意打造产业新高地"为主题,展台累计接待观众

5万人次,区创意工业设计集聚区获“2010中国最佳创意产业园区奖”。

23日　区2010年“红丝带”传递长跑活动暨全民健康生活方式启动,区医务人员、群众、志愿者代表等共计400余人参加。本次活动在世界艾滋病日来临之际举行,2004年区成立艾滋病防治工作委员会,区政府每年划拨专款用于艾滋病防治工作,建立了“政府主导、部门配合、专业支持、全社会共同参与”的艾滋病防控机制。

25日　11月24日至25日在香港举办经济合作研讨洽谈会,顺义区在会上举办了“顺义专场推介会”,截至今年10月区共有港资企业220家,占全区外商投资企业总量34.5%。1－10月,新批港资企业合同外资3118.8万美元,占总数15.7%;港资企业实际利用外资2.18亿美元,占总数的68.3%。会上顺义区共签约项目23个,协议投资总额118.92亿美元。

28日　北京现代第三工厂在杨镇工业开发区奠基,全国政协主席贾庆林等市区领导出席奠基仪式。北京现代第三工厂由整车工厂和发动机工厂组成,其中整车工厂包括冲压、车身、涂装和总装四大工艺,将投资65亿元,预计2012年竣工投产,一期年生产能力达到30万辆乘用车及20万台发动机,二期最终年生产能力达到40万辆乘用车和40万台发动机。

同日　国家地理信息科技产业园在国门商务区奠基,国土资源部部长徐绍史等市区领导出席奠基仪式。由国家测绘局牵头在国门商务区建设的国家地理信息产业园,是以信息技术产业为导向、以地理空间信息及相关产业为主体、以金融服务等第三产业为支撑的国家级地理空间信息产业平台,总投资额150亿元,首批入园的25家企业签署了入园协议。

是月　在第六届北京国际金融博览会上,顺义以“北京·顺义—世界城市的金融之门”为主题,以“国际枢纽港、高端产业新城、和谐宜居家园”为发展定位,以“天竺综合保税区、国门商务区和马坡新城建设”为发展平台,以“产业金融、离岸金融、生态金融”为发展重点,展现顺义风采,突出顺义特色,彰显顺义潜力。

12　月

1日　“牛栏山杯”道德模范评选活动颁奖。何凤玲、雒梦妍、刘志刚、宋学成、金光成、胡国卿、古炳华、王洪伟、杨振明、王振华等10人被评为十大道德模范。此次活动于7月在全区开展,经系统推荐、组织审核、公众投票、综合评审,最终评选出道德模范10人,道德模范提名奖5人,道德模范评选先进单位34家。

2日　区第十八届“二月新春”群众文化活动暨第二十一届农民艺术节动员会召开,从2011年元旦到正月十五,将广泛开展歌舞晚会、电影献基层等群众文化活动。

7日　市召开顺义安全生产事故隐患自查自报系统推广会,该系统由区安监局建立,是一个互联互通、资源共享、三级联动的安全生产网络化监管平台。平台包括系统提醒、协同办公、分类分级、自查自报等19个功能模块,纵向贯通市安监局、区安监局、街道、生产经营单位,横向扩展到全区其他行业管理部门。副市长苟仲文要求在全市推广该系统。

8日　机场东路南环立交竣工通车,机场东路全线贯通,比原有道路节省3公里的路程。机场东路南环立交横跨六环路,是连接机场东路和西环路、南环路的全互通式立交桥。机场东路和李天路以及在建的顺平南辅线将形成环首都机场路网,为周边李桥、南法信、仁和、天竺等镇的临空经济发展奠定了良好的道路交通基础。

10日　区召开送兵大会,为顺义籍新兵送行。今冬征兵工作从11月1日开始,根据北京市、北京卫戍区的征兵命令,区征集新兵

210人(不含女兵),其中非农户口青年的比例为70%。征集的主体对象为具有高中毕业以上文化程度的青年;同等条件下,优先征集学历高的青年和应届毕业生入伍。12月13日顺义籍新兵运送完毕。

11日　中央文明办副主任王世明来区调研精神文明建设工作。王世明一行参观了位于牛栏山镇的北京江河幕墙有限公司,实地查看了工厂车间、职工活动室和职工宿舍,听取了公司发展和经营情况汇报,视察了马坡镇石家营村的村级企业、村容村貌和"九室一校"建设、管理和使用情况,听取了石家营村情况汇报。

12日　顺义区档案馆晋升为国家一级综合档案馆。经过测评小组的严格考评,顺义区档案馆以97.6分的成绩晋升为国家一级综合档案馆,成为北京市郊区县中第一家荣获该称号的单位。国家档案局副局长李明华等市区领导出席授牌仪式。

16日　北汽自主品牌中高端基地定向培训在赵全营镇启动,1500名来自赵全营、高丽营、牛栏山、北石槽4个镇的劳动力将在区人力资源和社会保障局技工学校接受汽车相关知识培训。

21日　北京天竺综合保税区港区联动正式启动。首都机场货运监管查验场所、国航和BGS一级库已迁至天竺综保区口岸操作区,首都机场海关和首都机场出入境检验检疫局办公地点迁至位于顺平路上的航港国际大厦,各类进出口申报业务将全部移至新办公大厅受理,各类进出口货物的转场工作将在1个月之内完成。

27日　顺义区委第三届委员会第十二次全体会议召开。审议通过《加快转变发展方式,推动顺义区"十二五"期间经济社会科学发展》和《乘势而上、奋发有为、努力实现"十二五"发展的良好开局》两个报告以及《中共北京市顺义区第三届委员会第十二次全体会议决议草案》。听取了《关于干部选拔任用工作的专题报告》,对干部选拔任用进行了民主评议。

28日　区领导带队检查全区环境综合整治情况。整治工作开始后,组织开展了以"五镇十二村"为重点的全区环境综合整治拆除违法建设活动。截至目前,区已发现并认定挂账违法建设2092宗、81.7万平方米;已拆除违法建设1509宗、76.8万平方米,恢复土地2585亩,其中基本农田1251亩,一般农田741亩,建设用地593亩。

29日　中航工业基础院顺义园区建设启动仪式举行,该园区的中航复合材料有限责任公司、中航高科智能测控有限公司正式揭牌。中航工业基础院顺义园区规划占地1000亩,总建筑面积为60万平方米,总投资为100亿元。中航复合材料有限责任公司(中心)注册资本为9亿元人民币,占地246亩,建筑面积为10.8万平方米。

中国共产党北京市顺义区委员会

综　述

2010年,区委坚持以邓小平理论和“三个代表”重要思想为指导,以学习实践科学发展观活动和创先争优活动为引领,全面贯彻党的十七大、十七届四中、五中全会和市委十届七次全会精神,紧紧围绕首都建设“中国特色世界城市”和“人文北京、科技北京、绿色北京”的战略任务,推进“经济发展多元化、城乡发展一体化、社会管理精细化、党建工作科学化”,为完成全年各项目标任务,推动区域经济社会发展提供了坚强的思想保障、组织保证。

一是围绕中心,服务大局,思想政治工作的推动功能进一步强化。2010年是“十一五”规划收官之年。面对发展机遇和肩负任务,强化“打基础、利长远”的发展定位,超前谋划,抢抓机遇,为找准发展定位、明确工作方向、促进科学发展提供了重要保障作用。全面统筹区域经济社会发展。区委始终坚持“总揽全局、协调各方”,把丰富完善思路作为践行科学发展观的首要任务,在深化发展理念和思路中统一思想、形成共识,以共同的价值取向凝聚发展合力。首次以区委全会的形式提前研究出台了关于制定区域“十二五”发展规划的建议,充分体现了整体性战略、区域性特点和阶段性特征,为区域长远发展提供了科学依据。提升理论中心组学习效能。各级理论中心组以学习型党组织建设为主线,紧紧围绕临空经济区发展、综保区建设、重点新城建设、城乡一体化发展、社会服务管理创新、改善民生等顺义区发展重大问题组织集体学习、研究讨论,并注重学以致用,切实把学习成果转化为推进工作的动力和解决实际问题的能力。区委理论中心组组织集体学习36次,举办领导干部大讲堂12次,区处两级中心组成员共撰写理论调研文章200余篇,理论中心组已成为提高领导班子科学决策能力和政治理论素养的重要阵地。开展调查研究。着眼事关顺义区全局性、战略性和前瞻性的重大问题深入调研,形成了《世界城市背景下顺义新城发展思路研究》、《北京临空经济区发展战略研究》等有价值的调研报告300余篇,为科学指导实践提供理论支撑和决策依据。其中《顺义区坚持以科学发展观指导人口调控促进人口资源环境协调发展》,系统总结了近年来顺义区在人口调控方面取得的做法和成效,得到市级领导高度认可。

二是营造环境,树立形象,区域文明的引领功能进一步凸显。宣传舆论工作切实增强。2010年，在市级以上媒体刊发新闻17000余条，其中在新华社、《人民日报》、中央电视台等中央级媒体刊发稿件400余条，现代文明和谐新顺义受知度进一步提升。全年共组织召开了20余场新闻发布会，对国家汽车质检中心落户、北京现代三厂奠基、国家地理信息产业园奠基等顺义区重大活动进行了集中宣传，营造了积极健康的舆论氛围；立足推动临空经济、创意产业发展，不断扩大发展论坛、融资推介等活动规模，深入报道标志性建设成果和突破性发展节点，在市级以上主流媒体头版和重要时段重点报道20余篇，进一步提升了顺义优势产业的发展竞争力。精神文明活动开展。以构建“社会主义核心价值体系”为根本，以“做文明有礼的北京人”主题活动为载体，积极推进“礼仪、环境、秩序、服务、观赏、网络”六大文明行动，为建设现代文明和谐新顺义提供了强大精神动力、智力支持、思想保证和文化条件。加大了文化信息资源共享工程的管理力度，不断更新内容资源，创新服务方式，提升了文化设施的达标率和服务水平，农村文化信息资源整合工程得到广泛利用。继续提升“二月新春”、“五月鲜花”、“十月金秋”等传统群众文娱活动主题鲜明、生动活泼，专题活动的举办规模和拉动效应，有力推动文化事业快速发展。扎实推进学习型社会建设，不断深化学习型组织创建工作，营造了浓厚的学习氛围。区域政务环境不断优化。围绕打造“依法履职、运转协调、公正透明、廉洁高效”服务型政府，依托全程办事代理制、人民满意工作者评选等工作，不断激发党员干部主动服务、岗位建功的工作热情。进一步强化机关党建工作的政治功能、服务功能、执行政策功能、培养干部功能，政务环境得到显著改善，领导群众、服务社会、推动发展的能力不断增强。

三是统筹兼顾，维护稳定，和谐顺义的保障功能进一步增强。充分调动人大代表和政协委员参政议政、调查研究、反映情况、献计献策。人大代表共提出建议、批评和意见113件，政协委员提案151件，办复率均为100%，解决了一大批群众关心的热点难点问题，为区域发展做出了新贡献。群团组织作用日益彰显。开展了“创建学习型家庭”、“创建服务型工会”等活动，成立了“妇女之家”，着力构建志愿服务、青年创业就业和青少年事务发展三个平台，教育引导妇女、青年和广大职工树立“新四观”，帮助其维护合法权益、解决急难问题、提高技能素质、实现增收致富，群团组织的桥梁纽带作用得到充分体现和发挥。“一助一”队伍日益壮大。调动社会各界力量帮扶积极性，千方百计动员社会各方力量对困难村进行帮扶，进一步壮大了帮扶队伍、拓展帮扶领域，帮扶单位达到518家，为加速城乡统筹发展做出了积极贡献。稳定工作日益强化。建立健全维稳长效机制，打造“平安顺义”。坚持“抓早、抓小、抓了、抓好”化解矛盾，信访总量持续下降。特别是在征地拆迁过程中，顺义区未出现一起因拆迁引发的越级集体访，实现了无震荡拆迁，特别是确保了市级重点挂账整治村天竺村的顺利平稳拆迁。社会服务管理创新实现新进展。制定出台了“1+X”系列文件，包括《顺义区社会服务管理创新意见》和19个试行方案，并高标准完成了54个村庄社区化建设任务。认定了第一批9家“枢纽型”社会组织。社会治安综合治理扎实推进，严厉打击“违法建设、违法经营、违法广告”，累计拆除违法建设77万平方米，有力维护了“五大”秩序。探索建立社会服务管理的长效机制取得了初步成果，人口调控管理的经验和安全生产分级分类、自查自报管理的模式在全市推广。

四是科学执政、永葆先进，思想政治工作的聚合功能进一步提升。创先争优活动成效显著。将创先争优活动与党员作风建设年活动相结合、与推动顺义区中心工作相结合，取得了阶段性成果。各级班子呈现新气象。面对新形势、新任务、新发展,全面加强干部队伍建设,各级领导班子凝聚力、决策力、执政能力进一步提高。顺义区上下精神更加振奋,斗志更加昂扬,“人心齐、抓机遇、促发展、创和谐”的局面更加巩固。干部队伍建设不断优化。树立德才兼备、以德为先和按事业需要选人用人的导向,制定了《2011-2015年顺义区处级党政领导班子建设规划纲要》,全年提拔干部156人,公选处级领导干部19人,组织22名处科级年轻干部赴澳集中培训,青干班67名后备干部参与天竺村拆迁得到实践锻炼,干部队伍的整体结构更加优化,综合素质进一步提升。出台了《中共北京市顺义区委关于进一步从严管理干部的意见》,干部队伍的凝聚力、战斗力不断增强。基层党建取得新成果。确立了农村、社区、“两新”组织、机关和国企等各领域党建工作框架,出台了《社区党建考核评价分类办法》等文件,基层党组织分级分类精细化管理的制度体系初步形成;顺利完成村“两委”换届选举工作,409个村书记主任“一肩挑”和“两委”交叉任职比例分别达到85%和75%。反腐倡廉建设得到新推进。严格落实《“一把手”廉政风险防范七项制度》,研发了廉政风险信息管理系统,全面开展“十廉”活动,强化了对“三重一大”事项的动态化、常态化管理;开展了以党纪、政纪、法纪为重点内容的廉政教育活动,取得了提升思想、完善制度、改进工作的初步效果。

单位名称:中国共产党北京市顺义区委员会
地址:顺义区府前中街1号
电话:(010)69444113
邮编:101300
网址:http://qw.bjshy.gov.cn

(曹春淼)

【召开2010年经济工作会】 1月5日,顺义区召开2010年经济工作会议。区领导张延昆、刘剑、马庚良、陶宝金等出席。会上,区经信委、新城管委会、杨镇3家单位分别就服务重大项目、加快重点经济功能区建设,打造以金融产业为重点的总部经济核心区,加快推动重点镇建设等工作做了典型发言。刘剑区长作《经济工作报告》。区委书记张延昆强调:一要坚持经济发展这个第一要务不动摇,抓好重点产业、重大项目、重要功能区的发展,科学制定“十二五”规划指导发展,注重经济社会发展的协调性;二要坚持围绕发展抓党建、抓好党建促发展不动摇,抓好区委三届十次全会精神落实,抓好领导班子和干部队伍建设,抓好村级“两委”班子换届选举工作;三要坚持以奋发有为的精神状态投身发展不动摇,顺势而为,乘势而上,主动务实、争创一流,抢抓机遇、攻坚克难;四要坚持创造良好环境服务发展不动摇,牢固树立环境也是生产力、竞争力的理念,着力打造良好的治安环境、高效的政务环境、完善的市政环境和宜居的生态环境,提升顺义区影响力和吸引力,为招商引资、招大引强工作创造优越的环境条件。

(马 征 曹春淼)

【刘淇、郭金龙到顺义调研】 3月26日,中共中央政治局委员、北京市委书记刘淇,北京市委副书记、市长郭金龙来到顺义,以“加快城乡结合部建设,推进城乡一体化发展”为主题进行调研。市领导李士祥、牛有成、黄卫、夏占义,区领导张延昆、刘剑、杨宝华、李友生等陪同。刘淇同志查看了市级挂账整治督办重点村梅沟营村村民回迁安置房“澜西园”住宅小区。

(马 征 曹春淼)

【建党89周年暨创先争优活动会】 6月30日上午,顺义区召开纪念建党89周年暨创先争优活动经验交流大会。会议由区委常委、常务副区长李友生同志主持。

(马 征 曹春淼)

【区委三届十一次全会】 7月30日,中共北京市顺义区第三届委员会第十一次全体会议召开。区委书记张延昆作《中共北京市顺义区委关于制定国民经济和社会发展第十二个五年规划的建议》，区委副书记、代区长王刚同志作《凝心聚力、加快发展，确保完成全年工作任务》的报告。

（马　征　曹春森）

【中国航信高科技产业园区奠基】　9月9日，中国航信高科技产业园区奠基仪式在顺义区后沙峪镇举行。民航总局党组纪检组组长梁宁生、北京市政府副秘书长戴卫、国务院国资委副秘书长阎晓峰、国务院国资委规划局局长王晓齐、中国民航信息集团公司有关领导，区领导张延昆、王刚、林向阳出席。

（马　征　曹春森）

【刘淇、郭金龙到顺义调研】　10月30日，刘淇、郭金龙到顺义调研流动人口服务管理工作。市领导吉林、李士祥、丁向阳，市政府秘书长孙康林陪同。刘淇参观了空港经济开发区天馨公寓，了解了仁和镇平各庄村人口服务和管理工作开展情况。

（马　征　曹春森）

【国家地理信息科技产业园奠基】　11月28日，国家地理信息科技产业园奠基仪式在顺义区国门商务区举行。中共中央政治局委员、北京市委书记刘淇出席，国土资源部部长徐绍史，市委副书记、市长郭金龙在奠基仪式上讲话。国土资源部和北京市领导徐德明、王安顺、李士祥、苟仲文及区领导张延昆、王刚、杨宝华、李友生、林向阳出席。国家地理信息科技产业园由国家测绘局与北京市合作建设，总投资额150亿元，是以信息技术产业为导向、以地理空间信息及相关产业为主体、以金融服务等第三产业为支撑的国家级地理空间信息产业平台，主要包括国家地理信息公共服务平台、国际地理信息产业基地、国家地理信息软件基地和国家地理信 息创业孵化基地等。

（马　征　曹春森）

【现代汽车有限公司第三工厂奠基】　11月28日，北京现代汽车有限公司第三工厂奠基仪式在顺义区杨镇举行。中共中央政治局常委、全国政协主席贾庆林，中共中央政治局委员、北京市委书记刘淇，市委副书记、市长郭金龙，市政协主席阳安江，中央有关部门和北京市领导郑鸿业、仝广成、郭允冲、魏传忠、张小虞、王安顺、李士祥、苟仲文，市政协秘书长闫仲秋，区领导张延昆、王刚、杨宝华、林向阳出席。北京现代第三工厂项目位于顺义区杨镇，占地面积162万平方米，建筑面积144万平方米。

（马　征　曹春森）

【天竺综合保税区港区联动启动】　12月21日，北京天竺综合保税区港区联动正式启动。海关总署副署长鲁培军，国家质检总局副局长、国家认监委主任孙大伟，北京市副市长程红，区领导张延昆、王刚、闫立刚等出席启动仪式。

（马　征　曹春森）

【工作务虚会】　12月13日，顺义区2010年工作务虚会召开。区领导张延昆、王刚、马庚良、陶宝金等出席，相关委办局领导参加。

（马　征　曹春森）

【区委三届十二次全会】　12月27日，中共北京市顺义区第三届委员会第十二次全体会议召开，区领导张延昆、王刚、马庚良、陶宝金等出席。会上，区委书记张延昆作了题为《加快转变发展方式，推动顺义区“十二五”期间经济社会科学发展》的报告，区委副书记、代理区长王刚作了题为《乘势而上、奋发有为、努力实现“十二五”发展的良好开局》的报告。

（马　征　曹春森）

组织工作

【概　况】　2010年，组织工作以学习实践科学发展观为统领,以推进组织工作科学化为主线,坚持围绕中心、服务大局,注重把握规律性、突出创新性、体现针对性、增强实效性,全面抓好领导班子建设、干部人才队伍建设、基层组织建设、党员队伍建设和组织部门自身建设,各项工作都取得了新的进展和成效,为经济社会发展提供了有力的组织保证。

单位名称:顺义区委组织部
地址:顺义区府前中街1号
电话:(010)69441469
邮编:101300

(区委组织部)

【创先争优活动】 自5月份起,在顺义区党组织和党员中广泛开展了创先争优活动,确立了"推动经济社会发展,促进社会和谐稳定,惠及广大人民群众,加强基层组织建设,提高党员综合素质"的总体目标和"学习实践科学发展观,推进经济发展多元化、城乡发展一体化、社会管理精细化、党的建设科学化"的活动主题,明确了"把创先争优与经济社会发展、与重点工作、与党员作风建设年活动等有机结合,着眼于推动发展、促进工作,着眼于发挥党组织的领导核心、战斗堡垒作用和党员的先锋模范作用,着眼于解决实际工作和党组织自身建设中的突出问题"的工作要求,有力推动了顺义区经济社会的全面发展,促进了各项工作的顺利完成。

(区委组织部)

【队伍建设】 全年共对103个班子进行了调整,交流干部145人,新提拔处级干部156人,着重加强了党外干部和女干部的选拔工作,提拔处级女正职3人,党外正职2人,使班子和干部队伍结构得到了进一步优化。推进公开选拔工作常态化,完成19个职位的领导干部公开选拔工作;积极推进科级干部竞争上岗,全年共有10家单位开展了竞争上岗,70余名科级干部通过竞岗产生。实行了区委常委会讨论决定干部票决制,全年对107名干部任免事项进行了常委会票决,对18名党政正职实行了全委会票决。实行了处级单位干部选拔任用工作"一报告两评议"制度,强化了对干部选拔任用工作的民主监督。精心挑选了6名优秀年轻干部到新疆、青海等艰苦地区工作。制定了《2011－2015年顺义区处级党政领导班子建设规划纲要》、《关于贯彻＜2009－2020年北京市党政领导班子后备干部队伍建设规划＞的实施意见》、《顺义区干部选拔任用工作全程记实办法》、《区属二级班子"一把手"履行干部选拔任用工作职责离任检查办法(试行)》、《区属二级班子报告干部选拔任用工作并接受民主评议的实施办法(试行)》、《科级干部选拔任用工作暂行办法》、《区属二级班子工会主席配备的意见》等文件,进一步规范了干部选拔任用行为。

(区委组织部)

【干部教育、管理和监督工作】 加强对干部的理想信念教育和党性党风党纪教育特别是廉政教育,顺义区集中开展了廉政教育活动,取得初步成效。召开顺义区干部教育培训工作会,丰富了培训内容,创新了大讲堂、异地培训、境外培训等方式,提高了培训档次,干部培训的质量和效果有了新的提高。全年共举办各类培训班23个,培训干部人才7695名。组织67名后备干部参加青干班培训,并全部派往拆迁一线进行实践锻炼,丰富其工作经验,提升处理复杂问题的能力。制订了《关于进一步从严管理干部的意见》,完善了教育管理措施,丰富了管理和监督手段。认真抓好二级班子重要信息报送、述职述廉、个人有关事项报告、经济责任审计等制度的贯彻落实,进一步加强了对干部的有效监督。

(区委组织部)

【基层党组织分级分类管理】 按照分类明确工作职责、分类设计活动载体和活动方式、分类设置党组织、分类开展党员教育管理的基本思路,推进分类管理。在抓好关于加强机关党建意见和加强"两新"组织党建意见落实的同时,制定下发了《社区党建考核评价分类办法》，研究起草了《关于进一步加强村级党组织建设的实施意见》、《关于进一步加强村党组织书记队伍建设的意见》、《顺义区农村干部在职报酬和离职保障暂行办法》、《进一步加强区属国有企业党建工作意见》和《关于进一步加强社区党组织建设的实施意见》等配套文件，使基层党建工作分级分类精细化管理的制度体系初步形成。

（区委组织部）

【村“两委”换届选举】 2009年12月到2010年7月，顺义区进行了村党支部和村民委员会换届选举工作。顺义区426个村全部选举产生了新一届党支部班子，班子结构进一步优化，支部书记的整体素质有了新的提升；村党支部书记与村委会主任“一肩挑”比例达到85%，村“两委”委员交叉任职率达到75%，比上届分别提高4.7%和4.1%；村委会主任不是党员的24个，比上届减少了2个；没有出现村委会成员中无党员的村。“两委”换届选举呈现党员、村民参选率高，班子成员连选连任率高，一次选举成功率高，“两委”交叉任职比例高等特点，得到市委的充分肯定和高度评价。

（区委组织部）

【社会领域党建】 积极推进社区党组织“三有一化”建设和“五个好”社区党组织创建活动，形成了社区党建新的机制和载体。大力推进在新经济组织和新社会组织中建立党组织的工作，共在“两新”组织和商务楼宇中建立党组织12个，同时总结了一批“两新”组织党建工作典型，引导促进了“两新”组织党建工作的开展。

（区委组织部）

【基层干部培训】 结合“两委”换届后顺义区农村干部实际，先后举办2期农村党支部书记培训班，收到了良好效果。选拔了60名村级后备干部进行为期半年的“科班”培养，为下次村级换届储备人才。组织52名村干部参加“一村一名大学生”培训工程，进一步提高了农村基层干部队伍的文化素养。

（区委组织部）

【人才队伍建设】 制定了《顺义区“十二五”人才资源发展规划》。开展了首批战略后备人才培养工作，选派22名优秀青年干部作为战略后备人才，进行了为期九个月的境内外培训。全年共引进各类人才399人，其中高层次人才217人，扩大了顺义区人才总量，促进人才队伍结构的改善。积极组织开展了优秀人才培养资助工作，2名人才获得市级资助资金；认真做好第四批“海聚工程”、“第六批优秀青年知识分子”的推荐申报工作。利用参加成果展示推介会、“一帮一、签协议”、参加培训班等形式，为农村实用人才提供了发展创业平台。通过体检、慰问、座谈、组织开展活动、解决实际困难等方式为人才提供了有效服务。

（区委组织部）

【组织部门自身建设】 以“推进组织工作科学化、争创一流工作业绩”为主题，带头开展创先争优活动。组织部机关开展了“六好科室”创建和“五大标兵”评选活动，组织开展了“组织部门的根本职责是什么、如何提高组织工作对全局的贡献率”的大讨论。

（区委组织部）

宣传工作

【概　况】 2010年，顺义区宣传思想战线按照“高举旗帜、围绕大局、服务人民、改革创新”的总要求，全面宣传贯彻党的十七大和十七届三中、四中、五中全会精神，落实区委全会的决策部署，坚持解放思想、实事求是、与时俱进，扎实深入做好理论武装、新闻宣传和文化工作，为促进顺义区科学发展提供了强有力的思想舆论保障。

单位名称:顺义区委宣传部
地址:顺义区府前中街1号
电话:(010)69443479
邮编:101300

(贾榕榕)

【理论工作】 学习型党组织建设初显成效,营造了浓厚学习氛围。各级党组织认真贯彻落实区委《关于加强学习型党组织建设的意见》,加强学习理念教育以及督学、促学和助学机制建设,顺义区理论学习呈现了从学习书本向解决实际问题转变,从普及知识向提高能力素质转变,从阶段学习向终身学习转变,从分散学习向系统学习转变的良好态势。理论中心组学习切合实际,增强了服务科学发展的能力。区委理论中心组组织集体学习35次,系统深入学习了中央和市委重要会议精神,专题研讨了临空经济、现代制造业、重点新城、交通、征地拆迁、廉政建设等重点工作。区级领导根据个人分工,亲自撰写调研30余篇,各处级领导全年共撰写调研文章200余篇,有效推动了有关工作的开展。各处级理论中心组紧密围绕地区实际、干部思想实际以及区域发展定位,精心策划选题,健全学习制度,达到了良好的学习效果。群众教育成效显著,凝聚了群众思想。4月至11月,举办百姓爱心故事征集宣讲活动,另外,全年各有关单位共开展60余场不同形式的市民大讲堂活动,直接受众达到8000余人,收到了良好的效果。

(贾榕榕)

【文化工作】 成功举办第二届北京端午文化节主会场活动。经过积极申办,全力筹办,6月13日至16日,顺义区在顺义奥林匹克水上公园成功举办了以"展现端午魅力 建设人文北京"为主题的端午文化节主会场活动,开幕仪式成功精彩,"端阳赋"文艺晚会完美呈现,"临空经济区杯"龙舟大赛赚足人气,文化展演可圈可点,吸引1.2万名市民亲临现场参与体验,充分展现了端午文化的丰富内涵和独有魅力,打造了具有鲜明地方特色和浓郁中国韵味的传统节日活动。群众文化活动丰富多彩。"二月新春"举办12项重点系列文化活动680余场次,5万人次参与,观众达50万人次。"五月的鲜花"突出"文化服务和谐社会,歌声颂扬顺义辉煌"主线,举办北京市第四届"天竺杯"红歌合唱邀请赛,带动了400多支基层合唱队近万名群众参加。"十月金秋"举办了第一届"京冀风景线"文化交流活动,北京十区县与坝上五县书画联展和顺义、石景山、河北唐山书画联展共展出作品近300件,满足了群众不同层次的欣赏需求。文化阵地建设不断加快。顺义区文化中心建筑面积6万平米,总投资3.8亿元,正在加快建设。在现有文化阵地的利用上,加大了对文化活动室、数字电影放映厅、农家书屋、文化信息资源共享工程的管理力度,不断更新内容资源,创新服务方式,提升文化设施的达标率和服务水平。

(贾榕榕)

【新闻宣传工作】 2010年,顺义区围绕社会服务管理创新、临空经济区建设等重大主题和重大活动,积极开展新闻和形象宣传。全年共组织召开了新闻发布会20余场,在市级以上媒体刊播新闻17000余篇,其中在新华社、人民日报、中央电视台等中央级媒体刊播新闻400余篇,规模和质量得到了进一步提升。改版顺义广告宣传片,并在北京电视台黄金时段投放,全方位、大视野、高角度、多媒体宣传了临空经济区的优越环境、发展成就和成功经验。扎实开展网络宣传。顺义网城完成第10次改版,成为以"服务公众为核心"的综合性服务型网站,2010年在全国近500家区县网站中综合排名第24位。顺义区136家政务网站通过改版升级,提升功能,加大了政务信息发布和便民服务力度。顺义区5个镇与新华网合作,15个镇与千龙网合作,开辟专栏,扩大了网络宣传力度。网络工作体系不断健全。研究制定了《顺义区关于加强舆情信息和网络工作的意见》,成立了网络和舆情工作领导小组,初步组建了网络发言人、网络信息员和网络评论员队伍。网络舆情监测与舆论引导初显成效。积极与人民大学合作,监测统计顺义区新闻报道的数量、内容和媒体分布情况,科学汇集和掌握新闻宣传的总体情况以及阶段性网络舆论热点。区信息中心完善了网络舆情监控系统,重点收集网页、论坛、贴吧中有关顺义区的敏感、热点、焦点问题,2010 年累计监测报送网络舆情 140 余条,为开展网络宣传引导提供了依据。

(贾榕榕)

统战对台工作

【概　况】 顺义区委统战在区委的正确领导下,在市委统战部的指导下,以邓小平理论和"三个代表"重要思想为指导,深入贯彻落实科学发展观,积极适应形势发展的要求,以改革创新的精神,不断提高统战工作科学化水平,围绕发展,凝聚力量;围绕稳定,促进和谐;围绕改革,创新工作,全面推进统一战线各个方面的工作,为建设文明、和谐新顺义做出了积极贡献。

单位名称:顺义区委统战部
地址:顺义区府前东街 11 号
电话:(010)69443996
邮编:101300

(蔡春梅)

【传达区委有关会议精神】 区委统战部组织全体党员机关干部召开了区委有关会议精神传达会,就《市委宣传部关于当前形势的宣传教育提纲》的主要精神进行了传达,对全体党员干部提出来要求:充分认清形势、认识非法聚集活动的性质。对谣言不信、不传、统一思想。对相关聚集活动做到不参与、不围观,有问题按组织反应。除此之外还要求全体党员干部要把思想和行动统一到中央和市委的要求上来,切实维护首都人民安居乐业、社会安定团结的良好局面。

(蔡春梅)

【接待市委退休老干部】 4 月 20 日,市委统战部机关老干部一行来到顺义区仁和镇平各庄村,此次活动的目的是充分围绕"党的建设在基层"这一主题。此次活动还请到了顺义区平各庄村党支部书记、北京市劳动模范蔡玉民同志介绍了新形势下基层党建工作的经验,蔡玉民同志的发言生动、形象,言谈中回忆了基层党建工作走过的艰难历程和当前取得的骄人成绩,他向老领导们介绍了平各庄村从穷到富一步步的发展过程,得到了老干部的一致表扬。市委统战部机关老干部还一致肯定了基层党建工作的重要性,并对蔡玉民同志的先进经验给予了充分的肯定,最后,老干部们参观了平各庄村便民服务室、电教室、健身室以及村民图书室。

(蔡春梅)

【海峡两岸经贸文化交流协会到访】 4 月 18 日上午,台湾秀传医疗体系总裁黄明和一行 7 人到顺义区参访考察。参访团首先参观了区医院基础设施情况,随后双方就两岸医疗发展开展交流,副区长燕瑛表示希望能与台湾秀传医疗体系开展进一步合作,学习台湾先进的医疗技术和理念,从而提高顺义区医疗发展水平。

(蔡春梅)

【全国台湾同胞投资企业联谊会到访】 5 月 24 日,国台办经济局副局长张世宏率全国台湾同胞投资企业联谊会参访团到顺义区考察,参访团首先实地参观了天竺综合保税区二区,并听取基本情况介绍,副区长林向阳与参访团开展座谈。

(蔡春梅)

【台商踏青联谊活动】 5月15日上午组织驻区台商台胞100余人赴平谷京东大峡谷和鲜花港开展踏青联谊活动。

(蔡春梅)

【接待部分区县委统战部长】 6月7日,是顺义区一年一度的燕京啤酒节,顺义区委统战部邀请了市委统战部、部分区县委统战部领导来到顺义进行了座谈,市委统战部副部长张洋出席了座谈会。朝阳、通州、东城、密云等区县委统战部领导参加了活动。

(蔡春梅)

【纪念建党90周年征文】 6月16日上午,顺义区委统战部组织召开顺义区各族各界代表人士纪念中国共产党成立90周年座谈会。

(蔡春梅)

【学习区委会议精神】 6月13日,按照区委要求,区委统战部组织机关党员干部认真学习贯彻关于加强和创新社会管理的重要指示精神进行了传达和落实,区委统战还结合本单位工作展开深入研讨,理清工作思路,坚决做好以下几点工作:加强领导,坚持"三条原则"。"管总管重"原则,党管干部原则,建立统战工作目标管理考核制度。探索新的社会阶层人士统战工作。要以社团为纽带,发挥社会团体在开展新的社会阶层人士统战工作中的作用。

(蔡春梅)

【建党90周年主题教育活动】 6月9日上午,区委统战部组织机关全体党员干部开展了建党90周年知识讲座,以讲党史为主题进行了一次教育活动。

(蔡春梅)

【上半年经济形势通报会】 7月29日下午区委统战部召开党员干部会议,传达了顺义区上半年经济形势通报会的会议精神,上半年顺义区经济社会呈现出"增长势头强劲、结构调整加快、质量效益提升、民生持续改善"的良好态势,主要经济指标超额完成半年任务。

(蔡春梅)

政策研究工作

【概　况】 2010年是顺义区实施"十一五"规划的最后一年,也是精心谋划"十二五"发展的关键一年。在区委的正确领导下,在市委研究室的全力指导和积极帮助下,区委研究室紧密围绕顺义区中心工作和发展大局,开展调查研究工作,各项工作开展顺利,完成了年初确定的各项任务,发挥了区委、区政府的参谋助手作用。

单位名称:顺义区委研究室

地址:顺义区府前中街1号

电话:(010)69444462

邮编:101300

(区委研究室)

【调查研究工作】 顺义在全市调查研究工作继续走在前列,连续三届六年被评为市调研工作先进单位。截至2010年11月底,顺义区调查研究围绕重点新城建设、临空经济区建设、统筹城乡发展、和谐社会建设、社会服务管理创新五大重点方向、十五大主题系列,共完成有价值的调研报告150余篇,其中区级调研刊发45篇,市级调研刊物发表30余篇。研究室选准突破点,对事关顺义区全局性、战略性和前瞻性的重大问题进行了深入研究。积极承担区级重点课题。分别承担了《世界城市背景下顺义新城发展思路研究》和《北京临空经济区发展战略研究》两大区级重点课题。作为区级主要领导的年度调研,区委研究室高度重视,与市委研究室、中国民航大学等单位分别组建了专项课题组,在提纲、内容和调研方案等前期准备工作进行多次讨论和完善的基础上,对顺义区50余家单位进行了实地调研和座谈交流,在形成课题初稿后，并分别向20余家相关单位征求意见30余条，目前两大课题已近尾声，即将结题。围绕顺义区中心工作，积极主动开展重大课题研究。分别开展了《顺义区百强企业对顺义贡献的分析》、《走集团化办学之路，做强做大顺义职业教育的思考》、《顺义区临空经济发展机制研究》、《顺义区建设世界空港城路径探析》和《企业高级管理人员对顺义区的生活宜居满意度调查》等若干课题研究，其中《走集团化办学之路，做强做大顺义职业教育的思考》获得区主要领导的重要批示。

（区委研究室）

【专项重点课题调研】 根据区委主要领导批示精神，研究室集中力量，对领导关心、批示、交办的重点工作认真落实。系统总结了近年来顺义区在人口调控方面取得的做法和成效，形成《顺义区坚持以科学发展观指导人口调控促进人口资源环境协调发展》。该报告得到领导的认可，并在市委研究室内部刊物《决策参考》上刊发。按照年初党中央“转变经济发展方式”的要求，形成了《加快经济发展方式转变，在高起点上实现新跨越》研究报告，为顺义区抢抓发展的主动权、促进顺义区经济发展实现新的跨越提供了借鉴。与区农委、区三高管委会合作，对顺义区农民专业合作社建设进行了深入调研，形成《顺义区农民专业合作社建设》调研报告。四是结合“十二五”规划要求和顺义区城市管理现状，形成《关于顺义区城市管理问题的研究》调研报告。

（区委研究室）

【培训调研干部】 顺义区委研究室加强对顺义区调研队伍的培训。邀请市委研究室专家领导，结合市委提出的“世界城市”重要战略构想，就如何撰写调研报告进行了详细讲解。顺义区100多家单位，近300名调研主管领导和调研工作人员参加了培训。

（区委研究室）

【对外协作合作】 顺义区委研究室配合北京市上级单位的调研任务，先后承接参加了市委研究室组织开展的顺义区“十二五”时期发展目标、思路、主要举措和重大项目及对市委“十二五”规划建议，北京市社情民意调查等；参加了市发改委的顺义区“十二五”时期产业发展思路座谈，“十二五”世界城市建设专题规划课题调研，世界城市与顺义区“十二五”规划建设；承接了市农委《关于顺义区加快农民转非工作的调研报告》等调研任务。协助北京市兄弟区县的考察与调研，先后接待安排了延庆、密云等区县关于临空经济、园区建设等方面的考察和座谈。发挥部门职能，广泛参与区内单位调研与规划。先后多次参加了天竺综保区、区发改委、区经信委、区科委、区临空办、区社会办、区信息中心等多家单位“十二五”规划的修改。

（区委研究室）

【其他工作】 顺义区委研究室对2009年度区内的重点课题和关注课题进行了系统梳理，编印了《2009年度顺义区调查研究课题汇编》。充实干部队伍，通过公开招考，先后引进了一名副主任和一名机关工作人员，干部队伍不断加强。按照顺义区的统一安排和布置，年终对区直单位及被考核单位的调查研究工作进行全面考核。在民主生活会、党风廉政、“一助一”、组织人才、法制宣传以及信息安全等各项工作方面，按部就班，尽力尽职，做好各项工作。

（区委研究室）

机构编制工作

【概　况】 2010年，在区委、区政府和区编委的正确领导下，区编办紧密围绕中心，服务大局，继续深化各项改革，加强机构编制管理，服务经济社会发展，推进机关基础建设，取得一定成效。

单位名称：顺义区机构编制委员会办公室
单位地址：顺义区新顺南大街17号
电话：(010)69441686
邮编：101300

（区编办）

【政府机构改革】　结合2009年区政府机构改革，对各部门所属相关事业单位进行调整优化，促进各部门高效运转。牵头协调经信委、公安分局、农委、住建委等单位理顺相互之间的职责分工，根据原乡镇企业局所属自收自支事业单位在经信委成立后职责任务萎缩的现状，对现有机构及人员进行整合。进一步贯彻落实市委、市政府《关于深化北京市行政管理体制改革的实施意见》，继续对深化促进职能转变、优化组织结构、落实部门责任、理顺职责关系等专题研究。

（区编办）

【乡镇机构改革试点方案】　乡镇机构改革是新形势下农村综合改革的关键环节和行政管理体制改革的重要组成部分，2010年，按照市编办统一部署，结合顺义区实际，以明确乡镇职能定位、转变乡镇政府职能，规范党政机关设置、严格核定人员编制，合理划分职责、理顺职能关系，创新事业站所管理体制、推进事业单位改革为主要任务，逐步开展乡镇改革试点工作。积极研究拟定改革工作思路，征求相关改革试点镇意见，指导改革试点方案的拟定，协助市编办研究提出《关于乡镇机构改革中党政机构设置的指导意见》(征求意见稿)，并提出顺义区乡镇改革试点方案。

（区编办）

【事业单位分类改革调研】　按照市里统一部署，积极协调区财政、区人力社保局配合市编办、市财政局、市人力社保局完成了对顺义区事业单位基本情况统计等事业单位分类调研工作，并结合顺义区实际，对顺义区事业单位进行模拟分类，在拟定类别的基础上，进一步明确了事业单位机构属性，为事业单位分类改革的全面铺开打下了基础。四是完成了机构改革文件资料编印工作。为总结机构改革经验，对外展示顺义区近年来机构改革成果，加大机构编制宣传力度，促进各部门对顺义区机构设置、职能配置、人员编制情况的了解，区编办将2004年至2009年之间的区政府机构改革以及涉及机构调整的相关文件编印成两套文件汇编，供顺义区主要领导及各单位使用。

（区编办）

【规范机构编制管理制度】　根据编办独立设置后的职责任务和要求，为规范机构设置，加强编制管理，提高行政效能，研究起草了《北京市顺义区机构编制委员会工作规则(试行)》、《北京市顺义区机构编制管理暂行办法(试行)》，进一步完善工作制度、明确机构编制业务流程，理顺与相关职能部门的职责关系和权限划分，使机构编制工作体制和运行机制规范化、制度化。

（区编办）

【“实名制”管理】　顺义区编办完成乡镇数据库交接工作。按照区编委关于“将原由区委组织部负责的党群机关、人大政协机关、乡镇有关编制管理和人员调整的工作划转到区编办”的有关精神，于2010年3月完成了与区委组织部的工作交接，并对数据库中人员信息与各相关单位进行逐一核对，确保接收数据准确无误。二是严禁超编进人。认真贯彻落实《关于进一步加强机构编制管理工作的通知》及《地方各级人民政府机构设置和编制管理条例》，强化对机构编制管理工作重要性的认识，严格执行编委“一支笔”审批制度，严禁超编进人与擅自调整人员，从源头上遏制违纪行为的发生，加强了机构编制管理的规范性与严肃性。三是增强补充人员计划性。年初，根据各单位编制空额、人员结构、工作预期等情况制定了顺义区2010年度行政、事业单位年度补充人员计划，经区编委会审批后，由区人力社保局按照编委批准的计划数组织公开招考。全年行政机关参照管理事业单位共补充190人，事业单位补充(含教育、卫生)496人。四是强化联动机制。严格落实《顺义区财政统一发放工资管理办法》，结合顺义区“财政统一发放工资系统”，每月对编内实有人员与财政统发工资人员逐一核对。通过相互监督、严格审核，共同构筑起以机构编制工作为基础，编制、人力社保、财政等部门既协同配合、又共同约束的运行机制，保障了编制人员“实名制”管理落到实处。

(区编办)

【重点领域机构编制保障工作】 为加快区域经济建设提供保障，顺义区编办为天竺综保区综合服务中心、综保区海关和检验检疫部门提供编制及人员保障；成立北京花卉展览交易中心；成立了新农村建设服务中心；成立了文化创意产业服务中心；成立了市政市容建设服务中心和环卫清洁二队。二是为以改善民生为重点的社会建设提供保障。成立了裕龙、金汉绿港等五所幼儿园；参与区深化医药卫生体制改革和社会服务管理创新工作，研究并提出相关意见；成立劳动人事争议仲裁院；对城管机关内设科室及编制进行调整，在三个新街道分别成立了城管分队。三是为党的科学化建设提供保障。重新核定了党校(行政学校)的内设机构和人员编制；为组织部党员电化教育中心增加人员编制；完善党的代表大会制度，成立了党代表联络室；调整了顺义区纪检监察机构的内设机构，重新核定了人员编制和领导职数，完善了基层纪检监察体系，为乡镇、街道和部分政府部门成立了监察科。四是为推进民主法制建设提供保障。调整区人大常委会的研究室为独立科室，成立了信访接待室，并在各镇设立人大工作办公室，配备专职工作人员。为检察院增设了区看守所检察室等内设机构和配备相应的科级领导职数；完善法院执行机构建设，成立了执行局。

(区编办)

【围绕发展稳定提供服务保障】 配合区人力社保局安置军转干部39人、军嫂39人；配合区民政局安置退伍士兵20人；完成了综保区综合服务中心、市政市容建设服务中心等五家新组建单位的人员补充工作，共计58人；完成了教育资源布局调整中相关学校人员划转工作；协助区人力社保局完成顺义区全额、差额拨款事业单位人员定岗工作；协助区委组织部完成顺义区2009年度行政、事业单位督查考核奖的核发工作；协助区人力社保局完成顺义区公务员、全额拨款事业单位人员纳入医保管理工作；协助区统计局做好经济普查调查单位的确定工作；协助区档案局做好党史区志的编辑工作。

(区编办)

【建立政府机关职能考核评估体系】 按照区政府绩效考核文件要求，区编办结合实际研究建立了政府机关职能考核评估体系，制定了《顺义区区级国家行政机关主要职责落实情况专项考核实施办法(试行)》和《顺义区政府行政单位主要职责落实情况考评表(试行)》，审核汇总《区政府绩效管理任务书》78个绩效责任单位234条主要职责部分的考核内容，并以此为契机开展区级国家行政机关政府绩效考核工作，与区监察局共同修改确定了考核方案，进一步丰富了考核内容和手段，明确了“年初审核、日常抽查、半年检查、年终考评”四个考核环节，并引入社会特约监察员评议机制，采取单位自查、组织考评和社会监督相结合的方式，对78家绩效单位进行了考核。通过开展“三定”考核评估，及时了解各单位履职现状，研究履职中发现的问题，巩固改革成果。

(区编办)

【事业单位法人登记管理工作】 完成机构改革涉及事业单位法人变更及日常登记工作，全年共办理事业单位法人设立、变更登记123件；依法落实事业单位法人年度检验制度，完成顺义区500余家事业单位法人年检工作;利用年度绩效考核的有利契机,开展事业单位法人监督检查工作的初步探索,对10家事业单位进行了抽查;按照国家事业单位登记管理局及市编办有关要求,加强对党政群机关和事业单位名称规范管理,逐步开展中文域名普及推广工作,为顺义区50家单位申报中文域名76个。

(区编办)

【宣传培训工作】 年初组织顺义区108家机关事业单位230人,在区委党校进行了机构编制业务培训工作,加强机构编制宣传、规范各项业务流程、严明机构编制纪律,进一步提高顺义区各部门、各单位机构编制队伍的业务素质。

(区编办)

保密工作

【概　况】 2010年,顺义区保密工作以科学发展观为指导,以宣传贯彻新《保密法》、增强全民保密意识为主线,以强化涉密计算机综合防护系统建设、提升保密技术防范能力为重点,提高信息化条件下保密管理水平。加强党政机关和涉密单位保密工作基础建设,夯实保密工作基础,开展新《保密法》学习、宣传、教育活动,完善保密制度,健全保密工作机制,强化行政执法检查,加强了对国家秘密载体定点印刷、销毁单位和废旧回收行业的监督,保密管理水平和保密技术防范能力全面提升。

单位名称:顺义区国家保密局
地址:顺义区府前中街1号
电话:(010)69444839
邮编:101300

(梁春山)

【联合执法检查】 3月21日-23日,区国家保密局协调区商务委对辖区内废旧物品回收行业进行了联合检查,期间共检查了五个废旧物品回收场所和40个站点。检查过程中,区国家保密局详细检查了废旧回收主体企业禁收规定执行情况,并现场检查了废旧物品回收经营户禁收规定落实情况。检查期间区国家保密局对各经营户进行了相关保密法律法规宣传教育,发放保密宣传材料100份,并与废旧物品回发主体企业签订了保密责任书。

(梁春山)

【涉密载体清理专项行动】 4月,为贯彻市委保密委员会关于开展专项检查的要求,顺义区开展了涉密载体清理专项行动。成立了以区委常委、区委保密委员会主任杨宝华为组长的领导小组,印发了《关于开展保密检查的通知》,对顺义区涉密载体清理工作进行了部署,区国家保密局、区密码领导小组办公室组成联合检查组对各单位涉密载体清理工作进行了检查。

(梁春山)

【领导批示】 4月18日,区委常委、区委保密委员会主任杨宝华对保密工作做出批示:"要在顺义区保密工作中贯彻中保委主任令计划讲话精神;保密工作遇到了前所未有的挑战,要用扎实的工作妥善应对"。

(梁春山)

【保密检查】 6月2日,市委保密委员会委员、市委办公厅正局级巡视员于利民带队检查顺义区涉密载体清查工作。检查组听取了区国家保密局局长陈广会同志关于顺义区涉密载体清查工作情况汇报,实地检查了区委研究室、南法信镇涉密载体清查情况,对顺义区涉密载体清查工作表示肯定。

(梁春山)

【保密法宣传】 8月,开展了保密法制宣传活动。《中华人民共和国保守国家秘密法》经十一届全国人民代表大会常务委员会第十四次修订通过，于2010年10月1日正式旅行。8月份，顺义区开展了保密法宣传活动。成立了以区委常委、宣传部长、区委保密委员会主任杨宝华为组长的保密法宣传领导小组，区委宣传部、区保密局、区司法局、区法制宣传教育领导小组办公室共同研究制定了宣传方案，印发了开展学习宣传《中华人民共和国保守国家秘密法》活动方案的通知。为顺义区各单位发放了《保密法》、《保密法释义》和《保密法宣传挂图》，先后为基层单位开展了7次保密法讲座，在青年干部培训班、初任公务员培训班和科级干部培训班开设保密法课程。

（梁春山）

【清理取缔涉密文件资料非法交易】 9月，根据国家保密局的统一部署，区国家保密局会同区公安分局、区工商分局、区商务委在辖区内开展了清理取缔涉密文件资料非法交易专项行动。四部门联合下发了《关于深入做好清理取缔涉密文件资料非法交易工作的通知》，对顺义区清理取缔涉密文件资料非法交易工作做出统一部署，区保密局、区公安分局、区工商分局、区商务委组成联合检查组对辖区内7个废旧物资回收市场和122家网站刊载信息进行了重点排查，未发现刊载非法交易涉密文件资料信息和行为。

（梁春山）

【涉密计算机防护系统建设】 10月，完成了顺义区涉密单位台涉密计算机单机综合防控系统和区保密局违规外联报警平台建设工作。从技术上封堵了涉密计算机违规上互联网、涉密移动存储介质交叉使用的途径，极大降低了涉密计算机失泄的几率。报警平台实现了对区内涉密计算机非法外联24小时全天监控。

（梁春山）

【国家考试保密管理】 年内，为做好国家考试的保密管理工作，区国家保密局分3次对区教委、区社区教育中心保密室和30个高考、中考、成人高考考点保密室的人员配备、硬件建设、制度建设进行了检查，为顺义区国家考试提供了安全可靠的保密环境。

（梁春山）

【保密检查】 年内，区国家保密局分三次对党政机关进行保密综合检查，着力加强了对重点涉密党政机关的检查，先后检查了45个单位，用技术手段抽查了138台计算机，其中涉密计算机67台，非涉密计算机71台。对各单位政府信息公开保密审查情况进行了检查。

（梁春山）

【涉密计算机管理数据库建设】 年内，依托涉密计算机单机综合防控系统建设，区保密局建设了涉密计算机及附属设备数据库，涉密计算机编号、型号、主机序列号、硬盘型号及序列号，附属设备型号序列号，单位、责任人统一入库，实现了对各单位台账、责任人、涉密计算机及附属设备、涉密移动存储介质的“一对一”精细化管理，明确了责任，提高了责任人的保密意识，消除了隐患。使区内涉密计算机及附属设备实行动态管理，实现了从管数量、管种类向管单机、管责任人的纵深进，初步形成了行政管理与技术并重的管理格局。

（梁春山）

精神文明建设

【概　况】 2010年，在区委区政府的坚强领导下，在首都文明办的精心指导及社会各界力量的鼎力支持下，顺义区精神文明建设工作围绕中心、服务大局、融入发展，在深刻总结、传承奥运会、花博会的成功举办和建国60周年大庆的激情参与经验的基础上，积极转变思想、勇于开拓创新、大胆实践求证，以构建“社会主义核心价值体系”为根本，以“做文明有礼的北京人”主题活动为载体，按照“创先争优”的目标要求，积极推进“礼仪、环境、秩序、服务、观赏、网络”六大文明行动，市民文明素质和区域文明程度又有新提升，为加快推进城乡一体化，建设现代文明和谐新顺义提供了强大精神动力、智力支持、思想保证和文化条件。

单位名称：顺义区精神文明建设委员会办公室
地址：顺义区府前中街1号(区委409房间)
电话：(010)69441604
邮编：101300

(文明办)

【队伍建设】　建设一支业务过硬、运行高效的队伍是推动精神文明建设科学发展的重要前提。今年初，在认真研究中央、市级各类文明创建评选标准的基础上，结合顺义特点和工作实际，制定了《顺义区精神文明创建工作管理实施办法汇编》，为各基层单位扎实有效开展创评工作提供了鲜活教材、指明了努力方向。配合《顺义区精神文明创建工作管理实施办法汇编》的下发，结合后奥运、后花博时期精神文明创建的工作思路和管理办法，对顺义区各单位、各部门的主管领导、社会居委会主任和农村部分党支部书记进行了为期两天的业务知识培训，极大提高了精神文明建设队伍的理论水平和业务能力；坚持以“政务公开、在线教育、公众参与”为宗旨，全力建设首都精神文明系统一流的网站。在首都文明热线的技术支持下，成功开通了《顺义文明网》，赢得了各级领导和广大市民的高度关注，月点击量持续攀升。组建了由19个镇、6个街道，84个区直部门专(兼)职信息员组成的精神文明建设信息宣传队伍，进行了专题培训。建设了信息宣传台账，出台了以“优秀奖励、不称职清退”为核心的《信息宣传工作管理办法》。目前，网站平均每天保持更新信息3篇以上，已经成为活动展示、经验交流和政策发布的重要阵地。

(文明办)

【市民素质教育工程】　结合“做文明有礼的北京人”主题活动，利用社区宣传栏和电子屏，采取不间断滚动播报和张贴公益广告、宣传画等形式，面向市民推行“文明有礼1234”文明用语和行为规范；紧抓4·23世界读书日有利契机，以“我爱读书—做文明有礼的北京人”为主题，利用区属媒体和精神文明宣传阵地向广大干部群众发出确立终身学习理念，爱读书、会读书、读好书的倡议。依托顺义图书音像城、顺义新华书店免费向市民发放《顺义区文明使者风采录》、《感受创建的力量》、《顺义区纪念改革开放三年优秀征文作品集》等5种图书、250册。为各镇、街道和8大工委免费发放《国学精粹》、《国学经典大全集》等文化书籍，营造了全民读书浓厚氛围；大力开展“道德模范”评选表彰活动，成功组织了颁奖盛典，面向社会公开命名和表彰10名“道德模范”。组建“道德模范”宣讲团走进农村、社区和校园，开展了3场大型事迹报告会；继续深化“学校、家庭、社会”三位一体教育网络建设，制定下发了《关于进一步净化社会文化环境促进未成年人健康成长的实施意见》，成立了“顺义区净化社会文化环境工作协调小组”，以整治出版物市场和校园周边环境、着力优化网络环境、大力净化荧屏声频、加强优秀文化产品的创作生产为主要内容的31项折子工程得到贯彻落实，未成年人赖以生存的社会文化环境显著改观。开展“快乐假期——争当社区文明小使者”主题教育实践活动。

(文明办)

【群众性精神文明创建活动】　以提升农民生活幸福指数、改善城区环境和社会秩序、满足群众日益增长的文化健康需求为重点，坚持小切口、大纵深、全覆盖的工作思路，全面推动“做文明有礼的北京人”主题活动。在城区：自10月14日起，坚持每周组织市政市容委、城管大队、城乡环境办、交通支队等6家职能单位对站台秩序、交通秩序、停车秩序、视觉环境、卫生环境、市政设施等7个方面进行检测，共排查出问题16项、提出整改意见15条，以机动车乱停乱放、上下班时间车辆拥堵、交通出行违规、公交客运调度等6项问题得到有效缓解；在社区：大力推行"垃圾减量、垃圾分类"道德实践活动，448名垃圾分类指导员持证上岗，有效推动了12个试点社区垃圾捡分工作。全市第26个"周四垃圾减量日暨绿色市场月"活动走进顺鑫石门市场，果蔬垃圾减量、分类工作在全市得到推广。继续深化社区宣传阵地建设，坚持每季度对精神文明建设宣传栏进行检查通报，在空港街道、双丰街道、光明街道、石园街道等居民区又兴建了15块示范栏，完成全年工作任务的75%。认真组织开展"我们的节日"系列文化活动，清明节、重阳节、元宵节、国庆节等传统节日逐渐成为社区活动的重要节点。怡馨家园一社区"春节一家亲、邻里大拜年"活动引起了社会广泛关注和一致好评。承办了北京市第二届端午文化节，将龙舟大赛、包粽子比赛等传统文化活动和文化知识宣传紧密结合，成功展现了端午文化的独特魅力；在农村：基层文明创建活动成果丰硕，影响深远。顺义区共有69%和71%的家庭分别申报"绿色家庭"、"和谐家庭"创评，三年来累计评选出区级"和谐家庭"332户、"绿色家庭"1466户。"靓丽新农村、文明促和谐"第二届农村文化墙设计大赛落幕，各镇村新建农村文化墙壁49块、总长度达1.69万延米，文化墙在教育引导、传播文明、弘扬新风的积极作用得到充分彰显。联合区文化委连续举办了"绿港美、家乡好"农村原创文艺作品大赛和"赞家乡、颂文明"农村曲艺大赛，群众自编自导自演95个作品；在单位：党政机关扎实开展"创先争优"主题活动。商业系统开展技能比武、技能考核和岗位练兵活动。工商和食品卫生系统开展"首都诚信经营示范街、示范店"创建活动。旅游、园林等系统借助鲜花港菊花节、卧龙公园水仙花展、减河郁金香展等大型游园活动，教育引导市民文明赏花，文明观赏行动出现成效。继续推进"城乡统筹，文明先行"主题实践活动，以精神文明建设为主旨，为共建对子提供了优势互补、协作创建、共同提高的平台；开展军(警)民共建活动，维护地区治安、环境综合整治、开展国防教育、慰问送温暖，已经成为双拥共建的常态工作，为成功争创全国双拥模范城三连冠打下了坚实基础。

(文明办)

党校工作

【概　况】 2010年，党校工作在区委、区政府的正确领导下，坚持以邓小平理论和"三个代表"重要思想为指导，深入贯彻科学发展观，全面落实《中国共产党党校工作条例》和区委《关于加强党校工作的意见》，加强自身建设，发挥职能作用，出色地完成了区委、区政府交办的各项工作任务，在建设学习型政党、全面提高干部素质等方面，为顺义区经济社会平稳快速发展及时提供了理论支持和智力保障。

单位名称：中共北京市顺义区委党校

地址：北京市顺义区中山西街1号

电话：(010)69444915

邮编：101300

(左春晖)

【干部培训】 干部培训是党校工作的核心。2010年，党校认真贯彻落实中央提出的"要围绕增强执政意识、提高执政能力、创新培训方法、提高培训质量"的要求，以主体班为重点，拓展班为补充，多层次、多渠道的办学格局,着力实施对顺义区副处级领导干部、青年干部、农村优秀人才的培训和对顺义区公务员的培训轮训工作,形成了以“理论基础、党性修养、区情知识、执政能力”为内容的教学新布局,深化教学改革,严格实施教学计划和教学管理,探索主体班异地培训的办法,完成了区委、区政府交办的各项任务。举办各级各类培训班31期,培训5704人。其中,主体班11期,培训1651人;新任公务员培训班4期,培训368人;新任科级干部培训班1期,培训152人;拓展班5期,培训431人;专题培训班10期,培训3102人。应邀深入各镇、街道、企事业单位宣讲党的十七届四中、五中全会精神和区委三届十一次全会精神等90场次,受教育人数约6000人。

(左春晖)

【系统性理论教学】 2010年,党校主体班次的理论教学以学习中国特色社会主义最新理论和“六个为什么”为主线,系统安排了十七届四中全会精神的学习,使党的重大理论问题相互衔接、相互贯通,系统回答了什么是马克思主义、怎样对待马克思主义,什么是社会主义、怎样建设社会主义,建设什么样的党、怎样建设党,实现什么样的发展、怎样发展等重大理论问题,帮助学员系统、准确地掌握了党的最新理论,完整掌握了马克思主义的立场、观点和方法,达到了统一思想、凝聚共识、指导实践、推动工作的目的。

(左春晖)

【针对性知识教育】 结合干部成长规律和顺义区干部培训工作的需要。2010年,党校主体班培训本着“干什么、学什么,缺什么、补什么”的要求,设置培训课程,注重体现知识教育的针对性。

(左春晖)

【实践性区情教学】 结合顺义区经济社会形势发展需要,2010年党校主体班培训,力求通过区情教学将所学的理论知识与顺义区发展实际紧密结合,引导学员对顺义区经济社会发展过程中的重大问题、现实问题进行分析、探讨。同时,采取“走出去、请进来”的办法,一方面加大现场教学在区情研究中的应用,让学员深入镇村、街道了解区情;另一方面把区领导和区有关部门的领导请到党校作报告,使学员近距离与区各级领导交流,进一步提高了学员对顺义区加快城乡一体化建设,打造世界空港城重要性的认识。特别是对处级班的轮训、青干班的培训,有较强的实践性,如:2010年举办的2期处级干部进修班,委托昆山市委党校开设了异地教学;青年干部培训班采取先参与拆迁实践后上课的方式。

(左春晖)

【实效性党性教育】 党性教育是党校的必修课,是党校教育同其它教育的根本区别,也是党校教育的优势所在。在主体班教学活动中,党校坚持把党性教育贯穿于始终,从学员到校报到,到结业离校,都安排了党风廉政教育内容,培训期间,安排了党性修养活动内容,设置了“预防职务犯罪”系列课程。

(左春晖)

【科研工作】 2010年,党校把理论研究的重点放在顺义区经济建设与社会发展的热点、难点和焦点问题上,紧紧围绕区委、区政府中心工作,发挥“思想库”的作用。教师受邀参与了顺义区“十二五”规划的调研、撰写工作;完成了区委交办的《关于顺义区社会管理软环境建设的研究与思考》的调研任务;参与了北小营等镇街道社会服务管理创新活动方案制定。同时,还参与了全国人大财经委委托的国家级调研课题1项,发表在《经济学动态》上,由《新华文摘》转载;3篇科研文章在国务院发展研究中心《经济要参》发表。完成了市级调研课题1项,在研课题2项。2010年,党校教师围绕一些重大的理论热点问题进行研究,撰写的理论文章在省部级以上报刊公开发表16篇。应邀深入各镇、街道、企事业单位宣讲党的十七届四中、五中全会精神和区委三届十一次全会精神等90场次,受教育人数约6000人。

（左春晖）

【队伍建设】 在区委、区政府及有关部门的大力支持下，党校2010年实施"人才强校"战略，紧紧围绕"年轻化"和"高层次"两个制高点，用好现有人才，引进急需人才，培养未来人才，教师队伍、行政管理队伍结构有了一定程度的优化。公招了1名副校长；引进了2名高学历、高层次专家型人才；招聘了3名应届硕博生，充实到教学科研队伍，使党校的教学科研队伍更加年轻化、知识化、专业化。13名教学科研人员，平均年龄33.6岁；其中有：3名博士、6名硕士、4名学士；成立了2个教研室，设有党建、法律、经济学、社会学、公共管理等专业，为打造"一流党校"奠定了基础。同时，党校加大对内设机构及干部人事制度的改革力度，请示区编委批复，增加了20个编制；变更、增设了7个科室；拿出8个科级岗位实行竞聘上岗，初步激活了校中层干部能上能下的工作机制。

（左春晖）

党史工作

【概　况】 2010年党史工作以落实市委党史研究史对全市党史工作要点为主线，结合顺义实际，发挥党史部门资料研究、宣传教育和资政育人职能作用，积极为建党90周年纪念活动做准备，全年共完成各类党史资料收集、整理、编写和出版766000字。

单位名称：北京市顺义区党史区志办公室
地址：顺义区光明北街4号档案馆311室
电话：(010)69420024
邮编：101300

（高树林）

【组织史编写启动】 《中国共产党北京市组织史资料》（顺义卷）编写工作全面启动，该资料编写预计用一年时间完成，主要包括：顺义机构沿革、实职副处以上领导干部名录和相关图表三部分内容，分编纂启动、收集资料、初稿编写、审核校对四个阶段完成，将全面、系统、客观、真实地记录了1987年至2010年期间，顺义区（县）党组织的发展历程和实践经验，充分展示1987年以来顺义区（县）通过党政机构改革和干部调整为推动区域经济发展作出的贡献。

（高树林）

【《顺义建设史》发行】 《顺义建设史》编写从2005年启动共历时5年时间，42万字，分为"全面建设社会主义时期、文化大革命时期和改革开放新时期"三部分，全面、真实、客观地记述了顺义自1949年至2002年期间政治、经济、军事、文化和各项社会事业发展历程。是新中国成立以来顺义发展变革的真实写照，对顺义社会主义建设史资料查考、资政育人起到积极作用。

（高树林）

【革命遗址普查】 顺义区革命革命遗址普查工作结束。此次普查工作历时两个月，经过研究制定方案、实地考察确定普查对象范围和形成普查报告三个阶段，确定顺义区焦庄户地道点遗址、庞山烈士纪念地和顺义革命烈士陵园为革命遗址。

（高树林）

老干部工作

【概　况】 2010年，是顺义区老干部工作面临新形势、新机遇，取得新突破、实现发展的一年。在区委区政府的正确领导和上级机关的具体指导下，顺义区老干部工作者勇于开拓创新、积极扎实工作，不断深化离退休干部“两项建设”（思想政治建设和离退休干部党支部建设），全面落实离退休干部各项待遇，创新活动载体，丰富活动内容，坚持求质求效。老干部工作取得了显著成绩，为推动顺义科学发展、促进社会和谐做出了积极贡献。

单位名称：顺义区委老干部局
地址：顺义区石园北区东
电话：(010)89440522
邮编：101300
网址：http://www.laogb.bjshy.gov.cn

（张　晴）

【理论学习与活动开展】　年内，为顺义区离退休干部党支部和党校社区课堂订阅《大讲堂》并发放理论学习读本，为顺义区离退休干部赠阅《顺义时讯》，订阅《北京日报》、《北京老年报》等学习资料。举办顺义区离退休干部集体政治理论学习讲座12次，向顺义区老干部通报顺义区经济社会发展、区域定位规划和教育事业发展情况2次，组织离退休干部参观工农业生产建设和经济社会发展成果6次，参加各类学习活动的人数达3260人次。

（张　晴）

【文艺体育团体】　动员离退休干部党员积极发挥作用，目前已成立各类老干部协会团体11个，其中：门球协会成功组织了“首届顺义老年人门球赛”；台球协会承办了2010年北京市农林系统“金秋杯”台球赛；老干部艺术团参加区内各项公益演出活动，把文化送到基层社区。全年各协会组织各项活动50余次，参加人员达1000多人次。

（张　晴）

【支部建设】　按照居住地管理、分类管理和精细化管理的原则，组建社区离退休干部党支部。在14个社区作试点，分别单独组建了离退休干部党支部，共吸纳党员438名，占城区离退休干部党员总数的33.01%。

（张　晴）

【服务管理】　把社区离退休干部党支部工作列入社区党建工作的议事日程，纳入《离退休干部工作领导责任制》检查考核内容，作为评价街道党工委党建工作和老干部工作的重要依据，细化量化离退休干部“五好支部”（支部班子好、党员队伍好、组织设置好、活动开展好、教育子女好）建设的标准，修订《责任制考核细则》，提高对社区建立健全离退休干部党支部的检查考核分值。结合离退休干部党员实际，修订完善社区离退休干部党支部《组织生活制度》、《理论学习制度》、《联系党员制度》、《党费收缴制度》等，制作顺义区统一的《离退休干部党支部工作手册》，每季度对离退休干部党支部书记进行一次培训。

（张　晴）

【离退休干部党支部活动】　在顺义区党建网站上建立社区离退休干部党支部信息平台，展示各社区离退休干部党支部工作开展情况，网上向老党员征集党日活动方案，开展最佳党日评选活动。

（张　晴）

【离退休干部服务】　在保持离休干部“三个机制”（离休费保障机制、医药费保障机制、财政支持机制）良好运转的基础上，建立离退休干部特困补助发放、重点走访慰问、社区“一助一”和为80周岁以上离休干部逐年祝寿，以及顺义区各单位先行支付离休干部医药费的报销周转金等工作制度，2010年，“两节”慰问离退休干部1541人，重点走访有生活方面等困难的离退休干部300人，为288名离休干部上门祝寿，为105人次离退休干部或其遗属给予帮扶。

（张　晴）

【老干部大学】　先后开设了书法、国画、太极拳、计算机、声乐、舞蹈、器乐等课程，目前学校注册学员262人，出勤率达82%。建立《老干部大学章程》、《老干部大学职责》等十二项综合规章制度，聘用兼职专业教师8名，其中高级职称5人、中级职称2人，专业特长1

人，确保教学活动有序开展。

（张　晴）

【活动开展】 “七一”、国庆、重阳等重要节日和特殊纪念日播放主题影片、举办文艺演出、召开联欢会。开展“春、秋季系列活动”。组织乒乓球、台球、象棋、门球等比赛26项，728人参加。开设每月一课老干部“健康讲堂”，特邀京顺医院主任医师结合老年人常见病、季节性多发病适时讲座，全年共举办讲座11次，参加人员1200余人次。

（张　晴）

【宣传工作】 2010年结合顺义区利用社区资源做好离退休干部工作中的具体做法和实际效果，采写新闻专题片《支部建在家门口》，在北京电视台和北京党建数字电视中播出。拍摄反映顺义区退休干部张林成服务三农发挥余热的专题片《大地之子》，展现顺义区老年艺术团活动成果的音乐电视《春天的故事》，反映顺义区退休干部陈克俭著书立说为精神文明建设做贡献的专题片《夕阳无限好书翰寄乡情》。全年共在北京电视台《晚晴》栏目播出专题4条，新闻17条，在《北京老干部》杂志刊登封面一篇、文章2篇、插页1版。北京市老干部局网站信息154条、经验交流14篇，顺义网城报送信息21条，老干部工作专题征文20余篇。

（张　晴）

【活动中心扩建工程】 先后6次召开相关人员参加的座谈会，讨论设计方案及功能设置问题。至9月中旬，已完成老干部活动中心扩建工程的前期工作及开工前的各项准备，累计完成固定投资380万元。8月30日，新建门球场及食堂改建通过竣工验收，投入使用；9月12日，施工区地下管线的改造工程（包括自来水、燃气、热力、电力、电信、歌华有线等）已全部完成。

（张　晴）

区直属机关工委工作

【概　况】 区直属机关工委是区委的派出机构。主要职责是领导所属机关党的工作，保证党的路线、方针、政策及区委的指示、决定和部署在区直机关的贯彻落实。负责制定所属机关党的基层组织建设规划，领导基层党组织搞好思想建设、组织建设、作风建设。负责宣传党的路线、方针政策，对党员进行形式、任务教育及社会主义精神文明教育。负责所属机关党员干部理论学习与培训，做好所属机关干部队伍建设工作。负责所属基层党组织的建立、换届、任免等组织工作。领导所属机关纪检监察工作。组织机关干部开展文化、体育活动，丰富机关的文化生活。完成区委、区政府交办的其他工作。2010年，区直机关工委以贯彻落实《中国共产党党和国家机关基层组织工作条例》，深化机关特色的创先争优活动为重点，以转变干部作风，深化“一助一”活动为抓手，紧紧围绕顺义区中心工作，努力增强机关党组织的凝聚力、战斗力和创造力，为推动区直机关科学发展提供了有力保证。

单位名称：顺义区委区直属机关工作委员会
地址：顺义区府前中街1号
电话：(010)69443920
邮编：101300

（彭映丽）

【强化理论武装】 工委从各单位实际出发，通过召开座谈会、研讨会、推进会、总结会等形式，不断提高机关党员干部的理论素质、政治素质，推进理论武装工程的实施。9月下旬，工委组织系统各单位政工副职和基层党支部书记180余人召开基层党支部书记培训班,围绕如何深化创先争优工作、如何当好党支部书记、党员发展工作规范、加强支部民主建设、推进党的基层组织建设等内容进行了授课,通过3天的学习,使基层党支部书记的理论水平和业务能力有了新的提高。工委在调研基础上形成的《关于发挥机关党组织作用 服务科学发展的思考》和《创建文明科室营造良好机关政务环境》两篇文章分别荣获北京市机关党建优秀征文活动一等奖和二等奖,并刊发在《机关党建创新与研究》一书。其中《关于发挥机关党组织作用 服务科学发展的思考》一文还被《北京农村经济》第六期区县党建专栏采用。

(彭映丽)

【"创先争优"活动】 一年来,工委以"凝心聚力、服务发展,推动机关党的工作走前头"为主题,以加强学习型、效能型、服务型、创新型机关建设为抓手,突出机关特色,围绕服务基层、转变作风,树立典型、推进工作,提高素质、提升效能三方面认真开展创先争优工作,取得了初步实效。各基层党组织以实施"五零"标准为着力点,即:"零障碍"、"零距离"、"零缺失"、"零差错"、"零投诉",从端正学习态度、提高综合素质,强化公仆意识、提高服务质量,增强责任意识、推动工作创新,转变机关作风、提高工作效率,规范从政行为、树立良好形象等五个方面着手,提升服务水平,树立了团结拼搏、务实进取、干事创业、廉洁高效的机关形象。同时,以文明科室创建为抓手,在顺义区行政、事业单位1300多个科室有针对性地开展"五个不让"活动,促进了机关各项工作的推进。并对顺义区1300多个科室中涌现出的22个"文明科室标兵"、124个"文明科室"和97名"优秀科长"予以通报表彰。

(彭映丽)

【基层组织】 加强对基层党务工作的指导和服务。结合年初区委组织部对本系统单位重新调整归口实际,我们对系统53家单位重新进行了深入调研,主动提供咨询服务,上门赠送《机关工委系统党支部工作手册》、《红色档案》、组织关系介绍信等党务管理所需物品。健全完善机关基层党组织工作制度。一年来,工委及时对10个基层党支部班子进行调整;对系统53家单位基层党组织及党员情况进行了综合汇总及分析统计;为系统167名党员办理了党员组织关系接转工作;认真做好党员发展工作,一年来,共审批发展新党员228名,审批预备党员转正272名,为党组织补充新鲜血液,提供有力的组织保证。开展党员广泛参与的党组织主题活动。认真开展纪念建党89周年活动。各党组织紧密结合实际,通过开展时事政策及传统教育、评选表彰先进基层党组织和优秀共产党员、组织党员干部参观学习、发展新党员、慰问老党员、到"一助一"帮扶村进行慰问、组织《共产党员献爱心》捐款,观看《为你而歌》专题片等多种形式,隆重纪念党的生日,共贺建党89周年。

(彭映丽)

【"一助一"工作】 全面推进联系市属单位加入顺义区"一助一"工作。国家科技部平台中心、北京粮食集团、市广播电影电视局、市计生委等9家单位加入到顺义区"一助一"工作队伍中,帮扶工作队累计发展到518家,其中区派队158家,社会队360家。2010年,各帮扶工作队共出资6722万元,在镇村基础设施建设、环境美化、村民医疗救助等方面切实给予了大力帮扶。开展领导干部联系困难户工作。全年各工作队入村3247人次,规范各项规章制度581条,慰问困难户1700户,入户3442人次,收集群众意见1519条,化解矛盾526个,提供各种致富信息4207条,安排就业1159人,年工资总和1747.8万元。加大指导力度,加强帮扶资金监管制度。不断壮大帮扶队伍,充实帮扶力量,今年加入顺义区的9家帮扶单位中,有4家市属单位,共出资35万元支持新农村建设,并把联系村设为党员干部、团员青年的教育培训基地,深入农村,拓展思路，开展多形式的帮扶活动。

（彭映丽）

【党风廉政建设】 扎实开展廉政教育。把党风廉政宣传教育工作纳入单位干部理论学习、中心组学习、支部党日活动的内容之中，开展廉政文化进机关活动，认真落实党务政务公开工作，通过读书思廉、文艺倡廉、帮困思廉、组织观看正反两方面典型电教片和警示片等形式，筑牢拒腐防变的思想道德防线，促使机关党员干部廉洁从政的良好道德意识不断增强。推进政务服务品牌建设。分三片召开政务品牌建设推进会，对系统内21家创建政务服务品牌活动进行协调指导，通过品牌创建，拓宽服务范围，扩大服务功能，提高服务水平。树立、宣传空港开发区的“今天事、今天办”，广电中心的“创造价值、奉献美好”等一批比较成熟的服务品牌，发挥典型引路的作用。加强廉政风险防范管理。按照区委的要求，根据岗位职责，认真查找廉政风险点，有针对性地制定防控措施，切实预防腐败行为的发生。全面落实党政“一把手”廉政风险防范管理的七项制度。

（彭映丽）

【文化建设】 在建党89周年来临之际，工委举办了庆七一暨五月的鲜花大型文艺汇演，从系统53家单位上报的36个节目中精选出13个节目参加了汇演。11月5日，开展了机关工委系统2010年“十月金秋”书法、美术、摄影展。

（彭映丽）

区委社会工作

【概 况】 2010年顺义区社会建设工作以深入学习实践科学发展观活动为契机,全面贯彻落实北京市社会服务管理创新推进大会精神,在市委社会工委、市社会办的正确领导下,紧紧围绕区委、区政府提出的"经济发展多元化、城乡发展一体化、城市管理精细化、党建工作科学化"目标任务,构建体系、健全机制、突破重点,取得了阶段性成果。2010年,顺义区着重加强了四个方面工作:一是推进社会服务创新,全面发展各项社会事业。努力提高社会保障水平。积极开展社会救助工作。加快推进城乡重点工程。大力完善社区基础设施。不断优化社工队伍结构。全面拓展社区志愿服务。深入探索物业服务模式。二是推进社会管理创新,积极推行"网格化"管理。深入构建"大调解"格局。有效加强流动人口管理。深入进行社会秩序整治。严格实施安全生产监管。推进村庄"社区化"管理。创新社会组织管理模式。三是推进社会领域党建创新,不断扩大党组织覆盖面。积极建立社会工作党委。加快推进"五站合一"建设。深入开展创先争优活动。四是推进试点单位工作创新,确定北小营镇等4个单位为全区综合试点单位。

单位名称:顺义区委社会工作委员会
地址:顺义区府前东街
电话:(010)89442437
邮编:101300

(李恩雄)

【认定第一批区级"枢纽型"社会组织】 2010年4月28日,在区委第13次常委(扩大)会上,认定了第一批9家区级"枢纽型"社会组织。

(李恩雄)

【《关于加强社会组织管理的实施意见》】 为进一步规范社会组织的管理,区委社委工委、区社会办起草了《关于加强社会组织管理的实施意见》。

(李恩雄)

【社会组织建设管理联席会议制度】 为加强对区内社会组织的总体指导和统筹协调,顺义区建立了社会组织建设管理联席会议制度。

(李恩雄)

【第一批"枢纽型"社会组织工作会】 9月19日召开会议,会上下发了顺义区《关于认定第一批"枢纽型"社会组织的决定》。区委常委、组织部长雷显武作了重要讲话,从"枢纽型"社会组织的性质、职责和下一步工作等方面提出了具体要求。

(李恩雄)

【区绿港社工事务所成立】 2010年7月27日,顺义区首个社会工作事务所正式注册成立,业务范围包括社工课题研究、政策宣传、学术交流、咨询服务等。

（李恩雄）

【国际社工日】 组织50名社区工作者参加了北京市“4.15”国际社工宣传日活动，在活动现场利用展板和才艺展示等形式展示了顺义区社工队伍建设成果。

（李　刚）

【周末社区大讲堂】 5月12日，“北京顺义2010年周末社区大讲堂”活动正式启动，该活动由区委宣传部、区委社会工委举办。

（李　刚）

【商务楼宇党建实现全覆盖】 2010年，建立商务楼宇社会工作党组织5个（其中楼宇联合党支部1个），商务楼宇社会工作站2个，服务于9栋商务楼宇中的114个非公企业及2000余名员工。至此，全区商务楼宇党组织（站）达到全覆盖。

（朱广娜）

【社会服务管理创新推进大会】 2010年8月27日下午，顺义区委、区政府召开顺义区社会服务管理创新推进大会，市委副秘书长王翔同志，市委社工委书记、市社会办主任宋贵伦同志，市委社工委副书记、市社会办副主任赵小卫同志出席了会议。

（王　伟）

【北京市领导到顺义调研】 11月18日，梁伟一行在北京市天竺综合保税区、石园街道石园北区第三社区、南彩镇河北村进行了实地察看，听取了顺义区社会服务管理创新工作开展情况的汇报。

（王　伟）

【市社会办领导检查工作】 12月20日，检查组听取了顺义区社会服务管理创新工作汇报，并深入怡馨家园第二社区、石园东苑社区、鸿城大厦、京顺医院和晓东顺太阳能研究所，实地检查了社区规范化建设、商务楼宇党建和政府购买社会组织服务项目情况。

（王　伟）

【《顺义区社会服务管理创新工作简报》】 10月13日，顺义区正式出刊《顺义区社会服务管理创新工作简报》。

（王　伟）

顺义区人民代表大会常务委员会

【概　况】 2010年顺义区人大召开了1次人民代表大会会议、8次常委会会议和18次主任会议,听取和审议了"一府两院"12项工作报告;组织代表进行了9次执法检查和工作视察,检查了12部法律法规的贯彻执行情况,提出了40余条意见和建议;全年共受理群众来信来访85件,260人次;依法任免了40位国家机关工作人员;完成了补选4名区人大代表的任务。常委会进一步完善工作机制,努力提高服务水平,重点从三个方面加强了法律监督工作。认真组织执法检查,促进依法行政。有效监督司法工作,促进司法公正。规范任免程序,完善人事任免工作。包括:依法、按程序任免"一府两院"工作人员;继续坚持对被任命人员进行任前法律知识考试;加强对新任命的国家机关工作人员的任后监督。常委会还强化工作监督,促进顺义区科学发展。重点的监督工作有:依法审议决定财政经济工作方面的重大事项;围绕促进临空经济区建设开展视察和调研;监督投融资平台的运营管理;推进新农村和重点镇建设,加快城乡一体化进程;推进农村医疗卫生工作、城乡教育均衡发展、保障性住房建设、生活垃圾处理、社区市场建设等民生工程的建设。

单位名称:顺义区人民代表大会常务委员会
单位地址:府前东街13号
电话:(010)69443494　69445374
邮编:101300
网址:http://www.shyrd.bjshy.gov.cn

(罗振文)

【区第三届人民代表大会第五次会议】 1月10日至13日在顺义宾馆举行。出席会议的代表226名,区委、区政府有关部门负责同志,区委特邀企业界代表,中央、市属单位负责人及各镇人大主席197人列席了会议。会议听取并审议了刘剑区长作的《顺义区人民政府工作报告》、区人大常委会马庚良主任作的《顺义区人大常委会工作报告》、法院郭铁相院长作的《顺义区人民法院工作报告》、检察院张守良代检察长作的《顺义区人民检察院工作报告》。听取并审议了《顺义区2009年国民经济、社会发展计划执行情况和2010年国民经济、社会发展计划草案的报告》、《顺义区2009年财政预算执行情况和2010年财政预算草案的报告》、《区三届人大三次会议代表建议、批评和意见办理情况的报告》。会议审查和批准了顺义区2009年国民经济、社会发展计划执行情况报告和2010年国民经济、社会发展计划,顺义区2009年财政预算执行情况报告和2010年财政预算。会议对审议的各项报告做出了决议,并选举张守良为区检察院检察长。本次大会收到代表提出的议案、建议104件。

(叶志建)

【区第三届人大常委会第三十次会议】 2月26日在顺义宾馆第二会议室举行。常委会主任马庚良传达了市十三届人大三次会议精神。会议讨论通过了顺义区人大常委会2010年工作要点。会议决定了人事任免。决定任命马维增为北京市顺义区后沙峪人民法庭庭长,免去其牛栏山人民法庭庭长职务;任命孟成为牛栏山人民法庭庭长,免去其杨镇人民法庭庭长职务;任命付全利为杨镇人民法庭庭长,免去其李遂人民法庭庭长职务。同时,任命李红艳、赵庆斌、孙立忠、刘伟果、薛国、崔明学、王建明七位同志为北京市顺义区人民法院审判员。

(郭宇明)

【区第三届人大常委会第三十一次会议】 4月23日在机关四楼会议室举行。会议作出了接受王海臣辞去北京市顺义区人民政府副区长职务的决定。会议决定任命张晓峰为北京市顺义区人民政府副区长。

(叶志建)

【区第三届人大常委会第三十二次会议】 4月28日在机关四楼会议室举行。会议听取了科委李国震主任所作的《关于区人大代表视察顺义区科技工作所提建议办理情况报告》;听取并审议了区政府李友生副区长所作的《关于临空经济区建设及招商引资情况报告》;区规划分局杨卫东局长所作的《关于顺义新城规划实施情况的报告》和区住房和城乡建设委员会王国华所作的《顺义区"十一五"住房和城乡建设情况的报告》。对新城规划工作,委员建议:要认真贯彻相关法规,切实加强新城规划工作的领导和指导,依法开展城乡建设和规划管理工作,使新城规划与本区的经济、社会发展规划、土地利用规划相互衔接,协调发展;要高标准编制好各项规划。完善城镇规划实施审批程序,严格实行规划许可制度,按工程规划许可证的许可内容进行建设。已批准的城镇规划不能擅自修改,确需修改的,要依照法定程序和权限进行,维护新城规划的严肃性;要加强对新城规划实施的监督和管理,建立控制违法建设责任制和考核评价制度,对建设工程进行监督检查,及时查处违法建设,确保新城规划工作落实。对新城建设工作,委员建议:进一步统筹协调,加快基础设施建设,重点加强道路交通、电力、供水、燃气、污水处理等设施建设,尤其是地下管网建设,提高公共服务设施综合配套能力,改善投资环境,为新城建设发展提供支撑和保障;要按照新城总体规划目标,继续加大对外开放、招商引资工作力度和新城建设投资力度,促进已入驻项目建设,加快新城建设进度,避免闲置土地资源的浪费;进一步加大城乡环境综合整治、建设力度,切实改善城乡环境面貌和市民居住环境,建设宜居城市;加快住宅项目建设,尤其是要落实优惠政策,优先安排定向安置房、保障性住房建设,切实改善低收入家庭住房条件。会议决定任命董建华为顺义区发展和改革委员会主任,免去田建国顺义区发展和改革委员会主任职务;会议同时作出了接受董建华同志辞去北京市顺义区第三届人大常委会委员职务的决定,并报北京市顺义区第三届人民代表大会第六次会议备案。

(叶志建)

【区第三届人大常委会第三十三次会议】 5月28日在机关四楼会议室举行。会议听取并审议了区审计局梁家树局长所作的《顺义区人民政府关于2009年财政预算执行和其他财政收支情况的审计工作报告》。委员们建议:进一步加强对政府债务的监管工作,尤其是贷款用途、额度、偿还进度等关键问题,以确保贷款项目良性循环;进一步加强对新农村建设资金和村庄拆迁等热点问题的监管,建议采取全程跟踪审计的方式,确保拆迁资金合法合规使用;进一步加强对房地产等热门行业的审计工作,确保其依法纳税。会议听取并审议了区财政局马万林局长所作的《顺义区人民政府关于2009年财政决算情况报告》,作出了《北京市顺义区第三届人大常委会关于批准北京市顺义区 2009 年财政决算的决议》。会议建议:进一步加强有关预算执行方面的调查研究,做好政府各职能部门的预算编制、执行和监督评价工作,严格预算管理,充分发挥财政职能,科学落实政府各行政部门的预算管理工作;进一步加强新农村建设的整体规划和实施工作,进一步研究加强村镇建设的投资管理体制问题,做到既避免重复投资,又能提高社会效益;进一步大力发展偏远乡镇的特色经济,有效发展“浅山经济”,加强研究上级政策,抓住发展机遇,促进顺义区经济全面协调发展,实现农民增收。财政部门要研究为街道办事处、社区设立或者下拨处理突发事件专用经费,用以日常发生突发事件的善后工作,以缩短处理问题的周期,更加及时的为人民群众解决实际问题。会议决定免去刘绍昆同志顺义区人民法院人民陪审员职务。

(叶志建)

【区第三届人大常委会第三十四次会议】　7月7日在顺义宾馆第二会议室举行。会议听取了新城管委会杨家栋所作的《关于区人大代表视察新城(马坡组团)建设情况所提建议办理情况报告》;经信委吴建国主任所作的《关于区人大代表检查 <中华人民共和国中小企业促进法> 贯彻实施情况所提建议办理情况报告》。会议听取了区人力资源和社会保障局赵殿江局长所作的《关于提高社会保障水平的报告》。会议建议:通过各种形式进一步加大对顺义区社会保障水平提高情况的宣传力度,使广大人民群众和各企业各单位深入了解相关法律法规和政策,了解顺义区社会保障体系建设的进展,以促进农民转非安置工作,进一步扩大社保覆盖面;要进一步加强对农转非人员的社会调查工作,了解和掌握农转非人员的思想动态和存在的问题,抓好现状分析,及时、有效地改进工作措施,解决具体问题,化解可能发生的社会矛盾;进一步加强征地转非、转非进职保的政策落实工作,在积极宣传的基础上,进一步加大各镇、村的领导力度,完善和充实社会保障机构的工作人员,继续加强培训工作,不断提高社保工作人员的服务能力,进一步推进顺义区城乡一体化进程。会议听取了区规划分局杨卫东局长所作的关于“十二五”规划工作情况报告;区市政市容委李国新主任所作的关于“十二五”规划工作情况报告。顺义区人民政府区长刘剑因工作变动,调任北京市政府副秘书长、北京对口支援和经济合作工作领导小组新疆和田指挥部指挥、北京市第七批援疆干部领队,特向区人大常委会提出辞职申请。会议决定接受刘剑辞去北京市顺义区人民政府区长职务的申请,作出了《北京市顺义区第三届人大常委会关于接受刘剑同志辞职的决定》,并报北京市顺义区第三届人民代表大会第六次会议备案。会议决定任命王刚为北京市顺义区人民政府副区长、代理区长;任命刘永凤为顺义区人大常委会财政经济工作委员会主任,免去其顺义区人大常委会办公室副主任职务;任命赵金明为顺义区人大常委会石园街道工作委员会主任,免去王振军顺义区人大常委会石园街道工作委员会主任职务;任命刘福海为顺义区审计局局长,免去梁家树顺义区审计局局长职务;免去邱新顺义区人大常委会财政经济工作委员会主任职务。

(叶志建)

【区第三届人大常委会第三十五次会议】　7月28日在机关四楼会议室举行。会议听取了区住建委王国华所作的《关于顺义区第三届人大常委会第32次会议委员所提建议办理情况报告》;区体育局吕志旺局长所作的《关于区人大代表检查 <全民健身条例> 贯彻执行情况所提建议办理情况的报告》。会议听取审议了区财政局马万林局长所作的《关于2010年上半年财政预算执行情况报告》。会议建议:要进一步研究上级扶持政策，研究制定和完善顺义区各项政策措施，加大对招商引资工作的支持力度和基础设施建设投资力度，不断提高经济功能区的产业聚集能力，形成特色园区。继续加强财政预算执行情况的调研，不断开展财政收支方面的增收节支活动，确保顺义区财源不断增大，杜绝浪费现象，实现“科学理财”，促进顺义区经济社会和谐、健康、可持续发展。严格部门预算执行，继续加强制度建设。不断提高部门预算编制的准确度，促使预算单位把预算编细；加强预算外资金管理，实现财政资金使用的公开化，研究和落实主动接受外部监督的程序制度；大力推进部门预算的效绩考评工作，积极探索建立绩效预算评价体系。会议听取审议了区发改委董建华主任所作的《关于2010年上半年国民经济和社会发展计划执行情况报告》。会议建议：要进一步加强对经济形势的研究、分析，科学定位顺义发展模式，创新工作思路，继续做好招商引资工作，做大做强经济总量，确保顺义区经济可持续发展；要进一步做好“十二五”规划工作，确保规划编制既科学严谨，又贴近民生，进一步加快顺义区经济和社会发展步伐；要结合国土资源部做好征地管理工作的有关通知，进一步加强征地管理，切实保障被征地农民的生产生活和长远生计，维护群众权益和社会稳定，并进一步加大拆迁村回迁房建设工作力度，及时安置群众入住；要进一步加强文明社区建设工作。要专题研究农民转非进社区工作，协调好各方面关系，进一步完善社区基础设施建设，解决社区居民的实际困难，全面促进文明社区建设。会议决定接受陈光浩辞去北京市顺义区人民政府副区长职务的申请，作出了《北京市顺义区第三届人大常委会关于接受陈光浩同志辞职的决定》，并报北京市顺义区第三届人民代表大会第六次会议备案。会议决定任命雒东明为顺义区李遂人民法庭庭长，免去其顺义区人民法院审判监督庭庭长职务；任命张建平为顺义区人民法院执行三庭庭长，免去其顺义区人民法院执行办公室主任职务；免去张金生顺义区人民法院审判员职务；郭小锋顺义区人民检察院检察员职务。

（叶志建）

【区第三届人大常委会第三十六次会议】 9月29日在机关四楼会议室举行。会议听取了区规划分局侯振强副局长所作的《关于顺义区第三届人大常委会第32次会议委员所提建议办理情况报告》；区临空经济办公室余建副主任所作的《关于顺义区第三届人大常委会第32次会议委员所提建议办理情况报告》；区农村工作委员会闫志广主任所作的《关于区人大代表检查<中华人民共和国农产品质量安全法>贯彻执行情况所提建议办理情况的报告》。会议听取并审议了区法院郭铁相院长所作的《关于劳动争议案件审理情况的报告》。会议建议：扩展和拓宽“三点一线”劳动纠纷防范化解机制，建立区法院、区人力资源和社会保障局、区司法局、区信访办及工会五方劳动争议调解联动的工作机制，形成劳动争议纠纷调解工作在各环节上的有序衔接并提高调解率。总结完善“判前调解判后答疑”的新举措，实现“案结事了，服判息诉”；通过媒体宣传、提高裁判文书的制作质量、案件审理等方式方法，宣传《劳动合同法》及其实施条例等相关法律法规，释法说理，引导劳动者合理合法地表达利益诉求，督促企业完善管理，预防和减少劳动争议案件发生，构建和发展和谐稳定的劳动关系。会议听取并审议了区检察院张守良检察长所作的《关于加强刑事审判法律监督工作情况的报告》。会议建议：依法履行刑事审判法律监督职责，准确把握宽严相济的刑事政策，刑事检察工作由单纯注重打击处理向兼顾落实宽严相济的刑事政策转变，实现法律效果、社会效果与政治效果的统一，对特别重大、社会影响较大和公检法三家分歧意见大的刑事案件，应向区委和区委政法委及区人大及时报告,积极争取党的领导和人大的监督;检察长出庭支持公诉机制、量刑建议工作机制和检察长列席审判委员会制度等刑事审判长效监督机制应进一步健全完善并提高执行力,实现刑事审判法律监督的关口前移及案件审理和审判监督的有机衔接,促进"两院"公正执法,提高职能效率。

(郭宇明)

【区第三届人大常委会第三十七次会议】 12月8日在顺义宾馆第二会议室举行。会议听取审议了李友生常务副区长所作的关于"十一五"规划执行情况的报告。会议建议:大力宣传"十一五"成就,努力提高"十二五"规划编制工作的群众参与度,使规划编制内容既科学严谨,又贴近民生;要深入研究全市整体规划,紧紧把握顺义区所处发展阶段的特征和功能定位,优化发展环境,完善配套设施,优化顺义区产业结构,提高科技进步贡献率,做大三产,做强二产,优化一产,促进顺义区经济社会可持续发展;要整合顺义区卫生资源,在尽快完成"十一五"欠账的基础上,加强社区医疗卫生机构建设,促进三级医院对社区卫生服务站的指导与交流,努力改善社区医疗就诊环境,加快医疗卫生事业发展;进一步调整和完善城市建设规划,制定新的拆迁、回迁政策,从根本上解决群众关心的难点问题。会议听取审议了区法制办沈凤江主任所作的区政府2010年推进依法行政情况的报告。会议建议:区政府规范性文件在报市政府备案的同时,也应按监督法要求报区人大常委会备案;要从理论、实践上加强法治政府建设,要以领导干部学法用法为依法治区工作的龙头,进一步健全学法用法制度,提高行政机关及其工作人员的依法行政意识和执法水平;要组建政府法律顾问团,有效防范法律风险;逐步实行问责制,强化责任追究,遏制权力腐败、权力滥用。会议听取审议了政府办公室秦拥军主任所作的区政府关于三届人大五次会议代表所提建议办理情况的报告。会议建议:区政府要进一步加强建议办理的制度建设,探索建立建议办理评价、考核机制,不断推进办理工作制度化、规范化和程序化;要进一步加强对已列入解决计划的建议办理工作的监督,并加强跟踪检查机制的建设。会议决定对常委会第70次主任会议于2010年10月13日作出的关于许可北京市人民检察院第二分院对顺义区人大代表李丙春采取强制措施的决定给予追认。会议决定了人事任免,决定免去贾玉丰、魏会敏顺义区人民法院审判员职务;免去高宝发顺义区人民检察院检察委员会委员、检察员职务;周建伟顺义区人民检察院检察员职务。会议通过了区人大常委会关于召开三届人大六次会议的决定,决定于2011年1月5日至8日召开顺义区第三届人民代表大会第六次会议;听取了代表资格审查委员会关于代表资格的审查报告;通过了三届人大六次会议的议程草案、主席团及秘书长名单草案、财政预算审查委员会名单草案、议案审查委员会名单草案。会议还讨论修改了区人大常委会工作报告。

(叶志建)

【听取并审议决定重大事项】 顺义区第三届人大常委会本年度围绕重大工程、财政预决算执行、人事任免等,作出决议、决定18项,接受了刘剑区长,王海臣、陈光浩两位副区长的辞职申请,任命王刚为副区长、代理区长,张晓峰为副区长。

(叶志建)

【监督工作】 一年来,常委会全面深入地贯彻落实科学发展观,严格执行《监督法》,紧紧围绕区委中心工作和人民代表大会作出的决议,切实改进监督工作,力求实效。加强法律监督,促进"一府两院"依法行政,公正执法。加强工作监督,促进顺义科学发展。先后听取审议"一府两院"28项工作报告和汇报,依法批准了2009年财政决算和2010年财政预算,确保了顺义区财政预算的执行,促进了顺义区经济社会全面、协调、可持续发展。听取审议了区政府“十一五”规划执行情况的报告，并听取了“十二五”部分规划编制情况的汇报，提出了相关建议。重点听取审议了区政府关于临空经济区建设及招商引资情况的报告，视察了顺义新城马坡组团建设情况，专题听取了“十一五”新城规划、建设落实评估情况的报告；主任会议还专题调研了北京汽车生产基地、临空国际高新技术产业基地基础设施建设情况，听取了关于整合金融服务平台，建设、拓宽融资服务领域的情况汇报。还听取审议了区法院关于劳动争议案件审理情况的报告；区检察院关于加强刑事审判法律监督工作情况的报告等，提出了有针对性的意见和建议。常委会还组织人大代表就重点镇建设、新农村建设、农村医疗卫生工作、养老服务设施建设和管理服务工作等进行了视察。代表们针对存在的问题，提出了改进的意见和建议。常委会主任会议还听取了顺义区生活垃圾处理、人口与计划生育、社区市场建设以及提高社会保障水平等工作的情况汇报，了解和掌握相关情况，为提高常委会审议质量奠定了良好的基础。

（罗振文）

【代表工作】 一年来，常委会完善工作机制，努力提高服务水平，进一步支持、规范和保证人大代表依法履行职责，代表工作取得新进展。认真落实保障措施，提高代表工作质量。包括：加强代表培训，提高代表履职能力；坚持“自选式”服务，保证代表自愿选择参与常委会重点工作；畅通信息渠道，保障代表知情知政；积极探索闭会期间市、区、镇三级代表联动开展活动的形式，促使代表关注全局，形成合力，发挥作用；通过人大网站、《工作通讯》、《北京人大》等各种媒体宣传代表事迹，推动代表履职水平提升。认真组织代表活动，发挥代表主体作用。包括：坚持在选区公示代表信息、确定代表接待选民日、会前代表走访选民，了解社情民意，定期向选民述职等制度，加强了人大代表与选民的密切联系，为代表履职创造了条件，全年共有40位代表向选民述职；坚持常委会主任、副主任接待人大代表和常委会组成人员联系代表、走访代表制度，为代表依法履职提供条件；通过座谈、学习、调研、视察、执法检查、为“十二五”规划建言等20多次活动，充分发挥代表的主体作用；加强市、区人大代表之间的联系；加强市人大代表联络服务工作。认真督办代表建议，增强办理实效。在建议督办过程中，常委会建立了主任重点督办、各工作委员会分类督办、代表联络室协调督办的工作机制，始终坚持全程监督，加强综合分析、统筹协调，做好办中督查，坚持办后审查，并主动征询代表对办理工作的意见，根据情况复查补办，努力落实代表的意见和建议。认真指导基层工作，提高镇人大、区人大街工委工作水平。完成4名区人大代表补选工作。

（郭宇明）

【自身建设】 常委会适应形势要求，规范各项制度，努力改进工作方式方法，不断强化思想作风建设，进一步提高了履职能力和水平。加强组织建设。为落实市委第三次人大工作会议精神，常委会加强了组织建设，规范了工作程序，调整充实了人大机关的机构设置，设立了副处级的信访接待室。开展创先争优活动。按照市委、区委的统一部署，常委会根据顺义区“学习实践科学发展观，推进城乡发展一体化、经济发展多元化、社会管理精细化、党建工作科学化”的主题，在机关开展了创先争优活动，进一步理清常委会工作在体制机制、工作水平、党性党风党纪等方面存在的问题，努力实现“组织创先进、党员争优秀、群众得实惠”的目标。自觉加强学习，提高工作水平。常委会始终把学习作为提高履职能力的重要措施，组织常委会组成人员和机关工作人员学习政治理论、法律法规和人大业务知识，学习党的十七届三中、四中、五中全会精神，学习市委第三次人大工作会议精神，努力把科学发展观的要求转化为具体工作措施，增强常委会组成人员和机关工作人员的大局意识、责任意识和法律意识,提高履职能力。加强调查研究,转变工作作风。常委会积极倡导务实、扎实的工作作风,把调查研究作为开展各项工作的基础环节和必经程序,围绕工作搞调研,通过调研促工作。常委会在开展日常监督工作以及讨论决定重大事项前,都进行深入调研,注重听取各方面意见,掌握第一手材料,为进行审议和决定重大事项提供依据。对于重点工作,常委会领导坚持带头开展调查研究,常委会还就推进保障性住房建设、养老机构建设、镇人大作用的发挥等进行了专项调研,有力地推动了工作。常委会还配合市人大完成了多项调研工作。

(叶志建)

顺义区人民政府

综　述

顺义区是首都重点建设的新城、临空经济功能区和现代制造业基地。近年来，顺义区上下在市委、市政府的正确领导下，以科学发展观为指导，坚持“城乡发展一体化、经济发展多元化、社会管理精细化、党建工作科学化”的发展原则，全力以赴建新城，心无旁骛谋发展，顺义区呈现出临空经济势头强劲、重点新城日新月异、社会建设更加和谐的良好态势，实现了经济社会又好又快发展。2010年顺义区预计实现地区生产总值780亿元，同比增长13%；预计实现一般预算收入58亿元，同比增长21%。城镇居民人均可支配收入达到25000元，同比增长8%；农村居民人均纯收入达到12800元，同比增长10%。

在顺义区经济保持高速增长的同时，我们准确把握社会事业发展与区域经济发展的辩证关系，不断扩大教育、文化、卫生等社会事业在全国和全市的影响力，打造良好的社会发展环境，培育区域形象的无形资产，对内提升凝聚力、鼓舞力，对外进一步增强影响力、吸引力。先后成功创建全国基层文化市场管理先进区、全国中医药特色社区卫生服务示范区和全国人口计生综合改革示范区。区域卫生环境持续提升，顺利通过国家卫生区复审。档案管理水平不断提高，成功晋升国家一级综合档案馆。特别是在全国教育工作会精神的指引下，顺义区教育事业发展形势喜人，在原有全国两基教育先进区、全国社区教育先进区和全国幼儿教育先进区的基础上，成功争创全国教育综合改革实验区和全国社区教育示范区；高考成绩再创佳绩，顺义区5674名考生，其中1207人考入在座诸位所代表的全国重点院校，本科录取率达到60.68%，比全市平均录取率高出6.93个百分点，排名全市第四。

城乡环境显著改善，国家卫生区复审顺利通过，国家环保模范城区创建工作进展顺利，新增2个市级环境优美镇和38个市级生态村，全年空气质量二级和好于二级天数比例达到74%，超额完成主要污染物减排任务。突出抓好顺平路等主要道路以及M15号线顺义段沿线等重点区域整治，高标准完成286项环境台账任务。以临空经济区核心区12个重点村为突破口，实行区级领导包村制，全面推进城乡环境综合整治，拆除违法建设71.7万平方米，取缔无证无照经营1067户，规范出租房屋24652户，消除脏乱死角28

万处,村容村貌明显改观。滨河森林公园水务主体工程和龙道河生态治理主体工程按期完工,“引温济潮”二期工程即将完成。城乡绿化美化推进,新增绿化面积4392亩。

新农村建设成效明显,“五项基础设施”和“三起来”工程推进,“百村万户”绿化美化三年任务全面完成。完成100个农村社区服务站建设,农村居民生产生活更加方便。成功创建全国首批现代农业示范区,举办第七届农博会,加大农产品加工等重点产业政策扶持,农业发展后劲不断增强。花卉产业蓬勃发展,新增花卉生产面积2300亩,郁金香文化节和菊花文化节品牌效应日益显现。农业基础设施条件不断改善,新增设施农业5570亩,完成农业基础设施建设及综合开发工程5.3万亩。农村改革推进,89个村集体经济产权制度改革顺利完成,集体林权制度改革完成主体任务,流转土地16614亩。

社会事业蓬勃发展,顺义区成功创建全国教育综合改革实验区、全国社区教育示范区、全国中医药特色社区卫生服务示范区和全国人口计生综合改革示范区。23所学校校舍安全改造顺利完成,“三名”教育工程深入实施。医药卫生体制改革顺利推进,公共卫生服务能力显著增强,中医服务水平不断提高,基本药物零差率采购销售得到严格落实。文体事业快速发展,竞技体育再创佳绩,第13届市运会获得59枚金牌。第六次全国人口普查工作进展顺利。成功创建国家一级综合档案馆。人事人才和审计、外事等工作有了新的发展,妇女、儿童、残疾人等事业取得了新的成绩。

单位名称:北京市顺义区人民政府
地址:顺义区府前中街5号
电话:(010)69443080
邮编:101300
网址:http://www.bjshy.gov.cn

(政府办)

法制工作

【概　况】 2010年,区政府法制工作紧密围绕区委、区政府中心工作,全面贯彻落实市委十届七次会议和区委三届十次全会精神,按照年初制定的“围绕一条主线、突出一项重点、提升三项工作”总体工作思路,创造性地开展各项政府法制工作,努力推动国务院全面推进依法行政实施纲要的不断落实,不断创新工作方式,推进依法行政,认真做好行政复议和行政应诉、行政执法监督、文件审核清理及合同审核备案等工作,为顺义区经济又好又快发展营造出良好的法制环境。

单位名称:顺义区人民政府法制办公室
地址:顺义区府前东街9号
电话:(010)61400015
邮编:101300
网址:http://www.fazhi.bjshy.gov.cn

(王建宇)

【行政规范性文件审核备案】 年内,区政府法制办遵循职权法定原则、履行法定程序、严格执行行政规范性文件审核备案制度,确保行政规范性文件质量。按照法律、法规、规章和上级行政机关规范性文件的要求对《顺义区退役士兵安置暂行办法》、《关于开展集体林权制度改革的意见》等208个文件进行了合法性审查,共提出意见488条。其中,拟以区政府或政府办名义下发的67件,已经以区政府或政府办名义下发的行政规范性文件20件;领导批示等其他文件共25件。对区政府发布的《顺义区进一步调整和完善新型农村合作医疗制度意见及其实施细则》、《顺义区实施北京市城乡居民养老保险办法的意见》等15件行政规范性文件向市法制办进行备案,未出现修改或撤销的情况。

(王建宇)

【重大合同审核备案工作】 为避免经济损失、规范政府行为、防范法律风险,年内,区政府法制办负责起草出台了《顺义区重大合同审核备案办法》(顺政发[2010]53号),对以区政府名义或区政府授权相关单位签订的合同协议书等34份文件展开合法性审查。其中包括《顺义区人民政府、中国花卉协会促进花卉发展战略合作框架协议》、《南法信消防站迁建工程协议》,有效保证了区政府重大行政决策的合法性。

(王建宇)

【行政规范性文件清理】 年内,为了保证法制统一,促进依法行政,贯彻落实《北京市人民政府办公厅关于开展本市规章清理工作的通知》(京政办发[2010]20号)的要求,区政府法制办对2009年12月31日前区政府和政府办发布的212件现行有效的行政规范性文件进行了一次集中、全面清理工作,共保留行政规范性文件124件,废止88件。

(王建宇)

【参与本市地方立法活动】 年内,承办上级部门交办的法规、规章的征求意见工作,完成《北京市农业机械化条例》等15个征求意见稿件,提出修改意见共16条。

(王建宇)

【依法行政工作】 年内,区政府法制办按照市政府法制办的要求,制发了《顺义区2010年全面推进依法行政工作要点》,为区内各部门明确工作职责,落实和完善依法行政重点工作提供了依据;起草了《关于认真落实〈北京市区县政府依法行政考核办法(试行)〉和2010年考核指标的通知》,并通过制作依法行政工作考核分解表,对考核办法进行细化分解,做好区内《2010年北京市考核区县政府依法行政考核指标分解》的落实工作,出色完成市政府对区政府的依法行政考核。通过制定并完善《顺义区2010年推进依法行政工作考核办法》及《顺义区关于2010年镇人民政府依法行政工作考核办法》,抓好领导干部学法制度、重大行政决策等六项制度落实情况的监督检查,进一步推动区、镇两级政府和各部门依法行政工作的开展。

(王建宇)

【行政处罚执法管理工作】 2010年6–7月份,区政府法制办先后举办顺义区行政执法资格考试和行政处罚案卷评查员考试,区属行政执法部门共74人参加。同期,区政府法制办组织区属行政执法部门的13名业务人员对顺义区19个单位抽取的90本行政处罚案卷进行集中评查,并将评查中发现的问题和整改建议书面反馈给相关执法部门。多次参与、协调有关执法部门,研究解决行政执法过程中涉及的法律问题,为执法部门依法查处案件提供法律支持。

(王建宇)

【依法行政培训工作】 年内,为进一步增强领导干部和行政机关工作人员依法行政的意识能力,全面提升专业素质和水平提高执法水平。区政府法制办于6月份连续组织三期顺义区依法行政培训班,内容主要围绕行政处罚法解读、改善行政执法及行政复议案件审理相关问题等方面。区政府所属部门主管法制工作的领导及相关工作人员共400余人参加培训。

(王建宇)

【行政法律事务联席工作】 2010年6月份,区政府和区检察院建立了行政执法和刑事司法相衔接(以下称"两法衔接")制度,成为全市的试点单位。率先启动"两法衔接"网络信息共享平台,共收集信息1480条,受理移送案件5件,收到了较好的效果。

(王建宇)

【行政复议和行政诉讼情况】 年内,区政府共受理行政复议案件18件,其中维持原具体行政行为的8件,终止的7件,不予受理2件,驳回申请1件。承办市政府受理的以区政府作为被申请人的行政复议案件5件,均予以维持。顺义区共发生行政诉讼案件90件,其中判决维持6件,裁定驳回起诉25件,判决驳回诉讼请求24件,裁定撤诉24件(其中12件为原告主动撤诉,12件为被告改变具体行政行为后原告申请撤诉),判决撤销的1件,判决确认违法的7件,移送2件,未审结1件。区政府法制办除在行政复议接待室接待当事人以外,还增设接待渠道,于每月15日、30日区领导信访接待日接待咨询工作,截止目前共参加接待22次,接待量为180件,261人次。

(王建宇)

外事工作

【概　况】 2010年,顺义区外事工作在区委区政府主要领导的高度重视和支持下,紧紧围绕临空经济、招商引资、干部培养、教育事业等战略重点,成功完成了天竺综合保税区项目考察、燕京啤酒、顺鑫农业等重点企业市场和招商考察、年轻干部国外培训、年轻教师国外培训等出访任务,进一步促进了顺义区的对外交流与合作,取得了显著的出访成果。

单位名称:顺义区外事旅游局

地址:顺义区光明南街7号

电话:(010)81483249

邮编:101300

网址:http://www.bjsyly.gov.cn

(王　辉)

【因公出国(境)管理】 年内共办理因公出国(境)手续63批162人,其中随团46批53人(随市39批42人,双跨7批11人),组团17批109人(比2009年增加7批52人)。局级领导6人,处级领导49人,科级及以下107人。全年未出现违反外事纪律规定、从事与出访无关活动、绕道和逾期不归等情况。公务护照收缴率100%。

(王　辉)

【对外友好交往】 4月27日,韩国驻华大使馆领事参加龙湾屯敬老院改扩建项目竣工仪式;5月13日,北京市民间交流协会副会长潘友生等一行赴顺义区调研民间交流活动情况;6月20日,以内阁国土环境保护相金昌龙为团长的朝鲜劳动党友好考察团于赴顺鑫农业鹏程食品分公司参观;6月22日,泰国曼谷市副市长玛丽尼·苏卡威沃拉其女士率代表团到北京顺鑫农业股份有限公司鹏程食品分公司对肉类加工与屠宰等相关项目进行参观考察;11月2日,韩国驻华大使柳佑益一行6人到顺义燕京啤酒集团公司参观;11月3日,顺义区友好城市—韩国首尔特别市城北区议会友好代表团一行9人对顺义区进行友好访问。

(王　辉)

信访工作

【概　况】 中共北京市顺义区委、顺义区人民政府信访办公室,隶属于顺义区人民政府的工作部门,下设接待科、办信科和综合科和城区、农村两个矛盾调处组。2009年4月,经区编办批复,在区信访办内设置顺义区社会矛盾排查督导中心,为正科级全额拨款事业单位,编制为7人。2010年,顺义区确保了在敏感时期未发生越级到区、到市和重点地区集体访,无到市非正常访,实现市委、市政府提出的到市、到“世博会”、“亚运会”上访“双零”指标,顺义区信访形势平稳可控。1－12月份,顺义区信访形势呈现“三下降一上升”态势，即：信访总量下降，为3376批次，同比去年下降12.7%；到区上访量下降，为1635批次，同比去年下降23.6 %；到区集体访量下降，为229件次，同比去年下降7.7%。来信总量上升，今年为1741件次，同比去年上升0.7%。

单位名称：中共北京市顺义区委
顺义区人民政府信访办公室
地址：顺义区府前中街2号
电话：(010)69444198
邮编：101300
电子邮箱：xinfb@bjshy.gov.cn

（信访办）

【矛盾纠纷排查】 2010年以来，顺义区不断加大矛盾纠纷排查化解力度，针对工作实际，采取全面排查、局部排查与专项排查相结合的方法，及时发现矛盾隐患，把问题化解在萌芽状态。1－12月，先后进行了3次定期顺义区排查，通过梳理建立矛盾纠纷项目库，实行区级领导和镇局级领导包案、区信访办督办，力促问题及时化解；同时，区信访办未雨绸缪，超前介入，进行6次专项排查，对拆迁工程、村两委换届、工资拖欠、城市供暖、农村冬闲及农村“四小”工程进行分类排查，提前制定工作预案，确定具体责任人员。

（信访办）

【领导包案制度】 2010年初，区信访办公室根据顺义区委〔2009〕14号文件“确定重点问题，实行领导包案”的规定，结合顺义区实际情况，对顺义区25个重点信访问题通过区委常委会议2次讨论后，出台区级领导包案文件。各包案领导积极协调处理案件，切实做到了包分析研判，包解决问题，包教育稳控，包息诉罢访，包依法处理。目前，25件重点信访问题已完成80%。镇局级领导包案效果也非常显著：413个重点包案已经解决、化解388个，占包案总数的94%。

（信访办）

【领导接待制度】 领导接待实施首问负责制，领导接待后区信访办及时梳理汇总接待情况，次日将汇总情况书面报送接待领导。对于初访，区信访办公室加强跟踪督办，尽最大努力促使信访问题在初访阶段得到化解，防止初访变重访。同时定期将问题解决情况报送接待领导，并交由两办督查室进行督办，直至问题解决为止。2010年，区领导共接待群众来访232批次，办结率100 %，初访化解率92%。各镇、街道、经济功能区和区属委、办、局、公司也进一步强化属地责任，落实领导接待制度，重点将重复集体访稳控化解在当地。对于重点案件区信访办协调有关部门，逐案分析研究，形成统一答复意见，共同答复。2010年区信访办已实行信访问题挂账督办、问题销账制度，并将信访问题的销账情况纳入年终考核，最终达到“减少存量、控制增量”的效果。

（信访办）

【信访代理工作机制】 2010年4月以来，顺义区全面贯彻落实市委、市政府关于学习推广“信访代理制”经验的指示精神，区委、区政府召开了“信访代理制”工作部署会，并正式出台《中共北京市顺义区委北京市顺义区人民政府关于实施“信访代理制”工作的意见》，顺义区实施“信访代理制”工作全面展开。根据顺义区实际，区信访办创新信访代理工作长效机制，利用“信访代理”三结合机制和重大决策信访风险评估机制源头预防信访问题产生。工作中利用三结合工作思路（信访代理与“一单式”工作机制相结合，与村、社区便民服务室工作相结合，与信访信息员队伍建设相结合）和“1＋1”（“信访代理”＋重大决策信访风险评估）机制推动矛盾纠纷的化解，顺义区各单位围绕“信访代理制”转变执政理念、明确责任主体、大力整合资源、改进工作作风、强化制度保障的核心内涵，以高度的政治责任感认真研究落实“信访代理制”工作，成立以“一把手”为组长的“信访代理制”工作领导小组，结合本地区、本单位的实际，出台文件,制定实施方案,有针对性的细化、实化、强化相关措施,逐项抓好落实,把大量矛盾纠纷解决在基层,化解在萌芽状态。截至12月份,顺义区到市集体上访控制在最低限度,到区、到市信访量稳中有降,其中来访总量同比下降50%。由于顺义区实施"信访代理制"工作卓有成效,其经验做法被市信访办向全市推广。

(信访办)

信息工作

【概　况】 2010年,顺义区的政务信息化与政府信息公开工作按照北京市的总体部署,认真贯彻落实《中华人民共和国政府信息公开条例》,积极推进政务信息资源整合与充分利用,强化网上公共服务、行政效能提升、网络与信息安全保障等方面的建设与应用。

单位名称:北京市顺义区信息中心

地址:顺义区府前中街5号

电话:(010)69461764

邮编:101300

(信息中心)

【信息网络基础建设】 2010年区电子政务外网接入单位达806家,其中光纤宽带接入处级行政、企事业单位176家,中小学、幼儿园120家,社区卫生服务中心39家,派出所31个,劳动社保所25个,主要街道监控点22个,行政村392个。因特网出口带宽达到450兆。

(信息中心)

【顺义网城被评为优秀政府网站】 2010年1月,在北京市纠正行业不正之风办公室、北京市信息化工作办公室召开的"2009年度北京市政府网站评议总结大会"上,顺义网城获"优秀政务网站"称号。顺义网城已连续六年被评为优秀网站。

(信息中心)

【专题宣传】 2010年,区信息中心与多个单位合作共建宣传专题,先后开设了《顺义区"十一五"辉煌成果展》、《顺义区健康教育科普宣传专栏》、《公众建言"十二五"》、北京国际鲜花港《郁金香文化节》和《菊花文化节》等宣传专题。一系列专题的开设取得了较好的宣传效果。

(信息中心)

【网上办公服务系统】 2010年,区信息中心对全程办事代理网上办公服务系统进行了升级改造,共清除历史数据70余万条(已做备份),减轻了系统压力,提高了系统运行和访问速度;针对北小营、仁和、李桥等单位业务办理需求,修改系统中的行政许可和服务事项230余项;新增"咨询问答"、办事事项导航、场景式服务等功能。顺义区全程办事代理网上办公服务系统办理量已突破10万件,办结率为97%,满意率达100%,网上服务情况在全市继续保持领先地位。

(信息中心)

【领导决策信息系统应用】 2010年,依托电子政务外网和政务信息资源共享交换平台进行建设,全面整合各部门需要上报区领导的信息资源,为区领导决策提供全面、准确、及时的一站式信息服务。区信息中心对相关单位进行多次培训,目前,已有城管、人力社保局、环保局等30余家单位开始上传决策信息。

(信息中心)

【政务地理信息服务平台】 顺义区的政务地理信息服务平台依托北京市政务地理空间数据库进行开发建设,整合了区内各部门的地理图层信息,形成顺义区统一的电子地图。该平台包含全市图层824个,其中含顺义区图层60个,涉及医疗机构、学校、金融机构等。

(信息中心)

【构建统一认证平台】 2010年,区信息中心在CA数字认证系统的基础上建立统一认证平台,通过对用户身份的统一认证和访问控制,更安全地实现各业务系统的单点登录和信息资源的整合。目前已经完成区内电子政务办公服务平台、领导决策信息系统、空间地理信息系统、人口计生委系统、人口库、法人库等10余个系统的用户认证整合,有利于实现资源共享,避免重复建设。

(信息中心)

【镇级管理信息系统建设】 2010年,区信息中心加快推进镇级管理信息系统建设,目前,顺义区19个镇全部建起了镇级管理信息系统,实现公文、数据网上传输,极大了提升了各镇政务信息化水平。

(信息中心)

【政务邮件系统升级】 2010年,区信息中心对原电子政务邮件系统进行了升级改造。拓宽了用户邮箱空间,使每个用户邮箱容量由200兆增加到500兆;提高了邮件投递速度,经数据测试显示,在政务网内邮件传输速度较以往提升将近一倍,可节省用户近一半的等待时间。

(信息中心)

【建设移动办公平台】 2010年,区信息中心基于顺义区电子政务办公服务平台建设了移动办公平台,办公人员可以随时打开手机,浏览会议通知、信息刊物、值班安排、待办工作等内容。该平台的开通将有效提升政府办公效率,提高顺义区政务信息化应用水平。

(信息中心)

【政务视频会议系统】 2010年,区信息中心成功转播、召开党风廉政工作会、安全生产工作会、流动人口管理员培训会等视频会议20余次,累计参会人员达5000万余人次,减少4000余人次往返会场时间。

(信息中心)

【信息安全检查工作】 按照北京市网络与信息安全协调小组《关于印发2010年北京市网络与信息安全保障工作要点的通知》(京信安协〔2010〕2号)要求,针对检查要点,在顺义区范围内开展政务网络与信息安全暨政府信息公开工作检查。查分自查、抽查2个阶段进行。检查内容包括日常网络维护情况、政务信息系统安全情况、政务网站和信息系统安全等级保护的落实情况,政府信息公开保密审查、主动公开、依申请公开、虚假或不完整信息澄清等工作情况。针对存在的问题,联合检查小组提出了整改意见并进一步加大指导、督导力度,强化各单位信息安全意识,提高顺义区网络与信息系统安全保障能力,确保区域内政府信息公开工作有序开展。

(信息中心)

【舆情监测工作】 依托顺义区互联网舆情监测系统,以国内外2000余种报纸、8000余家网站为信息源,搜集国内外媒体经济、社会、政治、文化等方面有价值的报道和有关顺义的虚假或不完整信息,并整合区内各部门上报的信息,编辑印发刊物《领导参考信息》,为领导决策提供参考。2010年全年共监测到网络舆情事件170余件。其中,通知相关单位加强预警事件100余件;报送《领导参考信息》82期,146条信息,获得领导批示21条。

(信息中心)

【顺义网城信息发布】 立足临空经济发展、新城建设、城乡一体化推进等区域重点工作,围绕创先争优、国际汽车展、农博会等区域重大活动,突出领导活动报道,加大经济、民生类信息采集力度,制作、推出两会、农博会、创卫、七一党建等专题10余个,不断完善、充实了顺义网城信息内容,提升了网站影响力。2010年,顺义网城中文版全年共发布中文动态信息2390条,英文版共发布英文动态信息146条;向北京市城乡经济信息中心报送信息1800余条,采用1200余条;向首都之窗报送信息1900条,采用1800条;另有1200余条信息被多家网站转载,全方位、多角度地展现了顺义经济社会发展取得的可喜成绩。

(信息中心)

【数字证书应用培训会】 为进一步加强顺义

区政务信息系统身份认证安全性,顺义区建立数字认证平台。2010 年 7 月 6 日,区信息中心在顺义宾馆召开数字证书应用培训会议,为顺义区 133 家单位的办公室人员和信息上报人员配备了由北京数字证书认证中心签发的数字证书 333 个。

(信息中心)

【顺义网城暨完善政务信息应用系统工作会】 为推进顺义区信息资源共享,2010 年 8 月 17 日,区信息中心在顺义宾馆召开 2010 年建设顺义网城暨完善政务信息应用系统工作会,会议部署了顺义网城改版任务和完善政务资源共享交换平台相关应用系统工作。区政府副区长燕瑛出席会议,顺义区 120 多家单位主管信息化副职参加会议。

(信息中心)

【顺义网城中文版全面改版】 2010 年 7 至 10 月间,区信息中心对顺义网城进行了第十次改版,对网站整体框架、栏目设置进行调整,进一步扩充和细化了服务信息。新版顺义网城设置七个频道,分别是魅力顺义、投资新城、信息公开、在线服务、政民互动、市民生活、畅游绿港。

(信息中心)

应急工作

【概　况】 2010 年,顺义区应急办在市应急办及区应急委的正确领导下,坚持“以人为本、预防为主、快速反应、资源整合、专业处理”的工作原则,高效、有序的完成了各项应急管理工作,各类突发事件得到有效处置,城市运行平稳有序,应急管理工作在保障区域经济社会和谐发展过程中发挥了重要作用。

单位名称:北京市顺义区突发公共事件应急委员会办公室
地址:顺义区府前中街 5 号
电话:(010)69434500
邮编:101300

(石　晶)

【应急预案管理工作】 指导完成各镇、街道、经济功能区 38 项属地总体应急预案制定、修订工作。完成《顺义区防汛突发事件应急预案》、《顺义区供水突发事件应急预案》等 6 项区级专项预案修订工作。完成《顺义区突发公共事件总体应急预案》、《顺义区突发事件应急预案管理办法》初步修订工作。组织顺义区应急系统 75 家单位进行预案管理工作培训。

(石　晶)

【应急演练工作】 制定《顺义区 2010 年度突发事件应急演练工作实施方案》,对区级专项演练、部门演练和各属地演练工作进行全面部署。组织“顺义区突发事件应急演练管理工作培训会”,应急系统 60 余家单位接受培训。组织完成东风小学地震应急疏散、潮白河河南村橡胶坝围堰防汛、蓝星花园高层灭火救援、顺义油库危化品抢险救援等 4 项区级应急演练工作。各专项、各属地和相关委办局,2010 年共开展不同形式和规模的应急演练 800 余项,达到了“检验预案、锻炼队伍、磨合机制、宣教动员”的工作目标。召开“顺义区突发事件应急演练工作总结会”,对全年演练工作进行全面总结,确定 2011 年应急演练工作开展目标。

(石　晶)

【应急科普宣教工作】 制定《顺义区开展“防灾减灾日”宣传周活动工作实施方案》,区应急办、区民政局、民防局、地震局、教委等单位精心组织,以“防灾减灾从社区做起”为主题,开展了“2010 年 5·12 防灾减灾日主题宣传活动”、“空港街道蓝星花园社区高层火灾疏散救援与减灾宣传活动”,开展大规模演习 4 次,现场发放宣传品 3000 余套,直接受教育人数50000余人。强化应对法的宣教工作，区普法部门将应对法及北京市实施办法的法制宣传与“法律六进”活动结合，通过张贴挂图、发放材料、举办讲座等方式向基层群众广泛宣传公共安全知识；以5·12宣传周、应急管理专题培训为契机，发放应对法及实施办法读本1000余册。推进应急管理科普宣传栏建设工作，贯彻落实《北京市应急管理科普宣教工作总体实施方案》，在区内主要社区完成一期10块《顺义区应急管理科普宣传栏》建设工作，以此为宣教阵地广泛宣传应急知识。

（石　晶）

【公共安全风险管理工作】 加快建立工作体制，制定《顺义区人民政府关于加强公共安全风险管理工作的意见》，建立包括区属各委办局及属地的工作体制。初步确立工作机制，制定《区应急委关于全面加强公共安全风险管理的工作方案》，成立由常务副区长任组长，区属各专项指挥部办公室、各属地、相关委办局主管负责同志为成员的工作组织，明确责任分工和具体安排。将风险评估与控制工作作为保障城市公共安全的抓手，针对“顺义区第七届农博会”开展大型活动风险评估工作，各部门针对风险制定方案20余项，并采取管控措施，确保了活动安全顺利举办。

（石　晶）

【应急信息管理水平】 进一步强化突发事件信息报送工作，下发《区应急委关于重申突发公共事件信息报送工作的通知》，对突发事件信息报送工作进行再强调。强化重点时期突发事件信息报送工作，春节、两会、五一、十一期间下发《关于加强值守应急和应急信息报送工作的通知》，实行每日“零报告制度”，掌握区内各类突发事件情况。强化常态信息报送工作，完善应急工作信息员网络，根据阶段性重点工作，向各单位下发“信息报送要点”。进一步加强信息研判，每季度组织应急系统各单位召开季度形势分析会议。

（石　晶）

【应急指挥技术系统】 完善和扩展应急指挥技术平台功能，将15个专项指挥部和3个街道办事处纳入值守应急系统；完成应急应用软件系统调研设计工作，制定了《顺义区应急管理应用系统规划方案》。完成各项技术保障工作，移动指挥车参加市、区两级演练20余次，完成两会、武博会以及汛期、森林防火期等重点时期保障任务；完成全市消防安全、天然气供应保障、全国两会以及应急系统IP视频例会等保障60余次。完善顺义区图像信息管理系统，完成对顺义区135家公立中学、小学和幼儿园，全部221路图像监控点位建设以及22个三级平台改建升级工作。积极探索物联网应用建设工作，根据市政府统一工作部署，在调研基础上完成顺义区《城市安全运行和应急管理领域物联网应用现状与需求》、《物联网应用建设工作方案》制定工作。

（石　晶）

【应急处置综合能力】 规范顺义区值守应急工作，制定了《顺义区突发公共事件应急委员会办公室值守应急工作制度》，规范了“区应急指挥中心突发事件办理流程”、“区应急指挥中心突发事件现场处置流程”，并下发至应急系统各单位参照执行。强化突发事件现场指挥工作，拟定《顺义区突发事件现场指挥部运行指导意见》，对决策处置机制、现场管控机制、现场信息报送机制和现场处置事后评估机制进行规范，突发事件处置工作基本实现信息报送及时准确、部门分工协作明确、处置方案科学合理、现场处置科学有效。建立区综合应急救援队，根据《市应急委关于组建北京市综合应急救援队伍的通知》，完成顺义区综合应急救援支队的组建工作，明确了工作职责和常态与非常态下的管理与指挥机制，成立了200余人的综合应急救援队伍。

（石　晶）

人口与计划生育

【概　况】 年内,顺义区人口计生委以稳定低生育水平、统筹解决人口问题、促进人的全面发展为主线,以深化综合改革、加强战略研究、推动体制机制创新为抓手,顺义区人口规模得到有效调控,低生育水平保持稳定,人口素质进一步提高,完成北京市人口计生委下达的各项指标。顺利通过国家人口计生委“全国人口和计划生育综合改革示范区”复审。区计划生育协会荣获全国计划生育协会先进集体。区人口计生委被评为北京市人口计生系统2008-2010年政风行风先进集体。

单位名称:顺义区人口和计划生育委员会
地址:顺通路AMB大厦4层
电话:(010)89445425
邮编:101300
网址:http://www.fc.bjshy.gov.cn

(张红蕊)

【人口数据】 2010年度顺义区户籍人口出生6017人,政策符合率为96.2%。六普数据显示,截止到2010年11月1日,顺义常住人口87.7万人,同2000年“五普”相比,顺义区10年间共增加人口24.1万人,年均增加2.4万人,年增长率3.3%。

(张红蕊)

【集体审批制度】 规范顺义区社会抚养费征收工作和再生育子女审批工作,制定《顺义区社会抚养费征收细则》、《社会抚养费征收审批制度》、《再生育审批制度》。

(张红蕊)

【制定“十二五”人口发展规划】 5月,区人口计生委牵头成立了由区人口计生委、发改委、教委、住建委等相关部门主管领导组成的《顺义区“十二五”时期人口发展和调控规划》编制领导小组。同时成立由北京大学等科研机构人口专家组成的人口规划专家编制小组,北京大学社会学系教授陆杰华担任组长。6月18日,召开工作启动会。《顺义区“十二五”时期人口发展与调控规划》初稿及征求意见工作在年内完成。

(张红蕊)

【人口问题研究】 完成《顺义区早期意外妊娠后人工流产原因分析》、《顺义区人口规模现状及调控措施研究》和《顺义区农村新生儿入非情况调查》。

(张红蕊)

【和谐家庭促进计划】 为新婚家庭、怀孕家庭、婴幼儿家庭、应落实避孕措施家庭和有生殖系统疾病家庭入户指导20000余人次。针对新婚家庭和怀孕家庭,启动了“健康生育计划”。为4153对新婚夫妇发放婚育健康服务包,开设“新婚期优生知识讲座”。针对待孕和怀孕家庭,大力宣传服用免费叶酸的重要意义。全年发放叶酸增补剂5200余人份。针对婴幼儿家庭,举办顺义区“牵手父爱 健康成长”亲子游戏大赛。编印《0-3岁婴幼儿智能提升指南》5500册。针对有生殖系统疾病家庭,结合两癌筛查,7万余名群众接受免费健康检查。针对应落实避孕措施家庭,开展“意外妊娠干预”工作,对441名放环群众进行随访服务。

(张红蕊)

【奖励扶助、特别扶助金】 年内,顺义区共有奖励扶助对象1913名,特别扶助对象363人。在市级奖扶、特扶基础上,顺义区为男孩家庭奖扶对象每人每年发放区级奖励扶助金600元,女孩家庭800元。为死亡和伤残特扶对象每人每年发放区级特别扶助金1200元。19个镇全部出台了镇级奖扶政策。全年,区镇两级共投入奖扶、特扶专项资金303.27万元,其中,区级投入比去年增加47.506万元。

(张红蕊)

【农村计划生育家庭养老保障】 年内，顺义区共有12172人享受农村养老补助金，发放金额达到1726万元。129个村增加了发放额度。最高的天竺镇岗山村每人每年发放7680元。

（张红蕊）

【贴息贷款工作】 年内，市3000万元贴息贷款扶持600户独生子女低收入家庭致富，人均年收入增加2890元。第七期区100万扶持资金扶助了40个农村计划生育低收入户发展生产。利用北京市计生协120万元“幸福工程”款，扶助118户下岗失业计生家庭脱贫致富。

（张红蕊）

【农村新生儿入非工作】 通过开展“顺义区农村新生儿入非情况现状与建议”课题调研，找出新生儿入非工作存在的主要问题，提出促进工作的建议和对策。全年，农村新生儿入非1212人，入非率84.2%。

（张红蕊）

【人户分离人员计划生育区域协作机制】 3月25日，顺义区与朝阳区举办人口和计划生育区域协作签约仪式。顺义区和朝阳区签订了流动人口计划生育双向管理协议书。逐步建立流动人口计划生育信息通报制度、预警制度、联席制度。年内，顺义区人口计生委出台了《顺义区人口计生委关于做好流动人口和人户分离人员计划生育服务管理的规定》。

（张红蕊）

【流动人口计划生育区域协作机制】 4月8日，顺义区人口计生委与河北省承德市人口计生委、河北省三河市人口计生局签订协议，初步建立了流动人口服务管理区域协作机制，协作双方在流动人口的计划生育服务、宣传教育、孕情监测、信息交流、社会抚养费征收等方面达成一致，推动流动人口计划生育“一盘棋”管理。

（张红蕊）

【实施独生子女家庭就业】 为提升独生子女家庭的就业能力，连续两年实施独生子女家庭就业促进计划，每年解决300名计生家庭劳动力就业。6－8月，顺义区人口计生委与区烹饪协会联合，为300名独生子女家庭成员进行烹饪、食品配餐、家政服务培训。培训后，举办专场招聘会，一对一解决培训人员的就业问题。

（张红蕊）

【全员人口数据库建设】 9月27日，召开全员人口数据库建设启动会。年底，完成顺义区58.5万户籍人口个案信息的录入。

（张红蕊）

【生殖健康伴你行】 11月12日，北京市人口计生委组织的“生殖健康伴你行”活动走进顺义区。4名北京市三甲医院乳腺、妇科专家为顺义区群众提供了体检和生殖健康知识讲座服务。

（张红蕊）

【药具管理服务工作】 11月25日召开机关企事业单位药具规范化会议，下发了《顺义区规范机关事业单位、社会团体、企业计划生育药具发放工作的规定》。年内，顺义区共有药具发放网点1021个。

（张红蕊）

总部企业高管人员服务

【概　况】 2010年，顺义区总部企业高管人员服务中心在区委、区政府的正确领导下，坚持“用心服务至高、共谋发展至上”的服务理念，积极探索服务形式，提升服务质量，优化企业发展环境，全力以赴为顺义总部经济发展提供全方位服务，各项服务保障工作进展顺利，初步打开了工作局面。

单位名称：北京市顺义区总部企业高管人员

服务中心
地址:顺义区建新西街3号
电话:(010)89498007
邮编:101300

(李鹏飞)

【建立完善服务体系】 理顺组织领导体系。为便于协调各项服务保障工作,将原设在区发改委的临时办事机构——区总部企业金融机构服务中心取消。改为在总部企业金融机构推进委员会下设办公室,办公地点设在我中心,负责统筹协调涉及总部企业及高管人才各项日常服务工作。明确推委会成员单位职责,建立责任人制度。根据顺政发〔2008〕59号文件精神,中心会同区编办共同研究制订了《顺义区总部企业金融机构推进委员会成员单位职责》(顺政发〔2010〕42号文件),并确定了各单位一名副职领导为责任人,负责统筹协调涉及本部门的各项服务事宜。职责的拟定从制度上保障了服务工作的有效开展。参与修订《顺义区人民政府关于进一步优化临空经济区发展环境的若干意见》。

(李鹏飞)

【密切与企业及高管人员的关系】 积极发展、深化和重点企业关系。中心对顺义区的总部企业进行逐一走访,对重点企业做到了一季度一访。建立了详细的企业及高管人员信息档案,做到了对服务对象的"底数清、情况明"。定期召开例会。以季度为周期,召开30余家重点企业工作座谈会,了解企业及高管人员的实际困难,研究解决问题。积极开展节日慰问活动。2010年,以春节、元旦、中秋等节假日为契机,对现代汽车、国航、首都机场集团等重点企业的百余名高管人员进行了走访慰问,送去具有顺义区特色的慰问品和节日贺卡,代表区政府向他们表达了问候。适时为企业高管人员送上顺义举行的各种国际展览门票以及应季瓜果采摘票,让企业高管人员共享顺义经济社会发展的成果。

(李鹏飞)

【协调解决实际困难】 在为企业服务方面:协调国航高管人员参观现代汽车生产线,并进行新车试驾,同时正在协助其购买现代汽车两辆;对于机场周边多家企业反映的职工住房问题,中心在和北京苏活方面充分沟通的基础上,专门陪同新华航等企业现场查看房源。并与房地产开发商进行团购优惠洽谈;积极联系协调区卫生局,解决了宝洁公司内设置医疗室的问题。在为高管人员服务方面:解决了近20名企业高管子女入学问题、协调解决了高管购房一例;同时,受理多起企业特殊人员户口进京申请,其中3例6人在区有关部门的大力支持下,已彻底解决。

(李鹏飞)

安全生产监督

【概　况】 2010年,紧紧围绕"安全生产年"活动这条主线,以提高安全监管制度化、规范化、标准化、信息化水平为抓手,依托安全生产网络化动态管理系统,扎实推进企业自查自报工作,企业安全生产状况持续改善,顺义区安全生产形势总体稳定。年内,顺义区综合监管部门、行业监管部门和属地共检查生产经营单位2726家,检查次数4288次,查处事故隐患6366项,实际事故隐患整改6364项,整改率99.9%;下达行政执法文书2602份,其中,限期整改1350份,强制措施决定书4份,实施行政处罚112次,经济处罚罚款203.59万元;顺义区共发生交通、生产安全、火灾事故767起,死亡115人,全年未突破北京市政府下达的事故死亡124人的控制指标(其中:发生交通事故537起,同比上升12.8%,死亡108人,同比下降0.8%;发生火灾事故225起,同比下降20.2%,死亡1人,同比持平;发生生产安全事故5起,死亡6人,未突破市政府下达的生产安全事故控制死亡8人的控制指标)。顺义区获得了“2010年全国安全生产月优秀单位”称号、“安全生产监管监察先进单位”、“2010年北京市安全生产月活动优秀组织奖”、“安全生产分类分级动态管理体系”荣获首届中国安全生产电视作品大赛优秀奖、“北京市安全监管监察系统第一届艺术节团体优秀组织奖和合唱比赛优秀奖”、“第二届顺义十大骄傲”奖。北京市顺义区生产经营单位事故隐患自查自报管理系统被北京市人民政府评为“全市安全生监管突出贡献奖”。

单位名称:顺义区安全生产监督管理局
地址:顺义区仓上街3号
电话:(010)69443437
邮编:101300
网址:http://www.ajj.bjshy.gov.cn

(史亚军)

【危险化学品单位487家】 2010年,顺义区共有危险化学品单位487家。危险化学品从业单位322家,其中生产单位1家、经营单位135家、使用单位186家,其中:剧毒品12家(氰化物、异氰酸酯等)、内部加油站11家、氨气34家、油漆59家、酒精19家、油墨18家、瓶装气体32家、其他24家(氧化剂、盐酸、硫酸、丙酮、等);烟花爆竹批发单位1家;烟花爆竹临时经营164家。

(史亚军)

【非煤矿山安全生产行政许可】 2010年顺义区共有非煤矿山企业5家,分布在大孙各庄镇和杨镇;危险化学品使用单位186家;四大行业企业(机械、冶金、建材、轻纺)共有1225家。

(史亚军)

【有限空间安全生产治理行动】 4月13日,区安委会下发了《顺义区开展有限空间作业安全生产专项整治工作方案》,分动员部署、摸底排查、集中整改治理、专项治理督查、总结五个阶段进行实施,从4月份开始,历时4个月。摸清了顺义区有限空间作业单位安全管理状况底数。共有有限空间136814处,市政管线2617.6公里,有营业资质的有限空间作业单位19家,采取外包作业方式单位29家。顺义区共检查相关企业135家次,下达改正指令书17份,查改隐患37项,下达责令改正指令书35份,发现隐患85条。

(史亚军)

【市安监局专项检查】 6月4日,北京市安全生产监督管理局专项执法检查组到顺义区检查非煤矿山执法工作,抽查了北京顺发拉法基水泥有限公司、北京市玉林石灰厂2家非煤矿山企业。市局检查组对顺义区非煤矿山的安全监管工作给予了肯定,对非煤矿山企业进一步落实安全主体责任也给予了认可。

(史亚军)

【集中检查农村民用制气站】 6月7日,顺义区种植业服务中心能源办牵头,会同区安全生产监管局、顺义区质量技术监督局和农委对顺义区23家农村民用制气站(沼气站、秸秆站)各项管理制度的制定、岗位操作规程的执行、在用设备设施的安全管理与维护保养、人员教育培训、特种设备的检测检验和特种工持证上岗等情况进行了集中检查,并指导农户正确使用沼气(秸杆气)设施,传授应急防护知识,确保冬季农村用气安全。

(史亚军)

【全国安全生产月宣传咨询日】 6月13日,全国第9个安全生产月宣传咨询日活动在顺义区北京现代汽车有限公司举行。这是全国安全生产月宣传咨询日活动第一次进入北京郊区,第一次进入企业,全国人大副主任陈昌智出席活动。区政府制定了《2010年全国安全生产月宣传咨询日活动实施方案》,成立了由张延昆书记任组长,安监局、公安分局、等相关职能部门为成员的全国安全生产月宣传咨询日活动领导小组,下设现场协调接待组、宣传报道组、后勤保障组、安全和应急保障组、其他保障组等5个工作组。先后召开了7次区级协调会以及20余次部门级别的工作会。主要开展了以下活动:国家安全生产监督管理总局领导致辞、北京市人民政府领导致辞、北京现代汽车有限公司向全社会企业发出倡议、向社区居民和企业职工赠送安全书籍、中学生配乐诗朗诵、参观咨询区、安全生产展板展示区以及北京现代汽车生产线、观看安全生产专题文艺演出、群众咨询活动。

(史亚军)

【安全生产月活动】 以"坚持安全发展,建设和谐顺义"为活动主题,顺义区共有2624家单位参加了各类宣传教育活动,17万余人参与了各类宣传教育活动,张贴各种宣传画1万余张,发放宣传材料15万份,设置宣传专栏1000余个,市属和区属新闻媒体跟踪报道6次和43次,真正实现了"人人讲安全、人人关注安全"的安全生产文化氛围。

(史亚军)

【泡沫制品生产企业专项整治】 按照顺义区委张延昆书记指示,区安全生产监管局集中开展了一个月(5月31日至6月30日)的泡沫制品生产企业安全生产专项整治工作。顺义区共排查企业22家,确认泡沫制品生产企业13家,下达隐患整改指令13份,排查隐患85条,停产停业整顿1家,处罚2家。

(史亚军)

【粉尘与高毒物品危害治理专项行动】 按照市局的统一部署,区安全生产监管局集中开展了为期1年(2009年12月起至2010年12月)的粉尘与高毒物品危害治理专项行动。坚持做到"十个一":成立一个机构、确定一个范围、制定一个方案、召开一个大会、建立一个台账、开展一个自查、举办一个培训、参加一个活动、开展一个指导、形成一个联动,督促、检查、指导做好专项治理工作。

(史亚军)

【仓储物流企业安全生产专项整治】 为贯彻落实6月30日北京市安全生产电视电话会议的精神,规范顺义区仓储物流企业安全管理工作,严防触电、火灾等安全生产事故的发生,区安全生产监管局联合区交通局从7月13日起在顺义区仓储物流企业范围内开展安全生产专项整治活动。此次活动分属地核查检查及企业自查自改、检查抽查两个阶段进行,重点围绕企业各项安全生产制度的建立和落实、安全生产协议书签订、从业人员的安全教育和培训、危险化学品存储状况及相应安全应急措施落实等方面开展专项整治,重点排查非法储存、运输各类危险化学品等安全生产隐患。

(史亚军)

【"五五"普法和行政执法工作】 按照《国家安全监管总局办公厅关于组织开展安全监管部门"五五"普法和行政执法检查工作的通知(安监总厅政法[2010]23号》的要求,7月1日,福建省安监局代表国家安全监管总局对北京市顺义区安全生产"五五"普法和行政执法工作进行了检查考核。北京市安全监管局副巡视员汪卫国、顺义区委常委副区长林向阳等领导陪同考核。考核组观看了安全生产分类分级动态监管宣传片、听取了区安全监管局关于"五五"普法和行政执法开展情况的工作汇报,查看了120份档案材料,实地抽查了顺义区大孙各庄镇属地基层基础工作和北京现代二厂安全监管工作。顺义区安全生产基础工作、企业分类分级、安全生产隐患自查自报管理给予了高度评价和肯定。

(史亚军)

【非煤矿山应急救援演练】 7月23日顺义区安全生产监督管理局在北京市顺发拉法基水泥有限公司组织开展了顺义区5家非煤矿山生产安全事故应急联合救援演练。杨镇、大孙各庄镇政府相关领导到现场进行了观摩。

(史亚军)

【危险化学品应急演练】 7月2日,区安全监管局组织开展了顺义区危险化学品泄漏应急演练活动。区应急办、区安监局、区宣传部、区公安分局、消防支队、区环保局、区卫生局、区气象局、属地旺泉街道、广电中心和石油公司(油库)等10余个部门120多人参加了演练。区委常委、副区长林向阳、区人大副主任贾春林、区政协副主席田建国、生产安全事故指挥部成员单位、各属地政府主要负责人、安全科长以及四家油库主要负责人等100多人进行了现场观摩。

(史亚军)

【自查自报培训】 7月21日,顺义区安全生产委员会下发了《关于开展安全生产事故隐患排查治理自查自报培训工作方案》,7月27、28日,区安全生产监督局在顺义区社区教育中心分4批对顺义区安全生产监督管理局工作人员、23家行业部门、40家属地政府共310名管理人员进行了培训;由行业牵头、属地组织,对顺义区1.3万余家生产经营单位主要负责人、安全管理人员实施培训89批次,下发材料27559册,培训企业7980家,参加培训人员15305人(其中:村级安全员和村官1156人,以发放材料形式培训小门店经营者3762人)。

(史亚军)

【市局到区调研】 8月19日,北京市安全监管局局长张家明、副局长丁镇宽、陈清等一行到顺义就事故隐患排查治理自查自报和物联网建设工作进行调研,顺义区区委书记张延昆、代区长王刚、区委常委、副区长林向阳等领导陪同并座谈。首先播放了自查自报宣传片,然后由区安全监管局工作人员介绍了自查自报工作进程、事故隐患自查标准以及安全生产网络化动态监管系统和自查自报系统企业端的相关功能;市安全监管局信息中心汇报了物联网建设相关工作。

(史亚军)

【区领导带队检查】 9月29日,顺义区委常委、副区长林向阳检查了区烟花爆竹储存库、顺义气库和1家危化生产单位安全生产情况,并就国庆期间应急值守工作提出了要求。

(史亚军)

【文艺比赛】 9月8日,顺义区文化委、区综治办、区安全监管局、区文联组织的“中北华宇杯”“唱响安全发展 建设平安顺义”文艺比赛颁奖典礼活动在顺义区仁和镇礼堂举办。

(史亚军)

【11.9法制宣传日】 11月9日,顺义区安全监管局联合区防火安全委员会、区石园街道办事处在五里仓小区公园内开展了以“人人参与消防,共享平安生活”为主题的第二十届“11.9”消防宣传日活动。组织社区居民参观宣传展板和条幅,发放《安全常识你我他》、安全知识扑克牌以及防火知识宣传材料1200余份。顺义区消防支队战士现场演示了灭火器的使用方法及液化石油气着火后的灭火方法,五里仓社区文艺演出队现场表演了节目。

(史亚军)

【12.4法制宣传日】 12月1日,顺义区安全生产监督管理局在南彩镇采风小区组织了“12.4”法制宣传日活动。现场发放安全常识扑克牌、《安全连着你我他》、安全知识海报等各种宣传材料1000余份,进一步增强了群众的安全生产意识和安全生产法律法规知识。

(史亚军)

【自查自报系统全市推广会】 12月7日,生产经营单位事故隐患自查自报系统全市推广应用现场会在顺义区召开。北京市各相关行业部门主管领导、各区县安全生产委员会主任、各区县安监局相关工作人员共300余人参加了会议。北京市副市长苟仲文出席并讲话。会议由市安全监管局蔡淑敏副局长主持,顺义区代区长王刚参加了会议,顺义区区委常委、副区长林向阳介绍了顺义区工作做法,市安全监管局陈清副局长部署了推广应用工作,大兴区做了表态发言。

(史亚军)

【市局到区检查】　12月9日,北京市安全生产监督管理局领导对顺义区烟花爆竹库的安全储存条件进行了工作验收检查。检查组在听取库房管理人员就烟花爆竹安全储存工作介绍后,先后检查了烟花爆竹库、消防设施、人员配备与应急值守、视频监控系统、温湿度传感系统的正常运转等情况,提出了三点要求。

(史亚军)

【烟花爆竹零售安全资格考试】　12月18日,2011年烟花爆竹零售单位负责人安全资格考试举行,今年区共有121人通过了烟花爆竹经营(零售)的资格审查,来自顺义区、平谷区、怀柔区、密云县的238名考生在一职参加了本次考试。

(史亚军)

【春节期间烟花爆竹安全管理】　2010年,顺义区共许可烟花爆竹临时销售网点164个,涉及24个镇、街道及开发区。春节期间,顺义区组织3次销售网点负责人培训会,4期从业人员培训班,发放书籍、宣传册等共656份,共配送烟花爆竹32000箱,销售烟花爆竹738万元,检查覆盖率达到100%,共检查零售网点863家次,累计出动检查组1248次,出动2015人次,出动检查车次564次,下达整改指令57份,下达现场检查记录249份,查出安全隐患176项,暂扣经营许可证5家,经济处罚2家,共回收剩余物品1806箱(其中:烟花1589箱,爆竹217箱)。顺义区实现了烟花爆竹安全管理零事故目标。

(史亚军)

【组织特种作业培训】　年内,顺义区共组织特种作业人员培训班64期,培训人员8207名,合格7518名,合格率91%(其中取证班24期,培训2739名,合格2288名,合格率83%;复审班40期,培训5468名,合格5230名,合格率97%)。

(史亚军)

【年终安全生产考核】　11月5日至12月10日,顺义区对顺义区安委会成员单位101家(40家属地政府、61家行业部门)进行了安全生产工作考核。考核内容包括:安全生产责任制的落实、安全生产机构建设和人员配备、日常监察、宣传教育培训、应急救援等相关工作情况。成立安全生产考核领导小组,分成四个小组,采取内页资料检查、实地考察相结合的方式,围绕安全生产综合管理、安全生产监督检查、宣传教育培训、专项整治、生产安全事故及报告、企业数据更新、特种设备安全管理七个内容进行逐项打分的方法。

(史亚军)

【市安全生产考核六组到顺义考核】　12月24日,市安全生产综合考核领导小组成员刘岩副巡视员带队到顺义区进行安全生产综合考核,市安全监管局、市商务局、市民防局、市旅游局等安委会成员单位有关部门负责人一同参加考核。

(史亚军)

药品监督管理

【概　况】　2010年,在北京市药品监督管理局(以下简称市药监局)党组和区委、区政府的正确领导下,市药监局顺义分局(以下简称分局)深入贯彻科学发展观,坚持严格准入、科学监管、依法查处、辖区责任的方针,全面落实市药监局指示精神,紧紧围绕区委、区政府的决策部署,践行“三效一创一稳定”要求,深化药品安全保障体系、供应服务体系和监管队伍作风建设,突出药品日常监管,大力开展创先争优活动,巩固发展了奥运、国庆60周年、花博会大型活动和“11.20”特大制售假药案件应对处理的成果,监管水平得到稳步提升,实现了预期工作目标。顺义区药品抽验合格率达到99%,人民群众综合满意率达98%以上,群体性重大药害事件实现了零控制。

单位名称:北京市药品监督管理局顺义分局
地址:顺义区石园北区东侧民政局综合办公楼
电话:(010)81494106
邮编:101300
网址:http://shunyi.bjda.gov.cn

(孙　伟)

【药品供应服务体系建设】 年内,区政府下发《关于加强药品供应保障体系建设实行集中储备统一配送工作的意见》,规定了卫生、发改、商委、药监等12个部门的职责任务,制定了《储备药品应急调用管理办法》、《医疗机构使用药品规范采购统一供应管理办法》、《集中储备统一配送考核评价管理办法》等相关配套的文件,保证了顺义区药品供应保障体制改革与医药卫生体制整体改革的同步进行,实现了新形势下监管措施与医改政策的对接。赋予区药品安全监管领导小组建设药品供应保障体系的组织领导责任,政府对于药品安全负总责的行政职能进一步增强;增加区药品安全监管领导小组成员单位建设药品供应保障体系的职责,药品安全有关部门各负其责的职能进一步明确;药监机构统筹协调药品供应保障体系建设工作,药品监督管理的主体地位进一步强化;加强药品集中储备统一配送工作,药品安全源头监管的力度进一步加大;整合药品安全监管和药品供应保障体系建设资源,药品安全监督管理的合力进一步加强。

(孙　伟)

【探索综保区药品监管】 按照市局部署,承担天竺综保区药品监管工作,积极探索药械企业入区发展的引导政策和适应税区发展的监管模式,畅通行政许可通道,创新监管环节流程,营造综保区安全、高效、便捷的运行环境,为企业节约人力成本、时间成本、环节成本。年内,税区已引入药械企业17家,占入区总数的24%,进出口额22.7亿元。针对综保区内企业投资规模大、业务范围广、跨国周转快等特点,分局一站受理、现场办公、在线抽验、过程指导、环节协调,提高了效率,保障了安全,赢得了入区企业、相关部门和综保区管委会的充分肯定,实现了综保区药品监管工作在整体建设发展中没误事、没出事。

(孙　伟)

【基本药物电子监管】 按照国家食品药品监督管理局关于在2011年4月1日前对基本药物实行全品种电子监管的工作要求,按照市局的统一工作部署,分局多次召开相关工作会议,确保全部企业在规定时限内完成设备改造及产品赋码、核注核销、预警处理。过程中,及时了解企业基本电子监管实施情况以及实施工作中遇到的问题和困难,针对基本药物电子监管中遇到问题与企业随时加强沟通,督促、帮助企业落实基本药物电子监管工作。同时将基本药物目录品种生产企业实施药品追溯情况全部纳入日常监管内容,开展了基本药物生产工艺和处方核查,做好现场督导落实。

(孙　伟)

【廉政风险防范工作】 重新审核查找风险点。认真开展“回头看”工作,逐个审核风险点;扩展风险查找范围。增加了工作流程风险和外部环境风险,单位累计增加工作流程风险4条,外部环境风险4条,防范措施共8条,个人累计增加外部风险点128条,防范措施128条;动态确定风险等级。即根据岗位、职务变动、发展需要、年度工作重点、上级要求等及时进行更新和补充,以确保其充分发挥实效;推进科学防范工作。根据顺义区委提出的廉政风险防范科学化和精细化的要求,积极参与区“廉政风险防范信息管理系统”建设,除录入单位和个人基本信息外,还定期更新防范措施,并核查落实情况。

(孙　伟)

【专项工作】 “打黑”(黑诊所、黑药店、黑保健品店)、打击非药品冒充药品、违法药品广告治理、网络售药治理、医疗机构周边非法收售药品、分子筛制氧设备、保健食品添加非申报成分等专项行动稳步推进，与其他监管部门形成联动机制，全年共出动626人次，取缔无证行医售药窝点46个，罚没款及罚没物品货值金额共计30多万元，有力震慑了违法分子的行径，使顺义区医药市场秩序一直保持着良好的运行状态。

（孙　伟）

【药品安全宣传】　分局充分利用分片管理优势，集合各镇、街道力量，广泛开展宣传活动，组织人员现场宣传活动20余次，累计接待咨询6000余人次，发放宣传资料6万余份；利用宣传栏普法宣传，为辖区内19个镇、6个街道维建药监宣传栏，并定期更换宣传栏内容；协调妇联、盈康药店开展安全用药家庭行动、知己健康行宣传活动，印制安全用药小药盒1000个、知己健康行动宣传册1000册、药监季刊1500份。

（孙　伟）

【保健食品电子监管系统】　按照北京市统一要求和部署，完成了保健食品电子监管系统前两个阶段的工作。分别对辖区的所有生产、经营企业的管理相对人进行了动员、培训，布置、推广、实施保健食品电子监管系统，科室派专人进行手把手的传授，并负责相关事宜的联系及对企业的指导。目前保健食品生产企业及主要的经营企业均能够完成上线，企业完成了核对本企业基本信息，录入经营保健食品品种基本数据的工作。

（孙　伟）

【创建政务服务品牌】　4月份以来，分局扎实推进"创建政务服务品牌"活动。开展征集服务品牌活动，引导全体人员树立品牌意识，自觉参与品牌建设。经过几轮的征集、讨论，分局确立了"药至纯 情至浓"的品牌口号。

（孙　伟）

【药品检验】　11月，顺义区药品检验所完成了全年针对性抽验及药品基础测试任务。共完成针对性抽验203件，合格201件，合格率为99.0%；其中全检99件，全检率48.8%；不合格2件，已立案处理。全年药品基础测试完成210件，初筛可疑12件，其中2件经实验室正式检验结果不合格。在全部检品中涉及国家基本药物为99个，检验结果全部为合格。

（孙　伟）

【假劣过期药品销毁】　11月24日，分局参加了"顺义区开展打击侵犯知识产权和制售假冒伪劣商品专项行动暨罚没物品集中销毁现场会"，将2010年度查没的假劣药品、医疗器械、保健食品、化妆品及过期药品共计800余种、4200多公斤、货值86万余元的产品进行了集中销毁处理。

（孙　伟）

市场经营管理

【概　况】　2010年市场中心党委按照"真抓实干打基础、求真务实赢占位、抢抓机遇谋发展"的总要求，围绕城、镇、村三级市场体系建设，立足"稳增长、调结构、上水平"工作大局，抢抓发展机遇，创新发展思路，破解发展难题，出色的完成了年度市场建设发展、经营管理等各项工作任务。年内，市场经济持续增长，中心实力全面提升。坚持以市场建设发展为主题，不断扩大市场规模，优化市场结构，夯实产业基础，提高整体实力。市场经济指标超额完成。中心2010年市场经营收入2175万元，比2009年增收350万元，同比增长19%，与此同时，积极做好市、区财政扶持资金的绩效评审工作，项目包装成绩突出，争取市、区、镇级资金补贴保持稳步增长。市场发展活力不断增强。通过托管、租赁、政府出资回购等方式，不断拓展专业特色市场，增强市场发展活力，中心市场产业结构从原来单一的农产品市场延伸到了花卉、汽车、古玩、连锁超市等多种商业业态，为可持续发展留足后劲。

单位名称：顺义区市场经营管理中心
地址：顺义区仁和地区仁和工商所西院（石园街10号）
电话：(010)69442855
邮编：101300

（白少勋）

【便民市场搬迁工作】 遵照赵贵恒副区长指示精神和区拆旧拆破工作安排，中心成立了便民市场拆迁办公室，建立拆迁工作例会制度，设置了宣传、评估、安置、解答、维稳小组，制定了详细的拆迁工作方案，于6月15日开始动员483家商户搬迁，6月20日顺利迁至纺织厂过渡市场，7月份完成旧市场拆除。

（白少勋）

【牛山市场火灾善后工作】 牛山市场火灾事故发生后，中心积极做好受灾商户的安抚、商品的评估、现场清理、保险理赔、新大厅筹建等工作。7月份新建大厅投入使用，受灾的84家商户全部自愿接受了帮扶并进入厅内经营，市场商户稳定，善后工作完成，做到了零上访、零举报、零投诉、零诉讼、零群体事件，得到了市、区信访部门的肯定，其做法在全市进行了转发。

（白少勋）

【机动车交易市场建设】 在区政府的大力支持下，中心领导通过多方斡旋，北京顺潮东机动车市场有限公司于4月13日成立并办完证照。在对市场交易管理人员进行培训、相关手续进一步完备的同时，市场规划、基础设施建设、招商等工作全面展开，8月31日汽车交易过户正式开业。机动车市场的成立，改变了原市场经营无证照、无手续的尴尬，规范了顺义区旧车市场的交易行为。

（白少勋）

【重要实事工程】 2010年投资2800余万元，完成了区政府实事工程项目计划的10家农贸市场的升改建设任务，总面积达1万多平米。主要是新建了东兴、三家店、怡馨花卉、南竺园、现代家园等5个新市场，升级改造了高丽营市场二期、北务产地及杨镇、大孙各庄、张镇集期市场。同时，实事工程之外我们还完成了南法信市场的拆除、北小营市场厅外63间商业房和便民过渡市场的改造、牛山大厅重建；便民新市场建设用地政府会议纪要已明确置换土地11.6亩，新市场设计、规划等前期准备工作正在有序推进。

（白少勋）

【迎创卫复审工作】 根据区爱卫会下发的《顺义区国家卫生区复审工作实施方案》通知精神，中心制定了市场迎审工作方案，确定机关与市场、市场与市场对口支援，中心所辖建城区11个市场和17家超市，强化宣传，营造氛围，建立台帐，落实责任，及时巡查发现问题、解决问题，确保市场干净整洁，为顺义区国家级卫生区复审合格做出了积极地贡献。

（白少勋）

【滨河市场拆迁】 按照区领导对滨河市场拆迁工作的要求，中心积极配合大龙公司为滨河市场的拆迁分忧解难，主动介入滨河市场拆旧建新工作，认真细致地做好商户的宣传、解释、安置工作。为解决居民卖菜难的问题，起动了滨河早市（过渡市场），在很大程度上减轻了滨河市场拆迁的压力，从而确保了滨河市场拆迁任务的完成。

（白少勋）

对外联络

【概　况】 北京市顺义区人民政府对外联络办公室（副处级、简称区政府外联办）于2010

年2月经北京市顺义区人民政府批准成立。区政府外联办由区政府办公室管理。主要职责是:负责中央、市属机关、驻顺部队、企事业单位和驻区企业的服务、日常交流合作等工作;负责与北京市综合服务平台对接,协调建立为中央、市属机关、企事业单位服务的综合服务机制;参与研究制定服务驻区企业和高管人员的各项优惠政策,并指导协调有关部门组织落实;组织协调中央、市属机关、驻顺部队、企事业单位和驻区企业开展交流研讨活动等;指导协调本区有关部门和各镇开展相关服务工作,并督促检查工作落实情况;承办区政府及区政府办公室交办的其他事项。

单位名称:北京市顺义区人民政府对外联络办公室

地址:顺义区建新西街3号

电话:(010)89498007

邮编:101300

(李鹏飞)

【走访调研】 区政府外联办对全区范围内的中央、市属单位以及驻顺部队进行了调查摸底,并建立了信息台账。据统计,目前顺义区中央和市属单位共计156家,其中中央单位68家,市属单位88家。团级以上驻顺部队14家。

(李鹏飞)

【交流学习】 为迅速打开工作局面,区政府外联办专门邀请北京市政府对外联络服务办公室主任刘京生一行4人赴顺义调研指导,双方就如何进一步为央企、驻顺部队提供服务进行了深入探讨交流。

(李鹏飞)

【协调"一站式"全程服务】 区外联办两赴区经济发展服务中心,研究磋商工作机制。双方商定:对于央企、驻顺部队需要解决的一般性行政审批事宜,由经济服务中心正常办理;对于审批存在的困难,由区外联办和经济服务中心共同协商解决措施。

(李鹏飞)

【探索建立工作机制】 外联办张忠伟主任三赴区武装部,与王国增部长就军地联谊长效机制建设等方面事宜进行了广泛深入的探讨,制订了具体措施。2010年8月16日至9月3日,区外联办联合区武装部,对驻顺的警卫三师、中试基地、武警十支队等14支部队进行逐一走访,详细了解了驻顺部队情况。此后专门与区民政局的主管领导就走访中有关部队所提及的官兵出行难,乘坐公交车不方便,营地道路修缮等问题进行了探讨磋商。相关问题正在积极协调解决中。

(李鹏飞)

【走访慰问部队】 外联办与区武装部、民政局开展节日慰问活动。以春节、八一、中秋、十一等节假日为契机,对警卫三师、空四基地、武警十支队、武警一师训练基地等部队进行了走访慰问,向驻顺部队的全体官兵送去了慰问品,并代表区政府向全体官兵表达了问候。

(李鹏飞)

天竺综合保税区综合服务

【概　况】 北京天竺综合保税区(以下简称天竺综保区)于2008年7月23日获得国务院批复(国函〔2008〕64号),2009年7月28日正式通过海关总署等国家十部委联合验收,成为全国首家依托空港口岸设立的综合保税区。北京天竺综合保税区是促进首都经济又好又快发展的重要阵地,是完善城市功能,提升首都四个服务水平的重要战略性基础设施,是扩大对外开放、提升外向型经济发展水平的重要平台,是优化发展环境、壮大总部经济的重要机遇,是提高通关效率、提升为企业服务水平的重要措施。北京天竺综合保税区位于北京东北方向，与首都机场实现无缝对接，具有得天独厚的区位优势。周边交通网包括机场高速1号线和2号线、机场北线、六环、京承等6条高速公路；101国道、顺平快速路、顺通快速路、机场辅路等4条市级公路；机场及M15城市轻轨2条。北京天竺综合保税区是在有机整合原天竺出口加工区和原空港保税物流中心（B型）的基础上设立的。总体规划面积5.944平方公里，从地域上划分为南北两区。经过充分调研，天竺综保区按照功能划分为口岸操作区和保税功能区两大区，并依照"统一规划、整体围网、分区管理、分期建设"的总体原则，分两期进行规划建设。天竺综保区北区规划面积3.218平方公里，包括口岸操作区、保税功能一区及保税功能二区。口岸操作区及保税功能一区用地约2.318平方公里。保税功能二区用地约0.9平方公里，区域内市政基础设施、隔离围网及监控设施已经全部建设完成。天竺综保区南区规划面积2.726平方公里，包括保税功能三区，区内建有两个卡口，围网及视频监控系统等设施均已按综保区验收标准安装完毕。北京天竺综合保税区具有口岸、贸易、展示、物流、加工、维修、研发等主要功能，可以开展以下9项业务：仓储物流，对外贸易，国际采购、分销和配送，国际中转，检测和售后维修，商品展示，研发、加工、制造，港口作业，经海关批准的其他业务。根据综合保税区有关政策功能，并结合首都发展实际，北京天竺综合保税区具有以下六大特点：具有与首都国际机场无缝对接的区位优势，全面实现真正意义的"区港联动"，是全国唯一一家与机场口岸无缝对接的海关特殊监管区域；具有路网发达的交通优势，往来北京城区、天津港口、环渤海地区都能顺畅便捷，是北京唯一一家海关特殊监管区域；具有"空海陆铁"四位一体的联程优势，使大通关理念得以充分体现，是国际国内航线最密集的空港型海关监管区域；具有实现"保税"与"非保税"、贸易与展览展示有机结合的地理优势，便于企业开展多元化经营；具有与我市六大高端产业功能区发展的互补优势，切实成为完善城市功能、提升首都四个服务水平的重要战略性基础设施；具有坐拥顺义新城完善服务设施的配套优势，成为优化发展环境、壮大首都临空经济的重要支撑，是周边配套最为齐全的联动型综合保税区。北京天竺综合保税区以首都临空经济为依托，以海关、税务、检验检疫、外汇、外贸等部门赋予的开放政策为基础，重点发展七大产业，即率先发展现代物流，着力发展国际贸易，优化发展保税加工，鼓励发展保税研发，引导发展检测维修，加快发展保税展览，创新发展特色金融。口岸操作区及保税功能一区主要发展口岸物流和保税物流；保税功能二区重点发展机务维修，以及与货物贸易、服务贸易、特色金融、展览展示等相关的综合性服务业；保税功能三区重点发展航空指向性强的电子信息、生物医药、环保节能、光机电一体化为主导的高新技术产业。

招商引资年内，北京天竺综合保税区在成立之初原有44家企业（原出口加工区企业37家，原保税物流中心企业7家）的基础上，新引进德国默克雪兰诺公司、巴西航空飞机技术服务公司、瑞威国际酒业、工银租赁、三菱商事等46家企业入区，其中包括默克、巴航2家跨国公司地区总部。区内企业总数达到90家，注册资本约40亿元，投资总额约100亿元，其中新引进企业注册资本约12亿元，占区内企业注册资本的30%，投资总额约75亿元，占区内企业投资总额的75%。现尚有英国罗罗飞机发动机维修基地、德国默克研发中心、索尼亚太区物流加工贸易中心等多个项目在谈。2010年，天竺综保区实现进出区总值131.9亿美元，同比增长1.7倍；进出口总值达11.3亿美元，同比增长3.6倍。区内工业企业实现出口交货值14.0亿元，按当前汇率折合美元价值2.2亿美元。完成海关关税及代征税20.7亿元，同比增长1倍，超出历年累计值6.0亿元,是历年累计值的1.4倍;完成属地财政收入8924.3万元,同比增长2.3倍,超出历年累计值3418.4万元,是历年累计值的1.6倍。截至12月份,入区企业资产总计98.3亿元,同比增长2.8倍。实现营业收入39.8亿元,同比增长4.9倍,比历年累计超出4.3亿元,是历年累计1.1倍。

单位名称:北京天竺综合保税区管理委员会
地址:北京市顺义区空港物流基地顺航路212号
电话:(010)69478686
邮编:101300
网址:http://www.bjftz.gov.cn/

(刘昕琪)

【《北京天竺综合保税区管理办法》】 《北京天竺综合保税区管理办法》经2010年1月12日市人民政府第58次常务会议审议通过,并以北京市人民政府第218号令的形式予以公布,自2010年3月1日起施行。《管理办法》明确了天竺综保区发展的根本原则,确立了天竺综保区的管理体制,创新了行政许可的办理方式和服务机制,建立了口岸监管体制,明确了人才引进等具体的优惠措施。

(刘昕琪)

【默克雪兰诺中国区总部入驻】 3月22日,默克雪兰诺公司与北京天竺综合保税区管委会正式签署项目入区协议,投资3亿元人民币的医药项目正式落户北京天竺综合保税区。北京市政府副市长、天竺综保区领导小组副组长程红,北京市商务委主任卢彦,北京出入境检验检疫局局长齐京安,北京海关副关长王永,北京市药监局副局长袁林,顺义区委书记张延昆,顺义区委副书记、顺义区长、天竺综保区管委会主任刘剑,顺义区委副书记、天竺综保区管委会常务副主任闫立刚,默克集团首席财务官 Michael Becker 博士,默克雪兰诺中国董事长兼总经理隋承皓博士,以及中央和首都新闻媒体出席并见证了签约仪式。默克雪兰诺是总部位于德国达姆施塔特的全球医药和化工集团默克公司旗下创新的处方药子公司,是全球第二大生物制药公司。新成立的默克雪兰诺有限公司作为中国区总部,是默克雪兰诺在中国设立的首家运营公司,注册资金1000万欧元,实际投资3000万欧元。该公司于2010年7月入驻天竺综保区,统一管理集团海外的生产商与中国进口商之间的供应链、物流、库存仓储等环节,并从事研发、市场营销、技术推广、商务咨询等业务。

(刘昕琪)

【全市首家融资租赁公司入驻】 3月,由工银金融租赁有限公司出资设立的项目子公司——工银租赁(北京)有限公司取得工商营业执照,正式落户北京天竺综合保税区。工银金融租赁有限公司由中国工商银行独资设立,是我国第一家由商业银行发起设立的租赁公司。其设立的工银租赁(北京)有限公司是目前全市唯一一家从事融资租赁的项目子公司,主要从事融资租赁以及与融资租赁相关的进出口及境外外汇借款等业务。

(刘昕琪)

【企业入驻】 4月26日,天竺综保区入区企业集中签约仪式在北京饭店隆重举行。此次共有11个企业签约,总投资额达10.78亿人民币,每年可实现进出口贸易额30亿人民币、租赁额6亿美元。北京市政府副市长、天竺综保区领导小组副组长程红,北京市政府副秘书长刘志,北京海关关长甘荣坤,北京出入境检验检疫局局长齐京安,北京金融工作局局长王红,北京市商务委副主任陈泽星,北京市口岸办主任王卫平,北京市外汇管理部副主任单强,顺义区委副书记、区长、天竺综保区管委会主任刘剑,顺义区委副书记、天竺综保区管委会常务副主任闫立刚等相关领导出席签约仪式。此次签约入驻的11个项目,涵盖金融租赁、航材、医药、国际贸易等多个领域,为促进全市外向型经济发展、延伸首都高端产业链条注入新动力。10月15日,天竺综保区入区企业集中签约仪式隆重举行。此次共有北京检验检疫技术中心、歌华集团、中国医药对外贸易公司、北京市邮政速递物流有限公司(EMS)、中国东方航空公司等16家国内外知名企业和单位签署入区合作协议,签约项目投资总额约52亿元。签约仪式由北京市政府副秘书长刘志同志主持,北京市副市长、天竺综保区领导小组副组长程红、北京市商务委主任卢彦、北京海关副关长王永、北京出入境检验检疫局副局长杨金良、北京市经信委副主任白新、北京市政府口岸办主任王卫平、北京市投资促进局副巡视员于燕、北京市药品监督管理局副局长袁林、民航华北地区管理局副局长王瑞平、北京广播电视台副台长王建琪,顺义区区委书记张延昆、顺义区委副书记、代区长、天竺综保区管委会主任王刚、顺义区人大主任马庚良、顺义区委副书记、天竺综保区管委会常务副主任闫立刚等领导出席签约仪式。

(刘昕琪)

【首架租赁飞机成功交付】 4月27日,国航通过工银租赁引进的第一架波音737-800飞机在天竺综保区内成功交付使用,这是我国通过境内保税地区以金融租赁方式引进的首架飞机。北京市委常委、常务副市长、天竺综保区领导小组组长吉林,北京市副市长、天竺综保区领导小组副组长程红,中国工商银行副行长兼工银租赁董事长李晓鹏、国航股份党委书记谭植洪、工银租赁(北京)有限公司总裁丛林,北京海关关长甘荣坤、北京出入境检验检疫局局长齐京安、北京金融工作局局长王红、北京市商务委副主任陈泽星、北京市政府口岸办主任王卫平、北京市外汇管理部副主任单强、顺义区委书记张延昆、顺义区委副书记、顺义区长、天竺综保区管委会主任刘剑、顺义区委副书记、天竺综保区管委会常务副主任闫立刚等相关领导出席飞机交付仪式。此次飞机租赁项目是工银租赁公司利用天竺综保区政策平台开展的首笔金融租赁业务,是全国第一次通过国内金融租赁机构引进的飞机,开创了国内飞机租赁的先河。天竺综保区飞机租赁业务的开展,有利于我国航空公司稳定飞机资源,进行资产优化配置,对于促进国产飞机租赁的开展和培植新的经济增长点起到积极作用。

(刘昕琪)

【促进产业发展暂行办法发布施行】 5月1日,顺义区人民政府和天竺综合保税区管理委员会共同印发了《北京天竺综合保税区促进产业发展暂行办法》(简称《暂行办法》)。《暂行办法》主要从资金扶持、综合服务、人才引进和奖励等三个主要方面制定了促进天竺综保区产业发展的相关优惠政策,并明确了入区企业享受《暂行办法》优惠政策应当具备的条件。

(刘昕琪)

【全国海关特殊监管区域最大卡口建成】 主卡口共设32车道,分为南北两部分,南侧为口岸区,设16车道;北侧为保税区,设16车道。各车道分别安装抬杆、电子地磅监控等设备,同时满足海关严密监管和企业低成本、高效率通关的生产经营管理要求,是目前全国最大、车道最多的卡口。随着主卡口的竣工落成,天竺综保区口岸吞吐能力得以大幅提高。

(刘昕琪)

【中华人民共和国天竺海关揭牌】 7月9日,中华人民共和国天竺海关揭牌仪式在天竺综保区举行,标志着天竺海关正式成立。揭牌仪式由北京海关副关长孙方勇主持,顺义区委书记张延昆和北京海关关长甘荣坤共同为中华人民共和国天竺海关揭牌,顺义区委副书记、代区长王刚同志在揭牌仪式上致辞。中华人民共和国天竺海关隶属北京海关,于2010年3月1日获得国务院正式批复,并由海关总署批准设立。其管辖范围为北京天竺综合保税区,负责对天竺综保区内的货物及区内企业进行监管、征收关税和其他税费、办理企业注册备案、查缉走私等其他海关业务。

(刘昕琪)

【"直通式分拨"试点运营成功】 9月8日,天竺综保区成功开通了"直通式分拨"业务,入区企业——科园信海(北京)医疗用品贸易有限公司是天竺海关开通此项通关模式的首家企业,此项通关模式的开通,受到了入区企业的一致好评。"北京综合保税区开发管理中心"是北京天竺综合保税区管理委员会的下属国有企业,经天竺海关批准负责"直通式分拨"的运输业务。"直通式分拨"是天竺海关根据区内企业的需求,新开展的一种通关新模式,它的理念是"先入库后报关"。经机场海关和天竺海关协商确定,实行这个模式后,凡是进入天竺综保区的空运货物,不必在机场海关办理转关申报业务,而是根据天竺海关的分拨指令,由天竺海关指定的海关监管运输车直接从一级库进行提货施封,然后运抵北京天竺综合保税区海关查验库进行解封验货,确认无误后货物放入企业监管库。这种通关新模式的通关优势在于通关更快速,手续更便捷,尤其对冷藏或是有温度要求的监管货物特别适合。

(刘昕琪)

【快件中心货运卡口建设完成】 按照天竺综保区基础设施一期工程规划新建"一主、两辅、三通道"的卡口和通道建设方案,继主卡口、区港联动通道、东、西侧行政通道竣工之后,位于口岸操作区快件中心西侧的快件中心货运卡口建设完成。快件卡口近期设置车道6条,远期向南扩建至12车道。新建成的快件卡口将进一步服务入区企业,帮助企业降低物流成本、提高通关效率。

(刘昕琪)

【北京·香港经济合作研讨洽谈会】 11月24日,顺义区委副书记、代区长、天竺综保区管委会主任王刚、天竺综保区管委会副主任赵英杰带领保障处、政策法规处的同志参加了第14届北京·香港经济合作研讨洽谈、签约仪式等系列推介会。天竺综保区参加的签约项目是北京思捷爱普半导体设备有限公司,投资总额6000万美元,由香港迪玛发展有限公司外商独资设立,主要从事半导体设备的研发、生产与销售,并提供售后服务。展现了企业投资天竺综保区的坚强决心与良好前景。

(刘昕琪)

【港区联动启动】 12月21日,北京天竺综合保税区港区联动启动仪式在天竺综保区主卡口举行。海关总署副署长鲁培军,国家质检总局副局长、国家认监委主任孙大伟,北京市人民政府副市长、天竺综保区领导小组副组长程红,天竺综保区领导小组成员单位领导,以及顺义区、天竺综保区管委会领导张延昆、王刚、闫立刚等领导同志出席启动仪式。随着北京天竺综合保税区港区联动正式启动,天竺综保区口岸操作区和海关、检验检疫办公大厅及查验设施将全面启用,这标志着天竺综保区整合完善了首都机场货运口岸功能,并将和首都机场货运口岸真正融为一体,这也开创了我国空港型综保区"港区联动"运营的新模式。

(刘昕琪)

档案工作

【概　况】 2010年,顺义区档案局(馆)在区委、区政府的正确领导下,在市档案局的精心指导下,深入贯彻落实党的十七大和十七届四中、五中全会精神,认真落实北京市档案工作会议精神,全面贯彻落实科学发展观,紧紧围绕区委、区政府工作大局,以"服务区域经济社会发展,服务民生需求"为目标,以创先争优活动为载体,以庆祝建馆50周年为契机,以创建国家一级综合档案馆为主线,统筹相关业务工作,强化干部队伍素质,精心规划好“十二五”档案事业发展蓝图,顺义区档案工作迈上新台阶。

单位名称:北京市顺义区档案局
地址:北京市顺义区光明北街4号
电话:(010)69441542
邮编:101300
网址:http://dangan.bjshy.gov.cn

(沈西宁)

【依法治档】 2010年,档案部门按照市、区有关要求,以围绕营造良好的法制氛围,以提高社会档案意识和档案法制观念为出发点,制作了有关展板,编制了有关文件汇编,加强对档案执法联络员的培训和执法检查次数,进一步强化了依法行政措施,顺义区未出现违法违规案件,依法治档水平明显提升。

(沈西宁)

【制定2010年工作重点】 2010年,顺义区档案局(馆)紧紧围绕区委、区政府工作大局,全面贯彻落实科学发展观,以“服务区域经济社会发展,服务民生需求”为目标,加强“两个体系”建设,统筹相关业务工作,强化干部队伍素质,精心规划好“十二五”期间档案事业发展蓝图,重点做好以下五项工作:强化依法治档,提升法制水平;抓好业务建设,增强服务能力;围绕“五位一体”,夯实基础工作;抓好三项重点工作,扩大社会影响;加强队伍建设,提升整体素质。

(沈西宁)

【工作创新成果奖申报评估会】 1月18日,在区档案局三楼报告厅召开了2009年度顺义区档案局(馆)史志办工作创新成果奖申报评估会。27日,召开创新成果奖申报评审会。经过区档案局创新工作成果评审领导小组评审,集体创新工作奖2个、一等奖6个、二等奖4个、三等奖3个。2月12日,局机关召开创新工作成果表彰会,唐庆贵、李秀芹等荣获一等奖的6位同志围绕本职工作如何创新进行了交流发言。

(沈西宁)

【新农村优秀档案室争创总结表彰】 2月4日,顺义区召开新农村优秀档案室创建活动总结表彰大会。北京市档案局副局长姜之茂、顺义区副区长燕瑛出席。会议表彰了新农村优秀档案室争创活动先进镇和2009年度新农村建设优秀档案室;北小营镇、李桥镇和木林镇陈各庄村有关负责同志在会上作典型发言。北京市档案局副局长姜之茂对顺义区农村档案工作给予了充分肯定,并就如何作好农村档案工作提出了具体要求。燕瑛副区长在会上就今后顺义农村档案管理工作提出5点意见:要认清发展形势,增强档案建设的紧迫感;各级档案管理部门要积极履行职责,服务新农村建设;进一步推进新农村建设档案工作,深化新农村优秀档案室争创活动;要坚持依法治档,着力推进村级档案管理水平;坚持以人为本,抓好教育培训工作。区人大、政府、政协、新农村办公室、区农村工作委员会的部分领导及市档案局郊区处赵瑞红处长参加了会议。

(沈西宁)

【爱国主义教育基地主题活动】 3月以来,顺义区档案馆档案馆爱国主义教育基地启动了“每月一日”主题活动。全年共举办馆藏书画精品鉴赏、“清明时节缅怀先烈”、“珍爱生命远离肥胖”、“养生文化进万家”、《传统文化与职业素养》等主题教育、讲座等活动。

(沈西宁)

【民生档案工作座谈会】 4月14日,顺义区档案局召开民生档案工作座谈会。区民政局、人力社保局、卫生局、司法局、总工会五家单位参加会议。座谈中,各单位分别围绕婚姻登记档案、社会保险档案、劳动模范档案、公证档案等涉及民生的档案归档工作进行了汇报与交流,并对民生档案管理工作提出了不同的意见和建议。区档案局局长王守明就如何做好民生档案工作的管理提出三点要求:各涉民单位要进一步重视支持民生档案工作,把开展民生档案工作作为一项重要职责,纳入档案管理范围;加大对涉及民生的专业档案的监督、指导力度,及时规范整理、移交,切实把民生档案管理好、利用好;加强民生档案资源的整合力度,更好地为促进民生和构建和谐顺义服务。

(李爱军)

【开展创先争优活动】 5月10日,顺义区档案局(馆)、党史区志办公室召开开展创先争优活动动员大会。王守明同志就如何做好区档案局(馆)、党史区志办公室的创先争优活动提出三点要求:全体机关干部要充分认识开展创先争优活动的重要性和必要性,准确把握区委关于开展创先争优活动的部署和要求,紧密结合实际开展创先争优活动,切实提高和加强对创先争优活动的重要性的认识和组织领导;要结合实际,按照要求,切实制定有关方案,扎实有效推动机关创先争优活动的开展要充分调动广大党员干部参与活动的积极性,努力创造更加优异的工作业绩,以实际行动迎接建党90周年和党的十八大召开。

(沈西宁)

【档案人员专业知识培训班】 5月20日－28日,顺义区档案局举办为期7天的档案人员专业知识培训班,参加培训学员90余人。此次培训主要针对顺义区未经过档案工作人员专业知识培训的专兼职档案人员。培训以实际操作为宗旨,提高上岗人员政治、业务素质和依法履行档案管理职责能力为目的。开设了文书档案管理、专门档案、科技档案管理和档案保管保护、利用等专业知识课程。在培训形式和内容上力求从实际出发,注重应用技能的培养,既有理论学习又有实际操作。通过举办培训班提高顺义区档案工作人员的业务水平,以适应现代化档案管理的需要。

(李爱军)

【张延昆书记作出重要批示】 7月1日,在顺义区档案馆建馆50周年之际,中共顺义区委书记张延昆对区域档案工作作出如下批示:档案工作记载历史,服务顺义区中心、服务大局,应始终予以高度重视。这几年,奥运会、花博会大事多、喜事多,要做好档案的收集、整治、管理工作,同时分专题做好总结,经常组织展出,教育、激励广大干部群众,注重用新技术管理档案、展示档案。

(沈西宁)

【建馆50周年庆祝大会】 7月2日,顺义区召开区档案馆建馆50周年庆祝大会。北京市档案局局长陈乐人、顺义区副区长燕瑛、市档案局区县处赵瑞红处长、《北京档案》常务副总编张历生及顺义区立档单位的主管领导近130人参加。庆祝大会由区档案副局(馆)长刘庆林主持。首先,区档案局(馆)长王守明致辞,代表区档案局(馆)全体职工向参加庆典会议的各级领导、各位来宾表示欢迎和感谢。大会对顺义区从事档案工作满20年的同志进行了表彰并颁发了荣誉证书。区档案馆馆员曹桂萍、卫生局档案管理员刘森、北小营镇镇长卞云鹏代表顺义区各立档单位分别进行了大会发言。北京市档案局陈乐人局长代表市档案局向顺义区档案馆建馆50周年表示祝贺并对顺义区档案工作讲了四点意见。顺义区要全面完成"十一五"规划的各项任务,科学编制好"十二五"发展规划;要积极推进覆盖人民群众的档案资源体系建设;加快建立方便人民群众的档案利用体系;稳步构建确保档案安全的安全保密体系。区政府燕瑛副区长到会讲话并提出四点意见:要围绕中心、服务大局,为区域经济社会发展做好服务;要开拓创新、整合资源,全面提高档案管理工作水平;要加大投入,打牢基础,大力加强档案基础设施建设;强化学习,提高素质,切实加强档案干部队伍建设。

(沈西宁)

【区域村级换届选举档案管理】 制定有关文件,就提高认识、加强领导、健全组织、收集内容等方面进行了具体部署，切实加强村级两委班子换届工作中形成的档案指导工作；举行有关档案管理培训办，通过授课等形式指导村级档案管理；下基层面对面指导工作。对顺义区19个镇参加选举的各村进行分片包干，具体指导各村档案收集、整理等工作。

（李秀芹）

【档案行政执法联络员培训班】 7月23日，顺义区档案局在机关五楼会议室举办了档案执法联络员培训班。北京市档案局法规处的同志对《档案法》及相关法律法规知识进行了详细的讲解，区直单位和乡镇机关90名执法联络员参加了培训。

（刘胜利）

【2010年度学生暑期夏令营】 7月9日，顺义区档案馆举办了以"教育成就梦想，文化引领飞翔"为主题的中小学生暑期夏令营活动。活动期间，一百多名中小学生参观了《馆藏陈列展》和《馆藏书画展》，观看了档案宣传片《盛世兰台绿港歌》，举办了主题征文活动。

（王　芳）

【举办馆藏陈列展】 在顺义区档案馆建馆50周年之际，顺义区档案局（馆）隆重推出馆藏珍品陈列展，展品有顺义区档案馆成立以来收藏的清乾隆时期以来的珍贵文书、南彩、龙湾屯等镇出土的珍贵文物、29届奥运会开幕式表演道具奥运缶及党和国家领导人来顺义区（县）视察时保留的珍贵照片等。此次展览共分悠久历史、领袖足迹、奥运记忆、花满顺义、领导关怀、馆藏珍品、荣誉档案等主题。

（王　颖）

【姜之茂副局长到顺义指导工作】 10月12日，北京市档案局姜之茂副局长等到顺义区档案局指导该局国家一级综合档案馆的争创工作。在认真听取有关汇报后，市档案局区县处认真检查了有关申请材料并对部分材料的的准备工作进行了必要的指导。姜之茂副局长对顺义区档案馆的争创准备工作给予了充分的肯定，并对下一步顺义区档案局（馆）争创工作提出两点意见：一要充分认识争创国家一级综合档案馆的重要意义，这对提升区域整体竞争力具有重要的推动作用；二要对照《细则》，针对查摆出来的问题，要增加紧迫感，逐一加大检查、整改力度，确保按时达到有关检查验收标准。

（沈西宁）

【第二届"档案馆日"活动】 10月16日，顺义区档案馆举办以"追寻记忆 感受档案"为主题第二届"档案馆日"活动。主要活动包括馆舍开放、互动体验、文化展示、咨询宣传。活动当天，顺义区档案馆共接待各界群众360余人，发放《北京市顺义区档案局（馆）简介》、《档案法律法规》等各类宣传品近400份，发放《顺义县志》、《顺义建设史》300本。

（沈西宁）

【王建林中国画新作观摩展】 10月15日－30日，顺义区档案局（馆）、南京大众书画院联合在区档案馆共同举办山水情怀——王建林中国画新作观摩展。共展出王建林近期创作的山水画60余幅。

（沈西宁）

【12.4法制宣传日活动】 顺义区档案局与区司法局等单位共同开展法制宣传活动，在南彩镇彩俸广场利用展板、发放档案法制宣传材料等形式进行宣传，通过此次宣传，扩大了《档案法》宣传面，普遍提高了全民档案法制意识。

（刘胜利）

【晋升为国家一级档案馆】 2010年12月12日，顺义区档案馆以97.6分晋升为国家一级档案馆。国际档案局李明华副局长为顺义区档案馆颁发了国家一级档案馆标识牌和荣誉证书。市档案局陈乐人局长、顺义区委张延昆书记到会并讲话。测评组由国家档案馆室馆司司长孙钢、上海档案馆巡视员仓大放、天津档案馆副巡视员杨文杰等组成。测评会由北京市档案局姜之茂副局长主持，顺义区副区长燕瑛及区属120家立档单位的主管领导参加授牌仪式。

(沈西宁)

【天津市南开区档案局领导参观考察】 是年,天津市南开区档案局局长张莹一行6人到顺义档案馆参观考察。张莹等领导同志观看了顺义区档案工作及档案馆情况介绍多媒体短片,参观了档案库房、查档室、计算机室和档案数字化制作室等功能用房,详细了解了档案馆建设、档案信息化建设、现行文件利用等方面情况并对顺义区近几年档案事业取得的成绩给予了充分肯定,特别是对顺义区档案工作能结合实际,紧紧围绕中心,服务大局,服务社会的科学发展理念给予了很高评价,并建议应加强两地档案业务交流,提高档案管理和服务水平。

(康爱军)

【第八次向社会开放档案】 开放档案范围是:1980年顺义县各党政机关、群团组织和企事业单位在工作中形成的期满三十年的反映我县农业、工业、水利、文教、卫生、商业、交通等各方面情况的81个全宗的1549卷档案。

(沈西宁)

【档案安全检查工作】 是年,顺义区档案局向有关立档单位下发了《关于开展档案安全检查的通知》,对保证档案实体和档案信息的安全提出了具体的要求;在各单位自查的基础上,区档案局检查组对部分立档单位进行了抽查,从检查结果看:大多数单位领导都非常重视档案的安全保管工作,采取各种方式改善档案的保管条件及安全防范措施;认真落实档案保管制度,确保档案安全,各单位在原来的基础上加强了对档案保管、利用、保护、保密等规章制度的落实,绝大多数单位的档案库房符合“八防”要求。

(刘胜利)

【农村农业档案管理工作】 2010年,顺义区农村农业档案管理工作呈现以下特点:档案基础业务工作更加扎实。各镇村的档案管理网络体系健全、各门类档案基本做到完整按时归档,档案的保管、保密等各项制度得到落实;档案工作制度逐步完善,指导力度不断加强;档案利用工作进一步深化,档案的作用得到进一步发挥;四是新农村优秀档案室创建工作取得阶段性成果,顺义区有146个行政村档案室荣获新农村优秀档案室。

(李秀芹)

【数字化工作】 2010年,区档案馆以争创国家综合一级档案馆为载体,以建设数字化档案馆为目标,大力推进档案馆信息化进程,加大了对革命历史档案、区委区政府重点档案,以及利用频繁的招工档案、老照片档案的全文扫描力度,累计馆藏档案全文扫描数量达到50万页。

(王　颖)

【农村农业档案统计】 2010年,顺义区425个行政村共归档各类类档案13019卷(件),其中:文书档案5888卷(件)、科技档案12卷、会计档案3518卷、声像档案521卷、实物档案1035件、换届选举档案2045卷(件)。村级档案数量累计达到178060卷(件)。做好村级档案统计工作,为准确掌握顺义区农村农业档案工作情况、促进档案工作更好地服务于新农村建设具有重要意义。

(李秀芹)

【2010年民生档案利用情况】 2010年,区档案馆共接待3268人次查阅各类民生档案,利用民生档案4288卷,出具档案证明4千余份,复印相关资料近万页。其中,婚姻档案查阅2500人次、土地档案查阅196人次、知青档案查阅191人次、工作考察294人次、编史修志查阅87人次,分别利用档案1704卷、159卷、187卷、1106卷和1132卷。

(刘英楠)

【政府信息公开文本接收情况】 2010年,区政府信息公开查阅中心(区档案馆)共接收顺义区100家责任单位纸质文本594件,其中政府职能部门300件,中心基地管委会171

件，街道办事处、镇政府123件。

（孔明洁）

地方志工作

【概　况】 年内，地方志主要做了三项工作。一是编写地方志工作规划；二是召开二轮修志编纂资料员培训会；三是编纂年鉴。

单位名称：顺义区党史区志办公室
地址：顺义区光明北街4号
电话：(010)69460011
邮编：101300

（刘秀娟）

【编写工作规划】 为全面推进顺义区地方志编纂、研究和管理，更加科学、合理地开发利用地方志资源和各类地情资料，充分发挥地方志工作在促进顺义区政治经济、社会发展和文化建设中的作用，依据国务院《地方志工作条例》和《北京市实施〈地方志工作条例〉办法》，制订了《顺义区十二五(2011－2015年)地方志工作规划》。规划提出了总体目标、工作基本原则和基本任务。按照市地方志办公室关于全市地方志工作要求，结合顺义区地方志工作实际，同时还制定了《顺义区地方志十年工作规划(2011－2020)》。本规划以邓小平理论和“三个代表”重要思想为指导，以科学发展观为统领，全面贯彻落实中国地方志指导小组以及北京市地方志办公室关于地方志工作的各项规定、要求，紧紧围绕顺义区中心工作，依法推进顺义区地方志工作全面稳步发展。为促进顺义区政治、经济、文化和社会全面协调发展提出了十年工作目标和工作任务。

（刘秀娟）

【二轮修志培训工作】 11月30日，召开《顺义区志》编纂资料员培训会。培训会邀请了市地方志办区县志指导处处长高文瑞授课。主要讲解了收集资料的工作原则、收集渠道、收集方法和收集要求；资料的整理、鉴别方法；资料在选取、运用等方面的要求。参加此次培训会的资料员150人。

（刘秀娟）

【年鉴工作】 编纂完成了《2010北京顺义年鉴》，年鉴共收录顺义区175家单位，文字材料50多万字，收录图片200多张。同时，编写上报《北京年鉴》、《北京农村年鉴》等材料，按时完成了市地方志办公室、市农研中心年鉴编写任务。

（刘秀娟）

政协北京市顺义区委员会

【概　况】 2010年共召开1次政协全体委员会议、5次常委会会议，组织常委、委员共进行了5次工作视察，听取和讨论了区委、区政府有关部门及“一府两院”的工作报告和情况通报，并通过座谈协商、提交提案、反映社情民意、进行专题调研、开展特约监督工作等多种形式就全区重点工作和人民群众关心关注的问题积极建言献策，全年共协调有关部门办理委员提案151件；向区委、区政府及有关部门报送《社情民意反映》19期，其中区领导批示9期；向区委、区政府有关部门报送《协商意见》5期，向区委有关部门报送了《关于进一步加强顺义区城市功能建设的调查与思考》、《紧抓新农村建设良好契机，促进民族村经济健康快速发展》和《顺义区经济·城市·人口联动发展的理性思考和实践研究》等调研报告等专题调研报告，有效履行了政治协商、民主监督、参政议政的职能。充分发挥了人民政协包容各界、联系广泛、人才聚集的独特优势，积极动员和组织经济界委员扩大招商引资、促进区域经济发展，并开展义诊、慰问、联谊等多种形式的连民心、办实事、送温暖活动，为构建和谐顺义增添助力。召开顺义区政协“十二五”规划协商议政专题座谈会，围绕科学制定顺义区“十二五”规划，就关系经济社会发展全局的问题积极建言献策。召开顺义区第三次政协工作会议，深入学习贯彻北京市第三次政协工作会议和有关文件精神，对进一步开创顺义区政协工作新局面进行部署。

单位名称：政协北京市顺义区委员会
地址：顺义区府前东街11号
电话：(010)69443831
邮编：101300
网址：http://www.zhengx.bjshy.gov.cn

（王　俊）

【区政协三届四次会议】 1月9日至12日在顺义宾馆举行。区政协主席陶宝金主持会议开幕式。区政协副主席王玉奇、刘享文、田家玉、蒋世林，区政协秘书长张仲奎出席开幕式。市政协副主席蔡国雄、区委书记张延昆、区人大主任马庚良、区长刘剑，区委、区人大、区政府其他领导同志，区法院、区检察院主要领导也参加了开幕式。张延昆在开幕式上讲话。会议审议通过了王玉奇代表常务委员会所作的工作报告和蒋世林代表常务委员会所作的提案工作报告。全体委员列席了北京市顺义区第三届人民代表大会第五次会议，听取并讨论了政府工作报告，讨论了顺义区2009年国民经济和社会发展计划执行情况与2010年国民经济和社会发展计划草案的报告、2009年财政预算执行情况和2010年财政预算草案的报告、区法院和区检察院工作报告。召开了部分区政协委员与区委、区政府领导及有关部门负责人协商座谈会，形成了14项协商意见。王玉奇向大会作了提案审查报告。会议期间共收到委员提案136件，经提案委员会审查全部予以立案。审议并通过了会议政治决议。会议增选田建国为政协北京市顺义区第三届委员会常务委员、副主席。区委副书记胡尚云出席大会闭幕式并讲话。刘享文致闭幕辞。

（王　俊）

【常务委员会第18次会议】 1月12日召开，陶宝金主持。会议审议通过了《政协北京市顺义区第三届委员会常务委员会2010年工作要点》。

（王　俊）

【常务委员会第19次会议】 3月30日召开，陶宝金主持。会议听取了区住建委副主任张文生所作的关于全区重点工程建设的情况通报。常委们视察了M15号线轻轨四标段、七标段工程。综合部分常委的会议发言，形成了5项协商意见。区委常委、常务副区长李友生应邀参加会议。会议决定：增补沈凤田、周如成、李宗印为政协北京市顺义区第三届委员会委员；任命沈凤田为区政协提案委员会主任、区政协专委会工作三室主任；提请下一次区政协全体会议增选沈凤田为政协北京市顺义区第三届委员会常务委员。

（王　俊）

【常务委员会第20次会议】 5月21日召开，陶宝金主持。会议听取了区外事旅游局局长商广清所作的关于全区旅游产业发展情况的通报。常委们视察了北京七彩蝶园、顺义奥运水上公园。综合部分常委的会议发言，形成了5项协商意见。副区长陈光浩应邀参加会议。

（王　俊）

【常务委员会第21次会议】 10月15日召开，陶宝金主持。会议听取了区纪委副书记、区监察局局长田江平所作的关于全区党风廉政建设和反腐败工作的情况通报。常委们视察了南彩镇综合行政服务中心和区廉政模范村河北村。综合部分常委的会议发言，形成了6项协商意见。区委常委、区纪委书记肖韵竹应邀参加会议。会议决定：撤销张波政协北京市顺义区第三届委员会委员资格。

（王　俊）

【常务委员会第22次会议】 12月9日召开，陶宝金主持。会议决定了区政协三届五次会议召开的时间、地点，会议的主要议程、日程安排等有关事宜，原则通过了常委会工作报告（讨论稿）和提案工作报告（讨论稿），并责成有关人员修改后提交区政协三届五次会议审议。

（王　俊）

【宣传工作会议】 2月3日在区政协机关召开。会议内容是：总结2009年度顺义区政协宣传工作，部署2010年度顺义区政协宣传工作。张仲奎主持会议。王玉奇出席会议并讲话。区委宣传部、区政府办公室、区广电中心、区信息中心的有关领导和工作人员，以及区政协有关部门的领导和工作人员参加会议。

（王　俊）

【各专门委员会联席会议】 3月10日在顺义宾馆召开。会议内容是：研究部署2010年度区政协各专门委员会工作，各专门委员会分别讨论制定2010度工作要点。张仲奎主持会议。王玉奇出席会议并讲话。

（王　俊）

【反映社情民意信息工作会议】 3月18日在区政协机关召开。会议内容是：总结2009年度反映社情民意信息工作，部署2010年度反映社情民意信息工作。张仲奎主持会议。陶宝金出席会议并讲话。

（王　俊）

【庆"三八"妇女健康知识讲座】 3月2日在顺义宾馆多功能厅召开。区妇幼保健院副院长蒙占松，区妇幼保健院工会主席、保健部部长、主治医师何亚萍就妇科疾病常识、两癌防治等妇女健康知识进行了专题讲解。陶宝金出席并讲话。张仲奎主持讲座。区政协全体女政协委员参加了讲座。

（王　俊）

【招商引资项目推介会】　4月1日，举办以北京临空国际经济技术开发中心管委会、北京市板桥创意天承产业基地管委会为重点的招商引资项目推介会。王玉奇、部分委员及区内外经济界友人参加了会议。林向阳应邀出席会议。张仲奎主持会议。北京临空国际经济技术开发中心管委会与北京市板桥创意天承产业基地管委会分别介绍了投资环境、战略目标、功能定位、优惠政策、总体规划建设情况以及核心区的开发建设情况。

（王　俊）

【创先争优活动动员大会】　5月7日在区政协机关召开。张仲奎主持会议。区政协和区委统战部全体机关人员参加会议。陶宝金出席会议并讲话。王玉奇宣读了活动实施方案。

（王　俊）

【提案办理座谈会】　6月2日在区经济信息化委员会召开。田建国、张仲奎、经济信息化委主任吴建国和相关提案委员参加会议。区政府督查室有关领导应邀出席会议。沈凤田主持会议。吴建国就2010年度该委承办的委员提案办理情况向委员们进行了说明。相关提案委员在座谈中对提案办理结果十分满意，并在提案办理意见上签字。

（王　俊）

【"十二五"规划专题座谈会】　7月13日在顺义宾馆召开。陶宝金主持会议。张延昆，区委常委、组织部长雷显武，李友生，区委常委、副区长林向阳，王玉奇，田建国，刘享文，张仲奎出席会议。来自各界别的部分政协委员参加会议。会上，委员们围绕科学制定顺义区"十二五"规划，就关系经济社会发展全局的问题积极建言献策，共形成10项协商意见。会后，编印了《顺义区政协"十二五"规划编制工作研讨文集》。

（王　俊）

【上半年经济形势通报会】　8月3日，在顺义宾馆召开。陶宝金主持会议。田建国、刘享文、田家玉、蒋世林、张仲奎出席会议。李友生应邀出席会议，传达了区委三届十一次全会精神，介绍了顺义区"十二五"规划的发展思路、基本原则、发展目标和主要任务，并就全区上半年的经济形势作了详尽的情况通报。

（王　俊）

【全区科技创新工作】　8月26日，区政协组织部分委员视察全区科技创新工作。田建国参加视察，副区长林向阳应邀出席。委员们视察了北京信得威特科技有限公司和北京燕京中发生物技术有限公司两个科技创新型企业，听取了区科委李国震主任关于全区科技事业发展和科技创新工作的情况通报，并就加强科技创新工作提出了意见和建议。

（王　俊）

【捐资助学献爱心活动】　8月31日，组织部分经济界开展捐资助学献爱心活动，为木林镇、龙湾屯镇低保家庭大学新生捐助助学金。区政府副区长燕瑛，区政协田建国、田家玉、蒋世林参加活动。

（王　俊）

【区第三次政协工作会议】　9月9日在顺义宾馆召开。会议内容：深入学习贯彻北京市第三次政协工作会议精神，对进一步开创顺义区政协工作新局面进行部署。区委副书记、代区长王刚主持会议。张延昆、马庚良、陶宝金以及区委、区人大、区政府、区政协的其他领导，区法院院长、区检察院检察长出席会议。全区各委、办、局、公司、中心、镇、街道办事处党政正职和主管政工的副职，全体区政协委员、顺义区的市政协委员，区内各民主党派主要负责人以及区政协、区委统战部、区台办全体机关干部参加会议。张延昆、陶宝金分别讲话。会后印发了《中共北京市顺义区委关于贯彻落实市委加强人民政协政治协商制度建设意见的实施意见》。

（王　俊）

【组织义诊活动】 10月20日，区政协组织16名医务界委员和民主党派医疗专家到北务镇为300多名群众义诊。参加义诊的医务界政协委员和民主党派医疗专家分别来自区医院、中医院、妇幼保健院、结核病防治所等医疗机构。田建国参加义诊活动。

（王　俊）

【党课】 11月1日，区政协邀请顺义区党校老师吕冬冬为机关全体党员及入党积极分子上党课。陶宝金、王玉奇、田建国以及机关全体工作人员40余人到会听课。

（王　俊）

【廉政教育动员会】 11月2日，在区政协机关召开。区政协、区委统战部、区台办全体机关工作人员参加会议。会上，参会人员学习了《中共北京市顺义区委关于在全区开展廉政教育活动的通知》和11月14日区委书记张延昆同志在全区领导干部大会上的讲话。陶宝金出席会议并讲话。王玉奇主持会议并就开展廉政教育活动作出具体部署。田建国出席会议。

（王　俊）

【学习贯彻区委会议精神】 12月28日在区政协机关召开。陶宝金出席会议并讲话。王玉奇主持会议。田建国出席会议。李景林传达了区委三届十二次全会精神。区政协、区委统战部机关工作人员和区内各民主党派、工商联负责人参加会议。

（王　俊）

纪检·监察

【概　况】 2010年,区纪委监察局坚持“标本兼治、综合治理、惩防并举、注重预防”方针,不断加强惩治和预防腐败体系建设,党风廉政建设和反腐败工作取得新的成效。不断强化对重大项目、重点工程、重大资金的专项督查,加大对政府投资项目的监督检查力度,加强对整建制拆迁、拆除违法建筑、环境整治等工作的专项监察,开展工程建设领域突出问题专项治理,确保了区委、区政府政令畅通。积极推进“十廉”活动,坚持与新调整岗位和新任处级领导干部廉政谈话制度,继续开展反腐倡廉大讲堂活动,严格执行领导干部述职述廉、诫勉谈话等党内监督制度,廉政风险防范管理科学化水平不断提升。推动廉政风险防范管理工作向区级班子、国有企业和农村延伸,积极研发顺义区廉政风险防范信息管理系统,加大预防工作力度,反腐倡廉教育和监督工作成效明显。深化“廉政模范村”创建活动,继续完善村级“三资”管理、村务公开、民主决策等制度,以创建“四好”企业为抓手,强化企业领导人员的廉洁自律意识,以农村和国企为重点的基层党风廉政建设进一步加强。不断完善镇(街道)综合行政服务中心建设,强化机关效能建设,推进政务服务品牌创建活动,服务人民群众水平不断提升。持续加大惩治腐败力度,坚持依纪依法、安全文明办案,加强办案组织协调和基层办案工作,注重发挥案件审理和申诉复查职能作用,办案质量和水平进一步提高。认真落实《顺义区关于加强纪检监察组织建设的实施意见》,调整委局机关内设机构,在11个部门派驻纪检监察机构,在各镇、街道和部分委办局设置监察科,纪检监察自身建设取得新进展。

单位名称:中共北京市顺义区纪律检查委员会
北京市顺义区监察局
地址:顺义区府前中街一号
电话:(010)69444719
邮编:101300
网址:http://www.jiancha.bjsh.gov.cn

(田泽武)

【召开三届六次全会】 1月26日,区纪委召开三届六次全会,会议由区纪委副书记李殿宗主持,全体区纪委委员参加。区纪委副书记、监察局局长田江平传达了市纪委十届六次全会主要精神,区工商分局局长陈福刚、张镇党委书记洪全报告了履行“一岗双责”和纪委委员职责情况,区委常委、纪委书记肖韵竹作了题为《扎实推进反腐倡廉建设 为顺义区科学发展提供有力保障》的工作报告,全会审议通过了全会决议和工作报告。

(田泽武)

【中央纪委领导到顺义区调研】 2月5日-6日,中央纪委预防腐败室副主任于贤成一行到顺义区调研政务公开和全程办事代理制工作，观看了《政府百姓零距离——顺义区镇级综合行政服务中心建设纪实》宣传片，实地察看了马坡镇石家营村便民服务室、牛栏山镇综合行政服务中心，听取了相关情况汇报。区委常委、纪委书记肖韵竹陪同。

（田泽武）

【政风行风热线】 2月10日，北京市首都之窗政风行风热线领导穆希伦、乔辉与走进直播间主持人王媛媛到顺义区调研政风行风热线工作，区纪委常委贾崇彪、区监察局副局长、行政投诉中心副主任刘秉堂陪同。

（田泽武）

【市监察局领导到区检查】 3月2日，市监察局副局长刘东波一行到顺义区检查问题乳粉彻查工作落实情况。副区长陈光浩、区纪委副书记、监察局局长田江平陪同。

（田泽武）

【治理工程建设专题汇报会】 3月4日，顺义区召开治理工程建设领域突出问题专题汇报会，区委常委、纪委书记肖韵竹听取了10个专项治理工作小组工作进展情况的汇报。

（田泽武）

【市纪委领导到顺义区调研】 3月4日，市纪委副书记王海平、宣教室副主任曲梅林、副处级纪律检查员孙铁江一行到顺义区调研农村基层纪检监察干部培训工作。

（田泽武）

【党风廉政建设工作大会】 3月9日，顺义区召开党风廉政建设工作大会，会议由区委副书记、区长刘剑主持，区纪委副书记、监察局局长田江平同志宣读了《顺义区纪委关于表彰2009年度先进纪检监察组织和优秀纪检监察干部的决定》，区委与镇、局主要领导代表签订了党风廉政建设责任书，区委常委、纪委书记肖韵竹向大会作工作报告；市纪委副书记王海平、区委书记张延昆作了讲话。区四套班子主要领导出席会议。

（田泽武）

【国务院领导到区调研】 3月11日，国务院纠风办一处处长韩建蒙一行到顺义区调研，实地查看了仁和镇服务大厅、区地税局服务大厅、建新北区农贸市场、南彩镇服务大厅、南彩工商所等单位的政风行风建设情况，听取了顺义区纠风工作情况汇报，并与相关部门领导、群众和企业代表进行了座谈。市监察局副局长、市纠风办副主任宋兰刚，市纪委纠风室副主任孙利清，区委副书记胡尚云，区委常委、纪委书记肖韵竹陪同。

（田泽武）

【政法联席会】 3月23日，顺义区召开2010年第一季度政法联席会，区纪委、区公安分局、区法院、区检察院通报了2009年第四季度以来查办案件及线索情况，并就需要协调解决的问题进行了交流。区委常委、纪委书记肖韵竹，区委常委、政法委书记周颖博出席会议并讲话。

（田泽武）

【市纪委领导到顺义区调研】 3月29日，市纪委副书记、秘书长王荣军、四室主任张建辉、案管室副主任王鹏一行到顺义区调研案件查办工作，听取了顺义区案件检查审理工作情况汇报，对顺义区案件查办工作提出了要求，区委常委、纪委书记肖韵竹陪同。

（田泽武）

【参加区县监察局长例会】 3月31日，市监察局召开十八区县监察局长例会，区纪委副书记、监察局局长田江平参加，并就如何深化行政审批制度改革和工程建设领域突出问题专项治理工作进行研讨。

（田泽武）

【向市经信委介绍党风廉政建设经验】 4月1日，市经信委到顺义区组织培训，市纪委自律室副主任李固就党风廉政建设进行授课，区纪委副书记、监察局局长田江平介绍了顺义区党风廉政建设经验。

（田泽武）

【《廉政准则》讲座】 4月2日，区委书记张延昆，区委副书记、区长刘剑，区委常委、纪委书记肖韵竹到市委党校报告厅听取《廉政准则》讲座。

（田泽武）

【北京电视台到区录制节目】 4月2日，市纪委宣教室副主任杜晓光、自律室正处级纪律检查员岳涧一、自律室干部王俊、北京电视台记者刘永康一行到顺义区录制廉政风险防范管理工作专题节目，区委书记张延昆接受了采访，区发改委、区药监分局、顺义供电公司等单位分别进行了系统展示。

（田泽武）

【信访矛盾排查会】 4月7日、14日，区纪委组织顺义区19个镇分两组召开了信访矛盾排查会，听取了各单位纪委书记关于信访情况的汇报，通报了顺义区信访矛盾的总体情况和趋势，传达了市纪委2010年信访举报工作要点。

（田泽武）

【农村基层党风廉政建设工作会议】 4月8日，顺义区召开农村基层党风廉政建设工作会议，区农村基层党风廉政建设领导小组成员单位主管领导，各镇党委副书记、纪委书记和部分村(社区)代表参加了会议。会议由区委常委、纪委书记肖韵竹主持，会上观看了《政府百姓零距离——顺义区综合行政服务中心建设工作纪实》，区纪委副书记李殿宗宣读了《关于授予第三批"廉政模范村"称号的决定》和《关于优秀便民服务室的表彰决定》，并进行了颁奖，双丰街道、北小营镇、张镇前苏桥村三家单位进行了典型发言，区委副书记胡尚云出席会议并讲话。

（田泽武）

【党风廉政建设任务分工工作会】 4月9日，区纪委召开党风廉政建设任务分工工作会，部署2010年顺义区党风廉政建设任务分工。

（田泽武）

【市纪委领导到顺义区调研】 4月13日，市纪委常委张同生、自律室副主任李正斌一行到顺义区调研廉政风险防范管理工作，实地考察了区药监分局廉政风险防范管理工作情况，听取了顺义区廉政风险防范管理工作汇报，并与区住建委、区卫生局、区药监分局、北石槽镇、赵全营镇、石园街道等单位进行了座谈。区委常委、纪委书记肖韵竹，区纪委副书记李殿宗、闫连恒陪同。

（田泽武）

【2010年纠风工作会议】 5月7日，顺义区召开2010年纠风工作会议，会议由区委常委、区纪委书记肖韵竹主持，区政府各委、办、局、中心相关领导，各镇、街道主管领导和部分企业负责人共200余人参加会议，区委常委、常务副区长李友生出席会议并讲话。

（田泽武）

【廉政风险防范管理工作培训会】 5月10日，顺义区召开廉政风险防范管理工作培训会，区委办、政府办、人大办、政协办和综保办主要负责人参加了会议。会上就廉政风险防范管理向区级领导班子和成员延伸工作进行了说明和讲解，并提出了工作要求。

（田泽武）

【做客"走进直播间"栏目】 5月13日区教委主任冯义国、政府教育督导室主任姜华阳做客首都之窗"走进直播间"栏目，介绍顺义区教育发展情况，并就教育经费、学校建设、教师管理、校安工程等问题回答了主持人和网友的提问。区纪委副书记李殿宗，常委、调研室主任袁日晨陪同前往。

（田泽武）

【警示教育】 5月18日，区纪委组织顺义区新任和新调整岗位处级领导干部到北京市反腐倡廉警示教育基地开展警示教育活动。

（田泽武）

【领导干部廉政谈话会】 5月21日，顺义区召开新任和新调整岗位处级领导干部廉政谈话会，顺义区新任和新调整岗位处级领导干部共130人参加了会议。会议由区委常委、组织部长雷显武主持，区委常委、纪委书记肖韵竹进行了集体谈话，区委书记张延昆出席会议并讲话。

（田泽武）

【北京市纪检监察系统运动会】 5月22日，北京市纪检监察系统第二届运动会在朝阳体育中心举办，区委常委、纪委书记肖韵竹带队参加，区纪委监察局荣获团体总分第三名的好成绩。

（田泽武）

【"廉政风险防范信息管理系统"研发协调会】 5月27日，区纪委召开"廉政风险防范信息管理系统"研发协调会，会议由区纪委副书记李殿宗主持，会上普巴公司介绍了"廉政风险防范信息管理系统"基本情况以及"重大项目、重点工程、大额资金使用监控系统"基本要求，区纪委常委、调研室主任袁日晨对系统建设工作提出了具体要求。

（田泽武）

【2010年国有企业反腐倡廉建设工作会议】 6月2日，顺义区召开2010年国有企业反腐倡廉建设工作会议，会议由区委常委、常务副区长李友生主持，区委常委、纪委书记肖韵竹作国有企业反腐倡廉建设工作报告，区委书记张延昆作了讲话，区委副书记胡尚云、区委常委、组织部部长雷显武出席会议。

（田泽武）

【市纪委到顺义区调研】 6月3日，市纪委办公厅副主任闫中带领市纪委办公厅、市纪委自律室干部和北京大学专家，到顺义区调研"廉政风险防范管理信息系统"建设工作。听取了顺义区廉政风险防范管理工作和信息管理系统开发情况汇报，并就科技防范、信息管理技术应用等问题进行了深入的讨论交流。区纪委副书记、监察局局长田江平，区纪委副书记李殿宗，区政府办副主任、区信息中心主任王永宝陪同。

（田泽武）

【中央纪委领导到顺义区调研】 6月17日，中央纪委研究室在顺义区召开"加强和改进新形势下市辖区纪检监察工作"座谈会，中央纪委研究室文件起草处干部孙志勇、中央纪委研究室综合处干部王硕鹏和市纪委研究室干部一行8人到顺义区调研，区委书记张延昆，区委常委、纪委书记肖韵竹陪同。

（田泽武）

【"小金库"专项治理工作】 6月17日，区纪委监察局、区财政局、区审计局、区国资委、区民政局联合下发了《顺义区关于做好2010年"小金库"治理工作的通知》，在顺义区党政机关、事业单位、社会团体、国有企业及国有控股企业中启动"小金库"专项治理工作。8月18日，召开2010年"小金库"专项治理工作会议，各单位行政正职和主管副职共300余人参加会议。会议由区委常委、纪委书记肖韵竹主持。会上通报了2009年顺义区"小金库"治理工作情况，部署了2010年顺义区"小金库"专项治理工作，区委常委、常委副区长李友生出席会议并讲话。12月23日，顺义区召开2010年度"小金库"专项治理工作通报会。区纪委副书记、监察局局长田江平主持会议，区纪委副书记李殿宗通报了专项治理情况，区委常委、常务副区长李友生出席并讲话。

（田泽武）

【新任纪检监察干部培训班】 7月13日，区纪委举办新任纪检监察干部培训班，对2009年12月以来各单位新调整和新任的纪委书记、纪检组长共24人进行培训，区委常委、纪委书记肖韵竹作了开班动员，区纪委各室主任结合各室工作先后进行了讲解。

（田泽武）

【市行政投诉中心等单位到区检查】 7月14日 市行政投诉中心、市委督查室、市政府督查室、市城乡结合部建设办到顺义区检查天竺村、梅沟营村2个市重点村项目实施情况，区纪委副书记、监察局局长田江平陪同。

（田泽武）

【人事调整】 7月19日，根据顺组干字

〔2010〕45 号文件,黄翠平同志任区纪委副调研员,免去其区纪委案件审理室主任职务;根据顺组干字〔2010〕47 号文件,区纪委常委、办公室主任王玉美同志享受正处级工资待遇。

(田泽武)

【帮扶慰问】 7 月 22 日,区委常委、纪委书记肖韵竹,副书记闫连恒、常委、调研室主任袁日晨一行到杨镇李辛庄村进行慰问,与李辛庄村两委班子进行了座谈,并送去帮扶资金 15 万元。

(田泽武)

【质量万里行促进会】 8 月 24 日,区纪委监察局召开质量万里行促进会服务质量明查暗访情况通报会,区公安分局、区住建委、区教委、区人力社保局、区工商分局、区交通局、区民政局、区卫生局、区环保局、区外事旅游局的纪委书记、纪检组长或主管副职参加会议。会议由区纪委副书记、监察局局长田江平主持,区政府办副主任张涛介绍了工作背景,区监察局副局长、行政投诉中心副主任刘秉堂通报了具体情况。

(田泽武)

【市联合检查组到区督导调研】 8 月 26 日,市监察局副局长刘东波、市城乡结合部建设领导小组办公室副主任刘春成带领联合检查组,到顺义区就梅沟营和天竺村 2 个重点村城市化工程建设工作进行督导调研。检查组实地查看了梅沟营村回迁房现场,听取了梅沟营村拆迁和两限房建设情况的汇报,查阅了项目审批手续、监督管理、财务账目等相关资料,对顺义区的工作给予充分肯定。区委常委、纪委书记肖韵竹、区纪委副书记、监察局局长田江平以及区住建委、区土地储备中心、区汽车基地、天竺镇等单位领导陪同。

(田泽武)

【廉政风险防范工作会】 8 月 30 日,区纪委组织召开了廉政风险防范向局级领导延伸工作会议,区委办、人大办、政府办、政协办、综保区办公室主管副职领导及工作人员参加了会议。会议由区纪委副书记、监察局局长田江平主持,会上,各单位汇报了本单位局级领导廉政风险防范工作进展情况,区纪委领导对具体工作进行了讲解,并就落实工作提出了四点要求。

(田泽武)

【中央纪委领导到区调研】 8 月 31 日–9 月 1 日,中央纪委法规室正局级纪检员、监察专员兼副主任侯觉非、纪检条规处处长刘婷、副处级纪检监察员王庭坚以及市纪委法规室主任徐蘅一行 8 人到顺义区就《农村基层干部廉洁履行职责若干规定(试行)》召开征求意见座谈会。区纪委副书记李殿宗汇报了顺义区经济社会发展情况和农村基层党风廉政建设情况,马坡镇、南彩镇、北石槽镇、南法信镇、北小营镇、北务镇、仁和镇等 7 家单位进行了发言,对《规定》提出了意见建议。

(田泽武)

【廉政风险防范经验交流会】 9 月 2 日,区纪委在区药监分局组织召开廉政风险防范试点单位经验交流会议,住建委、区教委、区国资委、区工商分局、区药监分局、区卫生局、区民政局、区人力社保局、仁和镇、马坡镇、李桥镇、天竺镇等 12 家单位的纪委书记、纪检组长参加了会议。会议由区纪委副书记李殿宗同志主持,与会人员实地参观了区药监分局廉政风险防范展板、服务大厅、办公场所等,对区药监分局廉政风险防范管理工作情况进行了学习和座谈发言,区委常委、纪委书记肖韵竹出席会议并讲话。

(田泽武)

【组织建设】 10月 11 日,顺义区出台了《关于加强纪检监察组织建设的实施意见》(京顺发〔2010〕25 号),从领导班子和领导干部队伍建设、纪检监察组织建设、干部队伍自身建设、经费和装备设施保障等 6 个方面提出 21 项明确要求,为推进顺义区纪检监察干部队伍建设提供了有力的制度保障。区纪委监察局机关设 10 室 1 中心,增设干部室、纠风室,扩编9人;先期在11家单位派驻纪检监察机构,实行统一管理;在19个镇、6个街道和18家委办局设置监察科。

(田泽武)

【公选纪检监察干部】 11月,区纪委监察局面向顺义区公开选拔五名纪检监察干部,通过公开报名、资格审查、笔试、面试、组织考察等环节,最终从121名报名者中选拔出五人,进行为期三个月的借调试用。

(田泽武)

【党风廉政建设责任制和绩效考核检查】 11月8日-19日,区纪委、区编办分组开展党风廉政建设责任制和绩效考核检查工作。

(田泽武)

【《京郊日报》专题报道】 11月15日,《京郊日报》以"顺义区创建"星级"政务服务品牌"为题,对顺义区政务服务品牌创建活动进行了专题报道。

(田泽武)

【市行政投诉中心到区调研】 12月1日,市行政投诉中心综合受理处处长刘京华一行4人到顺义区调研2010年行政投诉和效能监察工作,区纪委副书记李殿宗、区纪委常委、区监察局副局长隗和春、区监察局副局长、行政投诉中心副主任刘秉堂等陪同。

(田泽武)

【农村"两委"班子建设和村级事务管理】 12月24日,区委常委、区纪委书记肖韵竹主持召开专题会议,部署农村"两委"班子建设和村级事务管理与监督调研工作,区委组织部、区法院、区检察院、区公安分局、区农委、区民政局等单位相关领导参加。

(田泽武)

【区派驻纪检监察机构启动仪式】 12月29日,区纪委监察局举行顺义区派驻纪检监察机构启动仪式。会议由区委常委、组织部长雷显武主持,区纪委副书记、监察局局长田江平宣读了《关于对区纪委监察局派驻纪检监察机构实行统一管理的意见》。会上,为派驻机构监察科长赠送了业务书籍,区卫生局、区经信委、区人力社保局进行了发言,区委常委、纪委书记肖韵竹出席会议并讲话。

(田泽武)

民主党派

【概　况】　民主党派在国家政权中是参政党,在中国共产党的领导下,参加国家政权,参与国家大政方针和国家领导人选的协商,参与国家事务的管理,参与国家方针、政策、法律、法规的制定执行。它们是接受中国共产党领导的,同中共通力合作、共同致力于社会主义事业的亲密友党。顺义区共有民主党派七个,人数216人。顺义区民主党派成员团结一致,积极为区域发展建言献策。

单位名称:顺义区委统战部

地址:顺义区府前东街11号

电话:(010)69443996

邮编:101300

(蔡春梅)

【义务植树】　4月2日上午,区委书记张延昆、政协主席陶宝金同志参加了区委统战部组织的党派成员义务植树活动。此次活动共有顺义区七个党派成员的70余人参加,党派成员来到杨镇红峙进行义务植树活动,共计植树200余棵。为美化环境做出了贡献。

(蔡春梅)

【到民族文化宫参观】　为纪念西藏和平解放60年,按照市委统一要求,6月29日上午,顺义区委统战部组织顺义区民主党派以及部机关干部到民族文化宫进行了参观,大家观看了成果展,一幅幅的照片带领大家回顾了西藏从解放到富裕的过程,参观结束后,大家纷纷认为,在中国共产党的正确领导下,我们的生活将会越来越好。

(蔡春梅)

【中国农工民主党顺义支委换届】　6月28日上午,中国农工民主党顺义支委换届大会在顺义区财培中会议室举行,农工党北京市委秘书长刘迎、组织处长王小燕以及顺义区委统战部副部长贾睿出席了换届工作大会。通过举手表决的方法通过了选举办法,最后在监票人的监督下,37名农工民主党顺义支部党员进行了把投票,大会选举出七名委员,分别是于宝鑫、万学志、王亚娟、王荣毓、肖雪、降丽娟、赵玉梅。

(蔡春梅)

【区民盟支部成立大会】　7月16日,顺义区民盟支部成立大会召开,市民盟副主委刘玉芳,组织处长严为以及顺义区委统战部常务副部长王颀,副部长贾睿等领导出席了大会。大会由民盟市委组织部长严为主持。此次成立大会上,贾文龙同志当选为顺义区民盟支部主委,副主委分别是魏秋芬、薄涛,民盟顺义支部的成立,使得顺义区民主党派支部达到七个。民主党派人数达到216人。

(蔡春梅)

群众团体

顺义区总工会

【概　况】 2010年,在区委和市总的正确领导下,顺义区各级工会组织紧紧围绕顺义区改革发展稳定的大局和年初确定的目标任务,认真贯彻落实区委工会工作会议和市总“1+6”文件精神,结合“创先争优”活动的开展,找准定位,发挥特色,以奋发有为的精神状态和争创一流的工作精神,团结带领广大职工在参与协调劳动关系,维护职工合法权益,促进经济社会平稳较快发展方面发挥了工会组织的独特作用,各项工作取得了可喜成绩,荣获北京市总工会年度工作考核综合奖。

单位名称:北京市顺义区总工会
地址:顺义区光明南街4号
电话:(010)69444520
邮编:101300
网址:http://www.gonghui.bjshy.gov.cn

(总工会)

【群众性经济技术创新活动】 2010年,顺义区各级工会广泛动员和组织职工开展了创建“工人先锋号”等系列活动,在各行各业掀起了劳动竞赛高潮,涌现出一大批技术能手和创新成果,为推动顺义区经济又好又快发展做出了重要贡献。一年来,顺义区1527家单位16.4万名职工参加竞赛活动,提出合理化建议10968条,其中采纳了7760条,技术革新、技术攻关583项,累计创造经济效益1.03亿元。举办技术比赛346场次,参赛职工38987名。与区科委、区人保局联合举办顺义区职工职业技能大赛焊工比赛,有4人在83名参赛职工中脱颖而出,晋级全市决赛并取得优异成绩。有135人被评为“顺义区经济技术创新标兵”;34个车间班组被授予“工人先锋号”。13个项目参加“首都职工优秀技术创新成果展”。

(总工会)

【先进集体和先进人物】 2010年为五年一届的劳模评选表彰年,在区委的正确领导下,区总工会精心组织实施,严格按照评选程序和条件,在层层推荐的基础上,把职工认可度高、社会反响好的先进人物推选上来,增强了劳模的公信力和社会影响力。顺义区有2人被评为“全国劳动模范”;有29人被评为“北京市劳动模范”;有24人被评为“北京市先进工作者”;有8家单位被评为“北京市模范集体”。“五一”期间,区总工会利用电台、电视台、网络、报刊、出书、宣传橱窗等方式对劳模的先进事迹进行了广泛宣传;召开“劳模走进鲜花港”座谈会,让每一位劳模都成为一面旗帜,在社会上引起共鸣。劳模日常管理和服务工作也得到提升。

(总工会)

【职工素质教育工程】 2010年,在职工素质教育中,有1270名职工参加通用能力培训并通过考核;有65918名农民工接受安全、礼仪等方面知识培训;有90000名职工接受岗位技能培训;有53名职工参加“学分银行”教育,参加培训的职工人数逐年有增长,在提高职工素质、增强企业核心竞争力方面发挥了重要作用。

(总工会)

【劳动争议调解组织】 顺义区各企业建立、健全了劳动争议调解组织,在规模较大、经营较规范的企业建立劳动争议调解委员会1020个;在31家镇、街道、开发区工会服务站中建立劳动争议调解室。同时建立了一支2150名劳动争议调解员队伍,经培训合格后持证上岗。2010年,为职工提供法律政策咨询7320人次,协调劳动争议412件,其中集体争议107件,为职工追讨追缴工资、社会保险、经济补偿金、工伤补偿金等839万元,有效促进了顺义区构建和谐稳定的劳动关系环境。

(总工会)

【区劳动争议调解五方联动】 区总工会在全市率先建立了顺义区劳动争议调解中心,在工作运行、案件处理、资源整合上充分发挥五方联动作用,形成“工会牵头,五方联动,上下互动,信息共享,协调配合,重在调解,促进和谐”的工作格局,为快速、公正、客观地解决劳动争议提供了有力保证。据统计,“区劳动争议调解中心”受理劳动争议2016件,成功调解1795件,为职工追讨追缴工资、社会保险、经济补偿金、工伤补偿金等3133万元,切实维护了职工的合法权益。顺义区的做法和“中心”的工作不仅得到劳资双方认同,而且还得到市劳动争议调处工作领导小组及中华全国总工会法律工作部的高度评价。北京市劳动争议调解工作现场会在顺义成功召开,顺义区劳动争议调解联动机制五方和对口服务律师事务所分别在现场会上进行了经验介绍,极大地推动了全市劳动争议调解工作的开展。

(总工会)

【民主管理和“厂务公开”】 顺义区国有、集体企事业单位全部建立了职工代表大会制度,有力地推进了基层民主政治建设的进程。作为区厂务公开领导小组的具体工作机构,区总工会认真组织实施了“1.28”、“7.28”厂务公开日活动,周密安排了区四大门领导参加指导基层厂务公开工作。非公企业按照《顺义区非公企业职工(代表)大会暂行办法》的要求,结合自身实际,加大职代会建制力度,取得新突破,70%的企业建立了职代会制度并开展形式多样的厂务公开活动,广大职工的知情权、参与权逐步得到了保障。

(总工会)

【集体合同制度】 结合“和谐企业(园区)”创建活动,与区人保局、区企联共同部署集体合同工作,下达任务指标,并纳入“六好工会”考核内容。2010年,顺义区建会企业集体合同签订率达80%;签订工资专项集体合同210份;签订区域性集体合同22家。合同履约情况得到广大职工的认可,续签率100%。针对工资集体协商工作中的实际问题,区总工会以区域性、行业性工资集体协商作为重点突破对象,先后在赵全营镇小官庄村签订了顺义区首份区域性工资专项集体合同;在北小营镇印刷装订行业签订了顺义区首份行业性工资专项集体合同。同时,区总工会加强经验推广,推进各镇、街道工资集体协商工作的开展,得到市总工会的高度评价。

(总工会)

【“安康杯”竞赛活动】 2010年,顺义区有1492家企业14.5万名职工报名参赛。各级工会本着立足岗位、全员参与、全面排查安全隐患的原则,在广大职工中组织开展了“五个一”活动。据统计，有89760名职工参加了活动，有22530名职工接受安全生产培训，检查出不按规定穿戴劳动保护用品866人次，有安全隐患1177个，提出合理化解决建议2364条，并及时反馈行政，绝大部分得到整改。另外，组织1万名职工参加了全国职工安全健康知识竞赛；针对夏日高温作业的一线职工，开展“送清凉”活动，区总工会主席带队分别为区环卫中心、地铁M15号线南法信站等坚守工作岗位的职工送去清凉饮品200箱。顺义区荣获“全国安康杯竞赛优秀组织奖”称号；北京江河幕墙股份有限公司荣获“全国安康杯竞赛优胜企业”称号；区安康杯竞赛组委会副主任、区总工会主席荣获“全国安康杯竞赛优秀组织者”。顺义区成为全市包揽三项殊荣的唯一单位。

（总工会）

【新建企业建会工作】 顺义区各级工会按照“组织起来，切实维权”的工作方针，贯彻落实市总“广普查、深组建、全覆盖”集中行动，全面推进工会组建工作。据统计，2010年新建工会655家，涵盖法人单位1198家，覆盖职工27458人，发展会员25189人，提前两年完成市总工会部署的三年建会任务。截至目前，顺义区累计建会2018家，262个行政村建立了村级工会联合会；51个社区建立社区工会联合会，覆盖企业2986家，建会率97%；顺义区工会会员发展到16.3万人，职工入会率93%。工会组建和会员发展的重大突破，使工会的桥梁纽带作用更加突出。

（总工会）

【基层工会组织建设】 为加强镇街道工会组织建设，理顺组织体系，适应工会工作的新形势、新任务和新要求，区总工会积极争取区委的重视与支持，协调区委组织部、区编制办公室联合制定了《关于建立镇街道总工会工作的意见》，明确了镇街道总工会的干部配备。顺义区25家镇街道全部建立总工会。区总工会按照《北京市总工会关于招考专职工会社会工作者相关规定》，通过社会招聘，共为镇街道总工会配备大学生工会助理员61人，普通工会助理员17人。全年办理基层工会法人登记52家；建立了基层工会干部和工会组织台账。广泛开展“两模三优”、“双爱双评”活动，使建会建家、发挥作用有机结合，激发了基层组织的活力。

（总工会）

【三级服务体系】 在镇、街道、开发区工会及企业、职工相对集中的村建立工会服务站37个，基本实现了工会服务体系的全覆盖，使工会工作直接面向社会、企业和职工，创立了工会参与社会服务和公共管理的有效载体，成为工会为职工办实事解难事的真正去处。完成了13.5万会员信息的采集，为各级工会掌握会员情况、开展会员管理和服务打下基础。

（总工会）

【工会法律服务工作】 在司法局的大力支持下，从区内多家优秀律师事务所中，优中选优，最后选择曹智勇律师事务所作为顺义区劳动争议调解中心的服务团队，配备经验丰富的律师轮流在区调解中心受理劳动争议案件，并为37个工会服务站提供每月三日的法律服务。同时整合工会内部资源，设立困难帮扶、信访接待、职业咨询、互助保障、律师接待等工作窗口，为职工提供一站式服务。一年来，免费为职工提供法律政策咨询3571人次，无偿法律援助案件612件。共承接市总12351信息服务平台派单30件，全部办结，真正做到了“工人在我心中，我在工人之中”。

（总工会）

【工会会员服务工作】 区总工会充分发挥自身的政治优势和协调各方的能力，本着惠及顺义区会员的宗旨，经过积极运作，将京城驾校、国泰广场、鑫海韵通、中医院等十一家单位作为特约合作单位，分别签约，公开向社会承诺，为顺义区工会会员提供学习驾驶技术、购物、购药、看病等十一项优惠。2010年，有95万人次持证到特约合作单位消费，消费金额1.3亿元,优惠金额513万元。另外,区总工会还进一步丰富了会员优惠服务的内涵,为全体工会会员发放“京卡·互助服务卡”,随卡免费赠送非工伤意外和家财损失保险,同时为职工提供教育培训、生活救助等免费、优惠服务,目前已发卡9万张。

(总工会)

【困难职工帮扶】 顺义区各级工会把帮扶困难职工作为维护稳定、促进和谐的大事来抓,与党政密切配合,不断加大送温暖的工作力度。把“两节送温暖”、“三八助单亲”、“五一关爱劳模”、“金秋助学”与日常特殊困难救助相结合,使帮扶救助、扶危济困的送温暖工程实现制度化、规范化、品牌化,收到良好的社会效果。2010年,顺义区共筹措资金503.5万元,慰问、补助困难职工8933人次。日常特殊困难救助29户家庭,送去救助金11万元;“金秋助学”发放助学款17.5万元,资助困难职工子女83人;职工互助保险慰问、赔付522人次,职工受益78万元;为劳模发放慰问帮扶金30.6万元。

(总工会)

【就业工作】 对农村富余劳动力进行了不同形式和内容的技能培训2895人次;与区域内235家企业、开发区、劳务中介机构签订安置协作意向书,建立企业空缺岗位所需人员信息通报制度。截至目前,共推荐就业岗位2275个,实现转移就业2189人。

(总工会)

【创先争优活动】 2010年,区总工会按照区委的统一部署,结合工会组织实际,在顺义区工会组织和广大职工中开展了创先争优活动,把创先争优活动的开展情况列入对基层工会组织的年底考核内容,以创先争优活动推进工会工作,用工会工作实际成果衡量检验创先争优活动的实效。

(总工会)

【干部培训】 区总工会坚持全员培训与专题培训相结合,积极推动各级工会开展多形式、多渠道的工会干部岗位培训和专项业务培训。2010年,顺义区56名镇街道工会主席、副主席参加了专项业务培训班;393名专兼职工会干部参加了各类适应性培训;78名工会专职社会工作者参加了市总工会组织的资格培训并参加了认证考试,通过培训进一步提高了工会干部的素质及做好工会工作的能力和水平。

(总工会)

【职工文化体育活动】 2010年,职工文化体育活动做到了月月有赛事,丰富了职工精神文化生活,促进了工会各项工作全面提高。成功举办612名队员参加的“李桥杯”职工太极拳比赛;成功举办428名职工参加的“空港开发区杯”职工乒乓球比赛;成功举办518名职工参加的“空港物流杯”职工羽毛球比赛等系列活动;为优秀职工代表、劳动模范及工会干部近1000人举办专场慰问演出;推进全民健身活动,顺义区职工参与工间操活动约12万人次;组队参加北京市总工会第八套广播体操比赛,分别荣获第三名、一等奖和优秀组织奖。活动内容之丰富、次数之多、参加人数之广皆为历史之最。

(总工会)

共青团 顺义区委员会

【概　况】 2010年,团区委在团市委和区委、区政府的正确领导下,按照“基层基础年”总体要求,坚持继承转化大型活动的经验成果,认真履行团的基本职能,紧密围绕党政工作大局,结合青年成长需求,进一步深化团的各项重点工作,着力构建志愿服务、青年创业就业和青少年事务发展三个平台,较好地完成了各项工作目标。以志愿服务作为参与社会服务管理创新的有效载体,全力参与社会服务管理创新促和谐。召开共青团参与社会服务管理创新工作推进大会,发布了《参与社会服务管理创新青年行动计划》和宣传工作、志愿服务、创业就业、权益保护四个实施方案及445个工作项目。成立顺义区志愿者联合会,制订了《顺义区志愿者管理办法(试行)》,开通了志愿服务网,设立了志愿服务基金。积极服务重大活动,全力参与重点工作做贡献。组织志愿者为北京国际车展、首届端午文化节、汽车超级联盟大奖赛、上海世博会等赛事活动提供志愿服务。号召团员青年积极投身重大节庆活动期间的综治维稳和国家卫生区复审环境整治工作。青年创业就业工作取得新突破,全力参与经济建设谋发展。扎实开展青少年权益保护工作,真情关爱弱势群体。广泛搭建活动平台,服务青年成长成才。不断加强基层团建工作,提升基层团组织整体水平。团建百强街乡(镇)创建工程扎实开展,"两新"组织建团率达到70%。以创先争优活动为载体,增强共青团对广大团员青年的吸引力和凝聚力。

单位名称:共青团顺义区委员会
地址:顺义区府前中街1号
电话:(010)69444398
邮编:101300
网址:http://www.youth.bjshy.gov.cn

(团区委)

【文艺汇演】 1月21日下午,第12届北京乡村青年文化节文艺汇演活动在顺义拉开序幕。团中央农村青年工作部副部长陈宗、农村青年工作部生态环保处副处长郭启华、市委社工委建设处处长孙志祥、首都精神文明办区县处负责人武忠池、团市委副书记姜泽廷、青农部部长李伟、权益部部长武玉华等领导出席了活动,区委常委、组织部长雷显武,顺义团区委书记闫岩陪同。

(团区委)

【"青春暖心行动"志愿服务】 顺义团区委、区志愿者协会于1月22日在顺义区集中开展了"两节送温暖——青春暖心行动"活动。团区委书记闫岩,副书记李婧、杨登科及顺义区各级团干部代表一行50人,来到顺义区特殊教育学校,为学生们送去了学习和生活用品等慰问品,并和学校师生进行了座谈,就长期合作开展志愿服务活动进行了研讨。

(团区委)

【团市委领导慰问志愿者】 2月13日,星期六,农历除夕,团市委副书记姜泽廷、团市委青农部部长李伟等一行来到顺义区国泰、西单两个城市志愿服务站点慰问志愿者。顺义区委常委、组织部长雷显武,顺义团区委书记闫岩等人陪同。从2月11日(农历腊月二十八)至正月初七,顺义团区委、顺义区志愿者协会将在顺义区国泰商场、西单商场门前等十个城市志愿服务站点进行志愿服务活动,开展送春联、送福字,做好信息咨询、疏导人群、维护环境、文明指路、扶助弱老、应急处理等志愿服务活动,推进"人文北京 科技北京 绿色北京"和谐社会首善之区的建设。

(团区委)

【顺义区志愿者联合会成立】 4月26日,顺义区志愿者联合会成立暨第一次会员代表大会胜利召开,来自顺义区121家单位的300余名会员代表参加了会议。大会由副区长车克欣主持。团市委副书记邓亚萍,市志愿者联合会秘书长、市志愿服务指导中心主任郭新保,区委常委、组织部长雷显武,副区长车克欣,团区委书记闫岩等市、区及相关单位领导出席了会议。会上,团市委副书记邓亚萍、区委常委、组织部长雷显武共同为北京市顺义区志愿者联合会揭牌,顺义团区委书记闫岩作了《北京市顺义区志愿者联合会筹备工作报告》。会议审议通过了《北京市顺义区志愿者联合会章程(草案)》。选举产生了顺义区志愿者联合会组织领导机构,共设理事169名,其中联合会主席1名,由区委常委、组织部长雷显武担任;第一副主席1名,由副区长车克欣担任;常务副主席2名,由区委社会工委书记巩维国、团区委书记闫岩担任,副主席15名,常务理事63名。理事、常务理事分席位制和非席位制,席位制主要来自驻区单位、区属委办局、乡镇、街道、企事业单位、人民团体、社会组织等骨干志愿者组织,非席位制主要来自其他志愿者组织、社会各界人士。志愿者联合会下设秘书处,与团区委志愿服务指导中心合署办公,秘书长由团区委志愿服务指导中心主任兼任。同时,联合会设监事会,其中监事长1名,监事2名。

(团区委)

【志愿服务推动日】 顺义团区委将每月5日作为"顺义区志愿服务工作推动日"。号召顺义区各级团组织、志愿者组织统一行动起来,在每月5日相继开展"我志愿 我奉献 我快乐"、"社区志愿服务和谐行动"、交通文明岗、城市志愿服务等系列主题活动,助推顺义区志愿服务工作步入常态化、事业化的新台阶。将顺义区志愿服务资源有效利用起来,统一开展活动,形成声势。打破志愿服务依托大型活动和节日开展的固有模式,实现志愿服务常态化、连续性发展。

(团区委)

【文艺汇演】 4月26日,顺义区召开了"志愿风尚 大爱无痕"庆"五四"文艺汇演,纪念五·四运动91周年、建团88周年,活动由区志愿者联合会、顺义团区委、区慈善协会共同主办,活动中对顺义区122家优秀团组织、180名优秀团员青年和12名"志愿明星"进行了通报。顺义区团员青年自编自演了舞蹈、相声、诗朗诵等形式多样的文艺节目,共同庆祝青年人的节日。活动最后,与会领导和广大团员青年、志愿者踊跃为青海玉树灾区进行了现场捐款,将现场气氛推向了高潮。团市委书记王少峰,顺义区委书记张延昆,区政协主席陶宝金,区委副书记胡尚云,区委常委、组织部长雷显武,区人大副主任贾春林,副区长陈光浩,团市委青农部部长李伟出席了此次活动。区委办公室、区委社会工委、区委宣传部、区文明办、区总工会、团区委、区妇联、区文化委、区民政局、区广电中心等顺义区90家直属团组织的共青团工作主管领导、团干部及志愿者代表共850人参加了活动。

(团区委)

【志愿者服务北京车展】 4月23日-5月2日,在顺义区新国展中心举办车展,汇集了全世界各国知名品牌的车型,受到了全北京,全中国,全世界的关注。针对车展周边车流、人流量很大,会对交通带来很大压力,同时,来自不同地区的人汇集到这里肯定需要志愿者的帮助和指引。为了服务车展,疏导交通,引领路人,营造和谐氛围,保证车展顺利进行,顺义团区委、区志愿服务指导中心积极筹备组织志愿者工作,共有200余名志愿者参与此次车展服务中。

(团区委)

【百对新人游园活动】 为丰富北京市郁金香文化节活动内容,在全市传播倡导文明节俭婚礼新风,展示当代青年致力追求美好生活的精神风貌,在建设人文北京、绿色北京、科技北京的进程中发挥共青团组织引导青年、凝聚青年、服务青年的作用。4月29日,在北京国际鲜花港,顺义团区委举办了以"绿色北京,让美好走进生活"为主题的百对新人游园活动。此次活动由共青团北京市委员会、北京市园林绿化局和顺义区人民政府主办,北京国际鲜花港管委会和共青团顺义区委员会承办。活动中,百对新人在写有节俭办婚事的倡议书上签字承诺;将祝福话语的卡片挂在园内快乐小屋中,留下温馨美好的祝福。摄影师为每对新人拍照,留下美好瞬间。

(团区委)

【赛事服务】 5月1日至3日,20名志愿者全勤上岗,服务于2010年中美滑水明星对抗赛暨2010年中国摩托艇超级联赛两项赛事赛程,共计3天6场比赛。6月14日,第二届北京端午文化节暨"临空经济区杯"龙舟赛在顺义奥林匹克水上公园举行。顺义团区委组织200名志愿者为龙舟赛助威。为服务2010年超级联盟方程式汽车大奖赛中国北京顺义街道赛,团区委组织了80名赛会志愿者,按照大赛组委会的统一安排,分布在语言翻译、赛会组织、停车引导、观众服务、贵宾接待、媒体中心等各个岗位,志愿者于10月8日到10月10日集中上岗,有些岗位的志愿者于9月27日开始提前上岗,并在国庆假期持续提供志愿服务。截至10月10日下午赛事结束,志愿者累计出动560人次,提供志愿服务7280小时。志愿者充分发扬"奉献、友爱、互助、进步"的志愿精神,以严格的纪律、热情的服务、昂扬的精神面貌,展现了志愿者的最佳风采,得到了赛会各方的一致好评。

(团区委)

【创先争优活动】 为贯彻落实好中央、市委和区委关于开展创先争优活动的部署和要求,并以此为契机,进一步加强和改进党建带团建工作,顺义团区委响应号召,积极开展创先争优活动,并于6月8日召开会议进行了专题部署和动员。站在政治和全局的高度充分认识开展创先争优活动的重大意义。开展创先争优活动,是加强党的执政能力建设和先进性建设的内在要求,顺义团区委将高度重视活动的开展,以更加丰富的活动内容、更加多样的活动形式、更加切实的工作方法,保证创先争优活动取得实效。在顺义区基层团组织和团员中广泛动员,周密部署,创新载体,丰富内容,精心组织,扎实开展活动,以推动经济社会发展、惠及广大青年、加强基层组织建设、提高团干部服务能力和提高团员综合素质为活动目标,分别对先进团组织和先进个人提出了争创标准。

(团区委)

【团中央国际联络部到区调研】 7月2日上午,团中央国际联络部部长倪健一行到北京市顺义区调研指导工作。值此建党89周年之际,团中央国际联络部党支部30人来到北京市顺义区开展"七一"党日活动,视察指导顺义区工作。顺义区委常委、组织部长雷显武,区委常委、副区长林向阳陪同。活动以"人口与就业"为主题,倪健部长一行实地参观了顺义区人力资源和社会保障局技校,听取了关于"绿港就业快车"网络运营情况介绍,观看了学生数控车床实操培训、高电、电拖、电气等实习培训,农民工智能楼宇培训、焊接培训、叉车培训,并与农民工亲切交流。团中央领导还实地参观了顺义区招工信息发布大屏幕,对服务群众的先进做法予以肯定。参观完毕,团中央国际联络部领导与顺义区人力资源和社会保障局、顺义团区委人员进行了座谈。听取了顺义区共青团工作和就业工作介绍,并就青年就业工作进行了提问。

(团区委)

【青年社、青年汇工作座谈会】 9月1日,顺义团区委召开青年社、青年汇工作座谈会。顺义区各乡镇、街道团组织负责人和市级青年社、青年汇试点单位干事参加了座谈会。会议通报了顺义区青年社、青年汇建设情况。与会人员就深化青年社、青年汇建设工作的认识、组织开发开展丰富多彩的活动凝聚服务青年等方面进行了座谈交流。青年汇、青年社是共青团为适应城市化进程中青少年生活方式、聚集方式、政治意识表达方式、发展需求多样化的新形势,更好的实现"两个全体"政治目标、履行团的基本职能的新要求,以密切联系青年、有效服务青年、积极引导青年为目标,充分运用社会化、市场化手段,统筹整合社会资源,探索建立青年组织建设和活动开展的新阵地和新方式,是共青团服务新农村和和谐社会建设、推进青年工作的创新举措。自青年社、青年汇创建以来,顺义区坚持普遍建设、分级推进的原则,在顺义区各乡镇、街道全部建立了"青年社"或者"青年汇",在街道以体育健身中心、社区文化讲堂、物业会所等为主,在乡镇以农民专业合作社、民俗旅游户、文体中心、学校社团为主。其中后沙峪七色阳光健身俱乐部、龙湾屯吉祥八宝葫芦工艺坊和赵全营利健足球活动中心、林河羽毛球馆等7家单位被确定为市级试点单位。各“青年社”和“青年汇”结合自身特色和区域青年特点,与各级团组织联手,积极开展了健身知识讲座、文体活动比赛、龙狮舞表演、戏曲学习、特色农产品制作等多种形式的活动40余次,凝聚青年2000余人,搭建起了青年交流、沟通的平台,提高了团组织的影响力和号召力。其中,林河羽毛球馆青年汇成功举办了全市大学生村官乒乓球比赛,展示了顺义区青年社团的活力和激情。

(团区委)

【市领导到区调研】 8月26日,北京市志愿服务指导中心主任、市志愿者联合会秘书长郭新保同志到顺义团区委就志愿服务工作进行专题调研。顺义团区委书记闫岩,副书记李婧、杨登科,以及团区委志愿服务指导中心全体工作人员参加此次座谈会。

(团区委)

【接待澳门代表团】 为纪念抗日战争胜利65周年,8月4日,顺义团区委、顺义区青联承办了澳门青年代表团“红色之旅”活动。“红色之旅”——澳门青年代表团由来自澳门传媒、商界、公共管理、科技等领域的40名青联委员、澳门8所大学的大学生和12所中学的中学生代表组成,共计170余人。当天参观了顺义工业企业的典型代表——燕京啤酒集团公司,参观了市级爱国主义教育基地——北京焦庄户地道战遗址纪念馆。顺义团区委副书记李婧、杨登科陪同参观,与青年代表团成员相互交流、沟通。

(团区委)

【服务世博会】 顺义团区委自4月份以来,共选派3批次4人次参与世博会志愿服务,在团市委和市志愿服务指导中心的指导与支持下,抓住机会,认真服务,在上海展示出北京志愿者的良好风采。

(团区委)

【团市委领导到区调研】 9月6日,团市委副书记姜泽廷调研顺义区青年社建设情况。团市委青农部相关负责人参加了调研。团区委书记闫岩、副书记杨登科和青年社所在乡镇党委、政府负责同志陪同调研。团市委副书记姜泽廷先后来到马坡乡村高尔夫俱乐部青年社、龙湾屯吉祥八宝葫芦工艺坊青年社和北务龙狮舞艺术团青年社,听取了青年社干事工作汇报,与在青年社活动的青年进行了亲切交谈,详细了解了各青年社的基本情况、活动特色、组织机构、运作模式、覆盖青年群体,特别是青年社如何与社会组织自身发展相结合、与团组织功能相结合,凝聚服务青年的情况。

(团区委)

【社会服务管理创新工作推进大会】 9月20日,团区委召开顺义共青团参与社会服务管理创新工作推进大会。区委常委、组织部长雷显武,团市委副书记姜泽廷,团市委青农部部长李伟,区委社会工委书记巩维国,团区委书记闫岩,团区委副书记李婧、杨登科出席会议。来自各镇、街道,各委、办、局、公司,各人民团体的主管领导、组织部长、团书记及党团员代表共350人参加了此次会议。会上,顺义团区委书记闫岩作了顺义共青团参与社会服务管理创新的动员报告,发布了顺义共青团参与社会服务管理创新系列实施方案,与会领导为党团志愿服务队授旗,并为青年社、青年汇代表授牌。

(团区委)

【庭审旁听活动】 10月13日、11月22日分别组织两委成员单位领导、联络员走进顺义区法院,参与青少年案件的庭审旁听。本次旁听的案件是公开审理董某涉嫌编造虚假恐怖信息一案。被告人董某刚满18周岁,2010年3月13日,伙同他人用手机拨打110报警,编造942路公交车上被人安装炸弹的虚假恐怖信息,致使公安机关动用大量警力进行防爆排查,严重扰乱了社会秩序。通过开展庭审旁听活动，进一步增强了两委联络员对开展未成年人保护与预防青少年违法犯罪工作的重视程度，对提高联络员的法律知识和业务水平起到了积极的促进作用。下一步，团区委还将通过开展多种形式的交流活动，全面提高两委联络员的业务水平。

（团区委）

【“两新”组织团建推进会】 11月4日，顺义共青团召开“两新”组织团建推进会，顺义区各镇、街道、开发区团组织负责人和“两新”团组织代表100余人参加了会议。与会人员首先参观了北京江河幕墙有限公司和北京升华电梯有限公司团建和青年工作情况。在随后的会议中，团区委全面总结了顺义区“两新”团建工作情况，安排部署了下一阶段工作任务。牛栏山镇、北京江河幕墙有限公司和北京曲美家具有限公司分别就本单位团建情况进行了典型发言，介绍了团建工作新鲜经验，与大家交流了工作体会。北京升华电梯有限公司团委与北京京日东大食品公司团支部、北京曲美家具公司团支部与南彩镇二三产业基地联合团支部签订了“结对共建协议”。

（团区委）

【党团志愿服务队专项工作推进会】 11月12日，团区委召开顺义区党团志愿服务队专项工作推进会，区志愿者联合会团体会员单位代表和顺义区各直属团组织负责人参加会议，团区委书记、区志愿者联合会副主席闫岩、团区委副书记李婧、杨登科同志参加会议。会议对顺义区党团志愿服务队下一阶段工作进行了具体部署和要求，下一阶段，各单位将从组建队伍、对接项目、建立制度三方面开展工作，并于2011年1月至2012年底集中开展活动。据悉，为贯彻落实中央、市委和区委关于开展创先争优活动的部署和要求，充分发挥党团员的先锋模范作用，带头参与社会管理和公共服务，推进社会建设工作科学发展，区委组织部、团区委于今年9月份在顺义区党团组织和党团员中联合成立“顺义区党团志愿服务队”，区委常委、组织部长雷显武在共青团参与社会服务管理创新大会上为党团志愿服务队代表授旗，确定每月5日为党团志愿服务推动日。

（团区委）

【接待津巴布韦青年代表团】 11月29日，津巴布韦青年代表团一行20人到顺义区交流访问，团中央国际联络部王维仲处长、顺义团区委副书记杨登科陪同。参观团一行人首先参观了北京空港经济开发区，观看了开发区宣传片和实景沙盘，与开发区领导就开发区发展情况进行了交流。随后又来到入区企业雅昌集团，参观了雅昌艺术展厅，观看了企业宣传片，深入了解了企业文化、发展现状及前景。

（团区委）

【青春暖心行动】 为积极响应团市委关于开展“两节送温暖”活动的号召，在顺义区大力弘扬“奉献、友爱、互助、进步”的志愿精神，12月24日，顺义团区委、区志愿者联合会带领各直属团组织团书记走进顺义区2所志愿服务基地——顺义区特殊教育学校和顺义区社区服务总中心，共同启动了“青春暖心行动”志愿服务项目。团区委书记闫岩，副书记李婧、杨登科，团区委机关干部和基层团书记120余人参加了本次活动。在顺义区特殊教育学校，团干部为这里的学生们带来了生活用品和学习用品。特殊教育学校侯亚军校长为团干部们介绍了特殊教育学校的基本情况。团干部们来到活动室共同观看了由特教学校学生表演的精彩节目。学生们的精彩表演，赢得了大家的阵阵掌声。下午，在顺义区社区服务总中心，团干部们看望了孤残儿童，并为那里的孩子们送去了慰问品。社区服务总中心李静副主任为团干部们介绍社区服务中心的基本情况。捐赠仪式上，团区委书记闫岩将团区委依托北京团市委“100365首善行动”争取的价值10万元的款、物转交给李静副主任。孩子们为大家献上了歌曲表演唱。

（团区委）

顺义区
妇女联合会

【概　况】　妇联是社会群众团体,是党和政府联系妇女群众的桥梁和纽带,是国家政权的重要社会支柱。其基本职能是:代表和维护妇女权益,促进男女平等。北京市顺义区妇女联合会(简称区妇联)是在区委领导下的社会群众团体,内设机构为办公室、宣传部、权益部三个职能部门,区妇女儿童工作委员会办公室设在区妇联,承担妇儿工委日常工作。顺义区共有各镇、街道妇联25个,委、办、局、公司、中心妇委会86个,村妇代会426个,社区妇代会78个。年内围绕区委、区政府中心工作,整合社会资源,发挥组织优势,坚持"城市农村统筹、创业就业并举、培训维权齐抓、富裕文明互动"的工作思路,团结带领顺义区各族各界妇女为推进新农村建设,为建设和谐顺义贡献力量。

单位名称:北京市顺义区妇女联合会

地址:北京市顺义区府前中街1号

电话:(010)69444576

邮编:101300

网址:http://www.fulian.bjshy.gov.cn/

(妇联)

【纪念"三八"妇女节100周年】　"三八"国际劳动妇女节100周年之际,区妇联隆重召开顺义区三八红旗集体、三八红旗奖章颁奖大会,表彰2009年度的100个三八红旗集体和105名三八红旗奖章获得者。在市级评选活动中,顺义区的9个集体、19名个人分获北京市三八红旗集体、北京市三八红旗奖章称号。同时,区妇联开展了以"回顾百年历史,展望美好未来"为主题的"纪念三八国际劳动妇女节100周年"有奖知识答题活动,近万名妇女群众参与了活动。

(妇联)

【专场招聘会】　3月19日,区妇联借助顺义区"春风送岗位"大型招聘会契机,与区人力社保局合作举办了"顺义区第三届女性专场招聘会"。50家企业提供用工岗位2000余个,招聘会还开展了就业咨询、维权服务和就业指导等。全年顺义区各级妇联组织共举办招聘会18场,参与人数近万人,有1800名妇女达成了初步就业意向。

(妇联)

【就业培训】　全年顺义区各级妇联组织共开展就业观念培训27期,培训人员930人;农业实用技术培训13期,培训人员928人;技能培训114期,培训人员5223人,2869人取得资格证书,2129名妇女成功就业;开展素质培训178期,培训20992人。

(妇联)

【妇字号基地建设管理】　对顺义区所有的"双学双比"示范基地进行了再次认定,对已不再符合要求的基地进行摘牌。目前顺义区共有区级妇字号基地51个,带动9365名妇女就业。

(妇联)

【妇女小额贷款】　会同相关部门召开了顺义区妇女创业就业小额担保贷款工作联席会,进一步明确了责任分工、流程及要求,并于12月17日对顺义区基层妇联干部进行了业务培训,为妇女创业小额担保贷款工作的全面铺开奠定了坚实基础。区妇联利用5+5金融服务计划全年共为农村妇女发放1笔50万元贷款;为34位创业妇女争取到农村劳动力创业资金314万元,为5位创业妇女发放农村劳动力创业贷款贴息8万7千余元;争取了100万元市级资金,用于扶持3个妇字号基地、3个巾帼文明示范村和1个协会组织,利用顺义区妇女发展扶持资金为21名妇女提供生产发展周转金61万元。

(妇联)

【建立五类困难女性数据库】 五类困难女性共计1427人，分别是单亲特困267人、残疾特困463人、贫困女童68人、老年贫困354人、贫困母亲女性275人。区妇联全年共争取慰问救助金49.22万元，慰问和救助了522名困难妇女。

（妇联）

【三八维权周活动】 围绕三八维权周"关注服务妇女民生，促进社会稳定和谐"的主题，开展法制宣传活动，顺义区共举办普法讲座51期，开展法律宣传活动87场，发放各种宣传资料近5万份，制作板报、宣传橱窗，张挂横幅等宣传品1500余份，群众受教育面达85%，有效提升了广大妇女的法律意识和维权能力。

（妇联）

【法院旁听培训】 分批分期组织顺义区520余名基层妇联干部和妇女群众分59期1578人次到区法院、后沙峪等法庭旁听法官庭审案件，提高了广大妇女维权能力和基层妇联干部有效化解各类家庭矛盾的能力。

（妇联）

【和谐家庭、绿色家庭创建活动】 2008年至2010年，区妇联、文明办、园林绿化局开展和谐家庭、绿色家庭创建活动，取得显著成效。顺义区共有417个村、55个居委会参与创建活动，村、居覆盖率分别达到98%和81%。三年来，顺义区累计申报和谐家庭39604户、绿色家庭43204户，占顺义区家庭总数的33%。其中，镇（街）、村（居）两级累计表彰和谐家庭27429户、绿色家庭30842户，分别占申报户数的69%和71%。在连续三年的逐一入户检查中，共检查2880户，其中和谐家庭651户、绿色家庭2229户；评选出区级和谐家庭331户、绿色家庭1466户。区、镇（街）、村（居）三级三年累计用于创建活动的资金达到4790余万元。区妇联还邀请市妇联领导及有关专家召开家庭文化建设座谈会，对顺义区今后的家庭创建工作进行理论探讨。

（妇联）

【"双合格"活动】 "家庭教育大讲堂"指导服务工程2009、2010年连续两年被列为《顺义区在直接关系群众生活方面拟办重要实事》中的项目，每年得到政府财政专项拨款20万元，使家庭教育工作成为"为民办实事"的重要载体，真正成为一项"惠民工程"。自活动启动以来，以"每月一讲"形式开展的针对不同年龄段孩子家长的系列讲座已开办24场，累计培训12000余人次；在区电台开通"录播专家授课"栏目，共播出405期，开通两分钟"问答宣传"栏目，共播出732期；在电视台开设"师说日"栏目共播出102期；基层开展的各种形式的家庭教育活动，参与人数达到约45000人。今年，区妇联围绕"家庭和谐"的主题，组织基层妇联干部参与录制了以"构建和谐家庭 经营幸福人生"为主题的《师说日》活动，深入分析"和谐"在家庭、社会中的重要意义，为构建新时期家庭关系的和谐提供了有效指导。

（妇联）

【编制"十二五"两规划】 年初，区妇儿工委办公室召开了两规划监测统计培训会议，向25家成员单位布置了监测统计工作。通过对2009年完成的数据统计，两个规划中指标共78个，其中妇女指标41项、儿童指标37项，可量化指标有38个，其中妇女指标24个、儿童指标14个，已全部达标。6月份，召开了38家成员单位参与的"十二五"时期妇女儿童发展规划工作部署会，各成员单位结合"十一五"时期本单位妇女儿童发展规划指标完成情况、"十二五"时期参考框架所涉及的工作任务和未来五年顺义经济社会发展的实际情况制定本单位新的"两规划"框架，形成了具有顺义区区域特色的《顺义区"十二五"时期妇女和儿童发展规划》初稿。

（妇联）

【探索社会工作新模式】 考察深圳妇联家庭

项目。区妇联于3月底组织部分妇联干部赴深圳市妇联考察了“阳光家庭综合服务中心”项目。调研顺义区家政服务业现状。5月份,区妇联对区内三个女性法人的家政公司进行了走访,对她们的经营情况、经营范围和经营中存在的问题进行了走访调查;通过问卷方式对顺义区在工商局注册的159家家政服务企业进行了摸底调查;深入石园街道两个社区,实际调研普通百姓的家庭服务需求,探求顺义区家庭服务业发展途径。探索顺义区巾帼助老服务模式。区妇联本着“政府服务社会化、人群覆盖最大化、妇女受益实惠化”的工作目标,在构建“枢纽型”妇女社会组织,参与社会服务和建设方面大胆探索。目前已提请设立“顺义区家庭服务促进会”,探索巾帼助老服务新模式。

(妇联)

顺义区工商业联合会

【概　况】 区工商联是党和政府联系非公有制经济人士的桥梁和纽带,是政府管理非公有制经济的助手。是由顺义区工商企业和经济界人士组成的人民团体。本会以团结、帮助、引导、教育广大会员爱国、敬业、诚信、守法,积极投身社会主义现代化建设事业。促进非公经济的健康发展,承担了顺义区非公企业的入会组织调研工作,开展经济、技术、经贸交流,提供了法律、法规、政策信息咨询等服务。区工商联会员分为三胞会员、私企会员、团体会员、个人会员和特邀会员。截止到2010年底,顺义区工商联共有会员750家。区工商联机关荣获北京市工商联经济服务工作优秀奖、北京市工商联经济服务工作优秀奖、北京市工商联对外联络工作优秀奖、13家工商联会员企业荣获北京市就业与社会保障先进民营企业称号,有1家会员企业荣获首都文明单位,2家会员企业荣获北京市工商联文明单位标兵,10家会员企业被评选为北京市工商联文明单位。

单位名称:顺义区工商业联合会

地址:顺义区仓上街3号

电话:(010)69441974

邮编:101300

网址:http://www.gshl.bjshy.gov.cn

(工商联)

【春之约女企业家参观活动】 3月5日,工商联邀请60位非公女企业家共赴“春之约”,组织她们参观先进会员企业。在活动过程中,充分肯定了女企业家们的“半边天”作用,向她们阐述了“善良、自立、自信、真诚、快乐”的女人最美。大家在忙碌的工作中放松了心情,交流了感情,共享了节日的喜悦,也进一步增强了她们发展企业、贡献社会的责任感、使命感。

(工商联)

【优秀建设者表彰大会】 3月12日,工商联与区委统战部共同举办了顺义区第二届优秀中国特色社会主义事业建设者表彰大会,潘剑平、申东日、陈晓太等30名优秀非公企业家受到表彰,被授予“顺义区第二届优秀中国特色社会主义事业建设者”荣誉称号,表彰会的召开,为广大非公企业树立了典型,为顺义区非公经济人士健康成长起到了积极的促进作用。

(工商联)

【组织企业家观看复兴之路】 3月19日,工商联组织150家非公企业,赴国家大剧院观看了大型音乐舞蹈史诗《复兴之路》。

(工商联)

【革命传统和爱国主义教育】 在全党上下掀起创先争优活动热潮之时,在庆祝建党89周年之际,工商联组织70名企业家赴西柏坡进行了革命传统教育和爱国主义教育,大家实地参观了西柏坡中共中央旧址、西柏坡纪念馆，回顾了老一辈革命家不畏艰难、为建立新中国而英勇奋斗的光辉历史，使大家牢记以“两个务必”为核心的西柏坡精神，共同接受了一次党的优良传统教育。

（工商联）

【举办乒乓球赛】 11月27日，工商联举办了顺义区非公企业“凯福珠宝”杯乒乓球赛，来自区工商联会员企业的117名队员参加了比赛，加强了各企业之间的交流，充分展示了非工企业员工崭新的精神风貌和非公企业健康向上的整体形象。

（工商联）

【政策服务】 根据《北京市促进文化创意产业发展的若干政策》，工商联引导北京江河幕墙股份有限公司、北京雅昌印刷制品有限公司等企业申报文化创意产业，并积极与相关部门协调沟通，帮助9家非公企业申请到了总计2600万元文化创意产业扶持资金。国务院“新36条”出台后，组织非公企业家赴北京大学民营经济研究院参加学习培训，听取了国务院参事陈全生关于“新36条”的最新政策解读；结合国家大力鼓励和引导民间投资的新形势，我们也适时的吸纳了8家投资公司加入到了工商联。

（工商联）

【融资服务】 为更好地帮助广大非公企业了解更多的金融产品，解决融资难的问题。工商联将十几家银行和担保公司组织起来，在4月16日举办了金融服务日活动，每家银行分别推出了自己的特色金融产品，如：国开行的周期长、低利率贷款项目，交通银行的商标权与专利权质押贷款项目，建设银行的联贷联保贷款项目，北京银行针对中小企业的“小巨人”贷款项目，一系列特色金融产品的推出，基本上满足了不同层次企业的融资需求。

（工商联）

【人才服务】 工商联同区人保局、区总工会进行沟通联系，共同举办了民营企业招聘周活动。招聘会于5月20日、22日分别在木林镇政府和区人才服务中心举行。招聘会上，北京江河幕墙股份有限公司、北京信得威特科技有限公司等25家企业向求职者分别提供了管理类、技术类、技工类和普工类等526个工作岗位，有近500个工作岗位招聘到了人才。

（工商联）

【招商引资服务】 3月26日，工商联与区投资促进局共同举办了招商引资推介会，来自浙江省的杭州富日物流有限公司、浙江金永信投资管理有限公司等50家民营企业到顺义参加了这次推介会。4月26日，参加了市工商联与驻京海外商务机构联谊会，与各国商务机构负责人进行了座谈交流，向与会的39家驻京使馆商务处领导发放了宣传册，向他们推介了顺义的投资环境。5月31日，工商联邀请俄罗斯经贸考察团分别考察了南彩镇和牛山镇的工业区，参观了曲美、百强家具等入区企业；7月30日，工商联邀请在北大民营经济研究院研修班学习的40余名浙江企业家到顺义区参观考察了空港开发区、林和开发区，并向他们详细介绍了顺义区的招商资源和良好的投资环境，使来自浙江的企业家们更好地了解了顺义，认识了顺义，增进了友谊，促进了合作。

（工商联）

【培训服务】 4月20日，工商联组织30余名企业家聆听了重庆市政协副主席、重庆力帆实业（集团）股份有限公司尹明善董事长主讲的“转变经济发展方式专题报告”。5月10日－11日，工商联与李桥镇、天竺镇基层分会组织了120家非公企业的1500名员工，参加了于大城老师主讲的《成功从优秀员工做起》的培训。11月18日，工商联与区科委、区知识产权局一起举办了顺义区非公企业知识产权保护讲座，为500名企业家们讲解了知识产权保护、高新技术企业认定和专利申请等一系列专业知识。

（工商联）

【调研服务】 结合顺义区“十二五”人才发展规划的制订,工商联对非公企业人才情况进行了调研,形成了《非公有制经济人才队伍现状分析、需求预测和发展对策》的调研报告。为推动非公企业实施品牌化战略,形成了《顺义区企业品牌建设的现状、问题及对策》的调研,为引导顺义区广大非公企业着手实施品牌创建工作提供理论基础。

(工商联)

【商贸交流服务】 工商联组织升华电梯有限公司、晓东顺安防公司、金诚立信会计师事务所等十几家企业参加了第十二届环渤海民营经济经贸交流会,组织7名企业家参加了“优秀民营企业家感知河北·走进大厂”商贸交流活动,协助企业考察投资项目,寻求新的商机,学习先进的创业、创新理念,谋求更好更快地发展。

(工商联)

顺义区
科学技术协会

【概　况】 2010年,区科协紧密围绕区委、区政府的中心工作,在市科协的指导下,认真贯彻十七届四中全会精神,全面落实科学发展观,以提高全区公众科学素质为目标,以实施《科学素质纲要》为抓手,积极开展多种形式的科普活动,为提高顺义区的科学发展水平、构建和谐顺义做出了应有的贡献。

单位名称:顺义区科学技术委员会
地址:顺义区光明南街24号
电话:(010)69447435
邮编:101300

(科协)

【服务新农村建设】 以促进农民致富、农村增收为目的,积极实施“科普惠农兴村计划工程”、“科技套餐配送工程”、“金桥工程”,助力新农村建设。实施“科普惠农兴村计划”。2010年共有4个集体和4个个人在“科普惠农兴村计划”中获得中国科协和市科协的奖补资金77万元支持。其中陈立福获中国科协科普惠农项目农村科普致富带头人称号,获奖补资金5万元。为规范奖补资金的使用,统一为每个集体配送科普图书1500册、科普书架10个和部分科普宣传器材,安装了固定的科普设施。实施“科技套餐配送工程”。2010年,共组织套餐配送服务10次,通过“会社合作”开展农民实用技术培训1万人次。组织实施“金桥工程”。充分发挥科协的智力优势,通过组织实施金桥工程,促进科技成果转化为生产力,2009-2010年度,顺义区科协组织实施申报“金桥工程”项目4项,项目经济效益达3780万元。

(科协)

【构建和谐社区】 继续推动科普益民项目实施。2010年顺义区共有3个优秀社区、1个重点新城的新建社区、1个优秀基层科普场馆、1个户外科普园地建设、6个优秀社区科普宣传员获得北京市“社区科普益民计划”奖励,共获奖补资金88万元。为充分发挥社区科普宣传阵地作用,提升社区科普服务能力,区科协结合社区实际需求,统一为其配备了科普展板150块,科普图书5000册。创建创新型科普社区。石园街道石北三社区被列入市科委第四批“创新型科普社区”创建计划,获得资金支持20万元。

(科协)

【提高公众科学素质】 围绕低碳生活的主题,以科普之春、科技周、科普日等大型活动为载体,2010区科协组织大型科普活动50余次,发放科普宣传材料20000份,发放科普图书10000册,制作科普展板两套共100块,宣传群众20000人次。5月15日,在空港街道万科花园社区广场举办的“2010顺义区科技周暨低碳生活进社区启动仪式”活动,区人大副主任贾春林、区政府副区长陈光浩、区政协副主席王玉琦及科委、科协、精神文明办、药监局等相关单位领导和社区居民600人一起参加了此次活动;成功组织参与了"北京市百万家庭数字生活技能大赛"活动。活动期间顺义区多措并举,进行了广泛的社会动员,最终共有7144人参加网上知识竞赛,名列全市第三位。同时,顺义区获大赛组织工作一等奖。

(科协)

【区域科普能力服务】 加强科普设施建设。为了认真实施《全民科学素质纲要》,不断提高顺义区科普服务能力,区科协申报了"顺义区科学生活体验馆"项目工程,获市财政局144.6万元资金支持。2010年10月"顺义区科学生活体验馆"正式落成对外开放。加强自身建设。区科协为全区各镇、街道、学会和科普基地的专兼职科普宣传员订阅了全年的《北京科技报》,并积极组织科普宣传员参加各级培训及考察,对加强区域科普队伍建设起到了促进作用。

(科协)

【培养青少年创新实践能力】 区科协利用参与组织市、区青少年科技创新大赛和学生科技节活动,配合区教委开展了多种形式的科技教育活动,为培养青少年创新实践能力服务。在3月份举办的第三十届安捷伦北京青少年科技创新大赛活动中,顺义区共获一等奖4个,二等奖16个,三等奖23个。7月,在第十届全国青少年机器人竞赛中,顺义区夺得FLL初中组冠军;高中组二等奖。此外,2010年4月,北京七彩蝶创意文化有限公司被区科协命名"顺义区青少年科普教育基地"。10月北石槽中学被北京市科协授予"少年科技园"称号。

(科协)

顺义区残疾人联合会

【概　况】 2010年顺义区残疾人联合会积极学习并实践党的十七大会议精神,落实科学发展观,紧紧围绕区委、区政府的中心工作,在市残联的指导下,深入学习实践科学发展观,求真务实,开拓进取,充分发挥"代表、服务、管理"职能,依靠政府,动员社会,使残疾人康复、教育、就业、扶贫、社会保障等都取得了一定的成绩,为顺义区残疾人事业在新时期的持续健康发展奠定了良好的基础。

单位名称:顺义区残疾人联合会
地址:顺义区石园北区乙56号
电话:(010)69442476
邮编:101300
网址:http://www.shycl.org.cn

(祖爱丽)

【基层组织建设工作】 顺义区25个街镇每个街镇,共创建27个温馨家园,实现了2010年底前温馨家园区内全覆盖的目标。成功组建顺义区专业助残志愿服务团体。为了增强社会助残氛围,区残联与顺义团区委合作组建顺义区专业助残志愿服务团体,目前志愿者人数1500人,可以为残疾人开展家政服务、康复训练、教育培训、就业指导、文化体育、心理疏导、法律维权、公益慈善等各种志愿服务。并顺利完成了对184户残疾人状况监测户的调查工作。同时完成了1037人的第二次肢体残疾评定工作及15000余名残疾人档案的整理归档工作。

(祖爱丽)

【扶贫工作】 向70户贫困残疾人免费发放20000只雏鸡,并对这些残疾人进行了养鸡实用技术培训;为2896名重残无业人员发放生活补助,使用残疾人就业保障金共计815万元;为6户危房残疾人改建了房屋。

(祖爱丽)

【康复工作】 共实施扶贫白内障手术234例,其中全免199例,半免35例;补助残疾儿童进行社区康复45人,机构康复19人,配发辅助器具11人。

(祖爱丽)

【就业及职业培训工作】 今年就业所新安置89名残疾人就业,其中福利企业57人,按比例安排残疾人就业7人,个体开业25人并给予开业扶持资金,使用就业保障金13.2万元。为34名残疾人发放保险补贴15.5万元。为使智力、稳定期精神残疾人平等的参与社会生产劳动,顺义区共建立了23个残疾人职业康复劳动机构,有417名残疾人参加职业康复劳动。审核13153家单位,核定残疾人保障金6039万元,审核率达90%;入库4321万元,入库率为71%。

(祖爱丽)

【无障碍建设工作】 顺义区按照平均每户改造费用6000元的标准,对1500户残疾人、老年人家庭免费实施无障碍改造,在结合实际需求的情况下,配发坐便椅1116个,配发率74.4%,浴椅1218个,配发率81.2%,召开专题会议6次。这是历年来首次将80周岁以上老年人纳入改造范围,是改造工作启动以来受益面最大的一年,顺义区形成了无障碍改造遍地开花的壮观局面。

(祖爱丽)

【文体及宣传】 组队参加第五届特奥运动会,参加了举重、100米、200米、立定跳远等八大项目的比赛。获得15块金牌、25块银牌、12块铜牌;参加第二十四届残疾人棋牌比赛,获前六名3人,获优秀组织奖;组队参加北京市第八届残疾人运动会,顺义区共参加游泳、乒乓球、田径三大项目的比赛。获金牌3人、银牌2人、铜牌3人、4至6名6人;8月23日参加市残联在中华民族园组织的残疾人文化周活动,制作了"十一五"顺义区残疾人文化成果宣传板2块,反映了顺义区在市残联组织的各项文化活动中的优秀表现与精神风貌。在展区内王桂荣等8名肢体残疾人展示、制作手工刺绣、剪纸、编织方面作品,让参观者一饱眼福。

(祖爱丽)

【信访与维权】 10年共接待残疾人来访40人次、来信4件、电话咨询120件,妥善处理涉及残疾人生活和工作等问题,所有信访件全部得到解决,满意率答90%。

(祖爱丽)

顺义区红十字会

【概　况】 2010年区红十字会深入贯彻落实科学发展观,以"围绕大局,促进和谐;关爱民生,体现特色;突出重点,扎实推进"为主题,围绕区委、区政府中心工作,突出红十字会的职能,重点做好拓宽筹款渠道、扩大救助范围、完善应急培训,推进实事工程等方面工作,为改善民生、构建和谐新顺义做出了应有的贡献。

单位名称:北京市顺义区红十字会
单位地址:北京市顺义区光明南街4号总工会大楼8层
电话:(010)81494903
邮编:101300

(何　伟)

【防灾应急体系建设】 为进一步提高顺义区重点行业、重点人群的防灾应急能力,区红会针对不同人群,分层次、分岗位开展了应急教育培训。7月至10月期间,举办6期培训班,共有644名公安干警通过考核取得了初级急救员证。面对校园内新增暴力趋势,区红会配合教委创新性地把防灾应急教育加入到新生军训的课程当中，提高了顺义区应急避险教育工作的覆盖面，也为建设平安校园做出了贡献。今年共有3063名新生通过了培训。7月份对1081名中小学教师进行了自救互救知识培训。并在顺义区中小学的校医中择优选拔了一支30多人的师资队伍。为燕京医学院学生732人进行了自救互救培训。2010年区红十字会培训公安干警、学校师生、外企员工及社区居民共计5580人，全部取得市红十字会急救员证，完成了北京市红十字会的培训任务。区红会在加大培训的基础上，与各街道办事处、教委共同协作，积极开展应急救援演练。并多次组织社区居民、学校基层急救队进行实战演练。今年顺义区选拨的代表队在全市红十字会系统演练比赛中发挥出色，并获得优秀团队称号。

（何　伟）

【赈济救助体系建设】 4月12日四川玉树地震后，区红会紧急启动“玉树救援行动”，全力投入到接收善款的工作中。全年共接收为自然灾害及社会公共灾难善款185笔、总计1470055.57元。区红会的工作人员对每笔善款做到账目清楚，做到185笔善款零差错。并通过区审计部门审计，及时将捐款上缴市红十字会。区红会今年首创独立募捐，在19个镇红十字会开展了“博爱在顺义”大型募捐活动。截止11月23日区红会收到基层红会募捐款共计829726.65元。累计在新国展、区内各大商场、酒店、超市及高档会所等地共放置募捐箱25个。2010年区红会下发了《北京市顺义区红十字会关于进一步推行龙卡发行工作的通知》。截止到11月，完成龙卡的发行任务。为贯彻落实北京市红十字会关于两节期间开展“送温暖、献爱心”活动精神，1月26日至28日，在顺义区副区长、红十字会会长燕瑛的带领下，区红会及区内基层红会组织共走访了顺义区各镇、街道的955户低保边缘家庭，送去价值24.1万元的慰问品。同时将市红会下发的700份慰问物资分发到贫困家庭手中。全年为因意外灾害遭受困难的6户家庭送去救助款3.9万元。今年区红会在摸底、调研基础上，进一步完善了《顺义区红十字会少儿大病救助管理办法》，将救助款最高提至2万元。全年共救助41名患五种大病少儿困难家庭，发放救助金33万元。

（何　伟）

【文化传播体系建设】 区红会按照市红十字会关于推进文化传播体系建设的要求，开发多种渠道，坚持“六进”活动，将红十字急救知识送入百姓家中。全年为社区居民发放了780套学习光盘及2.5万册家庭版急救手册。并将现有的材料自行剪辑了一份自救互救知识讲座视频，在顺义网城长期挂播，目前已成为我会工作的又一新的特色。五·八世界红十字日，区红十字会联合区疾控中心等单位，深入农村，宣传红十字会法及有关应急避险知识，发放宣传资料5000余份，为市民提供义诊、健康咨询共300多人次。5月12日，区红十字会参加了区民政局、应急办等部门联合举办的为“减灾从社区做起”防灾减灾日宣传活动。向社区居民发放了防灾减灾相关宣传材料。4月至5月，区红十字会组织北京现代学院30多名红十字志愿者多次来到新国展，宣传“一方有难八方支援”大爱无疆的人道主义精神。完成区红十字会《1987－2005年》史志的编写及区红十字会自1987－2010年的组织史编写工作，并完成北京市红十字会2009年区红十字会年鉴编写工作。在北京市红十字会、北京电视台联合举办的红十字知识竞赛活动中，顺义区代表队荣获组织奖。在市民政局、市红十字会主办的防灾减灾知识竞赛中，顺义区代表队获得全市二等奖。

（何　伟）

【红十字青少年活动】 今年区红十字会与红十字学校工作委员会在争创“优秀红十字青少年”活动和争当“优秀红十字青少年会员”活动中，顺义区有8名百优会员获得了市红十字优秀红十字青少年会员称号。向顺义区中小学及幼儿园发放272张平安健康成长光盘。分两次对29所学校进行健康促进学校指导和验收。

(何　伟)

顺义区文学艺术界联合会

【概　况】 2010年,区文联按照区委、区政府和市文联的整体工作部署,以“文化服务和谐社会,歌声颂扬顺义辉煌”为主题,充分发挥区文联的工作职能,开拓奋进,扎实工作,团结顺义区广大文艺工作者,完成了全年确定的各项任务,为促进顺义区文艺事业蓬勃发展作出了积极的贡献。

单位名称:顺义区文学艺术界联合会
地址:顺义区拥军路3号
电话:(010)69423793
邮编:101300
网址:http://www.wenhw.bjshy.gov.cn

(关东明)

【二月新春活动】 从2010年农历腊月二十到正月十五,先后举办了百场歌舞庆佳节、千场电影献基层、万册图书送下乡、万幅春联迎新春、万盏彩灯亮城乡、“赵全营杯”民间花会大赛、顺义区“绿港美、家乡好”农村原创文艺作品大赛等12项重点系列文化活动。特别是百档花会进社区活动近两年来有所创新,从农村走入城区,受到了城区居民的热烈欢迎。据统计,“二月新春”期间,顺义区共举办群众文化活动680余场次,室内活动300余场次,室外活动380余场次,共有5万人次参与演出,观众达到50万人次,顺义区共投资约600余万元。

(关东明)

【五月的鲜花】 开展“我们的节日”主题系列活动,包括6月14日举办的第二届北京端午文化节暨“临空经济区杯”龙舟赛开幕式及文艺晚会、非遗项目展演、花会表演、包粽子比赛等文化活动,为顺义区乃至全市人民献上了一场丰富的端午文化大餐;自5月以来,先后组织元祥舞狮团、曾庄大鼓、大胡营的高跷等数十档民间花卉和十几项非遗项目参与第十九届燕京啤酒节活动。是4月15日及25日分别举办了第六届北京市“高丽营杯”戏曲票友邀请赛和第六届北京“后沙峪杯”交谊舞大赛;四是6月至8月,在顺义区范围内部署“感恩、报国、立志、创业——北京市第四届“天竺杯”红歌合唱邀请赛活动,先后印制并下发红歌歌曲集2000册,8月17日举办了颁奖晚会,在顺义区400多支基层合唱队比赛的基础上,共有34支合唱队1500名群众演员参加了本次活动,以上三项市级冠杯大赛受到了市文化局、市文联和社会各界的一致好评;9月26日举办了第一届“京冀风景线”—— 北京十区县与坝上五县书画联展,共展出书画精品140件。2010年举办了“追溯顺义老八景、描绘绿港新画面”全国书画摄影征集和“打造绿色国际港,歌唱美丽新顺义”“鑫大禹杯”全国歌曲征集大赛两项面向全国的文化活动,共收到来自北京、上海、重庆、新疆24个省(市、区)书法与美术稿件共480件、摄影1200张;参赛歌曲180余首。

(关东明)

【创作文艺精品】 今年以来,顺义区八大文艺家协会,积极创作并出版了一批优秀文艺精品。具体如:区作协高国镜等在《中国文化报》、《诗刊》、《中国诗人》等报刊发表了中篇小说《门神》、《庄县长的传说》、《鹞子情》等各类文学作品,约130篇,80万字。王克臣主编了六期《绿港文学》杂志、李博出版了诗集《青春的证明》、周洪安出版了诗集《心情驿站》等;区音协王先洲创作了北小营镇镇歌《北小营是个好地方》,目前已录制成CD光盘，本歌曲受到了北小营镇广大干部和群众一致好评，另外张宝星创作出了《国门银燕畅想曲》等多首歌词；区舞协王玉玺、杨华担任总设计和总导演的《辉煌 60 年》牛栏山一中建校 60 周年庆典演出获得好评。

（关东明）

【重点文化活动】 摄影家协会今年共参加和组织市、区级摄影活动及大赛 27 项，收到参赛作品和自创作品近 9000 张，获得了很好的成绩，受到了社会各界的好评。戏协参加北京市文化局、市文化活动中心举办的北京市"社区京剧票友大赛"上，其中岳忠元的《探皇陵》选段荣获大赛一等奖，乔守梅的《望江亭》选段荣获三等奖，并成为全市唯一同时有两人获奖的区县。曲艺家协会成功地承办了顺义区第一届马坡杯"赞家乡、颂文明"曲艺大赛和颁奖典礼，市曲协名誉副主席梁厚民老师，副主席李绪良老师，理事李增瑞老师等表演艺术家担任了评委并表演了精彩的节目。舞协在北京市第 20 届农民艺术节暨首届北京乡村歌舞节决赛中，舞蹈《我们的大鹏鸟》荣获二等奖、舞蹈《绿色港湾》荣获优秀表演奖。另外顺义舞协艺术团到上海参加"携手青春，走进世博大型综艺活动"获得金奖等。美协在北京德泰书画院成功举办了白进海、刘永刚 8 人优秀美术作品提名展，受到了中国美协的好评。书协贾文龙荣获俄罗斯国立艺术家协会颁发的功勋艺术家称号勋章和证书，与此同时又组织了"追溯顺义老八景、描绘绿港新画面"全国书画摄影大赛——首都书画家笔会，为顺义区留下了宝贵的精神财富；七是区文联荣获了北京市文联"2010 年度宣传信息工作先进单位"称号。

（关东明）

【自身建设】 2010 年，区文联和各文艺家协会全面贯彻落实党的十七届四中、五中全会精神。采取了主席团会议、座谈会等形式，重点研读和深刻领会会议精神，为进一步开创顺义区文艺工作新局面提供坚强的思想政治保证和组织保证。同时分别召开三次主席团会议、一次理事全体会议和两次常务理事会议，制定下发了《顺义区文联 2010 年工作要点》和审议通过区文联秘书长职务变动等重大事宜；完成了区书协、区戏协二次代表大会换届和区曲艺协会一次代表大会的召开工作。

（关东明）

政法·军事

政　　法

综　　述

2010年政法综治工作按照"城乡发展一体化、经济发展多元化、社会管理精细化、党的建设科学化"的要求,以维护人民利益为根本,以深化平安建设为载体,以维护公平正义为核心,以改进工作作风为着力点,坚持不懈维护社会稳定,坚持不懈推进平安顺义建设,坚持不懈加强社会管理,坚持不懈抓好政法队伍建设,推动政法信访综治工作创新,为顺义区经济更好更快发展提供坚实的法治保障。

一、深刻把握人民群众新要求新期待,全力化解社会矛盾

化解社会矛盾是维护社会和谐稳定的治本之策。集中力量打好预防化解矛盾的攻坚仗,按照"发现得早、化解得了、控制得住、处理得好"的要求,开展经常性排查化解工作,确保矛盾存量和增量大幅下降。建立健全重大决策信访风险评估机制,预防产生新矛盾。根据顺义区维稳工作呈现向多元化、深层次发展的趋势,重大项目、重点工程接连上马,从源头上预防和控制信访突出问题至关重要。落实领导包案解决现实突出问题和历史遗留问题,减少矛盾存量。党政"一把手"坚持每月接待群众上访一次,落实首办负责制,一包到底,直至"案结事了",息诉罢访。

完善"大调解"工作格局。统筹发挥好人民调解、行政调解、司法调解的作用。对顺义区涉法涉诉信访积案集中清理排查,摸清底数登记造册,提出解决方案,源头预防多元化解,矛盾纠纷量化减少。将调解工作贯穿于立案、审判、执行、申诉、信访等各个环节,从法律上、程序上、效力上进一步提高联动水平,以"案结事了"取代"结案了事"。

二、推进"平安顺义"建设,提升维护安全稳定的工作水平

建设"平安顺义"是顺义区贯彻市委、市政府建设"平安北京"的战略部署。围绕"同心全面建小康,打造绿色国际港"的目标,深化"平安顺义"建设,以全市社会管理创新试点工作为契机,村庄社区化管理全面推进,按照"六有"标准,实行十项工作制度,采取以奖代补等工作措施,顺义区13个镇54个试点

村的社区化平安建设已经完成，并投入实体运行。

第一，全面推进镇街“平安建设中心”建设，形成保稳定的合力

2010年是首都综治工作“基层基础建设年”，也是顺义区镇街“平安建设中心”的“深化提高年”，重点抓硬件建设与软件建设相统一，集中办公与协调联动相统一，运作程序与工作成效相统一。着力解决人员调配、办公条件、经费保障、运行机制、检查考核等方面的问题，真正把镇街“平安建设中心”建成基层汇集社情民意、化解矛盾纠纷、统筹维稳工作的有效载体和崭新平台。

在资源整合上见实效。资源整合是“中心”建设的核心，实现资源的优化配置。加强“中心”的组织领导，由镇街党委(工委)副书记任中心主任，落实专职副主任，配齐专职工作人员，按照市、区、镇三级按比例负担的要求，研究制定“中心”经费保障办法，进一步完善软、硬件设施，为“中心”产生“1+1>2”的效能提供强力支持。

在部门协作上见实效。部门协作是“中心”建设的难点。克服各自为战，加强协作，形成强大的凝聚力、向心力和执行力，真正发挥“中心”的作用。配强镇街综治办主任及常务副主任，举办工作人员培训班，明确职责任务和工作流程，通过业务上的精通、工作上的规范促进部门间的协作。

在规范运作上见实效。规范运作是“中心”建设的根本。妥善化解每一起矛盾纠纷，必须认真按照“扇形”工作流程图一环扣一环地推进处理。完善矛盾联调、治安联防、工作联动、问题联治、平安联创的“五联”工作机制，确保解决问题“一竿子到底”。建立健全议事例会制度、会商督办制度、信息报送制度、检查考核制度等，最大限度发挥“中心”的作用，形成维护稳定的合力。

第二，切实加强基层基础工作，夯实安全稳定的根基

基层实则整体强，基础稳则全局安。通过基层基础建设的大推进，促进综治工作的大发展，形成人往基层走，财往基层流，改革向基层倾斜的工作局面。

在组织建设上下功夫。加强镇、村两级综治办建设，结合农村“两委”换届选举，配齐配强村治保会、调委会主任。建立基层综治经费与经济社会发展同步增长机制，确保基层综治工作有钱办事、有章理事，有人干事。

在三支队伍上下功夫。一是综治工作队伍。建立区、镇、村三级培训机制。抓好基层综治工作人员及群防群治队伍的培训，不断提高基层维稳工作能力。二是专职巡防队伍。镇级治安巡防队与公安民警按照不低于1:1的比例标准配置，全面实行“五统一”管理。三是治安志愿者队伍。解决村、社区平时见不到治安志愿者的问题，实现“上岗常态化”。切实推进志愿者组织在行业系统的延伸，研究探索对治安志愿者实行星级管理。

在力量整合上下功夫。大力整合专职巡防队、治安志愿者、社区保安、流动人口管理员、维稳信息员及各类协管员等社会力量，形成群防群治力量与专业力量“同步部署、同步上勤、同步调整”的工作机制，专群结合，以专带群，实现由专门机关单兵作战向整体联动的转变。

在科技创安上下功夫。建立区、镇(街)、村(社区)三级工作台账，全面掌握图像监控设施的建设、使用和维护情况。按照顺义区统一规划、整体联网、分级管理的原则，最大限度整合技防资源。城区及各镇街主要路段、重点地区科技创安覆盖率要达到100%，镇、街技防覆盖率不低于70%。切实推进区、镇、村三级监控设施资源共享，不断提高社会治安防控精细化、信息化水平。

第三，健全“平安顺义”建设体制机制，形成齐抓共管的工作格局

发展是第一要务，稳定是第一责任。把“平安顺义”建设与经济社会发展同时谋划、

同时推进,通过更加科学的体制机制、更加完善的工作体系、更加有力的保障措施,全面提升“平安顺义”建设工作水平。

健全领导责任制。按照“谁主管、谁负责”和“属地管理”的原则,严格落实领导责任。把“平安顺义”建设作为“一把手”工程,主要领导对安全稳定工作亲自研究部署,对存在的困难和问题亲自协调解决。

健全工作机制。明确各单位各部门在“平安顺义”建设工作中的职责任务,健全综治委例会、综治委成员单位联系点以及述职、情况通报等制度,加强综治工作专项协调委员会建设,完善协作配合、齐抓共管机制。

健全考核机制。对综治成员单位和各镇街落实“平安顺义”建设情况,区综治委每半年进行一次督导检查。检查结果纳入年终考评,对领导不重视、工作不落实、工作进展缓慢的进行通报批评。加大对镇街综治工作的考核力度,实施“月考核,季通报”的阳光综治考核,既注重考核工作成效,又注重考核工作过程,确保“平安顺义”建设各项措施落实到位。

三、推进社会管理精细化,妥善解决社会管理重点难点问题

近几年,顺义经济发展实现了新跨越、百姓生活水平实现了新提高,社会管理和服务与形势发展不相适应的问题逐渐显现。城乡结合部整治难、重点人稳控难、网络群体性事件频发等等,对社会管理工作带来严峻挑战。政法综治部门主动适应社会发展的新形势、新变化,加强对各类社会人、社会组织和新兴媒体的精细化管理,确保管得住、服务得好。

第一,解决好流动人口服务管理问题

站在经济发展和人口、资源、环境相协调的高度,坚持“适应需求、控制规模、提升素质、服务发展”的工作思路,加强动态管理,提高工作信息化、规范化水平。

加强人口规模调控。推进“以业控人”,加大低端产业和“三无”人员清理力度,减少流动人口存量。维护流动人口合法权益,开展法制、安全生产、文明素质等方面的宣传教育,落实社会保险、计划生育、卫生防疫、就业服务、子女入学等方面的政策,增强其社会归属感。加大对重点人员和房屋隐患的排查管控工作力度。

第二,解决好重点人群帮教管理问题

重点人群帮教、稳控工作抓得好不好,对于社会和谐程度具有重要意义。按照“属地管理、分类分级负责”的原则,建立健全重点人台账,完善排查稳控工作机制,最大限度地减少总量。对信访重点人,根据风险等级和风险来源,逐一落实责任单位,制定解决问题的方案,努力实现信访重点人总量大幅下降。对社区服刑人员和刑释解教人员,做好帮教安置、日常教育管理、就业指导等工作,帮助他们融入社会,防止漏管失控。对社会闲散青少年,严格管理、加强教育,通过职业技能培训、提供就业岗位解决他们的就学、就业问题,避免形成不稳定因素。

第三,解决好社会治安重点地区集中整治问题

秩序和稳定问题,已经成为影响社会和谐程度的主要因素之一。建立健全镇级联合执法工作机制,开展联合清理整治。加大对市区两级挂账重点村、治安重点地区、高发案社区的集中整治,确保了验收一次性达标。

各镇街及相关部门对城乡结合部、文化娱乐场所、大型集贸市场、流动人口聚居区等重点场所、重点部位进行梳理和排查,对高发案地区和突出治安问题,明确整治目标,实行挂牌督战。

专门机关强化对季节性犯罪、新型手段犯罪、高危人群犯罪的超前分析,对团伙性、系列性、地域性、职业性特点的多发性侵财案件,找出发案规律,跟踪观测发展动向,提高打击犯罪的“精准”性,切实增强群众安全感。

第四,解决好新社会组织和新兴媒体管理服务问题

有针对性地建立与各种新社会组织、新兴媒体活动方式相适应的管理服务模式，使其更好地服务经济发展，更好地促进社会和谐。对新社会组织，坚持培育扶持和监督管理并重的原则，进一步规范社会组织日常活动的监管，引导其发挥积极作用。对新兴媒体，坚持建设与管理并重，法律手段、行政手段、经济手段、技术手段并用。加强网络监控、侦查、封堵、引导工作，切实提高应对处置网络事件的能力。对新型犯罪，对网上诈骗、电话诈骗等新型犯罪，要敏锐反应、依法惩治、综合治理。对网络QQ群、微博及论坛的管理，着力提高发现、控制和处置能力，及时遏制不良信息的传播，确保不发生网络群体性事件。

四、全面加强政法队伍建设，提高促进社会和谐的能力

第一，着力加大“三个力度”推进党建创新，进一步发挥基层党组织战斗堡垒作用

基层党建是政法队伍建设的基础工作。坚持抓班子带队伍，抓党建促队建，不断适应政法工作科学发展的新要求。加大“学习型”机关创建力度，开展社会主义法治理念经常性教育，根除特权思想，解决好“权从何来、为谁掌权、为谁执法、如何执法”等问题。引导政法干警把社会主义法治理念转化为服务发展、促进和谐的自觉行动。开展“五百干警下基层”为民实践活动，从公、检、法、司四单位选派507名政法干警、机关干部，深入顺义区行政村和社区，协助基层调处矛盾纠纷、解答法律咨询，帮助、指导各村和社区排查化解不稳定因素，转变政法队伍工作作风，提高服务群众、公正执法的能力和水平。

第二，着力强化“五个机制”加快人才培养，进一步增强政法队伍的整体素质

强化领导干部执法办案机制、干部基层挂职和信访部门锻炼机制、领导干部交流工作机制、政法干警教育培训机制、政法干警进出口机制。严把“三个关口”，提升政法队伍整体素质。

第三，着力提供“三个保障”促发展保民生，进一步提升政法工作服务发展的水平

为保持经济更好更快发展提供法治保障。依法妥善处理各类合同纠纷、公司清算、企业破产及涉农等案件。高度重视能动司法的作用，始终把服务发展作为政法工作的第一要务，克服就案办案思想，更加注重法律效果与政治效果、社会效果的统一。

为实现人民群众根本利益提供法治保障。严厉打击损害群众利益的犯罪活动，依法打击影响农村和谐稳定、破坏农业生产发展、侵害农民合法权益的各类违法犯罪行为，保障各项惠农政策的落实。带着深厚的感情，尽可能地采取调解、和解的方法，化解劳资、债务、合同等矛盾纠纷。按照便民利民的要求，建立健全首问负责、服务承诺、办案公开、文明接待等制度，加大对弱势群体的司法救助和贫困群体的社会救助力度，真正做到司法为了群众、方便群众、服务群众。

为维护社会和谐稳定提供法治保障。坚持宽严相济的刑事政策，依法严厉打击危害国家安全、扰乱社会治安、侵害群众利益、破坏市场秩序等刑事犯罪活动。对具有法定从轻、减轻处罚情节的，依法从宽处理，做到既依法惩治犯罪，又减少社会对抗。在案结事了上下功夫，坚持“调解优先、调判结合”，将调解工作贯穿于立案、审判、执行、申诉、信访等各个环节，从根本上化解矛盾。“两法衔接”取得新进展。在全市率先建立了行政执法与刑事司法相衔接的网络信息共享平台，顺义区22家司法和行政执法单位加入“两法衔接”联席会议，切实强化了法律监督。

第四，着力完善“三个制度”改进工作作风，进一步提高执法公信力

坚持从严治警，建立健全严密、高效的内外监督制约机制，把作风建设融入到每一项具体工作中，把作风改进的成效体现在各个岗位、各个环节上，不断提高执法公信力。

完善惩治和预防腐败制度。按照《顺义区廉政风险防范管理工作实施意见》,以党风廉政建设责任制为龙头,以教育、管理、监督为基础,落实领导干部"一岗双责",健全执法管理、执法监督、执法考评体系,完善程序严谨、监督有力、制约有效、衔接紧密的政法机关惩防体系。结合思想道德风险和岗位职责风险认真查找"风险点",逐一制定防范措施,确保队伍内部不出问题。健全政法干警职业信用档案,加强对干警执法司法行为和廉政行为的管理、监督、考评,及时化解和有效防范干警在执法履职过程中的信用风险。把信用档案考评结果应用到晋职晋级、奖励惩处等工作中,完善执法监督制度,形成严格、公正、文明执法和廉洁自律的长效机制。

单位名称:顺义区委政法委员会
顺义区社会治安综合治理委员会办公室
单位地址:顺义区新顺南大街27号
电话:(010)69443181
邮编:101300

(王玉芳)

公安工作

【概　况】 2010年,顺义分局在市局党委和顺义区委、区政府的正确领导下,坚持以科学发展观为统领,以维护顺义地区稳定为中心,以"打造世界城市、创建一流警务"为目标,以"平安顺义"建设为主线,全面开展"三项重点工作",推进"三项建设"向前发展,努力践行"四减四责"理念、积极探索"创新型警务"新思路,严格按照"理性、平和、文明、规范"执法要求,统筹兼顾,不断提升执法能力和水平,以最高标准、最佳状态、最强措施,下先手棋,打主动仗,强化"主动、主责、主力、主体"意识,全力做好各项公安工作,切实为顺义区的经济发展保驾护航,有效维护了顺义区社会和谐稳定。年内,分局继续加强国保工作,进一步健全和完善了五项工作机制,有力地推进和促进了全局维稳工作的开展。分局共参与处置群体访238批7211人次,与去年同期的180批4700人次同比,批次上升32.2%,人次上升53.4%。处置工作中,治安支队及时调整工作思路,充分发挥维稳处突尖兵的作用,固化完善现有各种工作机制,营造了良好的社会秩序。全年,看守所共收押2486人(同比增加6.9%),放2537人(同比增加12.8%);深挖线索668件,从中破案355起,抓获犯罪嫌疑人71人,缴获赃款、赃物折合人民币31万元。今年,分局累计破获刑事案件4077起,同比上升10.6%,实现了年初确定的"破案总量同比保持两位数增长"的刚性目标。抓获涉案犯罪嫌疑人2539人,同比上升4.1%。全年共破获侵财类案件2475起,占破案总数的67.2%,同比上升2.8%。先后打掉68个犯罪团伙,破获系列案件211串,个案1670起,抓获各类侵财嫌疑人675人。共侦破市局督办案件2起,重特大疑难案件4起,涉众型经济犯罪案件2起。共追缴涉案钱款价值人民币5730.55万元,破案239起,刑拘122名犯罪嫌疑人。共破获各类涉毒案件40起,收缴毒品冰毒134.28克。在治安重点地区整治中,共组织各种执法力量1000余人次,开展联合执法50余次,共取缔非法游商240家,清理整治店外经营户80处,收缴盗版光盘1500余张,收缴户外广告牌35个,清理超范围经营理发店22家,引导护送流浪乞讨人员371人,查处治安违法人员治安拘留2800人,同比上升3.4%,查处案件数和查处违法人员数量创历史新高。"110"共接报刑事类警情1439件,日均接报量3.9件,低于日均6件的常量指标,同比基本持平,属良好等级;治安类警情2804件,日均7.7件，远低于日均18件的常量指标；同比下降23.2%。共编发各类《警情分析》76期、实时警情通报132篇、战果简报10余篇，协助破获“两枪”犯罪团伙4个、抓获嫌疑人7人。2010年，交通支队共查处道路交通违法行为19.9万起，其中，查处酒后驾驶981起、非司机驾驶389起、闯红灯18119起、涉牌14364起。暂扣车辆1182辆，其中暂扣大货车781辆。行政拘留498人，交通事故刑事拘留98人。有力震慑了交通违法，确保了顺义区道路交通秩序安全稳定。很抓重点监管，对1684辆私人大货车、52辆私人大客车、8辆校车、564辆危化品运输车辆严格落实“户籍化”管理制度，签订交通安全责任书，强化重点宣传与管理。下发责令限期改正通知书1642份；停车整顿单位247个，禁止机动车上路行驶1025辆；挂黄牌警告单位46个，辞退调离驾驶员46人。顺义区安监事故死亡37.5人，管界事故死亡108人，与市安委会下达的安全监管死亡控制指标41人和管界事故死亡控制指标113人比，分别少死3.5人和5人，实现顺义区安全监管和管界重大交通事故死亡“双下降”的工作目标。年内，分局完成了国际车展、燕京啤酒节、农博会、超级联盟方程式赛车等一系列大型活动安全监管工作，全局共出动警力5650人次，确保了全年22项91场次的大型活动和290万余名观众的绝对安全。在此基础上，完成区政府组织开展的各类会议、文体活动等现场秩序维护工作，确保了28项36场次4.9万余名观众的人身财产安全，没有发生拥挤踩踏、火灾事故等安全问题。分局推进“大巡警”、“大交通”工作理念，整合牵动街面机动力量。在有效整合和牵动多警种联合作战上狠下功夫，在加强动态警情监测合理指导警力安排的同时，分局勤务指挥处与巡警支队建立双向通报制度，紧紧围绕街头“三高”和治安“洼地”，牵动刑侦、交通、治安、人口开展专项设卡、集中整治活动。2010年度，共启动交通巡警联合设卡、打击查获管制刀具专项设卡等行动225次，启动机关警力上街巡逻80余次，开展“洼地”清理20余次，按照职责将各警种进行有效整合，取得良好效果。年内，分局共筛查核录数据206153条，共筛查暂住人口数据192360条，发布高危信息1775条，修改错误信息五千余条。今年以来，情报信息中心指导、协助实战单位抓获各类在逃人员339人，其中通过三级联动工作抓获在逃人员10人，次在逃人员103人，并破获了一系列如陈振宇陈俊锐系列电信诈骗案、团伙招工诈骗案等影响重大的系列刑事案件。今年，分局认真开展“二三级培训”工作，通过执法考试、电视授课等多种形式，对全局户籍、治安、巡逻、法制、消防、勤务指挥等多警种、500余人进行培训。组织三批基层领导干部、执法民警共计100余人到刑侦、预审、法制、治审进行轮岗轮训。同时，选派民警参加市局、各级政府组织的行政复议、行政执法培训，庭审观摩等活动200余人次，有效提高了民警行政执法水平。分局按照“科学预算，强化效益”的要求，科学预算日常公安保障经费，全力服务公安中心工作。全年预算经费1.78亿元。追加经费7220万元，全年实际使用经费2.5亿元，在经费投入上，重点倾斜一线实战单位。年内，分局思想政治工作紧扣“三项重点工作”，以打造“一流队伍”，争创“一流警务”为目标，深刻认识新形势、新任务对公安队伍建设提出的新要求、新挑战，准确分析把握公安队伍建设和思想政治工作中存在的突出问题和主要矛盾，积极探索队伍管理的新机制和新方法，充分发挥鼓舞士气、激励斗志、凝聚警心的作用，全面推进了各项工作的顺利开展。

（刘兴甲　王孟秋）

【启动“战时宣传机制”】 在国庆及花博会安保工作中，分局及时启动了“战时宣传机制”，成立了四个宣传报道组，深入局属37个基层单位、41个花博会主展区安保岗位、19个鲜花港安保岗位以及12个外围巡逻防控卡点进行全方位、多角度宣传报道。同时,在主网页开设了"国庆安保体验日记"、"国庆安保执勤民警访谈录"、"安保一线图片报道"、"国庆安保政工动态"、"国庆安保先锋"等五个宣传专栏,共编发信息438期,悬挂国庆安保口号横幅、标语330余条,制作各类宣传展板120余块,充分展示了公安民警在国庆和花博会安保工作中的精神风貌。

(李学军　徐福旺)

【警营文化建设】 年内,分局先后组织开展了"光明杯"乒乓球赛、"仁和杯"篮球赛、"和谐警营杯"足球赛和"女警杯"登山赛四大杯赛,积极组队参加了市政法系统运动会、市局"7人制足球比赛"、登山比赛、乒乓球比赛、"心中的颂歌"知识竞赛以及顺义区组织的春季长跑比赛、健步走比赛、拔河比赛、登山比赛等文体活动,取得了多项好成绩,各种文体活动的开展使广大民警陶冶了情操,增强了凝聚力。

(李学军　徐福旺)

【廉政教育综合平台】 分局依托纪委网站,建立廉政教育综合平台,开辟了网上廉政教育基地,开创了廉政教育工作的新模式,丰富了民警的政治思想、廉政文化、公安业务、时事政治等方面的知识,既教育了民警,又提高了素质,日点击量达1000人次以上,成为我局廉政教育工作的必备工具。

(陈海波　殷月忠)

【国庆保障安全监管任务】 国庆安保中,在以面保点的工作任务之外,分局还承担了焰火燃放、国庆游行方阵、阅兵村食品供应、彩车制作及转场护送等国庆保障的安全监管工作。焰火燃放过程中,共部署安保力量1236人,共有1.2万余名观众观看了焰火燃放,保证了焰火燃放安全有序。对国庆游行方阵,本着"贴近实战,磨合方案,严密措施,确保安全"的原则,对群众游行活动集结、行进、疏散组织方式进行会商,对分练、合练、分指合练、总指合练等地的内部环境、交通行驶路线进行实地踏勘,共部署安保力量230余人,先后完成了5次"改革开放"游行方阵集结、疏散演练及正式演出的安保任务。对阅兵村严格落实"专车运输、专人验收、专库储存、专地加工、专人制作"的"五专"工作措施,加强了参与食品供应人员身份核对、核录,确保了食品供应安全。完成了彩车制作、装饰安装及6次转场护送至朝阳体育中心的安保任务。

(肖国江　张国利)

【重点人员管控】 分局人口处从大局出发,充分发挥人口管理工作的专业优势,按照分局党委的要求,多次会同治安、国保、内保、出入境等职能部门对各系统重点人进行会商,并代局行文,制定出全局重点人员管控工作方案,使基层派出所能够对重点人员的管控措施清楚、明确。在工作中,通过狠抓"发现、评估、转化、打击、控制"五个环节,对顺义区的重点人员基础信息跨部门地综合掌握,确保重点人员"双零"指标的实现。

(刘志和)

【流动人口清整工作】 年内,分局人口处采取一系列强有力措施,使顺义区的可防性案件发案环比下降26%,同比下降85%,达到近三年最低水平。持续组织开展清整工作。人口处发挥部门牵动作用,自5月份开始,组织巡警、刑警、治安,并联合城管、工商等部门,采取多警、多部门联动的形式集中清理整治行动240余次,出动力量41520人次。落实出租房主责任,处罚出租房屋主222户。强化对高危人员的管控。共列管高危人员3495名,在管理中,人口系统通过教育挤走266人,打击处理648人,一对一控制2581人。采取有效措施,应对突出问题。自9月15日花博会安保进入实战状态以来,对旅店、车站周边及重点出租房屋持续开展清、整、查、堵等工作措施,有效地阻止了7名外地非正常上访和4名精神病人进京扰序。

(刘志和)

【国庆安保专项行动】 分局情报信息中心以

查控系统自动报警为依托,自2009年6月开始开展为期三个月的国庆安保"百日查控"专项行动,充分发挥查控系统的最大效能,加强对住店人员信息、网吧上网人员与刑侦300万前科人员、派出所工作对象、全国法轮功人员、治安重点人员信息以及"次在逃"人员等十几类信息查控报警监测。专项行动中,情报信息中心共指导基层查找失踪人员5人,处置重点精神病人6人,查获重点上访人员23人,法轮功人员18人,抓获次在逃人员31人。

(谢广秋)

【装备财务建设】 年内共投资144万余元,做好机关三个大院的物业管理、基础设施维护工作。2009年总收支经费2.29亿元,共争取超预算资金7000余万元,完成了2010年预算编报工作,完成了1.374亿元人员经费工作,通过努力,经费保障落实到位,同时,工资发放1.6亿元,住房公积金支出交纳2311万元,争取到298万元,为民警防护和车辆购置费,争取到500万元为看守所安防及电力改造款。完成了民警门诊及住院医疗费的上报及发放工作。共发放医疗费500余万元。并于6月份,组织局属单位的内勤进行系统培训,有效保证了民警医疗费的录入和上报工作。

(张树仁)

【监所规范化建设】 年内,看守所收押2325人(比去年增加24.1%)。放2249人(比去年上升15.4%),出所就医125人次,换押3652人次,提讯36251人次;接待律师627人次,问询处接待2758人次,收物室接待6864人次;办理留所服刑人员会见580人次,无一差错,确保了监所的绝对安全。召开狱情分析会49次,物建耳目384名,制作笔录15720份,确定重点管理对象17人次,采取强制措施12人次。深挖线索980件,从中破案375起,抓获犯罪嫌疑人5人,缴获赃款、赃物折合人民币1万元。

(王 军)

【拘留所硬件设施建设】 年内,拘留所共收拘3076人,(其中男2487人,女589人),月均关押量256人,日均关押量86人。月最高关押量364人,最高日关押量123人。投送劳动教养20次共48人,投送收容教育23次共82人,深挖各类违法犯罪线索28件,破案9起,刑事拘留犯罪嫌疑人1人。为确保监所安全,对所内的基础设施、生活设施、消防设施、安防设施进行了逐项检查,对发现的各类问题及隐患及时进行研究,逐项解决,积极对所内硬件设施进行改造,目前分局正在积极向区政府申请新建顺义区拘留所。

(张 勇)

【爱民实践活动】 分局交通支队以"推进规范执法、保障交通安全、促进警民和谐"为工作目标,组织开展了"大走访爱民实践活动",共走访运输企业和交通重点列管单位95个,走访机动车驾驶员1550人,走访交通事故受害人8名,回访信访投诉人12人,警民座谈会8次,征求意见、建议14条。对大走访活动征求上来的意见、建议进行了认真研究、并采取措施加以整改。收到了良好成效。

(崔学军)

【交通安全监管工作】 年内,分局以检查指导列管单位为抓手,大力加强交通安全监管,与顺义区266个列管单位分别签定了《交通安全责任书》,会同基层单位检查机动车9.1万余辆,对1581个交通违法超标单位下发了《责令限期整改通知书》,对49家交通安全隐患突出单位责令停车整顿、给予黄牌警告,对25个发生重大安全监管事故的建制村和单位重点整顿。深入企业、社区、农村等举办各类交通安全宣传2531次,发放宣传材料251660余份,组织安全培训34次,进行安全检查29926次,检查单位29315家,发现安全隐患578个,发放整改指令书578份,对95家违法超标单位责令停车整改,1217家违法超标单位发放限期整改通知书。办理驾驶证手续87833件,审验56113件,换证34482件。

(雷德勇)

【集中清理整治行动】 2月27日,分局各派出所会同区各镇流管办等职能部门对辖区重点地区开展了集中清理整治统一行动,为“两会”净化了治安环境。当日共检查出租房屋8451间,发放各类宣传材料6671份;处罚违法出租房主3人,罚款600元;审查流动人口9851人,训诫教育高危人员214人,核查录入各类信息2451条,列管高危人员214人;发现各类安全隐患51件,当场整改48件,限期整改3件;查处违法收购窝点一处;行政拘留违法人员3人;抓获黑龙江籍在逃人员1名。

(聂晓东)

【清三非、查违住专项行动】 4日至5日,分局开展了“清三非”、“查违住”专项行动,全面加强境外人员落脚点的掌控,确保“两会”期间顺义区涉外治安秩序稳定,副局长勘文亮亲临一线指挥行动。此次专项行动,共出动警力32人次,警车10辆,物业公司协助工作人员16人。发放境外人员住宿登记宣传材料1023份,检查2个园区1023家境外人员住户,共计2108名境外人员,其中发现7名境外人员未办理二次登记,4名境外人员登记信息不准确,其余人员全部落实住宿登记工作,未发现“三非”、“违住”等违法行为。

(宋学功)

【新增内保单位安全监管交接】 3月12日至19日,分局内保处完成新增直管240家内部单位治安保卫安全监管的交接工作。交接后,分局内保处直管内部单位由原来的148家(经保102家、文保46家)增加到388家(经保321家、文保67家),特别是将辖区136家金融营业网点、88家加油站、三大供热中心、三大商场、三大医院和重点院校等全部纳入了内保处直管单位。

(汤和平)

【奥林匹克水上公园开园仪式安保】 5月1日,顺义区奥林匹克水上公园举行了开园仪式,正式对中外游客开放。分局副局长崔望对开园仪式的安保工作进行了详细部署,从制定方案到每个点位的布警进行了全面安排,并亲临现场指挥。此次安保工作,分局共出动警力60人,当天水上公园共接待游客8000余名。

(肖国江)

【中美滑水明星对抗赛安保】 5月3日,分局地完成“百年牛栏山杯2009年中美滑水明星对抗赛”活动的安全监管工作任务。中美滑水明星对抗赛2日至3日在顺义奥林匹克水上公园举办。市政府、国家体育总局及区委区政府等相关单位部门领导、各届观众、新闻媒体等40000余人参加、观看赛事并进行游园活动。为完成此次安全监管任务,我局共出动警力210人次。

(张国利)

【分局勤务指挥处成立】 5月13日,分局成立勤务指挥处,共有民警16名(男14女2,第一学历大学本科3人,大专、中专或高中13人),其中主任1名,副主任2名,副科长1名。平均年龄29周岁,全部为党员。另有文职12名(男1女11),均为大专学历。

(张国利)

【打掉下毒盗犬犯罪团伙】 5月13日,分局刑侦支队在市局刑侦总队六支队、市局行动技术处的指导与大力配合下,联合分局巡警支队、治安支队、北石槽派出所,出动警力80余人,一举打掉以吴海领为首的利用剧毒氰化物下毒盗犬的犯罪团伙,直接刑拘犯罪嫌疑人6名、取保候审1名,当场查获作案用汽车3辆、氰化物毒饵成品及原料200余颗、毒饵炒制工具1套、屠狗刀8把、液化气喷灯1套等作案工具,同时起获被盗家犬11只、拴狗链148条。经突审,犯罪嫌疑人初步交代自2008年以来,在本市顺义、怀柔、朝阳、昌平、通州、密云等地作案百余起,盗窃各类家犬1000余条的犯罪事实。

(李　森)

【国际鲜花港临时警务工作站成立】 5月21日,分局国际鲜花港临时警务工作站正式揭牌成立。分局副局长庐永出席揭牌仪式,内保处、杨镇派出所、后沙峪派出所、鲜花港管委会主管领导,分局鲜花港和主展馆临时警务工作站各相关职能部门民警参加了揭牌仪式。

(王广山)

【燕京啤酒节开幕式安保任务】 6月6日,“顺义区第十八届燕京啤酒节开幕式”及“同一首歌”大型文艺演出活动在北京燕京啤酒集团公司体育场内举行。国家有关部委及市、区有关领导,新闻媒体、学生和各界群众等约11000余人参加了活动并观看了演出。我局全天共投入安保力量1486人次,其中民警376人次、保安650人次、武警460人次。当晚23时,第十八届燕京啤酒节《同一首歌》大型文艺演出活动在欢乐、热烈、祥和的气氛中结束,完成了活动的安全监管工作。

(张国利)

【花博会安保图像监控系统建设】 八月,分局完成第七届中国花卉博览会安保图像监控系统建设工作。为确保国庆和七博会安保工作顺利进行,分局信通处在充分调研安保工作需求基础上针对后沙峪花博展区周边及杨镇鲜花港周边设计了《花博会图像监控系统技术方案》,经过近30天夜以继日的紧张施工,完成系统建设工作,进入测试运行阶段。

(宋奇善)

【世界航线发展论坛龙舟赛活动安保】 9月13日,“绿色国际港杯”世界航线发展论坛龙舟赛活动,在顺义奥林匹克水上公园静水赛道上举行,顺义区政府、首都机场集团公司的有关领导、外国运动员代表、学生志愿者等参加了此次活动。分局副局长庐永亲临活动现场,检查各项安全措施的落实情况。我局共出动警力18人,协助主办单位维护现场秩序,各单位参战民警团结协作、密切配合,的完成了此次活动的现场秩序维护工作。

(孙士祥)

【菊花文化节开幕式安保工作】 9月19日,由北京市园林绿化局、顺义区人民政府主办,北京国际鲜花港承办的“2009北京菊花文化节”开幕式活动,在北京国际鲜花港举行。开幕式期间,北京市委常委、宣传部部长牛有成,副市长夏占义,市农委、园林局、农业局、文化局、旅游局、财政局、科委等部门的领导,顺义区区委书记张延昆,区长刘剑,区人大主任马庚良,区委宣传部部长杨宝华,公安分局局长李国营,副区长李友生、赵贵恒,区相关部门领导及500余名各界群众参加了开幕式活动。分局共部署安保力量289人(民警62,武警70人,消防8人,保安149人),完成开幕式活动安全监管工作。

(张国利)

【第七届中国花卉博览会开幕式安保】 9月26日,第七届中国花卉博览会开幕式在顺义主展区广场举行。中共中央政治局委员、国务院副总理、全国绿化委员会主任回良玉,中共中央政治局委员、北京市委书记刘淇,全国政协副主席罗富和,全国人大常委会原副委员长何鲁丽,国家质量监督检验检疫局长王勇,海关总署署长盛光祖,全国政协常委孙有福,中国花卉博览会组委会主任、中国花卉协会会长江泽慧和北京市领导郭金龙、杜德印、阳安江及顺义区领导张延昆、刘剑、马庚良、陶宝金等出席了开幕式。各省市花协领导及有组织观众4000余人参加了开幕式。我局完成了此次花博会开幕式的安全保卫工作。

(肖国江)

【第七届“花博会”安保】 10月9日,分局完成第七届“中国花卉博览会”安全保卫工作任务。本届花博会共设置10类安保岗位,花博会期间共投入安保力量2.4万余人次,高峰时段投入安保力量2127人(民警421人、武警280人、消防40人、保安666人、安检员720人)。花博会期间,主展区共安检观众948875人次,物品436099件,查处限带物品21290件,禁带物品98件;鲜花港共安检观众213878人次,物品103000件,查处限带物品

5203件,确保了花博会的绝对安全。

(肖国江)

【看守所监区医疗社会化正式启动】 10月28日,分局看守所监区医疗社会化工作正式启动。看守所召开会议欢迎区医院医护人员到所工作,所领导班子成员和区医院副院长王飞等出席会议。此次共有8名区医院医护人员到所内从事监所医务工作,至此顺义区看守所监区医疗社会化的工作有了实质性进展,监区医疗社会化工作正式启动。

(王军)

【领导干部竞争上岗面试工作】 12月12日,分局完成领导干部竞争上岗面试工作。此次竞争上岗,共设56个职位,其中正科职位19个、副科职位15个、警探长职位22个。通过资格审查,全局共有458人报名参加竞争上岗,其中报名正科职位的196人、副科职位的116人、警探长职位的146人。面试在顺义区第八中学进行,面试共设12个考场。分局竞争上岗工作办公室认真贯彻分局党委要求,周密组织、严格程序、坚持原则,完成了此次竞争上岗工作。

(孙久江)

检察工作

【概　况】 2010年,顺义院紧紧围绕推进"社会矛盾化解、社会管理创新、公正廉洁执法"三项重点工作,充分发挥检察职能,强化法律监督,强化自身监督,强化高素质检察队伍建设,积极服务顺义区"城乡一体化发展",为保障顺义区经济又好又快发展作出了贡献。坚持打击刑事犯罪与化解社会矛盾并重,全力维护社会和谐稳定。依法打击各类刑事犯罪,共批准逮捕670人,提起公诉1209人。积极贯彻宽严相济刑事政策,对轻微刑事案件实行快速办理机制,共办理此类案件234件,平均审限仅为12天。依法妥善处理各类矛盾纠纷,共办理群众举报、控告和申诉462件,提供法律咨询服务276件次。建立了检察长接待首办、控告申诉工作首办、办案人员首办的"三首办"责任制,与区司法局签订了《办理刑事案件检调对接机制实施办法》和《办理民事申诉案件检调对接协作机制实施办法》,努力把刑事和解、民事申诉和解、息诉罢访工作纳入社会"大调解"工作格局。坚持惩治职务犯罪与预防职务犯罪并重,全力促进反腐倡廉建设。立案查办贪污贿赂、渎职侵权案件12件13人,同比分别上升50%和62.5%。通过办案,为国家挽回经济损失380余万元。推进治理商业贿赂、人民防空工程领域等专项行动,督促区民防局追缴相关企业欠缴的易地建设费1400余万元。积极开展职务犯罪预防工作,先后在牛栏山酒厂等56家单位开展职务犯罪预防教育109次,发放宣传资料5000余份,提供法律咨询215次,为金融、建筑、食品等领域的33家企业提供了行贿档案查询服务。坚持强化诉讼监督与维护司法权威并重,全力推进公正廉洁执法。在全市率先建立了"两法衔接"网络信息共享平台,成效明显。依法追加逮捕22人、追加起诉42人;不批准逮捕154人、不起诉31人;建议侦查机关撤回案件18件;改变侦查机关定性44件,追加起诉罪名19件,追加犯罪事实68起。对认为确有错误的刑事判决提出抗诉3件7人,均获上级院支持;对认为确有错误的一审民事判决发出再审检察建议1份,提出纠正意见2次,均被区法院采纳。与法院签署了《检察长列席审委会工作意见》,实现了案件审理和审判监督的有机衔接。加强对监管活动的监督,开展各项检察560余次,提出建议24次。开展检察官约见工作,共约见49人次,为在押人员及其家属开辟"诉求绿色通道"。坚持延伸检察职能与服务城乡一体化并重，全力推进社会管理创新。制定出台了《服务城乡一体化发展的工作意见》，坚持检察长联系镇、村制度，深入顺义区19个镇与120余名镇、村干部进行了座谈，积极做好司法服务和保障。把检察职能向农村基层延伸，在区南彩镇设立首家检察官工作室，共接待来访群众21人次，进行检察职能宣传15次，与地方政府共同化解矛盾纠纷5件。选派以中层干部和业务骨干为主的40名检察官积极参与顺义区政法系统500干警下基层为民实践活动，使检察工作更加贴近群众。坚持“及时介入、全程跟进”，以走访座谈调研、编印法律手册等形式，为保障拆迁工作的顺利进行和农村两委换届选举提供法律服务。坚持加强教育管理与强化内外部监督并重，全力提升队伍整体素质。开展“保优势、找差距、进言献策、力促发展”专题活动，开展创先争优活动和“恪守检察职业道德、促进公正廉洁执法”主题实践活动，进一步增强检察人员大局意识、责任意识和履职意识。加强干部选拔任用工作，有11名干警经“空岗竞争”走上中层正、副职岗位。广泛开展教育培训、岗位练兵、业务竞赛活动，先后组织了60余次岗位技能培训，举办了14项技能比武，进一步提升了检察人员处理疑难案件和化解复杂矛盾的能力。对32名新招录人员实行业务导师培养机制，鼓励支持检察人员参加高学历教育，夯实了检察队伍专业人才基础。坚持从严治检，开展“反特权思想、反霸道作风”专项教育活动，深入推行检务督察制度，确保公正廉洁执法。年内被最高人民检察院评为“全国模范检察院”。

单位名称：北京市顺义区检察院

地址：顺义区新顺南大街19号

电话：(010)59556600

邮编：101300

（检察院）

【服务农村“两委”换届选举】 1月，顺义院采取四项措施，积极服务农村“两委”换届选举工作。成立服务农村“两委”换届选举工作领导机构，加强领导。制定工作方案，明确服务农村“两委”换届选举工作职责。建立联系机制，保障服务农村“两委”换届选举工作渠道畅通。加强宣传培训，有针对性地开展农村“两委”换届选举的职务犯罪预防工作。

（李国妍）

【张守良当选检察长】 1月13日，在顺义区人民代表大会第五次会议上，张守良代理检察长全票当选顺义区人民检察院检察长。

（陈翠）

【中层干部述职测评大会】 1月14日，顺义院各部门负责人配合多媒体演示就2009年履行工作职责情况向党组和干警述职，全院干警进行了现场测评。

（王静 顾珊珊）

【进言献策专题活动】 1月26日至28日，顺义院采取书面进言，分别召开干警代表座谈会，在局域网上开通“进言论坛”、“即时通讯(cocall)”，发放队伍建设调查问卷等形式，广纳言论，开展“保优势、找差距、进言献策、力促发展”专题活动，进一步推动各项检察工作创新发展，

（夏学民）

【村级财务审计通报制度】 2月，顺义院与区农村合作经济经营管理站建立村级财务审计工作通报制度，通过定期通报情况、交流信息、移送案件线索、开展调查研究，更好地服务区农村“两委”换届选举工作，促进新农村建设顺利进行。

（李国妍）

【市院检察长慰问干警】 2月10日，市院党组书记、检察长慕平代表市院党组看望慰问了顺义院干警冯国瑞，勉励冯国瑞战胜病痛，继续为检察工作作出新贡献。

（王 静）

【表彰业务技能竞赛获奖人员】 2月23日，顺义院对2009年度“六个三”业务竟能竞赛活动中评选出的优秀公诉人、优秀演讲能手、

优秀书记员和优秀初查报告制作者、精品案件承办人、优秀卷宗承办人进行了表彰，鼓励优秀人才成长，创造“比学习、赛水平、争一流、创佳绩”的良好氛围。

（肖东梅）

【检察工作部署会】 2月23日，顺义院召开2010年检察工作会议，进一步贯彻落实市、区政法工作会议和全市检察长会议精神，总结2009年检察工作，并对2010年检察工作进行全面部署。区委常委、政法委书记周颖博及区人大、区政协等领导和部分特约监督员参加会议。

（王　静）

【为女干警投保】 3月，顺义院组织全院女干警参加了《在职女职工特殊疾病互助保障计划》，切实关注女干警身体健康和生活。

（李宗昌）

【服务拆迁工作】 年内，顺义院以北京现代三厂占地、市重点挂帐村天竺村拆迁等为重点，坚持“及时介入、全程跟进”，以走访座谈调研、提出检察建议、开展警示教育、编印法律手册等形式，为保障拆迁工作的顺利进行提供法律服务，并撰写拆迁工作专项调研报告，引起了区领导的高度重视，区政协陶宝金主席、政法委周颖博书记及李友生副区长等领导先后对该院撰写的专项报告作出批示。

（李国妍）

【行贿犯罪档案查询热线电话】 3月22日，顺义院开通了行贿犯罪档案查询热线电话，并确定专人负责热线电话受理工作，为社会单位或个人查询行贿犯罪档案提供便利，进一步服务区域经济发展，年内，共为33家企业提供了行贿档案查询服务。

（李国妍）

【党建知识讲座】 4月2日，顺义院党组书记、检察长张守良为该院干警作了题为“深刻理解党的建设新的伟大工程”的党建知识讲座，进一步提升干警的思想政治素质。

（肖东梅）

【企业廉政风险防范动员会】 3月31日，顺义院党组成员、副检察长张宝来参加了北京现代汽车有限公司的党员廉政承诺仪式暨廉政风险防范动员大会，共“建阳光企业”。

（李国妍）

【村民赠送锦旗】 4月，顺义区村民向顺义院反贪局赠送“扶正祛邪，秉公执法”的锦旗，感谢检察机关积极查办涉农职务犯罪案件，维护国家粮食直补政策，保障了农村和谐稳定。

（冯浩然）

【为玉树地震灾区捐款】 4月16日，顺义院开展了“支援玉树抗震灾，踊跃捐款献爱心”活动，全院干警捐款共计20376元，帮助玉树地震灾区人民尽快战胜震灾，重建家园。

（王淑和）

【化解社会矛盾】 年内，顺义院采取“带案下访、联合接访、主动约访、定期回访”的“四访模式”，有针对性的结合个案逐一化解各类社会矛盾，共有70件案件得到妥善处理，维护了申诉人的合法权益和区域和谐稳定。

（张文影）

【主题实践活动】 年内，顺义院采取讲授一堂专题党课、设立一个网上论坛、举办一次青年论坛、开展一次“以案析理”、举行一系列检察文化活动、召开一次新闻发布会、组织一次知识答题测验、开展一次典型表彰活动，推动“恪守检察职业道德、促进公正廉洁执法”主题教育活动的深入发展。

（夏学民）

【《服务城乡一体化发展的工作意见》】 4月22日，顺义院制定了《顺义区人民检察院服务城乡一体化发展的工作意见》，从立足执法办案、坚持实践创新、改进执法办案方式等方面充分发挥检察职能作用，有效化解社会矛盾，积极参与社会管理，为经济社会发展和稳定大局提供强有力的司法保障。

（李连华）

【主诉检察官办案责任制】 4月22日，顺义院制定实施《主诉检察官办案责任制办法》，进一步明确主诉检察官选任的条件、办案权限、承担的责任、优先权利，以及对主诉检察官的监督考核，进一步深化主诉检察官办案责任制。

（王立德）

【首次举行检察官宣誓仪式】 5月6日，顺义院为初次担任检察官职务、检察官晋升等次的9名检察官举行了检察官宣誓仪式，进一步增强检察官的职业使命感、责任感和荣誉感，这是该院首次举行检察官宣誓仪式。

（顾珊珊）

【制定《检察长联系人大代表工作制度》】 5月21日，顺义院制定了《检察长联系人大代表工作制度》，党组成员通过采取电话、征求意见函、列席人大代表联络组会议等方式，进一步加强与区人大代表的联系，充分听取人大代表的意见和建议，更好地接受人大代表监督，不断提升为经济社会科学发展服务的能力和水平，年内，党组成员听取人大代表意见和建议30余人次。

（杨立平）

【检察长镇村行活动】 年内，顺义院党组成员深入镇村走访座谈15次，了解镇村的经济发展、社会治安状况以及对检察机关的司法需求，积极协助化解矛盾纠纷、开展预防职务犯罪工作。

（杨立平）

【区域发展情况专题讲座】 5月11日，顺义院邀请该区区委常委、常务副区长李友生为干警作区域经济发展情况专题讲座，进一步提高干警服务区域经济更好更快发展的能力和水平，推进“三项重点”工作。

（肖东梅）

【合作共建签约仪式】 5月12日，顺义院与通州院、密云院举行合作共建签约仪式，三家共建单位将以科学发展观为指导，以“互帮互助、共同发展”为宗旨，以共建促自建为目的，围绕检察中心工作，积极开展形式多样的互助活动，推动各方业务工作、队伍建设以及信息化建设等方面共同发展。市院及通州院、密云院和该院的有关领导出席签约仪式。

（王　静　夏学民）

【合作共建发展论坛】 5月12日，顺义院与通州院、密云院举办了合作共建发展论坛，论坛活动围绕检察实践中常见的“调包”类案件的司法认定问题进行了研讨。

（鞠佳佳）

【五个“注重”开展创先争优活动】 年内，顺义院采取注重抓好学习夯实基础、注重抓好落实转变作风、注重抓好重点创造经验、注重抓好考核务求实效、注重抓好组织协调推进等措施，开展创先争优活动，推动检察工作科学发展。

（夏学民）

【举办领导干部论坛】 5月24日，顺义院举办了“恪守检察职业道德、促进公正廉洁执法”主题实践活动领导干部论坛，10名部门负责人就开展主题实践活动的学习体会、经验做法进行了交流，推进主题实践活动有效开展。

（夏学民）

【服务新型农村合作医疗建设】 5月26日，顺义院与该区卫生局就推进顺义区新农合医疗领域反腐倡廉建设达成两点共识：双方就新农合领域发生的典型案例、新的规章制度进行经常性的联系沟通，共同学习，拓宽视野。及时移送新农合领域的职务犯罪案件线索检察院反贪局，对新农合制度实行过程中发现的问题及时调查研究，总结经验，寻找新的防控对策，形成查处和打击合力。

（张　霞）

【制作法律知识读本】 年内，顺义院制作了5000册《服务城乡一体化发展法律知识读本——基层篇》，并陆续发放至该区各镇村，为农村“两委”换届选举工作人员和新当选的农村“两委”班子成员学习、工作提供第一手法律参考资料。

（李国妍）

【妥善化解集体访】 年内,顺义院采取"及时接待、重点接触、教育引导、协调化解"的"四步法"方式,妥善化解集体访11批86人次,取得较好的法律效果和社会效果。

(芦　超)

【积极推动"两法衔接"工作】 年内,顺义院在该区区政府的主导下,推动出台了《顺义区行政执法与刑事司法衔接工作管理办法》等4份规范性文件,建立了22家司法和行政执法单位参加的"两法衔接"联席会议制度,在全市率先建立了"两法衔接"网络信息共享平台,并取得初步成效:共收到行政处罚案件报备2175件,建议移送公安机关立案侦查12件,批准逮捕该类犯罪案件3件4人,均已提起公诉并获法院判决。

(刘国胜)

【首个检察官工作室揭牌仪式】 6月12日,顺义院在该区南彩镇举行首个检察官工作室揭牌仪式。该区区委常委、政法委书记周颖博,及市院控告申诉检察处、南彩镇镇长张香东,南彩镇纪检书记张浩及该院党组成员、部分干警代表揭牌仪式。

(芦　超　王　静)

【"检察官工作室"网络平台】 6月12日,顺义院在首都政法网上开通"检察官工作室"网络平台。该网络平台主要包括"化解矛盾促和谐、服务社会求创新、公正执法为群众、理论探索、以案析理"等栏目,旨在以成立"检察官工作室"为切入点,充分发挥互联网开放、透明、即时等特点,充分整合宣传资源,提升检察机关服务发展、促进和谐、保障民生的能力,不断增强检察机关执法透明度和公信力。

(夏学民)

【"举报宣传周"活动】 6月21日至25日,顺义院围绕"依靠群众、反腐倡廉、服务大局"的主题,以发表一次专题电视讲话、做好一次上门答复举报人工作、开展一次法制宣讲、举行一次在线广播宣传、举办一次设点专题宣传展览、开展一次检察长接待日专题活动的"六个一"的形式,积极开展"举报宣传周"活动,向进一步扩大举报工作社会影响,激发广大群众支持和参与反腐败斗争的热情。

(芦　超　王旭东)

【庆祝建党89周年】 6月25日,顺义院召开庆祝建党89周年表彰大会,对评选出的"群众心目中的好党员"、先进党支部、优秀党务工作者和优秀党员的进行表彰,营造积极向上、敢为人先的良好氛围,推进创先争优活动开展。6月,顺义院开展了重温入党誓词、"唱红歌、颂祖国"、主题党日、检察官宣誓等系列活动,纪念建党89周年。

(夏学民)

【捐献活动】 6月28日,顺义院开展了"共产党员献爱心"捐赠活动,党员及群众共捐款18540元,为该区助老、助残、助学事业奉献一份爱心。

(夏学民)

【检察干警下基层活动】 6月30日,顺义院部署"检察干警下基层"活动,党组书记、检察长张守良向下基层的干警代表发放了《工作日志》、《民情日记》记录本并提出了希望和要求,下基层检察干警代表郭旭强宣读了倡议书,40名检察干警将分别联系该区的20个社区和20个村,了解反馈社情民意、排查化解矛盾纠纷、参与社会事务管理、协助开展治安防范。

(王淑和)

【领导干部素能培训】 7月1日至3日,顺义院以参观《没有共产党就没有新中国》词曲创作地、重温入党誓词、举办科学管理论坛、观看"学习型组织与组织科学管理"讲座等形式,开展了领导干部素能培训,进一步提升领导干部的科学决策与管理能力。该院党组成员、内设机构负责人、专职党支部书记、处长助理参加了培训。

(肖东梅)

【轻刑快审工作】 年内,顺义院采取成立轻刑快审案件办案组、组织召开公检法联席会议、与先期试点院的沟通交流等形式,积极开展轻刑快审工作,全年轻刑快审案件提起公诉234件,平均审限为12天。

(王立德)

【干部选拔任用工作】 5月,市委组织部对顺义院2006年5月以来《党政领导选拔干部任用条例》、《关于深入整治用人上不正之风进一步提高选人用人公信度的意见》等文件贯彻执行情况,以及干部选拔任用工作“四项监督制度”学习宣传情况进行检查后给予高度评价,称该院此项工作为“严格履行程序上的典范”。2006年5月以来,该院干警对“本院党组干部选拔任用工作”满意、基本满意度和对“新选拔干部工作”满意度,对党组“深化干部人事制度改革”满意、基本满意度均为100%,对“本单位整治用人不正之风工作”满意、基本满意度为98.12%。

(顾珊珊)

【区人大视察检察工作】 7月22日,顺义区人大常委会主任马庚良,区人大常委会副主任贾春林、冯庆森,区人大常委会内司委主任王世明等领导到顺义院视察,听取该院渎职侵权检察工作情况汇报,并提出希望和要求。

(屠 威)

【预防职务犯罪宣传教育】 年内,顺义院积极开展预防职务犯罪宣传教育活动,先后为区地税局、城管监察大队等56家单位,以及该区区委党校处级领导干部培训班、青年后备干部培训班、农村优秀青年干部培训班,开展预防教育109次,发放宣传资料5000余份,提供法律咨询215次,参与人员7600余人次。

(李国妍)

【制作《顺义区行刑衔接工作手册》】 7月,由顺义区区委常委、常务副区长李友生和顺义院党组书记、检察长张守良任主编的《北京市顺义区行刑衔接工作手册》印制完成,该手册包括政府文件、相关依据、罪名和司法解释、软件操作指南四个方面内容,行刑衔接机制建设步入了规范化和制度化的轨道。

(刘国胜)

【职务犯罪预警预测案件补录】 7月,顺义院完成了职务犯罪预警预测案件补录工作,合计录入职务犯罪案件78件、案件卷宗470余册。

(李国妍)

【“感悟·成长”先进事迹报告会】 8月3日,顺义院邀请东城区检察院控告申诉检察处段勇、政治处刘洋作先进事迹报告,大力弘扬新时代检察官高尚的职业道德情操,铸造“忠诚”品格,营造“学典型、悟真谛、促发展”的浓厚氛围,推进“创先争优”活动。

(肖东梅)

【与新任副处级中层干部集体谈话】 8月3日,顺义院党组书记、检察长张守良与12名新任实职副处级中层干部集体谈话,要求大家要增强责任意识,不断提升检察工作水平;坚持勤检敬业,带好队伍,为推进三项重点工作和各项检察工作提供有力保障;严格遵守廉洁自律的规定,不断增强廉洁自律意识,促进公正廉洁执法。

(王淑和)

【法制讲座】 8月4日,顺义院党组成员、副检察长田向红为该区236名新任职农村“两委”干部作了题为《做人民公仆,远离职务犯罪,为新农村建设作贡献》的法制讲座。

(范光奇)

【新录用人员岗前培训】 8月2日至5日,顺义院采取“参观式、讲授式、交流式、展示式”形式,对32名新录用人员进行了岗前培训,加强新录用人员的思想理念教育,促使新录用人员全面了解检察各项工作职责,掌握相关业务知识和技能。

(肖东梅)

【新建检务接待大厅投入使用】 8月,顺义院建筑面积240平米的新建检务接待大厅正式投入使用。新建检务接待大厅与办公楼分区设置,内设检察长接待室、处长接待室、法律咨询室、秘密接待室、司法警察值班室、来访接待室、候谈大厅、安检室,同时配备安装安检、同步录音录像、电子显示屏、触摸屏、饮水机、卫生间,为来访群众创造了良好的接待环境。

(芦　超)

【司法警察编队管理】　8月,顺义院配齐配强司法警察队伍,将履行司法警察工作职责的5名司法警察统一归编到法警部门,将不履行司法警察工作职责担任驾驶员工作的司法警察归编到其他部门,并补充了2名法律专业的大学毕业生,其中1名为女性司法警察,实现了司法警察编队管理,同时改善了司法警察队伍的年龄、学历结构。

(马德刚　肖东梅)

【预防职务犯罪联席会议制度】　8月26日,顺义院与该区卫生局、药监分局召开顺义区医药卫生系统预防职务犯罪联席会议动员会,正式建立顺义区医药卫生系统预防职务犯罪联席会议制度。市卫生局纪检组组长何群、区卫生局局长单德智、该院副检察长张宝来、反贪局局长邢文生、区药监分局纪检组组长李利民等领导出席动员会。

(杨立平)

【预防职务犯罪工作制度】　9月2日,顺义院与北京住房公积金管理中心顺义管理部签订了《"手拉手"预防职务犯罪工作制度》,双方通过就信息定期通报、职务犯罪案件线索移送查处、法制宣传和警示教育、提出职务犯罪防范建议四项工作达成了共识,积极开展预防住房公积金领域职务犯罪工作。

(杨立平)

【签订检察长列席审判委员会工作意见】　9月8日,顺义院与区法院签订了《检察长列席审判委员会工作意见》,从列席人员范围、列席案件类别、列席工作任务、列席工作程序四个方面明确了检察长列席审委会工作的相关要求,进一步规范了检察长列席审委会工作。

(鞠佳佳　宋　鹏)

【组织特约监督员参观展览】　9月27日,顺义院组织该院聘请的特约监督员到中国人民革命军事博物馆,参观了"法治与责任—全国检察机关惩治和预防渎职侵权犯罪展览",使监督员们更加了解检察工作,更好地履行监督职责。

(胡古月)

【法律适用研讨会】　9月8日,顺义院与区法院、区公安分局共同举办了"关于侵财案件既未遂法律适用研讨会",统一执法标准,节约诉讼资源。公检法分管领导及部分业务骨干参加了研讨会。

(任巍巍　宋　鹏)

【登山比赛活动】　10月14日,顺义院工会和团支部在怀柔区圣泉山联合组织了"模拟长征路"登山比赛活动,丰富干警的业余文体生活,近百名干警参加了比赛。

(王　静)

【与通州院开展公诉辩论赛】　10月21日,顺义院与通州院共同开展了公诉辩论赛,锻炼队伍,提高公诉业务水平。市院党组成员、副检察长方工等领导出席辩论赛。全国十佳公诉人、东城院研究室主任游小琴、该院挂职副检察长于志刚等对辩论赛作了点评。

(胡古月)

【业务技能竞赛】　年内,顺义院分别举办了优秀公诉人、书记员,公文写作、英语等14项技能竞赛和岗位练兵活动,进一步加强队伍的业务能力建设。

(王淑和)

【专题讲座】　11月11日,顺义院挂职副检察长于志刚,为该院干警作了题为"传统犯罪的网络异化及处置"专题讲座,使干警了解了传统犯罪网络异化的"助推力量"和真正背景、传统犯罪的犯罪构成要件的网络异化及反思、传统犯罪社会危害性的网络异化、传统犯罪网络异化的基本刑事立法对策、信息时代刑法解释面临的任务和挑战、应对传统犯罪网络异化的主要途径等,为干警应对新形势下网络犯罪案件的查办能力,提供了较强的理论指导和帮助作用。

（夏学民）

【检调对接工作】 11月9日和11日，顺义院与该区司法局分别签订了《关于办理民事申诉案件检调对接协作机制实施办法》、《关于办理刑事案件检调对接机制实施办法》，明确检调对接的任务和要求，大力开展检调对接工作，节约司法资源、提高诉讼效率，切实维护当事人的合法权益。

（张艳凤　王有凯）

【民事申诉案件检察和解工作】 11月9日，顺义院制定了《民事申诉案件检察和解机制实施办法》，从案件范围、启动渠道、操作程序、和解结果等方面对民事申诉案件中的检察和解工作予以规范。

（叶　红）

【购置电子物证和心理测试检验鉴定设备】 11月，顺义院 分别购置了电子物证取证分析设备和心理测试分析仪，进一步加强检务保障，促进检察业务工作高效开展。

（安剑峰）

【检察官走进中国政法大学授课】 9月8日至11月17日，顺义院组织选派了7名检察官先后走进中国政法大学，为该校本科在校学生讲授刑法案例研习课程，继续推进检察人才培养，深化检学共建工作。

（王淑和）

【主题演讲比赛】 11月24日，顺义院举办了“公仆心·检察情”主题演讲比赛，11名参赛干警围绕推进“恪守检察职业道德、促进公正廉洁执法”主题实践活动和“两反”专项教育活动中的真实人物、事件和案例，结合税成康同志的先进事迹，从不同角度抒发自己对检察职业的热爱，展现检察官忠诚、公正、清廉、文明的职业操守。

（王　静）

【考核软件投入使用】 年内，顺义院与紫光华宇软件公司合作开发了新版目标量化考核系统软件并投入使用。该系统主要包括考核内容填写、考核维护以及查看历次考核结果等功能，详实反映考核工作情况，并可通过查询历次考核结果进行工作情况对比。

（安剑峰）

【主题检察开放日活动】 12月7日，顺义院采取以参观检务接待室讲检察职能，观看院史宣传展板、专题片展示工作成果，举行专题座谈会倾听群众意见和建议的方式，开展了“共谋发展、深化服务”主题检察开放日活动，进一步深化检务公开，增强检察工作的社会透明度。

（付　蕾）

【区、镇两级人大代表观摩庭审】 12月8日，顺义院邀请区、镇两级10余名人大代表观摩了公诉人出庭的一起毒品犯罪案件的庭审，使人大代表对检察工作有更加直观的了解，更好地监督检察工作。

（郭旭强　张文影）

【电子物证与心理测试技术应用专项培训】 11月29日至12月3日，顺义院开展了电子物证和心理测试应用专项技能培训，加强和规范电子物证及心理测试技术在办案中的应用，促进办案效率的提升。

（安剑峰）

【联合召开检察工作情况通报会】 12月16日，市检察院、顺义院联合组织召开2010年检察机关工作情况通报会，向市、区人大代表和特约监督员通报检察工作情况，广泛听取意见和建议。市院党组副书记、副检察长高保京，区人大主任马庚良，区人大副主任贾春林，副区长赵贵恒出席会议。

（胡古月）

【表彰奖励举报有功单位和个人】 12月13日，顺义院召开了奖励举报有功单位(个人)表彰会，对2家实名举报单位和2名举报有功个人进行了奖励，激励人民群众的举报热情，鼓励群众积极主动提供贪污贿赂、渎职侵权犯罪线索。

（刘芳）

【人民防空工程领域专项工作】 年内,顺义院积极开展人民防空工程建设领域渎职犯罪专项行动,审查易地建设项目125项,重点抽查了36项民防建设、验收、易地建设费收取等情况,督促该区民防局追缴相关企业易地建设费1400余万元,切实推动了民防资金管理规范化,取得了良好的社会效果。

(王　楠)

审判工作

【概　况】 2010年,顺义区法院充分发挥审判职能作用,为区域经济平稳较快发展、城乡一体化推进提供了有力的司法保障和法律服务。全年共受理各类案件19015件,办结19142件(含旧存),解决争议标的额14.6亿元,同比分别上升1.9%、4.5%和21.3%。其中,审结刑事案件946件,民事案件12420件,行政案件96件,审查非诉执行案件8件,办结执行案件5652件,执结标的总金额7.1亿元。该院着力创新审判管理,全面提高司法能力,为区域经济社会发展营造和谐稳定的法治环境。贯彻落实宽严相济刑事政策,将维护首都和顺义区安全稳定作为刑事审判首要任务,有效打击犯罪,增强群众安全感;妥善审理民商事纠纷,保障民生促进发展,积极化解社会生活和经济运行过程中产生的各类矛盾;发挥行政审判职能,构建和谐行政关系;创新加强执行工作,努力实现胜诉当事人合法权益;全力化解信访案件,维护社会和谐稳定;积极延伸审判职能,推进社会管理创新;以提高司法能力为基础,加强领导班子和队伍建设,推进公正廉洁执法。年内荣获"北京市信访排查调处工作先进集体"等集体荣誉18项,个人荣誉17项。

单位名称:北京市顺义区人民区法院
地址:北京市顺义区府前东街
电话:(010)69444921
邮编:101300

(于洪群)

【妥善执结农民工集体讨薪案】 1月4日,执结一起涉及31名农民工、涉案金额18万元的欠薪案件。

(于洪群)

【双向联动解纷机制】 1月6日,杨镇法庭与辖区司法所建立"双向联动解纷机制",加强民调建设,共同开展信访稳控工作。

(于洪群)

【制定《保险索赔告知书》】 2月1日,制定并向当事人发放《保险索赔告知书》,拓宽司法便民渠道。

(于洪群)

【召开总结表彰大会】 2月5日,召开全院总结表彰会,总结2009年工作,表彰先进集体及个人,部署2010年工作。

(于洪群)

【巡回审判与网络直播同步开展】 3月3日,杨镇法庭现场开庭,首次实现巡回审判与网络直播同步开展。

(于洪群)

【健康知识讲座】 3月3日,举办庆"三八"关爱女性智慧养生知识讲座。

(于洪群)

【举行新任助理审判员任命仪式】 3月5日,举行2010年助理审判员任命仪式。

(于洪群)

【大型法制维权宣传活动】 3月11日,联合区司法局、区妇联、杨镇镇政府开展大型法制维权宣传活动。

(于洪群)

【积极参与辖区综合治理】 3月16日,民二庭、牛栏山法庭与牛栏山镇政府共同参加31名村民索要口粮田案件协调联席会,得到镇政府的感谢和好评。

(于洪群)

【签订信访工作责任书】 3月18日，郭铁相院长与各部门负责人签订2010年信访工作责任书。

（于洪群）

【涉农纠纷联席会】 3月30日，参加顺义区涉农纠纷联席会议，加强部门间信息沟通和对接，保护农民利益。

（于洪群）

【“普法宣讲团”活动】 3月31日，龚东升副院长做客顺义区委党校，与顺义区处级干部座谈交流法律问题，开讲“普法宣讲团”第一课。

（于洪群）

【义务植树活动】 4月3日，在纪检组长李存海带队下，该院干警参加了第二十六个首都全民义务植树日活动。

（于洪群）

【制定《关于完善院、庭长接访制度的意见》】 4月8日，制定出台《关于完善院、庭长接访制度的意见》进一步规范院、庭长接待制度。

（于洪群）

【制定世博会期间维稳方案】 4月12日，制定方案，结合实际进行具体部署，努力做好世博期间涉诉信访维稳工作。

（于洪群）

【最高院领导及200余名法院院长参观考察】 4月15日，最高法院、国家法院学院领导及参加基层法院院长培训班的200余名法院院长到该院参观考察。

（于洪群）

【启动与交通队互动机制】 4月20日，民三庭与顺义公路局交通支队正式启动互动机制。规范执法尺度，最大限度保障当事人权益，减少涉诉信访。

（于洪群）

【调研宣传论文会议】 4月20日，召开2010年调研宣传论文会议，总结上一年度工作，对2010年调研宣传工作提出明确要求。

（于洪群）

【邀请妇联干部旁听案件】 4月22日，邀请南彩、北务、李遂三镇妇联干部旁听一起承揽合同纠纷案，以案普法。

（于洪群）

【拓展“三点一线”劳动争议化解机制】 4月28日，联合二中院、区劳动争议仲裁委员会、区工会等多家单位举行普法宣传活动，拓展“三点一线”劳动争议化解机制。

（于洪群）

【预防物流类纠纷】 4月29日，制作并发放《物流类纠纷调查问卷》，让当事人通过填写问卷清醒认识不当行为，预防纠纷发生。

（于洪群）

【新闻媒体座谈会】 4月30日，邀请多家媒体召开新闻媒体座谈会，提高法制宣传工作水平。

（于洪群）

【法院开放日活动】 5月4日，举行主题为“开放交流 共促和谐”的法院开放日活动。

（于洪群）

【制作交费路线告知书】 5月6日，李遂法庭制作交费路线告知书，为当事人交费指明路线，方便当事人诉讼。

（于洪群）

【“万件案件评查”情况通报】 5月14日，邀请区人大代表、政协委员、特邀监督员、律师等参加“万件案件评查”情况通报会，接受社会监督。

（于洪群）

【创刊《物流类纠纷实务指导》】 5月20日，创刊并向空港物流基地企业发放《物流类纠纷实务指导》，服务辖区经济建设。

（于洪群）

【青少年法制教育】 5月24日，刑庭干警应邀赴顺义五中为全校1400余名学生进行法律常识知识授课，加强对青少年的法制教育。

（于洪群）

【平民调解制度论证会】 5月27日，举行平民调解制度论证会，人民法院报理论部主任、中国人民大学法学院教授应邀参加。

（于洪群）

【设立假日法庭】 5月30日，李遂法庭开启“假日法庭”，合理统筹法官与当事人时间，为当事人提供便捷诉讼服务。

（于洪群）

【信息培训会】 6月1日，邀请市高级法院研究室信息组长对专、兼职信息员进行专项培训。

（于洪群）

【在押人员暂停或委托行使选举权利工作】 6月7日前，对2名被告人暂停行使选举权，对在押的具有本市户口的26人准予行使选举权，并办理相关手续，保障选举工作顺利开展。

（于洪群）

【诉前调解双轨机制】 6月11日，后沙峪法庭联系所辖5个乡镇及空港街道办事处，建立诉前调解双轨机制。

（于洪群）

【“三级联动”机制研讨会】 6月12日，牛栏山法庭与辖区内各镇司法所、各村人民调解组织召开构建“三级联动”机制研讨会。

（于洪群）

【主题演讲比赛】 6月25日，举行“我心中的共产党员”主题演讲比赛。

（于洪群）

【献爱心活动】 6月25日，开展“共产党员献爱心”捐款活动，共募集爱心捐款24300元。（于洪群）

【“顺法大讲坛”进企业活动】 7月2日，以“顺法大讲坛”为载体，到空港物流园开展普法宣传活动。

（于洪群）

【监外执行专项检查】 7月5日，区法院、检察院、公安局、司法局组成联合检查小组，对顺义区监外执行罪犯管理教育情况进行为期11天的专项检查。

（于洪群）

【首次尝试规范化量刑】 7月5日，《人民日报》以《北京顺义法院规范裁量权，‘加减乘除’算刑期》为题报道了该院首次尝试规范化量刑活动。

（于洪群）

【“五月鲜花”文艺汇演】 7月5日，参加2010年区政法系统“五月鲜花”文艺汇演。

（于洪群）

【与区部分企业工作人员进行座谈】 7月9日，以“普法讲师团”为载体，就企业合同管理及法律风险防范问题，与顺义区部分企业相关工作人员进行座谈。

（于洪群）

【专题介绍平民调解机制】 7月12日，杨镇法庭在全市派出法庭庭长轮训班上就平民调解机制作专题介绍，得到与会人员好评。

（于洪群）

【公检法联席会】 7月13日，区法院、检察院、公安局召开联席会议，就如何依法有效开展快速办理轻微刑事案件交流意见。

（于洪群）

【根据“调警令”完成任务】 7月14日，接到市高院“调警令”后，迅速部署，按时出警，完成保障最高院工作秩序任务。

（于洪群）

【法制夏令营活动】 7月14日，与北京市第二儿童福利院共同开展为期一个半月的暑期法制夏令营活动。

（于洪群）

【与区公安分局会商安全保卫工作】 7月15日，与区公安分局共同会商机关安全保卫工作。

（于洪群）

【邀请交通警察旁听肇事案件审理】 7月21日，邀请顺义交通支队交警旁听一起交通肇事案件庭审，并与交警就交通事故处理过程中应注意的问题进行交流。

（于洪群）

【行政执法联席会扩大会议】 7月23日，与区政府法制办召开2010年度行政法律事务联席会扩大会议。

（于洪群）

【百名干警下基层】 7月，开展百名干警下基层活动，院领导及法官深入联系镇、村，了解社情民意，参与社会管理。

（于洪群）

【分段集约执行工作机制】 7月，制定《执行实施流程管理细则(试行)》，建立分段集约执行工作新模式。

（于洪群）

【成立诉前调解小组】 8月5日，立案庭诉前调解小组正式成立，旨在缓解诉讼压力、提高司法效率。

（于洪群）

【部署社会满意度测评工作】 8月9日，召开党组会对市政法委第六次北京市政法机关社会满意度测评工作进行部署。

（于洪群）

【正式成立执行局】 8月10日，顺义法院执行局正式成立。

（于洪群）

【青龙满族自治县法院来院交流】 8月11日，河北省秦皇岛市青龙满族自治县法院来顺义法院就制度建设、诉前调解等工作进行座谈交流。

（于洪群）

【成立天竺村拆迁临时法庭】 8月20日，于正在拆迁的天竺村设立天竺村拆迁临时法庭，司法便民。

（于洪群）

【普法培训】 9月6日，应区经济和信息化委员会邀请，对辖区内企业进行《合同法》普法培训，收到良好效果。

（于洪群）

【调研非监禁刑审访体现实施情况】 9月7日，走访马坡司法所调研非监禁刑审访体系实施情况，为进一步完善该体系奠定基础。

（于洪群）

【举行检察长列席审委会会签仪式】 9月8日，与区检察院举行《关于检察长列席审判委员会会议的意见》会签仪式。

（于洪群）

【市、区人大代表旁听案件审理】 9月15日，市、区部分人大代表旁听了郑进智副院长开庭审理的两起劳动争议案件，并与该院就劳动争议案件审判工作进行座谈。

（于洪群）

【平民调解得到特别关注】 9月20日，区电视台《是非方圆》栏目走进杨镇法庭就平民调解工作进行专题采访。

（于洪群）

【召开交通事故损害赔偿调解工作座谈会】 9月20日，与北京市保监局、市保险业协会等单位就交通事故损害赔偿调解工作举行座谈。

（于洪群）

【庆国庆升旗仪式】 10月8日，隆重举行庆国庆全体干警升旗仪式，增强干警使命感和责任感。

（于洪群）

【介绍劳动争议调解工作经验】 10月12日，龚东升副院长代表该院在北京市劳动争议调解工作现场会上作经验介绍。

（于洪群）

【网络直播突破200期】 10月18日，公开审理的一起刑事案件是该院开展网络直播工作以来的第200期，该院仅用十个月时间实现了第二个100期的跨越。

（于洪群）

【与区公安分局启动联合告知制度】 11月10日，与区公安分局交通支队举行联合告知制度启动仪式。

（于洪群）

【纪检组长作专题党课讲座】 11月12日，党组成员、纪检组长李存海为全院干警讲了一堂生动的廉政教育党课。

（于洪群）

【开展12.4大型普法宣传活动】 12月1日,在区普法办、司法局的协调下,与区有关部门在南彩镇联合开展一次大型法制宣传活动。

(于洪群)

【首次使用“涉诉未成年人救助基金”】 12月6日,在全市法院首次使用“涉诉未成年人救助基金”,救助未成年被告人。

(于洪群)

【与区直机关青年干部座谈】 12月27日,龚东升副院长做客区委党校,与区直机关青年干部就小产权房和农村土地法律问题进行座谈。

(于洪群)

【制定权利兑现风险告知工作管理规定】 12月,制定《权利兑现风险告知工作管理规定》,规范风险告知制度,制作完善28种告知书,全年发放各类告知书3.2万份。

(于洪群)

司法工作

【概　况】 2010年,顺义区司法局在区委区政府的坚强领导下,在北京市司法局的有力指导下,紧密结合工作实际,积极整合司法行政资源,充分发挥法制宣传、法律服务和法律保障作用,扎实推进政法机关“三项重点工作”,努力创新社会管理与服务,高标准完成了全年工作任务。召开了“五五”普法总结验收誓师大会,部署总结验收自查和迎检工作,完成“五五”普法验收工作,全年共开展法制讲座572场、法制文艺演出320场、大型宣传活动260场、解答法律咨询6827人次。完善了人民调解与行政调解、司法调解衔接机制,人民调解与行政调解相衔接,区公安分局成立22个“人民调解与治安调解联合接待室”,聘请了治安调解员44名,会同区总工会、区人力社保局、区信访办、区法院建立劳动争议“五方协调联动机制”,进一步推动劳动争议预防、调解制度的全面实施。人民调解与司法调解相衔接,与区法院建立了“人民调解进立案庭”工作机制,将矛盾纠纷化解在立案阶段;与区检察院研究建立检调对接机制,共同化解涉检矛盾纠纷,最大限度地做好息诉稳定工作,顺义区各级调解组织调解矛盾纠纷12767件,调解成功12256件,调解成功率96%。扎实推进阳光中途之家建设,完善基础设施、规章制度建设,强化对社区服刑人员和帮教安置人员中重点人员的监控,确保了重要节日、重大活动的安全稳定,共有社区服刑人员和帮教安置人员2873人,其中社区服刑人员423人,帮教安置人员2450人。完善律师管理体制,建立了行政管理、行业管理和党建管理三位一体管理机制,成功举办了第一届北京市顺义区律师代表大会,选举产生了第一届律师协会领导机构。全年律师办理各类案件1627件。公证处办结国内民事公证1386件,国内经济公证253件,涉外公证777件。受理法律援助案件1391件,解答法律咨询6778人次。

单位名称:顺义区司法局
地址:顺义区光明南街18号
电话:(010)69443840
邮编:101300
网址:http://www.sifj.bjshy.gov.cn

(齐艳平)

【法制教育巡回展】 1月29日上午,顺义区委政法委、区法制宣传教育领导小组办公室、区司法局在石园街道办事处北三社区举行“打击防范涉众型经济犯罪法制教育巡回展”启动仪式。区委政法委,公、检、法、司等单位领导以及社区居民400余人参加了本次活动。活动现场共解答法律咨询100余人次,发放《常见诈骗案例解读及防骗秘笈》、《法制宣传系列连环画》等普法手册300余本,送出法制年画、普法挂历等“法制年货”1000余份，受到社区居民的普遍欢迎。

（齐艳平）

【法律援助】 年内，共组织参与宣传活动6次，发放宣传资料10000余份，接待来访1829人，为妇女、未成年人代理法律援助案件224件，解答法律咨询5114件。

（齐艳平）

【党风廉政建设】 为认真学习贯彻区党风廉政建设工作会议精神，扎实做好新年度党风廉政建设工作，司法局党组高度重视，紧密结合工作实际，严格按照区委、纪委的要求，认真组织学习贯彻，精心筹划2010年党风廉政建设工作。及时召开专题会议，分步组织传达学习。3月10日上午，局召开党组会议，专题传达学习区党风廉政建设工作会议精神，研究制定新年度做好党风廉政建设工作的办法和措施。同时组织召开科以上干部会，进一步统一思想，明确要求。严格落实“党风廉政建设责任制”，逐级签订责任书。组织科以上干部逐级签订责任书40份，形成了一级对一级负责的党风廉政建设责任体系。建立健全组织机构，切实加强组织领导。按照区委《关于加强廉政风险防范科学化精细化管理的实施意见》和区纪委监察局《关于开展“十廉”活动，全面深化廉政文化建设的实施意见》要求，局成立了廉政风险防范管理工作领导小组和办公室，加强对党风廉政建设工作的组织领导。注重搞好结合渗透，认真制定实施方案。依据区《2010年党风廉政建设和反腐败工作意见》的具体要求，突出廉政风险防范科学化精细化管理和深化廉政文化建设，注重结合渗透，研究制定了《司法局2010年党风廉政建设工作实施方案》。? 通过学习贯彻，加深了对做好党风廉政建设工作重要性必要性的认识，明确了工作目标，增强了以改革创新精神扎实推进反腐倡廉建设的自觉性，为开创司法行政工作的新局面奠定了坚实的基础，提供了有力的政治和纪律保证。

（齐艳平）

【主题教育活动动员会】 4月20日，按照市司法局的统一部署，召开了“顺义区公证队伍恪守职业道德，维护公证公信”主题教育活动动员会，传达学习了北京市司法局关于《北京市公证队伍恪守职业道德？维护公证公信主题教育活动方案》，全面部署了顺义区主题教育活动工作安排。司法局副局长刘志刚代表局党组对本次活动提出了“真学、真查、真改”六字要求，认真找差距，切实解决问题，促使公证工作再上新台阶。

（齐艳平）

【法制宣传咨询周】 5月8日上午，顺义区法制宣传咨询周活动启动仪式在马坡镇庙卷村隆重举行。区司法局、马坡镇政府相关领导出席活动现场，律师、普法宣传员及当地村民等千余人参加了本次活动。启动仪式现场，来自青天律师事务所等10家律师事务所的律师身披“律师普法志愿者”绶带，设立咨询服务台，针对农民群众关心征地拆迁、劳动争议、婚姻家庭、房屋买卖等热点问题提供法律咨询，向群众发放《常见诈骗案例解读及防骗秘笈》、《顺义区以案说法100例》等普法材料，并适时地宣传相关法律法规知识。据统计，此项活动共散发宣传材料4000余份，提供法律咨询300余人次。

（齐艳平）

【“五五”普法总结会】 5月26日，顺义区召开“五五”普法总结验收誓师大会，全面贯彻落实北京市法制宣传教育领导小组全体成员会议精神，并对“五五”普法总结验收工作进行安排部署。北京市司法局副局长吴庆宝、北京市司法局法宣处副处长高屹、顺义区委常委、政法委书记、区委法制宣传教育领导小组组长周颖博，区人大副主任贾春林，副区长赵贵恒、区政协副主席王玉奇等领导出席了会议，区委法制宣传教育领导小组成员单位及各镇（街道）主管法制宣传教育副职领导共计100余人参加了会议。北京市司法局吴庆宝副局长对顺义区“五五”普法以来取得的成效给予了充分肯定,并就今年法制宣传工作提出了具体要求。

(齐艳平)

【公证管理经验交流会】 5月28日,北京市司法局公管处、北京市公证协会、平谷区司法局相关领导以及部分兄弟区县公证处主任莅临顺义区司法局进行检查指导公证工作。本次检查共抽查了北京市龙诚公证处卷宗档案45本,检查组成员对北京市龙诚公证处的工作给予了充分的肯定,认为卷宗总体上制作规范,申请表、制式笔录、告知单完整齐全。同时,检查组成员也提出了宝贵的意见和建议,对公证管理干部质检技能进行了实训,从查卷方法、重点查看内容等方面进行了详细讲解。同时,平谷区司法局同顺义区司法局就公证管理工作也进行了经验交流,双方表示今后将进一步加强沟通,共同做好公证管理、服务工作。

(齐艳平)

【第一届北京市顺义区律师代表大会】 6月19日,第一届北京市顺义区律师代表大会在顺义区财会培训中心隆重召开,标志着顺义区律师协会正式成立。市司法局局长于泓源,副局级领导、市律师协会党委常务副书记李公田,顺义区委常委、区政法委书记周颖博,副区长赵贵恒,顺义区司法局局长闻广平,市律师协会副会长张小炜,秘书长李冰如,副秘书长王笑娟出席了大会。顺义区区委政法委、法院、区国安办、社工委等15个部门领导应邀参加了会议。顺义区30名律师代表参加了大会,会议审议通过了《北京市顺义区律师协会章程》和协会理事、监事、会长、副会长、监事长选举办法,并选举产生了第一届北京市顺义区律师协会理事7名、监事3名、会长1名、副会长2名、监事长1名。北京市青天律师事务所主任刘晓波当选为会长,北京市扶正律师事务所主任夏日星当选为监事长,公律科长张青义同志被聘为秘书长。

(齐艳平)

【市法制宣传检查考核组检查验收】 6月29日,北京市法制宣传教育检查组莅临顺义区检查验收“五五”普法工作。北京市政府副秘书长、市法制宣传教育领导小组办公室主任周正宇带队检查,顺义区委书记张延昆,区委常委、政法委书记周颖博、区人大副主任贾春林、区政府副区长赵贵恒等领导陪同检查。检查组一行先后听取了顺义区“五五”普法工作情况报告,观看了工作专题片和成果展,实地检查了顺义区马坡镇石家营村普法宣传工作开展情况。市、区领导对顺义区“五五”普法工作给予了高度肯定。

(齐艳平)

【家庭法律知识大赛】 8月4日,由顺义区委法制宣传教育领导小组、区委宣传部、区司法局、区教委、区妇联、区文明办、区广电中心联合举办的北京市“小手拉大手”家庭法律知识竞赛决赛在顺义区仁和镇多功能厅举行。来自北小营镇、旺泉街道等地的六组家庭代表队进行现场角逐。顺义区司法局局长闻广平,北京市司法局法宣处副处长高屹出席活动并致辞,各镇街道法制宣传主管领导、司法所长及社区群众等200余人现场观看比赛。经过紧张激烈的竞答,空港街道代表队夺得了一等奖,双丰街道、旺泉街道代表队获得二等奖,南法信镇、北小营镇和光明街道代表队获三等奖。总分前两名的空港街道、双丰街道两个家庭将代表顺义区参加北京市复赛。

(齐艳平)

【律师事务所党建联络员制度】 按照北京市司法局的统一部署,顺义区司法局十家律师事务所与十家司法所建立了党建联络员制度。党建联络员照片、职务、联系方式及工作职责均在律师事务所和对应司法所上墙公示。党建联络员的职责主要是:承担传达党的路线、方针、政策;协助律师事务所开展党建工作；为律师事务所开展业务搭建平台；及时向上级党组织汇报律师事务所党支部工作情况等职责。党建联络员制度的全面落实，进一步促进了律师行业党建工作的开展。

（齐艳平）

【人民调解进立案庭工作座谈会】 根据"北京市人民调解进立案庭工作现场会"精神以及《关于规范"人民调解进立案庭"工作的若干意见（试行）》精神，9月8日下午，顺义区司法局与顺义区法院联合召开"人民调解进立案庭"工作座谈会。区司法局局长闻广平、副局长周海英，区法院副院长王东志、立案庭庭长乔江海等同志参加了会议，明确了双方的职责，建立联席机制以及工作规则等内容，为该项工作的顺利开展奠定基础。

（齐艳平）

【征文活动】 在北京市法制宣传教育领导小组办公室和北京支部生活杂志社联合主办的《我与"五五"普法》征文活动中，顺义区法宣办、区司法局广泛动员顺义区社会各界踊跃投稿，取得优异成绩。顺义区司法局荣获优秀组织奖。报送的征文作品经北京市评审委员会评定，顺义区石园小学撰写《案例：咱俩的秘密》获得一等奖，顺义区旺泉街道办事处撰写《浅谈外来务工人员的普法对策和措施》等3篇作品获得二等奖，顺义区市政管委撰写《落实"五五"普法规划 服务科学发展》获得三等奖。我局在全市开展的"充分发挥司法行政职能，推进三项重点工作"征文活动中取得优异成绩，获得组织奖。闻广平局长撰写的《关于建立"四位一体"人民调解综合考评机制的探索》一文获得一等奖，法律援助中心常佳同志撰写的《对人民调解效力的再思考》一文获得三等奖。

（齐艳平）

【500干警下基层】 为深入贯彻落实区委政法委组织开展的"五百干警下基层"为民实践活动，推进社会矛盾纠纷化解、社会管理创新、公正廉洁执法三项重点工作，充分发挥司法行政机关在平安顺义建设中的重要作用，9月14日，顺义区司法局组织部分干警在仁和镇司法所召开"500干警下基层"为民实践活动工作交流会。活动开展两个多月以来，我局选派的60名干警在保证本职工作正常开展的前提下，结合自身职能优势，一方面为村民提供法律服务，开展法制宣传教育活动，解答法律咨询，切实解决实际困难；另一方面为村"两委"出谋划策，积极参与村务管理，不断增强农村"两委"班子的执政能力。截至14日，下基层干警协助、参与调处矛盾纠纷256件，解答法律咨询596人次，接待上访群众157人次，其中包括一起历时7年之久的上访案件，开展法制宣传教育活动28次，张贴法制宣传挂图180张，受教育群众6000余人。

（齐艳平）

【律师协会法律业务培训班】 9月18日，法律业务培训班正式启动，顺义区司法局及律师协会的相关领导出席了启动仪式，顺义区60余名律师参加了培训。北京市律师协会副会长周塞军从非诉讼业务的开展及律师事务所的管理两大方面为顺义区广大律师做了深入细致的讲解。本次活动进一步提高了广大律师的业务水平和综合素质以及律师事务所的管理能力。

（齐艳平）

【市领导视察指导】 9月28日，市司法局副巡视员马捷同志率基层处处长石光春、矫正帮教处有关同志，来到北小营司法所检查指导工作。检查组一行分别听取了区司法局主管领导和北小营司法所所长关于国庆期间安全稳控工作情况的汇报。马捷同志对司法所国庆期间安全工作的落实情况给予了高度肯定，并就基层"两类"人员安全排查、落实制度、帮扶救助、重点人管控等问题，要求各基层司法所要结合司法行政职能，强化排查工作，积极依靠地方党委、政府支持，解决在"两类"人员管理中遇到的难点问题，保证节日期间社会的安全稳定。

(齐艳平)

【北京市劳动争议调解工作现场会】 10月12日下午,北京市劳动争议调解工作现场会在顺义宾馆举行。北京市劳动争议调处工作领导小组组长、市总工会党组书记、副主席韩子荣,顺义区委常委、组织部长雷显武和顺义区总工会主席刘永发等领导出席会议,各区县司法局、工会、信访办、人保局主管领导和顺义区基层司法所长参加会议。会上,顺义区司法局周海英副局长介绍了我局参与劳动争议调解工作的主要做法和取得的成绩。顺义区劳动争议调处中心自成立以来,值班律师累计受理劳动争议调解案件1633件,成功1380件,挽回当事人经济损失3556万元。年内,各镇、街道调解组织累计排查各类劳动争议案件104件,调解成功96件,调解成功率达92.3%。

(齐艳平)

【"12.4"法制宣传日】 12月1日上午,顺义区普法办、区司法局联合区农委、人力社保局、交通局、安监局、公路分局、检察院、法院、城管大队等20家单位以"弘扬法治精神,促进社会和谐"为主题在南彩镇采风广场开展大型法制宣传活动。顺义区委常委、政法委书记周颖博,区政协副主席王玉奇、区委政法委副书记王金广等领导亲临活动现场并向群众发放宣传材料。活动当日,共展出普法展板80块、发放各种宣传品和普法资料1万余份、解答法律咨询达200余人次,取得了良好的法制宣传效果。

(齐艳平)

【主题活动演讲比赛】 12月16日,顺义区司法局"法律援助便民服务"主题活动演讲比赛完成。此次活动历时1个多月,从顺义区10个律师事务所、25个司法所评选出仁和镇司法所、曹志勇律师事务所等10个单位参加决赛。北京市司法局党委副书记、副局长郑振远,市司法局基层处处长石光春,市司法局法律援助工作处副处长任彦超,市法律援助中心主任王学法、副主任张斌莅临决赛现场,并为获奖选手和单位进行颁奖。市局党委副书记、副局长郑振远同志做了重要讲话,对本次比赛给予了充分的肯定。

(齐艳平)

【律师队伍警示教育工作】 北京市司法局从今年3月开始在全市律师队伍中开展警示教育工作,引导广大律师从李庄案件中切实汲取教训,着力解决在律师执业监督管理方面存在的突出问题,确保律师队伍的健康发展。截至12月底,顺利完成了动员部署、学习讨论、整改提高、总结验收四个阶段的工作任务。

(齐艳平)

军　　事

人民武装

【概　况】 2010年,顺义区武装工作在卫戍区党委和区委、区政府的正确领导下,以邓小平理论和"三个代表"重要思想为指导,深入学习实践科学发展观,坚决贯彻北京卫戍区和区委、区政府的决策部署,以打造"特别忠诚、特别过硬、特别稳定"的国防后备力量队伍为目标,以思想政治建设、特点规律研究、民兵军事训练和双拥共建工作为重点,团结拼搏、狠抓落实、开拓进取,完成了各项工作任务,党委班子凝聚力创造力战斗力进一步增强,争创"全国双拥模范城"工作取得阶段性成果,国防后备力量建设有了新的发展和进步,基本达到了卫戍区党委和区委、区政府的各项工作要求。

地址:顺义区光明南街16号

电话:(010)69444421

邮编:101300

(徐长华)

【思想政治建设】 组织党委机关和全区专武干部认真学习了科学发展观、十七届五中全会精神和胡主席关于国防和军队建设的一系列重要论述。上半年,采取理论学习、组织研讨、大会交流等形式,在党委机关开展了"四个正确对待"、"学法规、用法规、守法规"和"崇尚学习、增强党性"专题教育,组织党委机关认真学习了房司令、郑司令、高政委到我部调研时的讲话精神;下半年,着重抓了新《条令》、《政工条例》的学习贯彻和十七届五中全会精神的学习,进一步坚定了干部职工的政治信念,强化了干部职工的学习意识,端正了目标追求,振奋了精神,为推动各项工作落实起到了积极的作用。结合整组和民兵高炮分队训练,在民兵中开展了宣读民兵誓词、学唱民兵之歌、学习民兵宗旨等政治教育,进一步强化了干部职工、专武干部和广大民兵的政治信念,坚定了民兵勇于献身和敢打必胜的勇气和决心,为推动各项工作落实起到积极作用。

(徐长华)

【民兵组织整顿】 年内,顺义区武装部在全区25个镇、街道办事处,10个委、办、局进行了民兵整组。达到了兵员分布合理、数据资料真实、各级组织健全、专业对口率高的要求。2月下旬开始,党委机关围绕"如何适应顺义安保需要,科学合理编好四种队伍"的议题,深入到各编兵单位进行调研,主动听取基层武装部的意见和建议,拟制了"以区属大中型企业和涉顺重点部位周边镇村为重点的整组调整方案"。3月中旬,组织召开了"顺义区民兵整组工作布署会"。5月上旬,卫戍区对顺义区民兵组织整顿工作进行了点验检查,并给予了充分肯定。

(徐长华)

【民兵高炮分队专业训练】 年内,顺义区武装部组织龙湾屯镇、高丽营镇、张镇等10家单位150名民兵进行了民兵高炮分队专业训练,着重抓了单个炮手操作、班协同操作、连指挥协同等几个训练环节。采取分训与集训与结合的方法组织了民兵应急分队训练。通过训练,民兵高炮分队协同作战的水平和民兵应急分队应急作战的能力得到显著提升。

(徐长华)

【双拥工作】 年内,顺义区相继出台了新的《退役军人安置暂行办法》和《随军家属安置暂行办法》。进一步提高了自谋职业士官和城镇户口退役士兵的就业补助。补助费由原来的每人3.5万元提高到从第三年兵龄开始,每增加一年兵龄,补助费增加2000元。协调召开了党委常委议军会,确定了为驻顺部队办实事方案,全年共拿出资金800多万元,为驻顺部队解决了10个方面的困难。其中拿出资金20万元慰问了卫戍区机关朱日河驻训官兵,拿出资金200万元慰问了警卫三师和炮团驻训部队。协调驻顺部队参加了"全国双拥模范区"争创活动,对照《争创实施细则》对全区双拥工作影像资料、历史材料、文件档案进行了分类归档和梳理分析,在迎接北京市检查评比中获得好评。驻顺部队积极参加驻地新农村建设、环境整治和绿化美化活动,全年共整治路边沟渠86公里,清运垃圾615车,义务植树1563棵。武警十支队,空军第四训练基地等部队担负了燕京啤酒节、第二届北京端午节、龙舟竞赛、燕京歌唱部落等大型活动的安保和摄制任务,保证了顺义区各种大型活动的顺利进行。

(徐长华)

【征兵工作任务】 完成了兵役登记工作。利用电台、电视台、《顺义时讯》、《顺义网城》等宣传媒体,在全区广泛进行了征兵宣传,进一步增强了适龄青年参军报国的积极性。在全区进行了优秀现役军人评选表彰活动,全区共评选表彰了40名优秀现役军人,每人给予了2000元的奖励。狠抓了廉洁征兵工作。严把了体检、政审关,全区共淘汰体检、政审不合格适龄青年380多名,确保了兵员质量,完成了北京市赋予的征集任务。

(徐长华)

【基地正规化建设】 根据卫戍区统一部署,顺义区武装部自筹资金39万元,对民兵武器装备仓库安防设施进行了升级改造,全面提高了安全防范能力。完成了民兵训练和驻顺部队实弹射击保障任务,未出任何问题。协调资金2000多万元,修建了11800平米的学生军训宿舍楼和配属楼,新宿舍楼能同时满足3500人学习、训练和生活,进一步拓展民兵训练基地使用功能。

(徐长华)

【学生军训】 年内,顺义区积极贯彻上级有关学生军训会议精神,认真落实通知要求,以北京市学生军训规定为依据,以提高学生德、智、体综合素质为核心,认真开展了学生军训和国防教育工作。全区6所高校全部开展学生军训,参训学生4049人。为了提高参训学生的安全意识,防止意外事故的发生,确保学生军训安全、顺利进行,各学校制定了安全工作预案。全区学生受到了军事理论与实践的教育,学生的国防观念普遍增强,整体素质明显提高。

(徐长华)

【干部职工管理】 年内,对部里干部、职工工作岗位进行了调整,使人员分工更趋合理、岗位设置更趋完善。在重大节日、敏感时期和战备时期,对弹药库职工和重要涉密人员进行了思想政治审查,进一步摸清了重要岗位人员的思想状况,确保了队伍思想沌洁,政治可靠。为正式职工办理了工资调整,所有在编职工由事业工资调整为行政工勤工资,进一步激发了职工工作积极性。

(徐长华)

【全民国防教育】 在9月18日——我国第十个全民国防教育日期间,在全区进行了国防教育宣传活动,武装部机关参与了南法信镇、后沙峪镇宣传站的宣传。全区共张贴《2010年度全民国防教育宣传画》1200余份、建立宣传站28个、发放宣传单和宣传品2800余张、悬挂横(条)幅39条,通过宣传活动,激发了全区广大居民热爱祖国、热爱社会主义的热情,使广大居民国防意识和国防观念明显增强。协调区电台、电视台、《顺义时讯》等新闻媒体,远赴四川、重庆等地采访了顺义籍战士,制作了电视专题片《军旗下的顺义儿女》、专题广播《顺义儿女在军营》和顺义官兵光荣事迹专版,节目播出和杂志报道后,在社会上产生了良好的影响。

(徐长华)

【部队建设特点规律研究实践】 年内,顺义区武装部党委坚持把研究部队建设特点规律,当成提升党委机关决策指导水平,增强工作的前瞻性、预见性、科学性,更好推动部队建设科学发展的重要任务来抓,多次召开党委会研究探讨国防后备力量建设特点规律。为防止"空对空"、做学术文章,武装部党委分成两个调研组分赴基层党委政府、驻顺部队、基层武装部实施调研,广泛听取意见建议,明确了六个调研重点,各党委成员分别结合各自分管的工作,深入实际、深入一线搞调查,完成了调研任务。

(徐长华)

【"十项治理"活动】 依据卫戍区《"十项治理"实施细则》,顺义区武装部对人、车、枪、弹、密等安全情况进行了全面清查,根据清查出的问题,制定了《顺义区人武部整改措施》。投资18000多元购买了计算机相关干扰器、碎纸机、灭火器等相关设备。对计算机存放跨年度文件、复印文件资料登记不及时等问题进行了纠正。达到了涉密人员责任心强、保密设备完善、涉密文件载体管理有序的目的和要求。清理整治活动进一步规范了机关行为,提高了防范能力,确保了“完成任务,不出问题”。

(徐长华)

【廉洁征兵工作】 利用征兵业务人员培训,传达学习了总部、军区和卫戍区领导关于抓好廉洁征兵工作的讲话精神,教育征兵工作人员自重、自警、自醒、自律。制作了《廉洁征兵监督卡》,适龄青年上站前每人一张,适龄青年可以随时根据监督卡上的举报电话反映情况。利用电台、电视台向社会公众公布了市、区二级举报电话,对全区政审初审和体检合格人员进行了公示,主动接受群众监督。

(徐长华)

人民防空

【概　况】 2010年是“十一五”规划的最后一年,也是谋划“十二五”规划的关键之年,顺义区民防局紧紧围绕顺义区的中心工作,坚持依法行政,服务基层,做到工作有计划,结果有落实,继续开创民防工作新局面。

单位名称:顺义区民防局

地址:顺义区府前中街3号(顺义宾馆院内西侧)

电话:(010)69443202

邮编:101300

网址:http://www.renfang.bjshy.gov.cn/

(周涵钰)

【应急保障工作】 加强对区基本指挥所的维护管理工作,保障应急指挥功能完好。完成了高点监控及中央空调的维护维修工作,各部件运转正常。完成了154短波电台天线的改造工作,并配备了电脑及短波图传所需的专用设备,参与了全市民防系统为期30天的短波通信训练。年初,按照施工验收标准,逐项对中心进行了验收,设备运行良好,各项工作指标正常,指挥大厅内视频会议系统与区应急办、区指挥所联络畅通。同时,区应急办、红十字会以及地震局等单位领导及工作人员参观指导,提出了建设性意见。加强与区应急办和区公安分局沟通协调,反复操作演练,提高应急能力,完成了市区两级交给的应急任务。今年以来,在全国“两会”、北京国际车展大型活动以及重要节假日期间,共备勤40天。进入汛期以来,按照区里有关单位要求,指挥车处于备勤状态。同时,为了更好的应对突发灾害事故,在唐指山水库、史家口桥进行了实地演练。按照市民防局年度工作安排,结合顺义区整体城建规划,我局又新安装了两台防空袭警报器;为了保障顺义区防空袭警报器100%的统控鸣响率,我局积极行动,更换了终端电池2块,增装配电箱2个,顺利完成了巡检工作。目前,区内所有警报器终端运行正常。今年,利用一处社区人防工程建设1000平方米的应急物资储备库,装修改造工作已完成,应急救援物资已填充到位。

(周涵钰)

【人防工程建设】 坚持依法行政原则,狠抓工程建设,全面提升城市防护能力。在对人防工程进行建设和改造、使用审批时,按照规定的流程严格把关,依法审批,无低标准审批、超时限审批和越权审批情况。在巩固2007年、2008年、2009年人防工程普查和维护管理专项工作成果的基础上,本着“治理一部分、清理一部分、维护好大部分工程”的原则,1－9月份对8个公用人防工程进行了维修和治理,于十一月中旬进行全面验收,达到了正常使用的目标。目前,顺义区共有人防工程使用率为48%,其中利用2处公用人防工程建成应急物资储备库,并配备了相应的应急物资,便于平时应急抢险;利用2处公用人防工程建成镇级指挥、宣传、教育培训中心;用于车库工程18处,为社区解决了3027

个地下停车位;用于物业办公及员工居住工程14处;用于仓库、自行车库等其他工程19处。在满足战备功能的同时,平时的社会效应和经济效应逐渐显现。加强管理和监督,全面提升在用地下人防工程的安全管理水平。结合顺义区人防工程使用管理现状,人防工程使用管理单位分类分级管理实行动态管理,人防工程安全使用分类分级管理实行每年评定一次,新开发利用的人防工程再投入使用后1个月内转换评定标准。结合区人防工程分类分级管理办法,突出以下重点:以人防工程消防安全为重点;以早期工程拆除安全为重点;以人防工程防汛为重点;以人防工程内有限空间作业为重点;五是以在用人防工程,尤其是人员密集场所为重点。局领导多次对重点工程进行抽查,执法人员对辖区内工程进行拉网式严格排查,共出动236人次,检查人防工程134处。下发《责令限期改正通知书》9份,共发现灭火器过期、疏散通道不畅等安全隐患22项,目前已全部整改完毕。把早期工程的安全作为监管重点,全方位进行防控。做好太平拆迁安全工作;确保安全度汛;加强有限空间作业管理。围绕消防安全"防火墙"工程,加强人防工程消防安全管理。成立了领导小组,结合顺义区实际情况,研究制定火灾隐患排查、整治工作方案,明确工作重点和工作目标,并组织抓好落实,取得了很好的效果。

(周涵钰)

【宣传教育培训建设】 借助大型活动,提高广大市民公共安全意识。3月1日"国际民防日"及5月12日是"防灾减灾日"社会宣传活动,活动共设置公共安全知识展板40块,悬挂条幅标语20余条,发放公共安全知识材料5000余份,广大市民争相参观。10月31日是新中国人民防空60周年纪念日,开展了一系列庆祝活动。一是积极参加市局举办的知识竞猜等相关活动,二是邀请离退休老干部进行座谈,回顾历史,畅谈未来;三是在焦庄户民防宣传教育基地悬挂庆祝条幅,发放宣传材料,开展宣教活动;四是利用10个社区和3个街心公园宣传栏,开展"人民防空创立60周年"专刊的宣传。联合区委组织部、安监局、应急办、在区党校处级领导干部培训班安排公共安全与应急指挥相关课程;联合区红十字会,对谁去居民开展了红十字会健康活动。今年选取重点街道、镇组建共计10支的志愿者队伍,并在小型社区建设应急物资库。10月份召开队伍成立大会,同时进行了公共安全及自救互救知识的培训工作。利用民防及社会资源,定期宣传防空防灾知识。利用焦庄户地道战遗址"民防宣传教育基地"进行宣传,截止9月底,共有约60000人次参观并受教育;利用10个社区及3个街心公园的户外宣传栏,在第一、二季度分别展出了"国际民防日"、"地震来了怎么办?"两期专刊;在"防空防灾信息网"开辟了防空防灾知识专栏。

(周涵钰)

双拥工作

【概　况】 2010年,在区委、区政府的正确领导下,在市双拥办的大力支持下,顺义区双拥办认真贯彻党的十七届四中、五中全会精神,全面落实科学发展观,以促进驻军现代化建设为目标,开展创建全国双拥模范城活动,加强领导,开拓创新,加大调研力度,积极落实政策,各项工作进展顺利,并取得一定突破,进一步巩固了"同呼吸、共命运、心连心"的军政军民关系。

单位名称:顺义区双拥办公室

地址:顺义区石园北区东侧

电话:(010)69433708

邮编:101300

(张文玺)

【“全国双拥模范城”争创工作】　全国双拥模范城四年一届,顺义区自2007年荣获二连冠之后,不断加大投入,巩固发展双拥成果,力争全国双拥模范城“三连冠”。在各级领导的支持下,双拥办积极协调各相关部门,抽调人员组建了争创办公室。投资400余万元,实施“一、十、百、千”工程,整修国防教育一条街,设立十块宣传牌,设置百个灯箱,悬挂千幅彩旗,广泛宣传,营造全社会关心双拥、支持双拥、参与双拥的浓厚氛围,引导顺义区军民牢固树立国防观念、民族自豪感和双拥意识,积极投身双拥创建活动。经过4个月的全面筹备,将顺义区2007年至2010年的双拥工作成果进行细致的梳理和总结。于8月份顺利通过了市双拥领导小组的检查,并得到充分肯定。

(张文玺)

【为部队办实事工程】　关心国防、支持部队建设是顺义的优良传统。多年来,区委、区政府始终高度重视为部队办实事工程,对于部队建设中遇到的问题百分之百予以解决。2010年是争创“全国双拥模范城”的关键时期,在实地调研的基础上,确定办实事项目,落实责任单位,政府加大投入力度,共计出资880万元,帮助驻顺部队解决了基础设施、体育文化设施、营区环境等几个方面存在的实际困难,使驻顺部队达到办公条件一流、生活设施齐全、营区环境优美、文体设施配套,为官兵训练生活提供了良好环境,实现了支持部队建设动真情、办实事、求实效。完成了“十一五”期间的规定目标。为解决部队乘车难问题,双拥办、外联办、交通局协调骏马公司多次来到大孙各庄镇进行实地考察,具体了解部队的需求和道路实际情况。结合部队门口道路狭窄、弯路较多等特点,骏马公司采取增设临时车站的方式解决部队出行乘车难问题,方便全体官兵出行,体现了区委区政府对驻顺部队的关爱。

(张文玺)

【两节慰问工作】　春节和“八一”期间,区相关领导、双拥办带着区委、区政府的深情厚意把总价值63万元的食品和电脑等用品送进了军营。表达了党和政府、顺义人民对子弟兵的深切祝愿和关爱,受到了部队官兵热烈欢迎。

(张文玺)

【士兵学历培训工作】　根据《关于在驻顺部队战士中开办文化学习班的通知》(顺拥〔2008〕2号)精神,为帮助部队战士提高文化层次,营造浓厚的学习氛围,创建学习型军营,双拥办协调北京农业广播电视学校顺义分校定期开办军地两用人才中专班。2010年,共有168名现役士兵参加学习,涉及专业包括计算机、企业管理、法律、会计等。

(张文玺)

【随军家属安置调研工作】　顺义区委、区政府始终高度重视随军家属安置工作,加大安置力度,促进随军家属就业。组建由区武装部、区人保局、区民政局和区财政局组成随军家属安置工作协调领导小组,结合本区实际,经过多次共同研究,形成了顺义区随军家属安置工作的具体意见,明确了促进随军家属就业安置市场化的工作思路,即在加强培训的基础上,采取择优安置、推荐就业、自谋职业相结合的方式,促进随军家属就业。为进一步做好随军家属安置工作,严格审核随军家属入京手续,对符合本区安置条件的248名随军家属初步摸排其选择的安置方式和就业意愿,为今后的安置工作奠定基础。

(张文玺)

【退役士兵安置工作】　2010年1月,顺义区出台了《顺义区退役士兵安置暂行办法》。新《办法》有效消除了退役士兵安置工作中的城乡差别,在全市率先实现了自谋职业补助、技能培训和待安置期间生活补助费城乡一体化,并明确了退役士兵待岗期间生活补助费。

得到了市级领导的高度评价,并在全市进行推广。2010年顺义区共接收退役士兵270人,其中城镇退伍义务兵174人,农村退伍义务兵69人,转业士官25人,复员士官2人。城镇退役士兵应安置199人,通过深入宣传讲解政策,其中148人选择了自谋职业,占应安置总数的74%,同比提高了4个百分点。为城镇籍退役士兵发放自谋职业补助费520万元,69名农村籍退役士兵全部选择自谋职业,发放补助费252万元,总计支出809万元。选择政府安置的50人,全部安置到区属25家企事业单位,安置率保持100%。

(张文玺)

综合经济管理

发展与改革

综　　述

2010年,顺义区上下深入实践科学发展观,坚决贯彻落实各项宏观调控政策,着力稳增长、惠民生,加强经济社会运行监测预警力度,各项年度指标任务执行有力,有效保障了"十一五"规划目标提前或超额完成。

一、经济快速健康发展,综合实力不断增强

坚持高端、高效、高辐射力发展,全年主要经济指标完成良好。地区生产总值完成867.9亿元,同比增长25.7%;产业结构不断优化,三次产业比重达到2.6:43:54.4。属地财税收入完279.8亿元,同比增长27.9%;地方财政一般预算收入完成58.4亿元,同比增长21.4%。全社会固定资产投资完成413.7亿元,同比增长20.3%。

产业结构调整不断深入。服务业现代化、高端化发展趋向明显。以航空物流、国际会展等为特色的现代服务业发展迅猛,举办国际汽车展等大型展会15次。金融产业快速集聚,金融业态日益丰富,杭州银行、光大银行、新韩银行、民生证券等20家金融机构入区发展,工银金融租赁公司落户天竺综保区。文化创意产业加快发展,广告会展、设计创意等行业优势不断巩固。旅游业发展良好,奥林匹克水上公园成功通过国家旅游局4A级景区验收。房地产、商业服务业等传统服务业进一步优化。制造业快速发展。围绕首都现代制造业基地建设,坚持"园区化、规模化、特色化、集群化、品牌化"发展,工业经济继续保持两位数增长,完成工业总产值1851.6亿元,同比增长21.4%。农业产业化、规模化程度提高。成功创建全国首批"现代农业示范区",举办第七届农博会和郁金香、菊花文化节。出台《关于扶持绿色农产品加工产业发展的指导意见》,推进了农产品深精加工。

经济功能区建设提速。临空经济区辐射带动作用进一步增强,天竺综保区建设成效明显,管理办法正式实施,海关、检验检疫监管设施投入使用,口岸操作区全面运营,实现了"港区联动"发展,新引进默克、瑞威等46

家企业。空港开发区启动了与木林镇的合作开发;林河开发区四、五期土地一级开发完成;汽车生产基地与杨镇、赵全营镇合作共建不断深化;物流基地一期剩余土地开发进展顺利;临空国际产业基地规划范围土地性质调整基本完成;板桥创意天承产业基地一期400亩土地成功上市;国门商务区土地一级开发加快推进。各镇二三产业基地发展加快,与重点功能区之间呈现出关联并进、优势互补、协同发展的良好局面。

重大产业项目建设成效显著。北广科技正式运营,宝德阳一期竣工投产,数码视讯建设加快。北京汽车产业研发基地、国家汽车质量监督检验中心建设进展顺利;北京现代三工厂、北京自主品牌乘用车基地开工建设。国家地理信息科技产业园顺利落户,首批25家地理信息企业入园发展。中航工业北京航空产业园建设推进顺利,发动机一期工程启动建设,技术基础院、系统产业园、国际工贸园、物流板块等手续办理加快推进,海航集团综合配套基地、中国民航三大中心相继落户。中航信产业园开工建设,中国航天科工北京航天产业园即将入区。

自主创新能力持续增强。新认定国家级高新技术企业10家,市级以上企业技术中心3家,新发展市级研发机构2家。知识产权服务与管理进一步加强,申请专利476件,授权专利327件。扎实推进"百家创新型科技企业培育计划",10家企业顺利通过了科技部审批。成功争创中国驰名商标2件、北京著名商标1件,新增注册商标1431件,荣膺全国商标战略实施示范区。

二、改革开放迈出坚实步伐,发展活力持续增强

重点领域改革推进。融资渠道进一步拓宽。充分发挥融资担保领导小组的职能,积极向市政府争取投融资平台补助资金,提高了平台的融资能力。搭建了"银保企"合作平台,北京临空创业投资公司正式运营。成功发行了全国首期"北京市顺义区中小企业集合票据",融资2.65亿元。国资中心成功发行了"10顺国资债",募集资金25亿元,融资模式逐步向多元化、市场化、国际化、社会化发展。企业上市工作取得新进展。北京嘉寓门窗幕墙股份有限公司成功上市,首发募集资金7.28亿元,成为顺义区首家在创业板上市的企业。朗姿服装、康特电子、曲美家具、江河幕墙、升华电梯和绿友机械6家企业进入实质运作阶段;顺美服装、美驰门窗、金路易食品、北冶中心、全富木业和亿都川服装6家企业正在进行上市前期准备工作。医疗体制改革稳步推进。与市政府签订的《深化医药卫生体制改革2010年任务责任书》中确定的6大项(26小项)改革任务完成,为全面完成北京市确定的"推进发展、提高效率、减轻负担、促进健康"改革目标打下了坚实基础。农村改革不断强化,89个村集体经济产权制度改革工作顺利完成,集体林权制度改革完成主体任务,完成土地流转16614亩。

对外开放不断扩大。开放型经济发展水平显著提高,完成出口交货额309.6亿元,实际利用外资4亿美元。积极参加京港洽谈会、文博会、金博会、科博会等活动,特别是京港洽谈会顺义专场推介成效显著,共签约项目24个,协议投资额78.9亿美元,顺义区优越的发展环境得到了充分展示。

三、"十二五"规划编制完成,描绘了未来五年宏伟蓝图

规划编制工作扎实有序。对"十一五"规划执行情况进行了评估,完成了规划重大前期课题研究,为规划编制提供了重要的参考依据。组织开展了"公众建言十二五,共话顺义新蓝图"建言活动,全面征求了社会各界意见,凝聚了民智,体现了民意;主动加强了规划衔接,全面筛选了重大建设项目,保证了规划目标思路的统一,提升了规划执行的可操作性。

编制成果丰硕喜人。完成了1个总体规

划纲要、4个重点专项规划和32个一般专项规划的文本编制。进一步强化了规划纲要的战略性、指导性和政策性，强化了专项规划的空间约束功能和指导专业领域发展、项目建设、投资安排的功能，为政府履行职责，编制实施年度目标任务和制定各项政策措施提供了规划依据。

规划蓝图提振人心。立足北京建设中国特色世界城市，规划纲要提出了"打造临空经济区，建设世界空港城"的目标和"国际枢纽空港、高端产业新城、和谐宜居家园"的发展定位，提出了要以城市化和城市现代化为引领，以保障和改善民生为重点，将顺义打造成为北京东北部中心城市。目标定位符合实际、鼓舞人心，集中体现了区委、区政府的战略意图和鲜明的顺义特色。

单位名称：顺义区发展和改革委员会
地址：顺义区府前中街3号
电话：(010)69441363
邮编：101300
网址：http://www.shyjw.gov.cn

（发改委）

国有资产监督管理

综　述

2010年，顺义区国资委规范贯彻落实《中华人民共和国企业国有资产法》，紧密围绕顺义区域经济社会发展的大局，认真履行职责，积极探索国资监管工作的有效途径，进一步完善国资监管制度建设，抓住国有资产运营的关键环节，加强产权管理、重大投资管理、经济合同管理等国有资产基础管理工作，实现了国资监管工作依法、依规、有序向前推进。国资委系统企业奋发有为、开拓创新，积极参与顺义区重大项目和重点工程建设，在区域经济建设中发挥了重要作用，经济总量和质量都有明显提升，保持了国有经济平稳健康发展，实现了国有资产保值增值。

二、国有资产总量与结构分析

（一）监管企业主要经济指标完成情况。

截至2010年末，国资委系统企业资产总额383.1亿元，同比增长16.3%，是十一五初期的两倍；所有者权益124.8亿元，同比增长9.3%，比十一五初期增长了60%，国有资产保值增值率达到109%。完成销售收入315.6亿元，同比增长6.7%，比十一五初期增长了两倍多；实现利润24.7亿元，同比增长1.9%；上缴税金38.3亿元，同比增长9.8%。利润、税金两项均比十一五初期增长了近四倍。

按行业分布：

工业企业10家，资产总额265.2亿元；建筑业企业4家，资产总额17.5亿元；批发零售业企业6家，资产总额，36.7亿元；房地产业企业2家，资产总额63.7亿元。

按所有制结构分布：

全民所有制企业16家，资产总额348.3亿元；集体所有制企业7家，资产总额34.7亿元。

按企业规模分布：

大型企业8家，资产总额339.2亿元；中型企业9家，资产总额23.1亿元；小型企业6家，资产总额20.8亿元。

（二）经济功能区主要指标完成情况。

截止2010年末，顺义区经济功能区资产总额240亿元，同比增长23.7%；所有者权益38.8亿元，同比增长55.2%。实现销售收入42.3亿元，同比增长49.9%；利润亏损3.2亿元,同比减亏7.1亿元;完成税收134亿元(包括入区企业及在区内注册企业),同比增长29.6%。

三、国有资产监管概况

(一)国有资产运营监管有序开展。顺利完成了顺义区162户(其中:监管企业136户)国有及国有控股企业资产统计工作;加强了对顺义区国有资产处置的监管,国有产权转让进场交易成交额2.765亿元,比评估值增加2600万元,增值率9.4%;加强了国有控股上市公司的股权管理,完成了顺鑫农业增发11000万股股票的审核申报工作;通过设立北京顺义金融控股有限责任公司进一步整合了区属金融服务企业,完善并拓展了顺义区投融资平台服务功能。

(二)企业重大投资管理进一步加强。初步建立了企业投资和重大投资数据库,推进企业投资的动态化管理;对2010年度国有企业投资项目情况进行了调查分析,提出了加强监管、完善企业管理、开展投资项目审计、建立科学评价体系、控制风险、及实施责任追究制度等建议;审核了企业18个重大投资项目,涉及总金额达49.87亿元。

(三)企业租赁合同管理进一步规范。对系统企业经济案件进行了调查分析,加强了对企业租赁合同的备案、审批管理。

(四)国资基础管理水平稳步提升。对2010年企业国有资产基础管理工作继续实施百分考核,企业基础管理工作水平有了显著提升,"三重一大"制度建设逐步规范,国有资产投资等管理制度进一步落实,企业科技创新力度不断加大,企业财务审计监督制度进一步规范,促进就业、提高职工工资和社会保障水平卓有成效,企业人才培养使用机制日益完善,企业法制建设与作风建设进一步加强。

(五)监管企业负责人年度业绩考核工作顺利完成。完成了2009年度业绩考核工作和监管企业负责人2010年度业绩考核责任书的签订,加强了企业领导人员基薪备案管理。

四、国有企业改革发展情况

(一)国有企业在区域经济建设中发挥重要作用。围绕顺义区经济社会发展大局和重点工程,国有企业发挥了重要作用。燕京集团实现了年产500万千升啤酒的战略目标;顺鑫农业围绕农产品加工和新农村建设两个领域做强企业;国资中心年初成功发行"10顺国资债",募集资金25亿元;天竺房地产公司完成了燕王庄村整建制拆迁工作和花梨坎村定向回迁安置任务;燃气、自来水、粮油等企业在保障民生方面发挥了重要作用。

(二)和谐企业创建取得新成效。二、三产业农村劳动力转非进职保工作积极推进;用足政策做好困难企业帮扶工作;信访维稳工作不断加强;加强了企业综合治理工作。

(三)企业人才队伍建设不断加强。是全年共举办5期企业领导人员专题培训班;组织了16名企业高级管理人员参加了北京市经干院举办的职业经理人培训班;举办了6期电工、焊工中级技能培训班;建立了系统企业经营管理人才数据库和业绩档案。

(四)企业思想政治工作进一步加强。丰富了"二月新春"、"五月鲜花"、"十月金秋"等群众文化活动内容,将党建文化、廉政文化有机融合,取得了较好效果;以创先争优活动推进党建工作;制发了《区国资委关于2010年党风廉政建设和反腐倡廉工作实施意见》(顺国资党发[2010]1号)、《关于建立企业领导人员重大事项向国资委备案报告制度的通知》等文件,加强了党风廉政建设工作;与区总工会研究出台了《关于规范和深化厂务公开民主管理工作的意见》,规范厂务公开内容和形式;与区纪委共同研究出台了《进一步加强国有企业廉政风险防范的实施意见》,全面落实了"一岗双责"责任制。

单位名称:顺义区人民政府国有资产监督管理委员会

地址:顺义区仓上街 AMB 大厦 A 座 7 层
电话:(010)89441232
邮编:101300
网 址: http://www.gzw.bjshy.gov.cn: 8080/index.do

(国资委)

工商行政管理

【概 况】 2010 年,工商分局深入学习实践科学发展观,认真落实市局和区委区政府的工作部署,充分发挥工商部门的公共服务职能作用,以着力促进区域经济社会又好又快发展为目标:完善准入服务体系建设,深入优化投资创业环境;推动品牌战略效能发挥,助力企业提升竞争优势;加强市场秩序监管体系建设,维护辖区公平公正交易环境;推进商品质量食品安全监管,保障辖区消费环境健康有序;全面提升工商专业化现代化建设,工商队伍整体素质不断提高。通过有效推行网格化监管模式与落实监管责任、全面提升了对市场的监管效能,经过努力加快科技创新的支撑作用,信息化服务能力明显提升,使辖区的投资环境更加优化,市场交易更加公平,百姓消费更加放心,为保障区域经济健康有序发展营造良好市场生态环境方面做出了积极贡献。本年度工商分局再一次被评为北京市工商系统先进集体。

单位名称:北京市工商行政管理局顺义分局
地址:北京市顺义区仓上街 8 号
电话:(010)89448080
邮编:101300
电子邮箱:shunyi@baic.gov.cn

(马克海)

【市场主体发展情况】 为促进区域经济更好更快的发展,分局在政策咨询、服务预约、事项办理等方面提供全程信息化服务,使登记注册服务更加便利、高效。全年新增各类市场主体 11093 户,与去年同期相比增长 30.8%,是自 2007 年以来,顺义区年内新增市场主体总量首次突破一万户。

(马克海)

【市场主体准入质量监控】 年内全面升级了"电子验印系统",拓宽了身份识别采集面,实现"全登记类型、全登记区域"验印,为确保市场主体的准入质量提供了有力保障。年内共发现加盖伪造印章行为 25 起。

(马克海)

【遏制低端业态无序发展】 年内结合辖区实际分局出台了《关于科学市场准入促进区域产业结构升级工作的意见》,通过"以证管人"、"以房管人"、"以业控人"等举措,有效延缓了外来人口和低端市场主体在顺义区的蔓延态势。据统计 2010 年我局通过勘验对不符合要求及低端业态主体的直接屏蔽率在 10% 以上,核发短期营业执照的数量仅占 2009 年的 15.2%。国庆前夕,北京市程红副市长携市局杨艺文局长一行专程到顺义区调研相关工作,对上述做法给予了充分肯定。

(马克海)

【为大型企业准入服务】 遵循"事前讲解、事中指导、事后服务"的原则,研究大型企业需求,争取政策支持为重点大型企业及时解决了企业在落户、上市过程中遇到的问题。全年共为重点大型企业提供有针对性的登记指导服务 16 次,涉及注册资本 15.65 亿元。

(马克海)

【集中办公区建设】 按照市局相关精神,集中办公区建设以调整产业结构、促进经济发展为根本目的,分局会同区国税、地税三家共同出台了《顺义区企业集中办公区备案监督管理办法》。年内 10 个镇、2 个经济功能区和 1 个街道办事处已拥有成型的集中办公区,总面积达到 14300 多平米,入住企业 1158

户,其中新设立的222户。

(马克海)

【拓宽企业融资渠道】 分局采取主动了解企业需求,结合实际制定帮扶方案,依托"政、银、企"战略平台,进一步加强了动产抵押和股权质押工作,鼓励企业利用商标专用权出资、出质,较好地发挥了无形资产的融资功能。全年协助办理商标质押登记2件,融资7000万元;完成股权出质登记9件,融资2.93亿元;办理企业动产抵押登记26件,融资11.07亿元;通过担保公司与多家银行协作配合为103户中小企业和个体工商户争取贷款5010万元。通过上述四种方式共为企业融资25.9亿元。

(马克海)

【区域品牌战略持续发展】 自五月份顺义区被国家工商总局认定为"全国商标战略实施示范区"以来,分局积极探索,努力让示范效应最大化。完成了《顺义区商标战略实施示范工程建设五年规划》的编制工作;编写了《企业商标实物管理流程规范标准》,为辖区企业品牌创建提供了可靠依据;制作了《企业商标实物管理流程规范标准》,涉及到商标管理的各项规章制度,流程、规范标准等,具体内容涵盖了《企业商标使用指南》、《企业商标机构建制规范》、《企业商标标示规范》、《企业商标使用证据留存规范》、《企业商标监测规范》、《企业商标专用权保护规范》、《品牌危机处理流程规范》、《企业商标档案管理规范》等。此外,采取服务指导方式全力支持鼓励企业进行商标注册,帮助重点企业争创驰名、著名商标,增强自身核心竞争力,年内新增中国驰名商标2件、北京市著名商标1件。到年底顺义区共计拥有注册商标7572件,其中驰名商标12件、北京市著名商标35件。

(马克海)

【商标指导工作】 为拓展商标的注册、使用、规范管理范围,在顺义区开展了商标法规宣传"进社区、进企业、进展区""三进"活动。针对各类主体在商标注册、使用、保护等不同阶段面临的各类问题,制定了顺义工商分局商标行政指导"一卡三书"行政指导文书,("一卡":即:商标行政指导"一卡通";"三书",即:商标注册建议书、商标策略提示书、商标法律事务告知书)上述文书的应用使网格责任人的行政指导工作更加有的放矢,年内共发放商标注册建议书106件,行政告诫72件,商标策略提示书12件。

(马克海)

【风险控制管理模式】 通过采取对监管主体的市场秩序风险预警监控,使日常监管和风险监管、日常巡查和风险巡查有机结合。为了提高对市场监管的针对性,制定了《顺义工商分局巡查事项一览表》与《企监工作指导手册》,将112项巡查常见内容和监管常规知识列入其中,使三级网格的职能定位进一步明晰和强化,监管能力和效率明显提升。

(马克海)

【市场监管督察考核机制】 为深化监管效能的督察与考核,年初分局成立了专门的监管效能督察室,主要职责是查找监管工作中存在的具体问题和风险隐患。全年督察室检查各类经营主体近5万户,开展督察行动240余次,编辑下发《督察专报》30期,派发督办单10份,曝光监管问题120余项,并对检查中发现的具体问题和风险隐患进行了限期整改,有效强化了对市场秩序的控制。

(马克海)

【无证照经营整治工作】 由分局起草报送,3月29日以区政府44号文件的形式出台了顺义区《关于建立查处取缔无证照经营工作机制的意见》和《查处取缔无证照经营工作考核办法》,确立了"政府主导、部门履责、属地管理、综合治理"的工作原则。成立了以常务副区长为组长,各职能单位和各镇(街道)一把手为成员的领导小组,领导小组办公室设在顺义工商分局,负责统筹组织、协调、考评查处取缔无证无照经营工作。将无证照经营查处和流动人口管理、违法建设拆除捆绑进行，提升监管效能。年内顺义区共查处无证无照经营行为6624件，立案4417件，罚没款433.42万元；其中工商分局查处2496件，立案1481件，罚没款135.1万元，涉嫌犯罪移转公安4件。经过治理，较好实现了顺义区无证无照经营场所一律关停，无证照经营场所的户外广告全部拆除，各类有形市场内商户100%持照经营的目标，有效净化了市场经济秩序。

（马克海）

【广告监管工作】 完善落实广告专项整治工作联席会议制度，制定专项整治方案，将医疗、医疗器械、食品、药品、农资产品广告列入重点监管对象，并加强展会期间广告监管力度。全局年内累计监测检查各类广告37211条次，发现涉嫌违法广告13条次，规范自设性户外广告1272块；对展会期间涉嫌发布虚假或引人误解的宣传行为行政提示73次；查处各类虚假违法广告案件15件，罚没款总额63.34万元。

（马克海）

【网络实验室和网络监控中心建成】 分局网络中心的初期建设顺利完成，配备了移动电子取证设备，对电子商务监管执法人员进行了集中培训，涉网案件查办数量和质量明显提高。2010年共立案查处涉网违法案件21件，办结16件，罚款35.8万元，网络交易秩序正在得到有效规范。

（马克海）

【遏制非法传销与不正当竞争行为】 通过完善信息网络建设，有针对性的发展信息情报员和与其他执法部门建立案件线索共享机制，拓宽了违法信息采集途径。特别对房地产虚假广告、大型商场利用优势地位滥收费用及大型酒店收取供应商商业贿赂的不正当竞争行为进行了有效打击，通过一批案件的查处，在一定程度上规范了三个行业。对传销行为实施了严密防控，发现涉嫌传销活动3起，驱散相关人员100余人。

（马克海）

【查处经济违法行为】 为维护市场经济秩序，强化了案件情报网络的建设，案件查办以社会影响大、危害后果严重、涉及人民群众切身利益的大要案件为重点，通过跟踪各类违法活动的动态及趋势，挖掘案件线索，形成对违法行为的高压态势和有效震慑。全年共办理行政处罚案件2433起，罚没款金额652.38万元，同比增加29%。

（马克海）

【有形市场的规范化管理】 在有形市场监管工作中引入了风险点防控理念，大力推行分级分类监管，完成了辖区65家市场的分级分类工作。在加强对市场升级改造帮扶引导的基础上，进一步健全了市场日常监管信用档案。通过对批发市场商品标准准入及标识准入的管理，强化了对风险品种的监管，有效提升了有形市场对不合格商品的屏蔽能力。

（马克海）

【合同行政指导工作】 全年发放合同示范文本36万份，指导企业签约254份，涉及金额3000万元。此外，充分发挥6个农村合同指导站的作用，调解各类合同争议48件，争议金额69万元，有效稳定了农村地区的社会经济秩序。

（马克海）

【“两法衔接”工作】 年内全面启动了“两法衔接”（行政执法与刑事司法相衔接）网络信息共享平台，简化案件移交程序，畅通案件移交渠道，共录入企业登记信息15000余条，导入大要案133件，排查符合移交标准案件10起，移交涉嫌非法经营犯罪人员4人，接收其他单位移送案件24个，做出处罚决定15个。

（马克海）

【行政指导工作】 经完善助成性和调停性行政指导的工作机制，行政指导在预防违法、规范行为、化解矛盾、改进机制等方面进行了科学预测。全年累计开展行政指导7346次，其中抑制类行政指导6916次,调停类行政指导237次,助成类行政指导193次。

(马克海)

【畅通消费者投诉举报渠道】 以12315系统升级改造为契机,全面提升了12315工作的管理水平和畅通率,对预付费、电子商务、非现场购物等新兴领域的消保维权工作机制进行了积极探索。全年共受理消费者申诉378件,办结率100%,调解成功率95%,为消费者挽回经济损失16.5万元;受理群众举报482件,属实立案率72%,罚没款金额111.7万元。

(马克海)

【商品质量监测监管】 贯彻落实市局《关于加强流通领域商品质量监管的工作意见》,构建了辖区较为完善的流通领域商品质量监测体系。配合市局完成了12类140组商品的质量监测任务,并自行组织监测商品样本6类83组,立案查处不合格商品案件18件,没收不合格商品152件。

(马克海)

【创新绿色通道服务模式】 在3.15国际消费者权益日期间开通了消费争议快速解决绿色通道网上工作平台,通过网络及时传递监管指令、指导纠纷的调处,有效降低了行政成本,缩短了争议解决时限,较好地实现了消费纠纷的快速、妥善处置机制。顺义区22家绿色通道成员单位,累计自行解决消费纠纷587件,为消费者挽回经济损失39.5万元。在3.15活动中还组建了青年志愿者消费维权志愿者队伍,为做好消费维权工作开辟了新途径。

(马克海)

【流通领域食品安全监控】 分局以贯彻落实《食品安全法》为契机,充分发挥食品监控分中心的科技支撑作用,全面加强了流通环节食品安全监管。全年共开展问题奶粉、乳品和含乳食品、酒类市场、低温食品和节令食品等食品专项整治活动12次,抽检各类食品样本3269个,合格率94.31%,累计上报市局在全市范围内下架处理食品40件。

(马克海)

【食品安全自检室建设】 帮助食品经营企业建设一级自检室1个,三级自检室12个,区食品办共为企业自检室配发了价值168万元的食品检测仪,通过加强对自检室人员的业务指导,规范其操作流程,增强了企业自检自控能力。年内自检室自行检测样品13875件,合格率96.6%。

(马克海)

【教育培训工作】 分局针对不同业务领域的实际需要,建立分类分层的全员教育培训机制。依岗位、分专业、有重点地细化培训层级,注重培养专业化、创新型人才。全年举办各类培训37期,培训干部1914人次;其中专业培训20期,培训干部1213人次。

(马克海)

【硬件建设】 2010年,分局投资400万元,新建了李遂工商所办公楼,新楼位于原办公楼东侧,建筑面积近1500平方米,配套设施齐全,建筑风格时尚,办公环境一流。扩建了牛栏山工商所登记服务厅110平方米,方便了登记注册与为民咨询服务。此外,还为部分工商所更新了公示牌、文化墙,添置了办公桌、办公椅、文件柜等设施。

(马克海)

财 政

【概 况】 北京市顺义区财政局是负责本区财政收支、财政政策、财政监督、行政事业单位国有资产管理工作的区政府工作部门。设办公室(法制科)、人事教育科、预算科、国库科、教科文科、社会保障科、行政政法科、农业

科、农业综合开发办公室、综合科、财政监督科、行政事业资产管理和绩效考评科、企业科、会计科、城建科、政府采购管理科、金融管理科、监察科、国库支付中心、财政监督检查所、财政绩效考评中心、预算编审中心、财政教育培训中心、财政投资评审中心、政府采购中心、国有资产经营中心、信息中心、机关后勤服务中心、投资引导基金管理中心、土地整理储备所、财会培训中心。

单位名称：顺义区财政局

地址：顺义区新顺南大街17号

电话：(010)69443287

邮编：101300

（刘 洋）

【分税制财政管理体制】 按照北京市财政局进一步完善市与区县分税制财政管理体制的工作部署，切实落实体制完善各项措施。科学、细致、客观地编制新体制财力预算，确保各项下划事项落到实处，提高资金使用效益。统筹使用下划财力与顺义区事业发展资金，重点用于加大市区两级重点、实事工程资金和民生社会事业投入。

（刘 洋）

【部门预算改革】 坚持“量力而行，适度超前，勤俭节约，过紧日子”的指导思想，本着“对发展支出要科学有效，对民生支出要充足合理，对政府部门支出要厉行节约”的原则，进一步优化财政支出结构，保证重点支出需要，严格控制一般性支出，有保有压，从严从紧编制各项支出预算。加强对镇级预算管理的指导和培训，规范镇级财政管理，强化聚财、理财能力，逐步提高镇级预算编制水平。强化预算管理和财政监督，加强国有资产管理，提高资金使用效益，促进顺义区经济社会协调发展。

（刘 洋）

【国库集中支付改革】 以财政综合业务系统为依托，积极稳妥推进国库集中支付改革。逐步扩大国库集中支付改革范围，完善制度体系建设，改革资金拨付流程，提高日常拨款的计划性、规范性；不断升级财政综合业务系统，形成了包括预算指标管理、用款计划控制、支付申请及审核、支付结算及资金清算、会计核算等各环节紧密相连的国库支付管理体系。

（刘 洋）

【政府采购】 不断推进政府采购科学化精细化管理，创新政府采购管理工作新机制，扩大政府采购范围和规模，规范采购工作规程。加大对货物类和服务类采购项目的管理力度，对小额度分散采购项目进行捆绑采购。研究工程建设类项目采购监管范围及标准，提出实施工程建设类项目政府采购的流程和具体步骤。完善政府采购预算、程序、采购项目运作，加大对政府采购各环节的监督力度。

（刘 洋）

【财政监督检查】 认真贯彻相关法规条例，进一步加强对财政内部监督和财政资金监管，对年初预算的执行实行全程监控，并对财政社保资金及部分项目进行重点检查，确保财政资金的使用安全和效率。以制度规范为基础，建立健全预算编制、执行、监督、绩效考评四位一体的财政资金管理模式。以日常检查与专项监察相结合为手段，建立健全事前审核、事中监控、事后检查的全过程的动态监督机制。强化资金绩效管理，在保障资金安全的基础上，加强对资金使用效益的监督检查。完善内部监督和外部监督相结合的检查机制，充分发挥外部监督的作用。

（刘 洋）

【会计监管】 认真贯彻执行《会计法》，将会计监管与会计管理、预算管理、财务管理、国库集中支付管理以及财政监督等工作有机结合起来，惩戒会计违法违规行为。稳步推行会计工作规范化、标准化、电算化管理，全面提高会计信息质量。加强会计基础工作，努力推进内部控制制度建设，促进区属单位内部制约机制不断完善。

（刘 洋）

国家税务

【概　况】 顺义区国家税务局(简称国税局)是在顺义区区域内实施国家税收征收管理的行政执法机关,实行垂直管理,隶属于北京市国家税务局。主要工作职责是在北京市国家税务局和顺义区人民政府指导下,贯彻执行国家税收法律、法规和规章,组织中央税收收入和中央、地方共享税税收,维护和规范税收秩序,为促进顺义区的改革开放、经济建设服务。国税局机关地处顺义府前东街7号,全局共有干部职工322人,下设13个职能科室、8个派出机构、1个直属机构(稽查局,内设6个职能科)以及2个事业机构,负责征收管理的主要税种是:增值税、消费税、企业所得税、储蓄存款利息所得个人所得税、车辆购置税以及进出口货物退免税等。截止2010年12月31日国税局负责征收管理的纳税人共23498户。其中:国有企业317户;国有独资企业5户;国有联营企业2户;国有与集体联营企业4户;其他联营企业1户;集体所有制企业696户;股份合作企业367户;有限责任公司9640户;股份有限公司87户;港、澳、台商投资企业213户;外商投资股份有限公司3户;外资企业326户;中外合资经营企业174户;私营有限责任公司100户;私营合伙企业9户;私营独资企业9户;非企业单位48户;个体独资企业602户;其他内资企业366户;个体工商户10529户。2010年,国税局在市局党组和顺义区委、区政府的领导下,采取积极措施加强税收征管,落实税收政策,深化纳税服务,强化队伍建设,提升整体素质,完成全年税收工作任务。全年共组织税收收入1509697万元,同比增加384089万元,增长34.1%。其中:增值税完成596745万元,同比增收76580万元,增长14.7%;消费税完成356662万元,同比增收88699万元,增长33.1%;企业所得税完成518725万元,同比增收183585万元,增长54.8%;个人所得税完成654万元,同比减少1686万元,下降72.1%;车购税完成36911万元,实现净增长。

单位名称:顺义区国家税务局

地址:顺义区府前东街7号

电话:(010)69462203

邮编:101300

网址:http://shunyi.bjsat.gov.cn

(郭德明)

【税源监控】 根据顺义区招商引资以及规模企业的发展情况,科学分析经济形势,预测区域税源情况,把收入任务细化拆分落实到征管查系列各基层所。重点监控航空、汽车、房地产和冷轧等行业企业。深入国航、物流和保税区等企业调查情况送政策。加强新增税源摸底调查,提前介入直属分局转户外资企业,摸清企业规模和税源规模。继续研究行业管理模式,加强大企业管理。积极发挥财政、工商和国地税连动机制,强化与经济部门信息沟通,共同做好税源监控管理。运用纳税评估和税务稽查手段,开展专案检查和专项稽查,开展发票专项整治,达到以查促管、堵漏增收。

(郭德明)

【税种管理】 重点加强税收政策效应分析,通过基础效应分析、重大税收政策专题分析等及时了解政策实际执行效果,促进税收科学决策和精细化管理。在货劳税方面,认真贯彻一般纳税人认定办法,落实增值税农产品抵扣和海关完税凭证抵扣政策。加大小规模纳税人无税申报整治力度。在所得税方面,进一步规范所得税基础管理,强化对资产损失和优惠政策的审批审核,加强核定征收和预缴管理,提高汇算清缴质量和水平,保证税款稳定均衡入库。在出口退税方面，不断完善退税审核措施，贯彻各项税收政策，细化出口退税管理模式，加强征退税工作衔接，推新函调管理办法，开展退税预警分析，对退税重点产品、重点企业、重点区域监控，防范和打击骗取出口退税。在大企业管理方面，扎实做好非居民企业的税务登记备案管理，严格非居民享受税收协定待遇的审批与自查工作，细化售付汇凭证的管理与开具，积极开展反避税、税收情报交换、关联企业申报等专项工作。在车购税方面，加强征管政策的宣传力度，提高政策服务水平，做好汽车排量认证工作，确保征收准确及时。

（郭德明）

【税收征管】 按照“征管质量年”的要求，全局上下统一思路，制定提高征管质量工作方案，对薄弱环节进行重点监控和管理，将质量考核纳入目标考核体系，采取措施加以保证和落实，各项征管指标综合考核得分名列全市前茅。通过宣传辅导和技术服务，与税控收款机用户进行有效沟通联系，使税控收款机在顺义区商业企业小规模纳税人中全部推行到位。综合对外窗口现状和人力资源等情况，整合征收所和票证中心的机构和业务，在办税服务厅推行“一窗通办”服务模式。统一部署、积极协调、入户辅导、服务到位，顺利完成涉及11个街道乡镇88户直属税务分局管辖纳税人实行属地管理迁移接收工作。加强个体工商户征管工作调查，推行个体工商户税库银联网批扣缴税，取消商场委托代征，实现个体税收集中征收管理。

（郭德明）

【纳税服务】 继续深化“四个服务”主题，贯彻执行国税总局《2010－2012年纳税服务规划》，建立理论指导体系、制度健全体系、平台建设体系、业务支撑体系、组织保障体系和绩效评价体系，努力打造服务型机关，实现服务理念全员化、服务队伍专业化、服务手段现代化和服务方式多元化、服务内容标准化、服务水平高效化。以人为本，加强税收软环境建设，牢固树立纳税服务理念，开展行风政风建设，规范税务人员仪容风纪、文明举止和服务态度。加强岗位业务培训，提高工作效率和服务水平。通过深入大企业交流互动，了解纳税人切实需求，建立行业纳税服务规范，使服务真正做到位、做到好。加强新企业开办前的税收服务，提供税务咨询宣传与引导，促进形成依法纳税的自觉规范。四是继续做好税收服务基础工作。规范纳税咨询制度管理，建立咨询服务的协调运转机制，拓展服务热线、手机短信和网站在线等服务渠道，多方位提供咨询辅导。深化办税服务，加强办税服务厅建设，细化服务内容，简化服务程序，提高服务效率。积极试点“一窗通办”模式，简并涉税资料，实现信息共享，把前台服务和后台管理统一起来，起到相互促进的积极作用。推进信用管理，根据信用等级分级管理，合理调配资源，提供针对性服务，完善信用评价机制，促进纳税人提高自觉守法遵从度。积极开展社会协作，加强纳税服务的外部评价和监督，切实提高工作效能。

（郭德明）

【党建】 开展党员干部思想作风建设，召开党风廉政会议和廉政风险预防工作会议，继续进行多种形式廉政文化教育，落实学习制度，强化学习效果。加强对税务干部行为监督，认真履行执法监督和行政监督责任，发挥外部监督作用，发扬家庭助廉形式，规范税务干部的行政行为。不断提高行政效能。加强行风建设，严格按照税收管理与服务规程做事，预防失职渎职行为。深入贯彻落实十七届四中全会精神，召开党建工作会，加强改进党组织建设，开展党员培训教育，巩固支部堡垒作用。进一步开展学习实践科学发展观活动，牢固树立宗旨意识和服务意识。探索创新开展党团工会组织活动和税务文化建设，积极组织开展“党员献爱心”、“一助一、“五月鲜花”、“十月金秋”等活动，在北京市国家税务局职工运动会上取得总分第一的好成绩。

(郭德明)

【队伍建设】 继续落实全局教育培训计划,不断实现知识更新。重点培养青年干部参加专业学习和资格考试,把青年业务骨干放到工作一线、重点部位和大型企业学习锻炼。继续推行税务干部到企业实践活动,用高质量的管理和服务与企业对接,打造一支懂财务、精税收、了解企业管理的精英干部队伍,为提高征管质量和服务水平储备人才。

(郭德明)

【管理制度建设】 继续健全各项工作制度,全面覆盖税收管理和行政管理工作。加大制度的贯彻落实力度,重大事项进行督察督办。加强机关作风建设,开展目标管理考核,进一步提高工作效能。切实做好财务管理、安全保卫、信访稳定工作,确保安全稳定。提高为基层服务水平,服务形式更加人性化,关心干部切身利益,打造文明和谐税务机关。

(郭德明)

地方税务

【概　况】 顺义区地方税务局(以下简称地税局)于1994年9月5日成立,受北京市地方税务局和顺义区人民政府双重领导,在顺义区行政区域内行使地方税收管辖权。作为北京市地方税务局的派出机构,顺义地税局承担着辖区内营业税、企业所得税、个人所得税等十余个地方税费的征收管理工作。截至2010年底,全局管户总计54329户,其中,正常户34805户(个体17889户、私营以上16916户),总管户比2009年底增加了7035户,增幅14.87%,连续五年保持12%以上的增速规模,高于全市平均水平。2010年,地税局共组织各项税费收入89.45亿元,同比增收14.28亿元,增长19%。其中,地方一般预算收入74亿元,完成市局年度计划70亿元指标的105.7%,同比增收10.58亿元,增长16.7%;区级一般预算36.26亿元,同比增收4.23亿元,增长13.2%,税收收入保持了持续、平稳的增长。

单位名称:北京市顺义区地方税务局
地址:顺义区新顺南大街35号
电话:(010)69446601
邮编:101300
网址:http://shunyi.tax861.gov.cn/。

(胡　月)

【税源管理】 管户规模增长快速,深层次税源管理模式初步形成。为适应临空经济发展的需要,突出税源管理的“科学化”和“精细化”特色,地税局成立了机场分局,对机场周边区域税源实行集中管理,有效地发挥了税收对产业结构转型和经济资源配置的调控和引导作用。

(胡　月)

【税收征管】 严格内部管理。通过征期前重点提醒、征期中加强催报、征期后加大处罚等方法,打牢征管基础;主管业务科室强化对征管指令性指标的考核,全年平均登记率达到99.98%、申报率达到99.91%、入库率达到99.94%,未发生新增欠税;加强外部管理。开展培训,提高协税护税、委托代征工作水平,对全局13个税务所、34家代征单位进行执法检查,责令超范围代征的单位限期整改或取消其代征资格;注重内外交流。与国税、工商及有关乡镇建立联席会制度,交换信息,交流工作,赢得支持,争取主动,为改善征管质效创造积极条件。继续深入推动双项分类管理试点工作,总结经验,为下一步推广工作打好基础;启动延伸管理。深入企业了解情况,拟定问题应对方案,及时与市局相关处室联系,帮助机场股份和机场集团两家公司解决了发票使用方面存在的困难。自行开发权限管理系统，实现了全局各账号下核心征管系统、发票系统权限的实时在线查询。招聘了18名素质较高的大中专毕业生补充到征管一线，辅助干部做好各项日常基础工作。

（胡　月）

【税政管理】 及时了解基层税务所在新政策执行中遇到的困难，针对管理薄弱环节和热点、疑难问题，发布了《税收政策问答?》2期、《税政管理建议书》3期，避免基层税务所对政策理解不透而出现偏差的现象；强化房地产税收监管，制定房屋交易权属信息查询系统安全管理办法，严格监控钥匙盘的使用、信息查询和保密等行为；全面核实房屋、土地税源登记信息；抽取全局13个税务所的80户企业所得税纳税人，采取电话问答调查方式，了解各税务所企业所得税汇算清缴培训效果和纳税人对基本政策的掌握情况；对全局16个税务所税款征收、减免等情况进行检查，进一步规范了税收执法行为；全面做好残保金代征工作，实行局大厅、残联两地同时审核的模式。全年共入库残保金6367.59万元，入库率100%，同比增长40.3%。

（胡　月）

【宣传工作】 自行设计印制《关于调整北京市2010年最低工资标准的新规定》、《拆迁后个人购买住房免征契税政策宣传》4200册，《个人所得税明细申报流程》、《企业综合申报流程》8000份，全部免费发放纳税人，确保纳税人及时享受税收优惠，最大限度为纳税人正确履行纳税义务提供指导；以快递的形式为顺义区私营以上14000余家企业发放了税法宣传光盘和《致纳税人的一封信》，有效检验了征管基础信息的准确性，提高了纳税人的纳税遵从度；举办了各类纳税人座谈会共计51次，4924人次参加，广泛征询了纳税人的意见和建议，确保了政策宣传、执行到位；做客TAX861网站，开展了“强基固本优服务，构建和谐绿色国际港”主题在线答疑活动，共收集和答复征管、税政、票证等各类问题68条。

（胡　月）

【评估管理】 制定2010年纳税评估季度考核指标，实现了税务所日常评估的自主安排。在此基础上，开展了两税比对工作，及时获取国税同期流转税信息，利用SPSS软件筛选出疑点企业的城建税、教育费附加信息，对121户企业逐户进行评估核实。此外，以评估文书的检查、开展复评工作为手段，提升整体评估质量。全年共评估企业3097户，有问题率71.7%，入库税款及滞纳金5061万元。

（胡　月）

【稽查检查】 联合区国税、公安等部门开展了打击发票违法犯罪专项整治活动，收缴非法出售商业零售业发票及假发票5.3万份，查处非法取得发票80份，涉案金额550万元，查补收入80万元。另外，完善了《检举工作流程》，分类处理举报案件，多渠道合理分办，提高查处效率，加大案件督办力度。全年共对122户纳税人进行了税务检查，通过稽查入库税款、滞纳金、罚款共计5530万元。

（胡　月）

【法制监督工作】 将领导干部学法用法制度与领导干部听取典型案例评析制度相结合，统一列入地税局理论中心组学习内容；继续开展好全员税收法制学习，进一步提高了全体干部依法行政的能力和水平；加强基础管理，落实新的流程，集中开展检查，做好对外支付税务证明的开具和管理工作，提高国际税收业务工作管理水平；按季度组织开展了日常税收执法检查和执法督察工作；配合财政部专员办做好了检查工作，在人员、场所、资料提供等方面精心筹备，确保了检查工作顺利完成。

（胡　月）

【党团组织建设】 在党组织建设方面，重新录入、修改党员信息；召开迎“七一”庆祝建党89周年党员大会，表彰先进党支部和优秀党员,以分析典型案例的形式上党课,号召党员干部创先争优;组织开展了优秀党员事迹展、走访慰问了困难党员群众、组织党员赴京内红色革命教育基地接受了传统教育等活动;完成了中央文明办对全国精神文明建设工作先进单位的复审工作。在团青队伍建设方面,组织青年志愿者开展了税法宣传、清洁城市等多项志愿活动;召开了“青春献地税 永远跟党走”的“五四”青年节纪念大会,重温了“五四”运动以及国家发展的伟大历程,进一步增强了队伍的凝聚力和向心力。

(胡　月)

【领导班子建设】 局领导班子成员分别走访了区人大、区政协、各乡镇、街道和职能局,了解税收征管、纳税服务以及政风行风建设等方面的情况,为有的放矢地完善工作提供了可靠依据;除特殊情况外,每月组织副科实职以上领导干部召开局务会,局领导轮流主持,随机提问,了解工作进展,达到了总结工作、加强部署、增强互动、锻炼能力、督促领导干部履职尽责的多重目的。

(胡　月)

【干部队伍建设】 遵循民主、公开、竞争、择优的原则,按照规定程序,将15名德才兼备的优秀干部调整到副职领导岗位,将6名工作表现突出的副职调整到了正职领导岗位;综合考虑业务特长、年龄结构等因素,对部分中层干部进行了岗位调整;开展了全员更新知识培训,确保干部能够更好地了解新理念、把握新知识、掌握新方法,增强依法行政和公共管理能力;大力组织开展税收政策培训,内容包括企业所得税、营业税、土地增值税等;各单位负责人以身作则,每月讲授一项相关业务知识,积极引导干部树立学习意识;邀请大学教授为全局230名干部开展了纳税服务技巧方面的培训;做好新税收业务流程推广工作;编印了新的《制度汇编》,理顺了各部门之间的职责关系、职责范围和权限;编印《税务行政诉讼复议案例学习资料》500余册,为规范执法提供支持。

(胡　月)

【廉政建设】 开展了“做国家利益的忠诚卫士”反腐倡廉专题教育活动。按照市局工作要求,组织干部听取了“预防职务犯罪”专题讲座、旁听了法院庭审过程、举办了参观监狱警示教育活动和“依法履职、专业履职、用心履职”专题讨论等活动,较好地实现了全体人员受教育,工作作风有转变,工作水平有提升的目标;扎实开展“两权”监督工作。以科级领导干部为重点,围绕税收执法权和行政管理权,按照工作职责认真查找风险,制定防控措施,完善相关制度,规范工作流程,推进廉政风险科学化、精细化管理;加强对税额核定、发票管理、税务稽查、行政处罚等自由裁量权较大的税收执法环节,以及减免缓退、所得税税前列支等行政审批事项的监督制约,开展了不定期的内部抽查,充分发挥了廉政监察、执法监察、效能监察等行政监察职能。

(胡　月)

审　计

【概　况】 2010年是十一五规划的收官之年,也是谋划十二五规划的关键之年。顺义区审计局全体干部职工认真贯彻落实区委、区政府的决策部署,深入学习实践科学发展观,紧紧围绕促进顺义经济社会平稳较快发展这一中心目标,振奋精神、扎实工作,充分发挥了审计“免疫系统”功能。2010年顺义区审计局共组织开展审计及调查项目46个,审计及延伸审计103个单位,查出管理不规范资金1054261万元,查处违规资金1949万元,应上缴财政金额655万元,出具审计专题报告及审计结果报告82篇,审计建议得到全部采纳,各类宣传稿件被媒体刊物采用107篇次,在保障顺义经济社会健康运行中发挥了积极作用。

单位名称:顺义区审计局
地址:顺义区新顺南大街17号
电话:(010)69444127
邮编:101300
网址:http://www.shenj.bjshy.gov.cn

(李宝长 王 颖)

【预算执行审计】 按照规范管理、促进改革、提高财政资金绩效水平的思路,在突出重点、审深审透的基础上,围绕促进重点领域、重点部门深化财政预算体制改革,顺利完成了本级预算执行和其他财政收支审计。先后开展了2009年度预算执行审计、税收征管情况审计、政府债务情况审计调查,以及对财政下划资金、新农合资金、花博会专项资金等重点资金的管理使用情况进行了审计,发现有问题资金829996.24万元。

(李宝长 王 颖)

【经济责任审计】 围绕加强对权力的制约,开展离任审计28项,任中审计6项,审计发现管理不规范金额224265万元,揭示了一些共性、倾向性问题,在健全领导干部监督管理体制、加强党风廉政建设、促进领导干部依法行政等方面发挥了积极作用。

(李宝长 王 颖)

【重点建设工程审计】 为保障"扩内需、促增长"政策的贯彻落实,按照市局要求,对顺义区2009年度土地储备开发项目进行了审计调查,并延伸调查了李桥、后沙峪等4家单位的土储开发项目。2010年顺义区审计局继续组织开展了中小学校舍安全工程跟踪审计,对2010年下半年已安排校安整体加固工程项目的建设进展情况、资金筹集分配使用情况、项目建设管理情况等内容做了进一步审计。

(李宝长 王 颖)

【财务收支和重点专项资金审计】 以加强财务收支管理、严肃财经纪律、促进行政事业单位加强资金管理和使用为目标,对区空港建设管理服务中心2003－2009年度财务收支情况进行了审计。以资金的筹集、投入、配套和项目管理、工程进度、质量等为重点,开展农业综合开发项目审计,关注和揭示虚假配套、挤占挪用等违纪违规问题。

(李宝长 王 颖)

【市区两级临时交办事项】 除上述年度审计计划安排的各项审计任务外,顺义区审计局先后开展了重点投资项目和土地管理专项检查、玉树地震抗震救灾资金物资跟踪审计和担保企业审计,配合市区统一组织展开工程建设领域突出问题专项治理,配合检察院对区人防局占用土地情况进行专项检查,以及政府采购日常监督、"小金库"专项治理工作,配合建委、发改委等部门对土地入市交易成本审核等工作,如期完成了市局和区委区政府临时交办的各项任务。

(李宝长 王 颖)

【顺义区内部审计工作】 2010年内部审计协会以"服务、管理、交流、宣传"为宗旨,加强对内部审计的指导和监督,开展各项工作。年内,59家会员单位今年共开展各类审计项目1125项,查出损失浪费金额431万元;增加效益13070万元。

(郑术本)

【审计质量管理】 顺义区审计局按"有步骤、有方法、逐步推进"的工作方针不断完善质量控制体系,推进"全面复核"制度,严格执行审计质量控制相关规定,有效降低了审计风险,为今后的项目审理工作奠定了良好基础。以项目质量和成果利用为主要内容的审计业务综合考评机制逐步完善,使审计项目规范性、审计成果价值以及审计人员的工作积极性有机结合,推出了一些精品项目,评选表彰了业绩突出的科室,财金、社保、经责三个科室分列审计项目综合考核前三名,综合科、财金科和办公室在审计工作成果转化方面成绩突出,财金科的2009年度预算执行审计、牛栏山党委书记经济责任审计以及经贸科的国泰中百公司经理经济责任审计被评为顺义区审计局优秀审计项目。

(李宝长　王　颖)

【审计成果的转化和利用】　顺义区审计局及时总结审计中发现的带有倾向性、典型性的问题,发挥审计的建设性作用。社保科开展的城乡无保障资金的调查项目被评为北京市优秀审计调查项目;财金科撰写的调研文章获得市局科研论文优秀奖。全年共提交审计信息96篇,被中国审计报、顺义区情、北京审计等新闻媒体或内部刊物采用85篇次,采用率达到89%;撰写调研26篇,目前已被采用22篇次,采用率85%。

(李宝长　王　颖)

【审计信息化建设】　通过AO认证培训、计算机中级、单位内部学习交流等形式推广普及,OA系统软件正式上线并成功运行。顺义区审计局也因此被评为北京市审计系统计算机辅助审计优秀单位。该系统的应用有效强化了审计项目管理及全过程质量控制,规范了审计基础及业务流程,实现了审计目标事项化、审计事项结构化、审计方法具体化、审计作业标准化,降低了复杂项目的审计风险,显著提高了工作效率。

(杨晓松)

【机关建设】　廉政建设常抓不懈,按照区委、区政府和纪检监察机关对党风廉政建设和反腐败工作的要求,按照"廉政建设与审计业务一体化"的工作思路,形成逐级管理、层层落实的廉政建设工作格局。完善机制,提高科学化、精细化管理水平。规范行为,深化领导干部廉洁自律意识。创新载体,开展廉政教育专题活动。四是找准定位,推进审计机关廉政文化建设;思想建设特色突出,围绕争优意识、学习意识、法治意识、廉政意识,有效加强特色亮点宣传,建立"终身学习、快乐工作、健康生活、全面发展"的学习型机关,切实丰富繁荣审计机关文化,为实现审计工作科学发展提供思想保证、舆论支持和精神动力,2010年,广泛开展了优秀共产党员、先进审计工作者、优秀审计项目等推荐评选活动,激发审计干部"创先争优"意识;队伍建设初见成效,按照"建立一支作风过硬、经得起考验、高素质的审计队伍"的要求,不断提高审计干部政治素质、业务素质和道德素质。抓实效、抓落实,增强"班子"领导力。以干部培养为先导,增强队伍战斗力。工青妇等活动广泛开展,增强队伍活力。

(王惠芳)

统　计

【概　况】　2010年,顺义局队紧紧围绕区委、区政府"稳增长、调结构、上水平"工作大局,和市局总队"质量提高年"工作要求,以团结为原则、以和谐为追求、以务实为态度、以高效为标准、以创新为措施、以一流为目标,科学谋划整体工作,严格实施统计调查,规范统计管理,努力提高统计监测的时效性和统计服务的针对性,各项统计工作扎实稳步推进。

单位名称:顺义区统计局

地址:顺义区顺通路AMB大厦A座11－13层

电话:(010)89445498

邮编:101300

网址:http://www.sy.bjstats.gov.cn/

(统计局)

【固定资产投资统计】　加强固定资产投资统计工作,提高监测的时效性。针对2010年1－5月份顺义区固定资产投资下降问题,局队撰写了《关于1－5月份顺义区固定资产投资下降23.6%的情况汇报》,及时向区主管领导反映相关情况,《汇报》得到区领导的高度重视,区四大门领导带领各镇、委办局、开发区等相关部门负责人一同对顺义区2010年上半年重点项目建设情况进行了拉练检查,区政府召开了2010年重点工程项目推进督办专题会,研究加强固定资产投资统计工作。

(统计局)

【能源消费预期调控】 密切关注能源消费情况,积极做好节能降耗预警工作。为及时有效地做好顺义区节能降耗工作,局队不断研究加强重点企业节能监测的办法,及时对顺义区能耗情况做出预警,针对1－9月顺义区能源消费总量增长10.81%的严峻形势,下半年局队撰写了《关于2010年顺义能源消费运行情况的报告》,向区主管领导汇报了全年能源消费走势及相关建议,常务副区长李友生批示指出“统计局提出的意见很重要,请发改委采取有力措施,确保完成任务”。

(统计局)

【社会消费品零售额统计】 做好新制度下社会消费品零售额统计的前期调研工作。为及时把握“产业在地”原则核定各区县社会消费品零售额将对顺义区产生的影响,局队多次与市局商调队进行协调沟通,掌握了大量区外法人单位在顺义区经营的产业单位情况,对2009年和2010年各月数据按新旧制度重新进行了测算,通过对比,准确把握了实行新制度对顺义区的影响情况,并将此情况向区主要领导做了汇报,区政府组织商务委等相关部门召开了顺义区商业统计协调会,研讨顺义区商业发展形势,为领导科学决策提供了及时、准确的数据依据。

(统计局)

【统计信息分析】 围绕重点领域和热点问题,撰写统计信息分析。2010年局队共撰写统计信息分析1703篇,被各级媒体采用301篇,获得领导批示24篇,对外提供统计数据12万余笔,撰写的形势类分析《顺义区经济逐步恢复宏观形势整体向好》和专题类分析《顺义区GDP与地方财政收入的协调关系分析》、《顺义区经济结构高端化趋势研究》分获2009－2010年度北京市优秀统计分析报告评比三等奖,撰写的《汽车生产大区急需建立汽车4S店》在《顺义调研》刊发后获得区领导重视,并为此召开了专题研讨会,为领导科学决策提供了详实的数据依据。9月份,局队以《顺义网城》改版为契机,加强了与网城的栏目共建工作,增设了“数据分析”专栏,为全面提升顺义统计影响力和地位提供了更加广阔的平台。

(统计局)

【资源清查】 R&D资源清查工作卓有成效。首先,摸清了顺义区科技活动企业的底数,R&D资源正式清查单位共计629家,清查出有科技活动的企业151家;其次,查清了顺义区R&D资源基本情况,顺义区共有R&D工作人员3233人,专利申请数为202个,其中发明专利97个,发表科技论文115篇,形成国家或行业标准19个。11月24日,召开了顺义区第二次全国R&D资源清查工作总结表彰会。

(统计局)

【第六次全国人口普查】 2010年4月14日,顺义区召开了顺义区第六次全国人口普查动员大会,区委常委常务副区长、区第六次全国人口普查领导小组组长李友生同志与各镇、街道签订了《顺义区第六次全国人口普查目标管理责任书》,形成了一级抓一级、层层抓落实的工作局面。顺义区19个镇、6个街道、6个开发区,按照地域原则共划分普查区499个,划分调查小区4243个。为使顺义区人普工作形成人人皆知、户户响应、家家配合的良好局面,人普办通过制作发放各类人口普查宣传品,开展人口普查宣传日、“华夏杯”有奖知识问答、“人口普查一堂课”、微博建言等活动,与区主要媒体联合策划电视讲话、专题讲解、典型人物、先进事迹展播等多种有效形式扩大宣传影响。11月1日正式入户登记后,区长王刚、常务副区长李友生、政协主席陶宝金、副区长林向阳、人大副主任贾春林等领导分别视察了人口普查工作并入户了解实情,对普查工作给予了高度评价。

(统计局)

【经济普查资料研发】 2010年2月22日,区委组织中心组学习,专题听取了顺义区第二次全国经济普查工作汇报,区委书记张延昆对经济普查工作给予了充分的肯定,同时对经普资料研发工作提出了"统计部门要利用好普查数据,开拓思路,灵活运用,深入分析就业、城乡一体化、总部经济、临空经济等热点问题,使经济普查成果得到最大化应用"的具体要求。按照区领导指示精神,局队特邀市局总队、北京市社科院、区委研究室、区发改委等相关部门的领导和专家共同研讨经普资料开发问题,并最终确定了四个重点课题,成立了重点课题研究组,并已完成调研分析和撰写工作。2010年向社会发布《经普数据公报》共4号,编写《经普年鉴》3卷,撰写经普简明资料16篇,撰写经普专题分析14篇。

(统计局)

【统计法制建设】 2010年是新《统计法》实施的第一年,也是"五五"普法规划实施的最后一年,局队通过开展法制宣传日、送法下乡活动、设置公开栏、大屏幕滚动栏、发放统计法制宣传台历、在顺义统计信息网设置专题飘窗等方式,广泛深入地宣传新《统计法》,不断提高全社会的统计法律意识。在加强统计法制宣传工作的同时,为提高企业上报统计报表的自觉性、自主性,改变统计报表上报难的状况,局队加大了对迟报、拒报统计资料违法行为的查处力度,联合区监察局、司法局开展了顺义区统计法和统计违法违纪行为处分规定贯彻执行情况大检查。全年执法检查、督导共完成272家,超额完成13.3%,处理迟报企业15家,立案55家,警告37家,罚款18家,处罚金额共30500元。

(统计局)

【统计队伍建设】 加强党风廉政建设,营造团结正派的良好工作氛围。局队党组高度重视反腐倡廉和纪检监察工作,根据上级纪委会议精神和要求,结合统计系统反腐倡廉工作特点,把反腐倡廉建设与统计改革发展的各项中心任务一起研究部署,及时召开会议进行贯彻落实,并于2010年8月20日成立了纪检监察科,设专人负责此项工作。同时结合统计工作实际找准落脚点,通过组织专题学习、召开主题民主生活会、局领导干部带头讲党课分析经济形势等方式,要求干部职工着力解决阻碍落实科学发展观的突出问题,在工作中认真履职、积极服务,营造了"人廉、数实、风清、气正"的良好工作氛围。加强领导班子建设,提升和谐团队建设水平。局队班子成员经常深入统计所工作一线、街镇(开发区)、企业走访调研,亲自参与报表审核验收、执法检查督导和普法宣传工作,同时注重加强与市局总队各处室、街镇主管领导的沟通协调,及时有效地解决相关问题。结合领导班子述职述廉工作,组织科所长对领导班子思想政治建设、领导能力、工作实绩、党风廉政建设等方面进行了民主测评,督促领导干部转变作风,提高了班子科学领导和统筹协调能力。为规范队伍管理工作,局队制订了《科所长考核办法》《科级干部选拔任用及管理工作暂行办法》、《临时工管理暂行办法》等一系列激励制度,调动了全员工作积极性,增强了干部职工对局队的认同感和归属感。在2010年区委"七一"表彰工作中,局队党支部被授予"先进基层党组织"荣誉称号。以"两创"活动为契机,提高统计队伍素质能力。2010年,局队开展了"创先争优"和"争创区级学习型机关先进单位"活动,研究制订了《严格考学制度,提高三个能力建设》实施方案,明确规定了统计业务考核、综合工作考核、科所长推优、统计专业技术学习、计算机技术学习和社会学习六个方面的考核奖励措施,营造了人心思上、干事创业、竞相发展的良好工作氛围;为了适应新形势下的工作需要，增强队伍活力，局队通过民主测评、打分、组织考察、集体讨论等程序，任用了10名年轻干部，其中正科级别8人，副科级别2人，通过此次调整，改善了干部队伍的年龄和知识结构。此外，完成了14名普查中心事业编制人员参公划转工作。

（统计局）

【统计文化建设】 在市局总队举办的第四届文化艺术节各项评比中，获得硬笔书法一等奖，统计建模比赛优秀奖，演讲比赛第三名，统计设计业务能手奖等；在艺术节文艺汇演比赛中，自编歌曲《局队之歌》和选唱歌曲《欢乐的那达慕》获得比赛二等奖；代表市局总队参加全国统计系统乒乓球比赛，获得第三名。为增强干部职工岗位服务意识，局队开展了政务品牌服务口号征集活动，并最终确定了“忠诚统计、求真务实、数据准确、服务决策”为顺义局队服务口号，统一制作了品牌服务胸卡和桌牌，制定了《顺义局队胸卡、桌牌使用规定》，进一步规范了机关工作秩序。

（统计局）

质量技术监督

【概　况】 2010年，顺义区质量技术监督局深入贯彻落实科学发展观，按照“四个围绕提高”的总体思路，找准定位、主动作为，科学履职、创新发展，对区域经济社会发展的保障促进作用日益突出，得到了地方政府和人民群众的高度评价和广泛认可。

单位名称：顺义区质量技术监督局
单位地址：顺义区府前东街19号
联系电话：(010)69441320
邮编：101300

（质量技术监督局）

【主要职能】 对本区行政区域内贯彻执行《中华人民共和国标准化法》、《中华人民共和国计量法》、《中华人民共和国产品质量法》、《锅炉压力容器安全监察暂行条例》的情况进行监督，负责行政区域内经济生活中有关标准化、计量、产品质量、特种设备安全等技术行为的监督管理和行政执法，领导所属事业单位为质量技术监督工作提供技术保证和技术服务，保护国家、集体和人民群众的合法权益，维护正常的市场经济秩序。

（质量技术监督局）

【食品生产监督管理】 从加强获证食品企业后续监管，建立长效监管机制出发，对获证企业每季度至少巡查一次、抽检一次，确保获证条件持续保持，按照“质量是基础、安全是底线”的要求全面提高监管有效性。相继开展了乳制品中含三聚氰胺专项监督检查、节日食品监督抽查、供博食品企业专项检查和抽样等，乳制品、节日食品、供博食品全部合格，监督检查食品及食品相关企业共511家次，抽取269家次生产企业的430个样品，合格率97%。

（质量技术监督局）

【质量管理能力建设】 围绕帮扶鼓励企业做大做强、增强企业对地区经济的拉动力、打造质量强区的目标，扎实做好质量管理基础工作，推进企业三个体系建设，帮助46家企业通过ISO9000及其他质量管理体系认证；强力推进质量工程师队伍建设，组织辅导57名企业管理人员参加资格考试并通过，顺义区质量工程师队伍增加到71人；发挥质检机构技术优势，为企业培训考核检验员52人，为提高产品质量总体水平、提升企业市场竞争力和发展后劲、增强地区经济总体实力提供了最直接、最有效、最实际的服务。

（质量技术监督局）

【工业产品质量监督】 对农资、建材、汽车配件、燃煤水暖炉具等多种民生产品质量开展专项执法检查，出动执法人员1050次，执法检查活动378起。加强工业产品质量日常管理与指导,对抽检不合格的企业,帮助查找原因、制定整改措施、实施跟踪复查、提升连续生产合格品的保障能力,通过管理与指导,防水卷材和建筑外窗合格率提升到99%和100%。加强机动车安全检验机构监督管理工作,检查检测线10条、仪器设备64台,抽检持证上岗检验人员30人、培训150人,受理并解决机动车检测投诉1起。

(质量技术监督局)

【标准化管理】 工业标准化抓采标,完成2家企业9个产品的采标工作,主要涉及电器和建筑材料等相关产品;农业标准化抓基地,4家国家级农业标准化示范项目顺利通过考核验收,帮扶1家基地开展休闲农业试点工作,初步形成了以农业标准体系为基础和保障,以服务标准体系为拓展和创新的休闲农业标准体系;指导帮助企业进行技术标准制修订补助项目申报:共申报3家单位15个项目,2家单位2个标准获得九万元资金补助。

(质量技术监督局)

【计量监督】 认真推进计量节能工作,完成计量节能检测6家、平衡测试3家,配合区发改委完成了北京市对顺义区节能减排验收工作。继续推行集贸市场计价秤统配统管,已完成3家市场统配及验收工作。完成汽车衡、计量器具制造企业专项整治,检查汽车衡制造企业1家、公正站3家、治超单位3家、其他使用单位61家,登记备案68家、设备87台。检查计量器具制造单位16家,对存在问题的2家单位提出了限期整改要求并进行了跟踪复查。

(质量技术监督局)

【特种设备监察】 围绕一个程序、两个重点、三项整治抓好特种设备安全。一个程序:认真履行特种设备事故处理新职能,制定《特种设备事故调查处理工作程序》、《特种设备事故调查内部工作程序导则》,强化事故处理能力。抓企业主体责任落实,从监管设备向监督企业主体责任落实情况转变,同时推进属地监管责任和行业监管责任的落实;针对属地监管人员、协管人员、设备使用单位责任人、操作人员开展分层分级的培训,重点培训专业法规、技术规程、检查检验要点等内容,全年培训人员近3000人次。三项整治:针对隐患大、整改难、事故率高的电梯、气瓶、起重机械等行业开展专项整治。2010年,检查单位532家次,签发安全监察指令书24份,行政处罚9起,解决投诉、举报8起。

(质量技术监督局)

【行政执法】 做好行政执法目标责任制的考核,推动依法行政的开展,全年共出动执法人员3569人次,进行行政执法检查1775起;立案40起,结案62起;罚没款19万元。受理群众投诉举报,受理各类投诉举报及咨询105件,结案105起,结案率100%。

(质量技术监督局)

【技术机构】 以提高岗位检验能力为抓手,以强化人员素质教育培训为重点,促进技术检测能力水平新的提升。进行技能培训,内部以检验方法、薄弱环节、容易出现问题等技术培训为主,外部以横向技术交流为主,不断增强检验人员岗位责任意识,提高技术保障能力。提升技术服务能力,由坐等企业上门要求服务转变为主动上门为企业提供"体检"服务,由短期性、零碎性的服务转变为系统化、整体化的服务,提升技术机构服务地区经济社会能力。

(质量技术监督局)

【行政审批】 共受理行政许可事项、开工告知、企标备案、标准修订等1726件,发放各种证书855个,受理组织机构代码新办、变更、换证、制卡等业务22464件,年审1272件,完成各类咨询服务8000余人次,事项办结率和群众满意率均达100%。

(质量技术监督局)

【社会宣传】 利用网站平台,及时报道工作动态,推介工作亮点,强化常态性宣传;利用社会媒体,围绕社会关注热点,突出服务职能,强化服务性宣传;利用内部简报,加强信息沟通交流,强化督办性宣传。全年共刊发各类内部简报19期;报送各类信息186条,被市局信息、顺义区情、每日信息及政府网站采用134条,中国质量报、京郊日报、顺义时讯等媒体报道我局工作15次;顺义电视台播出新闻13次。

(质量技术监督局)

投资服务中心

【概　况】 区投资服务中心(以下简称"中心")运行10年来,秉承"联合办公、公开透明、高效审批、方便快捷"的工作理念,着力推进服务型、责任型和效能型政府建设,结合当前开展的创先争优活动,我们不断更新思想观念、完善服务措施,为投资者提供了优质便捷、热情周到的服务,实现了"无障碍、无差错、无投诉"的工作目标。到目前,共完成项目咨询43万件,项目受理、核准18万件,发证和批复13万件,备案5万件;核发营业执照1.5万件,注册资本总额71亿元。

单位名称:北京市顺义区投资服务中心
地址:北京市顺义区府前西街6号
电话:(010)81496070　81492202
邮编:101300

(刘艳华)

【项目申报代办工作】 项目申报代办制度是顺义区优化区域投资环境的一项创新举措。我们一直坚持对顺义区19个镇和14个经济功能区90名项目申报代办员进行统一管理、统一培训。至今,顺义区项目申报代办员为投资者代理申报项目237个,完成相关审批879件,办理营业执照235件,注册资本总额17.8亿元,为优化区域投资环境做出了突出贡献。

(刘艳华)

【全程办事代理制工作】 首都机场核心区内企业登记注册服务科自成立运行以来,坚持对核心区内企业实行全程办事代理制,通过推行预约服务、"特诊"式服务和并联审批等措施,为入区企业提供便捷高效的服务。目前,共完成咨询1741件,受理新设立企业83户(外资公司2户),办理变更登记128户,注销22户,核发营业执照233件,注册资本总额7.5亿元。为企业提供无偿全程办事代理服务182件,完成相关审批541件,企业满意率达到100%。

(刘艳华)

【拓展审批绿色通道】 实行审批绿色通道制度,是推进科学发展的内在要求,是转变政府职能、加强机关效能建设和优化发展环境的需要。对重点项目实行绿色通道审批。坚持特事特办、时限内办结的服务承诺,由发改委牵头,各部门密切配合,简化办事程序,为重点项目压缩审批时限,进一步提高工作效率。实行个性化服务。坚持超前服务宗旨,为综保区入区企业做好审批服务。建立联络协调制度,保障综保区办理手续需要。加强与综保区业务处室对接,协助做好项目办理流程优化工作。不断拓宽绿通范围。在原有绿色通道审批机制的基础上,将残疾人士、下岗职工、军转人员和港澳台及外籍人士办理审批事项,统一纳入绿色通道办理范围,为申办人免费提供全程办事代理服务。

(刘艳华)

【完善职能】 4月18日,区商务委5项审批职能进驻中心办理,实现了外商投资企业设立和变更等事项全部在中心受理和发证、批复。至此,进驻中心事项已达110项,其中行政许可事项91项、服务事项19项。在中心实现受理、办结的部门13个,事项76项。

(刘艳华)

【强化内部管理】 强化内部管理,是发挥中心联合办公优势和作用的重要前提。加强入驻部门和工作人员管理。成立考核领导小组,制定了十五方面规章制度,逐步完善《入驻部门和工作人员百分考核办法》,实行指纹机考勤,每日考核工作人员着装、纪律、工作等情况。坚持月例会通报考核情况,考核结果及时反馈工作人员所在单位,共同做好管理工作。根据百分考核成绩,年终评选并表彰先进部门和优秀工作人员。加强自身建设。实行全员签订事业单位聘用合同,制定岗位职责。健全完善各项工作制度,实现用制度管人管事,以制度规范工作。创新教育培训方式,注重教育培训的针对性和实效性,全方位提高干部队伍的知识和技能。注重实践锻炼,把工作实践作为增长才干、提高素质的重要途径。

(刘艳华)

经济开发区

北京天竺空港经济开发区

【概　况】 年内，空港开发区乘势而上，加速转型，各项工作顺利推进，经济建设成果显著，完成“十一五”收官任务。年内，开发区实现工业总产值330亿元，实现总收入761亿元，实现出口供货额237亿元，实现税收40亿元。

单位名称：北京天竺空港经济开发区
地址：北京天竺空港经济开发区A区天柱路28号蓝天大厦
电话：(010)80489567
网址：www.chinabaiz.com.cn

（汪亢亢）

【引进新项目】 年内，空港开发区坚持多措并举，全面推进招商引资工作。年内共引进新项目75个，总投资额42.28亿元。其中买地项目2个，出让土地99.45亩；租赁厂房写字间项目35个，出租厂房写字间合计42951.47平方米；企业园项目5个，出售面积13977.64平方米；在现有土地紧张的情况下，大力开展委托招商和盘活转移工作，年内盘活项目3个，盘活土地198.459亩，盘活厂房43002.67平方米，引进了北广科技、中科益安等优质项目，新增税收2000余万元。年内新引进注册项目30个，总投资额达7.25亿元，其中空客（中国）服务公司投资额达到1亿元，正式运营后预计实现年税收3000万元；注册资本5000万元的中朴资产管理公司，丰富了园区金融服务业内涵。

（汪亢亢）

【项目建设】 年内，开发区共有开复工项目18个，总面积53.9万平方米，其中开工项目8个，总面积12.3万平方米；复工项目10个，总面积41.6万平方米。年内已有宝洁、企业园、宝龙航空、蓝星东丽膜、安泰科技等6个项目竣工，总面积12.4万平方米。

（汪亢亢）

【合作开发】 年内，开发区与木林镇的合作开发取得突破进展，双方于9月份签订合作框架协议。开发区将以亿兆地产为开发主体投资1.3亿元，先期对木林中心区西部地区940亩土地进行开发。年内，开发区与赵全营的合作开发工作扎实推进，空港C区1平方公里土地的市政基础工程全部完成，达到“十通一平”。

（汪亢亢）

【自有企业发展】 年内，开发区对自有企业结构进行了优化整合，形成了以股份公司和物业集团为主体的“两大集团支柱”。年内自有企业实现总收入20亿元,同比增长59%,实现税收1亿元,同比增长35%。股份公司效益不断提升,整合内部资源,优化公司结构,形成清晰的五大业务板块。强化内控管理,完善企业制度,公司集团化、规范化经营水平逐步增强。开展调研,不断拓展业务,为C区的后续开发和木林镇开发奠定坚实基础。年内股份公司实现收入8.6亿元,同比增长14%。物业集团实现收入约2.1亿元,同比增长13%。

(汪亢亢)

【园区工作】 年内,开发区“十二五”规划编制完成。党建工作扎实有效,突出狠抓党风廉政建设和制度建设,完善“三重一大”等一系列防控制度,确保正确政治方向。投资环境持续优化,创新成立空港企业家协会、知识产权保护服务站等服务平台,服务质量持续提升。园区环境和谐稳定,解决本地就业近2万人,协调派出所、城管、综治办、治安联防齐抓共管,园区环境和谐稳定。

(汪亢亢)

北京林河经济开发区

【概　况】 2010年,北京林河经济开发区按照区委、区政府的总体部署,实现销售收入125亿元,同比增长46%;上缴税金4.2亿元,同比增长8%,实现地方财政收入8113万元,主要指标均超额完成了全年的预定目标。

单位名称:北京林河经济开发区

地址:顺义区双河大街18号

电话:(010)89492548

邮编:101300

(邢瑞红)

【招商引资】 2010年林河经济开发区共引进企业18家,注册资本4.9亿元,协议投资额为21.7亿元,引进的重点项目主要有4个:中国建筑股份有限公司技术中心研发基地项目、中铁十九局集团轨道交通工程有限公司北京总部项目、中国煤炭综合利用集团公司电气自动化园区项目和中油燃料油股份有限公司华北区总部结算项目。

(邢瑞红)

【轨道交通公司项目】 轨道交通公司隶属于中铁十九局集团有限公司,成立于2008年2月,拥有市政工程一级资质和城市轨道交通专业资质,目前在北京、上海、苏州、无锡、南京、沈阳等十四个城市施工。北京总部项目占地14亩,投资总额5亿元,注册资金1亿元。主要从事机关办公、财务结算以及轨道交通建设领域高端技术研发、新材料及产品研制、生产工艺的开发与应用。项目入区运营后,可实现主营业务收入20亿元以上,年纳税额5000万元以上。

(邢瑞红)

【电气自动化园区项目】 中煤综合利用公司隶属中国中煤能源集团公司,注册资本4亿元,资产总额10.7亿元。电气自动化园区项目投资总额8亿元,总占地152亩(其中建设用地131亩),预计年实现工业产值50亿元以上,税收3亿元。该项目分三期建设,其中一期与美国斯特塔公司合作,建设救生舱生产厂房和“全国救生舱检测中心”,计划投资2亿元,年产能1000台救生舱,年产值10亿元,税收过亿。该项目将建成全国煤炭行业功能最齐全、设施最完善、技术最先进的电气自动化园区,成为全国性的自动化系统研发、安全设备检测、节能增效改造等业务的实施基地。

(邢瑞红)

【基础设施建设】 2010年4月,北京林河经济开发区启动四、五期征地范围内的土地一级开发工程,投资总额约为1.66亿元。自项目启动以来,各项工程按照市场原则稳步推进,目前完成投资5300万元,雨污水、给水、天然气、通讯、有线电视等工程已完成施工,热力管线及电力管井工程部分完工,使园区基础设施建设上升一新台阶。

(邢瑞红)

北京临空国际经济技术开发中心

【概　况】 中关村临空国际高新技术产业基地(以下简称"临空国际产业基地")位于顺义区高丽营镇,是顺义区发展高新技术产业的预留地和新兴地,是临空经济区的高新技术产业核心板块,是中关村国家自主创新示范区东线临空信息产业带上的重要节点,总规划面积10平方公里,一期规划面积5.2平方公里。临空国际产业基地成立于2005年6月,2007年3月挂牌运行,2008年4月,顺义区人民政府和中关村科技园区管理委员会签署合作共建临空国际高新技术产业基地框架协议,更名为临空国际产业基地。临空国际产业基地作为新兴的高新技术产业园区,主要依托顺义区临空区位优势和中关村创新资源,承接中关村科技园区技术溢出和产业辐射,吸引中关村自主创新发展型企业到园区做大做强,实现电子信息类高新技术产业集聚发展。

单位名称:中关村临空国际高新技术产业基地

地址:北京市顺义区城西文化营村北

电话:(010)69491700　69492122

邮编:101300

网址:http://www.zgc-a-park.com.cn

(余　强　袁永章)

【重点项目建设】 11月25日,北京数码视讯科技股份有限公司"数字电视产业园"项目正式开工,一期占地78亩,建筑面积51786.38平方米。年内,宝德阳项目一期,投资3亿元,占地78亩,建筑面积5万平方米的"触控产品生产研发基地"建成投产。该项目总占地300亩,总投资20亿元。

(余　强　袁永章)

【规划建设进展】 2010年,依托顺义区土地利用总体规划修编,在原来调整4867.5亩基本农田的基础上,将文化营村周边1182亩基本农田纳入修编范围,总计调整面积达到6049.5亩,为文化营村拆迁、市政贯通和重大项目建设打下了坚实基础。年内,投资3011.93万元,历时6个月完成了从马坡聚源110KV变电站引入10KV配电线路工程,建设了供电量为2万千伏安的开闭站一座,满足了宝德阳和数码视讯两个项目前期用电需求。

(余　强　袁永章)

【招商引资情况】 2010年,招商引资继续保持稳健发展势头,共引进注册企业61家,注册资本7.2亿元,累计引进注册企业202家,总注册资本18.8亿元。储备了航天科工北京航天产业园、新大陆科技集团北京科技园、雷士照明研发运营中心、广东易事特、深圳茁壮网络等一批符合园区产业定位的项目。园区全年共完成属地税收1860.39万元,一般预算收入599.75元。

(余　强　袁永章)

【队伍建设情况】 园区把制度建设作为加强内部管理、提高服务能力、提升园区形象的抓手,历时两个月,完成了8个部室职责和《企业准入标准》、《入区企业走访制度》《员工培训制度》等30项管理制度的编制审核工作,9月26日颁布实施,使园区管理逐步走向规范化、制度化。园区把实体改制作为提升物业服务和后勤保障能力的重要举措,分别与北京临空世纪物业管理有限公司、北京临空鑫源园林绿化工程有限责任公司、农业公司签订了经济指标责任书。同时支持实体实行工资制度改革,落实激励机制。鼓励实体参与招商引资全过程,为承接入区企业保洁、保安、绿化、水电暖等物业服务项目打下基础。年内,园区成立了工、青、妇组织,形成了以党建带工建、团建、妇建的工作机制,开展各项群众活动,发挥了职工工作积极性和三大群众组织的桥梁和纽带作用。

(余强　袁永章)

北京创意天承投资发展中心

【概　况】 北京市板桥创意天承产业基地(规范简称“创意天承”)成立于2007年6月,是北京临空经济区的重要组成部分,顺义重点经济功能区之一。位于顺义新城西北部,总体规划面积5平方公里,首期规划面积2平方公里。京承高速公路从基地经过,并在基地西南和东北设有两处上、下行匝道(即昌金路出口和天北路出口),出入口距基地零距离。管委会所属投资发展中心现拥有“六部两室”(招商部、规划建设部、投资服务部、物业管理部、财务部、人力资源部、办公室和综合治理办公室)工作机构,全面负责基地的招商引资和管理服务工作。

单位名称:北京市板桥创意天承产业基地管理委员会

地址:顺义区赵全营镇牛板路板桥段43号

电话:(010)60441196

邮编:101301

网址:http://www.cytc.bjshy.gov.cn/ggl/01.asp

(马　为)

【招商引资】 今年以来,招商引资工作,注重在加强企业跟踪,加大宣传推介、提升业务能力、搞好全程服务方面全面加强,引进企业的数量和质量都有不同程度的提高。截止到10月底,引进结算型企业150家,结算资本金13亿元。实现属地财税收入300万元,一般预算收入97万元。

(马　为)

【一期土地开发】 一期征地共计400亩(建设用地248亩),第一次挂牌184亩(建设用地110亩)土地已于2010年5月26日出让完成,成交额4.53亿元;(挂牌底价为1.596亿元人民币),实现溢价2.934亿元。

(马　为)

北京汽车生产基地

【概　况】 北京汽车生产基地管理委员会(以下简称“汽车基地”)位于首都国际机场东侧,一期核心区域面积6.3平方公里,是北京市唯一用于发展汽车产业的基地。2003年10月成立以来,汽车基地采取“总体规划,分期实施,稳步推进,滚动发展”的建设步骤,脚踏实地,开拓进取,勇于创新,与时俱进,不断发展壮大。2010年,汽车基地坚持以科学发展观为指导思想,认真履行顺义区委、区政府赋予的职能,即具体负责汽车基地土地一级开发、投融资、招商引资、企业服务,加快汽车基地建设,培育壮大现代制造业产业集群,推动经济结构的战略性调整。截止到2010年底,汽车基地累计完成工业产值627.61亿元,占顺义区工业总产值的34.3%;累计实现营业收入668.5亿元;实现利润总额75.2亿元;园区累计实现属地税收719852.6万元;园区企业从业人数10584人,其中顺义籍6102人。

单位名称:北京汽车生产基地管理委员会

北京汽车城投资管理有限公司

地址:北京市顺义区顺通路28号

电话:(010)89451311
传真:(010)89451490
邮编:101300
网址:http://www.bjapb.com

(王海滨)

【党建】 北京汽车城投资管理有限公司党委在八年的发展建设中,不断创新党建工作思路和载体,紧紧围绕生存发展这一中心,通过加强党组织自身建设,把公司发展与党的建设有机结合。通过完善机制、创新载体,充分发挥党委的政治核心作用、党支部战斗堡垒作用和党员的先锋模范作用,不断加强党委的思想政治核心作用,努力造就一个政治坚定,战斗力强的领导集体。2010年度,公司党委大力开展优秀共产党员和"基地之星"评选工作,充分发扬创先争优活动精神,着力营造争创一流的工作氛围,以党建力促各项经济工作顺利进展,实现了党建工作与经济发展的完美融合。

(亢斐)

【企业文化建设】 汽车城长期来坚持企业文化建设,公司实现了视觉形象(VI)系统设计和内部办公网络OA系统,实现了整个园区6.3平方公里范围内的无线网络连接,给员工及入区企业提供学习、沟通、展示的平台。同时,公司组织职工参加多种文娱活动,2010年3月开展"芬芳百年、香悦基地"纪念国际三·八妇女节100周年活动;4月组织25名员工参加顺义区第八届"后沙峪杯"春季长跑比赛;6月,参加顺义区举办的首届龙舟大赛,获得优秀组织奖;12月,公司成功举办了2010年新春联欢会。这一系列活动的开展使公司员工感受到企业文化的熏陶,增强了全员凝聚力。

(亢斐)

【市政工程】 2010年5月15日,汽车城中心绿地景观工程开工。该项目位于顺义汽车城核心区,总面积12万平方米,南北长560米,东西宽215米,预计总造价1.2亿元。绿地景观工程通过精心的项目策划,合理的规划设计,结合先进的科技手段,全新的经营理念,建成全国一流的集汽车综合展示、商业服务、汽车科普教育、汽车文化交流、休闲娱乐、工业旅游,多层次、全方位的以汽车为主题的旅游景区。

(亢斐)

【领导考察】 3月26日上午,北京市委书记刘淇,市委副书记、市长郭金龙等市领导莅临汽车基地,就"加快城乡结合部建设,推进城乡一体化发展"主题进行专题调研,并参观了汽车基地建设的澜西园小区回迁安置房。

(毕建斌)

【招商引资】 2010年,汽车基地在新的形势下呈现出机遇性招商、战略性招商、储备性招商、扩展性招商、培育性招商、配套性招商的特点,共引进项目28个,其中实体项目11个,协议引资218.98亿元;楼宇注册项目17个,注册资本金52.59亿元。新引进重点项目有北京自主品牌乘用车基地、北京现代第三工厂、北京笔克展览服务有限公司、新丰泰(香港)有限公司、中国汽车报社等。截止到2010年底,共引进98家企业,在全市工业区中平均投资强度及单位产出方面遥遥领先,走出了一条集约程度高、规模效益好的滚动开发、持续发展道路,成为国家级高新技术产业化基地。

(蔡玉兰)

【国家汽车质量监督检验中心】 国家汽车质量监督检验中心(北京)是北京市重大建设项目之一,总建设面积4.4万平方米,总投资7.5亿,该项目已于2010年3月6日正式开工建设。

(翟向涛)

【中航发动机产业基地】 航空发动机产业基地总占地面积约755亩,总投资约70亿元,建筑面积总计282400平方米。2010年6月9日,位于北京市顺义区的中航工业北京航空产业园发动机产业基地一期工程开工建设,并举行开工仪式,北京市市委书记刘淇、北京市市长郭金龙、中航工业集团总经理林左鸣出席。

（翟向涛）

【中航系统产业园】 中航系统产业园占地面积约308亩,总投资约16亿元,总建筑面积226000平方米。北京青云航电科技有限公司作为系统产业园实施主体以于2010年9月30日正式注册成立,注册资金1.2亿元人民币,注册地为北京汽车生产基地。

（翟向涛）

【中航技术基础院】 中航技术基础院项目总投资约21.6亿元,占地面积约600亩,总建筑面积250000 。作为中航技术基础研究院项目实施主体中航复合材料有限责任公司于2010年6月17日注册成立,注册资金9亿元人民币,注册地为北京汽车生产基地。2010年12月29日,中航工业基础院顺义园区建设启动仪式暨中航复合材料有限公司、中航高科智能测控有限公司揭牌仪式举行。

（翟向涛）

【澜西园小区项目】 澜西园小区总规划面积约为72万平方米,总共分为A、C、D三个小区。居住区总用地:43.14公顷。居住区总建筑面积:73.42万平方米。居住总户数:5465户。停车位:5834辆。绿地率:30%。总投资金额约36.7亿元。其中现代花园C区36栋住宅已竣工交付使用。至2010年底已完成杨家营、军营回迁,完成部分杜各庄村回迁工作。

（翟向涛）

北京北方印刷生产基地

【概　况】 北京北方印刷产业基地位于北京市顺义区东南部,地处首都国际机场正东侧10公里处,距天津新港100公里;距顺义、燕郊、大秦铁路三个火车站均在20公里范围内;距顺义区中心15公里,京平高速紧邻印刷产业基地南侧1公里处,专门设有出入口,京平高速向西穿过六环路、机场第一、第二高速,最终连接京承高速。毗邻通州区和河北燕郊,紧扼北京东部金三角门户。基地位于顺义区北务镇,规划面积91.03公顷。2010年引进企业20家,实现税收4313.02万元。北京北方印刷产业基地按照区委、区政府提出的"统筹规划、健全机构、完善管理、分步实施、滚动发展"的总体要求,高标准规划、高起点招商、高质量建设、高效益发展。

单位名称:北京北方印刷产业基地管理委员会
地址:顺义区北务镇龙塘路南侧
电话:(010)61424560
邮编:101300

（申晓杰　李靖怡）

【市政基础设施】 2010年,印刷基地投入15万元由北京市顺政市政设计所针对新建路雨、污水管道进行设计,并投入570万元完成横四路,纵一路雨、污水管道铺设工程。2010年,园区内"横四、纵一"路完成半幅路,路网基本形成。南侧横四路总长1335.62米,计划接至木燕路,连接京平高速木燕路出口,现修到开发区西边界;在西侧修建纵一路,总长1969.54米。两条路红线宽度均为30米。此项工程预计投资3000余万元。当年已投入1400万元。

（李向利）

【招商引资情况】 2010年引进入驻企业20家,其中楼宇类项目12家,实体类项目8家,投资总额14亿元人民币。实际利用外资500万元。

（申晓杰）

【清理回收土地】 2010年,基地对发展前景不明朗、经济效益不高的企业随时清理,实现"腾笼换鸟"。年内通过友好协商清理土地

232 亩。

（李向利）

【土地手续办理】 2010 年，已取得规划意见函复、项目预审、环保意见及项目立项。一期项目占地约 386.25 亩。园区内 298.95 亩三期项目占地，目前已取得规划意见函复、项目预审、环保意见及项目立项。一期、三期项目于今年 5 月中旬上报规划局办理项目规划条件，项目正在审批中。二期土地一级开发项目，占地 538.44 亩，其中建设用地面积 262727.5 平方米（394.1 亩），代征用地面积 96232.9 平方米。已完成成本审计和地价评估环节。

（李靖怡）

【土地入市交易情况】 2010 年，在基地内有三个项目为建而未批项目，共计入市交易土地 210 亩。北京朗依制药有限公司摘得清大地块，已于今年 2 月取得国有土地使用权证。凤凰实业、碎得机械已交纳出让金，因土地补偿款、地上物罚没款存在疑虑，国有土地使用权证正在办理中。

（李向利）

【环境建设】 2010 年印刷基地通过拆迁收回办法，配合物业公司收回拾边地 2600 平方米，用于绿化。同时投入 65 万元设计绿化、路灯等相关附属设施，大大提升了园区环境。

（申晓杰）

北京国门商务区

【概　况】 国门商务区作为首都临空经济的重要组成部分，是顺义区大力发展现代服务业的试验田，承载着国际信息交流、聚集高端服务业和提升新城形象等重要历史使命商务区自成立以来，坚持“三年打基础，五年出形象，十年成一流”的工作目标，加强基础设施建设，突出招大引强，全面优化发展环境，集聚发展能力明显增强，品牌知名度有效提升，以总投资 150 亿元的国家级地理信息科技产业园、总规模 500 亿元的国开城市发展基金为代表的一批高端项目相继入区发展。

单位名称：北京国门商务区
地址：北京市顺义区李桥镇机场东路 2 号
电话：(010)81465505　81465515
传真：(010)81465506
邮编：101300
网址：http//www.aircbd.com

（史冠楠）

【重大项目引进】 国家地理信息科技产业园于 2010 年 11 月由国家测绘地理信息局和北京市政府签约并落户商务区，是国家为调整产业结构、发展测绘和地理信息产业而建设的国家级产业园，也是北京市 2011 年重点工程。产业园总建筑面积 135 万平米，计划于 2012 年建设完成，届时将引入国内外地理信息相关企业 100 家以上，形成年产值近千亿元、年税收 7 亿元、就业人数超过 3 万人的高新技术产业园区。面对产业园建设工期紧、任务重的挑战，商务区日夜兼程，全力以赴，上下沟通，多方协调，仅仅用 4 个月的时间，就实现了项目由签约到一期 70 万平米主体工程的全面启动。四季度，商务区将进一步加强与市、区各部门的沟通和协调，建立“一站式”办公服务机制，加快推进产业园规划设计、立项手续、土地上市、工程建设等各项工作，确保项目一期工程 70 万平米主体封顶，明年一季度投入使用。

（史冠楠）

【招商引资】 今年以来，商务区紧紧围绕园区产业定位，全面加强与国家测绘地理信息局、国开金融公司、中科院遥感应用研究所、信威通信技术公司、中国电子口岸数据中心等国家部委及中央企业的合作，成功引入一批优质项目及企业入驻，商务区的产业聚集效应得到了充分展示,功能特点得到了进一步完善。围绕壮大金融产业,积极打造产业金融中心。国门商务区充分发挥临近机场的区位优势和临空产业优势,成功引进了开元城市基金管理公司、国开城市发展基金公司、国开创新资本有限公司、中国银行首都机场支行等一批知名金融机构,为商务区产业金融发展奠定了坚实基础。下阶段,商务区将按照“产融结合、产融双驱、产融平衡”的发展目标,加快促进产业金融集聚,力争早日将商务区打造成为顺义区乃至北京市东北部的产业金融中心。围绕发展战略性新兴产业,积极引进地理信息企业。国家地理信息产业是战略性新兴产业,地理信息企业的积聚对于顺义区在全市率先形成创新驱动发展格局将起到重要的引领作用。目前,天地图有限公司和国测地理信息科技产业园有限公司已注册至国门商务区,同时25家地理信息企业签订了入园协议。商务区将全面加强与国家测绘地理信息局和相关单位的配合,组建产业园招商服务中心,全面做好入园企业各项服务,确保产业园招商顺利推进。

(史冠楠)

【规划建设】 商务区自成立以来,坚持以世界知名商务区为标杆,始终高起点规划、高标准建设,累计投入资金14亿元用于征地拆迁以及基础设施建设,商务区投资环境得到了切实优化,城市功能日益完善,项目承载能力不断提高。四季度,商务区将加快办理一、二、三期土地征地及上市交易工作,确保地理信息科技产业园的用地需求。积极推进四至九期征地手续办理工作,力争年底前完成核心区5300亩土地征地手续办理工作,为后续项目落地和形成效益创造条件。同时,加快核心区基础设施建设。抓紧完成核心区剩余道路及市政综合管线的施工及手续办理工作,力争核心区于10月底前达到“九通一平”标准。

(史冠楠)

【发展前景】 随着中关村“一区多园多基地”产业空间布局的优化调整,为各类园区的发展提供了有利契机。商务区将把加快中关村一区多园建设列入下阶段的重点工作,加紧与市、区经信委及发改委等政府部门的沟通,积极加入中关村一区多园政策体系,进一步强化商务区政策环境,增强园区发展后劲,力争到“十二五”末,吸引各类入区单位达到1000家以上,吸纳就业3.5－4万人,实现产值千亿元,税收50－60亿元,全力建成一个“功能合理、环境优雅、配套设施完整、基础设施齐全、建筑形态亲和”的高品质商务园区。

(史冠楠)

大型国有企业和上市公司

北京首钢冷轧薄板有限公司

【概　况】 北京首钢冷轧薄板有限公司(以下简称“首钢冷轧”)由首钢总公司、北京首钢股份有限公司、北京汽车投资有限公司出资设立,注册资本26亿元,3家股东单位分别占注册资本的9.72%、70.28%、20%。首钢冷轧地址在北京市顺义区李桥镇,厂区占地面积1100亩,毗邻首都国际机场,紧邻京承线,交通便利。首钢冷轧项目是2005年2月国务院批准的《首钢实施搬迁、结构调整和环境治理方案》的重要内容之一,是首钢落实科学发展观,进行战略性结构调整,做强钢铁主业,实现可持续发展的重要举措。首钢冷轧建设吸收国内外经验,选择先进、成熟、可靠的工艺技术,主要工序有1条酸洗连轧线、1条连续退火线、2条连续热镀锌线,关键设备从国外引进,总体达到了世界先进水平。项目总投资64亿元,产能150万吨,其中退火板70万吨,热镀锌板80万吨。产品厚度范围0.3~2.5毫米,宽度范围900~1850毫米,主要生产汽车板、家电板、专用板等高端产品。酸轧线2007年11月试生产,连续退火线、2号和1号热镀锌线分别于2008年5月、8月、11月试生产,年内实现全线生产贯通。首钢冷轧下设生产计划部、技术部、质量部、设备部、能源环保部、人力资源部、党群工作部、经理办公室、信息化管理办公室、酸轧、连退、镀锌、成品物流、罩退、动力、电力、点检作业区。在册职工960人,平均年龄32岁。其中有博士生1人,研究生48人,大学本科学历218人,大专学历337人;高级职称14人,中级职称66人,初级职称187人;技师24人,高级工108人,中级工270人;女职工146人;中共党员402人。

单位名称:北京首钢冷轧薄板有限公司
地址:顺义区李桥镇任李路200号
电话:(010)81477800
邮编:101304

(韦　哲)

【产品产量】 2010年完成产品产量173.44万吨,超计划23.44万吨,突破年设计能力3.44万吨,比2009年增产45.83万吨,提高35.91%。其中:连退产品完成98.5万吨,超计划13.5万吨,同比增产15.81万吨,提高19.12%。镀锌产品完成56.8万吨,超计划1.8万吨,同比增产27.4万吨,提高92.8%。3月创出月产15.51万吨的历史新记录,4月、8月、10月、12月产量也均超过15万吨,具备了稳产高产的能力。其中:全年完成品种材124.1万吨,超计划21.1万吨,全年品种钢比例达到71.55%,创历史最好水平,同比增产86.3万吨,品种钢总产量是上年的3.3倍。其中:汽车板完成56.7万吨,超计划6.7万吨,同比增产45.3万吨,提前35天完成全年50万吨汽车板计划任务。家电板完成43.07万吨,超计划8.07万吨,同比增产25.2万吨。专用板完成24.26万吨,超计划6.26万吨,同比增产15.76万吨。全年板材出口18.66万吨,同比增加16.83万吨。

(张　民)

【主要技术经济指标】 2010年底,综合成材率、酸轧工序成材率排在国内同行业第二名,汽车板比例、连退工序成材率等四项指标排在国内同行业第三名,加工成本(同口径)排在国内同行业第四名,产能利用率、镀锌工序成材率等五项排在国内同行业第五名。通过首钢技术研究院的综合评定,首钢冷轧主要技术经济指标已进入国内前5名,企业综合实力进一步增强。

(王占林)

【科研攻关】 2010年上报科技攻关项目66项,验收评审合格33项,其中特等奖1项,一等奖8项,二等奖12项,三等奖11项,全年首钢冷轧开展季度科技攻关评比活动3次,累计申报验收项目78项,通过验收44项。6月,"连退炉内张力优化方法"专利得到受理,12月,取得了"一种铣制试样卡具" 和"变径集气装置"的专利授权。11月,"顺义冷轧公司酸轧产线生产工艺动态分析系统"、"首钢家电外板镀锌生产控制技术"、"顺义冷轧连退汽车板专线生产技术"、"顺义冷轧酸轧线顺稳生产控制技术"、"首钢顺义冷轧TS16949体系建设的研究"5个科研项目申报首钢科学技术奖。

(乔建军)

【新品种试制】 2010年,新试制开发品种约25种,包括TRIP590、20、170P1、S280GD + Z、H220PD + Z、DX56D + ZF、DP590(供现代)、TRIP590、DP590 + Z、TRIP590 + Z、M3A43(DX53D + ZF、DX54D + ZF、DX56D + ZF)、H180BD + ZF、H340LAD + ZF、S320GD + ZF等,极大地丰富了冷轧的品种类型。加快完成了镀锌汽车板小批量生产,建立了质量控制体系。首次进行了宇通客车认证样片准备工作,7月、12月,开展了镀锌合金化汽车板试制并取得成功。

(乔建军)

【产品认证】 2010年,首钢冷轧同31家车企建立了供货、认证与合作关系,其中合资品牌乘用车3家,乘用轿车17家,乘用微面3家,商用车8家。1月,连退汽车板在北京现代、上海汽车等企业的中端车上成功应用。3月、4月、9月镀锌汽车板分别用于一汽大众配套、宇通客车、长城汽车及长安客车,性能满足用户使用要求。

(乔建军)

【节能环保】 4月27日,完成中水用于绿化改造工程,节约地下水资源,降低用水成本,实现区域用水循环。完成制氧作业区委托运营的各项相关事宜,5月18日签订协议,6月1日起正式生效,从而理顺了管理体系,提高了气体站所保供能力。9月16日,完成华北督查中心对冷轧公司危险废物产生、利用、处置的监督性抽查。10月8日,首钢冷轧薄板生产线项目通过国家环境保护部(环验〔2010〕248号)环境保护验收。并经过首钢和中冶集团双方近两年的共同努力,在2010年12月,首钢冷轧薄板生产线工程荣获了国家"中国建设工作鲁班奖"的奖项。[关于2010~2011年度中国建设工程鲁班奖(国家优质工程)第一批入选工程的通知(建协〔2010〕29号)]。全年吨钢综合能耗为(新口径)59.62kgce/t,同比降低6.32%;吨钢耗新水为1.30t/t,同比降低12.75%。能源资源利用效率大幅提高,真正体现资源节约型、环境友好型企业。

(袁留锁　于洪波)

【酸洗连轧生产线】 2010年酸轧线完成产品产量175.96万吨,成材率96.82%,合格率99.90%。1月,发现E点板型检查信号失灵,从而进行调整并回装,其板型显示和实际板型恢复正常;3月,消除了"宽窄印"对带钢质量影响。4月27日进行第一次2卷硅钢S30试制。5月,消除了乳化液残留问题。5月18日进行第二次6卷硅钢S30和Y30试制。5月27日-6月1日,进行年内第1次中修,对乳化液更换和清理。7月-8月,解决了冷硬卷外圈锈蚀问题。9月-11月,解决了宽料生产时的边浪问题。10月24日-11月8日,进行第2次中修,完成乳化液更换和清理工作。12月份,对焊缝断带问题攻关,焊缝断带次数降到6次,攻关效果初步显现。

(张　生)

【连续退火生产线】 2010年完成产量98万吨,同比增长18.7%,超设计能力。其中汽车板56万吨,占总产量比例57%,同比增长428%;汽车板、家电板、专用板、出口板共80.54万吨,占总产量比例82%,同比增长192%。工序成材率为98.38%,合格率为99.92%,同比提高0.29个百分点。3月、7月,分别创出月产9万吨纪录,具备了高质量稳产高产的能力。实现了包括普碳钢、IF钢、高强钢等产品品种、规格全覆盖,并达到了产品设计要求。5月29日-6月2日,进行了5天强化检修。10月29日-11月5日,进行了7天强化检修。11月26日,50万吨汽车板钢卷下线,提前35天完成公司生产任务。12月,实现了包括普碳钢、IF钢、高强钢等产品品种、规格的全覆盖。

(柳智博)

【热镀锌生产线】 2010年两条镀锌线完成产品产量56.8万吨,其中:汽车板、家电板、专用板、出口板共计生产464171.42吨,占总产量的81.72%。1#镀锌线连续最长运行时间提升到260小时,一检合格率最好水平达到98.46%,合格率为99.83%,工序成材率为98.98%,FC级品率提升到35.08%。1月,对1#镀锌线冷却塔顶辊组辊面提出整改方案并实施,至今未出辊子划伤带钢现象。2月、3月,实现1#镀锌线移动冷却段带钢温度闭环控制。3月,完成了宇通汽车板的认证工作,性能达到要求。3月、10月,完成了合金化调试及部分工艺质量的改进工作。4月,完成第一次环保钝化产品的调试工作。5月、10月,去除部分辊子表面的结瘤。5月,完善锌锅辊子跟踪机制,开始对设备装配、使用进行全程跟踪。6月,实现了锌液成分的稳定控制。7月,解决了边部结渣、气刀条痕等问题。8月,对2#镀锌线退火炉174个烧嘴进行精调,使废气管路中的"鸣爆"现象得到有效缓解。10月,两条镀锌线月产量首次达到6万吨。10月生产涉及S320GD、H340LAD、H180BD、DX56等6个钢种,且成品表面质量稳定,一检合格率达到90%以上,FC级品率达到30%以上。12月,完善锌锅辊子的辊面、涂层、沟槽及辊子选型,改进边部挡板,分析板面划伤原因,进行优化改进。完成了合金化DX51D+ZF、DX53D+ZF两个钢种的测试,合金化镀层铁含量指标8-12%要求。12月,创造了61057吨的历史最高产量。海尔家电板年供货量达到了74080吨。

(齐春雨)

【人才队伍建设】 为打造人才队伍,积极探索人才队伍激励机制,按照七个专业四个层级的梯队晋升培养模式打造技术人才,即对四个层级的专业技术人才实行年度技术津贴聘任制;对冷轧行业工种技能人才实行年度技能津贴聘任制,聘任范围从技师下延到高级工、中级工。同时聘任范围由原来的重点岗位向一般岗位延伸。在此基础上,结合《个人发展进取目标计划》,实施了"个人发展进取目标奖励机制"。对专业技术人才的科技论文、管理方法、研究成果在首钢科技等行业报刊、期刊上刊登发表;技能操作人员取得中级、高级、技师、高级技师职业资格证书,经所在作业区、部门确认,公司审核,予以奖励。

(李德军)

【党群工作】 2010年,首钢冷轧通过《冷轧创业人》、冷轧内网信息动态、班车视频、宣传栏等载体,对各个时期经营生产形势、目标、任务进行宣传。配合总公司组织策划了首都媒体记者20多人到首钢冷轧座谈采访,并在《北京电视台》头条播出,受到社会各界好评。建立并完善了廉政风险防范管理监控网络图,涵盖27个岗位,涉及39人。开展了"廉洁从业从我做起"主题教育征文活动,收到参评作品36篇,评优6篇。围绕"降低锌锭消耗管理"开展效能监察工作,取得经济效益352.11万元,被首钢纪检监察系统评为"避免和挽回重大经济损失有功集体"。全年共参加91个项目招投标工作会议,与中标厂家签订了"首钢工程建设项目廉政责任书",做到了公平、公正、公开。在2010年开展的"我为企业发展献策出力"中,被总公司连续四个季度评为标兵集体,20名标兵个人受到表彰奖励,有82人荣获冷轧公司标兵个人荣誉称号,并受到表彰。刘澄、陈光被评为北京市劳动模范。4月,举办了第一届职工文化体育节暨春季环厂跑活动。5月,首钢冷轧团委举办了"感受青春感受新首钢"五四青年节活动。6月,为15对青年举办了主题为"幸福绽放、精彩人生"的集体婚礼。2010年,首钢冷轧先后荣获了"2010年度全国优秀企业文化先进单位称号"和"第八届首钢党建和思想文化创新二等奖"。

(闫广顺 王铁柱 牛通庸 王洪强 郭宇)

中国国际展览中心(新馆)

【概 况】 中国国际展览中心是一家集展馆经营、国内组展、海外出展、展览工程于一身的大型国有企业,其隶属于中国国际贸易促进委员会(以下简称贸促会),创立于1985年。中国国际展览中心自成立起,就受到了党和国家领导人的高度重视,时任中央军委主席的邓小平同志还亲自为中国国际展览中心题写了馆名。二十多年来,中国国际展览中心引领着中国的展览业从无走向有,从弱走向强,从静寂走向繁荣。多年来,中国国际展览中心一直秉承"诚信、务实、敬业、创新"的企业精神,发挥自身规模优势,对内狠抓管理,积极调整战略发展方向,对外兼收并蓄,走出国门,积极与国际展览业接轨。随着我国经济的高速发展,展览业已成为经济增长的强力引擎。作为首都北京的展览市场得到了空前发展,中国国际展览中心(老馆)已无法满足北京市展会发展的需求,急需一座大型的、国际化的、专业化的展览馆与之相匹配。在贸促会领导深切关注下,中国国际展览中心(新馆)开始酝酿和筹建。中国国际展览中心(新馆)(以下简称国展新馆)位于北京顺义天竺空港城商务区内,项目总规划155.5公顷,地上总建筑面积66万平方米,其中展馆及附属设施地上建筑面积40万平方米,展馆室内地上总使用面积超过20万平方米。总体工程分三期投建,其中一期工程建筑面积43.1万平方米,2008年3月正式建成并投入使用。国展新馆地理位置优越,网络交通便捷,一期主展区共包含八个展厅,106800平方米室内展览面积,展馆设计兼具国际性与专业性,展馆设置灵活,易于分割,八个单层、无柱、面积过万的单体展厅连环贯通,即可满足大型展会又可独立承办中小心展会以及体育赛事和演出等活动;场地设施完善,功能齐备,四个宽敞的登录大厅,50米宽的庭院式园林休息区,30个大小不同,设施齐备的会议室,71个展会洽谈室,24个餐饮区,遍布展馆地下的水、电、气通讯等施工网络等设备设施和功能区,全面满足观众、主办和展商的各种需求。国展新馆的建成和投入使用,为北京地区的展览业发展提供了广阔的展示平台和丰富的展馆资源,并成为全国乃至世界品牌展的培育的摇篮。

单位名称:中国国际展览中心(新馆)

地址:北京市顺义区天竺镇裕翔路88号

电话:(010)80468233

邮编:101318

网址:http://www.ciec-expo.com

(王慧琳 刘英杰)

【展会情况】 2010年,中国国际展览中心新馆成功承接了14场国际专业展会,场馆租赁面积近120万平方米,全年展馆使用率为28%。其中,展览面积达到10平方米以上的大型展会共计6场,分别为中国国际建筑装饰及材料博览会,中国国际服装服饰博览会,北京国际汽车展,中国国际冶金、铸造工业展览会,中国国际体育用品博览会。国展新馆筹建之初就是要打造成为中国乃至世界顶级的专业展览馆,其设计、构造、面积以及相应的硬件设施、软件服务都本着开放化、国际化、专业化和高端化而设置,新馆一期经过三年的运营与发展,缓解了一直困扰北京展览业多时的展馆面积小、硬件设施落后的现状,伴随着国展新馆的发展,其所承接展会的规模也逐步由小到大、由弱到强,并向国际化、规模化、品牌化、专业化发展。以北京国际汽车展为例,由于国展新馆的启用,短短的三年间,北京国际汽车展得到了空前的发展,2010年有来自16个国家和地区的2100余家厂商参展,国展新老馆总展出面积超过20万平方米,全球所有汽车跨国公司全部参展,各知名汽车企业的总裁、CEO及高级官员悉数到场,北京汽车展自此荣升为全球最重要的A级车展。目前,国展新馆一期配套工程正在启动,相信在不远的将来,国展新馆将以一流的管理、一流的服务、一流的场馆,培育和承接全国乃至全世界一流的展览会。

(王慧琳)

【管理单位】 北京国展国际展览中心有限责任公司作为国展新馆的管理单位,自2004年成立伊始就一直致力于国展新馆的筹备、建设和运营管理。北京国展国际展览中心有限责任公司(以下简称"管理公司")作为场馆方主要业务涉及场馆的出租、经营、管理,展会的项目服务、施工管理、安全保卫,场馆设备设施的维护以及交通服务等。管理公司在对国展新馆的运营管理中,一直坚持科学管理,规范运营,细化标准,不断提升服务水平,提高展馆的使用率,努力为主办方提供一流的展馆、完备的设施、优质的服务,充分发挥企业在展会系统服务方面的优势,向展会主办方提供施工管理、水电气、进场加班管理、空调、设施设备租赁、保安保洁、广告物流等与办展相关的运营服务。此外,管理公司将"管理一流、服务一流、效益一流"作为企业目标,在发展中不断探索、创新,逐步推行了"一站式服务"和"一揽子销售"的策略,开放性的外包服务体系,同时积极推进国展新老馆一体化经营,将"服务标准化"和"管理市场化"作为企业的管理模式,展馆影响逐步扩大、展会数量逐年增加、展会服务不断提升。未来,管理公司将积极致力于与客户的携手共赢,重视与主办方的密切协作,加强与各行业协会的深度合作,结合自身发展优势,服务于地方经济的发展和客户市场的开拓,以诚信为理念,以规范为体制,以高效为目的,以服务为宗旨,"携手各界"不断地为北京展览事业及地方经济发展共同努力。

(王慧琳)

燕京啤酒集团公司

【概 况】 2010年北京燕京啤酒集团公司

全体干部职工认真应对复杂的国内外形势,积极响应党中央、国务院扩内需、保增长的战略部署,抢抓发展机遇,深化企业改革,坚持“六个创新”、“四个做强”的总体战略方针,始终按照公司董事会确立的工作思路,以市场为导向,以产品结构调整、市场结构调整、品牌结构调整为重点,努力强化各项基础管理,有效确保了年度各项工作任务的完成。集团公司全年完成啤酒销量503万千升,实现销售收入(含瓶)1441961万元,利润总额105195万元,实现税金243020万元,利税总额322618万元,顺利完成‘十一五’规划500万千升啤酒产销量的战略目标,继续保持了销售收入增长高于产销量增长,利润增长高于销售收入增长的良好态势,且产销量、销售收入与利润总额均创历史最高水平。啤酒产销量连续三年位列世界啤酒行业前八名。

单位名称:北京燕京啤酒集团公司
地址:顺义区双河路9号
电话:(010)89495588
邮编:101300
网址:htpp://www.yanjing.com.cn

(吴春霞)

【品牌建设成效显著】 “1+3”的品牌战略进一步推进,无形资产不断增值。2010年中国最有价值品牌评价中,燕京集团公司品牌价值总计245.23亿元,其中燕京品牌价值168.33亿元,漓泉品牌价值36.90亿元,惠泉品牌价值26.72亿元,雪鹿品牌价值13.28亿元。

(吴春霞)

【全国市场战略性布局】 充分把握国家结构调整的战略发展机遇,立足于未来市场良好的发展预期,全面推进中西部市场建设,使战略市场开始由中东部向中西部地区转移。投资3.6亿元在云南建厂,成立燕京啤酒(昆明)有限公司,一期工程年产20万吨啤酒已于2010年12月20日正式投产;投资2.5亿元于四川燕京啤酒有限公司,新增啤酒产能10万吨,企业年产能提高至20万吨;投资2.5亿元在山西成立燕京啤酒(晋中)啤酒有限公司,年产啤酒产能10万吨,2011年元月投入生产;投资2亿多元于新疆燕京啤酒有限公司,进行10万吨啤酒扩建工程,2011年5月份正式投产,啤酒产能增至20万吨。同时,加快推进内蒙古呼和浩特燕京雪鹿啤酒有限公司、燕京啤酒赣州有限责任公司的退城进园项目建设。通过资本运作,公司还先后进入河南市场和内蒙古西部市场,2010年8月以2.275亿元成功收购河南月山啤酒有限公司,年啤酒产能为40万吨,于2010年11月13日以1.58亿元收购金川保健啤酒,使集团公司的全国市场战略格局进一步完善。

(吴春霞)

【市场融资】 为有效解决发展中所需资金问题,公司经过认真讨论与研究之后,决定从资本市场融资,并采取以发行可转换公司债券募集资金的方式,从而最大化地减少财务成本。公司于10月8日获取中国证监会关于核准燕京公开发行可转换公司债券的批复,10月14日举行网上路演,10月15日成功发行,共计融资11.3亿元。此次融资资金集中用于北京、广东、江西、云南、山西等地新增啤酒产能建设项目,为我公司新增啤酒产能60万吨,为实现“十一五”规划,达到500万吨战略目标提供坚实发展基础。

(吴春霞)

【创建和谐劳动关系】 公司继续对生产技术骨干、业务骨干进行转非招工,从2007年–2010年底,已成功为2600人办理转非招工手续,有效地解决了职工老有所养的实际问题,使广大干部员工充分享受到了中国改革开放的成果、企业发展的成果。

(吴春霞)

【顺义区第十八届燕京啤酒节】 2010年6月6日在燕京啤酒体育中心举办啤酒节开幕式,晚上与燕京啤酒集团与中央电视台《欢乐中国行》节目组合作,成功举办了以“感动世界、超越梦想、燕京辉煌30年”为主题盛大的文艺晚会，最大程度展示了顺义发展及燕京形象。在本届啤酒节期间，在顺义花博会主展馆主办了为期四天的“走进顺义、相约燕京、畅饮清爽、共庆佳节”为主题的啤酒广场活动，共接待游客18000人次，较好地宣传了燕京啤酒文化与区域文化特色。另外，公司在朝阳公园、欢乐谷、奥运场馆等地还开展了地面产品推广活动，并延续了往年报刊、网络传播方式，同时依托世博会、世界杯今年社会群体关注的焦点，有针对性地开展了饮燕京啤酒、世界杯有奖竞猜活动。

（吴春霞）

【玉树抗震救灾活动】 2010年4月14日，青海玉树发生7.1级地震。灾情发生后，集团公司积极组织赈灾，通过北控系统直接向青海省政府捐款50万元，并参加了由民政部、红十字协会、中央电视台共同组织的玉树赈灾义演活动，现场捐款220万元。除此之外，集团公司外埠企业员工也自发捐款达82万元。集团公司总计向玉树灾区捐款352万元。

（吴春霞）

【赞助中国女足】 2010年5月18日，在女足亚洲杯开赛前一天，公司与中国足协在女足亚洲杯举办地四川成都，结成战略合作伙伴关系并举行了签约仪式。公司出资赞助中国女足，合同期限为5年，基础投资为1500万元(每年300万元)，并承诺，在今后的重大国际赛事中，若中国女足取得佳绩，还将予以奖励。此次赞助中国女足，主要是履行国企社会责任，激励中国女足姑娘们，奋力拼搏，踢出国威，走向世界。国家体育总局副局长崔大林，足球运动管理中心主任韦迪，燕京啤酒集团董事长、总经理李福成，足球运动管理中心副主任薛立、于洪臣，燕京啤酒集团公司副董事长、常务副总经理戴永全，副总经理赵晓东，中国女足主教练商瑞华以及队员毕妍、韩端等出席了发布会。

（吴春霞）

北京顺鑫农业发展集团有限公司

【概　况】 北京顺鑫农业发展集团有限公司坚持以科学发展观为指导，围绕公司“二·五”发展战略收官之年的各项目标，坚持资本经营与产业经营并举，充分发挥自身优势，积极把握发展机遇，产业规模不断扩大，经济效益持续提升。全年实现销售收入80亿元，实现利润4.5亿元，实现税金6亿元，实现国内生产总值15.8亿元，保持了良好的发展态势。

单位名称：北京顺鑫农业发展集团有限公司
地址：北京市顺义区站前街1号院1号楼
邮编：101300
电话：(010)81483800
网址：http://www.000860.com

（樊新武）

【制定“三·五”规划】 立足集团当前和长远发展，经过深入分析，科学调研，公司制定了“围绕大农业概念，立足企业使命，完善农产品加工和新农村建设两个领域，坚持资本经营与产业经营协调发展，大力发展主导产业，重点培育优势产业，优化提升医药产业，加快培育和形成六大产业集团，实现人才队伍专业化、产业发展集团化、市场国际化、资本证券化、科技信息现代化”的发展战略，标志着企业发展进入了新阶段。

（樊新武）

【花博会展后利用】 公司与南京金盛集团达成初步合作意向。两家共同打造集研发、交易、物流及总部经济于一体的全球性、现代化建材家居采购、物流、服务产业基地。本项目的顺利签约是公司科学规划花博会主展馆展后利用的重要成果。

（樊新武）

【创先争优活动】 围绕企业中心工作,开展多种形式,丰富多彩的学习活动。一是加强对党章的学习,开展党章知识竞赛;二是开展主题实践活动,围绕“创先争优,从我做起”、“党员承诺”、“党员评议”系列主题,切实提高工作水平;三是开展争创“四强”党组织,争做“四优”共产党员;四是深入开展“双学双比双提高”宣传教育;五是广泛开展“创先争优”、“先进典型”宣传工作;六是推进“党群共建创先争优”活动。通过活动开展,有力的调动了基层党组织和广大共产党员创先争优的积极性,树立了“学先进、赶先进、作贡献、当表率”的良好风气。

(樊新武)

【顺鑫国际商务中心】 公司与北京甘家口大厦正式签订合作协议,共同打造顺鑫国际商务中心甘家口百货。百货一期经营面积为30000平方米,同时拥有25000平方米超大型地上、地下停车场,4000平方米音乐喷泉休闲广场,将成为消费者购物、休闲、娱乐的理想佳所。

(樊新武)

【市人大主任考察】 5月13日,市人大常委会主任杜德印、市人大常委会副主任赵凤山到顺鑫农业牛栏山酒厂调研。杜德印一行先后参观了牛栏山酒厂酿酒车间,文化小院,听取了牛栏山酒文化历史介绍。他对牛栏山酒厂取得的成绩给予了高度评价和充分肯定,并希望牛栏山酒厂抓住机遇,加快发展。区领导张延昆、刘剑、马庚良,公司董事长李维昌,副总经理李怀民陪同。

(樊新武)

【安全生产月】 围绕“坚持安全发展,构建和谐顺鑫”主题,采取集团集中组织与企业自行组织相结合的活动形式,先后举办了“顺鑫农业第五届员工安全生产书画摄影展”、“我为安全生产提合理化建议”活动,召开了安全生产管理工作座谈会,组织参加北京市“安全在我身边”演讲比赛。通过一系列活动的开展,进一步强化了全员安全意识,营造了有利于安全发展、重在预防的安全氛围。

(樊新武)

【中国维和用酒】 中国人民解放军总参谋部维和办公室指定顺鑫农业牛栏山酒厂的二锅头酒为“中国维和用酒”。推动了牛栏山二锅头酒产品向国际化进军的步伐,进一步提升了品牌知名度和影响力。

(樊新武)

【第七届农业博览会】 9月28日至10月2日,北京顺义第七届农博会暨第五届旅游文化节在花博会主场馆成功举办,顺鑫农业顺利承办并成功参展。本次展会设农产品加工产业、花卉产业、旅游产业等展区,顺鑫农业展位是本次农博会中参展规模最大、参展企业最多、参展展品最丰富的展位。农业部、北京市、顺义区的各级领导先后莅临展位参观指导。

(樊新武)

【荣获中国驰名商标】 “宁诚”商标被国家工商总局商标局认定为中国驰名商标,公司品牌建设又添硕果。至此,公司中国驰名商标拥有量达5件,成为国内拥有驰名商标最多的企业。

(樊新武)

北京空港科技园区股份有限公司

【概　况】 2010年,北京空港科技园区股份有限公司(以下简称“空港股份”或“公司”)本着科学发展的理念,以提升公司盈利能力和核心竞争力为目标,紧扣“调结构、转方式”的主线,狠抓了战略的落实工作,继续优化公司结构、严格规范内部管理、着重提升整体形象,积极推动发展方式的转变,致力于探索集团化发展道路。全年共实现营业收入 8.62 亿元,同比增长 13.96%;实现净利润 6100 万元,同比增长 10.67%;实现税收 6991.77 万元,同比增长 2.41%,较好的完成了各项指标和工作任务。

单位名称:北京空港科技园区股份有限公司
地址:北京空港经济开发区 B 区裕民大街甲 6 号
电话:(010)80489277
邮编:101318
网址:http://www.600463.com.cn

(王　宇)

【优化公司治理结构】 2010 年,公司对内部治理结构进行了进一步的优化改善,突出壮大主业,推动公司向“职能中心”的转变。整合天地物业和物业管理分公司,并在分公司建立相对独立的账务运行体系。两家物业管理公司采取“两块牌子、一套人马”的管理模式,既提高了资源的使用效率,节约了成本,又推动收益考核更加有效合理。成立产业发展部,负责布局公司发展战略及项目开发的论证工作。对亿兆地产单方面增资 2500 万元,持有股权提高到 80%,为持续拓展土地开发业务打下基础。

(王　宇)

【开展调研活动】 在“后开发区时代”大环境下,为增强可持续发展能力,公司按照“巩固区内,拓展区外”的开发原则,立足空港、着眼顺义,致力于在实现土地一级开发持续拓展基础上,开拓工业地产二级开发,培育新的利润增长点。围绕以上目标任务,公司针对区内、区外开展了广泛而深入的调研活动。公司产业发展部先后走访了顺义区各功能区及乡镇二三产业基地,并远赴长春、重庆等城市,学习其他园区建设开发经验,完成了《顺义区规划和土地储备情况调研报告》、《长春、重庆等五城市经开区及高新区调研报告》、《木林产业发展区土地一级开发工作计划》等多篇调研报告,为公司进行产业升级和结构调整打下了良好的基础。

(王　宇)

【土地一级开发】 2010 年 9 月 16 日,空港经济开发区管委会与木林镇政府签订了《合作开发木林镇中心区产业发展框架协议》,协议约定由公司子公司亿兆地产作为土地一级开发建设主体,负责木林镇中心区约 2731.043 亩土地的一级开发工作。该协议的签订,扩大了公司的土地储备,为公司实现可持续发展增强动力。

(王　宇)

【工业地产开发业务成支柱产业】 作为公司工业地产开发主体,子公司天瑞置业注重在建项目与新项目储备两手抓,在努力做好现有项目建设基础上,还着力进行新项目的储备工作,为持续开发做足功课。天瑞置业深入调研市场,及时调整推广计划和方式,对价格进行三次适度上调,全年共实现销售面积 27153.99 平方米,完成营业收入 29589.96 万元,净利润 4553.75 万元,分别占股份公司合并报表的 34.34% 和 74.65%。年内,还编制完成了 C08、D01 地块控规,并取得市规委批复,还对 D01 地块进行入市及市场定位调研、方案策划等。从以上成绩来看,工业地产开发业务已成为空港股份的支柱产业,同时标志着公司在优化产业结构方面取得了突破性进展。

(王　宇)

【内部审计】 2010 年,公司对天源建筑及其各分(子)公司在 2009 年至 2010 年 2 月期间的财务收支及有关经济活动等情况进行审计,切实发挥审计效用,更好的为公司发展服务,提高经济效益。

(王　宇)

【成立党总支】 经大股东北京天竺空港工业开发公司党委批准,在空港股份设立党总支,下辖公司机关本部和各分(子)公司党支部。

(王宇)

【着重打造良好空港形象】 为塑造公司形

象,增加市场认知度、美誉度,公司在2010年加大了宣传力度,实施多管齐下、同时推进的“多级联动”策略,积极进行品牌建设与形象推广,注重于“空港品牌”的打造。对公司网站进行重新设计。是利用电视台、广播电台媒介平台,以“栏目挂牌、专题节目”等形式播放公司广告。聘请公关公司,更新制作新的宣传画册。对办公楼楼道、会议室等进行整体装饰,充分展示公司经营理念和形象。

(王　宇)

北京市顺义大龙城乡建设开发总公司

【概　况】 2010年,在区委、区政府和公司党委的坚强领导下,在区国资委的监督支持下,公司上下统一思想,团结奋进,扎实推进各项工作,比较地完成了今年的各项任务。经济指标方面。2010年,公司实现营业收入13.37亿元;实现利润7640万元;上缴税金2.13亿元。企业管理方面,公司成立党委办公室,统一文件管理,梳理部门衔接关系;充实企业管理科,加强对公司资质证照及合同的管理,按照质量管理体系的要求,建立健全公司管理制度;充实工程管理部,加强对项目的全过程管理;成立业主投诉处理委员会,解决业主投诉,查找项目开发管理过程中存在问题的环节,弥补和健全部门间的责任链条;制定出台《合同管理办法》等规章制度,使工作做到有章可依;完善审批、管理程序,明确责任部门职责,有效控制了风险隐患。项目运作方面。公司加大对各项目的针对性指导,项目进展顺利。公司以中山项目为重点,实现策划、施工、销售、物业管理等多个环节的“全过程”式管理,形成项目管理范本;对满洲里项目提出了“稳定、巩固、规范、发展”的指导思想;加强经济适用房项目的质量、安全、进度和成本管理。目前,西辛北区、石园西区都已验收完毕。五里仓项目主体已完工,室内装修已经完成,室外工程等待开工。滨河项目正在办理前期手续。新城9号地保障性住房项目前期基础工作已经基本完成,待人防审批后即可进行土方开挖。此外,西辛续建项目已取得建设工程规划许可证和施工许可证,基本完成开工前的准备工作。三区北侧公建项目已完成设计方案,并报送至首都规划委进行调规。公司王府井、宣武和满洲里项目在2010年也有条不紊地进行。思想政治工作方面,公司坚持以“创先争优”为载体,充分发挥党委、总支和党支部的战斗堡垒作用和党员的模范带头作用,狠抓党员党性教育,提高党员素质,加强党的基层组织建设。公司充分发挥工青妇群团组织的桥梁作用,以求真务实的工作态度,积极组织开展丰富多彩的、有各自特点、员工喜闻乐见的活动。公司大力开展形象重塑工作,提升外部形象。公司在各分子公司大门口和临街建筑的楼顶设置公司统一标识,打造大龙品牌形象。对员工进行文明礼仪和职业技能培训,并结合“岗位做奉献”活动,提升员工素质,提高服务质量。公司积极配合区有关部门,做好环境整治工作。4月,公司对顺平路北侧(彩虹桥至燕京桥)环境进行了整治,通过治理,彻底改变了该地区脏、乱、差局面,达到了国家卫生区验收标准。7月,公司对裕龙、西辛等老旧小区大门口进行改造,对路面损坏、绿化缺失等情况进行修补,这些措施既保证了居民出行的安全、便利,又提升了社区品味。8月,公司积极配合区商务委等有关单位,按照精细化管理原则,把握“拆旧、建新、临时过渡”三个关键环节,相互协调,扎实工作,完成了滨河市场关闭取缔工作,154户经营户全部搬离,市场用房全部拆除。整个关闭取缔期间未发生一起影响社会稳定的事件,达到了“准时、安全、平稳”要求。在党风廉政方面,公司党委书记为党风廉政建设第一责任人,对惩治和预防腐败工作负总责;公司设立纪委,具体负责党风廉政建设工作;公司设立廉政风险防范管理工作领导小组对党风廉政建设工作进行预防和监督;党委班子成员分工负责各自分管企业的党风廉政建设工作;各分、子公司法人代表具体负责本企业的党风廉政建设工作。上述党风廉政建设工作体系,实现了由上到下的合理结构,形成了相互推动、相互监督的工作格局。公司加大安全生产、信访和法制教育工作力度,保持了和谐稳定局面。公司多次组织对下属企业和施工点进行安全大检查,严防各类安全事故发生。公司在接待群众上访过程中,做到文明接待,依法答复,上转件按期结案率达到100%,2010年未出现重大上访事件。公司将法律学习纳入到中心组理论学习,以《公司法》、《证券法》、《房地产管理法》等法律法规为主要内容,采取集中学习与分散学习相结合的方式,提高班子成员知法、学法、用法意识,并逐步把法制宣传教育覆盖到公司全员。

单位名称:北京市顺义大龙城乡建设开发总公司
地址:顺义区府前东街甲2号
电话:(010)69440517
邮编:101300
网址:http://www.dldc.com.cn

(企业管理科)

【新城保障房项目】 公司2010年重点工程之一9号地保障房项目于10月开工,项目包括经济适用房、廉租房、公共租赁房,地点位于顺义马坡新城第10街区,占地面积58.8亩,规划总建筑面积10多万平米,剪力墙结构,住宅楼28层,檐高79米。该工程总投资约为3.36亿元人民币,预计2012年年底完工。完工后将解决808户困难家庭住房问题,建设保障性安居工程,对于改善民生、促进社会和谐稳定具有重要意义。大龙公司致力于实现国家"住有所居"的目标与改善城市低收入居民的居住条件做出贡献。

(企业管理科)

【中山裕龙花园项目】 年内,公司开拓南方市场的第一个项目,中山裕龙花园顺利开工建设。该项目地处广东省中山市火炬开发区太阳城中心片区,占地面积93亩,规划总建筑面积27万平方米。户型设计以120平米左右的中等户型为主,配套托儿所、幼儿园、游泳池、高档会所等公用设施。是集文化教育、商贸物流、科技娱乐、工业生产于一体的宜居宜业大型城市综合体。中山裕龙花园的开工,秉承了"立足北京,面向全国"的发展战略,公司全体干部职工决心要牢牢抓住机遇,铭记公司"选择大龙,相伴一生"的理念,以更高品质的商品房更高附加值的服务回报社会,回馈消费者。

(企业管理科)

【关闭取缔滨河市场工作】 9月1日,为彻底消除滨河市场安全隐患,解决市场噪音扰民、环境脏乱、消防及食品安全隐患等诸多问题,区政府启动滨河市场关闭取缔工作。公司成立了领导小组和专项工作组,制定了明确详实的工作方案。历时一个月的时间,滨河市场用房全部拆除完毕,关闭取缔工作顺利完成。整个关闭取缔期间未发生一起影响社会稳定的事件,达到了"准时、安全、平稳"要求。

(企业管理科)

【首届"节能中国贡献奖"】 5月27日,由中国节能协会发起,并与科博会中国能源战略高层论坛组委会共同举办的首届"节能中国贡献奖"颁奖盛礼在北京国际会议中心隆重举行。第十届全国人大常委会副委员长成思危,铁道部原部长、第十届全国人大财经委主任委员、中国节能协会理事长傅志寰等多位领导出席典礼,并为北京大龙供热中心和其它获奖企业颁奖。

(企业管理科)

【区领导视察大龙供热中心】 11月10日,

王刚代区长到大龙供热中心检查指导工作,区委常委、常务副区长李友生,区政府办、区发改委、区市政市容委、区环保局、区安监局等有关单位及总公司领导陪同检查。王刚一行首先来到城西热源厂,亲切慰问了奋战在供热一线的干部职工并与大家一一握手。随后在中控室听取了大龙供热中心负责人关于供热管线维护、人员配置、干法袋式除尘和湿式氧化镁法脱硫技术等情况的汇报。最后来到客服中心,详细询问了报修和维修情况并实地察看了收费大厅。并指出,供热是事关人民群众切身生活的大事,大龙供热中心作为顺义区供热的主力军,要站在"保民生、保稳定"的高度,切实做好供热保障工作,确保群众过一个温暖祥和的冬天。

(企业管理科)

首安工业消防有限公司

【概　况】　首安工业消防有限公司是中国首家专业从事工业消防安全的高新技术企业,是目前唯一美国上市的中国消防安全企业——中国消防安全集团核心成员。公司总部位于北京,在全国20多个省份及海外设有分支机构或子公司,主要技术与管理人员均拥有硕士、博士学位。首安自主创新的三大核心系统产品——工业火灾专用探测器、报警网络与大客户服务系统、自动灭火系统,已获得多项核心国际发明专利。首安公司是国家企事业知识产权试点单位、北京市知识产权示范单位。首安以工程总承包为主要服务形式,为钢铁冶金、电力系统、石油化工、核能核电、交通、军工、航空航天、烟酒等众多领域的工业企业及特种建筑与设施提供先进、可靠、经济的消防安全解决方案;作为中国消防安全集团的核心企业,于2007年成功登陆纳斯达克资本市场;以优质的服务、拥有自主知识产权的核心产品和多年持续快速增长的突出业绩,蝉联2008、2009、2010"中国消防行业十大民族企业"首位。"倡导安全为首,创建首强品牌",首安秉承"竞争促进发展,合作成就事业"的核心理念,持续满足并不断超越客户需求,努力成为工业消防安全领域的世界领先企业。

单位名称:首安工业消防有限公司

地址:北京市国门商务区李天路22号

电话:(010)81463816

邮编:101304

网址:http://www.sureland.com/

(总经办)

【研发动态】　2010年首安公司继续致力于消防安全领域的研究,结合公司传统优势行业和新兴市场开拓的需要,不断开发完善自有核心产品技术。公司的核心产品之一——线型感温火灾探测器的工艺得到进一步改进,多项深度研发工作得以顺利开展。本年度研发中心完成了点型复合式红外紫外火焰探测器、点型红外火焰探测器、气体灭火控制器、电气火灾监控系统、双活门雨淋控水阀等新产品的研发,并快速投入市场。同时,分布式光纤感温火灾探测器、光纤光栅感温火灾探测器、高压细水雾灭火系统等新产品的开发工作取得了阶段性成果。公司参加了《火灾自动报警系统设计规范》、《细水雾灭火系统技术规范》、《煤化工工程设计防火规范》、《酒厂设计防火规范》、《核电厂常规岛设计防火规范》、《冷轧带钢工厂设计规范》等多项国家标准的编制工作。多项核心知识产权获得国际、国内发明专利授权,赢得多起专利侵权诉讼,为维护有序的市场竞争和保证企业效益起到了重要作用。公司荣获北京市专利示范单位称号,技术中心顺利通过北京市认定企业技术中心的评价。与高校及科研机构积极合作开展项目,与公安部沈阳消防研究所签订了战略合作协议。

（研发中心）

【营销与工程】 总承包服务是首安公司具有核心竞争力的、被广大高端客户广泛认可的、经过众多重点工程项目实践检验的有效服务模式。公司继2009年的辉煌业绩之后，在2010年的总承包合同的签订数量及签订合同金额更上一层楼，不仅刷新了历史同期的业绩水平，更创造了一轮新的傲人成绩。其中成功中标并实施的重点项目包括：2010年2月，首安公司签定了武钢消防安全设施总承包工程合同、东北特钢大连基地环保搬迁项目自动消防二期工程表面处理报警系统总承包合同；4月，签定了新钢公司冷轧消防工程总包合同；6月，签订了鞍钢鲅鱼圈3.8m中厚板主厂房电缆隧道及总降变电所消防系统工程合同；10月签订了邯郸集团邯宝钢铁有限公司冷轧工程火灾自动消防系统总包合同；11月签订了重钢2700mm中厚板搬迁改造项目自动消防系统工程合同；12月，签订了江苏天淮钢管有限公司油井管技术改造自动消防系统、鞍钢冷轧钢板（莆田）项目自动消防工程、江西贵溪电厂"上大压小"工程全厂消防系统总承包合同。2010年，首安公司在核电市场的占有率继续攀升，分别签订台山核电站LOT11FBOP火灾探测系统供应合同以及台山核电站火灾探测系统M015供货合同等合同。在国际领域首安公司也取得了可喜成果，分别签订了印度KMPCL－CG 6X600MW电厂消防总承包合同以及JINDAL煤化厂和LANCO热电厂总承包合同，总合同额近1个亿。中石油、中石化、中海油、大唐、华能、华电、国电、国电投、国家电网、南方电网、中国移动、中国网通、中国铁通、武钢、鞍钢、太钢、首钢、宝钢、包钢、济钢、酒钢、本钢、邯钢、宁钢……首安公司的客户遍及整个工业领域。

（营销管理部）

【财务指标完成情况】 首安公司2010年全年实现营业收入总额54100万元，实现利润12996万元。全年上缴税金4738万元，比上年增长2919万元。2010年，公司再次被评为银行信用AAA级企业，并被认定为农业银行的优质客户。农业银行给予公司授信额度人民币1亿元，中国民生银行同年给予公司授信额度人民币6000万元。

（财务部）

【内部管理体系】 2010年，首安公司进一步优化了各项业务流程，进一步优化了内部控制体系，顺利通过2010年度美国萨班斯法案404条款内控审计，为有效防范经营风险和财务风险提供了重要保障。

（财务部）

【质量管理体系运行情况】 2009年3月1日，GB/T 19001－2008质量管理体系标准正式实施。首安公司领导层非常重视公司质量管理体系的实施、保持和改进工作，依据新的质量管理体系标准进行体系文件的修订和换版，按计划实施了质量管理体系的内审和管理评审，确保了公司质量管理体系持续的适宜性、充分性和有效性。2010年1月5日，通过了GB/T19001－2008标准认证，取得了新版质量管理体系认证证书。

（质量安全部）

【区领导到公司调研】 2010年12月9日上午，北京市顺义区区长王刚一行莅临首安公司视察调研，公司总经理林斌、副总经理崔保忠、秦同洲、研发中心主任刘敏博士等陪同调研。王区长一行首先在总经理林斌的陪同下参观了首安园区，在之后的座谈会上，详细听取了我公司的主营业务和经营情况。随后，王区长一行前往客户服务与培训中心，详细了解我公司三大核心系统产品——工业火灾专用探测器、报警网络与大客户服务系统及自动灭火系统的先进技术及工作原理，并在火灾实体试验中心观摩了细水雾灭火实验。

（市场部）

【CFPA理事会】 2010年7月8日，中国消防协会(CFPA)五届九次常务理事会在北京召开。在此次会议上,首安公司董事长李伟刚先生当选为中国消防协会五届理事会理事、常务理事。

(市场部)

【签订战略合作协议】 2010年9月20日,首安与公安部沈阳消防研究所战略合作项目在沈阳举行签字仪式。为充分发挥企业和科研院所的各自优势,促进产、学、研相结合,加快科技成果产业化,双方本着“强强联手,互利共赢”的宗旨签署了《科研合作框架协议》(以下简称“协议”)。根据协议,双方将在工业领域消防电子产品的用户需求分析、产品研制开发及工程适用性研究、消防标准规范等方面进行技术战略性合作。同时双方还签订了工程项目合作合同和技术转让合同。公安部沈阳消防研究宋希伟所长、潘刚副所长,首安董事长李伟刚、研发中心主任刘敏、技术总监李忠红等参加了此次签字仪式。李伟刚先生表示,协议签订后,首安公司将和沈消所进一步展开全方位地合作,将公司做大做强,扛起民族消防工业的大旗。

(研发中心)

【消防行业十大民族企业】 慧聪消防网“消防行业十大品牌”评选活动于2010年10月落下帷幕,首安又获喜讯,继2008年、2009年后又力获2010年“消防行业十大民族企业”之首。本次评选活动历时5个月,通过网上初选、网络复选、用户专家评审等阶段激烈角逐后,最终得出“十大”名单。连续三届获得该奖项,是对首安公司自身雄厚的综合实力和极佳的业内口碑的最好诠释。

(市场部)

【第十四届国际消防展】 2010年10月13－15日,第十四届北京国际消防设备技术交流展览会(CHINA FIRE)在全国农业展览馆召开。“CHINA FIRE”是由中国消防协会在国内主办的规模和影响力最大的国际消防设备展览与技术交流盛会,至今已成功举办了十四届。本届展会,我公司精心布展,携工业火灾专用探测器、报警网络与大客户服务系统、自动灭火系统等三大核心系统产品参加了此次展会,其中多项新产品为首次展出。

(市场部)

【为本溪钢铁(集团)进行专项培训】 2010年10月,受本溪钢铁集团邀请,首安公司针对其特级消防单位——燃气厂进行了消防安全知识及消防系统设备操作等方面的专业培训。培训内容包括:工业消防安全知识特别是当今先进的煤气防火知识详解,专业消防设备的日常维护,控制器、报警设备及气体灭火设备等消防器材的快速启动与运行原理等。并在培训过程中,首安公司的培训工程师指导参加培训人员进行了现场操作演练,同时对各设备、器材的操作要领进行了详尽的说明。

(市场部)

【企业文化建设】 作为国内领先的工业消防企业,首安秉承尊重人才、重视人才、培养人才的理念,2010年正式启动“安之源”招聘及人才培养计划,前往各地高校进行招聘宣讲,面向全国招聘优秀应届毕业生。筹备成立首安公司自己的企业学院——首安学院,以此作为首安人才的输送地,为消防行业输送新鲜的血液,筹备工作于年底正式启动。首安公司重视人才的同时,也在不断加强对员工的人文关怀,2010年暑期开展了第一届“首安亲子活动”等,增强了员工的凝聚力和以人为本的企业文化。

(人力资源部)

商业·物流·旅游

商　　业

综　　述

2010年顺义区商务系统广大干部职工紧紧围绕“城乡发展一体化、经济发展多元化、社会管理精细化、党建工作科学化”这一工作目标，在推进顺义商务城市化进程上做文章、下功夫，将“调结构、扩消费、促引资、保出口”作为工作主线狠抓落实，克服了持续通胀压力、全球金融危机带来的不利因素影响，顺利完成全年商务工作计划，实现了“十一五”的收官。2010年共实现社会消费品零售额180.5亿元，同比增长16.3%，总量在远郊区排名第二位；完成出口供货额310亿元，同比增长2.3%，从九月起止住连续20个月出口的下滑趋势。完成进出口总额125.9亿美元，同比增长13.4%，在全市排名第五位；实际利用外资4亿美元，利用外资额度在全市排名第五，占远郊区总额的近四成。

单位名称：北京市顺义区商务委员会
地址：顺义区站前街顺鑫国际商务中心10层
电话：(010)69443513
传真：(010)69443513
邮编：101300

（李沛恩）

商业流通

【会展产业链协调发展】 围绕新国展举办的14项展会，向汽车展、服装展主办方推荐20家住宿酒店，放大展会对周边区域餐饮、住宿等综合消费的带动作用。制定并落实《顺义区促进会展业发展政策扶持意见》，对北京中展投资发展有限公司和北京时代龙马公司兑现专项扶持资金355万元。国展产业园争取市级各类专项资金7436万元。吸引北京笔克展览服务有限公司、北京嘉联利华制服研究所和时代龙马等30余家会展企业落户顺义区。

（李沛恩）

【引导物流产业发展】 目前，顺义区共有物流企业268家,社会物流总额200.8亿元,从业人员2.8万人,仓储面积131万平方米。针对这些现状,着手编制《顺义区物流业发展专项规划》,规划未来3-5年发展目标。

(李沛恩)

【品牌引导】 成功引入新世界、美廉美等较大规模的商家在顺义区开设分店,其中作为顺义首家开业的外资零售企业,新世界百货引入休闲商业概念,引进国内外知名商品品牌50余个。此外,正在与家乐福、麦德龙、乐购、摩天三五、日本永旺等国际知名商家进行接洽,对美旗城项目进行追踪。

(李沛恩)

【城乡商业体系建设】 加快城乡商业体系建设对东兴市场、现代家园、高丽营等10家市场进行新建和升改工程;完成西辛南区、后沙峪镇、滨河小区北口和平各庄等4家众望早餐"撤亭进店"工程。二是落实惠民政策,新增3家"家电下乡"销售网点,家电"以旧换新"实现送新收旧一条龙服务,通过两项政策销售家电9.7万元,带动销售3.1亿元。三是规范家政服务行业发展,在全市郊区率先成立家政行业协会,举办行业技能培训32期及家政服务行业技能大赛,全年共有1026人通过鉴定考试获得市劳动局颁发的上岗资格证书。四是大力发展绿色商务,对13家服装干洗企业更换密闭式干洗机,拨付补助资金41.784万元;升级改造无障碍设施19处,完成鑫海韵通停车场引导系统改造,完成主要商业企业节能设施改造,使能耗平均下降30%;对顺义区拆迁后现存的330个农村回收暂存间重新进行登记造册及调整,实现可回收物统一收购、统一运输。

(李沛恩)

【商业流通安全管理】 完善生活必需品储备及监测制度,12月启动"场店对接"工作,建立12家"惠民摊位",大白菜等7种蔬菜平均进价降低约30%;对两家生猪定点屠宰企业各类检验检疫、病害猪无害化处理进行检查;完成酒类流通备案登记400余户,重点酒类销售企业已实现全部使用机打随附单;全年出动执法检查人员千余人次,检查经营单位567家次,发现和消除各类生产安全隐患395处,没收非法食用精盐6000余公斤。

(李沛恩)

对外经贸

【外资利用】 突出重点,外资结构进一步优化。第三产业在当年吸引合同外资中的比例达到91.9%。全年13个吸引合同外资500万美元以上大项目中,三产项目数量达到12个。龙湾屯镇年内引进2家合同外资500万美元以上三产大项目,大项目当年入资率达到71.9%。提供个性化服务,营造良好投资环境。打造"燕京杯"高尔夫球联谊赛这一品牌活动,通过邀请外商投资企业高管、展览行业协会负责人、驻京各大协会和驻京商社办事处的首席代表开展比赛,展示顺义区"以责助企,以情驻商,以心为商"的良好投资环境。原有外商投资企业增资的实际利用外资2亿美元,占实际利用外资总额的50%。创新方式,不断拓宽引资渠道。借助科博会平台,重点推介国际枢纽空港、高端产业新城、和谐宜居家园三大版块。活动期间接待参观人员2万余人次,接待企业咨询1300余次。结合第十四届京港经济合作研讨洽谈会,对顺义区各招商主体吸引外资项目进行梳理包装,洽谈会期间顺义区共签约项目23个,协议投资总额118.92亿美元,创历年签约项目之最,项目涉及新能源、新材料、旅游休闲等多个领域。其中,北京思捷爱普半导体有限公司已顺利落户综保区。

(李沛恩)

【对外贸易】 强化政策支持,促进企业开展对外贸易。进一步帮助企业吃透用活国家及北京市支持外经贸发展的有关政策,通过上门指导、举办专题培训等形式向企业宣讲出口政策及知识,与上级商务主管部门和海关建立定期沟通机制,争取项目和政策支持。积极帮助企业实行“走出去”战略。年内新设立境外企业10家,作为顺义区外经工作龙头企业的江河幕墙及嘉寓门窗,目前已成功“走出去”并抢占国际市场。共有74个项目获得中小企业开拓资金初步审核,计划拨付资金222.8万元。

(李沛恩)

顺义供销合作联合社

【概 况】 2010年,顺义区供销合作联合社(以下简称区供销社)在区委、区政府和市供销社的正确领导下,强化内涵发展,转变经营战略,加快结构调整,深化精细管理,各项工作取得了可喜成绩。全系统实现销售总额330046万元,综合利润11443万元,上缴税金3928万元,地区生产总值26195万元,总收入20674万元,被顺义区人民政府授予“区域经济百强企业”荣誉称号。

单位名称:北京市顺义区供销合作联合社
地址:顺义区石门大街供销大厦
电话:(010)89423232-6683
邮编:101300
网址:www.sygxs.com

(马彦华)

【春播物资供应】 区供销社根据顺义区农业经济结构调整需要,以顺万兴农业生产资料公司为龙头,充分发挥厂家直营代理等货源渠道优势和拥有100余家农资连锁店的市场销售体系优势,及时准备春耕农资货源,全力保障市场供应。同时加强商品质量监控工作,坚决杜绝伪劣假冒农资从本单位经营渠道流向市场。截止到2月4日,全系统储备各种化肥7000吨,其中尿素3800吨,硫铵500吨,钾肥400吨,碳铵800吨,二铵及各种复合肥1500吨;同时,储备农、地膜150吨,架竹2000捆,各种蔬菜、瓜果、花卉种子1万斤。

(马彦华)

【商品销售】 虎年春节期间,区供销社所属隆华购物中心、燕泽洲商城等商市场紧抓商机,周密安排,积极开展形式多样的促销活动。隆华购物中心总店及天竺分店结合春节居民消费热点,自2月12日起,开展了“福虎拜大年新春联欢惠”主题促销活动,吸引了客流,增加了销售。据统计,仅春节期间(年三十到正月初六),隆华累计实现销售4560万元,同比增加了20%,平均日客流达到35000余人次;燕泽洲商城实现销售额639万元,同比增加了11%,平均日客流达到4300人次;裕喜发公司张喜庄、北石槽等农贸市场实现销售额464万元,同比增加了21%,平均日客流达到15000人次;嘉盛鸿公司药品实现销售额23.7万元。

(马彦华)

【教育培训】 3月27日,为进一步提升企业管理水平,推进精细化管理进程,区供销社组织所属15个基层单位的52名领导班子成员,召开网格化管理专项培训会,结合日常检查中发现的问题以及如何建立长效管理机制等内容,详细解读《区供销社全员区域责任管理规定》206条具体标准。此次培训是供销社开展全员网格化管理培训的重要组成部分,区社党委将采取“梯次推进、逐级培训”的方法,实施基层企业领导班子、部门经理、网格管理员、网格从业人员的四级培训。通过全面培训,提升全员的管理能力和水平,使供销社精细化管理工作实现再规范、再提升。

(马彦华)

【农业技术知识推介会】　5月7日,北京市农膜及农业技术设施推介会在顺义区供销社北京嘉盛鸿商贸公司召开。参加此次会议的有北京市农资公司副总经理张建华、农资公司农膜管理站经理路万江、书记冯联军、区农委、商委领导和山东齐民农业有限公司经理刘志刚、保定华星生物工程技术开发有限公司经理苏安民,以及来自山东、河北、北京、天津等地的国内名优农膜厂家代表和来自顺义区及周边的农资经销商等80余人。此次推介会重点推广了农膜及农业技术设施的相关知识,以全新的农业技术推动顺义区及周边地区农业发展。

(马彦华)

【理论学习】　5月18日,为进一步提升企业创新发展能力,区供销社邀请中国学习型组织促进联盟主席首席顾问、中华培训网首席专家任志宽教授做了“永葆企业基业长青”的专题报告,区社党委成员、机关全体干部及基层班子成员共计103人参加了此次学习。任教授在如何学习、如何提升学习执行力、如何实现企业基业长青等方面进行了深刻诠释,使区社系统领导干部更深层次地抓住了保持企业基业长青的根本,对解决企业重复出现的问题、提升企业整体执行力、实现企业持续创新发展提供了理论支持和方法指导。

(马彦华)

【双裕市场服装三厅重装开业】　为适应当地老百姓需求,区社所属裕喜发公司双裕市场及时调整经营结构,在原鞋厅单一商品的基础上新增加童装、童鞋等儿童用品,弥补市场的短缺项目,使服装厅商品“精而全”,款式“多而好”,带动了整个市场人气,促进了市场的经济效益提升,5月22日开业当天,服装三厅实现销售额2万元。

(马彦华)

【创先争优】　区供销社结合企业发展需要,以“促进党建科学化、推进管理精细化,保持企业持久发展”为主题,将创争活动与企业重点工作有机结合,进一步推进“创争”活动。党委成员、所属15个基层企业一把手和政工主管,以及机关正副科长参加了此次动员会,全面部署落实“创争”活动。与保质保量完成政府实事工程、重点工程相结合。切实增强服务意识,全面提升日用消费品、农资连锁、农村药品、农副产品交易市场以及再生资源回收等网络体系功能。与提升党员干部素质、转变工作作风相结合。提高党员干部队伍的宗旨意识、理论水平、岗位技能等综合素质;加强作风建设,机关干部深入基层、深入一线,切实解决基层企业实际问题。与企业和谐稳定相结合。党员干部要切实做到关心职工生活,及时解决关系群众切身利益的问题,减少信访事件,保持企业稳定。与推进企业精细化管理相结合,全面推进网格化管理机制,提高管理水平和能力,促进企业规范发展。与树典型,促创争相结合。在建党89周年到来之际,将全系统评优选先活动纳入到创争活动中,以“四强、四优”为标准,对在活动中表现突出的先进基层党组织、优秀共产党员给予表彰和奖励,同时加大对先进典型的宣传力度,营造浓厚的活动氛围。6月30日,区供销社隆重召开“创先争优庆祝建党89周年表彰大会”。大会组织参会党员进行“共产党员献爱心”捐款、重温入党誓词活动,并对在创先争优活动中涌现出的先进党支部和优秀共产党员给予了表彰和奖励。

(马彦华)

【上半年经济工作研讨会】　7月10日,区供销社召开上半年经济工作研讨会。会上,区供销社主任方建华从四个方面对2010年上半年工作做了简要总结,对下半年六项重点工作进行了部署。同时与会人员结合方主任讲话、企业自身问题、长远发展以及供销社“后备人才培养使用管理办法”和“培养青年职工的管理办法”讨论稿进行了深入研讨。方建华主任对五方面内容进行了重点强调:必须结合企业实际,找出存在的问题,拿出具体措施；必须坚持“引厂不引商”，增强企业发展后劲；必须强化学习培训，提升全员综合素质；必须深化精细化管理，加快企业规范提升；必须加快人才培养，为供销社持久发展打下坚实基础。

（马彦华）

【市领导到区参观调研】 7月13日，北京市委常委牛有成及相关领导一行到顺义区对北京市农资现代物流配送中心项目建设情况进行调研。并实地参观顺义区供销社沿河农资连锁店，与现场销售人员和农民进行交谈，详细询问无公害农药的推广和化肥销售等农资情况。调研期间还分别听取了顺义区政府、北京市农业资料生产资料公司和顺义区供销社关于现代物流体系建设情况。牛有成对顺义区供销社抓住“现代都市农业”发展机遇，大力构建农资连锁网络体系，推进农资现代物流体系建设的做法给予了肯定。顺义区委书记张延昆、区长王刚、市供销社主任符敬群、区供销社主任方建华等领导陪同考察。

（马彦华）

【市领导到区调研】 9月27日，北京市副市长程红一行来顺义区供销社盈兆鑫市场参观调研，区委书记张延昆、商务委主任王福印以及区供销社主任方建华等领导陪同。程市长一行对盈兆鑫再生资源回收市场进行了实地参观，并详细了解市场分拣中心建设、设备引进、封闭工程、再生资源体系建设等重点工作以及经营管理情况，对顺义区再生资源建设和管理工作予以了肯定。

（马彦华）

【发展自主品牌】 9月28日，区供销社所属顺万兴农资公司与本系统相关单位参加顺义第七届农博会。展会上，共展出化肥、农药、种子、农膜、农具、有机肥六大类二百余种农资商品。展会首日共发放各种宣传资料1600余份。借助本次农博会，顺万兴公司重点推出自有品牌益农1号、2号双钾型腐植酸水溶肥料，得到了各级领导及参观客商的重点关注，成为供销社农资经营的又一亮点，为今后发展企业自有品牌奠定了基础。

（马彦华）

【隆华购物中心调整改型】 10月2日，隆华购物中心完成调整改型，国庆节盛装亮相。经过近一个月的紧张施工，总店一层、四层调整改型相继完工，于国庆节全新亮相。四层对鞋区、童装区、内衣区进行了品牌升级、形象更新，商品档次明显提升。一层对药店、化妆品、小家电货区进行调整迁移，对菜百、中复电讯、钟表厅进行重装扩建，菜百扩建后经营面积达1200平方米，增加了珠宝饰品、翡翠饰品及摆件品种，经营品类更加齐全丰富，已成为顺义地区最大的黄金珠宝店中店。调整后各楼层经营布局更加合理，购物环境通透亮丽，形象焕然一新，促进了市场竞争力的进一步提升。“十一”当天，实现销售326万元，其中菜百实现销售138万元。

（马彦华）

【市领导参观调研】 11月12日上午，北京市政府副秘书长刘志在区供销社等领导陪同下到盈兆鑫再生资源回收中心参观调研。刘志同志对回收市场的分拣中心建设、设备引进、封闭工程、再生资源体系建设等重点工作以及经营管理情况进行了详尽的考察，对区供销社近年来在回收市场建设方面取得的成绩给予了充分肯定。

（马彦华）

北京鑫海韵通百货有限公司

【概　况】 北京鑫海韵通百货有限公司在区委、区政府的正确领导下，立足“保增长，保民生，保稳定”的工作大局，围绕本企业“夯实基础，加快发展，提高核心竞争力”的工作思路，完善基础管理工作,创新经营手段,提升培训档次,推进店面装修工程,加大调整力度,保持企业平稳经营。北京鑫海韵通百货有限公司现设有公司机关和一家独立核算法人单位北京鑫海韵通商业大楼,北京鑫海韵通商业大楼下设顺义百货店、顺义电器店、顺义石园大卖场店和密云电器店、密云百货店五家分店。企业在2010年实现销售15.7亿元,利润实现3000万元,缴纳税金3777万元,国有资产保值增值率117%。

单位名称:北京鑫海韵通百货有限公司

地址:顺义区集汇大街28号

电话:(010)89448093

邮编:101300

(鑫海韵通)

【商场改造装修】 在2010年,公司完成了顺义百货店一期工程1-5层和二期工程1-5层的改造、装修工作,以及完成了老楼区1-5层中厅封建的改造工作,增加营业面积500平方;同时投资200万元完成了密云百货店6层局部1000平米及7-8层的改造,现已开业,增加营业面积1600平米。改造、装修工作的完成,提升了店面档次,使品牌得以充分展示,使购物环境有较大改善,促进了商场整体形象和区域市场竞争力的提升。

(鑫海韵通)

【品牌调整】 各店加大力度推动品类布局及品牌、供应商的调改工作,合理品类、品牌结构。通过调研、分析加大品类、品牌清退、引进和布局的调整力度,适应了市场需求,提升了单位面积产出,促进整体经营业绩的提升。

同时,围绕业态特点、应季商品、顾客需求,细化促销工作,创新促销内容,提升促销活动的效果和针对性。为了扩大促销影响力,促进成交,提升市场份额,公司根据不同业态特点,开展应季商品炒作,结合"家电下乡"、"以旧换新"惠民政策及各种节日,加大促销投入、丰富促销内容、迎合顾客需求,确保开展的时效性。

(鑫海韵通)

【简化补贴流程】 顺义电器店通过积极参与以旧换新第二轮招标,成为以旧换新销售、回收双中标企业,同时简化依旧换新、家电下乡销售和补贴流程,实现了为顾客送新、收旧、补贴一站式服务,并通过借助家电下乡产品限价上线的提升,出台促销活动方案提升成交。由于成绩突出,得到了区商务局的认可,给予了相应奖励。密云电器店积极推动落实"家电以旧换新"进小区工作,与各小区居委会合作推出"以旧换新一站式服务"、"拉旧送新"等便民措施,销售提升明显,同时被评为"家电下乡"市级先进单位。

(鑫海韵通)

【业绩考核】 为了体现企业公平、公正、公开的用人机制,强化业绩考核,完善激励与约束机制,公司出台了《年度业绩考核办法》、《管理人员管理办法》、《薪酬分配制度》,通过业绩考核办法加强了考核的针对性,增加了绩效工资的占比,管理人员管理办法更加系统与完善,薪酬分配制度构造适当的工资档次落差,使员工薪酬分配更加合理,充分调动了各岗位员工的积极性。三个办法的出台促进企业管理水平的进一步提升。

(鑫海韵通)

【队伍建设】 为深入推动经营创新和管理细化工作,在经营创新上加强招商方面的创新,确保竞争优势,二是在促销和销售手段上创新,不断变换形式,最大化吸附客流,促进成交,三是在卖场管理和控制方面加强并完善,四是在顾客开发维护上积极创新服务方式和提升服务质量;在管理细化方面,加强分配考核体系的建立,完善分配考核方法,同时加强班组建设,提升团队凝聚力,最后开展岗位竞争相关活动,提升管理岗位工作能动性和积极性。全面推动创先争优活动,围绕开展全员服务竞赛,推动树典型、评优秀活动,树立了一批"三八红旗手"、"五一劳动模范"、"五四青年突击手"等先进集体和个人,充分调动了全员的工作积极性,促进了业务技能和服务意识的提升。

（鑫海韵通）

【安全保障工作】 认真贯彻落实上级安排的各项安全生产工作，先后出台了《公司生产安全事故应急预案》、《公司安全生产事故排查管理规定》、《关于春运及两会期间工作方案》、《公司关于爱国卫生月活动方案》、《公司2010年度防汛工作应急预案》等各项服务、安全保障工作方案及预案，并专门成立工作领导小组，协助各店抓好安全生产工作，确保了公司安全生产工作的顺利开展及春运和两会期间的安全生产任务完成。

（鑫海韵通）

【党政法制工作建设】 公司在加强党组建设方面，主要体现在发展新党员5名并有5名预备党员通过考察，顺利转正，同时开展“群众心中好党员”评先活动，各店党支部积极参与，评出先进党员16名、先进党小组4个，其中顺义百货店和刘宏伟分别被评为区级先进党支部和先进个人；在加强党风廉政建设方面，公司开展了“十廉”活动、创“四好”企业及党员“创先争优”活动，并取得了良好的效果。在加强法制建设方面，公司组织全体职工开展普法宣传教育活动和法律知识征文，取得了较好的活动效果；在加强精神文明建设方面，公司按照区精神文明办的指示精神开展“做文明有礼北京人”主题教育及各种丰富员工精神生活等文体活动，提高了员工精神生活品质。

（鑫海韵通）

北京国泰中百商业有限公司

【概　况】 北京国泰中百商业有限公司（简称国泰中百公司）是一家以发展连锁百货和商业地产作为支柱产业；是集购物、餐饮、娱乐、休闲为一体，多业态、多功能、多元化经营的现代化的大型百货公司。2009年销售收入28.3亿元，同比增加5.4亿元，增幅23%。实现利润9803万元，同比增加1995万元，增幅25%。上缴税金10283.7万元，同比增加3118万元，增幅43%。国内增加值2.4亿元，同比增加4586.1万元，增幅23%。年末资产负债率77.3%，同比上年下降1.5%；国有资产保值增值率125.1%，；现金流量逐年增长，2009年年底公司货币资金达到3.9亿元，同比上年增加1.2亿元，增幅44%。

单位名称：北京国泰中百商业有限公司

地址：北京市顺义区新顺南大街2街

电话：(010)69447410

邮编：101300

网址：www.guotaibaihuo.com

（贾梦颖）

【工会优惠会员活动】 国泰大厦从5月份开始，每月25日为工会会员特惠日活动，这是在原超市优惠工会会员3%基础上，在国泰大厦所有商品中再度加大优惠范围的一项让利特惠活动，二层以上商品多数让利5%。

（贾梦颖）

【家电下乡】 2010年，国泰大厦继续深入做好家电下乡工作，进一步落实惠民政策，在做好店内各项工作基础上，2010年再次加大力度，每月组织大篷车队深入边远乡镇及社区，开展家电下乡进村镇、进社区活动，为百姓消费营造便捷，2010年，家电下乡销售额突破3229万元，19242台，位居顺义区榜首。

（宋凤英）

【营销工作】 2010年，国泰中百公司坚持营销创新，加大营销力度促内需。在时间上坚持营销活动长年不断，有节过节、无节造节、逢节必热，营造购物热潮。在方式上坚持花样翻新，用各类丰富多彩的文化活动引领消费，让消费者尽享购物乐趣。在范围上开展与顺义区知名企业联手促销，共同打造顺义消费市场，国泰携手顺义20多家餐饮、健身、花卉企业,联手开展异业大联盟营销活动。在营销理念上,始终坚持诚信为本,让利百姓,所有打折促销商品严禁有欺诈消费者行为。

(贾梦颖)

【信息化管理改造升级】 2010年,为全面提升信息化管理水平,全面实现百货连锁管理无缝对接,国泰投入400余万元进行信息化改造升级。将计划、采购、库存、销售、结算、品牌运行情况,及人、财、物管理全面实现联网,提升了现代化商业运行水平。

(贾梦颖)

【提升干部素质】 2010年,是企业的文化年,公司从六方面做起:抓好与财贸干部学院合作办学,全力提升干部员工素质,全年已完成六大模块培训,推动了学习型企业创建。组织职工开展文化健身活动。加强企业信息宣传报送工作。对外报送的各种信息同比增长2倍以上。每年选拔50多名员工走进校园进行"职工素质教育运用能力培训"。常年高薪聘请市场营销方面的教授为企业进行专门培训及工作指导,以提高员工专业知识和能力。开展输出培训,出资鼓励员工多学习,提升自身素质。

(贾梦颖)

【裕龙四区超市开业】 4月26日,国泰大厦裕龙四区超市开业,经营面积2300平方米,投资200万元,是国泰百货又一家以社区服务为主的综合超市。

(贾梦颖)

【东风商场改造成国泰青春馆】 2010年,国泰中百公司不断加大结构调整力度,实现业态多元化经营,6月份,将原东风商场改造成体现青春时尚的新型业态——国泰青春馆,总投资500万元,新增就业岗位500个,当年销售实现1亿元。

(贾梦颖)

【谊宾大卖场开业】 2010年,国泰中百公司经多方努力,解除了物美的租赁合同,对义宾街进行整体改造。一期工程投资7000万元,主营超市大卖场,经营面积3万平方米,12月31日试营业,解决1500人就业。

(宋凤英)

烟草专卖

【概　况】 顺义区烟草专卖局(公司)成立于1997年8月8日,办公地址位于顺义区中山南街4-5号,占地面积2000余平方米,楼房建筑面积7000余平方米。共有职工92人,其中正式职工23人,外聘职工69人;党员31名;具有大专以上学历的有69人,占职工总数的75%。拥有总资产24207.44万元,其中固定资产1741.36万元,流动资产22466.08万元。区局(公司)下设:办公室(安保科)、专卖监督管理科、营销网建科、法制科、财务科、人事劳资科(政工科)、仓储配送科。

单位名称:顺义区烟草专卖局(公司)
地址:顺义区中山南街4号
电话:(010)69422745
邮编:101300

(烟草专卖局)

【经营管理及经济效益】 2010年,顺义烟草始终坚持"抓销量、调结构、保增长、促发展"的工作方针,坚决贯彻落实国家局提出的"保牌、稳价、规范、增效"的工作要求,在稳步提高零售客户获利水平的基础上,实现了顺义区卷烟市场的有效供应和经济运行平稳发展的奋斗目标,地完成了2010年的卷烟销售工作。经济效益稳步增长。2010年,顺义区累计销售卷烟43968箱,同比增长0.2%,实现利税合计12876万元,同比增长11.3%,其中利润7310万元,税金5566万元,全年共发生各类费用1728万元,费用率为2.83%。销售结构继续提升。一、二、三类烟保持了适度增长，四、五类烟有所下降，单箱销售额为16247.54元，同比增长8.97%，卷烟结构整体提升。重点骨干品牌发展良好。销售全国性重点骨干品牌卷烟29450.54箱，同比增长6.35%，占总销量的66.98%。

（烟草专卖局）

【专卖管理】 2010年，顺义区局共出动执法人员4540余人次，检查零售户13300余户次，查获各类违法案件164起，其中五万元以上大要案31起，查获各类违法卷烟284万支，罚没款16万元，刑事拘留12人，判刑4人。新办许可证396个，注销285个。行政执法、许可案卷评查合格率、优秀率均为100%。打网工作取得新突破。2010年以来，顺义区局继续坚持“大打、打大”的工作方针，先后破获了3起销售假烟网络案件（“2.01”、“5.31”、“11.20”），其中“2.01”网络案件2名犯罪嫌疑人均被判刑7年，罚金30万元，是顺义历史上罚金最高、判刑最重的涉烟案件；公开摆卖行为得到有效治理。通过调研、暗访、错时检查、联合检查、节日调休等措施，加大市场日常监管力度，对公开摆卖行为进行了严厉打击，确保监管不留死角；破获大要案水平明显提升。将破大案的重点向辖区市场转移，在市场日常监管中收集线索，大要案的质量得到提高；加大了对货运场站的监管。对辖区货运场站和货运企业进行了全面调研摸底，建立了分类监管制度，有效提升了运输环节的监管水平；无证户治理取得实效。积极借助区政府力量，采取疏堵结合的方式，对无证照经营行为进行了有效治理；强化卷烟经营大户的监管，制定了《关于强化卷烟经营大户治理工作的实施方案》，采取有力措施，使治理卷烟经营大户工作得到有效落实；联合打假长效机制得到深化。继续加强与机场公安、工商部门的联系，增强联合执法的合力，积极推进“两法衔接”信息共享平台建设，使“两法衔接”更加便捷、规范、透明和高效，为行政执法与刑事司法的有效结合探索了新路子，得到了市局领导和市、区两级政法部门的充分肯定。

（烟草专卖局）

【网络建设与工商协同营销】 订单供货流程调整工作推进。根据市局（公司）要求，统一客户分类、定档定量的标准和程序，科学评定零售客户供量档位，保证了零售客户总量与档位分布的合理性，形成了统一客户管理、统一品牌培育、统一库存管理、统一投放策略、统一营销管理的“五统一”局面；工商协同营销取得新突破。深入贯彻落实国家局“532”、“461”的品牌战略规划，对品牌培育工作进行全程监管，积极探索建立市场化品牌培育运作机制，先后与红云红河集团、中烟实业联合召开工商协同营销座谈会、品牌发展座谈会，实现了从操作层面到思想、行动上的协同；网上订货顺利推进。加强客户细分和零售业态研究，深入挖掘条件成熟的零售客户，积极向零售客户宣传电子商务概念，逐步拓宽网上订货覆盖面；市场调研工作稳步推进。建立了高效实用的卷烟零售市场动态监测体系，不断开发和完善零售客户信息点和消费者信息员的信息采集渠道，实现了“周监控、月分析”的信息采集模式，以及对市场情况的时时掌控，市场把握能力不断提升。

（烟草专卖局）

【企业管理】 开展“创建优秀基层单位”活动，以创优工作为抓手，以提升管理绩效和水平为目标，通过打牢可靠的市场基础和扎实的工作基础，全面推进顺义烟草各项工作上水平；认真开展内部专卖管理监督，做好预警分析和处理，继续完善“三员”互控、互动及全员内管的工作格局，坚持了每月内管例会及专刊制度，严格执行内管责任连带追究制度。2010年预警处理完成率和优良率均达到100%；积极推进北京烟草质量管理体系建设，认真组织宣贯，严格执行程序文件，加强对内审问题的整改，形成了用制度管人、按流程做事、用标准测量的良好企业氛围;加强对物资采购、工程建设、宣传促销等活动的监管检查,建立长效管理机制,全面加强监督管理,有效杜绝了不规范行为;以贯彻落实职业健康安全管理体系为重点,开展事故隐患治理和整改工作,对安防和技防设施、设备进行了全面改造,坚持安全大检查制度,确保了"1002"目标实现,被北京市公安局授予"2010年度内保工作集体嘉奖",连续十年被顺义区交通安全委员会评为"交通安全工作先进单位";严格遵守财经纪律,不断强化财务预算管理,严格控制费用支出,没有任何形式的"小金库"、"帐外帐";宣传报道水平全面提升,政务信息工作在全系统23家单位中排名第五,被国家局采编数量排名第三,得到了市局的充分肯定;八是大力提倡节能减排和低碳环保,全员的节约意识明显增强。

(烟草专卖局)

【企业建设】 通过继续开展"两个至上在岗位"主题实践活动和"京烟首善"服务品牌的宣贯,使全体干部职工牢固树立行业共同价值观和北京烟草核心理念,提升了职工的责任心和归属感;推进办事公开民主管理工作,出台了相关制度,明确公开事项清单,分层级公开企业发展情况、重要事项及职工群众关注的热点问题;逐步完善了以职工代表大会为基本形式的民主参与、民主管理和民主监督等各项制度,并选举产生4名职工代表;充分发挥党政工团在企业发展中的积极作用,组织党员参加革命传统教育,对患病职工及时送上组织的温暖,向灾区开展献爱心捐款活动,通过各种活动起到了凝聚人心的作用;热心公益事业,积极回报社会。连续八年参加顺义区"一助一"扶贫工作,积极参加"交通文明岗"和"爱国卫生日"活动,以实际行动树立责任烟草、和谐烟草的社会形象。

(烟草专卖局)

【节日送温暖活动】 春节将至,顺义烟草工会以"心系职工、解难助困、促进和谐"为主题,认真开展了春节期间"送温暖"活动。12月31日,顺义局(公司)办公室主任张淑莉同志代表顺义局(公司)四位领导班子成员前往"一助一"扶贫村大孙各庄镇后陆马村开展了帮扶活动,向该村的4个贫困户送去了米、面、油等节日慰问品。

(烟草专卖局)

【捐助活动】 1月14日,顺义烟草领导一行五人前往"一助一"扶贫单位大孙各庄镇后陆马村,向该村送去扶贫捐款30000元,为村民们送去了节前的慰问和祝福。顺义烟草连续八年来向该贫困村提供扶助资金20余万元。帮助该村先后完成了改水、改电、打井、修路、新农村建设等项工作。4月21日上午,顺义烟草响应市局(公司)政工处的号召,组织全体员工向玉树人民捐款献爱心活动。在区局(公司)领导的带领下,全体干部职工积极响应号召,仅一天时间就募集捐款11050元。共产党员献爱心捐款活动,为迎接建党89周年,6月30日,顺义烟草积极响应市局和区慈善协会的号召,组织开展了"共产党员献爱心"捐款活动,共筹集善款6100元。10月8日,顺义烟草响应顺义区委号召积极开展"送温暖、献爱心"捐助活动,筹集捐款10000元整。

(烟草专卖局)

【卷烟零售户法律法规大型培训会】 顺义烟草于9月14日召开顺义区卷烟零售户法律法规大型培训会。顺义区车克欣副区长和区法制办主任出席了本次会议。此次培训会约有1500余名卷烟零售户参会,活动当日烟草执法人员共发放各类普法宣传材料2000余份,顺义电视台、顺义广播电台、顺义时讯报、顺义网城和北京烟草学会等多家媒体对本次会议进行了同步报道。

(烟草专卖局)

【安徽烟草到区烟草考察】 9月9日,安徽省烟草专卖局一行17人在北京市烟草专卖局副局长梁宝贵和相关处室领导的陪同下来到顺义烟草考察卷烟零售“诚信经营店”工作。

（烟草专卖局）

物　流

【概　况】 北京空港物流基地于2002年7月成立，是北京市唯一的航空—公路国际货运枢纽型物流基地，位于首都国际机场北侧，首期规划面积1.55平方公里。作为北京市“十一五”规划重点建设的六大高端产业功能区中临空经济区的核心区域，基地在“充分发挥对其他产业的辐射带动作用，有效搭建各类产业企业聚集发展平台”的同时，紧抓历史机遇，完成区政府下达的各项硬任务，成功打造了基地品牌效应，先后获得“中国物流示范基地”、“产学研基地”、“全国物流行业先进集体”等百余项荣誉称号，推动顺义区经济快速发展贡献了力量。2010年，基地共引进入区项目82家，其中包括美国强生、德国敦豪（DHL）、中国中铁、中航集团等4家世界500强关联企业，项目涉及物流、金融、租赁、投资、销售、文化创意等多种行业，总注册资本15.3亿元；实现税收16.83亿元，占顺义区属地税收的6.02%；形成一般预算收入6.12亿元，占顺义区一般预算收入的10.48%。

单位名称：北京空港物流基地开发中心

地址：北京顺义空港物流基地物流园八街1号

电话：(010)69475656

邮编：101300

网址：www.airport56.com

（王超）

【2010新春联谊会】 1月15日，基地举办“2010新春企业联谊会”，区委常委、常务副区长王海臣，区委常委、政法委书记周颖博，区检察院检察长张守良，区人大副主任周淑伶，天竺综保区副主任庄杰和200余名来自政府、企业的嘉宾出席活动。会上，对年纳税3000万元以上的机场集团、飞机维修（AMECO）等10家税收大户和顺丰速运、天地国际等10家物流企业进行了表彰和奖励。

（王超）

【区域经济“百强”】 2月21日，在2010年度顺义区二三产业发展大会上，机场集团、机场商贸、顺丰速运等18家入区企业荣获“2009年区域经济百强企业”称号。2009年上述企业共计实现税收13.42亿元。

（王　超）

【2010首届中国物流行】 4月7日，物流搜索网举办的龙工杯“2010首届中国物流行”大型活动启动仪式在基地隆重举行。该活动旨在推动中国物流业稳健发展，凝聚全国物流力量，在国家出台《物流业调整与振兴规划》的机遇之下，对中国物流行业做一次总巡礼。中国物流与采购联合会副会长戴定一、中国开发区协会会长刘培强等协会领导和龙工（上海）叉车有限公司、顺丰速运（集团）有限公司等20余家制造业和物流业的企业代表参加仪式。

（王　超）

【中铁资源集团落户】 4月15日，中铁资源集团商贸有限公司落户基地。公司注册资金5000万元，主要依托中国中铁在国际国内的投资、工程承包、贸易等项目，开展蒙古国、澳大利亚和新疆、青海等10余个国家和省市的设备采购出口、海外矿产资源进口销售等大宗贸易业务。

（王　超）

【演讲比赛】 6月4日，基地党委成功举办了“我身边的共产党员”演讲比赛。区委组织部、宣传部、纪委等9个部门、群团组织的领导和5个“一助一”村党支部书记应邀出席并担任评委。比赛中，来自基地各部室、公司的9名干部员工，生动讲述了自己身边党员领导干部和普通党员的感人事迹，展现了在基地建设发展中共产党员起到的先锋带动作用。演讲比赛,吹响了基地开展创先争优活动的号角。

(王　超)

【啤酒节签约】 6月8日,“世界500强”美国强生集团下属强生医疗器材公司与基地航济公司就“诊断试剂业务”签订合作协议,成为第19届顺义燕京啤酒节项目签约仪式上的一大亮点。未来两年,该公司在天竺综保区将实现进口额2亿美元,关税代征税2.7亿元人民币。

(王　超)

【京城国际融资租赁公司入驻】 9月13日,京城国际融资租赁公司入驻基地。该公司由北京京城机电控股有限责任公司(以下简称“京城控股”)和京城控股欧洲有限公司投资设立,注册资本2.1亿元。将依托京城控股旗下工程机械、装备制造、风电等板块,开展融资租赁、租赁财产的残值处理及维修、租赁交易咨询和担保等业务。

(王　超)

【日本苦濑教授到基地考察】 10月9日,日本国立东京海洋大学苦濑教授一行到基地考察,详细了解基地规划建设和招商引资情况,并实地考察基地投资环境。苦濑教授对基地所取得成绩给予高度赞扬,表示今后要加强双方的交流和合作。

(王　超)

【北京中泰华盛项目启动】 10月31日,北京中泰华盛空港物流基地项目正式启动。该项目为中国邮政速递物流公司量身定做,占地20亩,总建筑面积约1.7万平方米,总投资额约4000万元,主要从事北京中邮有限责任公司货代业务。中国邮政速递物流股份有限公司,是由“EMS”(全球邮政特快专递)与“CNPL”(中国邮政物流)两个品牌整合成立的股份制公司,是目前国内规模最大的经营快递业务的企业。

(王　超)

【签署战略合作协议】 11月3日,基地下属北京航济国际物流有限公司(以下简称“航济公司”)与世界500强企业中国航空工业集团公司下属中航技国际工贸有限公司(以下简称“中航技工贸”)签署《战略合作协议》及《物流服务协议》。区委常委、副区长林向阳、中航工业集团企管部副部长白丽洁、中航技工贸总经理张辉等领导出席签约仪式。航济公司与中航技工贸合作在天竺综合保税区开展航空工业设备、航空材料进出口业务。航济公司为中航技工贸提供天竺综合保税区物流代理、“分送集报”等高效通关、快速交付服务,预计每年进出口额约2亿美元。

(王　超)

【人力社保部领导检查指导】 11月10日,人力社保部调解仲裁管理司王振麒副司长率市、区人力社保局领导到基地劳动争议调解中心进行检查指导。王司长对基地劳动争议调解工作给予了充分肯定,指出基地调解中心具有行业性和区域性、有特点、调解成功率高等五大亮点。希望基地今后要进一步加强企业的预防机制、突出企业沟通机制,为职工设立沟通平台、针对企业类型进行分类指导等四项希望。

(王　超)

【获得强生进口代理业务的授权】 12月3日,在强生公司第十三届供应商及运输商大会上,航济公司获得强生2011年指定“体外诊断试剂”进口代理业务的授权。航济公司成功跻身为强生公司全国仅定的四家进口代理商之一。

(王　超)

【北京博丰长久丰田项目】 12月21日项目开工建设。该项目占地10亩,总建筑面积约4800平方米,总投资额约7000万元,主要从事丰田汽车整车及零配件的存储展示,同时开展车辆维修、保养、装饰、代办保险等业务。

(王　超)

【基地与科园信海签署合作意向】 12月30

日,基地与科园信海合作意向书在京签署。该公司拟在基地占地70亩,投资2亿元,主要开展医药产品物流服务。

(王 超)

旅 游

旅 游 局

【概 况】 2010年,在区委区政府的正确领导下,顺义区外事旅游局围绕中心,服务大局,以提升行业“品牌、素质、安全”为重点,以“加快产业发展,提升产业地位”为目标,旅游产业发展再创佳绩,为顺义区经济发展方式转型做出积极贡献。据市统计局统计,2010年全年完成旅游接待508万人,同比增5.4%;旅游收入18.04亿元,郊区排名第三,同比增长13.7%。

单位名称:顺义区外事旅游局
地址:顺义区光明南街7号
电话:(010)69429918
邮编:101300
网址:http://www.bjsyly.gov.cn

(吴春明)

【编制新一轮旅游规划】 年内,根据顺义旅游形势的变化,我局在《顺义旅游发展规划》的基础上,编制完成了《顺义旅游发展提升规划》;根据区政府要求,编制完成了“顺义区十二五”旅游发展规划。

(宁丽丽)

【第五届旅游文化节】 9月28日-10月2日在顺义区花博会主场馆举办第五届旅游文化节。本届旅游文化节,以“时尚休闲,多彩顺义”为主题,推介展示了15家重点旅游企业;展销了来自45家企业的骨雕、葫芦烫画、红瓷茶具等52种旅游商品;推出两个系列活动——“第一届蝴蝶文化节”(9月19日-10月8日)和“2010北京菊花文化节”(9月19日-10月31日),设立两个分会场—北京七彩蝶园和北京国际鲜花港。

(吴春明)

【旅游宣传】 年内,采取多种有效措施进行宣传。印制《顺义旅游休闲指南》。将原有宣传册改版为《顺义旅游休闲指南》,易于携带,信息全面。《新京报》全年宣传。推出14家重点企业,在《新京报》旅游公社专刊进行为期一年的宣传,每期1/4专版,共52期。节假日和重要活动宣传。“五一”假日期间重点宣传车展和郁金香文化节。在车展现场设立咨询台,摆放重点企业旅游展板,发放《顺义旅游休闲指南》近5万册;编排了5条精品旅游线路和特色景区点,在《新京报》印发宣传夹页80万份,在《法制晚报》做整版宣传50万份;“十一”期间参加北京国际旅游节,发放宣传资料2万余份;成功举办第五届旅游文化节,对顺义旅游整体营销,突出“2010北京菊花文化节”和“北京首届蝴蝶文化节”两大亮点。参加旅游交易会。4月初参加了在鸟巢举行的“2010走进世博 旅游大篷车凯旋仪式”;4月底赴重庆参加2010年中国国内旅游交易会;6月底参加了在中国国际展览中心举办的2010年北京国际旅游博览会暨北方旅游交易会。制作旅游视频(DVD光盘),对“商务会展、运动健身、休闲度假”三大产品进行最新展示。

(张荣媛)

【千人培训计划】 年内,组织旅游市场营销和旅游服务两次主题培训,旅游企业中层以上管理人员。今年聘请的专家都具有国际视野,理论水平更高,实践经验更丰富,学员反应热烈,效果突出。

(张荣媛)

【旅游安全管理】 年内,完成对国际汽车展、首届郁金香文化节、燕京啤酒节、旅游文化节等重大活动的安全保障任务;做好日常监管毫不松懈。结合季节和节日特点,对企业开展了春季防火、夏季用电、节日接待、应急救援、预防煤气中毒和有限空间特种作业管理等专项检查。召开安全专题会议5次,组织安全专项检查22次,共查出安全隐患40余项,整改率达100%,确保了旅游系统运行安全稳定。配合区安监局完成生产经营单位自查自报系统培训管理工作。

(胡　晋)

【景区点质量等级评定】 年内,成功完成汉石桥湿地、国际鲜花港、焦庄户地道战遗址、绿色度假村等4家3A级旅游景区评审和奥林匹克水上公园4A级评审工作。顺义区3A级、4A级旅游景区实现了零的突破。

(胡　晋)

顺义宾馆

【概　况】 北京顺义宾馆(即顺义区人民政府招待所)座落于绿色国际港的核心区域府前中街3号,隶属于顺义区人民政府。是国家旅游三星级宾馆,金叶级绿色旅游饭店,北京地区党政机关会议定点场所、北京市党政机关、朝阳区政府采购会议定点单位,顺义区政府采购会议定点单位;2007年国际赛艇青年锦标赛接待总部和2008年奥林匹克运动会官方指定接待饭店。现已通过ISO9001、ISO14001质量环境管理体系认证。宾馆内环境优雅、空气清新,拥有美观典雅、温馨舒适的豪华单人大床房、标准间、套房、水床房等7种不同户型的客房340套。所有房间均设有百兆宽带接口。餐饮楼:中餐厅拥有28个宴会厅,能够接待1000人同时就餐。韩国会馆:正宗的韩国料理,菜品用料上乘、烧烤肉质鲜嫩,所有调料均来自韩国,充满韩国文化底蕴的用餐环境,让您在品尝美味的同时感受浓郁的异域风情。潮州海鲜酒楼:特邀香港名厨主理,主营潮汕家常小菜、高档海鲜鱼翅等正宗潮州菜肴。会议中心风格独特,庄重典雅,有大、中、小各类型会议厅室27个。其中大会议室可容纳500余人,中小型厅室容纳10-200人不等。配套设施齐全,采用高品质音响、光学矩阵投影幕、多媒体会议系统、视频会议系统等。康体娱乐中心拥有一流的游泳馆、沙壶球、台球、乒乓球、棋牌室、歌舞厅和其它娱乐康体设施。商务中心提供打字、刻字、复印、传真、机票、火车票等全方位服务。

单位名称:北京顺义宾馆
地址:顺义区府前中街3号
电话:(010)81496300
邮编:101300
网址:http://www.shunyihotel.com

(徐海超)

【质量环境体系监督审核】 2010年3月16-17日中国质量认证中心北京评审中心受北京顺义宾馆的委托,严格按照ISO9001:2008版标准和ISO14001:2004版标准,对宾馆的质量环境体系进行监督审核。审核组在对宾馆的质量环境体系运行充分、适宜、有效给予充分肯定的同时,提出如下建议:一是在日常工作中加大基础管理性工作,加强对外包方环境因素的识别,以及施加影响方式的可行性改进;二是加强对餐饮食品安全控制的管理;三是加强对顾客财产的管理工作。

(徐海超)

【庆七一表彰优秀党员】 在庆祝中国共产党成立89周年之际,顺义区人民政府招待所党委以发展新党员,表彰优秀共产党员,党委书记讲党课的方式予以庆祝。

（徐海超）

【火灾应急预案演练】 2010年10月18日上午，顺义宾馆进行了消防安全预案模拟演练。演练主要涉及以下几方面内容：1、消防中控室接报警、火灾确认、将火灾报警联动开关转入自动状态、拨打“119”火警电话报警、启动单位内部灭火、应急疏散预案和同时报告单位负责人等；2、义务消防员在指挥组的正确指挥下，穿戴消防服，利用灭火器、水龙带对初期火灾进行扑救；3、在义务消防员扑救火灾的同时，组织员工对宾客进行疏散，检查房间无人后贴明标志，安全疏散客人到指定区域集合，清点人员。

（徐海超）

【2010年工作总结和2011年工作务虚会】 2010年11月29日上午，招待所在C-6-1会议室召开2010年工作总结和2011年工作务虚会，全体中层以上管理人员参加。会上，所长宋奇良同志在听取各部门详细汇报及各主管领导对分管工作提出的相关意见建议后，做出全面总结：他在对2010年提前完成全年经济指标和其它各项工作给予充分肯定的同时，对经营状况和存在的问题进行理性分析。并对2011年的工作提出“八字”总体要求，既“创新、拓销、降费、控人”。对此，他希望全体干部员工扎实工作，提高效率，增加责任心，增强紧迫感，工作方法由粗放型向精细化型转变，以便更好的迎接挑战。

（徐海超）

【企业文化交流】 为深入贯彻区委组织部与团区委联合下发[2010]15号文件精神，扎实推进党团志愿服务活动的顺利开展，努力提高党团干部的综合素质和志愿服务团队意识。12月17日招待所党委组织本所党、团委委员，支部党、团干部一行21人到牛栏山镇开展了一次志愿服务交流活动。活动中，牛栏山镇党委委员、宣传部长与招待所党委成员就关于如何做好党团志愿服务工作进行经验交流并共同参观了江河幕墙、百强家具、升华电梯等知名企业。

（徐海超）

汉石桥湿地

【概　况】 汉石桥湿地自然保护区于2005年4月4日经市政府批准为市级自然保护区，同年6月成立顺义区汉石桥湿地自然保护区管理办公室（简称湿地办），为区政府直属相当正处级全额拨款事业单位。负责保护区的保护、管理和湿地资源的开发利用，组织开展科学研究、科普旅游等。汉石桥湿地自然保护区位于杨镇地区，总面积19平方公里，是北京市唯一现存的大型芦苇沼泽湿地以及多种珍稀水禽的栖息地，其中国家Ⅰ级重点保护野生动物2种，国家Ⅱ级重点野生动物17种，具有极大的保护和科研价值，对于区域经济社会可持续发展具有重要意义。保护区主要划分为核心区、缓冲区和实验区。核心区面积163.5公顷，以保持沼泽湿地生态系统不受人为干扰、能够自然生长为目标，实行全封闭保护，控制人员进入；缓冲区面积12.1公顷，防止和减少人类、灾害性因子等外界干扰因素对核心区造成破坏；实验区面积1724.4公顷，主要用于开发利用，开展生态旅游、科研科普等方面工作。

单位名称：北京市顺义区汉石桥湿地自然保护区管理办公室

地址：杨镇燕雄大酒店楼后

电话：(010)61456099

邮编：101309

（田海健）

【再生水厂】 再生水厂工程投资6000万元，建设再生水厂、雨污水管线、水质自动监测系统及人工湿地。每天可处理污水5000吨左右,水质达到Ⅳ类地表水标准,彻底解决了湿地水污染的问题,同时使杨镇中心区的污水得到了净化处理,提升了周边地区的生态环境质量。

(田海健)

【生态旅游】　湿地办坚持高起点开发,大力发展生态旅游,已成为顺义旅游的新热点。一是旅游基础设施逐步完善。对快餐区进行改造,增强了接待能力,使就餐环境得到改善;新建卫生间、游船码头,为游客提供更加完善的服务。二是旅游项目不断丰富。为充分利用现有资源,在林地内增设了真人CS、五人制足球等新项目,进一步增强游乐项目的吸引力。三是市场营销效果显著。首先强化媒体营销。在电视台、电台、网站及各级报刊发布新闻、广告,取得了较好的宣传效果。其次开展活动营销。开展了摄影比赛、观鸟比赛及观鸟文化节活动,在社会上产生了广泛的影响。再次开展网络营销。以网站建设为切入点,以照片、视频、文字等生动活泼的形式展示湿地的四季风光及旅游资讯,使游客能够方便的了解湿地的最新信息,培育了大量的潜在游客。四是加强队伍建设。为保证旅游服务质量,湿地办专门从旅游学院招聘大专以上素质高、形象好的毕业生,充实到旅游工作岗位,并加强培训及监督考核,为游客提供了高标准的服务,为旅游的发展赢得了良好的口碑。五是游客人数迅猛增长。全年共接待游客20万人,日客流量高峰达1.5万人。年内,汉石桥湿地被评定为国家3A级旅游景区。

(田海健)

【湿地保护】　汉石桥湿地加强治安秩序管理。建立专职保安队伍,健全管理制度,对保护区进行全天候巡逻,对在保护区放牧、打渔、捕鸟等破坏湿地环境的违法行为进行治理,保护区的珍稀鸟类及其栖息地、沼泽湿地生态系统得到全面保护。二是加强植被管理。不断建立健全各项制度,制定了《林木管护方案》、《林业有害生物防治方案》等管理制度,科学管理林木,使绿化工作做到有规可循,促进水生植物、陆生植物健康生长,营造出四季有绿、三季有花、处处有景的良好生态景观。由于汉石桥湿地在生态资源保护工作中成绩显著,年内,汉石桥湿地在北京市自然保护区管理首次评估检查中荣获“优”等级称号,位居全市16个自然保护区前列。

(田海健)

农　业

综　述

2010年是“十一五”收官之年，顺义区在市农委、市农业局的正确领导下，以科学发展观为指导，按照全市农村工作会议的总体部署，明确“规模化、产业化、品牌化、精品化、园区化”的发展方向，加快“高端、高效、高辐射”为特征的特色主导产业发展，努力促进农业结构调整和农民增收，大力发展都市型现代农业，扎实推进新农村建设，加快城乡一体化进程，形成了农业快速提升、农民持续增收、农村和谐发展的良好局面。

一、农业经济指标完成情况

2010年气候异常、农产品价格波动等因素对农业生产产生不利影响，本区积极采取有效措施，确保农业生产稳定，实现农林牧渔总产值58.6亿元，同比增长3.4%；农村居民人均纯收入达到12898元，同比增长10.7%。

二、大力发展都市型现代农业

（一）绿色农产品水平不断提升。保证农产品供应。蔬菜产量47.8万吨、果品产量6.9万吨、出栏生猪94万头，农产品生产情况基本稳定；强化标准化生产。顺义区农业标准化示范基地达到105个，其中国家级农业标准化示范区8个，市级优秀农业标准化基地8个。新建农产品检测机构4个；积极开展“三品认证”。顺义区有182家农产品生产单位的610个产品通过了“三品认证”，涵盖了蔬菜、果品、畜禽产品、水产品、蜂产品、粮食作物等各类农产品；加强农产品质量安全监管，检查生产基地、市场等农产品生产经营场所2191个次，抽取蔬菜、果品、动物及动物源性产品等农产品样本11516个，合格率为100%。

（二）农产品加工企业产值持续增加。出台《关于扶持绿色农产品加工产业发展的指导意见》，鼓励龙头企业做大做强、上市融资、提高自主创新能力，2010年扶持金额2300余万元；顺义区农产品加工企业达到95家，其中年销售收入1亿元以上的重点农产品加工企业14家。全年农产品加工产值实现110亿元，同比增长19%。

（三）优质籽种产业效益凸显。继续实施商品猪场和种猪场升级改造工程，出栏种猪20.4万头，实现产值3.5亿元，同比增长23.6%；蔬菜种苗生产逐渐形成增收优势产业，销售种苗1200余万株，农户增加收入1000万元；育苗面积3.5万亩，在圃苗木2703万株，产值7500万元，同比增长4%。全年籽种产业实现产值5亿元。

（四）花卉产业快速发展。出台《关于加快现代花卉产业发展的实施意见》，支持花卉新品种研发、培育和物流交易;郁金香节、菊花节、月季节、水仙节、插花花艺大赛等文化活动成功举办;北郎中花木中心等6家企业被授予北京市百万市民走进京郊百花园定点企业。2010年新增花卉生产面积2297.6亩,顺义区花卉种植面积达到1.7万亩,其中设施花卉面积2100亩,花卉品种近百种,全年生产鲜切花946.4万支,盆栽植物3924.4万盆,实现产值5.18亿元。

(五)第七届农博会暨第五届旅游文化节成功举办。签约生态农业、都市观光旅游、低碳经济等领域项目达到8个,协议总投资额9.98亿元,创历史新高;展区划分为花卉和农产品加工2个主题专区,以及中心展区、都市观光旅游展区等6个不同的综合展区,展会规模空前,展区面积、参展商数量、参展品种均超过往届;吸引13.3万群众到主会场参观,购买力明显提高,直接销售收入达到3246万元,同比增长32.3%;开展了北京蝴蝶文化节、插花花艺大赛、中国农民专业合作社理事长论坛等13项丰富多彩的文化活动。

(六)农业观光休闲蓬勃发展。“北京草莓季”宣传了13家采摘园区、“北京樱桃季”宣传22家采摘园区;启动2010北京百万市民观光果园采摘游活动,“中国北京优质樱桃擂台赛”评选结果揭晓,顺义区获得金奖4个,银奖3个,8家采摘园被评为市民最喜爱的采摘园;组织11家特色观光果品基地加盟北京地区生态观光体验游;顺义区各类采摘垂钓园区达到100余个,其中市级农业观光园10个;市级民俗旅游村4个,市级民俗旅游接待户40户。全年接待游客82.2万人次,同比增长6.4%,实现收入1.37亿元,同比增长36.3%。

(七)农业基础设施建设水平不断提高。整合资金1.8亿元,完成5.3万亩以农田培肥、田园清洁、节水配水和沟路林渠为重点的农业基础设施建设及综合开发工程;落实设施农业扶持资金1.04亿元,新增设施农业占地面积7012亩。全年设施农业实现产值5.85亿元,同比增长16.3%。

(八)深化农村各项体制改革。顺利完成89个村产权制度改革工作,顺义区累计完成改革227个村,占顺义区行政村总数的53.3%;新增土地流转面积16614.38亩,不断为产业结构调整提供土地资源保障;顺义区农民专业合作社达到153家,注册资金总额4889万元,入社农户14794户,占顺义区从事一产农户总数的67%,规模化生产经营程度进一步提高;开办田间学校81所,“百名农业专家兴顺工程”聘请农业专家85名,实用农业技术培训工程完成农民培训4万人次;政策性农业保险覆盖范围不断扩大,2010年总保额达到18.38亿元,参保农户30691户。

(九)编制完成顺义区农业“十二五”规划按照《北京市“十二五”时期都市型现代农业发展规划》精神,结合顺义区《“十二五”规划纲要》,以实地调研为基础,认真做好顺义区都市型现代农业“十二五”发展规划编制工作。规划内容1.6万字,涉及顺义区农业发展各个方面,全面总结了顺义区“十一五”期间农业工作取得的成绩,详细规划了顺义区“十二五”期间农业发展方向。

单位名称:顺义区农村工作委员会
地址:顺义区站前西街3号顺鑫国际商务中心九层
电话:(010)69441365
邮编:101300
网址: http://www.agr.bjshy.gov.cn/

(郭海萍)

农村经济管理

【概　况】 2010年,顺义区经管站认真落实党在农村的各项基本政策,积极创新农村经济体制机制，努力加强自身建设。一是建立和完善学习机制，提高农经干部把握农业和农村经济形势的能力，提高调查分析和政策研究的能力，善于总结经验，揭露矛盾、化解矛盾，增强解决新问题的前瞻性、针对性、科学性；二是建立和完善有效的工作机制，确保各项工作落到实处，成为贯彻落实党在农村基本政策的生力军和农民意见上传的主渠道。

单位名称：北京市顺义区农村合作经济经营管理站
地址：顺义区五里仓 AMB 大厦 A 座五层
电话：(010)89442503
邮编：101300
网址：http//www.jinggz.bjshy.gov.cn/index.jsp

（王国荣）

【农村土地承包经营权流转】 2010 年，顺义区 385 个村，确权土地面积 62.4 万亩，其中：土地确权确地的村 2 个，涉及农户 478 户，2444 人，面积 4027 亩；确权确利的村 99 个，涉及 3.1 万户，8.8 万人，面积 12.2 万亩；确地确利相结合的村 284 个，涉及 8.1 万户，26.7 万人，面积 49.8 万亩。顺义区流转土地总面积 41.7 万亩，占确权面积的 66.8%。其中确地后流转(农户间为了耕种方便，在本村农户间进行互换，或暂不愿经营土地的农户将土地流转给本村大户，适当收取土地流转费)面积 0.8 万亩，占流转面积的 1.9%；确权确利流转(主要是不确定地块，农户将土地直接流转给村集体，村集体将接转的土地采取集体经营、大户承包和对外租赁的形式经营。农户从村集体领取土地流转收益)面积 40.9 万亩，占 98.1%。2010 年顺义区兑现土地收益 1.76 亿元，亩均兑现收益 422 元，同比增长 10.2%。

（王国荣）

【农村集体资产和财务管理】 为了更好的在基层开展工作，提高工作质量，2010 年，区经管站一是举办农村财会培训班 2 期，对 550 余名镇村两级财会人员进行了业务培训。二是完善“村账镇管”制度，顺义区 426 个村全部实行“村账镇管”；所有镇都实行了“村帐镇审、集中办公、两级审核、民主监督”的农村财务管理机制，堵塞了各种财务漏洞；三是顺义区全部实行了财务公开。

（王国荣）

【农民负担监督管理】 为防止村级组织向农民乱收费，确保村级组织正常运转，市、区财政按照城乡统筹的原则，加大了对村级组织转移支付的力度。2010 年，顺义区 426 个村应收专项补助资金 7333.97 万元，实收专项补助资金 7333.97 万元。其中干部固定补贴 1062.5 万元、干部办公经费补贴 318.75 万元(享受干部补贴人数 2125 人)；五保供养补贴 18.58 万元；农业税附加补助 202.14 万元；公益事业补助款 5732 万元。均已及时、足额拨付到村。

（王国荣）

【农村集体经济产权制度改革】 2010 年 19 个镇 89 个村顺利通过改革决议、清产核资、资产评估、人员资格认定和农龄登记工作、进行了资产量化配股、选举产生董事会、监事会成员，建立了新型集体经济组织。2010 年顺义区共完成 227 个村农村集体经济产权制度改革试点工作。

（王国荣）

【农民专业合作组织】 2010 年，顺义区共有农民专业合作社 156 家，工商注册资金 6815.5 万元，带动社员数 17778 户。合作社数量、入社成员、注册资金均比去年有所增加，尤其是规模以上的合作社增幅显著。合作社产品交易总额 70534 万元，比去年增加 39.7%。

（王国荣）

【信息化队伍建设】 2010 年，按照全市统一布置，加强农村管理信息化工作的队伍建设，区经管站每季度对镇级信息化师资人员进行业务培训，累计 4 天，共培训镇级信息化师资人员 160 余人次。8 月对村级业务人员进行培训,累计7天,培训业务人员500余人次。

(王国荣)

种植业

【概　况】 2010年,顺义区共种植夏粮小麦22.66万亩,亩产321.82公斤,总产7292.0万公斤,总产值14584万元;秋粮玉米种植面积34.4万亩,亩产407.98公斤,总产14027.0万公斤,总产值28054万元;豆类0.3万亩,亩产240公斤,总产72万公斤,总产值432万元;甘薯0.3万亩,亩产2000公斤,总产600万公斤,总产值1200万元;花生0.327万亩,亩产265.21公斤,总产86.8万公斤,总产值433.75万元;苜蓿1.1万亩,亩产干草1000公斤,总产1100万公斤,总产值1320万元。全年粮经类总产值4.6亿元,较去年的4.3亿元增涨7.0%。蔬菜播种面积15.96万亩,总产量47815.62万公斤,总产值106378.3万元;西瓜、甜瓜总播种面积2.27万亩,总产量7896.4万公斤,总产值19741万元;顺义区蔬菜保护地占地面积4.22万亩,其中温室1.61万亩,大棚2.31万亩,中小棚0.30万亩。顺义区农产品加工、配送企业共65家,配送网点7228个,配送总量35400万公斤,销售收入29.47亿元。农产品追溯制企业17家;种植业专业合作社45家,其中蔬菜专业合作社24家。

单位名称:顺义区种植业服务中心
地址:顺义区建新西街甲3号
电话:(010)69421276
邮编:101300
网址:http://www.zzzx.bjshy.gov.cn

(杨学文　孙小青)

【粮田高产创建活动】 2010年,共建设粮田高产创建示范方3万亩,其中部级示范方1万亩,市级示范方2万亩。主要种植模式为“冬小麦－夏玉米”。小麦重点示范推广京冬8、京9843、农大211、烟农19、农大3432五个高产优质品种;推广“一优一晚三改”技术,即采取优质小麦高产栽培技术和适当晚播栽培技术,改用精量半精量播种技术、节水高产栽培技术和保护性耕作技术。玉米重点示范推广郑单958、京单28、京玉11、中单28、纪元1号、先玉335六个高产抗旱品种;推广“一增二改三提高”技术,即合理增加种植密度,改夏玉米传统收获期为延期晚收,改粗放施肥为测土配方施肥,提高土壤水分及自然降水的利用率,进一步提高农机化水平,提高农田景观化程度。经实地测产:小麦高产示范方亩产399.9公斤,比顺义区平均亩产增加24.3%。夏玉米高产示范方亩产616.9公斤,比顺义区平均亩产增加51.2%。

(杨学文)

【服务种粮大户项目】 为充分发挥中央财政补贴资金的作用,提高农民种粮积极性,顺义区种植业服务中心根据北京市农业局要求,对顺义区北石槽、赵全营、北小营、木林、龙湾屯和杨镇等六个镇8个种植面积超过300亩的种粮大户,共计3050亩农田进行施用有机肥和土壤深松补贴。通过施用有机肥和土壤深松,有效提升土壤质量,促进农产品品质提高。

(杨学文)

【小麦繁育工程】 2010年,建立3万亩小麦籽种生产田,繁育品种主要有京9843、农大211、轮选987等7个品种,中心种子检验人员在6月10日前对所有企业的小麦繁种田地块进行了田间纯度检查,均达到国家小麦用种标准(99.0%)。今年小麦籽种销售总量900万公斤,销售收入1980万元。

(杨学文)

【小麦换种工作】 按照北京市农业局、北京市财政局《关于做好2010－2011年本市小麦种子更换工作的意见》的精神，结合顺义区生产实际，精心组织，认真安排，完成2010年小麦换种工作。“三秋”期间，在15个镇174个村，为7529户进行小麦换种，面积达9.8万亩，换种量为195.2万公斤。小麦种子更换工程的实施，解决了小麦品种混杂问题，提高了小麦生产水平，为建设籽种中心奠定了基础。

（杨学文）

【小麦收获节与小麦播种节】 为推动构建都市型现代农业步伐，推动人文北京、科技北京、绿色北京建设工作，秉承“让农业走进城市，让美好走进生活”理念，促进创意农业、城市农业发展，我中心与北京市农技推广站、大孙各庄镇政府联合举办了“小麦收获节”和“小麦播种节”活动。4月24日，举办了主题为“阳春三月风光美、麦田踏青喜相会”的小麦收获节预热活动；6月14日至6月16日，组织古船面粉厂、编织手工艺术家进行农产品展销；6月20日，成功召开“小麦收获节”；10月5日成功组织了小麦播种节。两节的举办，在拓展生活功能，推动观光休闲农业和创意农业，促进产业融合，做出了有意的尝试。

（杨学文）

【农田培肥项目】 “农田培肥项目”为“北京都市型现代化农业基础建设及综合开发项目”的一个分项目。年内共完成有机肥11万亩，配方肥11.4万亩，涉及12个镇，共施用有机肥54945吨，配方肥5682.95吨。监测工作：年内共建立105个监测点，其中65个为2009年续建，40个为2010年新建；完成60个小麦、11个西瓜取样工作；完成2009年65个监测点标牌的树立；完成105个监测点的土壤取样工作，共计取土样210个。肥料抽检：在配送有机肥和配方肥的过程中，对“富特来”等8家中标肥料生产企业配送的肥料进行抽检，共抽取766个肥料样品，合格率为100%。

（杨学文）

【田园清洁工程】 “田园清洁工程”为“北京都市型现代化农业基础建设及综合开发项目”的一个分项目。年内，建立生态粮经、蔬菜及果园三种类型农田，总面积11.83万亩。共设立杨镇区域（包括5个镇）、北小营区域（包括4个镇）、赵全营区域（包括3个镇）三个中心示范区。小麦玉米生防示范区5万亩，农药用量比常规防治减少48.2%，每亩减少化学农药用量289克，合计减少农药14.45吨。果园示范区6500亩，安装太阳能杀虫灯15盏，降低害虫发生程度，补贴生物农药阿维菌素1773公斤。两项措施年减少化学农药用量32%，折农药2.08吨。蔬菜示范区1万亩，小檗碱2106公斤，性诱捕器2.96万个及诱芯 。减少化学农药用量33.3%，折化学农药2.4吨。8月释放8万亩赤眼蜂防治玉米螟，每亩2万头，共计16亿头，防治效果80%。

（杨学文）

【测土配方施肥项目】 2010年3月10日，2006－2009年测土配方施肥补贴项目顺利通过市级验收，顺义区被定为北京市唯一确定的全国测土配方施肥技术普及示范县。年内推广测土配方施肥面积达70万亩，完成取样500个，测试土样3000项次；设立220个村级测土配方施肥示范方；建立10个测土配方施肥示范基地，总面积8412亩；安排肥料量级试验14个；为种植大户、科技示范户开展个性化的指导服务350余次。顺义区23万亩冬小麦、32万亩玉米实施测土配方施肥技术，小麦平均亩增产20公斤，平均亩增收49.2元；玉米平均亩增产35公斤，平均亩增收63元。5万亩蔬菜实施测土配方施肥技术，平均亩增产135公斤，平均亩增收123.2元。

（杨学文）

【都市型现代农业科技展示基地建设】 2010年，顺义区都市型现代农业科技展示基地建设内容：70亩示范田道路和排灌系统配套，其中铺设碎石路760米,衬砌排水沟760米;建钢架大棚2栋;建膜面集雨工程集雨窖1000立方米,集雨槽660米,输水渠道250米;为8亩大棚安装滴灌设备;配套机井变频控制器一套;智能化管理系统一套。

(杨学文)

【北运河流域肥料面源污染防治项目】 在北石槽、李桥建立5个示范基地,辐射整个北运河流域。项目区应用配方肥530吨、缓释肥100吨、有机肥2700吨、二氧化碳肥2万袋;在李桥沿河绿地瓜菜合作社建设秸秆设施循环池10个。为农民取土样100个,结合化验结果提供施肥卡。

(杨学文)

【水肥一体化项目】 项目区包括北务镇小珠宝村、仓上村及木林镇贾山村,共组织培训3次,培训农民200人次。安排定点监测户25户,为示范区农户每户免费发放圣诞树滴灌肥一袋。安排瓜菜水肥一体化示范,其中黄瓜水肥一体化示范亩增产568公斤/亩,增产率11.4%,节水113方/亩,节水率为32.4%,水分生产效率提高6.1公斤/方,节约纯养分12.2公斤/亩,硝酸盐含量降低15.9%。

(杨学文)

【脱毒甘薯、草莓繁育与推广工作】 甘薯:种植原原种45亩,收获原种5万公斤;向本市及河北省推广30万公斤原种,种植面积1万亩;针对紫薯王、京薯6、遗字138三个甘薯品种,剥取茎尖700瓶,继代4000瓶;与河北金马食品有限公司合作,签定脱毒种苗繁育1万株供销合同。草莓:将2009年组培的枥乙女草莓苗80株,驯化后扩繁。

(杨学文)

【百名专家兴顺工程】 年内种植业服务中心聘请33名农业专家,建立专家服务工作站,搭建科技服务对接平台,落实顺义研发项目30项。采取培训、试验、示范、研究等科技形式,为顺义区粮食、经济作物、蔬菜提供专业技术服务,及时解决生产、实践中出现的实际问题,加快农民增收步伐。

(孙小青)

【科学技术培训】 年内种植业服务中心组织大型集中培训10次,培训农民近2000人次,组织各镇开展专项培训30余次,完成培训3000余人次。累计发放各类科技图书及技术资料2000余份;组织各类观摩20次,受益农户达800余户。

(孙小青)

【蔬菜高产创建】 组织北务、杨镇、李桥、大孙各庄镇40余户科技示范户参加北京市农业技术推广站举办的蔬菜高产创建活动,13人分别获得二、三等奖。其中,二等奖5人、三等奖8人。

(孙小青)

【果类蔬菜创新团队】 年内种植业服务中心承办果类蔬菜创新团队顺义区综合试验站1所、农民田间学校工作站14所、农民田间学校53所。新品种试验、示范364个;新品种新栽培技术展示5项;水肥试验17项、病虫害防治技术试验和展示10项;推广实用技术43项;培养村级技术辅导员28名,科技示范户34名,农民增收典型户38户;辐射带动2000余农户增收致富。接待致公党、农业部、北京市委、北京市科委、日本农业考察团、孟加拉国农业考察团考察观摩各1次;组织农民田间学校工作站站长、镇村技术人员、种菜大户现场观摩9次,共计1600余人。

(孙小青)

【新品种新技术展示基地】 建立新品种、新技术展示基地5个包括:顺义区农业科学研究所基地、李桥顺沿特菜基地、大孙各庄绿奥蔬菜合作社基地、沿河绿地瓜菜合作社基地、北务仓上精品蔬菜基地,展示面积600亩。展示国内外蔬菜优新品种300个;示范新技术10余项,包括:捕食螨、丽蚜小蜂防虫、膜下暗灌节水、应用生物肥料、冬季秸秆酿热增温技术等。

(孙小青)

【蔬菜优质籽种更新工程】　年内引进国内外蔬菜、瓜类新品种100余个，包括黄瓜、番茄、彩椒、茄子、南瓜、西葫芦、甜瓜、小型西瓜等，示范种植面积300余亩。

（孙小青）

【设施瓜菜高产高效技术推广】　年内遴选15个村作为设施西瓜、甜瓜高产高效技术示范村，其中核心示范村5个，遴选30名示范户农民技术推广员。在示范村安排11块示范田，示范面积11亩，示范新品种19个：小西瓜红小帅H、中果型西瓜北农天骄、薄皮甜瓜京蜜11、厚皮甜瓜一特白等；推广新技术4项：小型西瓜抢早技术、薄皮甜瓜多果多茬栽培技术、草莓套种西瓜甜瓜新品种栽培技术等。在张镇聂庄村、大孙各庄镇后六马村、北务镇仓上村实施“百村实用技术推广—设施蔬菜高产高效技术示范推广”项目，推广大棚黄瓜、番茄等10余个新品种及15项配套栽培技术。

（孙小青）

【大棚熊蜂授粉技术】　与北京市农林科院信息所合作，完成大棚西瓜蜜蜂授粉推广2000亩，试验示范大棚薄皮甜瓜、番茄、甜椒熊蜂授粉，蜂授粉技术减轻农民劳动强度，提高产品品质，效果明显。

（孙小青）

【蔬菜质量安全追溯制】　让市民吃上安全放心的“条码菜”。年内新增2家蔬菜安全追溯试点单位，截止目前，顺义区已有17家追溯制试点单位，全年累计使用标签120.38万枚。

（孙小青）

【“三品”认证管理】　2010年顺义区有无公害产品认证基地15家，33个无公害产品。包括：年内新增的晨辉合作社等4家；到期续任的顺鑫农业顺科分公司等11家。

（孙小青）

【蔬菜瓜果农药残留检测】　年内对蔬菜、果品抽样定量农药残留检测，样本450个，合格率为100%。涉及顺义区所有标准化蔬菜生产基地、三品认证基地和部分个体菜农蔬菜基地，覆盖率达到90%以上。委托检测的蔬菜果品共260个样本。其中检测速测样本172个，定性定量检测样本88个样本，合格率100%。

（孙小青）

【农药质量检测】　针对农药有效成分含量抽样检测，涉及35家农药经销商店，200个样本，合格率99.5%。

（孙小青）

【外来有害植物侵入普查】　针对黄顶菊、刺萼龙葵、假高粱外来有害植物进行普查，普查范围：顺义区19个镇，190个自然村的农田、菜田、果园、林地、撂荒地、生活区、沟渠、乡村路边及辖区内的主要公路两侧公路绿化带及潮白河两岸、小中河、温榆河、空港开发区、临河开发区、燕京啤酒厂周围、农贸市场周边地区等场所进行了黄顶菊、刺萼龙葵、假高粱等杂草普查，普查面积约26.4万亩，尚未发现黄顶菊、刺萼龙葵、假高粱等恶性杂草传入。

（孙小青）

【农业执法】　年内共受理、解决群众电话举报案件35起，开展种子、农药、肥料执法检查132次，其中：联合检查8次，出动执法人员800人次；实施行政处罚简易程序54起，处罚金额4500元，立案查处1起，处罚金额528元，为农户挽回经济损失12.6万元；参与科普宣传活动5次，发放宣传材料共计2万余份，接待咨询人数350余人。农业执法活动切实为农民增收起到了保驾护航作用。

（杨学文）

【农区灭鼠工作】　改变以往自制毒饵，改成成品毒饵，一次从生产厂家够进26吨成品毒饵，确保了春秋两季灭鼠任务的完成。春季农田、畜牧养殖场、水产养殖场农田顺义区防治面积50万亩，防治效果90.7%，畜牧养殖场286个，养殖专业户7789个，防治效果87.9%，水产养殖场13080亩，防治效果

86.2%;4月在大孙各庄镇麦田4000亩地的毒饵站试验示范工作,取得了市局领导的好评。9月14日－25日完成了农博会场馆周边5个镇的毒饵站灭鼠工作,防治面积5万亩,10月中旬完成了张镇、杨镇、大孙各庄、北务等9个镇的保护地设施毒饵站灭鼠工作,防治面积2万亩。

(杨学文)

【农药连锁配送体系建设】 市区领导高度重视农资连锁配送体系建设,市农委、市农业局、区委、区政府主要领导亲临农药配送基地视察调研,对农药连锁配送体系给予了充分的肯定,要求进一步完善农药连锁配送体系确保产品安全。顺义区现有农药连锁店17家,完成农药连锁配送120吨。对连锁店经营人员进行业务培训4次,发放防治简报、信息25份,参加培训人数达到50人以上。

(杨学文)

【植物检疫工作】 产地检疫:小麦75批次,703万公斤。产检合格率达到100%。种子、苗木等检疫894批,23.4万公斤;16.91万株;25000平方米。其中,经济作物855批,16.69万公斤;粮谷类作物26批,217.5万公斤;其它类13批,88.8公斤、16.9万株、2.5万平方米。

(杨学文)

【有害生物监测与防治】 全年粮经作物病虫草害发生面积233.5万亩次,防治面积371.4万亩次,挽回损失73071.69吨;蔬菜病、虫发生面积73万亩次,防治面积162万亩次,挽回经济损失20%。大力推广物理防治杀虫灯3万亩、黄板和防虫网4.5万亩,生物防治16.5万亩次。

(杨学文 孙小青)

【植保专业化防治服务】 在杨镇兴松农机合作社建立第一支植保专业化防治服务,配备大、中型喷雾机、机动喷雾机等64台套,使其具备专业化防治能力。年内植保专业化防治队共完成2.2万亩专业化防治订单作业,辐射4个镇25个村。

(杨学文)

【安全新型农药、药械推广】 2010年“安全新型农药、药械推广”项目,总投资368万元,覆盖顺义区蔬菜面积3.4万亩;农药补贴金额156万元,项目涉及顺义区14个镇,3685户。完成补贴农药15.3吨,其中生物农药14.8吨,占96.7%。发放补贴喷雾器2万台,金额180万元,发放精准施药量具4000套,金额32万元,回收废旧喷雾器1.9万台,回收率95%。

(杨学文)

【22座阳光浴室投入使用】 在南彩、大孙各庄、龙湾屯、木林、杨镇、赵全营等6个镇22个村建设完成阳光浴室22座,满足了冬季农民的洗浴需求,且解决了44名农民工就业。

(杨学文)

【“两气一炕”安全监管】 会同安全局、质检局对辖区内的22座气站进行了4次安全生产联合大检查,出动车辆60次,人员120次,下达隐患整改通知书30份,各镇上交自查报告220份,发放沼气、秸秆气、吊炕安全使用须知1.3万份。12月13－19日,在顺义电视台黄金时间每天滚动播出“吊炕安全使用公益广告”共42次,同时利用村广播站循环播放“节能吊炕的安全使用常识”,进行广泛宣传。

(杨学文)

【秸秆气化站升级改造】 年内,实施改造的秸秆气化工程2处,具体为龙湾屯镇大北坞秸秆气化工程和七连庄秸秆气化工程。工程引进山东大学的无水除焦燃气净化技术和合肥天焱公司的无水除焦燃气净化技术,技术核心点在于燃气洗涤液由传统的水变为有机溶剂,溶剂可循环利用,实现对环境的零污染。

(杨学文)

【农业废弃物循环利用】 2010年实施的工程2个,一个是大孙各庄绿奥循环利用工程,一个是北小营神农合谷农业废弃物循环利用工程。2处工程年可处理田园废弃物6000吨,可制成有机肥3600吨。

（杨学文）

动物卫生监督

【概　况】 2010顺义区畜牧生产基本稳定。顺义区共出栏生猪121万头,同比持平,其中商品猪94万头,同比持平,种猪27万头,同比增长7%;鸡蛋产量1.6万吨,同比增长8%;出栏肉牛4.2万头,同比增长3%;出栏肉羊18万只,同比增长14%;出栏家禽1200万只,同比基本持平;牛奶产量5.1万吨,同比减少5%。畜牧业实现总收入26.1亿元,同比增长5.7%。

单位名称:北京市顺义区动物卫生监督管理局
地址:顺义区府前西街
电话:(010)69463316
邮编:101300

（张跃超）

【动物疫病防控】 以预防禽流感、O型口蹄疫、狂犬病等重大动物疫病为重点,强化各级防疫责任制,严格落实程序化免疫和综防措施,累计完成禽流感、口蹄疫、高致病性猪蓝耳病等动物免疫5100万头只,注册犬狂犬病免疫12.3万条,实验室监测各种畜禽血样8.3万份,畜禽重点疫病免疫密度和监测面均达到100%。累计检查畜禽运载车辆1322车次、生猪1.8万头、动物产品1061吨,未发现不合格动物及其产品入境。

（张跃超）

【动物检疫监督】 以打击私屠滥宰和加工、出售病死动物和动物产品等违法行为为重点,严防病害肉上市。年内共出动执法人员5000余人次,检查动物养殖场(户)、屠宰场、兽药、饲料生产经营企业等各类场所共计2400个次,共查处动物卫生监督和兽药饲料监督案件46起,罚没款16.12万元,销毁不合格动物及动物产品7.6吨,假劣兽药4箱,原料药170公斤,饲料1吨。案件数量及罚款数额同比增长15%、64%,有效地保障了动物源性食品上市安全。

（张跃超）

【种猪产业】 稳步实施"432"种猪场升级改造工程,将4个商品猪场升级改造为种猪场,将3个年出栏5000头的种猪场升级到年出栏10000头,将2个祖代种猪场升级为原种猪场,全部达产后年可增加种猪出栏2万头左右。年内累计出栏种猪27万头,推广良种猪精液30万剂,对加快本市及周边良种繁育体系建设做出了贡献。

（张跃超）

【产地、屠宰检疫】 产地检疫、屠宰检疫是捍卫动物及动物产品安全的首要屏障。顺义区养殖场户数量多而分散,畜禽存栏数量大,屠宰企业密集,产地、屠宰检疫工作任务艰巨。动监局以贯彻"检疫规程"为核心,强化"责任使命感"为抓手,充分发挥派驻官方兽医和签约兽医的作用。严格按照产地检疫程序,规范操作、规范出证,实现产地检疫五到位,即:项目到位、程序到位、标准到位、处理到位、记录到位。对屠宰检疫要求严把"六关":动物防疫条件审查关、畜禽入厂关、宰前检疫关、宰后检疫关、动物产品出厂关、病害肉处理关。截止2011年6月30日,顺义区产地检疫生猪20.1万头,牛1.7万头,羊0.4万只,禽754.2万只,动物产品1.4万吨。屠宰检疫生猪106.1万头,禽1100万只,分别占全市总数的30%和45%。检出病猪3718头,病禽20.1万只。对检出的病害动物及产品,全部严格按照国家规定进行了无害化处理。北务公路动物防疫监督检查站共检查过往车辆752车,生猪4.5万头、禽6600只、动物产品422.4吨。均未出现检疫事故,为确保首都动物及动物产品安全发挥了重要作用。

(张　晶)

【养殖环节监管】 养殖环节是确保动物及动物产品安全的第一源头,动监局所始终将其作为监管任务的重中之重。上半年的工作重点主要有3个方面。一是严厉打击养殖环节非法添加行为。按照“全程监控、重点监督、及时处置”的原则对畜禽养殖场的自配饲料、饮水、全价饲料、用药等进行检查。同时,召开了各兽医卫生防检站和区域、驻厂官方兽医室瘦肉精快速检测技术培训班,将购买的6万元盐酸克伦特罗、莱克多巴胺、沙丁胺醇快速检测卡和试剂盒配发给各单位,针对瘦肉精等违禁药物进行全方位高密度监测。二是切实做好病死畜禽无害化处理工作。要求顺义区199家养殖场统一规范建立无害化处理设施,并将其作为动物防疫条件审核重要内容之一。目前大部分养殖场的无害化处理设施已建设完毕或签订了无害化处理协议,从源头控制病死畜禽流通上市。三是消除疫病防控死角,强力清除泔水猪。根据区政府及北京市农业局“规范动物饲养行为,禁止泔水喂猪”有关工作精神,按照自清、助清、依法强清程序,顺义区136户1.43万头泔水猪已全部清理完毕。目前,正在建立稳固长效监管机制。

(杨百刚)

【饲料、兽药投入品和生鲜乳安全】 按照市农业局《关于在养殖领域开展严厉打击非法添加禁用药物和物质工作的通知》要求,在切实加强对获证企业监管的同时,重点取缔“三无”饲料、兽药生产单位,严查生产经营假劣饲料、添加剂和非法添加“瘦肉精”、“蛋白精”、三聚氰胺等有毒有害物质的违法行为。生鲜乳收购环节严格审核发放《生鲜乳收购许可证》和《生鲜乳准运证》,指导奶站建立健全生鲜乳收购记录、检测记录、销售记录和生鲜乳交接单,逐步实现生鲜乳生产、收购、运输等环节制度化、规范化管理。上半年共检查饲料、兽药、生鲜乳收购企业241个次,取缔无证生产饲料单位11家,立案查处无证经营兽药案5起、使用违禁药、假劣兽药案2起。

(管文征)

【执法】 在树立“宣传也是监管,舆论也是环境”观念的同时,动监局对违反动物防疫法律法规的行为进一步加大查处力度。首先,日常监管按照“四化”要求,做到“四零”目标。即做到日常监管常态化、执法办案规范化、文书档案标准化、联防联动制度化的“四化”要求,以“严格检查、严厉处罚”为工作重心,力争实现监督零距离、管理零空档、案件零差错、执法零投诉的“四零”目标。其次,加强大案、要案查处力度,做到执法必严、违法必究、有案必查、有查必处,从重从严查处大案要案。

(管文征)

【突发重大动物疫情应急预案】 根据《突发重大动物疫病应急条例》和《中华人民共和国动物防疫法》、《北京市突发重大动物疫情应急预案》等法律法规、规范性文件,进一步充实完善了《顺义区突发重大动物疫情应急预案》等重大动物疫病防控预案,充实完善后的预案实用性、可操作性、针对性比较强,为全面提高顺义区应对突发重大动物疫情的快速反应能力,保障公共卫生安全提供了保障。

(陈争争)

【责任落实】 根据《北京市2010年动物防疫工作责任书》的有关要求,并结合顺义区实际情况制发了《顺义区2010年动物防疫工作责任书》,进一步明确了各镇政府(街道办事处)和相关职能部门在动物防疫工作中的职责和任务。李友生副区长和各镇镇长(街道办事处主任),区动物卫生监督管理局与各兽医卫生防检站以及养殖场户逐级签订了责任书落实了责任。

(陈争争)

【重大动物疫病的免疫】 2010年,区动监局按照季节免疫和程序化免疫相结合的方式对辖区所有重点动物疫病全部实行了强制免疫,并创造性地开展了《重点疫病免费接种制度》、《动物免疫三方确认制度》、《消毒效果跟踪监测制度》,有效确保免疫的密度及质量。顺义区累计完成禽流感、口蹄疫、高致病性猪蓝耳病等重点疫病免疫5100万头只;狂犬病疫苗免疫犬12.3万条等,畜禽重点疫病免疫密度全部达到100%。

(陈争争)

【疫病监测和检疫净化】 2010年,区动监局对首都机场、湿地、种畜禽场、大型养殖场周边等重点部位、重点区域,有针对性地增加了监测的频率和比例。特别是年内还全面启动了奶牛布病控制与净化项目,力争用三年时间完成项目总目标,实现奶牛布病达到顺义区净化标准。2010年共计完成检测畜禽样本8.3万余头份,监测面达到了100%。

(陈争争)

水　产

【概　况】 2010年内顺义区池塘养殖面积14200亩,其中成鱼养殖面积12500亩,生产成鱼1088万公斤,同比增长2.4%,渔业经济总产值1.6亿元,同比增长2.6%。休闲垂钓渔业发展势头良好,顺义区垂钓量314.8万公斤,与去年同期相比增加17.2万公斤,同比增长5.8%;吸引游客34.3万人次,比去年增加1.2万人次,同比增加3.6%;垂钓收入6422万元,比去年同期增加305万元,同比增长4.9%。

单位名称:顺义区水产服务中心
地址:顺义区站前东街7号
电话:(010)69445160
邮编:101300
网址:http//www.shuichan.bjshy.gov.cn

(皮国华)

【休闲渔业】 年内顺义区已建成标准化垂钓园22家,政府扶持440万元,养殖者多方投入4030万元,累计投入资金4470万元,新增就业岗位86个;新增绿地面积71.2万平方米,植树4.1万株。消除安全隐患四类,池塘堤路硬化122万平方米,电缆线路技术改造5.3万余米。顺义区从事垂钓的场家已经达到382户,占顺义区水产养殖总户的78%,顺义区垂钓量314.8万公斤,占成鱼总产的28.9%,垂钓收入6442万元,占渔业经济总产值40.3%。

(皮国华)

【池塘标准化改造试点】 年内进忠水产养殖场成为北京市农业局"池塘标准化改造试点单位"2010年5月至10月已完成改造,验收合格。市、区两级投入资金284.9万元,为顺义区老旧池塘改造提供了示范。

(皮国华)

【科学增殖放流】 年内向潮白河和汗石桥湿地水域投放锦鲤、鲢、草鱼等各类苗种35万尾,丰富了水域物种资源,增添了人文景观,改善了水域生态环境。通过放流前后对水质抽样检测对比,活性磷由每升1.85毫克降到1.61毫克,降幅12.9%,亚硝酸盐由每升0.42毫克降到0.31毫克,降幅26.2%,氨态氮由每升0.48毫克降到0.39毫克,降幅18.7%。各项理化指标都取得显著下降。

(皮国华)

【水产品质量安全监管】 一是加强领导 落实责任;二是加强水产品质量安全体系建设,申报无公害水产养殖基地10家;三是加大生产环节中投入品的检查力度,完善"两个记录"制度,严厉打击使用有毒有害饲料和违禁渔药的行为;四是充分发挥中心水生动物疫病防治站的功能,科学、严格地进行水质和鱼产品的抽测检测。

(皮国华)

【水产技术推广】 年内完成水产养殖科技项目6项,其中"墨斑牙鲆淡化养殖技术"获得区科学技术进步三等奖;推广名优水产养殖品种4个,试验示范面积300亩。新创建农民田间学校2所,举办水产品健康养殖、水产品无公害培训、农产品质量安全培训班8期,培训560人次。

(皮国华)

【渔政监督执法】 年内积极开展专项整治活动,大力宣传贯彻《渔业法》、《水生野生动物保护法》。定期对顺义区的重点渔场和水产养殖标准化基地进行检查,重点检查生产记录和用药记录,加大对使用违禁药品和添加剂的处罚力度;对宾馆、饭店、市场等经营利用水生野生保护动物的行为进行检查,严厉查处违法行为,加强合法经营利用的保护力度。进行执法40次,出动执法人员300人次,检查渔场489家次,开展孔雀石绿检查472户,累计检查面积1.38万亩。举办8期培训班,培训560人次,发放各种材料2000余份。按照京农发(2008)180号文件精神,联合公安、城管、水政执法部门对减河、潮白河禁钓水域进行执法,累计执法800余次,出动执法人员3200余人次,处罚3人次,没收钓具662支,网具8000余米。

(皮国华)

林　业

【概　况】 2010年顺义区园林绿化局认真落实"人文北京、科技北京、绿色北京"建设目标,高标准、高质量完成了区委、区政府交办的实事工程、折子工程和各项工作,作为绿化模范城市参展第二届中国绿化博览会达到预期效果。截止2010年底,顺义区森林覆盖率为21.07%(因统计方法调整,数字有变化),林木绿化率为26.58%,城镇绿化覆盖率达到45.91%,人均公共绿地面积达到26.43平方米。

单位名称:顺义区园林绿化局
地址:顺义区中山南街11号
电话:(010)69444535
邮编:101300
网址:http://www.syfp.bjshy.gov.cn

(黄　平)

【义务植树】 全年参加义务植树人数30.5万人,植树91.9万株(新植30.7万株,折合株数61.2万株),尽责率达到84.7%。

(黄　平)

【公园管理】 完成顺义区公园登记申报15个,其中原有公园8个,新增公园7个。顺义区现有市级精品公园5个。

(黄　平)

【绿化美化】 3月1日在顺义公园组织开展了《北京市绿化条例》学习宣传日主题活动。在顺义区19个镇、6个街道办事处成立了镇(街道)绿化委员会办公室。

(黄　平)

【林权改革】 集体林权制度改革纳入政府折子工程,出台林权改革方案,涉及面积1.24万公顷,其中生态公益林4067公顷,商品林8380公顷。主体改革基本完成。

(黄　平)

【林政资源管理】 本年度共办理林木采伐许可证843件,采伐林木21.58万株,蓄积6.02万立方米。办理林木移植许可证95件,移植林木1.78万株。更新采伐2.42万株,更新造林2.5万株。

(黄　平)

【首都绿化美化创建】 顺义区获得首都全民义务植树先进单位4个、首都绿化美化先进单位3个、园林小城镇1个、花园式社区3

个、花园式单位10个、绿色村庄12个。

（黄　平）

【林木绿地养护】 在年度全市绿地等级评定中，顺义区获得5块特级绿地、10块一级绿地。

（黄　平）

【林业有害生物防治】 监测测报33种林果病虫害，设立测报点116个，防控作业面积190万亩次，释放周氏啮小蜂5亿头。发布《林保情况》9期、《严防简报》18期。

（黄　平）

【林木案件】 全年共接报警353件，处警353件，其中立刑事案件13件。

（黄　平）

【检疫执法】 产地检疫面积2533.33公顷。检疫苗木1761.5万株、花卉310万盆(株)。

（黄　平）

【森林防火】 签定森林防火责任书1100余份，下达《森林火灾隐患整改通知书》8份，打烧防火隔离带42万延长米，清理林下可燃物3200公顷。

（黄　平）

【野生动物保护】 举办野生动物保护宣传活动，制作、发放宣传材料1.2万余份。检查集贸市场5次，收缴粘网等非法猎捕工具2件，救助野生鸟类166只，教育5人。

（黄　平）

【古树名木】 现有古树56株。其中2010年新增北京市一级古树国槐1株，北京市二级古树枣树1株。

（黄　平）

【重点项目】 完成三北四期防护林新增补植补造建设工程面积2006.67公顷。完成播草盖沙工程面积300公顷。

（黄　平）

【花卉产业】 顺义区现有花卉企业74家，花卉种植面积1121公顷，产值3.9亿元。举办“顺义区第四届插花花艺大赛”，和谐广场在北京市第二届月季文化节上荣获北京最美的月季景点称号，牛栏山酒厂的“长风万里”在北京市首届“斗菊”擂台赛获“菊王”称号。

（黄　平）

【果树生产和科技】 全年果品产量6800万千克，产值2.48亿元。引进樱桃新品种和砧木50余个，优良苹果品种10个。

（黄　平）

【观光果园和果品推介】 新建和完善了20个特色旅游休闲观光采摘园区、五条观光采摘带。在“中国·北京优质樱桃擂台赛暨2010北京百万市民观光果园采摘游启动仪式”中顺义区获得4个金奖。

（黄　平）

【苗木、蜂产业】 现有苗圃135个，育苗面积2312.27公顷，产值7500万元。完成2009年度顺义区新增蜂群验收工作。

（黄　平）

水　务

【概　况】 2010年，顺义区水务工作按照“城乡发展一体化、社会管理精细化”的要求，加快“民生水务、科技水务、生态水务”建设，以科学用水、调水、蓄水、改善城乡水环境为中心，突出抓好城乡供水一体化工程及三项水务重点工程，规划建设一批水务工程，提高水务综合保障能力和服务管理水平，确保水务安全。顺义区年用水总量2.96亿方，其中农业和二三产业用水2.64亿方，城乡居民用水0.28亿方，环境用水0.038亿方，利用再生水1548.14万方。顺义区万元GDP水耗由“十五”末的117方减少到34.6方，降幅为70%。顺义区年降雨量431.5毫米，比多年平均值减少26.8%，被市政府授予“基层水务管理先进奖”。

单位名称:顺义区水务局
地址:顺义区石园北区东侧民政局办公楼
电话:(010)69443687
邮编:101300
网址:www.shywater.bjshy.gov.cn

(水务局)

【水务工程建设】 全年实施22项水务工程,其中顺义新城滨河森林公园滨河工程、温榆河水资源利用二期工程和空港新城龙道河生态治理工程为市级重点工程,完成工程总量的60%、82%和75%,共完成投资3.96亿元,占投入总额的62%。投资3386万元,完成13座危旧桥改造工程,方便百姓出行。投资1500万元,完成18处农村雨洪利用工程,新增蓄水能力41万方。投资538万元,完成石园西区等3个小区排水设施改造。投资608万元,实施中央财政小型农田水利项目建设。投资211万元,完成金鸡河4平方公里小流域生态治理工程。

(水务局)

【农村安全饮水】 年内,投资3.13亿元,完成56个村的安全饮水工程,彻底解决顺义区341个村的饮水安全问题。继续推进城乡供水一体化,杨镇等45个村喝上"市政水"。推广北务镇"阶梯水价"、马坡镇石家营村"定额补贴、节余归己、超量加价"的经验,农村用水计量收费率由2009年的45%提高到49%。投资300万元,检测农村水源井水质。为3个镇级供水厂、222个村安装远程抄表设备,加大水量监测力度。

(水务局)

【节水型社会建设】 2010年,顺义区100家单位、10个居民小区和33个村庄达到市级节水创建先进标准。推广高效节水技术,新增农业节水灌溉面积3.9万亩。

(水务局)

【节约用水分类分级管理】 2010年9月7日,顺义区召开节水分类分级管理动员大会,出台节约用水分类分级管理办法及实施意见,在全市率先启动节约用水分类分级管理工作。顺义区将所有用水单位分为农业、工业、生活、公共服务、城市环境和建筑6大类,按标准评定为A、B、C三个等级。

(水务局)

【百日整治行动】 从2010年6月11日开始,顺义区坚持"以我为主、攻坚克难",在全市率先启动"百日整治行动"("打击盗采砂石、整治非指定区域游泳和钓鱼、违规洗车百日行动"的简称)。共投入400多万元,劝阻垂钓捕鱼者4990余人次,查处砂石盗采案件4起,摸清162家洗车站点情况,清理占道洗车点56家。被市百日整治行动领导小组授予"突出贡献奖"。

(水务局)

【防汛抗旱】 顺义区排查确定17处防汛重点部位,疏挖排水沟、河道230公里,对109个村215户危旧房进行改建。以桌面推演的形式开展防汛知识培训,组织潮白河防汛应急预案演习、无预警无脚本雨中抢险实战演练,取得预期效果。全年实现平安度汛目标。

(水务局)

【水库移民后期扶持】 核定农业户口移民后期扶持人口4227人,无固定职业农转非移民1604人,发放农业户口移民扶持资金253.7万元、农转非移民技能培训补贴89.8万元。投资1.76亿元,完成移民安置村基础设施建设项目86项。在全市检查评比中连续两年获5000人以下组一等奖。

(水务局)

【顺义区水务工作会】 2010年3月11日,召开顺义区水务工作会。区委常委、副区长李友生及市水务局领导出席会议并讲话。会议表彰水务工作先进单位、先进集体、先进水务工作者和优秀管水员,北务镇、马坡镇、自来水公司和华欧航空培训中心四家单位作典型发言。

(水务局)

【首家水平衡测试中心挂牌】 2010年5月,

顺义区首家非居民用水户水平衡测试单位——北京顺三源节水技术中心挂牌成立。该中心全年完成张镇政府、丽京花园别墅等80家用水单位水平衡测试工作。

（水务局）

【国家防总检查组检查工作】 2010年5月10日，水利部副部长胡四一率国家防总海河流域防汛抗旱检查组检查顺义区潮白河防汛抗旱工作。市政府副秘书长安钢、市水务局局长程静及副区长张晓峰陪同检查。在实地查看潮白河向阳闸，听取潮白河迎汛工作情况汇报后，胡四一代表检查组充分肯定顺义区防汛抗旱各项准备工作，强调要切实加强防洪抗旱的统一科学调度，统筹做好防汛、抗旱各项工作。

（水务局）

【水利部领导调研】 2010年6月25日、7月2日，水利部农水司司长王晓东、副司长倪文进率部分专家先后到顺义区调研农村节水工作。水利部领导实地查看潮白河治理、北京国际鲜花港雨洪利用等工程，听取相关情况汇报，对顺义区农业节水灌溉工作给予高度评价。区委书记张延昆、副区长张晓峰陪同调研。

（水务局）

【水利研究班考察】 2010年10月14日，由水利部主办的列入中组部调训计划的可持续发展水利专题研究班一行35人参观考察京郊水务建设。研究班学员参观考察温榆河水资源利用工程、北郎中新农村循环水务工程、南彩镇双河果园节水灌溉工程等，对顺义区水务建设成效给予肯定。

（水务局）

【中日首都研讨会参观】 2010年11月4日，市水科所组织“中日首都水管理研讨会”参会人员，参观目前我国最大采用膜工艺处理污水单位——顺义新城生态调水中心。研讨会人员先后参观工程设备间、膜池、鼓风机房等地，现场了解调水工艺运行流程和膜工艺及出水水质、水量情况。工程运行三年来累计处理污水5000多万方。

（水务局）

农　机

【概　况】 2010年，顺义区农业机械化工作，根据城乡一体化和社会主义新农村建设总体要求，紧紧围绕顺义区农业“五大产业，四大中心”建设目标，本着服务都市型现代农业宗旨，全面落实国家和市区政府有关农业机械化政策，以“创先争优”活动为契机，加快推进农机装备结构优化调整，大力推广先进、适用的农业机械化技术，全面提升农业机械化水平，进一步完善社会化农机服务体系建设，广泛开展平安农机创建活动。年末，顺义区农机总动力达到38万千瓦，农机具保有量增加到4.8万台（套），农机资产原值突破4.8亿元。

单位名称：顺义区农机服务中心
地址：顺义区府前西街5号
电话：(010)69442331
邮编：101300
网址：http://www.nongji.bjshy.gov.cn

（闫文龙　刘秀芹）

【重要农时机械化作业】 完成春播作物12.2万亩，机械化率100%，其中春玉米免（少）耕播种率为95%；完成三夏小麦收获23.27万亩，机收率100%，其中麦秸粉碎还田和收集综合利用率100%，全部实现禁烧。完成夏玉米播种23.2万亩，机播率100%，其中免（少）耕播种率为100%；三秋玉米收获面积35.5万亩，机收面积22.3万亩，其中玉米谷穗机收面积15.7万亩，玉米青饲机收面积6.6万亩，综合机收率为62.8%，比上年提高30个百分点。小麦秋播面积22.77万亩，机播率为100%，其中免(少)耕播种率为93%。

(闫文龙　刘秀芹)

【农机新技术推广】 继续推广玉米机收技术。引进125台三行自走式玉米谷穗收获机和4台“约翰？迪尔”大型玉米青饲收获机投入三秋作业，使玉米收获机械保有量达到245台；玉米秸秆粉碎还田技术成熟。三行自走式玉米收获机自带秸秆粉碎装置，实现了玉米谷穗收获和秸秆粉碎还田两项作业一次完成，顺义区完成玉米秸秆粉碎还田24.2万亩；土壤深松技术初步推广。共引进推广土壤深松机42台，全年完成土壤深松作业3万亩；多项设施农机技术试验成功。完成大棚温度自动测试仪、大棚薄膜开膜器、日光温室运输车、声波助长仪、果林开沟施肥机的试验示范。区农机具研究所自主研制的DJL－60型悬臂式多功能卷帘机，列入农业部《2009－2011年国家支持推广的农业机械产品目录》，并分别入选了河北、河南、辽宁、内蒙古、四川五个省区的2010年度非通用类农业机械购置补贴目录。研制生产的双行红薯起垄覆膜机通过市级推广鉴定。北京兴农天力农机服务专业合作社自主研发的有机肥深松施肥机获得5项国家技术专利。

(闫文龙　刘秀芹)

【农机服务专业合作社建设】 年内，新设立农机服务专业合作社6家，入社社员60户，农机资产600万元。顺义区累计设立农机服务专业合作社21家，入社社员211户，农机资产达到3100万元。为确保农机服务专业合作社健康发展，制定了《顺义区农机专业合作社规范化建设标准》和《顺义区农机专业合作社设立程序》。5月10日，北京兴农天力农机服务专业合作社被农业部列为全国100个农机专业合作社示范点之一。在北京市农业局举办的全市玉米机收竞赛活动中，兴农天力、顺龙清发、耕耘利农三家农机服务专业合作社位列前十名内。

(闫文龙　刘秀芹)

【国补农机工作】 年内，共购置国补农机1508台(套)和日光温室保温被7万平方米，总价值4890万元，其中国家及市级财政补贴50%，区财政补贴20%，农民自筹30%。补贴机械主要包括大中型拖拉机、小麦收割机、玉米收获机、园田耕作机、电动卷帘机、土壤深松机和渔池增氧机等。

(闫文龙　刘秀芹)

【农机从业人员培训】 三夏前，两期新型小麦收割机培训班，共培训收割机手120人。三秋前，为使用好新引进的玉米收获机，举办五期玉米收获机手培训班，共培训机手250人。利用田间学校形式和国补农机发放之机，培训大中型拖拉机、秸秆粉碎还田和土壤深松等驾驶操作人员300人。

(闫文龙　刘秀芹)

【农机安全生产】 年内，共检验上道路行驶拖拉机3621台，审验公路拖拉机驾驶员844人。核发公路拖拉机驾驶证258个，核发拖拉机公路牌证139个，核发联合收割机牌证125个。换发拖拉机和农用车驾驶证844个。办理跨区外来拖拉机和收割机进京作业证218个。三夏、三秋期间，共检查各种农机具5200台。全年未发生重大农机事故。

(闫文龙　刘秀芹)

【领导考察调研】 1月16日，农业部农业机械化司司长宗锦耀等一行，考察了区农机检测场内的拖拉机固定检测设备和移动检测设备；6月26日，农业部农业机械化司党小组全体党员，到兴农天力农机合作社进行考察，并实地体验了夏玉米机播作业；9月26日，市人大常委会副主任柳纪纲就《北京市农业机械化条例》立法，到兴农天力合作社进行调研，实地察看了农机作业现场，听取了顺义区农机化工作汇报，与农机合作社代表进行了座谈；9月29日，北京市2010年秋季农机作业现场会在南彩镇召开，农业部农业机械化司司长宗锦耀、北京市农业局局长赵根武和市发展改革委、市财政局、首农集团、中石油北京公司以及各区县相关部门负责人参加。现场会观看了玉米青饲收获、玉米谷穗收获、土壤深松、机施化肥和小麦免耕播种等现代化机械作业。

(闫文龙　刘秀芹)

【编制农机化"十二五"发展规划】　本着"战略性、指导性、约束性和可操作性"原则，统筹考虑农机配备、政策扶持、农机推广、人才培训、安全生产、机具维修、配件供应等因素，将农机化"十二五"期间发展规划，以数字指标形式加以具体化，提出了实现规划的主要措施。

(闫文龙　刘秀芹)

双青集团

【概　况】　北京市双青联合林场始建于1992年12月，即北京市顺义区长青林场和北京市共青林场强强联合体，隶属于北京市园林绿化局和顺义区人民政府双重管理。双青林场下辖10个林业分场，林区纵贯顺义南北全境，主要包括潮白河两岸森林、京密绿色走廊和顺通路、顺平路两侧林区，营林总面积25600亩，是北京市最大的平原林场，为首都发挥着重要的生态肺功能。建场初期，为破解林业资金投入严重不足的难题，场党委带领干部职工创出了一条以副养林、以副发展林的创业新路，组建了集林、商、科、工、贸一体的北京市双青集团开发公司，企业46家涉及4大产业，职工2000人，主要从事石化、机电、服装、食品、旅游开发以及林业、畜禽养殖行业，而且拥有本单位的2万多吨储油库和铁路专用支线，年产值2亿多元，上缴税金过1000万元。按照国家政企、事企分开的政策精神，双青的企业已被完全剥离，现已转变为生态公益风景林建设为重心的单一事业管理型单位。企业建设的成功，为林业的发展注入了强劲的活力，林场全面实施科技兴林战略：杨槐混交，埋根深栽等科技实验处于同行业领先水平；建立了北京第一家三倍体毛白杨基因库，并获国家科技进步二等奖；林业地下节水渗灌试验，在全国率先获得成功；组建了双青林研所；林场率先提出并参与建设的北京市最大的潮白河森林公园成为当年为市民办的56件实事之一，双青林场也被国家林业局誉为全国最佳十大林场之一。双青林场与日本泛亚珠式会社，国家体委合作建起了北京市首家高尔夫球场——北京高尔夫球俱乐部，并成为1990年北京亚运会的指定赛场，年收入3000余万元。林场与顺鑫农业股份有限公司和首都旅游集团有限公司共同投资建立的北京顺鑫绿色度假村有限公司已成为顺义区的重要旅游景区和休闲度假基地，年收入近5000万元。1995年时任总书记、国家主席的江泽民同志先后两次来林场植树，并赞美这里是"杨柳岸，晓风残月，这里美得不得了。"

单位名称：北京市双青联合林场

地址：北京市顺义区新顺北大街一号

电话：(010)69442268

邮编：101300

(双青林场)

【环境整治】　对京密路两侧的破旧棚舍和残墙断壁进行整治，拆除影响环境景观的破旧建筑和私搭乱建、清理垃圾渣土、清理乱堆乱放。共完成：整修破旧棚舍220平方米、清理垃圾渣土85立方米，清理私搭乱建和乱堆乱放物品45立方米。配合市政管理部门对枯柳树环岛周边的户外广告进行了规范整治。共投入资金40多万元，人工2000人次，机械车辆150台班，对京密路两侧进行高标准绿化美化。具体的抚育养护措施：清理枯死树枯枝落叶,打药、除草、追肥,补植补栽,林木及绿篱修剪、树木粉刷涂白等。共完成:清理枯枝落叶120立方米,清除林下杂草和拉巴秧等有害生物500余亩;栽植各类乔、灌木9460株,幼林抚育1329亩,树木粉刷涂白2.1万余株。

(双青林场)

【森林培育和抚育养护】 对2008年完成的1300余亩航空走廊绿化工程林进行了中幼林抚育养护。结合环境整治工作对京密路两侧进行高标准绿化美化。对“二道”工程共3310.5亩绿化进行抚育养护。

(双青林场)

【科技兴林】 双青林场坚持深入落实科学发展观,实施科技兴林,潮白河两岸的15600亩森林,85%以上都安装了林业地下节水渗灌设施,仅此一项每年比常规浇灌节水50%、节电60%、节约人力80%。去年在深入总结深入探研科研的基础上向国家知识产权局申报了《林果专用出流式地下渗灌器》、《出流式渗灌器》两项专利今年获得批准,专利号分别为:ZL2009 2 0217657.8,ZL2009 2 0109581.7,从而为建设科技园林迈出了坚实的步伐。

(双青林场)

【病虫害防治】 根据区严防办统一安排,进行了第一代美国白蛾幼虫普防工作。共计出动防治队伍7支 防控人员560人次 车辆112台次 投入药械21台 使用药剂1400千克,防控面积5600亩。

(双青林场)

【森林防火】 针对森林防火工作,制订相应的防火措施并严格执行:建全防火队伍,落实责任到人;实时巡查,及时消除火险隐患;购置必要的灭火器材,加强防火宣传,设置防火标志,张帖防火标语。通过一系列措施的实行,本场所辖林地没有发生火情火险,较好地完成了2009-2010年度冬春季防火工作。

(双青林场)

【保和谐创先争优】 林场党委多年来把干部职工的团结和谐作为大事常抓不懈,把党员干部创先争优作为衡量支部进步的尺度,把致富职工作为党委的基本任务抓紧抓实。双青林场几年来的实践与发展证明:团结就出战斗力,团结就出生产力,团结就出经济效益,双青林场的大和谐为林业的大发展提供了坚实的政治保障和精神动力。

(双青林场)

气　象

【概　况】 2010年顺义区气象局围绕创先争优活动,以科学发展观为统领,把气象服务和防灾减灾工作作为重点,加大公共气象服务创新力度,提高工作效能,切实增强服务意识,为顺义区经济发展提供气象保障,开展有针对性的气象服务。3月23日世界气象日召开了顺义区防雷领导小组工作会,就近年来防雷工作现状,对防雷工作机制和各单位的职责分工进行了研讨。为顺义区各乡镇及相关单位送上气象类书籍和宣传品,并在顺义区范围内进行了一次防雷情况调查,主动探索服务需求,找准切入点,进一步提高服务的针对性、及时性和主动性,更好的发挥气象为民服务的宗旨。

单位名称:顺义区气象局
地址:顺义区顺于东路2号
电话:(010)69442608
邮编:101300
网址:http://www.shymb.bjshy.gov.cn

(韩晓峰　杨保华)

【气象服务】 2010年气象局新建了冬季固态降水观测设备,土壤水份观测站,天气现象自动观测设备并开展观测。完成了1959-2005年历史气象记录档案的整理,并移交至平谷气象档案馆，完成了2006－2010年原始气象资料整理分类和资料室改造工作。先后为“北京国际车展”、“第十九届燕京啤酒节”、“北京顺义第七届农博会暨第五届旅游文化节”等重大活动提供服务保障10项；为“顺义区城乡一体化总体规划”、“顺义区环境评估报告”、“中国航空规划建设发展有限公司”、“顺义区垃圾焚烧二期工程”等重要项目提供历史气象资料查询服务12项。发布火险等级预报25期，发布一氧化碳中毒预报气象服务74期共3922份，并通过顺义电视台每天发布一氧化碳气象指数和火险等级预报。土壤水分观测51次，上报完成农情信息调查材料48期，为顺义区农业科学研究所和种植业服务中心提供农业气象服务，以及历史气象资料。

（韩晓峰　杨保华）

【气候评价】 2010年平均气温为11.8℃，与历年平均值11.9℃基本持平。年降水量为462.4毫米，比历年平均值603.1毫米偏少140.7毫米，即偏少2成，其中夏季降水225.3毫米，较常年450.5偏少225.2毫米，即偏少5成；其他季节均比常年偏多，其中1月降雪量12.9毫米，是历年平均值2.6毫米的近5倍。年日照时数为2401.6小时，比历年平均值2628.0小时偏少226.4小时。

（韩晓峰　杨保华）

【气候灾情】 2010年1月2－4日受暴雪天气影响，北郎中花卉中心1500平方米智能培育温室倒塌，直接经济损失80万元；杨镇草桥公司5个大棚倒塌，赵全营镇西水泉村花木研发中心3个大棚均倒塌，损失16万元。3月14日5时至16时顺义区龙湾屯镇出现大风、降雪，蔬菜生产设施损失惨重，直接经济损失达30万元。冬小麦也遭受低温、冻害影响，受灾面积为861.7公顷，成灾333.5公顷。

（韩晓峰　杨保华）

【防雷检测服务】 2010年气象局对顺义区22个农村新能源秸秆气站和沼气站进行了防雷检测。8－10月完成了城铁M15号线的防雷检测工作。全年共检测单位244家，顺义区共有40家工程的图纸送来审验，建筑面积达到155.6万平米。出具竣工报告18份，建筑面积64万平米。

（韩晓峰　杨保华）

【气象执法】 2010年作出防雷图纸审核核准27份，面积87万平方米；防雷装置竣工验收核准7份，面积31.8万平方米；施放气球审批16次，共审批131个系留气球；开展气球施放执法检查3次。

（韩晓峰　杨保华）

三高农业示范区

【概　况】 1995年1月20日，北京市人民政府第48次常务会正式批准建立北京顺义三高科技农业试验示范区，示范区定位为生产领域的“高端”、经营领域的“高效”和带动周边地区的“高辐射”；主要目的是通过承接首都大专院所的农业科技成果，试验、示范、引进、推广农业新技术、新品种，通过高科技项目建设，展示国内外现代农业，更新农民种植观念，带动农民科技致富。示范区占地总面积75000亩，核心区面积2800亩，经过多年的建设发展，已形成集现代农业展示、农业科技成果转化、高新技术企业孵化、青少年科普教育和农业旅游观光等多种功能于一身的综合性科技农业基地。截止目前共吸引资金11.6亿元，引进项目32个，逐渐形成了以畜牧籽种、精品花卉、林木种苗、旅游观光、物流配送和信息服务六大产业为主的产业群。2010年，园区共入驻企业17家。2002年11月，北京市科委、市农委和顺义区政府实施了“顺义三高农业园区示范工程”的委区共建项目。先后开展了优质种羊产业化工程、幼畜高效人工初乳开发项目、顺义区优质蔬菜籽种更新工程、草莓产业化开发项目、番茄树基质培立体种植技术试验示范项目等,并与中国农科院、中国农大、北京农科院等科研院所在多种领域开展了技术合作,建立了产学研相结合的科技成果孵化转化机制。共引进新品种(涉及畜牧、蔬菜、花卉、果品、观赏草)150余个,开展技术研究50余项,发表论文37篇,获得专利4项,其中国家级专利1项;获得计算机软件著作权9项。项目共实现产值9767万多元。三高示范区自成立以来,多名国家领导人和中央部委领导亲临视察指导,多次接待国外政要参观,累计接待国内外观光游客共60万人次。先后被国家各部委和北京市政府授予"现代农业综合应用示范基地"、"国家级持续高效农业示范区中心区"、"工厂化高效农业示范区"、"引进国外智力成果推广示范基地"、"北京市青少年科普教育基地"、"青少年德育基地"、"国家级星火培训基地"、"全国农村科普示范基地"和"北京市中小学生社会大课堂"等荣誉称号。2010年8月16日,三高示范区被确立为科技部、农业部与北京市政府共建国家现代农业科技城之一,2010年12月10日,科技部批准三高示范区为第三批国家农业科技园区之一。

单位名称:北京顺义三高科技农业试验示范区管理委员会

地址:顺义区南彩镇后郝家疃村北(顺义奥林匹克水上公园东侧500米)

电话:(010)60489550

邮编:101300

(朱子丹)

【休闲、采摘产业】 2010年,三高示范区调整种植结构,增加名特优新种植品种,增加了淡季草莓观光、采摘新品种——红袖添香、天赐一号、枥乙女和章姬、食用大黄、叶用藤三七等都市型高科技农业种植品种,充实观光、采摘内容。引进的沙甜柚、平山柚、红肉火龙果等南方热带水果达到了最佳生长结果期,长势良好、增产增收。在中国农科院、北京市农科院、中国农业大学、北京农学院等大专院校、科研院所专家的热心指导和帮助下,三高示范区业已成为北京地区都市型现代农业及高科技农业参观考察和休闲、旅游、观光、采摘的首选地。全年共接待参观游客7.9万人,其中本市4.5万人,外省市游客1.6万人,外宾0.8万人,参观考察人员1万人,实现收益120.4万元。

(李孟超)

【中小学生社会大课堂重点单位】 三高农业示范区被北京市教委确定为"中小学生社会大课堂"示范基地、首批43家社会资源单位中的一员。确定了"草莓的栽培与管理"、"水培波士顿生菜的种植与管理"、"景德镇陶艺文化与陶瓷制作"等多门课程。经顺义区教委推荐成为中学生"课改"学分制课堂,共两项:一为无土栽培课程,二为病虫害防治课程。既为北京市中小学生提供了急需的实习基地,也为三高示范区提高了扩大了影响,更有利于学生接触、了解北京顺义三高科技农业试验示范区。2010年,三高示范区共接待"中小学生社会大课堂"上课学生6.9万人次,其中"课改"学分制课堂学生1.2万人次,实现收益103万元。

(李孟超)

地方企业·乡镇企业·非公经济

地方企业

顺义区工业促进局

综　述

2010年，顺义工业经济保持快速健康的发展态势，为顺义区经济发展和全市工业增长做出了贡献。2010年，顺义区558家规模以上工业企业完成工业总产值1828.1亿元，同比增长21.1%，占全市总数的13.8%；完成销售产值1809.0亿元，同比增长21.2%。完成出口交货值287.6亿元，同比增长1.2%。2010年顺义区工业实现属地税收112.4亿元，同比增26.7%，占顺义区总数的40.2%。

重点行业经济运行情况。交通运输设备制造业。2010年，顺义区整车企业累计生产汽车76.9万辆，同比增长23.6%；累计销售汽车76.8万辆，同比增长29.9%。汽车及零部件企业累计实现产值1008亿元，同比增长30.7%，占顺义区工业总产值的55.1%；完成销售收入1010.5亿元，同比增长30.2%；贡献税收83.7亿元，同比增长35.1%；吸纳就业19794人，其中本地用工10086人，本地化率51%。电子通讯设备制造业。规模以上企业全年完成工业总产值243.5亿元，同比下降8.6%；完成销售产值238.8亿元，同比下降10.3%；实现出口交货值211.9亿元，同比下降9.8%。都市工业。规模以上都市工业全年完成工业总产值210.2亿元，同比增长6.4%；完成销售产值207.1亿元，同比增长6.6%；完成出口交货值21.8亿元，同比增长7.0%。通用设备制造业。规模以上企业全年完成工业总产值101.5亿元，同比增长30.6%；完成销售产值95.6亿元，同比增长28.9%；实现出口交货值19.2亿元，同比增长1倍。生物医药产业。规模以上企业全年完成工业总产值18.9亿元，同比增长21.9%；完成销售产值17.5亿元，同比增长23.5%；实现出口交货值65万元，同比下降1.1%。基础产业。规模以上企业完成工业总产值211.8亿元，同比增长46.9%；完成销售产值207.8亿元，同比增长48.4%；实现出口交货值15.8亿元，同比增长1.7倍。

重点项目建设稳步推进，2010年，顺义区投资1亿元以上的产业建设项目91个，投资总额778.8亿元,其中新建项目投资613.4亿元。91个项目分属在航空、都市、基础与新材料、汽车等13个产业大类。其中汽车产业5项,航空产业4项,软件信息业4项,装备制造业13项。91个项目中投资5亿元以上的项目30个,其中5亿元以上－10亿元项目15个,10亿元以上－50亿元项目13个,50亿元以上项目3个。当年,顺义区的中航产业园、现代三工厂、北汽自主品牌乘用车基地等20个重大项目被列入北京市重大工业项目落地协调推进名单。当年,91个项目中开工建设项目54项,总投资581.4亿元,占地12309.8亩。年内竣工项目18项,占地1816.5亩,总投资99.61亿元。

经济功能区建设扎实推进,是年,顺义区15家经济功能区完成属地财税收入134.4亿元,同比增长34%,其中地方财政收入26.1亿元,同比增长27%。属地财税收入和地方财政收入分别占顺义区总量的48%和44.7%。空港开发区、汽车基地、物流基地作为顺义的成熟类功能区,三大功能区分别完成属地财税收入36.5亿元、72亿元和15.7亿元,三大功能区属地收入占15家功能区完成总数的92.4%。招商引资取得新进展。2010年,15家经济功能区在国税、地税新注册企业达453家,实现属地税收0.9亿元。实际利用外资3.46亿美元,同比增13.2%。拆迁扩区工作进展顺利 。2010年,15家经济功能区完成拆迁884户,完成征地1.19万亩,完成异地扩区征地0.46万亩。

百强企业引领经济发展。是年,获得"顺义区域经济百强企业"称号的企业94家,其中工业27家,金融业11家,航空物流业22家,建筑业11家,综合服务类企业23家。当年,"百强企业"实现属地税收157.9亿元,地方财政收入30.9亿元,分别占顺义区总数的56.4%和52.9%。工业仍占据税收主导地位,属地税收中工业企业完成96.5亿元,同比增长25.3%,分别占"百强企业"税收总数的61.1%和顺义区工业总数的55.3%。汽车产业占绝对优势,在27家工业百强中,汽车产业类企业12家,占44.4%,实现属地税收81.3亿元,占工业百强税收的84.2%,占百强企业税收总数的51.5%,其中北京现代实现属地税收68.9亿元。

招大引强取得新的突破。2010年,顺义区新引进1亿元以上实体项目41个,协议投资额527亿元,同比增长86%。北京现代第三工厂、北京自主品牌乘用车高端基地等一批重大项目相继落户,形成了以大项目带动大产业、抢占发展制高点的态势。产业高端化步伐不断加快,先后引进国家地理信息科技产业园、中信国安盟固利电池等战略性新兴产业项目。临空经济区集聚效应日益显现,海航集团综合配套基地、中国民航三大中心相继落户。京港洽谈会顺义专场推介成效显著,签约项目24个,协议投资额78.9亿美元。

企业发展活力不断增强。创新体系建设成效显著。新认定10家国家级高新技术企业,新认定市级专利示范单位1家、试点企业11家。当年,汇源果汁技术中心被评定为国家级实验室,顺义区已有燕京啤酒、顺鑫牛栏山酒厂、汇源果汁、东方雨虹、江河幕墙5家企业获此殊荣。品牌建设又见成果。顺义成为全国首批53家国家商标战略实施示范城市(区)之一。当年,顺鑫农业"宁诚"老窖和雅昌彩色印刷分别被评定为中国驰名商标,江河幕墙被评定为北京市著名商标。企业上市力度不断加大。嘉寓门窗创业板成功上市,区内上市企业达到10家。

企业服务平台初具规模。集合信托试点发行。当年,顺义首批"集合信托"成功发行,第一笔集合信托为企业融资2100万元。创投公司正式成立。北京临空创业投资公司正式运营,开展顺义区创新型中小企业的投融资服务。搭建"银保企"合作平台。作为全市首家"北京市信用保险工作典范区",实现了顺义区出口企业出口信用保险全覆盖。

园区协同发展成效明显。北京天竺综保区完成机场口岸平移，与首都机场货运口岸成为一体，初步实现了“港区一体”和无缝对接。空港开发区辐射带动作用明显，与木林镇合作开发二三产业基地启动。汽车基地创新发展模式，与杨镇、赵全营镇合作共建不断深化。临空国际产业基地6049.5亩土地性质调整完成。林河开发区、板桥创意天承产业基地、国门商务区、新城(马坡组团)土地一级开发加快推进。重点经济功能区与镇级二三产业基地之间呈现出关联并进、优势互补、协同发展的良好格局。

单位名称：顺义区经济和信息化委员会
地址：顺义区建新西街3号
电话：(010)69441064
网址：http://www.jxw.bjshy.gov.cn/

(张铁良)

顺义粮油总公司

【概　况】 2010年经济发展形势继续向好，实现了收官“十一五”的工作目标，为“十二五”科学发展奠定了坚实基础。利润完成额首次突破千万大关，同比翻了一番多。全年实现利润1200万元，同比增加了698万元，同比增长139%。其中，收储企业实现利润314万元，同比增长178%；经营企业实现利润886万元，同比增长128%；上缴税金在享受国家减免税的情况下，同比依然实现小幅增长。完成上缴税金947万元，同比增加21万元，同比增长2%；销售收入指标在市场波动较大的环境下，超额完成年初计划任务。顺义区国资委年初下达的销售收入计划任务为15000万元，实际实现销售收入23468万元，超额完成了8468万元，超额完成56%。国内生产总值完成额稳步提高。实现国内生产总值6117万元，同比增加733万元，同比增长14%；国有资本保值增值成效显著。截至年底总公司拥有国有资本17539万元，同比增加3364万元，国有资本增幅为24%，国有资本保值增值率达124%；继续保持全市9个远郊区县粮食企业行业领先地位。本年全市9个远郊区县粮食企业共实现利润1245万元，顺义粮油总公司完成占比达96%；9个远郊区县共上缴税金1838万元，顺义粮油总公司完成占比达52%；职工收入有了新提高。本年在岗职工(含短期合同制职工)人均年收入32263元，同比增加2667元，增幅为9%。

单位名称：北京市顺义粮油总公司
地址：顺义区府前西街12号
电话：(010)69444221
邮编：101300
网址：http://www.shyly.cn

(王希山　张丽娜)

【仓储建设及管理】 完成了仓储设施统计工作、储备粮质量半年报及粮食库存检查工作，对280个货位的储粮情况进行了实际核对；完成了中央储备粮代储资格的延续申请及认定申请工作，延续申请了中储粮代储仓容15.6万吨，现取得中储粮代储资格认定的累计有效仓容为32.4万吨，新申请认定中央储备粮代储资格仓容10.6万吨；大力推广绿色储粮技术，现科保总量为39.2万吨，其中“双低”保管粮35.8万吨，采用粮堆密闭免投药技术保管的3.4万吨，所有存放稻谷的仓房都安装了制冷空调，储备粮科保率达到了100%；完成了牛栏山粮食收储库所有老式仓房的包改散仓型改造工程，为该库增加了1/3的仓容能力；仓储规范化管理水平进一步提高，2010年牛栏山粮食收储库及上辇粮食收储库被评为“北京市储备粮储存工作规范化管理优秀企业”，牛栏山粮食收储库被国家粮食局授予“全国粮油仓储规范化管理先进企业”称号;承担并加强了对市级成品粮油储备的监管,年内对监管品种进行了24次检查,确保了轮换及时、管理规范。

（王希山　张丽娜）

【粮食物流及贸易】 完成了物流中心办公设施改造及周转仓建设工程;在全系统全面进行了仓储物流基础设施维修改造工程,存粮实现了从包存向“包打墙”、散存的转变;在东北稻谷主产区、河北、河南、山东小麦主产区建立了稳固的产销合作关系,全年完成粮食贸易经营总量11150万公斤,实现销售毛利630万元。经营中利用夏秋两季积极收购本地产粮食的做法,为市区两级原粮储备的购入与轮换开辟了新的途径,进一步解决了本地农民售粮问题。12月1日,在遵循北京市重点发展大型储备中转库,建立现代化粮食物流节点的思路指导下,顺义粮油总公司物流中心正式注册成立。该物流中心位于顺义粮油总公司所属牛栏山粮食收储库内,它的成立与良好运行,将进一步加快顺义区现代化粮食物流体系建设步伐。

（王希山　张丽娜）

【资产经营】 年内将金百万餐饮公司作为长期战略合作伙伴,开展定向招租,年新增租金收入100万元;将原兴华大楼的两座变压器全部增容到630KVA;完成了1400平方米的东发便民菜市场的建设工作,该项目被市商务委列为便民工程支持项目;完成了龙湾屯粮库与北京京粮集团的全部转让工作,盘活了存量资产;配合区政府规划,完成了原首佳鸵鸟场、中山北街粮店和幼儿园的整体拆迁工作。目前总公司出租资产总额为4703万元,年租金收入972万元。

（王希山　张丽娜）

【龙盛众望早餐有限公司】 年内完成了列入区政府实事工程项目的4个早餐店的改造升级任务;完成了380平方米的面包烘焙车间的改造工程;完成了顺义农博会、2010年超级联盟方程式汽车大奖赛及北京新国展等多项展会、赛事的供餐服务工作。其中历时十天的北京新国展国际汽车展供餐服务保障工作完成出色。供餐份数达52000份,累计销售额突破130万元。成为该届车展供餐份数第一的餐饮企业,创下了公司成立以来供餐服务人员最多、销售额最大、销售网点最多等多项服务纪录;支持、配合区民政局、财政局养老(助残)餐桌工程,收取养老助残券400万元,满足了特殊群体的消费需求;完成了主食车间10个水循环蒸气锅系统的改造工程,较改造前日可节约用煤1.3吨,减少耗电50%,每日可使70吨水二次利用;年内公司荣获“北京市放心粮油示范主食厨房”称号,成为北京市首批放心粮油示范企业,并被北京市政府评为“北京市模范集体”。

（王希山　张丽娜）

【玉马机动车教练场】 年内通过增加教练车、考试车、培训教练员、增设体检、照相服务业务、改造提升考练设施、启用智能场地考试系统等措施,使服务水平与硬件设施得到了同步提升,同业竞争力得到有效增强。现教练场作为京东五区县唯一一家具有大客、大货项目、规模最大、服务最全的开放式教练场,已形成从交通法规到桩考、场内障碍、实际道路的一条龙教学考试体系,总体教学规模占到全市的九分之一,在全市行业综合排名第四。

（王希山　张丽娜）

顺义区
地方工业公司

【概　况】 2010年是“十一五”规划的收官之年,地方工业公司认真贯彻落实党的十七大、十七届四中全会精神,围绕顺义区“稳增长、调结构、上水平”的大局,提出以资本运营为核心，加强优质资源的开发与管理，加强引进企业的服务与自有企业的管理，创新管理方式，完善管理制度，保持地方工业公司综合实力的稳步提升。在全体干部员工的共同努力下，各项工作取得了积极进展。2010年全年实现产值3.79亿元，同比增长15.4%；销售收入完成6.92亿元，同比增长2.8%；利润完成1.28亿元，同比增长7.3%；上缴税金完成4352.9万元，同比增长41%；实现增加值1亿零96万元，同比增长14.2%。

单位名称：北京市顺义区地方工业公司
地址：顺义区仓上街2号AMB大厦B座11层
电话：(010)89440100
网址：http://www.gy.bjshy.gov.cn
邮编：101300

（刘建新）

【顺义步行街市场整体搬迁】 为配合顺义市场升级改造计划，2010年6月，区政府将便民市场中心迁入地方工业公司所属中絮棉纺厂院内，租赁面积达3666平方米，其中固定摊位100多个，流动摊位400多个，市场中心的迁入，将纺织厂闲置资源全部盘活，带动了厂区内基础设施的全面升级，为商户及顾客营造了良好的市场环境。

（刘建新）

【企业管理】 对全系统的资产进行全面调查摸底，统计清查房产、地产，把分散的土地使用证、房屋产权证集中统一归档，建立明细台帐，登记房产地产面积及设备设施情况。加强合同管理，对每份合同采用电脑信息化管理，每签一份合同，相关人员都到现场实地测量核实，确保合同面积与实际使用面积一致。加强企业安全生产管理，公司把安全目标层层细化、量化，层层落实安全生产责任制。同时，加大检查力度，针对排查出的隐患，立即要求整改。2010年共查处各类安全隐患34处，下发整改通知书10份，检查记录140份，口头安全提示上百次。加强资金管理，完善审批制度。在严格执行“收支两条线”的基础上，制定了先审再批后支出多口把关的审批程序，认真审查每一项资金使用情况。同时，加大审计工作力度，通过专项审计、综合审计、跟踪审计等，对所属企业的资金使用情况进行审核，对不合理的支出提出整改意见，限期改正，2010年共审计了9家企业。

（刘建新）

【鑫磊建筑市场拓展】 鑫磊建筑公司采取有效措施巩固拓展市场，成立招标办公室严格控制成本，加强施工、合同管理。2010年完成了港馨家园部分住宅楼、河北献县燕京啤酒厂改造等一批工程，承接了江西赣州燕京啤酒厂、河南燕京啤酒厂等项目，全年施工面积达93000多平方米，实现产值7062万元，同比增长35.3%。

（刘建新）

【碧辉苑物业车辆管理】 2010年，碧辉苑物业公司在做了大量艰苦细致的前期准备工作后，正式启动了地下车库和地面停车位收费工作，共有621个停车位办理了收费手续，进一步加强了小区的车辆管理，避免了小区车辆的乱停乱放，方便了居民的出行。

（刘建新）

【组建公司膳食科】 为完善AMB大厦服务功能，为入驻大厦的各单位员工提供优质便捷的餐饮服务，地方工业公司组建了膳食科，出资100多万元，对AMB大厦配楼进行整体装修，并购置设备及餐饮用具。2010年12月14日，大厦食堂正式营业。

（刘建新）

北京通达实业总公司

【概　况】 北京通达实业总公司(以下简称通达公司)是区属集体企业，位于顺义区府前西街7号,机关设8个部门,下辖北京市京顺机动车检测场、北京顺利通汽车修理厂、北京深顺出租汽车公司、北京金顺出租汽车公司、北京市顺交氧气站等18家独立核算企业。全系统年末从业人员1206人,离退休职工331人。主营机动车安全检测、性能检测、二级维护和修理,出租汽车运营,驾驶员培训,氧气供应等业务。2010年,公司认真贯彻落实科学发展观,开展创先争优活动,树立可持续发展理念,实施企业规范化管理,保持了企业稳定和可持续发展的动力。年内完成销售收入9628万元,占年度计划的91.9%;完成工业产值4200万元,占年度计划的110.9%;实现利润139万元,占年度计划的278%;上缴税金753万元,占年度计划的96.5%;实现增加值4705万元,占年度计划的150.5%。

单位名称:北京通达实业总公司
地址:顺义府前西街7号
电话:(010)69469935
邮编:101300

(邢艳杰)

【服务顺义区重大活动】 年内,北京通达实业总公司与区交通局、公安局积极配合,承担"北京国际车展"、"顺义区农博会"、"超级联盟汽车方程式大奖赛"外围停车服务保障工作。

(徐佳文)

【承接新农村改造项目】 至2010年两年来,北京通达实业总公司从区建委承接新农村改造项目,完成20万平方米的新农村硬化路面施工工程,20座旧厕改造和新建工程,工程质量全部达标。

(杜建国)

【京顺检测场改善验车环境】 年内,北京市京顺机动车检测场改善验车环境,整治场内闲置土地和房屋,建立代办验车专用停车场和休息区,配备桌椅、空调、饮水机;成立巡逻队,与南法信派出所配合,及时清理场内外"车虫",净化验车环境;投资新建办公区、职工食堂、职工培训中心,更新场区标志标线。场区验车环境焕然一新,向社会提供了更加优质的服务,

(田海云)

【获化危罐体车检验资质】 年内,北京顺利通汽车修理厂为拓宽企业经营渠道,通过申报扩项审批,获得了化学危险品运输常压汽车罐体检验的资质。全年检测常压罐共计600台,创造经济效益130万元。

(张玉兰)

【驾校新购训练用车】 4月,北京顺交驾驶员培训中心投资70万元,购置10辆桑塔纳轿车作为训练用车,提高了企业市场份额,为学员创造宽松的学习环境。

(宋玉来)

【鸿雅伟业有限公司搬迁重建】 8月,因顺义新城建设,北京鸿雅伟业工贸有限公司迁至北京市顺义区木林镇业兴庄村,更名为北京百业兴塑料制品有限公司,注册资金由50万元变更为100万元。投入资金购置土地45亩,新建厂房12000平方米,职工宿舍1600平方米,办公楼1200平方米,购置圆织50台套,缝纫机30台套,变压器增容至880KVA,企业发展后劲得以提升。

(李雪霜)

【深顺出租汽车公司出租车更新】 12月,为满足企业运营需求,应对北京市规定的出租车使用年限要求,北京深顺出租汽车公司筹资1500万元,完成224辆出租车的更新任务。

(侯秋玲)

北京紫微星工贸集团

【概　况】 北京市紫微星工贸集团成立于

1987年，现已成为拥有电力、电气、高档时装、园艺工程、物业管理、建材机械、精细化工等多种产业的综合性集团企业，自征土地41491.59平方米，自建厂房29200平方米。集团的经营理念是：以诚信创市场，以道德聚人才，以科技促生产，以创新求发展。集团的总体目标是：把握机遇，充分利用自有优势，不断提高企业的核心竞争力；依靠科技进步，尽快完成资源整合，全面提高资本效益；加快劳动积累向知识积累的转化，用名、特、优产品开拓市场，为开创健康、和谐、繁荣、兴盛的紫微星新局面而努力奋斗。

单位名称：北京市紫微星工贸集团
地址：顺义区南白路21号
电话：(010)69471661
邮编：101300
网址：http://www.ziweixing.com
电子邮箱：ziweixing@vip.163.com

北京市煤炭总公司顺义分公司

【概　况】 北京市煤炭总公司顺义区公司成立于1980年1月，为区级企业，受区委、区政府的直接领导，同时区国资委协调指导。公司有职工64人，下设办公室、财审科、物业科三个科室，下属基层单位一个，即北京鑫顺京华煤炭经销中心，以生产销售烟煤、无烟煤和民用蜂窝煤为主。2010年，公司在区委、区政府的正确领导下，在区国资委的协调指导下，坚持以党的十七大精神为指导，深入学习邓小平理论和“三个代表”重要思想，全面贯彻落实科学发展观，以发展为主题统领企业经济工作，抓好煤炭经营、销售供应工作，做好供热中心南侧场地合作经营的后续工作，利用资源优势，搞好资产运营工作。2010年销售收入完成19720.58万元，全年销售煤炭26.75万吨，利润完成195.18万元，上缴税金完成249.94万元，增加值完成838.12万元。

单位名称：北京市煤炭总公司顺义区公司
地址：北京市顺义区火车站西侧
电话：(010)69443986
邮编：101300

（王军娥）

【职工医疗互助】 为了缓解职工患病住院后个人自付部分医疗费的经济负担，04年至今公司工会一直坚持组织职工参加区总工会推出的“中国职工保险互助会在职职工住院医疗互助保险计划”，这项工作深受职工们的好评，并计划在明年继续组织全体职工参保。

（王军娥）

【两癌筛查】 为切实维护广大妇女的健康权益，解决危害妇女健康的主要疾患，做到早期发现、早期治疗严重危害妇女健康的乳腺癌、子宫颈癌（简称“两癌”），保障妇女健康，我单位按照区政府的要求在2010年度完成了全单位适龄妇女的两癌筛查工作任务，共计46人，其中参加筛查人员40人，这项工作受到了广大女职工的好评，健康水平逐年提高。

（王军娥）

北京市京顺轧辊厂

【概　况】 北京京顺轧辊厂原为北京首钢轧辊厂（以下简称轧辊厂）始建于1956年，2003年1月由首钢划转顺义区，至今已有55年历史。轧辊厂占地面积80000平方米，总建筑面积30000平方米，目前在岗职工327人。主导产品是为轧机配备轧辊，品种分为：合金铸钢轧辊、半钢轧辊、冷硬铸铁轧辊、球墨半冷硬轧辊、无限冷硬铸铁轧辊、铸造带槽轧辊、针状球铁轧辊、离心复合铸铁轧辊、高速钢轧辊、离心辊套等59个系列,100多个品种的精品轧辊产品,生产质量保证体系和产品售前、售后服务体系完善,通过了ISO9000质量体系认证。2010年,我厂在经受了金融危机和国家钢铁行业宏观政策调整,国内外钢铁市场低迷等诸多不利因素的考验下,坚持实施精品战略,不断优化产品结构,提升质量服务水平,有步骤的提高离心辊、辊环等高端产品比重,完成技改技革项目5项,解决精品生产中出现的技术难点,保证了国有资产保值增值,保持了经营生产不断发展,为克服金融危机影响发挥了重要作用,并在国际市场上占得先机,全年销售收入完成8177万元,其中出口3185.47万元,占比39.97%;上缴税金完成328万元;工业总产值完成8534万元;工业增加值完成2373万元;职工人均年收入27552元,同比增长10.2%。

单位名称:北京京顺轧辊厂

地址:顺义区李桥镇任李路沿河段119号

电话:(010)69480853

邮编:101311

(张俊奎)

【实施精品战略】 2010年,京顺轧辊厂坚持实施精品战略,打造名牌产品,完成产品结构的调整升级,经过产品结构初步调整,离心辊、辊套等高附加值产品初步成为公司主导产品。

(张俊奎)

【出口创汇】 按照精品战略的要求,面对激烈的市场竞争,京顺轧辊厂在确保稳定国内钢铁用户的同时,加大开拓国际市场,产品行销十余个国家和地区,2010年出口2741吨,累计创汇3070万元,同比分别增长75.82%和71.41%。出口合同金额占总合同金额的比例为37.43%,为"京顺"轧辊国际品牌的创立奠定了坚实的客户基础。

(张俊奎)

【科学管理】 2010年轧辊厂从四个方面加强了精细化管理:一是树立精细化管理的意识;二是加大精细化管理的力度;三是强化精细化管理的执行;四是突出精细化管理重点,并号召职工创造性地开展精细化工作,逐步改变职工工作态度、工作方式,提高职工的职业素质和从业道德,最终改变企业的管理模式,适应市场竞争的需求,为企业科学持续发展奠定了良好的基础。

(张俊奎)

北京市恒锋市政工程公司

【概　况】 北京市恒锋市政工程公司始建于1986年,公司一贯坚持顾客至上的宗旨,通过现代化的经营管理,为顾客提供精益求精的技术和尽善尽美的服务,得到了客户的认可、市场的承认和社会的尊重。公司将坚持走"以优质树信誉,以精品拓市场"的质量效益型发展道路,狠抓工程质量,确保工程安全,为社会奉献优质精品,造福一方百姓。公司现为国家市政公用工程总承包一级资质,于2005年通过质量/环境/职业健康安全管理体系认证。主要承建城市道路、桥梁、隧道、公共广场、城市供水、排水、污水处理等工程。2010年公司实现产值3.2亿元,国有资产保值增值率为110.75%。

单位名称:北京市恒锋市政工程公司

地址:顺义区南门外军营村东

电话:(010)69444938　69424889

邮编:101300

(恒锋市政)

【搬入新址办公】 8月15日,公司搬入新址办公。新址占地面积32943平方米,建筑面积17994平方米。

(恒锋市政)

【四届四次职工代表大会】 1月28日，公司召开了四届四次职工代表大会。代表认真审议并通过了公司2009年工作报告、公司2009年财务决算报告、《关于支付大额工程材料采购费的提案》等七个重要文件。厂务公开工作的深化和规范，对企业健康发展起到了促进作用。

（恒锋市政）

【党团建设】 公司成立了团委、妇委会，党团建设得到进一步完善，工、青、妇等群团组织开始步入正轨，在年内的创先争优、巾帼建功、志愿服务等重要创建活动中勇于探索，勇于创新，切实担负起了团结力量、凝聚人心的神圣使命，在企业发展中起到积极作用。

（恒锋市政）

【三位一体监督审核】 5月26日，公司顺利通过了质量、环境、职业健康三位一体的监督审核。针对GB/T19001－2008《质量管理体系 要求》的发布，对原《管理手册》进行修改换版，新版手册描述了公司QEO管理体系的要求，阐明了管理方针和质量、环境、职业健康安全目标，是实施质量、环境、职业健康安全管理活动的行为准则和法规性文件，使公司管理水平提升到一个新的台阶，为企业发展打下坚实的基础。

（恒锋市政）

【顺白路电力隧道土建工程】 顺白路电力隧道土建工程地址位于北京市顺义区顺白路。工程新建电力管沟总长约2451m，共完成Φ4.5m电力专用竖井17座，Φ5.7m电力专用竖井2座，通风井16座，2.0m×2.1m明挖电力隧道21米，2.0m×2.3m浅埋暗挖电力隧道2430m。

（恒锋市政）

【印刷产业基地道路工程】 北方新辉印刷产业基地位于顺义区北务镇，工程包括纵一路、横四路。纵一路南起横四路，终点为龙塘路，道路全长1969.54米；横四路西起木燕路，东至杨燕路，道路全长1335.62米。纵一路、横四路道路规划等级均为城市次干路，道路规划红线宽30米。道路主要服务于产业园内部交通及产业园对外交通，为产业园项目建设形成配套条件具有重要作用。

（恒锋市政）

【搬迁安置用房周边市政工程】 顺义区胡各庄搬迁安置用房周边市政工程西起顺康路，东至顺福路，包括：石园大街排水工程和道路工程。排水工程污水管道长520米，雨水管道长1209米。道路工程全长1120米，红线宽40米，路中心线为东西向直线，全线无折点。工程的竣工为仁和镇经济以及顺义区现代产业经济的快速发展提供有力的交通保障。

（恒锋市政）

【高丽营镇中心区一期路网工程】 高丽营镇中心区一期路网工程包括鑫通路、鑫仁路、鑫和路、沿河路、迎宾路及喜知路共计六条道路，同步实施交通、照明、绿化、雨水、污水、给水、中水、电器照明等工程。其中道路工程总长8111.77米，面积131343平方米。道路等级均为城市次干路，红线宽度均为25m。完成雨水管道8472米，检查井306座，方闸1座；污水管道7796米，检查井274座。沿线铺设给水管道DN＝75～400mm铸铁管道9455米，砌筑检查井220座，其中消防井68座；铺设中水管道DN＝75～400mm铸铁管道9509米，砌筑检查井201座。整理绿化用地36181平方米。

（恒锋市政）

【街坊路硬化工程】 2010年新农村建设工程涉及高丽营镇二村、五村、六村、七村、八村，木林镇前王各庄村、陈家坨村、西沿头村、安辛庄、唐指山村、大林村、小韩庄、孝德、蒋各庄村、李各庄、茶棚村、魏家店村17个村。对村内道路进行改扩建施工，新、改建街坊路共计680条，总面积418173.29平方米。

（恒锋市政）

双峰建材集团公司

【概　况】 北京双峰建材集团(以下简称双峰建材)系区属集体企业,为区属二级公司,受区委、区政府的直接领导,其资产由区国资委监管。双峰建材于1995年5月成立,公司机关位于顺义区张镇赵四路候庄段6号,占地92.6亩,建筑面积1068平方米。双峰建材现有下属企业2家,职工250人。集团下属企业北京金隅顺发水泥有限公司是与北京市属大型国有企业北京金隅集团合资成立,公司位于顺义区大孙各庄镇户耳山北,现拥有一条新型干法水泥生产线,石灰石经过二级破碎后与其它辅助原料,进入规格为3×48m(带五级预热器窑外分解窑)的回转窑系统烧制成熟料,日产熟料1200吨;水泥产品由3.8×12m磨机和N2000 O-sepa选粉机组成的水泥磨闭路循环系统生产,年产水泥50万吨,主要标号有P.O42.5#、P.C32.5#。

单位名称:北京双峰建材集团

地址:北京市顺义区张镇赵四路候庄段6号

电话:(010)61493763/61493238

邮编:101307

(曹　伟)

【技改降低粉尘排放】 企业逐年加大投资实施了篦冷机和生料磨风机变频改造、烘干机和浴室余热利用、电机功率因数补偿等节能改造项目,对窑头、窑尾电收尘设备改成大布袋收尘,对降低粉尘排放收到良好效果。两项综合措施实施后,粉尘排放已低于重点单位污染物排放总量控制标准。

(曹　伟)

【节约能源减少碳排放】 根据国家可持续发展的战略要求及《全市40家重点用能单位签署“十一五”期间节能承诺书》任务规定,集团下属顺发公司“十一五”期间须节能3200吨标准煤。为履行承诺,企业除实施节能技改项目外,还在生产环节强化了管理措施,使能源消耗得到有效控制,煤、电消耗呈逐年下降趋势,减少了碳排放。

(曹　伟)

【积极贯彻落实科学发展观】 自06年起,企业利用华能、兴隆两电厂粉煤灰、工业炉渣和脱硫石膏做掺加混合材生产水泥,实现了工业废料的再生利用。自07年起,利用华山矿区开采后每年排放的20余万吨废渣,生产建筑骨料,三年间共生产建筑骨料50余万吨,实现了资源的节约利用。此外,2010年顺发公司已经试用少量干污泥进行进行替代燃料实验,取得了一批关键技术性资料。试验表明,干污泥中含有一定量的热值,可作为替代燃料节省部分燃料煤,同时又可无害化、减量化处理污泥废物。

(曹　伟)

永进物资总公司

【概　况】 北京市顺义永进物资总公司前身为顺义县物资管理局,成立于1976年12月。在当时体制下,为满足顺义区工农业的发展起到了重要作用,随着改革开放的深入,原来的计划经济时代的物资体制越来越不适应当前形势。1994年,经区委、区政府批准,成立“顺义县物资总公司”,改为区级全民所有制企业,保留原有物资局牌子,两块牌子一套班子,实行企业化管理。注册资金876万元,主要经营范围:销售金属材料、木材塑料、橡胶制品、汽车等。1996年,更名为“北京市顺义永进物资总公司”,2004年归属国资系统,由区国资委协调指导。

单位名称：北京市顺义永进物资总公司
地址：顺义府前东街23号
电话：(010)52137775
邮编：101300

（办公室）

【人员机构设置情况】 顺义永进物资总公司共有人员162人。机关下设5个科室：行政办公室、党委办公室、财务科、工会、物业办公室、节能办。下属基层单位三个：北京市京津顺机电设备公司、北京市顺义惠利化工轻工公司、北京市前启建筑器材租赁公司。

（办公室）

【主要经济指标完成情况】 2010年全年完成销售收入3700万元，上缴税金70万元。

（财务科）

【经营状况】 顺义永进物资总公司主要经营范围：销售金属材料、橡胶制品、汽车、化工、药剂产品、建筑器材租赁等业务。总公司所属北京市顺义惠利化工轻工公司，积极拓展市场扩大市场份额，新增南法信的经营网点，该公司在当月创造了单月销售收入的历史新高。

（办公室）

顺义区建筑工程公司

【概　况】 北京市顺义建筑工程公司（以下简称工程公司）是建设部批准的房屋建筑施工总承包、装饰装潢双一级资质企业，成立于1974年，是一家具有土建施工、设备安装、房地产开发、装饰装潢、混凝土生产、新型建材生产、钢结构加工安装、市政工程等综合生产能力的经营体系。截止到2010年12月，公司共有职工1182人，其中离退休职工395人，在岗职工787人，包括城镇职工559人，农民工228人，有各类专业技术人员214人。工程公司辖下属9个基层单位：其中5个分公司以建筑施工为主；市政工程处以承接市政工程为主。2个厂站分别以混凝土和钢结构加工安装为主；此外，公司还拥有一家一级资质的高辉汇能装饰公司和一家金瑞房地产开发公司。企业总资产7.09亿元，总负债5.43亿元，资产负债率77%，固定资产0.9亿元。

单位名称：顺义区建筑工程公司
地址：顺义区府前东街2号
电话：(010)69425902
邮编：101300

（兰　彦）

【年内各项指标完成情况】 2010年全公司开复工面积56万平方米。新开工项目14个，面积33万平米，市政工程产值3000万元，装饰完成产值1100万元。完成总产值43047万元，占年计划40000万元的108%。其中：完成销售收入29999万元，占年计划25000万元的120%；完成增加值13101万元，占年计划15000万元的87%，；实现利润总额2677万元，占年计划2300万元的116%。实现税金总额1541万元，实际上缴税金1359万元，占年计划1300万元的104.5%。

（兰　彦）

【提升职工薪酬】 2010年顺义建筑工程公司对全系统职工的住房公积金以及全体职工的统筹基金均做到了足额的缴纳，同时，对职工工资也分别做出了不同增幅的调整。2010年人均年收入4.22万元，同比2009年3.89万元人均增幅8%。

（兰　彦）

【综合经营】 公司逐步加快企业战略性调整，从战略层面分散经营风险，化解不利因素，顺应市场，谋求发展。围绕行业发展方向，实施建筑、房地产、装饰、市政、物业等多板块多元化经营，延伸产业链条，并向关联度比较紧密的行业渗透，紧跟政策投资走向，培育新型市场,探索培育新的经济增长点。2010年,房地产公司、装饰公司和市政工程处齐头并进,成绩显著。

(兰　彦)

【数字化管理】　为使项目管理更加科学化、规范化、透明化,经过公司领导班子多次调研、座谈以及对试行实施GCM(广联达项目成本管理信息系统)的2个项目部进行实地考察,决定在全系统范围内全面推行使用该项目成本管理软件。2010年公司共投入100余万元为所有在施项目配置了电脑,安装了管理软件,并分专业、分层次对各相关部室及项目管理人员进行了软件系统操作使用的培训,受训人员达900余人次,涉及该信息系统的项目管理人员全部掌握操作方法及使用流程,全系统各项目部包括在外埠施工的包头项目部都已录入相关数据投入使用。经过一年的运行,通过GCM软件平台,全公司各在施项目部实现了材料采购价格、机械采购及租赁价格、周转材料租赁价格,人工费、材料及设备调拨价格、项目基本概况、项目成本组成等各项信息的共享,使我们各项目部的成本管理目标更加清晰、岗位职责更加明确、项目管理流程更加顺畅,项目管控成本能力实现了持续提升。

(兰　彦)

【成本管理】　2010年全面推行"以责任目标成本管控为中心,全员全过程控制的项目管理模式",严格落实项目部风险抵押和责任承包,按月度进行成本分析,按制度进行成本考核。及时纠正偏差,坚持以效益为中心,坚决消灭亏损项目部,解聘亏损的项目经理,逐步建立和完善公司内部成本控制体系,逐步实现了项目管理规范,盈利水平提高。在受到后金融危机严重影响,上半年活源不足的不利因素下,通过公司上下的不懈努力,成本管理取得了明显的成效,项目成本核算意识逐年加强。

(兰　彦)

【安全生产管理】　紧密围绕"坚持安全发展,落实安全责任,建设和谐顺义"这一安全主题,在2010年共组织进场前三级安全教育、职业病预防等安全培训120余次,培训人次达3800余人,全年累计投入安全生产防护资金240余万元。公司全系统实现了全年保证不发生重大安全生产事故,工伤率控制在3‰以下的安全生产目标,连续4年荣获顺义区安全生产先进单位,2010年我们还荣获了市级安康杯竞赛先进单位,公司总经理作为"建筑业安全生产先进单位"代表,在2010年顺义区安全生产工作大会上做了典型发言,企业的社会信誉得到了显著的提升。

(兰　彦)

【重点工程完成情况】　在2010年顺义区校安工程中,顺义建筑工程公司承建牛栏山一中、大孙各庄中学、大孙各庄小学和张镇中学的校舍加固工程,凭借一流的施工技术,得到了顺义区教委的充分肯定和高度的赞扬。6月,顺义建筑工程公司承建顺义新城城市建设的"十大工程"之一顺义区体育中心开工仪式在顺义新城第五街区隆重举行,区委书记等相关领导出席仪式。

(兰　彦)

顺义区
建筑工程总公司

【概　况】　北京市顺义区建筑工程总公司暨北京鲁班建筑工程公司(以下简称:建总)系隶属于顺义区政府的集体企业,现为国家二级资质施工企业,下属8个土建分公司和1个物业管理中心,各类专业技术人员300人。2010年,建总承建区重点工程——文化中心、张镇小学教学楼和区看守所扩建装修等工程,完成开复工面积50万平方米(其中新农村街坊路修建工程24万平方米),全年实现产值2.8亿元,同比增长87%;完成销售收入2.5亿元,同比增长86%;上缴税金813万元,同比增长50%。企业经济健康快速发展,其它各项事业取得长足进步。2010年,建总被北京市评为交通安全先进单位、残疾人就业先进单位,还获得顺义区安全生产、内保工作和团建工作先进单位等荣誉。

单位名称:北京市顺义区建筑工程总公司(北京鲁班建筑工程公司)
地址:北京市顺义区府前东街9号
电话:69444802
邮编:101300

(李文超)

【安全生产】 结合工程项目多、规模大的特点,成立由总经理挂帅,质量、安全、劳资等部门参与的检查组,每月对在施工程进行联检,对检查出的问题就地整改,并对整改情况进行追踪监督,确保各项管理措施落实到位。加强企业文化-安全文化建设,营造文明安全施工良好氛围,组织开展安全生产警示用语征集、安全生产知识竞赛和"推广应用新技术、新材料、创新管理方法"等活动,促进质安管理各项工作部署高效落实。2010年,公司承建工程质量全部达标,全年未发生重大安全事故,顺文鑫达研发楼、双兴东区23-28号群体住宅楼被评为潮白杯工程,公司被评为顺义区安全生产先进单位。

(李文超)

【成本控制】 深化"效益年"工作内涵,在施工主要阶段、合同签订洽商上抓规范统一,在施工分项细节管理上鼓励分公司、项目部结合实际,探索创新成本管理方法。五分公司三个原则采购大宗材料(公开招标、集中采购和与市场结合原则),通过公开招标选取材料供应商,通过概预算,计算各承建工程所需的近期、远期材料总用量,集中采购,提高议价能力,通过分析市场动态、供求关系,研究判断材料价格走势,把握采购时机。七分公司结合工程特点,砂石等材料实行承包责任制,制订具体承包指标和考核措施,调动项目部人员积极性和节约意识,努力降低施工成本,提升经济效益。

(李文超)

【管理体系建设】 依据国家及行业标准制订运行的质量、职业健康安全和环境"三合一"管理体系、精神文明建设及相关活动管理与服务体系通过认证机构认证。管理体系运行八年来,通过持续有效的培训与改进,干部职工逐渐从最初的"为贯标而贯标"向"自觉贯彻标准要求"转变,各级各岗认真执行工作程序和标准要求,管理体系涵盖的质量、安全、环境管理和党务政工、纪检信访等工作质量效率得到保障提升。通过科学的管理体系规范工作,通过制度措施确保工作质量和效率,是现代企业管理发展的趋势,也是建总多年工作实践的重要成果和优势。

(李文超)

【职工培训】 结合生产实际,组织参观考察、座谈交流等活动,学习先进施工管理经验,引进新材料、新工艺,倡导"学先、用新"管理理念。围绕职工职业生涯规划工作部署,统计分析职工发展需求,制订鼓励学习进步的制度措施,明确培训工作重点,全年对农民工进行岗前培训2500余人次,培训持证上岗人员225人次,帮助25名施工员、质检员等考取执业资格证书,14名技术人员考取高、中、初级职称,注册变更建造师12人。根据业务发展需要,全年引才70人,大专以上学历占82%,有效抢占人才引进工作高点,大量高素质人才充实到生产一线,接受锻炼和培养,为企业快速发展提供强有力的人力资源保障。

(李文超)

【党群工作】 开展以"加快企业发展,提高经济效益,密切干群关系,促进企业和谐稳定发展"为主题的创先争优活动,通过优秀党支部、党员评选、党章知识竞赛和党员承诺等活动,号召党员干部立足岗位做贡献、廉洁从业立新功。围绕企业中心工作,开展安全生产警示用语征集、合理化建议征集和“创建学习型企业,做知识型职工”征文等企业文化建设活动,促进公司决策部署的深入落实,为推进企业快速稳定发展提供强大精神动力和文化支撑。

(李文超)

北京市天竺房地产开发公司

【概　况】 北京市天竺房地产开发公司成立于1992年12月,地处首都机场高速公路西侧,东南起机场高速,西北至高丽营镇于庄村,温榆河北岸河堤路中心线向外延伸1500米范围内,规划占地总面积1283公顷。地跨国门第一镇(天竺镇)和国家级小城镇(后沙峪镇),紧邻空港工业区,陆路交通四通八达,航空交通方便快捷。北京市天竺房地产开发公司负责整个开发区(原旅游别墅开发区)内的外部(红线外)大市政配套设施的总体规划,并按国家有关政策的规定,及时合理的向开发区的开发商收取大市政配套费,并组织建设施工。开发区内现有丽京花园、欧陆园、美林香槟小镇、国家会计学院、北京顺义国际学校等30余个房地产及配套项目落成,供热中心、变电站、污水处理及中水回用等设施一应俱全。先后建设了9000余栋风格各异的高档别墅,分布在美丽的温榆河畔,有来自世界50多个国家和地区的8000余名国际友人和国内精英在这里安家、置业,这里将成为一座市政设施配套齐全,城市功能完备,高端人才居住密集的空港新城。美丽的温榆河北岸,浪漫的花园洋房,成熟的别墅区,现代化的物业管理,为生活在这里的人们提供了完善的生活保障。温榆河绿色生态走廊、中央别墅区已成为这个地区的代名词。中国国际展览中心(新馆)于2008年3月建成并投入使用,每年在这里举办中国国际服装服饰博览会、中国国际体育用品博览会、中国国际机床工具展览会等数十次大型展会。天竺房地产开发区将依托新国展平台,加大招商引资力度,全力服务国展产业园,拓展会展产业链,倾力打造以广告、咨询、策划、设计、展览展示等为龙头的文化创意产业集聚区,使天竺房地产开发区成为居住、餐饮、购物、会展等多方向发展的新经济功能区。2010年是“十一五”规划的收官之年,公司党委带领广大职工,团结拼搏,同心同德,攻下一个又一个难关、破解一个又一个难题、取得了一个又一个胜利。先后完成了薛大人庄、花梨坎、燕王庄三个村的整建制拆迁;完成了翠竹新村一、二、三期33万平方米拆迁村民定向回迁房建设工程;完成了薛大人庄、花梨坎两个村1520户,5100口人的住房安置工作;开发区内市政基础设施进一步完善,投资环境进一步优化。五年累计投入2.21亿元,完成道路工程18950米,电力工程23400米、天然气工程2300米,雨水工程26740米、建6座桥涵、天竺污水处理厂和中水厂相继建成投入使用,公司总投资从5年前的11亿元增加到目前的26亿元。二级公司一年一个台阶,五年实现跨越式发展,从5年前的7个发展到现在的15个,职工队伍逐步壮大,从五年前的800人,发展到现在的1300人;企业的综合实力持续提升,五年来共完成销售收入128414万元,同比增长237%;完成上缴税金3773万元,同比增长150%;完成利润总额828万元,同比增长6012%。2010年取得了燕王庄拆迁、翠竹新村三期建设、花梨坎回迁房销售、车展服务保障和拆除违章建筑五大战役的全面胜利,完成了年初确定的各项目标任务。完成销售收入58369万元,同比增长27%;完成利润总额8599万元,同比增长13%;完成增加值13164万元,同比增长5%;完成上缴税金(属地)31954万元,同比增长23%,完成产值33280万元,同比增长13%。

单位名称:北京市天竺房地产开发公司

地址:北京市天竺房地产开发区裕丰路东侧

电话:(010)64560154

邮编:101312

(吕艳丽)

【天房建筑公司晋升资质】 天房建筑公司狠抓企业软件建设,连续三年通过ISO监督年审的同时,2010年3月11日又成功晋升二级资质,为更多地赢取市场份额创造了条件、奠定了基础。经过公开竞标,获得了翠竹新村总包资格,实现了13万平方米工程施工零事故,销售收入17663万元,税金374万元,利润380万元。

(吕艳丽)

【燕王庄村拆迁】 燕王庄村是继天竺村拆迁后第一个拆迁村庄,面临着极大的政策不一致和群众不理解的双重压力,经过深化政策研究,反复调研,分析拆迁工作面临的形势,寻找最佳时机入户测量,摸清底数,打开突破口,最终从群众的多次上访、对政策的不理解,到大多数村民的理解和支持。测量工作只用了三天就完成了,11月8日正式动迁,经过12天的团结奋战,提前3天百分之百完成了燕王庄193户整建制拆迁,共拆除9万平方米住宅和15万平方米非住宅,总投资73000万元。

(吕艳丽)

【花梨坎村民按时回迁】 村民回迁工作是涉及民生的一项重点工作,我公司确保了村民18个月回迁。11月18日开始如期销售回迁房。经过10天的集中销售,完成全村1443口人,77885.63平方米定向安置房的销售任务,收取房款20378万元。此次销售是我公司第一次自主销售,并实现一次销售、一次成功的预期目标,彻底结束了由代理公司销售回迁安置房的历史,既锻炼了我们自己的队伍,又节省了300多万元的代理费用。

(吕艳丽)

【第六次人口普查工作】 第六次人口普查是全国的一件大事,公司党委根据辖区面积大、居住人口多且复杂的特点,高度重视、加强领导,组建领导小组,制定工作方案,选派30名同志参加普查工作,截止到年底完成了人口普查工作,辖区共居住20103人,其中,外籍和港澳台人口6485人。

(吕艳丽)

顺义区建筑企业集团公司

【概　况】 北京顺义建筑企业集团公司(以下简称顺建集团)成立于1989年7月,以建筑施工为主业,集设备安装、装饰装潢、建材、设备租赁于一体,具有综合生产能力的国家一级建筑施工企业。顺建集团机关设6部1室,下辖17个建筑工程分公司及装饰装潢公司、机械设备租赁、门窗厂、水泥构件厂等21家实体企业,其中6家为乡镇建筑公司。公司始终坚持"以质量求生存,以信誉求发展"的企业宗旨,坚持以经济建设为中心,狠抓各项管理;2010年完成产值3.5亿元,实现税金1300万元,实现利润123万元。

单位名称:北京顺义建筑企业集团公司

地址:顺义区五里仓小区商业服务楼甲2号

电话:(010)69442275

邮编:101300

(吴　生)

【修订企业管理方针】 根据顺建集团发展的需求,经公司经理办公会研究决定,在全体干部职工中开展修订企业管理方针活动,并对入围作品给予奖励。通过广泛发动宣传,共收到干部职工创写的企业管理方针40多条,经过群策群力,顺建集团的企业管理方针最后确定为:绿色施工,顺应发展;优质高效,建造精品;以人为本,集聚英才;信守承诺,团结创新。

(吴　生)

【文体活动】 顺建集团长期坚持以人为本,在注重狠抓经济工作的同时,不断改善广大干部职工的业余文体生活,自2003年实行职工每天参加体育锻炼一小时活动以来,持之以恒并不断加大投入;年内新建职工文化体育场所300多平方米,保证职工每天不受天气困扰开展正常文体活动,职工可以根据自身特点与需求,参加不同类别的体育锻炼和文化生活,既丰富了职工的业余文化生活,既丰富了职工的业余文化生活,增强了职工体魄,陶冶了情操,又增强了企业的凝聚力,为构建和谐企业奠定了良好基础。

(吴　生)

【安全管理】 年内,公司安全生产未发生各类主要安全生产事故,职业健康安全管理体系、安全生产许可证续期审核顺利通过。龙凤山殡仪馆迁建工程获得市级文明安全工地荣誉。在施工安全管理中重点抓了以下三点:第一抓安全生产责任制落实。年初制定安全生产控制指标,年终根据指标完成情况结合责任制给予考核,进行奖罚兑现,充分发挥上下两个积极性,保证安全生产责任制落到实处。第二抓安全生产隐患整治。在日常安全生产检查中,针对本行业项目安全生产中的关键问题和和薄弱环节及时排查和消除隐患,坚决纠正违反安全生产法律法规的行为。第三抓职工培训教育。以“安康杯”竞赛活动为载体,各项目设置农民工夜校,利用手册、光盘、图片等形式进行多层次的安全教育,努力提高职工自我安全保护技能,巩固安全生产基础工作,争取无死亡、无重伤、无重大职工危害事件发生。

(许英伟)

【质量管理】 加强对在施工程过程质量的监督检查,严格对基础、主体及竣工阶段的检查验收。加强对施工组织设计的审核和施工方案的审批,确保技术文件有效指导施工。严格执行《关于印发<危险性较大的分部分项工程安全管理办法>的通知》建质[2009]87号要求,对需组织专家论证的专项安全方案要求按程序进行论证。十公司施工的北京星箭长空测试车间工程,三公司施工的龙凤山殡仪馆迁建工程的高大模板搭设,都对方案进行了严格的审核审批,并组织了专家论证后实施,未出现任何问题,创新了公司在质量管理中过程管理的空白。2010年我公司竣工工程13项,建筑面积122870平方米,全部验收合格,其中北京博润商业楼工程被评为2009年度北京市建筑长城杯银质奖,并被评为2009年度区潮白杯优质工程。竣工工程中,体育局游泳中心改扩建工程,北京天竺保税区海关现场查验设施等五项工程、望泉家园41#楼工程及在施龙凤山殡仪馆迁建工程,质量较好,推荐参评2010年区潮白杯工程。已竣工工程均满足了合同要求的“合格工程”质量标准。完成了公司的质量目标。

(刘德才)

乡镇企业

【概　况】 到2010年底,顺义区共有镇村企业2.66万家(含个体),其中规模企业457家,职工总人数22.9万人,其中本地工14.9万人。到年底,顺义区农村劳动力二三产业就业率达到90.8%,同比提高了1.9个百分点,其中二产从业人员67359人,三产从业人员65847人。

(张铁良)

【主要指标增长】 2010年,顺义区镇村二三产业实现总收入1077.5亿元,利润63.3亿元,税收79.3亿元,同比分别增长22.2%、21.1%和35%。当年,镇村第二产业完成收入788.9亿元,同比增长20%;第三产业完成收入288.6亿元,同比增长28.5%;二产、三产收入比重为73.2:26.8。

(张铁良)

【重点产业】 重点产业发挥支撑作用,汽车及配件产业贡献突出。汽车及配件企业全年完成总收入351.6亿元,同比增长25.2%,占工业比重48.3%,占镇村二三产业总收入的32.6%。其中21家收入1亿元以上企业实现收入346.5亿元,占行业总量的98.5%。新型建材产业保持稳定发展。全年完成收入66.7亿元,同比增长15.2%。

(张铁良)

【规模企业】 2010年,镇村规模企业达到457家,全年实现收入908亿元,与同期相比增长29.3%,占到镇村二三产业总收入的84.3%。2010年规模企业平均收入为1.99亿元,与去年同期比提高了22%。收入5000万元以上企业实现收入853亿元,占规模企业收入的93.9%,与去年同期比,收入增加了227亿元。457家规模企业中收入500万-1000万元(不含)的企业84家;1000万-5000万元(不含)的企业203家;5000万元-1亿(不含)的企业61家,同比增5家;亿元以上企业109家,同比增22家。

(张铁良)

【镇村经济】 2010年,顺义区19个镇二三产业收入均超过6亿元,其中超10亿元的镇有16个,仁和、李桥、南法信、天竺、牛山、杨镇、后沙峪、马坡、南彩9个镇二三产业总收入超过50亿元。19个镇完成地方财政收入21.7亿元,同比增长了26%。顺义区农村人均纯收入12898元,同比增长10.7%。

(张铁良)

【镇级产业基地】 镇级产业基地平台效应显现,到2010年底,19家镇级产业基地规划工业用地面积5.7万亩,已开发面积4万亩,累计入驻企业508家,入驻企业累计完成投资263亿元,占用土地面积3万亩,占已经开发土地的75%。累计安排本地劳动力就业4万人,占职工总数的74%。2010年,入驻企业实现营业收入389亿元,利润28亿元,税金22亿元,同比分别增长19%、21%和31%。2010年,19家镇级基地新增基础设施投入7.6亿元,新引进落地开工项目43个,计划总投资97亿元,到年底到位资金35.7亿元,项目占地1785亩,项目达产后可实现年收入536亿元,利税39亿元。

(张铁良)

【盘活闲置、技改】 2010年,顺义区各镇共盘活闲置资产项目68个,盘活资产5.9亿元,盘活土地2053亩,盘活建筑面积17.5万平方米,其中30家为转让,38家为租赁,年内盘活项目实际完成投资11.4亿元。2010年,镇村60家企业进行了技术改造,计划投资21.8亿元,其中固定资产投资18.6亿元,到年底,竣工投产项目38个,完成投资6亿元。

(张铁良)

【经济社会贡献】 2010年,各镇完成属地税收79.3亿元,同比增长35%。完成属地税收1亿元以上有14个镇,其中仁和镇属地税收超10亿元。2010年,镇村二三产业为职工提供的劳动者报酬总额42.5亿元,同比增长17.8%。2010年农村劳动力向二三产业转移就业达12941人。

(张铁良)

非公经济

【概　况】 2010年底,顺义区私营个体经济健康发展,私营个体经济发展到29109家,从业人员14.4万人。全年实现营业收入312.5亿元,同比增长11.4%,创利润总额33亿元,同比增长25%。2010年,固定资产投资在

500万元以上且吸纳当地劳动力80%以上的新建私营企业37家,总投资12.6亿元,吸纳当地劳动力1577人;盘活闲置资产在1000万元以上的私营企业21家,累计盘活闲置资产4.4亿元;当年完成基础设施投资500万元以上的私营企业9家,总投资3.4亿元;当年建设标准厂房5000平方米以上的私营企业13家;当年农产品加工企业固定资产投资1000万元以上私营企业6家,带动农户1000户;当年本区人员新建投资300万元以上的私营企业16家,总投资1.5亿元。

(付秀兰)

金融·保险

金　　融

金融服务

【概　况】 2010年,在区委、区政府的正确领导下,在市金融主管部门的大力支持下,顺义区金融服务办公室(以下简称金融办)会同有关部门,不断优化金融发展环境,不断创新金融工具,不断拓展金融业务,不断提升金融服务水平,求真务实,开拓进取,金融业对顺义区经济社会发展的支持和促进作用日益明显,顺利地完成了年初确定的各项工作任务。2010年,国家积极的财政政策和适度宽松的货币政策在顺义区全面落实,金融业地位逐步提升,金融机构集聚效应日益凸显,金融创新长效机制确立,资本市场顺义板块初现雏形,农村金融市场主体日臻完善,民生工程助推社会和谐发展,金博会参展工作交出精彩答卷,京港洽谈会成功推介世界城市的金融之门,"十二五"金融发展规划绘制顺义金融发展蓝图,各项工作得到了各级领导的认可和好评。宏观经济走势企稳,金融业发展明显向好。顺义区金融机构实现属地财税收入12.65亿元,同比增长7%,金融产业已成为顺义区重要支柱产业之一。存贷款规模大幅度拉升,截至12月31日,顺义区社会存款余额1073亿元,同比增长19%,其中个人储蓄余额408亿元,同比增长13.3%;顺义区金融机构贷款余额578亿元,同比增长13.6%。

单位名称:北京市顺义区金融服务办公室
地址:顺义区站前西街3号顺鑫国际商务中心9层
电话:(010)61409858
邮编:101300

(金融办)

【招商引资】 年内,华夏银行、杭州银行、光大银行、新韩银行等金融机构在顺义落地,民生银行总部基地封顶,华夏基金总部大楼开工建设,民生证券、机场财务公司、工银租赁、赋比兴私募股权投资基金等新兴金融机构先后入驻,丰富了金融业态,优化了金融结构。截至目前,顺义区金融机构达到83家,从业人员7000人。其中,银行类机构20家,保险公司27家,担保公司9家,证券、基金7家,其它金融类机构20家。

(金融办)

【企业融资渠道拓宽】 年内,金融办探索政银企合作机制,通过发行集合票据、企业债券等形式拓宽企业融资渠道,特别是提高中小企业融资水平。2010年2月1日国资中心通过与国家发改委密切联系,科学论证,择机成功发行了“10顺国资债”,募集资金25亿元。2010年2月26日,“中关村高科技中小企业2010年度集合票据”在中国银行间债券市场发行。嘉寓公司作为该集合票据三家发行人之一,募集资金3000万元。2010年11月17日顺义区成功发行2010年度第一期中小企业集合票据,期限2年,北京顺义西单商场(现更名为北京鑫海韵通百货有限公司)和北京嘉禾一品企业管理有限公司共计筹集资金0.62亿元。顺义区融资模式逐步向多元化、市场化、社会化发展。

(金融办)

【企业上市】 金融办按照“上市一批、申报一批、储备一批”的思路,抓重点、抓制度、抓激励、抓服务,全面推进企业上市工作。目前,顺义区共有10家企业通过上市进行融资,累计融资304.4亿元,在郊区县处于领先地位,继续向资本市场“顺义板块”目标扎实迈进。2010年9月2日,北京嘉寓股份在深交所成功上市,融资7.8亿元,填补了区内创业板市场的空白。至此,区内企业直接融资在主板、中小板、创业板、海外板的空间全部打开。企业上市实现了融资模式、管理模式的双重蜕变,促进了企业在品牌形象、科学管理、降低成本等方面的升级。2010年,金融办又先后走访了曲美家具厂、北京华升电梯集团公司、北京冶金工程技术联合开发研究中心等企业,深入了解企业情况,为企业上市进行指导及政策辅导,积极培养上市主体。制定推动企业上市的政策措施。根据《北京市人民政府办公厅关于进一步推动企业上市工作的意见》(京政办发〔2010〕35号)文件精神,结合顺义区上市培育企业实际情况,学习借鉴其他区县的相关政策意见,金融办及时起草了《顺义区促进企业上市工作的意见(讨论稿)》,提出从加强上市企业培育、提供资金支持和优化政府服务等方面入手推动顺义区企业上市;建议成立顺义区推进企业上市领导小组,明确小组成员及其职责分工。目前,金融办正在就该意见与相关单位进行沟通,各项工作正在稳步有序推进当中。

(金融办)

【金博会和京港洽谈会】 2010年11月4日,第六届北京国际金融博览会在北京展览馆开幕,顺义以“北京·顺义——世界城市的金融之门”为主题,以“国际枢纽空港、高端产业新城、和谐宜居家园”为发展定位,以“天竺综合保税区、国门商务区和马坡新城建设”为发展平台,以“产业金融、离岸金融、生态金融”为发展重点,以“有活力、有生机、很形象、很醒目”的宣传方式成功推出了“顺义金融”的概念。并被组委会评为“最具投资价值展示奖”和“最佳组织奖”。4天展期共计28万余人,300余家企业到顺义展台参观、咨询,顺义区参展工作取得成功。2010年11月24日,第十四届京港洽谈会在香港开幕。顺义区成功举办了以“打造临空经济区 建设世界空港城”为主题的专场推介会。金融办以“北京顺义 世界城市的金融之门”为话题和与会者进行了广泛而深入交流,详细介绍了“崛起的顺义与顺义金融的崛起”、“顺义发展金融产业的独特优势”、“世界城市和三个金融的崛起”及“资本市场顺义板块初现雏形”4部分内容,全面展示了顺义区金融发展成果以及未来5年的发展规划,为世界各地的金融家、企业家在顺义投资发展提供了沟通交流的平台。

(金融办)

【发展农村金融】 经多方协调,共同努力,村镇银行得以在顺义试点。由台州银行担任发起行的北京顺义银座村镇银行已经获得批筹,正在进行人员招聘工作。积极推进设立多家小额贷款公司,批筹在即。村镇银行和小贷公司的设立,将惠及中小企业和三农,有效推进顺义区农村金融改革。

(金融办)

【安放便民终端】 为方便区内百姓生活,真正解决百姓缴费难问题,金融办积极落实市政府提出的“三通工程”。联合市金融局、中国银联商务公司召开了顺义区“三通工程”通报会,向区内6个街道办事处详细讲解了“三通工程”的重大意义。金融办协同区社工委,对顺义区6个街道进行实地勘察走访,最终确定安装大型便民终端47台。目前,金融办正在协调相关单位,推进大型便民终端的安装工作。

(金融办)

中国银行顺义支行

【概　况】 中国银行股份有限公司北京顺义支行(简称中国银行北京顺义支行)正式成立于1988年07月11日,隶属于中国银行股份有限公司北京市分行。2010年,支行内设“六部一室”(计划财会部、业务监督部、公司业务部一部、公司业务部二部、个人金融部、营业部、办公室),下辖7个经营性支行,共有员工170人。支行经营范围有(许可经营项目):办理人民币存款、贷款、结算业务;办理票据贴现;代理发行金融债券;代理发行、代理兑付、销售政府债券;代理收付款项。办理外汇存款;外汇汇款;外汇贷款;外币兑换;国际结算;结汇、售汇;代理国外信用卡付款;通过上级行办理代客外汇买卖及总行在中国银行业监督管理委员会批准的业务范围内授权的业务;保险兼业代理险种;保险法律法规和行政规章制度许可范围内的险种。

单位名称:中国银行股份有限公司北京顺义支行

地址:北京市顺义区府前西街4号

电话:(010)69447455

邮编:101300

(胡桂珍)

【获得荣誉】 顺义支行认真贯彻落实顺义区委、区政府提出的“实践科学发展观,围绕城乡发展一体化、经济发展多元化、社会管理精细化、党建工作科学化”工作目标,积极支持地区经济发展,获得顺义区委、区政府颁发的“顺义区区域经济百强企业”称号;同时顺义支行积极开展创建“巾帼文明岗”等文明优质服务活动,受到社会广泛好评,所辖天竺支行荣获中华全国妇女联合会的表彰及全国级“巾帼文明岗”称号。

(胡桂珍)

【内控管理】 顺义支行非常重视内控管理工作,年初就确定了“以内控达标为主线,全面加强支行合规操作”的工作目标;以提高风险防范意识、狠抓　部控制、规范操作规程为出发点,抓好业务规章制度的执行与落实;以网点内控合规达标为主线,提高全员合规操作意识。在对网点的检查中坚持精查细究、有效监督的主导思想,全面提高员工合规意识,并将内控工作落到实处。2010年支行未发现违规、违纪案件。

(胡桂珍)

【安保工作】 顺义支行安全保卫管理工作常抓不懈,2010年认真做好防电信诈骗的宣传工作,制定措施,制作宣传板,定期召开会议,加强监督指导。认真开展打击银行卡犯罪专项活动;2010年5月份,与顺义公安机关合作进行了“防抢劫”预案演练,取得了良好的效果,受到相关部门的表扬;2010年7月份,深入一线和后勤科室检查用电、防火、监控设备运行情况;11月前开展消防安全大检查,增加消防设施,梳理各项规章制度,加强应急预案的演练以及防火知识的宣传,员工进行防火墙工程问卷的测试。

(胡桂珍)

【文明优质服务】 顺义支行高度重视文明优质服务工作,2010年支行相继制定、修订完善了《中国银行北京顺义支行客户投诉处理和管理实施细则》、《中国银行北京顺义支行客户评价系统使用管理办法》、《中国银行北京顺义支行管理部门服务标准》、《中国银行北京顺义支行员工业务基本技能训练和考核办法(修订)》等项制度。在服务工作管理中，强化各网点支行“一把手”在服务工作中的责任。从晨会、礼仪培训、服务检查、非现场检查、考核等管理，使柜员服务标准化，环境、标识统一化，整体水平近年来得到提高。客户满意率保持在99%以上。技能考核按照计划每季度考核一次，做到奖罚分明，促使提高技能水平。年度服务无投诉。

(胡桂珍)

【企业文化建设】 顺义支行非常重视企业文化建设，把业余文体活动作为凝聚职工、增强团队精神的大事来抓，鼓励职工积极参与，参与率达到80%以上，丰富了员工的业务生活，也强建了员工身心，加强了与员工的联系与沟通。支行相继组织员工参加了区里和市分行组织的歌咏比赛、游泳比赛、足球联赛、庆三八女工摄影、书法绘画等文化体育活动。建党90周年前夕，支行组织员工参观红旗渠，进行爱党、爱国教育。支行每年为职工发放生日贺卡、生日蛋糕、公园门票卡，图书卡、电影票、洗衣票；支行连续三年为女工上了“平安女性安康团体重大疾病保险”和女职工生育保险；每年安排员工进行体检。

(胡桂珍)

工商银行顺义支行

【概　况】 2010年，工商银行顺义支行积极应对复杂多变的内外部经营形势，认真贯彻总分行各项决策部署，紧扣区域经济发展脉搏，牢固树立积极进取的竞争意识和又好又快的发展理念，以科学发展观为指引，围绕“建设一流的金融机构，创造一流的经营业绩”的目标要求，以防范风险为前提，以提高能力为依托，以调整结构为手段，以团队建设为重点，积极推动各项金融工作有效开展。

单位名称：中国工商银行股份有限公司北京顺义支行

地址：北京市顺义区仓上街1号

电话：(010)69443932

邮编：101300

(工商银行)

【业务发展】 支行积极克服金融危机冲击、资本市场低迷、同业竞争加剧等诸多不利因素的影响，同心协力，迎难而上，经营发展水平稳步前行。负债业务发展保持较强增势，大力加强公司存款业务营销，突出抓好大客户增存工作，巩固我行在区域同业和分行系统内的地位。继续保持储蓄同业领先优势，牢固树立“区域第一零售银行”地位。关注大客户的项目进展情况，密切关注重点客户的流动资金贷款需求和外汇业务需求，通过多种融资方式来满足客户降低资金成本的需求。关注重点客户及重点工程，适时积极进入，扩大我行优质资产。关注重点区域、重点板块发展态势。加大了纯按揭、二手房、抵押等个人贷款的营销投放力度，个人贷款业务实现突破性增长。依托区域资源优势，积极拓展了小企业信贷市场，先后对一批符合国家产业政策和总行行业信贷政策，生产经营稳定，产品有市场，经济效益好的小企业提供信贷支持。

(工商银行)

【学习型银行建设】 根据总、分行“创建学习型银行，争做知识型员工”活动要求，以“全面提升员工队伍素质，持续增强竞争发展能力，为支行改革发展提供可靠的智力支持，全力打造现代化的精品支行”为构建方针，积极开展了学习型组织建设。积极倡导了读书成才、读书发展、读书健康的理念。在全行范围开展了“推荐一本书，赠送一句话，培育一种意识”等主题读书活动。加强了“职工书屋”

建设，方便和满足了员工及时查阅业务资料和业余学习的多种文化需求，为职工提供了一个良好的学习知识、获取信息、提高素质、丰富文化的重要平台。2010年，支行被评为“顺义区思想政治工作先进单位”。

（工商银行）

【内部控制与风险管理】 面对复杂严峻的经济金融形势，支行坚持业务发展与风险防范统筹兼顾、有机统一，更加注重依法合规、稳健经营。建立“全面监测、突出重点、分层管理、逐级报告”的信贷风险监测预警机制，严把贷款准入关，持续加强贷后管理，全面开展新增贷款、政府融资平台贷款、涉房类贷款、表外业务、票据业务合规检查，确保了全行资产质量稳定，风险整体可控。与此同时，全行积极适应特殊环境下各类风险的演变趋势，从完善体制机制、落实规章制度、创新技术手段、加强监督检查等多方面入手，进一步强化了内部控制管理，认真落实运营风险事件核查工作，推动反洗钱工作的全面开展，保障科技平稳运行，认真做好人防、物防、技防、消防和自助机具防范工作，促进了内控和案防水平的提升，有效杜绝了各类案件事故的发生。

（工商银行）

【金融服务】 2010年，支行持续加强了客户经理和大堂经理队伍建设，以积极提升高端客户服务品质。在加强员工服务教育和养成教育，积极推行服务标准化管理的同时，完善出台了《营业网点服务工作管理考核办法》和《投诉管理违规积分实施细则》，突出对一线网点加强服务管理、服务能力、服务规范三大方面的考核，突出加强了客户投诉管理。同时，加大了服务检查频率，进一步健全了客户投诉响应机制，一线网点主动服务意识和金融服务水平有效提升。

（工商银行）

【员工队伍建设】 2010年，支行完善了人力资源动态管理，强化中层干部的综合管理水平，强化对优秀年轻干部的培养，强化对管理人员后备人才库、重要岗位后备人才库的管理，有效实行了岗位资源和人力资源的最佳配置。坚持“公平、公正、公开”的原则，完成了大堂经理、客户经理、营业经理等一系列竞聘工作。建立了人力资源需求预警机制，积极掌握人力资源需求动态，做好了各专业的人才储备。重视大学生的培养和使用，建立了大学生档案和人才信息库，大胆起用年轻人才，已有20余人走上了中层管理人员及助理岗位。

（工商银行）

农业银行顺义支行

【概　况】 中国农业银行股份有限公司北京顺义支行（简称中国农业银行顺义支行）是顺义地区较早成立的银行机构，辖内15个网点，370余名从业人员为顺义区人民提供优质、高效的金融服务。我行始终坚持履行商业银行的社会责任，积极参与顺义地区经济建设，以服务区域经济为重点，将“三农”金融服务工作做精、做细、做出成效，提升了区域发展的竞争力，多次荣获“顺义区百强企业”、“顺义区十大金融机构”等荣誉称号。

单位名称：中国农业银行股份有限公司北京顺义支行
地址：北京市顺义区府前西街2号
电话：(010)69444435
邮编：101300

（冯　宇）

【内控管理与风险防控】 合规文化是立行之本、经营之本，是企业文化的核心组成部分。支行在合规文化基础建设年基础上，推进规章制度建设完善工作，优化内控合规管理体系机制，加大执行力建设力度，形成合规文化建设长效机制。加强对柜员的业务培训，增强柜员的业务素质,规范业务操作,增强监管力度,把其作为操作风险防范的重要手段。

(冯　宇)

【创先争优活动】　广泛开展创先争优活动,把创先争优活动与“市场入主流、同业创一流”的发展目标结合起来,将其作为现阶段党建工作的重要着力点抓好抓实。各基层党组织和党员扎实开展“五个一”活动,即开展一次联系点调研指导、开展一项“四比”先锋活动、开展一项党员承诺制活动、组织一次“学模范、创先进、争优秀”征文、制作一期宣传板报,并做好典型做法和经验的宣传报道工作。支行工会团委大力开展组织文明健康、积极向上的文体活动,调动广大员工的积极性和主动性,为全行发展营造和谐环境。

(冯　宇)

【金融服务】　在2010年农行规范化服务平均得分94分,达到优秀水平,员工服务意识和服务水平有效提升。网点均设置客户经理岗位,定期举办贵宾客户答谢会,为客户提供优质的理财服务。积极做好首届公众宣传教育服务日的主题宣传工作,并获得好评。

(冯　宇)

保　　险

中国人民财产保险顺义支公司

【概　况】　中国人民保险集团公司系1949年成立,中国内地经营历史最悠久的保险企业中国人民保险公司变更而来。其分支机构中国人民财产保险股份有限公司北京市顺义支公司(简称:人保财险顺义支公司)作为顺义地区最大的财产保险公司,经营除长期人身保险以外的所有保险业务,包括企事业单位财产保险、建筑和安装工程保险、货物运输保险、机动车辆保险、家庭财产保险、责任保险、信用保证保险、人身意外保险、健康保险、农业保险等险种。公司设有综合部、营业室、理赔分中心及六个业务管理部全方位为客户服务,并拥有五十多家保监局批准的保险代理机构,方便客户就近投保。

单位全称:中国人民财产保险股份有限公司
　　　　　北京市顺义支公司
地址:顺义区新顺南大街1号
邮编:101300
电话:(010)69441191
网址:http://www.picc.com.cn
http://www.e-picc.com.cn

(刘宝功)

【经营理念】　多年来秉承“人民保险为人民”的企业宗旨,始终遵循“以市场为导向,以客户为中心”的经营理念,全心全意服务好顺义区老百姓。

(刘宝功)

【保险业务】　多年以来,人保财险顺义支公司业务规模一直保持了良好的增长态势,市场份额持续领先,为顺义区人民提供全方位保险保障服务。2010年保费3.07亿元人民币。全年已决赔案支出2.09亿元;未决赔案赔款3382万元。纳税总额1188万元。

(刘宝功)

中国人寿保险顺义支公司

【概　况】　中国人寿保险(集团)公司及其子

公司构成了我国最大的商业保险集团,是国内唯一一家资产过万亿的保险集团,是中国资本市场最大的机构投资者之一。2010年,中国人寿保险(集团)公司合并保费收入达到3506.12亿元,境内寿险市场份额为37.2%;2010年年末合并总资产达17760.20亿元。中国人寿保险(集团)公司属国有大型金融保险企业,总部设在北京。公司前身是成立于1949年的原中国人民保险公司,1996年分设为中保人寿保险有限公司,1999年更名为中国人寿保险公司。2003年,经国务院同意、中国保险监督管理委员会批准,原中国人寿保险公司进行重组改制,变更为中国人寿保险(集团)公司。集团公司下设中国人寿保险股份有限公司、中国人寿资产管理有限公司、中国人寿财产保险股份有限公司、中国人寿养老保险股份有限公司、中国人寿保险(海外)股份有限公司、国寿投资控股有限公司以及保险职业学院等多家公司和机构,业务范围全面涵盖寿险、财产险、养老保险(企业年金)、资产管理、另类投资、海外业务等多个领域,并通过资本运作参股了多家银行、证券公司等其他金融和非金融机构。中国人寿保险股份有限公司是中国最大的人寿保险公司,总部位于北京,注册资本282.65亿元人民币。作为《财富》世界500强和世界品牌500强企业——中国人寿保险(集团)公司的核心成员,公司以悠久的历史、雄厚的实力、专业领先的竞争优势及世界知名的品牌赢得了社会最广泛客户的信赖,始终占据国内保险市场领导者的地位,被誉为中国保险业的"中流砥柱"。中国人寿与中华人民共和国同龄,是国内最早经营保险业务的企业之一,肩负中国寿险业探索者和开拓者的重任,走过了长达半个多世纪的发展历程,深谙国内寿险市场经营之道。2003年12月17和18日,中国人寿保险股份有限公司分别在纽约和香港上市,并创造当年全球最大规模的IPO。2007年1月9日,中国人寿保险股份有限公司回归国内A股上市,自此公司成为国内首家"三地上市"的金融保险企业,目前已成为全球市值最大的上市寿险公司。

单位名称:中国人寿保险股份有限公司北京市顺义支公司
地址:顺义区府前东街2号
电话:团体业务部(010)69444976
个险销售部(010)81481249
银行保险部(010)81482474
客户服务部(010)69466735
综合办公室(010)69445704
邮编:101300

(朱海军)

【公司资产】 经过长期的发展和积淀,中国人寿拥有比肩全球的雄厚实力。截至2010年,中国人寿保险(集团)公司已连续八年入选《财富》"世界500强",排名第118位。作为中国人寿保险(集团)公司的核心成员单位,截至2010年12月31日,中国人寿保险股份有限公司及其子公司总资产达人民币14,105.79亿元,位居国内寿险行业榜首。

(朱海军)

【品牌建设】 通过长期持续的品牌建设,中国人寿跻身世界知名强势品牌行列,品牌价值和品牌影响力不断提升。中国人寿积极推进"行业品牌向社会品牌"、"国内品牌向国际品牌"、"知名品牌向杰出品牌"转变的品牌战略,致力于打造世界一流的金融保险品牌。根据世界品牌实验室发布的2010年(第七届)《中国500最具价值品牌》排行榜,中国人寿蝉联中国500最具价值品牌第5位,品牌价值853.68亿元。

(朱海军)

【公司服务】 中国人寿保险股份有限公司在寿险行业始终保持专业领先的竞争优势。公司拥有强大的产品研发与创新能力,不断丰富保险产品和服务的内涵。公司的投资运作高度专业化,是国内最大的机构投资者之一。公司致力于构建新一代信息技术体系,依托先进IT技术培育公司一流的经营管理能力、风险管控能力和客户服务能力。公司厚积薄发的竞争优势在市场上占据先机,市场份额连年第一。中国人寿保险股份有限公司向个人及团体提供人寿、意外和健康保险产品,涵盖生存、养老、疾病、医疗、身故、残疾等多种保障范围,全面满足客户在人身保险领域的保险保障和投资理财需求。截至2010年12月31日,公司拥有约1.29亿份有效的个人和团体人寿保险单、年金合同及长期健康险保单,亦提供个人、团体意外险和短期健康险保单和服务。中国人寿保险股份有限公司秉持"专业、真诚、感动、超越"的服务理念,依托覆盖全国城乡的服务网络,致力于为社会最广泛的大众提供优质的保险产品和服务。专业高效的95519客户服务专线、安全快捷的企业互联网站、70.6万名保险营销员、1.42万余名团险销售人员、9.7万个银行保险渠道销售代理网点及4.4万名银行保险渠道销售人员使本公司成为客户身边最近的寿险服务商。公司运用国际领先的信息技术,拓展电话、网络、邮件等电子化销售渠道,满足了客户对保险产品多渠道的购买需求。中国人寿保险股份有限公司推行"机制引才、制度用才、培训育才、环境留才"的人才强司战略,坚持"以人为本"的用人理念,着力培养素质优良、与国际一流寿险公司需要相匹配的员工队伍。

(朱海军)

【公益事业】 "撒播爱心、造福社会"是中国人寿永恒的价值理念,公司积极支持社会公益事业,责无旁贷地担当起企业社会责任,立志成为优秀的企业公民。2010年全年公司累计对外捐款5675万元。

(朱海军)

【重要荣誉】 《福布斯》("Forbes")2010年"全球上市公司2000强"第90位英国《金融时报》("Financial Times")"全球500强企业"第41位《亚洲金融》("FinanceAsia")2010年度"最佳公司治理奖"、"亚洲利润最高100名企业"、《财富》中文版"中国上市公司500强排行榜"第6位、2010年度中国"信誉企业"认证"最高荣誉大奖"、《21世纪经济报道》"亚洲保险业竞争力排名"(不含日本、马来西亚)第1名、、"亚洲最佳保险公司奖"新浪金麒麟论坛"年度最佳保险公司大奖"、2010年第七届中国最佳企业公民评选"中国最佳企业公民奖"。

(朱海军)

城乡建设及管理

城乡建设

综　述

2010年是“十一五”规划的收官之年，也是迈向“十二五”的关键一年。一年来，在区委、区政府领导下，区住建委以“保增长、保民生、保稳定”为着力点，全力推进重大项目投资和重点工程建设，积极做好建设市场监管工作，城市建设及各项管理工作取得扎实成效。

一、建筑及房地产业各项指标完成情况

2010年，顺义区建筑业开复工面积1120万平米，同比增长9.4%，其中新开工290万平米，同比增长18%，竣工286万平米，同比增长49%。完成建筑业产值95亿元，同比增长9%；实现利润4.2亿元，同比增长3.4%，缴纳税金3.9亿元，同比增长2.7%。

2010年，顺义区房地产业开复工面积580万平方米，同比增长4.3%；新开工面积123万平方米，同比减少28.3%；竣工面积134万平方米，同比增长3.1%。完成房地产项目投资142亿元，同比增长27.4%；实现销售额160.9亿元，同比减少8.5%，上缴税金19.8亿元，同比增长55%。

二、主要工作完成情况

（一）重点工程稳步实施。医院急诊病房综合楼工程完成5－17层外墙陶铝板的安装，楼内3～16层防火涂料已喷涂完毕，南段地库结构施工已基本结束，预计年底前可完成外装施工及南段地下车库工程；殡仪馆迁建项目主体和二次结构施工已完成，正在进行内外装施工及场区内小市政施工；政务数据中心已完成基础施工，年底前可完成主体结构的80%；牛栏山一中改扩建工程的A、B栋教学楼和教师公寓楼已竣工并达到使用条件，C栋教学楼将于年底竣工，体育馆工程正在进行二层钢结构施工，综合楼、礼堂、综合服务中心等工程将于11月开工建设；老干部活动中心的门球场及四层食堂改造已完成并通过验收，主楼招标资格预审工作已完成，各项工作准备就绪，待取得拦标价后即可开标，招标完成后即可开始主楼施工；顺义区监管场所安全改造工程基本完成，预计年底前竣工。劳动大厦项目施工现场已平整完毕，临建围挡搭设完成，图纸齐备，临水、临电已安装完成，待国有土地手续批复，完成招标后即可开工建设。区委党校新建工程已取得用地预审意见、建设用地规划许可证、立项批复等手续,正在进行拆迁腾退前的准备工作。文化中心项目施工现场已平整完毕,达到施工条件。待取得土地手续批复、完成招标后即可开工建设。体育中心项目已取得立项批复、土地预审等手续,现正在进行拆迁公司与拆迁户的费用确价工作。职教中心项目已取得土地预审及一期工程立项批复等手续,现正在进行地上物拆迁腾退工作。M15号线一期高架段已完工,新国展至后沙峪站正在进行试运行和设备调试工作。地下段已开挖,地下站点也在同步建设,预计明年2月洞通,5月轨道通,年底实现试运行。

(二)保障房建设加快推进。定向安置房、限价商品住房、经济适用住房、廉租住房共33项,总建筑面积约324万平米,其中正在筹建的定向安置房项目共17项,总面积274.5万平米,已开工11项,191.8万平米,未开工6项,82.7万平米。正在筹建的限价商品房共8项,总建筑面积约38.2万平米,可供房源4784套,目前江山赋项目已完工,建筑面积18000平米,新城九号地项目正在进行开发主体招标工作,将于年底前开工,其余6项正在进行主体施工;正在筹建的经济适用房共5项,总建筑面积9.6万平方米,可供房源1634套,目前西辛小区和石园小区经济适用房已完工,总建筑面积11998平米,五里仓小区经济适用房主体封顶,新城九号地项目约8万平米,正在进行土方施工,滨河小区项目正在办理规划许可证;正在筹建的廉租房共2项,总建筑面积6682平米,可供房源132套,目前站前西街项目,1230平米,正在进行规划方案调整,尚未开工建设;新城九号地项目,5452平米,正在进行土方施工;正在筹建的公共租赁房1项,1.1万平米,位于新城9号地,用作廉租房申请家庭和夹心层群体的周转用房,目前施工队伍已经进场,正在进行土方施工。

截至目前,累计通过经济适用住房审核备案的家庭已有751户;累计通过限价商品住房审核备案的家庭3611户,除已经摇号配售的1230户外,尚有轮候家庭2381户;累计通过廉租住房审核备案的家庭83户,全部通过租金补贴方式予以保障,累计发放租金补贴95万元。

(三)村镇建设工程扎实开展。2010年共安排117个村庄进行"五项基础设施"建设。目前已完成街坊路硬化工程142.52万平方米,占总工程量的57%,预计到年底除33个改水村外,其余村庄的街坊路硬化将全部完成。街坊路两侧绿化工程与"百村万户"工程同步进行,目前已绿化67.5万平方米,本年度计划的绿化任务已全部完成。老旧供水管网改造工程已铺设管网4.9万米,计划年内全部完成管道铺设任务。污水处理工程已上报区发改委立项待批。垃圾分类工程已确定实施方案,正在进行设备采购。户厕改造已完成28532户,占总工程量的74.9%,11月底将全部完成户厕改造任务。农村公厕建设工程已全面开工,已竣工180座,预计年内将全部竣工验收。

2010年"三起来"工程共涉及16个镇,250个村,目前,已更换村内街道非节能路灯照明总成6000套,完成工程量的60%。计划新建节能抗震农宅50户,现已完成25(含民政局户23户)户,预计年底前完成110(含民政局108户)户。计划完成既有农宅节能保温改造600户,目前,已有630户完成改造。计划新建太阳能公共浴室50处,实际可完成72处,目前已完成工程量的70%。

在重点镇项目建设方面:目前,高丽营等4个重点镇的镇域总体规划、镇区控制性详细规划和产业园区总体规划、控制性详规及赵全营镇土地利用总体规划均已获首规委批复;重点镇16个基础设施和公共服务设施建设项目列入区级重点工程建设项目,截至目前,已获得市发改委立项审批项目3个,争取市级资金16889万元,其余项目区发改委正加紧工作,力争早日通过市发改委的立项审批。到10月底,4个重点镇产业园区实现工业产值69.2亿元,同比增长22.4%;实现利税3.8亿元,同比增长26.1%;共安排职工人数12856人,其中吸纳本地劳动力就业6572人,增长10.5%;新入区企业16家,已完成建设投资2.4亿元。

(四)拆迁工作稳步实施。截至目前,顺义区将围绕城乡结合部建设、回迁房建设和经济功能区建设完成了洼子村、西马坡村、天竺村村拆迁。3个村共拆迁宅基地1547宗、村民3635户、7200人,拆除房屋建筑面积约78万平米,目前,还剩余58宗宅基地未完成搬迁工作,签约率为97%。在拆迁过程中,顺义区各部门紧密配合,通力协作,在具体工作中:一是高度重视,组织到位。区委、区政府高度重视拆迁工作,多次研究拆迁工作中的重点、难点问题。为保障顺义区拆迁政策的连续性和稳定性,区委区政府制定了"依法拆迁,保持稳定,一次进村,一次成功"的目标。区政府成立了由主管城建副区长任组长,发改、信访、建委、城管、土地、规划、公安、财政、审计等30多个部门主要负责人为成员的拆迁工作领导小组,负责拆迁工作的统筹协调和组织指导。镇政府成立了由党委书记、镇长任总指挥的拆迁指挥部,指挥部建立每日例会制度,随时解决拆迁中遇到的问题。二是强化宣传,工作到位。入户调查前,区政府组织区内相关单位、执法部门、拆迁公司、评估公司、村民代表召开拆迁动员大会,对拆迁工作进行动员和部署。拆迁工作中,拆迁指挥部组织由拆迁公司、评估公司、村委会、镇机关干部,逐户发放宣传手册,做好政策答疑,通过拆迁政策的宣传,使广大村民充分认识到拆迁改造带来的实惠,真正认同拆迁、配合拆迁。三是部门联动,配合到位。大量商户和流动人口,给拆迁工作带来了极大的阻力。为此,区政府召开专题会议,组织公安、工商、文化、卫生、城管、综治等职能部门共计300多人的工作队,按照"统一部署、联合行动、分头执法"的原则,进村开展流动人口和商户清理工作。通过采取先告知、后清理、重点执法的措施,将流动人口予以成功清离。四是化解矛盾,处置到位。拆迁指挥部随时掌控、密切关注拆迁户情绪变化,排查不稳定因素和矛盾隐患,积极采取措施,提前介入、有效化解,有力地支持了拆迁工作。

(五)行政监管成效明显。一是安全生产得到有效保障,实现了全年零死亡目标;二是施工质量得到有效控制,工程验收合格率达100%;三是违法建设得到有效遏制,全年查处违章工程98项,24万平米,违建势头明显减弱;四是施工环境得到有效整治,扬尘污染基本解决,施工环境明显改善,15个工地被评为市级文明工地,27个工地被评为区级文明工地;五是工程款和劳务费支付得到有效落实,支付率(100%和98%)超过全市标准(98%和95%),拖欠情形明显减少。

单位名称:北京市顺义区住房和城乡建设委员会
地址:顺义区府前东街甲25号
电话:(010)69444996
邮编:101300
网址:http://www.jianwei.bjshy.gov.cn

规划管理

【概　况】 2010年是"十一五"规划的收官之年,也是谋划"十二五"规划的关键之年。按照建设世界城市的要求,全局干部职工围绕市规划委和区委、区政府中心工作,以坚定的信心、过硬的作风、优质的服务完成各项工作任务。今年审核核发各类审批件847件,办结率100%,同期增长20%;完成规划验线

27件,面积47万平方米;规划验收128件,面积282万平方米;完成违法建设认定2383件,总建筑面积120万平米,累计拆除各类违法建设60余万平米。

单位名称:北京市规划委员会顺义分局
地址:顺义区府前西街11号
电话:(010)69444751
邮编:101300
网址:http://www.guihua.bjshy.gov.cn

(规划局)

【九大规划编制】　根据年初工作部署,组织编制完成城乡一体化规划、临空经济区规划等九大规划,编制完成了萨博汽车、中航产业园等40个拟入市项目的地块控规(建设用地面积约1148公顷),为新城建设和科学编制"十二五"规划提供了有力支撑和依据。

(规划局)

【城市功能和城市设计】　积极开展中心区(老城区)改造城市设计,重点研究轨道交通M15线顺义站周边、东风商场片区、粮食局片区及建新南北区四个区域,统筹安排公共服务设施,高品质塑造城市形象,切实提升城市综合服务功能,努力打造北京东北部的商业中心。

(规划局)

【保障民生工程】　积极推进市级挂账村天竺村拆迁改造,确定安置用房选址及组织编制修建性详细规划方案。2008年至今配合相关单位共完成24个村庄拆迁工作(安置拆迁人口3.9万人,完成17个项目回迁安置用房规划方案,安置面积约400万平方米)。加快推进政策性住房规划选址,组织编制修建性详细规划方案和周边市政配套方案,确保完成顺义区政策性住房任务。

(规划局)

【重大项目建设】　加大重大项目服务力度,确保现代三工厂、航空产业园等项目如期开工建设,积极推进北汽自主品牌乘用车基地规划选址工作,综合平衡调配顺义区规划建设用地指标,为项目落户提供有力支持。

(规划局)

【基础设施建设】　完成天竺综合保税区北侧顺平南辅线、现代三工厂北侧白马路东延线、顺安路北延等10条道路设计方案编制工作,积极推进顺白路、木邵路等一批改造道路开工建设。组织编制M15号线站点一体化设计,完成花梨坎、新国展、后沙峪三个地面站周边交通接驳方案和站前广场规划设计方案,确保M15号线一期年底顺利通车运营。

(规划局)

【规划监督管理】　以顺义区开展环境综合整治为契机,分局执法队切实发扬攻坚克难、连续作战的精神,坚持现场办公、快速认定(一天认定90余件),实现了违法建设认定及时化、日查日报制度常态化、违法建设台账清晰化、部门联合执法协调化,为推动北京市50个市级挂账村之一天竺村拆迁工作顺利进行,采取先拆违后拆迁,以拆违促拆迁的工作模式,有力地遏制了违法建设的滋生和蔓延,为下一步村庄拆迁工作打下了良好基础。共完成违法建设认定2383件,总建筑面积120万平米,累计拆除各类违法建设60余万平米。

(规划局)

【全程服务项目审批】　牢固树立主动服务意识,按照依法、高效的原则为建设单位办理规划审批手续。今年审核核发各类审批件847件(其中,核发《规划意见书》175件,《建设用地规划许可证》66件,用地面积1036万平方米,《建设工程规划许可证》190件,建设面积381万平方米),办结率100%,同期增长20%;完成规划验线27件,面积47万平方米;规划验收128件,面积282万平方米。

(规划局)

【廉政建设】　坚持"围绕发展抓党建、抓好党建促发展"的总体思路深入贯彻落实科学发展观活动,积极开展党员和党组织创先争优活动,党建工作科学化水平不断提升,为规划工作健康发展提供坚强的政治保障和组织保证。始终注重党风廉政建设,不断完善廉政风险点查找和监督常态机制,构建覆盖全局的廉政风险管理体系。

(规划局)

【队伍素质】 以提升政治理论水平、业务能力、履职能力为重点,坚持和完善学习制度,不断加强干部队伍建设,特别是青年后备人才培养工作。根据市规委工作部署,切实做好处级干部公开选拔、干部遴选、科级干部选拔任用工作,今年共先后组织开展三次科级干部竞争上岗工作,按规定的程序和干部管理权限,择优任用了15名优秀干部到局机关及下属单位科级岗位任职,包括领导职务和非领导职务。

(规划局)

新城建设

【概　况】 2010年是充满机遇与挑战的一年,顺义新城管委会按照区政府折子工程"加快推进马坡组团重点产业项目建设,打造以金融产业为重点、以总部经济为特色的经济核心区"的要求,秉承"滨水、生态、国际、活力、宜居"规划理念,扎实推进各项工作,项目建设及招商、市政基础设施建设、村庄拆迁及安置等工作均取得一定进展。

单位名称:顺义区新城建设管理委员会
地址:顺义区顺泽大街65号
电话:(010)69448100
邮编:101300
网址:http://www.xincheng.bjshy.gov.cn

(吴　硕)

【民生银行项目】 顺义新城马坡组团努力打造以金融产业为重点,以总部经济为特色的经济核心区,重点吸引总部型、结算型、创意型企业入驻,努力形成产业与城市的协调发展。民生银行总部基地项目扎实推进。年内,民生银行总部基地业务管理中心等5项工程主体结构全面封顶。二次结构施工除预留工程所涉及部分外,已按计划完成。其中,接待大厅及学术报告厅、科技研发中心二次结构砌筑全部完成,业务管理中心、教育培训中心及服务中心、综合办公楼二次结构砌筑完成80－90%。截止到2010年10月,风林住宅区(即东园)已完成设计、监理、施工单位招标,完成临水工程的实施和临电工程的申报;民生花园(即西园)完成了一、二期建设工程规划许可证和人防工程施工图设计的审批或审查,完成一、二期地质勘察,正在进行设计、监理、施工单位招标,办理开工证。

(吴　硕)

【市政基础设施建设】 适度超前、优先发展城市基础设施是实施新城规划、引导新城发展的前提条件。按照新城马坡组团发展目标和重点任务,顺义新城管委会有序推进马坡组团基础设施建设,初步建立了高效、便捷、安全的城市支撑体系。截止到2010年10月,陆续完成已建成"十四路、一桥、一通道"中的12条道路和1座跨线桥的竣工验收,其中12条道路目前正在办理移交手续。向阳路南段和马场东路2条市政道路正在紧张施工建设。配合区市政工程重点办,完成和安路建设前期相关工作。2010年年底前计划启动龙苑路市政道路工程和顺安路污水工程建设。

(吴　硕)

【村庄拆迁及安置工作】 年内,进行了大营、北上坡、肖家坡、东马坡四村的拆迁工作:宅基地694宗,宅基地面积27.95万平方米,建筑面积约25.52万平方米;无证住宅43宗,建筑面积约1.3万平方米;非住宅137个,建筑面积约23.94万平方米,总建筑面约50.76万平方米。截止到2010年10月,已完成向阳村737户,共计3412人的回迁安置工作。共计分配回迁安置房2248套,总面积19.42

万平方米。

(吴　硕)

【居住区建设】　按照以人为本、节约资源、生态环保的原则,创新设计理念,创新管理方式,建设以人为本的生态示范居住区,吸纳高端人群入住,不断增强新城的品质。年内,马坡组团内佳和宜园、金宝花园、香悦四季、民生花园、鲁能7号院、富力湾等多个居住区项目正在建设并逐步进行销售、交付使用,总建筑面积达224万平方米。

(吴硕)

新农村建设

【概　况】　“十一五”期间,在市新农办和区委、区政府的正确领导下,顺义区紧紧围绕“人文北京、科技北京、绿色北京”的战略任务,牢牢把握城乡经济社会一体化新格局的根本要求,按照“生产发展、生活宽裕、乡风文明、村容整洁、管理民主”的二十字建设方针,以改善民生、发展循环经济为切入点,不断加大投资力度,着力完善农村基础设施建设,连续五年实施了包括道路硬化、安全饮水、污水处理、户厕改造、垃圾分类等在内的“五项基础设施”建设,以及以“让农村亮起来、让农民暖起来、让农业资源循环起来”为内容的“三起来”工程建设,切实改善和提升了本区农村居民的生产生活条件。按照《2010年北京市新农村“五项基础设施”和“三起来”工程建设实施方案》的具体要求,2010年“五项基础设施”建设累积总投资58986.1649万元,安排了顺义区117个村庄进行“五项基础设施”建设。“三起来”工程共涉及16个镇,250个村,累积总投资6676万元。

单位名称:顺义区新农村建设办公室
地址:顺义区府前东街甲25号
电话:(010)69440167
邮编:101300

(新农办)

【“五+三”工程】　“五项基础设施”建设编制村庄规划91个村,完成街坊路硬化249.7万平方米涉及16个镇116个村。街坊路两侧绿化67.5万平方米,老旧饮水管网改造555.155公里,涉及16个镇33个村。进行污水治理1个村,在9个镇进行垃圾分类处理,一户一表安装了38073户,户厕改造35732户,涉及16个镇116个村,新建公厕278座。“三起来”工程建设完成太阳能路灯安装工程600盏,涉及4个镇25个村,更换村内街道非节能路灯照明总成10000套,涉及16个镇133个村。新建太阳能公共浴室72处,既有农宅节能保温改造622户,涉及12个镇39个村,新建节能民居示范项目2处,新建节能抗震农宅50户,雨洪利用工程18处。

(新农办)

【低收入农户增收】　按照《北京市共同致富行动计划工作方案》及“四个一批”的工作要求,加强统筹,扎实工作,实现了低收入农户收入较快增长。2010年,顺义区低收入监测户共计1602户,涉及到17个镇211个村。低收入监测户共有人口4887人,同比减少31人;其中:有劳动能力的人员3824人,同比减少50人,占低收入总人口的78.2%。已就业人员2285人,占具有劳动能力人员59.8%。低收入户家庭可支配收入2200万元,同比增长9.5%;其中:报酬性收入1200万元,同比增长13.3%;财产性收入50万元,同比增长19%;转移性收入510万元,同比增长6.9%;家庭经营净收入490万元,同比增长14.2%,家庭经营净收入中一产收入280万元,二产收入75万元,三产收入增幅较大为135万元,同比增长46.7%。低收入户人均可支配收入4500元以上的户数为650户,增加113户,同比增长21%。低收入户人均可支配收入达到4800元,同比增长13%。

(新农办)

【农村社区建设】 顺义区抓住市委、市政府将顺义区列为社会服务管理创新试点的机遇,全面启动社会服务管理创新试点区工作,制定出台了“1+X”系列文件,围绕“自治、安全、便捷、优美、和谐、富裕”的农村社区建设目标,按照“六有”要求,开展顺义区农村社区建设五年达标创建活动,工作稳步推进,使农村社区水平有了明显的提升。

(新农办)

【农转非工作】 做好农转非工作事关农民切身利益、事关发展改革大局、事关社会和谐稳定。顺义区各级领导干部高度重视,转非力度不断加大,取得明显的工作成效。通过加强宣传引导,在尊重农民意愿的原则下,分类分步推进农转非工作。截至2010年顺义区转非人数为22505人,其中全部完成转非手续的为17531人,包括征地转非12957人;学生转非1328人;新生儿转非577人;投靠转非115人;小城镇转非59人;其他转非2495人,正在办理手续的为4974人。

(新农办)

【公共基础设施管护】 按照北京市新农村办要求,顺义区加快研究、制定和完善农村基础设施长效运行机制,制定出了《顺义区新农村公共基础设施长效管护意见》。按照“突出重点、突出整合、突出节约、突出实效”的原则,明确长效管护主体,落实管护责任,确保设施有人管、运行有制度、资金有保障,使新农村建设走上规范化、制度化轨道,确保公共、基础设施发挥最大效能,使广大群众长久享受社会发展成果。

(新农办)

【引导社会力量参与建设】 到目前为止,顺义区有179家非公企业共投入5600万元积极参与了顺义区的新农村建设和光彩事业;在抗震救灾工作中,顺义区非公企业为汶川和玉树灾区捐赠款物分别达到了3896万元和589万元;落实感恩行动捐助毕节试验区活动,捐助31.8万元;顺义区非公企业对教育的捐助总额也已达近千万元,吸纳本区劳动力就业16.5万人。

(新农办)

空港建设管理服务

【概 况】 2010年,在区委、区政府的正确领导下,空港中心认真落实区委三届十次全会、全区经济工作会议精神,融入全区工作大局,重点围绕树立经营机场理念、全面做好服务保障、详细掌握机场情况、妥善处理遗留问题等方面开展工作。

单位名称:北京空港建设管理服务中心

地址:北京市顺义区首都机场四纬路2号绿港国际商务中心

电话:(010)84169955

邮编:101300

(北京空港建设管理服务中心)

【机场外围保障】 作为机场外围排水保障分指挥部的组成单位及指挥部所在地,空港中心认真总结2009年防汛工作经验,提前协同区水务局制定机场外围排水保障工作意见、领导责任制、防汛预案等,明确各成员单位的人员安排和物资贮备。

(北京空港建设管理服务中心)

【飞机噪声治理】 在区政府的领导下,空港中心协调李桥镇政府、区建委、环保局等多部门,克服小区居民阻挠、资金不足、窗型复杂等不利情况,完成居民意向登记及隔声窗的安装工作。噪声治理工程中未出现社会不稳定和安全生产事故。

(北京空港建设管理服务中心)

【机场区域企业信息搜集】 积极与首都机场

集团公司办公室、市工商局机场分局等单位进行联系、沟通,制定机场入驻企业名录,初步完成机场内各类机构的摸底工作。理清首都机场集团公司、中国航空集团公司、中国航空器材集团公司、中国航空油料集团公司及区内几大园区的组织架构脉络,具体包括各职能部门和下属企业分支,为下一步工作的开展做好准备。

(北京空港建设管理服务中心)

【信访问题】 为了确保樱花园小区噪声治理工程顺利完成,对来访、来电群众解答各种难题共136件次,在答疑解惑的同时做好记录,及时与施工方联系,确保群众提出的问题能及时解决。

(北京空港建设管理服务中心)

【拆迁档案整理交接】 全面整理机场扩建、岗山噪声治理、机场110KV电力工程、机场新征五块地、国航基地、新华航基地、机场航空货运基地所涉及拆迁档案,将现有未归档的协议资料进行整理,分项目、分村制作汇总表,联系相关征地主体加盖公章后进行交接归档。

(北京空港建设管理服务中心)

【绿港商务中心运营】 在运营磨合了一年后,依旧坚持采取不同形式征求入驻单位的意见建议,不断改进工作,同时,采取各种有效措施,降低大厦运转的各项消耗,做好防火、防盗、食品安全、卫生防疫和维护稳定等安全工作,以确保入驻单位工作人员的人身安全和日常工作的正常开展。

(北京空港建设管理服务中心)

【接待工作】 空港中心利用紧邻首都机场航站楼的特殊区位、便捷登机服务等优势,为市区两级政府、外省市考察团提供了良好公务接待服务。

(北京空港建设管理服务中心)

城管监察

【概　况】 2010年,顺义城市管理监察大队(简称顺义城管)在区委、区政府的领导和市城管执法局的正确指导下,坚持以服务经济、服务发展、服务基层、服务群众为宗旨,以提升城市品质、提高管理效能为目标,充分发挥城管监察和综合执法的职能作用,不断深化、探索和实践"大城管、大监察、大服务"的工作模式,推进和完善城市管理科学体系,有效遏制城市管理中存在的各类违法行为和突出问题,全面提升城市管理精细化水平,为顺义区经济社会发展起到保驾护航的作用。全年,通过综合执法,共规范各类违法行为10.1万起,立案查处案件3646起;通过监察,对责任单位发送《告知书》、《责令改正通知书》6000余份,解决问题11万余个。共拆除违法建设1522宗,拆除建筑面积77万平方米,围墙7233.2延米,硬化路面5890平方米,腾退土地2589.46亩。

单位名称:顺义区城市管理监察大队
地址:顺义区府前东街6号
电话:(010)81490007
邮编:101300
网址:http://shy.bjcg.gov.cn

(顺义区城市管理监察大队)

【2010年工作务虚会】 2009年12月29日至30日,顺义城管监察大队召开了2010年工作务虚会。提出要继续践行"大城管、大监察、大服务"的工作模式,充分发挥监察与执法的职能作用,树立"第一时间发现问题、第一时间解决问题"、"以人为本、执法为民"、"围绕中心、服务大局"的工作理念,继续坚持属地牵头组织各部门联合执法的联动机制,努力

实现城市精准管理的工作目标，为顺义区经济社会发展做好服务保障工作。

（顺义区城市管理监察大队）

【违法建设日查日报制度】 2010年3月4日起，顺义区委、区政府建立了违法建设查处工作报告制度。各镇政府、街道办事处、经济功能区管委会对当日拆除的违法建设和新发现的违法建设建立日报告制度。区违法建设查处工作领导小组办公室设在城管监察大队，负责对每日上报情况进行汇总、分析问题、查找原因、提出建议，并通过《城管监察通报》每日向区主要领导进行情况报告，定期（每周、每月）向顺义区通报。

（顺义区城市管理监察大队）

【郁金香文化节保障】 2010年4月21日至5月20日，北京郁金香文化节在顺义举办。城管监察大队坚持谋划在前，抓住重点，提前介入，狠抓落实，制订《国际鲜花港郁金香文化节环境保障工作方案》，按照目标要求，精心组织、周密部署，活动期间共出动执法人员420人次，督促责任单位清理路面300平方米；规范劝阻践踏绿地、乱吐乱扔等不文明行为3200起，规范店外经营及堆物堆料行为16起，疏导车辆1800余车次，督促清理白色污染、生活垃圾13吨，规范流动商贩8起，为游客指路1200余次。

（顺义区城市管理监察大队）

【北京国际汽车展保障】 2010年4月23日至5月2日，第十一届北京国际汽车展览会在顺义区中国国际展览中心新馆举行。城管监察大队提前介入，合理部署执法力量，采取人盯步巡措施，加大巡查密度，做好重要点位的管控。期间，共出动执法人员1000余人次，规范、查处无照商贩127起，规范、查处非法散发小广告97起，清除各类非法小广告2142张、没收各类散发的宣传品14263张，纠正践踏绿地、乱吐乱扔等不文明行为5258起，查处非法客运行为10起，规范乱停乱放车辆13830台次。

（顺义区城市管理监察大队）

【建齐城管分队】 2010年5月20日，顺义城管监察大队在空港、旺泉、双丰3个街道新设立城管分队。至此，城管监察大队在顺义区19个镇、6个街道已全部建齐城管分队，全部实施城市化管理。

（顺义区城市管理监察大队）

【创卫复检保障】 在创卫复检保障工作中，顺义城管监察大队成立专项领导小组，制定具体工作方案，分阶段分任务对城区及周边范围内环境秩序问题开展了集中检查，对公共设施、园林绿化、停车场管理、公共厕所等问题进行了专项检查，并以《顺义城管监察通报》创卫专刊的形式进行通报；推进城区保洁“一把扫帚”全覆盖的管理模式，提升了城区环境水平；同时，还对个别单位存在的“卫生死角”、“盲区”等问题发送《告知书》、《责令改正通知书》，保障了顺义区创卫复检工作的顺利进行。期间，共发行《顺义城管监察通报》创卫专刊39期，发送《告知书》、《责令改正通知书》350余份。

（顺义区城市管理监察大队）

【分队绩效考核】 从2010年7月1日起，城管监察大队开始实行新的《分队绩效考核办法》。新办法体现了“第一时间发现问题，第一时间解决问题”、“以人为本，执法为民”、“严格执法，服务大局”的理念，明确了考核的目的、程序、项目、要求、标准等，实行基础分与加减分双向考核，建立了奖励、责任追究、挂账督办、分析通报机制，有效提高了工作积极性和城市管理水平。

（顺义区城市管理监察大队）

【街面环境秩序百日整治】 从2010年9月10日起，区委、区政府在顺义区开展了为期三个月的街面环境秩序“百日整治”行动，以五类地区、十类违法行为为重点开展专项整治。街面环境秩序“百日整治”办公室设在城管监察大队并负责牵头组织整治行动。“百日整治”行动中，顺义区共组织联合执法534次，出动人员15632人次，依法查处违法行为

23942起,规范违法行为86380起。向存在问题的责任单位发送《告知书》和《责令改正通知书》4970份,共督促各责任单位解决出现问题15000余个,使顺义区街面环境秩序水平得到显著提高。

(顺义区城市管理监察大队)

【顺义城管成立十周年】 2010年9月28日顺义城管成立十周年。十年间,顺义区城市化进程加速推进,城市管理水平不断提升,城乡环境面貌持续向好。在顺义城管成立十周年之际,顺义城管与顺义时讯报社联合开展“同在一座城? 共建一个家”城市管理征文活动,与北京摄影家协会、顺义区摄影家协会联合举办“城管之光”摄影比赛,共吸引近3000人参与,收到作品4000余份。2010年9月26日,举办了作品评选及颁奖仪式,从征文与摄影作品中分别选出100件优秀作品,并汇集出版了《顺义城管》一书,取得了良好的社会效果。

(顺义区城市管理监察大队)

【环境综合整治】 从2010年10月29日起,区委、区政府组织开展以“五镇十二村”为重点的顺义区环境综合整治拆除违法建设活动,以拆除违法建设为突破口,清理违法经营、违法广告、低端产业等,消除安全隐患。截止12月31日,顺义区各镇、街道共组织联合执法199次,拆除村庄非宅基地违法建设1269宗、20.9万平方米,取缔无照经营1925户,规范经营行为11738户,规范出租房屋30912户,拆除非法广告牌匾24822平方米。

(顺义区城市管理监察大队)

【市民盟、市人大、市政协领导调研】 2010年12月24日,民盟北京市委专职副主委、市人大常委李怀芳,北京市政协常委、市政协副秘书长朱尔澄及其他领导一行10余人到顺义城管监察大队调研。市城管执法局马惠民副局长、督察大队大队长张国仿等领导陪同参加了调研。调研中,顺义城管大队长周霆钧就顺义区“大城管、大监察、大服务”城市管理模式、联合执法联动机制、疏堵结合管理机制等进行了详细介绍,得到了市民盟、市人大、市政协领导的认可。

(顺义区城市管理监察大队)

【联合执法联动机制】 顺义城管监察大队推动顺义区建立了两级联合执法联动机制,一级为镇、街道联合执法联动机制,由镇、街道主管领导牵头,组织相关科室及城管分队、派出所、工商所等进行联合执法、综合整治;二级为区级联合执法联动机制,是指由各镇、街道向城管监察大队申请,城管监察大队统一协调相关职能部门、执法部门共同参与联合执法行动。此外,针对个别违法行为,我们还建立了由前端执法部门牵头组织,末端执法部门积极参与的联合执法专项整治工作机制。比如,成立了由公安牵头,城管、交通、工商等部门抽调专门执法人员组成的“黑车”专项整治领导小组办公室;成立了由区三轮办牵头,其他各部门配合的人力三轮车专项整治小组。2010年,顺义区共组织镇、街道联合执法655次、区级联合执法230次,出动人员2.1万人次,确保顺义区各项执法活动和谐、安全、平稳、顺利的开展。

(顺义区城市管理监察大队)

【区委书记张延昆新年慰问】 2010年12月31日,区委书记张延昆到城管监察大队进行新年慰问。区政法委书记周颖博、区委办公室常务副主任贾文禹陪同。顺义城管大队长周霆钧向与会领导汇报了顺义城管基本情况、存在问题和业务开展情况。

(顺义区城市管理监察大队)

市政管理

综　述

2010年,顺义区全年累计完成拆迁1.77万平方米,树木伐移6万余株,新、改建道路26.6公里,新建雨污水管线27.2公里、供电管线8.8公里、信息管线64.4公里、燃气管线14公里、给水管线5公里、热力管线4公里,架空线路迁改25.5公里,绿化面积13.74万平方米,安装路灯2023基,铺装面积近1万平方米,安装监控探头228个、违法停车抓拍监控设备6套,新建消防站2座共4632平方米,上报前期手续211项,取得前期手续批复189项。城市管理工作不断深入,城市管理水平不断提高。完成了居民小区设施改造工程,此项工作共涉及顺义区6个街道办42个居民小区,2010年共改造防水、绿化、电力等29类设施;加强顺义区停车场管理。目前,顺义区共有备案有效停车场72个,停车位16722个;加强机动车停车管理,规范收费环境,对顺义区乱收费和未办理物价核准手续的停车企业进行整顿;完成顺义区交通设施改造方案设计工作;完成了红绿灯、步道灯新建更换等交通设施整治工作;2010年共计维修破损路面5.8万平方米,更换井盖460套,维修便民座椅、景观钟等其他市政设施达2000次,维修交通信号灯2500次,维修护栏、标志标牌等其他交通设施达1800次;完成汽车展及汽车赛外围市政保障工作;完成了2010年春节亮化工作;完成2010年供暖老旧管网改造工作,完成供热单位登记备案工作,完成2010－2011采暖季供热准备工作,目前顺义区供热运行稳定;在顺义区开展了燃气供应企业综合评价,积极筹备增建高压气源站工程;完善了安全及应急管理工作。发挥行业管理作用,协调燃气企业,积极排查隐患,确保居民生活用气;完成了“十二五”交通规划、广告规划、燃气和供热规划、市容环境规划。

环境建设高标准完成了《顺义区2010环境建设任务书》286项台帐任务。顺义区累计拆除破旧建筑12.6万平方米、清理乱堆乱放32万立方米、清除小广告4.2万处、绿化美化155.4万平方米、清洗粉刷建筑物外立面160.4万平方米、修建景观墙18.3万平方米、整治规范广告牌匾6.63万平方米、粉刷树木193万余株,清除杂草拉拉秧25.6万吨。利用春季、夏季、秋季环境整治黄金时节,开展“春季环境整治月”,开展拆破拆旧、清理脏乱死角、清除垃圾渣土、清除小广告、整治户外广告牌匾等整治活动,主要开展了顺平路线、白马路沿线、顺义区16条河道、9条干渠专项整治,组顺义区130多家处级单位开展织月末清洁日活动;开展“夏季市容环境整治行动”,对顺义区20条区级绿色文明生态走廊环境进行拉练检查,清除道路两侧杂草、拉拉秧,重点道路沿街门面店铺进行联合整治;组织相关部分整治轨道交通M15号线沿线两侧环境;开展“扮靓环境、喜迎国庆”活动,进行了节日景观布置活动。顺义区各镇、各街道、各单位节日期间升国旗、插彩旗、挂灯笼、安装装饰灯,摆放鲜花200余万盆,营造浓厚节日氛围。以国际汽车展、燕京啤酒节等大型活动为契机,制定环境保障方案,协调解决各种环境问题。累计出动巡查人员6.4万人次,车辆6318台次,现场解决问题159个。顺义区垃圾规范化工作进一步深入,农村地区已完成10个镇垃圾分类设施购置,城区实施了石园、裕龙等12个小区垃圾分类工作。组织实施278座新农村公厕建设任务,建筑面积总计16000平米,其中生态环保公厕6座,节水气水冲公厕59座,其余为水冲公厕。此外,完成436座已建公厕的维修项目并移交属地镇政府。顺义区渣土整治工作继续推进,集中开展了"两点一线"(两点:施工、拆迁地点和渣土消纳地点;一线:渣土运输车辆路线)。完成白马路东延长线、木燕路、财政局西侧路户外广告、牌匾标识规划编制工作;开展了施工围挡整治、广告版面整治、单立柱爬梯整治工作,共拆除各类广告牌匾、标语宣传品10279块(张/幅),大型户外广告219块,大型牌匾标识1240块,小型广告、牌匾4100块,门窗贴字、条幅4720张/幅。

全年共组织实施市政重点工程67项,包括已完工项目9项,分别为木邵路新建工程、天北路改建工程、北园路燃气工程、杨镇消防站工程、赵全营消防站工程等。2010年新开工项目13项,分别为杜尹路改建工程、减河北路以北雨水出口工程、顺白路市政管线工程、新国展联络线工程等。推进前期工程43项,分别为站前北街延长线、中山东西街、现代三厂市政配套及景观建设、西单及金街地下通道、顺安路改建工程(一期)、白马路东延长线、木燕路、通怀路(一期)、裕安路北延道路、左堤路南延长线、右堤路南延长线、四纬路东延长线、北木路平改立等43项工程。实事项目3项,为路灯安装工程、天桥工程以及西单金街地下通道工程。此外还包括领导交办的其他项目20项,分别为残联西侧路和裕安路分离式立交工程、航港二路、北大沟林场修缮、小天竺道路改建、北京国际汽车展交通保障、顺义区中小幼安防监控工程、城区交通违法智能抓拍执法系统工程、北京军区通信部通信光缆工程等。

顺义区拥有天然气居民用户10万户,公福用户332家。燃气管道总长950公里,天然气调压站(箱)192个,日供气能力100万立方米,日供气高峰86万立方米。

顺义区供热面积1900万平方米,供暖用户12.1万户,集中供热管理单位31个,供暖锅炉房34座。在2009－2010年供热季中群众供暖满意率达到了99%。

单位名称:北京市顺义区市政市容管理委员会
地址:北京市顺义区府前西街9号
电话:(010)81492856
邮编:101300

(郇志剑)

国土资源管理

【概　况】 顺义区土地总面积约为1020平方公里,约占全市土地总面积的6.22%。顺义区由平原、台地、丘陵和山地等四种地貌构成,平原面积约占顺义区总面积的90.1%。根据2010年土地利用变更调查结果,顺义区土地利用现状概况见下表:

顺义区土地利用现状分类统计表

序号	土地类别	面积(公顷)
1	耕地	34214.75
2	园地	5042.41
3	林地	15506.71
4	草地	1828.3
5	城镇村及工矿用地	27249.05
6	交通运输用地	7174.74
7	水域及水利设施用地	7784.12
8	其它用地	3134.44
总　计		101934.52

单位名称:北京市国土资源局顺义分局
地址:顺义区光明北街7号
电话:(010)69445125

邮编:101300
网址:http://www.gtfj.bjshy.gov.cn

(蔺宝军)

【机构设置】 2010年,根据北京市机构编制委员会《关于建立健全基层国土资源管理机构的批复》(京编委【2009】 28号)精神,我局又新建了四个国土资源所,每个国土所的编制为8人,截止到12月底,通过公开招聘的形式已到位24人。截止到2010年12月底,顺义分局共有在编干部122人。

(蔺宝军)

【土地利用总体规划】 前四个月,完成了规划方案的确定工作,并于4月18日向区常委会进行了汇报。会后,依据顺义区的经济建设需求,进行了规划的空间布局,矢量数据的整合,规划底图的调整,微小图斑的归并等工作。5月份进行了规划大纲的编制上报工作。顺义区土地利用总体规划(2006-2020年)通过了专家评审,于12月3日上报市政府。

(蔺宝军)

【建设项目用地预审】 完成178个项目的用地预审,涉及用地总面积约1950.2公顷。

(蔺宝军)

【征地及农用地转用项目管理】 办理征地手续53宗(其中征地结案34宗),用地面积约922.9851公顷。其中:涉及办理农用地转用的项目共51个,涉及土地619.178公顷。

(蔺宝军)

【土地整理及耕地占补平衡】 依据"集调"的现状图与实际踏勘相结合的方式,对顺义区1019.37平方公里的土地情况做了调查分析,并就分析结果对照土地复垦的工作要求整理出了27个项目,其中17个区级投资土地复垦项目,总规模1682.49公顷,可新增耕地380.576公顷,预计总投资金额9473万元,新增耕地的每公顷平均投入大约25.5万元。市财政投资项目9个,项目总规模3312.98公顷,可新增耕地260.29公顷,预算投资总额15577.48万元。社会投资项目1个,项目规模50.53公顷,可新增耕地40公顷,投资预算金额371万元。截止到年底,已经基本完成了18个项目的审批工作,其中10个区级项目和1个社会投资项目的立项批复及财政预算资金已经落实,已陆续进入招投标和施工阶段,另7个区级项目的立项及财政预算即将完成。剩下的9个市财政投资项目的可行性研究已经完成,即将进入规划设计的评审阶段。

(蔺宝军)

【土地供应计划及实施】 2010年,顺义区拟供地70宗,供地总面积657.63公顷,其中:以招拍挂方式供地36宗,供地面积432.62公顷(含经营性用地10宗,供地面积231.96公顷;工业仓储用地26宗,供地面积200.66公顷);以协议方式供地7宗(均为定向安置房用地),供地面积128.2公顷;其他27宗主要是教科文卫用地,将采取划拨方式供地。截止到年底,共实现供地101宗,915.938公顷,完成供地计划的139.28%。

(蔺宝军)

【保障性住房用地供应】 共完成保障性住房供地26.52公顷,其中:完成马坡镇西侧双限房项目供地4.48公顷;完成张镇廉租房项目供地1.24公顷;完成牛山公租房项目供地2.57公顷;完成于庄和牛山两个三定三限房项目供地共18.23公顷。

(蔺宝军)

【土地市场交易】 完成经营性用地入市交易18宗,总面积2058023.3平方米(约205.8公顷),实现政府收益526343.2113万元。完成工业用地入市交易22宗,总面积3398417.019平方米(约339.84公顷),实现政府收益总计20081.3628万元,

(蔺宝军)

【土地储备开发】 2010年,累计完成土地储备投资106.84亿元。情况如下:1、联储项目情况,全年共完成民宅拆迁22户,非住宅46

家,公有住房210户。M15号线新国展北站A、B、C地块,M15号线后沙峪站A、B地块,顺西路-府前街站梅沟营村地块已完成全部拆迁工作,其中国展A、B、C地块,后沙峪B地块已具备入市条件。在回迁安置房方面,梅沟营村、东庄和火神营村、前进和太平村、望泉寺村四个保障性住房项目的"三定三限"实施方案已通过市国土资源局会同市发改委、市规划委、市住房建设委等相关部门联合审核会,并于9月底取得《定向安置房项目三定三限方案联合审核会议纪要》(经国土会[2010]29号)。截止到年底,四个项目均已全部开工,其中,花梨坎村回迁房已建设完毕,地上建筑面积约9.3万平方米,村民回迁已启动。2、储备分中心为主体项目情况,启动了平各庄项目、天竺村项目、板桥村项目、夏县营村项目、马头庄村项目、后沙峪村项目、M15号线河东站、M15号线南法信站(A、B、C地块3个项目)共计18个一级开发项目,总面积739公顷。其中,M15号线南法信站土地一级开发项目及顺义区天竺镇天竺村旧村改造土地一级开发项目已启动拆迁工作。截至12月,南法信站项目已完成民宅拆迁833户,非住宅49家;天竺村项目完成民宅拆迁1219户。

(蔺宝军)

【土地调查】 开展了新增建设用地调查工作,共监测图斑255个,监测面积359.23公顷,新增建设用地146.83公顷。

(蔺宝军)

【土地权属登记】 完成国有土地使用权登记501宗、509.03公顷(7635.45亩)。其中:国有土地使用权初始登记92宗、405.44公顷;国有土地使用权变更登记409宗103.59公顷。完成国有土地使用权抵押权设定登记426宗,抵押面积912公顷,贷款金额299.77亿元。完成了地籍管理信息系统建设,挂接整理档案14000余件,已实现所有土地登记、土地抵押、查封等业务完全系统办理。

(蔺宝军)

【土地执法监察】 国土部十次卫片查处情况。从3月开始,组织人员,对第10次卫片图斑发生变化地块进行了实地踏查,按时完成了内、外业核查、上报工作,并对其中的重点违法占地案件进行了查处,到年底已全部处理到位。具体情况是:国土部2009年度卫片共监测顺义区变化图斑188个,经过实地调查,新增建设用地中违法用地22宗,占地面积941.2亩,占耕地359.97亩,违法占耕地占新增建设用地占耕地比例3.39%。现已立案查处5宗,占地21.47亩,占耕地16.21亩。非立案查处17宗,占地919.68亩,占耕地343.76亩。2、违法建设拆除情况。协调各镇与区有关部门,对国土部十次卫片、二号小卫星监测图斑以及市区重点工程周边及镇域范围内主要道路两侧违法建设坚决予以查处、拆除。2010年,顺义区共拆除没收构筑建筑物65万平方米。

(蔺宝军)

【信息化建设】 分局2010年共通过网站主动公开政府信息662条,全文电子化率达100%。在主动公开的信息中,机构职能类信息16条,占总体的比例为2.42%;规划计划类信息2条,占总体的比例为0.31%;业务动态类等服务型信息644条,占总体的比例为97.28%。

(蔺宝军)

【矿产资源概况】 顺义区矿产资源主要有煤炭、建筑用沙、砖瓦用黏土、水泥用灰岩、建筑石料用灰岩、地热、矿泉水、陶瓷土、陶粒用黏土。北京市实行禁采砂石、黏土政策后,目前开采的矿产资源有水泥用灰岩、建筑石料用灰岩、地热、矿泉水。水泥用灰岩、建筑石料用灰岩主要分布在张镇、大孙各庄、杨镇、木林、龙湾屯、北石槽、牛山等镇;地热资源主要分布在天竺、后沙峪、李遂、南彩、高丽营等镇。顺义区地下蓄藏着2亿多吨煤炭资源,主要分布在北小营、大孙各庄等镇。

(蔺宝军)

【矿产资源开发】 加大对区政府保留的6家矿山企业的监管力度，严厉打击超层越界开采行为，全年未发生安全事故；积极配合企业完成压矿核查工作，全年完成压矿核查报告60份。

（蔺宝军）

【地热资源管理】 对顺义区所有地热井开发利用单位及时巡查；配合市局完成12家企业的地热资源勘察许可证年检工作。

（蔺宝军）

【地质灾害防治】 于5月上旬召开了区汛期地质灾害防治动员会，发放宣传材料100份，知识普及光盘50份。对易发区内进行工程建设的企业及时下发做好地质灾害防治工作的通知，认真履行告知义务。积极督促企业做好灾害易发区内灾害评估工作，办理地质灾害危险性评估备案登记4份。

（蔺宝军）

【信访工作】 2010年，共接待群众信访126批次，600余人次，其中，涉及集体访的共计140余人次。

（蔺宝军）

【其他各项工作】 全年累计接待办事群众7578人次，办理承办件2355件，政府信息公开业务受理87件，做到了“三个100%”：电话接通率100%，办事受理率100%，事项办结率100%。在区政府“政风行风热线”网上回复群众咨询21件。在土地法律法规的宣传方面，分局相关科室分别在牛山镇、高丽营镇、李桥镇、赵全营镇、大孙各庄镇举办了5场镇、村干部土地法律、法规培训班。在区委组织部组织的党支部书记培训班上，分局副调研员申长华还为参培村支部上了两节土地管理政策法规课。组织开展了“4·22”地球日和“6·25”土地日宣传活动。

（蔺宝军）

交通运输

【概　况】 2010年，顺义区交通局以《北京市建设人文交通、科技交通、绿色交通行动计划》为指导，以贯彻实施《北京市道路运输条例》为契机，加强行业管理和安全监管，强化交通规划、设施建设、运输保障、队伍建设等项工作，增强交通运输“三个服务”能力，全年各项任务指标完成。截至2010年底，顺义区共有交通运输经营者8578户、从业人员30559人、营运货车14925辆、客运汽车4113辆（其中公交808辆、出租915辆、旅游572辆、租赁1185辆、人力客运三轮633辆），同比分别增长2.93%、2.80%；全年实现客运量1.84亿人次、货运量2010.23万吨、货物周转量6.39亿吨公里，同比分别增长9.60%、22.20%、1.02%；实现交通运营收入30.21亿元、区内生产总值（GDP）7.28亿元、同比分别增长25.82%、8.66%，实现生产税金6324.16万元。

单位名称：顺义区交通局
地址：顺义区府前西街7号
电话：（010）69444637
邮编：101300
网址：http://www.jiaotj.bjshy.gov.cn

（白海鹏）

【编制重要方案规划】 年内，顺义区交通局委托北京市交通发展研究中心编制完成《顺义区落实“三个交通”行动实施方案》；聘请交通部公路科学研究院专家编制完成《顺义区货运发展规划》，已上报顺义区政府。

（白海鹏）

【第四次交通综合调查】 年内，顺义区交通局牵头组织第四次交通综合调查工作，制定工作方案,健全组织机构,明确街(镇)办事处工作职责和陪调员、调查员工作任务,召开动员大会,举办调查员培训班。完成居委会基本情况、公交场站和站点、居民出行入户调查三项调查任务,入户调查涉及19个镇(办事处)、37个居(村)委会,总计1120户。

(白海鹏)

【车展交通运输保障】 年内,顺义区交通局牵头组织第11届北京国际车展交通运输保障工作,实现了外围交通运行安全有序、交通服务便捷高效、公共交通运力充足、停车管理秩序良好的工作目标,受到了各级领导的肯定和广大市民的好评。车展期间,开通地铁天通苑北、北土城、老国展、顺义烟草灯岗至新国展4条公交专线和2条自驾车免费公交摆渡线,增加途经新国展的常规公交运力和发车班次,抽调执法人员维护场馆周边公交站点、停车场秩序。

(白海鹏)

【优化公交线网布局】 年内,顺义区交通局完成地铁M15号线后沙峪、花梨坎、新国展车站周边公交线路规划调整,新开后岭上—龙府花园、北府—骏马公司、解放村—九王庄、西门—木林、935路机场高速快线、942路京承高速快线6条线路。

(白海鹏)

【车辆更新】 年内,顺义区交通局组织北京骏马客运有限公司更新公交车辆82部,至此,顺义区黄标公交全部淘汰,实现绿色环保出行目标。

(白海鹏)

【公交智能指挥调度中心试运行】 10月1日,顺义区公交智能指挥调度中心试运行。利用该系统可以实现对公交运力的合理调配,对线路高峰时段客流断面实现动态化管理,有助于缓解顺义城区部分路口的拥堵状况,同时也有利于公共突发事件的应急处置。

(白海鹏)

【客运基础设施建设】 年内,顺义区交通局完成花博会主场馆南门、天龙汽配城、东马各庄3处公交港湾改扩建工程,完成东风小学、便民街东口、双兴小学车站公交港湾的调整扩建和西单、影剧院公交站合并;建设完成北石槽良善庄、龙湾屯山里辛庄、龙湾屯柳庄户3个五级客运站以及130座农村候车亭,更新500套公交站牌;同时积极推进后沙峪公交枢纽建设。

(白海鹏)

【现代科技助力物流业】 年内,顺义区1713辆货运汽车安装使用行车记录仪、848辆货运汽车安装使用GPS卫星定位监控系统、40%的货运企业拥有独立的货运信息化交易处理系统、14家危险货物运输企业469部危险货物运输车辆实现与北京市运输管理局监控平台对接。货运代理、外省市货运经营者驻顺运输经营纳入行业管理,顺义区30家货运代理企业在行业管理部门备案。同时,顺义区在全市建立了首家货运管理信息系统,实现对属地监管单位的信息共享和区域行业发展动态的实时掌控。

(白海鹏)

【节能减排】 年内,顺义区交通局引导运输经营者购置使用低耗能专用货车,淘汰黄标车6391辆,大力推进节能减排工作,构建绿色城市配送体系。顺义区已组建绿色车队85支,运输车辆达2402部。

(白海鹏)

【维修行业监管】 年内,顺义区交通局组建机动车综合性能检测监管办公室,将机动车综合性能检测纳入行业管理;制定《顺义区机动车维修企业日常监管办法》,开展质量信誉考核、汽车维修质量服务月、危险废物处置等活动;建立行业主管部门与维修企业的网络链接平台,实现对顺义区维修企业的网络化管理。

(白海鹏)

【安全生产】 年内,顺义区交通局深化安全生产分类分级及安全隐患自查自报工作,按照安全监管频次，深入运输企业开展安全生产现场检查，并及时将信息录入分类分级管理系统。顺义区客运、出租、专业货运、危化品运输、机动车维修共666家企业均纳入顺义区安全生产网络化动态监管系统。

（白海鹏）

【交通法制建设】 年内，顺义区交通局荣获“全国交通运输系统五五普法先进集体”称号。以贯彻实施《北京市道路运输条例》为契机，组织全员法制培训，组织行业科室开展《北京市道路运输条例》知识竞赛，组织执法人员参加市交通委组织的执法考试，全面提升执法人员理论水平和业务能力。

（白海鹏）

【交通执法】 顺义区交通局以无证运输、“双超”运输、危化品运输、“黑户”修车和公交车、人力客运三轮车违规经营等为重点检查内容，加大交通运输环境的整治和运输秩序的维护。同时，严把北务、大孙各庄进京“关口”，加大进出京车辆营运手续和运输物资的检查，特别是在重大节日和重要活动期间，每天24小时设卡检查。年内共出动执法人员31346人次，检查运输业户2452户，检查车（船）59285辆次，实施行政处罚1299起，罚没收入332.36万元。

（白海鹏）

【治理超限超载】 年内，顺义区治超办坚持固定守卡与流动检查相结合、源头治理与严格执法相结合、日常检查与突击行动相结合，有针对性的在重点时间及重点地段加强执法检查。开展春季治超及“惊雷”系列治超活动，与交管、城管等部门联合行动，有效遏制“双超”反弹。1－12月共检查车辆148174辆次，查扣双超车辆380辆次，卸载货物22332吨。

（白海鹏）

【铁路道口安全管理】 加强铁路监护员的安全教育和培训，加强对铁路道口监护设施的巡查力度。年内，辖区李桥、张辛、龙王头等处无人监护铁路道口共接送火车40万列，无一安全事故发生。

（白海鹏）

【水域游船业】 顺义区共有水运游船单位5家，游船189只。年内，顺义区交通局海事管理部门认真贯彻《北京市水域游船行业安全服务监管考核办法》，制定安全考核管理制度，加强游船企业安全制度、安全设施和船舶安全状况的检查，强化安全责任制落实，确保水运行业安全、稳定、健康发展。

（白海鹏）

【全程办事代理服务】 年内，顺义区交通局全程办共接待来电来访经营者1.46万余次，办结行政许可等服务事项7540件。

（白海鹏）

【从业人员教育培训】 年内，顺义区交通局扎实开展教育培训工作，共组织从业人员法律法规、安全、技能等知识培训47期，参培人员6968人。其中《从业资格证》培训20期、2705人，法规培训25期、3513人，临时性培训2期、750人，进一步增强了从业人员法制观念和服务技能。

（白海鹏）

【党风廉政建设】 年内，顺义区交通局以开展创先争优活动为契机，开展了庆“七一”优秀党员评选表彰活动，做好入党积极分子送培、预备党员转正和新党员发展工作。全面加强党的建设，学习贯彻《廉政准则》，推进廉政风险防范管理，重点开展“五个一”活动，推进党风廉政建设。

（白海鹏）

【信息宣传报道】 年内，顺义区交通局以顺义区情、顺义信息、顺义时讯、顺义网城为宣传阵地，全面记录、报道工作实绩。提升信息编撰的质量，拓宽信息报道途径，提高刊稿采用率。1－12月，共组织编写《情况反映》154期，被市、区级信息媒体采用400余篇，在顺义区电视台制作播出新闻32次。

（白海鹏）

【职工运动会】 年内,顺义区交通局参加北京市交通行业首届职工运动会,取得了团体总分三等奖及优秀组织奖、精神文明奖等优异成绩。

(白海鹏)

公路建设

【概 况】 2010年顺义公路分局认真落实"三大交通"的理念,努力做到发展目标科学、公路建设优质、道路养护及时、路政执法文明、安全生产无事故,全面提升了公路服务水平。2010年公路建设、养护工程项目共计29项,完成投资9.1亿元。全年修建公路里程234.3公里,新增公路里程29.6公里。列养公路里程730.38公里,完成日常维护投资1.32亿元。完成中修工程13项、小修工程17项。完成桥梁定期检测30座、特殊检测1座。完成生态绿化里程30.73公里,绿化面积3.1万平方米,绿化工程成活率98%。承办乡村公路新改建、大修工程,完成乡村公路建设108.28公里,完成投资7895万元。加强路政管理,加大处罚力度,各类案件录入路政巡查子系统达100%,路政案件结案率99.89%;路政许可卷合格率、路政处罚卷合格率均为100%。

单位名称:北京市交通委员会路政局顺义公路分局
地址:顺义区府前东街8号
电话:(010)69443512
网址:http://www.sygl.net.index.aspx

(董小红)

【顺平路高架桥大修工程】 7月31日顺平路高架桥大修工程完工。高架桥全长960.96,共分6联,桥梁设计荷载为汽超-20级,挂-120。本次大修主要对桥面铺装进行改建处理。该工程于5月25日开工,由北京市交通委员会路政局投资,投资总额2020万元,设计单位是北京国道通公路设计研究院,施工单位是北京路桥瑞通养护中心,监理单位是北京顺通公路交通技术咨询有限责任公司。

(董小红)

【顺平路大修工程】 8月10日顺平路大修工程完工。本次大修工程西起京密路枯柳树环岛(K0+000),东止燕京桥东侧(K7+930),道路长7.93公里。本次大修工程不包含K5+981-K6+942段顺平路高架桥范围,燕京桥立交匝道包含在本次大修范围之内。道路等级为一级公路,设计车速80公里/小时,路面设计荷载BZZ-100。该工程于4月10日开工,由北京市交通委员会路政局投资,投资总额3249万元,设计单位是北京国道通公路设计研究院,施工单位是北京路桥瑞通养护中心,监理单位是北京建工京精大房工程建设监理公司。

(董小红)

【昌金路大修工程】 8月15日昌金路大修工程完工。本次大修工程分东西两段,道路总长6.1公里,西段西起高下路(K12+700),东止天北路(K16+033),道路长3.3公里。东段西起赵全营(K21+926),东止京密路(K24+720),道路长2.8公里。该工程于4月27日开工,由北京市交通委员会路政局投资,投资总额2551万元。设计单位是长安大学工程设计研究院,施工单位是北京鑫畅路桥建设有限公司,监理单位是北京正远监理咨询有限公司。

(董小红)

【交通行政执法检查】 8月29日,交通运输部行政执法检查组一行对顺义公路分局行政执法工作进行检查。检查组听取了顺义公路分局交通行政执法责任制工作汇报,并视察了行政许可大厅,查看了执法案卷及综合考评资料。检查组对在依法行政责任制的落实、执法制度建设、法制宣传、行政许可事项的管理、加强效能监督建设和行业管理等方面取得的成效给予了充分肯定。市交通委副主任孟桥、市路政局党委书记吴天宝、顺义分局局长张玉霞等领导陪同。

（董小红）

【京沈路大修工程】 9月5日京沈路大修工程完工。本次大修工程南起白马路口南侧（K31+000），北止怀柔区界（K42+245），全长11.245公里。道路等级为平原一级公路，设计车速80公里/小时，路面设计荷载BZZ－100。该工程于5月28日开工，由北京市交通委员会路政局投资，投资总额为4991万元，设计单位是北京国道通公路设计研究院，施工单位是北京鑫畅路桥建设有限公司，监理单位是北京正宏监理咨询有限公司。

（董小红）

【京沈路预防性养护工程】 9月16日京沈路预防性养护工程完工。京沈路预防性养护工程总长为14公里。南起K17+000，北止K31+000。道路等级为一级公路，设计车速80公里/小时，路面设计荷载BZZ－100。该工程于4月16日开工，由北京市交通委员会路政局投资，投资总额3193万元，设计单位是长安大学工程设计研究院，施工单位是北京鑫畅路桥建设有限公司，监理单位是北京德通达交通工程监理咨询有限公司。

（董小红）

【厂拌热再生技术应用】 10月28日，利用废旧沥青混合料厂拌热再生技术生产的沥青混合料在顺义区乡村公路昌顺路上成功铺筑，这是该技术在北京地区首次应用。经试验检测，厂拌热再生沥青混合料各项路用性能指标均能达到规范要求。该技术重复利用沥青混合料，对防止污染、保护环境、节约资源等方面具有积极作用，是公路建设可持续发展的必由之路。

（董小红）

【机场东路南环立交新建工程】 11月5日机场东路南环立交新建工程完工。机场东路南环立交工程，位于顺义区西南部，立交形式为A型单喇叭立交，机非混行。整个立交包括机场东路、A、B、C、D、E五条匝道及南环路，全长2.789公里。机场东路按照一级公路标准实施，长度1.7公路；南环路按城市主干路标准设计，长度0.36公里；立交匝道5条，长度2.429公里。新建桥梁5座，总长661.04米，为机场东路南环立交主线桥，地方渠1号桥、地方渠2号桥、C匝道上水管加固暗桥、E匝道上水管加固暗桥。本立交总占地360.90亩，新增占地342.50亩。该年工程于2009年7月5日开工，由北京市交通委员会路政局投资，投资总额14460万元，代建单位：路桥集团国际建设股份有限公司，设计单位：北京国道通公路设计研究院，施工单位：北京市公路桥梁建设集团有限公司，监理单位：山西省交通建设工程监理总公司。

（董小红）

环卫服务

【概　况】 2010年，环卫中心在区委、区政府的正确领导下，紧紧围绕顺义区经济社会发展大局，全面加强环卫各项建设，促进了环卫服务质量显著提升，提高了城乡环境卫生水平，保障了顺义区经济与社会的可持续发展。年内，清扫保洁面积达到215万平方米，机扫面积达到180.6万平方米，机扫率达到84 %，喷雾降尘率、道路冲刷率达到21%、机械化除雪率达到100%。全年共清运生活垃圾约146436.6吨，清掏粪便4197吨，垃圾清运密闭化运输率达到100%，顺义区消纳渣土29.25万吨。

单位名称：顺义区城镇环境卫生服务中心

地址:顺义区新顺南街5号
电话:(010)69444468
网址:http://www.bjshyhw.com

(王海红)

【扫雪铲冰工作】 1月2日至3日顺义普降大雪。环卫中心启动了扫雪铲冰工作预案,从2日夜里22时,机械化作业队集结撒布机、洒水车、滚雪刷、雪铲等12台设备,整装出发、雪中融雪、开路先行,连续喷撒40小时不离岗;清洁队召集257人全员上岗,紧随其后、雪中除雪、不留死角,边铲边扫11小时不下岗;垃圾清运队在完成本职工作后调集23个车组,划片分段、雪后运雪、协同作战,连装带卸冰雪不脱岗。据统计,1月2日至6日,环卫中心共出动各类除雪专业作业车辆12台230车次,专业除雪人员3200人次,除雪面积214万 ,清运积雪900吨,施撒融雪剂296吨,所用融雪剂是过去3年之和。

(王海红)

【春节期间环境卫生工作】 环卫中心采取多项措施做好春节期间环境卫生工作:清洁队将工作时间由原来的早7点调整为早5点,260名清扫保洁员放弃休假,坚守岗位,清理城区各街道烟花爆竹残渣47吨;机械化作业队、镇村清运队采取延长垃圾清运时间,增加垃圾清运班次,确保城乡生活垃圾日产日清。春节期间,共出动垃圾压缩车166辆,清运垃圾1290车次,清运顺义区生活垃圾3760吨;机械化作业队加大城区道路清扫力度,每天出动扫路车8辆,对53条街道每天进行保洁;设施科维修更换公厕破损设施90余次,抽运粪便150吨,确保了市民正常如厕。

(王海红)

【创卫复审工作】 环卫中心全力做好创卫复审工作,采取的措施有:增加果皮箱清掏次数,由原来的一次改为上下午各清一次,并为保洁员配备扫帚,及时清扫果皮箱周围地面遗洒物;增加垃圾清运班次,由每天上午清运改为上、下午各清运一次,确保垃圾清运及时,日产日清;加强街道清扫保洁力度,重点对街道路面、马路牙子的浮土进行保洁清扫,利用洗地车、水车对马路黄带进行冲洗,分上、下午两个时段对主要大街进行喷雾降尘,确保空气质量;加快公厕改造进度,维修更新隔挡板、水管等公厕设施,采取下发蚊蝇药、加强除臭设备的使用等措施改善公厕环境;加强对施工工地和个别拆迁村渣土管理的检查力度,对施工现场设置的围挡、进出口路面硬化、防止车轮带泥冲洗、拆迁村渣土处理等情况进行检查,制止渣土运输遗撒等行为;对垃圾运输车辆车貌、果皮箱箱体上的小广告进行清洗,确保车厢、果皮箱整体干净整洁;更换城区25个小区的破损垃圾桶,增补21条大街的果皮箱,确保环卫设施齐全有效,完好率达到98%。

(王海红)

【渣土管理整治月】 5月,环卫中心采取集中联合执法的方式,监督、制止渣土运输车辆乱倒、遗撒等违规行为。对从事渣土运输作业车辆的渣土消纳许可证、准运证、流体散装货物运输准运证、车辆苫盖装置,以及施工现场设置的围挡、进出口路面硬化、防止车轮带泥冲洗等设施进行全面检查。

(王海红)

【统一着装】 环卫中心出资11万元对各作业队一线工作人员发放了1578套带有“环卫中心”标志的工作服,789顶帽子,536套带有反光条的标志服,增强了环卫作业的安全性。

(王海红)

【环境整治活动】 9月3日至14日环卫中心开展了一系列环境整治活动。更换城区居民小区垃圾容器400余个,维修破损垃圾容器205个;增补果皮箱45个,维修破旧果皮箱51个;出动保洁员240人、水车5辆对城区20条主要大街进行冲刷清洗,共用水400余吨;对顺义区81座公厕进行彻底清扫保洁,更换维修破损设施545处。

(王海红)

【公厕改造工作】 年内,环卫中心投资449

万元，将42座公厕改为汽水冲式公厕，40座公厕加装了除臭设备，38座公厕更换了地砖和墙砖，减少了用水量和厕内异味。

（王海红）

【重大活动环境保障工作】 年内，环卫中心完成了第十一届北京国际汽车展、第十九届啤酒节啤酒文化广场活动、第七届农业博览会暨第五届旅游文化节、2010年超级联盟方程式汽车大奖赛等重大活动的环境卫生保障工作。

（王海红）

【果皮箱清掏】 11月，环卫中心接收顺义区顺沙路、顺平路等6条市级道路，总长约150公里的公交车站的218个果皮箱清掏任务，每天的垃圾清掏量约为6吨，确保了公交车站周边环境的干净整洁。

（王海红）

【垃圾分类运输工作】 12月1日，环卫中心启动垃圾分类运输工作。本次垃圾分类清运涉及9个居民小区（滨河小区、裕龙花园、裕龙四区、裕龙五区、裕龙六区、马坡花园一区、二区、金宝花园、恒丰花园）和15个党政机关，中心配备3辆3吨密闭式厨余垃圾车对垃圾进行分类清运，并运送到指定垃圾场进行无害化处理。

（王海红）

【市容环境卫生社评第一】 年内，按照北京市市政市容委工作要求，北京市环境卫生设计科学研究所与北京市统计信息咨询中心联合在郊区县新城进行市容环境卫生社会（试）调查与评价工作，通过入户发放调查问卷的方式采集群众对环境卫生工作的满意度。通过数据汇总分析，按照全年社评得分排序，顺义区市容环境卫生在全市10个郊区县新城中排名第一。

（王海红）

环境保护

【概　况】 2010年，顺义区紧紧围绕建设“人文北京、科技北京、绿色北京”的发展战略和“稳增长、上水平、保和谐”的中心任务，以改善环境质量为核心，推进污染减排和生态创建，在经济社会快速发展的同时，各项环境指标持续改善，提前且超额完成“十一五”总量减排目标，有力促进了区域经济、社会、环境的协调发展。顺义区环境保护投资指数为3.64%，投资总额达到29.55亿元；林木绿化率达到26.58%，林木绿化总面积达到271.07平方公里；工业企业废水排放稳定达标率达到100%；工业企业废气排放达标率达到100%；锅炉烟气排放达标率达到92.80%；生活污水集中处理达标率达到74.23%；生活垃圾无害化处理率达到89.84%；工业危险废物无害化处置利用率达到100%；医疗废物无害化处置率达到100%；工业固体废物处置利用率达到100%。

单位名称：顺义区环境保护局

地址：顺义区府前西街铁路桥西

电话：(010)69444834

邮编：101300

网址：http://www.syhbj.bjshy.gov.cn

（法规政策研究室）

【“十二五”环保规划】 深入落实“人文北京、科技北京、绿色北京”三大战略，围绕做好“十二五”环保规划，加快工作节奏，提高工作效率，将削减总量、改善质量、防范风险作为着力点，开展调研，摸清基数、确定目标，编制了《顺义区“十二五”时期环境保护规划》和《顺义区“十二五”主要污染物总量控制规划》，为“绿色国际港”建设提供指导。

（李　妍）

【国家环保模范城区】　编制完成了《北京市顺义区创建国家环境保护模范城区总体规划》，召开了创模工作会，对各项软、硬指标任务进行部署和培训，确定了创建时间进度表。针对未达标的水、气、能力建设三项指标，已经制定可行方案，目前正在积极实施，每月对工作进度进行督查，区域生态环境进一步提升。

（李　妍）

【空气质量改善】　制发了《顺义区贯彻落实北京市第十六阶段控制大气污染措施的实施意见》，实施了24项工作措施。全年二级和好于二级天数达到271天，占有效天数的74.2%，同比增加4天，超额完成市政府下达的任务指标。

（李　莹）

【黄标车淘汰】　积极落实黄标车补助政策，开展淘汰工作。全年累计提前淘汰黄标车4545辆，发放补助资金1098.53万元，黄标车窗口办理总量居全市第二；将98家企业组建为顺义区综合性货运“绿色车队”，完成了2420辆绿标车辆通行证申领工作。

（李　莹）

【大气污染源监管】　深入落实《关于进一步加强全市污染源监管工作意见》，严格执行《绿色施工管理流程》及《顺义区扬尘管理办法》，对17家市控重点源、5个二氧化硫减排项目、1972家中小排污企业开展了专项检查。全年完成燃煤锅炉改造46台，新增清洁能源使用单位20家，完成了城南供热中心等5家大型供热中心的中控设施安装工程。

（赵　琛）

【地表水环境质量监控】　以市级考核断面达标为中心，采取12项综合措施，每月对16条河流40个断面监测一次，共发布《顺义区水环境保护与建设情况通报》12期。坚持区、镇、村、企四级巡查制度，依法、按时对3个国控、33个市控重点污染源进行监测、监察，累计出动执法人员570余人次，检查企业653家次，行政处罚46.7万元。

（赵　琛）

【水环境保护】　强化水源地监测，制定了《顺义区地下水质量检测工作方案》，狠抓集中式生活饮用水供水厂39个项目的取样分析，狠抓枯、丰水期集中式饮用水源地3个水厂24项指标的水质分析，每月对汉石桥湿地自然保护区5个监测点位进行水质监测，对水源保护区实行分级管理，市区两级水源地地下水质始终保持达标状态。狠抓重点减排工程项目的建设和运行。加快推进水污染源在线监测设施安装工程，启动了7个镇级污水处理站、3个排污口的建设，完成了3个国控重点源的安装，完成了2家污水处理厂中控设施建设；全力保证汉石桥湿地污水处理设施等12个项目的运行，积极推进新城马坡组团再生水厂等13个工程的启动、建设，其中新国展和后沙峪污水管网建设工程已经完工。

（郭　钺）

【主要污染物总量减排体系】　为进一步巩固减排成果，积极谋划、制定了主要污染物总量减排统计、监测、考核三大体系实施方案，及时征集相关单位意见，为有效控制削减污染物排放总量提供了有力保障。一是狠抓统计体系建设。围绕国控、市控、区控等重点污染源，明确顺义区工业源和生活源为统计对象，领导小组为统计组织，规范统计内容，落实统计标准，采用“二制四级”的统计方法，逐一确定并登记造册。二是狠抓监测、监察体系建设。建立重点源单位、属地单位、职能部门和领导小组四级监察制度，通过重点源单位申报监测，环保部门监督性监测，职能部门全面监察，领导小组统一考查，全面实施监测、监察体系建设。三是狠抓考核体系建设。以落实属地责任为重点，建立了重点源单位、属地单位、职能部门和区级考核领导小组四级考核体系，对减排目标完成情况、减排统计、监测及考核工作完成情况进行考核，通过月报制度，落实属地责任。

（王金伟）

园林绿化

【概　况】 顺义区园林服务中心为顺义区城市园林绿化业务主管部门，正处级差额拨款事业单位，其主要职责任务是承担园林、绿化等事务性、服务性工作，职责范围包括顺义城区、顺义新城、各中心镇、市区级开发区以及区政府指定绿地，归口顺义区市政管理委员会。园林服务中心机关内设职能科室5个，有下属单位10个。截至年底，实有职工总数为339人，其中，专业技术人员83人，含中级职称21人，初级职称42人，技术员20人。直接管理园林绿地524.35公顷，其中区属公园7个，面积82.75公顷；街头绿地64.79公顷；道路绿地376.81公顷。年内，实施减河公园二期建设工程、府前街分车带绿化改造工程等项绿化工程。

单位名称：北京市顺义区园林服务中心
地址：北京市顺义区石园西路AMB大厦A座9层
电话：(010)89443205、(010)89443753
邮编：101300
网址：www.yl.bjshy.gov.cn

（杨　旭）

【减河公园二期建设工程】 减河公园二期始建于2006年，由于拆迁问题，多年来无法实现减河公园的全线贯通开放。年初以来，经多方协调，使双兴桥桥头台地广场得以建设施工，并于6月初开放迎接游客。减河公园二期工程的全面竣工，实现了减河南岸带状公园的有序连通，游客可以步行从草桥穿行京承铁路桥、莲花桥、双兴桥、五环桥等桥梁到达俸伯桥，为临水游览、健身、休闲等活动提供了方便，得到群众的广泛好评。

（杨　旭）

【马连店路口环境整治工程】 新国展周边马连店路口环境整治工程于4月底竣工。该工程东起华谊桥，西至安华街，项目内容包括马连店四角绿地和天北路部分隔离带绿化建设，绿化整治面积近2万平方米。工程共栽植油松、银杏等乔木2000余株，栽植碧桃、连翘等花灌木近1000株，栽植三色堇等应时花卉15万余株，铺设草坪近1万平方米。该项工程是第十一届北京国际汽车展外围环境保障的重要组成部分，有效提升了新国展周边的园林景观质量。

（杨　旭）

【府前街分车带绿化改造工程】 府前街分车带全长2187米，绿化面积6500平方米。为节约工程成本、提高苗木成活率，改造工程在早春种植季节抓紧进行，保留以紫叶李为骨干树种这一特色，将因融雪剂盐害造成死亡的小叶黄杨全部更换为抗性强、生长快的卫矛，并适量增添三色堇、矮牵牛等应时花卉进行装饰，实现了乔、灌、花搭配合理，布局错落有致，色彩鲜明亮丽的景观效果，进一步强化了城区主干道的园林特色。

（杨　旭）

【顺义公园、卧龙公园工程】 年内，区园林服务中心实施两项重要实事工程，分别为第二十二项卧龙公园设施更新工程，第二十三项顺义公园设施更新工程。卧龙公园设施更新工程完成园内95组座椅、75组垃圾桶的粉刷、维修工作，维修青石板道路及亲水广场铺装220平方米、300平方米，修缮驳岸120延长米，敷设喷灌管线400延长米，更换庭院灯80盏，更换南门外景观灯20盏，更换指示牌6组。顺义公园设施更新工程完成古建高台仙阁、码头修缮工作，粉刷、维修铁制座椅208组，更换广场树池围椅34组，新增座椅20组，安装露天棋牌桌11组，新开设南门，门区铺装564平方米，新铺设南侧环路700延长米、2400平方米，砌筑挡土墙144延长米，敷设喷灌管线750延长米，新建湖边、码头安全围栏100延长米，更换松树桩道牙525延长米。

（杨　旭）

【国庆花卉布置工程】　花卉布置工程由区园林服务中心负责组织，9月27日竣工。国庆花卉布置以“世界城市 和谐顺义”为主题，在城区府前街等主要道路、光明文化广场等重要展示区和城区各公园及花博会主场馆周边道路等重要节点，以主题花坛、立体花架、平面布置等形式进行布置，形成“三横三纵、四园、四点、一中心”的总体布置格局，共计使用矮牵牛、孔雀草、凤仙等20余种、近70万盆应时花卉。同时，在全市“气氛浓烈、特色鲜明、布局合理、节俭得当”的要求下，选择在具备栽植条件的绿地内，使用宿根花卉进行布置，以确保花卉布置工作的延续性。

（杨　旭）

【城区公园文化活动】　年内，为深入贯彻“文化建园”方针，充分发挥园林绿地服务功能，卧龙公园第七届水仙花展、减河公园第三届郁金香花展和顺义公园第八届荷花展分别举办，形成城区系列公园文化活动。卧龙公园第七届水仙花展于2月1日－2月20日在卧龙公园温室举办，展出各类水仙花雕刻作品千余盆，并布置了展现顺义区绿化美化成就和第七届中国花卉博览会建设成果的系列展板，增强了花展的人文性和互动参与性。减河公园第三届郁金香花展5月1日－5月9日举办，花展以“提倡低碳生活、构建和谐顺义”为主题，共展出金色阿波罗、世界之爱、琳马克、卡罗拉、比万丹特、小黑人等品种的郁金香和海棠、矮牵牛、三色堇等应时花卉30余万株。顺义公园第八届荷花展6月28日－7月18日举行，20亩荷塘荷花盛开，盆景荷花、睡莲、千屈菜、旱伞草、纸莎草、花叶芦竹等多种水生花卉近千盆及各色应时花卉3千余盆参展。

（杨　旭）

【园林绿地等级评定】　9月，顺义区迎接北京市园林绿化局组织的园林绿地养护质量评定检查。经专家组打分评议，确定由区园林服务中心负责养护管理的潮白柳园、站前南北街等5处、总面积18.52公顷绿地为特级绿地，白马路东延线、顺平西路、向阳村绿地等3处、面积61.23公顷绿地为一级绿地。据统计，顺义区现已评定特、一级绿地共58块，总面积553.35万平方米，其中47块、420.43万平方米为区园林服务中心直接管护绿地。直接管护绿地中，特级绿地为31块、面积310.60万平方米，一级绿地为16块、面积109.83万平方米。

（杨　旭）

自　来　水

【概　况】　2010年顺义区自来水公司以安全供水为核心，以服务区域经济建设为工作目标，统筹城乡发展，供水事业呈现出蓬勃发展的良好局面。全年超额完成经济增加值、利润、上交税金计划指标。全年供水3475万吨，日最高供水14.5万吨。漏失率控制在8%以下。铺设直径75毫米以上管线66公里，砌筑节门井、水表井、消防栓井1902座，安装IC卡水表7284块。对水厂、水源地部分建筑进行了装修和更新。各项生产任务及主要经济指标实现了年初的预定目标。

单位名称：北京市顺义区自来水公司

地址：顺义区府前东街10号

电话：(010)69444463

邮编：101300

网址：http:www.Shish.bushy.gov.cn

（自来水公司）

【供水设施维修】　2010年维修供水设施7200余次，维修水表井、节门井等651次，维修更换节门783个，IC卡水表维修900余次，无偿解决孤寡老人实际用水困难36次。全年巡线15万公里,应急抢修45次,确保了用户正常用水。

(自来水公司)

【城乡供水一体化】 自来水公司利用杨镇水厂、北务水厂向杨镇、北务镇、李遂镇集中供水的村已达31个。其中杨镇8个村、北务镇15个村、李遂镇8个村。

(自来水公司)

【汽车展供水服务保障】 “五一”期间正值北京“汽车展”,自来水公司干部职工以展馆供水服务保障为中心,制定突发事件工作预案,责任落实到人,各项保障措施得力,汽车展和“五一”期间实现安全供水130万吨。

(自来水公司)

【水厂建设】 对一水厂、三水厂、五水厂的部分建筑进行了装修、翻新,更新了老化的照明设施。二水厂新建一座2000立方米的清水池已投入使用。

(自来水公司)

【水源地建设】 北小营水源地更新水源井一眼,完成软启动柜、流量计、水位仪及监控的安装工作并投入使用:二水源地新接收潮白河管理处5眼水源井并对其部分电器进行改造,安装了远程调度系统;3月份,三水源地开始在24井院内用八个月时间打井一眼并新添井室一座,安装了90千瓦电机水泵一台;由于地下水位每年下降1至1.5米,水源井动水位已达51米。7月份,一、二、三水源地及东府水源地35眼水源井分别加深泵管2至5根,将一、三水源地10眼水源井的水泵更换成为功率大、扬程高的大型成套电机水泵,积极应对供水高峰期;二水源地对12#至20#水源井年久老化的高压线和绝缘瓶进行了更换,避免了其断电问题。

(自来水公司)

【远程调度系统】 自来水公司开展了远程调度系统的升级改造工作,东府8眼水源井和潮白5眼水源井实现了远程调度。新系统对水源井实现了远程控制、状态检测、数据采集、图形显示、报警监测等功能。

(自来水公司)

【供水管线铺设】 完成顺白路、规划南路、望泉北街给水管线和北二环输水管线的市政重点工程改造工作。共铺设直径75毫米至600毫米球墨铸铁管4450米;完成保税区、汽车城、顺义新城、金马工业区二期等功能区给水工程。共铺设直径200毫米至600毫米球墨铸铁管17500米;完成后沙峪安福街、火寺路、顺平辅路等给水工程和顺平南辅路、顺义新城16街区输水工程。共铺设直径75至1000毫米的球墨铸铁管10710米。

(自来水公司)

【便民服务】 自来水公司与杭州银行合作,将购水费、维修费等各种费用由杭州银行大厅专柜专人代收。自来水公司派专职业务骨干在银行营业大厅联合办公,提供签供用水合同、补水费单子等人性化服务。

(自来水公司)

【干部职工培训】 2010年由两名中层干部参加了职业经理人培训。19人参加了初、高级运转工、技师和高级供水营销员培训。72人参加区劳动局电工、焊工、绿化工中级培训、特种作业培训及复审51人次。聘请教授为班组长以上干部授课1次。

(自来水公司)

【“一助一”工作】 2月3日自来水公司班子成员带上2万余元的慰问金和慰问品到北小营镇东府村困难户慰问。9月27日“一助一”工作队备好慰问金和慰问品到东府村节前慰问。为东府村和牛栏山镇北孙各庄村各送去柴油20吨,支持秋收工作。

(自来水公司)

【捐赠活动】 自来水公司在“温暖玉树,北京职工在行动”的社会捐助活动中,组织职工积极参与,共有408名职工自愿捐款,45470元。

(自来水公司)

供电工作

【概 况】 顺义供电公司(以下简称公司)座落在被誉为绿色国际港的顺义区境内,是北京市电力公司的直属生产单位,肩负着区域内党、政、军机关、高科技园区及首都机场和顺义区84.8万常住人口的安全供电任务。公司24小时客户服务电话为95598。2010年是公司完成“十一五”发展任务的收官之年,也是北京市电力公司全面实行独立子公司运作的第一年。公司上下以“大局、可靠、法治、两效”工作方针为指引,全面落实年初职代会、工作会精神,夯实各项管理基础,提升人员素质水平,完成了各项工作任务,实现了企业稳定有序发展。

单位名称:北京电力公司顺义供电公司

地址:顺义区南法信中心小学西侧路北

电话:(010)81483347

邮编:101300

(王 蕊)

【人力资源】 坚持以赛促培,以技能竞赛和普调考为抓手,在公司内部开展各类技能竞赛和调考活动,全年共有51人次在在带电作业技能竞赛、变电检修工技能竞赛、电力调度员技能竞赛等多项比赛中取得了较好的团体和个人成绩。

(王 蕊)

【电网规划与建设】 发挥规划的龙头作用。完成顺义区“十二五”电网规划、农网“十二五”升级改造规划和新城区“十二五”地下管线储备项目规划报告。提高电网供电能力。完成35kV长王线改造、龙湾屯站第二电源建设和110kV牛栏山站开关刀闸改造等工程,阶段性完成110kV怀牛线路改造任务。有序推进出口加工区110kV输变电工程、西马110kV切改工程和顺义老城区电力隧道建设工程的前期工作。2010年,公司在建工程共有18项,其中新开工项目7个,续建项目11个,已竣工决算7项。2010年,顺义地区电网总体运行平稳,地区瞬时最大负荷90.7万千瓦,发生在7月28日11时17分,同比去年最大负荷79.4万千瓦增长14.2%。

(王 蕊)

【经营管理】 2010年,公司经营业绩大幅提升,全年完成固定资产投资3671.59万元,完成全年计划的89.9%,同比上升13.04%;完成售电量46.13亿kWh,同比增长13.41%;售电均价707.8元/MWh,同比增加38.28元/MWh;线损率累计完成5.35%。依法治企。积极做好法律纠纷处理工作,全年共处理诉讼案件5起,审结4起。加强合同管理,全年共对外签订经济合同396件,总标的额1.02亿元,未发生严重的经济合同纠纷。物资管理。研习物资计划和物资采购相关规定,拟定物资管理的实施细则,组织开展物资普查,摸清家底,为全面实现物资集约化管理做充分的准备。同业对标。2010年度同业对标综合管理标杆单位,2010年度同业对标资产经营、生产管理、人力资源专业标杆单位。

(王 蕊)

【安全生产】 2010年度,公司紧紧围绕“安全第一、预防为主、综合治理”的安全生产工作方针,不断夯实安全生产的基石,全年各项生产经营工作平稳有序进行。安全管理基础有效夯实。开展以“知风险、明措施、抓落实、保安全”为主题的百日安全活动,全面做好安全大检查和隐患排查治理工作,梳理管理制度、工作流程、工作现场等各环节存在的安全隐患。落实各级安全生产责任制,强化安全监督检查的作用,促进安全组织措施和技术措施在生产一线的落实。以“反违章”为重点,通过“思考三分钟”活动、安全事故“回头看”活动,提高职工安全责任意识,有效控制人员的不安全行为。持续加强电网运行管理。完成王泮庄站和北大孙站35kV负荷开关更换和技术改造工程;完成输、配电线路清扫、综合整治64路次,消除缺陷702处。完成10kV电缆预试28路次,状态检测23路次;完成32台安瑞吉开闭器联络母线改造和石园小区等部分低压设施的改造工作,各级电网的健康运行水平得到了不断的提高。配网管理水平不断提升。建立每周一次的配网故障分析会和每月一次的配网管理工作分析会。组织开展架空线路缺陷互查和电缆线路反外力互查。全力做好电力设施反外力工作,完善电力设施保护区警示标志、标语220处,有针对性的向大型机械作业人员宣传电力保护知识,有重点的开展线路特巡和盯守。试点开展群众护线工作,先后收到反馈信息2700多条,发现并消除隐患9处。科学安排生产计划,提升供电可靠性。大力开展配网带电作业,进一步提升配网的供电可靠性,并获得北京市电力公司2010年度配网管理先进单位和带电作业先进单位的荣誉称号。3月15日,顺义供电公司线路运行人员雪后进行特巡,完成各项政治保电任务。全年共完成北京市电力电力公司、顺义区政府派发的供电保障工作30次,其中包括两会保障工作、中高考、燕京啤酒节及顺义区政府组织的各项活动保障工作。

(王　蕊)

【营销与优质服务】 规范业扩报装流程。开展"阳光报装、诚信服务"专项行动,明确各环节工作质量和时限要求。组织开展"三指定"规范整治和自查工作,成立了以党政领导亲自挂帅的用户受电工程"三指定"专项检查治理工作小组,共抽查近期完工和在建的15户受电工程。积极推进老旧小区改造。顺利完成胜利小区、南竺园东区两个老旧小区配电设施改造工程的可研、立项、初设审核和招投标工作。优质服务工作。积极开展"塑文化、强队伍、铸品质"供电服务提升工程,定期组织开展对大客户走访,做好辖区内二级以上重要用户和重点用户的用电隐患排查工作,不断提升重要用户的服务保障标准。深入窗口运营管理工作,增加了严厉的服务质量考核。进一步完善硬件设施,改善服务环境,提高服务质量,对客服中心大厅和各供电所营业厅服务窗口加装了对讲机系统和服务满意度评价器,安装了用电信息触摸屏系统,提升了客户满意度。6月13日,顺义供电公司客服人员向用户发放宣传材料,规范地区供用电环境。全年共发现并处理窃电、违约用电65户,补收电费35.2万元,收取违约金83.9万元,追补电量6.94万千瓦时。计量消隐改造工程。完成居民单相预付费卡表轮换15055具,更换卡表表箱423面,补装采集器50台。为顺义地区6户110KV用户安装12具副表。改造农网居民机械表9099户,更换单相电能表9099具,更换户外非金属两表位单相电表箱3908面,集中器58台。

(王　蕊)

【农电工作】 积极探索供电所机构设置模式,自6月1日起,将原有的李遂、李桥、北务供电所合并,重新组建李桥中心供电所作为试点。供电所标准化创建工作。完成木林、南彩、马坡、杨镇、张镇、北石槽六个供电所标准化创建抽检工作。

(王　蕊)

【科技与信息化】 2010年,公司范围内群众创新项目共计2项;科技论文总数共计39篇,其中5篇科技论文参与申报北京市电力公司优秀科技论文;开展特色科技活动3项。信息系统应用。顺利完成人力资源信息管控模块、财务管控模块、营销业务应用系统、ERP基建管控模块、PMS技改大修管理模块、协同办公系统的上线推广工作,全面启动财务集中支付。

(王　蕊)

【党建与精神文明建设】 加强领导班子建设。深入学习贯彻党的十七届四中、五中全会精神,坚持以创建"四好"领导班子为载体,努力提高领导干部队伍的整体素质和领导能力,并获得2010年度北京市电力公司"四好"领导班子先进集体。按时组织领导班子成员及党支部书记进行理论学习,一年来公司党委共组织中心组学习28次,领导班子共上交论文、调研报告共计17篇,先后有6篇文章被中国电力报、北京电力杂志、北京电力报登载。加强基层党支部建设。开展以"亮身份、勇担责、保安全、做表率"为主题的党团员身边无事故活动,"我为企业发展献一策"活动等,结合专业特点开展技能比武,提升党员岗位技能;组织各党支部开展"党员积分卡"活动,提升群众对党员认可度,增强党支部的凝聚保障力,扎实推进创先争优活动。扎实开展精神文明创建活动。4月26日,公司干部职工为青海玉树地震灾区的受难同胞举行捐款活动。共捐款89870元,帮助灾区人民共度难关。积极开展"一助一"共建活动,5月,在北石槽镇政府组织开展了"城乡共建谱新曲,爱心奉献促和谐"捐资助学活动,帮助10名品学兼优的贫困学生完成学业。9月实施"亮丽工程",解决了南法信镇村民夜间出行难问题。加强党风廉政建设。建立健全"四项工作机制",即:"责任落实"机制、"系统宣教"机制、"内控监督"机制和"协同预防"机制。依法合规开展效能监察,确立了"小金库专项治理"、"工程建设领域突出问题专项治理"、"团队执行力"三个效能监察项目。其中,"小金库"专项效能监察获得了北京市电力公司优秀效能监察成果奖。

(王　蕊)

顺义区燃气公司

【概　况】 2010年,是"十一五"规划的最后一年。一年来,在区委、区政府的坚强领导和各级主管部门大力支持下,区燃气公司完成了燃气供应保障和市政天然气重点工程建设,实现了企业又好又快的发展。2010年,天然气年供气量达到了1.5亿立方米,铺设天然气管道138公里。其中铺设钢质管道18公里;铺设PE管道55公里;铺设架空管道15公里;安装室内立管道32公里;安装室内支管道18公里。全年发展天然气居民用户1.1万户,发展公服用户43家。截止2010年年底,顺义区的天然气管网总长为1020公里,投入运行的高压气源站1座,中低压调压站(箱)198座,天然气闸井1264个;天然气居民用户达到10万户,工业、餐饮、医院、学校等公服用户发展到346家。

单位名称:顺义区燃气公司
地址:顺义区顺通路西侧(北京现代汽车南侧)
电话:(010)89498078
邮编:101300

(付　湘)

【安全供气】 2010年,随着顺义区经济建设和城市建设的又好又快发展,天然气的应用领域在不断地拓展扩大,天然气的供销量在逐年攀升。为此,区燃气公司采取多项有效措施,强化安全运行岗位管理,全力以赴保障正常供气。同时,不断引入先进的技术设备设施,不断加大燃气先进技术和燃气专项资金的投入。在科学调度的基础上,统筹解决管网供气与管网发展之间的矛盾,努力克服夏季高温多雨、冬季天气干燥寒冷等不利因素的干扰和影响,努力克服其他单位施工对燃气管线可能造成的不利影响,针对每天约有40个点面与燃气管线交叉作业的状况,公司采用了加强防护、死盯死守的措施;确保了顺义区天然气管网的安全运行;确保了顺义区管道天然气、液化石油气的正常供应。截止2010年年底,顺义区的天然气管网已安全运行了12个年头。

(付　湘)

【赛事期间天然气保障】 按照区委、区政府的工作安排，区燃气公司先后承担了2010年“北京国际车展”和“2010超级联盟方程式汽车大奖赛北京顺义街道赛”期间的天然气安全运行保障任务。为确保“北京国际车展”期间天然气的安全运行和供气，公司选派专人进驻展区进行天然气管网巡查服务。在“2010超级联盟方程式汽车大奖赛北京顺义街道赛”期间，公司每天出动4辆天然气管网巡检车和8名技术人员对赛场周边的天然气设施进行重点巡护检查，全力保障天然气管网的安全运行和万无一失。通过上下齐心努力，区燃气公司完成了“北京国际车展”和“2010超级联盟方程式汽车大奖赛北京顺义街道赛”期间的天然气安全运行保障任务。

（付 湘）

【锅炉安装改造维修资质】 经过申报、评审、复审等阶段的不懈努力，2010年，区燃气公司取得了“特种设备（锅炉）安装改造维修许可证”，即锅炉Ⅲ级安装改造维修资质。该资质的取得，标志着区燃气公司已具备了整（组）装额定出口压力≤1.6MPa锅炉的安装许可和安装、改造、维修能力。

（付 湘）

【出台防腐标准】 针对一些较早使用燃气小区用户室内燃气立管在穿墙、穿楼板部位腐蚀严重的现象，区燃气公司研究出台并实施了《关于室内燃气立管穿越墙及楼板处防腐技术的补充规定》。新的防腐方法虽然增加了施工成本，但夯实了燃气安全的根基，延长了用户室内燃气管道的使用寿命。

（付 湘）

【应用燃气表金属连接软管】 为减少钢质燃气管道连接对燃气表所产生的应冲力，解决燃气设施受力后容易造成连接处发生漏气和安装、维修困难等问题，区燃气公司在应用不锈钢波纹管的基础上，2010年，又在奥林匹克水上公园首次应用了“燃气表金属连接软管”。此种新材料的应用，大幅降低了钢质管道连接对燃气表的应冲力，提高了安全供气的可靠性。今后，区燃气公司将逐步推广、应用此种新材料。

（付 湘）

【北京市职工职业技能大赛】 在2010年“北京市职工职业技能大赛”中，区燃气公司参赛职工经过三个多月初赛、复赛、决赛的激烈争夺，最终脱颖而出。在全市24名调压工决赛中，区燃气公司有3名参赛职工分别获得了第3名、第6名和第12名的好成绩。在全市58名焊工决赛中，区燃气公司有2名参赛职工分别获得了第17和第20名的好成绩。

（付 湘）

【城铁15号线工程】 为应对城铁运营时产生杂散电流对地下钢制燃气管道的电化学腐蚀，区燃气公司从2010年5月中旬开始，启动了地铁15号线沿线地下燃气管道追加阴极保护工程，保护范围为十三支渠与南法信之间的3.3公里地下钢制中压燃气管道。同时，为这段钢制燃气管道新安装了绝缘接头2个，安装了排流锌阳极、排流器各20套及5套排流测试桩装置。

（付 湘）

【窗口服务】 2010年下半年，区燃气公司对站前街营业室实施了改造。改造后的站前街营业室在有限的空间内增加了服务面积，安装了介绍业务项目的LED电子显示屏、排队叫号机和安全宣传视频等设施，使用户所有业务均可在一楼窗口办理。此举在方便广大燃气用户的同时，也提高了公司营业室的安保系数。

（付 湘）

联 通

【概 况】 联通顺义分公司的前身是公众熟知的顺义电信局，是顺义地区实力雄厚的通信运营企业,提供全业务的通信信息服务,包括固定电话、宽带接入、2G移动通信、3G移动通信、数据传输、互联网等多种电信业务、以及与上述业务相关的视频监控、系统集成、信息咨询等多种服务。经过多年的信息基础设施建设,已实现顺义区网络覆盖,无通信盲点,通信光缆、电缆、移动信号覆盖城区及各乡镇,信息接入畅通;随着信息技术的发展,我们也不断对网络进行升级改造,目前在区内共有各类通信局所220余座,各类移动基站600余座。2010年我单位被北京市消费者协会评为2010年度"诚信服务示范单位"。

单位名称:中国联合网络通信有限公司北京市顺义区分公司
地址:顺义区石园南大街16号
电话:(010)69441001
邮编:101300
网址:http://www.liantong.bjshy.gov.cn

(冉伯阳)

【市场经营】 2010年联通顺义分公司新增固定电话用户0.6万户,宽带用户新增2.02万户,新增自营移动用户3.5万户。公司坚持以融合业务为根本的经营理念,发挥企业优势,全力推动顺义地区社会信息化进程。农村地区以农村信息化为目标,以信息化村建设为抓手,与区经信委紧密合作,积极宣传公司相关惠农政策,让农民得到实实在在的优惠,通过村委会批量发展的模式,重点推进宽带"数量"的增长,共签署信息化村优惠协议114个,有24个村进行了业务受理。针对城区客户,重点向客户推广公司的融合业务,将多种通信类业务捆绑打包,为用户提供综合通信服务方案,既节约了用户通信成本,又使公司得到业务发展,取得了很好的双赢效果。召开多场行业应用推介会,助力企业信息化进展,发展信息化企业43个,已与区内多家大型企业进行深入合作。

(冉伯阳)

【网络维护】 2010年联通顺义分公司网络运行安全稳定,有力的保障了顺义区各类用户的通信服务需求。各项维护工作向联通集团公司AAA达标看齐,高标准,严要求,按照AAA要求开展各项工作,与高的标准作比较,找差距,对发现的不足之处,立即整改,并在日常维护工作中将规范落实,确保网络维护的规范性和专业性,全年完成了多次网络优化工作,有效保证了网络安全运行。按实际情况完善2010年通信应急预案,并不定期的进行专题演练,在雨季加强网络巡查和网络安全检查工作,组织各专业做好设备的预检预修工作,利用先进的监控手段,加强对网络风险的诊断和预警。不断提升网络运行质量,确保网络通信畅通和网络信息安全。全年完成了两会、金融系统重点时段、汽车展、重大节日和汽车赛等多次通信保障任务。

(冉伯阳)

【网络建设】 2010年共新建通信局所29座,新增宽带设备2.1万线,敷设光缆24550.63芯公里,新增PON口6048个,接入能力达19万线,新建移动基站100余座。积极贯彻落实北京市信息化基础设施提升计划,加大了20M升速改造工程力度,全年完成6.5万户的20M升速覆盖工作,全面提升了顺义地区光接入网络能力,为下一步光接入网络改造打下了坚实基础。移动网络建设优化工作持续进行,移动网络各项指标得到改善。完成了中、小、幼治安监控探头光缆引入工作,根据北京市政府紧急建立"校园监控视频网络"的要求,在工期仅20天的情况下,共为135个学校、240个监控探头布放光缆,布放光缆长度约148公里,如此高效高质的工作,得到了顺义区政府等相关单位的高度赞扬。

(冉伯阳)

【提升服务】 做好窗口服务,提升客户感知。2010年公司始终高度重视服务质量的提升工作。厅台服务方面,以北京联通公司开展的整改活动为契机,全面提升服务质量,成立了以单位领导挂帅的营业厅整改工作小组,落实整改精神，解决实际问题，强化管理，有效的提升了营业员综合服务水平。在2010年三方公司的明查暗访中，各营业厅的服务经受住考验，取得了良好的成绩，有10个月位居北京16个分公司的前三名；林河营业厅被工信部授予2010年度“全国用户满意电信服务”明星班组 。提升入户服务的管理水平，结合实际情况，重新制定了入户服务规范，完善了考核办法，并对入户服务人员进行培训。加大了检查力度，采用全面检查和定期抽查的方式，严格的管理有效的提升了客户满意度，每月都有客户对我们的服务人员提出表扬。在北京联通公司服务提升风雷行动中，被评为优质服务单位。

（冉伯阳）

【安全生产】 2010年，高度重视安全生产工作，开展了创无违章企业活动，强化安全管理，加大监督检查力度，增强全员消防意识、交通安全意识、安全生产意识。定期召开安全例会，在重点活动前、重大节假日前都召开安全生产动员会，提高员工的安全生产意识，通过板报、图片等方式时刻提醒员工重视安全生产工作。定期在全局范围内开展安全大检查，对发现的安全问题，下发整改书，并进行复查，确保问题的解决。通过公司全体员工的共同努力，全年无安全生产事故发生，被北京市交通安全委员会评为市级交通安全文明单位，被顺义区评为消防安全先进单位。

（冉伯阳）

邮　　政

【概　况】 顺义区邮政局(以下简称邮政局)位于新顺南大街7号，机构设置为5部1室1分局，下设8个邮政支局，26个邮政所，5个投递部，全局共有投递道段82条，邮路总长2896公里。全局现有职工452人，其中正式工101人，聘用工29人，劳务工322人。邮政局局长兼党组书记马文良；副局长齐代青、齐震；局长助理罗继光。

单位名称：顺义区邮政局

地址：顺义区新顺南大街7号

电话：(010)69444642

邮编：101300

网址：http://youzhj.bjshy.gov.cn

（邮政局）

【业务发展和经营成果】 2010年，邮政局累计完成业务收入7827.17万元，完成年计划的108.08%，比上年同期增长1731.11万元，增幅达28.40%；实现收支差额2350.69万元，为年计划指标的100.01 %；实现成本费用5396.66万元，为年计划指标的111.31 %。

（邮政局）

【营销体系建设】 通过出台各项专职营销员管理办法及加强营销员业务培训等方式，进一步完善营销体制、机制办法，有效保障营销能力的提升，营造多头并进的经营环境。对专职营销员采用区局、支局“双层管理”模式。与此同时，成立营销中心，负责全局营销策划支撑及重点业务推广工作，出台了《顺义区邮政局营销项目管理办法》，为全局项目开发提供一个公平、合理、完善的平台。

（邮政局）

【通信管理】 不断强化通信业务管理，把精细化管理理念落到实处。加强了对营业及投递服务质量的监督检查。在支局全面推行统一的营业班组基础资料，加强了对邮件收寄质量、邮编名址匹配率、邮件全名址录入合格率及资费的管理、管控与稽核，严格落实《函件、报刊投递质量监督检查办法》、《邮政投递服务规范》，重点强化了对住宅楼房投递质量的检查。对新顺投递部、后沙峪投递部等12条邮路进行了调整，确保邮件报刊投递时限。

（邮政局）

【财务管理与成本控制】 将成本预算按项目明细分解到各网点、部室,制订各网点、部室的预算目标。加强了考核与监控,将预算的执行及重点成本的管控纳入到绩效考核办法中,对每月的成本预算执行情况进行核算,及时掌握各网点在预算执行过程中存在的问题,加强管控;为确保收入、成本的同步核算,采取了以收定支的结算办法,有效控制了资金的支付流程;开展了网点损益核算工作,将所有收入、成本明细项目细化到各网点,使损益数据全面、真实、准确;将收支差额指标、成本费用指标、损益核算指标纳入到绩效考核办法中,建立起了企业经营规模和效益协调发展的综合绩效管理体系。同时加大了对高效业务规模的奖励力度,使整体收入规模及业务结构不断优化,低本高效业务比重不断加大。

(邮政局)

【队伍建设】 对一般管理岗位实行公开竞聘,有2名营业人员通过竞聘走上了管理岗位。在机关管理岗位全面推行关键绩效指标(KPI)管理考核办法。通过推行KPI,将管理人员的管理指标与全局工作紧密联系起来,破除以往管理人员工作情况难以界定的认识误区,督促管理人员尽职尽责,将管理人员的奖励与实际贡献挂钩。

(邮政局)

防震减灾

【概 况】 顺义区地震局是直属区政府的职能部门,全额拨款事业单位(依照公务员管理),职能是负责区属范围内地震监测预报、震害防御和地震应急救援工作。下设监测预报科、震害防御科、应急救援科和局办公室。在编人员14人,其中,处级领导干部6人,科级中层干部4人,主任科员级司机2人,科员1人,招聘应届硕士研究生1人。2010年,地震局大力加强科技投入,积极做好监测设备的数字化升级改造,强化监测手段,加密震情会商,提高震情预报的准确性,修订完善应急预案,督促指导各单位各部门开展疏散演练,开展多种形式的防灾宣传活动,完成了地震安全保障工作任务。

单位名称:北京市顺义区地震局
地址:顺义区府前中街5号
电话:(010)69443890
邮编:101300
邮箱:dizhb@bjshy.gov.cn

(王兴春)

【地震监测预报】 负责顺义区地震监测预报工作体系建设,组织开展地震次生灾害及其它人工诱发地震的监测和研究工作,负责顺义区宏微观地震监测、地震分析预报,观测点规划建设与管理、地震会商、地震信息交流、宏微观异常落实,制定顺义区地震监测预报方案并组织实施,负责对强震动观测设备的管理和维护,负责震情和灾情速报网的管理,对擅自向社会散布地震观测意见提出处罚建议,通过撰文及时澄清地震发生后种种谣传,负责震情跟踪的管理。

(王兴春)

【区内地震监测台网】 2010年顺义区地震监测台点共有32个。其中,前兆台点9个,分别是板桥、第三水厂、顺义一中、杨镇一中、龙湾屯政府。测震台点2个,分别是奥林匹克水上公园和顺义区地震局。强震台点13个,分别是板桥、杨镇政府、高丽营镇政府、南法信政府、李桥政府、李遂政府、北务政府、大孙各庄政府、北小营政府、龙湾屯政府。流动测震点5个,分别是奥林匹克水上公园、马坡镇政府、牛栏山镇政府、高丽营镇政府和杨镇一中。宏观观测点3个,分别是前鲁鸭厂、杨镇中学爱国主义教育基地、野生动物保护中心。以上台点同时兼职为顺义区地震速报台网。

(柳茂林)

【发生地震目录】 2010年,顺义区地域内共发生大小地震9次,其中上半年5次,下半年4次,分别是2月15日,Ml0.3;2月23日,Ml1.9;3月10日,Ml1.0;3月14日,Ml0.9;3月19日,Ml0.8,6月11日,Ml0.7;6月15日,Ml1.2;7月3日,Ml2.2;7月19日,Ml1.1。地震总的活动水平强于2009年,相当于正常年份的地震活动次数,地震活动次数没有表现出明显增强趋势。

(柳茂林)

【震害防御工作】 会同有关部门建立震灾预防工作体系,对地震小区划工作进行技术指导和监督;管理建筑工程的地震安全性评价工作;管理以地震动参数和烈度表述的抗震设防标准;组织项目建设区域的地震烈度复核工作,监督生命线工程、重大工程、大型企业、重要城镇的抗震设防工作,破坏性地震发生后,根据灾情重新组织审定抗震设防要求,管理顺义区地震灾害预测工作,参与制定地震灾区重建规划;负责顺义区的工程建设场地地震安全性评价监督管理;负责顺义区建设工程抗震设防要求的监督管理;负责防震减灾法律法规和地震知识宣传。

(王兴春)

【中小学校舍安全改造】 积极配合区教委对顺义区中小学校舍抗震安全进行全面排查鉴定工作。落实顺义区中小学校舍安全工程实施方案。配合区教委等相关部门对顺义区学校校舍存在的安全隐患进行改造加固工作,使学校校舍达到重点设防类抗震标准。正确提供地震重点监视防御区、7度以上地震高烈度区及地震断裂带和地震分布情况,协助审定中小学布局调整规划和校园建设规划;全面改善顺义区中小学校舍安全状况,提高综合防灾能力。

(王兴春)

【应急救援】 2010年,根据北京市地震安全保障的要求,完成了区地震应急预案的制定和修订并报区政府批准。指导各镇(办事处)完成了地震应急预案编制工作,构成了顺义区政府地震应急预案体系,并与北京市成功联网。加强应急物资储备;协调应急避难场所建设;统筹地震应急救援队伍建设;指导学校、企业、社区等组织开展地震应急疏散演练。2010年推进应急避难场所建设工作。与区园林中心协作,按照GB 21734-2008以及DB11/224-2004相关标准完成了顺义公园、光明广场应急避难场所标识牌的设立工作。并购置了越野应急监测车,地震应急专业队员的应急服装、应急手电等常规的应急用品,为应对地震等突发事件提供有力的保障。

(鲍志国)

【地质断裂勘察】 在完成了顺义—前门断裂顺义段勘察工作的基础止,继续对高丽营断裂和二郎山地域进行实地勘察。进一步查明并详细确定断裂的具体位置和走向。

(张华春)

【防震减灾科普宣传】 2010年防震减灾宣传教育工作,紧紧围绕落实科学发展观,贯彻“以预防为主,防御与救助相结合”的防震减灾工作方针,坚持“因地制宜、因时制宜、经常持久、科学求实”的宣传原则,宣传党和国家有关防震减灾工作的方针政策,积极、主动、科学、有效地开展防震减灾宣传教育,全面提高全社会的防震减灾意识和公众的自救互救能力,促进社会公众建立科学的防震减灾意识和观念,为构建和谐顺义提供地震安全保障。

(王兴春)

【档案管理】 建立健全地震档案管理规章制度,规范技术资料收集整理和归档秩序,明确保密人员职责,完善保密工作措施。对历年地震档案资料进行整理分类,确定保密级别,按照档案管理规定进行分类管理。

(王兴春)

科技·教育

科　　技

科技工作

【概　况】　2010年,面对国际金融危机带来世界格局的新变化,面对建设“人文北京、科技北京、绿色北京”的高标准,面对北京建设世界城市的新要求,全区科技工作按照区委三届十次全会、区三届人大五次会议、全区经济工作会议的总体安排,立足“稳增长、上水平、保和谐”的工作大局,紧紧围绕区委、区政府中心工作和市科委工作部署,以提升区域自主创新能力和落实科学发展观为目标,以构建区域科技创新体系和提高科技服务质量与水平为重点,以高新技术产业带动和科技项目支撑为抓手,各项科技工作顺利开展。年内完成国家级高新技术企业重新认定10家(累计发展47家)。高新技术企业年内实现销售收入169亿元,实现增加值100亿元。完成技术合同登记37项,技术合同成交额3557.2万元,新认定北京市专利示范单位1家,北京市专利试点企业11家。

单位名称:顺义区科学技术委员会
地址:顺义区光明南街24号
电话:(010)69443483
邮编:101300
网址:http://www.kw.bjshy.gov.cn

(闫兆东)

【“双百对接”活动】　2010年1月13日,顺义区科委举行“双百对接”活动启动仪式。市农科院科研处王之岭处长、市农学院组织部张铁强部长、市科委工业促进中心黄平主任等相关领导参加了仪式,顺义区有关村党支部领导出席了此次活动。顺义区科委推荐部分具有经济基础较好、村级领导班子团结、主要领导具有较强的科技意识的村进行试点。依托市科委搭建的交流沟通的平台,使市农学院、市农科院和北京工业设计促进中心的相关党支部与顺义区上述村支部建立联系,帮助村支部理清科学发展思路,应用先进、适用科技成果,提高群众致富增收的本领,使学习实践活动取得实实在在的效果,为村镇的发展、新农村的建设作出新的贡献。

(闫兆东)

【百家创新型科技企业培育计划】　按照“百家创新型科技企业培育计划”实施进度要求,继续开展国家级高新技术企业认定工作,不断壮大区域自主创新主体规模。通过集中培训和深入企业一对一辅导，提高服务质量和水平，年内，顺义区获得科技部认定的国家级高新技术企业达到47家。

（闫兆东）

【区政协委员视察】 2010年8月26日上午，顺义区政协副主席田建国带领政协委员一行50人视察了顺义区科技创新工作，顺义区政府副区长林向阳陪同视察。委员们视察了北京信得威特科技有限公司、北京燕京中发生物技术有限公司两家高新技术企业，听取了区科委李国震主任关于全区“十一五”科技工作开展情况和“十二五”科技工作初步设想的报告。政协委员们对顺义区高新技术企业科技创新取得的成就表示充分肯定，对今后科技工作开展提出了意见和建议。林向阳副区长和田建国副主席分别讲话，对区域科技创新工作开展、政协委员发挥民主监督职能，为科技事业发展献言献策等提出了新的要求，进行了新的部署。

（闫兆东）

【农民实用技术培训】 年内，顺义区科委充分发挥基层科技组织、农民专业合作社、农村科技协调员的作用，通过集中授课、播放课件、邀请农业专家深入田间地头实地指导等多种形式，扎实开展农民实用技术培训。1～12月底，完成农民培训11000人次。

（闫兆东）

【科技项目运作】 年内，区科委根据“科技北京”行动计划的支持重点，围绕临空经济高端产业功能区、北京重点新城建设、现代制造业基地等重点领域的科技需求，着力整合区域科技资源，积极运作各级各类科技项目，加大区域主导产业和重点行业的科技支撑力度。1～12月，完成创新基金、绿色通道等各类科技项目申报61项，争取上级科技资金4920万元。

（闫兆东）

【科研机构建设】 年内，组织区内科技企业积极向市科委申报市级研发机构，获准3家，累计发展16家；推动企业利用首都科技资源，强化产学研用联合，与在京大专院校、科研院所加强合作，年内新组建科研生产联合体8家，累计发展197家。

（闫兆东）

【北京青少年科技创新大赛】 3月19日举行的第30届安捷伦北京青少年科技创新大赛中，顺义区共有59个项目参赛。获得一等奖2项、二等奖13项、三等奖20项。

（闫兆东）

【国家级重点新产品立项】 国家科技部火炬中心公布的2010年度“国家级重点新产品”及“国家级火炬项目”立项公告显示，顺义区北京江河幕墙申报的“大跨度无立柱节能幕墙”等七家企业产品获得“国家级重点新产品”立项；有3家企业产品获得“国家级火炬项目”，顺义区立项总数占北京市总数5.83%，在远郊区县名列前茅。

（闫兆东）

科普工作

【概　况】 2010年，全区科普工作以贯彻实施《全民科学素质纲要》为主线，以“科普日”、“科技周”等科普活动为载体，以建立完善科普设施和推进科普队伍建设为抓手，以提高全民科学素质为出发点和落脚点，各项工作举措得到扎实推进和落实，为提升全区公众科学素质、构建和谐顺义做出了应有的贡献。

（闫兆东）

【开展科普宣传】 年内，全区围绕“科普之春”、“科技周”活动主题，积极协调各镇、街道及各学会组织各类科普活动30次，发放《科普惠农专刊》等科普宣传资料3000份，制作

“提高科学素质,参与低碳生活”为主题的科普宣传展板30套,组织实施“北京市第三批创新型科普社区”和“顺义区科普示范村建设工程”。

(闫兆东)

知识产权

【概 况】 年内,顺义区知识产权局按照市局总体部署,结合顺义区区情,着力抓好政策宣传、专利申报、专利试点示范和专利执法检查等各项工作。企业自主知识产权生成取得长足发展的同时,顺义区知识产权保护环境建设取得显著成效,全民知识产权保护意识显著提高。

单位名称:顺义区知识产权局

地址:顺义区光明南街24号

电话:(010)69443483

邮编:101300

(闫兆东)

【知识产权工作】 年内,顺义区开展专利试点示范工作。1~12月,新发展专利试点企业11家(累计发展80家),专利示范企业1家。加强企业知识产权申报工作的服务和管理,1~12月,顺义区申请专利648件,授权专利434件,均创历史新高。

(闫兆东)

【知识产权举报投诉工作站揭牌】 2010年4月27日,北京市顺义区保护知识产权举报投诉服务空港经济开发区工作站在顺义空港开发区津蒙大厦举行了建站揭牌仪式。北京市知识产权局副局长王淑贤、顺义区副区长燕瑛为工作站揭牌并发表了讲话。北京市知识产权举报投诉服务中心主任王连洁、顺义区知识产权局局长范玉岭和北京天竺空港工业开发公司副总经理李斗共同签署了三方共建协议。会后,市局王淑贤副局长、张伯友处长一行人在顺义区科委李国震主任的陪同下参观了空港工业A区北京雅昌文化发展有限公司。百名各镇科技主管领导及企业代表在会场听取了名为“如何保护你的知识产权”的知识产权讲座。

(闫兆东)

【非公企业知识产权保护讲座】 11月18日,顺义区科委、区知识产权局与区工商联在顺义宾馆共同举办非公企业知识产权保护讲座。区委副书记胡尚云、区委常委、副区长林向阳、区政协副主席王玉奇参加。北京商泰律师、知识产权事务所的专家分别就“如何保护知识产权”、“如何申请专利”等内容进行了宣讲,受到350多名与会人员的一致好评。区委常委、副区长林向阳通知发表了重要讲话。他在肯定顺义区知识产权保护工作的同时,对今后知识产权工作的保护与管理提出了具体的要求和希望。

(闫兆东)

教 育

综 述

2010年,区教委坚持落实科学发展观,深入贯彻全国教育大会精神,围绕教育“十二化”发展方向,以“规范、质量、均衡、稳定、创新”为重点,素质教育全面实施,教育教学改革不断深化,师资队伍建设进一步强化,教育内涵式发展得到促进,顺义教育事业总体水平实现全面提升。

第一,以全国教育大会精神为指引,贯彻教育方针的执行力水平不断提升。

深入贯彻全国教育工作会议精神,围绕《国家中长期教育改革和发展规划纲要(2010-2020年)》,结合顺义区教育发展总体态势,精心编制《顺义区"十二五"时期教育事业发展规划》,确定未来五年发展蓝图,即坚持教育"十二化"目标,突出"实施城乡联动战略"、"优化教育结构"两个重点,遵循依法治教、质量立教、人才强教、改革创新、科学发展五项原则;以改革促发展,积极谋求教育事业发展内在动力,经教育部批准成为教育综合改革试验区,根据区域发展特点,制定了《顺义区"城乡联动"教育改革实验方案》,将开展城乡一体化发展、义务教育均衡发展、办学体制改革、课程教材改革、拔尖创新人才培养以及高中特色发展等六大项目实验,形成了贯彻落实《教育规划纲要》的抓手。

第二,以校舍改造翻建为契机,教育资源优质化水平不断提升。

一是推进校舍安全工程。截止到2010年底,校舍加固竣工总面积15.09万平方米(整体加固7.66万平方米,局部加固7.43万平方米),占加固总面积的70%;校舍翻建项目中,已开工学校6所(牛栏山一中,仁和中学二期,大孙各庄中学,高丽营学校,张镇中小,赵全营幼儿园),开工总面积8.57万平方米,占2010年校舍翻建总面积的20%;张镇中小、大孙各庄中学教学楼、赵全营幼儿园、牛栏山一中教师公寓楼已竣工,占2010年校舍翻建总面积的12.60%;校安工程专户资金到位7.68亿元,已完成投资5.8亿元。已经和即将投入使用的校舍,优化了教育教学环境,为推行寄宿制管理方式、让更多孩子享有优质教育资源,提供了坚实的物质基础。

二是加强教育设施装备。启用《中小学办学条件管理系统》网络版软件,综合统计顺义区学校现有资产情况。全年累计完成采购项目115个,采购资金5849万元,其中采购教学、办公和生活设备9.2万件套,涉及资金5578万元;采购学生校服3.3万套,涉及资金180万元;采购学生作业本148万册,涉及资金90万元。为顺义区所有中学"理化生"数字化实验室配置设备7064件套,共计484万元;补充中小学仪器设备2万件套,共计170万元。全面完成"十一五"规划装备教育设施设备142万件(套),配备高于北京市平均水平。

第三,以人才选拔和培养为杠杆,顺义区师资队伍整体素质不断提升。

一是加强师德建设,教师职业修养不断提升。执行《顺义区中小学教师职业道德规范细则》、《顺义区师德标兵评选及奖励办法》,实行师德"一票否决制";明确教师做到"十不准"和"五要"。修订了《关于进一步加强和改进教师职业道德建设的意见》(顺教发[2010]21号),树立先进典型,评选优秀师德群体60个、师德标兵214人、师德楷模50人,宣传师德先进典型事迹。

二是干部队伍建设得到切实加强。坚持公开招聘、竞争上岗原则,采取委托第三方代理方式,共招聘幼儿园副园长两批29人,积累了人才选拔经验。采取集中培训、挂职锻炼、机关交流等方式培养干部,9名干部实现异地交流,42名中小学后备干部到厦门、南京、无锡等市挂职锻炼,61名幼儿园后备办干部完成为期二周的高校脱产学习,已有15人走上校长岗位,25人走上副校级岗位;本着分类、分层、分岗的干部培训原则,组织十个班346名学员参加学习;组织系统内938名干部参加"学习贯彻全国教育工作会议精神和教育规划纲要远程专题培训",参与率达100%;选派20名中小学校长及后备干部赴美参加教育培训;组织市骨干教师、学科带头人申报与推荐工作,104人被评为市级骨干教师,20人被评为市级学科带头人。

三是教师业务能力显著提高。充实教师队伍,以公开招聘的方式,择优录取区内非在编教师50名、区外教师58名;引进本科生116名,研究生22名,高级人才6名。完成“十一五”时期教师继续教育培训工作;继续与首师大、北京教育学院合作,培训中小学教师及骨干教师,全年共举办各种培训班138个,培训学员13000多人次;顺义区5238名专任中小学教师参加了新课程培训、高校联合培训、骨干教师培训等各种培训活动,覆盖率达100%;继续发挥“名师工作室”引导作用,在区内中小学校实施“十、百、千”骨干教师带动工程;以赛促练,开展教师基本功大赛,促进教师专业技能的发展和提高。积极完善教师队伍合理流动机制,确保软性教育资源均衡,教师流动500人次,选派90名优秀教师到边远地区、农村学校指导教学。

第四,以落实新课改理念为引领,学生综合素养不断提升。

一是借力全国首届不同风格与流派课改名家论坛,引入课改新思路,提升干部教师课改水平,加强课改交流与沟通,更新课改理念。以社会主义核心价值体系为主要内容,不断深化家庭教育、心理健康教育,推进公民教育、感恩教育;开展为西南旱区献爱心、校园文化评比、精品诗文诵读等系列活动;新开发20家社会大课堂资源单位,资源单位总数增至81家,为社会大课堂活动投入资金达200余万元,参与学生共计9万余人次。启动彩虹读书行动,印发《彩虹读书手册》,分年级为学生推荐必读书目和选读书目;各单位开设校本读书课程,设置图书角,优化校园读书氛围;投入200余万元为学校配齐配好图书;开展读书征文、经典诵读、读书沙龙等系列活动,巩固学生读书成果。

二是制定顺义区《关于进一步规范教学管理的意见》,切实做到“减负增效”;分别举办“小学技术课程建设”、“初中课程改革走进学校”和“高中课程改革走进学校”系列活动;8名学生被列入市级“翱翔计划”培养目标;高考升学率达到91.5%,46人考入清华大学和北京大学。

三是参加北京市中学生田径运动会,再次夺得郊区初中组、高中组和团体总分第一名,取得了19年蝉联冠军的优异成绩;协助区红十字会做好“自救互救”培训活动,3800余名学生参加培训并取得初级急救结业证书;组织绿港小天使艺术团到香港交流演出,树立了艺术团的品牌;在第十一届“北京市中小学师生电脑作品”评选活动中,顺义区获奖总数和获一等奖数均在全市前三名之内;开展科技大赛、科技英语大赛、青少年机器人大赛等活动,顺义区近万名学生参与。

四是基础教育稳步发展。学前教育方面。顺义区学前教育坚持以均衡、协调为基础向着有特色、可持续发展迈进,公办园的比例居全市前列,解决了入园贵问题。接受市验收组示范园分期分批视导及一级一类园验收;推进0-6岁一体化学前教育构建进程,3所中心幼儿园通过市早教基地验收;完成29所幼儿园的级类年度考核工作,内容包括管理保教工作常规、集体教育活动的设计与组织、现场园本教研活动等;规范民办幼儿园管理,确保民办园保教质量;成功迎接国务委员刘延东、全国人大教科文卫副主任唐天标等各级领导视察调研工作。强化服务意识,做好幼儿入园报名工作;各园在招生阶段到辖区摸清适龄儿童数量,做到数量清、情况明;深入居委会,上门招生,没有出现入园难问题。义务教育方面。以中小学规范化建设工程为抓手,在确保达标的基础上积极引导学校走个性化、特色化的内涵式发展之路,提高教育教学质量,促进区域教育和谐发展;开展城乡学校手拉手、攀登英语实验、校本课程开发等项目;加强初中教学观摩,组织初中学生综合素质展示大赛;加强学校档案管理工作,召开“规范档案管理促进学校内涵发展”现场会;加强学籍管理,规范学生异动手续,加强学校 CMIS 网站数据的核查与反馈；完成小学生综合素质发展评价工作，在“北京市小学生综合素质发展评价顺义区现场会”上做经验介绍；优化课程体系建设，推进三级课程建设协调发展；加强学生质量监控与评价；开展彩虹读书活动，在小学尝试读书测试题库建设。高中教育方面。努力探索推进课改新途径，加强特色高中校建设规划，新引进名校北京四中在顺义区办分校，整体提升高中办学质量。创新视导工作模式，采取蹲点下校与随机常规视导相结合的方式，确保视导质量，注重常规课视导效果；强化教学管理常规，制定下发《顺义区中学教学管理常规(试行)》，具体规定了制定计划、备课流程、集体备课、作业批改等环节的细则；开展示范高中尖子生素质展示大赛、高中生综合素质展示大赛；在北京市基础教育先进单位评选中，牛山一中、顺义一中被评为北京市基础教育课程建设先进单位。

第五，以服务经济社会发展为动力，职业、成人、民办教育建设水平不断提升。

1. 职业与成人教育。结合顺义区经济特点新增航空服务、物业管理等 5 个专业；8 名学生在北京市职业技能大赛中获奖；中高职毕业生就业率 100%，教委被评为 2010 年度顺义区就业再就业工作先进单位。继续引进全国知名高校在顺义开设办学点，高校在顺义办学点数量达到 25 所，与高校联合办学在校生总数达 9100 人；培训农民 5740 人次；完成社会化培训 105 万人次；完成高等教育自学考试、计算机等级考试等 13 次考试，共计考生 53166 人，120992 科次。

2. 民办教育。以“民办教育网”为平台，不断增强工作透明度和社会监督力度，方便基层单位和群众；继续开展整顿规范工作，严格控制办学规模，实行非必要不审批，民办学校总数控制在 91 所；以换发办学许可证和年检为契机，对顺义区民办学校办学条件、招生管理、安全卫生、财务管理等方面进行全面检查，规范民办校办学行为；进一步加强流动人员自办校的安全管理，认真制定自办校拆迁安置工作方案，取缔 7 所自办校，妥善分流安置学生 2000 余名；积极引进优质民办教育，在高档社区尝试招标举办民办幼儿园；服务驻区高校和国际学校。

3. 学习型社会。充分利用区电视台、顺义网城等媒体广泛宣传全民学习、终身学习理念；评选顺义学习之星，发挥楷模作用，调研顺义区 60 多家单位，指导有效开展学习型组织创建工作，顺义区学习型组织理论知识培训人数达 3500 多人，顺义区被教育部评为全国第二批社区教育示范区；加强学习品牌创建推出“师说日”、“三农政策直通车”、“顺法大讲堂”、“人口大讲堂”多个学习品牌，丰富教育培训资源，“兴农讲堂”获得市级学习品牌称号；采用走进学校、走进社区、走进企业等灵活多样的教育培训形式，服务社会。

第六、以构建安全和谐校园为宗旨，教育综合环境状况不断提升。

会同有关部门开展校园安全检查，实现人防、物防、技防全部到位，区政府投资 4900 余万元实现校园及周边时时处处监控，教委协助完成校园周边 227 个监控探头、校门卫手动报警的安装，实现 22 个属地派出所监控平台与区公安分局监控平台的链接，投资 1300 万元为顺义区中小学配备专职保安 605 名。加强常规安全检查力度，不定期到基层单位明查暗访，重点抓住应急疏散、食品安全、班校车管理、住宿管理等易爆发群体性伤害事故的关键环节，发现安全隐患立即进行督查整改。举办食品专项培训，强化食品安全管理；组织开展消防安全演练、防震安全演练和应对突发危机事件等各种演练；依托“校园安全远程网络培训”，增强校园安全管理水平。开展针对性和实效性较强的法制宣传教育并及时系统总结了“五五”普法工作。

加强基层单位民主建设，规范教代会程序，注重发挥教代会作用，确保教师的主体参与地位，提升教师参与教育教学管理的水平；组织开展合理化建议月活动，调动教师发展意识、创新意识和责任意识。继续积极建立和完善各项财务管理办法，深化财务改革，实现乡镇学校和区直属单位合并管理；加强工资统发数据审核，认真监督各单位工资数据，做好绩效工资预算和绩效工资补差；建立"教育资金管理系统"，推行资金申请网络审批模式，优化管理流程。依法开展审计工作，严格监督各单位预算执行和财务收支情况，做好固定资产、离任经济责任、专项资金、中小学收费等项目审计工作。结合"领导干部作风建设年"活动，对干部教师进行财务培训和廉政培训；加强基层领导，重点部门、重点岗位廉政风险管理，组织相关人员参加廉政教育活动。

单位名称：顺义区教育委员会
地址：顺义区建新西街1号
电话：(010)69444324
邮编：101300
网址：http://www.shyedu.gov.cn

(周君姝)

学前教育

【概　况】 2010年，公办幼儿园36所，入园3532人、在园10898人，离园2494人幼儿；教职工955人，其中其他人员184人，大学本科学历632人，大学专科学历217人 其他106人(中专96人，高中级以下10人)，学历合格率99%；具有高级专业技术职务0人，中级专业技术职务471人，初级专业技术职务392人；专任教师771人。市级学科带头人0人，市级骨干教师4人，区级首席教师1人，区级学科带头人5人，区级骨干教师81人，区级园丁新星13人，各级各类骨干教师占专任教师总数的13.48%。学前三年教育普及率100%，0-3岁幼儿受教育率90%以上。顺义区理顺体制，加强级类管理，目前该区有一级一类幼儿园27所、其中北京市示范园5所，北京市社区儿童早期教育示范基地30所。

(周君姝)

【后备干部学习交流】 4月16日，顺义区幼儿园后备干部学习交流活动在教委三会议室举行，会议对该区各级各类幼儿园后备干部学员在北京师范大学学习情况进行了总结，顺义区仁和幼儿园业务园长耿兵、南法信幼儿园业务园长王晓鸿等8位学员代表作典型发言，该区人民政府教育督导室主任姜华阳参加。

(冯　军　耿　兵)

【素质教育督导评价培训】 4月29日，区政府教育督导在4月"督学月末讲堂"活动中对顺义区幼儿进行实施素质教育督导评价培训。

(王跃文 周君姝)

【首届幼儿自制图画书活动】 4月23日，仁和中心幼儿园举行了"阅读增长智慧 画笔启迪童心"首届幼儿自制图画书颁奖活动。

(张　洁　周君姝)

【彩虹读书行动】 4月23日，怡馨幼儿园和赵全营幼儿园启动彩虹读书行动。

(周君姝)

【特色家园读书活动】 4月至12月，顺义区幼儿园结合园所特点开展多种形式的家园联系，一是设立家长开放日、家园联系栏、家园图书共享等形式，吸引家长、幼儿园共同参与读书活动；二是聘请专家举办读书辅导讲座提高家长的认识；三是开展"秀秀我家读书趣"活动宣传推广好的做法；四是制定印发《彩虹读书手册》提供适合各年龄段幼儿的读书目录。

(周君姝)

【教育系统安全工作中心组调研】 5月12

日，顺义区教育系统安全工作中心组干部到港馨幼儿园进行安全调研，重点查看了门口安全管理、防护应急队伍组建、食堂食品卫生及园周边环境等，并给予肯定。

（殷　媚　周君姝）

【全面实施素质教育综合督导】 5月20日至27日顺义区教育督导室完成了港馨等5所幼儿园实施素质教育情况进行了综合督导，这是自2004年以来顺义区对幼儿园实施素质教育情况进行的第二轮首批幼儿园的综合督导。此次综合督导依据新修订的《北京市顺义区幼儿园全面实施素质教育评价方案》进行。

（王跃文　周君姝）

【年度考核展示活动】 5月21日，顺义区幼儿园举办级类年度考核展示活动在石园北幼儿园举行，该园的特色建设、家园共建、园本课程开发等工作得到与会人员的肯定，该区幼教中心教研员、顺义区幼儿园园长、业务园长近50人参加。

（孙海英　周君姝）

【幼儿园副园长聘任大会】 7月15日，顺义区教委区幼儿园副园长聘任大会在教委三会议室举行，会议由顺义区教工委委员、区人民政府教育督导室主任姜华阳主持。

（周君姝）

【国务委员刘延东到区调研】 7月21日，中共中央政治局委员国务委员国务院党组成员刘延东到顺义区调研学前教育情况。刘延东一行视察了南法信中心幼儿园室内外环境和教学情况，教育部、发展改革委、妇儿工委等相关部门领导，副市长黄卫、区领导张延昆、王刚、燕瑛同志参加调研。

（周君姝）

【幼儿园招生工作】 7月24日至25日，顺义区2010年幼儿园招生工作全面完成。

（周君姝）

【幼儿园饮热水问题】 8月1日至31日，为顺义区33所幼儿园每班配备了温开水直饮机。此饮水机制出的水，经过多次过滤和高温消毒，再经冷却到30℃－40℃，可让孩子饮用可口洁净的饮用水，提高顺义区幼儿园的保教质量。

（赵之军　周君姝）

【北京市学前教育技术专业委员会年会】 10月21日至22日，顺义区教育新中心组织该区仁和等5所幼儿园参加在延庆举办的“北京市学前教育技术专业委员会第三届年会”。在本届专业委员会作品评选活动中，该区会员园教师制作的多媒体课件、活动课例、个人博客作品均取得优秀成绩。获市级一等奖作品11件，二等奖作品21件，三等奖作品29件。

（王成效　周君姝）

【第五届婴幼儿亲子游戏大赛】 10月23日，顺义区第五届婴幼儿亲子游戏大赛在顺义少年宫举行。参加大赛的共有100余名宝宝，其中最小的只有7个月，最大4周岁。出席本次大赛的领导有区妇联副主席董敬红、区少年宫主任贾福岐、副主任张广忠、妇女儿童活动中心主任王灵芝等人。

（刘　伶　周君姝）

【幼儿园食品卫生安全专项培训】 11月11日，区教委邀请区食品卫生监督所郭金生，对幼儿园食堂食品卫生安全工作主管领导进行了专项知识培训。培训结合食品卫生案例，通过大量直观的图片、视频，生动的阐述了校园食堂食品卫生安全管理工作中易存在的问题和应采取的解决措施顺义区40余人参加。

（张立新　周君姝）

【区级学前教育教学研讨会】 11月20日，顺义区学前教育教学研讨会在牛山幼儿园召开，该研讨会以“《比比和朋友》课程”为专题。牛山幼儿园教师韩大华展示了《谁能帮助我们》教学活动，参与教师进行听课、评课活动并就该课程的环境布置、教学环境创设及师幼交流等给予肯定，来自顺义区的30余名教师参加。

（任玉华　周君姝）

【幼儿教师获得全国一等奖】 11月20日至23日,顺义区双兴幼儿园赴深圳参加全国第三届两岸三地同课异教幼儿园教学研讨会,来自全国十个省市的20名教师参加了观摩课展示,其中该园教师董艳青组织的观摩活动《勇敢的大脚鸭》荣获一等奖。

(王冬梅　周君姝)

【全国自制玩具大赛】 11月29日,顺义区尹家府中心幼儿园自制的玩具"系列玉米骨变变变"在全国第二届自制玩具大赛中获二等奖。

(李　艳　周君姝)

【早期儿童发展ECD验收】 12月2日,顺义区宏城幼儿园顺利通过教育部、联合国儿基会"早期儿童发展ECD"及"爱生幼儿园"项目组中期验收。

(李金平　周君姝)

【全国人大教科文卫副主任唐天标调研】 12月3日,全国人大教科文卫副主任唐天标到顺义区进行学前教育立法调研,实地查看了宏城幼儿园、新英才幼儿园和泛美幼儿园,听取了教委、发改委、财政局等部门工作汇报,与部分幼儿园园长、幼教中心教研员座谈。区人大主任马庚良、副区长燕瑛、区教委主任冯义国、区政府教育督导室主任姜华阳等领导陪同。

(徐振阳　周君姝)

【新增5所公办幼儿园】 年内,顺义区新增5所公办幼儿园。9月1日,顺义区金汉绿港幼儿园、裕龙幼儿园、南彩第二幼儿园、馨港幼儿园4所公办幼儿园全部顺利开园,吉祥幼儿园在积极筹备中。其中金汉绿港幼儿园是新建园,裕龙幼儿园和是吉祥幼儿园由民办幼儿园专制为公办幼儿园,南彩第二幼儿园和馨港幼儿园分别是由南彩幼儿园分园和李桥幼儿园分园通过扩建、扩招独立出来。10月8日决定建立吉祥幼儿园。

(周君姝)

中小学教育

【概　况】 2010年全区小学36所;教学班846个,在校生31468人(借读生12258人),招生5768人(借读生2636人),毕业5929人;教职工2768人,其中,专任教师2137人;小学入学100%,巩固率100%,毕业率100%,及格100%。中学37所,其中,初中27所,完中2所 ,高中4所,九年一贯制学校4所;教学班769个,其中,初中教学班350个、完中教学班110个、高中教学班212个、九年一贯制学校教学班数97个;毕业11128人(初中5122人)、招生8774人(初中4736人),在校学生26502人(借读生2667人),其中,初中14059人(借读1261人),高中12443人(借读生944人);初中入学率100 %,巩固率100%,毕业率100 %,及格率100 %;高中阶段入学率99.8 %,毕业合格83.69%,应届高考录取率91.3%;教职工3949人,其中,专任教师2936人(初中1647人、高中1289人)。小学专任教师学历合格率100 %、初中专任教师学历合格率100 %、高中专任教师学历合格率100 %。中小学市级特级教师18人,其中,小学特级教师2人、中学特级教师16人。中小学教师具有高级专业技术职务1082人,其中,小学教师21人、中学教师1061人。全区中小学图书馆藏书237.7万册,电子图书12448片。校舍总占地面积3349922平方米,总建筑面积1025956平方米。固定资产总值134221.23万元。全年教育经费投入129000万元,其中,国家拨款和125033.4万元,自筹经费3966.6万元。

(周君姝)

【区小学教学监控课题研修班】 1月4日,

顺义区小学教学监控课题研修班在东风小学召开课例研讨会，围绕“如何上好数学纠错课”进行专题研讨。首师大教授部舒竹参与活动并进行指导。

（黄秋凤 周君姝）

【绩效工资会议】 1月5日，顺义区教育系统安排部署绩效工资会议在顺义一中报告厅举行，会议由该区教工委委员、教育督导室主任姜华阳主持，会议解读了《顺义区义务教育学校绩效工资实施细则》和《北京市义务教育学校教职工绩效考核试行办法》；传达部署绩效工资纪律工作和区教委、区财政局印发的《教育系统预算外资金管理暂行办法》。全区教育系统中层以上干部700余人参加。

（周君姝）

【科技教育工作研讨会】 1月7日，顺义区科技教育工作研讨会在牛栏山一中举行，与会人员听取牛栏山一中科技教育工作经验汇报，参观该校科技教育成果展示及科技教育活动室。顺义区副区长燕瑛出席并讲话。市教委体美处刘静成、北师大教授刘英健、区教委、少年宫等相关领导以及该区16所市区级科技教育示范校主管领导30余人参加研讨会。

（张广忠 杨小青 周君姝）

【中小学生健康知识竞赛】 1月7日，顺义区第八届中小学生健康知识竞赛决赛在顺义区卫生局报告厅举行。内容涉及传染病、慢性病、健康生活方式和科学饮食等学生成长必需的健康知识，天竺中学和仁和中小分获中学组和小学组第一名。副区长燕瑛、市教委、市疾控中心领导及区教委、区卫生局等领导出席决赛现场。全区共计约6万名中小学生参加此项活动。

（于金龙 周君姝）

【全国教育督导信息宣传会】 1月12日，由北京市人民政府教育督导室承办的“全国教育督导宣传会议”在北京召开。教育部国家教育督导办副巡视员、中国教育学会教育督导研究会常务理事长程锦慧介绍了国家教育督导办2010年工作要点，北京市政府教育督导室副主任刘莉介绍了北京市教育督导工作经验，顺义区作《加大宣传力度、提高督导实效》的典型发言。

（王跃文 周君姝）

【春季高中会考】 1月13日，顺义区春季高中会考顺利举行，全区共有考生9745人，其中参加新课程会考的考生9422人，原方案会考补考的考生323人；共设牛栏山一中、顺义一中、杨镇一中、顺义二中、顺义九中和顺义十中等7个考点187个考场。今年会考在预防考生作弊方面采取了新措施，一是增设电子信息屏蔽系统；二是增设教育部门和各考点电子监控系统专门领导小组；三是在考生签订个人诚信责任书的基础上增加校长签订学校诚信责任书。

（周君姝）

【学校卫生培训班】 1月18至19日，顺义区《2009－2010年学校卫生工作培训班》在教工疗养院开班，全区中小学校主管领导和校医（保健教师）170余人参加培训。

（赵玉梅 周君姝）

【教育系统领导干部工作会】 2月3日，顺义区教育系统领导干部工作会在杨镇一中召开，会议对2009年工作进行总结，对2010年工作进行全面部署，教育系统中层以上干部近800人参加会议。

（周君姝）

【全国中小学艺术节展演】 2月27日至3月2日，全国第三届中小学生艺术展演活动在上海举行。顺义区牛栏山一中教师王炜、南法信中学教师刘金颖作为北京代表参加艺术教育科学论文展示活动均获一等奖。

（杨晓东 周君姝）

【教育督导会】 2月4日，顺义区召开依法履行教育职责全面推进素质教育总结会，会议由区政府教育督导室主任姜华阳主持，副区长燕瑛出席会议，各镇政府、街道办事处及各有关委办局主管教育领导60余人参加会议。

(王跃文　周君姝)

【庆三八暨巾帼建功表彰活动】 3月5日，顺义区教育系统庆“三八”暨巾帼建功表彰大会在顺义一中报告厅举行，会议表彰了顺义一中女工委员会等40个2009年女工工作先进集体；分别授予30名教师“爱岗敬业好教师”、“科学教子好家长”、“孝敬公婆好儿媳”荣誉称号。教育系统女校长、女园长、女工主任及女教师代表300余人参加了大会。

(胡金凤　周君姝)

【继续教育工作会】 3月19日，顺义区教育系统继续教育工作会在教育研究考试中心召开。全区各单位主管继续教育领导及工作人员120人参加。

(杨　红　周君姝)

【中小学生春季运动会】 3月19日至21日，顺义区中小学生春季田径运动会在杨镇一中举行。

(杨晓东　周君姝)

【接待丰台教育考察团】 3月20日，顺义区接待丰台教育考察团，该考察团一行40余人就“十二五”教育发展规划进行全面考察，重点了解区域布局调整、两支队伍建设、学校教育教学管理情况，双方还就区域教育发展状况、目标、措施及重点、亮点工程分组进行深入交流。

(王跃文　周君姝)

【光明小学迁入新址】 3月20日，顺义区光明小学由地处光明北街的原校搬迁到地处东安路西侧、金汉绿港三区内的新校区。新校占地面积20000平方米，建筑面积17000平方米，原校址于1979年启用，使用了31年。

(谢桐良　周君姝)

【中小学生社会大课堂工作推进会】 3月23日，顺义区区召开中小学生社会大课堂工作推进会，会议解读了顺义区教委《关于推进中小学生社会大课堂工作的意见》。

(苏建鹏　周君姝)

【中小学体育自查工作】 3月25日至4月15日顺义区教委协同顺义区教育督导室组织全区中小学开展体育工作自查，内容以《顺义区中小学校体育工作自评指标体系(试行)》为重点。

(王跃文　周君姝)

【校本课程研讨会】 3月26日，顺义区小学校本课程实施研讨会在马坡二小举行，与会人员观摩了马坡二小舞龙、火绘葫芦等19节校本课程的展示课。马坡二小、杨镇中小、西辛小学分别就各自的校本课程开展情况进行经验介绍。会议要求：一是要将校本课程与国家课程、地方课程相互协调起来，完善三级课程体系；二是要充分利用周边资源，建设有地域特色的校本课程；三是要加强课程建设与管理，发挥特色，鼓励校际合作，实现资源共享。区教委相关领导及各校主管领导近200人参加。

(王桂英　庞红丽　周君姝)

【安全工作会】 3月26日，顺义区召开教育系统安全工作会，要求各单位利用一周时间对各项安全工作进行一次全面排查。

(周君姝　周君姝)

【小学规范化建设会】 3月30日，顺义区召开小学规范化建设随访督导总结暨评估验收启动大会。该项督导于2008年4启动历时两年时间完成一轮随访督导，督导中严格依照《北京市教委、市督导室关于实施小学规范化建设工程的意见》、《顺义区小学规范化建设工程规划》和《顺义区小学规范化建设督导验收工作方案》进行。

(王跃文　周君姝)

【世博会中学生形象推介大使】 3月至5月，通过全球海选，顺义天竺中学三(1)班周由希从来自中国、德国、英国和日本等10多个国家和地区的3000名竞选者中脱颖而出，被聘为世博唯一乡村馆——浙江奉化滕头村馆的形象推介大使，也成为了上海世博会唯一的中学生形象推介大使，被网友称为“中国最牛中学生”。

（杜　颖　周君姝）

【顺义十中更名为北京四中顺义分校】 4月5日，顺义十中正式更名为北京四中顺义分校，顺义十中于2004年9月正式成立为一所完全中学，张福利任校长。

（周君姝）

【启动文明交通行动计划】 4月8日，顺义区教育系统文明交通行动计划启动仪式在顺义八中举行，该项计划以“关爱生命，文明出行”为主题。

（单继荣　周君姝）

【接待昌平区人大代表调研】 4月15日，顺义区接待昌平区人大代表调研高中名校建设情况，顺义区人大副主任贾春林、区政府副区长燕瑛出席，区教委主任冯义国、区教育督导室主任姜华阳等人陪同。

（周君姝）

【新星杯英语词汇游戏大赛】 4月17日，顺义区中小学生第十三届“新星杯”英语词汇游戏大赛和第十届语言技能技巧大赛在石园小学圆满结束，比赛共设家庭组180组，其中包括汉语棋397人，英语棋1800余人。共有四十余所中小学校2300余人参加。

（刘　颖　周君姝）

【体育卫生工作专项督导】 4月20日至22日，顺义区教育督导室协调装备部、考研中心体育教研室等部门，分四组对东风小学、南彩学校等34所中小学体育卫生工作进行了专项督导。

（王跃文　周君姝）

【承办市级研修活动】 4月21日，顺义五中承办市级《双优工程优质校建设项目》研修活动，特邀国内著名心理学专家田国秀作《激发学生持续学习兴趣——从自我激发开始》专题报告。

（陈艳清　张凤伶　周君姝）

【舞蹈地方课程研究展示活动】 4月22日，北京市美育研究会宣讲及顺义区舞蹈地方课程研究展示活动在天竺中小召开。

（杨晓东　周君姝）

【彩虹读书行动启动会】 4月23日，顺义区彩虹读书行动启动会在区考研中心报告厅举行，顺义区教委副主任张华礼解读了《顺义区中小学（幼职）“彩虹读书行动”实施方案》，指导用好《读书手册》。

（张旭东　周君姝）

【第48届中学生运动会】 4月23日至25日，第48届北京市中学生运动会在丰台体育中心举行。

（张克深）

【北京市中学生田径运动会】 4月25日，顺义区运动健儿在北京市中学生田径运动会上获金牌25枚、银牌25枚、铜牌9枚，以307分摘取郊区初中组第一名，以368分夺取郊区高中组第一名，以675分勇夺郊区团体总分第一名。有三人一队打破北京市中学生运动会纪录。另外，顺义区还获得“优秀组织奖”，取得了精神文明和竞技比赛双丰收。迄今为止，该区已连续18年夺得郊区组冠军。

（张克深　周君姝）

【区小语学会获奖】 4月27日至29日，中国教育学会小学语文教学研究会成立三十周年庆典暨教学研讨会在天津市召开，来自全国各地近1000多名代表参加了会议。顺义区小学语文教学研究会被中国教育学会小学语文教学研究会评为全国教育学会小语教学研究先进单位；教师闫兴河被评为先进工作者；教师孔凡艳撰写的论著《“学案式阅读教学”探索》被评为论文（论著）一等奖。

（苏静林　周君姝）

【区长到俸伯中学现场办公】 4月28日，区长刘剑到俸伯中学现场办公，听取了教委校舍安全工程情况汇报、南彩镇土地征用情况汇报及发改、土地、规划、建设等相关委办局情况汇报。

（周君姝）

【各校开展读书活动】 4月28日至12月31

日,顺义区各校积极落实彩虹读书行动,一是李桥中学等校开设儒学、《三字经》等网络课程,开设故事亭、资源抢先看、晒晒心声等学习板块激发学习兴趣;二是顺义二中等校读书社组织开展"书香伴成长"读书交流活动,活动由"你说、我说、大家说"读书分享活动和评选表彰"读书好少年"、"读书示范班"两部分组成,约3000余名学生参加;三是天竺中小等校结合"我爱读书"和"低碳生活从点滴做起"两个主题,开展"好书共分享——图书交换" 活动;四是马坡中小、北小营中小、小店中小和李各庄学校等采用古诗配画、古诗文歌曲、古诗与练笔、古诗与拍手歌、古诗与跳皮筋等多种形式开展诵读经典诗文展示活动。

(周君姝)

【安全工作】 4月至5月,顺义区各校多种形式进行安全教育,一是尹家府中学等利用主题班会、国旗下讲话、板报等渠道普及安全知识,采取实际操作、实地演练等形式培养提高安全技能,使安全教育成为日常必修课。二是光明小学等将新校舍的上下楼路线进行详细划分、作指示标记,组织学生按路线进行疏散演习。三是空港小学等组织520余名学生进行火灾安全逃生演练。

(周君姝)

【社会大课堂实践活动】 4月至12月,顺义区各校学校组织落实社会大课堂实践活动。一是组织开展文化陶冶类活动,参观世界艺术馆、首都博物馆等;二是组织开展科技开拓类活动,参观北京的科技馆、天文馆等;三是组织开展警示教育类活动,参观北京市禁毒教育基地等;四是组织开展实践体验类活动,到神笛陶艺村、三高农业示范区等地去体验;五是组织开展感受成果类活动,参观北京规划展览馆、中华世纪坛等。截至12月顺义区中小学累计共16万人次参加社会大课堂实践活动。

(周君姝)

【曾庄大鼓参加开幕式演出】 5月4日,顺义区沙岭学校曾庄大鼓队参加了2010年中美滑水明星对抗赛开幕式和2010北京郁金香文化节开幕式,用鼓声为赛事和文化节加油助威同时传承中国传统文化。

(郝兰霞　周君姝)

【科技专家进校园活动】 5月4日至31日,顺义区各校开展大手拉小手科技专家进校园主题教育活动。一是李桥中学、牛山三中和沿河中小等校以"低碳生活"为主题分别邀请中国科学院植物研究所副研究员关秀清、中国科学院研究生院教授陈佐忠和北京教学植物园高级教师高付元作《低碳生活,高尚生存》、《身体力行过低碳生活》、《保护植物与低碳生活》专题讲座;二是明德小学等校邀请中国科学院电子学研究所高级工程师李悌兴教授作《千奇百怪的星云》天文知识讲座;三是小店中小等校邀请中国科学院资源与地理所研究员教授孙惠南作《百慕大三角之谜》地理知识讲座。

(周君姝)

【小学规范化建设督导验收】 5月6日－27日,顺义区教育督导室完成了对牛山中小等7所学校小学规范化建设工程督导评估验收工作。依据《北京市顺义区小学规范化建设学校督导评估方案(试行)》和《北京市中小学校办学条件标准细则(试行)》,从括软件和硬件建设两方面进行评估验收。在评估验收过程中,采取听取校长关于小学规范化建设工作思路、措施、实施效果等情况汇报,听课及查看学校规范化建设规划、年度工作计划和总结等档案资料,实地察看课间操、眼睛保健操和课外体育活动、学校校容校貌、教育教学设施设备,重点查看专用教室建设、音体美器材、图书资料等的管理与使用情况等。最终,观看高年级《科学》课程中要求的分组实验21个并分别填写实验记录单,听课70节,组织家长问卷700份,教师问卷436份,学生问卷280份;访谈校长、中层干部21名,访谈教师21名，召开学生座谈会70人次，召开家长座谈会70人次。督评人员认真分析汇总，充分挖掘学校实施小学规范化建设工程以来取得的成绩，针对学校发展过程中存在的主要问题提出具有建设性、可操作性的改进意见，不断推进全区教育优质均衡发展。

（王跃文　周君姝）

【区委书记张延昆调研】　5月8日，顺义区区委书记张延昆到杨镇一中调研学校安保工作情况，听取了学校安保工作情况汇报，重点就校内家属管理、流动人口控制以及车辆管理等情况进行详细了解。张延昆书记对该校的安保工作给予充分肯定，并指出：校园平安是搞好教育事业的基础，校园平安是关系到社会千家万户的大事，所有领导和主管校园安全的老师要充分重视，各项安保制度要做到规范化、长期化、常态化，维系社会和谐。顺义区教委主任冯义国、区人民政府教育督导室主任姜华阳等领导陪同调研。

（杨文功　周君姝）

【全国中学生生物学联赛】　5月9日，由全国中学生生物学竞赛委员会、中国植物学会、中国动物学会联合举办的2010年全国中学生生物学联赛在顺义区教育研究考试中心举行的，并于11月19日揭晓比赛结果，顺义区9名高中二年级学生获奖，其中二等奖2人，三等奖7人，居北京市远郊区县首位。

（许冬梅　周君姝）

【防震应急疏散演练现场会】　5月11日，顺义区防震应急疏散演练现场会在东风小学举行，顺义区民防局副局长田富贵对活动进行部署，阐明了活动的目的意义、要求。东风小学汇报了开展安全教育工作情况，该校1600多名学生在接到警报后按照指定路线、安全出口，迅速有秩序地撤离教学楼，顺利完成防震应急疏散演练。与会领导对如此大规模、快速度、井然有序的疏散演练给予高度评价。顺义区人民政府教育督导室主任姜华阳强调：要在日常工作中突出做好三项工作：一是认清形势，强化安全教育；二是组织演练，提高师生应对突发事件能力；三是加强常规管理，实现校园安全管理精细化。该区地震局、应急办和公安分局领导出席，全区各教育单位一把手及主管安全工作领导250余人参加。

（范月聪　尤景华　周君姝）

【顺义区中小学音乐教师合唱团】　5月12日，顺义区中小学音乐教师合唱团成立大会在考研中心举行，合唱团由70余名中小学音乐教师组成，通过笔试和专业素质考核在全区近130名教师中选拔产生；聘请了著名作曲家金巍先生为艺术顾问、中国交响乐团合唱团著名女高音歌唱家许晶女士为艺术指导。会议提出：一是要把合唱团办成一个和谐、融洽、陶冶情操、提升艺术素养的团队；二要把合唱团打造成为素质教育下我区教师队伍发展的一个品牌和亮点；三是合唱团要强化管理机制，促进教师合唱团可持续发展。该区教委副主任张海东、区教育工会主席王玉英出席。

（杨晓东　周君姝）

【中学心理健康教育研讨会】　5月13日，顺义区中学心理健康教育研讨会在天竺中学举办，与会人员观摩了该校两节心理健康活动课，听取了学校心理健康教育工作情况汇报，参加了《顺义区初级中学班级心理辅导活动实施指南》、《顺义区高级中学班级心理辅导活动实施指南》课程培训。会议要求：各校真正将心理健康教育纳入学校课程计划，纳入教育教学检查并进行专项评价。心理教育专家、北师大博导郑日昌教授出席并提出三点建议：一是心理健康教育要与学校德育、团队活动相结合，提高实效；二是采取措施，进一步加强心理教师队伍建设；三是创造条件、搭建平台，不断提升心理教师专业素质。全区中学主管心理健康教育领导及心理教师80余人参加。

（杜　颖　周君姝）

【中小学生航空模型赛】 5月15日,"放飞理想"——顺义区第11届中小学生航空模型竞赛在顺义九中举行。该项竞赛由顺义区教委主办、顺义区少年宫承办、顺义九中协办,来自全区30余所中小学校的441名中小学生参加了该项竞赛。

(苏建鹏　周君姝)

【国际田联少儿趣味田径】 5月18日,国际田联少儿趣味田径展示活动在赵全营中小举办。

(王　艳　周君姝)

【中学交互式电子白板应用与交流】 5月18日,顺义区中学交互式电子白板应用与交流现场会在李桥中学举行。与会人员听取了该校电子白板应用情况汇报,观摩了语文、数学、物理、英语4节课,并将语文课进行了网上直播,展示了电子白板技术与网络整合提高教学实效的发展前景。会议要求各校要做好四项工作:一是加强白板应用技术培训;二是加强校内、校际间白板技术应用的研讨交流;三是做好白板应用课题引领工作;四是组织教师开展应用实践。顺义区教委、信息中心、考研中心相关人员及各学校教学主管领导、学科教师近150人参加。

(刘　颖　周君姝)

【可持续发展教育现场会】 5月19日,北京市有效利用资源推进可持续发展教育现场会在顺义区杨镇二中举办,与会人员听取了该校《享受资源,幸福成长》汇报,观摩了《走进文化长廊 诵诗词》语文课和《民族情深》政治课,两节课分别选取学校百米文化长廊和内地新疆班等校本资源将教材内容有效整合,体现学校特色,并得到与会专家充分肯定。市教科院谢春风、钱丽霞,市教科院基教处教研员及区教委领导出席会议。全市各区县科研负责人、可持续发展教育项目学校负责人及学科教师代表120余人参加。

(陈　明　周君姝)

【小学教师基本功培训与展示】 5月20日,顺义区小学教师基本功培训与展示总结表彰会在考研中心举行。会议全面总结基本功展示活动情况,表彰了21名一等奖获得者、27名二三等奖获得者,马坡中小纪海强作典型发言,东风小学刘秀清进行说课展示。会议提出三点要求:一是各校要在全区教师培训基础上,立足校本,争取外援,创新校本培养模式;二是各位教研员,要研究教研方式,吸引教师参加,提高教研活动质量;三是各位获奖教师,要以此次获奖为起点,把基本功锤炼与实际教学相结合进一步提高教育质量。区政府教育督导室主任姜华阳、区教委副主任陈成国、张海东等出席会议,全区小学校长、教学主管领导及获奖教师150余人参加。

(周君姝)

【高考协调会】 5月21日,顺义区副区长燕瑛主持召开2010年高考协调会,会议印发了《顺义区普通高等学校招生全国统一考试工作实施方案》、《顺义区国家教育统一考试突发事件应急处置程序及办法》,具体部署了各部门职责。副区长燕瑛指出:1. 精心组织,要把高考组织工作放到全区发展和稳定的高度,相互配合,认真贯彻落实高考实施方案。2. 责任落实,根据本部门职责特点,制定工作预案和突发事件应急处理预案。要细化分工,责任到人,全面落实责任倒查制度和责任事故追究制度,严格规范操作。3. 确保安全,严密组织,做好试卷接送、存放工作,严防出现任何形式的试题失密事件;做好高考考点校校园及周边环境和交通等方面整治工作,做好夏季易发传染病预防工作,确保师生人身安全,确保群众满意。

(李冬山　周君姝)

【可持续发展教育示范学校年检验收】 5月21日,顺义区可持续发展教育示范学校年检验收答辩会在顺义五中举行。会议由区科研室周靖燕老师主持,国家督学、北京市政府教育督导室原副主任高玉琛、可持续发展教育全国工作委员会副主任王桂英等五位专家出席。答辩会围绕“主体探究,综合渗透,合作活动,知行并进”的16字原则为主题,参加年检的顺义五中、顺义十中、北石槽中学、高丽营二小四所学校针对本校如何贯彻可持续发展理念、开展系列活动、取得的成果进行一一汇报,对专家提出的问题进行详实的解答。会议达成这样一个共识:走可持续发展道路,促进人的全面发展关键在于人的可持续发展能力,就是学会学习、学会做事、学会共处、学会生存、学会发展。高玉琛主任指出:顺义区开展可持续发展教育虽然起步较晚但研究很深入,在可持续发展教育整体推进策略的引领下,四所学校将可持续发展的理念融入本校的办学思想中并在实践中做出了积极的探索为全市其他区县提供了宝贵的经验。顺义区教委表示:一是要不断提升自身关于可持续发展的认识,在深化课程改革、学科教学改革方面做出新的探索,取得新的进展;二是要辐射带动一批学校向优质学校的目标迈进;三是要办出特色,维护顺义区传统办学特色的同时,加强各个学校开展可持续发展教育特色环节的建设,结合教委提出的“三名工程”,早日形成顺义区具有典型意义和推广价值的经验,在更广的范围展示顺义区校长和教师关于可持续发展教育的理性思考和实践创新成果。

(周君姝)

【先进工作者报告表彰会】 5月26日,北京市先进工作者报告会暨顺义区优秀师德群体师德标兵表彰会在杨镇一中举行。会议表彰了60个优秀师德群体、214名师德标兵区妇联主席赵桂清、区人民政府教育督导室主任姜华阳、区总工会副主席苏瑞峰等领导出席会议,教育系统一把手、党支部书记、工会主席及师德群体代表、师德标兵近400人参加。

(周君姝)

【首届全国教育门户网站评比】 5月31日,在中国首届教育门户网站评比活动中,经过专家打分评选顺义区教育信息网获优秀网站。该活动由中国教育发展战略学会教育管理信息化专业委员会、中国教育信息化杂志社主办,于2009年12月1日启动2010年5月31日结束,全国20多个省市近500个网站参评。北京市参评的区县网站共获得一个最佳网站,四个优秀网站。

(周君姝 王成效)

【校安工程竣工学校落成剪彩】 6月1日,顺义区校安工程第一所竣工学校落成剪彩仪式在张镇小学举行。仪式由顺义区教委副主任陈成国主持,仪式上,少先队员代表向与会领导敬献红领巾;张镇小学校长岳庆良作了发言;家长代表张震菊、学生代表刘志聘分别发言;副区长燕瑛、区政协副主席王玉奇两位区领导,区教委主任冯义国、区市政市容委主任李国新、张镇党委书记洪全及区发改委副主任赵汉民、区主建委副主任刘志义、区财政局副局长张小军、国土分局副局长赵丽婷出席并剪彩。副区长燕瑛代表区委区政府作了重要讲话,指出:中小学校舍安全工程,是一项政治任务,是一项民生工程。按照中央、北京市要求,顺义区正在抓紧时间部署落实;同时要以张镇小学成功新建范例,加快推进校安工程进度,改善办学条件、优化教育环境、推进教育均衡、深化教育改革,为顺义区中小学生创设和谐的校园环境。该区中小学校长、各镇教育助理及该校师生、家长代表600余人参加。

(周君姝)

【小学生综合素质发展评价现场会】 6月4日,北京市小学生综合素质发展评价顺义区现场会在区考研中心报告厅举行。该现场会由市教委、市教科院、市基础教育阶段学生综合素质评价推进组主办,顺义区教委、顺义区考研中心承办。该区作《整体部署 积极推进促进学生主动发展》经验介绍,该区天竺中小、仇店中小、双兴小学、仁和中小、河南村中小分别从学校整体工作、思想道德评价、个性发展评价、学科教师撰写评语、心理健康评价等方面介绍经验。市基教处副处长徐建姝、学生综合素质评价推进组主任张爱兰对顺义区的工作给予充分肯定。该区教委相关领导出席，各区县小教科科长、教科所所长、学校干部教师代表300余人参加。

（张晓宪　周君姝）

【小天使艺术团声乐团演出】 6月10日、11日晚，大型原创歌剧《青春之歌》在国家大剧院演出。该演出由北京大学歌剧研究院与中国歌剧舞剧院联合推出。绿港小天使艺术团声乐团的10名学员参加了此次演出。并且中共中央政治局常委李长春出席观看了此次演出。学员们非常有幸与领导人、与著名歌唱家金曼，天津青年歌唱家王泽南同台献艺。学员们一致反映不仅提高了演唱水平还接受了舞台表演的训练，提高了表演能力。

（高英梓　刘月娟　周君姝）

【教学设施】 6月，顺义区教委装备部为顺义区中小学采购353块交互式电子白板，其中中学9所，计113块；小学15所，计240块。截止12月31日顺义区中小学交互式电子白板（包括液晶触摸屏）保有量已达1200余块，顺义区中小学教学班已有80%装有电子白板，为顺义区在北京市率先实现教育现代化打下了坚实的基础。

（赵之军　周君姝）

【资源征集活动】 6月至9月15日，顺义区教育信息中心组织全区教师参与北京市第五届创新教学案例、优秀课件、创意作品和试卷评比活动。

（王成效　周君姝）

【NOC大赛】 7月19日至22日，“第八届全国中小学信息技术创新与实践活动”（简称“NOC活动”）决赛在江苏省无锡市举办。

（王成效　周君姝）

【全国青少年机器人竞赛】 7月18日至24日，在第十届全国青少年机器人竞赛中顺义区少年宫“启明星”队与顺义一中“探路者”队，分获FLL初中组冠军和FLL高中组二等奖。本次比赛共有来自全国32个省市六百余支代表队1400多名学生参加。本次竞赛顺义区首次采用的乐高NXT机器人器材，自2009年10月开始，顺义少年宫、顺义一中、北石槽中小等几所学校多名师生一起参与FLL项目解决方案的研究。经过2010FLL机器人世锦赛中国公开赛北京选拔赛、2010FLL机器人世锦赛中国公开赛、2010年北京市青少年机器人竞赛的历练，解决方案经过反复的修改和完善终于取得优异成绩。

（刘　岩　周君姝）

【波音少年世博夏令营】 7月25日至29日，顺义少年宫活动部老师带领光明小学的7名学生参加了“波音少年看世博”夏令营活动。

（陈　鹏　周君姝）

【全国青少年科学体验活动】 7月26日至31日，顺义区东风小学32名学生代表该区参加在上海举办的全国青少年科学体验活动总决赛。经过笔试和实际操作两个环节的较量，该校32名参赛学生中，17人获金奖，8人获银奖，7人获铜奖。顺义区代表队得到全国组委会领导和评委的高度评价，并在颁奖表彰大会上提名表扬。王秀旺、张晓丽2名教师均被评为“全国青少年科学体验活动优秀辅导员”，该校被授予“全国青少年科学体验活动示范基地”称号，顺义区少年宫也获得了“全国青少年科学体验活动优秀组织奖”。

（范月聪　薛海洪　周君姝）

【绿港小天使艺术团演出】 7月29日，《桃李芬芳》全国青少年民乐观摩音乐会（155期）在香港屯门大会堂演奏厅隆重上演。

（刘　岩　周君姝）

【绿港小天使书画院赴台交流】 7月30日至8月3日，应台北青少年育乐中心邀请顺义绿港小天使书画院师生一行10人，赴台参加2010年两岸三地青少年书法交流活动。

（亢青松　周君姝）

【区领导视察校安工程】 8月3日，区委书记张延昆视察校安工程，视察了牛栏山一中、牛栏山一中实验学校、马坡中学3所学校校安工程的推进落实情况。

（周君姝）

【全国中学生田径锦标赛】 8月13日至16日，2010年全国中学生暨体育运动学校田径锦标赛在牡丹江市第一高级中学举行，顺义区学生在2010年全国中学生暨全国体育运动学校田径锦标赛上，取得了7块金牌、5块银牌、4块铜牌、一人打破全国中学生纪录的优异成绩。

（言承东　周君姝）

【市教育督导室主任线联平到区检查】 8月20日，顺义北京市人民政府教育督导室主任线联平到顺义检查校舍安全工程进展情况，顺义区委书记张延昆、副区长燕瑛、区教工委书记冯义国等领导陪同检查。2010年，顺义区校舍安全改造工程加固和新建面积63万平方米，投资18.4亿元。目前，新建项目已开工7万平方米、加固项目开工17万平米。

（王跃文　周君姝）

【环渤海教育督导联盟第四届年会暨教育督导论坛】 8月20日至21日，“环渤海地区教育督导联盟第四届年会暨教育督导论坛”在北京顺义召开，来自环渤海地区辽宁、河北、山东、山西、北京、天津和内蒙古四省二市一区的教育督导机构和人员围绕着“教育督导创新与学校内涵发展”的主题展开了深入研讨。

（王跃文　周君姝）

【高中教师基本功竞赛培训】 8月24日，顺义区高中教师基本竞赛培训暨启动大会在考研中心报告厅举行，顺义教育研究考试中心主任张海详细解读了《2010－2011年顺义区高中教师基本功培训实施方案》，布置了培训的具体方案，北京101中学校长郭涵作《新课程背景下如何提高教育教学质量》主题报告。教委副主任张华礼出席；全区各高中校校长、主管教学的中层以上领导、教研组长、备课组长等近300人参加。

（王晓芳　周君姝）

【高考成绩】 8月，顺义区高考再创历史新高，全区共有5488名学生参加全国普通高等学校招生考试，其中文科考生1422人、理科考生4066人。截至8月1日，46人被清华、北大两所名校录取，3330人被本科院校录取，录取率为60.68%，比2009年提高0.18个百分点，比全市本科计划录取率53.75%提高6.93个百分点。高考成绩连续33年居远郊区县之首，居全市前列。

（周君姝）

【撤并6所学校】 8月28日，经第15次两委办公会决定，顺义区板桥中学并入赵全营中学，牛山三中并入牛山二中，尹家府中学、小店中学并入北务中学。

（周君姝）

【庆祝教师节暨表彰先进大会】 9月4日，顺义区庆祝教师节暨表彰先进大会在顺义影剧院召开。区领导张延昆、马庚良、陶宝金等出席，大会由区委副书记胡尚云主持。

（徐振阳　周君姝）

【市人大领导视察】 9月13日，市人大副主任赵凤山视察牛栏山一中，区委书记张延昆等陪同。

（徐振阳　周君姝）

【全国首届课改论坛】 9月18日－19日，全国首届课改论坛暨中小学高效课堂教学展示会在顺义区举行。

（徐振阳　陈慧明　周君姝）

【市网管教师基本功培训与展示】 9月21日，由北京市教育委员会主办，北京市教育网络和信息中心承办的首届“北京市网管教师基本功培训与展示活动”第一阶段基础知识答题竞赛在北京交通大学举行，顺义区10名选手全部入围第二阶段硬件实操竞赛，入围数量与比例居全市第一位。

（张自江　周君姝）

【批准为教育综合改革试验区】 9月22日，顺义区列为北京市基础教育综合改革试验区。

（周君姝）

【小学规范化建设现场会】 9月28日,顺义区小学规范化建设暨走进养成教育示范校现场会在杨镇中小召开。

(姚　磊　周君姝)

【社会大课堂市级交流会】 10月12日,社会大课堂市级现场交流会在七彩蝶园召开,市教育督导室副主任关国珍,区教工委书记、主任冯义国和区教育督导室主任姜华阳等领导出席。全市各区县主管主任,我区各中小学校长、主管主任等200余人参加。

(李国辉　周君姝)

【市中学生田径运动会】 10月20日至21日,在2010年北京市中学生田径运动会上,顺义区代表队以343分的优异成绩获郊区组团体总分第一名,同时获得运动会优秀组织奖。至此顺义区已经连续十九年夺得此项赛事的郊区组冠军。

(梁　芳　周君姝)

【小学规范化建设工程督导验收】 10月21日至11月11日,顺义区完成第二批11所小学规范化建设工程督导验收工作。依据《北京市顺义区小学规范化建设学校督导评估方案(试行)》和《北京市中小学校办学条件标准细则(试行)》,对光明小学等11所学校小学规范化建设工程进行了督导验收,这是自2008年启动小学规范化建设工程以来的第二批。

(王跃文　周君姝)

【两岸四地地理教育研讨会】 10月22日至25日,由中国教育学会地理教学研究会和首都师范大学联合举办的"两岸四地(大陆、港、澳、台)中学地理教育研讨会",在北京首都师范大学召开。与会人员聆听了英国伦敦教育学院教授David Lambert、台湾师范大学地理系主任陈国川教授、中科院可持续发展研究中心主任樊杰研究员、香港教育学院课程与教学系林智中教授、韩国国立京仁教育大学Hakhee Kim教授等的主题报告;进行了同一主题课堂现场教学观摩;开展了中学地理课程改革专题研讨。顺义区向大会提交论文和教学设计中有14人获奖,其中教学设计获一等奖2人,二等奖2人,三等奖1人;论文获一等奖1人,二等奖3人,三等奖5人。获奖人数居全市之首。

(高　枫　周君姝)

【全国少儿趣味田径运动会】 10月23日,顺义区赵全营中小参加了由中国田径协会、中国教育学会、国际田联地区发展中心、国家体育场(鸟巢)主办,由田联阳光(北京)体育发展有限公司承办的"鸟巢杯2010年首届全国少儿趣味田径运动会"。

(吴长胜　周君姝)

【中国教育学会学术研讨会】 10月28日至30日,由中国教育学会主办、顺义区教委和顺义一中承办的《中小学学生自我教育和自我管理实验研究》课题结题成果交流和学术研讨会在顺义一中举行。

(何雪莲　要春娟　周君姝)

【新疆和田地委领导新疆班学生】 11月2日,新疆和田地委书记程振山携10名和田地委领导及北京市政府副秘书长、和田地委副书记、北京市援疆和田指挥部党委书记、指挥刘剑在顺义区委书记张延昆、区教委主任冯义国等陪同下到顺义区杨镇一中了解内地新疆班办学情况,并看望和田籍学生代表。

(杨文功　周君姝)

【全国中小学教育管理创新与学校发展论坛】 11月5日,教研考试中心干训科组织顺义区15名中小学校长参加了首届全国中小学教育管理创新与学校发展论坛。

(刘晓英　周君姝)

【资源教室建设与管理市级现场会】 11月9日,北京市资源教室建设与管理现场会在高丽营二小召开。

(程来顺　周君姝)

【初中物理教师实验创新大赛】 11月10日,顺义区第三届初中物理教师实验创新大赛在顺义八中举行,来自全区的15名物理教师展示了自制的实验教具，并对制作教具的原理、过程及改进的意义进行了详细的讲解。

（曹学民 周君姝）

【体育课和课间操现场观摩现场会】 11月11日，顺义区体育课和课间操现场观摩现场会在张镇中学举行。区教委副主任王彪出席，各中小学干部教师近200人参加。

（陈爽秋 周君姝）

【高中教师基本功培训展示】 11月20日，顺义区高中教师基本功培训展示活动分学科在牛山一中、顺义一中、杨镇一中、顺义二中、考研中心五个展示地点同时进行。

（王晓芳 周君姝）

【市科技制作竞赛】 11月21日，由北京学生活动管理中心举办动手做“我有一双灵巧手”科技制作竞赛决赛中，通过现场作品评比、现场技能测试两部分比赛，在作品展示评比中，顺义区石园小学教师高京华辅导的五年级学生马潇制作的夯机模型、沿河中小教师崔来春辅导的六年级学生刘伟凯制作的机械牛、吴子岳制作的金属龙、教师王新刚辅导的六年级学生郑智雄制作的塑料马车均获市级一等奖。技能测试部分，石园小学白浩轩、马潇以小学组第一、第二的成绩列入市级一等奖名单，同时获得一等奖的还有沿河中小的郑智雄，其余作品分别获市级二三等奖。

（赵建霞 周君姝）

【中学心理健康教育达标校验收】 11月29日至12月2日，区教研中心心理研究室和教委中教科牵头，对申报的21所中学展开心理健康教育达标校验收活动。依据《关于加强中小学心理健康教育工作的意见》等文件精神，验收内容包括听取校长汇报、检查档案资料、做教师学生问卷、听心理课、验收咨询室硬件和校园文化等。

（李立军 周君姝）

【第五届教育科研月】 11月26日至12月26日，顺义区举办第五届教育科研月，活动的主题为“教育科研——五年的回顾与展望”。11月26日在考研中心报告厅举行启动仪式，下发了《关于开展顺义区第五届教育科研月活动的通知》和《顺义区第五届教育科研月活动实施方案》。

（赵文增 周君姝）

【初中新课程改革教学现场会】 11月30日，顺义区初中新课程改革教学现场会在杨镇二中举行，该活动有顺义区教委、教育考试研究中心及首师大优质校建设项目组主办，首师大基础教育研究院副院长王海燕、顺义区教委领导出席会议。

（陈 明 周君姝）

【5所中学升格为副处级单位】 12月1日，区政府专题会议决定12月8日发布顺义区人民政府《关于顺义区杨镇第一中学等单位升格和孙孟远等同志任职的通知》（顺政发〔2010〕52号），顺义区杨镇第一中学、顺义区第一中学、顺义区第二中学、顺义区第九中学、顺义区第十中学的机构规格升格为副处级。

（周君姝）

【高中教育对接高校人才】 12月22日，顺义区在北京顺鑫绿色度假村举办“高中教育对接高校人才培养”专题座谈会，副区长燕瑛介绍顺义区经济社会发展基本情况，教委主任冯义国介绍该区教育的整体情况。北京大学、清华大学、中国人民大学、北京航空航天大学等17所北京地区高校领导和该区牛栏山一中、顺义一中、杨镇一中等6所高中校长参加，北京教育考试院高招办主任高福勤、区委副书记胡尚云及教育督导室主任姜华阳出席，区教委副主任张华礼主持会议。顺义区从2008年至2010年三年间向北大、清华2所高校输送了168名学生，居北京市第四位。

（李冬山 周君姝）

【校舍安全改造工程】 年内，顺义区校舍安全改造工程全面实施，1月13日顺义区人民政府发布《关于印发顺义区中小学校舍安全工程实施方案的通知》（顺政办发〔2010〕12

号),6月1日校舍安全改造工程第一所学校张镇中小教学楼竣工。6月底校安工程全面展开,涉及46所学校,改造面积63.62万平方米,投资18.34亿元。2009年已改造1所学校,改造面积0.25万平方米,投资672万元。8月2日区委书记张延昆视察校安工程。9月1日,2010年校安工程基本完工,学校按时顺利开学。

(周君姝)

【干部3+3选拔培养模式】 年内,顺义区全面启动实施教育系统领导干部"3+3"选拔培养模式。"3+3"即三环节选拔:统一考试,面试答辩,民意测评;三步骤培养:高校理论学习,外省市挂职实践学习,教委机关挂职实践学习,探索干部选拔培训新机制。建立学校中层以上干部城乡交流机制,示范校、城区优质校干部到农村学校顶岗交流,农村校干部到示范校、城区校挂职培训,实现管理资源的城乡融通。实施校长任职资格制度和职级制度,促进校长专业化发展,调动中小学校长的积极性。

(周君姝)

【集中招标更新教学设备】 年内,顺义区不断更新学校多媒体设备使教学设备紧跟时代步伐,8月2日,在顺义区教委教育技术装备部召开了"北京八中顺义仁和分校现代教育技术设备及顺义十中电视台设备采购开标会"。8月16日,召开"顺义区牛山一中现代教育设备采购开标会"。

(周君姝)

职业教育

【概　况】 2010年,顺义区有职业教育学校8所,其中,公办5所(其中高职院校1所),民办3所,设置专业35个,开设教学班206个;毕业2679人,招生1654人,在校生6495人。教职工477人,其中,专任教师370人。全部职业学校占地1786996平方米、建筑面积168690平方米,固定资产总值12869.5万元。全年教育经费投入6602.4万元,其中,国家拨款5284万元,自筹经费1318.4万元。

(周君姝)

【农村劳动力转移与就业培训】 3月3日,顺义一职培训项目《农村劳动力转移与就业培训》被北京市教委评为2009年北京市农民教育培训优秀项目二等奖。此培训项目是针对顺义区现代制造业快速发展产生的大量技能型人才需求和农村青年劳动力向二、三产业转移急需加强专业技术培训的现状,于2008年7月启动。2008年7月至2009年6月间,累计培训高压电工、低压电工、焊工等10个工种,1176人次。

(刘进祥　戴卓琳　周君姝)

【学生思想道德建设】 3月8日,顺义一职30余名学生志愿者参加了顺义区团委召开的志愿者工作推进大会。区委常委、组织部部长雷显武,团市委青农部部长李伟出席会议并为顺义区志愿服务推动日揭牌。

(徐锡政　戴卓琳　周君姝)

【参加市级专业培训】 3月15日至20日,顺义区汽车职业高中选派于利军、李海宾、刘丽、龚春梅4位教师参加市教委职成处组织的北京市职业学校汽修专业教师培训,系统学习由中全国著名汽车维修技术专家王凯明老师对汽车故障诊断技术方面的培训。

(陈丽辉　周君姝)

【教师说课活动】 4月9日至23日,一职组织开展教师说课活动。36名任课教师分5组全员参与。

(王振宇　周君姝)

【参与PPG汽车喷涂专项培训】 4月27日至30日,顺义区汽车职业高中选派于利军、吴利宾两位专业课教师参加PPG(庞贝捷漆油贸易上海有限公司)开设的汽车喷涂专项培训。

(陈丽辉 周君姝)

【培养航空服务人才】 4月,顺义一职获得授权,与北京航空协会合作开展国内货运和航空客票代理销售员资格培训项目。

(戴卓琳 王振宇 周君姝)

【各类职业技能大赛】 5月4日至5日,顺义汽车职业高中8名参赛学生在2010年北京市中等职业学校技能大赛汽车运用与维修项目比赛中全部获奖,8名参赛学生参加了汽车二级维护作业(含四轮定位)、汽车维修基本技能、车身修复(钣金)、车身涂装(涂漆)4个比赛项目。其中3人获二等奖、5人获三等奖。参加此项比赛共500余人。5月15日至16日,顺义区汽车职业高组织学生参加2010年北京市汽修专业中职技能大赛,8名同学分别在车身涂装、维护、机修三个比赛项目中获奖。5月16日,顺义区汽车职业高中参加了第四届全国中等职业教育技能大赛北京地区预赛。在汽车维护团体组、机修个人组、车身涂装组比赛中,9名参赛学生8人分获二、三等奖,受到了大赛组委会的表彰。

(鲍 文 陈丽辉 周君姝)

【聘请汽车专家培训】 5月16日,顺义区汽车职业高中聘请迪迪艾北京培训有限公司汽车专家王新旗对该校全体专业教师进行汽车网络(CAN)系统培训,使专业教师在汽车前沿技术应用方面从理论到实践系统提高,提升了教师的整体专业水平。

(陈丽辉 周君姝)

【职业生涯规划设计培训会】 5月18日,顺义区中等职业学校职业生涯规划设计培训会在顺义一职报告厅举行,特邀请北京市职教学会德育与学生管理工作研究会秘书长陈济作《如何辅导学生进行职业生涯规划设计》专题培训。

(鲍 文 周君姝)

【计算机应用基础大赛】 5月27日,顺义区中等职业学校计算机应用基础大赛汽职高举行。全区4所中职院校的92名同学参加了汉字录入和办公软件两项内容的比赛。该校参赛的20人中有2人获得二等奖,4人获得三等奖。

(陈丽辉 周君姝)

【裁判员培训】 6月17日至20日,顺义区汽车职业高中3名具有高级考评员资格的教师参加了北京市职业技能鉴定管理中心组织的裁判员培训,提升了教师比赛裁判的水平和组织大赛的能力。

(陈丽辉 周君姝)

【职成教育工作会】 8月24日,顺义区职成教育工作会在教委三会议室召开,会议总结了上半年的工作情况,部署了下半年职业教育、成人教育、常规工作等方面工作。

(鲍 文 周君姝)

【申报新专业获批准】 9月1日,顺义一职申报的航空服务、电气运行与控制、园林开始招生,顺义一职自2009年起,在充分进行企业调研和专家论证基础上,根据顺义区经济社会快速发展和产业结构调整对人才的需求,申报了航空服务、电气运行与控制、园林三个专业,并获得北京市教委的批准,于2010年起列入招生计划。

(戴卓琳 周君姝)

【实务操作培训】 9月17日至19日,顺义一职开展了中等职业学校"行动导向教学"实务操作培训。该培训由中国职业教育"行动导向教学法"培训专家、中国职业培训教学工作指导委员会秘书长张治忠教授为大家作现场讲授。

(李晓红 周君姝)

【全国中职生文明风采大赛】 9月,顺义一职学校学生首次参加教育部主办的全国中职生文明风采大赛,08物流1班学生李雨轩的职业生涯规划《仰望星空,向未来宣誓》荣获国家二等奖,贾同奇的《我身边的诚信》征文荣获三等奖,09电商班学生李坤的摄影作品

《聚精会神》获得优秀奖。同时以上作品在区级各项比赛中均获一等奖。

(徐锡政　周君姝)

【法制报告会】　10月21日,顺义一职举办“遵纪守法,保护自己”法制报告会,区公安分局内保处警官李福国作题为“遵纪守法,保护自己”法制报告。

(李晓红　周君姝)

【职业学校演讲比赛】　11月4日,“明天的我”职业理想演讲比赛在顺义一职举行,来自顺义区6所中职学校的28名选手参加了比赛。最终顺义一职学校李雨轩摘得桂冠,3名选手获一等奖,5名选手获二等奖,7名选手获三等奖。

(王振宇　鲍　文　周君姝)

【校内说课活动】　11月4日,顺义一职举行教师说课比赛活动。

(王振宇　周君姝)

【十一五汽车运用与维修专业成果】　11月,顺义区汽车职业高中报送“十一五”期间汽车运用与维修专业实训基地项目建设、运行和管理经验的成果。

(陈丽辉　周君姝)

【全国中等职业学校竞赛】　12月2日,顺义区汽车职业高中学生张建平撰写的《折翼的鸟也要飞翔》职业生涯规划,在第七届全国中等职业学校“文明风采”竞赛职业生涯规划设计类比赛中获一等奖。该活动由教育部、中央文明办、共青团中央、中华职业教育社联合举办,来自全国1712所职业学校的31525名学生的30844参赛作品参加决赛。

(鲍　文　周君姝)

【全国中职学校信息化教学大赛】　12月11日至12日,顺义一职教师田冰赴沈阳参加2010年全国中等职业学校信息化教学大赛。

(王振宇　李晓红　周君姝)

【青春飞扬校园文化知识竞赛】　12月16日,一职举行“青春飞扬”校园文化知识竞赛。

(王振宇　周君姝)

【汽车修理工等级证书考试】　12月17日,顺义区汽车职业高中组织组织学生参加汽车修理工等级证书考试,参加考试的108名学生全部取得了汽车修理工等级证书取,取证率达到100%。

(陈丽辉　周君姝)

【区中职教师听评课活动】　12月17日,顺义区中职教师听评课活动在一职举行。

(王振宇　周君姝)

【区级职业教师教学观摩课】　12月22日,顺义区汽车职业高中教师郝学硕在顺义区职业教师教学观摩课活动中,展示了《热线式空气流量计故障的排除》一课。

(陈丽辉　周君姝)

【颁发第八届MOBIS奖学金】　12月29日,由现代MOBIS公司提供的第八届奖学金发放仪式在顺义区汽车职业高中举行,MOBIS公司总经理郑然镐及区教委领导为获奖同学颁发证书及奖学金。该校8名学生获一等奖,并各获奖金1000元;14名学生获一等奖,并各获奖金800元;18名学生获三等奖,并各获奖金600元,共计30000元。

(陈丽辉　周君姝)

【联合办学】　年内,为适应顺义经济发展,顺义一职学校开展多层次、多形式联合办学。新开发了北京电视中专会计专业(一年制业余班),与北京市供销学校合作开设会计专业,取得了河北省50名学生可享受国家助学金的名额;与北京工贸技师学院开展了楼宇智能专业“高级工+大专”的套读模式;与北京劳动保障职业学院合作开设了人力资源管理专业,与中国石油大学联合开设会计学与行政管理专业。

(李晓红　周君姝)

【课题科研】　年内,顺义一职以课题研究为导,提升科研能力,由该校教师陈丽燕承担的《构建中职学校“三全”职业指导体系的研究》和雒新颖承担的《中职学校“校企结合”教学管理策略的研究》两项“十一五”市级科研课题均获得科研成果二等奖。

（李晓红 周君姝）

【师德建设】 年内，顺义一职把师德建设工作放在重要位置来抓，构建了自上而下的师德建设网络，采取多种措施，以保证将师德建设取得成效。完善机制抓师德。学校深入学习顺义区教委《师德考评细则》，让广大教职工真正领会精神，常修为师之德，常怀律己之心。同时学校还结合实际出台了强化师德建设的一些管理与奖惩措施，以结果触动的奖励机制来促进师德建设，将师德考核纳入了日常化、制度化、规范化的轨道。创新载体立师德。通过开展教师读书活动、经验交流、师德讨论、参加爱心助学等形式，努力营造崇尚师德先进、学习师德先进、争创师德先进的良好氛围。典型引路促师德。引导和激励广大教职工自觉加强思想建设、道德建设和作风建设，真正成为学生的楷模和表率。学校经常在教师大会上让那些师德优秀的教师进行经验交流。

（李晓红 周君姝）

【改革学生评价方式】 年内，顺义一职在课程改革继续推进的基础上，积极探索学生评价方式改革，旨在改革传统以考试形式为主的评价方式，通过以课堂活动、实践实习、作业完成、在校表现等多种形式对学生进行综合评价。评价方式的改革，促使学生主动参与教学活动，提升了整体素质。目前，学校已经完成了《学生评价改革》，已进行改革、推广。

（李晓红 周君姝）

【打造师资力量】 1月至12月，顺义一职投资9万打造师资力量，首次派专业教师出国参加培训，引领学校教学改革和发展；2名教师参加专业骨干教师的国家级培训；安排15名教师利用暑假到企业参加下厂实践活动，亲身感受到现代化的生产设备的操作流程，加深对"工作过程为导向"课改思想的体验，促进学校专业发展。其中，杨学朋老师到北京现代自动化控制生产车间参加为期20天的生产实践，完成了我校机电专业三个教学项目和数控讲义的编写，并承担了数控设备操作小组的指导工作。四是安排14名教师参加职业资格证书培训，其中三名（王乐欣、杨颖、王立冬）取得职业技能大赛裁判证书资格，安排4名教师参加北京市的职业教师的业务培训。

（李晓红 周君姝）

成人教育

【概　况】 2010年顺义区各类成人学校426所，其中公办377所，民办49所，开设专业47个。毕业2800人、招生3450人，在校11000人；教职工850人，其中，专任教师260人。成人培训机构860所，在校生73305人；社区教育中心教职工总数181人，其中，专任教师136人（其中，副高级专业技术22人，中级专业技术59人）。中心全年累计招生4552人，完成全年任务的103%，中心在校生达到13100人。需安置就业674人，已100%实现就业。加大职成教育改革，免费为未就业大学生开展培训，培训200人，帮助推荐就业。与首都高校开展联合办学，与北京航空航天大学达成战略合作协议，使高校在顺义办学点数量达到20所，在校生达到9100人。开展农民培训5740人，超额完成全年任务。深入82家单位开展学习型组织创建工作指导，加大学习型社会理论知识培训，启动学习型党组织创建工作，创建各类学习品牌，服务全民学习。学习型社会工作稳步推进，终身学习观念深入人心。顺利通过北京市政府督导室对我区社区教育的督导检查，12月顺义区被教育部评为全国第二批社区教育示范区。完成高等教育自学考试、计算机等级考试等

13次考试,建立了全国首家民办学校自考考点美国英语语言学院,共计考生53166人,120992科次。固定资产总值13615.4万元;全年教育经费投入1275万元,其中,国家拨款529万元,自筹经费746万元。

(周君姝)

【区领导调研】 1月7日,顺义区区委副书记胡尚云、副区长燕瑛到社区教育中心调研本区职业、成人教育工作,区教委主任冯义国等陪同调研。

(鲍 文 周君姝)

【教育需求调研】 3月15日至31日,电大领导教师深入南法信镇、仁和镇和李桥镇开展教育需求调研。学校领导与镇村领导沟通交流,调研拆迁村农民教育培训需求,同时发放调查问卷250份。3月17日、19日,农广校深入赵全营镇、南彩镇开展农民教育需求调研。学校领导教师走访了俸伯养殖场、河北村等乡镇和村队,重点听取了广大农民和乡镇企业对拆迁后农民的培训需求和建议。通过此次调研,农广校对拆迁农民再教育工作有了更深的理解,对下一步搞好拆迁农民的培训工作有了新的认识。10月27日,农广校深入区种植中心开展农民教育需求调研。调研主要采取座谈形式,双方主要就区域农民培训需求、农民教育培训经验、农民教育培训政策及合作项目等方面内容进行了沟通交流,并对"中专学历教育和田间学校有效结合"这一项目达成初步合作意向。12月3日,社区教育中心组织第二次教育培训需求调研座谈会。来自汽车基地、林河工业区、空港工业区的9家企业分别介绍了企业发展、人才需求及职工教育培训等方面情况,同时对职业教育学生的素质提出了新的要求。

(王振宇 周君姝)

【中央电大北京电大领导指导工作】 3月17日,中央电大、北京电大领导莅临顺义电大指导工作。顺义电大领导从创新办学模式、扩大办学规模、提升教学质量等五个方面汇报了学校办学特色及教学成果。

(王振宇 周君姝)

【社区管理信息系统培训】 3月24日,电大与区民政系统联合举办顺义区社区管理信息系统培训。该培训班主要为社区工作人员培训社区管理软件的安装和使用,通过社区管理软件的合理应用达到社区管理的信息化及各项工作协调及时化。

(王振宇 周君姝)

【资产管理员培训举行】 3月29日、30日,电大与区教委联合开展资产管理员培训。此次培训内容为正确使用新型资产管理软件及熟悉资产处置的相关说明,共有来自全区各校的150名专兼职资产管理员参加了培训。

(王振宇 周君姝)

【英语口语培训总结表彰】 4月1日,2009年度教师英语口语培训总结表彰暨2010年度开学典礼在顺义电大举行,会议表彰了2009年度区级先进集体5个、市级先进个人5个及区级先进个人10个。

(张 静 周君姝)

【中心在校生人数突破13000人】 截止到2010年4月9日,中心系统学历教育在校生共计13130人。其中脱产班2060人(含护理专业),业余班11070人。业余班中,大专6392人,本科2540人,"学历+技能"与"技能+基础"中专班2138人。

(王振宇 周君姝)

【家政服务工程培训站点通过验收】 4月9日,市总工会、市商务委、市财政局以及素质教育工程领导小组对家政培训站点进行了联合验收。

(王振宇 周君姝)

【学习型社会工作座谈会】 4月13日,北京市创建学习型城市专家指导委员会主任委员、北京市创建学习型组织专家评估组组长马仲良教授与中心领导座谈学习型社会工作。

(王振宇 周君姝)

【学习型机关座谈会】 4月15日,学习型机关座谈会在统计局会议室举行。在了解各单位创建工作的基础上，区构建办聂鑫科长就创建学习型机关先进单位评估指标体系进行了详细的解读，并结合提高学习认识、加强组织领导、塑造机关文化、重视组织学习等方面对三家机关创建工作进行了针对性指导。

（王振宇　周君姝）

【兴农讲堂开班典礼】　4月23日，“兴农讲堂”开班典礼在北务镇政府举行。北京市农业广播电视学校、北务镇、顺义教委、社区教育中心相关领导出席了开班典礼。

（王振宇　周君姝）

【系统固定资产网上操作管理】　4月，中心系统固定资产全面实行网上操作管理。继区教委全新资产管理软件网路版培训后，中心对原有固定资产进行核对、盘点，对各项资产进行电子条码输入管理。

（王振宇　周君姝）

【就业培训班开班典礼】　5月11日，顺义区2010年高校毕业生就业培训班开班典礼举行。此次培训由顺义人才服务中心与社区教育中心联合开展，培训时间为5月11日至14日，400余名毕业生报名参加。

（王振宇　周君姝）

【首批物流管理专业答辩】　5月13日，电大首批物流管理专业本科学员通过论文答辩。作为首批物流管理本科专业毕业学员，学校对此项工作高度重视，专门邀请了北京电大相关领导担任评委。在学校精心组织下，13名学员顺利完成了本次论文答辩工作。为确保拿学位学员能最终通过终审，部分学员将对论文进行修改并准备二次答辩。

（王振宇　周君姝）

【“四三二一”系列活动】　年内，顺义电大开展“四三二一”系列活动提升办学水平四项措施提升学生质量：启动并举办顺义电大首届英语词汇大赛、进一步完善“学分银行”项目、加强学生社会实践环节管理，提高学生社会实践报告抽审率，支持鼓励学生提高专业水平层次。该校2010年已有84名学生获得中央电大颁发的资格证书；三项措施提升教师水平：加强教师团队建设，形成教育合力提高教师水平、加大双师型教师培养力度、以赛代训提高教师网络教学水平；二项措施提高办学硬件水平：加强网络资源建设，启动“蓝卓移动校园”实现数字化办公、启动双向视频交流系统，实现与市电大及各兄弟分校的及时沟通，实现开放教学；一项措施提高学校知名度：坚持“走出去请进来”加强与全国各电大的交流。

（周君姝）

【学士授予仪式】　5月16日，北京交通大学、北京工业大学顺义分校2010届成人本科毕业生学士学位授予仪式在社区教育中心举行。北京交通大学、北京工业大学、社区教育中心领导为30名毕业生颁发了管理学学士学位证书，并鼓励大家一定要在以后的学习、工作岗位上继续努力，为顺义经济建设多做贡献。

（王振宇　周君姝）

【小教口语测评验收工作】　5月27日，顺义电大小教口语测评验收工作圆满结束。

（王振宇　周君姝）

【镇街道成人学校工作座谈会】　9月3日，顺义区召开2010年下半年镇、街道成人学校工作座谈会。区教委、社区教育中心领导及来自全区各镇、街道成人学校的25名校长出席会议。

（王振宇　周君姝）

【电专分校揭牌仪式】　9月9日，“北京市广播电视中等专业学校顺义区分校”揭牌仪式举行。北京电专、区教委、工商联、社区教育中心等单位领导到会并对电专顺义分校独立建校表示祝贺，社区教育中心主任丁久库及工商联书记鲍晓芹为“北京市广播电视中等专业学校顺义区分校”校牌揭牌。

（王振宇　周君姝）

【会计资格证培训班】　9月1日至12月31日顺义区第三期会计资格证培训班开班，培训班共有学员 42 人,其中新学员 32 人,老学员 10 人。

(王振宇)

【全国成人高考】 10月16日至17日顺义区多项措施确保全国成人高考顺利进行,成立2010年顺义区成人教育招生考试工作委员会。共有考生 4822 人,其中专升本 2522 人,高起本 410 人,高起专 1890 人,设社区教育中心、顺义三中、顺义五中、顺义二中四个考点,166 个考场。

(王振宇　周君姝)

【中山电大交流学习】 10 月 25 日,广东中山电大领导一行 13 人来顺义电大交流学习。

(王振宇　周君姝)

【学习型社区建设座谈会】 10 月 26 日,顺义区构建学习型社会领导小组办公室召开学习型社区建设座谈会。空港、旺泉、双丰等街道首先介绍了本单位学习型社区建设工作情况。

(王振宇　周君姝)

【学习型组织先进单位复评会】 10 月 29 日,顺义区召开 2010 年学习型组织先进单位复评会。聘请北京学习型组织专家指导组成员担任此次复评会评委,对 2006 年被评为顺义区创建学习型组织先进单位的顺鑫农业等 7 家单位进行复评。

(王振宇　周君姝)

【毕业生追踪调查座谈会】 11 月 5 日,顺义电大召开"一村一"毕业生追踪调查座谈会。北京电大、顺义电大的相关领导、"一村一"工作负责人及 11 名"一村一"毕业生代表参加了座谈。

(王振宇　周君姝)

【兄弟学校交流学习】 11 月 11 日,南京江宁电大、天津西青电大来顺义电大交流学习。

(王振宇　周君姝)

【拜师结对活动】 11 月 15 日,电大正式启动青年教师"拜师结对"活动。

(王振宇　周君姝)

【示范校规范校评估工作】 11 月 19 日,顺义电专分校圆满完成北京卫生学校示范校、规范校评估工作。

(王振宇　周君姝)

【与北航洽谈联合办学事宜】 11 月 25 日,中心到北航调研洽谈联合办学事宜。经过与北航继续教育学院、教育培训学院商谈,初步对开办硕士研究生班、专本科学历教育、资格认证及师资培训等内容达成合作意向。

(王振宇　周君姝)

【学习型组织评估工作】 11 月 25 日 – 12 月 10 日,顺义区学习型组织创建评估工作如期开展。区构建办聘请北京市学习型社会工作 3 名专家及区级相关单位 3 名领导组成评估专家小组,对审计局、龙湾屯镇等五家单位开展评估工作。

(王振宇　周君姝)

【市文明办调研】 11 月 26 日,北京市文明办调研顺义区文明市民学校工作。

(王振宇　周君姝)

【市政府教育督导室督导工作】 12 月 9 日,北京市政府教育督导对顺义区社区教育工进行督导检查。

(王跃文 王振宇　周君姝)

【全国社区教育示范区】 12 月,在全国社区教育座谈会上,顺义区被教育部评为全国社区教育示范区。

(王振宇　周君姝)

民办教育

【概　况】 2010 年顺义区共有各级各类民办学校和教育机构 76 所,其中民办幼儿园 9 所,在园幼儿 1113 人,教职工 226 人,民办小学 0 所,民办普通中学 5 所(在校生 5040 人,其中初中 3470 人,高中 1570 人,教职工 436

人;),民办职业高中3所,在校学生711人,教职工208人;培训机构59所,教职工1140人,其中专任教师760人,主要培训内容为文化补习、外语、电脑、艺术类、文体类、汽车驾驶 等。2010-2011学年度共培训各级各类人员70403人。固定资产66243.3万元,教学实习仪器设备资产值达到164581万元,教学用计算机666台,多媒体教室座位数329个,占地面积169991平方米,教学行政用房建筑面积83377.4平方米,图书藏量61565册。

(周君姝)

【民办教育换证及年审】 1月1日至4月30日,顺义区完成区内75所各级各类学校民办教育机构换证工作,其中中小学5所、职业学校3所、幼儿园8所、各类培训机构59所;学历教育在校生6497人,幼儿教育在园儿童853人,培训学校在校学生15186人,毕(结)学生36008人;学历教育、幼儿园专兼职教师857人,培训学校专兼教师1054人。全区参加换证年审的75所民办学校中,年审合格的学校69所;6所学校因没有及时按教委规定时间及其他原因参加换证和年审工作,该区教委依据法规年审只给予"基本合格"。

(王 焱 周君姝)

【最受读者信赖的私立学校】 1月,由《参考消息》?、《北京参考》和中国品牌检测中心共同举办的2009年教育品牌评选活动中北京新英才学校再获殊荣,被评为"最受读者信赖的私立学校"。

(戴 爽 周君姝)

【DI小组再获大奖】 3月19日,2010年DI创新思维中国区总决赛在天津举行,北京市新英才学校小学部"飞翔队"和中学部"luck-star"两支DI队再获殊荣,其中"飞翔队"获得"达芬奇奖(单项金奖)","luck-star队"荣获二等奖,本次活动共有来自北京、天津、广东等省、直辖市及香港地区的百余支队伍来到天津赛区参加比赛。

(戴 爽 周君姝)

【安全工作】 5月4日至10月31日,顺义区重点加强对民办学校的安全管理,采取配备保安员、配备防护设备、安装技防设施等。截止12月31日区内18所具备校园的民办校及幼儿园中有16所安装了有技防监控系统。其余2所正在筹备中。

(王 焱 周君姝)

【民办学校安全管理工作会】 5月20日,顺义区教委、顺义区公安分局联合召开民办学校安全管理工作会,会议印发了《顺义区教育委员会关于加强民办学校安全管理工作的通知》,通报了各级政府及上级部门关于加强校园安全管理工作的文件及会议精神,全面部署了该区民办学校安全工作。该区公安分局内保处副处长董连成作安全防御讲座,重点就技防设施使用、人防岗位设置、物防设备管理等方面进行专业讲解。会议提出三点要求:一是各校干部教师要树立强烈的责任感和使命感,确保"有学生即到岗";二是5月底前彻底完善人防、物防和技防建设,确保"有学生就有保安";三是进一步完善各项制度、预案,确保"责任到岗、任务到人"。全区59所民办中小学、幼儿园、职业学校和培训机构负责人参加。

(杨守丰 周君姝)

【外籍学生竞技汉语节】 5月,北京市新英才学校汉语中心在北京市汉语节陶艺比赛中满载而归,该校外籍学生西西·那巴(柬埔寨)荣获一等奖,温丽丽(泰国)、金娜英(韩国)荣获二等奖,卡娅(波兰)、王秀莲(泰国)、邱明琴(泰国)、丹羽博美(日本)荣获三等奖。11月26日,在"2010北京市中小学外国学生汉语节才艺展示选拔赛"上,北京市新英才学校刘义汉工作室与汉语中心、小学部联合推出的原创相声《北京赞歌》荣获一等奖,实现了此项赛事中唯一的曲艺节目四连冠。

(王 琳 周君姝)

【计算机大赛】 6月7日,北京市新英才学校学生徐若乔在"第十九届中国儿童青少年威盛中国芯计算机表演赛”中取得了“国家级三等奖”的好成绩,在全国大赛中位列前十名。

(戴　爽　周君姝)

【自办校联合检查】　11月4日至5日,顺义区教委会同区综治委、工商分局、公安分局、交通分局、城管大队等23家相关单位对全区8所自办校进行安全检查,内容涉及安全防范、食品卫生、交通安全等方面。通过检查3所学校综合达标,5所学校基本达标。对于校车安全、用餐安全等普遍问题进行现场指导或解决。

(杨广田　周君姝)

【全国人大领导到区考察】　12月3日,全国人大教科文卫委员会副主任委员唐天标上将,十一届全国人大常委、民进中央专职副主席、中国教育学会副会长朱永新教授等全国人大领导深入北京市新英才学校幼儿园考察调研,北京市教委副主任罗洁、顺义区人大主任马庚良及副区长燕瑛等领导陪同调研。

(戴　爽　周君姝)

【撤销流动人口自办学校】　1月1日至12月31日顺义区撤销流动人口自办学校7所,其中天竺镇5所,分流学生1983人;仁和镇1所,分流外地学生419人;南法信1所,分流外地学生660人。

(王　焱　周君姝)

特殊教育

【概　况】　2010年,顺义区特殊教育学校开设教学班17个,结业12人、招生15人,在校生146人(其中住宿130名)。残疾儿童入学率100%、巩固率100%。教职工总数64名,专任教师55名(高级专业技术职务2名,中级职务36名)。市级骨干教师2名。普通教室17个,专用教室3个,实验室0个。图书馆(室)藏书总数1万册。学校占地面积14593平方米,建筑面积4182平方米。体育场馆面积0平方米。固定资产总值650万元。全年教育经费投入630万元,其中,国家拨款630万元。

(周君姝)

【学习雷锋服务社区活动】　3月5日,顺义区特教学校开展了“学习雷锋 服务社区”活动。40多名学生在老师的带领下整装待发,到建北二区开始捡拾白色垃圾活动。

(王　颖　周君姝)

【市第五届特殊奥林匹克运动会】　4月21日,顺义区特教学校学生参加了“北京市第五届特殊奥林匹克运动会”,30名学生参加了田径、乒乓球、羽毛球、举重、滚球等项目,共获得52块奖牌其中金牌15块、银牌25块、铜牌12块,居各区县代表队前列。

(孟庆生　周君姝)

【康复训练】　4月26日,顺义区牛山中小邀请区特教中心康复训练师来校为两名严重视觉注意障碍的学生进行指导,从饮食、运动、行为习惯、康复训练等方面为孩子和家长进行了详细讲解。

(龚文凤 周君姝)

【全国中小学体育教师培训】　4月,顺义特教学校教师孟庆生和王菊红参加了为期3天的“2010年第一届全国中小学体育教师软式垒球培训”,并顺利结业。

(武红静　周君姝)

【校级课题成功结题】　4月24日,由特教学校学前康复部承担的校级课题《利用亲子活动提高残疾儿童家长康复水平的研究》顺利结题。

(周艳红　武红静　周君姝)

【五四庆祝活动】　5月4日,顺义区特教学校团支部组织部分新老团员共17人参加了“体验航博科技 锻造团员品质”的活动。

(王　颖　周君姝)

【师德讲座】 5月7日,顺义区特教学校邀请北京市紫金杯班主任特等奖获得者——牛山中小教师龚文凤主为作《我们的心灵不渎职》师德讲座。

(王向辉 武红静 周君姝)

【法制讲座】 5月12日,顺义区特殊教育学校举法制讲座,该校邀请胜利派出所警官根据学生特点用浅显易懂的语言从"什么是法、什么是违法、怎么做才能不违法"等几个方面为学生们作了介绍。特教学校领导、师生、学生家长共100余人参加。

(武红静 周君姝)

【紧急疏散演练】 5月12日,顺义区特教学校组织学生开展紧急疏散演练,演练前结合预案就演练的时间、路线、内容、对象作具体说明。

(高建忠 周君姝)

【安全会】 5月14日,顺义区特殊教育学校召开了"生命重于泰山"安全会。

(张常增 武红静 周君姝)

【教具展示评比】 5月14日,顺义区特殊教育学校举办"自制教具展示评比"活动。

(武红静 周君姝)

【葫芦烫画校本课程】 6月,顺义区特殊教育学校听障部,正式将葫芦烫画作为校本课程,在中高年级中开展。课程现主要涉及动物、花鸟、图案,参加课程学习的有12名学生,每周固定4课时,一学期共计80课时。

(张成骏 周君姝)

【爱心捐赠活动】 6月18日,顺义区特殊教育学校与北京现代摩比斯公司举行了融合活动暨摩比斯公司"关爱残疾人,共建和谐社会"爱心捐赠活动。摩比斯公司为特教学校学生捐赠了价值3万元的体育运动装备。

(武红静 周君姝)

【领导干部述职报告会】 8月27日,顺义区特殊教育学校举行"新学期领导干部述职报告会",领导干部和部门负责人将自己职责范围内的工作进行了深入细致的阐述,涵盖了学校工作的方方面面。

(武红静 周君姝)

【残疾幼儿亲子课堂】 9月1日,顺义区特殊教育学校个训康复部针对学龄前残疾幼儿特点,开设残疾幼儿亲子课堂。

(周艳红 周君姝)

【第五届聋儿诗歌大赛】 9月6日,"顺义区第五届聋儿诗歌大赛"在顺义区特殊教育学校举行。

(武红静 周君姝)

【国家级软式垒球比赛】 9月10日,顺义区特殊教育学校软垒运动员、教练、领队一行16人参加了首届"成长空间杯"全国软式垒球大奖赛。

(武红静 周君姝)

【交流活动】 9月19日,顺义区特殊教育学校16名师生应北京京西国际学校的邀请,到东方明珠高尔夫球场与该校开展交流活动。

(任艳杰 武红静 周君姝)

【建队日活动】 10月13日,顺义特教学校师生共计110人到北京首都博物馆举行别开生面的建队日活动,新队员在首博大厅举行了入队仪式。

(王 颖 周君姝)

【瑞银——顺义特教特奥手拉手】 10月14日,"瑞银——顺义特教特奥手拉手活动"在顺义区特殊教育学校举行。该活动由国际特奥东亚区和中国特奥会组织实施,来自香港、台湾、新加坡、韩国等国家和地区的瑞士银行的员工代表12人参加活动。

(武红静 周君姝)

【智障部培训手册编写】 11月,顺义区特教学校智障康复部完成了中度智障学生专项训练系列教材——《平涂训练手册》、《数学书写认知训练手册》的编写。

(吴 靖 周君姝)

【市级课题结题】 11月2日,顺义区特教学校领导及职业部教师参加了市级课题《北京市农村培智学校职业教育的研究与开发》结题会。该校承担了《中度智障人士职业教育校本教材的开发与研究》子课题研究。

(庞　冰　武红静　周君姝)

【中央学院音乐会】 12月18日,顺义特殊教育学校教师、特奥运动员、学生家长50人应邀参加了在中央音乐学院举行的“爱心如歌”音乐会。

(吴　靖　周君姝)

【团区委青春暖心活动】 12月24日,顺义区团区委“青春暖心成长,和谐谱写辉煌”青春暖心志愿服务活动在特教学校举行,团区委书记出席。

(武红静　周君姝)

【培训教师】 年内,顺义区特殊教育学校为北京市第二福利院进行师资培训。

(武红静　周君姝)

牛山一中

【概　况】 2010年,北京市 顺义牛栏山第一中学 学校占地面积181652.31平方米,建筑面积80536平方米。体育场馆面积1164平方米。图书馆(室)藏书总数70万册。固定资产总值8086万元。全年教育经费投入4729万元,其中,国家拨款4258万元,自筹471万元。普通教室63个,专用教室10个,实验室13个。教职工(总数)445人,其中高级专业技术职务136人,副高级职务140人,中级职务135人。专任教师414人。包括本科以上学历414人;北京市学科带头人2人,市级骨干教师13人,级特级教师4人。开设教学班56个。高中毕业学生1022人,招生920人,在校生2348人,其中,寄宿生2338人。高中录取分数线513分,应届高考本科上线率97%。2010年牛栏山一中认真贯彻落实《国家中长期教育改革与发展规划纲要》精神,在区委、区政府的正确领导下,继续秉承“以德立校,全面育人”办学思想,紧紧围绕学校三年规划中提出的“创新机制,促高效管理;深化课改,创特色模式;关注需求,谋师生发展;科学谋划,建精品校园”的总体目标,以校庆六十周年为契机,促进学校跨越式发展。2010年学校成功举办了建校六十周年系列庆祝活动,达到了“回顾历程、展示成就,弘扬传统、促进发展”的目的。在区委、区政府的大力支持下,学校完成了三栋教育楼近31000平方米的施工任务,完成了校园抗震加固工程及体育馆整体钢架结构的建设。完成了教室内综合教学评估系统、全自动录课系统、智能与模拟双套广播系统等设备的安装调试工作,使学校硬件水平达到了北京市一流、全国领先的水平。年内学校在高考和各类顺义区统一考试中均取得优异成绩,高分数段、高名次段人数在顺义区遥遥领先。一年来,学校教师共计95人次在国家和市级各类论文、评优课等竞赛活动中获奖,出版专著30本共计800余万字。有学生共计128人次在多学科市级以上竞赛活动中获奖。在研究性学习方面,有300项课题开题并取得研究成果,30项课题荣获市区级一、二等奖。

单位名称:北京市顺义牛栏山第一中学
地址:北京市顺义区牛栏山镇育才大街1号
电话:(010)69411142
邮编:101301
网址:http://www.nlsyz.com.cn

(许　坤)

【成立班主任工作室】 4月29日,牛栏山一中班主任工作室挂牌成立。该工作室是与《班主任》杂志社联合成立,旨在创新班主任研究工作的模式和机制,为教师搭建一个共同学习、共同研究、共同交流的平台。

(许　坤)

【研究性学习研究课观摩研讨会】 4月21日,北京市高中研究性学习研究课观摩研讨会在牛栏山一中召开。北京市基教研中心、北京教育学院、顺义区教委、顺义区考研中心有关领导出席了大会。

（许 坤）

【市人大领导视察】 5月10日，北京市人大常委会赵凤山副主任亲临牛栏山一中，在校长刘克祥等人陪同下视察了校园改扩建工程现场，认真了解了改扩建工程的进度。在与学校领导交换意见时。

（许 坤）

【国家级课题现场会】 5月27日，牛栏山一中召开《课堂与课题同构 教学与研究共生》国家级课题现场会。

（许 坤）

【全国地理科技大赛】 在6月结束，由中国地理学会和中国科学院地理科学与资源研究所联合主办的第四届"地球小博士"全国地理科技大赛中，牛栏山一中师生分获奖项。马天翔等5名教师荣获全国优秀指导教师一等奖及"全国优秀科技辅导员"称号；刘春兰等2人荣获全国优秀指导教师二等奖及"全国优秀科技辅导员"称号；该校荣获"地理科普教育先进单位"；校长刘克祥同志荣获"全国科技先进校长"称号；32名学生分获全国一、二、三奖。赵如昕同学被授予"全国地理小博士"称号。

（许 坤）

【全国中小学信息技术创新与实践活动】 7月19日至24日，牛栏山一中教师参加第八届"全国中小学信息技术创新与实践活动"比赛取得优异成绩。两名教师荣获高中组、初中组恩欧希教育信息化发明创新奖，苏蕴玉等6人荣获教学实践评优赛一等奖，赵燕等2人荣获教学实践评优赛二等奖。

（许 坤）

【全国中小学图书馆先进集体】 7月，牛栏山一中图书馆被评为"2008－2009学年度全国中小学图书馆先进集体"。

（许 坤）

【校庆教育论坛】 9月18日至19日，牛栏山一中与《中国教师报》等友好单位合作，在顺义宾馆会议中心举办"全国首届不同风格与流派课改名家论坛暨中小学高效课堂教学展示交流会"。本次活动是该校庆祝建校60周年系列活动之一，北京市部分区县教委、教育学院及教师进修学校；天津市教科院基础教育研究所、天津市部分区县教育局教科室，中国教师新闻网，全国部分省市地区的学校及顺义区中小学均派人参会。主会场论坛设在顺义宾馆会议中心，分论坛分别设在牛栏山一中实验学校和顺义区第三中学。本次活动设置"区域课改圆桌论坛"、"课改名校面对面"、"课改名师高效课堂大PK"三大板块。主讲嘉宾有北京市教育委员会领导、著名教育家魏书生、上海市教委教研室主任王厥轩、天津市中小学教育教学研究室主任曹全路、?山东省潍坊市教育局局长张国华、江苏宜兴实验中学校长王俊等。牛栏山一中校长刘克祥在会上作《提升学校软实力，打造学校硬品牌》主题发言，介绍了学校干部教师队伍建设中的理念以及经验；在"课改名师高效课堂大PK"同课异构教学研讨活动中，来自北京、天津、辽宁、上海、江苏、山东6个地区的15名教师现场作课。

（许 坤）

【建校60周年庆祝活动】 10月16日，牛栏山一中举办建校60周年庆祝活动。当日，来自全国各地3000余名校友、近100名离退休老领导、老教师和数百位各界嘉宾以及在校师生近7000人欢聚一堂，共庆学校六十华诞，国家、北京市、顺义区多位领导前来祝贺。庆典大会以"以德立校、英才辈出六十载，全面与人、继往开来更辉煌"为主题，会上学校校友、北京市委常委牛有成同志和顺义区区长王刚同志、校长刘克祥同志、学校校友特级教师董晨老师分别发言。庆典大会后举行了"辉煌六十年"大型文艺演出。

（许 坤）

【出版各类专著和文集】 2010年10月，为迎接建校60周年，牛栏山一中教师编辑出版了30本共计800万字的教师专著，专著涵盖了学科教学、德育工作、教学工作、学校管理等多个方面。此外还出版了《耕耘者足迹》教育教学管理文集、《走进心灵的脚步》班主任文集、《雏凤清音》学生文集、《元圣宫》校友文集等。参与编写的教师80余人，投入资金21万元，由中国华侨出版社出版。

(许　坤)

【北京青少年气候大使】 11月10日，北京青年气候大使牛栏山一中学生王禹为和他的伙伴们在北京马池口中心小学与英国首相戴维·卡梅伦(David William Donald Cameron)会面，并启动了英国大使馆文化教育处举办的气候酷派世博遗产项目。王禹为同学为小学生们主讲了一节关于气候变化与生物多样性的课，收到很好效果。王禹为2010年被评为气候大使。他带领绿色校园行动小队开展了学校燃煤锅炉改进的研究，成功地提高了锅炉的效率，使燃煤使用量每天减少了50公斤。2010年8月他参加了在杭州举办的青少年气候大使夏令营和10月份举办的联合国气候变化框架公约天津会议。

(许　坤)

【接待芬兰罗素中学师生访问团】 11月20日至27日，牛栏山一中友好学校芬兰罗素高中代表团一行8人到学校交流访问。

(许　坤)

【新建教育楼投入使用】 2010年11月，牛栏山一中新建三栋教育楼正式投入使用。楼宇总体布局呈“工”字型，分为A、B、C三栋，地上五层，地下一层，占地面积 平方米，建筑面积31060平方米，可容纳学生3000余人，总投资1.3亿元。工程于2009年8月15日开工，于2010年10月28日竣工，2010年11月13日正式投入使用。教育楼是牛栏山一中改扩建工程主体部分，校园改扩建工程规划论证自2007年开始历时近三年，总设计由清华大学泛道国际建筑设计研究院承担。在规划中，古建筑元圣宫及校园古树予以保留，90年代初建设的科技楼和艺术楼进行装修加固，其余建筑物分两年拆除重建。规划改扩建总面积7万余平米，包括教学区、运动区、生活区三大板块。

(许　坤)

【明德国学社成立】 11月30日，牛栏山一中明德国学社正式成立。该社旨在弘扬传统文化，提升学生素质，激发学生学习国学的积极性。

(许　坤)

【莱斯利女士捐书】 12月16日，来自苏格兰的爱心人士莱斯利女士向牛栏山一中捐书仪式举行。出席捐赠仪式的有来自美国的塔克女士、顺义空港街道办事处袁树旺主任、区慈善协会聂燕山常务副会长、区摄影协会郑继辉会长等。校长刘克祥同志及学校部分领导和师生代表参加了捐赠仪式。

(许　坤)

顺义一中

【概　况】 2010年，北京市顺义区第一中学占地面积44666平方米，建筑面积50600平方米。体育场馆面积24000平方米。图书馆(室)藏书总数9.3万册。固定资产总值10378万元。全年教育经费投入2900万元，其中，国家拨款2900万元，自筹0万元。普通教室60个，专用教室13个，实验室25个。教职工(总数)278人，其中高级专业技术职务0人，副高级职务89人，中级职务84人。专任教师227人。包括本科以上学历264人；北京市学科带头人3人，市级骨干教师17人，级特级教师4人。开设教学班43个。

高中毕业学生630人，招生725人，在校生2107人，其中，寄宿生2107人。高中录取分数线497分，应届高考本科上线率87%。

单位名称：顺义区第一中学

地址：顺义区双河大街15号

电话：(010)69444448

邮编：101300

网址：http:// www.syyz.bjedu.cn

（何雪莲）

【青年教师研修工作会】 3月2日，顺义一中青年教师研修会在七层会议室，会议由教科室主任陈惠明主持，书记茹玉兰出席并讲话。

（要春娟）

【区校级课题结题工作预备会】 3月10日，顺义一中"十一五"区校级课题结题工作预备会在七层会议室召开。

（要春娟）

【赴美考察交流报告会】 4月9日，顺义一中首席教师赴美考察交流报告会在报告厅举行。

（何雪莲）

【慈善义卖】 4月22日，顺义一中组织开展"帮助玉树同龄人，顺义一中在行动"《校园报告 三十九度二》杂志义卖活动，共募集善款8675元，全部款项将统一捐给中国青少年发展基金会小天使行动基金。

（刘艳香）

【青年教师研修班】 4月23日，顺义一中组织开展青年主题研修活动，研修主题是"怎样赢得学生的尊重、信任和爱戴"。

（要春娟）

【课题交流研讨会】 4月24日至25日，顺义一中举办"让自主规划引领学生走向成功"暨《高中生自主规划与自我调控能力研究》课题交流研讨。

（要春娟）

【高效课堂观察学习交流】 4月29日，顺义一中举办"高效课堂——九大模式亮剑郑洲"观察学习交流会。

（要春娟）

【远足拉练活动】 5月22日，顺义一中高二年级全体学生举行了"徒步远足，体验分享"的拉练活动，从顺义一中北门出发，途经潮白河、减河公园、向阳闸，返回学校，全程历时5个小时。高二年级学生750余人参加。

（何雪莲）

【大陆香港校际网上实时辩论比赛】 5月27日，顺义一中高二(10)班王晓彤、卢旭、唐潮和高二(11)班孙碧瑶四位同学代表顺义一中参加了第九届大陆香港校际网上实时辩论比赛。

（张 巍 何雪莲）

【中国青少年创意大赛】 5月29日，尚德电力杯第四届中国青少年创意大赛北京赛区选拔赛在东直门中学举行，顺义一中学生在教师许实云带领下取得了优异的成绩。其中高一2班学生林熠代表学校获创意2号光能水陆两栖小车竞速获一等奖；高二1班学生杜雯佳获创意一等奖，高一1班学生刘凯懿、高一2班学生齐斌获得创意三等奖，教师许实云老师获创新型优秀教师奖。以高一2班施韵、张啸寒、付东岳组成的顺义一中代表队获团体一等奖，并直接获得参加在江苏省泰州中学举行的全国总决赛资格。

（张 巍 何雪莲）

【图书进教室活动】 9月1日至12月31日，顺义一中高二年级开展图书进课堂活动。

（桑宝国 何雪莲）

【中国教育学会学术研讨会】 10月28日至30日，由中国教育学会主办、顺义区教委和顺义一中承办的《中小学学生自我教育和自我管理实验研究》课题结题成果交流和学术研讨会在顺义一中举行。会议由现代教育报编辑解淑萍主持，中国教育学会常务副会长郭永福、北京教育学院党委副书记卢晖、顺义一中校长李冬分别致辞。表彰了该课题研究的21所优秀实验学校及60余名优秀实验教师。

（何雪莲 要春娟）

【社会实践活动】 11月23日,顺义一中高二年级开展社会实践活动,该年级师生到北京市城市规划展览馆和中国电影博物馆参观。

(赵彤云　何雪莲)

【法制教育报告会】 11月23日,顺义一中举办法制教育报告会。

(何雪莲)

【中国青少年责任与成长大讲堂】 12月10日,中国青少年责任与成长大讲堂走进顺义一中。

(桑宝国　何雪莲)

【第十五届教育科研活动周】 12月13日至17日,顺义一中第十五届教育科研活动周成功举办。本届科研周的主题是"聚焦校本教研,提 高教研实效"。

(要春娟　何雪莲)

杨镇一中

【概　况】 2010年,北京市顺义区杨镇第一中学,学校占地面积198900.9平方米,建筑面积91795.46平方米。体育场馆面积9418平方米。图书馆(室)藏书总数10134万册。固定资产总值166264905.04万元。全年教育经费投入4166万元,其中,国家拨款3821万元,自筹345万元。普通教室74个,专用教室16个,实验室23个。教职工(总数) 421人,其中高级专业技术职务120人,副高级职务0人,中级职务126人。专任教师288人。包括本科以上学历382人;北京市学科带头人9人,市级骨干教师30人,级特级教师3人。开设教学班74个。初(高)中毕业学生1100人,招生853人,在校生3850人,其中,寄宿生3534人。初(高)中录取分数线484分,应届高考本科上线率96%。

单位名称:顺义区杨镇第一中学

地址:顺义区杨镇

电话:(010)61451520

邮编:101309

学校网址:http://www.bjyzyz.net

(马洪良)

【心理讲座】 1月24日,顺义区杨镇一中邀请中国青少年心理成长基地心理专家李小霞为高三年级全体师生作《情绪你我他——感知情绪 幸福生活》心理讲座。主要从认识情绪及自我检视——能接纳自己的情绪变化;理解情绪——保持积极乐观的心态;管理情绪——善于及时调整自己的不良心态。三方面讲解,有效地提升而来师生的心理调节和承受能力。

(王越凤 马洪良)

【市、区领导慰问新疆班】 2月11日,北京市教工委副书记王民忠,北京市教委基教处副处长徐建姝,到顺义区杨镇一中慰问新疆班学生和教职员工,了解新疆班工作情况。顺义区教委副书记李卫国陪同。2月24日,顺义区委书记张延昆代表顺义区委、区政府以书信形式向新疆学生致以亲切的问候和新春祝福,向在新疆班工作的老师表示诚挚的谢意和良好的祝愿。指出:内地新疆班,充分利用顺义区的经济、教育优势,不断践行"在自我超越中成就美好人生"的杨中精神,着力造就了一批坚定地维护祖国统一、密切联系群众、具有强烈的革命事业心的少数民族优秀人才,这对促进新疆地区经济繁荣、社会进步及各项事业的全面发展具有深远历史意义和现实意义。鼓励新疆班学生为家乡新疆的建设添砖加瓦,为第二故乡顺义的发展出谋献策,为各民族大团结贡献力量。

(白文亮　马洪良)

【全国政协委员调研新疆班情况】 3月2日,全国政协委员阿布都热克甫到顺义区杨镇一中调研新疆班情况。该校校主管新疆班工作领导主任汇报了近几年新疆班工作的具体做法和取得的成绩。阿布都热克甫委员肯定杨镇一中对新疆班学生采取了这么多好的做法,而且又取得了这么多的好成绩,新疆的学生放在这里一百个放心。指出:要加强对学生思想教育,使他们在思想上,行动上与党中央保持一致。加强管理,使他们学业有成,将来成为国家栋梁。

(白文亮　马洪良)

【专家讲座冲刺高考】 2月27日至3月12日,顺义区举办系列专家讲座冲刺高考。2月27日组邀请了西城教研员张汉林为高中历史教师做题为《世界史复习的若干问题》的讲座。3月5日邀请北京市教研部专家高振奋作《专题引领统筹学习》高考复习讲座。3月7日邀请北京师范大学二附中物理特级教师彭梦华为尖子生进行现场辅导。3月10日邀请清华附中物理特级教师孟卫东为全体高三学生(进行第二轮复习专题讲座。3月12日邀请北师大附中特级教师、全国高考阅卷组成员梁霞为高三政治教师作复习讲座。专家就不同学科特点、从不同角度为高三教师学生提供了第二轮复习的策略与方法,为高考复习指引了方向。专家一致认为:2010年北京高考是课改后的第一次高考,充分理解利用《2010年高考考试说明》是高三复习的关键,复习的针对性越强,收效就越大。

(牛　爽　马洪良)

【市中学生田径运动会】 4月23日至25日,由北京市教委和市体育局共同主办的"阳光体育2010年第48届北京市中学生田径运动会"在丰台举行。全市18个区县经过区县运动会的选拔,有近1000名优秀学生运动员,三天内通过199项次、2593人次的激烈竞争,顺义区囊括了远郊组初中组、高中组以及团体三个第一名。共获金牌25块,其中顺义区杨镇一中获14枚。该校还获得银牌8块,铜牌5块,所有参赛队员都取得了前五名的成绩。石建军打破了北京市高男七项全能纪录,王佳慧打破了1500米和3000米纪录,其中3000米以9分48秒的成绩达到了国家一级运动员的标准。

(陈连璐　马洪良)

【新疆自治区领导看望内地新疆班】 4月25日,新疆维吾尔自治区主席努尔·白克力到顺义区杨镇一中望内地新疆班学生,自治区主席助理王会民及该区区委书记张延昆、代区长刘剑等陪同。杨镇一中自2005年承办新疆内地高中班,是目前全国内地新疆班规模、人数最大最多的学校,共有在校新疆学生771人,其中60%是来自边远农牧区的民考民的学生。11月2日,新疆和田地委书记程振山携10名和田地委领导及北京市政府副秘书长、和田地委副书记、北京市援疆和田指挥部党委书记、指挥刘剑在顺义区委书记张延昆、区教委主任冯义国等陪同下到顺义区杨镇一中了解内地新疆班办学情况,并看望和田籍学生代表。

(白文亮　马洪良)

【研究性学习成果展示汇报会】 5月7日,顺义区杨镇一中举办研究学习成果展示汇报会。

(孙海静　马洪良)

【田径运动会】 5月9日,"北京奥林匹克教育学校体育后备人才培养基地"田径运动会在石景山体育场举行。顺义区杨镇一中校夺得金牌13枚,获金牌团体二名,获A组(1992年出生)团体第二名,C组(1994年出生)团体第二名。陈庆军荣获"优秀教练员"称号,李颖荣获"优秀运动员"称号。

(陈连璐　马洪良)

【市创意大赛】 5月29日,首届北京市高中生技术设计创意大赛在北京四中举行,杨镇一中高二(1)班学生马莉、杨川以极限承重第二名的成绩(第一是东道主北京四中)获得了这个项目的一等奖。

(齐长安　马洪良)

【市级航模比赛】 7月17日至20日,由北京市教委、北京市市体委主办的北京市中、小学航模比赛在大兴举行,顺义区杨镇一中再获航空模型中学组团体第一名,至此该校以连续第四年获此殊荣。全市的少年宫、科技馆、中小学共有60多个代表队参加了该比赛。8月8日代表北京市参加全国航模大赛。

(齐长安 马洪良)

【北京市田径运动会】 7月,由北京市政府主办的第十三届北京市田径运动会在先农坛举行。全市共有18个区县的近5000名青少年运动员,参加25个竞赛大项、约700个子项的比赛。顺义区杨镇一中获得金牌10块金牌。

(陈连璐 马洪良)

【全国中学生运动会】 8月10日至13日,由中国中学生体育协会承办的2010年全国中学生暨全国体育运动学校田径锦标赛在黑龙江省牡丹江市一中举行,共有125个单位参赛。顺义区杨镇一中夺得6金1银并破纪录的优异表现,获得团体总分第四名,乙组团体总分第三名,甲组团体总分第八名。金牌总数位居全国第二名。陈伯楠获“优秀运动员”称号,李永利获“优秀教练员”称号。该校陈伯楠获男甲标枪(76.03米)第一名,并打破该项纪录。

(陈连璐 马洪良)

【英语教师培训交流】 10月7日,北京市中学英语教研组长及学科骨干教师培训会与交流活动在杨镇一中举行,全国基础教育英语教学评价与指导学术委员会副秘书长何士权主持交流会,全国基础教育英语教学评价与指导学术委员会主任、秘书处秘书长赵刚致辞。

(王 艳 马洪良)

【青年教师录像课评优活动】 10月12日,顺义区杨镇一中举办“杨镇一中青年教师校内录像课评优总结会”。分0－3年,4－6年两个组别评出同一、二等奖共40人,获奖率达50%。该校干部及教龄7年以下青年教师参加。

(王 艳 马洪良)

【全国英语教师基本功大赛】 10月22日至26日由国家基础教育实验中心、外语教育研究中心举办的第四届全国高中英语教师教学基本功大赛暨教学观摩研讨会在海南省海口市举行。顺义区杨镇一中教师吴灿代表北京市参加此次大赛获得一等奖。

(王 艳 马洪良)

【接受市级专家视导】 11月3日,北京市基础教育研究所朱懋勋、许承庸、蔡歆、张理智等领导专家到顺义区杨镇一中视导教科研工作。指导组分别听取了该校校长孙孟远办学思想及成果的汇报和科研主任关于该校近五年科研工作汇报,收看了成果宣传片,查看了科研资料。肯定了该校的科研成绩,并现场达成三项支持该校发展的协议。一是帮助该校规划“十二五课题”的申报立项工作;二是加强对该校教师课题运作、论文撰写的指导;三是帮助该校培训一批科研骨干。

(孙海静 马洪良)

【办学特色研讨会】 11月13日,顺义区杨镇一中举办办学特色研讨会,北京市基础教育研究所殷桂金、顺义区教科室及督导室相关人员参加。

(孙海静 马洪良)

【市级课题结题鉴定会】 11月15日,顺义区杨镇一中举办《创建节约型学校有效策略的研究》市级课题结题鉴定会,北京教育科学研究院研究员钱丽霞、北京市中小学后勤管理研究会常务理事长王绪池及顺义区教委相关人员出席。

(孙海静 马洪良)

【古尔邦节】 11月17日,顺义区杨镇一中800多名新疆学生和部分内地学生代表齐聚报告厅庆祝一年一度的古尔邦节。校长孙孟远代表集团7000余名师生向新疆学生表示祝贺,校园小记者通过互联网转播了演出实况。

(白文亮 马洪良)

【心理健康教育检查验收】 12月1日，顺义区杨镇一中接受顺义区心理健康教育工作达标检查验收。

（王越凤　马洪良）

【新疆班学生高考】 年内，顺义区杨镇一中内地新疆高中班184人参加高考182人考入大学本科，本科录取率高达98.91%。该校学生贾梦頔以677分的成绩（加上清华大学自主招生考试得到的20分加分，总成绩达到697分）夺得顺义区理科状元。考入清华大学、北京大学17人（全区46人）。考入重点大学502人（全区1450人）。

（王　艳　马洪良）

【艺术教育】 年内，顺义区杨镇一中艺术教育成果显著，4月10日在由北京市教委体美处主办的北京市艺术节合唱比赛获得一等奖。5月22日举办社团慰问演出该校7个社团的9个精彩节目，是杨镇一中社团联合会成立以来举办的一次盛大的文艺演出。7月，在由北京金帆书画院组织的2010美育杯国际青少年书画摄影大赛中，该校5名学生获一等奖、3名学生获二等奖，教师张海川获绘画辅导一等奖、周国立获绘画辅导及书法辅导两项一等奖。

（王天真　马洪良　周国立　郭　亮）

【采取措施提高教学质量】 年内，杨镇一中采取措施提高教学质量，一是强化教学质量是学校生命线的理念，确定"一个中心"，即以教学质量为中心；倡导"一个理念"，即以教师、学生发展为本的理念；做到三个加强，即加强过程管理、加强团结协作、加强教师培训。二是抓实五项活动，即：专家指导活动，区校教学基本功大赛活动，备课组教研活动，学校、年级、班级、学科组四级质量评价活动，组织好每学期骨干示范课、青年教师研究课和新教师汇报课"三课"活动。三是抓好常规工作，规范教学行为：个人备课要做到"五备"、"五精"；集体备课要做到"一个结合"、"两个发挥"、"三定四统一"；处理好集体备课与个人备课的关系；实行教学巡视检查制度；加强课堂监控，提高教学效果。四是采用"走出去"和"请进来"相结合更新教师理念，本学期来校专家达到43人次；带领干部、教师3次赴潍坊昌乐二中观摩课改新模式，学习先进管理经验；成立实验班，摸索适合该校的课改模式。在教研活动中，做到课堂研究专题化。形成"集体讨论，循环跟进，实践反思"的教研模式，突出合作与反思，实现教研与实践的有效结合。

（马洪良）

【献爱心】 年内，顺义区杨镇一中向新疆人们献爱心，1月24日，为新疆遭受雪灾地区捐款12779元。11月8日，为本校新疆班一名学生捐款8万多元。

（郭　亮　马洪良）

现代职业学院

【概　况】 2010年，北京现代职业技术学院在校普通高职生2195人。招收普通高职生680人。首次招收京外生源108人，其中河北省33人、河南省18人、山东省14人、山西省43人。高考北京地区提档线（数学、语文、英语三科）理科150分、文科150分。毕业高职生783人，应届毕业生就业率98.5%。教职工211人，专任教师131人，其中研究生、硕士50人、博士1人，教授、副教授7人。开设9个专业。普通教室79个，专用教室9个，实验实训室43个。图书馆建筑面积6635平方米，藏书15万余册。学校占地面积11.29万平方米，建筑面积7.27万平方米，体育场馆面积3.3万余平方米。固定资产总值1.27亿元，其中教学仪器设备总值4000余万元。全年教育经费投入2477.47万元，其中，国家拨款2299.37万元、自筹178.1万元。

单位名称:北京现代职业技术学院
地址:北京市顺义区裕龙花园三街
电话:(010)69449311
邮编:101300
网址:www.moderncollege.com.cn

(李跃谦)

【青年教师讲课比赛活动】 4月12日至6月7日,现代职院开展第二届青年教师讲课比赛活动,90人报名参赛,最后评出一等奖2人、二等奖3人、三等奖4人、优秀奖25人、优秀组织奖2个。比赛中,教师采用项目导向、任务驱动等先进教学方法,部分教师的课充分体现了工学结合的教育理念。

(李跃谦)

【合作办学】 5月26日,现代职院和北航交通科学与工程学院洽谈合作办学,达成合作框架协议,确定三项合作内容:北航在学院设立办学点,开设工程硕士班,面向区域内大型企事业单位中高层管理人员进行学历培训;开展系列高端知识专题讲座;共同开发科研课题。

(李跃谦)

【职业教育课程改革专题讲座】 5月7日,现代职院举办"工学结合"职业教育课程改革专题讲座。邀请北京师范大学职业与成人教育研究所所长赵志群教授主讲。

(李跃谦)

【教师职业教学能力专题讲座】 9月25日至26日,现代职院举办教师职业教学能力专题讲座。邀请国内著名职业教育专家戴士弘教授主讲,内容包括《高职课程的能力本位项目化改造》专题报告和高职课程设计案例研讨两个部分。

(李跃谦)

【汽车实训中心改造】 5月份,现代职院完成汽车实训中心改造,对地面进行了重新铺装,结合教学要求和现有设备情况重新划分了各实训功能区,扩展建设了200平方米的汽车技术服务与营销专业模拟4S店,建设一个多媒体演示室,连接了校园网络,与企业合作建设了200平方米的汽车维修师考试中心。该中心自2004年5月建成投入使用后,不断增添设备,完善功能。此次改造后,填补了汽车技术服务与营销专业学生实训的空白,增加并系统了实训内容,提高了设备利用率。至此,该中心拥有各类实训设施设备145台套,总值850余万元,可同时满足160人实训,面向汽车检测与维修技术、汽车制造与装配技术、汽车技术服务与营销三个专业设置实训课程,引进当前主流的检测设备,包括底盘测功机、发动机性能分析仪、四轮定位、各种解码器等用于实训,成为标准的理实一体化教学场地。

(李跃谦)

【开展订单班校企合作】 9月8日,现代职院与北京恩布拉科雪花压缩机有限公司举行"雪花压缩机订单式培养班"签字仪式,开展订单班校企合作。订单班由学院遴选出2008级机电一体化技术专业学生39人组成,教学计划由校企双方共同研究确定,师资由学院教师与企业兼职专家共同组成,对学员以"企业专业技术人才和储备干部"为培养目标,双方共同跟踪、培养,学习期满合格后经选拔最终录用30人。自2009年5月份起,该院即与恩布拉科公司开展校企合作,至2010年底,学院选派机电工程系专业教师为公司员工进行相关专业知识系统培训16次,公司录用学院毕业生12人、接收专业教师实践锻炼19人次,共同研讨学院专业建设、人才培养方案等5次。

(李跃谦)

【专业教师暑期到企业实践】 7月20日至8月20日,现代职院利用暑期时间,安排60余名专业教师到7家企业进行顶岗实习实践锻炼。顶岗实习教师分别被安排在组装车间、发动机厂、机修车间、机加工车间、仓库管理等部门承担相关工作。

(李跃谦)

【出版军事文化题材专著】 9月份，现代职院基础部两课教研室教师李明出版军事文化题材专著——《战略文化简明读本》。

（李跃谦）

【举办第一届社团文化节】 9月中旬，现代职院团委、社团联合会举办第一届社团文化节活动，主题为“展现社团风采，促进学生成才”。文化节为期三天，师生700余人参加。开学初，经过招新、调整，目前该院有学生社团13个。

（李跃谦）

【技能竞赛活动】 10月20日至11月30日，现代职院举办第五届技能竞赛活动，全体学生和58名专业教师参加。全院三个系9个专业共设竞赛项目61个，较上届多出22个。经过初赛、复赛、决赛，学生505人获奖、教师55人获奖，同时评出优秀班集体16个、优秀组织奖4个。

（李跃谦）

【与玉龙华翔公司签订合作协议】 12月9日，现代职院与北京玉龙华翔新技术有限公司签订合作协议。

（李跃谦）

【“学长讲堂”活动】 12月15日，现代职院举办首期“学长讲堂”活动，由大学生就业创业协会邀请优秀毕业生回校举办就业指导讲座。

（李跃谦）

社区教育中心

【概　况】 2010年，社区教育中心累计招生4552人，完成全年任务的103%，中心在校生达到13100人。需安置就业674人，已100%实现就业。加大职成教育改革，免费为未就业大学生开展培训，共培训200人，帮助推荐就业。继续与首都高校开展联合办学，与北京航空航天大学达成战略合作协议，使高校在顺义办学点数量达到20所，在校生达到9100人。开展农民培训5740人，超额完成全年任务。深入82家单位开展学习型组织创建工作指导，加大学习型社会理论知识培训，启动学习型党组织创建工作，创建各类学习品牌，服务全民学习。学习型社会工作稳步推进，终身学习观念深入人心。顺利通过北京市政府督导室对顺义区社区教育的督导检查，今年12月顺义区被教育部评为全国社区教育示范区。完成高等教育自学考试、计算机等级考试等15个考试项目，25次考试，建立了全国首家民办学校自考考点美国英语语言学院，共计考生53166人，120992科次。中心被评为宣传工作先进单位、交通安全先进单位、市级文明单位等荣誉称号。顺义电大被评为全国示范性基层电大，顺义农广校“兴农讲堂”被评为市级学习品牌，顺义电专被北京卫校评为示范校。考试办公室被北京市考试院评为成考、自考先进考点。

单位名称：顺义区社区教育中心
地址：顺义区府前西街铁路西
电话：(010)69443449
邮编：101300
网址：http://www.sheqjy.bjshy.gov.cn

（王振宇）

【新食堂正式启用】 1月4日，中心新食堂正式启用。中心食堂建设是2009年重点建设项目，年初完成各种手续审批，3月底正式破土动工，经过将近10个月的紧张施工及相关物品采购等工作，新食堂于1月4日正式向师生开放。新食堂由600平方米平房改扩建为3100平方米的三层楼房，可同时容纳2000余名师生同时用餐。

（王振宇）

【专业教师技能大赛】 1月5日，电大中专部举办护理专业教师技能大赛。聘请顺义区医院护理部专家担任评委,共有11名教师参加了此次角逐。

(王振宇)

【区领导调研】 1月7日,区领导胡尚云、燕瑛同志到中心调研本区职业、成人教育工作。

(王振宇)

【中央电大、北京电大指导工作】 3月17日,中央电大、北京电大领导莅临顺义电大指导工作。中心丁久库主任、电大分校李建军校长等领导参加了会议。

(王振宇)

【歌唱部落录制工作】 3月23日,电大中专部160名学生参加了顺义电视台"歌唱部落"的现场录制工作。

(王振宇)

【"后沙峪"杯春季长跑】 4月2日,区第八届"后沙峪"杯春季长跑比赛在顺义奥林匹克水上公园鸣枪开赛。社区教育中心选派男女20名运动员参加角逐,结果男子3名运动员、女子9名运动员取得了名次。中心对12名获奖运动员及教练员颁发了荣誉证书。

(王振宇)

【全国高等教育自学考试】 4月10日,全国高等教育自学考试开考。考试于10日、11日、17日、18日四天进行,共有考生6283人,20585科次。设社区教育中心、顺义五中、北京美国英语语言学院、顺义三中(备用考点)4个考点,686个考场。其中,北京美国英语语言学院是今年全国新增自考考点,首次开考共有238场,7091科次,103个考试科目,2144人参加考试。

(王振宇)

【学习型社会工作座谈会】 4月13日,北京市创建学习型城市专家指导委员会主任委员、北京市创建学习型组织专家评估组组长马仲良教授与社区教育中心中心领导座谈学习型社会工作。

(王振宇)

【"兴农讲堂"开班典礼】 4月23日,"兴农讲堂"开班典礼在北务镇政府举行。北京市农业广播电视学校、北务镇、顺义教委、社区教育中心相关领导出席了开班典礼。

(王振宇)

【毕业生就业培训班开班典礼】 5月11日,顺义区2010年高校毕业生就业培训班开班典礼举行。此次培训由顺义人才服务中心与社区教育中心联合开展,培训时间为5月11日–14日,400余名毕业生报名参加。

(王振宇)

【小教口语测评验收工作】 5月27日,顺义电大小教口语测评验收工作结束。

(王振宇)

【清洁日活动】 6月10日,中心200余人参与顺义区迎接国家卫生专家复审团检查清洁日活动。

(王振宇)

【下半成人学校工作座谈会】 9月3日,顺义区召开2010年下半年镇、街道成人学校工作座谈会。区教委、社区教育中心领导及来自顺义区各镇、街道成人学校的25名校长出席会议。

(王振宇)

【北京广电中等专业学校顺义区分校】 9月9日,"北京市广播电视中等专业学校顺义区分校"揭牌仪式举行。北京电专、区教委、工商联、社区教育中心等单位领导到会并对电专顺义分校独立建校表示祝贺,中心丁主任及工商联鲍晓芹书记为"北京市广播电视中等专业学校顺义区分校"校牌揭牌。

(王振宇)

【实务操作培训】 9月17日,顺义区职业院校"行动导向教学"实务操作培训班开班。行动引导型教学法是一种"以能力为本"的教学模式,通过老师引导、师生互动、生生互动等多种不定型的活动方法,激发同学们的学习热忱和兴趣,使学生主动用脑、用心、用手进行学习。

(王振宇)

【广东中山电大交流学习】 10月25日,广东中山电大一行13人来顺义电大交流学习。

（王振宇）

【全国高等教育自学考试】 10月23日,全国高等教育自学考试开考。考试分23日、24日、30日、31日四天进行,顺义区共有考生5094人,16178科次,181个考试科目,共设置顺义社区教育中心、北京美国英语语言学校、顺义三中三个考点,410考场。

（王振宇）

【学习型社区建设座谈会】 10月26日,区构建学习型社会领导小组办公室召开学习型社区建设座谈会。

（王振宇）

【顺义区人大代表补选工作】 10月28日,社区教育中心投票站完成顺义区三届人大代表补选工作。共有区社区教育中心、教育考试研究中心教师学生共计529人,选民登记率、参选率均为100%,最终王刚同志和张守良同志高票当选区三届人大代表。

（王振宇）

【学习型组织先进单位复评会】 10月29日,顺义区召开2010年学习型组织先进单位复评会。

（王振宇）

【职业理想演讲比赛】 11月4日,顺义区中职学校“明天的我”职业理想演讲比赛在顺义一职举行。来自顺义区6所职业学校的28名选手参加了比赛,一职学校李雨轩同学摘得桂冠。

（王振宇）

【江宁电大、西青电大交流学习】 11月11日,南京江宁电大、天津西青电大来顺义电大交流学习。

（王振宇）

【市文明办调研】 11月26日,北京市文明办调研顺义区文明市民学校工作。

（王振宇）

【市政府教育督导室检查工作】 12月9日,北京市政府教育督导室莅临顺义区开展督导检查工作。顺义区政府副区长燕瑛介绍了顺义区经济社会发展概况和顺义区争创学习型城市的举措;区构建学习型社会办公室副主任、社区教育中心主任丁久库作《大力发展社区教育 努力建设学习型顺义 打造现代文明和谐的世界空港城》的报告;社区教育中心副主任李建军作《充分发挥教育职能,提升人口综合素质,服务区域经济社会快速发展》的汇报。区教工委书记、教委主任冯义国,区政府教育督导室主任姜华阳等相关领导陪同督导。

（王振宇）

【区中职教师听评课活动举行】 12月17日,区中职教师听评课活动在一职举行。本次活动由教委职成科牵头组织,来自一职、汽车职高、人力社保局技校的专任教师参加比赛。

（王振宇）

教育研究考试中心

【概　况】 2010年顺义区教育研究考试中心,有教职工总数135名,其中,专任教师100名。市级学科带头人11名,市级骨干教师26名,市级特级教师6名。开展各级各类培训6项,培训各级各类人员11000人次;普通教室12个,专用教室12个。图书馆(室)藏书总数1.2万册。学校占地面积12870平方米,建筑面积10600平方米。体育场馆面积620平方米。固定资产总值2021万元。全年教育经费投入2271万元,其中,国家拨款2216万元,自筹55万元。

单位名称:北京市顺义区教育研究考试中心
地址:顺义区中山西街31号
电话:(010)69443837

邮编:101300
网址:http://www.shyedu.cn

(许冬梅)

【赴通州区学习交流】 3月23日,区教科室赵文增主任带领科研名师工作室成员一行八人参加通州区科研展示周活动,听取了以"科研管理创新,校本研究成功的阶梯"为主题的科研管理工作报告,参与了"践行研修,引领学校科研发展"的学校科研成果汇报会,顺义区东风小学副校长仁志梅和顺义十中科研室主任李君美在大会上做了经验介绍。

(李君美 席红伟)

【市、区教研员把脉高中课改】 为了更好地贯彻落实新课程理念,顺义区联合北京市各科教研员共同把脉课堂教学,为新课程改革引领方向。3月28日,区中教科联合市基教研中心、区考研中心各科教研员联合对顺义二中进行教学视导,北京市基教研中心赵宝军书记、副主任朱立祥、区教委副主任张华礼、区考研中心张海主任、中教科科长陈坤清深入课堂了解情况。

(王晓方 许冬梅)

【小学语文教师写字基本功培训】 为落实教育部提出的《关于在中小学加强写字教学的若干意见》和《小学语文课程标准在加强写字教学的要求》;规范师生书写习惯;提升书写能力,顺义区自2010年3月份至4月份在本区小学低年级教师中,开展了关于提高写字基本功的培训。

(许冬梅 苏静林)

【高三常态课教学视导】 为了充分发挥教学视导的作用,摸清学校教育教学的现状,顺义区针对高三高考复习强化了常态课的教学视导。要求教研员在视导过程中坚持"三入三抓":即深入课堂抓常态、深入学生抓作业、深入考纲抓命题。

(王晓方 许冬梅)

【区小语学会获奖】 中国教育学会小学语文教学研究会成立三十周年庆典暨教学研讨会于2010年4月27－29日在天津市滨海新区塘沽胜利召开,来自全国各地近1000多名代表参加了此次研讨会。顺义区小学语文教学研究会被中国教育学会小学语文教学研究会评为全国教育学会小语教学研究先进单位;闫兴和老师被评为全国小学语文教学研究会成立三十周年先进工作者;孔凡艳老师撰写的论著《"学案式阅读教学"探索》被评为全国小学语文教学研究会成立三十周年论文(论著)一等奖。

(苏静林)

【中学心理健康教育研讨会】 5月13日,顺义区中学心理健康教育研讨会在该区天竺中学举办 与会人员观摩了天竺中学两节心理健康活动课,听取了学校心理健康教育工作情况汇报,参加了《顺义区初级中学班级心理辅导活动实施指南》、《顺义区高级中学班级心理辅导活动实施指南》课程培训。

(许冬梅 杜 颖)

【小学教师基本功培训与展示】 5月20日,顺义区小学教师基本功培训与展示总结表彰会在该区教研考试中心举行。区政府教育督导室主任姜华阳,区教委副主任陈成国、张海东等出席会议,顺义区小学校长、教学主管领导及获奖教师150余人参加。

(周君姝 许冬梅)

【市小学生综合素质发展评价会】 6月4日该现场会由市教委、市教科院、市基础教育阶段学生综合素质评价推进组主办,区教委、区考研中心承办。

(张晓宪)

【高三教学工作研讨会】 7月27日至30日,顺义区教委与考研中心联合召开了高三教学工作研讨会,顺义区高中教研员、学科核心组成员、主管教学的领导参加了会议。启动仪式上,市基教研中心王云峰主任参加了会议,并做了主题报告。

(王晓芳)

【高考总结表彰暨高三工作动员会】 10月

10日，顺义区2010届高考总结表彰暨2011届高三工作动员大会在教研考试中心召开。

（李冬山　许冬梅）

【普职成教干部培训中心评估组到区检查】 11月3日，市教育工委基层联络处易容副处长、市教委人事处郭宏伟研究员、市普职成教干部培训中心胡淑云主任、方怀胜副主任、北京教育学院李春山教授等领导、专家莅临检查、指导；区教工委教委、教研考试中心领导出席评估会。区教工委副书记李卫国作了题为“务本求实，继往拓新——持续提升区域中小学干部专业化水平”的工作汇报。

（赵书华　刘晓英）

【全国中小学教育管理创新与学校发展论坛】 11月5日，教研考试中心干训科组织顺义区15名中小学校长参加了首届全国中小学教育管理创新与学校发展论坛。

（刘晓英）

【语文、地理脱产培训项目中期检查】 11月18日，市教育学院许志矛副院长、李永莲副处长、宣武分院李国安副院长、专家张亚新、李慎英教授、教育学院项目负责人姜峰、李春燕老师组成专家团对顺义区语文、地理脱产培训项目进行中期检查。

（赵　辉　顾军荣）

【第五届教育科研月】 11月26日，区第五届教育科月活动启动大会在教研考试中心召开。本次科研月活动的时间为2010年1月26日－12月26日，活动的主题为“教育科研——五年的回顾与展望”。

（赵文增）

【高中教师基本功展示】 11月20日，区教委、考研中心在“北京市高中教师基本功培训与展示活动”的大背景下，组织顺义区高中教师开展了基本功展示活动。

（王晓芳　许冬梅）

【中学心理健康教育达标校验收】 为认真贯彻教育部、市区教委《关于加强中小学心理健康教育工作的意见》等文件精神，11月29日－12月2日，区教研中心心理研究室和教委中教科牵头，对申报的21所中学展开心理健康教育达标校验收活动。

（李立军）

【班主任研修班赴深圳学习】 2010年12月21日至26日，区教委和教研考试中心联合组织顺义区中学骨干班主任研修班学员，赴广东深圳参加“和谐德育与班主任治班方略”高级研修班培训活动。

（顾军荣）

文化·卫生·体育

文　　化

综　　述

顺义区文化委员会下辖文化馆、图书馆、新华书店、影剧院、电影发行放映管理处、焦庄户地道战遗址纪念馆、文物管理所和执法大队。

顺义区文化委员会坚持以“三个代表”重要思想为指导，树立科学发展观，以建设社会主义和谐社会为中心，认真落实“十七大”会议精神，着重完善公共文化服务体系、抓好农村文化建设、积极开展群众文化活动、进一步加强文化市场管理、不断加强有线电视网络建设，努力促进文化创意产业的发展。

一是努力改善农村文化设施，进一步完善公共文化服务体系。加强有线电视网络建设。铺设光缆100公里，新增有线电视用户10000户。顺义区现有文化设施约30个、镇级文化中心6个、焦庄户地道站遗址纪念馆1个、镇级文化站19个、村级文化大院405个。目前，顺义区镇、村文化设施建筑面积达14411平方米，室外活动场地面积为168170平方米，共修建文化广场187个，总面积达1297550平方米，投资2.73亿元。在建设新设施的同时，注重抓好现有文化设施的挖潜改造，完善其功能，提高其档次。目前有区级广场7个，镇级文化广场12个，村级文化广场200多个。现有秧歌队214支，共有各类业余文艺团体400个，总人数达到12000余人，其中：戏剧团体35支、音乐队46支、舞蹈队30支、民间花会队73个、杂技曲艺队1个、美术社15个、文学社3个。业余文学作者出版文学作品集8部。

文化馆 全年组织及参与策划各类演出120余场、组织各种展览9次、创作各类音乐、舞蹈作品38件、创作节目11个、全年出版发表各类作品共计30多万字。

图书馆 全年共接待读者179663人次，借阅书刊168690册次，入藏新书4537种、14466册，开展丰富多彩、主题鲜明的活动40余次，吸引2万余名读者参与。挑选适合农村思想教育、科技普及、家庭文明等书籍到农村大集展销。

影剧院 全年总收入160万元。其中电影收入68万元，比上年同期增长5%，放映898场次，观众达9.8万人次；戏剧收入53万元，比上年同期增长4%，共演出200场，观众9万人次；三产收入39万元。

电影发行放映管理处 全年收入287万元，上缴国家税收21万元。农村电影“2131工程”全面启动以来，放映影片4554场次，观众达100余万人次，完成计划任务的120%，农村电影覆盖率达100%。

焦庄户地道战遗址纪念馆 注意加大宣传力度；加强与院校的联系，力争成为北京各大院校的爱国教育基地；加强了与各大媒体的联系。对园区进行了综合整治；注重员工队伍整体素质的提高；积极拓展发展空间，注意挖掘历史文化资源，发展民俗文化产业。纪念馆全年共接待国内外游客共16万多人次，同比增长21%，票房收入148万多元，同比增长10%。

文物管理所 全年共争取到市级资金100多万元，分别对市、区两级地上文物古迹进行了修缮。目前，顺义区已发现不可移动文物9项，其中市级文物保护单位3个：焦庄户地道战遗址纪念馆、牛栏山元圣宫、大孙各庄无梁阁；区级文物保护单位6个：开元寺、北小营狐奴县遗址、后沙峪汉代古城遗址、顺义城垣、孔庙元碑、和硕亲王碑。

二是连续13年举办了“二月新春”、“五月的鲜花”、“十月金秋”等群众文化活动。13年来，顺义区共举办各类文化活动10000多场次，共征集到各类艺术作品近5万件，举办展览近800场次，集中展出的优秀作品2000多件，参观展览的人数累计近200万人次。2006年，“二月新春”群众文化活动期间，顺义区共举办各类文化活动500余场次，室内活动200余场次，室外活动300余场次，并分别举办戏曲票友大赛、交谊舞大赛、民间花会大赛、冰雪嘉年华暨民俗文化节开幕式等活动，共有1.2万人次参与演出，观众达到40万人次，顺义区共投资约450余万元。“五月的鲜花”群众文化活动历时3个多月，共组织文艺比赛和演出780多场，演出文艺节目近万个，新创作品600多个；参与活动人数达到10万人次，吸引观众36万人次。“十月金秋”群众文化活动，共征集到书画、摄影作品4000余件，其中，将300多件反映“新农村、新文化”的书法美术作品经过精心装裱，分别装饰了村委会30个、农民家庭174户。三年来，共装饰村委会100多个，家户3000多家。

三是强化行业管理和培训，加大执法检查力度。组织对城区大型娱乐场所、互联网上网服务场所负责人及从业人员的上门培训和考试。积极组织管理人员和执法人员参加各种培训，加强对行政许可法、行业法规的学习，强化管理人员和执法人员的业务素质，提高执法水平。全年共受理项目审批34件，审批34家文化经营单位。共组织36次联合执法和8次“扫黄”、“打非”集中行动。出动执法人员1556人次，执法车辆526辆次，检查场所1520家次，取缔非法电子游戏厅28个，收缴电子游戏机283台，取缔“黑网吧”9个，收缴电脑设备66台，取缔非法经营图书和音像制品摊点173个，收缴非法图书和音像制品57000余张（册），对违规经营的5家“网吧”实施了行政处罚。

四是注重政策理论研究，积极推进文化创意产业发展。我们注重了加强规划和政策引导，以发展会览业为龙头，同时大力发展以产品设计、产品研发为核心的工业创意产业，加快发展出版印刷、影视制作业，积极培育展览策划、广告设计等会展创意产业。目前，顺义区共有文化经营单位700多家，其中，综合娱乐场所16家，歌舞娱乐场所35家，演出团体11家，美术品经营单位9家，音像制品经营单位110家，印刷企业157家。

单位名称：顺义区文化委员会
地址：顺义区拥军路3号
电话：(010)69443669
邮编：101300
网址：www.wenhw.bjshy.gov.cn

（胡广星）

广播电视

【概　况】 北京市顺义区广播电视中心是顺义区属重要的宣传机构,成立于2002年,为全额拨款事业单位。前身是顺义县广播站、顺义县人民政府广播科、顺义区广播电视局,目前拥有广播、电视、报纸、视频网站、户外大屏五种媒体。2010年,在区委、区政府的正确领导下,广电中心秉承"创造价值,奉献美好"的核心理念,坚持"节目立台,人才兴台,科级强台,经营富台"的宗旨,深化改革,服务大局,为区域经济社会发展营造了良好的舆论氛围。

单位名称:顺义广电中心

地址:顺义区拥军路4号

电话:(010)69466677

邮编:101300

网址:http://www.bjsytv.com

(广电中心)

【宣传工作】 2010年,开设了《回首十一五 展望十二五》、《辉煌十一五》等栏目和板块,全面、多角度地宣传"十一五"成就,并对"十二五"规划编制过程及要点进行解读,极大地激发了群众干劲,鼓励其积极投身到"十二五"建设中去。两会报道是每年新闻宣传中一项光荣而艰巨的政治任务。在2010年的两会宣传中,顺义人民广播电台开设了《直通两会》栏目,通过大量的录音报道将两会各方面信息传递给广大群众。电视台新闻部开设了《直通两会》、《百姓与两会》等7个栏目。其中《百姓与两会》栏目是今年的亮点,着重对代表、委员的优秀议案、提案进行了关注,围绕百姓最关心、政府最关注、落实效果好的提案、议案进行了报道。时讯报社首开政协会开幕当天出特刊的先河,提高了报纸的时效性,受到了政协领导的充分认可。党的十七大明确指出,要在党员干部中开展两项大的活动,一项是学习实践科学发展观活动,另一项是创先争优活动。2010年,随着这两项活动的开展,以两项活动为宣传载体,中心关于党建的宣传工作有的放矢。学习实践活动中,两台新闻部推出了反映区委、区政府中心工作的《科学发展,惠泽群众》栏目,时讯采取了跟踪报道活动进展、整版宣传活动成效的方式进行宣传。在创先争优活动中,两台新闻部及顺义时讯报社配合区委组织部结合各自特点做了《绿港旗帜——创先争优》系列报道。四是全面服务经济社会发展。经济报道上突出关注了天竺综保区、国门商务区、汽车基地等重点功能区,汽车制造、装备制造等现代制造业以及金融、会展、航空物流、文化创意等现代服务业的重点产业,还有北京现代三工厂、国家地理信息产业园、中航产业园等重点项目的推进。城乡建设上重点关注了M15号线建设、保障性住房建设、滨河森林公园建设、整建制村庄拆迁、违法建设拆除、环境综合整治、重点镇建设和新农村建设等。2010年,中心积极服务区内大型活动,在策划、宣传等方面,中心群策群力,多部门协同配合,打赢了一个又一个协作战。相继完成了一系列重大活动的演出策划及录制播出工作。纵观2010年,中心服务的大型活动有以下三个类型。第一是以我为主,策划推出"顺义的骄傲"。2010年,顺义广电中心举办了第二届"顺义的骄傲"大型评选活动。活动列举一年来顺义具有代表性的成就作为候选,通过电视、广播、报纸、网络等途径将这些候选事件公布,由广大市民通过网络、短信、信件等方式进行投票,选出自己心中顺义的骄傲。评选期间,共收到来自全国的有效选票200余万张。围绕评选结果,举办大型颁奖晚会,将活动推向高潮。此次活动不仅全方位展示了顺义过去一年发展建设的丰硕成果,同时也激发了顺义人民热爱家乡、建设家乡的热情。第二是以合作为主,展现智慧,赢得赞誉。2010 年,中心业务部门展现智慧,开拓创新,与区内多家单位、部门合作开展活动,策划演出。为打造和谐社会营造了良好的舆论环境。“双拥赞歌”八一专场慰问演出为顺义区争创全国双拥模范城三连冠造势助威;“顺义区道德模范评选活动颁奖盛典”为顺义精神文明建设推波助澜;第七届农业博览会暨第五届旅游文化节开幕式演出为顺义区都市型现代农业的蓬勃发展高唱凯歌;中心策划的演出不但使这些活动更具时尚气息和人文内涵,更使中心赢得了社会各界的广泛赞誉。第三是以服务为主,全情投入,实现价值。除上述活动外,中心还充分发挥媒体作用,全情投入的为顺义区举办的重大活动做好服务。北京国际车展期间,中心通过新闻、专题、文艺等形式从不同角度宣传车展,宣传顺义,赢得了相关领导的高度认可。北京市第二届端午文化节暨“临空经济区杯”龙舟赛期间。中心记者根据活动特点,身着传统中式服装出镜主持,与传统节日更好地结合,突出了端午节的中国传统特色;燕京啤酒节期间,转播车团队与北广传媒集团合作,通过花博会主场馆大屏对啤酒文化广场活动进行直播,将啤酒文化广场活动在第一时间通过屏幕更加清晰地呈现在观众面前,营造了热烈、喜庆的现场氛围,得到了多位区领导的高度认可。

(顺义区广播电视中心)

【党建】 为筑牢全员思想道德防线,推动党风廉政责任制建设,中心利用中心组学习、民主生活会、纪律检查、作风教育整顿等机会,运用正反典型案例开展党风廉政教育,做到了道理常讲、警钟长鸣。加强组织管理和制度约束。深入贯彻落实“三重一大”制度,制定了党委书记负总责、其他班子成员和科室负责人“一岗双责”的党风廉政工作机制,主要领导与各科室负责人签订了“党风廉政建设责任书”,形成了全面、规范的干部监督体系。严格责任考核,有力地保证了党风廉政建设责任制的贯彻落实。

(顺义区广播电视中心)

【“十二五”规划编制工作】 即将到来的“十二五”时期,是深入贯彻落实科学发展观、构建社会主义和谐社会的重要时期,为此,中心提前开始谋划顺义区“十二五”广播影视发展规划,通过大量调研,反复讨论,目前已经完成了“十二五”规划的编制工作。

(顺义区广播电视中心)

【完善各项规章制度】 2010 年,电视台总编室加强了对宣传创作引导,依照中心全年宣传要点,结合区内实情,按月推出《宣传报道要点》下发节目部门,为其创作提供支持和帮助。加强节目传播的监看与评估,安排专人监听监看广播、电视节目,按月推出《监听监看报告》。同时制定完善了多项制度,包括《顺义电视台节目制播规范管理办法》、《节目播出总表》、《主持人服装及化妆管理规定》、《媒资编目推送规范》等,确保各项工作有条不紊,科学发展。电台在 2010 进一步规范了考勤、文件存档等制度,保障了各项工作的有序进行。时讯报社在年初划分为采编部、事业发展部、办公室及财务科,随着机构健全,运行机制的更加顺畅,报社各项工作逐步走上规范化、科学化管理的轨道。

(顺义区广播电视中心)

【城市有线广播建设】 顺义区委、区政府高度重视有线广播的发展。通过几年不断的建设,目前,有线广播网已完成和在建共计 89 条街道,累计铺设管线 388.156 公里,安装音柱和草坪音箱共计 3600 只,已建和在建二级功放站 26 处。有线广播远程应急控制项目集成,目前完成中控机房的原有隔断、门窗、暖气的部分拆除。完成中控机房的天花板、防静电地板、门、背景墙的安装;完成 16 块大屏、三组控制平台、机柜和空调的安全,以及 13 处二级功放站和 3 处公园设备的安装。

(顺义区广播电视中心)

【双向选择机制】 双向选择是中心在选人、用人工作中的一套传统机制。通过几年的实践证明,双向选择制度明确了岗位责任,调动了大家的积极性和创造性,让更多的员工找到了展示自己才华的舞台。在今年的双向选择中,中心进一步完善了考核制度,命题、阅卷均是聘请北京考试院、中国传媒大学等专业机构完成,聘请现代学院老师进行监考,进一步实现了公开、公正、公平。试题范围扩大,方式多样,内容灵活,有效激发了广大职工学习的热情。

(顺义区广播电视中心)

【开展特色活动】 2010年,中心围绕传统项目、重要节日,创新思路、提前策划、精心组织,完成了各项活动的策划、组织工作。一年一度的军训,是中心的传统训练项目,是中心团队建设的重要举措。"百桨齐挥,劈浪向前——2010年夏季顺义广电中心军事训练暨龙舟大赛"将龙舟比赛与军训相结合。记者节期间,中心先后组织了"顺密广电同仁绿色出行健步走"、"投身新闻事业 抒写精彩人生"演讲比赛、"笔墨抒豪情 妙笔著文章"硬笔书写比赛和记者节大会四项活动。

(顺义区广播电视中心)

【多样化培】 2010年共组织培训40余次,取得了良好的效果。先后邀请到了中国青年报首席记者刘畅,中央电视台著名主持人张泉灵,中国传媒大学电影研究所所长、博士生导师苗棣,美国国家广播公司资深记者李若来台进行讲座。

(顺义区广播电视中心)

文化创意产业

【概　况】 顺义区文化创意产业促进办公室成立于2009年,负责顺义区文化创意产业发展工作的区政府部门管理机构。下设文化创意产业服务中心,为正科级全额拨款事业单位。主要职责是:(一)研究制定本区文化创意产业发展规划、年度计划及相关发展政策措施。(二)落实国家、北京市和本区文化创意产业相关政策、法规,引导和扶持顺义区文化创意产业发展。(三)承担市级文化创意产业重点项目、市级文化创意产业集聚区及人才培训基地的申报工作。(四)研究制定本区文化创意产业企业及集聚区认定标准,并组织实施,对本区文化创意产业类企业及集聚区进行认定。(五)开展有关文化创意产业发展的重大课题调研工作,掌握顺义区文化创意产业发展的基本情况,建立咨询服务综合平台,及时发布有关文化创意产业信息。(六)具体承担本区文化创意产业领导小组办公室的相关职责,完成领导小组交办的工作。

单位名称:北京市顺义区文化创意产业促进办公室

地址:北京市顺义区拥军路文化委员会4层

电话:(010)69445143

邮编:101300

(张　楠)

【《顺义区促进文化创意产业发展的若干意见(试行)》正式出台】 为促进产业结构升级、转变发展方式、培育新的经济增长点,《顺义区促进文化创意产业发展的若干意见(试行)》(顺政发〔2010〕44号)正式出台,《意见》将从资金扶持、财政补贴、投融资服务、人才培养等方面加速文化创意产业的发展。《意见》规定,自2011年起,顺义区每年安排1000万元的文化创意产业发展专项资金,将重点支持广告会展、设计创意、高端出版印刷、时尚体育休闲等行业,同时鼓励引导其他行业全面发展。

(张　楠)

【市级专项资金支持】 2010年度顺义区共

有12个项目获得市文化创意产业发展专项资金支持，受支持项目数量居各区县前列。其中，"项目补贴"方式支持项目2个，支持资金169万元；"贷款贴息"方式支持项目6个，支持资金165万元；"奖励"方式支持项目4个，支持资金70万元。12个项目涉及2个经济开发区、7个镇。

（张　楠）

【第五届中国北京国际文化创意博览会】　在第五届文博会上，顺义区通过展览展示、专场推介、会刊宣传等多种形式，充分宣传了顺义区良好的区位优势、发展环境和文化创意产业发展现状及特色亮点，为文化创意产业的发展营造了良好氛围，创造了有利条件。

（张　楠）

【与金融机构对接】　建立文化创意办与金融服务办以及北京银行、建设银行等金融机构的沟通联系机制，及时了解金融机构动态，传递文化创意类企业投融资需求。组织金融机构产品与服务推介系列活动，搭建银行与企业面对面交流平台，向企业全面介绍金融特色服务。结合广播影视、设计创意、出版印刷等行业的投融资成功案例，为文化创意企业拓宽融资渠道出谋划策。12月9日，联合北京银行总行开展的文化创意企业与金融机构首次对接会议成功举办，40余家文化创意企业参会，详细了解了北京银行特色金融服务产品，为解决企业融资难问题创造了条件。

（张　楠）

卫　　生

【概　况】　2010年，顺义区有19个镇、6个街道办事处、426个行政村，常住人口75万。区内有医疗机构468个，其中营利性122个、非营利性346个。卫技人员4964人，其中执业（助理）医师2107人、注册护士1726人。实有床位3149张。平均每千常住人口拥有卫技人员6.62人、执业（助理）医师3.24人、注册护士2.30人、床位4.20张。

单位名称：北京市顺义区卫生局
地址：北京市顺义区顺康路1号
电话：(010)89453150、89453176
邮编：101300
邮箱：weisjbgs@126.com

（王凤忠）

【生命统计】　全年出生4045人，出生率6.97‰；死亡4089人，死亡率7.05‰；因病死亡3896人，占总死亡人数的95.28%；人口自然增长率-0.08‰。死因顺位前十位依次为：脑血管病，心脏病，恶性肿瘤，呼吸系统疾病，损伤和中毒，内分泌、营养和代谢疾病，消化系统疾病，泌尿生殖系统疾病，神经系统疾病，传染病。

（王凤忠）

【农村卫生】　顺义区有村卫生室203所。其中126个村卫生室施行零差率药品销售工作，由镇政府牵头对实施情况进行监管和考核，并与乡村医生基本待遇补助金的发放挂钩，扩展了村级医疗机构提供零差率药品服务的覆盖范围。

（王凤忠）

【社区卫生】　顺义区共有社区卫生服务中心25所，社区卫生服务站212个，核定社区卫生服务人员编制1619人，实有1358人，编制到位率83.9%。继续实行收支两条线和药品零差率，全年社区共上缴收入20368万元，同比增长21.23%；财政拨付人员经费8842万元，同比增长4.83%；拨付公用经费5734万元，同比增长37.11%；拨付农民体检等专项经费769万元。在328种零差率药品的基础上，增补了169种国家基本药物，基本药物达到497种。全年共采购销售基本药物7338万元，同比增长20.89%。2010年3月，顺义区被国家中医药管理局命名为"全国中医药特色社区卫生服务示范区”。

(王凤忠)

【新型农村合作医疗】 顺义区参加新农合总人数313359人,参合率99.7%。当年筹集资金总额19559.59万元,其中农民个人缴纳资金1846.16万元、村集体扶持资金112.27万元,镇财政补助资金3607.49万元,区财政补助资金8479.66万元,市财政补助资金5483.78万元,利息收入30.23万元。全年共补偿住院及特殊病门诊21493人次,支出资金10709.42万元;补偿普通门诊46.24万人次,支出资金7309.86万元。

(王凤忠)

【医疗卫生】 全年门诊4568753人次,急诊355761人次,观察室留观203412人次,危重症抢救(门诊、病房)7192人次,入院51568人次,出院51443人次,病床使用率77.79%,治愈率56.31%,好转率39.15%,死亡率1.15%,出入院诊断符合率99.85%,全年住院手术16083例。

(王凤忠)

【院内感染管理】 2010年,组织二级医院参加卫生部举办的“产NDM-1泛耐药肠杆菌科细菌感染诊疗指南”视频培训会,并对诊断、治疗、监测、防控等工作提出了明确要求。各单位成立了以医院主管领导为组长,医疗、药剂、院感、培训等部门组成的“超级细菌”应对工作领导小组,全面负责本单位“超级细菌”的应对处置工作,及时制定应对预案。采取多种宣传培训形式,提高临床一线医务人员对“超级细菌感染病例”识别的敏感性,加强对重点患者的检测和监测。各医疗机构严格按照《医院感染管理办法》各项规定,落实医院感染管理规章制度和有关技术操作规范,采取有效措施把医院感染暴发的风险降到最低程度。

(王凤忠)

【护理工作】 2010年顺义区护士首次注册75人次,变更注册7人次。为深入贯彻《护士条例》,弘扬南丁格尔精神,树立典型,激励和引导广大护理人员积极进取,开展了护理工作先进个人和优秀护理组评选工作,对103名“护理工作先进个人”和20个“优秀护理组”予以表彰。

(王凤忠)

【血液管理】 全年共采血21506袋,比上年增加74.79%。其中街头自愿无偿献血20263袋,比上年增加68.15%,单位团体无偿献血1243袋,比上年增加389.37%。临床用悬浮红细胞7977袋,血小板405个治疗量,血浆5505个单位。采血量超出用血量13500多袋。

(王凤忠)

【麻醉药品管理】 第一类精神药品购用印鉴卡管理,组织二级医疗机构专家对于提出新增申请的11家医疗机构进行了人员资质、规章制度、管理档案的核查及现场验收,区内34家一级及以上医疗机构全部具备毒麻药品印鉴卡资质。所有医院麻醉药品的储存完全按照《条例》的要求,防盗设施良好;开具麻醉药品和第一类精神药品的医师均具有麻醉药品和第一类精神药品处方权资格;长期使用麻醉药品和第一类精神药品患者,各医院均建立门诊病历并网上统一登记管理。医疗机构严格执行麻醉药品、第一类精神药品的采购、验收、储存、保管、发放、调配、使用、报残损、销毁、丢失、及被盗案件报告等项制度,专职人员负责麻醉药品、第一类精神药品管理使用人员学习相关法律法规。

(王凤忠)

【120急救分中心】 120急救分中心常备急救物资能同时满足30人次所需急救物品,日常工作中时刻做到保证急救设备完好随时可用。全年共计出车13794车次,抢救外伤病人2929人次、心血管病人1585人次、脑血管病人1611人次、中毒病人623人次,参与重大社会活动医疗保障78车次。

(王凤忠)

【医学教育】 毕业后教育。全年选送47人到市级认可的培训基地参加住院医师规范化培训，11人到市级认可的全科医师培训基地参加培训，选送学科带头人及骨干9人到三级医院参加一对一培养。

（王凤忠）

【继续教育】 辖区内共有卫技人员4925人参加继续医学教育培训，达标4000人，达标率81.22%。

（王凤忠）

【社区医生岗位培训】 由区卫生学校进行了社区护士、全科医师、康复、心电图培训四个专业的岗位培训，共培训363人。

（王凤忠）

【科研工作】 全年发表论文443篇，其中在核心期刊中发表193篇。

（王凤忠）

【专项活动医疗保障】 2010年A1方程式赛车街道赛比赛期间，组建以120院前急救网络为主的赛事医疗救援保障团队，区属四家二级医院共选派医务人员41人、救护车辆4台，救治伤员4人次，其中轻度烫伤2人次、轻微刮蹭伤2人次。

（王凤忠）

卫生监督

【概　况】 顺义区有餐饮服务单位3058个，监督8862户次，监督覆盖率100%（不含摊贩），合格8679户次，合格率97.94%。抽检食饮具、冷荤凉菜等746件，合格696件，合格率93.3%。全年发放食品卫生许可证1767个。实施食品卫生行政处罚148起，罚款18.1万元。未发生食物中毒。

（王凤忠）

【公共场所卫生】 顺义区有公共场所1847个，监督2083户次，监督覆盖率100%，合格率98.85%。抽检公共用品、用具30件，合格30件，合格率100%；检测游泳池水93件，合格80件，合格率86.02%；检测沐浴场所水质20件，合格20件，合格率100%。发放公共场所卫生许可证573个。公共场所行政处罚76起，警告20起，罚款56起共计12640元。

（王凤忠）

【生活饮用水卫生】 生活饮用水供水单位630个，监督630户997户次。对10个城镇供水单位末梢水、10个二次供水水箱水质、50个乡镇自备水源供水及5个自建集中供水单位进行抽检，合格率57.30%。发放生活饮用水卫生许可证36个。实施生活饮用水卫生行政处罚3起，警告3起。未发生生活饮用水污染事故。

（王凤忠）

【医疗卫生专项检查】 顺义区传染病消毒医政单位679个，医疗保健机构传染病防控监督率200%，监督覆盖率100%。对医疗、妇幼、血液机构，消毒产品生产单位监督覆盖率100%。实施非法行医行政处罚6起，罚没款1.25万元。

（王凤忠）

【公共卫生投诉举报】 受理各类投诉507起，其中接报453起、市所转入54起，包括食品卫生395起、生活饮用水卫生15起、公共场所卫生18起、职业卫生6起、医政73起。处理率100%，办结率100%。

（王凤忠）

【大型活动公共卫生保障】 参与第十一届北京国际汽车展、北京郁金香文化节、北京国际赛艇挑战赛、北京顺义第七届农业博览会暨第五届旅游文化节、超级联盟方程式汽车大奖赛期间公共卫生保障等5项大型保障活动。

（王凤忠）

【卫生监督人员培训】 全年进行监督员培训

20次,共培训1176人次。培训内容主要包括食物中毒调查处理、手持执法机使用、快速检测仪器使用、行政处罚案卷制作等。

(王凤忠)

疾病预防控制

【概 况】 全年未发生鼠疫、霍乱、脊髓灰质炎、人感染高致病性禽流感等传染病。年内常见多发的传染病有痢疾、病毒性肝炎、肺结核,淋病、流行性腮腺炎、流行性感冒、麻疹、猩红热、梅毒、感染性腹泻、风疹、手足口病等。

(王凤忠)

【传染病控制】 全年共报告法定传染病6208人,发病率为720.60/10万。其中:无甲类传染病发生;乙类传染病13种1621例,发病率188.16/10万,死亡13人,死亡率1.51/10万,病死率0.80%;丙类传染病6种4587例,发病率532.44/10万,死亡3人,死亡率0.35/10万,病死率0.07%。乙类传染病发病居前十位的病种依次为:痢疾、肺结核、肝炎、麻疹、梅毒、猩红热、淋病、甲型H1N1流感、布病、出血热。报告细菌性痢疾发病率为85.66/10万,同比下降16.7%,无多发暴发疫情。报告麻疹病例123例,发病率14.68/10万。病毒性肝炎发病率为15.90/10万,无多发暴发疫情。报告风疹256例,发病率30.72/10万,其中发生风疹暴发疫情1起,发生在顺义三中,累计报告风疹病例9例;发生风疹突发公共卫生事件1起,发生在顺义八中,累计报告风疹病例28例。报告流行性腮腺炎病例142例,发病率为16.87/10万。报告水痘病例932人,发病率为137.06/10万,出现6起暴发疫情,无突发公共卫生事件报告。报告百日咳病例1例,发病率0.12/10万。报告流行性脑脊髓膜炎病例1例,发病率0.12/10万,死亡1例,患者1.2岁,外地户籍。报告狂犬病病例1例,发病率0.12/10万。报告AIDS5例,死亡1例。报告HIV18例,无死亡。报告布鲁士菌病4例,流行性出血热1例。报告手足口病病例2234例,发病率为260.71/10万,比去年上升103.54%,其中重症病例40例,死亡3例。全年新登治疗管理肺结核病人295例(本地199例、外地96例)。其中:涂阳病人95例(本地66例、外地29例);涂阴病人165例(本地103例、外地62例);胸膜炎病人35例(本地26例、外地9例)。

(王凤忠)

【疫情监测】 选择后沙峪、南法信、马坡、俸伯、杨镇、李桥6个乡镇为监测点,开展鼠疫疫源调查监测工作,鼠疫耶尔森氏菌血清学检测结果均为阴性。为60岁以上老人及中小学生开展减免费用的流感疫苗接种工作。开展人群甲型H1N1流感血清学调查,共采集血清标本2360例。其中1月份采集797份标本,人群甲流抗体阳性率为34.6%;3月份采集血清标本804份,人群甲流抗体阳性率为43.53%;9月份采集759件血清标本,人群甲流抗体阳性率为27.67%。4月份肠道门诊开诊,开诊前进行顺义区肠道门诊大夫培训,期间进行2次督导检查。对1994年至2001年出生的未免疫人群实施乙肝疫苗免疫情况调查及补种工作,调查符合条件对象共计41395人,其中本市户籍30344人,外地户籍11051人,乙肝疫苗漏种3397人,其中漏一针的836人,漏两针的546人,漏三针的2015人。漏种者全部按要求进行了疫苗补种,补种率100%。对布病重点行业人群进行血清学布病抗体监测工作。进行了鼠间出血热病毒感染状况监测,未发现鼠间出血热病毒阳性标本。采集手足口病患者咽拭子179份,阳性率48.6%,其中CVA16感染43

件,EV71感染12件,其他肠道病毒感染31件,CVA16、EV71混合感染1例,监测数据表明,手足口病病源以CVA16为主。

(王凤忠)

【地方病防治】 开展“县级实现消除碘缺乏病目标考核评估”工作,评估结果显示,顺义区居民户合格碘盐食用率为96.76%;8-10岁儿童尿碘含量中位数为201.7(ug/L),尿碘含量低于50(ug/L)的数量为0。4月和8月分别对顺义区69个村高氟改水井进行枯水期和丰水期的水氟含量监测,水氟含量合格率为100%。

(王凤忠)

【精神疾病防治】 2010年顺义区精神病人数3240人,年发病率0.017‰,治疗率50%,管理率100%。

(王凤忠)

【学校卫生】 在监测点校中,中小学生应体检5326人,实体检4964人,体检率98.48%。其中超重585人,患病率11.78%;肥胖592人,患病率11.93%;视力不良2500人,患病率50.36%;沙眼4人,患病率0.08%;患龋齿382人,患病率7.70%。

(王凤忠)

【慢性非传染性疾病防治与管理】 在李桥、后沙峪等社区实施高血压及高危人群、糖尿病及高危人群、超重及肥胖人群干预工作,共计管理390人。在板桥卫生院推广慢病管理软件,纳入管理109人。在北石槽、张喜庄实施了国家“十一·五”科技支撑课题“重要慢性病风险评估体系与干预适宜技术研究及应用”项目,基线调查2009人,经过7个月干预,终末调查1624人。在三个示范点启动“顺义区全民健康生活方式行动”。作为市医改的重大项目,在后沙峪、杨镇、天竺实施了1000人的脑卒中筛查及高危人群管理。

(王凤忠)

【免疫规划】 本市儿童建卡、建证率100%,流动儿童建卡、建证率95%以上,未出现接种安全事故。全年乙肝疫苗受种29461人次,接种率99.91%;脊髓灰质炎疫苗受种29961人次,接种率99.92%;百白破疫苗受种30043人次,接种率99.88%;白破疫苗受种531人次,接种率97.79%;麻疹疫苗受种10949人次,接种率99.93%;A群流脑疫苗受种22334人次,接种率99.93%;乙脑疫苗受种10459人次,接种率99.85%;甲肝疫苗受种8637人次,接种率99.95%。新生儿卡介苗接种6607人,接种率96.1%,安全接种率100%。卡介苗阳转监测4642人,阳转4612人,阳转率99.3%。

(王凤忠)

【公共卫生监测与评价】 顺义区有毒有害产生职业病危害的用人单位1338家,从业人员16.7万人,其中接触职业危害人数为3.6万人。83家用人单位委托进行职业健康监护,体检3766人,发现职业禁忌症6人。51家用人单位委托进行职业病危害因素检测与评价,检测样品2369件,合格1993件,样品合格率为84.1%;共检测各类放射设备21台,合格19台,合格率90.5%;对105家用人单位291人进行职业病防护知识培训。接报职业病及农药中毒24例,其中尘肺病6例,疑似职业性听力损失3例,农药中毒15例(均为非生产性中毒)。

(王凤忠)

【健康教育与健康促进】 全年举办社区健康教育大课堂400余场,受众10000余人次,对社区健康教育专兼职人员培训120余人次,业务指导8次。对医院健康教育专兼职人员开展业务培训160余人次,开展业务指导5次。通过医院发放各种宣传材料23种26万份。对学校健康教育专兼职人员开展业务培训80余人次,业务指导2次;举办中学生艾滋病与肝炎防控知识竞赛、健康歌曲大家唱等活动3次,覆盖学生4万余人次。完成最后一批29所健康促进学校创建业务培训指导工作。制作专题节目、专题报道50余期次;在《顺义时讯》、《潮白天地》两家报纸开设健康科普专栏,累计刊出30期;在顺义广播电台设立健康快车栏目,累计播出75期次。开展大型现场宣传咨询活动12次,受众4000余人次;组织全民健康知识与技能大赛、居民营养与膳食知识大赛等大型健康促进活动5次,覆盖人群8万余人次。针对手足口、艾滋病、高血压、糖尿病、中小学生常见病以及居民健康素养66条等内容,制作扑克牌、宣传折页、海报、健康教育处方、展板及影音宣传材料32种60万份,通过健康教育网络发放到居民手中。推进国税局健康促进工作场所试点工作,开展健康促进活动3次,覆盖400余人次;发放健康知识宣传材料、健康干预工具5种800余份。

(王凤忠)

妇幼保健工作

【概　况】 2010年,妇幼保健工作以强化妇幼保健工作实效性管理、以落实2010年"国家重大公共卫生妇幼卫生项目"为工作重心,以政府折子工程为依托,进一步完善工作方案、质量控制、建立有序的工作模式,积极有效的推进各项惠民工程的有序开展,不断开创妇幼保健工作科学发展的新局面。

(王凤忠)

【妇女保健】 妇女病普查71903,普查率70.8%。

(王凤忠)

【孕产妇管理】 全年孕产妇4010人,系统管理3870人,系统管理率96.40%,其中高危孕产妇1402人,高危孕产妇管理率100%;住院分娩率100%,产后访视率97.30%,0~6月母乳喂养率90.34%,孕产妇健康教育普及率100%。

(王凤忠)

【儿童保健】 继续在顺义区开展新生儿先天性疾病筛查和0-6岁儿童免费体检工作,此项工作在2009年基础上,各医疗单位规范开展工作,2010年重点布置放在顺义区托幼园儿童免费体检工作。2010年3月全市统一配备脉搏血氧仪,工作人员经培训持证操作,4月1日在顺义区开展血氧仪免费筛查先心病工作。顺义区所有社区服务中心全部开展了儿童保健门诊,开展了适合不同水平的儿童保健技术服务,区妇幼保健院定期对顺义区儿童保健医生进行专业技术培训,顺义区儿童保健医生承担着辖区内和外来人口儿童的保健管理工作,依据北京市儿童保健管理规范进行了新生儿童保健、0-6岁儿童系统保健、儿童保健健康教育、学前儿童保健工作管理等多项工作。全年儿童保健系统管理6771人,系统管理率96.51%;婴儿死亡14人,婴儿死亡率3.46‰;5岁以下儿童死亡21人,死亡率5.19‰;婚前医学检查率14.60%;出生缺陷监测覆盖率100%,出生缺陷发生率12.10‰;儿童保健覆盖率99.51%;新生儿疾病筛查率100.21%;0~6岁儿童听力筛查率94.10%;高危儿智力监测覆盖率100%。

(王凤忠)

【节育手术】 全年实施节育手术12951人次,手术并发症1例,手术并发症发生率0.08/万;节育手术单位管理率100%。

(王凤忠)

爱国卫生工作

【病媒生物控制】 在顺义区开展病媒生物控

制工作,共使用粘鼠板403箱、防水蜡块4.9吨、水乳杀虫剂0.18吨、灭蟑粉3箱、原粮鼠药5.53吨、卫害净6.72吨、烈喜镇0.1吨、安倍0.32吨,总投入310.4万元,四害密度基本控制在国家规定的标准。

(王凤忠)

【改厕】 全年完成13个镇105个行政村35732户三格化粪池式户厕改造,总投资6074.44万元。

(王凤忠)

【环境卫生整治】 开展"世界卫生日(4月7日)"及第二十二个爱国卫生月活动,发放卫生防病、禁控烟、环境保护、病媒生物防控等相关宣传材料9000余份,清运垃圾945.8吨,清除卫生死角118个,清除小广告4653处,擦拭健身器材和公共设施2107处,捡拾白色污染物245.5公斤,清理绿地81580平方米,清理居民阳台690户。

(王凤忠)

【禁控烟活动】 加大公共场所、机关、企事业单位禁控烟检查力度,顺义区增设"北京市禁止吸烟检查员"500人,发放各种"禁止吸烟"标志20000个,发放各种宣传材料25000张。

(王凤忠)

【农村改水】 全年完成29个村改水工程,总投资1441.72万元,受益人口46250人。创建国家卫生区 2010年4月,为迎接国家卫生区复审工作,区政府召开动员会并下发了《顺义区人民政府关于印发顺义区国家卫生区复审工作实施方案的通知》及附件,区创卫领导小组成员单位及相关部门的主要、主管领导参加了动员会。4月22日,北京市爱卫会组织专家对顺义区国家卫生区的巩固工作进行了暗访调研。6月11日至12日,市爱卫会复审国家卫生区检查团对顺义区进行综合检查,检查团依据《国家卫生区标准》采取听取汇报,现场抽查,查阅资料及走访群众等方式对"爱国卫生组织管理"、"健康教育"、"市容环境"、"环境保护"、"公共场所及生活饮用水卫生"、"传染病防治"、"除四害"、"单位和居民区卫生"、"民意测验"、等10大项62小项工作进行检查复审。10月26日至27日,全国爱卫会专家组对顺义区创建国家卫生区的巩固工作情况进行了暗访调研,专家组对照《国家卫生区标准》,分东、南、西、北、中的方位对顺义区城区的主次干道、背街小巷、农副产品市场、建筑工地、公共厕所、垃圾中转站、中小餐馆、小美容美发店、夜市、火车站、铁路沿线、河道湖泊、居民小区、城中村和城乡结合部等"创卫"工作重点场所进行了随机实地考察暗访。专家暗访考察组认为顺义区在巩固国家卫生区过程中做了一定的努力,取得了一定的成绩,建议全国爱卫办保留顺义区"国家卫生区"的光荣称号。12月14日,全国爱卫会以文件形式(全爱卫发[2010]7号《全国爱卫会关于2010年国家卫生城市、区、镇、复审工作的通报》,通报复审结果,重新确认北京市顺义区为"国家卫生区"。

(王凤忠)

顺义区医院

【概　况】 顺义区医院是集医疗、教学、科研、预防为一体、本区最大的二级甲等综合医院,是顺义区域的医疗中心,直接服务于顺义区56余万常住人口及20万流动人口,并辐射北京周边广大地区。2010年有在编人员1147人,其中正高职称33人,副高98人,中级442人,初级441人。全院设有临床、医技、行政、后勤共计50余个科室,临床设有医疗二级专业分科体系,设有全国斜弱视分中心,马锦明眼科中心和马锦明妇产科中心。建有介入治疗中心,血液透析中心,健康体检中心,重症监护中心和北京急救中心顺义分中心。

单位名称:顺义区医院

地址:顺义区光明南街3号

电话:(010)69444548

邮编:101300

网址:http://www.syhos.com

(王凤忠)

【工程改造】 2010年顺义区医院总建筑面积45655平方米,新建急诊病房综合楼工程外装修工程已基本完成,地下车库工程主体结构已具备验收条件。对患者反映大的门诊楼所有厕所进行卫生改造,安装除臭设备及换气系统;对医院所有窗户进行整改,门诊病房推拉窗子加装开启限制卡子,病房楼外露阳台加装不锈钢护栏,使患者住院更加安全。

(王凤忠)

【设备】 2010年有大型设备113台套,总价值14105940.00元。设置床位数704张。全年门、急诊量110万人次,比去年增长11.1%。全年出院2.5万余人次,住院手术例数1.1万例,病床使用率93.22%,周转次数37.59。

(王凤忠)

【专题研究】 2010年3月10日,医院与澳大利亚蒙纳什大学联合成立了医疗质量研究合作中心,就负性事件展开专题研究。7月,医院选派心内科、消化科、内分泌科、骨科、普外科、B超室、急诊科、妇科、神内科、血液肿瘤科11名业务骨干组成的北京第九批对口支援四川什邡医疗卫生队启程。9月7日,同北京大学第三医院成立顺义区医院骨科疾病诊疗合作中心,帮助医院骨科尽早达到三级甲等医院医疗水平。10月29日,医院神经内科成为“北京脑卒中临床研究所网络成员单位”。12月2日,“骨质疏松症诊疗技术协作基地”在医院风湿科挂牌。

(王凤忠)

【疫情直报】 2010年,医院重点加强传染病监测和疫情直报工作,实行疫情报告人员24小时值班制度,网络直报专人负责,全年共报告各种传染病例18种2663例,无甲类、乙类传染病报告。组织相关科室人员参加市、区级各种传染病培训班16次。全年印制下发各种健康教育处方50种16万张,折页7500张,急救宣传卡5000张。针对患者和家属进行小型健康讲座累计202次,大型健康讲座25次,听众共计4500余人次。全年财政拨款3545万元,业务收入52388万元,支出53301万元。

(王凤忠)

顺义区中医医院

【概　况】 顺义区中医医院是一所集医疗、科研、教学、康复、预防保健于一体的二级甲等中医医院,承担区域百姓诊疗任务及其他政府指令性任务,是北京市体检中心顺义分中心、顺义区脑血管病防治中心和残疾人康复指导中心,东五区县(通州、顺义、密云、怀柔、平谷)社区卫生服务人员康复专业、检验专业、心电图专业技能培训实训基地,北京市中医管理局“回归扎根”工程社区卫生服务人员实训基地。2010年,顺义区中医医院围绕“政策落实年”和“特色回归年”两大主题,加强中医服务能力建设,提升中医药科技和文化普及率,突出地区中医药龙头作用,在中医诊疗水平、科研教学、人才培养、设施建设以及文化推广等多个方面迈上了一个新台阶,开创了顺义区中医药事业持续健康发展的新局面。中医医院占地面积17800平方米,建筑面积16700平方米,其中业务用房15000平方米,2010年,全院有职工439人,其中卫生技术人员401人(正高7人、副高13人、中级160人、初级221人),管理人员27人,工勤人员11人。2010年设置床位260张，全年门诊量47万余人次，同比增长17%，累计出院人次7500余人，同比增长8.5%，病床使用率91.90%，病床周转次数28.89次。全年开展手术1349台，成功率100%；业务收入1.43亿元，同比增长40%；其中医疗收入5700余万元，同比增长35%；药品收入8500余万元，同比增长43%；药品收入占医药费收入的百分比为60%；新增万元以上设备68台件，设备投入900余万元；固定资产总值达5462万元，医院全年无医疗事故发生。

单位名称：顺义区中医医院
地址：顺义区站前东街5号
电话：(010)69469671
邮编：101300

（王凤忠）

【医疗条件改善】 年内，重新铺设医院南门路基，两侧人行路统一更换标准防滑砖，方便患者来院就医，完成了病房楼及透析室污水改造，投资100余万元实施北小楼危楼改造工程，筹建“传统医学诊疗专区”。同时，将CT室向东侧改扩建200平方米，满足新增CT及核磁共振的使用空间。全面改造门诊楼地下锈蚀暖气管道，加固病房楼北侧窗户，解决病房冬季取暖问题。

（王凤忠）

【医疗设施】 2010年相继购置了心电监护仪、中央监护、透析机、无创呼吸机、动态血压记录仪、电脑中频治疗仪、经颅多普勒、电动产床等临床设备，完成了胃肠机、C型臂、透视机、牙片机、手术床的招投标工作，部分设备已投入使用，满足了临床工作的快速发展需求。2010年完成了16排CT的前置审批及招标采购工作，核磁共振成像系统（MRI）于2010年12月通过专家组评审。

（王凤忠）

【成立党委】 2010年3月，医院成立了院党委，新的党委班子坚持贯彻“党要管党，从严治党”的方针，组织党员外出参观、知识答题，开展争先创优活动，争创“五好党支部”、推选优秀共产党员，并在建党89周年之际，联合中日友好医院心内科党支部为患者提供义诊咨询服务，实现了“干部受教育、发展上水平、群众更满意”的预期目标。组织职工开展服务品牌创建活动，制定《行风评议实施方案》，编辑《反腐倡廉专刊》，召开廉政风险防范工作会，签订“党风廉政建设责任书”，观看预防职务犯罪讲座，参与争创“人民满意工作者”活动，医院防范、教育“两手抓”工作收到了实效。

（王凤忠）

【传统医学特色诊疗专区】 2010年1月“传统医学特色诊疗专区”落成并投入使用。“专区”开设治疗床50余张，形成了针灸、推拿、理疗、康复一体化服务模式。区财政投资60万元作为理疗科的设备投入，大大提高了理疗科的设备水平，为患者提供了更为“简、便、验、廉”的治疗手段。中医儿科门诊于9月独立开诊，通过外聘专家、人员定向培养等途径搭建了科室人员梯队，恢复了小儿捏脊等中医适宜技术。2010年先后聘请多家三甲医院的中医内、外、妇、儿等十余个专业的知名专家来院出诊，有效提高了科室诊疗水平、稳定教学秩序，对搭建人才梯队起到了积极作用。以五官科病房为试点，施行护理人员分层管理，推行辩证施护、穴位按摩、取穴等中医特色疗法，在提高护理质量保障安全的前提下减少陪护，病区环境明显改善，中医护理适宜技术有效推广。

（王凤忠）

【规范化培训】 医院对毕业五年内的中医专业人员全部实施中医住院医师规范化培训；部分管理薄弱、业务发展缓慢的科室的负责人得到了合理调整；制定年度高级人才引进计划，逐步猎聘专业人才，增强了引智工作的实效性。两位市级名老中医积极参与临床、会诊、查房、病案检查等医疗工作，整理、总结、传承经验，中医病案、疑难病例会诊及师带徒工作有序开展。北京市中医管理局于2010年6月份批准顺义区中医医院为工程实践基地,并完成21名社区医师的临床实践教学工作。

(王凤忠)

【科研项目】 中风专科、康复科、综合内科分别携手三甲医院科研项目4项;中风I病区获批局基金项目1项;妇产科申报首都特色临床医学应用发展课题1项;大内科系统及妇产科申报2010年局基金项目共5项。

(王凤忠)

【信息化建设】 2010年3月份住院医生站上线,4月份医学检验(LIS)系统启用,5月下旬运行住院电子病历及职工工资、个税查询系统,10月份安装药房排队发药系统,运行门诊电子病历,11月正式启动办公OA系统。截止到2010年底,信息化建设25个模块全部上线并使用,信息化基础建设已完成,并逐步向深度介入。

(王凤忠)

【医疗队支援】 选派风湿专科、针灸康复专科、外科三名医生作为北京市第九批医疗队队员,支援四川什邡地震灾区。他们大力推广首都先进的中医药诊疗技术,广泛应用当地药材治疗风湿、类风湿等常见病、多发病。

(王凤忠)

【高招体检】 顺利完成高招和征兵体检高招,为国家输送6042名合格考生和222名合格兵源。

(王凤忠)

体　育

【概　况】 2010年顺义区体育局,围绕区政府折子工程、重点工程、重要实事工程,抓住体育事业发展难得的契机,全面推动了顺义区体育事业的发展。

单位名称:顺义区体育局
地址:顺义区光明南街2号
电话:(010)69443432
邮编:101300
网址:http://www.tyj.bjshy.gov.cn

(堵　月)

【群众体育】 顺义区体育局相继举办了春节体育大拜年、后沙峪杯春季长跑、和谐杯乒乓球比赛、李桥杯太极拳、龙湾屯杯登山比赛等区级群体活动,吸引了5万人次参与,开展了太极拳、广播操等两项培训。同时举办了北京市业余羽毛球公开赛、全国门球邀请赛等大型比赛。端午节期间,举办了顺义区首届传统龙舟大赛和第二届北京端午文化节暨“北京临空经济杯”龙舟赛。以创建国家级、市级体育生活化社区和体育健身俱乐部为契机,帮助争创社区(镇、村)提高管理服务和设施水平,逐步达到体质测试进村、简易器材入户、健身活动到人,推进体育生活化进程。大力兴办健身大讲堂、健身项目培训,加快医体结合的体质测试站建设,逐步降低顺义区亚健康人口比例。继续开展“城乡体育手拉手,共建和谐新农村”活动,推进城乡体育一体化建设。

(堵　月)

【竞技体育】 2010年,北京市第十三届市运会上成绩斐然,在参加的8个项目中共计265人进入决赛,夺得59金,位居市运会金牌榜第四名。实现市运会金牌榜保五争四、团体总分保七争六的目标,提升了顺义区竞技体育在全市的排名。承接了全国柔道教练、裁判国际规则培训,举办了全国男子柔道锦标赛和全国举重锦标赛等大赛。

(堵　月)

【体育产业】 努力推进潮白河水上休闲集聚区建设,打造区域经济新的增长点。抓住北京市建设国际化体育中心的机遇,推进潮白河水上休闲集聚区建设。率先落实以城南体育中心、游泳中心和裕龙健身中心为核心的大众健身游泳中心建设和以奥林匹克水上公园开发利用为核心的水上中心建设。增强服务意识,拓展销售渠道,通过对体彩销售网点人员的强化培训,提高了体彩经营单位的营销技巧和能力,提升了顺义区在全市体育彩票公益金分配中所占的比例,增强体彩回馈区域发展的能力。截止到现在,即开型体育彩票累计销售已经完成3000万元。

(堵 月)

【重点工程】 城南体育中心项目获得北京市发改委的立项批复,并获政府固定资产投资9703万元资金支持。目前我局正已经完成该项目可研、环评报告申报到市发改委批复,正在进行项目初设,同时办理该项目的勘查设计招投标工作,以及建设用地范围内地上物的拆迁工作,城南体育中心开工在即。

(堵 月)

【重要实事】 根据市体育关于全民健身工程更新安装计划,依据《北京市全民健身工程管理办法》,本年度更新配建的40套全民健身工程和3块专项球类场地将在年底全部完成。

(堵 月)

【折子工程】 推进全民健身计划,加快体育生活化社区建设,积极探索发展体育产业的有效途径。全年工作的开展围绕折子工程的要求,按部就班的完成。

(堵 月)

【工作成效】 群众体育全面发展,完善的健身网络体系正在逐步形成,切实提高了顺义区人民的身心健康水平;竞技体育竞争力不断增强,已经位居全市先进行列,已经成为北京市青少年体育后备人才基地。中国举重学校正逐步成为全国青少年举重后备人才培养基地;体育产业稳步发展,以潮白河水上休闲运动集聚区为龙头的体育产业园区基本形成,发展势头强劲。

(堵 月)

奥运水上运动中心

【概 况】 顺义奥林匹克水上公园是2008年北京奥运会赛艇、皮划艇、马拉松游泳以及残奥会赛艇项目比赛场馆,位于顺义区向阳闸东北侧潮白河畔北小营镇,建设用地范围是滨河路左堤路(顺化路)以西,潮白河以东,怡生园国际会议中心以南,白马路以北。场馆建设规划区面积约162.59公顷。场馆规划区南北长约2900米,北端东西宽约330米,南端宽约900米。场馆可分为激流回旋区和静水区两部分,激流回旋赛区位于规划区西南角,用于奥运会皮划艇(激流回旋项目)比赛;静水赛区位于规划区东部,用于奥运会赛艇、皮划艇(静水)、马拉松游泳以及残奥会赛艇比赛。场馆于2005年7月22日破土动工,2007年7月28日通过竣工验收并移交场馆团队,成为北京奥运会第一个通过竣工验收并投入使用的新建比赛场馆。

单位名称:北京市奥运场馆管理委员会

地址:顺义区白马路19号顺义奥林匹克水上公园

电话:(010)69405821

邮编:101300

网址:http://www.bjshyagw.gov.cn

(高嘉冬)

【赛后利用工作】 区委三次代表大会报告《把握机遇,科学发展,建设现代文明和谐新顺义》明确指出:要统筹考虑奥林匹克水上公园赛后利用,坚持"政府推动、市场引导、社会投入、有序开发",做好以奥林匹克水上公园为核心的周边15平方公里区域综合开发规划,建成融会议、休闲、健身、度假等综合功能于一体的北京东北部时尚休闲旅游基地。区委在《关于办好新奥运,建设新顺义的意见》中也明确指出:要积极引进能够填补北京大型娱乐项目空白的综合项目,把顺义奥林匹克水上公园及周边地区建成北京东北部最大的时尚休闲旅游基地。基于上述定位和开发工作要求,我们明确了“发展一个核心,打造一片区域”的基本思路:“一个核心”是指把水上公园规划建设成集大型水上赛事场地、水上运动专业训练基地、大众水上运动休闲拓展基地、生态亲水的休闲娱乐场所为一体的大型时尚体育休闲旅游中心,并带动周边各相关配套设施的建设与整合,形成赛、观、游、吃、住、娱、购为一体的完善的服务体系;“一个区域”是指规划建设一个以水上公园为核心、周边15平方公里的北京东北部时尚体育休闲度假区。奥运会后,按照区委、区政府的统一部署,区奥管委紧紧围绕发展后奥运经济这一中心工作,多次承办赛艇、皮划艇、摩托艇、A1汽车大奖赛等国际国内赛事,顺利承办了两届北京市端午文化节及龙舟赛,同时,港中旅、环球影城、CCTV-IMG、新时代集团等一批央企和国际高端休闲娱乐投资机构纷纷与我委联系洽商,场馆及周边15平方公里综合开发利用工作蓄势待发。2010年,区奥管委按照区委、区政府对场馆赛后利用的一贯方针,特别是区委书记张延昆2009年11月21日在顺义奥林匹克水上公园调研场馆赛后利用工作时作出的“要大力引进国际、国内水上赛事”的重要指示,继续发挥场馆品牌优势,坚持“高端与大众相结合”的工作思路,以举办国际、国内大型赛事作为推进场馆赛后利用工作的主线,以大型企业进场活动为填充,以群众休闲体育运动为基调,以俱乐部组建为亮点,进一步挖掘水上运动潜力,开发全新的亲水休闲体育项目,大力引进国际、国内高端水上赛事,通过对大型赛事活动全过程、全方位的媒体宣传,吸引各级领导、媒体以及社会各界的关注,致力打造首都地区亲水休闲体育运动和高端交往平台,实现奥运场馆赛后利用的新突破。

(高嘉冬)

【国际名校赛艇挑战赛】 国际名校赛艇挑战赛是国家体育总局主办的高等级国际赛艇赛事。此项赛事源于1999年清华大学和北京大学两校之间的赛艇比赛,在此基础上,逐渐扩大规模,到2001年,有北大、清华、复旦、上海交大,英国的牛津、剑桥,美国的哈佛、耶鲁共10所高校参加了当年的赛艇挑战赛,使这项赛事成为一项重要的国际名校之间的交流赛事。2010年7月,国际名校赛艇挑战赛邀请了英、美、意、法、新西兰以及中国的10所著名大学代表队参赛(哈佛大学、耶鲁大学、牛津大学、剑桥大学、奥塔哥大学、帕维亚大学、伦敦大学、普林斯顿大学、清华大学、华南师大)。

(高嘉冬)

【2010中美滑水明星对抗赛】 中美滑水明星对抗赛是国家体育总局主办的国际级滑水赛事。2009中美滑水明星对抗赛在顺义奥林匹克水上公园的成功举办。

(高嘉冬)

【2010中国摩托艇超级联赛】 中国摩托艇超级联赛是国家体育总局主办、聚集全国摩托艇顶级赛手的最高级别摩托艇赛事。2009年10月,在广西柳州举行的世界水上极速运动大赛吸引了30多个国家和地区的200多名世界顶级选手参与大赛。2010年五一假期期间,在2010中美滑水明星对抗赛举行的同时,2010全国摩托艇超级联赛也穿插举办。

(高嘉冬)

【全国皮划艇青年锦标赛】 2010年全国青年皮划艇锦标赛于7月8日-11日在我场馆成功举办,赛事共有23个省市地区的300名运动员及54名教练员及工作人员参与。比赛分为男子甲、乙组12个项目,女子甲组、乙组7个项目。此次赛事是2008年奥运会后,首次在我场馆举行的奥运项目赛事,也是历届全国青年皮划艇锦标赛参赛人员最多的一届。

（高嘉冬）

【北京市第三届端午文化节】 自5月28日起至6月11日，区奥管委积极配合市委宣传部、区委宣传部等部门，安排专门工作人员，与区体育局对接，配合区体育局组织了龙舟队伍进场训练，同时配合北京电视台，顺利完成了文化节晚会舞台搭建和水电保证等工作，完成了文化节各项筹办工作。

（高嘉冬）

【超级联盟方程式汽车大奖赛】 超级联盟方程式汽车大奖赛中国北京站街道赛于10月8日至10日成功举办。

（高嘉冬）

社会生活

流动人口管理

【概　况】 顺义区流动人口管理服务中心，是2005年成立的正处级事业单位。是区委、区政府加强流动人口与出租房屋服务管理工作的办事机构，行使区流动人口和出租房屋管理委员会办公室的工作职责。落实市流动人口和出租房屋管理委员会办公室以及区委区政府工作部署，统筹做好流动人口和出租房屋管理与维权工作，商相关部门解决突出问题；建立区流动人口与出租房屋及用工单位信息管理网络，负责统计分析和信息发布，并与市信息平台对接；负责对各镇、街道办事处、经济功能区流动人口和出租房屋服务管理工作的检查和考核；协调相关职能部门加强联合执法检查，依法管理。19个镇、6个街道、9个经济功能区均成立流动人口和出租房屋管理委员会，下设办公室。天竺镇、仁和镇、南法信镇、后沙峪镇、高丽营镇、李桥镇、杨镇、北小营镇设单独办公室，独立办公。其他镇、街道与综治办合署办公。主要职责是：一是围绕“以产引人、以房管人、以证控人”。在实践中大胆创新，积极探索对流动人口、出租房屋和用工单位的管理办法和措施；二是接受行政主管部门的委托，负责辖区内房屋租赁登记备案、流动人口登记、办理《暂住证》以及出租房屋税收代征代缴工作；三是贯彻执行国家和北京市有关流动人口、出租房屋管理的法律、法规、规章和政策；四是建立本地区出租房屋、流动人口、用工单位管理档案，实行一户一档、一人一表，对本地区流动人口实行周查月报制度；五是落实属地管理责任，协调公安、司法、民政、工商、劳动、房管、计生、教育等有关部门，对流动人口、出租房屋及用工单位和个人综合管理；六是依法维护流动人口的合法权益；七是对各村(居)委会、用工单位流动人口服务站的工作进行日常管理和考核；八是加强流动人口和出租房屋管理员队伍建设。各村、居委会成立来京人员出租房屋服务站。挂牌的383个，专兼职管理员1692人。

单位名称：顺义区流动人口管理服务中心
地址：顺义区光明南街16号
电话：(010)69426412
邮编：101300

(吴彩云)

【落实以产引人】 督查指导各镇街和开发区研究制定产业发展带动人口发展的规划，落实项目引进制度，推进规划调控和项目带动人口发展工作机制建设。加强传统商业服务业管理。商务委联合工商部门落实了各类市场建设联合审批制度，发挥了商业规划的前置作用，工商分局联合各镇街落实了个体商业行政许可联查联审机制，控制了低端服务业的无序发展。

（吴彩云）

【流动人口信息化建设】 在流管委成员单位内部实行了信息通报制度，建立了人房信息比对机制。与卫生、公安、住建委、教委四部门定期开展数据比对工作。按照市流管办的工作部署，在顺义区范围内集中开展了流动人口和出租房屋基础调查工作。在基础调查过程中严格落实周查月报、一查五清、双登单录以及信息比对等各项制度。通过基础调查工作，顺义区人、房信息采集率、录入率、完整率、核销率进一步提高，“七本”工作台账进一步健全。借鉴六普经验，实行了实有人口登记制度。以镇街和开发区为统计主体对本市其他区县在顺义区就业人员进行登记备案。

（吴彩云）

【出租房屋专项整治】 为全面做好顺义区环境综合整治工作，制定下发《流动人口和出租房屋排查整治工作方案》及《关于集中开展出租房屋排查整治的通知》，结合“打非”行动，对流动人口聚居区、出租大院、建筑工棚、集贸市场、地下空间以及流动人口从业较多的生产、销售、居住一体的中小企业和店铺进行彻底排查。通过拆除违章建设、查处违法、违规出租行为，规范顺义区房屋出租秩序，消除出租房屋中存在的各类安全隐患；对利用出租房屋从事非法经营的行为，加大排查整治力度，进一步优化市场经营秩序；通过开展综合整治行动，使顺义区“三无”等重点行业流动人口所占比重有所下降，无序梯度转移现象得到有效控制。

（吴彩云）

【为民办实事工程】 开展了41个居住流动人口五百人以上千人以下村服务站标准化建设工作，已完成了场所规范、制度规范、台帐规范、人员配备和培训工作，启动一站式服务运行工作。对上年完成的50个千人以上服务站工作运行情况进行了全面考评，在重点镇村推广了出租房屋户流动人口登记手册，提高了人房信息的准确率。

（吴彩云）

【流动人口权益保障工作同步跟进】 一是进一步完善居住服务管理。在顺义区大力推行企业集中居住、集中教育、集中服务、集中管理的“四集中”居住模式、经济功能园区内部集中建设职工公寓的公寓式居住模式以及村委会与用工单位共同服务管理的“村企联管”服务模式，通过对以上居住模式的完善推广，流动人口居住环境得到有效改善；二是加大宣传教育培训力度，切实提高流动人口自身素质。在顺义区大力推广“同住一个村、共为一个家、爱村如爱家、家和万事兴”的服务理念，营造和谐的社会氛围；三是依法落实流动人口子女入学、卫生防疫、劳动保障等各项政策，切实维护流动人口的合法权益。

（吴彩云）

民政工作

【概　况】 2010年，在区委、区政府的正确领导下，在市民政局的大力支持下，在民政系统干部职工的共同努力下，顺义区民政局认真贯彻党的十七届四中、五中全会精神，全面落实科学发展观，以“大民政”理念为指导，坚持“在思想观念上亲民，在工作部署上为民，在措施保障上利民”理念，深入推进社会服务管理创新，着力搭建社会救助、和谐社区、社会福利、社会组织“四大平台”，实施“民政一卡通”，全区民政事业得到创新发展。民政事业资金支出达4.46亿元，同比增长27.87%，民生得到极大改善。先后荣获了全国老龄工作先进单位、全国养老服务活动示范单位、全国农村五保供养工作先进单位、全国殡葬工作先进单位、全国社会组织深入学习实践科学发展观活动指导工作先进单位、民政部宣传工作先进单位、全国双拥模范城等7项国家级荣誉。

单位名称:顺义区民政局
地址:顺义区石园北区东侧
电话:(010)69441463
邮编:101300
网址:http://www.minzj.bjshy.gov.cn

(民政局)

【党风廉政建设】 一年来,局党组高度重视党风廉政建设,坚持把"一岗双责"纳入党政领导班子目标管理,强化责任分解,狠抓责任落实,使领导干部的责任主体意识和落实责任制的主动性、自觉性进一步增强,形成党政齐抓共管、部门各负其责的工作格局,有力地推动了反腐倡廉工作的深入开展。按照"政治坚强、公正清廉、纪律严明、业务精通、作风优良"的要求,11月初,完成了纪检监察科挂牌工作,配齐了3名专职干部。为落实领导责任,局长和各科科长、各单位党政一把手分别签订了党风廉政责任书。全局党风廉政建设和反腐败工作形成了"层层有人抓、层层有人管"的管理格局。通过深入学习《廉政准则》、开展"十廉"和主题教育活动,使广大党员干部的廉政意识和责任感进一步增强,构筑了牢固的拒腐防变的思想防线。对全局科以上干部和局属单位一把手按照岗位职责和廉政职责,共查找出156个个人风险点,并逐一制定了具体防控措施。

(民政局)

【集中采购招投标工作】 进一步加强招投标工作。实现了招、投分离,分设了招标办公室和开标办公室,招标办公室设在计财科,工会主席任主任,由计财科、后勤科组成,负责局招投标的前期组织;开标办公室设在全程办,由纪检组长任主任,负责每个局招投标项目的开标,并报告招投标情况。2010年,共有14项招投标项目,涉及资金1500余万元。

(民政局)

【机关自身建设】 完善监督激励评价机制。进一步完善激励、监督和决策评价机制,形成科学化、制度化、规范化的管理体系。健全完善了《目标量化双百考核办法》、《效能建设考核办法》,制定了《民政局重点工作折子工程》、《领导干部包镇(街道)联系制度》。完善了《民政业务考核办法》,加强了对各镇(街道)的联系和业务指导,激发了做好民政工作的积极性主动性。完善了《决策评价办法》,对《顺义区居家养老(助残)服务工作实施意见》和《顺义区退役士兵安置暂行办法》等政策进行了决策评价。深入开展民政服务满意度调查工作。对32类民政服务对象进行了满意度抽样调查,共发放问卷507份,各类民政对象满意度均达到100%;政务公开的满意度达到95%以上;广泛开展"一帮一"结对子活动。建立了每名干部职工联系一户服务对象、福利企业联系残疾职工、民间组织联系困难户的"一助一"机制,扶助了400余名困难群众,树立了民政干部的新形象。强化党组织建设。完善了《基层党支部考核办法》、《党风廉政建设责任制的考核办法》,建立了党支部监督与管理机制,对各基层单位班子成员进行逐一考核,及时处理了考核中发现的问题,起到了良好的警戒作用。以争优创先和政务品牌创建为契机,广泛开展了"强化三民理念、树立良好形象、争做廉洁奉公民政干部"主题教育活动,计划开展建党90周年纪念活动、庆七一文艺汇演、"一助一"走访慰问等活动,切实增强党组织的创造力、凝聚力、吸引力和战斗力,保持党的先进性,提高党员的党性觉悟。强化领导班子建设。一是通过每周一次的理论中心组学习,领导干部每月一课学习,领导干部依法行政培训等多种方式不断加强领导干部政治理论和综合知识学习,进一步提高领导干部的领导能力和决策水平。二是通过领导干部廉政教育活动、民主生活会不断加强领导干部作风建设,打造团结、廉政、高效、务实,具有很强凝聚力和战斗力的领导集体。三是建立了重大决策、重要干部任免、重大项目安排和大额度资金使用须经领导班子集中讨论制度，实现科学民主决策，确保了公正、公平、公开。加强干部素质建设。联合区委党校，创新培训方式，采取课堂授课与实地参观学习相结合的形式，举办为期两周的民政干部理论与实践培训班；选派30名年轻优秀的工作人员到市民政局相关处室、区政府办、各镇基层民政科进行为期10天的脱产实习，进一步提高工作人员的专业知识水平和实际应用能力。深入开展了法制教育培训、宣传教育培训、文明礼仪培训等10项专题培训，全面提高民政干部的思想觉悟和综合素质，切实达到优化政务环境，提高整体素质，促进民政工作深入开展的目的。

（民政局）

【全程办事代理】 2010年，共通过网上受理代理事项12000件，群众满意率达100%。真正做到了民政受理事项不遗不漏，达到了办事群众、承办科室和社会三方满意。全程办引导台共接待、回访办事人员达14000人次，回访总体满意率为100%。

（民政局）

【财务审计】 2010年民政事业资金收入44576.8万元，比上年增长27.87%，民政事业资金支出40812.7万元，比上年增长22.42%，主要用于抚恤事业费支出4337.1万元，退役安置2312.2万元，城市居民最低生活保障619.4万元，农村最低生活保障1329.8万元，其它农村社会救济362.1万元，其他城镇社会救济30万元，社会福利2667.3万元，民政管理事务3404.6万元，自然灾害生活救助48.6万元，行政事业单位离退休603.2万元，医疗救助支出918.7万元，彩票公益金支出4274万元，其他款项用于民政支出1159.3万元。加大民政事业资金的监督检查力度，保证民政事业资金专款专用。一是充分发挥单位内部审计的职能，加大对下拨各镇、街道民政事业资金的监督检查，保证民政对象待遇及时足额落实。二是加大对局属单位财务收支的检查，提高资金经济效益和社会效益。同时做好临时性工作，按照民政局系统单位“小金库”专项治理工作方案，完成专项治理“小金库”和虚假发票的自查；接受区审计局对2009年度财政预算资金执行情况的审计；完成市民政局对“强农惠农资金“的专项检查工作；完成财政部驻北京专员办对中央补助优抚对象医疗减免资金的重点检查。

（民政局）

【信息宣传】 2010年，顺义区加大宣传工作考核力度，将信息宣传工作纳入目标量化考核范畴，每月核对各科室、各单位、各（镇）街民政科所报信息及刊登情况，月末在政务网上将上报信息数量、各级媒体采用情况及重点宣传活动进行通报，充分调动了民政工作者报送信息的积极性和主动性。全年，顺义区民政局在各级各类新闻媒体刊登稿件1200篇，50余篇调研文章和稿件被《中国社会报》、《中国民政》多家主流媒体刊登。出版《顺义民政》12期，及时宣传了民政的惠民政策、利民措施、重点工作和调研成果，深受民政对象好评。区民政局与区广电中心合办的“情动绿港”专题栏目，在社会引起较大反响，多次获得国家级和北京市的奖项。

（民政局）

【理论调研】 实行每位机关干部职工撰写一篇调研文章的制度，2010年共收到理论调研文章92份。刘庆顺局长的调研文章《实施精细化管理 着力搭建四大平台 促进民政事业全面发展》被《中国民政》、《中国社会报》、《北京社区报》、《顺义调研》等媒体刊登。

（民政局）

【信访工作】 2010年共办理群众来信来访33件，接待群众直接来访1000余人次，未出现集体越级上访和异常案件，实现了民政信访工作领导阅批率、按期结案率、复信回访率三个100%，荣获了全区信访先进单位称号。

（民政局）

【民政法制】 狠抓普法宣传和队伍建设，坚持开展与民政业务实际相结合的法制教育活动，努力提高民政队伍的执法水平。全年共举办各类培训班10期，80学时，参加培训人员400余人次。局长与14个执法科室负责人签订了执法责任书。全年未出现行政诉讼和行政复议案件，执法合格率达到100%。

(民政局)

社会救助

【城乡低保】 2010年，顺义区城市低保标准从月人均410元提高到430元，提高幅度达到4.9%；农村低保标准从年人均2530元提高到3360元，提高幅度达到32.8%，是2009年调整幅度的2倍。全区共有城市低保对象772户1220人，占全区城市户籍人口的0.45%，全年累计新增107户137人，撤销156户305人，发放城市保障金603.34万元；农村低保对象3828户7359人，占全区农业户籍人口的2.45%，全年累计新增445户909人，撤销394户935人，发放农村保障金1733.36万元。认真落实顺义区城乡低保标准五年统筹规划，2010年农村低保增至每人每年3360元，达城市低保的65%。

(民政局)

【超转工作】 2010年，顺义区管理各类超转人员9236名，其中市民政局接收管理的有200名，区民政局接收管理的8486名，各企事业单位自管的550名，全年累计发放超转人员生活补助费1.28亿元，医疗补助费224.97万元，报销医疗费用2528.36万元。积极落实《顺义区人民政府印发关于提高征地超转人员待遇有关意见的通知》(顺政发〔2007〕38号)及北京市劳动保障局《关于北京市2010年调整企业退休人员基本养老金的通知》(京人社养发〔2010〕29号)精神，调整超转人员生活补助待遇。超转人员生活补助待遇自1月1日起由月人均900元提高到1000元，月增100元，调整幅度为11.1%。

(民政局)

【救灾救济】 根据《北京市民政局关于做好社区防灾减灾工作和应对突发事件工作的通知》(京民救发[2010]288号)和《关于绘制社区应急疏散避险图实施方案》的要求，组织全区绘制社区应急疏散避险图。按照《民政部关于加强灾害信息员队伍建设工作的通知》(民函[2007]268号)要求，组织在全区建立镇(街道)、村级灾害信息员队伍，最终本区确定区、镇、村三级灾害信息员974名。2010年区政府投入119万元，采购了折叠床1600张、发电机15台、棉帐篷305顶、对讲机50部，加强了救灾物资储备。按照北京市民政局的要求，区民政局联合区教委、团区委、区红十字会等单位共同开展防灾减灾知识大赛活动。最终获得了北京市"防灾减灾"决赛团体第2名、全国"防灾减灾"大赛个人第3名。开展全国综合减灾示范社区争创工作，顺义区双丰街道马坡花园第二社区、胜利街道建新北区第一社区、光明街道裕龙五区社区、石园街道石园北区第三社区、马坡地区石家营村社区5个社区均获得全国综合减灾示范社区称号。

(民政局)

【城乡医疗救助】 2010年全区共救助农村低保对象1790人次，发放救助金167.92万元；救助城市低保对象502人次，发放救助金63.54万元。

(民政局)

【大病救助】 深入开展城乡大病医疗救助，对经"一老一小"大病医疗保险、新农村合作医疗等医疗保障政策报销后，个人费用负担仍有困难且影响家庭基本生活的患大病人员，给予1000元至8万元的大病医疗救助，最高救助标准由5万提高到8万元。2010年共下发大病救助款439.06万元,救助家庭困难的大病人员666人次;发放精神病人救助资金172.52万元,救助困难家庭重症精神病人754人次。

(民政局)

【教育救助】 对城乡低保及低保边缘家庭子女当年考入大学(三类本除外)的新生给予一次性学费补助,由原来的每人补助4000元提高到当年全额学费,三类本学生补助由4000元提高到6000元。协助教育部门做好困难家庭子女上学救助工作,全年共救助474人,发放教育救助资金250.1605万元(其中低保家庭71人,发放资金28.162万元,低保边缘家庭403人,发放资金221.9985万元)。

(民政局)

【临时救助】 提高困难人员临时救助标准,对一般救助对象给予500元至1000元临时救助;对重点救助对象给予1000元至2000元临时救助;对特殊救助对象给予2000元至5000元临时救助。2010年发放临时救助资金21.8万元,累计救助415户1113人次。

(民政局)

【流浪乞讨人员救助】 对全区各类流浪乞讨人员实施应救尽救,圆满完成救助工作。全年共救助流浪乞讨人员546人,继续保持救助合格率100%,确保了全年安全无事故。

(民政局)

【慈善与捐赠工作】 建立25家慈善分会、工作站,形成覆盖全区的慈善工作体系,围绕助灾、助学、助医、助老、助困、助残六大主题,策划、实施救助项目,受益人群达2万人,发挥了政府救助有益补充作用,成为全市为数不多的具有公益性捐赠税前扣除资格的社会团体。搭建联合募捐平台,全年共募集善款1500万元。开展"共产党员献爱心"、"送温暖献爱心"等传统募捐活动,共募集善款700万元;为玉树、舟曲和西南旱灾等重大灾害地区募集专项善款440万元;在全区银行、商场、社区等公共场所设立捐款箱200个,加大日常性捐赠力度;组织25家慈善分会、工作站募集善款300余万元。搭建慈善救助平台,支出款项近800万元。一是助老,为低保老人每人每年发放500元的慈善医疗卡,共发放救助金100万元,争取资金170万元援建牛栏山、木林两家敬老院。二是助学,为大二至大四学生提供1800－3600元助学款,共资助困难学生360人,支出92万元。三是为全区4365户低保家庭、1265名福利企业残疾职工、141位单亲困难母亲发放200至400元不等的"爱心卡",共支出救助款146万元。四是助医,开展春雨行动、临时救助等项目,共救助200余人,发放救助款186万元。五是助残,重阳节到光荣院、敬老院走访慰问99名老英雄、老模范、老军烈属等140户,走访慰问孤残儿童230人,共计投入20万元。六是救灾,建立重大灾害应急处理机制,与区民防局共同建立1500平方米临时救灾物资储备库,储备救灾物资2.5万件。

(民政局)

【五保供养】 调整农村五保供养标准。将分散供养标准由年人均2909.5元提高至年人均3864元,集中供养标准由年人均5870.1元提高至年人均6847.5元。全区共有农村五保对象233户244人,其中集中供养129户137人,分散供养104户107人,全年发放供养资金11.4万元,有力保障了困难五保对象的基本生活。

(民政局)

【社救建房】 加大救助力度,翻建房屋每户补助4.5万元,维修房屋每户补助1.35万元。全年共完成低保家庭及低保边缘家庭房屋翻修285户,共投入资金983.25万元(其中翻建190户,投入资金855万元;维修95户,投入资金128.25万元)。

(民政局)

【精简退职】 2010年顺义区共有精简退职人员325人,全年发放生活困难补助120万元,报销医疗费 18.68 万元。

(民政局)

【养老机构】 截至 2010 年底,顺义区养老服务机构达 20 家,其中区级政府办养老服务机构 1 家(区老年公寓)、镇办养老服务机构(镇敬老院)14 家、民办养老服务机构 5 家(其中 3 家已批准设置,尚未发证运营)。共有养老机构床位数 3548 张,每百名老人拥有床位数 3.5 张。全年争取市、区 400 万元补贴资金对大孙各庄、南彩、赵全营、牛栏山 4 家政府办养老机构进行扩建,新增床位 476 张,目前已基本完工。申请市级福彩公益金 266 余万元,为养老机构配备为老服务设施,改善机构环境,顺义民政局被民政部命名为"全国养老示范活动示范单位"。

(民政局)

【地退管理】 2010 年顺义区共有地退人员 115 人,遗属 115 人,全年共发放退休金和遗属补助款 508.5 万元,春节、国庆节、重阳节发放慰问款 7.32 万元,报销医药费 53.21 余万元。

(民政局)

【弃婴接收】 2010 年共接收社会弃婴 17 名,为其办理相关手续,入住儿童福利机构。

(民政局)

【成年孤儿安置】 妥善安排北京市 2 名成年孤儿安家、就业,帮助他们融入社会。

(民政局)

【低收入家庭医疗救助】 2010 年发放低收入家庭医疗救助资金 15.37 万元,救助 55 户 57 人次。

(民政局)

社区建设

【社区建设】 2010 年,顺义区社区建设工作全面推进,城市社区和农村社区建设特色突出,街道(地区)社区服务中心实现全覆盖,社区居委会办公和居民活动用房环境明显改善,社区工作者工资水平大幅度提高,社区自治功能和服务水平不断提升。一是搭建和谐社区建设平台。按照自治、安全、优美、便捷、和谐的"五型"社区建设要求,梳理整合政府和社会的社区资源,建立社区信息库,逐步实现网上日常办公、网上服务预约、居民服务查询、社区数据分析等功能。二是城市和农村社区创建工作亮点突出。在城市社区,全区开展了特色精品社区创建活动,创建了服务型、安全型、为老型等群众满意的精品社区,胜利社区、石园东区、西辛一社区被评为"首都特色精品社区"。在农村社区,全区开展了农村社区建设典型示范社区创建活动,按照"自治、安全、便捷、优美、和谐、富裕"的建设思路,创建了一批特色鲜明、模式多样的新型农村社区,马坡镇石家营、牛栏山镇芦正卷等 6 个村被评为"北京市农村社区建设典型示范社区"。三是开展 11 个街道(地区)社区服务中心建设。以"推进社会服务管理创新工作"为契机,超前谋划,合理设置,在空港、牛栏山等 11 个街道(地区)建设街道(地区)社区服务中心,承载组织公共服务、开展公益服务、提供便利服务,发育社会组织,实施教育培训,组织文体活动的功能,进一步提升社区服务水平。四是社区用房达标工程顺利实施。认真贯彻落实《关于加强社区居委会办公用房和居民活动用房建设工作意见》(顺政发[2008]65 号),启动社区用房四年达标工程,通过锅炉房改造、改扩建等方式,完成了 11 个社区用房达标工程,社区普遍设置了社区服务站、体育健身室、图书阅览室、日间照料室、文化活动室、市民学校等场所,社区用房环境全面提升,社区服务功能不断增强。目前,全区已有 30 个社区用房达到了 350 平米,10 个社区用房达到了 450 平米,8 个社区用房达到了 600 平米。五是农村社区服务站建设工作稳步推进。在北务等13个镇开展了100个农村社区服务站建设，通过梳理服务项目，规范服务流程，实现了统一服务项目、统一运行流程、统一服务规范、统一资源调配。100个农村社区服务站与镇一站式服务大厅进行了有效衔接，普遍建立了首问责任制度、限时办结制度、分办落实制度、站务公开制度、人员管理制度、学习培训制度、年终考核制度，设置了代理代办失业、求职、独生子女、低保证等，代开居住、流动、残疾等证明、组织志愿者开展服务等100多项服务，方便了居民生活。

（民政局）

【社区服务总中心】 截至2010年底，顺义区社区服务总中心有休养员253人，孤残儿童121人，工作人员160名。中心始终坚持以“亲民、为民、利民”为服务理念，充分发挥龙头带动作用。不断拓展服务职能，整合资源，发挥96156社区公共服务平台作用，深入开展居家养老服务工作。被北京市民政局评为“北京市养老机构建设工作先进单位；被北京市社区服务中心评为“96156北京市社区公共服务平台小呼叫工作先进集体和“北京市社区公共服务平台工作先进区县”；获得北京市首届家政技能服务大赛“优秀组织单位”称号；被顺义团区委命名为“志愿服务实践基地”和“青年文明号”称号。加强软硬件建设。一是加强思想道德教育和业务知识培训，服务人员持证上岗率为100%，完善规章制度，严格工作流程，老人满意度100%，开通刷卡付费业务，方便老人和家属。医务科实行网络化管理，方便老人持卡就医和药费报销。二是不断完善服务设施。完成中心地下水暖管道改造，确保冬季供暖和冷热水管道使用安全；更换了门窗，楼道增加了暖气，使居住环境更加温暖舒适；完成了洗衣房及消毒间的改造，安装了浴室节水控制系统；为满足顺义区养老需求，办理中心养老院改扩建工程开工相关手续。提升96156服务质量。一是进一步规范96156加盟服务商管理与考核，完善服务商准入机制、考核机制。2010年共发展了5家服务商，顺义区现有各类加盟服务商23家，全年小呼叫接单量14776条，其中服务单4408条，咨询单10368条，电话回访率达到100%，小呼叫热线接单量连续三年在全市名列第一名；二是圆满完成两节服务活动。发放免费清洗油烟机、小时工、摄影亲情卡1640张，吉祥包和福字对联18000个，96156宣传手册5万份。同时开展了96156精品服务项目宣传推介活动，受益群众约1万人。居家养老服务全面推开。一是制定居家养老服务中心工作规章制度和各项规范流程等。举办2期居家养老服务人员和96156加盟服务商技能知识培训。二是积极探索居家养老服务模式，利用现有资源和设施，结合政府购买服务的形式与光明、胜利、石园、旺泉、仁和五个镇街签定居家养老助残服务协议，依托96156加盟服务商为养老助残人员提供上门服务。三是开展居家养老进社区宣传活动，与各街道居委会密切配合，进行老年人员各项情况调查摸底，完成数据电脑录入，根据需求，制定服务内容。四是成立了居家养老服务队，为居民提供生活照料、家政服务、管道维修、送餐服务、康复保健等各类上门服务。全年共提供居家养老服务788次。做好孤残儿童养育工作。一是创造温馨、健康、安全的生活环境。生活上做到无微不至的关心，同时为确保安全，安装了烟感报警设备，铺置了木质地板、增添了高档洗衣设备和洗澡设备，消毒设备、安装了空调、液晶电视。二是加大医疗救助，提升生命质量。建立档案，做好预防治疗。针对孩子们的实际情况，积极开展脑瘫孩子的保健、康复、治疗工作，提高自理能力。通过康复治疗，8名脑瘫患儿各方面能力都有提高。三是积极解决适龄儿童入托、入学问题。9名儿童上小学，3名儿童到幼儿园接受学前教育，四是争取社会资金为2名孩子做了心脏病手术，3

名孩子做了唇腭裂手术,目前都已康复。

(民政局)

【社区义工】 2010年,顺义区社区义工联合会不断加强社区义工管理体系、运行体系、队伍体系、服务项目体系、保障体系和长效工作机制建设,义工组织影响力不断提高。一是进一步规范尊老爱老、绿化环保、治安维稳、文化建设、便民服务,打造"春雨,春蕾,绿色,蓝盾,霞光"五大主题服务项目建设,壮大了专业队伍,截止到2010年12月底,全区共发展注册社区义工12959人,建立分会18个,工作站78个,主题服务队伍721支,参与活动义工10万余人次,年人均参与志愿服务时间达到了300小时,受益群众达到30万余人次。二是创新农村义工组织建设。9月28日正式成立北石槽镇义工分会和西赵各庄村义工工作站,并按照城乡义工组织互为资源、互为平台的基本思路,落实"乐农行动"义工服务项目。现北石槽镇西赵各庄村义工工作站已发展义工120余人。三是加大宣传力度,通过情动绿港栏目、顺义时讯等宣传媒体宣传义工典型人物和事迹,涌现出了一大批先进典型和先进人物,10名义工获得北京市社区志愿服务之星荣誉称号,石园街道义工分会荣获"北京市社区志愿服务组织之星"荣誉称号,提高了社会各界对义工工作的知晓度。

(民政局)

基层政权建设

【基层政权建设】 2010年,顺义区基层政权建设工作重点突出,机制完善。第八届村委会选举工作圆满完成,16个村(居)委会被评为北京市先进村(居)委会,7个(村)居委会主任被评为北京市先进村(居)委会主任。一是圆满完成第八届村委会选举工作。全区426个建制村中,除因拆迁等原因未参加选举的17个村外,409个村全部顺利完成了选举工作,产生了新一届村委会班子,选举呈现出"四高一低"的特点,即"一肩挑"比例高,"两委"交叉任职率高,连选连任比率高,选民参选率高,村委会主任不是党员的比例有所降低。其中:有348名村党支部书记通过民主选举依法当选为村主任,兼职比例为85%,比上届提高5个百分点;有999名村党支部委员进入村委会班子,两委交叉任职比例为75%,比上届提高4个百分点;有980人实现了连选连任,连选连任率74%;有1114名党员进入村委会班子,党员所占比例为84%,有24个村委会主任不是党员,比上届减少2个,未出现村委会班子成员中无党员现象。各项指标位于全市之首。二是认真开展村务公开民主管理工作。开展村务公开民主管理"难点村"治理工作,提升村民自治能力。2个镇43个村被评为"北京市村务公开民主管理示范镇、村"荣誉称号。

(民政局)

优抚安置

【双拥工作】 2010年是新一轮"全国双拥模范城"最为关键的一年,为了巩固发展双拥成果,力争全国双拥模范城"三连冠",经过4个月的全面筹备,将我区2006年至2010年的双拥工作成果进行细致的梳理和总结。于8月份顺利通过了市双拥领导小组的检查,并得到充分肯定。在实地调研的基础上,政府加大了投入力度,共计出资880万元,帮助驻顺部队解决了基础设施、体育文化设施、营区环境等几个方面存在的实际困难。圆满完成了“十一五”期间的规定目标。春节和“八一”期间，区相关领导、双拥办带着区委、区政府的深情厚意把总价值63万元的食品和电脑等用品送进了军营。表达了党和政府、顺义人民对子弟兵的深切祝愿和关爱，受到了部队官兵热烈欢迎。经区人保局审核，我区现有符合条件的随军家属252人，其中干部身份的有45人，工人身份的有207人。其中选择政府安置的126人，经区政府批准，全部安排到区属事业单位。选择自谋职业的126人，发放自谋职业补助费441万元。

（民政局）

【安置工作】 2010年1月，我区出台了《顺义区退役士兵安置暂行办法》。新《办法》有效消除了退役士兵安置工作中的城乡差别，在全市率先实现了自谋职业补助、技能培训和待安置期间生活补助费城乡一体化，并明确了退役士兵待岗期间生活补助费。得到了市级领导的高度评价，并在全市进行推广。2010年我区共接收退役士兵270人，其中城镇退伍义务兵174人，农村退伍义务兵69人，转业士官25人，复员士官2人。为帮助退役士兵尽快就业，积极为他们创建就业服务平台，提供就业信息和就业指导，做好联系用工单位和推荐工作。安置办与燕京啤酒、顺鑫农业、汇源果汁等10家企业联手，联合举办了退役士兵专场招聘会，共提供了保安、驾驶员、理货员等120余个就业岗位，200余名退役士兵到现场进行应聘和就业咨询，其中有80余人与用工单位达成了就业意向。城镇退役士兵应安置199人，通过深入宣传讲解政策，其中148人选择了自谋职业，占应安置总数的74%，同比提高了4个百分点。为城镇籍退役士兵发放自谋职业补助费520万元，69名农村籍退役士兵全部选择自谋职业，发放补助费252万元，总计支出809万元。选择政府安置的50人，全部安置到区属25家企事业单位，安置率保持100%。

（民政局）

【优待抚恤】 2010年，我区出台了《优抚临时救助资金使用暂行规定》，切实保障我区优抚对象临时性困难得到及时救助。认真做好元旦、春节期间走访慰问活动，市、区两级共投入资金167万元，对全区2506名优抚对象进行普遍走访。全年共为优抚对象发放定期抚恤补助资金2562.5万元，为441名义务兵发放优待金661万余元，为83名农村籍烈属发放优待金12.45万元，为130名抗日老战士和抗日烈属发放抗日慰问金和一次性生活补助金32.8万元，为优抚对象发放一次性生活补贴21.56万元。新认定参战、参试人员19人，使其享受相关优抚待遇。继续开展优抚对象危旧房屋翻建工程，市、区共投入资金270万元，为50户农村籍优抚对象翻建房屋。按照顺义区优抚对象医疗减免办法，全年共办理4682人次优抚医疗减免手续，减免金额达580.98万元，并首批为193名优抚对象发放民政卡，开展民政“一卡通”即时结算试点工作，切实解决优抚对象医疗报销难题。

（民政局）

【见义勇为】 2010年，顺义区依法确认1名同志的见义勇为行为，颁发证书及1万元奖励金。在顺义区第三届“文明使者”暨“道德模范”评选活动中，有2名见义勇为人员分别获得顺义区“道德模范”和“道德模范提名奖”称号，并获得10000元及5000元的奖励金，顺义区民政局荣获优秀组织奖。在中央文明办开展的“我推荐、我评议身边好人”活动中，我区有2名见义勇为人员入选“好人榜”。全力保障见义勇为人员合法权益，为6名见义勇为家庭发放1.8万元的生活困难补助，元旦春节期间，对全区69名见义勇为人员进行走访慰问，送去慰问品、慰问金11万余元。

（民政局）

【光荣院】 2010年，顺义区光荣院整体环境进一步改善，年内投资10余万元用于改善服务设施和休养环境，光荣老人的休养环境更加安全、优美，休养生活更加舒适、安逸。服务管理工作制度进一步完善。建立健全了《工作人员目标量化考核办法》、《服务工作流程》、《安全管理工作规定》及《突发事件应急预案》、《值班管理规定》、《巡诊就医制度》等多项工作制度。优抚政策落实到位。按月为休养员发放零用钱;按标准发放伤残军人抚恤金;抓好伙食管理,精心为休养员调配营养可口饮食;及时配发应季服装及生活用品;精心呵护休养老人身心健康,有情况及早发现,有病及时救治,医疗费用全保障,年内支出药费50余万元;关注老人心理需求,感情沟通和精神抚慰制度化、常态化;关注老人精神文化需求,重大节日工休人员一同座谈、联欢;定期组织开展趣味文体、参观游览、水果采摘等多项活动。依托青少年德育教育基地和优抚对象服务中心两个平台,积极开展双拥共建活动。年内共接待中小学生、社会青年及驻区部队官兵1000余人次广泛开展爱国主义教育;积极组织开展优抚对象服务活动,为在乡优抚对象送温暖、送服务、送欢乐。2010年,顺义区光荣院被市民政局命名为第一批首都民政系统行风建设示范单位。

(民政局)

【军队离退休干部管理】 截止到2010年底顺义区有军队系统离退休人员195人,其中军休干部112人,无军籍退休职工83人。2010年新接收军休干部7人,其中3名为伤病残军休干部,圆满完成上级下达的接收安置任务。落实政治待遇,出资3.4万元为全体军休干部订阅了《老年日报》、《北京社区报》、《老年教育之长者家园》等学习资料,方便军休干部了解党和国家的最新政策;做好春节、端午节、七一建党节、八一建军节、中秋节等节日的走访慰问工作,全年共出资20余万元分别走访慰问军休干部475人次,遗属37人次。落实生活待遇。按照政策贯彻落实军休干部的离退休费及各种津贴补贴的发放工作,全年累计发放离退休费812.38万元,离休干部服装费66990元,军工生活费191.47万元;为四名病故军休干部及时申报丧葬费、病故后6个月工资、抚恤金和特殊抚恤金等共计406683.4元;稳步落实军休干部住房改革政策,完成第一批军休干部房改工作,涉及房改经费589.74万元,全部发到军休干部和遗属手中;做好军休干部医疗服务保障工作,为军休干部和医疗护理人员全年累计报销医疗费192.83万元;元宵节、重阳节组织两次趣味运动会,共计270余人次参加。开展文体活动。组织军休干部10人次到南戴河黄金海岸和延庆龙庆峡疗养;以小组为单位引导军休干部开展丰富多彩的文体活动,全年组织开展文体活动培训、比赛共计200余场次,参加人数达到2300余人次,参加市级军休干部文体活动培训、比赛60余人次;组织军休干部集体出游活动三次,参加人数90余人。创新服务管理工作。为行走不便、病后康复期的军休干部开展低偿的康复设施、老年用品租赁服务;开展工作人员包楼包户活动,了解军休干部需求、倾听军休干部建议;为全体80周岁以上的军休干部集体庆祝生日。

(民政局)

老龄工作

【老龄事业】 2010年,顺义区大胆探索实践,不断创新体制机制,“九养”办法顺利推进,社区为老服务和养老机构建设取得新的进展,老年人优待工作深入落实,老年文化教育活动开展丰富,养老事业发展呈现出新局面。完善政策,拓宽为老服务内容。出台了《顺义区居家养老(助残)服务工作实施意见》,在北京市“九养”办法的基础上,新增了三方面内容:一是在开展“孝星”评选表彰的基础上，增加了顺义区“寿星”评选活动。二是增加了对居家养老（助残）服务商、养老（助残）餐桌的奖励制度。三是增加了对养老服务机构床位补贴和奖励制度。建立了“双星”评选表彰制度。在北京市万名“孝星”评选表彰的基础上，增加了顺义区500名“寿星”评选表彰活动，给予每名“寿星”500元现金奖励。建立养老（助残）券服务制度。向符合条件的1.1万名80周岁及以上老年人每人每月发放100元的养老（助残）券，2010年发放1320万元，发展各类服务单位数量248家。居家养老服务项目包括生活照料、家政服务、医疗、精神慰藉和其它服务共5大类30项。建立了百岁老人补助医疗制度。2010年为3位百岁老人申请了医疗补助，报销金额1.3万元，年龄最大的为102岁。实现了养老（助残）餐桌全覆盖。建立了180个城乡社区养老（助残）餐桌。其中90%的养老（助残）餐桌采取与餐饮企业签约开办，部分养老（助残）餐桌通过社区托老所开办，满足老年人、残疾人的就餐服务需求。实现了托老（残）所全覆盖。2010年新建立50个城乡社区（村）托老（残）所，实现了托老、医疗、康复、老年餐桌、健身娱乐等功能，区财政给每个托老所5万－10万元的补贴资金，对服务质量好的给予每个1万－4万元的奖励资金。招聘居家养老（助残）员。第一批居家服务养老（助残）员已经全部上岗，在巡视探访、了解需求、反馈信息和组织、监督社会组织提供养老服务等方面起到了积极作用。配备无障碍设施车。为全区25个镇（街道）各配发一辆具有无障碍功能、带有统一标识的养老（助残）无障碍服务车。开展精神关怀服务。成立25家精神关怀定点服务单位，依托96156服务热线，广泛开展多种形式的精神关怀服务。进行无障碍设施改造。为1500户家庭实施无障碍设施改造，实现了80周岁及以上有需求的老年残疾人全覆盖。发放“小帮手”电子服务器。有计划地为有需求的老年人（残疾人）配备“小帮手”电子服务器2211部。开展养老服务机构奖励、床位补贴。对区内2家社会办养老服务机构进行了床位补贴。老年文化活动健康发展。区老年大学共接收学员5000人次，成立老年大学分校79个，建设老年文化活动站420个，发展基层老年文化团队1300余支，培训文艺骨干8000人次。开展“银龄行动”，为农村老年人送去文艺演出2场、健康知识讲座20场、健康体检3场。健全老年维权三级网络。完善区、镇（街道）、村（居）三级维权服务组织，建立区级老年维权工作站6个，镇（街道）级老年维权工作站25个，村（居）级老年维权工作站426个，涉老案件结案率达到100%。“敬老月”庆祝活动丰富多彩。区、镇（街道）、村（居）三级及各委办局共投资1257.4万元，慰问独居、空巢、贫困、五保老年人3044人。为老服务志愿者3300人次，惠及22800名老人。举办普法宣传21场，发放普法宣传资料5000份，现场接待服务老人300余人次。区、镇（街道）、村（居）三级共举办各类表彰大会、庆祝大会、各类文艺演出活动共计360场（次）。中央级报刊3篇，市级23篇，区级141篇。区电视台7篇，广播电台6篇。各单位组织重阳节登高活动、免费体检活动、趣味比赛活动、送暖下乡、送知识文化健康下乡活动540余次。

（民政局）

民间组织管理

【社会组织】 2010年顺义区共完成社会组织成立登记8家，变更登记20家，建立社团分支机构1家，换发登记证书50家。全区社会组织登记总数达232个，其中社团93个，民非139个；通过北京市城乡社区社会组织备案管理系统备案城乡社区社会组织304个。完善社会组织自律发展体系。制定出台了《顺义区社会组织规范化建设实施办法》,引导全区各类社会组织建立和完善以章程为核心的社会组织内部管理制度,健全民主决策机制和法人治理结构。社会组织服务民生行动效果显著。3月20日召开了全区社会组织服务民生行动动员大会,形成了全面动员,广泛发动的工作氛围。5月20日,组织开展了顺义区社会组织服务民生活动启动仪式,各社会组织开展了丰富多彩的服务活动,包括义诊、文艺演出、义务理发、节水咨询、摄影书画知识咨询及作品义卖等活动,服务民生行动全面铺开。7月12日,顺义区慈善协会、三农研究会、京顺医院、居家养老服务中心和英才培训学校等5家社会组织参加了北京市"政府购买社会组织公益服务项目推介展示暨资源配置大会",在扶贫救助、服务三农、医疗卫生、扶老助残、促进就业等领域进行了服务项目展示,并与其他区县服务项目展开了深入的交流、探讨。共接待现场咨询70余人次,发放宣传材料900余册,有力地宣传了我区社会组织服务民生行动成果,展示了我区社会组织的良好形象。全年共有顺义区社区居家养老服务中心、顺义区民办大方职业学校等11家社会组织的服务民生项目被确定为政府购买服务项目。社会组织人才补充机制逐步建立。举办"顺义区第二届社会组织人才专场招聘会",共有30家社会组织参加,提供就业岗位340个。招聘会结束后,及时完成《关于社会组织人才专场招聘会的决策评价报告》。社会组织人才专场招聘会给社会组织和各类人才搭建供需平台,在为社会组织补充人才的同时,扩大了就业渠道,缓解了就业压力,使社会组织承担了社会责任,也为社会组织加大宣传、提高素质、树立形象提供了机会。北京市社会团体管理办公室书记温庆云亲临招聘会现场指导,对此次招聘会予以充分肯定和高度评价,并要求在全市推广招聘会典型经验。社会组织党建工作深入开展。作为民政部社会组织学习实践活动指导组的联系点,顺义区社会组织学习实践活动在北京市指导组的指导下,在区委、区政府的正确领导下,精心组织、周密安排、扎实推进、效果显著。通过单建、联建等党组织设置方式,新建京顺医院、东方太阳城医院和民办学校联合党支部三个社会组织党支部,全面实现了社会组织"党的建设有新突破,自身建设有新加强,功能作用有新发挥"的目标。2月26日,顺义区荣获"全国社会组织深入学习实践科学发展观活动先进指导单位"称号,顺义区三农研究会荣获"全国先进社会组织"称号。7月6日制定下发了《顺义区社会组织党组织和党员中深入开展创先争优活动的通知》,全面部署创争活动,并力争使活动取得实效。

(民政局)

社会福利

【福利企业】 2010年,全区有福利企业92家,共有职工3495人(较去年同期增加150人),其中残疾人职工1287人(较去年同期增加80人)。残疾人职工本市农村户口1208人,本市城镇户口60人,外埠户口19人。销售收入5.18亿元,利税总额3560万元。累计支出555.83万元用于扶持福利企业发展及保障残疾人职工权益,其中安置残疾人就业补助金435.8万元、春节走访慰问100户特困残疾人家庭4万元、"助残日"为1269名残疾人职工发放"爱心卡"50.76万元、"助残日"为784名残疾人职工免费体检15.47万元、安置精神类残疾人岗位补贴49.8万元。召开了福利企业总结表彰大会,对全区3家标兵福利企业、7家先进福利企业及10家优秀福利企业进行表彰。召开一次残疾人职工专场招聘会，会上有20家福利企业共提供就业岗位108个。组织福利企业开展学习交流活动、福利企业协会工作总结会。

（民政局）

【福利彩票】 2010年，顺义区认真贯彻中国福利彩票"扶老、助残、救孤、济困、赈灾"的发行宗旨和"安全运行、健康发展"的发行工作方针，全年共发行福利彩票16169.84万元，其中电脑型彩票13254.5万元，即开型彩票2915.34万元，可为国家和地方筹集公益金5200余万元。2010年通过民政部门立项申报，争取福彩公益金2309.47万元。主要安排项目：孤儿成年后安置30万元；完善城乡为老服务设施（居家养老和敬老院）444.6万元；居家养老服务补贴612万元；街道、乡镇敬老院改造和购置设备95万元；临时救助310万元；城市医疗救助43万元；农村医疗救助10万元；社区中心福利设施改造267万元；精神病院设施改造152.6万元；敬老院改造345.2万元。

（民政局）

民族宗教侨务

【概　况】 2010年，区民宗侨办在区委、区政府的正确领导下，在市民委（宗教局）和市侨办的指导下，紧紧围绕区委、区政府中心工作，按照"稳增长、上水平、保和谐"的要求，以维护民族团结、宗教和睦、侨界和谐为目标，全面贯彻落实民族宗教侨务政策，依法管理民族宗教事务，积极做好维侨护侨工作。通过深入扎实地开展各项工作，民族宗教侨务各项体制机制建设不断健全完善，民族村经济以及民族文化、教育、体育等各项事业都取得了可喜的成绩，宗教形势整体稳定，华人华侨权益得到有效维护，完成了年初制定的各项工作任务，为顺义区民族宗教侨务事业持续健康发展奠定了良好基础。

单位名称：顺义区民族宗教侨务办公室
地址：顺义区石园北区东侧
电话：(010)69461734
邮编：101300
网址：http://www.minzqb.bjshy.gov.cn

（民宗侨办）

【望月楼落成庆典】 2月25日，后沙峪镇回民营清真寺举行望月楼落成庆典仪式。市民委副主任、市宗教局副局长马中璞、北京市伊斯兰教协会秘书长丁刚、区政府副区长车克欣参加了落成仪式。

（民宗侨办）

【市人大领导到区调研】 3月26日，市人大常委会民宗侨委员会主任委员席文启、副主任委员马朝军及市人大代表一行7人，来顺义区调研民族村经济发展工作，区人大副主任贾春林、区政府副区长车克欣陪同调研。

（民宗侨办）

【少数民族乡村经济工作会】 5月18日，市委统战部、市民委、市财政局等部门联合组织召开了全市少数民族乡村经济工作会，会议由副市长程红主持，市委常委牛有成到会并讲话。顺义区荣获了区县主体作用发挥优秀奖，后沙峪镇回民营村农贸市场建设及牛栏山镇安乐村红粮加工厂翻建两个项目分获专项资金扶持二、三等奖。共获得奖励资金170万元，为顺义区民族经济的进一步发展提供了有力保障。

（民宗侨办）

【北京市民族传统体育运动会】 顺义区组成了一支320余人的代表团，参加全部14个竞赛项目和1个表演项目的比赛。共获得4块金牌，5块银牌，19块铜牌，有8个项目获得团体奖杯，有142人次获奖。同时，顺义区代表团被大会组委会评为体育道德风尚奖。

(民宗侨办)

【穆斯林群众奉献爱心】 2009年入秋以来,我国西南大部分地区干旱少雨,部分地区遭遇了百年一遇的特大旱灾,民宗侨办充分发挥职能作用,积极组织穆斯林群众奉献爱心,支援灾区,共筹集善款11380元。玉树地震发生后,顺义区穆斯林积极捐款,支援玉树灾区的困难群众,共募得款项10150元。

(民宗侨办)

【北京市清真美食文化节】 位于枯柳树环岛北侧的北京福寿斋清真烤鸭店是顺义区规模最大的清真饭店,现有从业人员210人,2007年被北京市民委和北京市商务委评为北京市第一批特色清真餐厅。2010年,该饭店参加了由北京市民委、北京市商务委、北京烹饪协会举办的“2010·第三届北京清真美食文化节”,其制作的烤全羊、蒸饼牛肉被组委会评为“北京清真特色菜点”。

(民宗侨办)

【北京市雍和宫管理处参观】 12月14日,应顺义区民族宗教侨务办公室的邀请,北京雍和宫管理处达瓦副主任一行四人到北石槽镇寺上村参观“一助一”帮扶成果。

(民宗侨办)

【法规制定】 为全面贯彻落实党的民族宗教侨务政策法规,不断提升民族宗教侨务社会服务管理工作水平,促进社会和谐稳定,区委、区政府联合下发了《关于加强民族宗教侨务社会服务管理工作的意见》(京顺发〔2010〕34号),为进一步做好顺义区的民族宗教侨务工作提供了根本保障。

(民宗侨办)

【属地管理】 11月10日,为加强民族宗教工作的领导进一步强化属地管理原则,区民族宗教工作领导小组向各镇、街道办事处下发了《关于进一步明确民族宗教工作管理网络和镇(街道办)村(居)两级责任制意见的补充通知》,进一步明确区镇村三级民族宗教工作管理体系,为有效维护顺义区民族宗教领域的安全稳定,推动顺义区民族宗教工作的开展奠定了基础。

(民宗侨办)

【接待菲律宾菲华商联总会访华团】 菲律宾菲华商联总会访华团一行40余人到顺义区参观考察。该总会创建于1954年,是菲律宾华侨华人工商界规模最大的机构,是菲华社会最有影响的社团之一,囊括全菲各地华商会、同业公会、企业公司和个人成员,考察团此次访华是受国务院侨办邀请。

(民宗侨办)

【开展侨情调查】 通过开展侨情调查,共统计出顺义区现有华侨9人、外籍华人175人、港澳同胞324人、归侨5人、侨眷26人;侨资企业15家。

(民宗侨办)

【普法宣传】 12月4日,区民宗侨办在南彩镇采风广场参加了顺义区“12·4”法制宣传日活动。共计发放民族宗教侨务政策法规宣传材料2000多份,接待20多名群众的咨询。

(民宗侨办)

【2010年度北京市侨务工作先进单位】 顺义区民族宗教侨务办公室被市侨办评为北京市侨务工作先进单位。

殡葬管理

【殡葬管理】 2010年顺义区殡葬工作先后荣获全国殡葬工作先进单位、北京市殡葬工作先进单位等荣誉。积极开展农村公益性公墓建设。指导张镇、南彩镇、北务镇、赵全营镇建成8家农村公益性公墓,建设墓穴1020个,划拨补助款80万元,顺利完成2010年区政府重要实事。自2006年试点至今,全区共在12个镇建成24家农村公益性公墓。完满完成清明节祭扫服务接待工作。清明节祭扫高峰期间，全区祭扫人数达28万人次，车数达5.1万辆次，重点祭扫单位潮白陵园接待祭扫人数12万人次，车数2万辆次。潮白烈士陵园和镇革命传统教育基地开展革命传统教育，共接待15家单位2771人。全区各职能单位及镇、街道办共出动值勤人员2.5万人次，确保“平安清明、文明祭扫”目标实现。落实《北京市城乡无丧葬补助居民丧葬补贴办法》工作。全年共核准申请2953份，发放丧葬补贴1476.5万元。自补贴办法实施以来，共核准补贴申请5941例，发放补贴款2970.5万元，切实减轻了群众负担。“零百千万”工程落实工作。按照市民政局工作精神，制定《顺义区关于落实零百千万工程的意见》(顺民字[2010]39号)，推出了包括遗体接运、火化、安葬等一系列殡葬服务。至12月底，百元骨灰盒、千元殡仪服务、万元墓地分别占总业务量的3.5%、16%和20%，有效降低群众基本殡葬消费支出，让利于民，得到群众好评。火化率保持100%。加强死亡人口火化核对，杜绝亡人土葬。2010年，全区死亡火化3942人，少数民族政策允许土葬17人，火化率保持100%。医院太平间及非法运尸车专项整治工作。按照北京市民政综合执法监察大队《关于对医院太平间及非法运尸车开展专项执法行动的通知》要求，组成以民政为牵头单位，工商、交通、城管、卫生、物价、公安、张镇政府参加的顺义区殡仪服务太平间和辖区非法运尸车专项整治工作领导小组，于3月至5月，开展了医院太平间及非法运尸车专项整治工作。清理整顿工作切实见成效，检查验收一次通过。配合人口普查办统计死亡人口数据工作。根据市民政局和市人口普查办要求，殡葬管理所调整统计方式，及时通知镇、村上报数据，并与殡仪馆协调数据报送，分别于7月底、9月中旬、10月中旬、下旬四次对死亡火化人口数据进行统计，按其要求模式将上年度和本年度死亡火化人口情况进行填写上报，有力配合了人口普查工作的开展。殡葬行政执法工作。行政执法工作开展顺利，全年联合执法共出动100余人次，检查丧葬用品销售网点25家，整顿丧葬网点6家，下达限期整改通知书6份，规范检查太平间1个，整顿非法运尸车一起，销毁封建迷信用品30公斤，执法合格率100%，无行政执法败诉案件发生。

(民政局)

【殡仪馆、潮白陵园】 2010年殡仪馆、潮白陵园坚持“诚信至上、服务第一”的服务理念，深化单位管理，加强制度建设，强化全体工作人员的服务意识，加大服务创新力度，提高服务质量，完善殡葬服务项目，积极响应市民政局关于开展“零百千万”工程的号召，先后出台了多款“百元骨灰盒”和“千元殡仪服务”套餐和万元墓地安葬方式，满足了低收入群众的殡葬服务需求。殡仪馆全年共火化遗体5533具，圆满完成市、区火化任务。研究开发花葬、草坪葬等新型骨灰安葬方式，满足群众多样化需求。同时，潮白陵园加大环境建设和设施改造力度，充分利用旧馆迁建后的空地，重新进行规划，营造更加优美的园区环境。截止2010年底，潮白陵园安葬骨灰504份，骨灰堂寄存1341份，为群众提供优质殡葬服务。殡仪馆搬迁工作。按照区委、区政府领导的指示，顺义区民政局配合有关职能单位积极搬迁殡仪馆，截止2010年底，完成五个单位工程主体结构、二次结构完成验收。

(民政局)

婚姻登记

【婚姻收养】 2010年，婚姻登记科共办理婚姻登记10399对,其中结婚登记6863对,离婚登记1220对,补领登记2316对,为当事人和相关单位出具各种婚姻状况证明3019人次,查询档案419人次,查获假证件4件。办理收养登记68件,其中,办理事实收养62件,解决了被收养人因没有户口导致不能正常就医就学长期上访难题,得到了当事人的一致好评。2010年10月10日,全局工作人员成立工作小组,各司其职,通力配合,应对登记高峰,当天共办理婚姻登记登记531对。

(民政局)

行政区划

【行政区划】 2010年,顺义区行政区划工作以边界线管理工作为重点,强化界线管理,提高了界线地区干部群众的依法守界、依界施政的管界意识,确保了界线管理工作规范化、制度化、法制化。一是加强界线管理和界桩维护工作。开展边界线巡查工作,建立界桩维护工作的常态工作机制,保证了界线管理到位,未出现越界侵权、跨界建设等影响界线地区稳定的问题。二是开展界桩加固工作。10月份,对部分界桩实施了加固工程,在界桩周边1平方米的范围内进行水泥浇筑,确保了界桩的牢固,为界桩的维护与管理提供了保障。三是发挥界线基础数据作用,为相关单位提供认界依据。利用界线管理协议书及附图,先后对北石槽镇与昌平区、木林镇与龙湾屯镇、北小营镇与怀柔区杨宋镇、龙湾屯镇与密云县东邵渠镇进行了界线认定工作,为维护界线地区和谐稳定、促进地区经济发展提供了保障。四是加强平安边界建设,促进边界地区和谐稳定。配合区综治委开展平安边界协议书的制定工作,组织18个镇签订平安边界协议书25份,为平安边界创建工作奠定了坚实基础。

(民政局)

人力资源和社会保障

【概　况】 2010年在区委区政府的正确领导和大力支持下,在全体人力社保工作者的不懈努力下,人力资源和社会保障工作进展顺利,各项指标基本完成。

单位名称:顺义区人力资源和社会保障局
地址:顺义仓上街16号
电话:(010)89443642
邮编:101300
网址:http://www.shyld.gov.cn

(人力社保局)

【就业工作】 顺义区启动充分就业区创建工程,同时荣获国家级农村劳动力转移就业示范区称号。顺义区城镇新增就业人员14526人,完成指标13200人的110%,农村劳动力转移就业12643人,完成指标7000人的180.6%;累计安置城镇失业人员再就业10016人,完成指标7000人的143.1%,城镇失业人员就业率为78.9%;实现城镇就业困难人员就业5138人,完成指标2300人的223.4%;城镇就业困难人员就业率为75.59%;实现农村就业困难人员就业5003人,完成指标3000人的166.8%;城镇登记失业率为1.03%,控制在规定指标2.2%内;开发社区就业岗位8566个,安置失业人员5690人,分别完成全年指标的5500个和4500个的156%和126%;征集创业项目56个,自主创业664人,带动就业2152人,完成全年工作指标150人和1000人的443%和215%;培训农村劳动力10804人,完成全年指标10000人的108%;培训城镇失业人员2784人,完成全年指标2000人的139%；开展职业技能鉴定11006人，鉴定合格率达到86.9%；采集空岗信息51409个，完成全年指标的114.2%；开展各类职业指导35115人次，完成全年指标的156%；召开招聘洽谈会162场，累计为15万人次提供就业服务，促进3732名大学生就业，大学生就业率达到98.2%，困难家庭大学生100%实现就业。

（人力社保局）

【社会保险】 五项社会保险累计收缴基金25.84亿元，同比增长54.12%，平均参保人数达到23.4万人（生育保险除外），同比增加2.2万人。其中，养老保险，参保人数达到21.32万人，同比增加4.13万人，收缴基金17.28亿元，同比增长63.3%；失业保险，参保人数达到21.54万人，同比增加2.96万人，收缴基金8917万元，同比增长46.1%；工伤保险，参保人数达到23.52万人，同比增加1.03万人，收缴基金4559万元，同比增长15.3%；生育保险，参保人数达到11.34万人，同比增加0.96万人，收缴基金2874万元，同比增长21.1%；医疗保险，参保人数达到27.36万人，同比增加1.67万人，收缴基金6.92亿元，同比增长38.68%。城乡居民养老保险参保人数11.8万人，收取基金1.29亿元，参保人数和基金收缴与去年基本持平。五项社会保险基金累计支出12.57亿元，同比增长23.29%。为35447名退休职工发放养老金7.24亿元，同比增长16.4%；为2301名失业人员发放失业保障金923.65万元，同比增长8.24%；为8510人次支付工伤保险基金4038.17万元，同比增长20.7%；为4508人次支付生育保险基金1755.2万元，同比增长2.6%；为60万人次支付医疗保险基金3.96亿元，同比增长34.3%；为5.65万名无保障老年人发放福利养老金1.67亿元，同比增长21.53%；城乡居民医疗保险参保人数为7万人，累计支出1152万元，同比增长9.15%；为2.6万人支付城乡居民养老金1.02亿元，同比增长46.33%。

（人力社保局）

【社会保险制度改革】 启动了社保卡工程。对顺义区所有定点医疗机构进行了端口改造和验收工作，确保6月底前实现刷卡就医；对顺义区所有参加医疗保险人员进行了信息采集并分批发放社保卡，累计发卡26万张。实现两个“并轨”，即：“一老一小”与无业居民大病医疗保险的并轨、公费医疗与城镇基本医疗保险的并轨。实现了医疗保险制度上的统一。启动了“转非进职保”工程。2010年，在区有关部门的协调配合下，各镇积极开展“转非进职保”工作。顺义区累计实现转非24113人。其中，“转非进职保”2225人，建设征地转非17931人，学生转非710人，新生儿转非499人，投靠转非834人，小城镇转非1748人，其他转非166人。

（人力社保局）

【劳动关系调处工作】 顺义区劳动监察系统共检查各类企业5176家，占顺义区企业总数（初步统计企业总数是3万家）的17.25%，同比增长38%，其中非公企业4399家，占检查单位总数的85%；共受理举报、投诉案件201起，同比增长18.2%，查处率100%，结案率100%；对选定的39个推进“劳动用工规范一条街”工程的重点区域开展了验收活动，共验收企业654家，同比增长1.9%，涉及人员5.4万人；共查办各类用人单位拖欠工资案件555起，同比下降23%，累计处理集体讨薪事件13起，同比下降58%，为723名劳动者结算工资6433.98万元；对18家违法单位处以罚款19.99万元，同比增长108%；受理各类劳动争议案件5643件，同比增长12%，已审结5360件，结案率为95%，案件调解率为71%。劳动合同签订率达到95.66%。

（人力社保局）

【人事人才工作】 年内共计招录公务员208人，招录大学生村官295人，事业单位公开招聘517人；围绕区域经济发展做好高层次人才引进和服务工作,受理高层次人才引进42人,完成引进34人;认真落实教师绩效工资制度,顺利实现教师系统内部分配制度改革。

(人力社保局)

人民生活

农村居民收入支出情况

【概　况】 据顺义区2010年农村住户抽样调查资料显示:农民人均纯收入为12898元,比上年增加1250元,增长10.7%;农民人均生活消费支出为8639元,比上年增加583元,增长7.2%。

单位名称:顺义区统计局

地址:顺义区顺通路AMB大厦A座11-13层

电话:(010)89445498

邮编:101300

网址:http://www.sy.bjstats.gov.cn

(那　娜)

【农民就业增收】 年内,工资性收入增长较快,是农民增收的主要途径。2010年顺义区农民人均工资性收入为8204元,比上年增加1149元,增长16.3%,占总收入的63.6%。第二,家庭经营纯收入有所下降。2010年顺义区农民人均家庭经营纯收入为1452元,比上年减少351元,下降19.5%,占总收入的11.3%。第三,财产性收入增长4.9%。2010年顺义区农民人均财产性收入为1239元,比上年增加58元,增加4.9%,占总收入的9.6%。第四,转移性收入增长24.5%。转移性收入是农民收入的另一主要收入来源。2010年顺义区农民人均转移性收入为2003元,比上年增加394元,增长24.5%,占总收入的15.5%。

(那　娜)

【农民消费】 近年来,农村居民消费从传统的满足吃喝等基本实物消费向衣着、居住环境、医疗保健等现代消费观念转变。从生活消费支出的构成分析:2010年顺义区农民人均食品消费支出增长7.9%,农村居民饮食习惯逐步向城市靠拢,在外饮食日渐频繁。在外饮食消费人均支出597元,增长1.3%,占食品消费总支出的19.7%;随着收入水平的不断提高和消费观念的更新,农村居民的衣着消费也向着追求品牌和时尚、突出个性方面转变,衣着消费继续升温,支出增长4.4%;居住消费支出增长18.5%;家庭设备用品及服务支出增长8.1%;交通和通讯消费支出下降2.5%;文化教育、娱乐消费支出下降4.3%;医疗保健消费支出增长12.9%;其他商品和服务消费支出增长19.8%。

(那　娜)

城镇居民收入支出情况

【概　况】 据顺义区2010年城镇居民家庭抽样调查资料显示:城镇居民人均可支配收入24825.3元,同比增长7.1%。;城镇居民家庭人均消费性支出为14256.7元,同比增长5.9%。

(那　娜)

【城镇居民收入稳步增长】 第一,工资性收入仍是城镇居民家庭可支配收入的主体。年内,顺义区城镇居民工资性收入16770.1元,同比增长10.2%,工资性收入占家庭总收入的60.2%,拉动收入增长6.0个百分点;第二,经营性收入大幅回落。年人均经营净收入1700.8元,同比下降17.2%;第三,居民投资收益有所增加,财产性收入为2328.4元,同比增长73.4%;第四,养老金和离退休金标准继续提高,社会保障体系进一步健全。养老金和离退休金是城镇居民转移性收入的主要来源,1－12月,顺义区城镇居民人均养老金或离退休金收入5878.71元,同比增长9.1%,转移性收入7076.6元。

(那　娜)

【城镇居民消费结构优化】 居民八大类消费支出呈现4升4降的趋势。具体特点为:一、衣着消费提升档次,成为消费亮点,城镇居民衣着支出1799.8元,同比增长17.4 %。二、食品支出持续增长,城镇居民食品支出5112.1元,同比增长13.4 %,人们的食品消费更加注重合理调整膳食结构,追求食品的营养性、均衡性和多样性;三、交通和通信支出快速增长,城镇居民交通和通信支出1881.7元,同比增长10.9%;四、家庭设备用品日趋高档,年人均家庭设备用品及服务支出1079.7元,同比增长7.7%。为了提高生活质量,现代化、数字化、信息化、个性化的耐用消费品成为居民家庭消费的潮流,消费已由量的增长进入质的提升,时尚新颖、智能便捷的新产品吸引着消费者不断更新换代。

(那　娜)

街道·镇

街　　道

光明街道

【概　况】 北京市顺义区光明街道办事处(简称区光明街道办)是区政府的派出机构,在辖区内行使政府管理职能。对辖区内的地区性、社会性、群众性工作全面负责;对辖区内城市管理、社区建设、社会治安综合治理、精神文明建设等方面的工作行使组织领导、综合协调、监督检查的行政管理职能。街道办公地点位于府前东街17号,光明文化广场东北侧。管辖地域范围东至望潮宫宾馆,西至光明南北大街,南至燕京桥,北至减河,占地面积4.12平方公里。辖15个居委会,总户数27787户,常住人口74353人,流动人口6227人,是人口密度比较集中的地区。

单位名称:北京市顺义区光明街道办事处

地址:北京市顺义区府前东街17号

电话:(010)69442246

邮编:101300

网址: http://www.guangm.bjshy.gov.cn

(李建新)

【党建工作制度管理】 以建设学习型领导班子为目标,坚持开展每周半天政治理论学习日制度,及时传达学习中央、市、区的有关文件和会议精神,学习党报党刊政治理论等等,真正做到了政治教育有制度、有计划、有安排,保证了学习时间、内容、人员和效果四落实,使广大党员干部深刻理解把握科学发展观的精神内涵,有力地提升了干部职工队伍的整体素质。对辖区1232名党员进行记造册、实行微机化动态管理,修订和完善《党建考核任务书》,定期考核检查落实情况;坚持党建工作例会制度、党建工作联席会议制度和“三会一课” 等制度;建立健全了党建工作各类登记薄册档案,实现了科学规范化管理;积极推行党内关怀机制,对党员实行“五必访”(党员生病或长期卧床必访,重大节日必访,家中发生重大事情必访,党员发生较大困难自身无法解决时必访,党员对支部主要领导或支部集体决定有较大意见分歧一时思想疙瘩解不开必访)。

(李建新)

【党风廉政建设】 以贯彻落实《惩防腐败体

系实施纲要》为总抓手,以开展民主评议政风行风为契机,进一步转变工作作风,提高服务水平。开展了以廉政建设为主题的党员集中轮训活动和廉政文化“四进”(进机关、进科室、进社区、进家庭)活动。各支部纷纷邀请社区书法家爱好者写廉政格言和名人警句累计20条,装裱上墙,悬挂于办公场所,形成良好的廉政文化氛围。街道纪工委还以强化机关效能建设为重点,建立和完善目标责任制,制定了社区工作者绩效考核办法,对街道工作人员和社区实行月点评季考核的绩效考核办法,将实绩考核贯穿工作全过程。

(李建新)

【成立新社区居委会和党支部】 随着裕龙三区、滨河高层入住率的持续上升,居民服务需求愈发广泛和强烈,街道工委积极协调大龙公司,争取裕龙三区办公用房510平方米,筹资数十万元进行装修,办事大厅、电教室、图书室、室内活动室宽敞明亮,政务环境堪称一流。成立了滨河第二社区居委会和党支部,协调260平方米办公用房、活动用平房,总计360平方米,为社区居民找到了“当家人”。

(李建新)

【环境清洁活动】 4月10日,光明街道积极组织开展环境“集中清洁日”活动,共有516人参加,共清理楼道杂物126处、清除非法小广告132张、清理卫生死角38处、捡拾白色垃圾共102袋,规范小区内停车秩序、擦拭小区内各种宣传设施、体育设施、垃圾桶等共194个。

(李建新)

【做文明有礼的北京人展板创意大赛】 光明街道以“做文明有礼的北京人”为主题,自4月6日至5月30日用历时两个月的时间,开展“庆五四 做文明有礼的社区人”社区宣传展板创意大赛。大赛聘请区文明办、文委、科协、学习型社会办公室相关领导担任评委,由评委综合比较评出一等奖1名、二等奖2名、三等奖3名。展板创意大赛共有13个社区120名居委会干部、社区骨干参与,共创作出21块展板。

(李建新)

【同仁眼科专家走进社区】 5月10日－16日,光明街道携手同仁眼科专家,分12站入社区为居民提供常见眼病保健和诊疗义务普查服务,4570名不同年龄段的居民进行了检查,发放爱护眼睛小手册800余份。

(李建新)

【周末社区大讲堂】 5月31日,光明街道周末社区大讲堂开课,中国中医研究院西苑医院老年医学研究所研究员张国玺教授,现场为70余名居民讲养生。

(李建新)

【社区居民送爱心】 6月11日,光明街道东兴三社区举办社区居民包粽子比赛,并在赛后将参赛者包的两百多个粽子作为“爱心粽”由社区工作人员全部送到社区孤寡、空巢及八十五周岁以上的老人家里。“片片粽叶情、粒粒糯米香”,节日里社区居委会献上的一份特别关怀和祝福,进一步拉近与居民之间的距离,密切了邻里关系,促进了和谐社区的建设。

(李建新)

【校园及周边安全防范工作】 9月1日,光明街道四措施做好新学期校园安全防范工作。重点是辖区民办学校、私立幼儿园、培训机构,以及校园周边小饭桌、小超市、黑车、流动商贩等事故易发点,细化校园安全突发事件应急处理预案,规范经营秩序及行为,开展校园安全宣传教育活动,净化校园周边环境,提高整体安全防范意识。

(李建新)

【垃圾减量分类】 光明街道试点小区垃圾减量分类工作扎实推进:对试行小区的218名垃圾分类指导员进行培训,制定垃圾分类指导员管理、考核制度,定期组织召开垃圾分类问题汇报会,举办“庆佳节,垃圾减量、垃圾分类从我做起”大型亲子活动,精心设计“模拟垃圾分类投放比赛”等互动游戏。

（李建新）

【书画摄影展】 光明街道举办“墨香飘社区，文化促和谐”书画摄影展评月活动。活动自9月25日－11月20日，历时一个半月。分为“记录心目中的光明”作品创作征集，“扮靓大家小家”装饰美化居委会、家庭，“艺术书就辉煌”书画摄影交流展三项；征集到新创作作品162件。11月16日，街道在双拥社区活动室举办了集中展览，吸引来自辖区百余名居民参观；区文委评审组对展出作品进行了评选，并评出一、二、三等奖。

（李建新）

【区领导到街道调研】 12月8日上午，区长王刚、副区长车克欣到光明街道调研社区工作，王刚区长一行在听取了街道领导关于辖区基本情况、社区管理工作情况及存在问题的汇报后，还深入裕龙五社区了解社区组织建设情况，实地察看了裕龙五社区居委会办公场地、党员活动室、居民室内活动场所。郭树文书记陪同。

（李建新）

【住房保障政策】 全年累计受理廉租住房（廉租补贴金形式）7户、经济适用住房68户、限价商品住房439户。其中市级备案通过的经济适用住房46户、限价商品住房266户、廉租住房7户；接受当面咨询1000余人次，电话咨询1300余人次；共协助其他区县及顺义区各镇街住保办入户调查并参与公示175户（自初始累计）。顺义区永欣嘉园限价商品住房摇号配售工作现已结束，光明街道共139户家庭入围，其中摇中75户家庭，现此75户家庭已经选中自己满意的住房，有效解决了其住房问题。

（李建新）

【社会保障工作】 社保所作为街道主要的对外服务窗口，坚持以创建优质、高效、自律、和谐的社保工作为目标，以提供文明、诚实、热情、积极的服务为标准，面对面，心贴心、实打实地为辖区居民服务。一年来，社保所接收失业、医疗等各项人事关系达8300余人，接待服务对象及辖区居民来人来访来电万余人次，为他们办实事50余件；接转失业人员档案820余人次；办理求职证、优惠证、失业金领取证1000个；发放失业金、医疗费报销500余人次、60余万元。组织人员对辖区内的1000名劳动力缴纳社会保险情况、就业情况以及辖区内443余名大中专应届毕业生就业意向逐一进行调查并录入就业系统，实现了微机化管理。积极走出去，广泛和用工单位建立了良好的协作关系，通过社区网络与居委会相配合等形式发布招聘信息60余次，为失业人员创就业建平台。同年并累计完成失业人员就业指标395人，“4050”就业指标165人，基本完成就业指标；采集空岗信息703个，职业指导培训669人，岗位技能培训161人，均超额完成就业指标。办理灵活就业手续及三险收缴手续1583余人次，收缴三险28.6万余元。接转退休人员并补发退休金110人次，补发金额24万元，为退休人员报销医疗费5500人次、987.5万元；办理“一老一小”及无业大病人员参保手续1629人，其中为低保、重残人办理了免费参保手续，报销医疗费近22万元。办理新农合参保手续33人，报销医疗费用4.94万元。办理城乡居民养老保险手续220人，办理清洁能源补贴30人，2.5万元。办理丧葬补贴20人次、10万元。组织办理124名协管员的体检、劳动合同签订及五险一金、工资福利申领等手续，为124名社区专职工作者办理了五险一金手续，并为37名社区工作者办理了招工手续。经过办事处领导、社保所、各部门和社区居委会工作人员共同努力，2010年8月光明街道被授予“充分就业街道”，在区创建充分就业区大会上，办事处做了典型发言，电视台对社保所“关注民生”工作也做了专题报道。

（李建新）

【和谐家庭、绿色家庭】 通过广泛宣传、层层推荐、实地考察、综合评定几个过程，从13个社区居委会评定的，88户和谐家庭、95户绿色家庭中选出街道级绿色家庭31户、和谐家庭10户予以表彰；21户绿色家庭、4户和谐家庭获得区级表彰。

（李建新）

【计划生育优质服务】 做好了育龄妇女生殖健康普查；认真开展“一盘棋”清查、数据录入工作，做到辖区人口底子清、情况明；严格落实长效避孕措施，抓住宣传教育和提供优质服务两个重点，以《公开信》发表30周年和计划生育协会成立30周年为契机，开展各类宣传49场次，参加人数8436人，发放宣传品14214份，发放药具4538盒，更换板报83块，橱窗87个，送祝福393户，送知识参加培训28场次，培训人数4494人，送健康接受咨询义诊人数2749人，受教育总人数15300人。一年来，落实长效避孕措施2679例，办理一胎生育证262个，办理独生子女父母光荣证157个，为9个符合《条例》审批再生育的家庭办理了二胎生育服务证，发放独生子女费96315元。一次性奖励18000元。为三户计生伤残家庭办理了扶助审批手续，为二户独生子女死亡家庭办理了特扶审批手续。为390名下岗无业居民免费进行超声骨密度检测、血压测量、血生化检查等多项检查。

（李建新）

【创先争优】 按照有利于组织开展活动、有利于党员参加的原则，确定以“四争（党性教育争先进、岗位奉献争先锋、亮牌示范争标兵、服务群众争模范），四有（结对共建有抓手、组织创新有活力、服务社区有贡献、典型带动有效应）”为活动载体，有针对性地指导各支部扎实推进创先争优活动，取得实效。如：幸福东区党支部及时召开“缤纷五月，创先争优、建设五彩社区”动员会，以共建平安、服务、科普、文明、绿色五型五彩社区为目标，通过现场签订《绿色社区居民公约》，认领楼前绿地，居民代表做《做文明有礼社区人》倡议，民警教小学生防身术，志愿者宣誓等形式引导党员创先争优，吸纳群众参与社区建设。该支部自开展创先争优活动以来，成立爱心伴夕阳“志愿伴聊、陪读服务队”，与社区高龄的孤寡、空巢老人“结对”，每周一次到老人家里，聊天、读书、读报。这是社区专门针对那些子女不在身边、阅读不方便的老年人开展的“爱心伴夕阳”志愿者伴聊、伴读活动，并赢得了老人的赞誉。

（李建新）

【落实惠民政策，服务弱势群体】 进一步加大救助力度，采取集中救助与临时救助相结合，一年来为低保对象、超转人员、精减退职人员、优抚对象、地退人员和无军籍人员报销药费共计14万余元；发放大病救助金5400元；累计发放低保金379161.48元；发放殡葬补贴38人，190000元；发放慈善救助款5000元；发放义务兵优待金29万元，发放退役士兵自谋职业补助费289840元；发放红十字会少儿大病救助金50000元。不断完善养老服务设施，街道累计投入55万余元，为社区居家养老服务站配备健身器材、图书、音响、民乐等设施设备，全年办理老年证138个，优待卡415张，发放高龄津贴16200元，为老年人申请小帮手35台，发放养老助残券近10万元。

（李建新）

【“社区综治办”试点建设】 以裕龙三区为试点，积极开展“社区综治办”试点建设。筹措经费，对裕龙三区的办公场所进行了整体装修，并统一设计制作了“综治文化墙”和“社区整体防控图”。

（李建新）

【街居环境综合整治】 对社区环境进行整治。以整治环境卫生为重点，联合区环境委员会、区城管大队等相关部门解决顺平路北侧环境问题。召开相关居委会工作会，并在相关社区内、开垦种地周围张贴通知，利用横幅、板报在社区内进行宣传。动员开垦种地的居民自行拆除私搭的篱笆和栅栏，拆除私搭棚舍，收走菜苗。4月8日上午相关部门联合拆除遗留的地上物，清除渣土，平整场地。此次整治活动共出动240余人、5辆挖掘机、8辆运输车，解决了周边环境问题。美化、维护街容街貌。针对辖区流动商贩影响居民生活环境问题，开展多次联合检查。光明街道城建科、综治办、流管办联合区城管大队和光明派出所，对辖区内的无证无照流动商贩进行联合清查。改善人居环境。以道路绿化、美化、亮化为重点，通过社区宣传栏、街居简讯、发放读本、开展周末卫生日和月末清洁日等活动，加强对居民的宣教力度，大力宣传相关的法规、政策，切实使广大居民增强文明意识和环境秩序意识，提高遵守城市管理法规的自觉性；教育和引导流动人口关心社区环境卫生，鼓励流动人口参与社区环境建设的维护和管理，形成人人关心、支持和参与环境建设的良好氛围。协调物业及时补植绿地、修整破损路面，严格管理保洁人员，确保社区整体环境和楼道的清洁卫生。发动辖区党员、义工等组织，定期清理卫生死角，捡拾白色垃圾。

（李建新）

【全国第六次人口普查工作】 组建普查领导小组，制定各项工作方案。召开居委会主任和人普办业务骨干参加的动员大会，精心部署普查工作。各居委会主任亲自挂帅，担任普查小组组长，副主任担任副组长，责任明确到人，同时精心选调居委会中工作能力强、个人素质高、文化水平高的人员担任普查小组成员，成立了13个普查小组，共计114人。为保证户口整顿和摸底工作顺利进行，采取“就近划分、条块结合”方法，对行政管辖区域存在严重交叉的小区，多次进行实地踏查。在进入辖区人口全面普查阶段后，13个普查区全部采取“5+2、白加黑”工作方式，确保了人口普查工作的顺利进展，完成此项工作。

（李建新）

胜利街道

【概　况】 胜利街道成立于1998年7月，位于顺义城区中心地带，辖区范围东起光明街，西达京承铁路，南到顺平路，北至减河。辖区总面积？3平方公里，辖区内有居住小区？11个，设16个社区居委会，共约2万户，总人口近6万人。辖区内有行政、事业、企业、法人单位及产业活动单位共860家。辖区绿化覆盖面积118.59公顷，绿化覆盖率达到39.53%。胜利街道是一个重要的党政机关办公区，顺义区委、区政府就坐落在辖区内，同时办公的还有区教委、区检察院、区财政局、仁和地区办事处等一批重要的行政事业单位。胜利街道辖区内商业、服务业、企业发达，这里云集了便民街、步行街、金街、顺义西单商场、国泰广场、东风商场、燕泽洲商城、顺义隆华商场、五里仓家具城、物美超市等大型商场和市场，以及金百万、权金城、天赐庄、金兆福等大型餐饮业，同时还聚集着中国工商银行、中国建设银行、中国农业银行、太平洋保险公司等几十家大中型企业，因此，胜利街道是顺义区经济快速增长的区域之一。胜利街道教育资源丰厚，普通教育发达，辖区内有顺义一中、东风小学西校区、建南幼儿园、义宾幼儿园、幸福幼儿园等一批重点学校。顺义区医院、顺义区中医院也都集中在胜利街道辖区内。随着城市建设飞速发展，辖区内的市政设施也日趋完善。近年来，11个小区进行了“三化”改造，排水、天燃气等管道也已在各小区铺设完毕，同时完成了站前街、府前街、幸福广场等的改造，这些设施的完善既提升了顺义形象，也为群众生活提供了更多的便利。胜利街道交通四通八达，辖区内有“三竖三横”六条主要道路贯穿东西南北，“三竖”为光明大街、新顺大街、站前北街；“三横”为站前街、府前街、中山街。优越的地理位置、悠久的历史文化传统、城市建设的快速发展，铸就了胜利街道良好的经济与社会发展环境和人文环境。

单位名称：顺义区胜利街道办事处
地址：顺义新顺南大街27号
电话：(010)81484259
邮编：101300

（胜利街道）

【基层党组织建设】 一是“创先争优”活动有序开展。要求16个社区党支部结合实际制定活动方案，组织党员提出参加活动的具体打算，采取适当方式向群众公布，做出承诺，接受群众监督；对照承诺事项，认真研究把兑现承诺和服务发展、服务社区、服务居民有机联系的具体办法措施，把承诺的事项真正办好，落到实处；积极开展点评活动，采取居民测评、党员互评、上级考评的方式，肯定成绩，指出问题和努力方向；及时发现、总结、推广活动中好做法、好经验，发挥先进典型的示范带动作用。二是发动群众广泛参与“创先争优”活动。广泛发动和组织群众参与，活动方案听取群众意见，党组织和党员向群众作出公开承诺；活动情况向群众通报，请群众评议；评选先进请群众参与推荐，向群众公示；活动成效接受群众检验，由群众评判。同时，基层党建述评工作安排中，各社区党组织书记要组织群众评议党员工作。坚持“党建带团建”、“党建带工建”、“党建带妇建”，以基层党组织和党员的创先争优活动，带动工会、共青团、妇联等群团组织广泛开展创建先进集体、争当先进个人活动，在全社会形成良好氛围。

（胜利街道）

【关注民生】 一是千方百计促就业。（一）促就业。组织110名失业人员开展了室内保洁、社区绿化、报刊零售、主食制作、净菜加工等技能培训3批次。征集创业项目2个，自主创业2人，带动就业19人。发放小额担保贷款1笔10万元。（二）开发就业岗位。多渠道开发社区就业岗位128个，组织接待14家单位来招聘员工，开展职业指导231人次，登记空岗555个，上半年推荐安置就业195人，新办灵活就业手续166人。（三）开展劳动监察。收集用工单位建档资料115份，走访用工单位130家，辖区单位网格化信息采集175份。调解个体劳资纠纷7起，涉及金额6200元。二是扎实搞好社区服务。（一）深入了解居民需求，开展便民利民服务。探索建立居家养老、老年饭桌等服务运营机制，通过购买服务商，在对社区美容美发协会、餐饮协会、家政维修保洁等小型经济体加强指导规范服务的基础上，依托96156公共服务信息平台，为双方搭建起需求与服务市场的对接平台，引导这些小型经济实体服务方便居民生活，如上门为社区行动不便的老年人进行理发、送餐、家电维修等服务，调动他们为政府分担部分社会服务的积极性，实现社会效益和经济效益的双赢。目前我街道社区服务中心已拥有保洁、住房装修、水电维修、送餐等服务商，计划增加购买更广泛领域的服务商。（二）义工联合会分会广泛招募社区居民加入义工组织。今年上半年又增加义工120余人，使注册义工数目达到了1100多人，共组建起了112支义工服务队，并积极组织义工服务队发挥作用。胜利街道辖区内平均每天有150多名义工分别在各社区服务，有轮流巡逻的，有把空巢和高龄老人作为重点服务对象，分类进行日见面、周见面和月见面照顾，解决居民的生活需要和实际困难。上半年，办事处服务大厅全程办事代理共受理居民办事4536件，办结4536件，小呼叫服务465件。16个居委会全程办事代理站受理居民办事10563件，办结10563件，办结率100%，群众满意率100%。

（胜利街道）

【国家卫生区复审】 社区环境集中整治。1至2月围绕为社区广大居民创造良好春节节日气氛,开展了迎新春环境整治及节后环境保持工作;3月两会前夕为确保环境秩序良好联合城管、物业部门对社区内经商户进行门前三包卫生情况检查,治理倚门售货、占道经营等不良经营行为,对社区内无照流动商贩进行调查遣出;4月结合爱国卫生月,结合五一节前环境整治及节后保持,在辖区范围内全民动员开展环境宣传、清洁社区、清理蚊蝇孳生地活动。上半年非法小广告喷涂、张贴现象有所抬头,针对此情况购买了涂料、排刷、自喷漆、腻子刀等工具,发动社区保洁员、物业公司,协同城管协管员进行清理,取得明显成效。净化社区阳台。继续开展社区阳台的净化工作,加强宣传教育,强化居民自觉清理阳台意识,加大入户宣教力度,尤其是做好老年居民的思想工作,通过各居委会的努力阳台护栏的净化率达到90%以上。控制违法建设。贯彻落实《城管监察大队关于建立违法建设查处工作报告制度的通知》精神,按照教育劝阻与执法相结合的原则,上半年会同城管社区分队积极采取有效措施劝阻制止了双兴、建北、幸福、建南社区扩建改建一楼阳台、扒门打洞等违法建设行为4起,上报区城管大队立案1起,有效控制了违法建设蔓延。做好绿地管护。入春以来低温时间较长,影响了草坪、绿篱生长,胜利街道协调各物业管理公司采取有力措施,对干枯死苗及时进行了更换,保证了社区绿化的整体效果。加强了老旧小区改造。为解决老旧小区公共设施陈旧破损等居民关注的热点难点问题,按照区委区政府老旧小区改造计划,自2009年底至2010年初对屋顶防水破损、绿地斑秃老化、排水管道不畅、居民存车棚设施陈旧、社区围挡腐蚀、路面坑洼、技防监控设施不到位、电信有线电视设备升级等29项设施问题进行了摸底调查,通过反复实地核实确定了工程量。4月至6月间按照市政市容委工期安排,老旧社区防水改造雨漏管更换工作已接近尾声,绿地改造工程过半,路面破损修复正在进行中,电信、有线电视设备更新正准备进场施工。在此期间,得到了广大社区居民的理解与支持,未发生一起因施工造成的上访和安全事件。病媒生物防制工作。进入5月,组织社区保洁员、物业公司保洁队,开展社区清洁蚊蝇防治活动,清除卫生死角,清理蚊蝇孳生地。对垃圾桶及周边环境、下水道口、市政井口、雨搭等易成为蚊蝇孳生地处进行药物喷洒防治,喷洒各类药品29箱。根据区林业局文件精神,办事处于5月下旬至6月中旬对辖区林木进行美国白蛾普防。共出动专业队伍12支,90人次,专业喷洒设备8台,喷洒药物36箱,200余吨,防治面积达25万平方米。通过一系列举措,努力打造清新优雅的人居环境。药监工作。2010年一开年就大力开展药品安全宣传工作,发放宣传材料共计600余份;积极开展药品回收工作,截至目前共回收过期药品70余盒;为进一步做到情况清,底数明,对辖区内所有涉药单位进行了摸排;严格执行涉药单位每季度巡查一次,制作监管笔录存档,安全信息双周报制度;召开2010年药品监管工作总结会,分析了药监工作面临的新形势、难点及应对措施;为进一步提高药品协管员、信息员监管工作水平,实现药监工作的法制化、制度化、规范化,邀请药监局专业人员对居委会药监干部进行专业培训;落实药品安全专项整治工作,切实加强辖区内“黑诊所、黑药店、黑保健品店”的日常巡查检查工作,确保居民用药安全。

(胜利街道)

【社会治安综合治理】 完善安全制度。年初工委班子召开专门会议研究制定了《平安顺义建设方案》、《六四敏感期安保工作方案》,保障社会面防控工作组织有力。以便在重要敏感时期,加强社会面防控,适时启动防控方案,对社区和重点部位、重点区域进行巡逻,对法轮功等重点人员采取盯守监管措施，预防各类事故案件发生。尤其是对重点人的监控工作中，实行街道领导包居，社区干部、管片民警包人，签订责任书，制定具体监控方案，主要采取组织社区党员和治安骨干对所属重点人进行死盯死守的方法，确保了“四个不发生”。规范流动人口管理。深入组织开展流动人口基础调查，完善流动人口和出租房屋工作台帐，做到“四查四清五见面”，坚持周查月报等工作机制，确保底数清、情况明。为规范管理，4、5月份组织开展了大普查、大清查、大排查、大检查的“四查”活动，对辖区的居民小区和所有社会单位的出租房屋和来京人员进行拉网式、地毯式的排查登记，对辖区4472名流动人口和2837户出租房屋实行社区干部包楼对口管理，信息档案采取一户一本、一户一档。6月份，在建北一社区组织召开了流管工作现场观摩会，对流管工作的方法、程序、标准进行了统一规范。开展3项专项整治工作。对娱乐服务场所进行清查。街道综治办统一协调了公安、文委、城管部门对辖区4家歌厅、6家网吧、5家洗浴场所进行突击检查，对个别场所现场提出警示，提出整改意见，严格封杀黄、赌、毒违法犯罪行为；开展城市秩序治理活动。集中协调城管、工商等职能部门对市容环境、城市秩序进行清理整治，共查抄游动商贩15家，查封无照经营户12家，查处违法经营户10家，有效规范了市场经营与管理；组织开展安全隐患排查行动。组织辖区企业安全主管召开安全隐患排查整改专项工作会议，对排查工作进行动员部署。组织辖区各单位在自查自纠整改的基础上，街道再对重点企业进行检查，一方面与企业负责人签订了安全管理工作责任书，明确相关责任职责，另一方面定期对企业单位进行督查指导，协调城管、公安、消防、安监等职能部门进行联合检查，先后检查了50人次，排查并整改安全隐患4处。加强对辖区中、小、幼安全防范巡查，确保了校园周边安全防控工作不留死角。

（胜利街道）

【七心工程】 胜利街道办事处始终秉承“一切为百姓、为百姓一切、为一切百姓”的工作宗旨，以“七心工程”为抓手，知民情、帮民困、解民忧。“核心工程”。创先争优活动蓬勃开展，基层党组织的堡垒作用和党员的模范作用得到发挥。“舒心”工程。上半年，办事处积极争取区委、区政府支持，班子成员团结一心办实事，多方争取资金对4个社区的办公条件进行改善，受到居民欢迎。“放心”工程。按照“以房管人、以业控人”的管理思路，严格落实属地责任，建立安全管理长效措施，在流动人口、出租房屋管理工作上取得了实效。“暖心”工程。继续开展的70岁以下老人“一助一”、70岁以上老人“周见面”、80岁以上老人“日问候”等一系列“为老服务”制度，积极开展“三个一”活动：即居委会每月为60岁以上老人过一次集体生日，照一张相片，放一场电影（或一场文娱活动等），使辖区内2000余名残、伤、病和空巢老人等困难群众生活得到妥善照顾。“顺心”工程。举办了“邻里节”、“图书节”，每月为60岁以上老人过生日，进一步改善了现代人“同住一幢楼，彼此不相识”的邻里关系。“贴心”工程。继续开办“市民大讲堂”，上半年共举办讲座85场次。组织开展“二月新春”“五月鲜花”系列群众文化体育活动，狠抓骨干队伍，培育各类文化体育组织，如怡一“夕阳之春艺术团”等，引导编创有主题的新节目，推荐参加市区展示和大赛等，上半年共有3个节目分获市区大奖。

（胜利街道）

【和谐社区创建】 推进“核心”工程，继续加强社区党的建设。在工委的领导下，社区支部要继续开展创先争优活动，并结合解决本社区百姓最关心、最直接、最现实的利益问题，创新搭建党员服务群众、服务社区的新载体。通过党员实际行动达到服务群众、宣传群众、组织群众的目的，同时有效地感染、带动群众积极参与,以支部为龙头,充分发挥基层党组织的战斗堡垒作用和党员的模范带着作用,为和谐社区建设提供有力的组织保证。推进“贴心”工程,继续办好“市民大讲堂”。进一步以“市民大讲堂”和“图书节”为载体,引导居民进一步提高人文素质,树立终身学习理念,与时俱进,文明健康生活。计划下半年市民大讲堂课时不少于20课时,内容将更加贴近大众口味,同时增加针对下岗失业人员的技术培训,力求更具实用性。推进“暖心”工程,继续开展尊老助老活动。进一步完善“为老服务”工作机制,继续抓好独居老人70岁以上老人“周见面”,80岁以上老人“日问候”,70岁以下老人“一助一”结对子服务制度。推进“舒心”工程,在依托96156公共服务信息平台,一定程度解决社区居民日常生活需求的基础上,进一步解决公共服务存在的其他问题。继续拓展为民服务渠道。特别是加强对下岗失业人员的主动服务,做好他们就医、参保、就业的服务工作,努力帮助解决他们遇到的生活困难,让辖区百姓都过上舒心的生活。推进“放心”工程,为确保社区安全稳定。开展安全知识系列宣传教育活动,增强居民的安全意识。开展“五星”评选竞赛活动,即:每季度都评选出季度“平安社区之星”、“治保主任之星”、“巡逻志愿者之星”、“保安巡逻队员之星”、“楼门长之星”。在治安防范上下功夫,减少案件上有新突破,力争下半年案件下降15%。深入完善流动人口、出租房屋信息平台建设,对出租房屋和流动人口进行精细化管理。继续加强对重点单位场所开展专项整治,确保辖区“六无”目标成果。推进“顺心”工程,构建和谐睦邻关系。创新新颖形式,开展内容丰富的社区“邻里节”和“图书节”活动。进一步培育睦邻友善、友好互助、和谐健康的良好社区风尚,倡导开展楼门文化活动。以党员示范作用带动家庭、楼门以整洁靓丽、文明有序的社区环境向参加花博会的全国人民展示出顺义社区的形象。通过这些举措,使居民的日子过得顺心。推进“开心”工程,丰富社区文化娱乐体育活动。扶持鼓励居民成立各类文化、健身、娱乐团队,组织和开展好“十月金秋”品牌活动,做到月月有活动,重大节日有比赛。

(胜利街道)

石园街道

【概　况】 石园街道办事处成立于2005年3月,位于顺义城区南侧,距顺义中心区2.5公里,辖区总面积9.6平方公里。辖区东至燕京啤酒集团东侧与仁和镇接壤,南至林河工业开发区南路与仁和镇接壤,西至京承铁路与仁和镇接壤,北至顺平快速路与光明街道、胜利街道接壤。石园街道办事处为顺义区政府派出机构,设13个社区居委会,其中直管社区11个,协管社区2个,辖区内总户数2.09万余户,常住人口5.5万余人,流动人口1万余人,是一个集党政办公、工业基地、为老服务、生活休闲于一体的综合区域,辖区有:顺义区民政局、药品监督管理分局、老干部局、劳动社会保障局等单位;有燕京啤酒集团、现代汽车生产基地等企业;有老年公寓及分布于各个社区的老年活动站;有餐饮娱乐、银行、邮局、社区卫生服务中心、教育机构、大型购物中心等配套服务机构。石园街道在区委、区政府的正确领导下,坚持以科学发展观为统领,以发展创新为灵魂,以社区服务为抓手,以促进和谐为主旨,以构建和谐社区为目标,突出抓好治安、环境的综合整治,逐步推动职能转变和工作重心下移,夯实基层管理基础,着力解决群众关心的难点、热点问题,切实维护好社会的和谐与稳定。

单位名称:顺义区石园街道办事处

光明街道

光明街道
"墨香飘社区，
文化促和谐"
书画摄影展

光明街道工委
庆祝建党89周年暨
七一表彰大会

光明街道开
展环境"集中清
洁日"活动

胜利街道

建北第二居委会召开2010年社区邻里节

社区信访代理化解矛盾促和谐

胜利街道各社区为老人集体过生日

石园街道

和谐家庭
和谐标兵家庭
绿色家庭

鸿城大厦党支部成立

庆祝建党89周年优秀党员表彰暨文艺汇演

旺泉街道

旺泉街道2010年新春团拜会

顺义区养老（助残）餐桌揭牌仪式在旺泉街道西辛南区龙盛众望早餐有限公司1号店隆重举行

旺泉街道办事处在辖区内开展环境卫生集中清洁日行动

双丰街道

芬芳爱心活动

民防安全现场会

民生建设——
就业指导会

空港街道

科技周进社区——为社区低碳生活宣传队授旗

空港街道纪念建党 89 周年表彰大会

空港街道举办第三届社区文化节

仁和镇

“119”消防知识进农村活动

“一助一”乡镇联手共建

平各庄村民间花会

马坡镇

第四届和谐杯乒乓球比赛

机关工作人员表彰大会

三个文明建设工作大会

南法信镇

南法信机场
周边招聘会

刘延东到南
法信幼儿园调研

北京康捷空
中国总部项目奠
基仪式

李桥镇

区委常委、常务副区长李友生到李桥中心幼儿园慰问

顺义区领导到李桥镇进行环境综合整治拆除违法建设拉练检查

中国民航运行管理中心、气象中心两大航空项目落户李桥镇

天竺镇

华谊兄弟文化创意产业园项目在顺义啤酒节上签约

区委书记张延昆、副区长赵贵恒与镇领导研究天竺村拆迁工作

天竺镇脑血管康复中心、顺义区残疾人康复示范镇、全国社区康复培训基地揭牌仪式

后沙峪镇

后沙峪杯交谊舞大赛

后沙峪镇与海航签约

后沙峪镇总工会成立

高丽营镇

第六届北京“高丽营杯”戏曲票友邀请赛在高丽营镇隆重举行

高丽营镇规划馆外观

区委书记张延昆参观高丽营镇规划馆

杨镇

杨镇荣获2010年度全国新农村电视艺术节“十佳”魅力乡镇荣誉称号，是北京市唯一荣获这一荣誉的乡镇

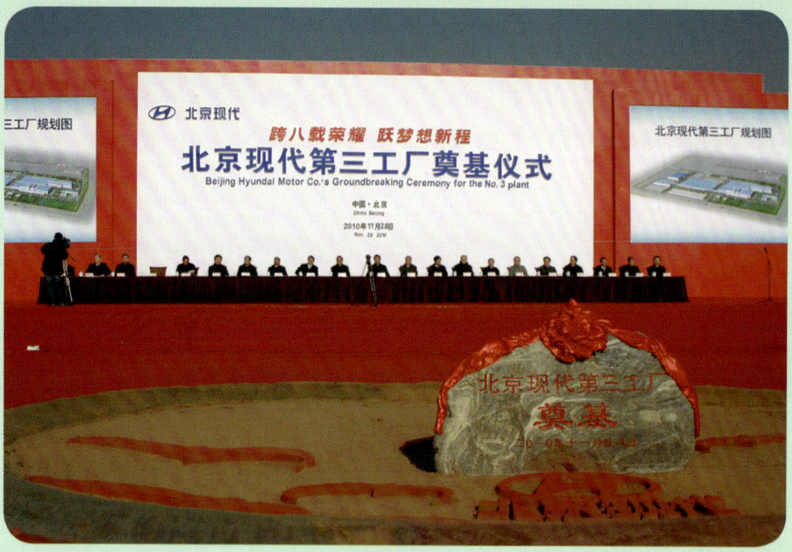

北京现代第三工厂奠基仪式

钱江弹簧（北京）有限公司在杨镇奠基

赵全营镇

第八届赵全营杯北京市民间花会比赛

农民业余文化生活丰富多彩，这是一年一度的镇秧歌比赛

招聘会现场

牛栏山镇

牛栏山镇召开第十五届人民代表大会第四次会议

2010 年秧歌表演赛

春季植树碳汇造林更添绿

南彩镇

检察官工作室揭牌

曲美奠基

五月的鲜花

北小营镇

北京和田宽食品有限公司新工厂落成典礼

表彰孝星寿星

前礼务村百合家园开园

李遂镇

张延昆书记一行考察李遂企业

植树活动

李遂镇开展“五月的鲜花”文艺汇演活动

木林镇

合作开发签约仪式

木林镇唐指山的梨园采摘

养生园象棋大赛

龙湾屯镇

葫芦牛参加世博会

双源湖荷花含苞欲放

星火工程入乡村

张镇

张书记慰问困难群众

张镇《人民调解法》知识竞赛举办，促进农民知法懂法显成效

张镇行宫书画院正式挂牌成立

大孙各庄镇

“北京市小麦收获节”开幕式在大孙各庄镇隆重举行

大孙各庄镇 2010 年书画摄像美术作品展

孟加拉考察团成员与学员一起探讨病虫害防治

北石槽镇

村官模拟招聘会

法制宣传日活动

十月金秋展

北务镇

2010 年高校学子奖励活动

大学生村官演讲比赛

数字电影放映员实操培训

地址:顺义五中路北
电话:(010)81481228
邮编:101300
网址:http://www.shiyuan.shy.gov.cn

(石园街道)

【"小细节大形象"政务服务品牌】 年初,石园街道以"五优"为目标创建"小细节大形象"政务服务品牌 。1. 服务优。坚持以"规范、高效、勤政、便民"为宗旨,大力加强机关效能建设和行风建设,全心全意为基层、企业和群众服务。2. 管理优。更新行政理念,完善内部管理,健全规章制度,建立行之有效的目标管理机制。3. 业绩优。与时俱进,开拓创新,认真履行部门职能;提升能力,提高效率,争创一流工作业绩。4. 队伍优。培养和造就一支与新形势相适应的有理想、有道德、有文化、有纪律的干部队伍,以过硬的思想素质和业务本领,在发展的道路上建功立业。5. 品牌优。把政务服务品牌真正打造成为具有行业特色、被群众认可、在社会上具有较高知名度的优胜服务品牌,并经得起时间和实践的考验,持久不衰。

(石园街道)

【"迎七一 砺党性 展风采"系列活动】 开展庆祝建党八十九周年优秀党员表彰暨文艺汇演活动。活动中,新党员宣誓,老党员重温入党誓词,并对街道涌现出的"百名群众心中的好党员"进行表彰奖励。来自石园各社区的党员、群众为大家送上了精彩的文艺节目,《好日子》、《老两口唱五更》等节目将活动推向一个又一个高潮。做好新党员组织发展工作。对石园辖区要求入党的积极分子加强培养、考察,将符合条件、表现突出、群众公认的入党积极分子吸收到党组织中来,共发展新党员 30 人,转正党员 32 人。开展"读书咏廉"活动。"七一"期间,石园各支部倡议党员自觉学习,读一本好书,写一篇心得,截止到目前,共收到读书心得 112 篇。开展"送温暖"走访慰问贫困党员活动。石园支部班子成员带头走访本辖区内生活困难的党员和老党员,共计 45 户,把生活上的关心同思想上、政治上的关怀相结合,使他们真正体会到党组织的温暖。

(石园街道)

【社区维稳】 抓重点"人"。即重点抓好对法轮功习练者、安置帮教、社区矫正等特殊群体的动态管理和教育,做到底数清、情况明,截止到目前,石园辖区共有法轮功习练者 7 人,安置帮教 62 人,社区矫正 22 人;开展集中性安全排查 3 次,入户走访 366 人次。抓重点"事"。即抓好防火、防盗、防群体性事件的发生等安全稳定措施,特别是"两会"、国庆期间,石园街道进一步加大安保工作力度,建立预案工作责任机制,严格落实 24 小时值班制度,共检查车棚 67 个,门店 35 个,签订各类安全责任书 144 份,整顿安全隐患 5 个,参与社区治安巡逻的志愿者日均 1000 人次。针对各类游商无照经营、黑车非法营运、制作散发小广告等问题进行清整,共出动执法人员 80 余人,共填发检查文书 15 份,排查隐患 18 个,整改 16 个,清理三无人员 12 人,查处各类游商无照经营 27 户、黑车非法营运 20 余辆,依法取缔流动摊贩 13 个。维护校园及周边的安全稳定是关乎未来和谐发展的一件大事,石园街道及时成立工作领导小组,一方面对 9 所公立学校、7 所民办校园、19 家小饭桌进行摸排登记;另一方面对易肇事肇祸的 34 名精神病人、9 名重点上访及 55 名刑事解教人员登记备案,同时做好监控。充分发挥警民联动机构,由社区选派志愿者在重点时间、地段进行巡逻;由包片民警给学生讲法制课,宣传治安防范有关知识,向家长宣传接送孩子应注意的问题等。抓重点"地"。即抓好危险化学品、人员密集场所、建筑施工工地、地下空间、六小门店、配电室、燃气站、出租房屋、居民存车棚等特殊区域的安全专项整治,落实安全监管责任。2010 年,石园街道共开展安全生产及消防安全专项整治行动 5 次,出动检查人员1600人次,检查各类生产经营单位160家,下发现场执法检查文书180份,发现并消除各类安全隐患10个;落实安全生产责任,签订《安全生产和消防安全责任书》70份;加强日常安全生产执法检查,涉及生产经营单位377家,下发现场执法检查文书800余份,发现具有安全隐患的单位74家,责令立即整改62家、限期整改12家。

(石园街道)

【社区文化】 精心打造“一居一品”工程。石园辖区内的13个社区居委会分别以先锋型、法治型、绿色型、学习型、关爱型、文体型、康乐型、服务型等为主题,按照“重实效、创亮点、提品位、促服务”的要求,结合自身建设,积极探索社区建设新经验。石园北三社区以科普健身活动室为载体,推行体育生活化、健身经常化工作理念,努力打造“文体型”服务品牌。石园北三相继完善了乒乓球室、羽毛球室、棋牌室、票友活动室,最大限度满足各种不同的居民需求,并成功推出了“迎虎年庆新春”运动大联欢活动,获得居民的一致好评。积极开展“一月一主题”特色活动。从1月份开始,石园街道工委每个月份都确定一个主题,围绕主题,上下齐动,营造氛围,百花齐放,确保社区文化活动因地制宜、有声有色、富有成效。共推出和谐石园欢乐年、欢欢乐乐饺子宴、巾帼奉献谱新篇、清洁社区保康健、街道一家话感恩、老少同乐促和谐、革命传统代代传、中小学生倡低碳、九九重阳话和谐等主题活动共计92场,直接参与居民达3万人次。着力做好先进典型的培养和推广工作。石园街道以市民学校、居民大讲堂为载体,积极开展社区居民素质教育,提升居民文明素质,共举办法律、环保、科普等各类知识讲座72场,直接受教育居民达7000人次。组织开展了“和谐家庭”、“绿色家庭”评选活动,经层层筛选、实地考核后,共评出街道级“和谐家庭”125户、“和谐标兵家庭”10户、“绿色家庭”126户,同时,还选送10户“和谐家庭”、17户“绿色家庭”参加区级的评选活动。

(石园街道)

【社会保障】 年内,石园街道进一步调查摸底,熟悉掌握辖区内特困家庭基本情况,将符合条件的困难家庭纳入保障范围,并建立动态增长机制,对困难群体做到应保尽保、动态管理。2010年新增低保户2户,转出低保户1户,辙销低保6户;办理困难家庭低收入证10个,报销医疗费9.6万元;低保供暖报销12户,金额12162元。

(石园街道)

【社会救助】 石园街道以“爱心超市”为平台,充分发挥街道、社区的作用,通过开展“捐资助学”、“爱心捐款”等活动,进一步整合社会救助资源,形成共建共享的浓厚氛围。截止到目前,申请临时救助19户,救助金额39000元;为12位60岁以上的老年人救助药费6000余元;为低保家庭、军烈属、独生子女家庭送去慰问品、慰问金共计83100元 ;发放爱心卡48张,金额共计8000余元。

(石园街道)

【社区服务】 石园街道围绕和谐、安全、文化、健康、互助等需求,找准主攻点,采用社会志愿服务等形式,重点为老年人、残疾人等困难群体提供援助和服务。2010年,共办理老年证105个,65岁以上老年人优待证192个;办理80岁以上居家养老服务券224人、发出服务券金额24万元;申办“小帮手”服务器6个;为顺义区社区服务中心的孤残儿童送去160双童鞋和13件棉衣;为空巢、残疾人家庭提供打扫卫生、代买生活用品等上门服务96人次;为居民义务理发32人次;为离休老干部制作并发放连心卡70张,内容包括家政服务热线、各类应急电话、联系志愿者姓名、联系电话等。

(石园街道)

【培训就业】 石园街道坚持眼前救急与长远解困相结合、经济救助与推进就业相结合的原则，与机场周边各类企业建立互通联系网络，主动突击，积极为失业人员、残疾人、大学毕业生等困难群体找岗位、促就业；根据市场需求和下岗失业人员的年龄特点，实施定向订单培训、实用技能培训、免费再就业培训，提升社会竞争力。2010年，共联系用工单位22家，开发就业岗位和单位招聘岗位845个，实现成功就业484人；完成失业人员职业技能培训153人；完成职业指导527人；办理求职证235个、再就业优惠证151个，失业金领取证131个；办理自谋职业、灵活就业119人；接受创业意识培训18人、创业培训4人，实现自主创业29人，创业项目征集8个，通过创业带动就业135人。

（石园街道）

【户口整顿和摸底数据核查】 石园街道严把"三关"确保户口整顿和摸底数据质量 。按照人普方案和实施细则的要求落实各项普查程序，认真贯彻每周二例会制，汇总问题、上报进度，确保普查进度和数据质量。遵循"区不漏房、房不漏户、户不漏人、人不漏项" 的原则，按照建筑物顺序编码、户口核对表逐一入户摸底登记，认真询问被普查对象并填写整顿表和姓名底册，对人户分离、流动人口、应销未销户、空房户等进行认真核查。审核各普查区汇总表及户口整顿表与户主底册表的逻辑关系。石园街道人普办对各普查区汇总完成的普查小区的户口整顿汇总表通过检查数据资料认真的核实，对存在问题的数据及时处理，以确保数据真实准确。每汇总一个普查小区就审核一个普查小区的逻辑关系，将质量控制工作贯穿于全过程，保障户口整顿和摸底数据的准确性和真实性。

（石园街道）

【老旧小区改造】 为优化老旧小区居民生活环境，石园街道配合区市政管委完成老旧小区改造重点工程。截至目前，共完成防水20919.93平方米，更新绿地61965.5平方米，更新围栏1205延米，更新雨落管13129延米，更换排水管线600延米，更换减速路拱255延米，更换供暖管线8054延米，更换小区单元楼门728扇，完成小区存车棚基本维修61个。通过此次改造工程，有效提高了社区硬件水平，为居民打造了优雅的居住环境、优美的生活环境、优良的社会环境，也充分改善了社区公共设施条件。

（石园街道）

旺泉街道

【概　况】 顺义区旺泉街道工委、办事处成立于2007年10月13日，目前管辖6个社区居委会，常住户数7117户，常住人口18250人，按照顺义新城建设规划，辖区人口在3～5年内将达到10万人以上。旺泉街道位于顺义城区西部，区域面积12.81平方公里。东至京承铁路与胜利街道办事处、石园街道办事处和仁和地区办事处接壤；南至顺义区西南二环路，与仁和地区办事处接壤；西至六环路和小中河，与仁和地区办事处、南法信地区办事处接壤；北至城北减河，与双丰街道办事处接壤。街道辖区交通便利，东有京承铁路；西有六环高速路、机场北线高速路；南有顺义南二环路；北有奥运大道直通京承高速。旺泉街道以服务社区为宗旨，以全面建设"活力旺泉、平安旺泉、优美旺泉、和谐旺泉"的各项目标、任务为根本。坚持以科学发展观统揽全局，全面贯彻区委区政府指示精神，认真落实"人文北京、科技北京、绿色北京"发展战略，着力推进城乡一体化、经济发展高端化、社会管理精细化、社区建设规范化，在抓好基础设施建设的同时，保民生、保稳定、促和谐，推动区域经济社会又好又快发展。结合旺泉地区特点和具体工作实际，整体规划，以服务社区为宗旨,以全面落实社区建设各项目标、任务为根本,实现“四个加强”,创建品牌社区,使街道工作在提高公共服务水平、推进和谐社区建设等方面再上新台阶。

单位名称:顺义区旺泉街道办事处

地址:顺义区顺西路67号

邮编:101300

电话:(010)61409508

网址:wangqjdb@bjshy.gov.cn

(旺泉街道)

【共庆新春】 2月5日,顺义社区教育中心礼堂内欢声笑语响成一片,旺泉街道2010年新春团拜会正在这里举行。顺义区副区长车克欣参加了联欢并向旺泉街道辖区居民致以节日的祝贺。2010年,旺泉街道决定继续贯彻落实科学发展观:坚持以人为本,建设积极向上、健康文明的活力旺泉;坚持履职尽责,创建秩序井然、安居乐业的平安旺泉;坚持强化意识,建设管理精细、环境一流的优美旺泉;坚持同心协力,打造欢乐祥和、幸福温馨的和谐旺泉。

(旺泉街道)

双丰街道

【概　况】 双丰街道办位于顺义新城马坡组团核心区,成立于2007年10月。街道工委、办事处班子成员7人,下设5个行政科室和2个事业科室,机关编制45人,现有43人。辖区面积29.49平方公里,四至范围为:东至左堤路和潮白河,与北小营镇、南彩镇接壤;南至城北减河,与胜利街道办事处、光明街道办事处和旺泉街道办事处接壤;西至小中河,与马坡地区办事处、南法信地区办事处接壤;北至向前村、荆卷村、西丰乐村和奥运水上项目比赛场地北侧,与牛栏山地区办事处和北小营镇接壤。辖区现有2个普通社区(马坡一区、二区),占地32万平方米,2177户,常住人口5277人,流动人口1392人,户籍人口1458人;别墅区8个(龙苑、金宝、华中园、恒丰、阳光、富力湾、枫桥、高尔夫),占地1200亩,入住2000余人,外籍人员104人,涉及19个国家和地区,主要集中在龙苑别墅区。

单位名称:北京市顺义区双丰街道办事处

地址:顺义区马坡镇向阳西街8号

电话:(010)69406262

邮编:101300

网　址: http://www.shuangfeng.bjshy.gov.cn/cn/index.asp

(栝怀远)

【民生建设】 创新模式,稳固社保综合服务平台。开展劳动力、应届毕业生摸排,健全完善八本台帐。加强协管员培训,7名协管员全部通过入职考试,利用网络通信媒介,创建“双丰就业群”和“双丰社保邮箱”,实时发布就业信息,实现与就业困难人员无障碍沟通。开展大学毕业生寒假、暑期就业指导会,召开企业用工政策宣讲会,为“3540”和“4050”提供上门职业指导,走访50余户。社保政策普惠化:1-9月份安置就业困难人员27人;挖掘岗位信息180个,完成全年指标的90%;接待、入户职业指导394人次,完成全年指标的131%;发布招聘简章86篇,应聘人员达164人次;集中组织70余名失业人员及应届高校毕业生参加5场大型招聘会,投递简历147人次,达成初步就业意向29人。发放社保卡6张,城乡居民养老保险参保、续保24人。落实政策,扩大民政残联覆盖面。认真落实养老(助残)“九养”政策。为28人发放(养老)助残券,累计金额31900元,其中助残券3600元;结算金额19390元,其中助残券4115元。走访慰问弱势群体、居民代表家庭26户,其中低保及低保边缘家庭、居民代表21户、残疾人家庭4户、临时救助1户。积极做好“小帮手”电子服务器的使用宣传及申领工作。做好残疾人“人人享有康复”档案整理工作，以及温馨家园各项设施、设备的安装、场地整理和康复项目的申报工作。为社区75岁以上老人举办“夕阳映和谐”生日联谊会，赠送爱心联系卡和生日礼包。完善便民利民服务平台。富力湾别墅区640平方米居委会装修完毕，枫桥别墅、泰和宜园社区用房与开发商正在积极接洽。正在申报“全国防灾减灾社区”、“北京市一刻钟生活动圈”、“北京市精品社区”。69403765社区呼叫平台初显成效，共接到30余人次呼叫服务及咨询。加盟早餐亭、乡村乐园两家服务商为居家养老定点就餐服务。96156精品课堂进社区服务活动，开课9次，刘志贞、郝庆贵、姚连弟等7名讲师获评北京市96156社区大课堂优秀讲师，街道获优秀组织奖。扎实细致，有序推进住房保障工作。协助完成永欣嘉园项目摇号配售工作，并及时与未摇中家庭沟通，避免可能出现的各类上访和突发事件。热情接待来电来访群众，不断提高办事效率。接待来访来电260人次，初审10户，通过市级备案9户。创新载体，丰富居民文化体育活动。马坡花园二区“七天乐”活动模式，已申报区级学习品牌。社区舞蹈队、太极拳队、皆宜舞队等几十支队伍的积极发展作用，激发群众参与全民健身，满足群众健身需求。参与区级各类赛事活动，获得区舞蹈家协会优秀团体奖、后沙峪杯国标舞银奖、赵全营杯戏曲大赛三等奖、李桥杯职工大赛三等奖。“二月新春”、“五月鲜花”主题活动完成，正在筹备“十月金秋”书画作品展。组建龙舟队，完成“端午文化节”活动。依托“全国体育健身俱乐部”，完成BTV体育频道“健身气功易筋经”节目录制，300名居民参与互动活动。积极参与和谐家庭、绿色家庭创建评选活动，对社区、街道两级进行分别表彰。以人为本，全面提升计生优质服务。签订《2010年人口和计划生育工作目标责任书》。加强阵地建设，马坡花园一区建成人口文化园，设橱窗宣传栏2个，展板宣传栏12块；二区建成人口文化活动室，配置400余册计生图书。安装2个避孕药具自动发放机，发放自动卡200张。实行免费发放叶酸和孕情跟踪服务，累计入户380户次，跟踪服务18人。开展生殖健康服务，邀请区中医院医生举办“庆三·八健康知识讲座”。开展计生贫困户走访慰问活动，深化“生育关怀行动”，成立街居两级协会，利用5.29会员活动日组织为贫困母亲捐款。全年组织各种宣传服务活动8次。发放宣传品5124件，发放药具2275件。扎实开展WIS系统、PADIS系统录入工作，全面推进信息化建设。多措并举，推行税收优质服务工程。整合现有资源，筹备成立企业集中办公区。抓好零散税源代开发票，不因税少而不为。抓好注册公司，立足方便企业，提供贴心服务。制定协税护税工作奖励机制，激发干部工作热情。

（栝怀远）

【平安社区建设】 细化工作，巩固平安社区建设成果。做好全国“两会”、“六四”敏感期、“十一”等重点时段的安全稳定工作。“平安建设中心”在矛盾排查化解、治安问题整治、群防群治群控、信息互动等工作中优势凸显。综治办、司法所、派出所部门联动机制落到实处，流动人口管理数据采集和市网平台录入工作，顺义区考核名列前茅。完成全年犬只年检免疫工作。严查紧控，落实安全生产各项工作。与辖区所属单位签订安全生产、消防、食品、交通等工作责任书，全面落实属地安全监管责任。积极开展安全生产大检查，执法文书完成68份，整改指令完成22份。开展安全生产分类分级C、D级企业复评工作。严格有限空间管理，健全管理档案。加强车辆安全管理，完善基础台账，2409辆车全部录入电脑。积极参加区安监局组织的安全生产工作人员执法资质培训，实现持证上岗。9月9日在马坡花园二区文化广场举办消防安全演练,邀请区消防支队专业人员进行授课。创新理念,完善信访排查调处机制。抓好分析预测,实现信访工作重点由"事后处理"转向"事前预防",敏感时期主动走访慰问信访重点人,掌握工作主动权。推行重大决策信访风险评估机制,对永欣嘉园摇号配售、信访代理工作、计生5.29宣传活动、人口普查、校园周边安全整治等事项进行风险评估。推行信访代理制,制定"两图一表一方案",完成代理信访事件8件。完善人民调解组织,扩大调解覆盖面,调处各类矛盾纠纷14件,调解成功14件。四是部门联动,确保校园周边安全稳定。信访办、司法所联合开展校园周边矛盾纠纷和信访隐患排查化解,实行日排查、周报告制度。文教办、综治办联合派出所、城管分队,整合专职巡防队和志愿者力量,加强重点时段巡逻。突出对马坡花园一区"小饭桌"的食品安全监管。

(栖怀远)

【环境综合整治】 抓好四项工作。一是垃圾、废物清运工作,及时清运生活垃圾、建筑垃圾,清理私设广告牌匾和非法小广告。组织机关干部进社区清理各类垃圾200公斤,清除小广告20张,擦洗公共设施300处。二是绿化美化工作,进行树木剪枝、整形,绿地浇水和补种。植树节组织机关干部、居委会和社区居民120人,联合鲁能集团开展"双丰、鲁能携手绿化新城"主题义务植树活动,种植树木200余棵。三是违法建筑监管工作,加强巡视,严格监控,遏制违建苗头;强化宣传和信息互通机制,从源头上预防违法建筑行为。四是垃圾分类,配合区文明办,全力做好试点社区的各项工作。

(栖怀远)

【党风廉政建设】 一是抓责任,加强党风廉政建设和惩治预防腐败的氛围进一步提高。二是抓宣教,预防腐败的能力进一步加强。三是抓防范,加大从源头上预防和治理腐败的工作力度。结合岗位职责着重查找个人在思想道德、履行岗位职责和外部环境方面的风险60个,各科、队、站、所、中心、居委会查找廉政风险点112个,科室负责人及居委会两委班子成员的廉政风险点144个。四是抓监督,健全权力运行机制。五是抓队伍,进一步强化党员廉政为民意识。六是抓服务,全面提升为民办事水平。推出街道政务服务品牌名称为"服务从心开始"。社区便民服务室共办理各类事件2000余件,受理咨询600余人次,调解各类矛盾纠纷20余起。

(栖怀远)

【创先争优活动】 一是社区党支部在开展创先争优活动与工委主题活动相结合。突出社区特色,树立先进典型。马坡花园一区、二区党支部组织社区党员65人与社区104位空巢、孤寡、高龄老人结成帮扶对子,发放红色爱心联系卡,将温暖与关怀送至社区老人手中。二是创先争优与创建学习型党组织相结合。学习内容紧密结合工作实际,建立完善支部学习、考核制度。三是创先争优与创建政务、服务品牌相结合。打造"服务从心开始"的政务品牌,发挥党员在各岗位的引领示范作用。结合"芬芳"爱心服务队品牌,举办理发技能、家政技能培训班,每月10日义务为老人上门理发,每月在社区广场开展"芬芳"广场月月行志愿服务活动。

(栖怀远)

【四亮、四百、四必访活动品牌化】 "四亮"已开展活动90余次,服务居民2700余人次。政协委员梁福蓝老师每周二、四、六大合唱义务指导、马坡小学张春菊等300余名师生与社区志愿者共同开展小手拉大手,共建和谐家园活动、党员公务员志愿者赵玉荣老师,每周四组织器乐戏曲演唱活动,义务多次参与慰问空巢老人义演。"四百"活动通过入户走访,切实听取居民意见和建议。半年来,成功解决地下健身活动室通风不畅的问题,在一、二两小区中间路安装了限高标识和限高护栏,解决了大型货车在小区内通行带来的噪音污染等实际问题40余件，走访社区老党员、高龄老人、残疾人、新入驻800余人次。“四必访”活动认真落实年初提出的正处级党员干部一年走访不低于30户，副处级党员走访不低于50户，其他党员干部不低于80户的工作要求，已完成走访3000人次。

（栢怀远）

【爱心志愿服务品牌】 “芬芳”爱心服务队，以郝庆贵、姚连弟、高彩芬3名市级志愿服务获奖者为代表，引领社区378名注册义工开展社区志愿服务活动。成功举办“芬芳”爱心服务队启动授旗仪式及项目推介会，在社区文艺、体育、文化、便民利民、巡防巡控、助老助残等各个领域发挥作用，开展各类活动30余次。

（栢怀远）

空港街道

【概　况】 空港街道成立于2007年10月，位于顺义区西南部空港地区，东与首都机场相邻，与天竺地区办事处接壤；南至温榆河与朝阳区相连，国家级公路干道京密公路从街道内经过，距市区16公里；西至温榆河与后沙峪地区办事处接壤；北至火沙路、双裕大街与后沙峪地区办事处接壤。空港街道辖区总面积27.38平方公里，下设7个社区居委会1个筹备组，即万科城市花园、裕祥花园、莫奈花园、蓝星花园、莲竹花园、天房一居、天房二居、三山新新家园社区筹备组，辖28个自然小区，其中有高档别墅区18个，拆迁小区2个，普通小区8个，正在建设中的有5个；目前入住总户数约16232户，总人数约48696人。其中：外国人约3000户，约8000人；拆迁户约3600户，约11000人。建设中的5个小区，预计在两年内将再有5000人入住。流动人口1万余人，目前文化广场有10个。按照社区“空港国际化、顺义空港化、发展融合化”的定位，和全面推进和谐社会建设的总体要求，空港街道立足街情：辖区基本涵盖了顺义新城——空港城组团的核心部位，紧邻首都机场，临空经济功能区总体在辖区内，高起点、高标准加强社区建设势在必行；中央别墅区高档别墅群落、涉外机构和人员多，国际化社区趋势不断扩大；中高档社区与整体拆迁小区共建共荣，层次多元化的居民对街道的人本理念和服务水平给予了更多的厚望，提出了更高的要求，明确了构建“现代化、国际化、融合化”和谐社区的总体思路，积极打造平安、绿色、和谐社区。一是凝聚辖区合力，构建平安社区。发挥社区人防、物防、技防优势，深化社会治安防范、公共安全处理、民事矛盾调解、流动人口管理、社会帮扶救助“五大安全建设平台”，强化街道、社区、居民两级三位综治组织作用，实现派出所、城管队、交通队、工商及社会组织携手共建；二是加强城市管理，构建绿色社区。建立街道统筹指导，居委会主导推进，物业公司、业主联动的住宅小区管理机制。成立物业指导办公室，促进物业活动在社区管理服务中发挥积极作用。健全日常管理和快速反应机制。着重针对拆迁小区加大环境整治；三是优化为民服务，构建和谐社区。整合劳动、民政、社保、残联职能，发挥社区服务中心等组织作用，搭建有效平台，积极开发别墅区就业岗位，统筹提高民生工作能力，公共服务体系逐步完善。

单位名称：顺义区空港街道办事处
地址：顺义区裕民大街6号
电话：(010)80477600
邮编：101318
网址：http://www.kgjd.bjshy.gov.cn/index.jsp

（勘柏松）

【喜迎两节，共享和谐】 1月16日，空港街道依托“喜迎两节，共享和谐——96156两节服务活动”的开展,根据辖区实际,开展四项活动将节日的祝福和温暖送到居民的家中:一是贴福字,送温暖活动,通过居委会工作人员亲自将福字、对联送到居民家中以及居民之间互赠的形式,营造了浓浓的节日气氛,更加凝聚了邻里之间、居委会与居民之间的社区一家人的亲情;二是爱老助老,亲情陪伴活动,通过社区义工、志愿者、社区工作者以邻里互助、守望相助的形式,以社区空巢老人为重点,开展陪聊天、陪购物、整理家务等志愿服务;三是节日配送,轻松到家活动,与驻区超市等商业机构对接,使居民以合理的价格获得放心、可靠的节日配送服务;四是开展“浓情笔墨送祝福火红对联迎新年”活动,街道举办了“迎新年 以墨会友 送对联 书法交流”活动,受邀的贾文龙等5位书法家,辖区居民、著名诗人叶文福,社区书画爱好者,共同挥毫泼墨,书写了200余幅春联、字画;五是惠民政策宣传活动,通过发放宣传手册、张贴宣传海报、悬挂条幅、办事处工作人员到社区现场办公进行答疑解问等形式,针对与社区居民切身利益相关的政策法规、办事流程进行宣传。

(勘柏松)

【辖区治安防控工作】 3月16日,发动社区老党员、离退休老干部和热心居民及专职巡防队员共781人,组建治安巡逻志愿者队伍,分条划块开展网格化巡逻;强化技防设施建设,确保辖区25个监控室、1036个视频监控系统及摄像头、129个报警系统运行正常;实行街道包片领导、包居干部每日深入社区,社区干部每日开展巡视,辖区社会单位每日督促检查和社区信息员每日信息收集归纳上报制度。

(勘柏松)

【植树活动】 3月27日,空港街道组织机关干部、居委会、物业公司及社区居民在万科城市花园开展了以“希望、成长”为主题的植树活动。此次活动共有150余人参加,植树150棵,发放《低碳生活倡议书》300余份、绿化宣传材料400余份。通过本次活动既宣传了《北京市绿化条例》,又宣扬了植树造林、绿化环境的低碳环保精神,提高了辖区居民保护环境,节能减排的低碳生活意识。从而,掀起了空港街道植树节绿化工作的高潮。

(勘柏松)

【北京国际汽车展前准备工作】 4月12日,组织社区志愿者上岗巡逻,建立“敏感部位有人守、重要路段有人巡、预警信息有人报、突发事件有人处”的社会面防控网络,重点排查流动人口和出租房屋;协调城管、工商等部门集中清理整治餐饮店、超市、饮用水专卖店等经营场所周边安全环境,清理破损、褪色广告牌匾;开展“做文明有礼的北京人”系列宣传活动,引导居民文明、有序观展,动员居民绿色出行,减缓新国展周边道路交通压力。

(勘柏松)

【春季传染病防控】 4月16日,强化属地责任,完善传染病防控预案,抓好防控措施落实;加强“预防春季传染病”宣传,增强居民自我保护意识和防护能力;加大餐饮业和公共场所卫生监督检查,全面消毒处理垃圾房、地下室、垃圾中转站等病原易发地;针对学校、娱乐场所等重点部位开展春季传染病防控执法检查,早期发现、处理疫情隐患;完善信息报告制度,发现疫情及时上报,确保疫情报告渠道畅通。

(勘柏松)

【科技周进社区】 5月15日,空港街道科技周暨低碳生活进社区活动正式拉开序幕。区人大副主任贾春林,区政府副区长陈光浩,区政协副主席王玉琦,区科委主任、科协主席李国震,区精神文明办梁少华副主任等领导出席了启动仪式。

(勘柏松)

【第三届社区文化节】 7月16日,空港街道隆重举行第三届社区文化节,暨文化骨干队伍命名消夏晚会。区社会工委书记巩维国、区精神文明办副主任白桦、区妇联副主席董敬红等领导出席了晚会，并为为万科城市花园社区童心书画研究社、天房第二社区魅影胶典摄影交流协会等11支各具特色的文化队伍授旗，社区文化骨干、居民及外国友人纷纷登台展示自身才艺。

（勘柏松）

【贺中秋迎国庆】 8月6日，中秋、国庆节临近，以中西合璧的方式举办了“贺中秋迎国庆，中外居民齐欢聚”系列活动，弘扬中华民族传统文化，增强中外居民的社区归属感，增进邻里感情。

（勘柏松）

【社区养犬管理】 9月10日，与居委会共同举办“宠物是人类的朋友、环境靠主人维护”主题宣传、开办社区宠物论坛，广泛宣传文明养犬理念。居民代表牵头成立养犬自律会，实现群众互相监督；指导物业公司开辟社区“宠物乐园”，增设宠物训练场，为居民遛犬提供场所；选取社区适当位置，设置“钻入式”宠物厕所，在绿化区域悬挂粪便收集袋。悬挂“请及时清除 宠物粪便、请为您的宠物拴上犬链”等温馨提示。

（勘柏松）

【美术、书法、摄影作品展】 11月16日，街道举办了2010金秋空港美术、书法、摄影作品展，辖区八个居委会居民携作品参加了此次展览，活动为期10天，共展出书法作品70余件，绘画作品49件，摄影等作品100余件。

（勘柏松）

【法律知识大讲堂】 12月24日，街道特邀后沙峪法庭魏庭长、区司法局工作人员开展法律知识大讲堂。街道机关、社区全体干部及调解员等150余人参加了此活动。

（勘柏松）

镇

仁和镇

【概 况】 仁和镇位于顺义城区中心，地处临空经济功能核心区、顺义新城核心区和现代制造业基地核心区，与首都国际机场零距离对接，101国道、六环路、京平（谷）快速路和京承铁路穿境而过，镇域面积54平方公里，辖23个行政村、1个居委会，户籍人口5.3万人，流动人口2.7万人。目前的仁和已确立了“打造现代服务业核心区”的战略目标，以产业发展为主线，以城乡一体化为引领，以惠泽民生为目标，经济社会等各项事业实现了又好又快发展。未来的仁和将着力发展以酒店宾馆、高档商业、金融证券、总部经济等主导产业，努力打造成为顺义新城的“现代服务业核心区”。几年来，仁和镇先后被评为“首都文明乡镇”、“全国环境优美镇”、“全国改革开放30年乡镇企业发展十佳魅力镇村”、“北京市五个好乡镇党委”、“全国创建文明村镇工作先进村镇”、“北京市思想政治工作先进单位”、“北京市爱国卫生先进单位”、“首都平安示范乡镇”等多项荣誉称号。2010年，全镇实现生产总值45.36亿元，属地财税收入15.97亿元，地方财税收入3.4亿元，全镇人民人均劳动所得12512.1元，同比增长10%。

单位名称：顺义区仁和镇人民政府

地址：顺义区顺平西路9号

电话:(010)69448391
邮编:101300
网址:http://www.renhe.bjshy.gov.cn

(高文君)

【招商引资工作】 仁和镇坚持“抓大不放小”的招商理念,以招商引资为突破口,全力以赴扩投资、促转型。2010年共接收项目信息188个,成功签约并完成项目手续78个,注册资本总额32.4亿元,其中租赁型项目55个,注册资本总额3086万元;注册型项目23个,注册资本总额32.1亿元。中石油昆仑燃气、中北华宇等7家企业荣获顺义区“百强企业”称号。

(高文君)

【现代制造业】 2010年,全镇现代制造业完成工业产值300亿元,实现税收9.85亿元,占全镇税收的62%。其中:汽车及零部件制造业已成为全镇经济增长的核心驱动力,2010年汽车及零部件制造业年销售收入达250亿元,实现税收8.47亿元,占全镇总税收的53%,北汽有限、韩一饰件、李尔岱摩斯等重点企业发展势头强劲。北京恒兴国泰科技有限公司、北京顺美服装股份有限公司、北京富源恒达科技有限公司、万方投资控股(集团)有限公司4家重点项目也即将在镇二三产业基地开工建设,预计总投资达4.7亿元。

(高文君)

【现代服务业】 2010年,仁和镇现代服务业完成增加值7000万元,实现税收6.12亿元,占全镇税收的38%。充分整合镇域内商业地产资源和楼宇资源,着力发展现代服务业,逐步形成了以中石油昆仑燃气、双全文化为龙头的总部经济,以光大银行、杭州银行为重点的“金融中心”,以香港新世界千姿百货、美廉美连锁超市、顺鑫甘家口百货为重点的“仁和商圈”,以及以权金城国际商务酒店为重点的“高档商务休闲区”。

(高文君)

【环境建设工作】 积极加快环境建设进程,推进环境建设标准,重点打击违法建设、违法经营、违法广告等行为,并荣获了“北京市百日整治先进集体”称号。全镇共计增加绿化面积38500平方米,景观墙1410平方米,道路硬化36500平方米,墙体粉刷89300平方米,边沟治理17200延米。自2010年7月开始,先后组织13次大规模联合执法行动,共计拆除违法建设90余宗,拆除面积10.3万平方米,投资1000万元将占地面积3.55万平方米的原万嘉建材城旧址建设为仁和文体广场,并成功举办了仁和镇第二届文化艺术节;取缔无照经营户538户,规范出租房屋155户;拆除广告牌匾4733块,并出资对有营业执照的商户按照“一店一匾,一街一面”的标准为商户制作了统一、规范的牌匾。

(高文君)

【农民就业】 全镇城乡劳动力就业人数达14453人,有劳动能力且有就业愿望的劳动力就业率达98%,劳动合同签订率和社会保险缴纳率均达到95%以上。全年共为北汽有限公司、美廉美连锁超市推荐用工30余次,安置城乡劳动力2892人。

(高文君)

【社会保障体系】 社保保障体系不断完善,各项惠农政策落实到位。全年完成18604人次新型农村合作医疗报销工作,报销金额832.6万元,报销比率271%。镇二次住院补偿1022人次,报销医药费163.4万元。率先在顺义区出台了城乡低保一体化政策,将农村低保标准提高到480元,与城市低保同等水平。切实做好全镇低保户信息的动态化管理,建立了镇村一体的系统化信息管理体系。全年累计为优抚、社救、残疾人等困难群体发放各类补助款38.5万元,惠及人口350人。

(高文君)

【农村基础设施】 投资350万元,对河南村主路进行施工恢复,恢复面积25万平米。完成胡各庄西路、米各庄和窑坡村街巷路的小修工程,工程总量达1.5万平米。植树4万余棵，新增绿化面积4.9万平方米，争取资金300万元，为塔河村新建排水口2处。配合顺义区开展的创卫复审工作，通过了国家爱卫会检查验收，米各庄村已通过北京市生态村的检查验收，即将成为全镇第5个市级生态村，铁东路仁和文化墙获得“顺义区第二届优秀文化墙金奖”。

（高文君）

【精神文明建设】 广泛开展“做文明有礼北京人”活动，举办“仁和镇首届文化艺术节”、“扬和谐文化、颂仁和发展”等大型活动14次，连续8年荣获“首都文明镇”称号。为部队输送优秀青年14名，超额完成征兵任务，荣获顺义区征兵工作先进单位。仁和中学原址改扩建工程已经竣工并投入使用，仁和小学教学楼重建工程启动，预计年底完工。辖区内4所公办学校均被评为区级先进单位，小学毕业合格率达100%，中学入学率、巩固率、毕业率、升学率均达100%。

（高文君）

【优化政务环境】 开展“机关服务效能提升年”活动。充分发挥行政服务中心职能，升级更新《仁和镇综合行政服务中心服务指南》，为群众办理服务事项47458件，群众满意率达100%，实现了镇村两级便民服务体系全覆盖，接待国家、市、区三级领导检查督导5次。规范财政收支行为，确保财政收支平衡。加大反腐倡廉力度，加强审计监督。同时，工会、共青团、妇联等群团组织工作开展顺利，桥梁纽带作用得以充分发挥。

（高文君）

【社会治安综合治理工作】 夯实基层基础，逐步推进社会管理创新。着力提高全镇维护安全稳定工作能力和水平，有效实现了“三升三降”，即：群众参与率、群众安全感、社会面控制力稳步提升，刑事发案、群个体访、社会矛盾存量稳步下降。村庄社区化管理在实践与探索中逐步推进，全镇流动人口管理水平迈上新台阶。投资2000万元，完成了沙坨、米各庄、平各庄等8个村的村庄社区化管理工作，辖区内发案率减少16%。其中平各庄人口管理工作成效显著，周永康、刘淇、郭金龙等中央、市级领导分别到该村调研。

（高文君）

马坡镇

【概　况】 马坡镇地处顺义新城核心区，毗邻奥林匹克水上公园，距北京市区30公里，距首都国际机场8公里。镇域面积35.1平方公里，下辖21个行政村（其中8个行政村已完成拆迁），全镇户籍人口2.8万。马坡镇以“建设新城，发展马坡，加快推进城乡一体化步伐”为发展主题，以“强镇富民”为发展目标，扎实开展新城、新农村、新发展、新环境、新形象建设的“五新”重点工作。经过不懈努力，马坡新城建设稳步推进，产业结构不断优化，经济社会保持了良好的发展态势。马坡镇先后荣获全国精神文明建设活动示范点（1998年）、全国创建文明村镇工作先进单位（1999年）、全国乡镇企业示范区（2000年）、全国亿万农民健身活动先进乡镇（2002年）、全国卫生镇（2002年）、全国环境优美乡镇（2004年）、全国文明乡镇（2005年）、全国小康建设明星乡镇（2005年）、全国婚育新风进万家活动先进乡镇（2005年）、中国民间文化艺术之乡（2008年）、全国社区教育示范乡镇（2008年）、北京市创建学习型乡镇先进乡镇（2009年）、北京市“五个好”先进党委（2009年）、安全生产保障工作先进单位（2009年）、首都国家安全工作先进单位（2010年）、双拥模范镇（2010年）、北京市生活垃圾分类乡镇贡献奖（2010年）、北京市计划生育红旗单位（2010年）等多项荣誉称号。2010年完成地区生产总值18.7亿元,属地财政收入6.2亿元,地方财政收入1.92亿元,农民人均纯收入13340元,同比分别增长18%、92%、85%和10%,在顺义区各乡镇中位居前列。

单位名称:顺义区马坡镇人民政府
地址:顺成大街15号
电话:(010)69403524
邮编:101300
网址:http://www.bjshymp.gov.cn

(刘学红)

【新项目引进】　全年共引进新项目46个,协议资金11.1亿元,到位资金5.2亿元。其中内资实体项目22个,总部、结算类项目22个,外资实体项目2个。正丰凯、嵋里科技等投资亿元以上项目9个,累计14个新项目办理了开工手续。

(刘学红)

【重点项目建设】　朗姿服装正积极筹备上市。英迈特矿山机械二期工程手续办理完毕后已经开工建设,投产后可新增税收1500万元。北京阿奇夏米尔工业电子有限公司 、凯菲克汽车公司发展形势良好。爱慕内衣新建生产基地项目已开工建设,投产后可实现税收翻番。鲁能、合景、金宝等房地产项目为地区经济增加了新的活力。

(刘学红)

【产业结构优化】　北京非晶科技产业园建设进展顺利,已投入1.5亿元,完成了“九通一平”基础设施建设,包括修建顺丰大街、顺恒大街等6条总长6千米的主、支干道路,基本完成供水水、天然气、通讯、电力等市政设施建设基本完成,平整土地近1000亩。首家入驻企业中兆培基(北京)电气有限公司已经奠基,计划投资4亿元,总建筑面积3.9万平米,项目建成后可实现年产值16亿元。在第14届京港洽谈会上,中信国安盟固利高性能锂离子动力电池及能源系统产业化项目落户我镇,该项目总投资29亿元,占地500亩,建成后可实现年产值78亿元,税收6亿元。产业园还盘活小、低、散企业和圈而未建的闲置土地11块,腾退工业用地350亩,引进国华科技、天顺长城等一批能耗低、占地少、产出高、带动性强的高端产业项目,优化了产业结构、扩充了经济总量。

(刘学红)

【商务休闲品牌】　依托乡村高尔夫球场、金宝花园酒店、意大利农庄、金潮玉玛酒店、龙苑别墅等商务旅游资源,提升马坡商务休闲度假品牌影响力。满足顺义新城发展对高端服务业的需求,切实把资源优势转化为经济优势。马坡形象宣传片在顺义电视台持续播出后反响强烈,“商务休闲首选,顺义新城马坡”、“品味中西美食,尽享品质生活”等宣传语深入人心。

(刘学红)

【新城建设】　完成了西马坡村180宗民宅的土地拆迁工作,腾出土地9万平米。大营村、北上坡村、肖家坡村、东马坡村非住宅拆迁工作稳步推进。完成了向阳村727户3400人的整建制拆迁村回迁房安置工作,销售优惠商品房2232套,共计19.3万平方米。通过整建制或非整建制村拆迁、二三产业就业等途径,完成全镇1634人的转非安置工作,推动农民向市民转变。以新城规划为指导,坚持科学用地,规范管理,加大对违法建设的查处力度,制止新建、改建等违法建设14宗,拆除4万平方米,提升了城市形象。

(刘学红)

【新农村建设】　实施“亮起来”、“暖起来”等民心工程,全年完成秦武姚村、向前村、泥河村户厕改造853户,新装路灯500盏,新建太阳能浴室3座,完成农宅节能改造33户,新建抗震节能住宅33家。完成了庙卷村、毛家营两条道路整修及白各庄村、西丰乐街坊路硬化工程,硬化路面2.2万平米。加强道路巡查并对破损路面进行养护,新修补路面2000平米。配合完成顺白路排水工程评估拆迁工作,协调做好庙卷村地裂缝危险区宅基地腾退工作，共有12家签署了搬迁协议。完成安全饮水管网改造，实施农业节水工程，继续推广石家营村利益导向节水机制。

（刘学红）

【镇域环境管理】 强化环境日常管理，充实专业保洁队力量，112名保洁员、14辆垃圾车动态负责路面保洁和垃圾收集工作；狠抓环境综合整治，以环境卫生、社会治安、违法建设、无照经营、流动人口和出租房屋管理五项工作为重点，全面提升地区环境水平；垃圾分类工作走在顺义区前列，按照“户分类、村收集、镇运输、区处理”的模式，注重长效管护，马卷、白各庄村、石家营等村均建立利益导向机制，为农村垃圾规范化管理提供了可供借鉴的实践经验。推进“百村万户”绿化美化工程，新绿化庭院305户，栽植各类乔木1400株。围绕人与自然和谐发展，统一设计施工，美化文化墙7200平米。

（刘学红）

【人文环境】 围绕“创建政务服务品牌”活动，加强服务中心日常管理，缩短办事时限，简化工作程序，提升群众满意度，全年共受理服务事项6548件，各村便民服务室创建工作全部完成并投入使用。“和谐家庭”、“绿色家庭”等文明村镇创建活动推进，广泛开展“道德模范”评选活动，引导群众建立文明健康的生活方式。

（刘学红）

【城乡居民就业质量】 强化劳动力就业服务，全镇共培训电工等各类人员759人，开发就业岗位455人，实现正规就业446人，安置城乡劳动力1077人，全镇就业率98%。加强劳动监察，妥善解决劳动纠纷81起，涉及资金623余万元。

（刘学红）

【社会保障体系】 以城乡社会保险、城乡居民养老保险、城镇无业居民大病医疗保险、新型农村合作医疗制度、“一老一小”医疗保险及最低生活保障制度为重点，完善社会保障体系。我镇全年共有3082人参加城乡居民养老保险，参保率100%，1786名城乡无社会保障老人享受保障待遇；共有11495人参加新农合，参合率100%。按时向弱势群体、超转人员发放生活补助，为残疾人配发康复用具，向低保残疾人家庭发放爱心救助卡，为低保、重残人员办理城市居民养老补贴。成立慈善协会分会，筹集社会资金30余万元，帮扶困难家庭，为困难家庭子女申请慈善助学金3.8万元。

（刘学红）

【村庄社区化管理】 石家营、庙卷等9个顺义区村庄社区化管理试点村，完善基础设施，新装红外线探头105个，设立治安岗亭40个，修建铁艺围栏5500米、砖墙1万米。村村设立维稳中心，完成“三站两室”建设，发挥村企联管作用，按照“来有登记，走有注销”的原则，狠抓流动人口和出租房屋管理。

（刘学红）

南法信镇

【概　况】 南法信镇位于首都临空经济高端产业功能区的核心区，镇域总面积20.6平方公里，下辖16个行政村，其中整建制村9个，拆迁村7个，5个村已经完成回迁。全镇常住人口22098人，其中流动人口14380人。结合地区实际，确立了“强化一个坚持，加快两个推进，实施三项工程，深化四个服务”的发展战略，即：坚持“发展总部经济，建设临空经济高端产业核心区”的发展思路；加快推进城乡一体化和城市化进程；全面实施“民心建设工程、基础设施建设工程、重点项目建设工程”；深化服务机场、服务空港物流基地、服务天竺综合保税区、服务航空货运大通关的理念,紧紧锁住国内外的航空产业及相关产业的总部基地,努力将本地区打造成为以临空经济产业为中心的多点支撑的总部经济产业格局。2010年全镇地方生产总值实现13.1亿元,同比增长28.5%。属地税收实现6.48亿元,同比增长17%,其中航空企业实现税收4.7亿元,占总税收的73%;总部型企业实现税收4.6亿元,占总税收的71%。一般预算收入实现1.74亿元,同比增长23%。农村居民人均纯收入实现13504元,同比增长15%。

单位名称:顺义区南法信镇地区办事处、南法信镇人民政府
地址:顺义区南法信镇府前街47号
电话:(010)69472495
邮编:101300
网址:http://www.nanfx.cn

(柏松浩)

【市领导慰问老妇救会主任】 1月15日,市妇联副主席沈洁到南法信镇走访慰问了冯家营村老妇救会主任樊秀英,并为她送去慰问金、慰问品和节日的祝福。

(于海英)

【区领导慰问伤残军人】 1月30日,区领导到南法信镇走访慰问。区委常委、宣传部长、区委办公室主任杨宝华走访慰问了南法信镇东海洪村优抚对象方有福。区委常委、常务副区长王海臣走访慰问了南法信村老伤残军人冯庆明。

(郭媛媛)

【招聘会】 4月9日,南法信镇在同心文化广场举办春季招聘洽谈会。北京航空食品有限公司、航港发展有限公司等56家企业为农村劳动力、大中专应届毕业生提供强电工程师、英文督导、市场高级销售等各类岗位2000余个。现场吸引近1000余名求职者前来应聘,400余名求职者当场达成就业意向。

(石晓静)

【宣传工作】 4月19日,南法信镇开展“和谐有序 依法信访”主题宣传活动。现场共发放《信访条例》、《北京市信访条例》、宣传折页及纪念品600余份,接受群众咨询120余人次。4月22日,华英园社区举办“珍惜地球资源,转变发展方式、倡导低碳生活”主题宣传活动,现场摆放展板8块,吸引群众600余人。

(柏松浩)

【市领导到镇指导工作】 4月20日,市妇联发展部部长刘伶到南法信镇检查指导工作。详细查看了三家店村图书室、妇女培训学校、婚育文化园,并听取了三家店村党支部书记冯艳芹关于“巾帼示范村”创建活动开展情况的汇报,对该村工作给予充分肯定。在西杜兰村“京都巧娘”谢兰香巧娘工作室中,刘伶对谢兰香自主创业给予高度评价,并鼓励她带动更多妇女自主创业、勤劳致富。

(于海英)

【密云县领导到镇交流学习】 6月9日,密云县古北口镇党委书记何丽娟、镇长李东方等领导班子成员及社保所、民政科等相关科室负责人共22人到南法信镇学习拆迁工作。党委宣传委员马占霞介绍了全镇基本情况,镇长李衍介绍了南法信镇拆迁工作情况,两镇领导就拆迁工作具体环节进行了交流、探讨。

(柏松浩)

【康捷空入驻】 7月16日,康捷空中国总部项目奠基仪式在南法信镇举行。市政府副市长程红,市商务委副主任束为,北京康捷空国际货运代理有限公司亚太区总裁汪立国,中国建筑一局(集团)有限公司副总经理鹿山,区领导王刚、马庚良、杨宝华、李友生、车克欣、王玉奇及区相关委办局领导参加奠基仪式。

(刘红迪)

【市里领导到镇调研】 7月21日,中共中央政治局委员、国务委员、国务院党组成员刘延东到南法信镇中心幼儿园调研学前教育情况。国家教育部、发展改革委、国务院妇儿工委等相关部门领导,北京市副市长黄卫,顺义

区委书记张延昆，区委副书记、代区长王刚，副区长燕瑛，地区党委书记郭振江，镇长李衍陪同调研。

（柏松浩）

【应届毕业生奖励】 2010年，南法信镇加大对考入大专以上院校应届毕业生的奖励力度：考入清华、北大本科的学生一次性奖励1万元；考入一类、二类、三类本科和专科的学生，一次性奖励5000元、3000元和1500元。考生为独生子的，奖励在原金额的基础上提高20%；考生为独生女或低保贫困家庭的，在原金额的基础上提高30%。2010年共奖励92人27.21万元。

（苏远芳）

【重阳节尊老敬老活动】 9月29日，南法信镇开展"九九重阳节"系列尊老敬老活动。走访慰问全镇27名90岁以上高龄老人、13名60岁以上低保老人，华英园为社区40余名70岁以上老人举办联谊会；并送去米、面、油等慰问品；开展"九九重阳话感恩 尊老敬老促和谐"主题宣传活动，摆放展板4块，发放宣传材料及环保购物袋、加碘食用盐100余份，同时开设义诊咨询台，为老年人测量血压，讲解疾病的预防控制、用药等健康知识；中学、小学、幼儿园充分利用板报、橱窗、广播进行节日宣传，并通过召开班会、绘制感恩卡等形式，开展"爱在重阳"主题教育活动。

（郭媛媛）

【环境综合整治】 11月3日，南法信镇以东海洪、西海洪两个重点村为突破口，历时两个月在全镇9个村全面推进环境综合整治工作，明确拆除违法建设、取缔违法经营、规范房屋出租、严控流动人口、整治环境卫生、清理马路乱停车辆、清理非法劳务市场七项整治重点。共拆除非法超占宅基地违法建设1.1万余平方米，拆除非住宅违法建设5585平方米；取缔无照经营104户，完成区挂账任务，规范经营1220户；清理垃圾渣土6754吨，乱堆乱放604处；拆除广告牌匾1061平方米，整治非法小广告1458处；粉刷墙面10万余平方米；规范出租房屋993户，减少流动人口4000余人，镇域形象得到改善。

（陈立庚）

【总理会见南法信幼儿园园长】 11月3日，南法信镇中心幼儿园园长韩佳齐参加国务院总理温家宝与北京市部分区县十家幼儿园园长、教师及家长代表座谈会，韩佳齐作为顺义区代表向总理汇报了工作。

（苏远方）

【十月金秋展】 自11月5日起，南法信镇举办"辉煌十一五 和谐南法信"2010年"十月金秋"书法摄影大赛。全镇23家基层单位的200余人参加，共征集摄影、书法、绘画作品526幅。

（魏　巍）

【征兵工作】 12月10日，南法信镇欢送入伍新兵。全镇共有73名青年报名参军，经过层层筛选，5名优秀青年光荣入伍。同时，现役军人李野、刘正强还被北京市顺义区国防动员委员会评为"2010年度优秀现役军人"。

（陶　刚）

【拆迁、回迁工作】 2010年12月，南法信镇完成南法信、刘家河两村拆迁工作，涉及1458户3512人，宅基地828宗，地区城市化率达到62.6%。完成马家营村回迁安置工作，共安排回迁房820套，涉及378户1531人，截止目前，机场东扩整建制拆迁的五个村已全部回迁完毕。

（王海刚）

【新农村环境改建工作】 2010年南法信镇不断深化新农村建设。投资860万元完成西海洪、南卷两个村的农村安全饮水改造工程；投资446万元完成东海洪、东杜兰两个村3.7万余平方米的街坊路改造工程；投资196万元完成东海洪、西海洪、南卷、东杜兰四个村七处公厕建设工程；投资120万元完成兰洪路延长线修建工程；投资75万元完成西杜兰村太阳能浴室建设工程；投资22万元为西杜兰、东海洪、西海洪、南卷、三家店五个村安装节能路灯550盏。

(柏松浩)

【村委会换届选举工作】 12月底，南法信镇通过强化组织领导、提早安排部署、强化分类指导、加大宣传力度，顺利完成第八届村委会换届选举工作，书记、主任"一肩挑"比例达到100%，村两委成员交叉任职比例达到81%。

(丁 威)

李桥镇

【概 况】 李桥镇位于顺义区南端，距北京市区20公里，李桥镇镇域总面积75.18平方公里，常住人口5.2万，下辖31个行政村和2个居委会。东依潮白河，紧邻首都国际机场，距T3航站楼1公里，北接顺义区南环路，南接通州区。京平高速路、机场南线、六环路等多元化的交通路网汇集此地，京承铁路纵穿全镇，地理位置优越，交通极为便利。镇域内任李路、顺通路、机场东路上有多条公交线路。其中，市内公交主要有：850路(顺义马坡花园——东直门)、924路(顺义——通州土桥)、935路(沮沟村——东直门)、955路(东方太阳城——东直门)、989路(马坡——四惠)；顺义区区内公交有：12路(安里——国航配餐)、14路(南庄头——北孙各庄)、34路(临清——北孙各庄)、42路(顺鑫花语——滨河小区)。按照顺义新城规划和产业定位要求，李桥镇将沿河村2.56平方公里的规划区域作为临空经济产业带的生活服务配套版块区，用于建立高品质的房地产及旅游休闲、新型商业、体育健身等综合服务配套项目，满足临空经济区内工作的中高级管理人员的生活休闲需求。得天独厚的区位优势，使李桥日益成为临空经济发展的重要聚集地。同时，北京临空经济区全新的核心功能区，临空经济未来总部聚集地国门商务区地处李桥镇域内，其五大功能区的国际商务区、商业综合服务区、航空产业配套区三大功能区全部位于李桥境地。这又将为李桥发展高端产业聚集带提供强大支持。李桥镇2010年，完成地区生产总值22.09亿元、属地财税收入8.2亿元、地方财政收入1.6亿元，同比分别增长22.3%、97.6%和11.5%，农民人均劳动所得12841元，同比增长10%。社会经营性总资产58.7亿元，同比增长21.1%。2010年李桥镇被北京市政府办公厅评为信息工作优秀单位，被北京市计划生育协会评为计划生育协会工作先进单位，被北京市人力资源和社会保障局评为2010年度开展劳动用工规范一条街工程工作先进单位。

单位名称：顺义区李桥镇人民政府
地址：顺义区李桥镇头二营村东
电话：(010)89426100
邮编：101304
网址：www.lq.bjshy.gov.cn

(鲍 静)

【新型农村科技服务网】 1月26日，李桥镇沿河村在顺义区"双百对接"活动中与北京农学院计算机工程学院建立了一对一帮扶关系，将在农民技能培训、村级科技网络信息化等方面进行长期合作。一张由爱农信息驿站、基层协调员工作站(合作组织、农业企业)、农村科技协调员组成的，以农村科技协调员为科技服务骨干，以市场化、信息化、社会化为特征的新型农村科技服务网在京郊李桥镇铺展开来。

(鲍 静)

【二三产业先进镇】 2月24日，李桥镇荣获2009年度顺义区"二三产业先进镇"的称号，李桥镇坚持将发展二三产业作为夯实地区经济实力的重要基础，依托临空经济区功能定位和产业基础，结合实际，从区域产业总体规划出发,充分发挥国门商务区、首钢冷轧等重点项目辐射带动作用,培育优势产业集群,加快临空经济及高端产业发展。全镇二三产业保持持续向好的发展势头,二三产业占 GDP 比重近 90%。李桥镇已连续十余年获此殊荣。

(鲍　静)

【专家讲解女性保健知识】 3 月 3 日,李桥镇请区原妇幼保健院长宋学英讲解女性身心健康和养生保健知识。李桥镇始终把保障妇女健康权益、提高妇女生殖健康水平作为构建平安家庭促进和谐村镇建设的一项重要工作来抓,各村坚持每年定期对村内已婚育龄妇女进行常见病普查,使妇女们不出村就可以接受各项正规的身体检查,做到了有病早治、无病早防。

(鲍　静)

【第十五届人民代表大会第六次会议】 3 月 4 日,李桥镇第十五届人民代表大会第六次会议在李桥镇政府召开,出席会议的代表 57 人。会议听取和审查了镇政府工作报告;听取和批准了镇财政预算和预算执行情况的报告。

(鲍　静)

【志愿服务】 3 月 5 日,李桥镇团委组织基层共青团员走上街头为百姓开展志愿服务。在沿河商业街上,李桥镇卫生院组织部分青年团员为过往百姓开展义诊活动,义诊的内容包括慢性病和春季多发传染病的防治、健康咨询、测量血压、发放两癌筛查宣传手册和避孕药具等,医生们耐心讲解得到了过往群众的一致好评。在活动过程中志愿者们共接待健康咨询 80 多人、测量血压 75 人、发放各类宣传材料 530 份、避孕药具 100 余盒。同时,李桥镇百余名中小学生走上街头,通过拣拾白色垃圾、清理路边小广告,回收废旧电池等活动。

(鲍　静)

【李桥镇法律援助宣传活动入民心】 3 月 18 日,李桥镇司法所在沿河商业街集中开展了法律援助条例宣传活动。在活动现场,镇司法所的同志向广大村民就法律援助的性质、作用及如何申请法律援助的具体要求进行了细致的讲解。活动过程中共发放各类宣传材料 500 余份,现场解答群众咨询案例 40 件,受教育群众达 300 余人次。

(鲍　静)

【结核防治知识宣传】 3 月 24 日,第 15 个“世界防治结核病日”,李桥镇卫生院深入农村、社区,结合“遏制结核,健康和谐”的宣传主题,将结核病防治常识送到农民身边,让农民在家门口就能了解到结核病的危害、预防和治疗。此次活动通过现场咨询、免费义诊及现场讲座等形式,共发放宣传材料 3000 余份,解答现场咨询 100 人次,提高了农民对结核病防治知识的认知程度,并为倡导健康生活方式,创建和谐李桥起到了良好的宣传效果。

(鲍　静)

【水资源利用】 3 月 29 日,李桥镇从提高水资源利用效率和效益入手,在加快社会发展的同时,高度重视水资源保护工作,累计投资近 2 亿元,有效实现水资源的高效利用和经济的可持续发展。投资 200 万元在首儿药厂建设日处理能力 350 吨的污水处理设施,防止水源污染;针对首钢冷扎项目用水量大的特点,采取中水进行生产,中水使用量占新水用量的 61%,每年可节约地下水 280 万吨。投资 500 万元在馨港庄园小区内建立设施完备的中水站,经过处理后的污水用于小区绿化和浇洒道路,实现水资源的循环利用。做好重点行业节水。在以瓜菜为主的农业生产上,大面积采用滴灌、渗灌等先进灌溉设施。全镇共解决了 2 万亩农田节水灌溉问题,累计投入资金 7000 万元。投资 8200 万元,打造都市型农业节水示范园区,与现有的“北京市顺沿特种蔬菜基地”和“沿河绿地瓜菜产销合作社”形成组团,逐步建成集生产、示范、展示、推广、科研、旅游、休闲等多功能于一体的农业节水科技园区。

(鲍　静)

【第十五届人民代表大会第七次会议】 4月9日，李桥镇第十五届人民代表大会第七次会议在李桥镇政府召开，出席会议的代表56人。会议选举张芳为副镇长。

（鲍　静）

【便民服务】 4月12日，李桥镇为全镇31个村便民服务室的负责人进行了业务知识培训，规范了“办事、帮扶、调和、答询”的四项基本职能，全面提升便民服务水平，实现了“群众办事、矛盾调和化解、掌握信息、帮扶解困”四项职能不出村就可解决。

（鲍　静）

【“一站式”办公服务】 4月23日，李桥镇投资30余万元，为全镇11家流动人口“一站式”办公大厅统一发放办公设备。服务站凭借专业化管理队伍，提供快速便捷的服务，简化办证手续就地办理，方便来京人员办事出行。

（鲍　静）

【乒乓球比赛】 4月13日，李桥镇第四届“和谐杯”乒乓球比赛开赛，200余名乒乓球爱好者参加。经过层层筛选，在5个组别比赛中，全镇21支参赛队伍中93名参赛选手脱颖而出。李桥镇以本次乒乓球比赛活动为载体，为广大村民提供一个展示自我的机会，倡导顽强拼搏、团结互助、平等友爱的良好和谐风尚，为积极构建和谐社会营造良好氛围。

（鲍　静）

【篮球赛】 5月7日，李桥镇第二届“首钢冷轧杯”篮球比赛在北京首钢冷轧薄板有限公司正式打响，比赛吸引了镇内各企事业及村级单位共15支代表队，运动员、教练员近200人参加。经过三天的激烈角逐，北京首钢冷轧薄板公司与后桥村代表队分别荣获企业组与村级组第一名。

（鲍　静）

【“五月鲜花”文艺汇演】 7月1日，在建党八十九周年纪念日之际，李桥镇举办了“五月鲜花”文艺汇演活动。在该镇王家场村影剧院内，演出活动吸引了老党员、老干部，群众共400余人前来观看。

（鲍　静）

【书法美术摄影作品展】 11月18日，李桥镇第十七届“十月金秋”书法、美术、摄影作品展在王家场村拉开帷幕，共有从基层精挑细选出的70件作品参展。此次活动，全镇31各村和2个社区的书画摄影爱好者积极参与，共征集摄影作品、书法作品、美术作品190多件，经初步筛选出优秀作品70幅，进行为期3周的集中展览。李桥镇先后组织村文化干部、文艺爱好者以及机关干部参观，累计参观人数达2000余人。

（鲍　静）

【对口支援合作】 7月15日，李桥卫生院与地坛医院建立了传染病对口支援合作协议。地坛医院每周都将来到基层，为李桥卫生院的医护人员开展传染病相关诊治知识和传染病管理知识的培训。届时，基层医护人员对传染病的认识及对传染病的诊治水平都将得有效提高。

（鲍　静）

【区委领导到李桥中心幼儿园慰问】 9月8日，区委常委、常务副区长李友生来到李桥中心幼儿园慰问全体教师，为他们送去了节日的祝福和问候，并与部分教师代表进行了座谈。座谈中，区委常委、常务副区长李友生详细询问了教师的工作、生活等情况。他指出，做好孩子的启蒙教育工作需要有良好的教育环境和较高的师资水平。教育工作者必须树立忠诚的教育信念，不断提高自身素质，踏踏实实做好本职工作，积极为基础教育工作贡献力量。

（鲍　静）

【“一助一”活动】 9月12日，北京泰福恒投资发展有限公司与李桥镇南桃园村结成“一助一”帮扶对子，企业现场为村集体捐赠10万元用于该村的新农村建设。

（鲍　静）

【宣传环保活动】 9月30日，李桥镇沿河中心小学以“迎国庆 讲低碳 促环保”为主题，以争当“环保小卫士”为口号，百余名小学生积极展开学习低碳、宣传环保活动。

（鲍　静）

【世界艾滋病日宣传】 12月1日是世界艾滋病日，李桥镇卫生院围绕“遏制艾滋，履行承诺”的主题，在全镇范围内开展了宣传活动。

（鲍　静）

天竺镇

【概　况】 天竺镇位于顺义区西南端，东经116°32′，北纬40°4′。隔温榆河与朝阳区相望，距市区15公里，距顺义城区10.6公里，总面积13.24平方公里。首都国际机场、新国际展览中心坐落在境内，首都机场高速公路、首都机场南线高速公路、机场快速轨道、机场辅路穿境而过，西侧有101国道、地铁M15号线，天北路连接首都机场与101国道，东南部有李天路。1992年原国务院副总理田纪云为天竺镇题词“国门第一镇”。1998年顺义县撤县设区，天竺镇亦称天竺地区办事处。2006年天竺被规划定位为国门商务区核心区。辖5个行政村，2个社区居委会。常住人口10450人，其中农业人口6354人，非农业人口4096人，流动人口13432人。紧抓首都机场、新国展、临空经济核心区三大优势，全力以赴优服务、拓空间、强产业，镇域经济快速健康发展。2010年，实现地区生产总值17.5亿元，同比增长10%；完成属地税收8.2亿元，同比增长52%；实现地方财政收入2.6亿元，同比增长48%；农民人均劳动所得13394元，同比增长5%。荣获“全国民政系统行风建设示范单位”、“北京市敬老爱老服务先进单位”、“北京市信访排查调处工作先进集体”、“首都国家安全工作先进集体”等荣誉称号。

单位名称：顺义区天竺镇人民政府

地址：顺义区天竺镇府右街6号

电话：(010)80462334

邮编：101312

网址：www.tzkgc.gov.cn

（杨春华）

【镇域经济】 临空经济快速发展，发挥新华航、中航油、动力能源等龙头企业的辐射带动作用，年内引进物流、酒店等航空配套企业74家，实现注册资金1.04亿元。文化创意产业加速聚集，吸引文化创意类企业29家，实现税收800余万元。楼宇经济潜能释放，引进楼宇注册企业102家，实现注册资金2.35亿元。重点项目加快推进，华谊兄弟文化创意产业园项目在顺义区啤酒节上顺利签约。万禾世家房地产公司入驻当年实现税收5700万元。招商平台不断拓展，在抓好首都机场两个招商代办点的同时，设立天竺镇企业集中办公区，吸引28家企业入驻，当年实现注册资金近亿元。企业帮扶成效显著，协助吉尔吉文化发展有限公司申请市级文化创意产业扶持资金34万元，为新华航等4家重点企业申报引进人才27人，为中航油等3家企业的18名高管人员申请“顺义绿卡”，推荐2名优秀青年企业家加入北京青年商会，多项帮扶举措促进企业健康发展。

（杨春华）

【创先争优活动】 以“创建先进党支部、争当优秀共产党员、做文明天竺人”为主题，搭建“三比三重”即“比学习、重提升，比服务、重承诺，比示范、重表率”的活动载体，把学习贯穿始终，开展“学习创造未来、知识改变天竺——为天竺腾飞而读书”活动，在学习中拓展思路，提升工作能力和服务水平。秉持“站着做人、跪着服务”的理念，继续开展“进百家、访千人”活动，包村干部进农门、坐农炕、听农声、访民情、交农友、解农愁。开展“为民办实事"活动,有效解决再就业、环境、社保、教育、医疗等民生问题。充分发挥党员"一面旗"、"一面镜"作用,立足岗位,提高技能,树立服务品牌。开展"党员先锋岗"、"党员示范户"创评活动,评选出30个党员先锋岗和60个党员示范户。开展"共产党员献爱心"捐献活动,30个基层党支部的806名党员捐款52915元。通过《天竺简报》、《和谐家园》、LED大屏幕等多种途径对先进支部、优秀共产党员的先进事迹进行宣传。设计制作主题宣传画1000余张,营造创先争优氛围。在中央、市级、区级媒体累计刊登稿件668篇,树立和谐国门新形象。

(杨春华)

【党风廉政建设】 贯彻执行《顺义区党政"一把手"廉政风险防范管理七项制度》、《关于加强廉政风险防范科学化、精细化管理的实施意见》等制度规定。逐级签订《党风廉政建设责任书》,开展改进机关作风、提升服务效能、廉政风险防范管理向基层延伸等活动,定期开展班子成员民主测评、述职述廉和民主生活会,领导干部廉洁从政、为民服务意识得到切实提高。全面推行"机关财务预算,资金申请报告,内外审核结合,重点工程评审"四项财务制度。加大镇村财务监督管理,聘请专业会计师事务所,每半年对镇财政及村级财务进行一次审计,从制度上杜绝了"小金库"、"账外账"等现象的发生。定期开展党员发展廉政谈话,考察发展对象廉洁自律意识和拒腐防变能力,为向党组织输送优秀人才提供保证。

(杨春华)

【社会保障】 出资140万元,完成7785人的新型农村合作医疗筹资参保工作,参合率达到100%。报销各项医疗费用760万元。落实参合人员镇级财政二次报销政策,为参合人员二次报销160万元。投入资金81万元,开展"送温暖"等走访慰问活动,落实残疾人帮扶、老年人福利、拥军优属政策,实现农村义务兵与城镇义务兵优待金标准城乡一体化。大力发展慈善事业,通过慈善协会天竺分会救助困难群众31户,发放慈善救助资金23万元。南竺园社区残疾人温馨家园建成并投入使用。扎实做好保障性住房审核、申请工作,15户符合条件的家庭通过摇号获得了选购资格。

(杨春华)

【社区康复培训基地落户】 5月15日,天竺镇脑血管康复中心、顺义残疾人社区康复示范镇、全国社区康复专业委员会培训基地,在天竺镇卫生院揭牌。脑血管康复中心,设立了中医特色康复专区、康复评估室、训练室,投资20多万元配备了多功能电脑三维牵引床、脑循环治疗仪等先进的康复仪器,聘请全国社区康复专业委员会专家每周来镇卫生院开展培训和指导。出台专项惠民政策,对农民脑中风患者实行免费康复治疗,18名脑卒中患者通过康复基本实现生活自理。

(杨春华)

【劳动就业】 面向首都机场等单位,开发优质岗位7000个,成功推荐1500人就业。成立家政行业协会,促进"4050"人员就业。落实《关于促进劳动就业工作的奖励办法》,投入资金34.5万元,对22家安置镇内农业户籍劳动力就业突出单位进行奖励,1150人受益。消除零就业家庭和纯农就业家庭,劳动力就业率达98%。

(杨春华)

【家政服务协会天竺挂牌】 6月10日,北京市第一家区县家政服务行业协会——顺义区家政服务行业协会在天竺镇挂牌成立。北京奥竺物业管理有限公司、北京顺鑫家政有限公司、顺义老年公寓等68个家政服务单位加入,后沙峪服务明星张淑萍等100多人加盟成为会员。协会将充分发挥参与制定行业标准、协调服务价格、监督服务质量、开展技能培训等职能作用。

(杨春华)

【村委会换届选举】 4月－7月，完成村委会换届选举工作。村委会主任实现连选连任，村党支部书记兼任村委会主任比率为100%，村两委交叉任职率为76.2%，全部实现“一次选举一次成功”。

（杨春华）

【天竺村拆迁工作】 天竺村是北京市50个挂账整治重点村之一。该村北起天竺镇府前一街，南至李天路，东临首都机场，西到天竺府右街，村域面积5824亩，全村共2585户，户籍人口5794人，流动人口45000余人，宅基地1247宗，占地49万平方米，建筑面积58万平方米，村内集体及民营企业89家，占地73万平方米，建筑面积34万平方米。从8月5日拆迁启动至11月2日晚12点奖励期结束，历时90天，完成2544户签约工作，占总户数的98.8%。

（杨春华）

【村庄社区化管理】 以“方便生活、利于管理、构建和谐”为原则，在全市率先提出“村庄管理规范化、村政村务自治化、治安管理网格化、村民服务优质化”的“四化”管理模式，年内完成辖区内四村的封闭设施及综合服务中心建设。综合服务中心设警务工作站、来京人员和出租房屋服务站、治安巡防工作站、文化活动站、老年服务站、联合执法工作站、民调室、综合行政办公室、监控室、主任办公室等“六站四室”，实行集约管理，集中服务，方便群众生活，方便百姓办事。

（杨春华）

后沙峪镇

【概　况】 后沙峪镇位于顺义区西南部，南接朝阳，北壤昌平，镇域面积42.6平方公里，下辖16个行政村，2个社区居委会，人口2.1万，是全市高端外籍人口聚集区，8000多名外国友人在镇内居住；首都国际机场、新国展、花博会主场馆以及天竺综合保税区坐落其中；M15号线在后沙峪镇设有新国展站、国展北站、后沙峪站3个站点。后沙峪镇作为首都临空经济核心区的重要节点，是顺义新城空港城组团重要组成部分，规划功能定位是以居住、综合服务、临空产业为主导。立足新的城市功能定位，后沙峪镇坚持以首都国际机场为依托，发挥新国展和花博会主场馆的资源优势，以临空经济业和会展服务业为主导，确立了“一区四中心”的发展思路和努力构建北京国际空港后沙峪新城的战略目标。

单位名称：北京市顺义区后沙峪镇人民政府
地址：后沙峪镇双裕街39号
电话：(010)80496837
邮编：101300

（郑　娟）

【招商引资工作】 新引进海航集团综合配套基地项目，已正式签约。该项目位于花博会主场馆南侧、M15号线轻轨站西侧，占地557亩，总投资60亿元，拟建设包括海航旗下航空公司及其他相关产业办公楼、商业配套等设施。预计5年两期全部建成后，每年可实现税收3亿元。中航信产业园一期工程进展顺利。国航飞行模拟训练基地项目，一期工程主飞行楼已经竣工，两台飞行模拟机调试安装完毕，正式上机培训。

（信息中心）

【基础设施建设】 顺义新城18、19、20、21四个街区的控制性规划调整工作已经完成，四个街区严格按照规划进行建设。2010年累计投资4800余万元，完成京密路至污水处理厂中水主线，完善了双裕北街、安富街、裕华路、火寺路等道路市政配套工程。

（信息中心）

【临空会展服务业】 依托新国展和花博会主展馆等资源大力发展会展服务业。重点抓住顺义区利用两大展馆谋划承办和举办各种大型展会活动的契机,大力引进会展服务公司、广告公司、装潢公司、设计公司等会展关联企业,做好产业对接和深度开发。

(信息中心)

【后沙峪镇总工会成立】 11月12日,在机关后二楼召开后沙峪镇总工会成立大会,出席代表50人。差额选举产生了委员17人,经费审查委员3人,女工委员3人。选举赵保东同志为工会主席、赵冬梅同志为工会副主席。承担辖区内建会企业与职工的桥梁纽带作。

(信息中心)

【环境整治工作】 积极配合区水务局开展龙道河生态环境治理工程,该工程是顺义区重点工程之一,投资达1.5亿元,治理完成后将大力改善周边人居和生态环境,目前工程正在按照进度顺利进行,预计今年5月底可全部完成。投资4000余万元的罗马东湖湿地生态环境治理工程已于2010年11月底完成验收,系统正式投入运行。古城、铁匠营、马头庄、白辛庄四个挂账村900余宗违法建设已全部拆除完毕,村民自拆率达90%。根据环境整治台账任务,村级环境卫生得到全面治理,取缔非正规垃圾填埋场3座,清理乱堆乱放2万余平方米。

(信息中心)

【就业工作】 积极推进由充分就业向选择性就业的过渡,促进农民向"三高"转移就业,提高就业质量和工资性收入的增长。对于拆迁村,我们建立了专门的就业服务站。全年共举办各类免费技能培训和招聘会11场,对1430人进行就业指导,实现农村劳动力转移就业305人,帮助510名失业人员重新就业。

(信息中心)

【新型合作医疗工作】 投资200万元,实行新农合"一比一补贴",惠及参合农民1.2万人。全年累计报销9000余人,报销金额达620万余元。

(信息中心)

【爱心基金】 对低收入和残疾人家庭面临的阶段性、临时性困难,通过"阳光爱心基金"、大病救助给予及时有效的救助。

(信息中心)

【教育教学】 坚持教育优先的原则,对临时幼儿园进行装修,同时开展中心小学操场的绿化美化;继续加大顺义十中与北京四中联合办学力度,4月8日,顺义十中正式更名为北京四中顺义分校,实现了在全市范围内的统一招生。

(信息中心)

【群众文化体育活动】 先后举办"送欢乐、下基层"慰问演出和第六届"后沙峪杯"交谊舞大赛,并组织群众参加顺义区举办的各类比赛,丰富群众文化生活;积极开展送电影下基层活动,为各村、企业免费放映电影70余场;在龙腾世纪文化广场安装音响设备,满足群众娱乐需求。承办第八届"后沙峪杯"环城赛,充分利用各村体育活动场所,举办村民运动会,广泛开展群众性体育活动,全民健康素质进一步提升。

(信息中心)

高丽营镇

【概　况】 高丽营镇是《北京城市总体规划》、《顺义新城规划》确定的重点镇,位于顺义西部,处于临空经济区和温榆河绿色生态走廊的延展区域。镇域面积61.1平方公里。下辖25个村(已拆1个村)和1个居委会(丽喜花园),常住人口4.4万人,其中户籍人口2.6万人。2010年,在区委、区政府和镇党委的坚强领导下,全镇上下深入学习实践科学发展观,坚决落实区委、区政府提出的"城乡发展一体化、经济发展多元化、社会管理精细化、党建工作科学化”的战略部署,顺利完成了年初确定的各项目标任务,为“十一五”发展划上了的句号。2010 年,该镇被顺义区委、区政府评为“思想政治工作先进单位”,全镇实现农村经济总收入 26 亿元;完成属地财税收入 3.35 亿元;地方财政收入 9996 万元;人均劳动所得 1.2 万元。按照总体规划和控制性详细规划,高丽营镇坚持以“临空产业强镇,生态宜居小城”的城镇发展为总体定位,坚持科学规划和基础设施建设“两个先行”,实现主导产业培育、生态环境建设和社会事业发展“三个突破”,分重点、分阶段梯次推进,全面建设重点镇,着力打造“一心、两带、三走廊”的城镇空间发展格局。“一心”即面积为 2.4 平方公里的镇中心区,是以行政办公、居住、公共服务、商业服务、文化等功能为主,服务高丽营镇、顺义新城和临空经济区,是全镇的行政中心、文体休闲中心,是顺义区西部的商业中心。“两带”即西部商务休闲产业带和东部高端制造产业带。东部高端制造产业带依托金马工业园,健全完善招商引资机制,强化基础设施建设,拓展产业发展空间,实现了园区全面快速发展;西部商务休闲产业带依托温榆河绿色生态走廊,形成了“春晖园温泉度假酒店”、“花水湾温泉度假村”等为主的商务休闲品牌;相继引进了总投资 78 亿元的“首旅华龙”、“北燃实业广场”和东方华美等重点项目,发展后劲进一步增强。“三走廊”即“白马路生态走廊”、“六环路生态走廊”和“顺于路生态走廊”。这三条生态走廊是该镇主要的城市景观带,以生态功能为主,依托现有农业资源,可适度发展都市型现代农业,扩大观光采摘农业的产业容量。

单位名称:北京市顺义区高丽营镇人民政府
电话:(010)69455951
邮编:101303
网址:www.gaoly.bjshy.gov.cn

(王曼羽)

【重点镇建设】 紧紧围绕“临空产业强镇,生态宜居小城”的发展定位,以加快中心区建设为重点,扎实推进重点镇建设。规划引领作用进一步凸显。一是编制完成了镇域土地利用规划、镇中心区、西部商务休闲产业带等重点区域城市设计和建设实施方案,基本形成了总规、控规、城镇空间布局、重点区域城市设计等相互衔接、相互协调的规划体系。二是完成高丽营规划馆建设,高标准设计制作高丽营小城镇建设规划沙盘模型、数字沙盘和宣传影片,形象直观地展现城镇发展总体定位、功能分区和发展远景,科学指导重点镇建设。重点工程进展顺利。行政办公中心、高丽营“九年一贯制”学校主体已封顶,正在抓紧实施二次装修。投资 1.6 亿元的中心区 7.9 公里市政道路已开工建设,实际完成投资 7600 万元,雨污水管线、通讯线路等设施已基本完工。中心区供热中心、休闲生态公园、文体中心项目已上报发改委待审批。中心区至引温入潮二期污水管线、副中心区路网工程已完成管网综合。于庄村土地开发项目一期配建回迁房项目用地,已通过招标落实二级开发单位。夏县营村土地一级开发完成定桩成果,规划条件申请已报市规委待批复。

(王曼羽)

【镇域经济】 按照“优化一产,做强二产,做大三产”的总体思路,充分借助顺义新城、临空经济区、天竺综合保税区的辐射带动作用,以推进重点产业项目落地达产为着力点,加快打造东部高端制造业产业带和西部商务休闲产业带,全镇经济社会实现了全面协调可持续发展。招商引资工作稳步推进。一是项目建设方面。目前,金马工业园完工项目 4 个,分别是北京申通联晟物流有限公司、北京瑞丰澄通科技发展有限公司二期、水利部科研中心项目、北京鹏远电器设备有限公司。项目总投资 3.9 亿元,预计达产后可实现销售收入 3 亿元,税收 3000 万元。在建项目 5 个,分别是北京华懋伟业精密电子有限公司、北京顺诚彩色印刷有限公司、顺鑫首联平置库项目、北京万安金马包装制品有限公司、北京恒慧通肉类食品有限公司二期、北京富迪创业科技有限公司。项目总投资5.2亿元,预计达产后可实现销售收入4.8亿元,税收5000万元。二是资产盘活方面。截至目前,盘活闲置土地面积63亩,引进政平建筑工程有限公司等3个项目,总投资1.1亿元。三是总部型企业方面。坚持“无地招商”的发展模式,全年引进注册企业44家,注册资本3.8亿元。园区建设进一步加强。一是土地一级开发进展顺利。金马工业园控规范围内298亩土地一级开发项目,已获得发改委立项批复;金马工业园规划新增61.77公顷工业用地控规编制已完成,并上报市规委审批。二是基础设施不断完善。投资4633万元,完成了1700米道路、5000米雨污水管线、1000米蒸汽管线、500米供水及燃气管线等工程,金马工业园市政基础设施承载能力进一步增强。服务企业水平全面提升。一是对重点建设项目实行一个项目、一个责任领导、一个服务班子“三个一”服务机制,对项目策划、实施的全过程进行组织协调、指导和跟踪服务。二是大力扶植企业发展,全年争取市、区两级补助资金355万元,有效解决了企业在发展过程中遇到的资金、技术等问题,促进企业不断发展壮大。都市型现代农业稳步发展。一是充分利用现有优势资源,加大宣传力度,以“七彩蝶园”、“顺丽鑫樱桃”为龙头,做大做强农业观光品牌,促进一产和三产融合发展。二是积极推动金路易速冻食品公司上市发展,进一步提高农产品深加工、精加工水平,加快农产品加工企业发展。三是投资281.6万元,完成6个村5000亩农田灌溉设施改造工程,更新机井19眼,铺设供水管线5500米。

(王曼羽)

【镇村环境】 紧紧围绕“生态宜居小城”的发展定位,以“三走廊”建设为重点,通过标志性生态环境建设项目带动镇域整体环境提升,助推重点镇建设,镇村生态环境不断改善。新农村建设扎实推进。今年,“五项基础设施”和“三起来”工程共涉及五村、七村等17个村,全年新修街坊路7.6万平方米;新建公厕15座;改造户厕1195个;新建太阳能浴室5座。为东马、唐自头和四村的3眼自备井安装了净化设备,让村民喝上了放心水。为北王路、前渠河、张喜庄等7个村更换节能路灯640盏。完成唐自头、西王路和北王路村既有农宅节能改造45户。更换破旧垃圾桶300个,发放户用垃圾桶1.1万个。环境整治有序开展。实施环境建设“以奖代补”工作机制,镇政府投入500万元助推25个村环境整治上台阶。一是8条绿色文明生态走廊两侧可视范围边沟、绿化带整洁、规范;粉刷树木11万株;彻底整治M15号线顺义段沿线周边环境,粉刷建筑物外立面4416平方米;整治域内河道周边环境,清理脏乱点9处,清除垃圾4765立方米。二是完成环境整治台账135个,清理卫生死角、堆放546处;清理小广告585处;清除垃圾、渣土2.5万立方米;清理堆放8000立方米;拆除破旧棚舍、私搭乱建6000平方米;拆除不规范广告牌匾8000平方米。三是启动顺沙路高丽营段11公里环境综合整治工程,已完成203家商户门前乱堆乱放清理工作。截至目前,镇村两级环境整治累计投入1300万元。绿化美化全面实施。完成顺沙路等主要公路两侧及各村空闲地绿化110亩。投资121万元完成文化营村东田间路绿化、金马开发区南一路、顺沙路、顺于路方氏渠绿化工程,栽植面积70亩,栽植各类苗木1.1万株。投资24万元完成“百村万户”工程240户,累计完成4030户庭院绿化工程,全镇绿化面积达到2.7万亩,绿化率34%,人均绿地面积62平方米。

(王曼羽)

【社会建设】 劳动就业和社会保障制度全面落实。一是完成了5个村232人征地转非安置工作,通过“转非进职保”方式转非 26 人。二是实现农村劳动力转移就业 815 人,完成全年指标 170%,安置城镇失业人员 286 人,完成全年指标 130%;农村劳动力等级培训 666 人,完成全年指标 107%;失业人员培训 100 人,完成全年指标 147%;开展职业指导 1367 人次,完成全年指标 171%。三是“新农保”参保达 6824 人,缴费总额达到 681 万元,无城镇职工保险人员全部参保的目标基本实现;参加“一老一小”医疗保险 517 人;“新农合”参保人数 16949 人,参保率达 100%;完成 1336 张社保卡发放工作。四是积极推进教育救助工作,为 24 名大专院校在校困难学生提供救助金 8.92 万元。五是发放低保、优抚等专项资金 180 余万元;镇慈善分会共接受社会各界为玉树捐款 24.2 万元,全镇慈善互助的良好氛围逐渐形成。维护和谐稳定的工作机制进一步健全。一是强化社会综合治理,镇村管理更加精细。进一步健全完善治安综合治理、信访调处、安全生产等工作机制及应急措施,加大校园周边、重点企业安全防范治理,确保了全镇的社会稳定和政治安定;投入 600 万元完善镇村物防、技防设施,新增治安岗亭 28 个,90%的村实现技防设备全面覆盖。截至目前,共有镇村巡防队员 257 人,村级志愿者 1117 人;预计总投资 800 万元推进东马各庄、文化营、张喜庄、后渠河 4 个试点村的社区化管理工作,目前,已投入 400 万元完成了社区封闭围栏及“三站两室”。二是强化流动人口服务管理。健全镇、村、企业三级联动服务管理机制,以“服务”促“管理”;定期开展联合执法,强化低端行业的清理整顿,促进低端流动人口有序流出,有效地控制了流动人口总量。三是强化违建查处。成立拆违办公室,加强镇村土地巡查队伍建设,严格执行“五不准”制度,有效地遏制了违法占地、违法建设现象。截至目前,已拆除违建 34 宗,建筑面积 3.2 万平方米。四是投资 9.65 万元扶助计生家庭,将扶助金额增加到女孩户每人每年 600 元,男孩户每人每年 480 元,并为特扶人员发放每人每年 1200 元的扶助资金。为 48 户计生家庭申请贴息贷款共 228 万元。五是积极稳妥推进农村经济产权制度改革,14 个村的产权制度改革基本完成。

（王曼羽）

【民主法治建设】 全面落实《“五五”普法规划》,开展法制宣传教育,全民法律素质进一步提高。积极推进依法行政和政府信息公开,进一步完善全程办事代理制度,切实转变政府职能,工作效能得到全面提升,全年共受理各类服务事项 27169 件,群众满意率和办结率均为 100%。村级民主管理制度进一步深化,村级财务委托代管机制不断健全,村务公开、财务公开实现了民主、透明。第八届村委会换届选举完成。开展“做文明有礼的北京人”主题教育和各类群众性精神文明创建活动,市民文明素质和区域文明程度不断提高。青年志愿服务开展,关爱互助的社会氛围日益浓厚。“双拥”和“军民共建”工作扎实开展,高质量完成了年度征兵任务。

（王曼羽）

【“高丽营杯”戏曲票友邀请赛】 4 月 15 日,高丽营镇文化营村文体活动中心曲声悠扬,戏曲唱段精彩纷呈,来自顺义区 30 个单位和宣武区的戏曲艺术家粉墨登场、各展风采,拉开了第六届北京“高丽营杯”戏曲票友邀请赛的帷幕。大赛邀请到了谷文月、戴月琴、马惠民等著名评剧表演艺术家担任评委。北京市文化艺术活动中心党委书记魏巍,北京市戏曲家协会副主席杨乾武等领导出席了邀请赛。

（王曼羽）

【首都妇女义务植树活动】 4 月 2 日,“绿色北京我的家”——2010 年首都妇女义务植树暨身边爱绿、护绿、建绿推进活动启动仪式在高丽营镇隆重举行。市妇联副局级巡视员王淑存、区委常委、组织部长雷显武、区妇联主席赵桂清等领导出席。市妇联机关干部、区妇联机关干部、临空国际、高丽营镇机关干部和优秀首都绿化美化家庭代表共计800余人参加了活动,活动当日种植国槐等共计5000余株,占地面积60亩。

(王曼羽)

【重点小城镇产业发展拉练观摩活动】　6月10日,北京市农委副书记高华在区农委主任闫志广的陪同下,带领市42个重点小城镇主要领导,来到高丽营镇进行现场拉练观摩,参观了高丽营镇规划馆,并听取了高丽营镇产业园区项目建设和重点镇基础设施建设进展情况。

(王曼羽)

【樱桃采摘节】　副区长张晓峰、区农委主任闫志广等领导出席了开园仪式。本届樱桃节于6月11日至6月27日期间举办,届时向广大游客奉献30余种樱桃精品。北京顺丽鑫生态观光农业园有限责任公司位于顺义区高丽营镇,是一家以名优果品种植为主的高科技观光农业企业。公司名优果品种植总面积800亩,其中樱桃种植面积500亩,樱桃树12000余棵,主要品种有红灯、红艳、红蜜、佐滕锦、正光锦、萨米托等早、中、晚熟30余个品种。

(王曼羽)

【纪念建党89周年表彰大会】　7月1日,高丽营镇在文化营村文化活动中心举办纪念建党89周年表彰大会暨"五月的鲜花"文艺演出。对镇内的10个优秀党支部、10名优秀村党支部书记以及百名群众心中好党员进行了表彰。之后,各村及双管单位为大家献上了异彩纷呈的文艺演出,共庆党的89岁华诞。

(王曼羽)

【申通快递华北分拨中心落户】　11月7日,申通华北分拨中心暨北京公司乔迁庆典在金马工业园举行。该项目总占地面积50多亩,建筑面积达22000多平方米,其中建有15000多平方米的半自动化流水作业的分拨中心,拥有智能化监控系统、无线巴枪扫描系统、电子记重系统等现代化操作技术。园区内还建有可容纳300人的多功能会议厅、员工休闲娱乐为一体的综合办公大楼和配备了中央空调可24小时供应热水的员工生活区。

(王曼羽)

杨　镇

【概　况】　北京市顺义区杨镇位于顺义区潮白河以东,是顺义东部九镇中心,镇域面积96平方公里,是首批国家级试点小城镇之一,是北京市首批33家中心镇之一,是顺义区四个重点镇之一;杨镇据北京市区40公里,距顺义城区15公里,市级快速路——顺平线穿境而过,驱车20分钟即可到达首都国际机场,15分钟可到六环路、顺义城区,10分钟可到达水上奥运场馆;杨镇有耕地7.3万亩,辖42个行政村,常住人口5.5万人。2010年,杨镇上下紧紧围绕"一园、两区、三组团"建设,完成年初制定的各项工作任务,在经济快速增长的同时,总投资115亿元,可年产整车40万辆的北京现代三厂也盛大开工,重点镇建设扎实推进,新农村建设硕果累累,社会各项事业全面进步,社会更加和谐稳定。

单位名称:顺义区杨镇人民政府

地址:顺义区杨镇府前街3号

电话:(010)61451287

邮编:101309

网址:www.yangzhen.bjshy.gov.cn

(虞天娇)

【再就业工作先进镇】　3月3日,顺义区召开2010年度就业再就业工作会,杨镇被评为"顺义区2009年度就业再就业工作先进镇",并与北京现代汽车有限公司签订《手拉手促就业协议书》。

(虞天娇)

【虎年首场招聘会】 3月12日，杨镇举办虎年首场就业招聘会，北京上海大众销售服务有限公司、曲美家具、泛美服装等28家公司进行现场招聘，提供岗位1200余个，涉及人事经理、销售服务、建筑工程、产品研发等多种岗位，参加应聘600余人次，签署就业协议750余人次。

（虞天娇）

【钱江弹簧（北京）有限公司奠基】 3月26日，钱江弹簧（北京）有限公司奠基仪式在杨镇举行。全国政协常委何丕洁，北京市政协副主席傅惠民，浙江省政协副主席王永昌、冯明光，中国机械联合会执行副会长杨学桐等领导出席。该公司由钱江工业集团和钱江弹簧（杭州）有限公司共同投资组建，是一家集生产、研发和销售于一体的汽车零部件制造厂，总投资4.5亿元，建成后年销售额将超过13亿人民币，可解决劳动力就业1500名。

（虞天娇）

【杨镇农民喝上市政水】 杨镇的安乐庄、下坡、张家务以及沙子营等9个村2685户7349人全部喝上安全放心的市政自来水。集中供水水源来自杨镇水厂，该水经过严格消毒过滤，水质达到国家饮用水标准后输送到各村。

（虞天娇）

【养殖业农民田间学校】 5月6日，田间养殖学校在杨镇沙岭村举行开学典礼，农民田间学校辅导方式将以全新的培训模式，采取“自下而上”的理念，采用参与、启发、互动等多种途径、多种方法的教学方式，体现对农民培训的针对性和实效性，提高农民科学素质，培养造就有文化、懂技术、会经营的新型农民，积极促进杨镇农业养殖业向都市型现代农业发展。

（虞天娇）

【2010北京郁金香文化节】 4月24日，2010北京郁金香文化节在杨镇盛大开幕，此次郁金香文化节分室外和室内两大展区，室外展区展示了巴塞罗那、羞色美人、唐吉诃德等70多个品种300万株郁金香以及在国内较为罕见的风信子、洋水仙、花毛茛等球根花卉，不但设置了富于浓郁中国文化的京剧脸谱，而且还有代表荷兰本土风情的“拇指姑娘”、“木鞋”等园林小品。室内展区共分为库肯霍夫秀、艺术盆栽秀、新娘捧花秀、庭院生活秀、“百合中国”、企业风采秀等六大模块，展出89个品种20万株百合，同时，配合花艺大师的现场插花表演以及与游客间的互动活动，使整个展会亮点纷呈。

（虞天娇）

【端午节活动】 6月14日，杨镇沙岭学校40名大鼓队员在奥林匹克水上公园参加第二届北京端午文化节暨“临空经济区杯”龙舟赛开幕式。队员们用近不振而远可达的鼓声和舒展的动作给在场的人们带来美好的视听享受，尽展了当代青少年的风采。北京市副市长蔡赴朝，北京市委宣传部副部长陈东、张淼，市文化局局长降巩民，市体育局局长李颖川等领导出席并观看表演。

（虞天娇）

【北京菊花文化节】 9月24日，北京菊花文化节正式开幕，由全国十大传统名菊领衔的500余种精品大菊和50余种精品进口小菊闪亮登场，让鲜花港变身菊花台。此次菊花节分为室内外两个展区布展，其中室外展区共种植各类花卉30余万平方米，采用花海、花田、花带等大色块布景。屈曲花、花烟草、异果菊等作为首次出现在园区的花卉，与醉蝶、半枝莲、硫华菊等难得一见的珍品花卉一同绽放，成为室外展区最大看点。

（虞天娇）

【新疆和田领导看望新疆班学生】 11月2日，新疆和田地委书记程振山，北京市政府副秘书长、和田地委副书记、北京市援疆和田指挥部党委书记、指挥刘剑等领导到杨镇一中了解新疆班办学情况，并看望和田籍的学生。

（虞天娇）

【北京现代第三工厂奠基】 11月28日，北京现代第三工厂在杨镇隆重举行奠基仪式，中共中央政治局常委、全国政协主席贾庆林，中共中央政治局委员、北京市委书记刘淇，北京市委副书记、市长郭金龙，市政协主席阳安江，北京汽车工业控股有限责任公司党委书记、董事长徐和谊，韩国现代汽车集团会长郑梦九等中韩领导以及现场观众700余人共同见证了这一宏伟场面，见证了在杨镇发展史中浓重的一笔。

(虞天娇)

赵全营镇

【概　况】 2010年，赵全营镇秉承“农村稳、工业上、城镇美、赵全赢”的发展理念，完成了年初确定的各项目标任务。经济结构不断优化，综合实力明显增强。经济总量稳步增长。全年完成地区生产总值10.9亿元，同比增长13%；完成属地财税收入1.62亿元，地方财政收入4700万元，分别比去年同期增长17%和12%；社会经营性总资产完成33.6亿元，同比增长22.8%；人均劳动所得完成11474元，同比增长8.3%。招商引资成效显著。全年引进项目22个，计划投资60.3亿元。其中大项目7个，涵盖高端制造业、现代服务业、高新技术企业等，总投资59亿元；盘活村级闲置资产12处，引进投资9000万元。市、区重大项目——北京自主品牌乘用车基地正式落户镇工业区，总投资41.8亿元，拟建设包括四大工艺的中高端自主品牌乘用车基地，设计产能30万辆。服务企业水平全面提升。全年为企业办理完成国有土地证8宗，面积438亩，为企业尽快建成投产奠定基础。重点镇建设不断加强，城市化进程加快推进。城市规划推进。工程建设步伐加快。天然气工程已顺利接入到镇工业区；水质净化工程已完成全部报批手续；集中供热工程和中心区路网改造工程均完成可研等前期手续。全年新修乡村柏油公路8条，惠及15个村，总投资540万元。新建公园、健身广场32116平方米，绿化面积10099平方米。建成10座太阳能浴室，投资300万元新建村级公厕10座，新修街坊路10.2万平方米，新建灰土场5座。镇村环境明显提升。完成镇域区级公路、镇级公路可视范围内边沟整治、堆放清理等工作，栽植乔木3318株，绿篱2000米。全年共有420户家庭获得“生态文明家庭”荣誉称号。

单位名称：顺义区赵全营镇人民政府
地址：顺义区牛板路101号
电话：(010)60432871
邮编：101301
网址：http://www.zhaoqy.gov.cn

(瓮福文)

【农业基础建设】 新建设施农业233亩，钢架大棚29亩，砖钢结构日光温室164亩。完成2个村26587平米智能温室验收工作。农业综合开发涉及土地5000亩，修建桥涵35个，疏挖排水8000米，修建道路4300米，植树3170株。新成立农民专业合作社3家，总数达到15家，部分产品已经辐射到全市乃至全国。围绕建设都市型现代农业，大力发展精品花卉、高档苗木和名优果品，区域主导产业竞争力不断增强，促进了一产与二三产业的融合发展，加快了农民增收致富步伐。

(吕建超)

【人民生活质量】 城镇就业规模继续扩大。全年组织专场招聘会19次，开发就业岗位932个，实现农村劳动力转移就业495人，失业人员再就业183人。充分就业村已达到24个。就业培训开展，全年接受培训人数累计达654人。社会保障水平逐步提升。共有7820名城乡劳动力纳入城乡社会养老保险范畴，参保率87%，17914人参加新型农村合作医疗,参合率102%,493名无医疗保障老人和幼儿参加“一老一小”保险,实现了应保尽保。投资390万元对敬老院进行改扩建,为老年人提供优质服务。卫生服务水平切实加强。新生儿入非率100%。镇政府出资39.6万元对4000名育龄妇女进行了“两癌”免费筛查和健康教育活动。不断加大对食品、药品和公共卫生安全的监管力度,一年来全镇未发生一起重大食品、药品、公共卫生安全事故。教育水平不断提升。2010年全镇被大专及以上院校录取的毕业生达到177人,有35人考入重点高中,创历史新高。顺利通过市教育督察室对我镇创建“学习型乡镇”工作验收。

(吕建超)

【第八届民间花会邀请赛】 2月25日,第八届北京市“赵全营杯”民间花会邀请赛在顺义区赵全营镇举办,来自全市25档民间花会节目纷纷登场表演。经过由专业评委打分评选,最终赵全营镇小车会等5档花会节目获得特等奖,卢湾屯的舞龙等3档花会节目获得一等奖,张镇等6档花会节目获得二等奖,大孙各庄等11档花会节目获得三等奖。

(瓮福文)

【慰问全国劳动模范】 2月5日,顺义区总工会主席到全国劳动模范闻宝恒家看望了他,送去了慰问金并给他提早拜年。

(瓮福文)

【扭秧歌闹元宵】 2月27日也就是元宵节的前一天,赵全营镇举办了秧歌比赛,来自全镇18个村的秧歌队在舞台上依次尽情地展示,经过专家打分评比,板桥等3支秧歌获得金奖,北郎中等5支秧歌获得银奖奖。

(瓮福文)

【专场招聘会】 3月9日,顺义区赵全营镇举办了空港物流专场招聘会,为应聘人员提供了物流司机、分拣理货员等100个工作岗位,月工资都在2000元左右,有来自本镇及附近乡镇的100余名劳动力前来应聘,最终有70人达成了就业意向。

(瓮福文)

【中央办公厅干部到镇考察】 3月23日,中央办公厅机关党校干部70余名成员,在党校领导和顺义区领导的带领下,来到顺义区赵全营镇北郎中村,考察了社会主义新农村建设情况。

(瓮福文)

【500人植树】 4月3日,顺义地震局、市政管委、赵全营等5家单位的500余人,在赵全营镇天北路沿线植树2500株。

(瓮福文)

【宣传政策法规】 4月19日,赵全营镇司法、计生、信访等五个部门联合举办的政策法规的宣传活动。当日,解答了200余人次的政策法规的咨询,发放了《信访条例》《流动人口计划生育服务指南》等300余份。

(瓮福文)

【为玉树灾区捐款】 玉树发生地震灾害,牵动赵全营镇百姓的爱心,到4月底为止,已经为灾区捐款78581元。

(瓮福文)

【农民趣味运动会】 5月7日,赵全营镇举办了农民趣味运动会。共有29个村和企业500名运动员参加比赛活动。比赛设立了农民喜闻乐见的踢毽、跳绳、自行车慢骑等个人项目和推轮胎接力跑、夫妻两人三足等集体项目。

(瓮福文)

【北京牌汽车项目落户】 日前,北京汽车工业控股有限公司与北京汽车城投资管理有限公司于日前签订了“北京自主品牌乘用车基地项目入区协议”,标志着北京自主品牌乘用车基地项目正式落户赵全营。项目总投资41.8亿元人民币。

(瓮福文)

【成立两家合作社】 日前,顺义区赵全营镇新成立了两家农机服务专业合作社。这两家合作社分别是金飞海山农机服务专业合作社和北京田地广农机服务专业合作社。其中，金飞海山农机服务专业合作社是由豹房村的6家有农机的农民入股投资成立的，而田地广农机服务专业合作社是由赵全营、牛栏山、北石槽三个相邻镇的7家农民入股成立的。两家合作社共有拖拉机、播种机、旋耕机、收割机等农机具60台，可实现5000亩地的农机作业量。

(瓮福文)

【重点小城镇领导参观】 6月10日，来自北京市10个远郊区县主管区县长、主管部门负责人和北京市42个重点小城镇的党政一把手，来到顺义区赵全营镇参加产业发展拉练观摩活动。

(瓮福文)

【成立土地巡查队】 为了保护镇域内的基本农田不被非法侵占或者改变土地利用性质挪作它用，赵全营镇成立了由10人组成的土地巡查队，并投资20万元为巡查队配备了巡查车、电脑、录像、照相等设备。

(瓮福文)

【利健被列为乡村青年社】 日前，位于顺义区赵全营镇的北京利健足球活动中心被列为北京市第一批"乡村青年社"。

(瓮福文)

【赵全营镇总工会成立】 11月1日，京郊顺义区赵全营镇总工会召开了第一次代表大会，赵全营镇总工会正式成立。

(瓮福文)

【残疾人温馨家园】 日前，于今年年初投资180多万元，在板桥村建起了占地5亩，建筑面积达1760平米的赵全营镇残疾人"温馨家园"投入使用，家园的建设全部为无障碍设施，设有康复室、爱心超市、多功能训练室、棋牌室等，并配备有综合按摩椅及其它健身设备等。

(瓮福文)

牛栏山镇

【概　况】 牛栏山镇位于北京城东北部，东邻潮白河，北接怀柔区，距顺义城区9公里，距北京市区35公里，距首都机场15公里，是"京郊八大古镇"之一。101国道、昌金路和京承铁路贯穿全境，顺安北路、富北路、牛富路交织成网，交通便利。所辖20个行政村，总面积31.4平方公里，2010年荣获首都文明乡镇，招商引资先进单位，基层党组织建设先进镇，调研工作先进单位，国土资源管理先进单位，信访工作先进单位，合作医疗业绩突出单位，农村集体经济产权制度改革先进镇，整建制村拆迁先进单位，第一次全国污染源普查先进单位，一助一贡献突出单位，第二次经济普查先进单位，区药品安全监管工作先进单位，绿色文明生态走廊建设先进单位等荣誉称号。

单位名称：顺义区牛栏山镇人民政府

地址：牛栏山镇府前街9号

电话：(010)69411036

邮编：101301

(姜　涛)

【党支部换届选举工作】 截至1月8日，牛栏山镇20个村党支部换届选举工作已顺利完成，此次选举共产生村党支部书记20名，村党支部委员42名。20名村党支部书记中有6名是通过党员直接选举产生，并且连任书记19名，新上任1名。牛栏山镇各村严格按照"三推一选"的要求，经过党员民主推荐、群众代表推荐、上级党组织推荐、党员大会选举的形式产生新一届村党支部委员。同时实行副职领导包片、机关干部包村制度，全程参与所包片、村的换届选举工作，并对5个重点村,加派机关干部60名分5组入村逐户走访,摸清群众意愿,有针对性的对其进行指导,做到提前动手,主动化解。

(姜 涛)

【第十五届人民代表大会第四次会议】 1月26日,牛栏山镇隆重召开第十五届人民代表大会第四次会议,来自全镇各行各业的51名人大代表出席会议。会议先后听取和审议通过了《牛栏山镇政府工作报告》、《牛栏山镇人大主席团工作报告》、《牛栏山镇2009年财政预算执行情况和2010年财政预算(草案)》。大会实事求是的对2009年以来政府工作进行了总结,科学、明确地安排了2010年的工作。会议强调2010年是"十一五"计划收官之年,也是谋划"十二五"规划的关键一年,面对国际金融危机带来世界格局的新变化,面对北京建设世界城市的新要求,面对顺义飞速发展的新形势,我们要切实增强发展的责任感和紧迫感,政府工作要提升创新思维,强化务实作风,坚定不移的走科学发展之路,实现区域经济社会发展的新跨越。

(姜 涛)

【"星级卫生户、绿色文明家庭"总结表彰会】 2月4日,牛栏山镇2009年度"星级卫生户、绿色文明家庭"总结表彰大会在龙王头村礼堂隆重举行,全镇各村群众代表、党员干部、环境考评员等400余人参加了大会。会上,区文明办主任沈凤田对我镇"五项创评"活动,所取得的优异成绩表示充分肯定,给予了高度的赞扬,并指出了我镇"五项创评"活动中的三大亮点:一是宣传到位,参与广泛。镇党委、政府搭建了一个群众"想参与、乐参与、能参与"的平台,使其都能够参与其中;二是检查到位,不走过场。每位环境考评员都是由群众推选,得民心、解民意,并且工作认真负责;三是标准严格,质量较高。考评标准细致严格,整治检查及时有效,并且长期坚持。

(姜 涛)

【政法信访综治食品药品安全工作大会】 3月2日,牛栏山镇招开2010年"政法 信访 综治 食品 药品安全"工作大会,全体包村干部、各村党支部书记、治保主任、民调主任、双管单位负责人及部分企事业单位负责人共200余人参加。镇长王文荣强调:一是要思想统一真重视,各企事业单位要从思想上重视,将问题消灭在萌芽状态;二是强化责任真落实,各单位要认真落实会议精神,在工作中要充分履职,各尽其责;三是精细管理要严格,在2010年工作中要抓管理,抓措施,切实负起发展与稳定的责任;四是整合资料真共享,充分展示自己的才华,在工作中发挥更大的作用;五是工作措施真有效,各单位的工作措施不能只落在纸面上,要真正发挥作用。

(姜 涛)

【环境建设 文明村镇创建 人口和计划生育会】 3月19日,牛栏山镇召开2010年环境建设、文明村镇创建、人口和计划生育工作大会,镇党委、政府领导班子成员、全体包村干部、各村"两委"班子成员、绿化保洁队队长、环境考评员、大学生村官、各企事业及双管单位主要负责人等150余人参加。

(姜 涛)

【秧歌表演赛】 3月24日,牛栏山镇举办2010年秧歌表演赛,全镇16支代表队近400名队员参加。队员们身穿艳丽的节日盛装,敲着铿锵的锣鼓,扭的投入,舞得尽兴,精彩的表演一次次将喜庆的气氛推向高潮,其中史家口村的队员们身披印着"关爱女孩就是关爱民族的未来"等宣传计划生育国策的授带分外引人注目,博得观众的阵阵掌声。最终安乐村和晨光老年队获得了一等奖,范各庄村、史家口村等分获二、三等奖。

(姜 涛)

【春季植树】 4月3日是首都第26个全民义务植树日,牛栏山镇组织全体机关干部、村党支部书记等150余人,以及66168部队的100名官兵在北孙各庄村南机台开展以"养成'低碳'习惯,共建绿色家园”为主题的全民义务植树活动。

(姜 涛)

【庆七一表彰大会】 7月7日,牛栏山镇隆重举办“唱响红色旋律 谱写和谐篇章”庆七一表彰大会,此次大会以“创先争优”活动为契机,以“红色旋律”庆七一“我身边的共产党员”征文演讲比赛为载体,重点对100余份征文中60份充分展示广大党员立足岗位、扎根基层、奉献事业的优秀文稿和10个优秀组织单位进行表彰,同时还穿插了舞蹈《小康天堂》、歌曲《祝福祖国》以及《红歌联唱》等文艺节目。会上6名获奖代表进行了现场演讲,精彩的演讲引起了党员干部的强烈共鸣,激发了党员干部无私奉献、奋发有为的进取之心,大家纷纷表示将以昂扬向上的精神风貌、服务大局的团队精神,在地区和谐发展的道路上进一步发挥基层党组织的战斗堡垒作用和党员的先锋模范作用,开创牛栏山镇更加美好的明天。

(姜 涛)

【区委领导到镇视察】 7月17日,顺义区区委书记张延昆、区委常委、宣传部长、区委办公室主任杨宝华、副区长车克欣一行到牛栏山镇调研张家庄村回迁房建设情况。该工程于2009年7月开工,2010年2月完成主体结构封顶,目前正在进行室内外装修及市政配套工程的建设,预计今年10月张庄居民将完成回迁,标志着我镇城乡一体化进程取得实质性成果,从此进入一个提速发展的新阶段。张延昆书记在视察中对工程建设中取得的阶段性成果给予了充分肯定,同时指出,一定要严把工程质量关,在保证质量的前提下要适当加快工程进度,确保工程如期按质量完成。

(姜 涛)

【农村两委干部培训班】 7月22、23日,牛栏山镇举办农村两委干部培训班,镇领导班子成员、各村两委干部、包村干部和大学生村官共计150余人参加。培训班上,区党校教师李伟、区法制办主任郭立军、区组织部副处级组织委员张春和以及镇经管站等职能科室负责人从“如何发展城乡一体化”,“签订合同的流程及注意事项”,“如何作好基层党建工作”,“如何做好村财工作”等方面进行了系统深入的讲解。

(姜 涛)

【区领导康建龙到镇调研】 8月19日,顺义区水务局副局长康建龙一行到我镇调研农村安全饮水工作。各村支部书记、主管农业干部及管水员参加。会上主要对各村存在水表质量问题、管网管道受冻情况、净化水设备更换技术及污水治理情况等问题进行了研究讨论,提出了相应的处理措施。最后康局长强调今后要加大对水务工作的协调力度,采纳各村提出的宝贵意见,规范管理,统筹“十二五”水务发展。

(姜 涛)

【牛栏山组团街区深化论证推进会】 9月26日,牛栏山组团街区深化论证推进会在乔波会议中心召开,顺义区副区长林向阳、新城管委会主任赵振英以及规划局、住建委、环保局、国土资源局、发改委等相关职能部门领导和首创集团相关负责人、牛栏山镇党委书记单成刚、镇长王文荣等主要领导参加了会议。

(姜 涛)

【民政部办公厅领导到镇视察】 11月5日,民政部办公厅副主任戚学森、民政部办公厅信访督查专员卢景华一行到牛栏山镇视察民政信访工作。戚主任实地查看了镇综合行政服务中心,深入了解了员工的工作情况。戚主任对我镇的信访工作给予了充分肯定,并希望我镇能够继续发扬优良作风,使各项工作再上新台阶。

(姜 涛)

【首都文明办到镇复查】 11月16日,首都文明办副主任马润海率考评组对牛栏山镇争创“全国文明村镇工作”进行复查。顺义区委常委宣传部长杨宝华、文明办主任张守旺、牛栏山镇党委书记单成刚等领导陪同。检查组首先实地察看了龙王头村街巷文化墙和文化活动中心,随后到北京江河幕墙有限公司,听取了总经理刘载望对近几年公司发展、经营情况、项目成果等方面的介绍,并实地察看了生产车间、员工食堂、宿舍、健身房等地。

(姜　涛)

【一助一表彰大会】 12月9日,牛栏山镇"一助一"联手共建新农村表彰大会在乔波会议中心隆重召开。区直机关工委书记、区委"一助一"办公室主任胡明才、镇党委书记单成刚、副书记徐志国等领导出席表彰会。

(姜　涛)

【中央文明办领导到镇考察】 12月11日,中央文明办专职副主任王世明、首都文明办主任陈冬、副主任马润海、陈建文等中央及市级领导一行8人到牛栏山镇江河幕墙进行了考察。顺义区委书记张延昆、副书记胡尚云、宣传部长杨宝华、区文明办主任张守旺、镇党委书记单成刚等领导陪同。

(姜　涛)

南彩镇

【概　况】 作为顺义城区的东大门,南彩镇与城区仅潮白河一水相隔,居顺义区中心位置。镇域面积57.6平方公里,辖26个行政村和1个社区,总人口3.5万人。南彩的历史十分悠久,由于全境土质肥沃,地势平坦,水资源丰富,又近京城,历代封建皇室都以南彩为"采邑"。在北京市新城规划中,南彩镇不仅是北京市"两轴、两带、多中心"东部产业发展带的重要节点,同时也被定位为顺义新城河东新区和北京市新城规划预留地。2010年全镇完成属地财税收入4.65亿元,同比增长42.2%,完成年初预计的130%;地方财政收入1.09亿元,同比增长70.3%,完成年初预计的158%;农村社会生产经营性总资产33.36亿元,同比增长15%;农民人均劳动所得10811元,同比增长10%。

单位名称:顺义区南彩镇人民政府
地址:顺义区府前东街延长路47号
电话:(010)89477031
邮编:101300

(蔡春轶)

【项目引进】 年内,共引进15个项目,计划投资总额4.2亿元,预计达产后可形成年产值13.3亿元,利税3.7亿元。其中:北京希利凯新材料科技有限公司总投资6000万元,达产后可实现年产值4亿元,利税400万元;北京宏森木业有限公司及深圳长城装饰装潢公司北方总部项目,计划总投资2.3亿元,达产后可实现产值8亿元,实现利税1.15亿元;北油新兴石油钻孔设备公司计划投资3000万元,达产后形成销售收入8000万元。

(蔡春轶)

【32街区基础设施建设】 年内,完成32街区1号地块507亩土地的一级开发工作,曲美家具集团成功摘牌。街区2号用地征地手续加紧进行,招商工作已经启动。街区天然气、自来水、雨污水以及电力、道路等"八通一平"基础设施建设配套工程基本完成,总投资8500万元。

(蔡春轶)

【在建项目】 全年投资千万元以上的在建项目共有5个,计划总投资3.25亿元。其中,茂华工场二期项目投资1亿元,总建筑面积5.2万平米,建设标准厂房7栋,项目建设已经完成,招商工作已取得实质进展;视通伟创项目计划总投资6500万元,达产后可实现销售收入1亿元,利税3500万元。

(蔡春轶)

【村庄社区化管理工作】 围绕"自治、安全、便捷、优美、和谐、富裕"的农村社区建设目标,年内,将河北村、前俸伯村以及后俸伯村作为村庄社区化管理的试点村。镇村两级投入500余万元,用于河北村、前俸伯村两个村的基础设施改造,建设完成并投入使用含"三站两室"的综治维稳中心,招聘150名工作人员参与综治中心日常工作。同时,建立完善了"网格化"管理模式。

(蔡春轶)

【农村发展】 加快推进小营村、太平庄等9个村的"五项基础设施"工程,年内,完成街坊路硬化面积15.79万平米,户厕改造3027户,建成15座公共厕所。继续实施"三个起来"工程,大兴庄、桥头、望渠3个村的太阳能浴室正在加紧施工,更换前俸伯、南彩等6个村的节能灯总成700套,安装太阳能灯50盏;完成北彩村、小营村等6个村的农业综合开发,硬化田间碎石路4200米,疏挖排水沟4850米,修建桥涵18座;实施土壤培肥工程9000亩,争取补贴资金108.5万元;完成2010年冬小麦的良种置换工作,置换良种8550亩;水屯、大兴庄等8个村的集体经济产权制度改革顺利完成。

(蔡春轶)

【生态环境】 年内,完成12个村的"百村万户"绿化收尾工程。共投资426万元,对3830户进行了庭院绿化,栽植乔木、花灌等各类树木15万余株。绿化美化工作推进,新增绿化面积3万余平米,新栽、补栽树木3.7万棵,种植观赏花卉5.7万株。32街区、前俸伯及箭杆河再生水处理站的立项、规划、选址及资金均已确定,厂站建设正在加紧实施。至此,我镇镇域范围内再生水处理站规划选址工作已全面完成。

(蔡春轶)

【就业培训工作】 年内,推荐农村劳动力就业1148人,完成任务的185%;城镇失业人员再就业1090人,完成任务的121%。定期在河东地区南彩招聘站召开专场招聘会,组织召开"春风行动"、国泰商场、天竺综保区等28场招聘会,介绍就业成功率达60%。开展"定向招生、定单培训",全面提高农村劳动力素质和就业能力。全年共培训劳动力1050人,完成全年任务指标的104%。全镇已有23个村被评为"充分就业村",占全镇村庄总数的89%。

(蔡春轶)

【社会保障和救助体系】 切实加大农转非工作力度,年内,完成南彩村、坞里村征地转非165人,转非进职保106人。推进新型农村合作医疗,参保率逐年提高。年内,全镇参加新型农村合作医疗8842户,覆盖人数23623人,参保率100%。累计获得补偿的参合人数达到3.2万余人次,累计报销医药费共计1115万元。养老保险、无保障老年人福利养老金、"一老一小"大病医疗保险覆盖面进一步扩大。全年共为9400人办理养老保险,参保金额980万元;为4411名老年人办理了无保障老年人福利养老金申报;为520人办理了"一老一小"医疗保险。

(蔡春轶)

【文教体卫等事业】 积极组织全镇群众参加"二月新春"、"五月鲜花"、"十月金秋"等群众文化活动。全年共有6家星火工程演出团队、20支村级文艺团队演出54场,24家数字电影厅放映电影2188场次,极大地丰富了群众的文化生活。围绕镇政府重点工作,开展特色文化活动。组织全镇文艺骨干组成环境综合整治演出队进村演出,共演出26场,观看群众3000余人次。通过有声有色的宣传工作,扩大了群众的知晓率、支持率与参与率,形成了人人参与、齐抓共管的工作格局。

(蔡春轶)

【村"两委"换届工作】 2009年底至2010年1月10日,26个村党支部换届选举工作顺利完成,5月7日至7月8日完成第八届村委会换届选举工作,依法选举产生了新一届村"两委"班子。在党支部换届选举中,共选出委员84人,其中26个村有68名支部委员连任,占80%。14个村整体班子连任;24个村支部书记连任,占92.3%。在村委会换届选举中,选出主任26人,副主任9人,委员53人。其中共产党员72人,占82%;高中以上文化57人,占65%;妇女干部15人,占17%;平均年龄50岁。村委会换届选举后,及时选举产生新一届928名村民代表和134名村民小组长。

(蔡春轶)

【南彩镇检察官工作室成立】 6月12日,北京市顺义区人民检察院驻南彩镇检察官工作室揭牌。检察官工作室作为服务基层的窗口,主要涵盖三项职责:一是做好涉检信访的受理、调处工作;二是做好法制宣传工作;三是及时掌握社情民意,积极参与农村的社会治安综合治理。南彩检察官工作室拟于每月对外定期开放二或三天。

(蔡春轶)

【曲美家具集团东区生产基地奠基】 10月21日,曲美家具集团东区生产基地奠基仪式在南彩镇举行。曲美家具集团东区生产基地占地面积507亩,项目计划总投资10亿元,建筑规模31万平方米,达产后可实现销售收入30亿元,利税3亿元,安置劳动力2500人。

(蔡春轶)

【补选镇第十五届人大代表】 南彩镇第十五届人大代表大会自选举产生以来,由于工作变动等原因,部分选区镇人大代表出现缺额,经南彩镇党委研究决定,于2010年11月8日依法组织补选,此次补选工作涉及到我镇第6、12及13选区。截至11月9日上午10时,3个选区的选举工作结束,第12、13选区候选人马朝龙、第6选区候选人张香东依法当选。

(蔡春轶)

北小营镇

【概　况】 北小营镇位于顺义区东北10公里处,潮白河东岸,距北京城区35公里,距首都机场15公里。平原地貌,平均海拔35米,镇域西部为水源地,由地下管道输送,供北京市内用水。是顺义新城河东新区重要组成部分,2008年第29届北京奥运会赛艇、皮划艇、马拉松游泳以及残奥会赛艇比赛的举办地。全镇总面积55.8平方公里,耕地2.8万亩,2010年底,镇内常住人口38603人,其中农业人口22715人,居民人口12548人;流动人口8898人。全镇共有17个行政村,1个居民小区。区级文物保护单位有狐奴县遗址1处。镇内拥有汇源果汁、世钟汽车配件、运通泰制衣、怡生园国际会议中心等100余家企业,其中销售收入500万元以上企业30家。2010年,完成农村经济总收入45.3亿元,同比增长12%;属地财税收入3.49亿元,同比增长48%;地方财政收入8190万元,同比增长54%;二三产业收入40.2亿元,同比增长19.6%;人均劳动所得11298元,同比增长8%;出口供货额2.8亿元,同比增长17%;实际利用外资947万美元,完成全年指标的1.57倍。2010年被评为北京市社会领域先进基层党组织、北京市敬老爱老为老服务先进单位、北京市环境卫生工作先进乡镇、首都绿化美化先进单位、顺义区招商引资工作先进单位、二三产业先进镇就业再就业工作先进镇称号、新农村建设先进镇。

单位名称:顺义区北小营镇人民政府
地址:顺义区北小营镇府前路
电话:(010)60483190
邮编:101305

网址:http://www.beixy.bjshy.gov.cn

（刘　新　张乃迪）

【基地建设】　完成宏大二三产业基地“七通一平”的市政建设;投资720万元实施绿化美化工程。

（刘　新　张乃迪）

【招商引资】　2010年引入了汇源食品饮料有限公司新工厂扩建、北京世钟配件有限公司新工厂扩建等5个实投项目,投资总额达35.1亿元,五大项目建成后预计年总产值45.3亿元,年创税收6.6亿元。新引进注册企业47家,注册资金共计1.05亿元,其中注册资金千万元以上3家,500万元以上6家;2010年1月14日,顶级男装设计企业——北京汉德服装有限公司与北小营镇签订协议,入驻宏大二三产业基地,从事服装设计生产加工。该项目占地32亩,总投资额8000万元,注册资本200万元。预计投产后年产值1.5亿元,年税收1000万元,解决当地劳动就业600余人;2010年3月5日,中粮集团饲料部内专业从事预混料生产和添加剂贸易的公司中谷集团农牧科技有限公司与北小营镇签约。2010年12月9日,华北地区规模最大的调味品生产基地——北京和田宽食品有限公司新工厂在北小营镇正式投产。

（刘　新　张乃迪）

【基础设施建设】　2010年4月12日,顺义区市政重点工程北小营镇北园路燃气管道建设工程正式开工,北园路燃气管道建设工程东起顺密路,西至左堤路,主要解决30街区居住用气和工业用气。该工程全长4.5公里,项目总投资1500万元,工程于6月中旬完工。完工后,北京辰威房地产公司、水色时光、永利小区、北京和田宽食品有限公司、汇源果汁集团、北京東兰国际有限公司和中国出版集团等单位将可以采用天燃气;2010年,完成顺密路东侧商户供暖管线及用电设施改造。为解决用电紧张的矛盾,全力推进西府110kV变电站筹建工作,完成污水处理厂选址及可行性研究报告。优化路网系统,完成了外马怡路、顺昌路延长线等11条镇村两级公路建设工程,总里程11.8公里。积极争取市区支持,将顺密路拓宽列入区重点项目,加紧办理前期手续。完成赵陈路、昌金路管线铺设和灯座设置施工,对顺昌路(永利小区段)路面进行彻底整修。

（刘　新　张乃迪）

【新农村建设】　完成北府、仇家店村街坊路路面硬化工程;完成新建太阳能公共浴室4座,公厕11座,完成节能房改造35户;完成后鲁、后礼务村安全饮水管网改造。为北府等3个村进行户厕改造2160座,在前鲁、后礼务等7个村安装节能路灯800套。马辛庄、北小营村新农村社区创建工作通过区级验收,榆林、西府等4个村的集体经济产权制度改革顺利完成。

（刘　新　张乃迪）

【环境样板村建设】　2010年全力打造马辛庄、前鲁、小胡营、东乌鸡、牛富屯5个村,成为顺义区乃至全市农村环境建设的样板村;2010年12月,马辛庄村、前鲁村、东乌鸡村、牛富屯村获市级文明生态村称号。

（刘　新　张乃迪）

【绿化美化工作】　2010年投资610万元对6个村的村委会、主要街道以及3068户家庭进行村庄、庭院绿化;完成三北防护林补植补造工程,施工面积400亩,共补植各类乔灌木1000余株。完成赵陈路绿化美化工程,在道路两侧新建12－30米宽绿化带,移栽柏树、花树等3300余株。对上辇三角地多年遗留的违章建筑彻底拆除并进行整体绿化。全镇林木覆盖率达到27.1%,人均公共绿地为29平方米。

（刘　新　张乃迪）

【控制违法建设】　2010年3月,对北小营、榆林两村20处5.6万平方米违法建设进行强行拆除。全年共计查处违法建设79宗,总面积14万平方米,违法建设得到了有效遏制。

（刘 新 张乃迪）

【社会服务管理创新】 2010年北小营镇被区委定为顺义区社会服务管理创新工作试点乡镇，经反复研究论证后结合我镇实际提出了“双十”工程。重点工程先期推进，取得阶段性的成效，构建“1+1+15”工作模式，推进社会服务管理网格化。由1名党员和1名村民代表结对负责本村15户左右的百姓，使农村社会管理落实到户，并积极将这一模式创新应用到村级综合治安、环境等综合治理中，取得了良好效果。仇家店作为试点村更是取得了宝贵的经验，下一步将在各村进一步推广。在前礼务村试点建立“百合之家”，集温馨家园、托老所、卫生服务站等多种功能于一体，拓展了服务领域、延伸了服务范畴，为逐步建立覆盖镇村的养老助残服务体系迈出了坚实步伐；做大做强“慈善协会”平台，利用善款对低保家庭、重度残疾人、求学困难家庭等进行专项救助，受益困难群众达千余人。开展“就业幸福指数”调查，发放收回调查问卷千余份，认真倾听职工心声、了解职工困难、帮助企业科学决策，从而促进劳资和谐，实现职工“尊严就业”和“体面就业”；推进“党建带三建”，把工、青、妇工作纳入全镇党建工作范畴，围绕“破机制、合资源、筑平台、重实效”的要求，通盘考虑，同步推进，常抓不懈。

（刘 新 张乃迪）

【创先争优活动】 2010年5月24日，北小营镇召开创先争优活动动员大会，对全镇开展创先争优活动进行了动员部署，全镇各村（居）、企事业单位的34个党支部成员和全体机关党员参加。在争创活动中，北小营镇创新工作方式，一是把创先争优活动与推进社会服务管理创新“1+1+15”即一名党员和一名村民代表包十五户居民的各项事务作为工作职责和党员向群众公开承诺的新模式紧密结合起来；二是坚持把创先争优活动与本地区中心任务、阶段性重点工作紧密结合；三是把坚持把创先争优活动与“深化农村基层党建工作三级联创活动”紧密结合起来；四是把创先争优活动与推动经济社会发展紧密结合起来；五是把创先争优活动与密切干群关系、促进干群团结紧密结合起来。

（刘 新 张乃迪）

【社会保障体系】 2010年组织安排多场招聘会，促进劳动力就业925人；开展各种培训870人次，全镇劳动力就业率达98%，其中二三产业就业率达95%。推进城乡居民养老保险，参保人员达8600余人，全年领取保险金2484万元。为23户困难家庭进行危旧房改造，为143位低保老人办理慈善医疗卡。11月20日，北小营镇召开慈善协会工作大会，市福利基金会副秘书长蒋任重，区政府副区长车克欣参加。大会决定聘任世钟汽车配件有限公司、红蓝集团、后鲁构件厂等10家单位负责人为北小营镇慈善协会理事，并向这10家单位赠送功德瓶，同时还为10名学生代表发放慈善助学金。会上，50余家企业现场捐款103万元，其中北京神农河谷稻香农业一次性捐款10万元。同年，保障性住房工作，受理并完成经济适用房申请64户，限价商品房申请183户。

（刘 新 张乃迪）

【公共服务】 2010年8月，完成投资2834万元仇家店学校建设工程，启动北小营中学扩建，完成北小营小学抗震加固工程，积极筹备第二、第三幼儿园新建工程；争取243万元贴息贷款，扶持49户独生子女家庭增收致富；为5200名育龄群众进行康检和两癌筛查。为全镇18岁以上农民进行免费体检，参检人数达2.2万。大力实施文化惠民、全民健身工程，为马辛庄健身广场配备了齐全的健身器材。

（刘 新 张乃迪）

【社会秩序】 民主法制建设不断加强，“五五普法”工作推进，“3+1”模式会议制度和“三级联动”调解机制得到贯彻落实。建立综治维稳工作中心,实行"统一受理、统一分流、统一协调、统一督办、统一归档"工作机制。在北小营村试点村庄封闭式管理,探索村庄社区化管理新模式。制定安全生产工作属地管理长效机制。强化流动人口管理工作,完善流动人口档案。

(刘 新 张乃迪)

【村委会换届选举和第六次全国人口普查】 村委会换届选举各项工作顺利完成,村支部书记、村委会主任交叉任职率达到100%。按时高质完成第六次全国人口普查工作,入户15157户,登记49443人。

(刘 新 张乃迪)

【区领导到镇调研】 2010年11月11日下午,区委书记张延昆和区委常委、宣传部长、区委办公室主任杨宝华率文明办、城管监察大队、区委督查室等相关部门到北小营镇进行环境综合整治工作调研并实地察看了小胡营村环境整治情况。

(刘 新 张乃迪)

李遂镇

【概 况】 李遂镇位于顺义中部偏南。形成于辽代,距顺义城区10公里,距北京市五环路25公里,距首都国际机场5公里,距天津塘沽港90公里。南与河北省三河县交界,东邻北务镇,西面紧临潮白河,南北长约10公里,东西最宽处约6公里,辖区总面积40.22平方公里,下辖16个行政村,总人口2万,是具有千年文明史、集天地之灵秀的古镇。李遂镇作为北京市42个重点镇之一,在北京建设世界城市、顺义区打造临空经济区、建设世界空港城的大背景下,坚持"空港国际化、顺义区空港化、发展融合化"的理念,积极发展会议、旅游、休闲和金融后台服务等高端职能,以城市化和城乡一体化为引领,以改善民生为重点,为把李遂建设成为城市基础设施完善、地区文化特色彰显、经济实力较强的现代化重点新城镇打下坚实的基础。2010年,李遂镇在区委、区政府和镇党委的正确领导下,突出经济发展这个中心,牢牢把握重点镇建设契机,紧扣"稳增长、上水平、保和谐"主题,团结依靠全镇人民,全面贯彻落实科学发展观,镇域经济社会保持了平稳较快发展。全镇完成地区生产总值3.3亿元,同比增长16%;社会生产经营性总资产17.2亿元,同比增长28%;属地财税收入总额7483万元,同比增长6%;实现地方财政收入2387万元,同比增长11%;人均劳动所得1.04万元,同比增长10%。

单位名称:顺义区李遂镇人民政府
地址:顺义区南孙路9号
电话:(010)89481680
邮编:101300
网址:http://www.lisui.bjshy.gov.cn

(李遂镇)

【招商引资】 2010年,李遂镇依托现有资源禀赋和政策、区位优势,在全力解决水、暖、电、气、路等基础设施配套难题、为企业搭建好发展平台的基础上,不断提高服务质量,企业发展氛围日益浓厚,经济发展环境得到优化。"中信金融城"项目在2010年11月召开的第十四届"京港洽谈会"上成功签约。同时,经多方协调努力,搁置多年的顺平南线110kv高压线路迁移工程顺利完工,为项目入驻奠定了良好基础。

(李遂镇)

【闲置资产盘活】 2010年,李遂镇持续加大对闲置资产的盘活力度,二三产业基地先后盘活了龙腾光源、嘉羽印务等四处闲置资产,引进了集广希特物流、宝景泰克汽车零部件等七家企业,提高了二三产业基地的运行质量。

(李遂镇)

【现代农业发展】 李遂镇坚持认真落实党在农村的各项基本政策,逐步加大农业投入,现代都市型农业快速发展。2010年共计投入资金350余万元,先后完成了农业综合开发工程、陈庄坑塘雨洪利用工程、培肥地力工程和都市型节水灌溉工程;完成了农村饮水安全建设,解决了农村人口饮水安全问题。同时,农村集体经济产权制度改革工作顺利推进,农业标准化、产业化、规模化发展取得突破,设施农业建设水平逐步提高。

(李遂镇)

【思想政治建设】 2010年,李遂镇全面落实科学发展观,解放思想、实事求是,思想政治工作成效显著,为促进地区经济发展、社会稳定提供了强有力的精神动力和组织保证。1.重点工作有序推进,基层组织建设不断加强。李遂镇精心组织、广泛学习,深入贯彻落实党的十七届五中全会精神,"创先争优"活动不断推进,镇党委按照组织隶属关系和领导分工,对各重点支部和党员的进行了点评,使全镇各基层支部明确了努力方向,有效推动了各项工作的开展,其中柳各庄村成为顺义区10个创先争优先进典型之一;6月份,通过镇、村两级的共同努力,完成了第八届村"两委"班子换届选举工作,换届后,村"两委"班子成员中党员比例达到95%,平均年龄45岁,高中以上学历占35%,有效的改善了班子结构,镇党委对新任"两委"成员参加区委组织培训的基础上,又进行了有针对性的培训,提高了村干部对工作的认识,提升了村级干部队伍的整体素质;为进一步从制度建设上规范镇、村两级工作,加强班子建设和队伍管理,镇党委制定下发了《李遂镇机关管理制度》和关于加强村级管理工作的4项制度,收到了良好效果。2.文化宣传广泛深入,精神文明建设成效明显。积极参与"二月新春"、"五月鲜花"、"十月金秋"三大传统系列活动,组织开展各种文娱活动,群众文化生活进一步丰富;通过加强与市、区两级媒体的合作,借助报刊、电台、电视台和广播等多种媒体平台,广泛宣传我镇在经济建设、社会和谐等方面所取得的成就,塑造了良好的外部形象;开展"特色文化村"创建活动,使其成为我镇农村精神文明建设的新亮点;多措并举抓好了"市民素质提升"工程,进一步促进了社会和谐。3.部门联动和谐共建,群团组织作用逐渐放大。2010年,李遂镇按照上级要求,成立了李遂镇总工会,在着力抓好劳资纠纷的预防和调处方面,发挥了桥梁和纽带作用,有力地维护了社会稳定;共青团组织开展了"岗位成才、一线成长"和"青年志愿者"活动,全镇青少年的综合素质得到了有效提升;镇妇联认真安排、周密部署,开展了"和谐家庭"、"绿色家庭"创建活动。其中,1户家庭被评为市级和谐家庭,25户家庭被评为区级"和谐家庭"、"绿色家庭",200户被评为镇级"和谐家庭"、"绿色家庭",区妇联制作的台历中对我镇"绿色家庭"家庭的典型户进行了宣传。同时,"重点镇建设巾帼立功"活动广泛开展,使全镇妇女积极踊跃投身于重点镇建设当中。4.纪检监察扎实有力,党风廉政建设不断深化。按照标本兼治、综合治理、惩防并举、注重预防的方针,党风廉政教育活动开展。2010年,李遂镇党委对村级工作的监督检查不断深化,使各村工作开始朝着规范、高效方向迈进。同时,"廉政模范村"创建活动开展,打造出了柳各庄村等3个农村党风廉政建设精品村。5.稳定工作标本兼治,综合治理成果不断巩固。全国"两会"、国庆节等敏感时期的维护稳定任务完成,实现了"大事不出、小事也不能出"的工作目标;实行了信访责任分工制度,各类信访问题得到较好解决,切实维护了群众利益;通过加强对矛盾纠纷的排查和化解,实现了"镇访、区访、市访"的三下降,群体访、缠访等现象得到了有效遏制;严格落实上级要求,平稳有序完成了葛代子村的村庄社区化管理作。

(李遂镇)

【实事工程】 投资800余万元、建筑面积1100平米的李遂镇“社区服务中心”和“社区平安中心”顺利投入使用,为群众办事提供了便利;投资40万元为幼儿园购建室内外设施,使幼儿园成功升级为一级一类园;投资800余万元的小学教学楼加固、改造工程顺利完工;投资30万元,对李遂敬老院、老年人活动站进行了改造。

(李遂镇)

【社保、民政保障】 李遂镇一直坚持把为民谋福祉作为改善民生的重要抓手,民生服务体系和社会保障体系进一步健全和完善,社会建设不断加强。2010年,撤销低保超标家庭12户22人,新审核准入家庭4户8人,实现了低保户的有进有出、应保尽保;成立了李遂镇慈善分会,共募集到善款10万元;新农合参保率达到95%以上,“一老一小”社会保险的覆盖率继续扩大,近5000名农民参加了新型农村养老保险,完成了126人的“转非进职保”指标,提升了广大群众的医疗、养老保障质量;将就业工作纳入到村级工作考核范畴,并出台了《李遂镇就业再就业工作实施意见》,促进了农村劳动力向二三产业转移,实现转移就业598人;积极引导恒佳制衣厂职工合理、合法解决欠薪问题,切实维护了职工权益;关注校园安全,取消了隐患校车,推行社会化服务。

(李遂镇)

【第六次全国人口普查工作】 2010年,李遂镇各有关部门密切配合、通力协作,在镇党委的统一领导下,以高度负责的精神,出色完成了人口普查各阶段任务,并代表顺义区接受市相关部门的检查,得到了市领导的高度评价。

(李遂镇)

【基础设施建设】 2010年,李遂镇重新铺设了镇中心区道路,更新了雨污排水管网等市政设施;投资3000万元完成了李魏路、市场路大修工程,道路两侧环境面貌焕然一新;投资200万元对沟北东路、太平南路的路面实施了硬化;中心区开闭站建设加速推进。同时,镇中心区综合管网工程、供热中心工程和再生水厂工程等重点项目的可行性报告已全部制作完成,立项申请均已上报到市、区相关部门。

(李遂镇)

【环境建设】 抓发展必须抓环境,抓环境就是促发展。2010年,李遂镇先后开展了“百村万户绿化美化工程”、“春季环境整治”、“秋季环境整治”等环境治理活动;出色完成了市级环境优美镇和2个生态村创建工作;规范土地管理,组织了5次拆违行动;完成了4000亩中、低产田改造工程,建设农田路网2条,修建桥涵18座,进一步提升了镇域的生态环境。

(李遂镇)

【新农村建设】 “五项基础设施”建设和“三起来”工程有序推进。先后完成了沟北、魏辛庄两个村的街坊路硬化和农村户厕改造工程,李庄、太平辛庄等6个村的公厕建设顺利完工并投入使用,对15个村的575盏节能路灯进行了安装和更换。

(李遂镇)

【公共安全保障】 2010年,李遂镇安全生产监管网络继续完善,334家企业按时完成了安全隐患自查自报工作;全年共开展8次全镇性的安全生产大检查活动,发现安全隐患一千余处,整改率达到90%以上;开展2次校园安全整治活动,确保了校园教学楼、宿舍等部位的安全。同时,食品、药品和饮食卫生的监督管理不断加强。

(李遂镇)

【区领导到镇调研】 5月20日上午,顺义区委书记张延昆、区人力资源与社会保障局局长赵殿江、区组织部副部长赵金荣一行到李遂镇进行工作调研和视察。在了解李遂遂镇中心小学和中心幼儿园的校园各项安全措施的落实情况,听取李遂镇党委书记陈长旺对李遂重点镇建设、劳动力转非进职保、开展基层党组织和党员“创先争优”活动、赵庄新村建设以及村委会换届选举工作的汇报之后，对学校安全工作和重点镇建设工作进行了指导：一是要高度重视学校安全工作，强化措施，常抓不懈，切实维护学校正常教学秩序与社会和谐稳定，为学生提供平安和谐的学习环境；二是在重点镇建设中一定要坚定不移的发展主导产业，发展才会有后劲，重点镇建设的总体目标是要达到人口、产业、农业生产规模的相对集中，使重点镇真正变成小城市；三是在开展基层党组织和党员“创先争优”活动中，一定要抓好两个建设，即党员队伍建设和支部班子建设，把重点放在解决实际问题上。并指出，转非进职保工作应抓紧推进，是惠及群众的一件好事，要把好事办好。针对村委会换届选举工作，张书记要求一定要做实、做细，要严格程序，确保换届选举工作顺利、稳定进行。2010 年 9 月 14 日，顺义区委书记张延昆到李遂镇调研重点镇建设情况。镇领导孙书林、武捷、李松泉、李永生、高福良参加。张延昆书记在听取了李遂镇党委书记孙书林对全镇经济、社会总体情况的介绍后，对李遂重点镇建设及社会环境整治方面提出了新要求。他指出，李遂重点镇建设，要继续解放思想、开拓创新，在当前的条件和政策环境下，充分考虑合作机制问题，广泛引入社会资源参与建设，做到规划精细化。他还指出，在社会环境综合治理方面要加大力度，严格治理违建、违法经营等问题，全力打造绿色、宜居、清新优雅的镇域环境。最后，张延昆书记一行参观了天津加南模具有限公司北京分公司和东方诚钢构公司，对李遂镇二、三产业基地驻区企业进行了实地考察。12 月 2 日上午，顺义区副区长车克欣到李遂镇视察新建中的社区服务大厅施工情况。在了解了施工现状及竣工时间后，她对工程过程采取高标准，严把关表示满意，并希望新大厅建成后能为服务当地百姓起到更好的便利作用。

（李遂镇）

【市、区专家组考察】 8 月 27 日下午，李遂镇迎接来北京市乡镇“十二五”时期基础设施发展重大项目规划专家组，对镇域基础设施现状进行现场考察。镇党委孙书记亲自接待了专家组，并结合我镇实际介绍了总体规划及基础设施建设情况，重点强调我镇基础设施薄弱，市政设施建设需要投入的多，列入市区重点工程的少，恳请专家对李遂的基础设施进行很好的规划，争取列入市区重点工程，争取市区资金支持。随后镇主管经济副镇长及经贸科人员陪同专家组对镇中心区道路、镇域道路、公园、再生水厂、水厂、垃圾转运站等地进行了现场考察。此次市区考察团现场考察李遂镇的基础设施现状，旨在通过相互了解，提高我镇基础设施建设的实际可操作性。

（李遂镇）

木林镇

【概　况】 木林镇，顺义区行政区域之一。下设 26 个行政村。位于顺义区东北部。木林东邻龙湾屯镇；西望潮白河及怀柔区杨宋镇；北交密云县河南寨镇；南接北小营镇。镇域东西宽约 12.2 公里，南北长约 14.6 公里，辖域面积 83.35 万平方公里。人口总数为 32711 人。木林镇交通便利。距北京市区 50 公里、首都国际机场 25 公里、京承高速河南寨出口 8 公里。大秦铁路、顺密公路、木燕路纵横穿越于此，因而形成了极佳的立体化交通网。主要公交线路有 934 路、970 路、顺 36 路、顺 31 路等。另外，木林镇紧邻奥运水上公园及乡村高尔夫球场，区位优势明显。2010 年，在区委、区政府的坚强领导下，全镇上下深入学习实践科学发展观，坚决落实区委、区政府的决策部署，以推进城乡一体化为统领，以加快二三产业发展、深化农业结构调整、提高就业和保障水平、优化发展环境等工作为重点,团结和带领广大干部群众开拓进取、扎实工作,完成了年初确定的目标任务,镇域经济社会实现持续快速健康发展。2010年,完成属地财税收入5591万元,同比增长38%;完成地方财政收入1881万元,同比增长26%;社会经营性总资产达到14.3亿元,同比增长26.7%;农民人均劳动所得达到8526元,同比增长6%。

单位名称:顺义区木林镇人民政府
地址:顺义区木林镇
电话:(010)60455727
邮编:101314
网址:http://www.mul.bjshy.gov.cn

(木林镇)

【招商引资】 2010年,木林镇域招商引资工作实现了新突破,共新引进实体及注册企业35个,注册资金1.09亿元。清理五家低效企业,盘活土地179亩。盘活村级闲置资产4处,总面积110亩。

(木林镇)

【签订合作共建框架协议】 2010年9月16日,木林镇人民政府与北京天竺空港经济开发区管理委员会合作开发木林镇中心区产业发展框架协议签约仪式在木林镇会议中心举行。木林镇镇长王海松、北京空港科技园区股份有限公司总经理田建国分别代表木林镇人民政府和北京天竺空港经济开发区在合作开发木林镇中心区产业发展框架协议上签字。顺义区政府副区长林向阳、副区长张晓峰;区政府办、区住建委、区市政市容委、区经信委、区财政局、区规划分局、区国土分局、区环保局、区自来水公司、区燃气公司的主要领导;北京天竺空港经济开发区杭金亮总经理、魏宗臣副经理、田建国副经理、李雪副经理、赵建志经理、曹广山经理;木林镇书记、镇长及全体副职领导出席了此次签约仪式。林向阳副区长强调,空港开发区与木林镇合作开发木林镇中心区产业发展,将实现开发区的资金优势、管理优势、产业聚集能力与木林镇资源优势、环境优势、成本优势的叠加放大,为开发区"十二五"时期开辟新的发展空间,带动木林镇经济社会的全面发展。希望双方全面落实《框架协议》相关合作内容,积极推动符合木林镇发展定位的优势项目加速集聚,努力在合作双赢中开创彼此新的、更大的辉煌!同时也希望顺义区各职能部门提高服务效能,为双方的合作提供大力支持和帮助!依据《北京市顺义区木林镇中心区及唐指山周边旅游用地控制性详细规划》,双方牢固树立"区镇一盘棋"的思想,积极争取顺义区政府和相关部门的支持,将木林镇中心区发展用地纳入到空港经济开发区长期规划范围,木林镇中心区规划占地约为182.07公顷(2731.043亩)。以上规划用地已经由北京市规划委员会批复,为本次合作开发用地。本次开发项目的启动区位于木林镇中心区的西部,东至双阳街,南至双阳二街,西至双阳二街,北至双阳二街,总占地为940.387亩,总投资1.3亿元。

(木林镇)

【城乡建设】 木林镇完成西沿头路等6条公路修建工作,共计7.52公里,完成全镇60公里公路路肩整修,修补4300平方米沥青路面。木燕路排水修建工作基本完成。综合服务设施建设加快推进,敬老院扩建工程基本完工,床位由原来的30张增加到150张。长林庄搬迁工作正式启动,镇政府成立领导机构,抽调10余名工作人员,全力保障前期工作顺利实施。

(木林镇)

【镇域环境】 木林镇全面推进镇域环境综合整治,拆除违法建设360余平方米,制止各类违建行为52起;规范出租房屋385户,消除脏乱死角780处,村容村貌明显改观;镇域物资回收市场进一步规范,依法取缔了东沿头木材市场、魏家店旧货市场。绿化美化推进,新增绿化面积650亩。完成顺密路木林至贾山段和木林至魏家店段、木孝路、木焦路等路段综合整治。完成魏家店、小东河、大韩庄等废弃坑塘治理,整治面积350亩,绿化植树1.75万株。清理9处非正规垃圾填埋场。新建府前街文化墙400平方米,新建、更换文化墙1.1万平方米,粉刷树木4万株。

(木林镇)

【新农村建设】 木林镇"五项基础设施"和"三起来"工程推进。街坊路改造工程超额完成任务,10个村完成路面硬化,硬化面积达22万平方米。农宅节能保温工程推进,完成50户居民改造,改造面积2000平方米。顺利完成荣各庄、孝德、西沿头安全饮水工程,各村安全饮水工程基本完成。积极改善公共卫生和农户卫生条件,修建公厕25座,改造户厕5341个。新建太阳能浴室4座。贾山、孝德、前王、魏家店4个村更换节能路灯400盏,木孝路安装路灯36盏。"百村万户"绿化美化三年任务全面完成,工程涉及26个村,共栽植树木10万余株,绿化街道154条,庭院9158户。潘家坟、前王完成农村社区达标单位创建任务。农村改革推进,荣各庄、陀头庙、李各庄、马坊4个村集体经济产权制度改革顺利完成,累计完成14个村;全镇集体林权制度改革基本完成。

(木林镇)

【就业工作】 木林镇全年举办18场招聘会,其中三场为"专场精品推介会",吸引了北京顺丰速运有限公司、北京现代汽车有限公司和北京首都机场航空安保有限公司等40余家高薪企业。全年累计推荐农村劳动力就业750人,完成全年指标175%;农村劳动力转移就业858人,完成全年指标140%;对取得初级职业资格证书的人员发放奖励资金4.6万元。

(木林镇)

【转非进职工作】 木林镇按照区委、区政府总体部署,启动实施转非进职保工作,成立了组织机构,制定了工作方案,编制了宣传手册,强化了惠民政策宣传,开展了五期专业培训,全镇共有525人转非进职保,群众社会保障水平明显提高,指标完成情况居顺义区第一。

(木林镇)

【保障体系】 木林镇新型农村合作医疗参合率达到100%,全年共报销2.7万人次,报销医药费1033万元。扎实做好困难群体社会救助补助发放工作,共发放各类扶助救助款项900万元,共为42户贫困和优抚对象翻建、维修房屋215间。慈善救助项目广泛开展,受益群众达到882人。住房保障力度加大,83户成功申请经济适用住房,134户成功申请限价商品住房。严把宅基地申请审核关,11个村47户通过申请宅基地条件。

(木林镇)

【教育计生人口普查】 木林中小荣获"顺义区教育系统先进单位"称号,为镇域学校树立了典范。人口与计划生育工作开展,落实各项孕前管理和奖扶政策,稳定了低生育水平。第六次全国人口普查进展顺利,全镇普查小区172个,登记户数12602户,登记人口40659人,其中外来人口4564人。

(木林镇)

【平安木林建设】 校园安全管理措施不断强化,建立技防三级平台,坚持"横向到边、纵向到底、内外结合、综合治理"的原则,加强对镇域内校园及培训点综合治理,确保人防、物防、技防措施到位,保障了学生绝对安全。食品、药品监督管理成效明显,取缔无证无照专项整治活动取得阶段性胜利,关停无照餐饮单位及游商23个。企业安全生产事故隐患排查治理自查自报工作扎实推进,下达执法文书323份,查处隐患570项,监督整改隐患510项。社会治安综合治理不断加强。破获"6.08"系列摩托车抢劫案,展示了我镇综治、公安等部门协同作战、敢打硬仗、争创一流的良好素质。大力开展交通安全宣传工作,开展"珍爱生命、拒绝酒后驾驶"等各类道路交通安全宣传活动30余次,发放各类宣传材料

4.2万份。森林防火工作成效显著,被评为市级防火先进单位。

(木林镇)

龙湾屯镇

【概　况】 龙湾屯镇地处顺义东北部,位于顺义、平谷、密云三区交界,距北京市区60公里,顺义城区30公里,首都国际机场35公里。镇域面积56.6平方公里,辖13个自然村,人口1.5万,其中山林荒坡面积4.3万亩,占顺义区总山地总面积近三分之二,耕地面积2.6万亩。现有党支部23个,党员833名。龙湾屯镇自然风景秀丽,拥有丰富的旅游资源、丰厚的文化底蕴和优质的果品资源。大北坞村东金鸡泉发源的金鸡河横贯南北,30里燕山余脉蜿蜒东西,全长10公里的北大沟林场林木茂密,享有"中国地下长城"盛誉的全国青少年爱国主义教育基地焦庄户"地道战"遗址、安利隆生态农业山庄、焦庄户民俗旅游村等十余个旅游景点分布在环山旅游带沿线。全镇林果涉及十多类共百余品种,植种面积达万余亩,获有农业部"无公害食品"认证和北京市食用农产品安全认证,矿泉樱桃及部分苹果、龙湾贡梨等还获得了有机食品认证。每年一届的樱桃采摘节和金秋果品采摘节吸引大批游客观光采摘。2010年全镇实现属地财税收入6700万元,同比增长15%;地方财政收入2780万元,同比增长11%;农民人均劳动所得9950元同比增长11%。今后龙湾屯镇将继续遵循"工业立镇、生态强镇、旅游兴镇、绿色富民"发展思路打造生态旅游镇,推进全镇经济社会事业健康快速发展。

单位名称:顺义区龙湾屯镇人民政府
地址:顺义区龙湾屯镇镇镇府府前街
电话:(010)60461634
邮编:101306
网址:http://www.longwt.bjshy.gov.cn

(徐世国)

【区领导参加村民代表会】 1月18日上午,顺义区委副书记、区长刘剑与柳庄户村"一助一"单位——北京首都国际机场股份有限公司和区武装部负责同志,到柳庄户村参加该村的村民代表会。

(马千里)

【招商引资】 全年引进企业56家,注册资金3.82亿元,分别同比增107%和276%。其中,引进项目有北京美格兴业家具制造有限公司、中国绿色食品实业有限公司、北京市东北郊粮食收储库、北京利祥朗依科技有限公司等。

(李金玲)

【旅游产业】 全年接待游客30万人,同比增长15%,实现旅游收入2000万元,同比增长13%。鲜果产量835万公斤,销售收入2720万元,其中采摘收入800万元;安利隆山庄接待游客4.2万人,营业收入达400万元;焦庄户市级民俗旅游村接待游客6000人次,民俗收入18万元,同比增长62%。

(徐世国)

【林改工作】 率先完成7个村、2.9万亩生态林勘察确界和勘界图制订,11个村基本完成了林改基础性工作,焦庄户村在顺义区率先了举行《集体林地林木股权证》发放仪式,全面转入确权登记发证阶段。全年绿化荒山400亩,绿化2059户农户庭院。

(马新春)

【京郊十大新闻人物】 4月,大北坞村图书管理员郝丽君当选"2009年度京郊十大新闻人物",此活动始于1997年,由北京市农工委和《京郊日报》编辑部共同举办,已成功举办12届。

(马千里)

【新农村建设】 全面增加基础设施投入，投资1257万元完成了我镇第一批九个村的19.35万 街坊路硬化工程；投资210万元建成村级环保公共卫生间6座，投资189万元完成了最后一批1651户农村户厕改造工程；投资650万元完成了8座太阳能浴室建设工程；投资320万元完成了七连庄村秸秆气化站建设，投资190万元完成了大北坞村进行了气站升级改造工程；投资16.5万元为我镇四个村安装了节能型路灯550盏，投资45万元完成了杜龙路及各村太阳能路灯修缮工程；投资75万元完成了金昌公路五处8000m绿化节点建设；投资1200万元完成了严重危害交通安全的目邵路回头曲线改造工程；投资547万元完成了六个村11条全长11.2千米的乡村公路的改扩建及养护工程。

（徐世国）

【反腐倡廉基地揭牌】 5月14日，顺义区首个防腐倡廉教育基地在焦庄户地道战遗址纪念馆举行了揭牌仪式，正式命名焦庄户地道战遗址纪念馆为北京市防腐倡廉教育基地，区纪委书记肖韵竹、区文委主任刘振河、龙湾屯镇镇长马云虎等人参加。

（石小英）

【就业工作】 农村劳动力转移就业480人，城镇失业人员就业155人，“4050”人员就业69人；完成农村劳动力培训556人，完创业项目申报4项，自主创业30人，带动86人就业，职业指导591人次，空岗信息采集806个，社区就业开发岗位855个，安置人员101人，13名失业人员实现了自谋职业和自主创业。

（徐世国）

【社会救助】 发放低保金88万元，发放23户大病救助款13万元，临时救助36份、2.2万元，二次报销药费3.2万元；发放助学金20万元；投资76万元，验收完成19户社救建、修房。

（周依佳）

【社会福利】 新办理老年优待卡126张，发放价值70.5万元的养老助残券和1.7万元高龄津贴；慰问各类民政对象820人，发放慰问经费26.3万元；为3432人次发放助残券34.32万元，重残补助42.5万元，残疾人困难临时救助1.2万元，为56名低保残疾人免费体检，发放慰问金3000元，为260名符合条件的残疾人补缴养老保险18万元，完成170户残疾人家庭无障碍设施改造。

（徐世国）

【双拥安置】 发放抚恤金71.5万元，优抚医药费报销20.5万元，发放建房补助21.6万元，发放安置费和待安置期间生活补助9.2万元。

（徐世国）

【生产安全专项整治】 下发责令整改意见书和复查意见书共297份，镇域286家企业100%完成自查自报，两节前组织了一次为期一周八部门参加的联合大检查，检查单位40家，查处隐患60余处，下达整改指令书43份。检查食品经营户、生产加工单位等1000余户次，清查下架“三无”食品6种、没收11种，查处超范围经营、无证经营等13起。

（徐世国）

【换届选举工作】 利完成村两委换届选举，13个村选举支部成员43人、村委成员41人，支部书记兼村委会主任12人，一肩挑比例92.3%，两委交叉任职31人，交叉任职比例75.6%；划分村民代表小组66个，选出村民代表322人。

（徐世国）

【木邵路改线工程竣工】 6月23日，木邵路焦庄户至密云段改线工程竣工，工程总投资2100万元，从上年动工，工程竣工后，从山脚下新修一条长1500米的柏油公路直接上山，绕过了原有S型路段。

（王茜 林保仲）

【第五届樱桃采摘节】 6月，龙湾屯镇樱桃幽谷矿泉樱桃获得丰收桃产量10万余斤，销售收入420万元,自2006年已成功举办五届樱桃采摘节,累计创收2000万元。

(马新春 张辰)

【焦庄户村生态治理】 9月,龙湾屯镇投资211万元对焦庄户生态清洁小流域进行综合治理,治理总面积为4.8平方公里。

(杨勇 徐世国)

【首届世界音乐音乐节举办】 9月18日,由杭盖乐队发起,与国家音乐创意产业基地共同主办的首届世界音乐音乐节在安利隆山庄举办,西北民谣艺人、野孩子乐队的创始人张佺、山人乐队、大忘杠乐队等应邀参加演出。

(侯春明)

【教育事业】 出资11万元完善学校设施,配齐13名保安,联合执法检查6次,出动130人次,取缔私办幼儿园2家。

(徐世国)

【群众文化生活】 举办新春文化大舞台和秧歌花会汇演,获区民间花会大赛一等奖,组建4条舞龙表演队;举办"红歌传颂,畅想龙湾"主题演出,安排11个村的24场"星火工程"演出;村级数字影厅达到13个,新申报2个农家书屋,在顺义区率先实现农家书屋全覆盖。

(徐世国)

【历史文化名村评选】 经北京市农村工作委员会、北京市文物局推荐并经住房和城乡建设部、国家文物局联合评审,顺义区龙湾屯镇焦庄户村被评选为第五批"中国历史文化名村",同时也是北京市第四个获此殊荣的村庄。

(高丰义)

张　镇

【概　况】 张镇位于顺义区东北部,距北京60公里,首都机场30公里,顺义城区25公里,处于平谷、天津、河北交汇的黄金地带,东临平谷区,西临杨镇,北接龙湾屯镇,南与大孙各庄镇接壤;镇域南北长约10.4公里,东西宽约6.1公里,总面积53.45平方公里,其中耕地面积31078亩;总人口2.36万,流动人口2723人,辖29个村。张镇地理条件优越,地势西北高,东南低,处于山地和平原交界地带,北部为山地,南部为平原,有大小山峰24座,从西北向东南斜贯全境,境内有"无名河"、"金鸡河",均为蓟运河水系,地下水埋深8-10米。镇内路网通及各村,与邻镇、邻区县相通,顺平快速路东西贯通全境,大秦铁路横穿过境,张焦公路南北贯通全境,赵谢公路纵跨西南境,龙凤山路将顺平路和昌金路连接,交通方便快捷。2010年张镇完成地区生产总值10.3亿元,同比增长12%;完成属地税收5806万元,同比增长11%,其中地方财政收入2275万元,同比增长24%;农民人均劳动所得11367元,同比增长10%。2010年被评为北京市环境卫生工作先进镇,城乡环境建设先进镇、妇联工作先进单位、商务工作先进单位。

单位名称:顺义区张镇人民政府
地址:顺义区张镇大街3号
电话:(010)61480550
邮编:101307
网址: http://www.zhangzhen.bjshy.gov.cn

(张镇)

【修路工程】 张镇投资630多万元对罗马路、赵曹路、王庄路等五条全长10.73公里的镇级公路进行了翻修。拓宽了贾家洼子村村口的宽度,改善了以前由于村口较窄导致雨雪天阻碍车辆通行的状况;解决了李家洼子、驻马庄等村庄的"行路难"问题。

(张镇)

【安全生产】 张镇以"谁主管谁负责、谁经营谁负责"为开展安全生产工作的原则,建立了以各村、企事业单位及生产经营者为责任主体,各村村主任和各单位法定代表人为第一责任人的管理网络。坚持做到早动手、早准备，精心编制安全生产工作方案，及时与镇域内各村、企事业单位签订安全责任书。已与全镇29个行政村、631家生产经营单位签订了安全生产、消防安全、安全营业责任书。

（张镇）

【镇域生态环境】 张镇组织开展了春季卫生大扫除集中环境整治活动。29个村，23家单位参与，出动清扫人员3650人、车辆632台次、清理垃圾、渣土2800立方、清理破旧过期文化墙31块、擦拭市政设施12处、整治卫生死角132处、维修垃圾桶27个。赵各庄、前王会等6个村进行绿化美化，庭院绿化2800户，绿化街道12条，植树17000株，栽植花灌木18000丛。赵各庄北山进行景观林绿化500亩、植树2.5万株，完成龙凤山区人工造林200亩、植树1.1万株。

（张镇）

【土地资源管理】 为全面贯彻实施国土管理基本国策，张镇将进一步加强对土地管理政策法规的宣传，结合责任书内容要求及各村实际，开展教育培训活动，让镇域人民充分认识基本农田保护的极端重要性，宣传好、管理好、利用好基本农田。张镇与镇内29个行政村分别签订了《土地资源保护管理责任书》，为镇内土地资源利用上了一把“锁”，确保土地资源合理开发利用。

（张镇）

【党风廉政建设】 为深入贯彻落实党风廉政建设责任制，建立健全惩治和预防腐败体系，确保党风廉政建设和反腐败工作任务的完成。张镇根据北京市纪委十届七次全会精神，结合自身实际，着重加强对机关各科室干部队伍的作风建设，规范干部的从政行为，密切干群关系，对机关各科室、站、所、服务中心，制定并签署了党风廉政建设责任书，责任书的签订，进一步促进了张镇各项事业的健康发展。

（张镇）

【村“两委”换届选举】 通过严密组织、强化监督、抓住选举的重点环节，张镇成功完成村“两委”换届选举工作，选出一批人民满意的村“两委”成员。

（张镇）

【张镇小学教学楼落成】 张镇中心小学实施了教学楼新建工程。该工程总投资2900万元，全部由顺义区政府投资。教学楼总建筑面积7530平方米，楼房造型设计简洁大方，建筑主体四层，局部五层，抗震设防裂度为8度，耐火等级一级，整体为框架结构，坚固、耐用、安全。6月1日，张镇中心小学教学楼落成典礼隆重举行，顺义区政协副主席王玉琦、区政府副区长燕瑛及各相关单位领导出席了教学楼地落成典礼。

（张镇）

【创先争优工作】 张镇开展创先争优活动，充分调动了基层党组织和党员创先争优的积极性，通过悬挂宣传标语、在宣传栏内开辟创先争优专栏、观看创先争优专题报道等方式，进一步营造创先争优活动的浓厚氛围。提高了党员对创先争优活动的认识，营造了良好的活动氛围，党员把创先争优与实际工作相结合，取得了良好的成效。

（张镇）

【引进高科技企业】 张镇凭借清理企业成功实现“腾笼换鸟”，共引进2家高科技企业，盘活土地54亩，引进资金1亿元。这两家企业分别是：北京华德威生物科技有限公司，生产以骨科植入物为主导的产品，如：人工髋关节、人工膝关节等；北京京都长城电缆有限公司，主要从是电力电缆的生产，总投资2000万元。

（张镇）

【农村社区服务站成立】 张镇在后苏桥村等10个村建设了村级社区服务站，通过整合现有村委会的软硬件资源，承接镇级政府延伸到农村的一些行政事务，如：为村民提供办理生育服务证、信访代理、流动人口手续办理等,促进政府公共服务向农村的延伸,使村民像城市社区居民一样能够享受到优质便捷的服务。

(张镇)

【张镇工会第一次代表大会】 11月16日,张镇工会第一次代表大会胜利召开,标志着镇总工会正式成立。张镇党委副书记刘洋、镇组织部长聂秀梅、原工会主席镇总工会筹备组组长贾春良、镇资产运营中心主任镇总工会筹备组副组长李志刚以及镇内50名正式代表参加了会议。大会选举产生了张镇总工会第一届委员会委员15名、经费审查委员会委员3名和女工委员会委员3名。大会选举贾春良为镇总工会第一届委员会主席、李志刚为副主席,李德新为经费审查委员会主任,李红玲为女工委员会主任。

(张镇)

大孙各庄镇

【概　况】 大孙各庄镇位于北京市东北,顺义区东南,东临平谷,南接河北省三河市,经京平高速路30分钟可直达市区,经龙塘路15分钟可达首都机场,交通便利。总面积74.3平方公里,下辖39个行政村,全镇总人口2.6万,外来人口2200人。镇域处于潮白河东部冲击平原二级阶地,镇域地形北高南低。北部二十里长山斜亘境域,有大小山峰12座,庞山山峰为最高峰,海拔213.2米,东、南、西部大部为平原,平均海拔30米,土壤为潮褐土和褐潮土,土地开发成本较低。镇域河流属蓟河水系,境风水资源较为丰富,地表坑塘水遍布各村,地下水深4－10米,含水层平均厚度为20－50米,水质较好,能够满足生产生活需要。几年来,大孙各庄镇围绕"京城东部观光旅游带的重要节点、顺义新城重要的现代农业和工业基地、顺义区高效农业产业示范基地、京城东部生态宜居、城乡统筹示范基地"的总体定位,坚持"做精一产、做强二产、提升三产"的发展思路,加快发展经济,加快推进城乡一体化,经过几年的努力,取得可喜的成绩。2010年完成属地税收2亿元,同比增长25%;完成地方财政收入6618万元,同比增长6%;农村人均劳动所得9948元,同比增长7.5%。近几年,大孙各庄镇精选了一批生物医药、建筑建材、印刷、农产品深加工项目,初步形成以北京崇光药业有限公司、添源堂生化科技为主的生物医药产业带,以北京创造食品有限公司、绿奥蔬菜为主的农产品深加工产业带,以恒泰隆公路工程公司、顺发拉法基为主的建筑建材产业带,镇域个体、私营企业126家。同时,培育了新特新葡萄、绿奥蔬菜合作社、东华山华特果品合作社等农业观光采摘园区。大孙各庄镇资源丰富,民风淳朴,村风和谐。大孙各庄镇教育、医疗设施健全。全镇建有中小幼4所学校,师资力量雄厚,教育教学环境优雅。地区升学率逐年提高,教师队伍建设不断加强。其中,尹家府幼儿园2007年获全国教育系统先进单位,连续22年被评为区级先进单位。建有镇卫生院,39个村社区卫生服务中心,医疗服务设施齐全,群众、职工的就医环境良好。镇域旅游资源丰富,新特新葡萄观光园、绿奥生态休闲园区、尹家府抗战纪念馆、名胜无梁阁等景点分布镇域,镇域文化色彩浓郁。

单位名称:顺义区大孙各庄镇人民政府
地址:顺义区大孙各庄镇府前街11号
电话:(010)61432061
邮编:101308
网址:http://www.dasgzh.bjshy.gov.cn

(鲍鹏远)

【区领导到镇慰问】 1月13日,区委书记张延昆来到大孙各庄镇,慰问了小段村低保残疾人和客家庄村建国前老党员,同时,视察了金蓝服装厂生产情况。张书记为低保残疾人和建国前老党员送去了慰问金和米、面、油等生活必需品，并详细了解了他们的家庭情况，鼓励其家庭成员通过就业改善生活，区镇也会加强社会保障，确保百姓老有所养，切实解决他们的生活困难。

（姜相瑞）

【市领导到镇实地察看】 1月21日上午，副市长夏占义、市政府副秘书长安钢一行实地察看大孙各庄镇农民二三产业就业基地情况，并听取相关情况汇报，他强调，要坚持规划先行，通过制定科学、合理的发展规划，控制违法占地、违法建设，促进镇级农民就业基地依法、合规、有序发展。对于没有完成规划的镇，要尽快完成规划，坚决不允许乱占耕地，特别是重点小城镇用地要依法合规使用土地。北京市、顺义区相关部门要整合政策资源，利用村村通、打包申报等相关政策，加快镇级尤其是重点镇农业就业基地基础设施建设，优化投资发展环境。在加大市级政策和资金扶持力度的基础上，充分调动区县和社会资金。市农委相关部门要制定相关政策，做好就业基地建设和项目引进工作，大力发展高端、高效、高辐射的现代产业，促进本地农民向二三产业转移就业，增加农民工资性收入。顺义区区委常委、副区长李友生及市区相关部门负责同志参加调研，大孙各庄镇党委书记徐晓武、镇长马强陪同汇报了农民就业基地基本情况。

（姜相瑞）

【维护幼儿园及周边安全】 为全镇学校幼儿园各配备2名志愿者、1名民警和2名镇级巡防队员，加强学校幼儿园及周边安全检查和巡逻。进一步完善校园安全工作方案和应急预案，成立镇、校两级应急分队，积极开展应急演练，明确处置流程，如遇突发事件，做到能快速反应，及时妥善处置。综治办、派出所等职能部门联合，开展校园安全专项整治，加强刑释解教人员、精神病人、长期上访人等重点人摸排，通过专人盯防等方式随时掌握其思想苗头和行为动态，消除安全隐患。四是加大安全宣传力度，鼓励各校通过开办应对陌生人、突发事件等安全专题课，普及相关安全常识，提高广大师生的安全防范意识和自我保护意识。

（姜相瑞）

【农业部副部长张桃林到镇调研】 2010年4月29日，农业部副部长张桃林到顺义调研农业发展情况。他实地查看了大孙各庄镇小塘村农业春耕生产小麦基地、现代农业产业技术体系综合实验站，并听取了相关情况汇报。市农委主任王孝东、市农业局局长赵根武和顺义区副区长张晓峰参加调研。

（姜相瑞）

【基层组织建设】 大孙各庄镇下辖39个行政村，经过半年多的努力，顺利完成了村“两委”换届选举的各项规定工作，各村村务公开、民主理财监督小组已全部产生。从“两委”干部交叉任职来看，村书记兼村主任32人，兼职率82.1%，7个村未实现一肩挑，其中6个村为镇下派机关干部任书记；支委兼村委96人，“两委”交叉任职率79.3%，较好地完成了区委规定的指标。从“两委”干部年轻化、知识化来看，村“两委”干部平均年龄48岁，年龄最小的23岁，其中，40~49岁的占36%，40岁以下的占17%，50岁以上占47%；大专学历由上届的5人增为21人；干部的年轻化、知识化水平有了新提高。

（史　俊）

【二三产业】 完善农民就业基地各类手续。积极推进基地土地一级开发，一期700亩土地已获发改委批复、立项，进入征地补偿阶段。盘活闲置资产。新引进7个项目，协议总投资2.3亿元，盘活镇村闲置土地160亩，预计年完成税收600万元，安排农村劳动力220人。

（鲍鹏远）

【精品农业】 农产品加工产业不断壮大，启动绿奥合作社蔬菜加工车间和物流库建设工程,进一步扩大农产品加工规模;创造食品开发新品种30余个,供应北京快餐企业近20家,高端市场占有率进一步提高。农业基础设施条件不断改善,完成小故现、田各庄2个村4000亩土地农业综合开发。农业科技支撑力度不断加大,绿奥合作社为农户培育高科技种苗60万株,完成订单菜410万公斤,销售额620万元,社员亩增收1500元;区综合实验站的研发、推广功能得到发挥,累计推广高科技品种10余个。旅游休闲农业稳步发展,成功举办北京市小麦收获节,大孙各庄镇知名度进一步提高。

(鲍鹏远)

【新农村建设】 农村公共服务设施进一步优化,完成3个村太阳能浴室建设和90户节能房改造,安装太阳能路灯100盏、节能灯860盏。顺利推进23个村5322户户厕改造和44个公厕新建。完成15个村、3583户"百村万户"绿化美化,新栽植树木7万余株。完成23个村31万平方米街坊路硬化,群众出行条件全面改善。经过镇村努力,大孙各庄镇被评为北京市环境优美镇,7个村被评为北京市生态优美村。乡村公路建设水平不断提高,孙吴路、赵谢路、崔岭路、王石路4条,共计12.54公里镇级公路得到翻修。农村集贸市场得到整治,市场及周边秩序管理进一步加强,私搭乱建全部得到清理,大集期间交通顺畅有序。农村违法建设拆除力度进一步加大,建立土地科、电管站协调审批的良性机制,源头控制违法建筑;成立镇土地巡查队,严查违法违规行为,成功拆除违建2处。

(鲍鹏远)

【社会保障】 农村劳动力转非进职保顺利推进。组织领导坚强有力、基础工作扎实有序、宣传发动深入广泛,全镇321人完成转非补缴;京平高速、区综合检查站138人的征地转非全部完成。农民非农就业步伐加快,政策扶持、高效服务、技能培训体系建设进一步加强,就业推荐力度进一步加大;举办北京现代等3场大型专场招聘会,招聘企业200家,提供就业岗位960个;全年实现农民非农就业607人,完成指标的129%。社会事业进一步发展,完成大孙各庄中学3660平方米教学楼新建和旧楼改造,顺利推进大孙各庄小学教学楼抗震加固,完成中小学高低压、消防水池等设施改造。顺利完成1.2万名农民免费体检和3500名农民"两癌"筛查。继续稳定人口低生育水平,计划生育率98%。新型农村合作医疗参合工作顺利推进,参合人数19520人,参合率100%,报销27836人次,报销总额1009万元,占农民总医药费的44%;城乡居民养老保险参保7337人,完成区下达指标的107%;完成优抚建房3户、社救建房19户,救助金额85.7万元;大病救助、教育救助力度进一步加大,累计发放金额95万元。

(鲍鹏远)

【集体经济】 15个村,4434亩林地林权制度改革顺利完成,惠及农民11282人;农村集体产权制度改革有序开展,客家庄、西辛庄等8个村完成改革,全镇已有16个村完成产权制度改革;高度整合土地科、经管站等部门职能,加强村级经济监管,规范土地承包、集体资产处置、较大数额开支监管程序,严把土地合同关,镇村经济行为进一步依法合规。

(鲍鹏远)

【社会和谐】 安全生产责任制进一步落实,安全生产分类分级管理不断深化,非煤矿山、施工工地得到有效监管,安全生产形势进一步好转。动物防疫和美国白蛾防控不断加强,有效避免了疫情发生。食品安全检查整改开展,镇村消费环境进一步改善。配备城市管理监察分队,加强农村集贸市场、商业街整治,商业秩序进一步规范。民兵预备役建设力度不断加大。社会治安综合治理和维护稳定不断加强,新投入110万元,配备治安网络监控平台;依托低端产业清理,加强流动人口和出租房屋管理,防止低端人口涌入;学校安全得到全方位保障;烟花爆竹安全管理不断加强,未发生烟花燃放安全事故。扎实做好信访案件超前预防、排查和调处,信访形势逐步好转。全年累计接待群众来访105批次,同比下降14%。

(鲍鹏远)

【北京市小麦收获节】 6月20日,“北京市小麦收获节”开幕式在大孙各庄镇隆重举行。此次小麦收获节,由北京市农业技术推广站、顺义区种植业服务中心和顺义区大孙各庄镇政府联合主办,内容包括举办了征文、摄影大赛,邀请了作家、诗人到大孙各庄镇小塘村小麦高产创建示范基地采风创作,引导游人进行葡萄、果蔬等农业观光采摘,开办了用麦穗、麦秆编织成的各种装饰品、创意画等新颖作品的小麦创意展,开辟了割麦子、打麦捆、捡麦穗等农事体验区。

(鲍鹏远)

【夏季食品安全综合检查】 7月14日,顺义区大孙各庄镇多个部门联动,开展了一次全镇范围的夏季食品卫生安全大检查。据了解,炎热的夏季是食物中毒和其他食品安全事故多发期,为了保证广大村民能过个舒心,安心的盛夏,大孙各庄镇卫生院配合镇政府与卫生监督、工商、城管、经贸科、农业科、综治办、文教办等多部门合作,对镇域范围内的药品制造业、超市、餐饮、工厂食堂等涉及食品安全的行业进行了联合检查。

(鲍鹏远)

【孟加拉国农业技术交流】 2010年8月2日,孟加拉国农业技术推广考察团到北京绿奥蔬菜合作社调研,观摩了农民田间学校讲课开办情况,与学员共同活动。2006年始,顺义区植保站与北京绿奥蔬菜合作社共同携手率先创办了北京市第一家番茄农民田间学校。近几年来,合作社结合农村帮带的形式在大孙各庄镇先后开办了西甜瓜农民田间学校培训班、黄瓜田间学校培训班等5个培训班,每年培训学员近300人次。目前,在大孙各庄镇的农技推广工作中,百分之九十的推广人员全部来自田间学校学员。

(鲍鹏远)

【区领导到镇检查】 9月2日,张晓峰副区长带队检查区“三秋”及蔬菜生产情况时强调:一是继续加大顺义区农业产业结构调整力度,围绕花卉、农产品深加工、籽种、绿色农产品等重点产业,不断提升农业产业化、规模化发展水平,促进地区劳动力就业,促进农业增效、农民增收。二是“三秋”工作即将到来,各单位要牢固树立安全生产意识,合理安排工作进度,扎实做好各项准备工作,确保秋收工作顺利完成。三是继续抓好春、夏玉米等大田作物以及蔬菜的后期管理,确保粮食增产。区农委主任闫志广、水务局局长李守义等相关领导陪同检查。

(鲍鹏远)

【党风廉政建设】 11月4日,顺义区党风廉政建设责任制检查汇报会率先在大孙各庄镇召开,区纪委书记肖韵竹、人大副主任贾春林、纪委常委王玉美及区政府特约监察员张宏英等领导出席会议,木林镇、杨镇、张镇、北务镇、龙湾屯镇、李遂镇及大孙各庄镇7个镇参加了会议。

(鲍鹏远)

北石槽镇

【概　况】 北石槽镇位于顺义区西北部,居北京市行政区域的中心地理位置,是顺义、怀柔与昌平三区的交界处,全镇面积32平方公里,呈东西长,南北窄的狭长状,北面临山,京密引水渠东西横贯全境9.2公里,是顺义区唯一一个依山傍水的乡镇。全镇总共有5912户,1.4万人。2010年实现地区生产总值5.1亿元,同比增长20%;属地税收5400万元,同比增长12%;镇级财政收入2250万元,同比增长12%;农民人均劳动所得10800元,同比增长6%。镇域内水厂、供电所、邮电局、银行等基础设施健全,学校、医院、敬老院等社会事业机构具备。京承高速建成后,北石槽镇被完全纳入首都半小时经济圈,使其在发展中具有了更多地理位置和交通条件方面的优势。北石槽镇在顺义新城规划中定位为生态涵养保护区,结合实际,该镇将充分利用浅山带的环境优势,大力发展旅游业和现代农业,确立了“国际先锋文化基地”和“绿色低碳生态特区”的发展目标及未来全镇“两轴四区”(两轴:京承高速、范良路;四区:东部文化体育运动区、南部农业观光区、西部生态休闲旅游区、北部田园休闲区)的产业发展格局。

单位名称:顺义区北石槽镇人民政府
地址:顺义区北石槽镇府前街5号
电话:(010)60421658
邮编:101300
网址:http://www.beishc.bjshy.gov.cn

(北石槽镇)

【党组织换届选举】 截至1月10日,我镇16个村党支部换届选举工作完成。经过选举,共有54名同志当选为新一届支部班子成员,平均年龄45岁,女性12人,36人是上届支委连任,有3名优秀的大学生村官进入支部班子。新一届村党支部班子具有两大优势特点:年龄结构比较合理,队伍趋于年轻化。50岁以上的有17人,35-50岁以上的有30人,35岁以下的有7人,老、中、青比例为2.4:4.3:1,较上届年轻化趋势明显;学历层次整体提高,队伍更加知识化。新支部班子54名成员中有29人具有大专以上学历,占53.7%。

(彭　楠)

【第十五届人民代表大会第六次全体会议】 3月13日,北石槽镇召开第十五届人民代表大会第六次全体会议,44名镇人大代表和18名列席代表参加大会。会议补选党委书记宋鹏、镇长王江和党委副书记王德伟为镇人大主席团成员,听取、审议并通过了《政府工作报告》及《2009年度财政收支决算和2010年度财政收支预算报告》。与会代表认真讨论了两个报告,充分肯定了2009年度政府工作取得的成绩,并结合当前形势,积极为全镇发展建言献策。

(张春丽)

【模拟招聘会】 4月22日,北石槽镇团委牵头组织了主题为“立足基层 着眼长远”的大学生村官基层工作和就业形势讲座暨模拟人才招聘会,活动邀请团区委、区人力资源与社会保障局、区村官办以及镇相关领导担任“主考官”,现场对6名大学生村官进行模拟招聘面试。

(赵　文)

【第八届村民委员会换届选举】 5月14日,北石槽镇第八届村民委员会换届选举第一阶段即推选村民选举委员会阶段工作完成。全镇16个村中,有推选权的户数5182户,投票户数5136户,上站投票率为99.11%。共推选出选委会成员145人,其中15个村选委会主任由村党支部书记担任。145名选委会成员中,女性成员42名,占28.96%;54名村“两委”委员进入选委会(两委交叉任职的按一人计算),占选委会总人数的37.24%。

(任阿曼)

【和谐家庭创建】 6月11日,区妇联主席副主席曹丽明一行到我镇检查2010年度区级和谐家庭、绿色家庭创建工作情况。今年,我镇共申报区级“绿色家庭”38户,区级“和谐家庭”8户,涉及下西市、南石槽、寺上、良善庄等11个村。

(张春丽)

【纪念世界人口日文艺汇演】 顺义区计生委“纪念世界人口日文艺汇演”在北石槽镇举办。为了迎接2010年7月11日第21个世界人口日的到来,7月2日,由顺义区计生委主办的题为“倡导婚育文明,构建和谐家庭”的文艺汇演活动在北石槽镇良善庄村文化活动中心举办。顺义区副区长燕瑛,区人大科教文卫室主任杨国英,镇党委书记宋鹏等出席活动并观看演出。

(杨晓东)

【安全生产隐患自查自报培训会】 8月31日,我镇召开安全生产隐患自查自报培训会,辖区60家规模企业负责人和安全管理人员等120余人参加了培训。安监科科长段永强传达了《国务院关于进一步加强企业安全生产工作的通知》精神,并对开展企业隐患自查自报工作进行了动员。区安监局法制科科长赵伟、执法队工程师于清华就自查自报操作系统使用、企业自查自报标准应用等进行了专题辅导。

(直立群)

【百村万户绿化工程】 9月上旬,区林业局、农委、政府督察室、监察局等部门领导到我镇验收“百村万户”绿化工程完成情况。2010年,“百村万户”涉及的东辛庄、西范各庄、良善庄、寺上四个村1989户庭院验收合格。至此,全镇绿化美化工程全部完成。

(韩 竹)

【环境综合整治情况】 11月30日,北石槽镇召开环境综合整治工作阶段总结会,总结通报各村环境综合整治情况,进一步明确下一阶段的整治重点。全体包村干部和16个村支部书记参加会议。镇长王江提出两点工作要求:一是真正重视,要把思想上的重视体现在实际行动和工作效果上;二是负起责任,各支部书记要切实负起主要领导责任,包村干部要履行好监督指导职责,通过镇村共同努力,营造整洁优美的居住环境。12月中下旬,镇环境综合整治督导检查组将再次对各村环境整治情况进行检查评比。

(张 芳)

北务镇

【概 况】 北务镇位于北京市东北部,顺义区东南部,首都机场东侧。镇域面积32平方公里,耕地面积2.8万亩。下辖15个行政村,常住人口10552人。镇域地势平坦,有龙塘路、木燕路等道路穿境而过,京平高速公路在北务设有出口。镇中距首都机场17千米、京哈公路10千米、六环15千米、天津新港100千米,主要公交线路有顺18路、顺29路,东直门——吴雄寺923路。2010年,北务镇紧紧围绕区委、区政府提出的“稳增长、调结构、上水平”的工作要求,以“扩总量、促增收、惠民生”为主要目标,全面推进城镇化进程,该镇的都市型现代农业发展迅速,基础设施更加完善,社会服务管理水平有效提高,镇域社会和谐稳定,经济社会实现全面协调可持续发展。2010年实现属地财税收入2.56亿元,同比增长38%;财政收入7553万元,同比增长24%;二三产业实现总收入12.98亿元,同比增长35.6%;人均劳动所得10156元,同比增长8.4%。2010年北务镇荣获“都市型现代农业先进镇”、“新农村建设先进镇”、“宣传工作先进单位”、“先进人民武装部”“农村劳动力转移就业先进镇”、“社会治安综合治理示范镇”、“信息工作先进单位”、“思想政治工作先进单位”、“劳动力就业转移先进单位”、“食品药品安全工作先进单位”、“残联工作先进单位”等多项荣誉称号。

单位名称:顺义区北务镇人民政府
地址:顺义区北务镇府前街1号
电话:(010)61421439
邮编:101300
网址:www.beiwu.cn

(北务镇)

【招商引资】 制定出台《北务镇招商引资工作意见》,规范企业入驻条件,先后引进企业46家,注册资金共计9059万元,主要涉及制造业、交通运输、仓储、计算机服务软件业、技术服务业等行业;盘活闲置土地11亩、企业2家,盘活资产1600万元;投资9459万元,对8家企业进行了新建及改扩建;投资3790万元,完成对北京威廉顺塑胶制品有限公司、北京顺天诚通商贸有限公司等4家企业的生产线技术改造。

(北务镇)

【新农村建设】 继续实施新农村"五项基础设施"和"三个起来"工程,修建道路8.4万,改造户厕1249户,新建7座公厕和3座太阳能公共浴室;完成120户既有房屋门窗改造工程,更换节能灯总成310套;进一步规范基本农田、宅基地和耕地管理工作,加大了违章建设的查处力度,拆除2起违章建筑;高标准、高质量开展环境综合整治,在顺义区群众环境满意度测评中,我镇四个季度始终名列前茅。

(北务镇)

【都市型现代农业】 全年新建日光温室75.92亩、钢架大棚230亩、连栋温室8800平方米,其中北京嘉博文生态农业项目新建温室18.02亩。建成2座农业废弃物处理项目,有效覆盖面积1000亩,实现了有机废弃物资源化利用。升级改造北务批发市场,建成占地面积为2000平米花卉展销大厅。新增花种植面积300余亩,带动农户36户。

(北务镇)

【采摘节】 成功举办2010年夏、秋两季"绿中名"采摘节,累计接待游客5.9万人次,综合收入637.6万元。采摘节举办采用互动式开发模式,加强和北京国际鲜花港、汉石桥湿地等区内外旅游景点的联系,实现游客资源共享。

(北务镇)

【基层组织建设】 推进创先争优活动,开展学党章、党员公开承诺、"双学双比双提高"、党群共建创先争优等活动,党员先进性作用得到有效发挥。完成了15个村的两委班子换届选举工作,实现了"三个百分之百"的选举目标,共选出两委班子成员49名,支部委员的年龄、学历层次进一步优化。发展新党员34名,为组织注入新鲜血液。

(北务镇)

【社会保障体系】 社会保障水平进一步提高,城乡居民养老保险保完成指标的106%,发放各类政策性补贴,为享受公费医疗的机关干部按时报销医药费。建成1座公益性公墓和2个托老所,"温馨家园"建设完成并通过市级验收,公益性设施进一步完善。

(北务镇)

【就业工作】 加大就业培训力度,举办等级、非等级培训班4期,培训农村劳动力258人次。组织劳动力参加镇域内外招聘会,安置农村劳动力217人。加大就业困难群体帮扶力度,发放失业金12余万元。宣传小额贷款优惠政策,帮助4家个体工商户申请小额贷款共计18万元,扶持有创业意愿的劳动者自主创业。加大劳动监察,累计培训企业负责人和职工1500余人次。

(北务镇)

【转非工作】 完成7个村的非整建制征地转非工作,完成255个转非指标。出台工作意见,加大政策宣传和奖励力度,全年实现就业转非104人,在完成比例在顺义区位居前列。

(北务镇)

【社会事业】 加大食品、药品安全的检查力度,全年未发生食品、药品重大安全事故。改善中小幼的办学条件,基础教育教学质量进一步提高。认真执行顺义区人民政府2010年冬季征兵命令,完成了2010年冬季征兵任务。

(北务镇)

【综合治理】 强化社会面综合治理,加大人防、物防工作力度,确保了"两会"、十一等敏感、重点时期的社会秩序稳定;升级改造北务镇综治维稳中心,采取“五联模式”开展工作;深化信访代理制度,推行领导干部包案工作制度,提高了处理信访问题的效率;庄子村村级综治办规范化建设有序推进。

(北务镇)

【信息工作】 通过北务网站、有线广播等方式,围绕新农村建设、招商引资、花卉产业发展、采摘节等重点工作开展宣传,及时报道全镇重点进展情况;《顺义区情》刊登信息74条,完成调研信息发表工作。

(北务镇)

【文体活动】 加强文体设施建设,村级数字电影放映厅、益民书屋、村级健身广场等文体资源实现全覆盖。承办“龙腾狮跃闹元宵全国龙狮大联动”活动,开展群众性文体活动,组织龙狮舞民间艺术团参与“天安门国际长跑节”、“星火工程”等市、区重大演出活动50余场。

(北务镇)

【群团工作】 加快“两新”组织团建工作步伐,规模以上企业团组织覆盖率达到100%。成立“北务龙狮舞·青年社”,成为北京市第二批青年社试点。继续开展文明家庭创建工作,年内评选出98户“十星级文明户”和32户“绿色家庭”,4户家庭被评选为区级“和谐家庭”。成立镇总工会,在92家实地企业和88家非企业法人组织中成立工会组织,进一步提高工会覆盖率。

(北务镇)

【农村各项改革】 完成了3个村的产权制度改革。成立经济审计工作领导小组,对村干部工资、专项资金、集体资产等进行经济审计。完善农村经济合作社的印章与票据管理,规范经济合作社的工作流程。

(北务镇)

【安全生产】 加快推进安全生产分类分级工作,开展危险化学品、高危行业、有限空间作业场所等11项整治行动,查处并整改安全隐患223处。完善突发公共事件应急预案体系建设,确保了“五一”、国庆期间镇域安全稳定。

(北务镇)

【土地管理】 加强农村宅基地管理,严格按照规定实行新建、翻建房报批手续,坚决制止扩大宅基地和私搭乱建违法建设。完成了4个村的土地整理项目,改善了水利、电力、交通等基础条件。

(北务镇)

人 物

组织机构负责人名单

一、区委机关

(一)中国共产党北京市顺义区委员会

书 记 张延昆
副书记 刘 剑(6月免)
王 刚(7月任)
胡尚云
闫立刚
常 委 雷显武
王国增(12月免)
王海臣(3月免)
肖韵竹(女)
杨宝华
周颖博
李国营
李友生
林向阳(3月任)
于凤春(12月任)

(二)中国共产党北京市顺义区纪律检查委员会

书 记 肖韵竹(女)
副书记 田江平
李殿宗
闫连恒
常 委 贾崇彪
李会娟(女)
隗和春
王玉美(女)
袁日晨(满族)

(三)区委工作部门

办公室主任 杨宝华
常务副主任 (正处级) 贾文禹
组织部部长 雷显武
常务副部长 (正处级) 范学智
宣传部部长 杨宝华
常务副部长 (正处级) 马朝龙(6月免)
政法委书记 周颖博
统战部部长 王玉奇
常务副部长 (正处级) 王 颀(6月任)
研究室主任 张中茂
精神文明建设委员会办公室主任
沈凤田(3月免)
张守旺(3月任)

社会治安综合治理委员会办公室主任（维护稳定工作领导小组办公室主任）　王金广

防范和处理邪教问题领导小组办公室主任（政府防范和处理邪教问题办公室主任）　杨虎明

直属机关工作委员会书记　胡明才

台湾工作办公室主任（政府台湾事务办公室主任）　李树新

保密委员会办公室主任（保密局局长）　陈广会

老干部局　书记　王绍发

局长　赵光国

社会工作委员会书记（社会建设工作办公室主任）　巩维国

机构编制委员会办公室主任　李金贵

二、人大机关

北京市顺义区人大常委会

主　任　马庚良

副主任　周庆禄

贾春林

冯庆森

李福成

周淑伶（女）

办公室主任　龚玉友

研究室主任　罗振文

代表联络室主任　霍保贵

教科文卫工作委员会主任　杨国英

农村工作委员会主任　李永革

城乡建设环保工作委员会主任　徐福元

财政经济委员会主任　邱　新（6月免）

刘永凤（6月任）

内务司法工作委员会主任　王世明

三、政府机构

（一）顺义区人民政府

区　长　刘　剑（7月免）

王　刚（7月任政府副区长、代理区长）

副区长　王海臣（4月免）

李友生

林向阳

车克欣（女）

陈光浩（7月免）

赵贵恒

燕　瑛

张晓峰（4月任）

（二）区政府工作部门

办公室主任　刘福海（6月免）

秦拥军（满，6月任）

政务信息化办公室（在区政府办挂牌子）主任

刘福海（6月免）

秦拥军（6月任）

政府对外联络办公室（副处级）主任　张忠伟

突发公共事件应急委员会办公室（副处级）主任（应急指挥中心主任）　郭崇峰

监察局局长　田江平

发展和改革委员会主任　田建国（4月免）

董建华（4月任）

临空经济办公室（在区发展和改革委员会挂牌子）主任

田建国（4月免）

董建华（4月任）

经济体制改革办公室主任　赵汉民

物价局局长　单　林

教育委员会主任　冯义国

政府教育督导室（在区教委挂牌子）主任　姜

华阳
科学技术委员会主任 李国震
知识产权局(在区科学技术委员会挂牌子)局长
范玉岭
民政局局长 刘庆顺
民族宗教侨务办公室主任 臧小华(女)
政府法制办公室主任 沈凤江
财政局书记 虞艳娟(女)
局长 马万林(12月免)
人力资源和社会保障局局长 赵殿江
住房和城乡建设委员会主任 盛德利
政府住房保障和改革办公室(在区住建委挂牌子)主任 盛德利
市政市容管理委员会主任 李国新
城乡环境建设委员会办公室主任(在区市政市容委挂牌子) 孙立祥
交通局局长 李 成
农村工作委员会主任 闫志广
农业局局长 陈福全
动物卫生监督管理局局长 郭春才
商务委员会书记 计战桥
局长 王福印
粮食局(在区商务委员会挂牌子)局长 张末利
文化委员会主任 刘振河
文化创意产业促进办公室(副处级)主任 张建国
卫生局局长 单德智
人口和计划生育委员会主任 秦士友
审计局局长 梁家树(6月免)
刘福海(6月任)
环境保护局书记 李国印(12月免)
赵 川(12月任)
局长 李国印
统计局书记 张金林
局长 解长春
水务局局长 李守义
经济和信息化委员会主任 吴建国
司法局局长 闻广平
外事旅游局局长 商广清
体育局局长 吕志旺
园林绿化局局长 陈 阳
绿化委员会办公室(在区园林绿化局挂牌子)主任 陈 阳
安全生产监督管理局局长 高士虎
信访办公室主任 陈红宇(女)
民防局局长 张存忠
政府国有资产监督管理委员会主任 丁文强
城市管理监察大队大队长 周霆钧
金融服务办公室主任 周继武
北京天竺出口加工区管理委员会主任(副局级) 李友生

四、政协机关

政协北京市顺义区委员会

主 席 陶宝金
副主席 赵荣山(1月免)
王玉奇
田建国(1月任)
刘享文(女)
田家玉
蒋世林
秘书长 张仲奎
办公室主任 李景林
专委会工作一室主任 段长山
专委会工作二室主任 刘炳武
专委会工作三室主任 沈凤田(3月任)
专委会工作四室主任 李树江
研究室主任 金向东

五、综保区机关

北京天竺综合保税区管理委员会

主　任　刘　剑(7月免)
王　刚(7月任)
副主任　闫立刚
李友生
庄　杰
董占云
赵英杰
专职委员　李燕凌
兼职委员　陈泽星
王　永
杨金良(7月免)
孙文康(7月任)
高世清
办公室主任　赵习文
政策法规处处长　任国峰
规划建设处处长　陈　红
经贸发展处处长　鲁　兵(12月免)
保障处处长　张廷军
信息处处长　罗广玉

六、群众团体

总工会书记　赵长树(满族,11月免)
刘永发(11月任)
主席　刘永发
常务副主席(正处级)　苏瑞峰
共青团顺义区委员会书记　闫　岩(女)
妇女联合会主席　赵桂清(女)
残疾人联合会理事长　马成武(6月免)
王振军(6月任)
工商业联合会主席　田家玉
书记　鲍晓芹(女)
红十字会会长　燕　瑛(女)
书记　皮志杰(女)
文学艺术界联合会主席　高　源
科学技术协会主席　李国震
慈善协会会长　车克欣(女)
常务副会长(正处级)　聂燕山

七、政法军事

北京市公安局顺义分局局长　李国营
政委　李耀光
检察院检察长　张守良(1月任)
法院院长　郭铁相
司法局局长　闻广平
武装部部长　王国增(10月免)
展　辉(10月任)
政委　于凤春

八、镇、街道办事处

(一)街道办事处

光明街道办事处　**书记**　郭树文
主任　高　栓
胜利街道办事处　**书记**　郝晓玲(女,6月免)
王学武(6月任)
主任　梁心愿
石园街道办事处　**书记**　王振军(6月免)
赵金明(6月任)
主任　赵金明(6月免)
金泰希(女,朝鲜族,6月任)
旺泉街道办事处　**书记**　宋学农
主任　黄学英(女)
双丰街道办事处　**书记**　单成刚(6月免)
郭士才(6月任)
主任　赵靖宇
空港街道办事处　**书记**　王晓东
主任　袁树旺

(二)镇(地区)

仁和镇(地区办事处)

书记 吴耀新
镇长(主任) 陈汉松

马坡镇(地区办事处)
书记 朱家亮
镇长(主任) 姜 蒙

牛栏山镇(地区办事处)
书记 赵振英(6月免)
单成刚(6月任)
镇长(主任) 王文荣(女)

赵全营镇 书记 李宝东
镇长 史长生

高丽营镇 书记 肖承继
镇长 单晓梅(女)

北石槽镇 书记 宋 鹏
镇长 王 江

南法信镇(地区办事处)
书记 郭振江
镇长(主任) 李 衍

后沙峪镇(地区办事处)
书记 张尚强
镇长(主任) 赵洪涛

天竺镇(地区办事处)
书记 韩凤桐
镇长(主任) 单增友(4月免)
史卫东(4月任)

李桥镇 书记 李丙春(11月免)
徐晓武(11月任)
镇长 张爱冬

南彩镇 书记 张晓峰(6月免)
马朝龙(6月任)
镇长 张香东

杨镇(地区办事处)
书记 张友生
镇长(主任) 刘晨光

张镇 书记 洪 全
镇长 苏东海(11月免)
王新兵(女,11月任)

北小营镇 书记 王 泽
镇长 卞云鹏

木林镇 书记 胡小兵
镇长 姚 颖(4月免)
王海松(4月任)

龙湾屯镇 书记 张希德
镇长 马云虎

李遂镇 书记 陈长旺(6月免)
孙书林(6月任)
镇长 武 捷

北务镇 书记 李长勇
镇长 黄海鹏

大孙各庄镇 书记 徐晓武(11月免)
苏东海(11月任)
镇长 马 强

九、事业单位

区委党校 校长 胡尚云
书记、常务副校长 董大明

行政学校 校长 王海臣(4月免)
李友生(4月任)

常务副校长 董大明

农村合作经济经营管理站站长 焦庆海

地震局局长 张东生

水产服务中心主任 谢连海

经济发展服务中心主任 周福军

北京现代职业技术学院院长 高学通

汉石桥湿地自然保护区管理办公室主任 李福利

北京市板桥创意天承产业基地管理委员会主任 张克服

流动人口管理服务中心主任 王振林

北京临空国际经济技术开发中心管理委员会主任 孙书林(6月免)
高春富(6月任)

政府招待所所长 宋奇良

长青林场场长 李拥军

市场经营管理中心主任 贺有余

北京天竺空港经济开发区管理委员会主任
李友生(4月免)

杭金亮(4月任)
北京天竺保税区综合服务中心(3月新组建)主任
郭旭东(3月任)
北京顺义三高科技农业试验示范区管理委员会主任　赵善陶
奥运场馆管理委员会主任
张伯林(11月免)
管学文(11月任)
北京林河经济开发区管理委员会主任
刘进奎
北京国门商务区建设管理委员会主任
胡　杰
投资促进局局长　於丽萍(女,6月免)
李向英(女,6月任)
北京顺义空港物流基地管理委员会主任
王海臣(4月免)
张东民(4月任)
北京天竺房地产开发区管理委员会主任
王　奎
北京北方印刷产业基地管理委员会主任
张　波(11月免)
牛玉江(11月任)
北京汽车生产基地管理委员会主任　董建华
新城建设管理委员会主任
李建东(6月免)
赵振英(6月任)
北京空港建设管理服务中心主任
管学文(11月免)
姚　颖(11月任)
档案局局长(档案馆馆长、党史区志办公室主任)　王守明
政府驻海南办事处主任　于泉海
广播电视中心主任　王　颖
信息中心(副处级)主任　王永宝
园林服务中心　书记　张志海
主任　孙仲秀
种植业服务中心主任　申荣文
农机服务中心主任　李宏伟(女)
社区教育中心主任　丁久库
城镇环境卫生服务中心主任　刘存祥
教育研究考试中心书记　吴凤英(6月免)
陈成国(6月任)
主任　吴凤英(女,6月免)
张　海(6月任)
牛栏山第一中学校长　刘克祥
总部企业高管人员服务中心主任　张忠伟
北京花卉展览中心(4月新组建)副主任(主持工作)　李瑞军
卫生局卫生监督所(副处级)所长　于宝鑫
疾病预防控制中心(副处级)主任　李印东
区医院(副处级)书记　黄建江
院长　刘　峰
中医院(副处级)书记　魏　青(3月任)
院长　王淑明(女,4月免)
王　飞(4月任)
妇幼保健院(副处级)院长　张久越
人才服务中心(副处级)主任　郭有斌
劳动服务管理中心(副处级)主任
梁勇(4月任)
物价检查所(副处级)所长　张枫华

十、企业单位

北京市顺义粮油总公司经理　张末利
北京燕京啤酒集团公司
书　记　李福成
总经理　李福成(11月免)
赵晓东(11月任)
北京双峰建材集团经理　杨富海
北京市顺义区地方工业公司经理
刘继民(4月免)
李德安(4月任)
北京市顺义区自来水公司经理　刘宝春
北京市顺义区燃气公司经理　张树广
北京市广聚工贸公司经理　马　成

北京市顺义区建筑工程总公司经理　罗中义
北京市顺义建筑工程公司经理　李瑞福
北京顺义建筑企业集团公司　杨祥方
北京通达实业总公司经理　孔祥普
北京紫微星工贸集团经理　梁桂林
北京市顺义区供销合作社主任　方建华
北京亿汇洋进出口公司(3月撤销)经理　张诚(3月免)
北京市顺义永进物资总公司经理
　　刘万宝(4月免)
　　屈宝成(4月任)
北京市煤炭总公司顺义区分公司经理
　　刘志新
北京国泰中百商业有限公司书记　董玉忠
　　经理　刘树忠
北京鑫海韵通百货有限公司经理　张福海
北京市顺义大龙城乡建设开发总公司经理
　　赵　川(12月免)
　　李绍林(12月任)
北京顺鑫农业发展集团有限公司书记
　　李维昌
北京京顺轧辊厂厂长　陈　明
北京天竺空港工业开发公司经理　杭金亮
北京林河工业开发总公司经理　刘进奎
北京临空国际经济技术开发中心经理
　　孙书林(6月免)
　　高春富(6月任)
北京汽车城投资管理有限公司经理
　　董建华(6月免)
　　赵洪峰(6月任)
北京市天竺房地产开发公司经理　王　奎
北京空港物流基地开发中心经理　张东民
北京北方新辉印刷产业基地经理　张　波
北京国际鲜花港管理委员会主任　赵善陶
北京鲜花港投资发展中心经理　李在东
北京顺义水上公园投资发展中心
　　书记　张伯林(11月免)
　　　　管学文(11月任)
　　经理　张守旺(3月免)
　　　　管学文(3月任)
北京市板桥创意天承投资发展中心经理
　　张克服
北京国门空港经济技术开发中心经理
　　胡　杰
北京市恒锋市政工程公司经理　张殿友
顺义区国有资本经营管理中心经理
　　王俊忠
北京天竺保税区开发管理中心(3月新组建)经理
　　张宏志(3月任)

十一、双管单位

北京市国土资源局顺义分局局长　孙桂祥
北京市药品监督管理局顺义分局局长
　　李长荣
北京市规划委员会顺义分局书记　董占云
　　局长　杨卫东
北京市路政局顺义公路分局局长
　　张玉霞(女)
北京市顺义区国家税务局局长　高瑞君
北京市顺义区地方税务局局长　张天生
北京市顺义区质量技术监督局
　　书记　贺永祥(11月免)
　　局长　贺永祥(6月免)
　　　　陈长旺(6月任)
北京市工商行政管理局顺义分局局长
　　陈福刚
北京市国家安全局顺义工作站站长
　　王淑玲(女)
国家统计局顺义调查队队长　孙晓冬
北京市顺义区烟草专卖局局长　孙立勇
北京市共青林场场长　李拥军
北京市军队转业干部培训中心书记　李明福
　　主任　张庆玉
北京市顺义区气象局局长　袁贵臣(3月免)
　　副局长(主持工作)　韩晓峰

北京市顺义区邮政局局长
张新巧(女,3月免)
马文良(3月任)
北京农业生态工程试验基地主任　胡荣海
北京市公安局顺义分局　局长　李国菅
政委　李耀光

全国(含部)先进单位及先进个人

先进单位

全国社区教育示范区
顺义区
国家卫生区
顺义区
全国职工职业安全卫生知识竞赛优秀组织单位
顺义区
全国双拥模范城
顺义区
2010年度全国职工互助保障先进单位
顺义区总工会
全国检察机关模范检察院
顺义区检察院
全国质检系统“五五”普法先进单位
顺义区质量技术监督局
节能中国贡献奖
北京大龙供热中心
全国交通运输系统五五普法先进集体(中华人民共和国交通运输部)
顺义区交通局
全国老龄工作先进单位、全国养老服务活动示范单位、全国农村五保供养工作先进单位、全国殡葬工作先进单位、全国社会组织深入学习实践科学发展观活动指导工作先进单位、民政部宣传工作先进单位
顺义区民政局
太阳花杯公益活动优秀组织奖、第十届“心系好儿童”儿童家庭教育实践活动北京市先进单位
顺义区教委
全国县级农业广播电视学校办学水平A级校
顺义农广校
2010年度全国新农村电视艺术节“十佳”魅力乡镇
顺义区杨镇
国家级生态村
顺义区赵全营镇北郎中村
国家AAA级旅游景区
北京国际鲜花港

先进个人

全国职工互助保障先进个人
顺义区总工会　刘宝华
2010年度食品安全十大人物奖、2010年度最具社会责任感十大人物奖
北京燕京啤酒集团公司经理　李福成

北京市(含系统)先进单位及先进个人

先进单位

2010年北京市“安康杯”竞赛优秀组织单位
顺义区
2010年度北京市总工会报刊订阅优秀单位、北京市职工互助保障工作优秀代办处、首都职工第八套广播体操比赛一等奖、首都职工第八套广播体操比赛优秀组织奖、首都职工

素质教育工程优秀组织单位
顺义区总工会
北京市敬老爱老为老服务先进单位
顺义区残联
2009年北京市区县合作先进集体、北京市节能减排先进集体、2007—2009年度北京市妇女国庆安保工作先进集体、第七届中国花卉博览会最佳安全保障奖
北京市公安局顺义分局
北京市律师队伍警示教育工作先进单位
顺义区司法局
优秀律师事务所
顺义区曹智勇律师事务所
北京卫戍区管理教育先进单位
顺义区武装部
基层民兵工作先进单位
顺义区大孙各庄镇武装部
儿童工作先进集体
顺义区发改委
北京市2010年度交通安全先进单位、2010年度北京市质量技术监督系统宣传教育工作先进集体、2010年度北京市组织机构代码及行政许可受理工作先进集体
顺义区质量技术监督局
北京市文明建设先进单位、北京连锁百货十强品牌
北京国泰中百商业有限公司
基层水务管理先进奖
顺义区水务局
交通安全先进单位、残疾人就业先进单位
北京市顺义区建筑工程总公司
国土资源系统财务管理业绩突出单位、融资管理方面业绩突出单位、多储快供先进集体
顺义区国土局
北京市优秀百货连锁十强品牌、北京市文明建设先进单位
北京国泰中百商业有限公司连锁
2010年度北京市文明单位、北京市文明行业、北京市卫生红旗单位、北京市文明书屋、北京市消防工作先进单位、北京市交通安全先进单位
顺义区自来水公司
北京市基础教育课程网建设先进单位、2009年度北京市共青团“达标创优”竞赛活动五四红旗团委、北京市“三八”红旗集体、第四届北京市学生校外艺术节(舞蹈)一等奖、北京市交通安全工作先进单位、北京市消防工作先进单位
顺义区教委
首都文明单位、北京市拔尖创新人才培养试点校和北京市数字校园试点校
顺义牛栏山第一中学
政府为百姓办实事先进集体、北京市死亡登记报告工作先进单位、首都平安示范医院、北京地区中医医院医疗质量监测先进单位
顺义区中医医院
北京市侨务工作先进单位
顺义区民族宗教侨务办公室
北京市模范集体
顺义区李桥镇沿河村

先进个人

北京市三八红旗奖章
张亚安
2010年度职工互助保障工作优秀工作者
衣　晶　刘宝华　张冬梅
国土资源系统多储快供先进个人
李　全
北京市红十字会工作先进个人
李　成
人民满意的政法干警标兵
崔　杰
优秀律师事务所主任
刘晓波
优秀律师
郝雪梅　洪　林
北京军区宣传报道先进个人

徐长华

基层民兵工作先进个人

李连河

北京市师德标兵

张军堂

北京市特级教师

李永茂　欧阳尚昭　张亚安　张福林
李英姿　卢凤琪　乔秀芹

北京市骨干教师

吴欣歆　马玉梅　张朝晖　李秀清
刘　静　杨凤全　王　健　梁继元
唐江雨　荣红林　刘会芹　何振桥
李淑敬　张庆辉　高　欣　穆怀茹
张传海　张宝义　杨福玲　许成文
刘爱军　王秀清　陈玉梅　杨晓红
侯万忠　马晓波　张　杰　张士忠
谭有志　曲海涛　崔　杨　东启云
吴长宝　谢立平　李志刚　黄建秋
郑爱民　张丽苹　黄灿华　李晓伶
张秀娟　刘克章　赵艳军　鲁文蓉
杜学芬　李永跃　万瑞清　高　枫
朱秀荣　刘海燕　张　平　周海燕
张光伟　茹春华　李朝晖　陈连路
高伟明　郭利群　刘艳茹　王东红
苏静林　刘秀清　张　杰　刘学红
姚俊霞　魏淑媛　杨雪莲　闫兴河
闻淑君　于亚敬　顾雪莲　直欣欣
王颖魏　金　辉　李宝艳　马文征
龚文凤　于　海　单红兵　佟红新
张　伟　焦卫军　祖海艳　贾秋林
朱文利　刘桂银　王众敬　王妍嘉
徐晓芳　黄秋凤　张跃宗　张子恒
闫玉华　李红艳　刘　杰　王拥军
高晓颖　纪海强　杨文智　冯　军
李　娟　王红岩　单小娜　陈　红

北京市老年体育工作先进个人

胡金凤

统 计 表

2010年顺义区国民经济和社会发展主要指标统计表

项 目	计量单位	2010年	2009年	2010年为2009年%
一、基本情况				
土地面积	平方公里	1019.89	1019.89	100.0
街道办事处	个	6	6	100.0
建制镇	个	19	19	100.0
村民委员会	个	426	426	100.0
社区居委会	个	79	77	102.6
总户数(公安局数)	户	261123	259213	100.7
农业户	户	116181	122175	95.1
非农户	户	144942	137038	105.8
总人口(公安局数)	人	581684	577920	100.7
男	人	288409	286599	100.6
女	人	293275	291321	100.7
农业人口	人	285939	304870	93.8
非农业人口	人	295745	273050	108.3
常住人口(市统计局反馈数)	万人	87.7	73.2	119.8
地区生产总值	万元	8678748.0	6901792.0	125.7
第一产业	万元	222201.0	213657.0	104.0
第二产业	万元	3734953.0	2975636.0	125.5
第三产业	万元	4721594.0	3712499.0	127.2
地区生产总值构成	%	100	100	—
第一产业	%	2.6	3.1	—
第二产业	%	43.0	43.1	—
第三产业	%	54.4	53.8	—

项　　目	计量单位	2010年	2009年	2010年为2009年%
二、农　　业				
农林牧渔业总产值(现价)	万元	585817.2	566544.2	103.4
主要农副产品产量				
粮食	万吨	21.5	22.7	94.7
夏粮	万吨	7.3	7.5	97.3
秋粮	万吨	14.2	15.2	93.4
蔬菜	万吨	47.8	54.9	87.1
干鲜果	万吨	6.9	7.4	93.2
出栏生猪	万头	94.0	94.9	99.1
出栏肉牛	万头	4.2	4.0	105.0
出栏羊	万只	18.2	15.9	114.5
出栏鸡	万只	794.6	878.2	90.5
出栏鸭	万只	403.6	342.3	117.9
鲜蛋	吨	16425.6	15157.5	108.4
#鸡蛋	吨	15968.3	14722.5	108.5
鲜鱼	吨	10780.0	10622.0	101.5
牛奶	吨	51284.5	54079.8	94.8
三、工业(规模以上)				
工业总产值	万元	18515647.3	15262315.8	121.3
工业主营业务收入	万元	18654916.6	15257693.5	122.3
工业利润总额	万元	1332343.0	950524.6	140.2
四、外经.外贸				
三资企业签约项目	个	60	54	111.1
协议外资额	万美元	24343.5	42567.3	57.2
实际利用外资额	万美元	40009.9	39582.4	101.1
注册资本	万美元	25194.1	50955.3	49.4
出口交货总额	万元	3096147.0	3030873.0	102.2
五、固定资产投资				
全社会固定资产投资	亿元	413.7	343.9	120.3
城镇固定资产投资	亿元	135.0	102.5	131.7
农村固定资产投资(含农户)	亿元	82.6	40.6	203.4
房地产开发投资	亿元	196.1	200.8	97.7

项　目	计量单位	2010 年	2009 年	2010 年为 2009 年%
六、批发零售．住宿餐饮				
社会消费品零售额	万元	1805049.3	1551975.0	116.3
网点数	个	16655	16502	100.9
营业人员	人	86813	79203	109.6
七、财政．金融				
财政总收入	万元	2797828.0	2187962.0	127.9
地方财政收入	万元	1457031.0	852298.0	171.0
#一般预算收入	万元	584356.0	481208.0	121.4
地方财政支出	万元	1615452.0	1239401.0	130.3
各项税收	万元	2404185.0	1852856.0	129.8
#地税	万元	894488.0	751684.0	119.0
各项存款余额	万元	10725924.0	9071940.0	118.2
各项贷款余额	万元	5776119.0	5103006.0	113.2
城乡居民储蓄余额	万元	4078101.0	3601347.0	113.2
八、劳动工资				
年末职工人数	人	359454	333498	107.8
第一产业	人	3741	3586	104.3
第二产业	人	164916	151516	108.8
第三产业	人	190797	178396	107.0
全年工资总额	万元	1933218.9	1597771.0	121.0
第一产业	万元	11927.2	10290.0	115.9
第二产业	万元	670972.7	533937.0	125.7
第三产业	万元	1250319.0	1053544.0	118.7
九、科　技				
科研机构数	个	2	2	100.0
科研人员	人	91	77	118.2
#自然科学人员	人	5	4	125.0
十、教　育				
学校数:普通中学	个	42	41	102.4
职业中学	个	4	4	100.0
小　学	个	48	47	102.1
在校学生数:普通中学	人	30392	31270	97.2

项　　目	计量单位	2010 年	2009 年	2010 年为 2009 年%
职业中学	人	3212	3863	83.1
小　　学	人	32071	28330	113.2
毕业生数:普通中学	人	11150	11278	98.9
职业中学	人	1413	1380	102.4
小　　学	人	5378	5192	103.6
幼儿园．托儿所	个	55	56	98.2
在园幼儿数	人	12545	10043	124.9
十一、文化体育				
文化馆．站	个	25	20	125.0
公共图书馆	个	1	1	100.0
公共图书馆藏书	万册	49	47	104.3
电影放映单位	个	443	442	100.2
#农村放映单位	个	439	438	100.2
区级以上重点文物保护单位	个	9	9	100.0
体育场馆	个	11	11	100.0
旅游人数	万人	508.1	482.2	105.4
旅游收入	万元	180426.9	158619.3	113.7
十二、卫生				
医疗卫生机构数	个	57	57	100.0
#医院及卫生院	个	37	37	100.0
医疗卫生机构床位数	张	3149	3104	101.4
#医院及卫生院床位数	张	3149	3102	101.5
卫生技术人员	人	4562	4379	104.2
#中西医师	人	1853	1789	103.6
平均每千人口拥有中西医师	人	2.4	2.5	96.0
85.7平均每千人口拥有医院及卫生院床	位数	张	3.6	4.2
十三、人民生活(抽样调查资料)				
城镇居民人均可支配收入	元	24825.3	23179.47	107.1
城镇居民人均生活消费支出	元	14256.7	13465.8	105.9
农村居民人均纯收入	元	12898.0	11648.0	110.7
农村居民人均生活消费支出	元	8639.0	8056.0	107.2
十四、城市建设与环境				

项　目	计量单位	2010年	2009年	2010年为2009年%
顺义区公路总里程	公里	2641.4	2612.5	101.1
天然气管道供应	万户	10.0	8.0	125.0
天然气供应量	万立方米	15026.0	11482.0	130.9
二级和好于二级天数	天	279	271	103.0
林木绿化率	%	26.58	26.55	100.1
生活污水集中处理达标率	%	74.23	69.29	107.1
十五、能源消耗				
能源消费总量	万吨标煤	860.9	752.6	114.4
顺义区用电总量	万 kwh	461269.3	406716.1	113.4
第一产业	万 kwh	24667.3	21846.5	112.9
第二产业	万 kwh	226430.0	194144.9	116.6
工业	万 kwh	213779.8	184124.4	116.1
建筑业	万 kwh	12650.2	10020.5	126.2
第三产业	万 kwh	144835.6	131383.2	110.2
城乡居民生活用电	万 kwh	65336.4	59341.5	110.1

注:2010年常住人口是第六次人口普查数据。

附　　录

中共北京市顺义区委文件

中共北京市顺义区委文件

京顺发〔2010〕1号	关于表彰2009年度区域经济百强企业财政贡献突出企业保增长先进企业招商引资先进单位二三产业先进镇文明富裕村的决定
京顺发〔2010〕2号	关于表彰2009年度顺义区人口和计划生育工作红旗单位、先进单位和先进个人的决定
京顺发〔2010〕3号	关于表彰2009年度就业再就业工作先进单位先进镇先进企业先进个人和就业明星的决定
京顺发〔2010〕4号	关于加强廉政风险防范科学化精细化管理的实施意见
京顺发〔2010〕5号	关于推进基本医疗卫生制度建设工作的意见
京顺发〔2010〕6号	关于转发《刘淇、夏占义同志在北京市农村工作会议上的讲话和报告》的通知
京顺发〔2010〕7号	关于王海臣、林向阳同志职务变动的通知
京顺发〔2010〕8号	关于实施“信访代理”工作的意见
京顺发〔2010〕9号	关于表彰顺义区城管监察大队和顺义公安分局的决定
京顺发〔2010〕10号	关于表彰2009年度思想政治工作先进单位和先进个人的决定
京顺发〔2010〕11号	2010年思想政治工作意见
京顺发〔2010〕12号	关于在顺义区基层党组织和党员中开展创先争优活动的实施意见
京顺发〔2010〕13号	关于加强区级领导班子和成员廉政风险防范管理工作的意见
京顺发〔2010〕14号	关于推进集体林权制度改革的意见
京顺发〔2010〕15号	关于表彰2009年“一助一”工作先进单位和先进个人的通报
京顺发〔2010〕16号	关于开展中国共产党成立89周年纪念活动的通知
京顺发〔2010〕17号	关于表彰先进基层党组织和“群众心中的好党员”的决定
京顺发〔2010〕18号	关于印发《王刚同志在区委三届十一次全会上的报告》的通知
京顺发〔2010〕19号	关于制定国民经济和社会发展第十二个五年规划的建议
京顺发〔2010〕20号	关于推进社会服务管理创新的意见

京顺发〔2010〕21 号	关于贯彻落实市委加强人民政协政治协商制度建设的意见的实施意见
京顺发〔2010〕22 号	关于印发 2010 年对各镇主要经济指标发展指标与社会调控目标考核意见的通知
京顺发〔2010〕23 号	关于加强武警顺义区支队建设的意见
京顺发〔2010〕24 号	关于深化人口计生工作综合改革推动人口长期均衡发展的意见
京顺发〔2010〕25 号	关于加强纪检监察组织建设的意见
京顺发〔2010〕26 号	关于在顺义区开展廉政教育活动的通知
京顺发〔2010〕27 号	关于认真学习贯彻党的十七届五中全会精神的通知
京顺发〔2010〕28 号	关于印发《中国共产党北京市顺义区代表大会代表任期制暂行办法》的通知
京顺发〔2010〕29 号	关于印发《2011 - 2015 年北京市顺义区处级党政领导班子建设规划纲要》的通知
京顺发〔2010〕30 号	关于印发《关于贯彻〈2009 - 2020 年北京市党政领导班子后备干部队伍建设规划〉的实施意见》的通知
京顺发〔2010〕31 号	关于调整区级领导联系镇、村、学校、企业的通知
京顺发〔2010〕32 号	关于进一步从严管理干部的意见
京顺发〔2010〕33 号	关于于凤春、王国增同志职务变动的通知

中共顺义区委办公室文件目录

京顺办发〔2010〕1 号	关于进一步改进会议和领导同志活动报道的实施办法
京顺办发〔2010〕2 号	关于印发《顺义区离退休干部工作领导责任制》的通知
京顺办发〔2010〕3 号	关于转发《北京陆军预备役高射炮兵第二团 2010 年度整组工作》的通知
京顺办发〔2010〕4 号	关于顺义区 2010 年重点信访问题区级领导包案的通知
京顺办发〔2010〕5 号	关于转发《顺义区委研究室关于做好 2010 年调查研究工作的意见》的通知
京顺办发〔2010〕6 号	关于成立顺义区反恐怖工作协调小组的通知
京顺办发〔2010〕7 号	关于进一步推进重大决策信访风险评估机制的实施意见
京顺办发〔2010〕8 号	关于印发《顺义区 2010 年党风廉政建设和反腐败工作主要任务分工》的通知
京顺办发〔2010〕9 号	关于转发《中共北京市委办公厅北京市人民政府办公厅关于印发〈"人文北京"行动计划 2010 折子工程〉的通知》的通知
京顺办发〔2010〕10 号	关于举办顺义区首届端午文化节的通知
京顺办发〔2010〕11 号	关于为青海玉树地震遇难同胞举行哀悼活动的通知
京顺办发〔2010〕12 号	关于做好顺义区第八届村民委员会选举工作的意见
京顺办发〔2010〕13 号	关于表彰 2009 年度信息工作先进单位和先进个人的通报
京顺办发〔2010〕14 号	关于表彰 2009 年度督查工作先进单位和先进个人的通报
京顺办发〔2010〕15 号	关于区领导联系卫生机构的通知

京顺办发〔2010〕16 号	关于印发《顺义区校园及周边环境整治工作意见》的通知
京顺办发〔2010〕17 号	关于做好《中国共产党北京市顺义区(县)组织史资料》编纂工作的通知
京顺办发〔2010〕18 号	关于调整区委区政府常设机构和领导小组的领导成员的通知
京顺办发〔2010〕19 号	关于成立顺义区"十二五"规划编制工作领导小组的通知
京顺办发〔2010〕20 号	关于成立顺义区整建制村庄拆迁指挥部的通知
京顺办发〔2010〕21 号	关于转发《中共北京市顺义区纪律检查委员会、中共北京市顺义区委组织部、北京市顺义区监察局关于加强领导干部廉政管理的规定》的通知
京顺办发〔2010〕22 号	印发《关于中共北京市顺义区委常委会对讨论任免的部分区委管理干部实行票决制的实施办法(试行)》的通知
京顺办发〔2010〕23 号	关于党政机关干部工作人员暑期休假安排的通知
京顺办发〔2010〕24 号	印发《关于进一步加强基层流动人口服务管理工作组织机构建设的意见》的通知
京顺办发〔2010〕25 号	关于为甘肃舟曲特大山洪泥石流遇难同胞举行哀悼活动的通知
京顺办发〔2010〕26 号	关于调整顺义区社会建设工作领导小组的通知
京顺办发〔2010〕27 号	关于认定第一批区级"枢纽型"社会组织的通知
京顺办发〔2010〕28 号	关于调整北京市顺义区文化市场管理工作领导小组(北京市顺义区"扫黄打非"工作领导小组)的通知
京顺办发〔2010〕29 号	关于做好 2010 年中秋节、国庆节期间维护社会稳定防范安全事故加强值班等工作的通知
京顺办发〔2010〕30 号	关于转发《顺义区委老干部工作领导小组关于进一步加强领导干部联系离退休老干部工作制度》的通知
京顺办发〔2010〕31 号	关于印发《关于进一步规范外出学习参观考察等活动的紧急通知》的通知
京顺办发〔2010〕32 号	关于调整顺义区人口和计划生育领导小组成员和成员单位职责的通知
京顺办发〔2010〕33 号	关于对 2010 年贯彻落实党风廉政建设责任制情况进行检查考核的通知
京顺办发〔2010〕34 号	关于印发《顺义区重点信访问题折子工程》的通知
京顺办发〔2010〕35 号	关于做好 2011 年元旦、春节期间有关工作的通知
京顺办发〔2010〕36 号	关于印发《顺义区社会服务管理创新折子工程》的通知
京顺办发〔2010〕37 号	关于印发《顺义区社区矫正工作管理创新实施方案》的通知
京顺办发〔2010〕38 号	关于印发《顺义区关于维护治安秩序服务管理创新实施方案》的通知

北京市顺义区人民政府文件

北京市顺义区人民政府文件

顺政发〔2010〕1号	关于印发政府工作报告的通知
顺政发〔2010〕2号	印发顺义区安全生产事故隐患排查治理自查自报工作管理办法的通知
顺政发〔2010〕3号	印发顺义区2010年－2020年中小学校布局调整规划的通知
顺政发〔2010〕4号	表彰2009年度安全生产工作先进单位先进企业和先进个人的决定
顺政发〔2010〕5号	印发顺义区退役士兵安置暂行办法的通知
顺政发〔2010〕6号	表彰2009年度顺义区流动人口服务管理工作先进单位和先进个人的决定
顺政发〔2010〕7号	表彰国土资源保护管理工作先进单位的决定
顺政发〔2010〕8号	关于表彰2009年度商务工作突出单位和先进工作者的决定
顺政发〔2010〕9号	关于印发2010年在直接关系群众生活方面拟办重要实事的通知
顺政发〔2010〕10号	关于李绍林同志任免职的通知
顺政发〔2010〕11号	关于宋森等同志试用期满任职的通知
顺政发〔2010〕12号	关于印发顺义区区级国家行政机关绩效管理考核暂行办法的通知
顺政发〔2010〕13号	关于加快现代花卉产业发展的实施意见(2010－2012年)
顺政发〔2010〕14号	关于表彰2009年都市型现代农业绿化美化水务暨新农村建设先进集体先进个人的决定
顺政发〔2010〕15号	关于扶持绿色农产品加工产业发展的指导意见
顺政发〔2010〕16号	关于表彰顺义区第一次全国污染源普查工作先进单位和先进个人的决定
顺政发〔2010〕17号	关于表彰2009年度环境保护工作先进单位和先进个人的决定
顺政发〔2010〕18号	关于表彰2009年整建制村庄拆迁工作先进单位和先进个人的决定
顺政发〔2010〕19号	关于印发顺义区国家卫生区复审工作实施方案的通知
顺政发〔2010〕20号	关于印发2010年顺义区农村工作折子工程的通知
顺政发〔2010〕21号	关于印发区政府领导同志工作分工的通知
顺政发〔2010〕22号	关于印发区政府领导同志工作分工的通知
顺政发〔2010〕23号	关于印发2010年政府折子工程的通知
顺政发〔2010〕24号	关于表彰2009年度人民满意工作者的决定
顺政发〔2010〕25号	关于董建华等同志任免职的通知
顺政发〔2010〕26号	关于成立北京花卉展览交易中心及李瑞军等同志任职的通知
顺政发〔2010〕27号	关于李友生等同志任免职的通知
顺政发〔2010〕28号	关于成立北京天竺综合保税区综合服务中心及郭旭东等同志任免职的通知
顺政发〔2010〕29号	关于成立北京综合保税区开发管理中心及张宏志等同志任免职的通知
顺政发〔2010〕30号	关于印发北京天竺综合保税区促进产业发展暂行办法的通知

顺政发〔2010〕31号	关于加强药品供应保障体系建设实行集中储备统一配送工作的意见
顺政发〔2010〕33号	关于印发顺义区贯彻落实北京市第十六阶段控制大气污染措施实施意见的通知
顺政发〔2010〕34号	关于秦拥军等同志任免职的通知
顺政发〔2010〕35号	关于王振军等同志任免职的通知
顺政发〔2010〕36号	关于刘福海等同志任免职的通知
顺政发〔2010〕37号	关于印发区政府领导同志工作分工的通知
顺政发〔2010〕38号	关于闫沛枭等同志任职的通知
顺政发〔2010〕39号	顺义区人民政府关于印发顺义区创建充分就业区工作意见的通知
顺政发〔2010〕40号	关于印发顺义区健康北京人－全民健康促进十年行动规划(2009－2018年)的通知
顺政发〔2010〕41号	关于印发顺义区节约用水分类分级管理办法的通知
顺政发〔2010〕42号	关于调整顺义区总部企业金融机构服务推进委员会成员及其工作机构明确成员单位职责的通知
顺政发〔2010〕43号	关于印发顺义区政府债务管理办法的通知
顺政发〔2010〕44号	关于印发顺义区促进文化创意产业发展若干意见(试行)的通知
顺政发〔2010〕45号	印发关于规范镇政府投资项目管理暂行办法的通知
顺政发〔2010〕46号	关于盛得富等同志试用期满任职的通知
顺政发〔2010〕49号	关于印发森林防火区森林防火期规定的通知
顺政发〔2010〕51号	关于管学文等同志任免职的通知
顺政发〔2010〕52号	关于顺义区杨镇第一中学等单位升格和孙孟远等同志任职的通知
顺政发〔2010〕53号	关于印发顺义区重大合同审核备案办法的通知

顺义区人民政府办公室文件

顺政办发〔2010〕1号	印发北京市顺义区人民政府办公室(北京市顺义区政务信息化办公室)主要职责内设机构和人员编制规定的通知
顺政办发〔2010〕2号	关于印发北京市顺义区科学技术委员会(北京市顺义区知识产权局)主要职责内设机构和人员编制规定的通知
顺政办发〔2010〕3号	关于印发北京市顺义区民族宗教侨务办公室主要职责内设机构和人员编制规定的通知
顺政办发〔2010〕4号	关于印发北京市顺义区经济和信息化委员会主要职责内设机构和人员编制规定的通知
顺政办发〔2010〕5号	关于印发北京市顺义区民政局主要职责内设机构和人员编制规定的通知
顺政办发〔2010〕6号	关于印发北京市顺义区司法局主要职责内设机构和人员编制规定的通知
顺政办发〔2010〕7号	转发区安全生产监督局关于委托镇政府街道办事处经济功能区行使部分安全生产监督检查权意见的通知

顺政办发〔2010〕8号	关于印发北京市顺义区财政局主要职责内设机构和人员编制规定的通知
顺政办发〔2010〕9号	关于印发北京市顺义区人力资源和社会保障局主要职责内设机构和人员编制规定的通知
顺政办发〔2010〕10号	关于印发北京市顺义区环境保护局主要职责内设机构和人员编制规定的通知
顺政办发〔2010〕11号	关于印发北京市顺义区交通局主要职责内设机构和人员编制规定的通知
顺政办发〔2010〕12号	关于印发顺义区中小学校舍安全工程实施方案的通知
顺政办发〔2010〕13号	转发市住房城乡建设委市公安局关于加强住宅装饰装修活动中擅自变动建筑主体和承重结构违法行为监督执法文件的通知
顺政办发〔2010〕14号	转发区财政局区农委区监察局关于顺义区支农资金管理办法的通知
顺政办发〔2010〕15号	关于印发北京市顺义区水务局主要职责内设机构和人员编制规定的通知
顺政办发〔2010〕16号	关于印发北京市顺义区商务委员会(北京市顺义区粮食局)主要职责内设机构和人员编制规定的通知
顺政办发〔2010〕17号	关于印发北京市顺义区文化委员会主要职责内设机构和人员编制规定的通知
顺政办发〔2010〕18号	关于印发北京市顺义区卫生局主要职责内设机构和人员编制规定的通知
顺政办发〔2010〕19号	关于印发北京市顺义区人口和计划生育委员会主要职责内设机构和人员编制规定的通知
顺政办发〔2010〕20号	转发市国土资源局顺义分局关于国土资源保护管理工作检查考核实施方案的通知
顺政办发〔2010〕21号	转发区农委市国土资源局顺义分局区经管站关于进一步加强农村集体承包(租赁)合同管理意见的通知
顺政办发〔2010〕22号	关于印发北京市顺义区审计局主要职责内设机构和人员编制规定的通知
顺政办发〔2010〕23号	关于印发北京市顺义区外事旅游局主要职责内设机构和人员编制规定的通知
顺政办发〔2010〕24号	关于印发北京市顺义区人民政府国有资产监督管理委员会主要职责内设机构和人员编制规定的通知
顺政办发〔2010〕25号	关于印发北京市顺义区安全生产监督管理局主要职责内设机构和人员编制规定的通知
顺政办发〔2010〕26号	关于印发北京市顺义区体育局主要职责内设机构和人员编制规定的通知
顺政办发〔2010〕27号	关于印发北京市顺义区统计局主要职责内设机构和人员编制规定的通知
顺政办发〔2010〕28号	关于印发北京市顺义区农业局(北京市顺义区动物卫生监督管理局)

	主要职责内设机构和人员编制规定的通知
顺政办发〔2010〕29号	关于印发北京市顺义区园林绿化局(北京市顺义区绿化委员会办公室)主要职责内设机构和人员编制规定的通知
顺政办发〔2010〕30号	关于印发北京市顺义区民防局主要职责内设机构和人员编制规定的通知
顺政办发〔2010〕31号	关于印发北京市顺义区金融服务办公室主要职责内设机构和人员编制规定的通知
顺政办发〔2010〕33号	关于印发北京市顺义区人民政府法制办公室主要职责内设机构和人员编制规定的通知
顺政办发〔2010〕34号	关于印发中共北京市顺义区委北京市顺义区人民政府信访办公室主要职责内设机构和人员编制规定的通知
顺政办发〔2010〕35号	关于印发北京市顺义区人民政府对外联络办公室主要职责内设机构和人员编制规定的通知
顺政办发〔2010〕36号	关于印发北京市顺义区文化创意产业促进办公室主要职责内设机构和人员编制规定的通知
顺政办发〔2010〕37号	关于表彰2009年度优秀便民电话工作单位和个人的通报
顺政办发〔2010〕39号	顺义区人民政府办公室顺义区人民代表大会常务委员会办公室政协北京市顺义区委员会办公室关于表彰2009年度人大代表议案建议政协委员提案办理工作先进单位和优秀承办件的通报
顺政办发〔2010〕40号	转发区城管监察大队关于建立违法建设查处工作报告制度文件的通知
顺政办发〔2010〕41号	关于调整顺义区爱国卫生运动委员会成员的通知
顺政办发〔2010〕42号	关于调整顺义区绿化委员会成员的通知
顺政办发〔2010〕43号	关于调整顺义区推进城乡结合部建设领导小组成员的通知
顺政办发〔2010〕44号	转发市工商局顺义分局关于建立查处取缔无证无照经营工作机制意见的通知
顺政办发〔2010〕45号	顺义区人民政府办公室关于成立顺义区整建制村庄拆迁补偿协议复核审查小组的通知
顺政办发〔2010〕51号	关于进一步加强污染源监管工作的意见
顺政办发〔2010〕52号	转发区民政局关于顺义区居家养老(助残)服务工作实施意见的通知
顺政办发〔2010〕55号	转发区财政局区教委区监察局区审计局关于顺义区中小学校舍安全工程专项资金管理办法及其实施细则的通知
顺政办发〔2010〕53号	关于调整顺义区信息化工作领导小组和顺义区网络与信息安全领导小组成员的通知
顺政办发〔2010〕54号	关于成立顺义区信息化基础设施提升工作协调小组的通知
顺政办发〔2010〕56号	关于调整顺义区土地一级开发成本审核小组组成人员明确部门工作职责的通知
顺政办发〔2010〕57号	关于印发顺义区行政执法与刑事司法相衔接工作管理办法等四个文件的通知

顺政办发〔2010〕58 号	转发区教委关于 2010 年顺义区高校招生考试工作实施方案的通知
顺政办发〔2010〕59 号	关于开展行政规范性文件清理工作的通知
顺政办发〔2010〕60 号	转发区水务局关于顺义区公共供水排水及再生水管网设施普查工作方案的通知
顺政办发〔2010〕61 号	成立顺义区北京自主品牌乘用车基地项目领导小组的通知
顺政办发〔2010〕62 号	关于印发顺义区 2010 年整治违法排污企业保障群众健康环保专项行动工作方案的通知
顺政办发〔2010〕63 号	关于成立顺义区深化医药卫生体制改革领导小组的通知
顺政办发〔2010〕65 号	关于印发顺义区节约用水分类分级管理工作实施方案的通知
顺政办发〔2010〕66 号	转发北京市公共机构节能节水工作联席会议办公室北京市水务局关于开展节水型单位创建工作文件的通知
顺政办发〔2010〕67 号	印发关于加快推进全区固定资产投资工作意见的通知
顺政办发〔2010〕68 号	转发市民族事务委员会关于对部分少数民族开斋(尔代)节放假文件的通知
顺政办发〔2010〕69 号	关于区融资担保工作领导小组更名及调整组成人员的通知
顺政办发〔2010〕70 号	关于印发顺义区重要实事起草编制管理暂行办法的通知
顺政办发〔2010〕71 号	关于开展顺义区行政规范性文件清理工作的通知
顺政办发〔2010〕72 号	转发市药监局顺义分局关于落实北京市药品安全百千万工程推进药品安全社会服务管理创新工作意见的通知
顺政办发〔2010〕73 号	转发区人力社保局区财政局关于顺义区公费医疗纳入基本医疗保险实施意见(试行)的通知
顺政办发〔2010〕75 号	转发区经济信息化委关于顺义区经济功能区(二三产业基地)建设项目控制指标和产业项目入区标准实施细则的通知

顺义区主要外事活动

来访情况

时间	内容
6 月 22 日	泰国曼谷市副市长玛丽尼·苏卡威沃拉其女士率代表团到北京顺鑫农业股份有限公司鹏程食品分公司对肉类加工与屠宰等相关项目进行参观考察。
11 月 3 日	顺义区友好城市—韩国首尔特别市城北区议会友好代表团一行 9 人对顺义区进行友好访问。
11 月 2 日	韩国驻华大使柳佑益一行 6 人到顺义燕京啤酒集团公司参观。

顺义区社区居委会

光明街道办事处

名称	电话	名称	电话
东兴第一社区居委会	81492972	裕龙花园社区居委会	81485380
东兴第二社区居委会	89403141	裕龙六区社区居委会	89497679
东兴第三社区居委会	81493785	裕龙五区社区居委会	89408057
幸福东区社区居委会	69448561	裕龙四区社区居委会	89409934
双兴东区社区居委会	69421796	双拥社区社区居委会	66380279
滨河小区社区居委会	89493673		

胜利街道办事处

名称	电话	名称	电话
建新北区第一社区居委会	69422437	怡馨家园第一社区居委会	81490355
建新北区第二社区居委会	69424278	怡馨家园第二社区居委会	81490986
建新北区第三社区居委会	69447615	西辛第一社区居委会	81495731
建新南区第一社区居委会	69441328	西辛社区居委会	69468141
建新南区第二社区居委会	69422257	西辛北区社区居委会	81490017
双兴南区社区居委会	69423702	义宾南区社区居委会	81493064
胜利小区社区居委会	69422524	义宾北区社区居委会	69422312
前进社区居委会	69423441	义宾街社区居委会	69424515
太平社区居委会	69421730	铁十六局社区居委会	69440361
幸福西街社区居委会	69424163	龙府花园社区居委会	69438433

石园街道办事处

名称	电话	名称	电话
石园东区社区居委会	89447283	五里仓第一社区居委会	69447164
石园西区社区居委会	89441202	五里仓第二社区居委会	81493575
石园北区第一社区居委会	81496697	港馨家园社区居委会	89449310
石园北区第二社区居委会	89443998	燕京社区居委会	89496860
石园南区社区居委会	89443151	轻汽集团社区居委会	89496100－2117
石园东苑社区居委会	89442147		

旺泉街道办事处

名称	电话	名称	电话
西辛社区居委会	69468141	铁十六局社区居委会	69440361
西辛第一社区居委会	81495731	前进花园社区居委会	89433560
西辛北社区居委会	81490017	宏城花园社区居委会	69439360

双丰街道办事处

名称	电话	名称	电话
马坡花园一区居委会	69402335	马坡花园二区居委会	69405086

空港街道办事处

名称	电话	名称	电话
天房第一社区居委会	84167119	蓝星花园社区居委会	80490152
天房第二社区居委会	84167117	莫奈花园社区居委会	80410282
万科花园社区居委会	80493677	莲竹花园社区居委会	80427155
裕祥花园社区居委会	80494639		

顺义区村民委员会

仁　和　镇

石门村委会	69448156	沙井村委会	69475516
望泉寺村委会	69448355	军营村委会	69448335
梅沟营村委会	69421966	沙坨村委会	69472947
复兴村委会	69422040	北兴村委会	69441925
前进村委会	69421887	太平村委会	69421610
庄头村委会	81495822	石各庄村委会	89446208
平各庄村委会	89498581	胡各庄村委会	89495058
杜各庄村委会	69421809	米各庄村委会	89407387
吴家营村委会	89405021	杨家营村委会	89401016
塔河村委会	89423683	河南村村委会	89492919
陶家坟村委会	89407014	窑坡村委会	89407062
临河村委会	89494682		

马 坡 镇

名称	电话	名称	电话
向阳村委会	69401989	东丰乐村委会	69401782
小孙各庄村委会	69401820	西丰乐村委会	69401179
大营村委会	69401753	西马坡村委会	69401813
北上坡村委会	69405902	肖家坡村委会	69401931
秦武姚村委会	69409819	东马坡村委会	69401759
向前村委会	69409710	白各庄村委会	69409307
荆卷村委会	69409652	良正卷村委会	69409138
庙卷村委会	69409465	衙门村村委会	69409908
泥河村委会	69401072	石家营村委会	69409915
毛家营村委会	69409726	姚店村委会	69409722
马卷村委会	69409659	马坡花园居委会	69405086

南法信镇

名称	电话	名称	电话
南卷村村委会	69474545	三家店村委会	69473663
西海洪村委会	69472488	东海洪村委会	69474733
东杜兰村委会	69472534	西杜兰村委会	69473776
北法信村委会	69472684	大江洼村委会	69473300
焦各庄村委会	69473030	刘家河村委会	69473551
南法信村委会	69472483	马家营村委会	69472557
卸甲营村委会	69475128	哨马营村委会	89425329
冯家营村委会	69473601	十里堡村委会	69474384

李 桥 镇

名称	电话	名称	电话
李家桥村委会	81473104	后桥村委会	81472647
庄子营村委会	81473913	头二营村委会	89428101
三四营村委会	89426511	洼子村委会	81473930
南半壁店村委会	81463411	英各庄村委会	81478296
张辛村委会	89427166	临清村委会	89427969
西大坨村委会	69489427	西树行村委会	69481618
北河村委会	69485993	沙浮村委会	69489948
王家场村委会	69486015	沿河村委会	69486327

芦各庄村委会	69485978	史庄村委会	69481147
吴庄村委会	69486052	永青村委会	69486079
郭庄村委会	69486073	南河村委会	69485772
北桃园村委会	69486025	南桃园村委会	69486081
安里村委会	69486007	苏庄村委会	69486026
官庄村委会	69486010	堡子村委会	69485980
沮沟村委会	69486085	北庄头村委会	69486180
南庄头村委会	69486057		

天　竺　镇

名称	电话	名称	电话
天竺村委会	64567559	楼台村委会	64563498
小王辛庄村委会	64575547	二十里堡村委会	64567541
杨二营村委会	52133600	岗山村委会	64562399
龙山村委会	80497113	桃山村委会	80498222

后沙峪镇

名称	电话	名称	电话
西泗上村委会	69454873	古城村委会	80496381
罗各庄村委会	80496770	西田各庄村委会	80499890
燕王庄村委会	80496759	西白辛庄村委会	80496735
吉祥庄村委会	80496595	马头庄村委会	80496702
后沙峪村委会	80496723	前沙峪村委会	80496760
东庄村委会	80495108	火神营村委会	80496264
铁匠营村委会	80482949	回民营村委会	80496601
枯柳树村委会	80496322	董各庄村委会	80496701

高丽营镇

名称	电话	名称	电话
一村村委会	69455643	二村村委会	69455244
三村村委会	69455634	四村村委会	69455924
五村村委会	69455664	六村村委会	69454356
七村村委会	69455642	八村村委会	69455640
南王路村委会	69455734	北王路村委会	69455794
西王路村委会	69455843	唐自头村委会	69455884
于庄村委会	69455742	张喜庄村委会	69491445

东马各庄村委会	69493946	西马各庄村委会	69491477
水坡村委会	69491472	羊房村委会	69491478
前渠河村委会	69491435	后渠河村委会	69491476
闫家营村委会	69491475	夏县营村委会	69491473
河津营村委会	69491479	南郎中村委会	69491474
文化营村委会	69491193		

杨　　镇

名称	电话	名称	电话
一街村委会	61451249	辛庄子村委会	61412910
二街村委会	61451367	高各庄村委会	61412842
三街村委会	61451377	王辛庄村委会	61412905
张家务村委会	61451641	沙子营村委会	61413758
齐家务村委会	61451634	松各庄村委会	61412854
杜庄村委会	61456101	李辛庄村委会	61412830
二郎庙村委会	61453358	沙岭村委会	61444026
东庄户村委会	61455731	于庄村委会	61444776
老庄户村委会	61450848	徐庄村委会	61442354
沟东村委会	61451437	西庞村委会	61442433
东町村委会	61451660	东庞村委会	61442454
红寺村委会	61451307	大三渠村委会	61442474
下坡村委会	61453996	良庄村委会	61444459
下营村委会	61451408	白塔村委会	61442216
汉石桥村委会	61452077	曾庄村委会	61442422
安乐庄村委会	61451915	周庄村委会	61442464
荆坨村委会	61412914	曹庄村委会	61443314
井上村委会	61412846	别庄村委会	61442404
侉子营村委会	61412901	破罗口村委会	61442518
田家营村委会	61412859	辛庄户村委会	61452455
小店村委会	61412904	焦各庄村委会	61441330

赵全营镇

名称	电话	名称	电话
西小营村委会	89422719	北郎中村委会	60431797
赵全营村委会	60432672	小高丽营村委会	60431159
去碑营村委会	60432662	豹房村委会	60431138
陈各庄村委会	60433500	小官庄村委会	60431592
大官庄村委会	60435396	马家堡村委会	60431941

白庙村委会	60432410	忻州营村委会	60431150
前桑园村委会	60432402	后桑园村委会	60432401
红铜营村委会	60435337	板桥村委会	60442124
西降营村委会	60442125	东降营村委会	60442175
稷山营村委会	89422783	东水泉村委会	60442178
西水泉村委会	60442132	联庄村委会	60442139
河庄村委会	60442181	解放村委会	60442103
燕华营村委会	60442129		

牛栏山镇

名称	电话	名称	电话
北孙各庄村委会	69411181	龙王头村委会	69414002
富各庄村委会	69411799	芦正卷村委会	69414074
北军营村委会	69412679	相各庄村委会	69416156
官志卷村委会	69411791	范各庄村委会	89411083
后晏子村委会	69418353	前晏子村委会	69417989
兰家营村委会	69411373	姚各庄村委会	69411708
半壁店村委会	69419010	张家庄村委会	89411601
下坡屯村委会	69414064	史家口村委会	69411752
禾丰村委会	69411605	先进村委会	69415220
安乐村委会	69411081	金牛村委会	60411220

南　彩　镇

名称	电话	名称	电话
南彩村委会	89469015	桥头村委会 89421069	
九王庄村委会	89469044	前郝家疃村委会	89477243
前薛各庄村委会	89469246	后郝家疃村委会	89479330
后薛各庄村委会	89469273	望渠村委会	89469234
于辛庄村委会	89468572	东江头村委会	89469296
太平庄村委会	89469263	西江头村委会	89469294
大兴庄村委会	89460420	前俸伯村委会	89470255
水屯村委会	89469265	后俸伯村委会	89477230
坞里村委会	89469257	河北村村委会	89477714
双营村委会	89469293	杜刘庄村委会	89477269
小营村委会	89469065	北彩村委会	89421634
洼里村委会	89469297	柳桁村委会	89421651
道仙庄村委会	89469278	黄场村委会	89421620

北小营镇

名称	电话	名称	电话
北小营村委会	60483651	上辇村委会	60483652
北府村委会	60483166	东乌鸡村委会	60483617
西乌鸡村委会	60483810	榆林村委会	60482711
后礼务村委会	60483735	前礼务村委会	60480596
马辛庄村委会	60485895	前鲁村委会	60483657
后鲁村委会	60483654	仇店村委会	60483667
西府村委会	60483659	东府村委会	60489700
大胡营村委会	69416975	小胡营村委会	69416973
牛富屯村委会	60480296		

李　遂　镇

名称	电话	名称	电话
宣庄户村委会	89481827	魏辛庄村委会	89481816
后营村委会	89481821	前营村委会	89481377
葛代子村委会	89481773	沟北村委会	89481370
柳各庄村委会	89481817	李遂村委会	89481088
西营村委会	89485058	东营村委会	89481813
李庄村委会	89481097	崇国庄村委会	89481373
陈庄村委会	69436839	赵庄村委会	69436820
太平辛庄村委会	89481815	牌楼村委会	89481823

木　林　镇

名称	电话	名称	电话
木林村委会	60456190	陈各庄村委会	60456377
蒋各庄村委会	60456121	魏家店村委会	60457189
东沿头村委会	60456253	西沿头村委会	60451099
长林庄村委会	60449256	孝德村委会	60458084
唐指山村委会	60456334	贾山村委会	60456139
茶棚村委会	60456123	安辛庄村委会	60456092
王泮庄村委会	60456013	大韩庄村委会	60448379
小韩庄村委会	60448350	马坊村委会	60448401
上园子村委会	60448153	大林村委会	60448151
陈家陀村委会	60492690	李各庄村委会	60492705

业兴庄村委会	60492696	陀头庙村委会	60492703
荣各庄村委会	60492706	前王各庄村委会	60492702
后王各庄村委会	60492691	潘家坟村委会	60492720

龙湾屯镇

名称	电话	名称	电话
龙湾屯村委会	60461278	丁甲庄村委会	60463453
大北坞村委会	60461277	山里辛庄村委会	60461392
焦庄户村委会	60461250	七连庄村委会	60461318
柳庄户村委会	60465999	南坞村委会	60463339
树行村委会	60463103	张中坞村委会	60462683
史中坞村委会	60461610	小北坞村委会	60461260
唐洞村委会	60461403		

张　　镇

名称	电话	名称	电话
张各庄村委会	61489094	小曹庄村委会	61442038
柏树庄村委会	61443108	驻马庄村委会	61441325
白辛庄村委会	61492416	赵各庄村委会	61491319
侯庄村委会	61493183	行宫村委会	61493792
前王会村委会	61493897	后王会村委会	61491306
前苏桥村委会	61491327	后苏桥村委会	61491687
王庄村委会	61491181	朱庄村委会	61492518
聂庄村委会	61491863	良山村委会	61480697
小三渠村委会	61480705	麻林山村委会	61480706
李洼子村委会	61480707	贾洼子村委会	61480709
吕布屯村委会	61489814	港西村委会	61489045
雁户庄村委会	61481469	大故现村委会	61482455
刘辛庄村委会	61480719	厂门口村委会	61480701
虫王庙村委会	61480702	北营村委会	61480703
西营村委会	61482872		

大孙各庄镇

名称	电话	名称	电话
大孙各庄村委会	61432149	客家庄村委会	61432148
西辛庄村委会	61432141	户耳山村委会	61432143

宗家店村委会	61432142	柴家林村委会	61432149
顾家庄村委会	61432184	田各庄村委会	61432538
小故现村委会	61432174	吴雄寺村委会	61432074
小宋各庄村委会	61432104	小塘村委会	61430523
南聂庄村委会	61432084	王户庄村委会	61432124
龙庭侯村委会	61432114	老公庄村委会	61433054
大坝洼庄村委会	61432134	小坝洼庄村委会	61433211
大塘村委会	61432144	佟辛庄村委会	
薛庄村委会	61432145	前岭上村委会	61432146
后岭上村委会	61432164	东华山村委会	61472820
西华山村委会	61472950	大段村委会	61472917
小段村委会	61472914	谢辛庄村委会	61472927
赵家峪村委会	61472932	湘王庄村委会	61472904
四福庄村委会	61472919	后陆马庄村委会	61472934
前陆马庄村委会	61472930	西尹家府村委会	61472925
东尹家府村委会	61471237	大崔各庄村委会	61472921
大石各庄村委会	61432876	大田庄村委会	61472849
大洛泡村委会	61472846		

北石槽镇

名称	电话	名称	电话
西赵各庄村委会	60423565	下西市村委会	60422531
西范各庄村委会	60422108	良善庄村委会	60425177
南石槽村委会	60422287	北石槽村委会	60425006
东石槽村委会	60422105	东辛庄村委会	60421596
寺上村委会	60422362	武各庄村委会	60422501
刘各庄村委会	60422507	中滩营村委会	60425240
大柳树村委会	60422392	二张营村委会	60422391
李家史山村委会	60422117	营尔村委会	51041663

北　务　镇

名称	电话	名称	电话
北务村委会	61422181	仓上村委会	61423007
陈辛庄村委会	61421248	道口村委会	61421262
东地村委会	61424066	郭家务村委会	61421967
林上村委会	61421224	马庄村委会	61421947
南辛庄户村委会	61421940	王各庄村委会	61421932
小珠宝村委会	61422234	闫家渠村委会	61421506

于地村委会 61422759

庄子村委会 61421261

珠宝屯村委会 61423035

顺义爱国主义教育基地

序号	基地名称	隶属关系	地 址	邮 编	联系人	联系电话（传真）	命名时间
1	北京焦庄户地道战遗址纪念馆（国家级）	区文化委	龙湾屯镇焦庄户村	101306	马 增	60465088	2001年6月（国家级）
2	顺义区光荣院	区民政局	顺义区石园北区东侧	101300	李 静	69425224	2003年4月21日命名为顺义区青少年首批德育基地。
3	顺义区科技馆	区科委	顺义区光明南街24号	101300	刘全凤	69443483	2003年4月21日命名为顺义区青少年首批德育基地。
4	顺义区图书馆	区文化委	顺义区光明南街20号	101300	史红艳	81483527	2003年4月21日命名为顺义区青少年首批德育基地。
5	顺义区文物管理所	区文化委	顺义区拥军路2号	101300	李建林	69463542	2003年4月21日命名为顺义区青少年首批德育基地。
6	顺义区档案馆（2008年2月市级）	区档案局	顺义区光明北街4号	101300	刘庆林	69460099	1997年4月命名为顺义县爱国主义教育基地；2003年4月21日命名为顺义区青少年首批德育基地；2008年4月被评为市级爱国主义教育基地。
7	顺义区文化馆	区文化委	顺义区光明南街22号	101300	柴松林	69467503	2003年4月21日命名为顺义区青少年首批德育基地。
8	北京林河工业开发区	区直机关工委	顺义双河大街18号	101300	邢瑞红	89492488	2003年4月21日命名为顺义区青少年首批德育基地。
9	北京天竺空港经济开发区	自属	北京天竺空港经济开发区	101312	李媛	80489504	2003年4月21日命名为顺义区青少年首批德育基地。

序号	基地名称	隶属关系	地　址	邮　编	联系人	联系电话（传真）	命名时间
10	北京汇源饮料食品集团有限公司	区工商联	顺义区北小营镇汇源路	101305	曾照虎	13321181069	2003年4月21日命名为顺义区青少年首批德育基地。
11	北京燕京啤酒集团	区国资委	顺义双河大街9号	101300	郭立刚	89492241	2003年4月21日命名为顺义区青少年首批德育基地。
12	北京顺义三高科技农业试验示范区	区农委	北京顺义三高科技农业试验示范区	101300	张海莉	60489550	2003年4月21日命名为顺义区青少年首批德育基地。
13	北京顺沿特种蔬菜基地	李桥镇政府	李桥镇西树行村后	101300	田国相	69485876 13910398038	2003年4月21日命名为顺义区青少年首批德育基地。
14	北京顺鑫绿色度假村有限责任公司	顺鑫集团	北京市顺义区李遂镇西	101300	闫立新	89485191	2003年4月21日命名为顺义区青少年首批德育基地。
15	顺义区潮白烈士陵园（2008年2月市级）	区民政局	北京市顺义区潮白河永久桥东侧1000米	101300	郭春霞	89479289－8026	1963年顺义县委、县政府定名为顺义县革命烈士墓地。2003年4月21日命名为顺义区青少年首批德育基地。2008年4月被评为市级爱国主义教育基地；
16	北京顺义西单商场	区国资委	顺义区府前西街	101300	李作昌	69429492或69441522	2003年4月21日命名为顺义区青少年首批德育基地。
17	北京市顺义国泰商业大厦	区国资委	顺义区府前西街	101300	岳庆亭	69447410	2003年4月21日命名为顺义区青少年首批德育基地。
18	神笛陶艺村（2008年2月市级）	顺义区三高管委会	北京顺义三高科技农业试验示范区内	101300	张　专	60489273	2006年底参评市委宣传部牵头组织的“市级爱国主义教育基地”2008年4月被评为市级爱国主义教育基地。

境域公交客运线路

区属运营线路

序号	线路名称	起始站	终点站	途经主要站点
1	顺1路	河南村小区	滨河小区	河南村小区、顺义九中、家具城、港馨家园、胡各庄、电信大楼、石园南区、西单大卖场、工商分局、公安分局、怡馨家园、检察院、隆华、西单、影剧院、胜利小区、便民街东口、三中、公路局、东大桥、裕龙三区、裕龙一区、现代学院、裕龙五区、裕龙六区、滨河小区
2	顺2路	妇幼医院	鲲鹏集团	鲲鹏集团、大江洼村、南法信小学、南法信医院、华英园、石门小区、供销大厦、社教中心、京顺医院、西辛小学、西门、党校、影剧院、西单、国泰、顺义医院、东风小学、五里仓、顺义五中、石园东区、老干部局、妇幼保健医院
3	顺11路	裕龙小区	李家史山	裕龙小区、顺义电视台、东风小学、顺义区医院、国泰、西单、影剧院、党校、西门、前进花园、二中、东海洪、西海洪、南卷、高炮二团、衙门村、庙卷、马卷、姚店、毛家营、石家营、马家堡、大官庄、小官庄、陈各庄、赵全营、小高丽营、(豹房)晨光工贸、去碑营、忻州营、红铜营、二张营、中滩营、大柳树营、京承高速、李家史山
4	顺12路	南法信	安里	机场1号门、六环西、紫微星、木材市场、沙井、望泉寺、社教中心、京顺医院、西辛小学、西门、党校、影剧院、西单、隆华、中医院、东风小学、五里仓、西单大卖场、平各庄、平各庄东、港馨家园、啤酒厂北、职高、河南村北、河南村、工业园、王家场北、王家场、顺美、北河、北河小学、吴庄、沿河卫生院、沿河村委会、沿河派出所、南河、北桃园、南桃园、安里
5	顺13路	馨港庄园	于庄	馨港庄园、平各庄、老年公寓、裕龙小区、顺义电视台、东风小学、建新南区、怡园、检察院、隆华商场、西单、影剧院、党校、西门、前进花园、二中、东海洪、西海洪、东杜兰、西杜兰、三北苗木、文化营、张喜庄市场0、张喜庄、万万树、前渠河、羊房、闫家营、高丽营东、高丽营、高丽营小学、高丽营政府、西王路、北王路、南王路、于庄

序号	线路名称	起始站	终点站	途经主要站点
6	顺 14 路	北孙各庄	南庄头	北孙各庄、龙王头、富各庄北、富各庄、北军营、嘉寓集团、禾丰、牛栏山、牛栏山小区、龙湖别墅、乔波滑雪场、西丰乐、花园北、马坡花园、乡村赛马场、大营、龙苑别墅、牛山一中分校、双兴桥、双兴南区、胜利小区、影剧院、西单、隆华、中医院、东风小学、五里仓、西单大卖场、平各庄、陶家坟、山子坟、窑坡、后桥、李桥中学、李桥、李天路口、沿河路口、针织厂、西大坨 沿河 南河、郭庄、永青、关庄、堡子、北庄头、南庄头
7	顺 15 路	西门	山里辛庄（安利隆山庄）	西门、物美、顺义火车站、顺鑫农业、隆华购物中心、国泰、顺义三中、公路分局、东大桥环岛、潮白陵园、彩风小区、俸伯中学、河北村、杜刘庄、南彩、后薛各庄、安乐庄、下营、下坡村、杨镇、二郎庙、东疃、沟东、陀头庙、业兴庄、李各庄、后王各庄、前王各庄、陈家坨、树行、南坞、柳庄户、七连庄、山里辛庄(安利隆山庄)
8	顺 16 路	法医院	大林	顺义法医院、怡馨家园西口、顺义火车站、顺鑫农业、隆华、国泰、三中、公路局、东大桥环岛、潮白陵园、南彩工业园、后俸伯村、农机驾校、银杏园、北彩、前郝家疃、柳行、黄家场、桥头、白马路口、马辛庄、前鲁、前礼务、后鲁、后礼务、北小营、北小营小区、水色时光、西乌鸡、东乌鸡、构件厂、牛富屯、马坊、木林路口、上园子、小韩庄、小韩庄北、大韩庄、大林西、大林
9	顺 17 路	龙府花园	大坝洼（大洛泡）	龙府花园、影剧院、西单、国泰、顺义区医院、东风小学、五里仓、西单大卖场、平各庄、林河路口、燕京啤酒厂、河南村、九龙加油站、柳各庄桥、葛代子、李遂骨伤科医院、沟北、牌楼、牌楼东、田家营、小店、辛庄子、高各庄、王辛庄、王辛庄、井上、荆坨、郭家务、(郭家务村)大崔各庄(大洛泡)、大田庄、大石各庄、佟辛庄、桥头、薛庄、龙庭侯西、大塘东口、龙庭侯、大坝洼
10	顺 18 路	二中	马庄	二中、前进花园、西门、党校、影剧院、西单、隆华、中医院、顺义区医院、三中、公路局、东大桥环岛、潮白陵园、南彩工业园、俸伯车站、南彩派出所、俸伯小学、河北村、前薛各庄、南彩车站、南彩加油站、于辛庄西、于辛庄东、东江头、菜园子、汉石桥、下营、下坡、湿地、杨镇三街、张家务北、张家务、沙子营北、沙子营、辛庄子、高各庄、仓上、北务镇政府、北务中学、北务大集、于地新村、南新庄户、庄子村、小珠宝、珠宝屯、马庄

序号	线路名称	起始站	终点站	途经主要站点
11	顺19路	龙府花园	田各庄	龙府花园、影剧院、西单、隆华、中医院、顺义区医院、三中、公路局、东大桥环岛、潮白陵园、南彩工业园、俸伯车站、南彩派出所、俸伯小学、河北村、前薛各庄、南彩车站、南彩加油站、于辛庄、东江头、菜园子、汉石桥、下营、下坡、湿地、杨镇三街、杨镇二街、双阳小区、科技园、杜庄、焦各庄村、西庞里、沙岭、曾庄、大三渠、行宫、良山、莲花山滑雪场、张镇西、张镇、张镇小学、张各庄、刘辛庄路口、刘辛庄、雁王庄、吕布屯、港西、小故现、小故现村委会、田各庄
12	顺20路	麻林山	相各庄	麻林山、小段、大段、谢辛庄、赵家峪东街、赵家峪、石灰场、小孙各庄、垃圾处理场、辛庄户、果园、齐家务、杜庄、科技园、双阳小区、杨镇二街、杨镇三街、湿地、下坡、下营、汉石桥、菜园子、东江头、于辛庄、南彩加油站、南彩车站、前薛各庄、河北村、俸伯小学、南彩派出所、俸伯、南彩工业园、潮白陵园、东大桥环岛、公路局、三中、国泰、西单、影剧院、党校、西门、庄头、庄头北、泥河、西马坡、白各庄、秦武姚、荆卷、向前、姚各庄、蓝家营、前晏子、后晏子、牛山二中、牛栏山环岛、范各庄、官志卷、相各庄
13	顺21路	大胡营	赵庄	大胡营、大胡营东、小胡营北街、小胡营、榆林东、榆林、榆林西、牛山桥、下坡屯、牛栏山酒厂、牛栏山税务所、牛栏山小区、龙湖别墅、乔波滑雪场、西丰乐、花园北、马坡花园、乡村赛马场、大营、龙苑别墅、牛山一中分校、双兴桥、双兴南区、胜利小区、影剧院、西单、国泰、三中、公路局、东大桥环岛、裕龙五区、滨河北门、滨河东门、毓秀园、河南村东、望潮苑、九龙加油站、柳各庄桥、葛代子、李遂骨伤医院、柳各庄、李遂镇政府、李遂、西营村、东营、崇国庄西、崇国庄、陈各庄、赵庄
14	顺22路	龙府花园	三山小区	龙府花园、双兴南区、便民街东口、国泰、隆华、检察院、怡园、公安局、梅沟营、现代花园、杨家营、吴家营、现代二厂、三四营、头二营、洼子村、洼子南、南半壁店、樱花园、立交桥、岗山、国泰超市、机场路口、三五九车站、天竺供销社、天竺卫生院、天竺花园、蓝天大厦、马连店、新国展、嘉浩别墅、白辛庄 燕王庄、水青庭、莫奈花园、三山小区

序号	线路名称	起始站	终点站	途经主要站点
15	顺 23 路	龙府花园	柳庄户	龙府花园、影剧院、西单、隆华、中医院、顺义区医院、三中、公路局、东大桥环岛、潮白陵园、南彩工业园、俸伯车站、南彩派出所、俸伯小学、河北村、前薛各庄、南彩车站、南彩加油站、于辛庄、东江头、菜园子、汉石桥、下营、下坡、湿地、杨镇三街、杨镇二街、双阳小区、科技园、杜庄、周庄、大曹庄、梁庄南、破罗口东、柳庄户
16	顺 24 路	龙府花园	东府	龙府花园、影剧院、西单、国泰、三中、公路局、东大桥环岛、潮白陵园、南彩工业园、俸伯车站、南彩派出所、俸伯小学、河北村、前薛各庄、南彩车站、南彩小学、坞里、双营、小营、洼里、道仙庄、望渠、菜市场、仇店、西府、东府市场、东府
17	顺 25 路	裕龙小区	下西市	裕龙小区、东大桥、公路局、三中、国泰、西单、影剧院、党校、西门、前进花园、二中、东海洪、西海洪村、东杜兰、西杜兰、文化营、张喜庄市场、张喜庄、张喜庄中学、丽喜花园、河津营、南郎中、西小营、稷山营、北郎中、前桑园、后桑园、三农研究会、东辛庄、寺上、北石槽东、北石槽、南石槽、西范各庄、西赵各庄、下西市
18	顺 26 路	裕龙小区	京顺车管所	裕龙小区、东大桥、公路局、三中、国泰、隆华、检察院、怡馨家园、公安局、梅沟营、望泉桥、南法信、检测场、物流园、回民营、枯柳树村、枯柳树环岛、火神营、华润超市、万科花园、后沙峪、马头庄、罗马湖、西田各庄、龙湾别墅、古城、泗上桥、泗上村、京顺车管所
19	顺 27 路	国家会计学院	汇源果汁	国家会计学院、薛大人庄新村、天竺花园、蓝天大厦、海关大楼、二十里堡、天馨公寓、杨二营、铁匠营东、铁匠营、火神营、双裕小区、万科花园、后沙峪 、空港医院、后沙峪小学、青岚小镇、西马各庄、东马各庄、天龙汽配城、京密路口、物流园西、物流园东、刘家河北、南法信医院、华英园、石门小区、供销大厦、社教中心、交通局、国泰、便民街东口、双兴南区、双兴桥、牛山一中分校、龙苑别墅、大营、乡村赛马场、马坡花园、花园北、西丰乐、乔波滑雪场 龙湖别墅、牛栏山小区、牛栏山税务所、牛栏山酒厂、下坡屯、牛山桥、榆林、榆林东、水色时光、北小营小区、北小营镇政府、汇源果汁

序号	线路名称	起始站	终点站	途经主要站点
20	顺28路	吉祥庄	太平辛庄(李遂)	吉祥庄、蓝星集团、东庄、火沙路口、万科花园、铁匠营、火神营、枯柳树环岛、枯柳树、回民营、物流园、检测场、南法信、南法信村委会、南法信医院、华英园、石门小区、供销大厦、社教中心、交通局、隆华、中医院、东风小学、电视台、东大桥环岛、潮白陵园、南彩工业园、俸伯车站、南彩派出所、俸伯小学、河北村、前薛各庄、南彩车站、南彩加油站、太平村、宣庄户、魏辛庄、后营、前营、葛代子、沟北、李遂骨伤医院、李遂镇政府、李遂环岛 太平辛庄、太平辛庄村委会
21	顺29路	王庄户	社教中心	王庄户、大孙各庄、大孙各庄中学、西辛庄、东华山、西华山、湘王庄、四福庄、陆马庄、尹家府中学、尹家府、西尹家府、郭家务、陈辛庄、林上、北务路口、道口、北务市场、王各庄、闫家渠、李木路口、李庄、崇国庄、苏庄、沙浮路口、沙浮北、东方太阳城、王家场 工业园 九龙加油站、望潮苑、河南村东、毓秀园 、滨河东门、滨河北门、裕龙五区、东大桥环岛、顺义电视台、东风小学、顺义医院、国泰、交通局、社教中心
22	顺30路	现代二厂	解放村	现代二厂、现代一厂、五里仓、东风小学、顺义区医院、便民街东口、双兴南区、4双兴桥、牛山一中分校、大营、赛马场、马坡花园、白各庄、白各庄加油站、秦武姚、秦武姚西、马卷、姚店村、毛家营、石家营、马家堡、小官庄、白庙、白庙北、赵全营、苗圃 、北郎中、食品厂、西降州营、空港C区、板桥、河庄路口、解放村
23	顺31路	焦庄户	国展	焦庄户、焦庄户西、龙湾屯、史中坞、山丁路口、王泮庄东、王泮庄、王泮庄西、木林中学、木林、木林开发区、东沿头、东沿头南、魏家店北、魏家店、北府路口、上辇、北小营小区、北小营、后礼务、后鲁、前礼务、前鲁、马辛庄、白马路口、桥头、黄家场、柳行、前郝家疃、北彩、银杏园、农机驾校、后俸伯村、南彩工业园、潮白陵园、东大桥环岛、顺义电视台、东风小学 建新南区、怡园、怡馨家园、梅沟营、南法信、检测场、物流园、回民营、枯柳树、枯柳树环岛、火神营、铁匠营、空港B区、空港A区、花梨坎、新国展、国展西

序号	线路名称	起始站	终点站	途经主要站点
24	顺32路	孝德	二中	孝德、长林小区、木林、陈各庄、蒋各庄北、蒋各庄、蒋各庄南、东府路口、魏家店、北府路口、上辇、北小营小区、北小营、后礼务、后鲁、前礼务、前鲁、马辛庄、白马路口、桥头、黄家场、柳行、前郝家疃、北彩、银杏园、农机驾校、后俸伯村、南彩工业园、潮白陵园、东大桥环岛、顺义电视台、东风小学、顺义医院、国泰、交通局、社教中心、供销大厦、石门小区、二中
25	顺33路	龙府花园	别庄	龙府花园、影剧院、西单、国泰、三中、公路局、东大桥环岛、潮白陵园、南彩工业园、俸伯车站、南彩派出所、俸伯小学、河北村、前薛各庄、南彩车站、南彩加油站、于辛庄、东江头、菜园子、汉石桥、下营、下坡、湿地、杨镇三街、杨镇二街、杨镇小学、杨镇派出所、阳州鑫园、二郎庙、徐庄、别庄
26	顺34路	北孙各庄	临清	北孙各庄、龙王头、富各庄北、富各庄、北军营、嘉寓集团、禾丰、牛栏山、牛栏山小区、龙湖别墅、乔波滑雪场、西丰乐、花园北、马坡花园、乡村赛马场、大营、龙苑别墅、牛山一中分校、双兴桥、双兴南区、胜利小区、影剧院、西单、隆华、中医院、东风小学、五里仓、西单大卖场、平各庄、陶家坟、山子坟、窑坡、后桥、李桥中学、李桥、李天路口、馨港庄园、英各庄、通顺物流、张辛、首钢公寓、临清
27	顺35路	裕龙小区	武各庄	裕龙小区、东大桥、公路局、三中、国泰、西单、影剧院、党校、西门、前进花园、二中、东海洪、西海洪村、东杜兰、西杜兰、文化营、张喜庄市场、张喜庄、张喜庄中学、丽喜花园、河津营、南郎中、西小营、稷山营、北郎中、前桑园、后桑园、三农研究会、东辛庄、寺上、营儿、武各庄
28	顺36路	大北坞	二中	大北坞、小北坞、丁甲庄、安辛庄、市场、木林中学、木林、木林开发区、东沿头、东沿头南、魏家店、北府路口、上辇、北小营小区、北小营、后礼务、后鲁、前礼务、前鲁、马辛庄、白马路口、桥头、黄家场、柳行、前郝家疃、北彩银杏园、农机驾校、后俸伯村、南彩工业园、潮白陵园、东大桥环岛、顺义电视台、东风小学、顺义医院、国泰、交通局、社教中心、供销大厦、石门小区、二中

序号	线路名称	起始站	终点站	途经主要站点
29	顺38路	董各庄	临河村	董各庄、残奥会管理中心、庄园、玉马教练场、后沙峪小学、香花畦、十中、枯柳树环岛、枯柳树、回民营、物流园、检测场、南法信、南法信村委会、南法信医院、华英园、石门小区、供销大厦、社教中心、交通局、隆华、中医院、东风小学、五里仓、西单大卖场、平各庄、林河工业区、临河
30	顺39路	龙府花园	(赵各庄)小曹庄	龙府花园、影剧院、西单、隆华、中医院、顺义区医院、三中、公路局、东大桥环岛、潮白陵园、南彩工业园、俸伯车站、南彩派出所、俸伯小学、河北村、前薛各庄、南彩车站、南彩加油站、于辛庄、东江头、菜园子、汉石桥、下营、下坡、湿地、杨镇三街、杨镇二街、双阳小区、科技园、杜庄、焦各庄村、西庞里、沙岭、曾庄、大三渠、行宫、良山、莲花山滑雪场、张镇西、张镇、西营、前苏桥、后苏桥、朱庄、聂庄、王庄、前王会、后王会、赵各庄、白辛庄、柏树庄、驻马庄、小曹庄
31	顺40路	龙府花园	大孙各庄	龙府花园、影剧院、西单、隆华、中医院、顺义区医院、三中、公路局、东大桥环岛、潮白陵园、南彩工业园、俸伯车站、南彩派出所、俸伯小学、河北村、前薛各庄、南彩车站、南彩加油站、于辛庄、东江头、菜园子、汉石桥、下营、下坡、湿地、杨镇三街、杨镇二街、双阳小区、科技园、杜庄、焦各庄村、西庞里、沙岭、曾庄、大三渠、行宫、良山、莲花山滑雪场、张镇西、张镇、张各庄村 刘辛庄路口、贾家洼子、李家洼子村、客家庄、华山、大孙各庄
32	顺41路	龙府花园	东疃	龙府花园、影剧院、西单、隆华、中医院、顺义区医院、三中、公路局、东大桥环岛、潮白陵园、南彩工业园、俸伯车站、南彩派出所、俸伯小学、河北村、前薛各庄、南彩车站、南彩加油站、于辛庄、李木路口、东江头、西江头、望渠、望渠东街、红寺西、红寺一桥、东疃
33	顺42路	顺鑫花语	滨河小区	滨河小区、裕龙六区、妇幼医院、老年公寓、胡各庄、网通大厦、西单大卖场、现代、平各庄、双河路、汇能、陶家坟、山子坟、窑坡、后桥红绿灯、后桥、航诚家园、李桥中学、李桥、馨港庄园、六经路口、机场服务中心、国航地服、中国航油、岗山、国泰广场、南平里、北平里、机场道口、天竺供销社、天竺卫生院、天竺花园、蓝天大厦、索爱、海关大楼、松下电子、喇苏营、铁匠营、万科、东庄南口、东庄、空港医院、后沙峪小学、清岚小镇、火寺路、西马各庄、活动中心、张喜庄、高丽营、二中、顺鑫花语

序号	线路名称	起始站	终点站	途经主要站点
34	顺 12 路区间	南法信	沙浮	机场 1 号门、六环西、紫微星、木材市场、沙井、望泉寺、社教中心、京顺医院、西辛小学、西门、党校、影剧院、西单、隆华、中医院、东风小学、五里仓、西单大卖场、平各庄、平各庄东、港馨家园、啤酒厂北、职高、河南村北、河南村、工业园、王家场北、王家场、顺美、北河、北河小学、吴庄、沿河卫生院、沿河村委会、沿河派出所、沙浮
35	顺 16 路区间	北府	骏马公司	骏马公司、华英园、石门小区、供销大厦、社教中心、交通局、国泰、三中、公路局、东大桥环岛、潮白陵园、南彩工业园、后俸伯村、农机驾校、银杏园、北彩、前郝家疃、柳行、黄家场、桥头、白马路口、马辛庄、前鲁、前礼务、后鲁、后礼务、北小营、北小营小区、水色时光、构件厂、北府
36	顺 36 路区间	茶棚	二中	茶棚、安辛庄、木林市场、木林、陈各庄、蒋各庄北、蒋各庄、蒋各庄南、东府路口、魏家店、北府路口、上辇、北小营小区、北小营、后礼务、后鲁、前礼务、前鲁、马辛庄、白马路口、桥头、黄家场、柳行、前郝家疃、北彩、银杏园、农机驾校、后俸伯村、南彩工业园、潮白陵园、东大桥环岛、顺义电视台、东风小学、顺义医院、国泰、交通局 、社教中心、供销大厦、石门小区、二中
37	顺 60 路	樱花园	T2 航站楼	樱花园、六区、管头路口、二号门、国泰超市、南平东里、南平里、南平街、机场一小、京客隆、北平里、机场道口、航安路、飞行总队、白云山、T2 航站楼
38	顺 61 路	T2 航站楼	南法信	T2 航站楼、物流园、国航货运、机场北门、南法信

境内和过境市属运营线路

序号	线路名称	起始站	终点站	途经主要站点
1	915路	东直门外	顺义南彩汽车站	东直门外－左家庄－三元桥－京顺路丽都饭店－大山桥东－望京村－北皋－东郊农场－孙河－北甸－马连店道口－马连店加油站－花梨坎－喇苏营－顺义铁匠营－火神营－枯柳树环岛－枯柳树－空港物流开发区－南法信－梅沟营－顺义二中－顺义西门－顺义党校－胜利小区－便民街东口－顺义区医院－东风小学－顺义老年公寓－顺义彩虹桥－顺义滨河小区－顺义东大桥环岛－潮白陵园－俸伯－俸伯小学－河北村－顺义南彩
2	915支2	东直门外	马坡花园	东直门外－三元桥－大山桥东－孙河－马连店－天竺花园－天竺供销社－机场道口－岗山村－顺义半壁店－馨港车站－李桥－后桥－窑坡－山子坟－陶家坟－林河开发区－石园南区－石园东区－石园北区－仓上小区－东风小学－顺义区医院－便民街－双星小区－大营－乡村赛马场－马坡花园
3	915支3	东直门外	北小营东	东直门外－三元桥－京顺路丽都饭店－大山桥东－孙河－火神营－衙门村－马坡工业区－马坡花园－三高农业示范区－后疃－马辛庄－前鲁－前礼务－北小营－北小营东
4	915快	东直门	顺义南彩汽车站	东直门(枢纽站)－三元桥－空港物流开发区－南法信－梅沟营－京顺医院－顺义西门－顺义党校－胜利小区－便民街东口－顺义区医院－东风小学－顺义东大桥环岛－潮白陵园－俸伯－俸伯小学－河北村－顺义南彩汽车站
5	915支2快	东直门	马坡花园	东直门－左家庄－三元桥－机场道口－岗山路－岗山村－樱花园－顺义半壁店－馨港车站－李桥－后桥－窑坡－山子坟－陶家坟－林河开发区－平各庄－顺义城乡大厦－石园南区－石园东区－石园北区－仓上小区－东风小学－顺义区医院－便民街东口－双星小区－双星桥－枫桥别墅－大营－乡村赛马场－马坡花园

序号	线路名称	起始站	终点站	途经主要站点
6	923 路	东直门外	吴雄寺	东直门外－左家庄－三元桥－京顺路丽都饭店－大山桥东－孙河－火神营－南法信－东风小学－顺义东大桥环岛－潮白陵园－俸伯－河北村－南采－宣庄户－魏辛庄－葛代子－沟北村－李遂骨伤医院－李遂－李庄－闫家渠－王各庄－北务道口－陈辛庄－郭家务－尹家府－大孙各庄－大孙各庄北－西辛庄－故家庄－小塘村－吴雄寺
7	924 路	土桥村	顺义南彩汽车站	土桥村－北京制线厂－小街村南口－通州小街桥东－云景里－格瑞雅居小区－新华联家园－北探小区－通州杨庄－新华联锦园－通州北苑路口西－通州北苑路口东－通州西门路口东－通州西大街路口西－通州西大街路口东－新华大街－通州东关－北关桥－西潞苑小区－北马庄－富豪－双埠头道口－徐辛庄－岗子路口－窑上－张辛－英各庄－沿河路口－李桥－李桥乡政府－后桥－山子坟－汇能集团－临河开发区－平各庄－顺义城乡大厦－仓上－东风小学－顺义电视台－潮白陵园－俸伯－俸伯小学－河北村－顺义南彩汽车站
8	934 路	东直门外	焦庄户	东直门外－左家庄－三元桥－京顺路丽都饭店－大山桥东－ 望京村－孙河－北甸－顺义马连店－花梨坎－ 喇苏营－顺义铁匠营－枯柳树－南法信－东风小学－顺义汽车站－南门－潮白陵园－俸伯－郝家町－马辛庄－北小营－上辇－魏家店－沿头－木林－王泮庄－丁甲庄－史中坞－龙湾屯－焦庄户
9	935 路	东直门外	沮沟村	东直门外－左家庄－三元桥－京顺路丽都饭店－大山桥东－望京村－孙河－北甸－顺义马连店－和平农场东站－东苇路－苇沟－楼台路口－岗山－首安公司－樱花园－顺义半壁店－窑上路口－沿河路口－西大坨－北河道口－沿河－南河－富各庄－堡子－北庄头－南庄头 －西赵村委会－关辛庄－高各庄西口－高各庄东口－港北－南庄头东口－沮沟村

序号	线路名称	起始站	终点站	途经主要站点
10	945路	沙河	顺义南彩汽车站	沙河－沙河北大桥－路桩桥－国兴电子－丰善路口－松兰堡－东沙屯南－百善－百善镇政府－百善北口－航空博物馆－阿苏卫－大汤山－小汤山电信局－小汤山街口－小汤山镇政府－大柳树环岛南－葫芦河－大赴任庄－大东流－赖马庄－高丽营－阎家营－张喜庄－东马各庄－文化营－杜兰庄－西海洪－顺义西门－顺义党校－便民街西口－顺义西单商场－国泰商场－顺义区医院－东风小学－顺义电视台－顺义东大桥环岛－潮白陵园－俸伯－俸伯小学－河北村－顺义南彩汽车站
11	947路	明皇蜡像宫南门	顺义南彩汽车站	明皇蜡像宫南门－昌平西关－昌平南大街－中国政法大学－昌平东关－昌平四合新村－南邵－昌平四合庄－金家坟－绵山村－小辛峰－大辛峰－昌平崔村西口－昌平崔村－秦城大桥香堂－麻峪－秦城路口－象房－兴寿－桃林村－桃峪山庄－上苑－秦家屯－下西市口－后营－河庄－板桥－电木厂－北郎中加油站－北郎中－赵全营－赵全营东口－陈各庄环岛东－牛栏山道口－牛栏山－牛栏山东口－西丰乐－向阳村－乡村赛马场－龙源－双星小区－便民街东口－顺义区医院－东风小学－顺义电视台－顺义东大桥环岛－潮白陵园－俸伯－俸伯小学－河北村－顺义南彩汽车站
12	955路	东直门外	东方太阳城	东直门外－新源南路西口－燕莎桥西－燕莎桥东－安家楼－东风桥东－酒仙桥商场－酒仙桥－将台路口北－陈各庄－王爷坟－大山子路口南－南皋－北皋－和平农场－东苇路－苇沟－天竺－天竺供销社－天竺中学－天竺花园－顺义马连店－马连店加油站－花梨坎－喇苏营－马连店铁匠营－火神营－枯柳树环岛－枯柳村－南法信－梅沟营－五里仓－石园小区－河南村－河南村路口－东方太阳城
13	955支	东直门外	馨港庄园	东直门外－新源南路西口－燕莎桥西－燕莎桥东－安家楼－东风桥东－酒仙桥商场－酒仙桥－将台路口北－陈各庄－王爷坟－大山子路口南－南皋－北皋－和平农场－东苇路－天竺－机场道口－东平里－岗山路－岗山村－顺义半壁店－馨港车站－馨港庄园

序号	线路名称	起始站	终点站	途经主要站点
14	640路	北京站东	顺义半壁店	北京站东－日坛路－永安里路口北－北京制药厂－光华桥西－光华中路－光华路东口－红庙路口北－金台路口南－延静里－红领巾公园－八里庄南里－农民日报社－农民日报社北－十里堡北区－石佛营东里－姚家园西口－姚家园东－平房西口－平房－平房东口－东坝中路南口－东坝中路－北京奥林匹克花园－奥林匹克花园北门－东坝中街－铁十六局－东坝－三岔河－马厂－北马房－郁金香花园－东苇路－蟹岛度假村东门－前苇沟－东苇路北口－苇沟－苇沟大桥－天竺西站－天竺－机场道口－东平里－岗山路－岗山村－岗山村南站－樱花园三区－顺义半壁店
15	975路	东直门外	后沙峪公交场站	东直门外－左家庄－三元桥－花家地南里－阜通东大街－望花路东里－广顺南大街北口－宏昌路－侯庄路口南－望京花园西区－利泽中街西口－广顺桥南－来广营－刘各庄北－奶子房－奶西村口－奶西市场－李县坟－沈家村－炼油厂－顺义沙子营－沙子营加油站－顺义车管所－泗上村－泗上古城－龙湾别墅路口－罗马环岛－中央美院城市设计学院－莫奈花园－后沙峪镇政府－玉马教练场－顺义十中－后沙峪公交场站
16	989路	四惠站	马坡	四惠站－慈云寺桥－红领巾桥南－豆各庄路口东－姚家园东－平房西口－平房－平房东口－高杨树－东坝花园－铁十六局－东坝－东岗子－楼梓庄－楼梓庄乡政府－朝阳曹各庄－皮村西口－皮村－尹各庄西口－尹各庄东口－寨里－葛渠－小葛渠－牡丹花园－顺义半壁店－李桥－后桥－窑坡－陶家坟－林河－平各庄－五里仓－东风小学－顺义区医院－便民街东口－双星小区－龙源别墅－乡村赛马场－马坡花园－马坡
17	916路	东直门	怀柔汽车站	东直门－香河园－左家庄－三元桥－京顺路丽都饭店－大山桥东－孙河－火神营－桑普科技园－杜兰庄－衙门村－马坡－荆卷－姚各庄－晏子村－牛栏山道口－牛栏山－牛栏山北－富各庄－龙王头－赵各庄－焦村－庙城东－南华市场－迎宾路－怀柔南大街东口－怀柔南大街－明珠广场－兴怀大街－湖光小区－青春路北口－怀柔北大街－杨家园－滨湖南街－后横街－怀柔车站路－怀柔汽车站

序号	线路名称	起始站	终点站	途经主要站点
18	916支	东直门	怀柔汽车站	东直门外－左家庄－三元桥－京顺路丽都饭店－大山桥东－孙河－火神营－杜兰庄－衙门村－马坡－荆卷－姚各庄－晏子村－牛栏山道口－牛栏山－牛栏山北－富各庄－龙王头－赵各庄－西树行－南年丰－仙台－杨宋镇－张自口－南房－北坊－安各庄－宰相庄－工业小区－乐园庄－怀柔陈各庄－怀柔汽车站
19	916快	东直门	怀柔汽车站	东直门－ 左家庄－三元桥西站－西坝河－太阳宫－彩各庄－庙城东－南华市场－迎宾路－怀柔南大街东口－怀柔南大街－明珠广场－兴怀大街－湖光小区－青春路北口－怀柔北大街－杨家园－滨湖南街－后横街－怀柔车站路－怀柔汽车站
20	918路	东直门	平谷汽车站	东直门(枢纽站)－左家庄－三元桥－京顺路丽都饭店－大山桥东－北皋－孙河－花梨坎－火神营－南法信－顺义老年公寓－滨河南口－俸伯－俸伯小学－河北村－顺义南彩－于新庄－莱园子－杨镇－杜庄－沙岭－行宫－良善庄－张镇－双营－云峰寺－官庄道口－吉卧道口－大兴庄－鲁各庄－平谷岳各庄－平谷迎宾环岛－平谷区医院－平谷世纪广场－平谷政府街西口－北小区－南小区－平谷滨河小区－东寺渠－园田队－平谷区政府－平谷消防队－平谷汽车站
21	918支	平谷汽车站	金海湖	平谷汽车站－上纸寨－西沥津－张辛庄－丰台道口－南独乐河－新立村－胡庄－韩庄－上寨－金海湖
22	918快	东直门	平谷汽车站	东直门(枢纽站)－三元桥－打铁庄－官庄道口－大兴庄－鲁各庄－平谷岳各庄－迎宾环岛－平谷区医院－平谷世纪广场－平谷大市场－平谷消防队－平谷汽车站
23	936路	东直门外	九谷口	东直门外－左家庄－三元桥－京顺路丽都饭店－大山桥东－孙河－火神营－桑普科技园－杜兰庄－衙门村－马坡－荆卷－姚各庄－晏子村－牛栏山道口－富各庄－龙王头－赵各庄－焦村－庙城东－庙城南－庙城－庙城北－怀柔石厂村－丽湖馨居－南华园四区－南华园三区－华北市场－怀柔汽车站－怀柔招商局－下园市场－于家园－迎宾路北口－怀柔区小中富乐村－雁栖镇－北台下－怀北镇－雁栖湖－怀北庄－青龙峡道口－九谷口(怀北滑雪场)

序号	线路名称	起始站	终点站	途经主要站点
24	942 路	东直门外	茶坞火车站	东直门外－左家庄－三元桥－京顺路丽都饭店－大山桥东－草场地－北皋－东郊农场－孙河－北甸－白辛庄－泗上古城－航空工业技校－顺义于庄－南王路－西王路－高丽营－高丽营北口－西水泉－河庄－后营－下西市－范各庄－顺义农药厂－南石槽－北石槽－东石槽－寺上－李家史山－茶坞铁路道口－桥梓加油站－桥梓信用社－茶坞火车站
25	970 路	东直门外	密云汽车站	东直门(外)－左家庄－三元桥－京顺路丽都饭店－大山桥东－孙河－花梨坎－火神营－南法信－东风小学－顺义电视台－顺义东大桥环岛－俸伯－郝家町－北小营－上辇－魏家店－沿头－木林－唐指山－贾山－密云钓鱼台－荆栗园－中庄－密云河南寨－宁村－太扬家园－密云南菜园－密云利华－密云电信大楼－花园小区－东菜园小区－密云汽车站
26	980 路	东直门	密云汽车站	东直门(枢纽站)－左家庄－三元桥西站－西坝河－太阳宫桥－密云太阳家园－密云少年宫－密云西大桥－密云果园小区－密云鼓楼－密云滨河大桥－密云沿湖小区－密云沙河－密云滨阳小区－密云滨阳西里－密云光阳小区－密云长城环岛－密云新农村－密云汽车站
27	987 路	东直门外	密云水库	东直门外－左家庄－三元桥－京顺路丽都饭店－大山桥东－北皋－孙河－花梨坎－火神营－杜兰庄－衙门村－马坡－荆卷－姚各庄－牛栏山－富各庄－龙王头－赵各庄－庙城－怀柔渔场－王化村－怀柔北坊开发区－驸马庄－统军庄－统军庄路口－清水潭路口－大辛庄－密云沿村－渤海寨－苍头－卸甲山路口－董各庄－西田各庄－朝阳路口－韩各庄－季庄西站－季庄村－密云鼓楼西站－新中街－花园小区－东方大厦－密云滨阳西里－滨阳北里－密云沙河－密云沙河火车站－双龙水泥厂－建树路口－东智西－云佛山度假村－东智北－白河风景区－码头山桥－金叵箩－云峰宾馆－溪翁庄－机床研究所－京溪小区－口门子－圣陶路口－密云水库

顺义区主要旅游景区(点)

类别	序号	名　　称	地　　址	电　话	星级或质量等级
星级饭店	1	国都大酒店	首都机场小天竺路	64565588(总机)	四星级
	2	顺鑫绿色度假村	顺义区李隧镇西	89485588(总机)	四星级 AA景区
	3	北京春晖园文化娱乐有限责任公司	顺义区高丽营镇于庄村西侧	69454433(总机)	四星级 AA景区
	4	金宝花园酒店	顺义区马坡顺安北路	69406060	四星级
	5	嘉宾国际	顺义区仁和镇东方太阳城社区	89431700	四星级
	6	北京顺义宾馆	顺义城区府前中街3号	69444815	三星级
	7	北京天驿宾馆	首都机场南平街1号	64577711(总机)	三星级
	8	北京空港蓝天大酒店	北京空港工业区天柱路28号	80489017	三星级
	9	北京空港花园酒店	天竺镇府前街1号	64563388(总机)	三星级
	10	东航商务酒店	天竺镇小天竺路1号	64575588(总机)	三星级
	11	北京京林大厦	首都机场生活区南平东里乙1号	64572626(总机)	三星级
	12	安利隆生态农业旅游山庄	顺义区龙湾屯镇山里辛庄村东石门	60462323(总机)	三星级
	13	望潮苑民俗度假村	北京市顺义区河南村村东	89491980	三星级
	14	天龙宾馆	北京市顺义区枯柳树环岛东南	80494540	三星级
	15	北京乡村会议中心	马坡镇向阳西街11号	69403060	三星级
	16	东竹园宾馆	顺义区顺平东路3号	69448440(总机)	三星级
	17	北京豪雅商务宾馆	顺义区天竺镇府前二街1号	64533097	三星级
	18	花水湾磁化温泉度假村	高丽营镇水源九厂路	69456668	二星级
	19	汇源宫酒店	顺平路南法信府前街16号	69472226	三星级
	20	金航线国际大酒店	顺义区四纬路8号	52139999	三星级
	21	顺捷宾馆	顺义区石园南区花园路	89448922	二星级
	22	裕龙花园大酒店	顺义区裕龙花园2区甲9号	69445678	二星级
	23	北京竺航宾馆	北京首都机场天竺幸福街12号	64588899	二星级

类别	序号	名　　称	地　　址	电　话	星级或质量等级
星级饭店	24	北京寰宇京航宾馆	北京顺义区天竺镇府前一街 32 号	64582402	二星级
	25	怡生园国际会议中心	顺义区北小营镇后礼务	60485588(总机)	五星待评
	26	金潮玉玛国际酒店	顺义区马坡向阳东路 10 号	69406868	五星待评
达标饭店	27	北京国门商务酒店	顺义天竺地区天柱东路 1 号	64588866	三星待评
	28	财培中心	仁和镇河南村毓秀园别墅内	89498855	达标饭店
	29	北京五洲大地度假村有限公司	北京市顺义区李遂镇柳各庄桥北 300 米	89489318	达标饭店
	30	北京市馨紫宸酒店有限公司	北京市顺义区天竺镇府前街 24 号	64570173	达标饭店
	31	北京裕龙花园大酒店(空港分店)	顺义区后沙峪地区府前街裕祥花园北侧	80488881	达标饭店
景区点	32	北京乡村高尔夫俱乐部	马坡向阳闸潮白河西侧	69403368	AA 级
	33	焦庄户地道战遗址纪念馆	龙湾屯镇焦庄户村内	60461906	A 级
	34	北京高尔夫俱乐部	顺义区南彩镇潮白河东岸	89470246/8	
	35	莲花山滑雪场	张镇良山村委会南 500 米	61483333	
	36	乔波室内滑雪馆	顺义区顺安路	69419999	景点四星待评
旅行社	37	北京千禧旅游公司	顺义区义宾北区甲 1－4－201	81491588	
	38	北京阳光假日旅行社	顺义区站前东街商业 2 号楼 316 号	81498700	
	39	北京美誉旅游公司	顺义区新顺南大街路东顺中商城三层	69431659	
	40	北京高尔夫旅行社	顺义区仁和镇顺西路	69460258	
	41	北京春畅旅行社	顺义区光明南街西侧	69421682	
民俗村	42	焦庄户民俗村	顺义区龙湾屯镇	60461666	市级
	43	北郎中民俗村	顺义区赵全营镇	60434371	市级
	44	于地民俗村	顺义区北务镇	61422759	市级
	45	柳庄户民俗村	顺义区龙湾屯镇	60465999	市级

类别	序号	名　　称	地　　址	电　话	星级或质量等级
工业旅游示范点	46	燕京啤酒厂	顺义区双河路九号	89495588	国家级
	47	北京顺鑫鹏程食品分公司	顺义区南法信地区顺沙路南侧	69472617	国家级
	48	北京顺鑫牵手有限责任公司	顺义区牛栏山工业区	69410081	国家级
	49	北京顺鑫牛栏山酒厂	顺义区牛栏山镇	69412531	国家级
	50	北京汇源饮料食品集团有限公司	北京市顺义区北小营镇汇源路	60487888	国家级
	51	北京现代汽车有限公司	北京市顺义区顺通路18号	89490070	国家级

顺义区律师事务所、公证处及法律服务所

法律事务所

名称	地　　址	电话
顺义区仁和镇法律服务所	仁和镇政府院内	69444402
顺义区李桥镇法律服务所	李桥镇政府院内	89426388
顺义区天竺镇法律服务所	天竺镇政府院内	80462351
顺义区南法信镇法律服务所	南法信镇政府院内	69472377
顺义区后沙峪镇法律服务所	后沙峪镇双峪街39号	80483800
顺义区高丽营镇法律服务所	高丽营镇政府院内	69455915
顺义区赵全营镇法律服务所	赵全营镇政府院内	60431112
顺义区北石槽镇镇法律服务所	北石槽镇政府院内	60422849
顺义区马坡镇法律服务所	马坡镇政府院内	69403545
顺义区南彩镇法律服务所	南彩镇政府院内	89460046
顺义区杨镇法律服务所	杨镇政府院内	61451594
顺义区杨镇第二法律服务所	杨镇法庭对面	13311289554
顺义区张镇法律服务所	张镇政府院内	61480553
顺义区李遂镇法律服务所	李遂镇政府院内	89489626
顺义区北务镇法律服务所	北务镇政府院内	61421712
顺义区大孙各庄镇法律服务所	大孙各庄镇府前街10号	61432767
顺义区北小营镇法律服务所	北小营镇政府院内	60483625
顺义区木林镇法律服务所	木林镇政府院内	60456247
顺义区龙湾屯镇法律服务所	龙湾屯镇政府院内	60465222
顺义区胜利街道法律服务所	顺义区建新南区甲32号楼	81495500
顺义区光明街道法律服务所	光明街道办事处院内	69421084

律师事务处

名称	地　　址	电话
北京市顺新律师事务所	顺义区武装部	69441913
北京市青天律师事务所	顺义区大东路南口	81499549
北京市扶正律师事务所	顺义区府前东街9号顺义区建筑工程总公司七层	69441887
北京市律港律师事务所	顺义区仁和地区仓上街2号智能大厦B座605室	89445861
北京市狄克律师事务所	北京市顺义区站前街商业2楼105-2层	81492373
北京市玖典律师事务所	顺义区府前东街东兴路9号	52137927
北京市致知律师事务所	顺义区 仓上街8号(顺义区工商局院内)	89453862
北京曹智勇律师事务所	顺义区仓上街2号智能大厦B座6层	60138181
北京扬智勇律师事务所	顺义区空港地区棋全建材城门口办公室	86838101
北京卞志忠律师事务所	北京市顺义区杨镇红寺村农机南路7号	13910601028

公　证　处

名称	地　　址	电话
北京市龙诚公证处	北京市顺义区光明南街18号	69441820、69448486

顺义区教育机构

幼　儿　园

名称	地　　址	电话
顺义区建南幼儿园	顺义区建南幼儿园36号楼	81492543
顺义区建北幼儿园	顺义区建新北区37号	69442746
顺义区义宾幼儿园	顺义区义宾南区甲10号	69422956
顺义区幸福幼儿园	顺义区幸福西街六号	69423143
顺义区双兴幼儿园	顺义区双兴南区26号楼东	81491161
顺义区怡馨幼儿园	顺义区怡馨家园27号楼	69421015
顺义区滨河幼儿园	顺义区滨河小区14号楼前	69426048
顺义区港馨幼儿园	顺义区港馨家园小区西区	89448913
顺义区金汉绿港幼儿园	顺义区金汉绿港三区	60417288
顺义区裕龙幼儿园	顺义区裕龙花园四区13号楼	89406136
顺义区后沙峪中心幼儿园	顺义区后沙峪镇政府东侧双裕街31号	80496148
顺义区天竺中心幼儿园	顺义区天竺地区府前一街20号	64568509

顺义区杨镇中心幼儿园	顺义区杨镇政府街4号	61451973
顺义区杨镇幼儿园小店分园	顺义区杨镇辛庄子村	61451973
顺义区牛山中心幼儿园	顺义区牛栏山镇府前街24号	69414003
顺义区南法信中心幼儿园	顺义区南法信政府北顺余西路三号	69473313
顺义区石园幼儿园	顺义区石园西区20号楼	89444844
顺义区仁和中心幼儿园	顺义区石园南区	89446064
顺义区石园北区幼儿园	顺义区石园北区20号楼南	69443353
顺义区马坡中心幼儿园	顺义区马坡镇马坡花园西侧	69404385
顺义区宏城幼儿园	顺义区前进花园石门苑22号	89423320
顺义区西辛幼儿园	顺义区西辛南区	69461095
顺义区高丽营中心幼儿园	顺义区高丽营镇张喜庄村托新区14号	69491354
顺义区高丽营中心幼儿园分	顺义区高丽营镇火泗路13号	69455943
顺义区李桥中心幼儿园	顺义区李桥镇沿河村任李路沿河段17号	69485882
顺义区馨港幼儿园	顺义区李桥镇馨港庄园二区2号楼	81477259
顺义区李遂中心幼儿园	市顺义区李遂镇政府街南孙路李遂段	89481707
顺义区南彩第一幼儿园	顺义区南彩镇南彩中大街9号	89469256
顺义区南彩第二幼儿园	顺义区南彩镇镇政府东侧	89476088
顺义区北务中心幼儿园	顺义区北务镇政府街4号	61421717
顺义区尹家府中心幼儿园	顺义区大孙各庄镇四福通大街82号	61474200
顺义区尹家府幼儿园分园	顺义区大孙各庄镇府前街8号	61432041
顺义区张镇中心幼儿园	顺义区张镇张各庄村建新二路	61483868
顺义区张镇赵各庄分园	顺义区张镇赵各庄村	61483868
顺义区龙湾屯中心幼儿园	顺义区龙湾屯镇府前街路南东侧4号	60461747
顺义区木林中心幼儿园	顺义区木林镇顺焦路木林段83号	60459100
顺义区北小营中心幼儿园	顺义区北小营镇永利小区路北	60483603
顺义区北石槽中心幼儿园	顺义区北石槽镇府前西街2号	60422127
顺义区赵全营中心幼儿园	顺义区赵全营镇政府路北牛板路赵全营营段113号	60431157
顺义区仁和镇庄头村幼儿园	顺义区仁和地区庄头村	15910481726
顺义区仁和镇平各庄村幼儿	顺义区仁和镇平各庄村	89491485
顺义区后沙峪白辛庄幼儿园	顺义区后沙峪镇白辛庄	80496148
顺义区木林镇王泮庄幼儿园	顺义区木林镇王泮庄中街53号	60459100
顺义区木林镇大韩庄幼儿园	顺义区木林镇大韩庄中路29号	60448441
中国人民解放军66055部队幼儿园	顺义区拥军路5号	81492550

小　学

名称	地　址	电话
顺义区东风小学(西校)	顺义区建新南区38号楼	69433973

顺义区西辛小学	顺义区西辛南区顺西路 12 号	69461147
顺义区仓上小学	顺义区石园仓上小区	69441134
顺义区东风小学	顺义区光明街拥军路 9 号	69445326
顺义区东风小学东校	顺义区拥军路 1 号	69468268
顺义区光明小学	顺义区光明北街东安路东	69422329
顺义区双兴小学	顺义区光明北街 22 号	81493907
顺义区河南村中心小学校	顺义区仁和镇河南村幸福路 3 号	89492187
顺义区港馨小学	顺义区港馨家园东区	89449872
顺义区后沙峪中心小学校	顺义区后沙峪镇后沙峪村	80416782
顺义区天竺中心小学校	顺义区天竺地区府右街 7 号	64584338
顺义区天竺中小裕达隆分校	顺义区天竺空港 A 区天柱西路 28 号	80489121
顺义区杨镇中心小学校	顺义区杨镇环镇东路 12 号	61451244
顺义区小店中心小学校	顺义区杨镇辛庄子村小学路 4 号	61412824
顺义区牛山中心小学校	顺义区牛栏山镇府前街 26 号	69411083
顺义区南法信中心小学校	顺义区南法信镇顺余路 5 号	69473552
顺义区马坡第二小学	顺义区马坡镇马卷村	69409805
顺义区石园小学	顺义区石园北区 28 号楼东	69425729
顺义区空港小学	顺义区空港 B 区三山新新家园南侧	80477515
顺义区马坡中心小学校	顺义区马坡镇向阳西路	69401651
顺义区仁和中心小学	顺义区望泉地区望泉寺村南	69447725
顺义区高丽营第二小学	顺义区高丽营镇张喜庄村拓新区 13 号	69491856
顺义区李桥中心小学校	顺义区李桥镇馨港庄园 38 号	81478405
顺义区沿河中心小学校	顺义区李桥镇沿河村西	69489636
顺义区李遂中心小学校	顺义区李遂镇南孙路李遂段 17 号	89484220
顺义区俸伯中心小学校	顺义区南彩镇前俸伯村东	89477267
顺义区俸伯中小联合小学	顺义区南彩镇柳桁村	89421400
顺义区北务中心小学校	顺义区北务镇商业街 5 号	61424311
顺义区大孙各庄中心小学校	顺义区大孙各庄镇府前东街 6 号	61432073
顺义区尹家府中心小学校	顺义区大孙各庄镇四福通大街 90 号	61472814
顺义区张镇中心小学校	顺义区张各庄西侧张孙路张镇段 2 号	61480604
顺义区龙湾屯中心小学校	顺义区龙湾屯镇府前南街 8 号	60461289
顺义区李各庄学校	顺义区木林镇李各庄育才路 1 号	60493367
顺义区木林中心小学校	顺义区木林镇木林村东	60456039
顺义区明德小学	顺义区木林镇马坊村中心街 5 号	60448505
顺义区北小营中心小学校	顺义区北小营镇北小营村	60483734
顺义区仇家店中心小学校	顺义区北小营镇仇家店村	60483729
顺义区北石槽中心小学校	顺义区北石槽镇府前街 11 号	60422512
顺义区赵全营中心小学校	顺义区赵全营镇牛板路赵全营段 92 号	60435426
顺义区板桥中心小学校	顺义区赵全营镇板桥村牛板路段 1 号	60442174

中学

名称	地址	电话
顺义区第十中学	顺义区后沙峪镇双裕街	80416138
顺义区第二中学	顺义区前进花园南侧	69421643
顺义区第一中学	顺义区站前东街6号	69444448
顺义区第九中学	顺义区仁和镇河南村北	89498802
顺义区杨镇第一中学	顺义区杨镇地区三街村仿古商业街43号	61451055
顺义牛栏山第一中学	顺义区牛栏山镇育才大街1号	69411142
顺义区第八中学	顺义区光明北街18号	69429480
顺义区第三中学	顺义区府前东街27号	69422509
顺义区第四中学	顺义区光明南街2号	69446143
顺义区仁和中学	顺义区双河大街15号	89493698
顺义区天竺中学	顺义区天竺镇府前一街29号	80467213
顺义区小店中学	顺义区杨镇小店村	61412881
顺义区杨镇第二中学	顺义区杨镇三街西	61451155
顺义区牛山第三中学	顺义区牛山镇牛富路2号	60413751
顺义区牛山第二中学	顺义区京密路牛山段3号	69412537
顺义区南法信中学	顺义区南法信镇西海洪村	69476574
顺义区马坡中学	顺义区双丰秦武姚村	69409776
顺义区第五中学	顺义区石园西区	89441490
顺义区高丽营第二中学	顺义区高丽营镇张喜庄村拓新区12号	69491828
顺义区沿河中学	顺义区李桥镇北河村	69480315
顺义区李桥中学	顺义区李桥镇李家桥村	81473876
顺义区李遂中学	顺义区李遂镇南孙路沟北段38号	89481601
顺义区俸伯中学	顺义区南彩镇前俸伯村东200米	89477257
顺义区北务中学	顺义区北务镇北务村商业街7号	61421946
顺义区大孙各庄中学	顺义区大孙各庄镇府前东街8号	61434877
顺义区尹家府中学	顺义区大孙各庄镇四福通大街88号	61472870
顺义区张镇中学	顺义区张镇张孙路张镇段5号	61480765
顺义区龙湾屯中学	顺义区龙湾屯镇府南路5号	60461319
顺义区木林中学	顺义区木林镇顺焦路木林段1号	60457445
顺义区北小营中学	顺义区北小营镇府西路1号	60483730
顺义区北石槽中学	顺义区北石槽镇府前西街4号	60422123
顺义区赵全营中学	顺义区牛板路赵全营段129	60431128
顺义区板桥中学	顺义区赵全营镇板桥村中学街39号	60442108
顺义区沙岭学校	顺义区杨镇沙岭村青年路5号	61442573
顺义区高丽营学校	顺义区高丽营镇四村	69455654

顺义区南彩学校	顺义区南彩镇南彩村东	89469286
顺义区赵各庄学校	顺义区张镇赵各庄村	61491420

职业及成人学校

名称	地　址	电话
顺义区汽车技术职业高中	顺义区仁和镇河南村西路北	89451090
顺义区第一职业学校	顺义区府前西街顺西路西侧	69444559
北京现代职业技术学院中职部	顺义区光明街道裕龙三街北侧	69445362
农广校	顺义区贯通路	15712907119
顺义电专	顺义区贯通路	81484548
电大顺义分校	顺义区贯通路	81484548

民办学校及培训机构

名称	地　址	电话
顺义区牛栏山一中实验学校	顺义区顺安路 99 号	81480932
北京市新英才学校	顺义区后沙峪镇安华街 9 号	80467115
北京市圣苑－美语实验学校	顺义区后沙峪镇十中路东	80497460
顺义区民办大方职业学校	顺义区大孙各庄镇杜石路西尹段 3 号	61471503
中国传媒大学附属中学	顺义龙湾屯镇丁甲庄村北	51661876
北京市顺义区君诚学校	顺义区后沙峪镇火沙路古城段 15 号	80490302
北京市海嘉双语学校	顺义区后沙峪镇峪民大街 5 号	80410390
北京国际标准舞研修学院	顺义区后沙峪镇裕民大街甲 4 号	69453012
北京市音乐舞蹈学校	顺义区后沙峪镇枯柳树环岛 1 号	51679555
顺义区万科城市花园幼儿园	顺义区天竺空港开发区 B 区万科城市花园	80485697
顺义区伊顿幼儿园	顺义区天竺镇花犁坎村	80465338
顺义区长颈鹿幼儿园	顺义区裕龙花园二区 4 号楼	81482222
顺义区泛美幼儿园	顺义区顺通路 29 号	89497758
顺义区启明香堤漫步幼儿园	顺义区牛栏山香堤漫步庄园	60428197
顺义区采风幼儿园	顺义区南彩镇前俸伯村	89477510
顺义区景福幼儿园	顺义区仁和镇顺福路 2 号金碧湖畔 42 栋	89452591
顺义区温莎双语幼儿园	顺义区首都机场 89 号丽京花园	13801079505
顺义区汇佳东方幼儿园	顺义区东方太阳城万睛园 54 号楼	89431740
顺义区金翼德懿双语幼儿园	顺义区天竺镇丽苑街 6 号美林别墅会所	13810070641
顺义区丽思嘉洛德双语幼儿园	顺义区天竺府前一街 58 号水木兰亭花园 2 号楼	13911152599
顺义区顺发实用技术培训学校	顺义区新顺北大街影剧院内	13161561431 69425003

顺义区求实外语培训学校	顺义区站前东街商业楼2栋409号	81491180
顺一汽车驾驶员培训学校	顺义区农机局院内	69444415
顺义区巨人金色湖畔培训学校	顺义社区教育中心院内	13801000111
顺义区精诚文化学校	顺义社区教育中心电大楼	69422385
顺义区益民培训学校	顺义区府前中街6号	69421055
顺义区心语语言培训学校	顺义区第一职业学校院内	13691063447
顺义区世纪桥外语培训学校	顺义府前中街6号	69462255
顺义区东方金子塔儿童潜能培训学校	顺义区石园南区33楼4单元502室	81674163
顺义区精灵花雨文化艺术培训中心	顺义区幸福西区甲1—2号	69463345
顺义区九日外国语培训学校	顺义区南彩九王庄兴盛街1号	89469904
顺义区启明星文化培训学校	顺义区	13716709668
顺义区博文鸿智文化艺术培训学校	顺义西辛南区16号楼4号	69460687
顺义区现代电脑培训学校	顺义区站前街商业楼	69464245
顺义区博识培训中心	顺义区府前东街人才中心院内	69442549 - 8070
顺义区伟宁文化艺术培训中心	顺义区怡馨家园32楼2层	69467266
顺义区顺图计算机培训学校	顺义光明南街20号图书馆内	69447265
顺义区海澄文化培训学校	顺义幸福东区丁19号202室	69426723
顺义区英美外语培训中心	顺义区站前街商业缕	86619550
顺义区育林外语培训学校	顺义区石园北区68号楼4门202	69446117
顺义区朝阳英语培训学校	顺义区石园北区68号楼4门402	69463856
顺义区春蕾文化艺术培训学校	顺义区石园东区居委会院内	89498534
顺义区东方太阳城文体培训学校	顺义区东方太阳城中心会所	89431700
顺义区飞天驾驶学校	顺义区天竺镇府前西街粮库附近	80416379
顺义区英才培训学校	顺义区空港开发A区莲竺小区甲6号楼	64568963
顺义时星宇汽车驾驶学校	顺义区后沙峪镇泗上村	80416126
北京市安立汽车驾驶学校	顺义区后沙峪镇泗上村	69454563
顺义区维特汽车驾驶学校	顺义区后沙峪镇泗上村	13901009355
北京市京顺汽车驾驶学校	顺义区后沙峪镇泗上村	69454512
顺义区群星乒乓球培训学校	顺义区后沙峪镇铁匠营村匠杨路1号	80482538
北京市京城汽车驾驶技工学校	顺义区粮油总公司	80416739
北京恒通汽车摩托车驾驶培训学校	顺义区后沙峪镇泗上村	84328325
顺义区童馨诚文化培训学校	顺义区顺平路后沙峪段17号	13661012965
顺义区爱嘉励儿童双语培训学校	顺义区后沙峪嘉浩别墅3056号	80467082
顺义平安驾驶学校	顺义区南法信顺高路南侧	69472690
顺义区交通培训学校	顺义区南法信顺平路北侧	69478911
顺义区顺交通达汽车驾驶员培训中心	顺义区顺平路南法信段北侧	69433970
北京市五环汽车摩托车驾驶员培训学校	顺义区后沙峪镇泗上村	84913618

顺义区九方教育培训学校	顺义区府前东街金汉绿港二区 12 号楼 301	13301127218
顺义区碧海惊鸿导游培训学校	顺义区李桥镇头二营村	13910991109
顺义区蓝天空港职业文化培训学校	顺义区高丽营二中(四楼)院内	69497040
顺义区津桥培训中心	顺义区赵全营镇河庄村北	60441289
顺义区养元牧业培训示范中心	顺义区北石槽镇	60424717
顺义区农机汽车驾校	顺义区南彩镇后俸伯村	89477650
顺义区兴华职业技术培训学校	顺义区南彩镇后俸伯村北	69422156
顺义区杨名教育培训部	顺义区杨镇三街	13601228960
顺义区酬勤文化培训中心	顺义杨镇燕雄大厦	13371685988
顺义区圆梦文化培训中心	顺义区杨镇双阳小区 14 号楼 10 号	61455213
顺义区百华文化培训学校	顺义区杨镇双阳南区办公楼	13520169301
顺义区勤力富昌外语培训学校	顺义区北务镇敬老院内	13701028762
顺义区明星外语培训学校	顺义区李遂镇潮华路沟北段 2 号	89484999
顺义区启航信息化培训学校	顺义区北小营镇永利小区商业楼	60488111
顺义区成才育人英语培训学校	顺义区木林镇木林村	60455587
顺义区东方英才培训学校	顺义区北小营前礼务村建业路 37 号	13801208740
顺义区卓越文化培训学校	顺义区大孙各庄镇杜石路西尹段 3 号	86755630
顺义区威豪素质教育培训学校	顺义区武警十支队	13146795869
顺义区育圣源培训学校	顺义区中山北路太平小区	69466352
顺义区方村培训学校	顺义区杨镇大街	86050653
顺义区金永大残疾人计算机培训学校	顺义区杨镇小店新街 7 号	61414522
顺义区阳光外语培训学校	6605 部队医院东侧楼房二层	13511033575
顺义区捷创网苑计算机学校	顺义区怡馨家园商业街 37 楼 5 门	69464500
顺义区启智文化艺术中心	北京广播电视大学顺义分校院内	13911737182
顺义区科华培训学校	顺义区石园南区 33 楼 4 单元	13801072063
顺义区绿港培训学校	顺义区站前街商业 2 号楼	69468518
顺义区燕雄建筑职工教育培训学校	顺义区顺平路北侧杨镇三街段	13901183698
顺义区顺锋电脑培训学校	顺义区宏城小区内	69443263
顺义区京奥国门乒乓球培训学校	顺义区京顺	13311289621

教育机构

名称	地　址	电话
顺义区少年宫	顺义区府前东街	69446835
顺义区教师之家	顺义区光明南街	69443059
顺义区中小学生保健所	顺义区幸福西街	69443237
顺义区教育技术装备部	顺义区仁和镇庄头村南	69433295
顺义区教育研究考试中心	顺义区中山西街 31 号	69443837
顺义区社区教育中心	顺义区贯通路	69443449

顺义区幼教培训中心	顺义区光明南街(教师之家院内)	69422069
顺义区特殊教育学校	顺义区光明南街13号	69423095
顺义区教育信息中心	顺义区中山西街31号(教研考试中心院内)	69420914
顺义区劳动技术教育学校	北京市顺义区中山北街	69443237

驻顺高校

名称	地址	电话
中央美术学院城市设计学院	顺义区后沙峪镇裕民大街1号	80410801
北京美国英语语言学院	顺义区京顺路99号	69409588
北京工业大学耿丹学院	顺义区牛栏山镇牛富路牛山段3号	60411788
北京人文大学顺义校区	顺义区后沙峪镇裕东路3号	80497320
首都医科大学燕京医学院	顺义区大东路4号	69443147
北京国家会计学院	顺义天竺开发区	64500088
北京国际标准舞研修学院	顺义区后沙峪裕民大街甲4号	69453012
北京市现代职业技术学院	顺义区裕龙花园三街	81497745

区域卫生机构

名称	地址	电话
北京杏园金方国医医院	北京市顺义区后沙峪	80497556
北京首儿李桥儿童医院	顺义区李桥镇李天路李桥段5号	81472688
北京东方太阳城医院	顺义东方太阳城万晴园104楼	89432458·9
北京市顺义区结核病防治中心	北京市顺义区府前东街大东路	69443478
北京市顺义区医院	北京市顺义区光明南街3号	69444548
北京市顺义区中医医院	北京市顺义区站前东街5号	69442484
北京市顺义区空港医院(北京市顺义区医院二部、北京市顺义区后沙峪镇卫生院)	北京市顺义区后沙峪镇	80496772
北京京顺医院	北京市顺义区府前西街铁路西	69449024
北京市顺义区传染病医院	北京市顺义区张镇侯庄村	61491609
北京市顺义区法医院	北京市顺义区法医街3号	69441489
北京市顺义区妇幼保健院	北京市顺义区顺康路1号	69462216
北京市顺义区第二医院	北京市顺义区杨镇	61451265
北京市顺义区赵全营镇板桥卫生院	北京市顺义区赵全营镇板桥村	60442196
北京市顺义区木林镇卫生院	北京市顺义区木林镇村西	60457195
北京市顺义区张镇卫生院	北京市顺义区张镇大街5号	61480647

北京市顺义区高丽营镇张喜庄卫生院	北京市顺义区高丽营镇张喜庄村南	69491442
北京市顺义区南彩镇卫生院	北京市顺义区南彩镇	89469280
北京市顺义区南法信镇卫生院	北京市顺义区南法信镇顺榆路 9 号	69473434
北京市顺义区龙湾屯镇卫生院	北京市顺义区龙湾屯镇	60462200
北京市顺义区天竺镇卫生院	北京市顺义区天竺镇府前街 27 号	64566232
北京市顺义区仁和镇卫生院	北京市顺义区石圆南区东侧	89443896
北京市顺义区南彩镇俸伯卫生院	顺义区南彩镇俸伯村东	89477261
北京市顺义区北石槽镇卫生院	北京市顺义区北石槽镇北石槽村	60422508
北京市顺义区第三医院	北京市顺义区牛栏山镇	69411353
北京市顺义区马坡镇卫生院	北京市顺义区马坡镇卫生院政府北侧	69404194
北京市顺义区杨镇沙岭卫生院	北京市顺义区杨镇沙岭	61441775
北京市顺义区北小营镇卫生院	北京市顺义区北小营镇	60483645
北京市顺义区赵全营镇卫生院	北京市顺义区赵全营镇政府对面	60431136
北京市顺义区李遂镇卫生院	北京市顺义区李遂镇	89481582
北京市顺义区高丽营镇卫生院	北京市顺义区高丽营镇	69455946
北京市顺义区大孙各庄卫生院	北京市顺义区大孙各庄府前东街 4 号	61432117
北京市顺义区杨镇小店卫生院	北京市顺义区杨镇小店村	61412835
北京市顺义区李桥镇卫生院	北京市顺义区李桥镇沿河村西	69485960
北京市顺义区北务镇卫生院	北京市顺义区北务镇政府东侧	61421715
北京市顺义区城区卫生服务中心	北京市顺义区胜利街办事处建新南街	81490490
首都医科大学燕京医学院门诊部	北京市顺义区大东路 4 号	69442955
北京康圣德门诊部	北京市顺义区西辛南区北口甲 62 号	69433879
北京祥顺康医疗器械有限公司正杰口腔门诊部	北京市顺义区仁和地区怡馨家园 13 号楼 104 室	13801325355
北京现代阳光医院管理有限公司空港门诊部	北京市顺义区天竺空港工业区 A 区天柱路 27 号 B 座 103	80480284
北京嘉华康永投资管理有限公司新世纪荣和儿科门诊部	北京市顺义区天竺镇丽苑街荣和商业中心 19 号楼 K－01	88046206
北京现代人口腔门诊部	北京市顺义区石园北区 40 号楼 3 门 101 号	81496806
北京市向阳中医门诊部	北京市顺义区马坡镇向阳村村南	69401309
北京中亚康门诊部	北京市顺义区顺通路 6 号	89496999
北京市广怡口腔门诊部	北京市顺义区怡馨家园 5 号楼 19 号	81496156
北京市顺义区疾病预防控制中心门诊部	北京市顺义区光明南街 1 号	69443268
北京真爱门诊部	北京市顺义区怡馨家园商业步行街 5－36	81905529
北京松川中医药抗肿瘤研究有限公司松川堂诊所	北京市顺义区彩风新城彩俸北区 4 号楼 1 层 07 室	86240430 13641350584

区文物保护单位

北京市文物保护单位

名称	类别	时代	地址	公布时间
焦庄户地道战遗址纪念馆	革命	近代	顺义区龙湾屯镇焦庄户村	1979年
元圣宫	古建	元末明初	顺义牛栏山一中校内	1995年
无梁阁	古建	元末明初	顺义区大孙各庄镇顾家庄村东	2001年

顺义区文物保护单位

名称	类别	时代	地址	公布时间
烈士陵园	革命	近代	顺义区潮白河东	1984年
胡奴县遗址	遗址	西汉初年	顺义区北小营镇狐奴山下	1984年
古城遗址	遗址	元代	顺义区后沙峪镇古城村北	1984年
顺义城垣	古建	唐代末年	顺义区仁和镇太平村	1984年
孔庙元碑	古建	元代	顺义区文物管理所内	1984年
和硕亲王碑	石刻	清代	顺义区李桥镇王家坟村	1984年

区域文物

名称	类别	时代	地址	公布时间
庞山烈士墓	墓地	近代	顺义区大孙各庄镇	2000年
关帝庙	古建	清代	顺义区高丽营镇南郎中村	1984年
关帝庙	古建	清代	顺义区杨镇一中	1984年
关帝庙	古建	清代	顺义区北石槽镇武各庄村	1984年
开元寺	古建	清代	顺义区仁和镇复兴村	1984年
清真寺	古建	清代	顺义区高丽营镇高丽营村	1984年
清真寺	古建	清代	顺义区南法信镇回民营村	1984年

区域古树名木

序号	乡镇	地点	树种	级别
1	牛栏山	卢正卷	侧柏	1
2	牛栏山	相各庄	侧柏	1
3	牛栏山	相各庄	侧柏	2

序号	乡镇	地点	树种	级别
4	牛栏山	北孙各庄	银杏	1
5	牛栏山	北孙各庄	银杏	1
6	牛栏山	龙王头	国槐	1
7	牛栏山	下坡屯	侧柏	2
8	牛栏山	牛山一中	国槐	1
9	牛栏山	牛山一中	国槐	1
10	牛栏山	牛山一中	侧柏	1
11	牛栏山	牛山一中	侧柏	1
12	牛栏山	牛山一中	侧柏	2
13	牛栏山	牛山一中	侧柏	2
14	牛栏山	牛山一中	侧柏	2
15	牛栏山	牛山一中	侧柏	2
16	牛栏山	牛山一中	侧柏	2
17	牛栏山	牛山一中	侧柏	2
18	牛栏山	牛山一中	侧柏	2
19	牛栏山	牛山一中	侧柏	2
20	牛栏山	牛山一中	侧柏	2
21	牛栏山	牛山一中	侧柏	2
22	牛栏山	牛山一中	侧柏	2
23	牛栏山	牛山一中	侧柏	2
24	牛栏山	牛山一中	侧柏	2
25	牛栏山	牛山一中	侧柏	2
26	牛栏山	牛山一中	侧柏	2
27	牛栏山	牛山一中	侧柏	2
28	牛栏山	牛山一中	侧柏	2
29	杨镇	白塔	国槐	2
30	杨镇	杜庄	国槐	1
31	杨镇	杨镇中学	银杏	1
32	杨镇	杨镇小学	侧柏	1
33	杨镇	杨镇小学	侧柏	1
34	杨镇	东疃	国槐	1
35	杨镇	田营	侧柏	1
36	仁和	京汉房地产公司	国槐	1
37	仁和	京汉房地产公司	国槐	2
38	仁和	胜利	国槐	2
39	仁和	军营	枣	2
40	仁和	赵古营	国槐	2

序号	乡镇	地点	树种	级别
41	仁 和	临 河	国 槐	1
42	马 坡	洼 子	国 槐	1
43	马 坡	良 正 卷	国 槐	1
44	马 坡	衙 门 村	国 槐	1
45	马 坡	马 卷	国 槐	2
46	北 石 槽	寺 上 小 学	国 槐	1
47	北 石 槽	寺 上 小 学	国 槐	2
48	李 遂	葛 代 子	国 槐	2
49	龙 湾 屯	丁 甲 庄	侧 柏	2
50	龙 湾 屯	山 里 辛 庄	国 槐	2
51	龙 湾 屯	山 里 辛 庄	国 槐	2
52	北 务	王 各 庄	侧 柏	2
53	南彩	九王庄	国槐	2
54	李桥	沿河村	国槐	2
55	北石槽	良善庄	国槐	1
56	李桥	南半壁店	枣树	2

顺义区纳税前100名企业

国税纳税前100名企业

序号	纳税人名称	经营地址	联系电话
1	北京现代汽车有限公司	北京市顺义区林河工业开发区顺通路18号	89490151
2	北京现代摩比斯汽车零部件有限公司	北京市顺义区双河路59号	89448860
3	北京燕京啤酒股份有限公司	北京市顺义区双河路9号	89492136
4	华夏基金管理有限公司	北京市顺义区天竺空港工业区A区	88066688
5	中国国际航空股份有限公司	北京市顺义区天竺空港工业区A区天柱路28号楼蓝天大厦9层	80489503
6	联邦快递(中国)有限公司	北京市顺义区天竺空港工业区天柱路12号	64685599－3026
7	北京顺鑫农业股份有限公司牛栏山酒厂	北京市顺义区牛栏山镇(牛山地区办事处东侧)	69411219

序号	纳税人名称	经营地址	联系电话
8	中国航空油料有限责任公司	北京市顺义区天竺空港工业区A区天柱路28号蓝天大厦6层	82001032
9	伟世通汽车空调(北京)有限公司	北京市顺义区南彩镇彩园工业区彩祥西路6号	89473401 89473402
10	北京康捷空国际货运代理有限公司	北京市顺义区南法信镇府前街12号	64579779 - 257
11	北京牛栏山鑫鑫贸易有限公司	北京市顺义区牛山地区下坡村西	69411204
12	中国航空油料有限责任公司北京分公司	北京市顺义区北京首都国际机场中国航空油料华北公司办公楼	64567830
13	北京燕京啤酒股份有限公司一分公司	北京市顺义区向阳西街6号	69402745
14	国航进出口有限公司	北京市顺义区首都机场国航基地四号	
15	北京首都国际机场股份有限公司	北京市顺义区北京空港物流园区绿生路2号	64545627
16	北京现代摩比斯汽车配件有限公司	北京市顺义区顺通路西北京汽车工业控股有限责任公司汽车生产基地南地块	84539111 - 8701/8703
17	北京金汉房地产开发有限公司	北京市顺义区大孙各庄镇大段村西	81494225
18	中国国际货运航空有限公司	北京市顺义区天竺空港工业区A区	61465772
19	北京地源达房地产开发有限公司	北京市顺义区马坡镇顺成大街15号1号楼3层	58765133
20	北京市顺义烟草公司	北京市顺义区中山南大街路东	69438820
21	北京韩美药品有限公司	北京市顺义区天竺空港工业区A区天柱西路10号	84409898 - 235
22	北京市大龙房地产开发有限公司	北京市顺义区府前东街甲2号416室	69440513
23	中石油昆仑燃气有限公司	北京市顺义区仁和地区杜各庄村东	66211177 - 613
24	北京首都机场动力能源有限公司	北京市首都机场航安路	64593654
25	金刚化工(北京)有限公司	北京市顺义区顺通路51号	89498181

序号	纳税人名称	经营地址	联系电话
26	北京国泰平安百货有限公司	北京市顺义区府前街南侧(国泰大厦)	69447430
27	北京江森汽车部件有限公司	北京市顺义区林河工业开发区林河南大街路南	89407755－8103
28	北京三立车灯有限公司	北京市顺义区林河大街32号	89448511
29	中国民生银行股份有限公司信用卡中心	北京市顺义区马坡地区顺安路68号	66526688
30	中国民用航空华北地区管理局	北京市顺义区空港经济开发区天柱路28号	64592265
31	北京李尔岱摩斯汽车系统有限公司	北京市顺义区仁和镇河南村村委会南500米	89491121－6100
32	北京汇源食品饮料有限公司北京销售中心	北京市顺义区北小营镇府前街北侧(北京汇源食品饮料有限公司)	13261862712
33	北京韩一汽车饰件有限公司	北京市顺义区仁和镇林河南大街15号	89495755－207
34	日上免税行(中国)有限公司	北京市首都国际机场航安路机场商贸公司四楼	64542889
35	北京汇源食品饮料有限公司	北京市顺义区北小营镇	60483388
36	北京世钟汽车配件有限公司	北京市顺义区北小营镇	60487756－810
37	约翰内斯·海德汉博士(中国)有限公司	北京市顺义区天竺空港工业区A区	80420093
38	北京首都机场商贸有限公司	北京市顺义区北京空港物流园区	64556081
39	北京汽车制造厂有限公司顺义汽车厂	北京市顺义区仁和工业区	69489551
40	北京北一数控机床有限责任公司	北京市顺义区林河工业开发区	89451789
41	北京朗姿服饰有限公司	北京市顺义区马坡镇向阳西路北侧6号	80493041－8031
42	北京东方雨虹防水技术股份有限公司	北京市顺义区顺平路沙岭段甲2号	59031861/13691181102
43	北京飞机维修工程有限公司	北京市顺义区首都国际机场	64561122－5030
44	威乐(中国)水泵系统有限公司	北京市顺义区天竺空港工业区B区裕华路23号	58041888
45	首安工业消防有限公司	北京市顺义区李桥镇南半壁店工业区	81463816

序号	纳税人名称	经营地址	联系电话
46	北京恩布拉科雪花压缩机有限公司	北京市顺义区北京天竺空港工业区B区裕华路29号	80485375
47	北京顺丰速运有限公司	北京市顺义区北京空港物流园区物流八街1号	69470503
48	北京世纪和平投资有限公司	北京市顺义区北京空港物流基地物流园八街1号	13601186500 85181901
49	北京丽高房地产开发有限公司	北京市顺义区丽高花园	67088989
50	北京龙湖置业有限公司	北京市顺义区牛栏山镇张庄村南	84661720、 13240427885、 13910019775
51	延锋伟世通(北京)汽车饰件系统有限公司	北京市顺义区林河工业开发区顺通路55号	89407766－7326
52	中铁物总能源有限公司	北京市顺义区北京空港物流基地物流园八街1号	51895391
53	北京平和精工汽车部件有限公司	北京市顺义区南彩镇二三产业基地1号	89475002
54	首都机场集团财务有限公司	北京市顺义区首都机场四纬路9号B区三层66室	64564271
55	西铁城(中国)钟表有限公司	北京市顺义区天竺镇北京国际机场工业开发区	85911930－203
56	中石油昆仑燃气有限公司液化气分公司	北京市顺义区仁和地区杜各庄村东	69438246
57	中国航空油料集团公司	北京市顺义区天竺空港工业区A区天柱路28号	82001149
58	凯菲克汽车系统(北京)有限公司	北京市顺义区马坡镇聚源工业区奥运大道2号B区	64606505
59	北京龙湖庆华置业有限公司	北京市顺义区牛栏山顺安北路8号	84661720、 13240427885、 13910019775
60	北京航空食品有限公司	北京市顺义区南法信府前街47号	64562383
61	华龙置业房地产开发有限公司	北京市顺义区高丽营镇拓新区45号	65534954－822
62	北京市顺义国泰商业大厦	北京市顺义区府前东街南	69447430
63	北京奕长丰商业有限公司	北京市顺义区首都机场国际隔离区(新航站楼)	64542892

序号	纳税人名称	经营地址	联系电话
64	北京首都机场广告有限公司	北京市顺义区北京空港物流园区	64597660
65	北京英迈特矿山机械有限公司	北京市顺义区马坡聚源工业区	69407788
66	北京首都机场航空安保有限公司	北京市顺义区北京空港物流基地物流园八街1号	
67	北京吉祥德尔格安全设备有限公司	北京市顺义区天竺空港工业区B区峪安路甲22号	80498000
68	SMC(北京)制造有限公司	北京市顺义区竺园一街7号(天竺综合保税区)	67885566-1311
69	北京利祥制药有限公司	北京市顺义区林河工业开发区顺康路64号	65510800 13522915646
70	可附特汽车零部件制造(北京)有限公司	北京市顺义区南彩镇彩园工业区	89470429
71	中航鑫港担保有限公司	北京市顺义区北京空港物流基地物流园8街1号	64564265
72	北京大昌庆镇汽车部件有限公司	北京市顺义区杨镇人民政府东侧600米	61450991 - 220 13439590802
73	中恒国际租赁有限公司	北京市顺义区北小营宏大工业开发中心A区6号	65811856
74	北京华美丽服饰有限公司	北京市顺义区马坡镇秦武姚村一号	69409177
75	北京曲美馨家商业有限公司	北京市顺义区南彩镇彩园工业小区	84937626-8861/8862
76	中航材国际招标有限公司	北京市朝阳区霄云里2号楼	64610329
77	北京鑫海韵通商业大楼	北京市顺义区府前西街一号	69447403
78	北京北广科技股份有限公司	北京市顺义区天竺空港工业区天柱路A区26号	80489988
79	北京康仁堂药业有限公司	北京市顺义区林河北大街16号	89498070
80	埃莫斯塔(北京)机械有限公司	北京市顺义区天竺空港工业区B区裕华路29号A部分	80485340
81	北京曲美家具集团有限公司	北京市顺义区南彩镇彩祥东路11号	89478002 13910029834
82	北京合百意生态能源科技开发有限公司	北京市顺义区李遂镇南孙路23号	89481386

序号	纳税人名称	经营地址	联系电话
83	北京莱姆电子有限公司	北京市顺义区林河工业开发区林河大街28号	89455288
84	北京世纪百强家具有限责任公司	北京市顺义区牛栏山镇牛汇南一街5号	13146512036
85	北京现代海斯克钢材有限公司	北京市顺义区仁和镇顺平西路9号(顺通路西侧)	89401540－122
86	广东松下环境系统有限公司北京分公司	北京市顺义区天竺空港工业区天柱路5号	80489534
87	北京雅昌彩色印刷有限公司	北京市顺义区天竺空港工业区A区天纬四街7号	80486788－807
88	北京银座合智房地产开发有限公司	北京市顺义区南彩镇彩祥东路10号	13581919117
89	罗森伯格亚太电子有限公司	北京市顺义区北京天竺空港工业区B区安祥路3号	80481995
90	旭格幕墙门窗系统(北京)有限公司	北京市顺义区天竺空港工业区B区	80492864－6702
91	中国航空集团建设开发有限公司	北京市顺义区龙湾屯镇府前街南侧	64413335
92	赛多利斯科学仪器(北京)有限公司	北京市顺义区天竺空港工业区B区裕安路33号厂房办公楼	64392846
93	安泰科技股份有限公司北京空港新材分公司	北京市顺义区空港开发区B区裕华路东侧	80485878 13321195620
94	北京欣安房地产开发有限公司	北京市崇文区广渠门南水关胡同甲7号一幢205室	13910625316
95	中国航空传媒广告公司	北京市顺义区南法信镇顺畅大道1号B－0311室	64720562
96	坪山汽车零部件(北京)有限公司	北京市顺义区北小营镇北小营村	60487724
97	北京莱茵服装有限公司	北京市顺义区北京天竺空港工业区B区裕东路5号	82282888
98	北京合景房地产开发有限公司	北京市顺义区马坡镇聚源西路7号	13511000691
99	迈恩德(北京)电子有限公司	北京市顺义区天竺空港工业区A区	80420210
100	北京中韩伍洋机械工业有限公司	北京市顺义区牛栏山镇腾艺路2号	69411234

地税纳税前100名企业

序号	纳税人名称	经营地址
1	中国国际航空股份有限公司	北京市顺义区天竺空港工业区A区天柱路30号
2	北京首都国际机场股份有限公司	北京市顺义区北京空港物流园区绿生路2号
3	华夏基金管理有限公司	北京市西城区金融大街33号通泰大厦
4	中国新华航空集团有限公司	北京市顺义区天竺镇府前一街16号
5	中国民生银行股份有限公司信用卡中心	北京市顺义区马坡地区顺安路68号
6	北京东方太阳城房地产开发有限责任公司	北京市顺义区仁和镇东方太阳城社区中心
7	北京丽来房地产开发有限公司	北京市顺义区天竺镇
8	北京燕京啤酒股份有限公司	北京市顺义区双河路9号
9	北京市大龙房地产开发有限公司	北京市顺义区府前东街甲2号416室
10	北京现代汽车有限公司	北京市顺义区林河工业开发区顺通路18号
11	首都机场集团公司	北京市顺义区天竺空港工业区A区天柱路28号楼
12	北京合景房地产开发有限公司	北京市顺义区马坡镇聚源西路7号
13	中国南方航空股份有限公司北京分公司	北京市顺义区空港工业B区裕华路27号2号楼
14	北京汽车城投资管理有限公司	北京市顺义区顺通路西侧
15	北京飞机维修工程有限公司	北京市顺义区首都国际机场
16	北京龙湖置业有限公司	北京市顺义区牛栏山镇张庄村南
17	中国国际货运航空有限公司	北京市顺义区天竺空港工业区A区
18	北京天洋志普房地产开发有限公司	北京市顺义区双裕东区丁1号楼
19	北京汉唐建设发展有限公司	北京市顺义区后沙峪乡前沙峪村
20	北京首都航空有限公司	北京市顺义区后沙峪镇吉祥工业区5－1号
21	中粮地产投资(北京)有限公司	北京市顺义区天竺空港工业区A区天柱路28号蓝天大厦4层南侧
22	北京江河幕墙股份有限公司	北京市顺义区牛汇北五街5号
23	北京顺义新城建设开发有限公司	北京市顺义区马坡镇向阳西街6号

序号	纳税人名称	经营地址
24	北京龙湖庆华置业有限公司	北京市顺义区牛栏山镇顺安北路8号
25	北京长乐房地产开发有限公司	北京东城区东方广场 w3－307
26	北京建升房地产开发有限公司	北京市顺义区仁和地区石门村东侧
27	北京万科企业有限公司	天竺空港工业开发区B区北京万科城市花园梅花园4号楼
28	中国民用航空华北地区空中交通管理局	北京市朝阳区首都机场航安路
29	北京牛栏山鑫鑫贸易有限公司	北京市顺义区牛山地区下坡村西
30	国航进出口有限公司	北京市顺义区空港经济开发区A区天柱路29号
31	中国工商银行股份有限公司北京顺义支行	北京市顺义区顺通路西侧(石园西路)
32	北京丽高房地产开发有限公司	北京市顺义区丽高花园
33	北京东君房地产开发有限公司	北京市顺义区高丽营镇中心区南侧高丽营小区1栋
34	北京金汉房地产开发有限公司	北京市顺义区大孙各庄镇大段村西
35	北京地源达房地产开发有限公司	北京市顺义区马坡镇顺成大街15号1号楼3层
36	北京英才房地产开发有限公司	北京市顺义区后沙峪镇温榆河别墅区21号龙湾别墅
37	中国东方航空股份有限公司北京分公司	北京市顺义区小天竺路1号东航大酒店三层302号－327号
38	北京市顺义区大孙各庄镇人民政府	北京市顺义区大孙各庄镇大孙各庄村
39	北京宏顺兴房地产开发有限公司	北京市顺义区光明北街甲1号
40	北京银座合智房地产开发有限公司	北京市顺义区南彩镇彩祥东路10号
41	北京天竺空港工业开发公司	北京市顺义区天竺空港工业区内
42	北京正华永兴房地产开发有限公司	北京市顺义区仁和地区顺通路38号
43	北京乔波冰雪家园置业有限公司	北京市顺义区顺安北路路东
44	联邦快递(中国)有限公司	北京市顺义区天竺空港工业区天柱路12号
45	北京空港航空地面服务有限公司	北京市顺义区北京空港物流基地物流园八街一号
46	中铁电气化局集团有限公司北京顺义分公司	北京市顺义区后沙峪镇人民政府西南侧200米

序号	纳税人名称	经营地址
47	北京路桥瑞通养护中心	北京市海淀区厂西门路2号吉友大厦
48	北京市公路桥梁建设集团有限公司	北京市顺义区北务镇府前街6号
49	北京银行股份有限公司顺义支行	北京市顺义区站前街粮食局商办楼
50	北京顺义国际学校	北京市顺义区安华街10号
51	北京金房房地产开发有限公司	北京市顺义区后沙峪镇古城村委会南侧50米
52	中油长城钻井有限责任公司	北京市顺义区林河工业开发区双河大街18号
53	北京百顺达房地产开发有限公司	北京市顺义区河南村
54	北京顺丰速运有限公司	北京市顺义区北京空港物流园物流八街1号
55	中国航空油料集团公司	北京市顺义区天竺空港工业区A区天柱路28号
56	北京曲美家具集团有限公司	北京市顺义区南彩镇彩祥东路11号
57	北京景旭房地产开发有限公司顺义分公司	北京市顺义区后沙峪镇政府西南200米
58	北京北一数控机床有限责任公司	北京市顺义区林河工业开发区
59	北京首都机场航空安保有限公司	北京市顺义区北京空港物流基地物流园八街1号
60	北京英诚房地产开发有限公司	北京市顺义区吉祥工业区
61	北京东方雨虹防水技术股份有限公司	北京市顺义县杨镇曾庄顺平南路
62	北京金宝房地产开发有限公司	北京市顺义县潮白河旅游开发区
63	交通银行股份有限公司北京顺义支行	北京市顺义区仓上街2号AMB大厦B区一层
64	朗姿股份有限公司	北京市顺义区马坡镇白马路63号
65	北京中展投资发展有限公司	北京市顺义区裕翔路88号
66	北京顺鑫佳宇房地产开发有限公司	北京市顺义区杨镇府前街北侧100米
67	北京市顺义区张镇人民政府	北京市顺义区张镇大街3号
68	北京康捷空国际货运代理有限公司	北京市顺义区南法信镇府前街12号
69	北京甄氏房地产开发集团有限公司	北京市顺义区李桥镇南半壁店村西
70	北京顺义新城地产开发有限公司	北京市顺义区马坡镇顺安路88号
71	北京中顺德房地产开发有限公司	北京市顺义区李桥镇头二营村东侧

序号	纳税人名称	经营地址
72	首都空港贵宾服务管理有限公司	北京市顺义区北京空港物流基地物流 8 街 1 号
73	北京长久物流有限公司	北京市顺义区南彩镇彩园工业区 2 号
74	北京索爱普天移动通信有限公司	北京市顺义区天竺空港工业区 A 区天柱西路
75	北京博维航空设施管理有限公司	北京市顺义区北京空港物流基地物流园八街 1 号
76	中国农业银行股份有限公司北京顺义支行	北京市顺义区府前西街
77	北京首都机场动力能源有限公司	北京市首都机场航安路
78	北京顺鑫农业股份有限公司牛栏山酒厂	北京市顺义区牛栏山镇(牛山地区办事处东侧)
79	中航发动机有限责任公司	北京市顺义区顺通路 25 号 5 幢 2 层
80	北京首钢冷轧薄板有限公司	北京市顺义区李桥镇任李路 200 号
81	中国民航机场建设集团公司	北京市朝阳区北四环东路 111 号楼
82	中国建设银行股份有限公司北京顺义支行	北京市顺义区府前中街
83	北京鑫大禹水利建筑工程有限公司	北京市顺义区杨镇府前街北侧 100 米
84	北京顺鑫佳宇房地产开发有限公司高丽营项目部	北京市顺义区高丽营镇金马工业区 73 号
85	中国航空传媒广告公司	北京市顺义区南法信镇顺畅大道 1 号 B－0311 室
86	北京春晖园文化娱乐有限责任公司	北京市顺义区高丽营镇于庄
87	北京瑞顺鸿业投资管理有限公司	北京市顺义区马坡镇聚源西路 7 号
88	中美大都会人寿保险有限公司	北京市东城区东长安街 1 号东方广场东方经贸城东二办公楼 12 层
89	北京首都机场餐饮发展有限公司	北京市顺义区首都机场二号航站楼
90	北京新程愿景房地产开发有限公司	北京市顺义区北小营镇北小营村
91	北京德威英国国际学校	北京市顺义区首都机场路 89 号
92	北京首都机场商贸有限公司	北京市顺义区北京空港物流园区
93	北京首都机场广告有限公司	北京市顺义区北京空港物流园区
94	北京京辰房地产开发有限公司	北京市顺义区博特花园 088 号

序号	纳税人名称	经营地址
95	北京天源建筑工程有限责任公司	北京市顺义区空港工业区B区裕民大街甲6号
96	中国航空油料有限责任公司北京分公司	北京市顺义区北京首都国际机场中国航空油料华北公司办公楼
97	北京碧水源房地产开发有限公司	北京市顺义区后沙峪镇双峪街35号
98	北京广厦富城置业有限公司	北京市顺义区天竺镇府前一街32楼
99	北京城建集团有限责任公司顺义分公司	北京市顺义区南法信镇府前街12号
100	中航鑫港担保有限公司	北京市顺义区北京空港物流基地物流园8街1号

顺义区2010年中国名牌和北京名牌名录

序号	企业名称	商标名称	商标图样
1	北京江河幕墙股份有限公司	jianghe	JIANG HE

顺义区2010年驰名商标名录

序号	企业名称	商标名称	产品名称	商标图样
1	北京顺鑫农业股份有限公司	顺鑫 SHUNXIN	新鲜水果、蔬菜	顺鑫 SHUNXIN
2	北京雅昌彩色印刷有限公司	ARTMON		ARTRON